24 years

24年匠心沉淀，虔诚如一

只 为 您 轻 松 过 关

1998-2022

轻松过关成长史

再升级 2022

《轻一》开创「解释区」阅读体验，匠心独运！

飞跃 2016-2021

连续6年蝉联“天猫双11”图书考试行业销量冠军。
2020~2021年，连续2年登顶天猫教育行业榜首，“双11”销量破亿。

驰名 2001-2007

2001年《轻一》发行超千万册，被考生奉为「备考圣经」。
2007年东奥网校上线，书课同频，受百万考生热追。

诞生 1998

东奥诞生。
“轻松过关”品牌图书面世。

历经雕琢，方有绽放

这本《轻一》是如何诞生的？

STEP1

初稿研磨

每年考试结束，名师们就迅速围绕命题和趋势、时事热点，开启为期150余天的研讨，撰写。

STEP2

深度优化

初稿落成后，编著团队结合学员反馈与市场调研，优化内容和体验，迭代超30稿。

STEP3

融入变化

围绕教材变化，名师精解、精编新题。1道紧扣变化的好题，至少需投入6小时。

STEP4

三审三校

融入新变化的书稿，将历经教务团队再次严苛的校对、审核，终成定稿。

翻开这本《轻一》
名师就在您身边

名师将多年的教学经验灌注其中，
让您的备考之旅不再孤单。

「五大模块」

带您跨越沟坎，轻松过关。

1 方法： *学习指南区*

—「开篇」分析最新考纲考情，
明确目标，制定规划。

2 重点： *考点精讲区*

—「正文」全面渗透考点，
通过图、表、例题等形式，深入解读。

3 独创： *点睛解释区*

—「解释区」精妙点拨，
绘制图解，力破症结，应变自如。

4 做题： *同步练习区*

— 精编「同步练习」，
巩固考点，查漏补缺，高效提升。

5 复盘： *章节“导图课”*

— 每章结尾处，凝练重点，
「导图」总结，视频讲解，及时复盘。

轻松过关® 1

2022 年注册会计师考试

应试指导及全真模拟测试

公司战略与风险管理

（上册）

田　明　主编

东奥会计在线　编

北京科学技术出版社

本书封面具有正版标识，请认真识别

（1）本书封面附有一枚防伪标签，上有二维码，扫描并激活账户即可获赠正版图书超值专享服务。
（2）本书防伪标签为正版标识，若无此标识即盗版，请广大读者拒绝购买。
（3）盗版举报电话：400-627-5599。

“轻松过关”小程序

扫描右侧的二维码进入“图书伴学”小程序，开启名师课堂、精编试题在线学习。更有轻松拍考点、看解析、图书笔记一键收藏，马上扫码开启“轻松过关”图书伴学之旅。

图书在版编目 (CIP) 数据

2022年注册会计师考试应试指导及全真模拟测试. 公司战略与风险管理：上中下册 / 田明主编；东奥会计在线编. —北京：北京科学技术出版社，2022.3
（轻松过关 . 1）
ISBN 978-7-5714-2068-0

Ⅰ . ① 2… Ⅱ . ①田… ②东… Ⅲ . ①公司—企业管理—资格考试—自学参考资料 Ⅳ . ① F23

中国版本图书馆 CIP 数据核字（2022）第 015428 号

责任编辑：李 鹏
责任校对：贾 荣
装帧设计：韩文静 晓 莉
责任印制：张 良
出 版 人：曾庆宇
出版发行：北京科学技术出版社
社 址：北京西直门南大街 16 号
邮政编码：100035

电 话：0431-87635566（编辑部）
010-66135495（总编室）
网 址：www. bkydw. cn
印 刷：湖南天闻新华印务有限公司
开 本：787 mm × 1092 mm 1/16
字 数：680 千字
印 张：38
版 次：2022 年 3 月第 1 版
印 次：2022 年 3 月第 1 次印刷

ISBN 978-7-5714-2068-0

定 价：89.00 元（上中下册）

编委会

目录

CONTENTS

上册

第一部分　命题规律总结及趋势预测

第二部分　考点精讲及强化训练

中册

下册

第三部分　跨章节主观题演练

第四部分　经典案例分析

01

第一部分
命题规律总结及趋势预测

命题规律总结及趋势预测

一、2022 年重要考试政策

（一）《公司战略与风险管理》科目考试基本情况

1. 考试时间：2022 年 8 月 27 日（星期六）17 ： 00–19 ： 00，机考（120 分钟）。

2. 试卷满分 100 分，60 分为成绩合格分数线。

3. 评分规则

（1）单项选择题。单项选择题有 4 个备选选项，只有一个是符合题意的正确答案。错选、不选均不得分。考生答题时直接从每小题的备选选项中选出一个你认为正确的答案，用计算机鼠标点击相应的选项即可。如果需要修改答案，用计算机鼠标点击其他的备选选项即可。

（2）多项选择题。多项选择题有 4 个备选选项，每小题均有多个正确答案，考生答题时从每小题的备选选项中选出你认为正确的答案，用计算机鼠标点击相应的选项即可。每小题所有答案选择正确的得分，多选、错选、漏选均不得分。如果需要撤销已经选中的选项，再次用计算机鼠标点击该选项即可。

（3）主观题。主观题包括 4 道简答题和 1 道综合题。对于主观题，当资料区内容较多时，可以用计算机鼠标上下拖动右侧的纵向滚动条来阅读全部内容。当答题区上有多个标签页时，请务必逐一点击标签查看并回答所有问题，以免漏答。作答时考生应直接将答案录入指定的答题区域中，在草稿纸上书写的所有答案无效。考生可以通过上下拖动分割条来调整资料区、答题区的大小；也可以直接通过工具栏上的放大窗口按钮，将资料区或答题区进行最大化显示，方便考生阅读或答题。在考生答题过程中，机考系统会自动为考生保存答案。

（二）考试大纲

从总体上看，2022 年考纲相较于 2021 年考纲来说，整体构成部分保持了稳定性，但各部分具体内容出现了一定幅度的调整。全书主要由六大部分构成：战略与战略管理、战略分析、战略选择、战略实施、公司治理、风险与风险管理。

考试大纲规定的测试能力等级为“1”的相关内容，考试深度较浅，考题更直观，易得分。该部分内容主要考查客观题，即单项选择题和多项选择题的命题范围。测试能力等级为“2”的内容是重要内容，考生除弄清楚各个知识点的原理、内容、依据、程序及方法外，还要注意与其他易混淆的知识点做对比，加强记忆。该部分内容主要考查客观题和简答题，即单项选择题、多项选择题和简答题的命题范围。测试能力等级为“3”的内容是重点内容，也是命题的重要考点，要求考生能灵活应用，复习时考生对这部分内容要理解得详细、深入。该部分内容考查客观题和主观题，即单项选择题、多项选择题、简答题和综合题的命题范围，要求全面掌握。根据以往注册会计师考试的经验，重点与非重点内容均会出题。因此，考生应遵循突出重点和全面兼顾的复习原则，考试前全面复习甚至多遍通读教材是很有必要的。在此基础上，有必要抓住重要内容进行重点复习。

二、2022 年教材基本情况

（一）教材基本内容

2022 年《公司战略与风险管理》教材主要由战略管理和风险管理这两大部分组成。其中，第一部分为战略管理（第一章至第四章）；第二部分为风险管理（第五章和第六章）。

1. 战略管理

本部分包括第一章至第四章。

第一章主要介绍了公司战略的定义、公司的使命与目标、公司战略的层次、战略管理的内涵、战略管理的特征、战略管理过程、战略创新管理和战略管理中的权力与利益相关者。对于本章内容应重点掌握基本概念和思路，为以后各章节的学习奠定基础。

第二章是从外部环境和内部环境两个方面来对战略进行分析的。外部环境分析包括宏观环境分析、产业环境分析和竞争环境分析；内部环境分析包括资源与能力分析、价值链分析和业务组合分析。除此之外，还有内外部环境的综合分析—— SWOT 分析。战略分析的主要工具包括 PEST 分析、产品生命周期分析、波特的产业五种竞争力分析、成功关键因素分析、竞争对手分析、战略群组分析、核心能力分析、产业资源配置分析框架——钻石模型、波特的价值链分析、多元化经营公司的业务组合分析和 SWOT 分析。本章通常与第三章战略选择的相关内容结合起来考查主观题，因此要扎实掌握本章内容。

第三章阐述了战略选择的相关内容，涉及总体战略的主要类型、发展战略的主要途径；业务单位战略的类型、优势、实施条件和可能面临的风险；零散产业和新兴产业的特点以及这两类产业中的中小企业可以考虑的战略方向；蓝海战略；六大职能战略的主要内容及选择；企业国际化经营动因、国际化经营的主要方式、全球价值链中的企业国际化经营、国际化经营的战略类型和新兴市场的企业战略。本章通常与实际案例相结合，考查考生对具体问题进行分析和解决的能力，因此本章内容非常重要。

第四章阐述了战略实施的相关内容，涉及组织结构的构成要素、纵横向分工结构、组织结构与战略的关系以及组织的战略类型；企业文化的类型、文化与绩效、战略稳定性与文化适应性；战略失效与战略控制的概念以及战略控制方法；公司战略与数字化技术。

2. 风险管理

本部分包括第五章和第六章。

第五章阐述了公司治理的相关内容，涉及公司治理概述、三大公司治理问题、公司内部治理结构和外部治理机制、公司治理基础设施与公司治理原则。

第六章阐述了风险与风险管理的相关内容，涉及风险的概念与构成要素；风险管理的概念、目标和演进；企业面对的主要风险（包括从企业内部控制角度进行分析）；风险管理基本流程；风险管理体系；风险管理技术与方法。

（二）各章节难度和重要性

章节	复习难度	考试重要性
第一章	★	★
第二章	★★	★★★
第三章	★★★	★★★
第四章	★★	★★
第五章	★★	★
第六章	★★★	★★★

（三）主观题考点归纳

章节	主观题考点	链接近7年试题
第一章 战略与战略管理	公司的使命与目标	综合题（2021年、2018年）
	企业利益相关者的利益矛盾与均衡	简答题（2021年）
第二章 战略分析	宏观环境分析	简答题（2021年、2017年） 综合题（2016年）
	产品生命周期	简答题（2016年）
	产业五种竞争力	简答题（2020年、2017年） 综合题（2016年）
	竞争对手分析	综合题（2021年）
	产业内的战略群组	简答题（2016年、2015年） 综合题（2020年）
	企业资源分析	简答题（2020年、2019年、2017年） 综合题（2021年）
	企业能力分析	简答题（2019年） 综合题（2018年）
	企业的核心能力	简答题（2020年、2015年） 综合题（2020年、2018年、2017年、2016年）
	产业资源配置分析框架——钻石模型	简答题（2021年、2020年、2017年） 综合题（2017年）
	价值链的两类活动	简答题（2015年） 综合题（2019年）
	企业资源能力的价值链分析	简答题（2021年、2018年、2016年） 综合题（2019年、2018年、2017年）
	波士顿矩阵	综合题（2015年）

章节	主观题考点	链接近7年试题
第三章 战略选择	发展战略	简答题（2020年、2019年、2018年、2017年） 综合题（2021年、2018年、2017年、2016年、2015年）
	收缩战略	简答题（2020年） 综合题（2018年、2015年）
	发展战略可选择的途径	简答题（2019年、2018年、2015年） 综合题（2021年、2017年、2015年）
	并购战略	简答题（2020年、2018年、2016年、2015年） 综合题（2019年）
	企业战略联盟	简答题（2019年） 综合题（2019年、2018年、2017年）
	成本领先战略	简答题（2017年、2015年） 综合题（2019年、2017年、2016年）
	差异化战略	简答题（2020年、2019年、2015年） 综合题（2021年、2020年、2017年、2016年）
	集中化战略	综合题（2020年）
	基本战略的综合分析——“战略钟”	综合题（2018年）
	零散产业中的竞争战略	简答题（2020年、2018年）
	新兴产业中的竞争战略	简答题（2020年、2019年） 综合题（2020年、2019年）
	蓝海战略的内涵	简答题（2018年、2017年） 综合题（2019年）
	重建市场边界的基本法则	简答题（2021年、2020年、2019年、2018年、2017年） 综合题（2020年、2019年）
	市场营销战略	简答题（2021年、2019年、2018年、2017年） 综合题（2020年、2019年、2017年、2016年）
	研究与开发战略	简答题（2019年） 综合题（2020年、2018年、2017年、2016年）
	企业国际化经营动因	简答题（2016年、2015年） 综合题（2021年、2019年、2017年）
	国际化经营的主要方式	综合题（2018年）
	新兴市场的企业战略	简答题（2017年） 综合题（2019年、2018年）

章节	主观题考点	链接近 7 年试题
第四章 战略实施	文化与绩效	综合题（2015 年）
	战略失效与战略控制的概念	综合题（2015 年）
	企业业绩衡量	综合题（2021 年）
	数字化技术对经营模式的影响	简答题（2021 年）
第五章 公司治理	三大公司治理问题	简答题（2019 年、2018 年）
	公司内部治理结构	简答题（2021 年）
	公司治理基础设施	简答题（2020 年、2019 年）
第六章 风险与风险管理	企业面对的主要风险	简答题（2021 年、2020 年、2019 年、2018 年、2015 年） 综合题（2021 年、2020 年、2019 年、2018 年、2017 年、2015 年）

（四）2022 年教材主要变化

第一章

①第二节“战略管理过程”中的部分内容进行了改写
②第二节“战略创新管理”调整了部分表述
③将原第四章第四节“战略管理中的权力与利益相关者”的内容移至第一章第二节中
④调整了部分案例

第二章

①第一节“三、竞争环境分析”中的“（一）竞争对手分析”的部分内容做了重新表述
②将第一节“四、国家竞争优势（钻石模型）分析”调整为第二节“一、资源与能力分析”下面的“（四）产业资源配置分析框架——钻石模型”
③调整了部分案例

第三章

①第一节“收缩战略”中的部分内容进行了改写
②第三节“研发定位”“生产运营战略”中新增了部分表述，并删除了“准时生产系统（JIT）”
③第三节“采购战略”进行了重新编写
④第四节“企业国际化经营动因”中的部分内容进行了改写
⑤第四节将“二、国际市场进入模式”改为“二、国际化经营的主要方式”，并调整了部分表述
⑥第四节新增“三、全球价值链中的企业国际化经营”
⑦调整了部分案例

第四章

①第一节“横向分工结构的基本类型”“企业发展阶段与结构”调整了部分表述
②第三节“战略控制”的部分内容进行了重新编写
③将原第四节移至第一章中，原第五节改为第四节，并新增了部分表述
④调整了部分案例

第五章

①第一节将“五、公司治理的重要性”改为“五、公司治理与战略管理”，并进行了重新编写
②第二节“三大公司治理问题”调整了部分表述
③第三节将原“监事会”中的部分内容移出并改写为“(一)公司内部治理结构的不同模式”
④第三节“公司内部治理结构”中新增“国有企业各级党委(党组)”
⑤第四节“公司治理原则”中的部分内容进行了改写
⑥调整了部分案例

第六章

①将第一节“二、企业面对的风险种类”调整为“第二节 企业面对的主要风险”
②第二节“一、外部风险”中的“(二)法律风险与合规风险”新增“依据《中央企业全面风险管理指引》，法律风险与合规风险至少要考虑以下几个方面”
③第二节“二、内部风险”中的“(一)战略风险”新增“1. 战略风险所要考虑的主要方面(即依据《中央企业全面风险管理指引》，战略风险至少要考虑以下几个方面)”，并新增标题“2. 从内部控制角度展开战略风险的具体体现”
④第二节“二、内部风险”中的“(三)财务风险”新增“1. 财务风险所要考虑的主要方面(即依据《中央企业全面风险管理指引》，财务风险至少要考虑以下几个方面)”，并修改标题为“2. 从内部控制角度展开几个主要财务风险”
⑤第四节“风险理财措施”中的部分内容调整了编写顺序，并调整了部分表述
⑥第四节“内部控制系统”调整了部分表述
⑦第五节“风险管理技术与方法”调整了部分表述
⑧调整了部分案例

三、最近3年命题规律总结

(一)考试题型、题量和分值分布

题目类型	2019年		2020年		2021年	
	数量	分数	数量	分数	数量	分数
单项选择题	24	24	24	24	26	26
多项选择题	14	21	14	21	16	24
简答题	4	30	4	30	4	26

题目类型	2019 年		2020 年		2021 年	
	数量	分数	数量	分数	数量	分数
综合题	1	25	1	25	1	24
合计	43	100	43	100	47	100

《公司战略与风险管理》考题包括客观题和主观题两部分。客观题包括单项选择题和多项选择题，主观题包括简答题和综合题。

从上表可以看出，2019 年和 2020 年题型、题量和分值分布保持不变：客观题的总题量为 38 题，分值为 45 分；主观题的总题量为 5 题，分值为 55 分。客观题和主观题的分值比例为 9 ∶ 11。2021 年题型不变、题量和分值分布有所变化：客观题的总题量为 42 题，分值为 50 分；主观题的总题量为 5 题，分值为 50 分。客观题和主观题的分值比例为 1 ∶ 1。

实行机考后，试题采取抽题形式。抽到的试卷中，单项选择题和多项选择题的重复率在 50% 左右（2021 年除外）。简答题和综合题题干主要资料完全不同，考核的主要知识点重复率在 30% 左右，难度基本相当。

（二）各章节分值分布图

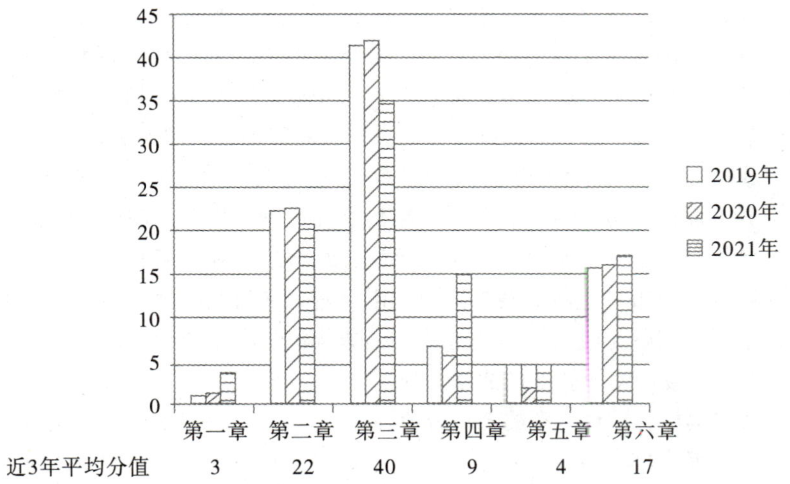

【提示】由于中注协每年只公布一套试题，而本表有关近 3 年各章节分值的统计除了参考中注协公布的一套试题外，还参考了当年参加考试的考生回忆提供的未公布试题，故本统计数据仅供参考，不一定完全准确。另外，教材删减了部分知识点。因此，上表的分值统计中不包括教材已删除部分的分值，导致近 3 年平均分值总和小于 100 分。

（三）命题规律总结

纵观《公司战略与风险管理》近几年的考题可以看出，该科考试具有考核全面、结合实际、与管理学和经济学结合较强等特点。与《经济法》侧重于记忆、《财务成本管理》侧重于理解和计算等不同，《公司战略与风险管理》一科需要考生在理解知识、结合实务、夯实基础的情况下结合理论知识分析案例，又因为该门科目大部分知识点属于文字性内容，所以重点部分需要扎实理解和记忆。

从近 3 年的考试情况看，该科目考试具有以下特点：

（1）考核的知识点较全面。

（2）理论联系实际、重点突出。

（3）综合题阅读量大。

（4）历年重复考点较多。

（5）注重考查教材的新增和变化内容。

（四）2022 年命题趋势预测

教材各章及最后的附录案例有相当一部分是历年考试真题，或是未公布的考题，和正式考题的相似度非常高，对于 2022 年的考试依然具有极高的参考价值，应该引起考生们的高度重视。

预计 2022 年考试将继续保持 2021 年考试的题型、题量特点，即题型仍为单项选择题、多项选择题、简答题和综合题四种。总题量保持 47 题，客观题的总题量为 42 题，主观题的总题量为 5 题。客观题和主观题的分值比例为 1 ∶ 1。试题难度继续保持中等水平。

2022 年各章分值及重要考点预测如下：

第一章　战略与战略管理，预计本章的考试分值在 4 分左右。除了关注客观题外，本章还需要重点关注以下五方面内容考主观题：公司的使命；战略创新的类型；战略创新的情境；创新管理的主要过程；战略管理中的权力与利益相关者。

第二章　战略分析，预计本章的考试分值在 20 分左右。除了关注客观题外，本章还需要重点关注以下九方面内容考主观题：宏观环境分析（PEST 分析）、产品生命周期分析、波特的产业五种竞争力分析、产业内的战略群组分析、企业资源与能力和核心能力分析、产业资源配置分析框架——钻石模型、价值链分析、波士顿矩阵和 SWOT 分析。

第三章　战略选择，预计本章的考试分值在 43 分左右。除了关注客观题外，本章还需要重点关注以下五方面内容考主观题：总体战略的主要类型、发展战略的主要途径；基本竞争战略的类型、优势、实施条件和可能面临的风险；红海战略和蓝海战略的关键性差异、蓝海战略制定的原则及重建市场边界的基本法则；市场营销和研发两大职能战略的主要内容；企业国际化经营动因、国际化经营的主要方式、全球价值链中的企业国际化经营、国际化经营的战略类型、新兴市场中本土企业的战略选择。

第四章　战略实施，预计本章的考试分值在 11 分左右。除了关注客观题外，本章还需要重点关注以下四方面内容考主观题：横向分工结构的基本类型（职能制组织结构、事业部制组织结构和矩阵制组织结构）；战略失效的原因；数字化技术对公司战略的影响；数字化战略转型的主要方面。

第五章　公司治理，预计本章的考试分值在 4 分左右。除了关注客观题外，本章还需要重点关注以下三方面内容考主观题：三大公司治理问题；公司内部治理结构；公司治理基础设施。

第六章　风险与风险管理，预计本章的考试分值在 18 分左右。除了关注客观题外，本章还需要重点关注以下两方面内容考主观题：企业面对的主要风险（包括从企业内部控制角度进行分析）和我国《企业内部控制基本规范》关于内部控制要素的要求。

四、高效复习技巧

（一）高效学习计划

很少有人是只靠智商或者只靠运气做到注会考试成功的，对于希望顺利通过注会考试的考生们来说，不仅需要智商和运气，更需要高效的学习计划和不懈的努力。因此，我希望能为考生们提供一个科学合理的高效学习计划，助力大家注会考试成功。

如何学好这门科目，怎样学习才能顺利掌握并通过这门科目。从总体上讲，任何一门科目的学习都是一样的，就是要把书本的基础知识学透、学活，在头脑中形成该门科目清晰的知识体系和脉络，不要死记硬背，而要在理解的基础上掌握知识，活学活用，以不变应万变。

学习的重点是要把知识学活，多做练习题尤其是案例分析，但不能仅停留在记住做过的习题层面上，而要在做过的习题中自我总结，举一反三，活学活用。以下是针对这门科目的具体学习计划建议：

1. 认真阅读教材，夯实基础知识

正所谓一切考题都来源于教材，看书是很重要的。而看书也是有规划的，大致可以分为四个回合：第一次阅读，要一字不漏地对整本教材进行通读，第一次阅读时可能会有很多地方不懂，此时不要心急，此次阅读的主要目的是为了对这门科目有个整体感性认识和框架把握，知道这门科目到底要讲哪些内容，形成一个初步的概念，在后面学习中逐步建立起学习的思路。第二次阅读要结合网络课程，特别是结合轻一来看教材，一边听课件，一边看轻一，把课程的内容、轻一的内容与教材相结合，一章节一章节地去学习，重点、难点都要逐一突破。第三次阅读就要精读，我们对知识点分章学习完之后，要进行系统地梳理，这一遍看书就不可以走马观花了，一定要一步一个脚印地去学习，书中的每个地方都要弄透，不可留有任何盲点和误区。这一阶段重点在于加深理解和记忆。第四次阅读是在复习后期，用于查缺补漏，这一遍可以采用回忆法，对照着目录，回忆知识点，看看还有哪些地方存在问题，进行针对性地学习。

2. 认真做习题并加以思考

众所周知，CPA 考试以“时间短、考题多”著称，能否在规定的时间内顺利答完全部试题对许多考生来说是一个极大的挑战。此时在考场上，经验往往是很重要的因素，而这种面对试题快速反应的经验只能来自于大量的练习。经常有考生问，习题做多少才能保证通过，这是没有标准答案的。首先，因人而异；其次，做题既讲究数量更讲究质量。很多人拼命做完一本又一本的习题，做完对答案，发现错误也不反思，继续做下一本，不断重复昨日的错误，没有任何进步。因此，一定要在精读并理解教材后，配上有质量的练习，在做题中巩固知识点，攻克重难点部分，做完习题要针对做错的部分进行思考总结，找到错误的根源，坚决禁止犯重复错误，做完习题后再回头看教材，反复学习，扎实掌握。

具体来讲，建议同学们做题可分为三个阶段：第一阶段，学习完一章或一个知识点之后，配合着做些习题，并注意每章基本的出题思路，以此来调整学习的方法，活学活用，这样有利于增强我们的记忆力，提高学习效率。第二阶段，做历年考试真题，一方面，历年试题及答案能够反映近年考试的出题思路，规范我们的答题方法，更有助于把握试题的变化趋势；另一方面，历年试题及答案能够帮助我们熟悉研究考试的题型，掌握出题规律和把握试题的总体难度，清楚命题的基本思路和出题的方式。第三阶段，系统地、成套地做题。不只是拘泥于历年考试真题，要开阔思路。这一阶段做题主要在于养成一个良好的答题习惯，要学会合理地分配时间，这样在考场上才不会紧张、惊慌。

3. 整体把握，自我总结

任何知识仅仅听别人讲述是不够的，并没有转化为自己头脑里的知识，在阅读过教材并做了相应的习题后，就需要自己对这门科目进行总结，总结出各章节之间的关系，每章的知识框架，告诉自己这一章是讲什么的，分几个部分，重难点各是什么，与哪些章节联系紧密。如何记忆才能掌握全部内容，每个人肯定会有不同的方法和理解，建立自己的逻辑思维，只有融汇了自己的理解和总结，才能真正成为自己头脑中的知识。机械学习和被动接受都不是学习的上策，只有发挥主观能动性，灵活掌握，举一反三，加入自己的思考、总结、判断才能掌握知识，从而进一步解决一些跨章节的综合题。

4. 考前冲刺，模拟测试

经过持之以恒的复习，在临考前要像之前所述，再次回归教材，把握教材。整个教材的阅读是把书从薄看厚，再从厚看薄的过程。另外，这个阶段应该有针对性地做一些模拟试卷，为自己构造一个闭卷、计时、模拟考场的氛围，独立完成几套模拟试题，做完后根据答案认真批改，算出分数。这样有助于考生提前进入考试状态，到真正考试时也并不陌生。而且，这样的模拟可以对这门科目的整体考试思路和节奏有一个全面的把握，有助于掌握考试的时间和节奏。一定要计算出成绩，这有利于在最后激励考生并使考生对自己有一个客观的认识。全部完成后，要对模拟试题进行纠错，最后查缺补漏，弥补一些在之前的学习中忽略的细节，同时巩固考试中的策略、考点。

特别要强调的是考前多练习机考模拟题测试。在注会考试前多进行几次机考模拟题测试是非常重要的，因为这不仅能帮助考生熟练掌握复制、粘贴、删除等功能，提高答题速度，还可以帮助考生把控各类题型的机考答题时间，确保考场上能够在规定的时间内答完试卷。综上所述，这四个环节是我对这门科目考试制定复习计划的一些建议，但是在具体实施中因人而异，考生要根据自身实际情况来制定适合自己的学习计划。对于在职工作的考生来讲，白天工作的事情已经让他们心力交瘁了，晚上还要鼓足勇气去面对动辄几十页的知识点，我觉得每一个曾经奋斗过或者正在奋斗的考生都是真正的勇士。论坛上经常看到有人说零基础一个月通过什么考试，这样的人的确有，但毕竟是少数，更多的人还是需要花很多的时间与精力才能通过这些考试。因此，参加注会考试要树立打持久战的心态，切不可有闪电战的想法。书山有路勤为径，没有一种方法是捷径，熟读教材、勤做习题、自我总结和测试都是必不可少的，只有各方面齐头并进，坚持到底，才是通过这门科目考试的最佳方法，相信在我们的共同努力下，大家都能够顺利通过考试。为了帮助考生实施高效的学习计划，我郑重推荐大家选择东奥战略轻一作为您最佳的配套辅导用书。

（二）应试技巧

1. 考试中答题时间的安排（建议）

《公司战略与风险管理》各题型建议答题时间安排如下。

题型		分值	答题时间安排
客观题	单项选择题	1分 ×26题 =26分	15分钟
	多项选择题	1.5分 ×16题 =24分	15分钟

题型		分值	答题时间安排
主观题	简答题	4 题 26 分	50 分钟
	综合题	1 题 24 分	40 分钟

在 120 分钟的考试过程中，要注意控制单项选择题和多项选择题的答题时间，客观题分值一共 50 分，占考试分值的 50%，但答题时间却应占考试总时间的 25%，一般控制在 25~30 分钟比较适宜，否则会影响后续主观题的答题进度。这 25~30 分钟的概念是平均每个单项选择题 0.5 分钟答完，每个多项选择题 1 分钟答完。这是我向许多顺利过关的考生调查得出的结论，有一定的普适性，但针对每个考生可能稍有差异。考生在平时训练时可以注意观察一下自己的解题时间，在考试时如果稍稍超出了 30 分钟，也不要忙乱着急，只要尽力保证做完的每道题的正确性，对通过考试也没有大的妨碍。

主观题分值一共是 50 分，但解题时间却应占考试时间的 75%，相对客观题要多许多。因为这部分案例资料阅读量大，考点复杂，涉及跨章节的考查，需要考生仔细阅读题干资料并能结合问题正确作答。4 道简答题的答题时间控制在 50 分钟左右比较适宜，即平均每个简答题 12.5 分钟答完。综合题的题量是 1 道题，其跨章节的综合性和阅读量大的特点在考题中非常显著，建议答题时间控制在 40 分钟以内。

2. 考试中答题顺序的安排（建议）

在安排答题顺序时通常应该按照题目顺序，但是如果在答题时见到出乎自己想象程度的难题，不要拘泥于按部就班一步一步地解答。例如，自己在复习时对有关内容掌握得不好，考试时却恰恰遇到这样的题目，可以先答后面的题目，不要为解一个相对难的题目花费太多时间而影响整体答题进度。

历年考试中，有的考生在客观题上花费了太多的时间，以至于部分简答题、综合题由于没有时间而来不及做，白扔了不少分。要学会放弃，不会做的题就放弃掉，省出时间研究会做的题，并尽量做到会做的题一定要准确，要得分，要做到有所不为，然后才能做到有所作为。这就要求考生要注意留出充足的时间给简答题、综合题，毕竟这部分每个题目的分值较大。对于耗时过长分值又较小的题目可以先放一放，等做完其他题目回过来再做。

特别需要提醒考生注意的是机考系统中有“标记本题”的功能，可以把不会的题标上标记，等答完其他试题后再进行作答。

3. 答题技巧

（1）客观题答题技巧。

客观题题型有单项选择题和多项选择题两类，从考题的命题模式上看，主要以案例分析型选择题为主。重点考查考生对基础知识的理解能力。只要基础知识扎实，对于单项选择题想要取得理想的分数还是有很大把握的。但对于多项选择题来说相对难一些，因为每小题均有多个答案，只有全部选对才能得分，多选、错选、漏选均不得分。建议运用排除法或者对比法等进行答题，可以提高答题的速度和准确性。

①排除法，适用于单项选择题和多项选择题。题目让你选出正确的答案，那么这个时候可以进行逆向思维，排除错误的选项后剩下的选项中就比较容易找到正确的选项。如果该考点平时学的一知半解甚至是完全不会，也可以凭借自己的经验、常识判断来进行排除，这样选出正确答案的概率就大一些。

②对比法，适用于多项选择题。通常4个选项中往往出现两组相近的选项，考生很容易选错，这个时候通过对比，观点相斥的就可以对比出来。

（2）主观题答题技巧。

主观题题型有简答题和综合题两类，从考题的命题形式上看，主要以实际案例形式出题。重点考查考生对理论知识的理解、分析和运用能力，因此除了理解，还要注重运用，在做题时要将相关知识学习透彻，融会贯通。主观题是考生面对的最大障碍。考生除了要掌握各章重要理论模型和原理的运用之外，要有跨章节思考的意识，还要明确各章节的联系，这是教材中不可能集中体现的东西，需要考生自己多做案例分析进行思考与总结。考生在作答主观题时，通常可以在机考系统上先将每一问涉及的相关理论知识点概括性地列出来，然后再从案例中把相关的支撑材料复制粘贴过来即可。客观题的评分由机考系统自动操作，主观题是由阅卷老师来评分。换句话说，主观题评分人为因素大一些，因此考生在答题时必须找到相应的得分点，迅速地抓住案例提供的关键信息和关键词。

注：本书涉及的真题均为学员回忆版。

第二部分

考点精讲及强化训练

第一章　战略与战略管理

CHAPTER-1

本章学习指南

一、学习目标

本章属于一般重要性章，主要介绍了公司战略的基本概念和公司战略管理。本章所介绍的概念和原理在其他章节会深入学习，属于统领教材内容的基础框架章。对于本章内容，应重点掌握基本概念和思路，为以后各章节的学习奠定基础。

1. 了解公司战略的定义
2. 掌握公司的使命与目标
3. 了解公司战略的层次
4. 了解战略管理的内涵和特征
5. 掌握战略管理过程
6. 熟练掌握战略创新管理
7. 熟练掌握战略管理中的权力与利益相关者

二、考情概况

在近 3 年的考试中，本章的平均分值约为 3 分。本章考试的题型主要以客观题和主观题的形式进行呈现。

三、教材变化

2022 年教材本章内容与 2021 年教材相比，主要变化：

1. 第二节“战略管理过程”中的部分内容进行了改写
2. 第二节“战略创新管理”调整了部分表述
3. 将原第四章第四节“战略管理中的权力与利益相关者”的内容移至第一章第二节中
4. 调整了部分案例

四、考点框架

- 第一章 战略与战略管理
  - 公司战略的基本概念
    - 公司战略的定义 ★
    - 公司的使命与目标 ★★
    - 公司战略的层次 ★
  - 公司战略管理
    - 战略管理的内涵 ★
    - 战略管理的特征 ★
    - 战略管理过程 ★★
    - 战略创新管理 ★★★
    - 战略管理中的权力与利益相关者 ★★★

核心考点精讲

第一节　公司战略的基本概念

使用“会计云课堂”App 或“微信”扫码查看本节视频，快速 GET 知识点。

一、公司战略的定义 ★[1]

公司战略含义的多种表述可分为传统概念、现代概念和综合概念三大类。

名师点拨

①传统概念：途径 + 终点。
②现代概念：只有途径。
③综合概念：计划 + 变化。

概念	含义	特征	阐释
传统概念	战略是公司为之奋斗的终点与公司为达到它们而寻求的途径的结合物	计划性	提前制定行动方针和目标
		全局性	兼顾所有因素，顾全大局
		长期性	谋求长远发展
现代概念	战略为“一系列或整套的决策或行动方式”，这套方式包括刻意安排的（计划性）战略和任何临时出现的（非计划性）战略	应变性	审时度势，适应环境的变化
		竞争性	力求在竞争中获取优势
		风险性	未来可能面临的不可知因素
综合概念	战略既不是完全深思熟虑的事先计划（常规战略），也不是纯粹的突发应变（应急战略），而是两者的结合体。因此，公司既需要有一个正确的战略定位，事先做出缜密的战略计划，又必须顺应内外部环境的变化，不拘泥于原有的战略计划，即时地、有意识地、主动地进行战略调整		

[1] 为方便您在学习中可以快速了解知识点的重要程度，本书中将知识点进行分类。★★★代表重要知识点，★★代表次重要知识点，★代表非重要知识点。

【案例】雅戈尔集团是一家以品牌服装为主业的大型跨国集团公司。在2020年，由于新冠疫情的袭来，彻底打乱了该集团的经营计划。

对此，该集团为了实现既定的战略目标（事先的计划——保持主打产品衬衫的领先地位），推行"开大店、关小店"的理念（突发应变——针对疫情这种突发情况进行调整），把一些小的店铺关闭，加速渠道优化的进程。

经典题解

【例题1·多选题】海华公司是一家智能机器人制造企业，目前生产甲、乙、丙三种型号机器人。近年来机器人制造行业市场需求变化较大。该公司为了实现预定的战略目标，正积极主动地进行生产经营的调整和决策，并取得了良好成效。下列各项中，对海华公司上述做法表述正确的有（　　）。

A. 海华公司的战略是理性计划的产物

B. 海华公司的战略是在其内外部环境的变化中不断完善规划的结果

C. 海华公司采取主动姿态预测未来

D. 海华公司的战略是事先计划和突发应变的组合

【解析】"该公司为了实现预定的战略目标"表明该公司事先是有计划的，但是随着"机器人制造行业市场需求变化较大"的影响，海华公司采取随机应变的策略，"积极主动地进行生产经营的调整（根据'调整'可以看出该战略是在其变化的环境中不断进行完善）和决策"，以主动姿态预测未来。因此，海华公司的战略并不是理性计划的产物（理性计划是指企业按照之前制定的战略进行发展，不会随着环境变化而进行调整），选项A错误，选项B、C、D正确。

【答案】BCD

解题攻略

①预定的战略目标（计划性）。

②主动地调整（立变性）。

③结论：综合概念（事先计划+突发应变）。

- **致亲爱的学员**

本章是您学习《公司战略与风险管理》这门科目的开端，也是您学习这门科目的奠基石。本章内容看似庞杂、琐碎，甚至晦涩，但其实不过是"纸老虎"。本章在考试中所占分值较低，只要反复阅读、再配合相关课程进行学习，即可达到事半功倍的效果。我们在"核心考点精讲"中设置了二维码，快扫我们的听课二维码，就可以免费观看前两章名师知识点详细讲解。莫愁前路无知己，小"码"和您在一起！

- **使用步骤**

01 扫码下载安装最新版"会计云课堂"App

02 登录您的东奥个人账号

03 点击首页右上角"扫一扫"即可听课

二、公司的使命与目标 ★★

（一）公司的使命

公司的使命首先是要阐明企业组织的根本性质与存在理由，一般包括三个方面：

名师点拨

①公司目的是说为谁做。
②公司宗旨是说做什么。
③经营哲学是说怎么做。

1. 公司目的

为公司全体员工树立了一个共同为之奋斗的价值标准，一般包括股东财富和社会责任，即生存目的定位。

【案例】美国赫德森零售公司的公司目的："为我们的股东提供一种有吸引力的财务收益"。

2. 公司宗旨

通常包括公司的产品（服务）、顾客对象、市场和技术等几个方面，其为实现公司目的应进行哪些经营活动和以什么方式进行这些活动指明了方向，即经营范围定位。

【案例】宝洁公司的公司宗旨："为现在和未来的世世代代，提供优质、超值的品牌日用品和服务"。

3. 经营哲学

阐明了公司的经营思想，是公司为其经营活动方式所确立的价值观、基本信念和行为准则，反映了公司处理自身和社会关系的重点和态度，即经营思想定位。

【案例1】松下公司的经营哲学："把大众需要的东西，变得像自来水一样的便宜"。

【案例2】同仁堂的经营哲学："品味虽贵，必不敢减物力；炮制虽繁，必不敢省人工"。

经典题解

【真题2·单选题】天鸣公司是全球领先的通信基础设施和智能终端提供商，该公司在网站上显著位置有如下说明：致力于把数字科技带入每个人、每个家庭、每个组织，构建万物互联的智能世界。天鸣公司的上述说明体现了该公司的（　　）。（2020年）

A. 目的　　　　B. 宗旨

C. 经营哲学　　D. 目标

【解析】"天鸣公司是全球领先的通信基础设施和智能终端提供商"体现了天鸣公司的经营业务范围，而"数字科技"也就是公司的技术产品，天鸣公司是想将数字科技带入到各个群体内，从而构建万物互联的智能世界，这体现了其长期的战略意向，因此属于公司宗旨，选项B正确。

【答案】B

【真题 3 · 单选题】睿祥公司创业初期主营手机业务，后来成长为一家涵盖众多消费电子产品和软硬件的互联网企业。本案例体现了睿祥公司(　　)。(2019 年)

A. 宗旨的变化　　B. 经营哲学的变化

C. 战略层次的变化　　D. 公司目的的变化

【解析】"睿祥公司创业初期主营手机业务，后来成长为一家涵盖众多消费电子产品和软硬件的互联网企业"体现的是经营业务范围的调整，即公司宗旨的变化，选项 A 正确。

【答案】A

【例题 4 · 多选题】下列各项表述中可以作为某互联网公司使命的有(　　)。

A. 从单一的网络贸易平台向复合型的网络贸易搜索引擎转变

B. 2025 年实现 1 万亿美元的订单金额

C. 让天下没有难做的生意

D. 公司的目标客户定位是全球的中小企业买家和卖家

【解析】公司的使命首先是要阐明企业组织的根本性质与存在理由，一般包括三个方面：公司目的、公司宗旨和经营哲学。选项 A、D 属于公司宗旨；选项 B 属于公司的目标；选项 C 属于经营哲学。

【名师点题】"让天下没有难做的生意"可以理解为作为互联网平台企业的一种经营理念，其秉承着这一基本信念，拉近了卖家和买家的关系，属于经营哲学的范畴。

【答案】ACD

(二)公司的目标

公司目标是指在分析公司所处外部环境和内部条件的基础上确定的公司各项经营活动的发展方向和奋斗目标，是公司使命的具体化。

公司目标是一个多元化的体系。它既包括财务目标，又包括战略目标；既包括定性目标，又包括定量目标；既包括短期目标，又包括长期目标。

建立公司目标体系就是将公司的使命转换成明确具体的业绩标准，从而使得公司的进展有一个可以测度的目标。

从整个公司的角度来看，获取良好的财务业绩和良好的战略业绩要求公司的管理层既建立财务目标体系又建立战略目标体系。

类型	阐释
财务目标体系(定量)	提高收益增长率、提高股利增长率、提高投资回报率、增加现金流量、提高市场占有率、股票价格评价、增加公司信任度等
战略目标体系(定性)	占据领先地位、提高竞争优势、更短的产品开发周期、更高的产品质量、更低的总成本、更卓越的顾客服务等

要点小贴士

股票价格评价可翻译为股票估值。股票估值的过程虽复杂，但能够通过计算得出结论。

要点小贴士

公司信任度可翻译为授信额度，指融资机构给企业提供资金的信用额度。

经典题解

【例题 5 · 多选题】下列关于甲餐饮服务上市公司建立战略目标体系目的的表述中，正确的有(　　)。

A. 提高市场占有率和盈利率

B. 为客户提供优质的产品和服务

C. 占领全球的食品服务业

D. 提升市场对公司股票价格的评价

【解析】选项A和选项D属于财务目标体系的建立目的；选项B和选项C属于战略目标体系的建立目的。因此，选项B、C正确。

【答案】BC

三、公司战略的层次★

公司战略是对公司各种战略的统称。现代管理学如MBA、EMBA等认为公司战略是一个自上而下的整体性规划过程，将其分为总体战略（公司层战略）、业务单位战略（竞争战略）和职能战略（职能层战略）三个层次。

要点小贴士

单业务公司中的总体战略和业务单位战略可合二为一，此时二者为同一业务服务，没有区分的意义。

但应注意，单业务公司同样分为三个战略层次而非两个。

（一）总体战略

又称公司层战略。公司层战略主要强调公司应该在哪些经营领域进行生产经营活动，即回答两个方面的问题：

一是"我们应该做什么业务"，即确定企业的使命与任务、产品及市场领域（主要涉及产业、产品和市场定位）；

二是"我们怎么样去管理这些业务"，即在公司不同的业务单位之间如何分配资源以及采取何种成长方向等。

【提示】公司层战略常常涉及整个企业的财务结构和组织结构方面的问题。

（二）业务单位战略

它是在总体战略的指导下，一个业务单位进行竞争的战略，也称竞争战略。

"业务单位"被赋予一定的战略决策权力，可以根据外部市场的状况对产品和市场进行战略规划并进行战略决策。

竞争战略要解决的核心问题是如何通过确定顾客需求、竞争者产品以及本公司产品这三者之间的关系，来奠定本公司产品在市场上的特定地位并维持这一地位。其目标是取得竞争优势。

【提示】只有对业务多元化的公司来说，总体战略和业务单位战略的区分才有意义。

（三）职能战略

又称职能层战略，是指企业中的各职能部门制定的指导职能活动的战略，描述了在执行总体战略和业务单位战略的过程中，企业中的每一个职能部门所采用的方法和手段。

它主要涉及企业内各职能部门，如营销、财务、生产、研发、人力资源等，其主要职责是如何更好地配置企业内部资源，为各级战略服务，并提高组织效率。

【提示】在职能战略中，协同作用具有非常重要的意义。这种协同作用首先体现在单个的职能中各种活动的协调性与一致性，其次体现在各个不同职能战略和业务流程或活动之间的协调性与一致性。

第二节　公司战略管理

使用“会计云课堂”App或“微信”扫码查看本节视频，快速GET知识点。

一、战略管理的内涵 ★

战略管理是一种区别于传统职能管理的管理方式。因此，企业战略管理是为实现企业的使命和战略目标，科学地分析企业的内外部环境与条件，制定战略决策，评估、选择并实施战略方案，控制战略绩效的动态管理过程。

二、战略管理的特征 ★

与传统的职能管理相比，战略管理具有以下特征：

要点小贴士

①综合性主要体现在管理对象的全局性。

②高层次主要体现在决策主体的高层性。

③动态性主要体现在随环境变化而调整和变更。

1. 综合性管理

（1）全程管理。战略管理是一个过程，包括战略的分析、选择和实施。在这个过程中，各个阶段互为支持、互为补充，忽略其中任何一个阶段，公司战略管理都不可能成功。

（2）整体最优。战略管理要将公司视为一个整体来处理，强调整体最优，而不是局部最优。

通过制定公司的宗旨、目标来协调各单位、各部门的活动，使他们形成合力。因此，公司战略管理要涵盖总体战略、业务单位战略和职能战略。

2. 高层次管理

战略决策涉及一个公司活动的各个方面，虽然它需要公司上、下层管理者和全体员工的参与和支持，但公司的最高层管理人员介入战略决策也是非常重要的。

这不仅是由于他们能够统观公司全局，了解公司的全面情况，更重要的是他们具有对战略实施所需资源进行分配的权力。

3. 动态性管理

来自内外部环境的影响力在很大程度上会影响公司的战略目标和发展方向。战略管理一定要注重公司与其所处的内外部环境的互动性。

因此，公司战略管理活动应具有动态性，即适应公司内外部各种条件和因素的变化，并进行适当调整或变更。

三、战略管理过程 ★★

战略分析、战略选择和战略实施共同构成了公司的战略管理过程。

（一）战略分析——公司的目前状况

目的	内容	阐释
评价影响公司目前和今后发展的关键因素，并确定在战略选择步骤中的具体影响因素	外部环境分析	外部环境分析要了解公司所处的环境（宏观环境、产业环境和竞争环境）正在发生哪些变化，这些变化将给公司带来哪些机会和威胁
	内部环境分析	内部环境分析可以从资源与能力、价值链和业务组合等几个方面展开。内部环境分析要了解公司自身所处的相对地位，公司具有哪些资源以及战略能力

（二）战略选择——公司向何处发展

1．可选择的战略类型

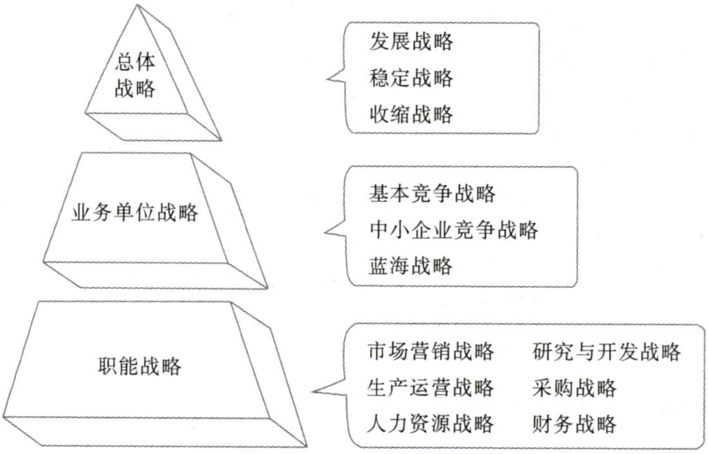

2．战略选择过程

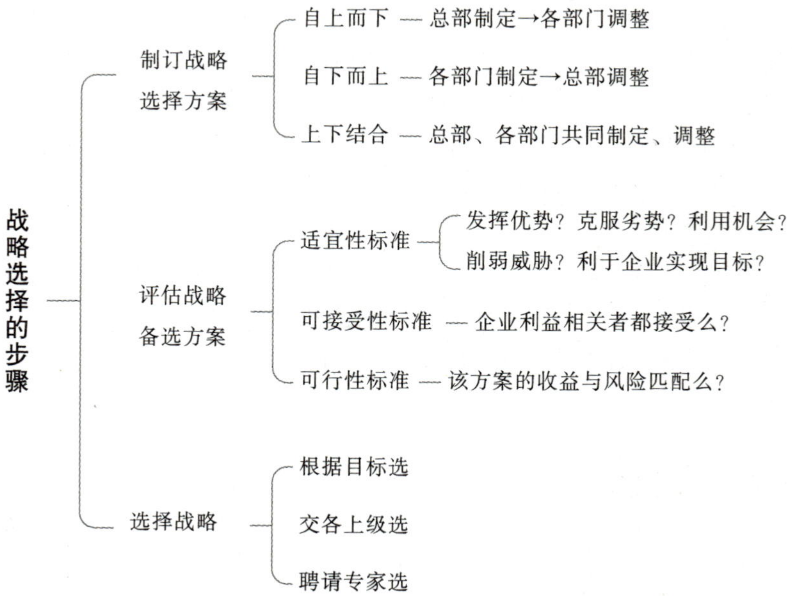

【提示】评估战略备选方案

①适宜性标准，把公司的使命和目标作为评估战略的依据。即考虑选择的战略是否发挥了公司的优势，克服了公司的劣势；是否利用了外部环境提供的机会，将外部威胁削弱到了最低程度；是否有助于公司目标的实现。

②可接受性标准，了解和公司有关的利益相关者的利益期望，在战略制定、评价和实施过程中，这些利益相关者会有哪些反应，选择的战略能否被公司各利益相关者接受。

③可行性标准，要了解公司自身所处的相对地位，具有哪些资源以及战略能力，因为对战略的评估最终要落实到战略收益、风险和可行性分析的财务指标上，即考虑是否有相应的资源和能力来实施该战略。

（三）战略实施——如何将战略转化为实践并取得成果

战略实施要切实做好以下工作：

（1）调整和完善企业的组织结构，使之适合公司战略的定位。

（2）推进企业文化的建设，使企业文化成为实现公司战略目标的驱动力和重要支撑，以及调动企业员工积极性，促进战略实施的保证。

（3）运用财务和非财务手段、方法，监督战略实施进程，及时发现和纠正偏差，确保战略实施达到预定的目标，或者对战略做出适当修改，以利于企业绩效的持续提升。

（4）采用先进技术尤其是数字化技术，构建新型企业组织，转变经营模式，支持企业数字化转型和数字化战略的实施。

（5）协调好企业战略、组织结构、文化建设和技术创新与变革诸方面的关系。

经典题解

【例题6·单选题】成立于1991年的甲电器股份有限公司是目前全球最大的集研发、生产、销售、服务于一体的国有控股专业化空调企业。2021年年初，该公司在制定未来五年发展规划时，要求各部门积极提交战略方案，企业最高管理层在各部门提交战略方案的基础上，加以协调和平衡，对各部门的战略方案进行必要的修改后加以确认。根据上述信息可以判断，该公司战略形成的方法是（　　）。

A. 自上而下的方法

B. 自下而上的方法

C. 上下结合的方法

D. 上下分离的方法

【解析】“该公司在制定未来五年发展规划时，要求各部门积极提交战略方案，企业最高管理层在各部门提交战略方案的基础上，加以协调和平衡”体现了自下而上的方法，选项B正确。

【答案】B

解题攻略

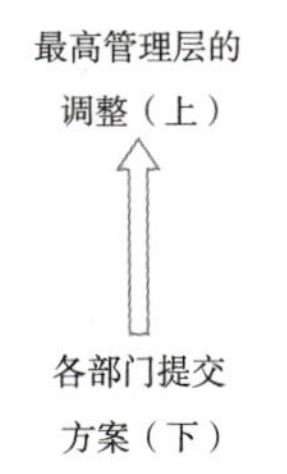

【例题7·单选题】甲公司是国内一家大型品牌折扣连锁卖场。经过13年的发展，甲公司在北京已经拥有8家实体门店。近年来，随着更多消费者的“屏幕转移”，开始利用碎片化时间在手机等移动设备上进行购物，甲公司也抓住这一消费行为变化的契机，启动了对全渠道零售的战略布局。为此甲公司集中各部门的经营骨干组成项目小组对该方案进行评估。项目小组在评估时主要关注了该方案的收益、风险，以及企业目前和未来可能需要的资源。根据上述信息可以判断，甲公司进行战略方案评估时主要依据的标准是（　　）。

A. 可行性标准　　B. 盈利性标准

C. 适宜性标准　　D. 可接受性标准

【解析】可行性标准是指对战略的评估最终要落实到战略收益、风险和可行性分析的财务指标上。因此，甲公司进行战略备选方案评估时主要依据的标准是可行性标准，选项 A 正确。

【答案】A

能量小贴士

千里之行始于足下，既然开始了就别轻易停下，既然选择了这条路，就要学会调控自己的情绪，以美好姿态迎接挑战。

四、战略创新管理 ★★★

（一）战略创新的类型

战略创新共有四种类型，即产品创新、流程创新、定位创新和范式创新。

要点小贴士

四种战略创新类型经常交织在一起，其界限并不十分清晰。

1. 产品创新

它是指组织提供的产品和服务的变化。

创造某种新产品或对某一新产品或老产品的功能进行改进和创新。

【案例】荷兰的菲利浦公司，打破旧的电熨斗设计，首先在市场上推出了无绳电熨斗，使操作更简单、更安全。

2. 流程创新

它是指产品和服务的生产和交付方式的变化。

广义的流程创新，包括操作程序、方式方法和规则体系的创新，其本质是改变业务过程。

流程创新的基本方法无非是对现有的流程进行清理、简化、整合和自动化处理，当然在恰当的时候还需要增加一些流程来实现对整个业务的优化。

【案例】好莱坞的一个电影从立项到发行，流程不断完善，每个过程都有专业人员进行商业化运作。在电影立项之前，时装、汽车、手表等品牌商通过与电影的合作，传播、销售到世界各地。

如果电影发行之后大获成功，随之而来的就是电影周边的有限版权、玩具版权的开发，这都是电影所带来的衍生收入，好莱坞通过内置广告和品牌将文化变成商品，使得电影持续产生利益。

3. 定位创新

它是指产品和服务进入市场的环境的变化。

以前企业通过定位打造品牌更多是考虑竞争，一开始呈现出来的就是差异化的业务或运营。而现在企业定位的作用更多是考虑如何让产品和服务更好地适应企业的市场环境。

【案例】好想你旗下的枣博士之前的目标客户是企事业单位的团购，后来其对该产品进行重新定位，专注于为 25 岁至 45 岁的白领女性提供日常休闲食品。

要点小贴士

定位就是企业确定在市场中的位置。定位创新强调基于客户价值的独特定位。

4. 范式创新

它是指影响组织业务的潜在思维模式的变化。

革除旧有的既定看法和思维模式，以新的视角、新的方法和新的思维模式，形成新的结论或思想观点，进而用于指导新的实践的过程。

【案例】特斯拉的成功被业界归为是互联网思维的成功，而马斯克的开放专利之举，也正是体现了互联网"自由、平等、开放、分享"的精神。

特斯拉开放所有专利的目的就在于让更多的人或企业，在一个较低的门槛上，就可以站在巨人的肩膀上，投入到世界电动汽车发展和普及的浪潮当中。

从开放专利表面上看，是让竞争对手占了便宜，然而此举却无形中提高了特斯拉技术的普适性，使得它在未来标准制定中抢占了有利的地位。

要点小贴士

范式创新是指企业应该采取什么样的新方法和新策略来实现其目标。

（二）探索战略创新的不同方面

企业在战略创新决策之前，有必要考虑创新各个不同方面的特点。这些特点有可能影响企业关于创新时机和领域的战略决策。

1. 创新的新颖程度

创新管理的一个关键问题涉及创新的新颖程度。

类型	渐进性	突破性
含义	是一系列持续、稳步前进的变化过程，使企业能够保持平稳、正常运转。它往往发生在某些时点，影响企业体系当中的某些部分	是全面性的变化过程，使企业整个体系发生改变
强调	"一步步来"	"颠覆性创新"
联系	大量企业创新的实践表明，从渐进性创新到突破性创新是一个量变到质变的过程，企业在经历了多次渐进性创新后，往往会实现更高层次的突破性创新	

2. 创新的基础产品和产品家族

阐释	要使持续的创新达到理想的效果，途径之一是借助"基础产品"或"产品家族"这一概念
基本思路	依托一个稳健的基础产品或可以扩展的产品家族，为创新提供一定范围的延展空间。而基础产品或产品家族通过将技术应用于若干市场，能有效地补偿公司在研发上的高额初始投资

3. 创新的层面

认识创新机会的重要视角还有创新的层面。有些创新改变了组件层面，有些创新则改变了整个系统架构。

成功的创新要求管理者既能掌握和使用关于组件的知识，又能掌握如何将这些组件组合在一起的架构的知识（组件的融合）。

4. 创新的时机

创新的机会随着时间的推移而改变。

在新的行业，围绕着新产品和服务的概念进行创新大有作为。而更为成熟的行业趋向于关注流程创新和定位创新，寻找成本更低、更快捷地销售产品和服务的方法，或者找到并占有新的细分市场。

【提示1】创新生命周期模型所描述的创新模式的三个不同发展阶段

（1）流变阶段（酝酿阶段）。

要点小贴士

流变阶段的市场参与者包含大量新创企业，实验结果往往伴随着诸多失败。

特征一	存在很大的不确定性：没有人知道技术手段和市场需要的“正确”配置是怎样的，因此许多市场参与者都在进行大量的实验和快速学习
特征二	新旧技术的共存和两者的快速提高：常可以观察到“帆船效应”，即成熟的技术加快自己的改进速度，以此作为对新的竞争技术的回应

（2）过渡阶段。

要点小贴士

过渡阶段的关键特征日益稳定，实验也转向排除缺陷和完善主导设计。

特征一	出现主导设计：实验成果开始融会形成“主导设计”，开始确定游戏的规则，并且侧重点转向模仿和开发
特征二	关注产品特色：从根本概念的开发转向关注产品差异化，以及更稳定、更廉价、更高质量和更多样的功能等

（3）成熟阶段。

要点小贴士

成熟阶段虽大多数是无差异的标准化产品，但也可通过定制化来满足特定客户的特殊需求。

特征一	关注产品价格：行业日益将注意力转向合理化、规模经济和流程创新，以此来降低成本，提高生产率
特征二	新技术出现：创新的空间变得越来越小，在科研人员的构想中，外部新的创新的可能性正在出现。最终会出现新的技术，并有可能对现有的规则形成挑战

【提示2】创新生命周期各阶段的主要元素

创新特征	流变阶段	过渡阶段	成熟阶段
竞争重点	功能性的产品性能	产品差异化	降低成本
创新的驱动因素	关于客户需求的信息，技术投入	通过扩展内部的技术能力来创造机会	降低成本、提高质量等方面的压力
创新的主要类型	产品的经常性的主要变化	随着生产规模扩大，要求出现重大流程创新	渐进性的产品和流程创新

创新特征	流变阶段	过渡阶段	成熟阶段
产品线	多样性，通常包括定制的设计	包括至少一种稳定或主导设计	大多数是无差异的标准产品
生产流程	灵活但低效，目标带有实验性，而且经常变化	变得越来越严格和明确	高效，通常形成资本集约化并且相对严格

（三）战略创新的情境

成功的战略创新赖以实现的关键情境：

1. 建立创新型组织

所谓创新型组织，是指创新能力和创新意识较强，能够源源不断进行一系列创新活动的组织。

创新型组织的组成要素及其关键特征如下：

组成要素	关键特征
共同使命、领导力和创新的意愿	明确阐述共同的使命感；延伸战略目标——“高管层的承诺”
合适的组织结构	组织设计使得创造力、学习和互动成为可能；关键问题是在“有机的”和“机械的”模式之间找到恰当的平衡
关键个体	发明者、组织发起者、技术把关人员和其他角色赋予创新活力或促进创新
全员参与创新	组织的全体成员都是创新活动的积极响应者和参与者
有效的团队合作	适当地使用团队（在本部门、跨职能和组织间）来解决问题，需要在团队选择和建设上给予投入
创造性的氛围	培育创新文化；营造激励创新的环境氛围
跨越边界	内部和外部的顾客导向；以某种网络系统形式与其他组织——供应链、产业集群、合作学习俱乐部等进行融合

2. 制定创新的战略

（四）创新管理的主要过程

从创新的视角来看，一个创新模型是将创意变成现实并从中获取价值的过程。创新管理一般经历“搜索—选择—实施—获取”四个阶段。

1. 搜索阶段——如何找到创新的机会

主要涉及搜索环境中有关潜在变革的信号。

2. 选择阶段——要做什么以及为什么

主要涉及对不同的机会和市场做出选择。

3. 实施阶段——如何实现创新

主要涉及将潜在的想法变成现实，逐渐汇集各种知识并产生创新的过程。

4. 获取阶段——如何获得利益

主要涉及从创新中获取一些价值。

经典题解

【真题8·单选题】知立公司是一家致力于游戏软件研发的创新型企业，该公司通过组织授权和培训，帮助每一个员工去挑战自己和团队成长的极限，成就其对事业的追求。下列各项中，属于知立公司作为创新型组织组成要素的是（　　）。（2021年）

A. 关键个体　　B. 有效的团队合作

C. 合适的组织结构　　D. 全员参与创新

【解析】"该公司通过组织授权和培训，帮助每一个员工去挑战自己和团队成长的极限，成就其对事业的追求"表明知立公司作为创新型组织组成要素是全员参与创新，选项D正确。

【答案】D

【真题9·单选题】通恒公司是一家主营工程设计与施工业务的企业，其创新管理的重点是利用其首创的多项绿色环保施工技术和数字化、智能化等"新基建"带来的市场机会，大力拓展业务种类和规模，并利用在业务拓展过程中获得的新知识巩固目前的创新。从创新管理的主要过程来看，通恒公司的创新管理处于(　　)。（2021年）

A. 选择阶段　　B. 搜索阶段

C. 收获阶段　　D. 实施阶段

【解析】"其创新管理的重点是利用其首创的多项绿色环保施工技术和数字化、智能化等'新基建'带来的市场机会，大力拓展业务种类和规模，并利用在业务拓展过程中获得的新知识巩固目前的创新"表明通恒公司的创新管理处于实施阶段，选项D正确。

解题攻略

实施阶段的教材原文"运用更多的相关知识来巩固这次创新"与本题的题干如出一辙。

【答案】D

【例题10·单选题】珈蓝公司是一家汽车制造企业，其不断对汽车零部件采购、汽车研发、汽车组装以及产成品运输等价值链环节进行优化，在提升企业生产效率的同时，降低了汽车制造成本以及销售成本。珈蓝公司主要涉及的战略创新的类型是（　　）。

A. 产品创新　　B. 流程创新

C. 定位创新　　D. 范式创新

【解析】流程创新是指产品和服务的生产和交付方式的变化。珈蓝公司对其零部件采购、研发、组装及运输等环节不断优化，属于流程创新，选项B正确。

【答案】B

【例题11·单选题】M公司是一家综合性天然能源类公司，其率先意识到水电等公共事业方面具有市场交易潜力，因此在取消管制的大背景下，M公司在全球范围建立了能源和其他公共服务事业的网络分布系统。M公司采取的战略创新类型是（　　）。

A. 范式创新　　　　　　　　B. 产品创新
C. 流程创新　　　　　　　　D. 定位创新

【解析】范式创新是指影响组织业务的潜在思维模式的变化。M公司“率先意识到水电等公共事业方面具有市场交易潜力……在全球范围建立了能源和其他公共服务事业的网络分布系统”属于范式创新，选项A正确。

【答案】A

【例题12·多选题】GS医械公司创立之初的主要业务是进口发达国家的显微手术器械在国内销售。近年来，GS医械公司的主营产品显微手术器械面临着很大的危机，其市场份额呈现连年下降的态势。GS医械公司针对此情况进行了战略创新：①从原来的显微手术器械供应商转向“人工视觉”解决方案提供者，进入帮助患者恢复光明的生物高科技行业；②从以往的以医生为主要客户群的商业模式，调整为为患者提供解决方案的商业模式，以全新的经营理念，带动整个商业模式的变化；③对公司内部管理机制和生产模式加以变革和完善，以提高生产经营的效率和效果。根据上述信息判断，GS公司的战略创新类型有（　　）。

A. 产品创新　　　　　　　　B. 流程创新
C. 定位创新　　　　　　　　D. 范式创新

【解析】“从原来的显微手术器械供应商转向‘人工视觉’解决方案提供者，进入帮助患者恢复光明的生物高科技行业”属于产品创新；“对公司内部管理机制和生产模式加以变革和完善，以提高生产经营的效率和效果”属于流程创新；“从以往的以医生为主要客户群的商业模式，调整为为患者提供解决方案的商业模式”属于定位创新；“以全新的经营理念，带动整个商业模式的变化”属于范式创新。因此，选项A、B、C、D均正确。

【答案】ABCD

解题攻略

本题揭示了该知识点下四种类型不易区分的特点，即一项举措可能对应多种战略创新类型，如本题中“商业模式”的调整既属于定位创新又属于范式创新。

能量小贴士

如今，许多人经常会有思考停摆的习惯，一想到思考太麻烦，就想也不想，或一味地依赖别人去想，主动让自己的头脑处于关机状态。结果这些习惯导致放弃思考、依赖别人思考、思考扭曲或偏颇，往往使得自己的学习效果不佳。

五、战略管理中的权力与利益相关者 ★★★

（一）企业利益相关者的利益矛盾与均衡

1. 投资者与经理人员的矛盾与均衡

鲍莫尔提出了“销售最大化”模型，马里斯提出了“增长最大化”模型，威廉姆森提出了“经理效用最大化”模型，也称“管理权限理论”，这些都对传统的利润最大化理论提出了挑战。这些模型被称之为“经理型厂商理论”，其共同点是强调经理为了追求个人效用最大化的目标，而有可能背离最大利润原则。

“经理型厂商理论”将经理效用函数纳入企业的目标函数中，用多目标取代利润最大化的单一目标，在一定程度上揭示了股东与经理之间的矛盾，可以解释用简单的利润最大化假说解释不了的企业行为。

2. 企业员工与企业（股东或经理）之间的利益矛盾与均衡

员工追求工资收入最大化和工作稳定，而企业追求利润最大化，二者的矛盾与均衡可以通过列昂惕夫模型进行描述。

3. 企业利益与社会效益的矛盾与均衡

“社会效益”代表所有企业外部利益相关者的共同利益。企业外部利益相关者对企业的共同期望是企业应承担一系列社会责任。这些社会责任包括三个方面：①保证企业利益相关者的基本利益要求；②保护自然环境；③赞助和支持社会公益事业。

经典题解

【例题13·多选题】下列各项中，可以用来描述投资者与经理人员的利益矛盾与均衡的模型有（　　）。

A. 列昂惕夫模型

B. 威廉姆森的管理权限理论

C. 马里斯的“增长最大化”模型

D. 鲍莫尔的“销售最大化”模型

【解析】鲍莫尔的“销售最大化”模型、马里斯的“增长最大化”模型和威廉姆森的“管理权限理论”，均用来描述投资者与经理人员的利益矛盾与均衡。列昂惕夫模型是用来描述企业员工与企业（股东或经理）之间的利益矛盾与均衡。

【答案】BCD

（二）权力与战略过程

权力是指个人或利益相关者能够采取（或者说服其他有关方面采取）某些行动的能力。权力不同于职权，它们主要有以下四点区别：

名师点拨：职权也是权力的一种类型，但权力不单指职权。

权力	职权
权力的影响力在各个方面	职权沿着企业的管理层次方向自上而下
受制权力的人不一定能够接受这种权力	职权一般能够被下属接受
权力来自各个方面	职权包含在企业指定的职位或功能之内
权力很难识别和标榜	职权在企业的组织结构图上很容易确定

1. 企业利益相关者的权力来源

（1）对资源的控制与交换的权力。

对资源的控制与交换的权力来源于对资源的所有权。

能够向企业提供资源的利益相关者显然比其他成员拥有更多的话语权。

这种权力的大小取决于他们所提供资源的稀缺程度和企业对这些资源的依赖程度。

【案例】在深圳一家电子产品制造企业，智能化生产线让原本需要8位工人的岗位减少到3位。企业负责人说，普通工人不愁了，但技术工人存在大量缺口。因此，智能制造的设计人才和应用端的人才获得了相对于普通工人更大的权力。

（2）在管理层次中的地位。

类型	阐释
法定权	指依据在组织中的职位而具有的，它来源于组织的正式规定
奖励权	属于法定权的引申，指领导者提供奖金、提薪、晋级、表扬等权力
强制权	属于法定权的引申，指领导者对其下属具有的强制其服从的权力

【提示】法定权、奖励权和强制权主要取决于领导者在组织中的职位，属于职位权力，是外在性权力。

（3）个人的素质和影响。

类型	阐释
专家权	指由个人的特殊技能或某些专业知识而形成的权力
榜样权	指由个人的人格、品德、魅力、表率等而形成的权力

【提示】榜样权和专家权主要来自于个人的因素，权力的大小取决于品格、知识、才能等个人素质，是内在性权力。榜样权与专家权不仅存在于正式组织之中，在非正式组织中也大量存在。

【案例】一位知名的外科医生在医院可以施加相当大的影响力，是因为虽然他没有高于他人的正式职权，但其他人都依赖于他的知识、技能和判断力，这就是专家权。

（4）参与或影响企业的战略决策与实施过程。

参与或影响企业的战略决策与实施过程的利益相关者也会形成一定的权力。

【案例】近年来，新能源汽车制造产业的供应商在不断扩大且更加复杂化，包括智能软硬件、互联网公司等。

为了与这些供应商建立长期的战略合作伙伴关系，提升新能源汽车制造企业整体供应链的灵活性与适应性，这些供应商也逐渐参与或影响新能源汽车制造企业的战略决策与实施过程。

（5）利益相关者集中或联合的程度。

利益相关者的权力与他们自身的集中或联合程度有关。

【提示】紧密团结起来的劳工对雇主而言具有更大的讨价还价能力。

经典题解

【真题14·单选题】截至2015年秋，U国N航空公司与M航空公司合并已有5年，但原N公司和M公司机舱服务员的劳工合约仍未统一。为此，原N公司与M公司的机舱服务员在临近圣诞节期间，发起抗议行动，有效推动了该问题的解决。本案例中原N公司与M公司机舱服务员的权力来源于（　　）。（2018年）

A. 在管理层次中的地位

B. 个人的素质和影响

C. 参与或影响企业战略决策与实施过程

D. 利益相关者集中或联合的程度

【解析】“原N公司与M公司的机舱服务员在临近圣诞节期间，发起抗议行动，有效推动了该问题的解决”表明原N公司与M公司机舱服务员的权力来源于利益相关者集中或联合的程度，选项D正确。

【答案】D

2. 在战略决策与实施过程中的权力运用

要点小贴士：坚决的抗争。

（1）对抗。

坚定行为和不合作行为的组合。目的在于使对方彻底就范，根本不考虑对方的要求，并坚信自己有能力实现所追求的目标。

【案例】某企业管理层拟将该公司旗下的两家子公司合并以实现业务重组，这两家子公司的大部分员工面临工作环境改变甚至下岗的风险。

这些员工联合起来进行了坚决的抗争，致使公司管理层放弃了上述决定。公司员工对待和处理这场冲突的策略是对抗。

要点小贴士：完全妥协让步。

（2）和解。

不坚定行为与合作行为的组合。设法满足对方的要求，目的在于保持或改进现存的关系。和解模式通常表现为默认、妥协和迁就。

【案例】2017年，年仅2岁的男童因宜家马尔姆系列三屉柜倾倒丧命。男童父母次年起诉宜家，指控宜家明知这一系列抽屉柜和衣柜存在倾倒风险，且先前已导致多名儿童受伤甚至死亡，但是没有提醒消费者这些家具必须用零件固定在墙上才能使用。

2019年12月18日，宜家与该家庭达成了协议，宜家向男童父母赔偿4600万美元以结束长达2年的法律诉讼。宜家采取的策略属于和解。

要点小贴士：合作共赢。

（3）协作。

坚定行为与合作行为的组合。既考虑满足自己的利益，也考虑对方的利益，使双方的利益都得到满足，即互惠互利、合作共赢。

【案例】某中外合资经营企业合资双方就合资企业管理方式的选择产生了分歧，外资高管提倡采取“自由式”的管理方式，而中资高管提倡使用强权集中的管理方式。

后来，合资双方本着坦诚相待、互相尊重、平等合作、互相理解、求同存异的原则，最终就合资企业管理方式取得了一致意见。

（4）折中。

中等程度的坚定行为和中等程度的合作行为的组合。通过各方利益相关者之间的讨价还价，相互作出让步，退而求其次，达成双方都能接受的协议。适用于冲突双方势均力敌的情形。

要点小贴士

双方部分妥协让步。

【案例】亚通网络公司是一家中日合资企业。在日本工作加班加点司空见惯，而且没有报酬。亚通公司经常要求中国员工加班，而且没有报酬，为此引起中国员工的不满。

后来，公司管理层与中国员工经过多次谈判，公司管理层愿意考虑员工的需求而尽可能减少加班，同时给予员工适当的加班补助，员工也愿意接受管理层的解决方案，不再坚持每小时 50 元加班费的诉求。

（5）规避。

不坚定行为与不合作行为的组合。采取主动或被动的方式撤出，以避免冲突。

要点小贴士

躲避、撤出。

【案例】外媒报道，日本零售业巨头——全家，或将结束在华 15 年的运营生涯，关闭中国 2500 家门店。全家放弃中国市场的主要原因是合作伙伴——中国顶新食品公司的不配合，因此才会出现如今的局面。

也就是说，中国的全家其实是一家合资企业，主要控股方就是中国顶新食品公司和日本全家，当初签订的合同明确约定了双方需要负责的版块。

但是日本全家表示，顶新食品已经拖欠了他们两年的利润，另外自己和顶新食品的经营理念不同，因此选择早点分道扬镳。全家采取的策略属于规避。

【易错易混点】“和解”和“规避”的辨析

行为模式	相同点	不同点
和解	放弃自身要求（态度不坚定）	满足对方要求（双方存在联系）
规避		撤离，不满足对方要求（双方不存在联系）

经典题解

【真题 15 · 单选题】国内电子消费产品制造商天奇公司发现其开发的新产品被其供应商大洋公司冒名仿造并销售，遂向对方提出抗议并准备诉诸法律，大洋公司随后表示立即停止侵权行为并向天奇公司赔付 2 亿元人民币。天奇公司处理与大洋公司的利益矛盾所采取的行为模式是（　　）。（2020 年）

A. 和解　　B. 折中

C. 对抗　　D. 规避

【解析】企业利益相关者运用对抗模式处理矛盾与冲突时，目的在于使对方彻底就范，根本不考虑对方的要求，并坚信自己有能力实现所追求的目标。“天奇公司发现其开发的新产品被其供应商大洋公司冒名仿造并销售，遂向对方提出抗议并准备诉诸法律，大洋公司随后表示立即停止侵权行为并向天奇公司赔付 2 亿元人民币”表明天奇公司处理与大洋公司的利益矛盾所采取的行为模式是对抗，选项 C 正确。

【答案】C

【真题16·单选题】国内大型制冷设备制造商西奥公司拟在欧洲N国建立生产基地并雇佣当地操作员工。当得知N国劳动者工资水平高且经常在工会支持下提出增加福利的要求后，西奥公司修改了投资和建设方案，所需操作员工全部由机器人代替。西奥公司在战略决策与实施过程中的行为方式是（　　）。（2020年）

A. 对抗　　B. 协作

C. 规避　　D. 折中

【解析】规避模式是不坚定行为与不合作行为的组合。以时机选择的早晚来区分，这种模式可分为两种情况：一种是当预期将要发生矛盾与冲突时，通过调整来躲避冲突；另一种情况是当矛盾与冲突实际发生时主动或被动撤出。“西奥公司拟在欧洲N国建立生产基地并雇佣当地操作员工。当得知N国劳动者工资水平高且经常在工会支持下提出增加福利的要求后，西奥公司修改了投资和建设方案，所需操作员工全部由机器人代替”表明西奥公司在战略决策与实施过程中的行为方式是规避（通过调整来躲避冲突），选项C正确。

【答案】C

【真题17·单选题】2015年，大型冶金企业金通公司为获得稳定的原料来源，向某稀土开采企业提出以20亿元人民币并购该企业的要求，遭到后者拒绝。后来双方经多次谈判，最终达成以部分股权互换的方式结为战略联盟的协议。金通公司在战略决策与实施过程中的行为模式属于（　　）。（2019年）

A. 对抗　　B. 和解

C. 折中　　D. 规避

【解析】通过各方利益相关者之间的讨价还价，相互做出让步，达成双方都能接受的协议，即为折中，选项C正确。

【答案】C

【例题18·单选题】恒强公司管理层拟将该公司旗下的两家子公司合并以实现业务重组，这两家子公司的大部分员工面临工作环境改变甚至下岗的风险。这些员工联合起来进行了坚决的抗争，致使公司管理层放弃了上述决定。公司管理层对待和处理这场冲突的策略是（　　）。

A. 协作　　B. 折中

C. 和解　　D. 规避

【解析】和解模式通常表现为默认和让步。“这些员工联合起来进行了坚决的抗争，致使公司管理层放弃了上述决定”说明该公司管理层对待和处理这场冲突的策略是和解，选项C正确。

【答案】C

考试加油站

一、本章小结

下载“会计云课堂”App 学习

您已成功完成“第一章”的学习，本章共 8 个考点，您都学会了吗？

为了让您对章节有更清晰的理解，加倍巩固。本书作者田明老师将通过**“视频导图课”**的方式，带您回顾重要考点。

名师点拨，视听结合，高效提分。

※ 欢迎您扫码，免费观看学习。

二、本章疑难问题解答

1. 公司目的与公司目标的区分

答：（1）二者定义不同：目的比较抽象，是某种行为活动的终极性的追求（营利 / 非营利）；目标则比较具体，是某种行为活动的阶段性的追求（可测度的阶段性目标）。

（2）二者范围不同：目标是在特定的时间内所追求的最终成果；目的则可理解为梦想与期望。目标要围绕目的进行。

2. 公司目的、公司宗旨和经营哲学的区分

答：

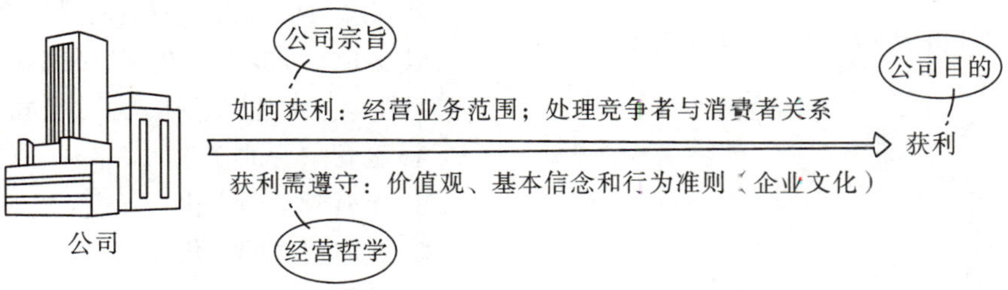

同步强化练习题

使用“会计云课堂”App或“微信”扫码快速做题、对答案、看解析、掌握解题思路，开启轻松过关之旅。

一、单项选择题

1. 甲公司评估战略备选方案时，主要考虑选择的战略是否发挥了企业优势，克服了劣势；是否利用了机会，将威胁削弱到最低程度；是否有助于企业实现目标。甲公司评估战略备选方案使用的标准是（　　）。
A. 外部性标准
B. 适宜性标准
C. 可行性标准
D. 可接受性标准

2. 中国平安保险公司倡导“以优秀的传统文化为基础，做一个品德高尚、有价值的人”的价值观。从公司的使命角度来看，这属于（　　）。
A. 公司宗旨
B. 公司目的
C. 公司的目标
D. 经营哲学

3. 2018年，贝因美公司为了压倒竞争对手，决定对产品价格进行调整，在渠道上采用了去高价库存的方式，力图获取足够的市场竞争优势。结合上述信息可以判断，该内容属于（　　）。
A. 公司宗旨
B. 公司目的
C. 公司的目标
D. 经营哲学

4. 下列各项中，属于多元化公司总体战略的核心要素是（　　）。
A. 明确企业的竞争战略
B. 选择企业可以竞争的经营领域
C. 协调每个职能中各种活动之间的关系
D. 协调不同职能与业务流程之间的关系

5. I公司在1998年宣布进入IT服务领域之前，已经是全球最具规模的个人及商用PC生产制造商，在PC领域具有极高的知名度和美誉度，拥有全球最有价值和最广泛的PC销售网络和渠道。同时，与其欲战略转型的行业——IT服务领域之间也有着非常大的共享空间——巨大的品牌忠诚度、大致相似的目标客户群体，以及I公司多年在PC领域练就的高技术特性等。上述信息体现了I公司（　　）。
A. 公司宗旨的变化
B. 经营哲学的变化
C. 战略层次的变化
D. 公司目的的变化

6. 2018年以来，从事无人机研发和生产的飞翔公司与相关高校、科研机构等开展合作。飞翔公司系统研发部门围绕民用无人机动力系统、飞控系统、传感器等开展关键技术攻关，重点突破实时精准定位、动态场景感知与避让、面向复杂环境的自主飞行、群体作业等核心技术。飞翔公司系统研发部门的上述行为属于该公司的（　　）。

A. 业务单位战略　B. 总体战略
C. 混合战略　D. 职能战略

7. 2019年9月，A市出租车拟将起步价提高30%达到13元/3公里，遭到消费者的抗议。经政府介入以及举行听证会，最终达成一致协议，在起步价提高1元的基础上，3公里后每公里单价由1.8元提高至2.1元。此种行为模式属于(　　)。
A. 和解　B. 协作
C. 折中　D. 对抗

8. 甲公司是一家跨国制药公司，其设立在中国的分公司拟将其生产的药品的销售价格提高25%，因此被中国相关政府部门约谈，该部门拟以乱涨价为由对其进行处罚。后甲公司与该部门协商，双方最终未能达成一致，为此甲公司将其在中国的分公司的业务迁到东南亚F国。甲公司的此种行为模式为（　　）。
A. 和解　B. 协作
C. 规避　D. 折中

9. 2007~2013年，S公司在作为P公司最大的元器件和闪存供应商的同时，推出了系列智能手机和平板电脑，成为P公司在智能手机和平板电脑市场主要的竞争对手。P公司很想摆脱对S公司的依赖，但由于S公司在生产关键零部件方面的能力显著强于其他公司，在短期内P公司仍然离不开S公司。根据上述信息判断，S公司对P公司的权力来源于（　　）。
A. 对资源的控制与交换的权力
B. 个人的素质和影响
C. 参与或影响企业的战略决策与实施过程
D. 利益相关者集中或联合的程度

二、多项选择题

1. 下列关于公司建立战略目标体系目的的表述中，正确的有（　　）。
A. 获得投资回报率
B. 提高股利增长率
C. 提高公司在客户中的声誉
D. 获得持久的竞争力

2. 浪花公司是一家制药企业，主营儿童营养液。由于近年来人口出生率下降，企业的收益受到影响。浪花公司发现市场中营养饮料十分火爆，基于企业目前的状况，浪花公司决定进行转型，进入营养饮料行业，并将营养饮料与原有的儿童营养液相结合，推出新型饮品。除此之外，浪花公司引入数字化技术管理模块，不但提升了企业生产运营效率，还引领了制药行业的风向标。浪花公司涉及的战略创新的类型有（　　）。
A. 产品创新　B. 流程创新
C. 定位创新　D. 范式创新

3. 甲公司是一家手机制造企业，经过多年的发展，其不断地进行产品和流程等方面的创新，逐渐形成了以甲公司为核心，以众多中小企业为支撑的科技产业生态圈，包括耳机、电源、蓝牙音箱、智能手表、空气净化器等多个不同的科技产业。每个企业都为甲公司提供各自领域的优质资源以增强甲公司的产品竞争力，而甲公司则为各个企业带来强大的资金以及平台支撑，以解决各个企业的资金问题和信息匮乏问题。依据战略创新的不同方面的特点，下列关于甲公司的说法正确的有（　　）。
A. 甲公司科技生态圈的形成属于突破性的创新方式
B. 甲公司科技生态圈的形成属于渐进性的创新方式
C. 甲公司科技生态圈仅体现了架构层面的创新
D. 甲公司科技生态圈体现了组件层面以及架构层面的创新

4. 在零售企业纷纷传来关店倒闭消息之时，苏宁易购却逆势而为，交出了一份华丽的成绩单。华丽的业绩离不开持续不断的变革，战略转型一直是苏宁亘古不变的主题，从 2009 年年初的“沃尔玛 + 亚马逊”，到“云商”，再到“一体两翼”，最后到 2017 年的“一体二翼三云四端”，其涉及总体战略、业务单位战略和职能战略的变革，且每一次都以改革者的姿态，撼动既有的利益格局，每一次都是颠覆传统零售业的玩法。无论遇到多大阻挠，无论多么不被看好，苏宁的掌舵人张近东毅然奏响组织转型的狂想曲，高歌飙进。苏宁易购体现的战略管理特征有（　　）。
A. 战略管理是企业的综合性管理
B. 战略管理是企业的高层次管理
C. 战略管理是企业的动态性管理
D. 战略管理是企业的静态性管理

5. D 公司作为全球高科技产品生产者，其创始人 Z 先生对公司创新文化起引领性作用，其特立独行、颠覆传统、敢于打破常规的，对独特精神的崇尚是 D 公司取得成功的关键因素之一。寻找并攻克挑战是 D 公司工程师的首要任务和使命，他们致力于发现和解决全新的问题，带来性能更为卓越的创新产品。D 公司采取“有机的”组织，研发人员的工作空间全部开放共享，允许其他部门的员工前来自由交流，碰撞创新思维的火花。上述信息体现了创新型组织的组成要素中的（　　）。
A. 共同使命、领导力和创新的意愿
B. 合适的组织结构
C. 创造性的氛围
D. 关键个体

同步强化练习题参考答案及解析

使用“会计云课堂”App 或“微信”扫码对答案、看解析、掌握解题思路，开启轻松过关之旅。

一、单项选择题

1.【答案】B
【解析】评估战略备选方案中的适宜性标准，主要考虑选择的战略是否发挥了企业的优势，克服了劣势；是否利用了机会，将威胁削弱到最低程度；是否有助于企业实现目标。因此，选项 B 正确。

2.【答案】D
【解析】经营哲学是公司为其经营活动方式所确立的价值观、基本信念和行为准则，是企业文化的高度概括，选项 D 正确。

3.【答案】C
【解析】战略目标体系的建立目的在于为公司赢得下列结果：获取足够的市场竞争优势，在产品质量、客户服务或产品革新等方面压倒竞争对手，使整体成本低于竞争对手的成本，提高公司在客户中的声誉，在国际市场上建立更强大的立足点，建立技术上的领导地位，获得持久的竞争力，抓住诱人的成长机会等。贝因美“力图获取足够的市场竞争优势”属于战略目标体系的建立目的，是公司的目标，选项 C 正确。

4.【答案】B

【解析】总体战略是根据企业的目标，选择企业可以竞争的经营领域，合理配置企业经营所必需的资源，使各项经营业务相互支持、相互协调，选项 B 正确。选项 A 属于竞争战略的核心要素，选项 C、D 属于职能战略的核心要素。

5.【答案】A

【解析】“I 公司……是全球最具规模的个人及商用 PC 生产制造商……与其欲战略转型的行业—— IT 服务领域”体现的是企业经营业务范围的调整，即公司宗旨的变化，选项 A 正确。

6.【答案】D

【解析】“飞翔公司系统研发部门围绕民用无人机动力系统、飞控系统、传感器等开展关键技术攻关，重点突破实时精准定位、动态场景感知与避让、面向复杂环境的自主飞行、群体作业等核心技术”属于职能战略，选项 D 正确。

7.【答案】C

【解析】由于出租车公司和消费者相互做出让步，达成了双方都能接受的协议，故为折中。

8.【答案】C

【解析】“甲公司将其在中国的分公司的业务迁到东南亚 F 国”表明甲公司为避免冲突，没有采取和中国相关政府部门合作的行为，属于不坚定行为与不合作行为的组合，即规避，选项 C 正确。

9.【答案】A

【解析】“P 公司很想摆脱对 S 公司的依赖，但由于 S 公司在生产关键零部件方面的能力显著强于其他公司，在短期内 P 公司仍然离不开 S 公司”表明 S 公司对 P 公司的权力来源于对资源的控制与交换的权力。因此，选项 A 正确。

二、多项选择题

1.【答案】CD

【解析】战略目标体系的建立目的在于为公司赢得下列结果：获取足够的市场竞争优势，在产品质量、客户服务或产品革新等方面压倒竞争对手，使整体成本低于竞争对手的成本，提高公司在客户中的声誉，在国际市场上建立更强大的立足点，建立技术上的领导地位，获得持久的竞争力，抓住诱人的成长机会等。因此，选项 C、D 正确，选项 A、B 属于财务目标体系的建立目的。

2.【答案】ABCD

【解析】“将营养饮料与原有的儿童营养液相结合，推出新型饮品”属于产品创新；“浪花公司引入数字化技术管理模块，不但提升了企业生产运营效率”属于流程创新；“基于企业目前的状况，浪花公司决定进行转型，进入营养饮料行业”属于定位创新；“引入数字化技术管理模块，不但提升了企业生产运营效率，还引领了制药行业的风向标”属于范式创新。因此，选项 A、B、C、D 均正确。

3.【答案】BD

【解析】“经过多年的发展，其不断地进行产品和流程等方面的创新，逐渐形成了以甲公司为核心，以众多中小企业为支撑的科技产业生态圈”说明甲公司采取了渐进性的创新方式，选项 A 错误，选项 B 正确。“每个企业都为甲公司提供各自领域的优质资源以增强甲公司的产品竞争力”属于组件层面的创新；“甲公司则为各个企业带来强大的资金以及平台支撑，以解决各个企业的资金问题和信息匮乏问题”属于架构层面的创新，选项C错误，选项D正确。

4.【答案】ABC

【解析】“华丽的业绩离不开持续不断的变革，战略转型一直是苏宁亘古不变的主题”体现了战略管理具有动态性的特征；“从2009年年初的‘沃尔玛+亚马逊’，到‘云商’，再到‘一体两翼’，最后到2017年的‘一体二翼三云四端’，其涉及总体战略、业务单位战略和职能战略的变革”体现了战略管理具有综合性的特征；“无论遇到多大阻挠，无论多么不被看好，苏宁的掌舵人张近东毅然奏响组织转型的狂想曲，高歌飙进”体现了战略管理具有高层次的特征。因此，选项A、B、C正确，选项D为干扰项。

5.【答案】ABCD

【解析】“其创始人Z先生对公司创新文化起引领性作用，其特立独行、颠覆传统、敢于打破常规的，对独特精神的崇尚是D公司取得成功的关键因素之一”体现了共同使命、领导力和创新的意愿；“其创始人Z先生……寻找并攻克挑战是D公司工程师的首要任务和使命，他们致力于发现和解决全新的问题，带来性能更为卓越的创新产品”体现了关键个体；“D公司采取‘有机的’组织”体现了合适的组织结构；“研发人员的工作空间全部开放共享，允许其他部门的员工前来自由交流，碰撞创新思维的火花”体现了创造性的氛围。因此，选项A、B、C、D均正确。

第二章　战略分析

CHAPTER-2

本章学习指南

一、学习目标

本章属于重点章，主要涉及企业的战略分析方法和工具。在学习本章内容时，力求整体把握，做到全面复习、综合掌握。本章复习的关键是理解相关内容，形成清晰脉络，并能做到灵活运用。

1. 掌握宏观环境分析中政治和法律因素、经济因素、社会和文化因素、技术因素的具体内容
2. 掌握产品生命周期四阶段的主要特征
3. 熟练掌握波特的产业五种竞争力分析方法
4. 掌握成功关键因素分析
5. 掌握竞争环境分析（竞争对手分析和产业内的战略群组）
6. 掌握资源与能力分析
7. 掌握波特的价值链分析（五种基本活动、四种支持活动和企业资源能力的价值链分析）
8. 了解通用矩阵并掌握波士顿矩阵
9. 熟练掌握 SWOT 分析的应用

二、考情概况

在近 3 年的考试中，本章的平均分值约为 22 分。本章考试的题型主要以客观题和主观题的形式进行呈现。

三、教材变化

2022 年教材本章内容与 2021 年教材相比，主要变化：

1. 第一节“竞争环境分析”中，对“竞争对手分析”进行了重新表述
2. 将原第一节“国家竞争优势（钻石模型）分析”的内容移至第二节“资源与能力分析”中，修改名称为“产业资源配置分析框架——钻石模型”，并调整了部分表述
3. 调整了部分案例

四、考点框架

- 第二章 战略分析
  - 企业外部环境分析
    - 宏观环境分析 ★★
    - 产业环境分析
      - 产品生命周期 ★★
      - 产业五种竞争力 ★★★
      - 成功关键因素分析 ★★
    - 竞争环境分析
      - 竞争对手分析 ★★
      - 产业内的战略群组 ★★
  - 企业内部环境分析
    - 资源与能力分析
      - 企业资源分析 ★★
      - 企业能力分析 ★★
      - 企业的核心能力 ★★★
      - 产业资源配置分析框架——钻石模型 ★★
    - 价值链分析
      - 价值链的两类活动 ★★
      - 价值链确定 ★
      - 企业资源能力的价值链分析 ★★
    - 业务组合分析
      - 波士顿矩阵 ★★
      - 通用矩阵 ★
  - SWOT 分析
    - SWOT 分析的基本原理 ★★
    - SWOT 分析的应用 ★★★

核心考点精讲

第一节　企业外部环境分析

使用“会计云课堂”App 或“微信”扫码查看本节视频，快速 GET 知识点。

企业外部环境分析是指公司对制订战略时面临的外部环境进行分析，从而寻求机会，规避威胁。这是制订公司战略的基础和前提。外部环境可以从宏观环境、产业环境和竞争环境三个层面展开。

一、宏观环境分析 ★★

PEST 分析，即宏观环境分析，是指影响所有产业和企业的宏观因素分析。其中，P 是政治和法律，E 是经济，S 是社会和文化，T 是技术。

宏观环境因素	阐释
政治和法律因素	（1）政局稳定状况 （2）政府行为对企业的影响 （3）政府对组织发展及其作用所持的具体态度和推行的基本政策（产业政策、税收政策、进出口限制、价格管制、外汇管制等）以及这些政策的连续性和稳定性 （4）各政治利益集团对企业经营活动产生的影响 （5）政府制定的法律、法规等（法律因素）
经济因素	（1）社会经济结构（产业结构、分配结构、交换结构、消费结构和技术结构等） （2）经济发展水平与状况（国家经济发展的规模、速度和所达到的水平；税收水平；通货膨胀率；贸易差额和汇率；失业率；利率；信贷投放；政府补助等） （3）经济体制（国家经济组织的形式） （4）宏观经济政策（综合性的全国发展战略和产业政策、国民收入分配政策、价格政策、物资流通政策等） （5）其他经济条件（工资水平、供应商及竞争对手的价格变化等经济因素，可能会影响行业内竞争的激烈程度，也可能会延长产品生命周期、鼓励企业用自动化取代人工、促进外商投资或引入本土投资、使强劲的市场变弱或使安全的市场变得具有风险等）

直击题眼

①政治和法律因素：政府干预、触及法律时对企业的影响。

②经济因素：国家经济状况对企业的影响。

③社会和文化因素：人文因素对企业的影响。

④技术因素：科技力量对企业的影响。

- **致亲爱的学员**

本章是战略学习的重点章，对本章所涉及的战略分析方法和工具要做到“如数家珍”。千万不要被“PEST 模型”“钻石模型”和“SWOT 分析”等高冷的外表吓退，深入了解后就会发现，它们其实是助您前行的“小精灵”。为了让您注会之路的每一步走得平稳且充实，我们贴心地在“核心考点精讲”中设置了二维码，扫一扫，就可以免费观看前两章名师知识点详细讲解，名师带您一起解开“小精灵”的奥秘。

- **使用步骤**

01 扫码下载安装最新版“会计云课堂”App

02 登录您的东奥个人账号

03 点击首页右上角“扫一扫”即可听课

宏观环境因素	阐释
社会和文化因素	人口因素、社会流动性、消费心理、生活方式变化、文化传统和价值观等
技术因素	国家科技体制、科技政策、科技水平和科技发展趋势等

要点小贴士

顾客在消费时，是关注于产品的新鲜感还是关注于产品是否实用。

要点小贴士

某地区的人们是崇尚节俭还是事事讲究排场。

【案例】互联网行业 PEST 分析举例

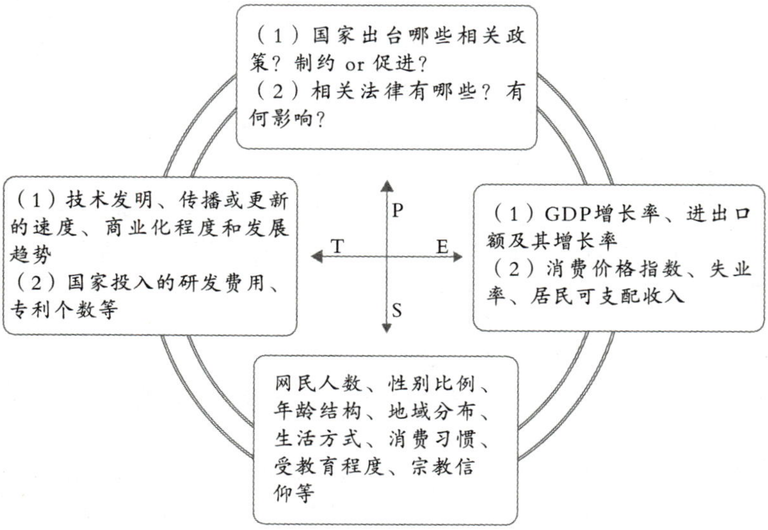

【易错易混点】政治和法律因素与经济因素的区分

政府出台政策，规定在一些城市实行房地产限购限贷，属于政治和法律因素；政府对房地产业的发展及其作用所持的具体态度是“房子是用来住的，而不是用来炒的”，不应将房地产作为短期刺激经济的手段，也属于政治和法律因素。

提高房贷利率，属于通过利率这个经济杠杆对房地产行业进行宏观调控的手段。因此，属于经济因素。

经典题解

【例题1·单选题】商界有句名言“女人和孩子的钱好赚”。从战略分析角度来看，该说法主要分析的因素是（　　）。

A. 人口因素　　B. 价值观

C. 生活方式变化　　D. 消费心理

【解析】本题考查PEST分析中社会和文化因素中的消费心理。消费心理指消费者进行消费活动时，所表现出的心理特征与心理活动的过程。消费者的心理特征包括消费者兴趣、消费习惯、性格、气质等方面的特征。在本题中，因为女人更多会追求时髦、年轻，愿意在自己身上花钱，所以会使得女人的钱好赚。而孩子在购物时缺乏辨别能力，并且父母都想在能力范围内给孩子最好的，故舍得在孩子身上花钱，体现了孩子的钱好赚。因此，上述内容属于消费者进行消费活动时，所表现出的心理特征与心理活动的过程，选项D正确。

【名师点题】解答本题的关键是掌握消费心理的内涵及其与价值观、人口因素的区别。价值观是人们对客观世界及行为结果的评价和看法，反映了人们的人生观和世界观，内涵较为丰富。人口因素主要强调的是居民的地理分布及密度、年龄、教育水平、国籍等，描述的是一些客观因素。消费心理主要强调的是一种主观因素（由人的主观意识引起的一系列购买行为发生）。

【答案】D

【例题 2·单选题】柯达公司是世界上最大的影像产品及相关服务的生产商和供应商。柯达公司在影像拍摄、分享、输出和显示领域一直处于世界领先地位，100 多年来帮助无数的人们留住美好回忆、交流重要信息以及享受娱乐时光。柯达公司长期依赖相对落后的传统胶片部门，而对于数字科技给予传统胶片部门的冲击反应迟钝，直接导致该公司后来经营陷入困境。导致柯达公司经营陷入窘境的主要外部环境因素属于（　　）。

A. 技术环境　　B. 政治和法律环境

C. 经济环境　　D. 社会和文化环境

【解析】技术进步带来对现有产品的淘汰，属于技术变化带来的影响，选项 A 正确。

【答案】A

【例题 3·多选题】甲公司为国内上市的电信公司。甲公司正在研究收购某发展中国家的乙移动通信公司。下列各项因素中，属于甲公司在 PEST 分析中应当考虑的有（　　）。

A. 甲公司具有较强的财务实力收购乙公司

B. 乙移动通信公司所在国政府历来对企业实施高税收政策

C. 甲公司在国内提供电信服务积累的经验与技术有助于管理乙移动通信公司的业务

D. 乙移动通信公司所在国的电信技术近年来发展迅速

【解析】选项 B 属于宏观环境分析中的政治和法律因素；选项 D 属于宏观环境分析中的技术因素；选项 A、C 属于甲公司内部的资源与能力分析。因此，选项 B、D 正确。

【答案】BD

【例题 4·多选题】甲服装制造企业计划通过设立合资企业的形式进入乙国。下列各项中，属于甲企业对乙国经济环境进行分析时需要考虑的有（　　）。

A. 乙国技术创新速度较快

B. 乙国近年经济呈稳步增长态势

C. 甲公司在服装制造产业拥有多项国际专利

D. 乙国通货膨胀较为严重

【解析】选项 A 为技术因素；选项 B 为经济因素中的经济增长速度；选项 C 为甲公司内部的资源与能力分析；选项 D 为经济因素中的通货膨胀率。因此，选项 B、D 正确。

【答案】BD

二、产业环境分析

（一）产品生命周期 ★★

产品生命周期是指一个产业从初生到衰亡，具有阶段性和共同规律性的厂商行为（特别是进入和退出行为）的改变过程。产业生命周期理论是从产品生命周期理论、企业生命周期理论逐步演化而来的，是生命周期理论在产业经济学中的运用和发展。

以产业销售额增长率曲线的拐点来划分，产品生命周期分为导入期、成长期、成熟期和衰退期四个阶段。

从各阶段的系列特征角度来比较：

比较项目	导入期	成长期	成熟期	衰退期
用户购买行为	因为大众对其尚缺乏了解，所以用户很少，只有高收入用户会尝试新的产品	产品销量节节攀升，产品的客户群已经扩大。消费者会接受参差不齐的质量，并对质量的要求不高	新的客户减少，主要靠老客户的重复购买支撑	客户挑剔，追求性价比
产品质量和技术	产品虽然设计新颖，但质量差，尤其是可靠性，技术上有很大的不确定性	产品在技术和性能方面有较大差异，技术渐趋定型	产品逐步标准化，差异不明显，技术和质量改进缓慢，技术上已经成熟	技术被模仿后出现的替代品充斥市场。为降低成本，产品质量可能出现问题
供求状况	销量小，产能过剩	需求高速增长，供不应求	销量到顶导致难以扩张，市场需求基本饱和，局部生产能力过剩	市场需求减小，产能严重过剩
价格	高价格	最高价格	竞争者之间打价格战，价格开始下降	价格进一步降低，部分企业出局，价格有望提升
经营风险	经营风险非常高	经营风险有所下降，但仍然维持在较高水平	经营风险进一步降低，达到中等水平	经营风险最低

名师点拨

经营风险的变化规律：

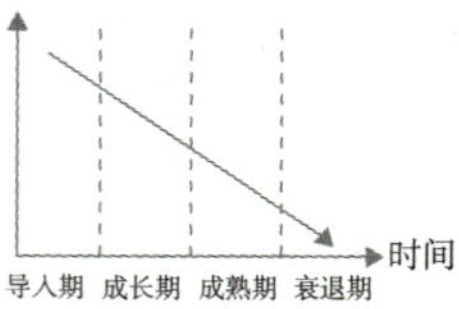

从各阶段的战略目标、战略路径的角度来比较：

阶段	战略目标	战略路径
导入期	扩大市场份额，争取成为“领头羊”	投资于研究开发和技术改进，提高产品质量
成长期	争取最大市场份额	市场营销，此时是改变价格形象和质量形象的好时机
成熟期	在巩固市场份额的同时提高投资报酬率	提高效率，降低成本
衰退期	首先是防御，获取最后的现金流	控制成本，以求能维持正的现金流量

产品生命周期理论在运用上有一定的局限性：

（1）无法判断所属阶段：产品生命周期曲线是一条经过抽象化的典型曲线，各产业按照实际销售额绘制出来的曲线远不是这样光滑的，有时要确定一个产业究竟处于哪一阶段是较为困难的，识别不当，容易导致战略上的决策失误。

（2）理论和现实有差距：产业的增长并不总是呈“S”形。有的产业跳过成熟阶段，直接从成长阶段走向衰退阶段；有的产业在经历一段时间衰退之后又重新上升；还有的产业似乎完全跳过了导入期这个缓慢的起始阶段。

（3）易受其他因素影响：产业内的公司可以通过改变产品的形式和定位，来影响产业销售额增长率曲线的形状。

（4）产业特性与之不适配：与生命周期每一阶段相联系的竞争属性随着产业的不同而不同。有些产业的演变是由集中到分散，有些产业则是由分散到集中，因此无法只用一个战略模式与之对应。

经典题解

【真题 5 · 单选题】宝灵公司是一家牙膏生产企业。目前牙膏行业的销售额达到前所未有的规模，各个企业生产的不同品牌的牙膏在质量和功效等方面差别不大，价格竞争十分激烈。在上述情况下，宝灵公司的战略重点应是（　　）。（2020 年）

A. 扩大市场份额

B. 在巩固市场份额的同时提高投资报酬率

C. 提高投资报酬率

D. 争取最大市场份额

【解析】“目前牙膏行业的销售额达到前所未有的规模，各个企业生产的不同品牌的牙膏在质量和功效等方面差别不大，价格竞争十分激烈”表明牙膏行业目前处于成熟期，成熟期的战略重点是在巩固市场份额的同时提高投资报酬率，选项 B 正确。

【答案】B

【真题 6 · 单选题】近年来，国产品牌智能手机企业强势崛起，出货量迅猛增长，与国际品牌智能手机在市场上平分秋色。中低端智能手机市场基本被国产智能手机占领，新进入者难以获得市场地位。同时，由于运营商渠道调整，电商等渠道比重加大，产品"同质化"现象加剧，"价格战"日趋激烈。根据上述情况，国内智能手机产业目前所处的生命周期阶段是（　　）。（2018年）

A. 成长期　　B. 导入期

C. 衰退期　　D. 成熟期

【解析】"中低端智能手机市场基本被国产智能手机占领，新进入者难以获得市场地位""产品'同质化'现象加剧，'价格战'日趋激烈"均体现的是产品生命周期中成熟期的特点，选项D正确。

【答案】D

【例题7·单选题】甲公司聘请咨询公司对公司所在产业进行研究。咨询公司给出如下结论：产品的客户群已经扩大，消费者对质量的要求不高，各厂家的产品在技术和性能方面有较大差异，此时是改变价格形象和质量形象的好时机。根据以上信息可以判断，该产业处于生命周期的（　　）。

A. 导入期　　B. 成长期

C. 成熟期　　D. 衰退期

【解析】"产品的客户群已经扩大，消费者对质量的要求不高，各厂家的产品在技术和性能方面有较大差异，此时是改变价格形象和质量形象的好时机"属于成长期的特征，选项B正确。

【答案】B

【例题8·多选题】乙公司是一家集团企业，业务涉及金融、出版、饮用水、水泥生产等。公司管理层针对饮用水业务进行分析时，发现该产业新的客户减少，主要靠老客户的重复购买支撑。对此，乙公司应重点关注的有（　　）。

A. 提高效率　　B. 降低成本

C. 市场营销　　D. 生产能力

【解析】根据"该产业新的客户减少，主要靠老客户的重复购买支撑"可以判断饮用水产业处于成熟期。在成熟期，主要的战略路径是提高效率，降低成本。

【答案】AB

能量小贴士

立志要如山，行道要如水。不如山，不能坚定；不如水，不能曲达。志当存高远，向着目标前行你才能坚定地走下去。行应至始终，迈着你的步伐走自己想走的道路。告诉你，世界不会围绕着你转，但你的世界会因自己而精彩。

（二）产业五种竞争力★★★

1. 五种竞争力分析

波特认为，决定公司获利能力的首要因素是"产业吸引力"，而产业吸引力是由产业的市场结构决定的。公司在拟定竞争战略时，必须要深入了解决定产业吸引力的竞争法则。竞争法则可以用五种竞争力来具体分析，这五种竞争力包括潜在进入者的进入威胁、购买者的议价能力、替代品的替代威胁、供应者的议价能力及产业内现有企业的竞争。

这五种竞争力能够决定产业的获利能力，它们会影响产品的价格、成本与必要的投资，也决定了产业结构。公司如果想拥有长期的获利能力，就必须先了解其所处的产业结构。

（1）潜在进入者的进入威胁。

潜在进入者的进入威胁是指有可能进入某一产业的企业一旦进入该产业，对该产业内现有企业的竞争地位和利润以及产业的平均利润率所造成的负面影响。潜在进入者进入威胁的严重程度取决于两方面的因素，即进入新产业的障碍大小与预期现有企业对于新进入者的反应情况。它们统称为进入障碍，前者称为“结构性障碍”，后者称为“行为性障碍”。

①结构性障碍。波特指出存在七种主要的结构性障碍：规模经济、产品差异、资金需求、转换成本、分销渠道、其他优势及政府政策。

结构性障碍类型	阐释
产品差异	指消费者的品牌忠诚度，消费者对其产品和服务品牌形象的信赖与支持以及对其他产品和服务品牌的拒绝或者抵制情绪，从而形成的进入障碍
资金需求	指新入者进入新产业面临的资金压力（基础设施建设、研发等资金需求大）
转换成本	指企业从一个产业转向另一个产业时必须支付的成本，比如设备的置换、员工的再训练等（此处的转换成本可以理解为狭义的转换成本，即行业转换成本）
分销渠道	指新进入者开拓销售渠道所要付出的成本
其他优势	指在位企业在其他方面的优势，比如技术优势、经验优势等
政府政策	指政府对于在位企业的优惠、规定以及对于产业进入的限制

如果按照贝恩的分类，上述七种主要障碍又可归纳为三种主要进入障碍：规模经济、现有企业对关键资源的控制以及现有企业的市场优势。

名师点拨

①现有企业对关键资源的控制：对应波特观点中的资金需求、分销渠道、其他优势。
②现有企业的市场优势：对应波特观点中的产品差异、政府政策。

结构性障碍类型	阐释
规模经济	指在一定时期内，企业生产产品或者劳务的绝对量增加时，其单位产品固定成本相对下降。若一个产业的规模经济显著，就迫使产业新进入者必须加大投入，以较大的生产规模进入，并冒着产业在位者强烈反击的风险；要么就只能以较小的规模进入，长期忍受高成本劣势
现有企业对关键资源的控制	一般表现为对资金、专利或专有技术、原材料供应、分销渠道、学习曲线等资源及资源使用方法的积累与控制。如果现有在位企业控制了生产经营所必需的某种关键资源，那么它就会受到保护而不被进入者所侵犯
现有企业的市场优势	主要表现在品牌优势和政府政策上

②行为性障碍。也称为战略性障碍，是指产业新进入者可能遇到的现有在位者的反击。行为性障碍主要有两类：

要点小贴士

①限制进入定价：防守。

②进入对方领域：进攻。

行为性障碍类型	阐释
限制进入定价	指在一个垄断性市场中，哪怕是只有一个企业进行垄断，仍然存在着其他竞争者随时加入进来的威胁，产业在位者在认识到这一点后应当心甘情愿地牺牲一些短期利润，适当地降低价格，使产业对潜在的进入者不具有那么大的吸引力。限制进入价格是一种使产业新进入者失望或阻止它们进入的价格
进入对方领域	指现有在位企业对于产业新进入者采取进入对方领域的行动，好比是“围魏救赵”。其目的在于抵消进入者首先采取行动可能带来的优势，避免对方的行动给自己带来的风险

【案例】滴滴打车、美团彼此进入对方领域：2018年3月6日，滴滴外卖首批上线的9个城市为无锡、南京、长沙、福州、济南、宁波、温州、成都和厦门，滴滴外卖通过降低抽佣和增设奖励来获得首批商家和用户。2018年3月21日，美团打车正式登陆上海，同时上线了出租车和快车两种业务。在南京试点一年后，美团打车最终跨出了布局全国市场的第一步。

（2）替代品的替代威胁。

替代品是指那些与本企业产品具有同样功能或类似功能的产品。产业中现有产品与其替代品之间产生相互竞争行为，这种源自于替代品的竞争会以各种形式影响产业中现有企业的竞争战略。

替代品价格越低、质量越好，其对产业现有产品所能产生的竞争压力就越强；反之，其所能产生的竞争压力就越弱。

（3）供应商讨价还价的能力。

一般来说，满足如下条件的供应商会具有比较强大的讨价还价能力：

①由少数供应商主宰市场：供应商所在产业被一些具有比较稳固市场地位而不受市场剧烈竞争困扰的企业所控制，其产品的买主很多，以致于每一单个买主都不可能成为供方的重要客户。

②产品差异化程度大，替代品少：供应商各企业的产品都独具特色，以致于买主难以转换或转换成本太高，再或者很难找到可与供应商企业产品相竞争的替代品。

③易向前整合：供应商能够方便地实行前向一体化，而购买商难以进行后向一体化。

④掌握的信息充足：如果供应商充分地掌握了购买商的有关信息，了解购买商的转换成本，也会增加其讨价还价的能力。

（4）购买商讨价还价的能力。

一般来说，满足如下条件的购买商会具有比较强大的讨价还价能力：

①购买商少，但采购量大：卖方产业由大量相对来说规模较小的企业所组成，其购买商的总数较少，而每个购买商的购买量较大，占据供应商销售量的很大比例。

②标准化产品的转换成本低：购买商所购买的产品基本上是一种标准化产品，

同时向多个供应商购买产品在经济上也完全可行。

③易向后整合：购买商有能力实现后向一体化，而供应商难以进行前向一体化。

④掌握的信息充足：当购买商充分了解市场需求、实际市场价格甚至供应商的成本等方面信息时，要比在信息贫乏的情况下掌握更多的讨价还价的筹码，保证自己从供应商那里得到最优惠的价格。

【提示】劳动力也是供应商的一部分，他们可能对许多产业施加压力。经验表明，短缺的、高技能雇员以及紧密团结起来的劳工可以与雇主或劳动力购买者讨价还价而削减相当一部分产业的盈利能力。

（5）产业内现有企业的竞争。

产业内现有企业的竞争在下列情况下可能是很激烈的：

①产业集中度低：产业内有众多的或势均力敌的竞争对手。

②产业处于成熟期：产业趋于成熟，市场需求增长缓慢。

③产品同质化程度高：顾客认为所有商品几乎相同，用户转换成本很低。

④产业供过于求：产业中存在过剩的生产能力。

⑤产业退出代价更高：产业进入障碍低而退出障碍高。

【提示1】退出障碍主要受经济、战略、情感以及社会政治关系等方面的影响，具体包括资产的专用性、退出的固定费用、战略上的相互牵制、情绪上的难以接受、政府和社会的各种限制等。

【提示2】供应商和购买商讨价还价能力中的转换成本是指客户从购买一个供应商的产品转向购买另一个供应商的产品时所增加的成本。不同行业、不同类型的企业针对的客户对象不同，所能采取的增加转换成本的措施也可能不同（此处的转换成本，是指广义的转换成本，也称为顾客转换成本）。

比如，甲公司是一家生产卡车的公司，为了增加经销商的转换成本，可以根据卡车销售量的增加提高对经销商的折扣和奖励，从而加强与经销商间的联系，增进私人感情；甲公司针对最终消费者增加转换成本的措施可能包括品牌宣传，促进顾客对其产品的信任，强化顾客对品牌的忠诚度等。零售店增加老顾客转换成本最常用的方式就是会员制，对会员实行优惠或积分奖励。

2. 产业中的在位企业对付五种竞争力的战略选择

（1）公司必须进行自我竞争战略定位，通过利用低成本优势或差异化优势把公司自身与产业五种竞争力相隔离，进而超越竞争对手。

（2）在市场有效细分的基础上，聚焦于受五种竞争力影响更少的细分市场作为目标市场，即通过采用集中化战略来获取竞争优势。

（3）公司必须努力去改进这五种竞争力。公司可以通过与供应者或购买者建立长期战略联盟，以减少相互之间的讨价还价；还可以寻求进入阻绝战略（如限制进入定价）来减少潜在进入者的威胁等。

3. 五种竞争力模型的局限性

五种竞争力模型更多的是一种理论思考工具，而非可以实际操作的战略工具。其主要局限性：

（1）该模型不太适用于非营利组织，并且是一种静态分析方法，分析方式过于理想化。

（2）该模型假设战略制定者可以了解整个行业的信息，现实中显然是难以做到的。

（3）该模型假设企业与供应商、客户或分销商及竞争对手之间只有竞争关系，没有合作关系。但现实中企业与供应商、客户或分销商及竞争对手之间存在多种合作关系，不一定完全是你死我活的竞争关系。

名师点拨

事实上，市场力量之间的关系，既可能竞争也可能合作，还可能共存，即"做事时合作、分利时竞争"。

（4）该模型对产业竞争力的构成要素考虑不够全面。

哈佛商学院教授亚非在波特五种竞争力模型的基础上，提出了第六个要素，即新增了源自于互补品厂商的互动互补作用力，进一步丰富了五种竞争力理论框架。

互补品厂商，也称协力业者，是指与自身企业具有相互支持与互补关系的其他企业。在互补关系中，该公司的产品与另一家公司的产品互相配合使用，可以得到更好的使用效果。互补品厂商之间的利益通常互相一致，也可称之为通路伙伴，彼此间产品相互支持，并拥有共同的利益。

【提示】

从互补品角度切入，进行企业战略构思，可以提出更多的富有创意的设想。

例如，小企业在进入新市场时，可以采取为产业中大企业拾遗补缺的做法，通过为顾客提供互补品而盈利；大企业在业务深化与拓展过程中，可以通过自身产品系列化或者整合市场互补品厂商资源，为目标顾客提供更为完善的一揽子配套解决方案，实现合作共赢。

经典题解

【真题 9·多选题】奥本钢铁公司近期兼并了本国的两家钢铁企业，其钢铁产量增加了将近一倍，生产成本随之降到行业最低水平。根据波特的产业五种竞争力理论，奥本钢铁公司的上述兼并有利于该公司（　　）。（2021 年）

A. 增强对购买者讨价还价的能力

B. 应对潜在进入者的进入威胁

C. 增强对供应者讨价还价的能力

D. 增强对其他钢铁企业的竞争力

【解析】"生产成本随之降到行业最低水平"表明成本降低能够增强对购买者讨价还价的能力；"钢铁产量增加了将近一倍，生产成本随之降到行业最低水平"表明形成了一定的规模经济，会对潜在进入者形成结构性障碍，能有效应对潜在进入者的进入威胁；与此同时，其对原料的购买量也会相应增加，可以增强对供应者讨价还价的能力；"兼并了本国的两家钢铁企业……生产成本随之降到行业最低水平"表明与同业相比，其讨价还价能力增强。因此，选项 A、B、C、D 均正确。

【答案】ABCD

【真题 10·单选题】山野公司是国际著名的户外运动服装设计和生产商。该公司的产品广受消费者喜爱，被誉为户外运动服装行业的第一品牌。不少企业试图进入该行业并挑战山野公司的市场地位，但都未获成功。山野公司为潜在进入者设置的结构性障碍是（　　）。（2020 年）

A. 规模经济　　　　　　　　B. 现有企业的市场优势
C. 学习曲线　　　　　　　　D. 现有企业对关键资源的控制

【解析】现有企业的市场优势主要表现在品牌优势和政府政策上。“该公司的产品广受消费者喜爱，被誉为户外运动服装行业的第一品牌”属于品牌优势，选项 B 正确。

【答案】B

【真题 11 · 多选题】英华公司是一家从事少儿智力开发的企业。该企业成立十几年来，凭借其自主研发的独特高效的教育训练方法、国内一流的少儿智力开发团队和多年打造出的“英华”品牌，在业内一直占据龙头地位。随着业务量的持续快速增加，该企业在保持营业收入和利润不断增长的同时，逐渐把收费降到行业最低水平，使许多试图进入该行业的企业望而却步。英华公司给潜在进入者设置的进入障碍有（　　）。（2020 年）

A. 限制进入定价　　　　　　B. 规模经济
C. 现有企业的市场优势　　　D. 现有企业对关键资源的控制

【解析】“随着业务量的持续快速增加，该企业在保持营业收入和利润不断增长的同时，逐渐把收费降到行业最低水平”体现了规模经济带来的优势，即“逐渐把收费降到行业最低水平”是由于“业务量的持续快速增加”带来的，而不是主观上为了阻绝潜在进入者采取的行动，因此不能体现限制进入定价，选项 A 错误、选项 B 正确。

“该企业成立十几年来，凭借其自主研发的独特高效的教育训练方法、国内一流的少儿智力开发团队和多年打造出的‘英华’品牌，在业内一直占据龙头地位”体现了英华公司的市场优势和对关键资源的控制，选项 C、D 正确。

【答案】BCD

【真题 12 · 多选题】惠丰公司是一家柴油机生产企业。最近，该公司拟把业务延伸到农机生产领域。下列各项中，属于惠丰公司进入新产业所面临的结构性障碍有（　　）。（2019 年）

A. 现有农机企业采取限制进入定价行为
B. 现有农机企业的品牌优势
C. 政府颁布的农机产业进入政策
D. 现有农机企业对销售渠道的控制

【解析】贝恩将结构性障碍分为 3 类，分别为规模经济、现有企业对关键资源的控制、现有企业的市场优势（品牌优势、政府政策）。选项 A 属于行为性障碍；选项 B、C、D 属于结构性障碍。

【答案】BCD

【真题 13 · 多选题】近年来国内洗涤品生产企业面临日益沉重的竞争压力。国外著名洗涤品公司加快进入中国市场的步伐；原材料及用工成本不断上涨；国内洗涤品生产企业众多，产品差异较小，消费者选择余地大；新型洗涤品层出不穷，产品生命周期缩短，原有洗涤品不断遭到淘汰。从产业五种竞争力角度考察，国内洗涤品生产企业面临的竞争压力包括（　　）。（2018 年）

A. 产业内现有企业的竞争　　B. 购买者讨价还价
C. 供应者讨价还价　　　　　D. 潜在进入者的进入威胁

【解析】"国内洗涤品生产企业众多，产品差异较小"体现了产业内现有企业的竞争强度大，选项A正确；"国内洗涤品生产企业众多，产品差异较小，消费者选择余地大"体现了购买者的讨价还价能力强，选项B正确；"原材料及用工成本不断上涨"体现了供应者的讨价还价能力强，选项C正确；"国外著名洗涤品公司加快进入中国市场的步伐"体现了潜在进入者的进入威胁大，选项D正确。

【答案】ABCD

【例题14·单选题】Y公司是一家制作紫砂陶的家族企业。紫砂陶制作以特产于当地的一种具有特殊团粒结构和双重气孔结构的紫砂泥料为原料，采用百种以上的自制工具，经过打泥片、拍打身筒、镶接身筒或镶接与雕塑结合等步骤最终完成陶制品。该公司成立80多年来，经过世代相传积累了丰富的紫砂陶制作经验和精湛技艺，产品远销海内外。目前一些企业试图进入紫砂陶制作领域。根据上述信息判断，Y公司给潜在进入者设置的进入障碍是（　　）。

A. 资金需求　　　　B. 学习曲线

C. 行为性障碍　　　D. 分销渠道

【解析】"该公司成立80多年来，经过世代相传积累了丰富的紫砂陶制作经验和精湛技艺"体现的是学习曲线，选项B正确。

【答案】B

【例题15·单选题】甲公司是一家大型化工企业，产品的原材料主要来源于钛铁矿，同行业7家主要竞争对手则以金红石为原料。由于开采成本上升，金红石价格大幅上涨，而钛铁矿的开采成本不变。甲公司利用成本优势立即大幅度扩张生产能力，并且主动降低产品价格，使得3家竞争对手退出该产品领域，甲公司的市场份额因此提升到50%以上，该行业很长一段时间内没有新的进入者。运用产业五种竞争力理论分析甲公司对付五种竞争力的主要手段，下列表述中正确的是（　　）。

A. 通过差异化手段与竞争对手竞争

B. 通过采用不同的原材料增强对于供应商的讨价还价能力

C. 采用限制进入定价手段形成进入障碍

D. 利用成本优势抵御产业替代品的威胁

> **解题攻略**
>
> 在本题中，甲公司与竞争对手虽然原材料不同，但最终产品是相同的。因此，不存在差异化问题。

【解析】依据"主动降低产品价格……该行业很长一段时间内没有新的进入者"可以得知，甲公司通过"限制进入定价"这种手段给潜在进入者设置了行为性进入障碍，选项C正确。

【答案】C

【例题16·多选题】新能源汽车区别于传统汽油车的最核心技术是"三电"：驱动电机、动力电池和整车电控，这可以说是新能源汽车的三颗心脏。X公司是多家新能源汽车制造企业的驱动电机供应商。根据波特的产业五种竞争力分析理论，下列各项关于X公司与其客户讨价还价能力的说法中，正确的有（　　）。

A. X公司能够进行后向一体化时，其讨价还价能力强

B. X公司提供的驱动电机差异化程度越高，其讨价还价能力越强

C. X公司的客户购买量越大，X公司讨价还价能力越弱

D. X公司掌握的客户的转换成本信息越多，其讨价还价能力越强

【解析】本题分析的是X公司与其客户的讨价还价能力，也就是说X公司是作为供应商，当X公司能够进入其顾客的领域时，其讨价还价能力强。因此，X公司能够进行前向一体化时，其讨价还价能力强。而X公司进行后向一体化时，分析的就不是X公司作为供应商与其客户的讨价还价能力，而是X公司作为购买者与其供应商的讨价还价能力。因此，选项A错误。

【答案】BCD

【例题17·多选题】按照波特的产业五种竞争力分析模型，下列各项因素中，可能对产业内现有航空公司获取产业竞争优势产生不利影响的有（ ）。

A. 进入航空业需要大量的资本投入

B. 航空产业的产业增长率开始处于下降趋势

C. 由于航空公司不断增多，使得机票价格大幅降低

D. 由于许多大型国际企业采用视频会议管理跨国业务，使得商务航空服务需求降低

【解析】进入航空业需要大量的资本投入，表明进入航空业结构性障碍高，有助于保护现有航空公司获取产业竞争优势，即对现有航空公司获取产业竞争优势产生有利影响，选项A错误。

航空产业的产业增长率开始处于下降趋势，竞争者之间争夺有限的市场份额，导致产业竞争程度增强，对现有航空公司获取产业竞争优势产生不利影响，选项B正确。

选项C属于同业竞争强度大，选项D属于替代品的威胁大，都将对现有航空公司获取产业竞争优势产生不利影响，选项C、D正确。

【答案】BCD

【例题18·多选题】甲公司是一家重型汽车生产企业。甲公司管理层正在考虑进军小轿车生产产业，并创立一个全新品牌的小轿车。甲公司在运用“五力”模型评估面临的进入障碍时，应当考虑的因素有（ ）。

A. 为进入小轿车产业而成立新厂所需的资金是否足够

B. 政府是否出台限制某些公司进入小轿车产业的政策

C. 甲公司是否能够承担从重型汽车生产到小轿车生产的转换成本

D. 市场上汽车生产用合金材料供应商的数目及其议价能力

【解析】选项A属于影响产业进入障碍的资金需求；选项B属于影响产业进入障碍的政府政策；选项C属于影响产业进入障碍的转换成本；选项D影响的是供应商的讨价还价能力。

【答案】ABC

（三）成功关键因素分析 ★★

成功关键因素是在探讨产业特性与企业战略之间的关系时，常使用的概念。一个产业的成功关键因素是指那些影响产业内企业在市场上最大限度获利的关键因素。

企业的经营就如同体育竞技项目，也需要找到自己所在产业的成功关键因素。例如，打篮球需要一定的身高和良好的弹跳能力；踢足球需要速度和团队的配合；棋类项目则需要敏捷的思维和良好的心理素质。企业作为产业的一份子，必须把握

所在产业的成功关键因素。

成功关键因素是企业取得产业成功的前提条件。下面三个问题是确认产业的成功关键因素时必须考虑的：

（1）市场共性：顾客在各个竞争品牌之间进行选择的基础是什么？

（2）资源能力共性：产业中的一个卖方厂商要取得竞争成功需要什么样的资源和竞争能力？

（3）竞争动态：产业中的一个卖方厂商获取持久的竞争优势必须采取什么样的措施？

【提示】

（1）不同产业的成功关键因素各不相同。即使是处于同一个产业中的不同企业，由于各自所处的外部环境的差异和内部条件的不同，其成功关键因素也不尽相同。

例如，在零售业中，沃尔玛侧重于卫星定位系统支持下的系统、高效、完善的物流配送体系，以及在此基础上与供应商的良好发展关系；而家乐福则侧重于鲜明的市场布局策略、兼有廉价性和综合性的大卖场的业态选择以及对消费者心理的准确把握等。随着产品生命周期的演变，成功关键因素也会发生变化。

（2）成功关键因素是产业和市场层次的特征。

（3）从市场角度看，产品寿命周期各阶段中的成功关键因素：

方面	导入期	成长期	成熟期	衰退期
市场	广告宣传，争取了解，开辟销售渠道	建立商标信誉，开拓新销售渠道	保护现有市场，渗入别人的市场	选择市场区域，改善企业形象

名师点拨

市场角度的各阶段成功关键因素曾多次考核过真题。

经典题解

【真题19·多选题】近几年VR（虚拟现实）产品的销售量节节攀升，顾客群逐渐扩大；不同企业的产品在技术和性能方面有较大差异；消费者对产品质量的要求不高。从市场角度看，现阶段VR行业的成功关键因素有（　　）。（2019年）

A. 保护现有市场　　B. 建立商标信誉

C. 开拓新销售渠道　　D. 改善企业形象

【解析】“近几年VR（虚拟现实）产品的销售量节节攀升，顾客群逐渐扩大；不同企业的产品在技术和性能方面有较大差异；消费者对产品质量的要求不高”说明现阶段VR行业处于成长期。从市场角度看，成长期的成功关键因素是建立商标信誉，开拓新销售渠道，选项B、C正确。选项A属于成熟期的市场特征；选项D属于衰退期的市场特征。

【答案】BC

三、竞争环境分析

竞争环境分析包括两个方面：一是从个别企业视角去观察分析竞争对手的实力（用显微镜观察）；二是从产业竞争结构视角观察分析企业所面对的竞争格局（用放大镜观察）。

（一）竞争对手分析 ★★

> **要点小贴士**
>
> 任何一个企业都难以有足够的资源和能力，也没有必要与产业内企业全面为敌、四面出击，它必须处理好主要的竞争关系，即与直接竞争对手（指那些向相同的顾客销售基本相同的产品或提供基本相同的服务的竞争者）的关系。

竞争对手分析的目的是为了准确判断竞争对手的战略定位和发展方向，并在此基础上预测竞争对手未来的战略，准确评价竞争对手对本企业的战略行为的反应，估计竞争对手在实现可持续竞争优势方面的能力。

竞争对手分析的目的多种多样，但简而言之就是为了让公司能够更有效地实施“进攻”与进行周密的“防御”。如发现竞争对手新开辟了一个细分市场，这对本公司来说可能是一个发展机遇，可以考虑采取跟进；如发现竞争对手开始侵入自己公司已经进入的细分市场，这意味着本公司将面临新的竞争与挑战，需要提前对该市场进行布局，不打无准备之仗。

对竞争对手的分析有四个方面的主要内容，即竞争对手的未来目标、假设、现行战略和能力。

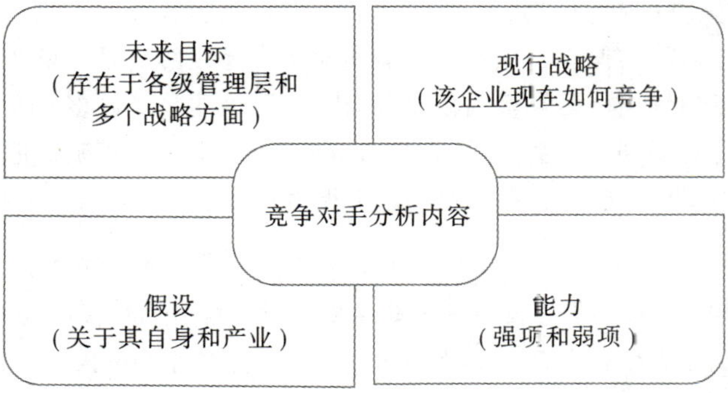

1. 竞争对手的未来目标

对竞争对手未来目标的分析，有助于判断竞争对手是否满足于目前的绩效和在产业中的地位，帮助企业预测竞争对手在战略上可能发生的变化，以及它对外部事件会做出什么样的反应。

分析竞争对手未来的战略目标，可以考虑以下因素：

（1）竞争对手的财务目标。

（2）竞争对手对于风险的态度。

（3）竞争对手的价值观。

（4）竞争对手的组织结构。

（5）竞争对手的会计系统、控制与激励系统。

（6）竞争对手领导阶层的情况，包括人员构成和对未来发展方向表现出一致性的程度。

（7）对竞争对手行为的各种政府或社会限制。

如果竞争对手是某个较大公司的一个子公司，则对竞争对手未来目标的分析除了上述内容外，还需注意以下方面：

（1）母公司的总体目标和经营现状。

（2）母公司对子公司及其业务的态度。

（3）母公司招聘、激励、约束子公司经理人员的方法。

【案例】日本摩托车企业在 20 世纪 70~80 年代的战略目标很明显，就是要全面占领美国这块世界上最大最好的市场。因此，像本田公司，在遇到关税壁垒时就可能采取到美国直接投资建厂的办法绕过美国关税壁垒的限制。

要点小贴士

即竞争对手的认知。每个企业所确立的战略目标是基于他们的基本假设之上的。

2. 竞争对手的假设

对竞争对手的假设分析，目的在于揭示竞争对手对其自身、所在产业以及产业内其他企业的评价和看法。对竞争对手的假设进行仔细检验，可以帮助企业的战略管理层识别竞争对手对所处环境的偏见和盲点。针对竞争对手的盲点，本企业可制定、实施有利于确立或保持自身竞争优势的战略。假设可以分为以下两类：

（1）竞争对手对自身的假设。有些企业认为自己在功能和质量上高人一筹，有些企业则认为自己在成本和价格上具有优势。名牌产品企业对低档产品的渗透可能不屑一顾，而以价格取胜的企业对其他企业的削价则会迎头痛击。

（2）竞争对手对所在产业以及产业内其他企业的假设。

实际上，对战略假设，无论是对竞争对手，还是对自己，都要仔细检验，这可以帮助管理者识别出所处环境的偏见和盲点。可怕的是，许多假设是尚未清楚意识到或根本没有意识到的，甚至是错误的；也有的假设过去正确，但由于经营环境的变化而变得不那么正确了，但企业仍在遵循着过去的假设。

【案例 1】哈雷公司在 20 世纪 60 年代不仅对摩托车产业充满信心，而且对日本企业过于掉以轻心，认为他们不过是在起步学习阶段，对自己构不成威胁。然而，日本人一边低头哈腰地表示："我们是小学生"；一边却对美国人小觑自己刻骨铭心：看谁笑到最后。经过 20 年的修炼，日本摩托车终于在美国修成正果。

【案例 2】20 世纪 50 年代，王安电脑公司曾经红火一时，最后却倒闭了，其中一个主要原因就是当年的王安对市场的评估出现了战略性的错误，当时王安认为在未来的三到五年内国际电脑市场会以小型机和中型机为基础，而不是家庭 PC 机，然而事实却恰恰相反，家庭电脑成为了电脑市场的主流。由于对市场的理解出现了错误，公司的战略也随之出现偏差，而竞争对手却把握住了时机，使得王安电脑公司被挤出了市场。

要点小贴士

有助于判断出竞争对手的战略意图和最新调整方向。其分析主要围绕竞争对手的战略途径与方法展开。

3. 竞争对手的现行战略

通过对竞争对手现行战略的分析，可以帮助公司了解竞争对手目前是如何进行竞争的，以及如果将来竞争结构发生了变化，竞争对手进行战略调整的力度。竞争对手的现行战略是具体的、多方面的，应从竞争对手的各个方面去分析。

【案例】从营销战略的角度看，本田的营销战略至少包括这样一些内容：在产品策略上，以小型车切入美国市场，提供尽可能多的小型车产品型号，提高产品吸引力；在小型车市场站稳脚跟后再向大型车市场渗透；在价格策略上，通过规模优势和管理改进降低产品成本，低价销售；在促销策略上，建立摩托车新形象，使其与哈雷的粗犷风格相区别。

事实证明，本田的营销战略是行之有效的，并大获成功。相对而言，哈雷公司却没有明确的发展战略和清晰的实现战略的途径。哈雷公司的母公司虽然也为哈雷公司注入资本并提高产量，也曾一度进行小型车的生产，但结果由于多方面因素的不协同而以失败告终。

4. 竞争对手的能力

目标也好，战略也好，都要以能力为基础。在分析研究了竞争对手的目标与战略之后，还要深入研究竞争对手是否有能力采用其他战略实现其目标。这就涉及企业如何规划自己的战略以应对竞争。

如果相较于竞争对手，本企业具有全面的竞争优势，那么则不必担心在何时何地发生冲突。但是如果竞争对手具有全面的竞争优势，那么只有两种办法：或是不要触怒竞争对手，甘心做一个跟随者，或是避而远之。

如果竞争对手不具有全面的竞争优势，而是在某些方面、某些领域具有差异化优势，则可以在本企业自己具有的差异化优势方面或领域把文章做足，但要避免以己之短，碰彼之长。

其中，对竞争对手的能力分析，主要围绕竞争对手以下几方面的能力：核心能力、成长能力、快速反应能力、适应变化的能力、持久力。

类型	含义
核心能力	企业在某项或某些职能活动方面独有的长处或优势
成长能力	企业在所处产业中发展壮大的潜力
快速反应能力	企业对所处环境变化的敏感程度和迅速采取正确应对措施的能力
适应变化的能力	企业随着外部环境的改变适时调整资源配置、经营方式和采取相关行动，以顺应环境变化的趋势、实现自身长期生存和持续发展的能力
持久力	企业在处于不利环境或收入、现金流面临压力时，其抗压时间长短的能力

【易错易混点】快速反应能力和适应变化能力的区分

类型	含义	举例
快速反应能力	竞争对手对环境变化的突然性和急剧变化，而迅速做出决策和采取应变行动的能力	2020年2月，面对突然爆发的新冠疫情，国内市场口罩紧缺，特别是生产口罩所用的关键原料熔喷布资源紧张。H化纤公司预测其竞争对手——Y化纤公司会迅速启动应急计划，立即扩建熔喷布生产线，以满足口罩生产的原材料需求
适应变化能力	竞争对手随着外部环境的变化而适时进行自我调整，以顺应环境变化的趋势，实现自身长期和持续发展的能力	近年来，随着国内上游原料成本上涨、人民币升值以及劳动力等生产要素价格持续上升，使我国纺织企业在发展道路上遭遇了阻碍。A纺织公司分析其竞争对手B纺织公司为谋求企业的长远利益和持续发展，会将工厂迁移至东南亚其他国家

经典题解

【真题20·单选题】随着人民生活水平日益提高，我国消费者对家电产品的选择不仅关注价格，更注重产品的智能属性。家电生产企业甲公司预计其最大的竞争对手乙公司会逐步运用智能控制、红外线感应、定位系统、自动识别、自动扫描等技术开发新一代智能家电产品，以提升该公司在高端家电领域的市场份额。甲公司

对乙公司进行的上述分析属于（　　）。（2018年）

A. 财务能力分析

B. 快速反应能力分析

C. 成长能力分析

D. 适应变化能力

【解析】"随着人民生活水平日益提高，我国消费者对家电产品的选择不仅关注价格，更注重产品的智能属性。家电生产企业甲公司预计其最大的竞争对手乙公司会逐步运用智能控制、红外线感应、定位系统、自动识别、自动扫描等技术开发新一代智能家电产品，以提升该公司在高端家电领域的市场份额"属于对竞争对手适应变化能力的分析，选项D正确。

【答案】D

（二）产业内的战略群组 ★★

要点小贴士

一般来说，只有处于同一战略群组的企业才是真正的竞争对手。因为他们通常采用相同或相似的技术、生产相同或相似的产品，提供相同或相似的服务，采用相互竞争性的定价方法，所以战略群组间的竞争要比与战略群组外的企业的竞争更直接、更激烈。

战略群组，也称战略集团，是指某一个产业内执行同样或类似战略，或具有类似战略特征的一组企业。

战略群组分析既不同于产业整体分析方法，也不同于单个企业的个别分析方法，而是介于两者之间。它是将产业中的企业分成特征不同的群组加以研究，并找出带有共性的事物，更准确地把握产业中竞争的方向和实质，避免以大代小或以小代大所造成的缺陷。

一般来讲，在产业中可以大致从三个层面进行考察：一是站在整个产业层面进行考察；二是站在产业中某个企业的层面进行考察；但是在这两者之间，还可以从中间层面进行考察，这个中间层面就是产业中的战略群组。

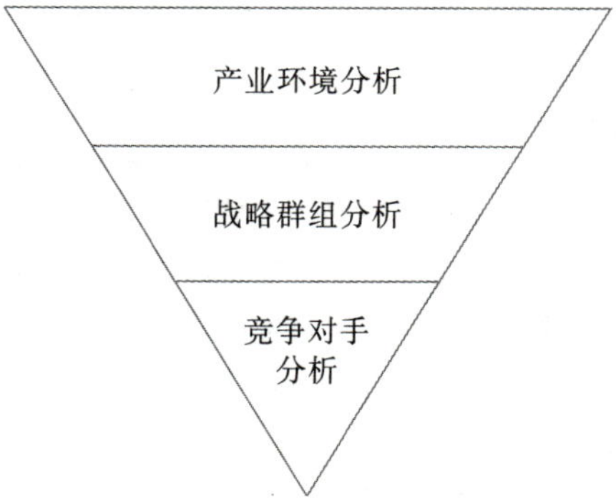

1. 战略群组的特征

关于如何确定战略群组，波特提出如下一些变量：产品或服务的差异化（多样化）程度、品牌的数量、技术领先程度、研究开发能力、产品或服务的质量、纵向一体化程度、价格水平、组织的规模、所使用的分销渠道等。

为了识别战略群组，必须选择这些特征的2~3项，并且将该产业的每个战略群组在图上画出来。不过，应该避免选择那些同一产业中所有企业都相同的特征。

例如，运用"品种齐全程度"和"纵向一体化程度"两个战略特征，各分为"高"和"低"两个档次，可将某一产业内的企业进行如下的战略群组划分：

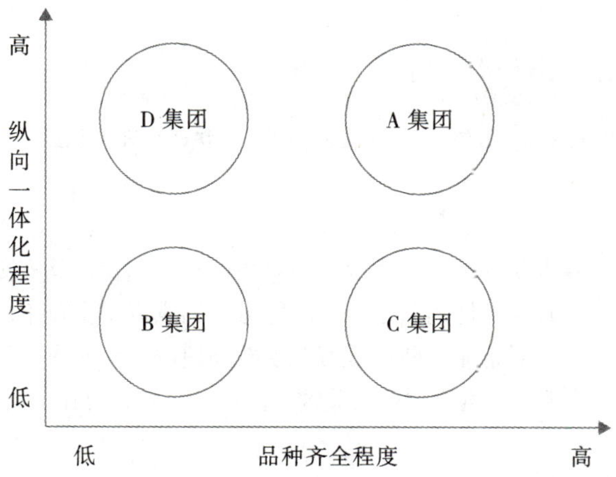

A集团：丰富的产品品种，高度纵向一体化。

B集团：狭小的产品品种，低度纵向一体化。

C集团：丰富的产品品种，低度纵向一体化。

D集团：狭小的产品品种，高度纵向一体化。

2. 战略群组分析

战略群组分析的作用：

（1）了解战略群组间的竞争状况。

（2）了解战略群组间的“移动障碍”。

（3）了解战略群组内企业竞争的主要着眼点。

（4）预测市场变化或发现战略机会。

> **要点小贴士**
>
> 即便是处于同一产业内，不同的战略群组所面对的竞争强度也可能是不同的。

> **要点小贴士**
>
> 战略群组之间存在移动壁垒，打算进入另一个战略群组的企业必须首先对移动壁垒进行评估。

经典题解

【真题21·单选题】七彩公司以“文化娱乐性”和“观光游览性”为两维坐标，将旅游业分为不同的战略群组，并将“文化娱乐性高、观光游览性低”的文艺演出与“文化娱乐性低、观光游览性高”的实景旅游两类功能结合起来，率先创建了“人物山水”旅游项目，它将震撼的文艺演出置于秀丽山水之中，让观众在观赏歌舞演出的同时将身心融于自然。七彩公司采用战略群组分析的主要思路是（　　）。（2019年）

A. 了解战略群组间的竞争状况

B. 了解战略群组间的“移动障碍”

C. 预测市场变化或发现战略机会

D. 了解战略群组内企业竞争的主要着眼点

【解析】“率先创建了‘人物山水’旅游项目，它将震撼的文艺演出置于秀丽山水之中，让观众在观赏歌舞演出的同时将身心融于自然”体现的是预测市场变化或发现战略机会，选项C正确。

【答案】C

第二节　企业内部环境分析

使用“会计云课堂”App 或“微信”扫码查看本节视频，快速 GET 知识点。

基于资源论的观点认为，公司内部环境同外部环境相比，具有更重要的意义，对企业创造市场优势具有决定性的作用。核心能力的形成需要企业不断地积累，战略制定所需的各种资源，需要企业不断地学习、创新和超越。企业内部所拥有的资源和能力是决定一个企业能否取得竞争优势的关键，决定了一个企业在市场中的竞争地位。

一、资源与能力分析

（一）企业资源分析 ★★

企业资源分析是指企业对其所拥有的资源进行识别和评价的过程。通过分析企业资源，可以确定企业的优势和劣势，综合评估企业的战略能力。

1. 企业资源的主要类型

企业资源是指企业在向社会提供产品或服务的过程中所拥有、控制或可以利用的、能够帮助实现企业目标的各种生产要素的集合。企业资源主要分为三种：有形资源、无形资源和人力资源。

（1）有形资源是指可见的、能用货币直接计量的资源，主要包括物质资源和财务资源。

（2）无形资源是指企业长期积累的、没有实物形态的，甚至无法用货币精确度量的资源，通常包括品牌、商誉、技术、专利、商标、企业文化及组织经验等。如迪士尼最重要的无形资源便是迪士尼的品牌、米老鼠和唐老鸭等卡通形象。

（3）人力资源是指组织成员向组织提供的知识和技能等。如员工的经历、判断力、智力、洞察力、适应性、承担的义务等。

【提示】

（1）有形资源的战略价值不仅与账面价值有关，还取决于其产生竞争优势的潜力。

（2）资产负债表中的无形资产并不能代表企业的全部无形资源，甚至可以说，有相当一部分无形资源是游离在企业资产负债表之外的。无形资源是一种十分重要的企业核心竞争力的来源。

经典题解

【真题 22 · 多选题】天翔航空公司于 2016 年年初率先布局航空互联网。现在该公司已有 50 多架飞机完成改造和机组培训，为乘客提供了稳定的互联网接入服务，并由此赢得了明显的竞争优势。下列各项中，属于天翔航空公司竞争优势来源的资源有（　　）。（2017 年）

A. 文化资源　　B. 人力资源

C. 技术资源　　D. 物质资源

【解析】“机组培训，为乘客提供了稳定的互联网接入服务”属于人力资源，选项 B 正确；“率先布局航空互联网”属于技术资源，选项 C 正确；“50 多架飞机完成改造”属于物质资源，选项 D 正确。

【答案】BCD

【例题 23·多选题】乙公司是苏州一家集团企业，其主营业务为原木材料的供应，其他业务为家具制造、公园设施基建工程业务等。乙公司拥有多年加工木材的经验及大型加工场所，木材产量位居全国第二。乙公司自主品牌家具在 2008 年成为欧洲单一品牌家具销量之首。根据上述信息可以判断，乙公司所拥有的无形资源有（　　）。

A. 加工场　　　　B. 组织经验

C. 品牌　　　　D. 专利

【解析】无形资源是指企业长期积累的、没有实物形态的，甚至无法用货币精确度量的资源，通常包括品牌、商誉、技术、专利、商标、企业文化及组织经验等。乙公司拥有多年加工木材的经验，说明其有组织经验，同时拥有自主品牌，选项 B、C 正确。选项 A 属于有形资源，选项 D 在题干中并未提及。

【答案】BC

2. 决定企业竞争优势的企业资源判断标准

在分析一个企业拥有的资源时，必须知道哪些资源是有价值的，可以使企业获得竞争优势。其主要的判断标准如下：

（1）资源的稀缺性。稀缺资源是指现有的或潜在的竞争者没有或很少能拥有的资源，通常都是不可再生资源。通俗地讲，稀缺资源是指地球上越来越少、不可再生或者再生速度赶不上人类需求，价值越来越高的资源。例如，石油、金、银、铜、宝石、玉石等资源。

（2）资源的不可模仿性。资源的不可模仿性是指企业所特有的，并且是竞争对手难以模仿的资源，也就是说它不像材料、机器设备那样能在市场上轻易购买到，而是难以转移或复制。这种难以模仿的资源能为企业带来超过平均水平的利润。资源的不可模仿性主要有以下四种形式：

①物理上独特的资源。

项目	内容
定义	有些资源的不可模仿性是物质本身的特性所决定的
案例	a. 香港半岛酒店位置优越，矗立于九龙半岛尖沙咀区的心脏地带，坐拥维多利亚海港的醉人美景，四周都是著名的购物、商业及娱乐中心，更是全九龙最长及最主要街道——弥敦道的起讫点 b. 迪士尼的“米老鼠”，拥有米老鼠原创形象的版权、米老鼠影视作品的版权等。同时，迪士尼公司在米老鼠形象上申请了 45 种全类的注册商标

直击题眼

真题常考关键词：地理位置、版权、商标、发明专利。

直击题眼

真题常考关键词：持续实施的营销体制、管理体制。

②具有路径依赖性的资源。

项目	内容
定义	指那些必须经过长期积累才能获得的资源
案例	戴尔计算机公司的成功法宝在于其多年来不断完善的营销体制建设，即“直接销售模式”和“市场细分模式”，能够真正按照顾客的要求来设计制造产品，并把它在尽可能短的时间内直接送到顾客手上。正确路径选择奠定了戴尔公司事业成功的基础

【提示】“路径依赖”类似于物理学中的惯性，即一旦选择走上某一路径，就会在以后的发展中得到不断的自我强化。“路径依赖性”强调企业资源的形成具有过程性和时间性的要求。

直击题眼

真题常考关键词：企业文化。

③具有因果含糊性的资源。

项目	内容
定义	指由于形成原因的模糊性和复杂性，其他企业难以开发或复制的资源。这些资源的潜在复制者不能清楚其价值究竟在何处，或不能找出准确的复制方法
案例	美国西南航空公司以拥有“家庭式愉快，节俭而投入”的企业文化著称

直击题眼

真题常考关键词：市场空间小。

④具有经济制约性的资源。

项目	内容
定义	指企业的竞争对手已经具有复制其资源的能力，但因市场空间有限不能与其竞争的情况
案例	迪士尼在上海开了一家超大型的主题乐园，如果你也有资金，也想开一家，但是晚了，一个城市的市场只能支撑一家超级主题乐园

（3）资源的不可替代性。不可替代的资源是指不具有战略等价性的资源。所谓战略等价性的资源，是指如果当两种资源可以分别用于实施同一种战略的话，那么这两种资源就被视为具有战略等价性的资源。即不可替代的资源是竞争对手无法通过其他资源来替代它，在为顾客创造价值的过程中具有不可替代的作用。如一家企业管理层与员工之间在相互信任基础上建立起来的融洽和谐的工作关系就是很难被替代的资源。

（4）资源的持久性。持久的资源是指能够给企业带来持久的竞争优势，而不是昙花一现的资源。如上市公司LZ环保近三年连续收到政府补助（财务资源），由此可以看出政府对该公司产业的重视与支持。同时，该公司也应提高自身业绩以避免对政府补助的过度依赖，毕竟政府补助本身具有不稳定性和不可持续性。因此，LZ环保获得的政府补助不属于持久的资源。

持久的资源不在于它会被模仿，而在于它是不是能长期地被持有和使用，资源的贬值速度越慢，越有利于形成核心能力。比如一些品牌资源会随着时间的推移实际上在不断地升值。

经典题解

【真题 24 · 单选题】广记公司是一家卤制品生产企业。该公司凭借其长期积累形成的原料配制秘方和生产工艺诀窍等资源生产的多种卤制品，深受消费者喜爱，近年国内市场占有率一直位居第一。在下列资源不可模仿性的形式中，广记公司的上述资源属于（　　）。（2020 年）

A. 物理上独特的资源　　B. 具有因果含糊性的资源

C. 具有经济制约性的资源　　D. 具有路径依赖性的资源

【解析】具有路径依赖性的资源是指那些必须经过长期的积累才能获得的资源。“凭借其长期积累形成的原料配制秘方和生产工艺诀窍等资源生产的多种卤制品”属于具有路径依赖性的资源，选项 D 正确。

【答案】D

【真题 25 · 多选题】研发和生产家用滤水壶的汇康公司秉承“使员工幸福，让顾客满意”的理念，建立并持续实施了一套以顾客需求为导向、充分调动员工积极性的管理体制，使该公司的技术发明专利数量、盈利率和顾客满意率长期稳居行业前列，显示出难以模仿的竞争优势。汇康公司的资源不可模仿性主要表现为（　　）。（2019 年）

A. 物理上独特的资源　　B. 具有路径依赖性的资源

C. 具有因果含糊性的资源　　D. 具有经济制约性的资源

【解析】“秉承‘使员工幸福，让顾客满意’的理念”属于具有因果含糊性的资源；“建立并持续实施了一套以顾客需求为导向、充分调动员工积极性的管理体制”属于具有路径依赖性的资源；“该公司的技术发明专利数量”属于物理上独特的资源。因此，选项 A、B、C 正确。

【答案】ABC

【例题 26 · 单选题】甲公司是某省唯一一家风力发电企业，另外两家发电企业是火力发电企业。与其他两家发电企业相比，甲公司具有一定的经营优势：①风力发电站设在本省最适宜设立风电厂的出口，该出口常年具有风力发电所必需的有效风速；②风机和风车等风力发电设备全部从国外进口；③拥有省内水平最高的风电工程师；④享受国家对风电企业给予的税收优惠政策。与省内其他两家发电企业相比，能够帮助甲公司建立竞争优势的资源是（　　）。

A. 先进的风力发电设备　　B. 正在享受的税收优惠政策

C. 地理位置和风力资源　　D. 拥有省内水平最高的风电工程师

【解析】选项 A 和选项 D 属于可以被模仿或复制的资源，不能建立竞争优势；选项 B 属于企业面临的有利的外部环境，并不属于企业资源的范畴；选项 C 属于不可被模仿的资源，能够帮助企业建立竞争优势。

【答案】C

【例题 27 · 多选题】香港半岛酒店（五星级观光酒店）位于九龙半岛的天星码头旁，占据有利的地理位置，游客可以遥望对岸香港岛和维多利亚港美不胜收的海景和夜景。关于半岛酒店这一大特色，以下表述正确的有（　　）。

A. 是半岛酒店难以被竞争对手模仿的无形资源

B. 有助于半岛酒店获得竞争优势

C. 是一种有形资源

D. 是一种稀缺性资源

【解析】香港半岛酒店的地理位置属于能够给企业带来持续竞争优势的稀缺性资源和不可模仿性资源（物理上独特的资源）。另外，从企业资源类型角度看，地理位置属于有形资源（看得见、摸得着）中的物质资源（具体来说，属于物质资源中的土地）。因此，本题中的半岛酒店就是因为拥有这一块土地而判断的有形资源，选项B、C、D正确。

【答案】BCD

（二）企业能力分析 ★★

1. 企业能力的定义

要点小贴士：资源是公司能力的源泉，能力是公司核心能力的源泉，核心能力是开发公司持续竞争优势的基础。

企业能力是指企业配置资源，发挥其生产和竞争作用的能力。企业能力来源于企业有形资源、无形资源和人力资源的整合，是企业各种资源有机组合的结果。

2. 企业能力的构成

企业能力主要由研发能力、生产管理能力、营销能力、财务能力和组织管理能力等组成。

类型	含义	主要内容
研发能力	指企业利用从研究和实际经验中获得的现有知识或从外部引进的技术，为生产新的产品、装置，建立新的工艺和系统而进行实质性的改进工作的能力	研发投入、研发团队、研发管理机制、研发效果
生产管理能力	生产是企业进行资源转换的中心环节，它必须在数量、质量、成本和时间等方面符合要求的条件下形成有竞争性的生产能力	建立生产设施、生产流程优化、完善供应链管理、提高质量管理水平、优化库存管理
营销能力	指企业引导消费以占领市场、获取利润的产品（服务）竞争能力、销售活动能力和市场决策能力	产品竞争能力，如成本、价格、质量、市场份额
		销售活动能力，如营销推广能力、营销管理能力
		市场决策能力，如市场响应能力
财务能力	指企业的筹资能力、运用和管理资金的能力等	筹资能力、资金运用及管控能力、投资能力
组织管理能力	指企业职能管理体系的任务分工、岗位职责分工、集权与分权的划分、组织结构设计、管理层次和管理幅度的匹配	建立合理的组织结构、建立有效的组织管理体制和机制、管理协调能力

【案例】小米公司是一家年轻的科技企业，其在生产管理模式上主要采用零库存管理（生产管理能力），这在极大程度上降低了成本。

2013年，小米公司抓住了物联网发展浪潮的契机，启动了小米生态链计划（市场决策能力)，运用小米公司之前积累的大量资金（财务能力），准备在5年之内投资100家硬件创业公司，为小米生态链打开布局。

在2016年，小米公司改变之前的口碑营销策略，先后聘请张子枫、王一博等明星作为代言人（销售活动能力），赢得了不少新客户。

在2019年5月17日，小米集团通过内部信宣布成立大家电事业部（组织管理能力），由集团高级副总裁王川担任该事业部总裁，向雷军汇报。更值得骄傲的是，小米公司研发的电视（研发能力）在2019年全年在中国售出1021万台，高居中国第一（产品竞争能力）。

（三）企业的核心能力 ★★★

1. 核心能力的概念

所谓核心能力，就是企业在具有重要竞争意义的经营活动中能够比其竞争对手做得更好的能力。

2. 核心能力的辨别

辨别企业能力是否属于核心能力的三个关键性测试（企业如何打造自己的核心竞争力）：

关键性测试	含义	举例
它对顾客是否有价值	任何一个产品或者服务，只有被顾客所认可、满足顾客的需求之后才具有价值。那么企业要想具备核心竞争力，就应该很好地实现这种价值，最大程度地满足顾客的需求。显著地降低成本从而控制价格、提高产品质量、提高服务效率、增加顾客的效用等都可以提升其对顾客的价值	索尼公司的核心能力是“迷你化”，它给顾客的核心利益是好携带；联邦快递的核心能力是极高水准的后勤管理，它给顾客的核心利益是及时运送
它与企业竞争对手相比是否有优势	企业在人力资源、生产制造、产品质量、研究开发、销售网络和企业文化等方面的优势	佳能公司的光学镜片成像技术和微处理技术与竞争对手相比有优势；本田公司的引擎设计和制造与竞争对手相比有优势
它是否很难被模仿或复制	必须是企业所特有的，并且是竞争对手一段时间内难以超越的优势	苹果公司在电脑方面具有极强的产品设计创新能力，它首开使用鼠标操作电脑的先河，它的麦金托电脑具有可看可感的设计；宝洁、百事可乐优秀的品牌管理及促销能力；丰田的精益生产能力等

名师点拨

①顾客看重的价值你有么？
②你比同行做得更好么？
③同行无法超越你么？

名师点拨

从理解上看：
①有优势不一定难模仿；
②难模仿一定有优势。

经典题解

【真题28·多选题】奥优公司是一家生产水下摄影设备的企业。该公司以几十年的不懈探索和积累打造出自己的核心能力。依据辨别企业能力是否属于核心能力的关键性测试，下列各项中，体现奥优公司核心能力的有（　　）。（2021年）

A. 奥优公司不断推出的创新型产品给消费者带来超过预期的价值

B. 奥优公司生产的水下摄影机比其他企业的同类产品操作更简便，拍摄出的图片更清晰

C. 奥优公司的技术研发和管理创新被公认为行业标杆，其他企业至今未能成功模仿或超越

D. 近年来奥优公司的市场占有率和销售增长率一直位居行业第一

【解析】辨别企业能力是否属于核心能力的三个关键性测试：①它对顾客是否有价值（选线 A）；②它与企业竞争对手相比是否有优势（选项 B）；③它是否很难被模仿或复制（选项 C）。

【答案】ABC

3. 核心能力的评价

评价核心能力的方法：

（1）企业的自我评价。

（2）产业内部比较。

（3）基准分析（标杆分析）。

基准分析是把企业自己和标杆企业相比，进而评价企业的核心能力。

一般来说，能够衡量业绩的活动都可以成为基准对象。当然，把企业的每一项活动都作为基准对象是不切实际的。企业可以主要关注以下几个领域：占用较多资金的活动；能显著改善与顾客关系的活动；能最终影响企业结果的活动等。

基准对象的不同决定了基准类型的不同。基准类型主要包括内部基准、竞争性基准、过程或活动基准、一般基准、顾客基准五种类型。

直击题眼

关键判断点：标杆源于企业内部。

①内部基准。

项目	内容
含义	标杆伙伴是企业内部其他业务单位或部门
阐释	a. 适用情形：主要适用于大型多部门的企业集团或跨国公司 b. 优点：由于不涉及商业秘密的泄露和其他利益冲突等问题，容易取得标杆伙伴的配合，简单易行；还可以促进内部沟通和培养学习气氛 c. 缺点：视野狭隘，不易找到最佳实践，很难实现创新性突破

直击题眼

关键判断点：标杆源于“同行业＋直接竞争”。

②竞争性基准。

项目	内容
含义	标杆伙伴是产业内部直接竞争对手
阐释	a. 优点：同行业竞争者之间的产品结构和产业流程相似，面临的市场机会相当，竞争对手的作业方式会直接影响企业的目标市场。因此，竞争对手的信息对于企业在进行策略分析及市场定位上有很大的帮助，收集的资料具有高度相关性和可比性 b. 缺点：由于标杆伙伴是直接竞争对手，信息具有高度商业敏感性，难以取得竞争对手的积极配合以获得真正有用或是准确的资料，从而极有可能使标杆管理流于形式或者失败

③过程或活动基准。

项目	内容
含义	标杆伙伴是不同产业但拥有相同或相似核心活动、流程的企业
阐释	a. 理论基础：大多数产业均存在一些相同或相似的核心活动或流程，如物流、人力资源管理、营销手段等 b. 优点：双方没有直接的利害冲突，更加容易取得对方的配合；可以跳出产业的框框约束，视野开阔，随时掌握最新经营方式，成为强中之强 c. 缺点：投入较大，信息相关性较差，最佳实践需要较为复杂的调整转换过程，实施较为困难 d. 举例：多米诺比萨饼公司通过考察研究某医院的急救室来寻求提高送货人员的工作效率的途径，以提高员工的应急能力

直击题眼

关键判断点：标杆源于“不同行业－无竞争但具有类似核心经营”。

④一般基准。

项目	内容
含义	标杆伙伴是处于同一产业具有相同业务但不在一个市场上竞争的企业
阐释	a. 优点：由于彼此不是直接竞争对手，容易找到愿意分享信息的标杆对象 b. 举例：华夏航空股份有限公司的核心业务是编织中国立体交通体系中最薄弱的部分——支线航空网络，开创了以三四线城市与一二线城市的互通互融为目标的航空运输模式。德国汉莎航空股份公司的核心业务是经营定期的国内及国际客运和货运航班。飞行网络遍布全球450多个航空目的港，除航空运输外，汉莎航空还向客户提供一系列的整体服务方案。因此，这两家航空公司虽然处于同一产业，但彼此也不是直接竞争对手。如果华夏航空股份有限公司以德国汉莎航空股份公司为标杆进行基准分析，选择的基准类型就属于一般基准

直击题眼

关键判断点：标杆源于“同行业＋非直接竞争”。

⑤顾客基准。

项目	内容
含义	以顾客的预期为基准进行比较
阐释	能够更好地满足客户的需求

直击题眼

关键判断点：标杆源于“顾客预期”。

（4）成本驱动力和作业成本法。与传统的成本计算方法相比，作业成本法能提供更有用的信息。

（5）收集竞争对手的信息。对竞争对手的分析能够让企业知道自己的优势和劣势，企业平时要留意收集竞争对手的信息和市场信息，及时掌握竞争对手的动态。

4. 企业核心能力与成功关键因素

（1）区别点：成功关键因素应被看做是产业和市场层次的特征，而不是针对某个个别公司。拥有成功关键因素是获得竞争优势的必要条件，而不是充分条件。

（2）共同点：它们都是公司盈利能力的指示器。虽然在概念上的区别是清楚的，但在特定的环境中区分它们并不容易。例如，一个成功关键因素可能是某产业所有企业要成功都必须具备的，但它也可能是特定公司所具备的独特能力。

经典题解

【真题29·多选题】经营连锁超市的茂林公司为了改善内部管理，开展了顾客满意度调查，组织相关管理人员走访学习了某著名连锁餐饮集团管理下属分店的经验，并瞄准本行业标杆企业制定了整改方案。茂林公司进行基准分析所采用的基准类型有（　　）。（2020年）

A. 内部基准　　B. 一般基准

C. 竞争性基准　　D. 顾客基准

解题攻略

如果本题的选项中有"过程或活动基准"，也属于正确答案之一。因为连锁超市与连锁餐饮并非同业，只是具有类似的核心业务（如何管理下属分店），符合"过程或活动基准"的判断标准。

【解析】"瞄准本行业标杆企业制定了整改方案"属于竞争性基准，选项C正确；"经营连锁超市的茂林公司为了改善内部管理，开展了顾客满意度调查"属于顾客基准，选项D正确。

【答案】CD

【真题30·单选题】2016年，多年成功经营的啤酒生产企业宝泉公司投资新建了一家果蔬饮料生产企业，但因管理不善出现持续亏损。最近宝泉公司组织果蔬饮料生产企业的管理人员到本公司的啤酒生产企业调研、学习，收效良好。宝泉公司所实施的基准分析的类型属于（　　）。（2019年）

A. 顾客基准　B. 一般基准　C. 内部基准　D. 竞争性基准

【解析】果蔬饮料以及啤酒都属于宝泉公司自身的业务，属于内部基准，选项C正确。

【答案】C

【真题31·多选题】多年成功经营的丰盛纺织集团收购了某国一家频临破产的纺织厂，并组织该厂管理人员到集团旗下国内某著名纺织厂调研、学习，收效良好。丰盛集团所收购的纺织厂基准分析的类型涉及（　　）。（2019年）

A. 一般基准　　B. 顾客基准

C. 竞争性基准　　D. 内部基准

【解析】"多年成功经营的丰盛纺织集团收购了某国一家频临破产的纺织厂"说明二者虽具有相同业务，但是不存在直接竞争关系，属于一般基准，选项A正确；"并组织该厂管理人员到集团旗下国内某著名纺织厂调研、学习，收效良好"属于内部基准，选项D正确。

【答案】AD

【真题32·单选题】西康酒店是一家位于中国西部某著名旅游景区的五星级酒店，为了提升管理水平，西康酒店定期派人去东部旅游景区的五星级酒店学习，从而逐步提升了服务质量和财务业绩。西康酒店进行基准分析的基准类型是（　　）。（2017年）

A. 内部基准　　B. 过程或活动基准

C. 一般基准　　D. 竞争性基准

【解析】两者都是酒店，具有相同的业务，但一家位于西部，一家位于东部，两者不存在直接竞争关系，因此，基准类型属于一般基准，选项C正确。

【答案】C

【例题 33·单选题】迅驰电梯公司是世界上最大的电梯、自动扶梯和自动走道的制造、安装和服务公司。2018 年公司总裁鲍博在主持公司年度会议时，为迅驰电梯公司提出了一个愿景：超越自己，在提供卓越服务方面成为世界范围内所有公司——不仅仅是电梯公司——公认的领袖。为了追求服务卓越，迅驰电梯公司未来的参照标准是像 UPS（主营快递承运、包裹递送）这样具有类似核心业务的公司。从基准分析类型判断，鲍博的观点是基于（　　）。

A. 竞争性基准　　　　B. 过程或活动基准

C. 一般基准　　　　D. 顾客基准

【解析】迅驰电梯公司未来的参照标准是像 UPS 这样具有卓越服务核心业务的公司，UPS 公司是快递承运商与包裹递送公司，二者属于不同行业，但具有类似核心业务，因此属于过程或活动基准，选项 B 正确。

【答案】B

【例题 34·多选题】对于电梯制造企业而言，其产业的成功关键因素包括（　　）。

A. 拥有核心能力

B. 具有比其他竞争对手做得更好的能力

C. 销售能力

D. 售后服务

【解析】成功关键因素所涉及的是每一个产业成员所必须擅长的东西，或者说公司要取得竞争和财务成功所必须集中精力搞好的一些因素。成功关键因素是企业取得产业成功的前提条件。核心能力，就是企业在具有重要竞争意义的经营活动中能够比其竞争对手做得更好的能力。成功关键因素应被看作是产业和市场层次的特征，而不是针对某个个别公司。拥有成功关键因素是获得竞争优势的必要条件，而不是充分条件。选项 A、B 属于某个企业取得竞争优势的核心能力因素；选项 C、D 属于电梯产业的成功关键因素。

【答案】CD

解题攻略

参考教材 P52 表 2-2

工业部门类别	成功关键因素
电梯、汽车	销售能力、售后服务

【例题 35·多选题】某货运航空公司在客户满意度调查中发现未能很好地满足部分客户的需求，遂决定向国内某知名餐饮企业学习如何能更好地满足客户的需求。根据以上信息可以判断，该货运航空公司主要采用了（　　）。

A. 内部基准　　　　B. 竞争性基准

C. 过程或活动基准　　　　D. 顾客基准

【解析】该货运航空公司和国内某知名餐饮企业二者不属于同一行业，不存在直接竞争的关系，但是这两个企业具有类似核心经营，即如何更好地满足客户需求，体现了过程或活动基准，选项 C 正确；同时，“货运航空公司在客户满意度调查中发现未能很好地满足部分客户的需求，遂……学习如何能更好地满足客户的需求”体现了顾客基准，选项 D 正确。

【答案】CD

（四）产业资源配置分析框架——钻石模型 ★★

波特构建的钻石模型着眼于国家或地区的产业层面，而国家或地区的产业竞争力要通过“一群生产相似替代品的公司”来实现。因而钻石模型也可以看作是对国家或地区企业整体角度的资源配置分析框架。

直击题眼

如何确定钻石模型的分析对象：

①当企业准备进军东道国时，分析对象就是该东道国。

②当企业分析某特定国家的产业竞争力时，分析对象就是该特定国家。

波特认为，一国的国内经济环境对企业开发其自身的竞争能力有很大影响。其中，影响最大、最直接的是以下四个因素：生产要素、需求条件、相关与支持性产业以及企业战略、企业结构和同业竞争。在一个国家的许多产业中，最有可能在国际竞争中取胜的是那些国内“四要素”环境对其特别有利的产业。因此，“四要素”环境是产业国际竞争力的最重要来源。

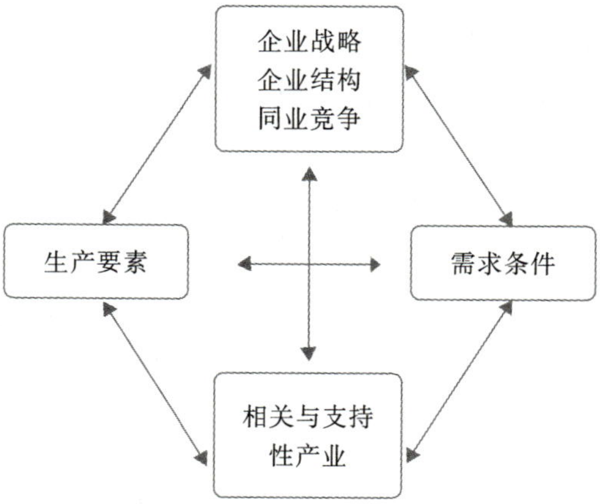

1. 生产要素

生产要素是指一个国家的基本条件（如天然资源、资金等）和在此基础上发展起来的高级和专业条件（如高度的专业技巧与应用科技等）。

2. 需求条件

需求条件是指本国市场对该项产业所提供产品或服务的需求数量和客户成熟度。

3. 相关与支持性产业

单独的一个企业或单独的一个产业，都很难保持竞争优势，只有形成有效的“产业集群”，即上下游产业及相关产业之间形成良性互动（形成“提升效应”），才能使产业竞争优势持久发展。

4. 企业战略、企业结构和同业竞争

影响企业战略、企业结构的因素有各国政府设定的发展目标、企业自身目标、个人事业目标、民族荣誉与使命感所带来的诱因等。另外，当地若有很强的竞争对手，也会刺激企业不断地进行自我提升与改进。

【案例】关于“钻石模型四要素”的举例

（1）生产要素：荷兰的花卉业很发达，不仅因为其位居热带，拥有优越的地理位置，而且它在花卉的培育、包装及运送上具有高度专精的研究机构。

（2）需求条件：日本家庭因为地狭人稠，所以日本的家电都朝小型、可携带的方向发展。而正是因为日本国内市场拥有一群最挑剔的消费者，这使得日本拥有全球最精致、最高价值的家电产业。

（3）相关与支持性产业：意大利的制鞋业全球闻名，这与意大利竞争力强大的机械制造商、设计公司、皮革处理厂等相关产业是分不开的。德国印刷机雄霸全球，离不开德国造纸业、油墨业、制版业、机械制造业的强势。

（4）企业战略、企业结构和同业竞争：华泰医药公司拟在J国建立一个药品研发和生产基地，并对该国的相关情况进行了调查分析，发现J国本土医药企业虽然数量较多，但规模小，竞争主要围绕价格进行。

经典题解

【真题36·多选题】卓力公司是一家汽车玻璃生产企业，拟在S国投资建立汽车玻璃生产基地，并对S国的相关环境进行了分析。卓力公司所做的下列分析中，符合钻石模型四要素分析要求的有（　　）。（2020年）

A. S国的汽车玻璃业发展落后，仅有一家本国汽车玻璃生产企业，其他国家的汽车玻璃生产企业尚未进入

B. S国政府鼓励并支持该国汽车玻璃业的发展

C. S国的汽车制造业处于成长期

D. S国的土地租金和电力价格长期处于较低水平

【解析】选项A属于同业竞争；选项B不属于钻石模型分析的范畴；选项C属于需求条件（汽车制造业处于成长期，说明市场需求旺盛）；选项D属于生产要素。因此，选项A、C、D正确。

【答案】ACD

【真题37·单选题】甲公司是C国著名的生产和经营电动汽车的厂商。2017年，公司制定了国际化战略，拟到某发展中国家N国投资建厂。为此，甲公司委托专业机构对N国的现有条件进行了认真详细的分析。根据波特的钻石模型理论，下列分析中不属于钻石模型四要素的是（　　）。（2018年）

A. N国电动汽车零部件市场比较落后，供应商管理水平较低

B. N国电动汽车市场刚刚兴起，市场需求增长较快

C. N国政府为了保护本国汽车产业，对甲公司的进入设定了限制条件

D. N国劳动力价格相对C国较低，工人技术水平和文化素质不高

【解析】选项A属于相关与支持性产业；选项B属于需求条件；选项C不属于钻石模型四要素的范畴；选项D属于生产要素。

【答案】C

二、价值链分析

价值链分析是波特提出来的用于分析企业竞争优势的理论。该理论认为，企业的竞争优势归根结底来自企业为顾客所创造的超过其成本的价值，即竞争优势＝价值－成本。价值是指顾客所认同的利益，成本是指企业为满足顾客利益而付出的各种支出和费用。因此，企业要想提升其竞争优势，必须从创造价值和降低成本两方面入手。

波特认为，每一个企业的价值链都是由以独特方式联结在一起的九种活动类别

构成的。具体是指内部后勤、生产经营、外部后勤、市场销售、服务五种基本活动和采购管理、技术开发、人力资源管理、企业基础设施四种支持活动。这些活动对企业的相对成本地位都有贡献，同时也是构成差异化的基础。

一个企业与其竞争对手的价值链差异就代表着竞争优势的一种潜在来源。对此，波特指出："企业正是通过比其竞争对手更廉价或更出色地开展这些重要的战略活动来赢得竞争优势的。"显而易见，波特的"价值链"理论对于提高企业竞争优势具有现实的启发意义。

（一）价值链的两类活动 ★★

价值链分析将企业的生产经营活动分为基本活动和支持活动两大类。

1. 基本活动

基本活动，又称主体活动，即生产经营的实质性活动。这些活动都与商品实体的加工流转直接相关，包括内部后勤、生产经营、外部后勤、市场销售和服务五种活动。

名师点拨

①内部后勤：原材料采购之后、投入生产之前的系列活动。
②生产经营：投入生产过程中的系列活动。
③外部后勤：生产过程结束后、顾客收到之前的系列活动（不含营销）。
④市场销售：营销活动。
⑤服务：售后活动。

基本活动	阐释
内部后勤	又称进货物流，是指对资源的接收、储存和分配活动，是为企业下一步生产经营活动所做的准备工作
生产经营	将投入的各种资源转化为最终产品的相关活动，这一活动的本质，是输入向输出的转化过程
外部后勤	又称出货物流，是指与最终产品的集中、仓储和调配有关的活动，为产成品的销售做准备。这一活动的本质，是产品的输出
市场销售	促进产品在市场上销售的各种活动，这一活动的本质，是产品价值的实现
服务	为增加或保持产品价值而向顾客提供的各种服务活动，这一活动的本质，是产品的价值保证和增值

【易错易混点】基本活动的辨析

内部后勤（进货物流）：产品投入的有关活动

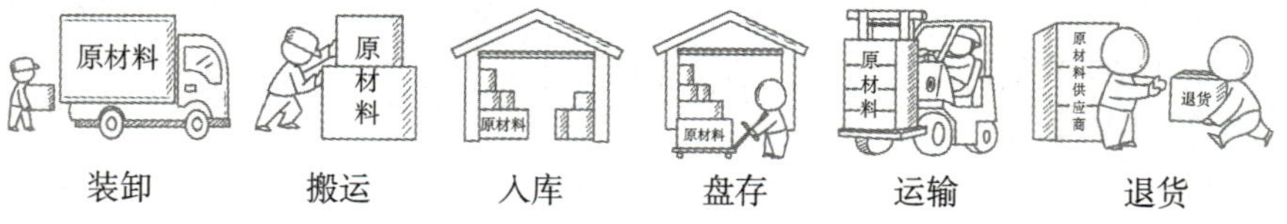

生产经营：生产加工为产成品

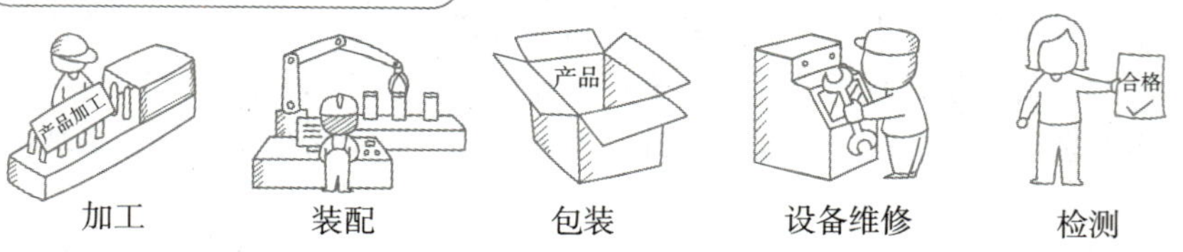

外部后勤（出货物流）：产成品储运

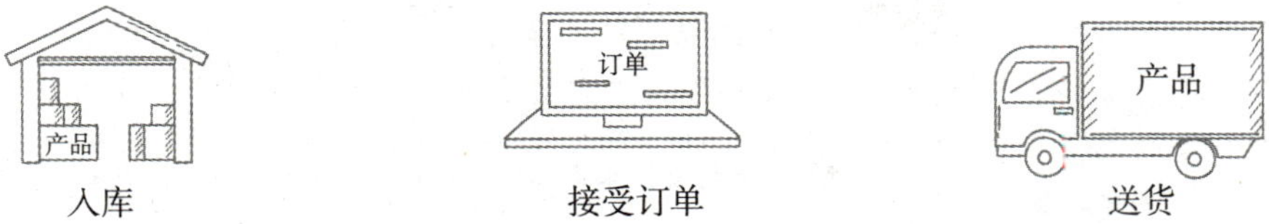

市场销售：产成品销售

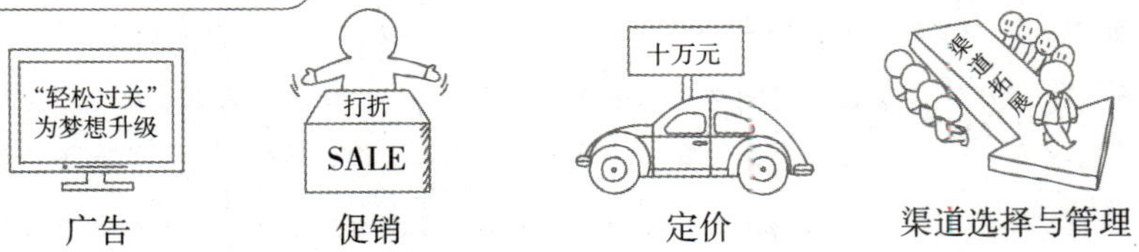

服务：产成品售后服务

2．支持活动

支持活动，又称辅助活动，是指用以支持基本活动而且内部之间又相互支持的活动，包括采购管理、技术开发、人力资源管理和企业基础设施。

支持活动	阐释
采购管理	购买用于企业价值链各种投入的活动。这里的采购是广义的，既包括原材料的采购，也包括其他资源投入的购买与管理。例如，企业聘请咨询公司为企业进行广告策划、市场预测、管理信息系统设计、法律咨询等都属于采购管理
技术开发	每项价值创造活动都包含着技术成分，无论是技术诀窍、程序，还是在工艺设备中所体现出来的技术。这也是一个广义的概念，既包括生产性技术，也包括非生产性技术。例如，决策技术、信息技术、产品技术和管理技术等
人力资源管理	涉及企业职工的招聘、雇用、培训、提拔和退休等各项管理活动。人力资源管理不仅对基本活动和支持活动起到辅助作用，而且支撑着整个价值链
企业基础设施	企业组织结构、惯例、控制系统以及文化等。企业高层管理人员往往能在这些方面发挥重要作用，因此高层管理人员也被视作基础设施的一部分。企业的基础设施包括企业的总体管理、计划、财务、法律支援、质量管理等，还包括企业与政府以及公众的公共关系。企业的基础设施支撑了整个企业价值链

名师点拨

①采购管理：与购买、聘请等动词相关。

②技术开发：为改进产品、工序的系列技术活动。

③人力资源管理：管理职工的活动。

④企业基础设施：各项活动的基础。

【案例】沃尔玛的价值活动

基本活动	内部后勤	沃尔玛在设置新卖场时，尽量以其现有配送中心为出发点，卖场一般都设在配送中心周围，以缩短送货时间，降低送货成本
	外部后勤	一次购物满 2000 元或以上，沃尔玛皆可提供送货服务，在指定范围内每次收取 49 元的费用（因为商品价格中不含送货成本）
	市场销售	沃尔玛拥有多种销售渠道（如购物广场、山姆会员店、社区店等），适合各种类型消费者；提出了“天天平价、始终如一”的宣传口号
	服务	沃尔玛在售后服务中提出了“高品质退货”和“无条件退货”的口号，这种毫不犹豫的退货服务给了客户无后顾之忧的安全感
支持活动	采购管理	沃尔玛启动的农超对接基地，帮助沃尔玛实现了超市内 1/3 的蔬果类产品购自于定点农场
	技术开发	借助自己的商用卫星，沃尔玛便捷地实现了信息系统的全球联网。通过这个网络，全球 4000 多家门店可在一小时之内对每种商品的库存、上架、销售量全部盘点一遍
	人力资源管理	沃尔玛不但要求食品部门工作人员必须具有一定的工作经验，还为其提供专业的培训，安排一些公开课，帮助他们了解与其工作有关的技能和知识，从而更好地为顾客服务
	企业基础设施	沃尔玛“以人为本”的企业文化理念极大地激发了员工的积极性和创造性，使员工为削减成本出谋划策，如设计别出心裁的货品陈列方式等

经典题解

【真题 38・单选题】主营茶叶生产和销售的云梦公司自创立以来，秉承绿色发展理念，逐渐建立起一套科学、严密的管理体系和经营机制，从一个默默无闻的小茶厂，成长为全国最受消费者信赖的优质有机茶叶供应商之一。从企业价值链分析角度看，以上表述所涉及的企业活动是（　　）。（2021 年）

A. 服务　　B. 外部后勤　　C. 内部后勤　　D. 基础设施

【解析】“云梦公司自创立以来，秉承绿色发展理念，逐渐建立起一套科学、严密的管理体系和经营机制，从一个默默无闻的小茶厂，成长为全国最受消费者信赖的优质有机茶叶供应商之一”表明该公司所涉及的企业活动是基础设施。

【答案】D

【真题 39・多选题】朝晖汽车制造公司为了获取成本优势，与汽车发动机供应商建立了良好关系，保证生产进度不受影响；所需外购配件由就近的泰达公司提供，减少了运输费用；内部各个配件厂分布在总装厂周围，建立大规模生产线实现规模经济。该公司的上述做法涉及其价值链中的（　　）。（2020 年）

A. 内部后勤　　B. 生产经营　　C. 外部后勤　　D. 采购管理

【解析】“所需外购配件由就近的泰达公司提供，减少了运输费用”属于内部后勤，选项A正确；“内部各个配件厂分布在总装厂周围，建立大规模生产线实现规模经济”属于生产经营，选项B正确；“与汽车发动机供应商建立了良好关系，保证生产进度不受影响”属于采购管理，选项D正确。

【答案】ABD

【真题40·单选题】根据波特的价值链分析理论，下列各项中，属于企业支持活动（或称辅助活动）的是（　　）。（2017年）

A. 聘请咨询公司实施广告策略　B. 物流配送产品

C. 生产设备的维修　D. 通过互联网进行广告宣传

【解析】采购管理（支持活动）中的采购是广义的，既包括原材料的采购，也包括其他资源投入的购买与管理。例如，企业聘请咨询公司为企业进行广告策划等，选项A正确；选项B属于基本活动中的外部后勤；选项C属于基本活动中的生产经营；选项D属于基本活动中的市场销售。

【答案】A

【例题41·多选题】按照波特的价值链理论，企业的下列各项活动中，属于支持活动的有（　　）。

A. 书店提供网络在线销售服务

B. 家电生产企业利用自有仓库储存其产成品

C. 快递公司重整其人力资源管理体系，提升员工的服务能力

D. 制鞋企业设立特定研究中心专门从事人体工程学和产品生产的研究

【解析】选项A属于基本活动中的市场销售；选项B属于基本活动中的外部后勤；选项C属于支持活动中的人力资源管理；选项D属于支持活动中的技术开发。因此，选项C、D正确。

【答案】CD

（二）价值链确定★

在对企业价值活动进行分解时需要把握的原则：

（1）具有不同的经济性。

（2）对产品差异化产生很大的潜在影响。

（3）在成本中所占比例很大或所占比例在上升。

【提示】对企业价值活动进行分解时需要把握的原则

（1）具有不同的经济性，意思是各项“活动”的经济性不一样。活动的经济性不同是指决定它们效率的因素不同。例如，一项活动的效率与规模（规模经济）有关，另一项活动却与经验（学习曲线）有关。区分开这些活动的目的是利用不同的经济性来提高效率、降低成本。

（2）对产品差异化产生很大的潜在影响，就是有助于实现差异化的意思。例如，某化妆品公司的技术部门研发出某眼霜的抗氧化功能，极大地提高了产品的差异化，那么这个研发抗氧化功能的活动可以单独分离为一项价值活动。

（3）在成本中所占比例很大或所占比例在上升，就是对于实现低成本影响较大

的活动。例如，某公司一年的成本费用总额是2000万元，其中网络技术部的系统开发维护费用达到300万元，且近3年平均增长率达到8%，那么应该认为这项活动具有重要影响，应将其分离为一项单独的价值活动。

（三）企业资源能力的价值链分析★★

企业资源能力的价值链分析要明确以下几点：

1. 确认那些支持企业竞争优势的关键性活动（战略重点聚焦）

> 要点小贴士
> 关键性活动主要与关键成本驱动因素或关键价值驱动因素有关。

价值链的各项基本活动和支持活动对企业建立竞争优势的贡献程度是不同的。企业在建立竞争优势时，要结合自身实际情况，集中企业资源重点发展具有一定优势的关键性活动，并使其成为企业的核心竞争力，而放弃一些劣势环节。

2. 明确价值链内各种活动之间的联系

> 要点小贴士
> 各种活动之间的联系：保持高库存虽然会使生产安排变得相对简单，同时可以对顾客需求做出快速响应，但却增加了经营成本。

价值链中基本活动之间、基本活动与支持活动之间以及支持活动之间存在各种联系，选择或构筑最佳的联系方式对于提高企业价值创造和战略能力是十分重要的。

【案例】自1999年起，海尔开始进行流程再造，实施了“并行工程”（产品及相关支持流程并行），使海尔“美高美”彩电在产品设计上打了一个漂亮的速度战。按原有的开发程序，产品从设计到整体投放市场需要6个月；按国际最快的产品开发程序，需要3个月；而海尔“美高美”彩电仅用了2个月。这是海尔公司优化各种活动之间的联系所带来的优势。

3. 明确价值系统内各项价值活动之间的联系

> 要点小贴士
> 价值系统之间的联系：存在于上下游企业之间。即企业与供应商及顾客之间的活动联系。

按照波特的逻辑，每个企业都处在产业链中的某一环节。一个企业要赢得和维持竞争优势不仅取决于其内部价值链，而且还取决于在一个更大的价值系统（即产业价值链）中，一个企业的价值链同其供应商、销售商以及顾客价值链之间的联接。后来，有关学者在产业价值链基础上又提出了价值网模型。

价值网强调“以顾客为中心”，在专业化分工的生产服务模式下，把处于“价值链”上不同位置并存在密切关联的企业或者相关利益体整合在一起，建立一个以顾客为核心的价值创造体系，共同为顾客创造价值。价值网在战略思维上发生了巨大的变化，它强调竞争和合作两个方面。

基于价值网理念衍生出了构建企业的生态系统，该系统超越了传统企业内部价值链和产业价值链，而是涉及供应商、分销商、外包服务公司、融资机构、关键技术提供商、互补产品制造商，甚至包括竞争对手、客户、监管机构与媒体等对公司经营产生直接或间接影响的诸多因素。

【案例】宜家公司是一家家庭装饰用品零售企业，非常注重发展自己与顾客、供应商之间共同创造价值的关系，它不把向顾客提供产品和服务视为一种简单的交易，而是视为一种崭新的劳动分工，即将一些原来由加工者和零售商所做的工作交给顾客去做，公司则专心致志地向顾客提供价格低廉而质量优良的产品。

经典题解

【例题42·多选题】甲公司是一家复印机生产企业。关于甲公司的价值链，下列表述正确的有（ ）。

A. 进货材料搬运、部件装配、订单处理、广告、售后服务等活动属于基本活动

B. 原材料采购、信息系统开发、招聘等活动属于支持活动

C. 价值链的每项活动对甲公司竞争优势的影响是不同的

D. 公司的基础设施包括厂房、建筑物等

【解析】基本活动，又称主体活动，一般可以分为内部后勤、生产经营、外部后勤、市场销售和服务五种活动，选项 A 正确；支持活动，又称辅助活动，是指用以支持基本活动而且内部之间又相互支持的活动，包括采购管理、技术开发、人力资源管理和企业基础设施，选项 B 正确；虽然价值链的每项活动，包括基本活动和支持活动，都是企业成功所必经的环节，但是，这些活动对企业竞争优势的影响是不同的，选项 C 正确；对价值链定义的落脚点在“活动”上，公司的厂房、建筑物等属于固定资产而不是一种活动，选项 D 错误。

【答案】ABC

三、业务组合分析

价值链分析有助于对企业的能力进行考察，这种能力来源于独立的产品、服务或业务单位。但是，对于多元化经营的公司来说，还需要将企业的资源和能力作为一个整体来考虑。波士顿矩阵与通用矩阵是公司业务组合分析的主要方法。

（一）波士顿矩阵 ★★

1. 定义及用途

波士顿矩阵（BCG 矩阵）是对企业当前的业务组合进行分析、评价的战略管理工具。

横轴：相对市场占有率 = 企业某项业务的市场份额 / 这个市场上最大竞争对手的市场份额，通常用 1.0 作为相对市场占有率高（大于 1.0）、低（小于 1.0）的界限。相对市场占有率是决定企业业务结构是否合理的内在因素。

> **直击题眼**
>
> 真题常见关键表述：
>
> ①高相对市场占有率：处于行业领先地位、市场份额位列第一。
>
> ②低相对市场占有率：市场份额逐渐萎缩、市场份额位列第二。

纵轴：市场增长率，是指企业所在产业某项业务前后两年市场销售额增长的百分比。通常用 10% 作为市场增长率高（大于 10%）、低（小于 10%）的界限。市场增长率是决定企业业务结构是否合理的外在因素。

> **直击题眼**
>
> 真题常见关键表述：
>
> ①高市场增长率：发展前景巨大、市场发展迅猛。
>
> ②低市场增长率：产业进入寒冬期、市场发展缓慢。

波士顿矩阵主要解决如何使企业的业务组合适应外部市场需求的变化，并将企业有限的资金有效地分配到合理的业务组合中去，以提高企业的整体竞争力。

2. 业务类型

根据市场增长率和相对市场占有率的不同组合，会出现 4 种不同性质的业务类型：

市场增长率（10%）	高（相对市场占有率 1.0）	低
高	“明星”业务	“问题”业务
低	“现金牛”业务	“瘦狗”业务

相对市场占有率

3. 四类业务的特点及战略选择

业务类型	业务特点及战略对策	组织管理模式
“明星”业务（高增长—强竞争地位）	该业务相对市场占有率和市场增长率均高，宜采取发展战略，增加投资，增强其有利的竞争地位。该类业务是企业长期发展的机会和利润来源	采用事业部制组织结构进行管理，由既懂生产技术、又懂市场营销的人员任事业部经理
“问题”业务（高增长—弱竞争地位）	该业务市场增长率高，但相对市场占有率低。对于那些经过改进可能成为“明星”的业务进行重点投资，以提高市场占有率，使其转变为“明星”业务；对于没有发展前途或无利可图的“问题”业务则应采用收割或放弃战略	采用矩阵制组织结构（智囊团或项目组）进行管理，选拔有规划能力、敢于冒风险的人员负责
“现金牛”业务（低增长—强竞争地位）	该业务相对市场占有率高，但市场增长率低，不宜大力发展，可采取维持巩固的稳定战略，也可采取收割战略。“现金牛”业务所产生的大量现金，可用来满足其他业务的需要	采用事业部制组织结构进行管理，由懂市场营销的人员任事业部经理
“瘦狗”业务（低增长—弱竞争地位）	该业务相对市场占有率和市场增长率都很低，带来的利润少，但却占用资金。该业务没有发展前途，可采取收割或放弃战略，如逐渐撤退或彻底清算等	将经过整顿后暂时保留下来的“瘦狗”业务并入其他事业部，统一管理

4. 波士顿矩阵的运用

在充分了解了四种业务的特点后还需进一步明确各项业务在公司中的不同地位，从而进一步明确其战略。通常有四种战略分别适用于不同的业务，即发展战略、保持战略、收割战略和放弃战略。

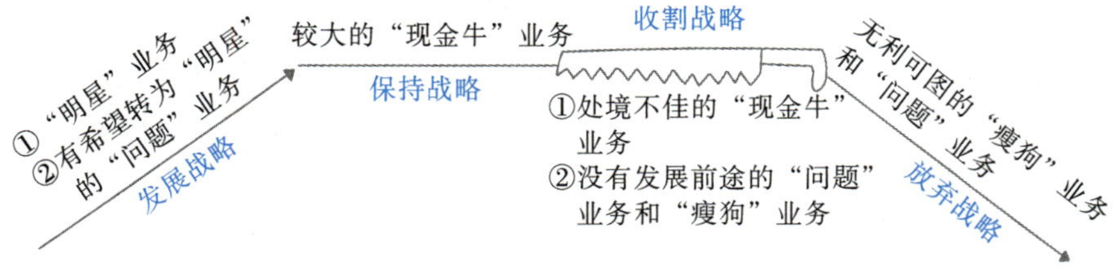

经典题解

【真题43·单选题】东光公司是国内一家从事多元化经营的高科技企业，主要产品有电子测量仪器、智能医疗器械、数据网络传输设备和光伏发电器件等，其中数据网络传输设备的市场占有率位居行业第五。近年来国内数据网络传输产业增速均在10%以上，市场呈现供不应求。根据波士顿矩阵原理，东光公司对其数据网络传输业务应（　　）。（2021年）

A. 在短期内优先供给它们所需的资源

B. 采用收获性战略

C. 采用撤退战略

D. 采取选择性投资战略

【解析】"数据网络传输设备的市场占有率位居行业第五""近年来国内数据网络传输产业增速均在10%以上"说明东光公司的数据网络传输业务属于"高增长—弱竞争"地位的"问题"业务。对于"问题"业务应采取选择性投资战略。因此，选项D正确。

【答案】D

【真题44·多选题】凯阳公司拥有发电设备制造、新能源开发、电站建设和环保4部分业务，这些业务的市场增长率依次为5.5%、11%、5%和13%，相对市场占有率依次为1.3、1.1、0.8和0.2。根据波士顿矩阵原理，上述4部分业务中，可以视情况采取收割战略的有（　　）。（2020年）

A. 发电设备制造业务　　B. 电站建设业务

C. 环保业务　　D. 新能源开发业务

【解析】发电设备制造业务属于低增长—强竞争地位的"现金牛"业务；新能源开发业务属于高增长—强竞争地位的"明星"业务；电站建设业务属于低增长—弱竞争地位的"瘦狗"业务；环保业务属于高增长—弱竞争地位的"问题"业务。对处境不佳的"现金牛"业务、没有发展前途的"问题"业务和"瘦狗"业务应视具体情况采取收割战略，选项A、B、C正确。

【答案】ABC

【真题45·单选题】实行多元化经营的达梦公司在家装行业有很强的竞争力，市场占有率达50%以上。近年来家装市场进入低速增长阶段，根据波士顿矩阵原理，下列各项中，对达梦公司的家装业务表述正确的是（　　）。（2019年）

A. 该业务应采用撤退战略，将剩余资源向其他业务转移

B. 该业务应由对生产技术和销售两方面都很内行的经营者负责

C. 该业务的经营者最好是市场营销型人物

D. 该业务需要增加投资以加强竞争地位

【解析】"近年来家装市场进入低速增长阶段""市场占有率达50%以上"说明达梦公司的家装业务属于低增长—强竞争地位的"现金牛"业务，其经营者最好是市场营销型人物，选项C正确。

【答案】C

【真题46·单选题】天兆公司经营造船、港口建设、海运和相关智能设备制造四部分业务，这些业务的市场增长率分别为7.5%、9%、10.5%和18%，相对市场占有率分别为1.2、0.3、1.1和0.6。该公司四部分业务中，适合采用智囊团或项目组等管理组织的是（　　）。（2018年）

A. 港口建设业务　　B. 造船业务

C. 相关智能设备制造业务　　D. 海运业务

【解析】"问题"业务适合采用矩阵制组织结构（智囊团或项目组）等进行管理。问题业务对应高市场增长率（大于10%），低相对市场占有率（小于1.0）。相关智能设备制造业务的市场增长率为18%，相对市场占有率为0.6，属于"问题"业务，因此适合采取智囊团或项目组等管理组织，选项C正确。

【答案】C

【真题47·单选题】环美公司原以家电产品的生产和销售为主业，近年来逐渐把业务范围扩展到新能源、房地产、生物制药等行业。依据波士顿矩阵分析法，下列各项环美公司对其业务所做定位的描述中，错误的是（　　）。（2017年）

A. 新能源行业发展潜力巨大、前景广阔，公司在该领域竞争优势不足。公司应当对新能源业务进行重点投资，以提高市场占有率

B. 房地产业进入“寒冬”期，公司的房地产业务始终没有获利。公司应当果断地从该业务中撤出

C. 生物制药行业近年来发展迅猛，公司收购的一家生物制药企业由弱到强，竞争优势日益显现。公司应当在短期内优先供给其所需资源，支持该业务继续发展

D. 家电业务的多数产品进入成熟期，公司在家电行业竞争优势显著。公司应当对该业务加大投资力度，以维持公司在行业中的优势地位

【解析】依据波士顿矩阵分析法，新能源业务属于高增长—弱竞争地位的“问题”业务，对于发展潜力巨大、前景广阔的该业务应进行重点投资，以提高市场占有率，选项A正确；

房地产业务属于低增长—弱竞争地位的“瘦狗”业务，对于该业务应当果断地放弃，选项B正确；

生物制药业务属于高增长—强竞争地位的“明星”业务，对于该业务公司应当在短期内优先供给其所需资源，支持该业务继续发展，选项C正确；

家电业务属于低增长—强竞争地位的“现金牛”业务，该类业务本身不需要投资，反而能为企业提供大量资金，用以支持其他业务的发展，选项D错误，为本题正确答案。

【答案】D

【例题48·单选题】下列各项企业竞争策略正确运用了波士顿矩阵分析的是（　　）。

A. 放弃与对手的竞争，不再对市场增长快的产品加大投入

B. 对于相对市场占有率高但市场增长率低的产品，应加大投资以进一步提高该产品的竞争力

C. 减少对市场占有率低且价格竞争激烈的产品的投资

D. 加大对市场占有率下滑产品的广告投放，以使该产品的市场占有率回升

【解析】市场增长率高的产品属于明星产品或问题产品，对于明星产品和有发展前途的问题产品应加大投入，选项A错误；

相对市场占有率高但市场增长率低的产品属于现金牛产品，该类产品不宜大力发展，可采取维持、巩固的稳定战略，也可采取收割战略，选项B错误；

市场占有率低且价格竞争激烈的产品属于瘦狗产品，瘦狗产品应采用撤退战略，选项C正确；

对于市场占有率下滑的产品，如瘦狗产品，通常不再追加投资，选项D错误。

【答案】C

（二）通用矩阵 ★

通用矩阵（GE 矩阵）是美国通用电气公司在波士顿矩阵的基础上创立的一种业务组合分析工具。

1. 基本原理

说到 GE 矩阵就一定要结合 BCG 矩阵一起进行比较讨论，因为 GE 矩阵可以说是为了克服 BCG 矩阵的缺点所开发出来的。由于基本假设和很多局限性都与 BCG 矩阵相同，其最大的改善就在于用了更多的指标来衡量两个维度。

相比 BCG 矩阵，GE 矩阵也提供了产业吸引力和企业实力之间的类似比较，但不像 BCG 矩阵用市场增长率来衡量市场吸引力，用相对市场占有率来衡量企业实力，其只是单一指标；而 GE 矩阵使用数量更多的因素来衡量这两个变量，纵轴用多个指标反映产业吸引力，横轴用多个指标反映企业竞争地位，同时增加了中间等级。也由于 GE 矩阵使用多个因素，可以通过增减某些因素或改变它们的重点所在，来很容易地使 GE 矩阵适应经理的具体意向或某产业特殊性的要求。

GE 矩阵比 BCG 矩阵在以下三个方面表现得更为成熟：

（1）市场 / 产业吸引力代替市场增长率被吸纳进来成为一个评价维度。市场吸引力较之市场增长率显然包含了更多的考量因素。

（2）竞争地位代替相对市场占有率成为另外一个维度，由此对每一个经营业务的竞争地位进行评估分析。同样，竞争实力较之相对市场占有率亦包含了更多的考量因素。

（3）GE 矩阵有 9 个象限，而 BCG 矩阵只有 4 个象限，使得 GE 矩阵结构更复杂、分析更准确。

2. 通用矩阵的局限

通用矩阵虽然改进了波士顿矩阵过于简化的不足，但是也存在自身的不足：

（1）用综合指标来测算产业吸引力和企业的竞争地位，这些指标在一个产业或一个企业的表现可能会有不一致，评价结果也会由于指标权数分配的不准确而存在偏差。

（2）划分较细，这对于业务类型较多的多元化大公司来说必要性不大，且需要更多数据，方法比较繁杂，不易操作。

能量小贴士

乐观一点，用力微笑吧！隐晦的日子总敌不过我们阳光的心态。

第三节 SWOT 分析

使用“会计云课堂”App 或“微信”扫码查看本节视频，快速 GET 知识点。

一、SWOT 分析的基本原理 ★★

SWOT 分析是对企业的内部条件和外部环境的各方面内容进行综合概括，分析企业的优势和劣势及面临的机会和威胁，进而帮助企业进行战略选择的一种方法。S 是指企业内部的优势（Strengths），W 是指企业内部的劣势（Weakness），O 是指企业外部环境的机会（Opportunities），T 是指企业外部环境的威胁（Threats）。

企业内部的优势和劣势分析主要是着眼于企业自身的实力及其与竞争对手的比较，而企业外部的机会和威胁分析则将注意力放在外部环境的变化及对企业的可能影响上。通过 SWOT 分析，可以帮助企业把资源和行动聚集在自己的强项和有最多机会的地方，并让企业的战略变得更加明朗。在分析时，应把所有的内部因素（优势和劣势）集中在一起，然后依据外部的力量（机会和威胁）来对这些因素进行评估。

SWOT 分析的 4 个要素：

要素	含义	表现
优势（S）	能给企业带来重要竞争优势的积极因素或独特能力	产品市场占有率高、拥有充足的资金、熟练的技术工人和较强的产品开发能力等
劣势（W）	限制企业发展且有待改正的消极方面	财务状况恶化、产品质量下降、管理效能低下等
机会（O）	随着企业外部环境的改变而产生的有利于企业的时机	政府的支持、与购买者和供应者建立良好的关系等
威胁（T）	随着企业外部环境的改变而产生的不利于企业的时机	新竞争对手的出现、市场增长缓慢、购买者和供应者讨价还价能力增强等

二、SWOT 分析的应用 ★★★

		外部环境 机会	威胁
内部环境	优势	增长型战略（SO）	多种经营战略（ST）
	劣势	扭转型战略（WO）	防御型战略（WT）

通过 SWOT 分析可以将企业战略分析过程中总结出的企业内部的优势与劣势、外部环境的机会与威胁转换为企业下一步的战略开发方向。SWOT 分析成为战略分析与战略选择两个阶段的连接点。

【提示】一颗黄豆的成长历程

（1）当阳光、雨水充足（O），黄豆种子自身发育良好（S）时，它选择茁壮成长，开花结果。（SO—增长型战略）

（2）当阳光、雨水充足（O），但是黄豆种子自身发育不良（W）时，它需要花更多精力才能扭转劣势，破土而出。（WO—扭转型战略）

（3）当天气寒冷又干旱（T），并且黄豆种子自身发育不良（W）时，它很难发芽成长，只能默默忍耐，减少养分消耗。（WT—防御型战略）

（4）当天气寒冷又干旱（T），但是黄豆种子自身发育良好（S）时，它没有发

芽长大的环境，但是为了实现自身价值，它选择将自己磨成豆奶粉。（ST—多种经营战略）

经典题解

【真题 49 · 单选题】麦迪公司是Z国一家成功经营多年的连锁快餐企业，营业收入和利润率长期位居行业第一。2018年，Z国劳动力、水电、食材价格大幅上涨造成餐饮企业盈利水平普遍下降，麦迪公司的经营也受到很大影响。根据SWOT分析，麦迪公司应采用（　　）。（2021年）

A. 扭转型战略　　　　B. 多种经营战略

C. 防御型战略　　　　D. 增长型战略

【解析】“麦迪公司是Z国一家成功经营多年的连锁快餐企业，营业收入和利润率长期位居行业第一”属于内部优势（S），“2018年，Z国劳动力、水电、食材价格大幅上涨造成餐饮企业盈利水平普遍下降，麦迪公司的经营也受到很大影响”属于外部威胁（T）。因此，麦迪公司应采用多种经营战略（ST），选项B正确。

【答案】B

【真题 50 · 单选题】飞牛公司是一家农用无人机研发和制造企业。下列各项中，符合飞牛公司SWOT分析要求的是（　　）。（2020年）

A. 农用无人机市场需求旺盛，飞牛公司有较强的研发和制造能力，应加快业务发展。此为ST战略

B. 农用无人机市场需求旺盛，飞牛公司缺乏精通业务的营销人员，应与有实力的公司合作。此为SO战略

C. 农用无人机市场竞争日趋激烈，飞牛公司有较强的研发和制造能力，应加大技术和产品创新力度。此为WO战略

D. 农用无人机市场竞争日趋激烈，飞牛公司缺乏精通业务的营销人员，应加大相关人才的招聘和培养力度。此为WT战略

【解析】“农用无人机市场需求旺盛”属于机会（O），“飞牛公司有较强的研发和制造能力”属于优势（S），应为SO战略，选项A错误；

“农用无人机市场需求旺盛”属于机会（O），“飞牛公司缺乏精通业务的营销人员”属于劣势（W），应为WO战略，选项B错误；

“农用无人机市场竞争日趋激烈”属于威胁（T），“飞牛公司有较强的研发和制造能力”属于优势（S），应为ST战略，选项C错误；

“农用无人机市场竞争日趋激烈”属于威胁（T），“飞牛公司缺乏精通业务的营销人员”属于劣势（W），应为WT战略，选项D正确。

【答案】D

【真题 51 · 单选题】近年来新能源汽车产业及市场迅猛增长。国内汽车制造商华新公司于2018年进入新能源汽车制造领域，但是受技术和管理水平制约，其产品性能欠佳，市场占有率较低。根据SWOT分析，该公司应采取的战略是（　　）。（2019年）

A. 增长型战略　　　　B. 多元化战略

C. 防御型战略　　　　D. 扭转型战略

【解析】"近年来新能源汽车产业及市场迅猛增长"体现了外部环境中的机会（O）；"受技术和管理水平制约，其产品性能欠佳，市场占有率较低"体现了内部环境中的劣势（W）。根据SWOT分析，该公司应采取的战略是WO战略，即扭转型战略，选项D正确。

【答案】D

【真题52·单选题】平阳公司是国内一家中型煤炭企业，近年来在政府出台压缩过剩产能政策、行业竞争异常激烈的情况下，经营每况愈下，市场份额大幅缩减。根据SWOT分析，平阳公司应采取（　　）。（2018年）

A. 扭转型战略　　　　B. 增长型战略

C. 防御型战略　　　　D. 多种经营战略

【解析】"近年来在政府出台压缩过剩产能政策、行业竞争异常激烈"说明平阳公司面临外部环境的威胁（T）；"经营每况愈下，市场份额大幅缩减"说明平阳公司面临内部环境的劣势（W）。根据SWOT分析，平阳公司应该采取的战略是WT战略，即防御型战略，选项C正确。

【答案】C

【例题53·多选题】J公司是国内风力发电装备制造企业。下列各项对J公司所做的SWOT分析并提出的相应战略中，正确的有（　　）。

A. J公司新业务的相关技术研发力量不足，且市场竞争激烈，应将新业务出售。此为WT战略

B. J公司虽然新业务的相关技术研发力量不足，但面对国家政策的支持，应寻找有实力的公司，结成战略联盟。此为ST战略

C. J公司拥有雄厚的资金实力和品牌优势，但自身研发能力不足，应寻找有实力的公司，结成战略联盟。此为WO战略

D. J公司拥有雄厚的资金实力和品牌优势，应借国家政策支持的东风，加强技术攻关力度，争取新业务尽快扭亏为盈。此为SO战略

【解析】J公司新业务的"相关技术研发力量不足"属于内部环境中的劣势（W），"市场竞争激烈"属于外部环境中的威胁（T），应进行业务调整，设法避开威胁和消除劣势，可以将新业务出售，此为WT战略，选项A正确；

J公司新业务的"相关技术研发力量不足"属于内部环境中的劣势（W），但面对"国家政策的支持"属于外部环境中的机会（O），应寻找有实力的公司，结成战略联盟，此为WO战略，选项B错误；

J公司"拥有雄厚的资金实力和品牌优势"属于内部环境中的优势（S），但"自身研发能力不足"属于内部环境中的劣势（W），而SWOT分析的是内部环境和外部环境的组合，不会出现内部环境中的优势和劣势的结合，选项C错误；

J公司"拥有雄厚的资金实力和品牌优势"属于内部环境中的优势（S），"借国家政策支持的东风"属于外部环境中的机会（O），加强技术攻关力度，争取新业务尽快扭亏为盈，此为SO战略，选项D正确。

【答案】AD

考试加油站

一、本章小结

您已成功完成“第二章”的学习，本章共 8 个考点，您都学会了吗?

为了让您对章节有更清晰的理解，加倍巩固。本书作者田明老师将通过**“视频导图课”**的方式，带您回顾重要考点。

名师点拨，视听结合，高效提分。

※ 欢迎您扫码，免费观看学习。

下载“会计云课堂”App 学习

二、本章疑难问题解答

1. 对“与生命周期每一阶段相联系的竞争属性随着产业的不同而不同”中“竞争属性”的理解

答：竞争属性简单来说就是产业的竞争特点，如竞争者数量、竞争的手段是价格竞争还是非价格竞争等随着产业集中度的不同会有很大的不同，而产品生命周期描述的仅是一个产业从零散到集中这样一个逻辑顺序，因此，产品生命周期分析不具有普适性。

2. 学习曲线效应与规模经济效应的区别和联系

答：区分由于学习曲线所产生的学习经济和由于规模而产生的规模经济是很必要的。学习曲线也称为经验曲线，是指随着产品累积产量的增加，由于经验和专有技术的积累所带来的单位产品成本的下降。如劳动效率的提高、工艺的改进、产品的改良等。它与规模经济往往交叉地影响产品成本的下降水平。规模经济是指在一定的产销量范围内，由于固定成本总额是不变的，伴随着产销量的增加而使得单位产品固定成本降低。即使是学习经济很小的情况下，规模经济也可能是很大的；同样的，在规模经济很小时，学习经济也可能是很大的。

3. 资本密集型产业与劳动密集型产业的区别

答：如果按照经济活动中投入生产要素的比例进行产业划分，可将特定产业划分为资本密集型产业与劳动密集型产业两种类型。

资本密集型产业是指在投入的劳动力和资本（资金）这两种生产要素中，单位产品占用的资本（资金）数量较多的那一类产业。其主要依靠技术和设备投入，对劳动力的依赖程度较低。通俗地讲，资本密集型产业是指在其产品成本构成中，直接人工成本占比较低，而直接材料成本和制造费用占比较高的产业。例如，交通、钢铁、机械、石油、化学等基础工业和重化工业都是典型的资本密集型产业。资本密集型产业具有以下特点：技术装备程度高、资本投资量大、容纳劳动力较少。

劳动密集型产业是指在投入的劳动力和资本（资金）这两种生产要素中，单位产品占用的资本（资金）数量较少的那一类产业，主要依靠大量使用劳动力，对技术和设备的依赖程度较低。劳动密集型产业的产品成本构成中直接人工成本所占比重较大，而制造费用所占比重较小。例如，纺织、服装、玩具、皮革、家具等制造业都是典型的劳动密集型产业。劳动密集型产业具有以下特点：技术装备程度低、资本投资量小、容纳劳动力较多。

4. 成本驱动力和作业成本法的理解

答：作业成本法的指导思想："成本对象消耗作业，作业消耗资源（成本费用）"。作业成本法把直接成本和间接成本（包括期间费用）作为产品（服务）消耗作业的成本同等地对待，拓宽了成本的计算范围，使计算出来的产品（服务）成本更加准确真实。作业成本法不仅是一种成本计算方法，更是成本计算与成本管理的有机结合。作业成本法基于成本动因（亦称成本驱动因素，是指导致成本发生的因素，即成本的诱因）进行成本分配：根据作业活动耗用资源的情况，将资源耗费分配给作业；再依照成本对象消耗作业的情况，把作业成本分配给成本对象。

作业成本管理是以提高客户价值、增加企业利润为目的，基于作业成本法的成本管理方法。应用作业成本计算提供的信息，从成本的角度，在管理中努力提高增加顾客价值的作业（增值作业）效率，消除或遏制不增加顾客价值的作业（非增值作业），实现企业生产流程和生产经营效率效果的持续改善，增加企业价值。

5. 对“问题”业务适用发展、收割和放弃战略的理解

答：发展战略是以提高某项业务相对市场占有率为目标，增加资金投入。收割战略主要是为了获得短期收益，目标是在短期内得到最大限度的现金流量，而不顾长期效益。放弃战略的目标是通过清理和变卖某些业务，减轻企业负担，以便将有限的资源用于经营效益较好的业务。

“问题”业务是一种高市场增长率、低相对市场占有率的业务。

（1）如果该业务未来前景光明，有发展前途（有利用价值），并且企业有能力进一步提高该业务的相对市场占有率，那么企业就应该投入重金打造该业务，使其尽快转化为“明星”业务，即采用发展战略。

（2）如果该业务未来发展前景不明朗，并且企业没有能力进一步提高该业务的相对市场占有率，但该业务可以在短期内给企业带来一定收益（短期内有一定的利用价值），那么企业就应该尽可能地控制和减少对该业务的资金投入，在短期内最大限度地压榨它的现金流入，即采用收割战略。

（3）如果该业务未来前景黯淡，没有发展前途（没有利用价值），并且企业也没有能力进一步提高该业务的相对市场占有率，那么企业就会毫不犹豫地舍弃该项业务，即采用放弃战略。

历年经典主观题回顾

使用“会计云课堂”App或“微信”扫码快速做题、对答案、看解析、掌握解题思路，开启轻松过关之旅。

简答题

1. Q省地处QS高原腹地，具有发展太阳能产业的独特资源优势。近年来，随着国内外清洁能源需求的不断增长，Q省以电力企业为依托，抓住人才、技术、资金等关键资源，打造光伏一条龙全产业链，实现经济、生态保护和民生改善多赢。

   作为Q省TL戈壁滩光伏产业园区的核心企业，河天水电公司将生态保护的理念融入到产业园区的建设中。TL戈壁滩日照多，降水少，风沙大，几乎没有多少绿色植被，刮风沙时，经常有小石子被吹起来，造成光伏板破损率比较高。河天水电公司开展了光伏生态产业种植的研究试验工作，根据当地土壤、水质的特点，种植雪菊、紫苏、透骨草等高原生态作物。这些作物牢牢抓住土壤，解决了光伏电板易损、报废的问题。产业园区要定期清洗光伏板，而冲洗光伏板的水能灌溉作物，作物的生长又使水土更好地得到保持，光伏板下因此形成了小型绿色生态园。

   由于植被长势太好，甚至会遮蔽光伏电板，而且冬季可能引发火灾。为解决这一问题，河天水电公司与附近几个村庄合作，发展小尾寒羊的养殖。为了避免羊吃草的随意性，公司规划出了放羊路线，请牧民按规划到光伏产业园区放羊，羊吃不到的地方就请牧民手动除草，工资另算。

   光伏电站不仅带来了生态的良性循环，还发展了当地的养殖产业，对于实现当地牧民的脱贫目标，功不可没。

   要求：

   （1）依据钻石模型四要素，简要分析Q省打造光伏一条龙全产业链的优势；

   （2）依据“企业利益与社会效益”的相互关系，简要分析Q省打造光伏一条龙全产业链过程中企业所承担的社会责任。（2021年）

2. W镇是一个有1300年建镇史的江南水乡古镇，因其历史街区保留了大量经典明清建筑群，被称为“江南六大古镇”之一。1999年6月，当地政府组建W镇旅游公司，开始了W镇古镇保护和旅游开发历程。然而，W镇的起步条件相对落后，旅游资源与其他江南水乡古镇雷同，且同一地区的Z庄和X镇已小有名气，W镇旅游如果不能另辟蹊径，很难满足日益挑剔的旅游消费者的品味。

   在吸收借鉴其他古镇旅游开发经验教训的基础上，W镇旅游公司走出了一条创新发展的路径，实现了古镇旅游转型升级和遗产活化保护的协调发展。

（1）多元化的产品、业态和盈利模式：观光＋休闲度假＋商务＋会展＋文化。W镇的旅游开发定位在商务和休闲市场，设计开发出W镇戏剧节、木心美术馆、现代艺术展、互联网大会等新产品，多业态复合经营已成为增加营业收入的主力。

（2）脱胎换骨式基建改造和整体风貌保护。W镇进行了大规模的脱胎换骨式的基建改造，实现了给排水系统、水电气系统的全面升级。景区保护基于街区风貌的整体打造，对建筑外立面和空间、周边环境进行系统整治，使古建筑更适合居住。

（3）外来资本和本土专业化管理相结合。W镇与一家上市旅游公司合作，后者既是战略投资者，又是旅游产品推介的渠道商。同时，政府和投资者之间达成共识，全权委托深谙当地文脉的本土专业团队开展经营管理工作，形成“内容商＋渠道商＋资本＋政府”的经营管理模式。

（4）社区重构和部分空心化。W镇将全部居民迁出，再将部分商铺返租给原来的部分住户。这样“部分空心化”的社区重构，使得居民与游客的矛盾不复存在，也便于整体产权开发和集中统一管理，有效遏制过度商业化的问题。

自2001年开放迎客以来，W镇旅游开发获得的惊人发展受到专家和同行的肯定，被誉为中国古镇保护之“W镇模式”。

要求：

（1）依据钻石模型四要素，简要分析W镇旅游业发展的优势；

（2）依据企业资源的主要类型，简要分析W镇旅游业发展的优势。（2020年）

3. 海浪水泥公司成立于1997年，主要从事水泥及其熟料的生产和销售，2002年2月成功上市。海浪水泥总部坐落于A省。A省是全国水泥生产主要原材料石灰石储量第二大的省份，且石灰石质量较高。海浪水泥凭借先天条件坐拥原材料成本和质量优势。

水泥产品体积大、单位重量价值低，而且其资源点和消费点的空间不匹配，这些是造成水泥行业运输成本居高不下的主要原因。海浪水泥利用自身位居长江附近的地理位置优势，积极推行其他水泥企业难以复制的“T型”战略布局：在拥有丰富石灰石资源的区域建立大规模生产的熟料基地，利用长江的低成本水运物流，在长江沿岸拥有大容量水泥消费的城市群建立粉磨厂，形成“竖端”熟料基地＋长江水运、“横端”粉磨厂深入江、浙、沪等地市场的“T型”生产和物流格局，改变了之前通过“中小规模水泥工厂＋公路运输＋工地”的生产物流模式，解决了长江沿岸城市石灰石短缺与当地水泥消耗量大之间的矛盾。

海浪水泥不断完善“T型”战略布局，率先在国内新型干法水泥生产线低投资、国产化的研发方面取得突破性进展，这标志着中国水泥制造业的技术水平跨入世界先进行列，确保公司为市场提供规模可观的低价高质产品；公司在沿江、沿海建造了多个万吨级装卸水泥和熟料的专用码头，着力建设或租赁中转库等水路上岸通道；集团设立了物流公司和物流调试中心；公司强化对终端销售市场的开拓，推行中心城市一体化销售模式，在各区域市场建立贸易平台；公司物流实现了工业化和信息化的深度融合，以GPS和GIS为核心的物流调度信息系统实现了一体化、可视化的管理。通过“T型”战略的实施，海浪水泥进一步巩固了其“资源—生产—物流—市场”的产业链优势。

2018年海浪水泥年报显示：公司营业收入同比大幅增长70.50%，净利润同步增长88.05%，净利润增长幅度超过营业收入增长幅度。

要求：

（1）从企业资源角度，简要分析海浪水泥的竞争优势；分析海浪水泥资源“不可模仿性”的主要形式；

（2）简要分析海浪水泥企业能力。（2019年）

4. 2004年，春城白药开始尝试进军日化行业。而此时日化行业的竞争已经异常激烈。B公司、L公司、D公司、H公司等国际巨头们凭借其规模经济、品牌、技术、渠道和服务等优势，基本上占领了C国日化行业的高端市场，占据了C国牙膏市场60%以上的份额；清雅公司、蓝天公司等本土日化企业由于普遍存在产品特色不突出、品牌记忆度弱等问题，加上自身实力不足，因而多是在区域市场的中低端市场生存。整个产业的销售额达到前所未有的规模，且市场基本饱和。谁想要扩大市场份额，都会遇到竞争对手的顽强抵抗。已有相当数量的本土日化企业淡出市场。价格竞争开始成为市场竞争的主要手段，定位在高端市场的国际巨头们也面临着发展的“瓶颈”，市场份额、增长速度、盈利能力都面临着新的考验，它们的产品价格开始向下移动。

春城白药进入日化行业先从牙膏市场开始。春城白药没有重蹈本土企业的中低端路线，而是反其道而行之。通过市场调研，春城白药了解到广大消费者对口腔健康日益重视，而当时市场上的牙膏产品大多专注于美白、防蛀等基础功能，具有更多口腔保健功能的药物牙膏还是市场“空白点”。于是，春城白药创出了一个独特的、有助于综合解决消费者口腔健康问题的药物牙膏——春城白药牙膏，并以此树立起高价值、高价格、高端的“三高”形象。

春城白药进入牙膏市场短短几年表现突出，不仅打破本土品牌低端化的现状，还提升了整个牙膏行业价格体系。从2010年开始，随着春城白药推出功能化的高端产品，国际巨头们也纷纷凭借自身竞争优势推出功能化的高端产品抢占市场。B公司推出抗过敏牙膏；L公司推出全优七效系列牙膏；D公司推出去渍牙膏；H公司推出专效抗敏牙膏。这些功能性很强的口腔保健牙膏定价都与春城白药牙膏不相上下。这些功能化的高端牙膏产品出现后，消费者的需求得到进一步满足，整个市场呈现出“销售额增长大于销售量增长”的新特点。

要求：

（1）简要分析春城白药进军日化行业时，日化行业所处的产品生命周期发展阶段；

（2）运用“解决口腔健康问题功能程度”和“价格水平”两个战略特征，各分为“高”“低”两个档次，对2010年以前的B公司、L公司、D公司、H公司、清雅公司、蓝天公司、春城白药进行战略群组划分；

（3）根据战略群组分析的作用，分析：

①定位在高端市场的国际巨头们的产品价格开始向下移动的依据；

②春城白药在日化行业中战略群组定位的依据；

③B公司、L公司、D公司、H公司相继推出功能化高端牙膏的依据。（2016年）

历年经典主观题参考答案及解析

使用“会计云课堂”App 或“微信”扫码对答案、看解析、
掌握解题思路，开启轻松过关之旅。

简答题

1.【答案】

（1）①生产要素。“Q 省地处 QS 高原腹地，具有发展太阳能产业的独特资源优势……Q 省以电力企业为依托，抓住人才、技术、资金等关键资源”。

②需求条件。“随着国内外清洁能源需求的不断增长”。

③相关与支持性产业。“根据当地土壤、水质的特点，种植雪菊、紫苏、透骨草等高原生态作物。这些作物牢牢抓住土壤，解决了光伏电板易损、报废的问题。产业园区要定期清洗光伏板，而冲洗光伏板的水能灌溉作物，作物的生长又使水土更好地得到保持，光伏板下因此形成了小型绿色生态园”“由于植被长势太好，甚至会遮蔽光伏电板，而且冬季可能引发火灾。为解决这一问题，河天水电公司与附近几个村庄合作，发展小尾寒羊的养殖”“光伏电站不仅带来了生态的良性循环，还发展了当地的养殖产业”。

④企业战略、企业结构和同业竞争。“作为 Q 省 TL 戈壁滩光伏产业园区的核心企业，河天水电公司将生态保护的理念融入到产业园区的建设中”。

（2）①保证企业利益相关者的基本利益要求。“近年来，随着国内外清洁能源需求的不断增长，Q 省以电力企业为依托，抓住人才、技术、资金等关键资源，打造光伏一条龙全产业链，实现经济、生态保护和民生改善多赢”“光伏电站不仅带来了生态的良性循环，还发展了当地的养殖产业，对于实现当地牧民的脱贫目标，功不可没”。

②保护自然环境。“核心企业，河天水电公司将生态保护的理念融入到产业园区的建设中”“光伏板下因此形成了小型绿色生态园”“光伏电站不仅带来了生态的良性循环”。

③赞助和支持社会公益事业。“光伏电站……发展了当地的养殖产业，对于实现当地牧民的脱贫目标，功不可没”。

2.【答案】

（1）①生产要素。

a. 初级生产要素。“W 镇是一个有 1300 年建镇史的江南水乡古镇，因其历史街区保留了大量经典明清建筑群，被称为‘江南六大古镇’之一”“外来资本”。

b. 高级生产要素。“脱胎换骨式基建改造”“全权委托深谙当地文脉的本土专业团队开展经营管理工作”。

c. 专业生产要素。“多元化的产品、业态和盈利模式”“脱胎换骨式基建改造和整体风貌保护”“外来资本和本土专业化管理相结合”“全权委托深谙当地文脉的本土专业团队开展经

营管理工作”“社区重构和部分空心化”。

②需求条件。“W镇旅游如果不能另辟蹊径，很难满足日益挑剔的旅游消费者的品味”。

③相关与支持性产业。“多元化的产品、业态和盈利模式：观光＋休闲度假＋商务＋会展＋文化”“脱胎换骨式基建改造和整体风貌保护”。

④企业战略、企业结构和同业竞争。“W镇的起步条件相对落后，旅游资源与其他江南水乡古镇雷同，且同一地区的Z庄和X镇已小有名气，W镇旅游如果不能另辟蹊径，很难满足日益挑剔的旅游消费者的品味”。

（2）①有形资源。“W镇是一个有1300年建镇史的江南水乡古镇，因其历史街区保留了大量经典明清建筑群，被称为‘江南六大古镇’之一”“外来资本”“脱胎换骨式基建改造”。

②无形资源。“多元化的产品、业态和盈利模式：观光＋休闲度假＋商务＋会展＋文化”“脱胎换骨式基建改造和整体风貌保护”“外来资本和本土专业化管理相结合”“社区重构和部分空心化”“被誉为中国古镇保护之‘W镇模式’”。

③人力资源。“全权委托深谙当地文脉的本土专业团队开展经营管理工作”。

3.【答案】

（1）从企业资源角度，海浪水泥所展示的竞争优势：

①海浪水泥有形资源所展示的竞争优势。“海浪水泥凭借先天条件坐拥原材料成本和质量优势”“海浪水泥利用自身位居长江附近的地理位置优势，积极推行其他水泥企业难以复制的‘T型’战略布局”“率先在国内新型干法水泥生产线……方面取得突破性进展”“公司在沿江、沿海建造了多个万吨级装卸水泥和熟料的专用码头，着力建设或租赁中转库等水路上岸通道；集团设立了物流公司和物流调试中心；公司强化对终端销售市场的开拓，推行中心城市一体化销售模式，在各区域市场建立贸易平台；公司物流实现了工业化和信息化的深度融合，以GPS和GIS为核心的物流调度信息系统实现了一体化、可视化的管理”。

②海浪水泥无形资源所展示的竞争优势。“率先在国内新型干法水泥生产线低投资、国产化的研发方面取得突破性进展，这标志着中国水泥制造业的技术水平跨入世界先进行列”。

海浪水泥资源“不可模仿性”的主要形式：

①物理上独特的资源。“海浪水泥凭借先天条件坐拥原材料成本和质量优势”“海浪水泥利用自身位居长江附近的地理位置优势，积极推行其他水泥企业难以复制的‘T型’战略布局”。

②具有路径依赖性的资源。“通过‘T型’战略的实施，海浪水泥进一步巩固了其‘资源—生产—物流—市场’的产业链优势”。

（2）海浪水泥的企业能力：

①研发能力。“率先在国内新型干法水泥生产线低投资、国产化的研发方面取得突破性进展，这标志着中国水泥制造业的技术水平跨入世界先进行列，确保公司为市场提供规模可观的低价高质产品”。

②生产管理能力。“‘T型’生产和物流格局，改变了之前通过‘中小规模水泥工厂＋公路运输＋工地’的生产物流模式，解决了长江沿岸城市石灰石短缺与当地水泥消耗量大之间的矛盾”“通过‘T型’战略的实施，海浪水泥进一步巩固了其‘资源—生产—物流—市场’的产业链优势”。

③营销能力。

a. 产品竞争能力。“海浪水泥凭借先天条件坐拥原材料成本和质量优势”“确保公司为市场提供规模可观的低价高质产品”。

b. 销售活动能力。“公司强化对终端销售市场的开拓，推行中心城市一体化销售模式，在各区域市场建立贸易平台；公司物流实现了工业化和信息化的深度融合，以 GPS 和 GIS 为核心的物流调度信息系统实现了一体化、可视化的管理”。

c. 市场决策能力。“积极推行其他水泥企业难以复制的‘T 型’战略布局”“海浪水泥不断完善‘T 型’战略布局，率先在国内新型干法水泥生产线低投资、国产化的研发方面取得突破性进展”。

④财务能力。“2018 年海浪水泥年报显示：公司营业收入同比大幅增长 70.50%，净利润同步增长 88.05%，净利润增长幅度超过营业收入增长幅度”。

⑤组织管理能力。“积极推行其他水泥企业难以复制的‘T 型’战略布局”“海浪水泥不断完善‘T 型’战略布局”。

4.【答案】

（1）春城白药进军日化行业时，日化行业呈现出成熟期的典型特征：

①竞争者之间出现挑衅性的价格竞争。“价格竞争开始成为市场竞争的主要手段”“国际巨头们……的产品价格开始向下移动”。

②成熟期虽然市场巨大，但是已经基本饱和。“整个产业的销售额达到前所未有的规模，且市场基本饱和。谁想要扩大市场份额，都会遇到竞争对手的顽强抵抗。已有相当数量的本土日化企业淡出市场”。

③产品差异不明显。“当时市场上的牙膏产品大多专注于美白、防蛀等基础功能”。

④局部生产能力过剩。“市场基本饱和”“定位在高端市场的国际巨头们也面临着发展的‘瓶颈’”。

综上，春城白药进军日化行业时，日化行业处于产品生命周期的成熟阶段。

（2）运用“解决口腔健康问题功能程度”和“价格水平”两个战略特征，各分为“高”“低”两个档次，将案例中所提及的 2010 年以前的 B 公司、L 公司、D 公司、H 公司、清雅公司、蓝天公司、春城白药进行战略群组划分，可分为三个群组：

第一群组：解决口腔健康问题功能程度低、价格水平高的群组：B 公司、L 公司、D 公司、H 公司；

第二群组：解决口腔健康问题功能程度低、价格水平低的群组：清雅公司、蓝天公司；

第三群组：解决口腔健康问题功能程度高、价格水平高的群组：春城白药。

（3）根据战略群组分析的作用进行分析：

①定位在高端市场的国际巨头们产品价格开始向下移动，是因为第一群组与第二群组之间以及各群组内部竞争激烈，“日化行业的竞争已经异常激烈”“谁想要扩大市场份额，都会遇到竞争对手的顽强抵抗。已有相当数量的本土日化企业淡出市场”“定位在高端市场的国际巨头们也面临着发展的‘瓶颈’”。而对于第一群组的国际巨头们来说，进入第二群组移动障碍不高，“国际巨头们凭借其规模经济、品牌、技术、渠道和服务等优势……占据了 C 国牙膏市场 60% 以上的份额”。

②春城白药定位于日化行业第三群组，是因为那是一片蓝海，“具有更多口腔保健功能的药物牙膏还是市场‘空白点’”。

③ B 公司、L 公司、D 公司、H 公司相继推出功能化的高端牙膏，是尝试进入第三群组。对国际巨头而言，这一移动障碍也不高。“国际巨头们也纷纷凭借自身竞争优势推出功能化的高端产品抢占市场”。

同步强化练习题

使用“会计云课堂”App或“微信”扫码快速做题、对答案、看解析、掌握解题思路，开启轻松过关之旅。

一、单项选择题

1. 苏宁云商尤其在意稳定高层管理人员，因为这些人员可以为战略转型保驾护航。苏宁云商的上述活动目的，主要考虑了价值链分析中的（　　）。

A. 人力资源管理　　B. 内部后勤
C. 服务　　D. 企业基础设施

2. 甲公司是一家专门生产婴幼儿用品的企业，该公司注意到随着人口出生率的不断下降，婴幼儿市场从长期来看是一个萎缩的市场。随即决定将其婴幼儿产品扩展到成人市场，通过必要的营销措施刺激成人消费者购买。根据以上信息可以判断，该公司对环境进行的分析属于（　　）。

A. 政治和法律环境　　B. 经济环境
C. 社会和文化环境　　D. 技术环境

3. 国家进一步放开计划生育并鼓励三胎政策的出台，对于母婴市场来说无疑是一个巨大的利好消息。奶粉行业龙头企业Y公司预测婴幼儿奶粉的市场需求将明显增长，于是制定并实施了新的发展战略，扩大投资，提高生产能力。为了迎合消费者的安全、优质和多样性需求，同时研发了功能性差异的婴幼儿奶粉产品。Y公司外部环境分析所采用的主要方法是（　　）。

A. 五种竞争力分析
B. PEST分析
C. 成功关键因素分析
D. 产品生命周期分析

4. 百事可乐公司为全球第四大食品和饮料公司。百事可乐公司进入I国市场时，采用和当地厂商合作策略，同时承诺帮I国政府发展经济，协助将农产品销售到世界各国，终于突破该国法令管制，成功进入I国市场。后来不少企业试图进入I国市场并挑战百事可乐公司的市场地位，但因受I国法令管制都未获成功。百事可乐公司为潜在进入者设置的结构性障碍是（　　）。

A. 规模经济
B. 现有企业的市场优势
C. 学习曲线
D. 现有企业对关键资源的控制

5. 近年来，消费者对美妆护肤方面的需求进一步提升，美容小家电凭借其小巧轻便、使用时间灵活、做工精细、物美价廉深受爱美人群的青睐。G公司在国内最早推出美容小家电产品，目前该公司已建成覆盖全国的营销网络，包括电商销售平台、数以千计的超市专卖柜和实体店以及十几个仓储物流中心。近年来不少企业试图进入美容小家电行业，均未能成功。G公司给潜在进入者设置的进入障碍是（　　）。

A. 现有企业对关键资源的控制
B. 行为性障碍

C. 现有企业的市场优势
D. 规模经济

6. 哈佛商学院教授亚非在波特教授产业五种竞争力研究基础上，提出了影响产业利润的第六个要素。下列各项中，体现该要素作用的是（　　）。
A. 甲新能源汽车制造公司并购了其动力电池供应商
B. 某地区房地产业的发展促进了该地区室内装修产业的成长
C. 乙啤酒供应商控制了全市的销售渠道，使其他啤酒供应商在该市难以立足
D. 两家电信服务企业通过降低服务价格，争夺消费者

7. 近年来，国内轿车产业的销售额达到前所未有的水平。不同企业生产的轿车在技术和质量等方面的差异不明显，轿车生产企业的主要战略路径是提高效率、降低成本。按照产品生命周期理论，目前国内轿车产业所处的阶段是（　　）。
A. 成长期　　B. 成熟期
C. 衰退期　　D. 导入期

8. 近年来，国内玻尿酸产业的产品销售量节节攀升，竞争者不断涌入。各厂家的产品虽然在技术和性能方面有较大差异，但均可被消费者接受。产品由于供不应求，价格高企。在产品生命周期的这个阶段，从市场角度看，国内玻尿酸产业的成功关键因素应当是（　　）。
A. 建立商标信誉，开拓新销售渠道
B. 保护现有市场，渗入别人的市场
C. 选择市场区域，改善企业形象
D. 广告宣传，开辟销售渠道

9. S公司是国内大型生猪养殖企业。该公司预计在政府政策和市场双重刺激下，生猪养殖结构将发生显著变化，由以散户养殖为主向以规模化标准养殖为主转变。我国生猪养殖产业化发展进程将加快，其竞争对手H生猪养殖公司将会加大在生猪产业绿色化、规模化和标准化等方面的战略布局。S公司对H公司的上述分析属于（　　）。
A. 财务能力分析
B. 适应变化的能力分析
C. 快速反应能力分析
D. 成长能力分析

10. 美国西南航空公司主动选择了国内短途航线，并把汽车运输作为竞争对手，以低成本战略取得很大成功。专营中国国内城际航线的Q航空公司，也采用低成本战略，学习西南航空公司的成本控制措施，在中国竞争激烈的航空市场取得了良好的业绩。Q航空公司基准分析的类型是（　　）。
A. 内部基准　　B. 竞争性基准
C. 过程或活动基准　　D. 一般基准

11. 从事会计职称考前培训的D公司，采取在一些三线城市率先投入大量资本建立大型面授培训机构的战略。由于其所在三线城市的市场空间狭小，不能支撑两个竞争者同时盈利，D公司的竞争者只好放弃竞争。D公司的竞争优势来源于（　　）。
A. 物理上独特的资源
B. 具有因果含糊性的资源
C. 具有路径依赖性的资源
D. 具有经济制约性的资源

12. 大冷公司是一家拥有80多年历史的中医药公司，其使用国家级保密配方配制的某种药品，具有清热、利尿、祛痰、凉血、解毒的功效。从20世纪90年代推出以来，疗效显著，一直深受患者欢迎。大冷公司拥有的具有不可模仿性的资源属于（　　）。
A. 物理上独特的资源
B. 具有因果含糊性的资源
C. 具有路径依赖性的资源
D. 具有经济制约性的资源

13. BS 热力技术公司致力于为客户提供室内气温、热水和分散式能源管理方面节能、环保以及创新的解决方案，包括了燃气采暖热水炉（壁挂炉）、燃气热水器及空调热泵系统。该公司通过售后用户体验追踪系统随时掌握、分析不同产品的质量问题，并与分销商共享信息，不断提高前来维修的客户的满意度。BS 公司的上述做法属于该公司价值链中的（　　）。

A. 内部后勤　　B. 服务

C. 企业基础设施　　D. 外部后勤

14. LP 公司是从事心血管介入医疗器械研发制造的企业。下列各项中，符合 LP 公司 SWOT 分析要求的是（　　）。

A. 心脑血管介入产品市场需求旺盛，LP 公司有较强的研发和制造能力，应加快业务发展。此为 ST 战略

B. 心脑血管介入产品市场需求旺盛，LP 公司缺乏精通业务的营销人员，应与有实力的公司合作。此为 SO 战略

C. 心脑血管介入产品市场竞争日趋激烈，LP 公司有较强的研发和制造能力，应加大技术和产品创新力度。此为 WO 战略

D. 心脑血管介入产品市场竞争日趋激烈，LP 公司缺乏精通业务的营销人员，应加大相关人才的招聘和培养力度。此为 WT 战略

15. 2014 年，小米公司创始人雷军开始意识到“智能硬件”和“万物互联”可能比智能手机的发展机遇还要大。于是，小米公司开启了小米生态链计划。根据企业能力分析，上述信息反映小米公司的企业能力是（　　）。

A. 持久力　　B. 营销能力

C. 生产管理能力　　D. 财务能力

16. K 公司运用“营销力度”和“市场占有率”两个战略特征，将制冷家电行业分为不同的战略群组。K 公司进入制冷家电行业先从空调市场开始。通过市场调研，K 公司了解到广大消费者对节能环保日益重视，而当时市场上的制冷产品大多专注于制冷效果等基础功能，具有通风、防尘、除味、降温集于一身的节能制冷空调还是市场“空白点”。于是，K 公司创出了一个独特的、有助于综合解决消费者痛点的制冷空调——K 制冷空调。K 公司采用战略群组分析的主要思路是（　　）。

A. 了解战略群组间的竞争状况

B. 了解战略群组间的“移动障碍”

C. 预测市场变化或发现战略机会

D. 了解战略群组内企业竞争的主要着眼点

17. 东华公司是国内一家从事多元化经营的高科技企业，主要产品有房地产、餐饮娱乐、在线直播、科技金融等，其中在线直播业务的市场占有率位居行业第三。近年来国内在线直播产业增速均在 10% 以上。根据波士顿矩阵原理，东华公司对其在线直播业务应（　　）。

A. 采用事业部形式进行管理

B. 采用收获战略

C. 采用撤退战略

D. 采取选择性投资战略

18. 甲公司是一家高端芯片开发企业，近期将其研发出的新款 A 型芯片投入市场。该产品一经推出，便深受消费者青睐。甲公司预计其竞争对手乙公司可能会迅速将其研发多年但并未上市的 M 型芯片投入市场。甲公司对乙公司进行的上述分析属于（　　）。

A. 持久力　　B. 适应变化能力

C. 快速反应能力　　D. 财务能力

二、多项选择题

1. 按照波特的五种竞争力分析模型，下列各项因素中，可能对甲航空公司获取产业竞争优势产生有利影响的有（　　）。

A. 进入航空业需要巨额资本投入

B. 甲航空公司实行里程累积计划

C. 高额的飞行员和技师培训费用

D. 目前生产大型商用飞机的公司主要有波音和空中客车两家公司

2. 海天味业是调味品行业的龙头企业，其中酱油、酱类和蚝油三大品类均做到了行业第一。蚝油市场目前仍在消费者培养的快速增长期，公司占据超过40%的市场份额，是行业第二名的6倍还多。酱类市场产品品类多、用途广，是成熟并低速增长的市场，公司的市场份额超过16%。根据波士顿矩阵原理，海天味业的蚝油业务和酱类业务分别属于（　　）。

A. “明星”业务　　B. “瘦狗”业务

C. “现金牛”业务　　D. “问题”业务

3. 根据产业五种竞争力分析模型，下列选项中，表明甲钢铁公司议价能力较强的情形有（　　）。

A. 甲公司是产业内少数几家能够提供航空航天用钢的主要供应商，且没有替代品

B. 甲公司进军机械制造等产业

C. 甲公司的主要铁矿石供应商乙公司进入钢铁制造产业

D. 甲公司是铁矿石供应商乙公司最大的客户，采购量占其30%以上

4. 甲公司是一家大型高端装备制造企业，通过详细分析，总结出了高端装备制造产业存在如下特征。在这些特征中，会造成同业竞争激烈的情形有（　　）。

A. 产业增长缓慢

B. 产品差异化明显

C. 产业退出障碍高

D. 产业生产能力过剩

5. 下列选项中，能够形成企业核心能力的有（　　）。

A. 甲公司拥有以独特方式整合内部知识的能力

B. 乙公司具有同行业极强的产品创新能力，特别是小型化的能力

C. 丙公司在长期的发展中形成了独特的企业文化

D. 丁公司从美国硅谷购买了一套先进的信息系统

6. 甲公司是C国一家生产经营消费类电子产品的企业，准备到发展中国家N国投资彩电生产业务，并对N国诸多条件进行了认真的调查分析。以下分析内容属于钻石模型四要素的有（　　）。

A. N国市场上质量高、价格适中的大众化彩电较少

B. 国际名牌家电企业早已进入N国彩电市场，且竞争激烈

C. N国劳动力价格比C国明显偏低，且劳动者的文化与技术水平较低

D. 由于C国产品在N国名声不好，N国政府对于C国家电产品的进入制定了许多限制性政策

7. 2007~2013年，三星公司作为苹果公司的元器件和闪存供应商的同时，推出了系列智能手机和平板电脑，成为苹果公司在智能手机和平板电脑市场主要的竞争对手。同时，由于三星公司在生产关键零部件方面的能力显著强于其他公司，在短期内使得苹果公司仍然离不开三星公司。在这一案例中，影响三星公司对苹果公司讨价还价能力的因素有（　　）。

A. 业务量

B. 产品差异化程度与资产专用性程度

C. 信息掌握程度

D. 纵向一体化程度

8. H公司是一家农机生产企业。最近，该公司拟把业务延伸到种子、化肥、农药等农业生产相关服务体系。下列各项中，不属于H公司进入新产业所面临的行为性障碍有（　　）。

A. 现有农业生产相关服务企业采取限制

进入定价行为
B. 现有农业生产相关服务企业的品牌优势
C. 政府颁布的农业生产相关服务产业进入政策
D. 现有农业生产相关服务企业对销售渠道的控制

9. 近年来，国内新能源汽车生产企业面临着激烈的竞争压力：其一，海外汽车制造企业不断通过收购国内品牌或在国内直接建厂进入国内市场；其二，原料成本、用工成本不断上涨，同时由于国内新能源汽车企业众多，产品差异小，利润微薄。从产业五种竞争力角度分析，国内新能源汽车生产企业面临的竞争压力包括（　　）。
A. 产业内现有企业的竞争
B. 潜在进入者的进入威胁
C. 供应者讨价还价
D. 购买者讨价还价

10. 海螺水泥公司成立于1996年，其总部坐落于安徽省。由于"海螺水泥"在长江沿岸建设了一大批熟料基地和在长江三角洲建设了一大批水泥粉磨厂，使该公司T型战略布局日臻完善。公司生产线全部采用先进的新型干法水泥工艺技术，具有产量高、能耗低、自动化程度高、劳动生产率高、环境保护好等特点。海螺水泥公司一直秉持"以人为本"的用人理念，始终贯彻"为员工创造机会，帮助员工成功"的用人宗旨，在公司高速发展的同时，海螺水泥公司锻炼出了一批坚实的人才队伍，他们创造了该公司连续20多年高速增长的神奇业绩，也成为该公司发展壮大最重要的战略资源。下列各项中，属于海螺水泥公司获得持续竞争优势的重要基础的资源有（　　）。
A. 有形资源　　B. 人力资源
C. 无形资源　　D. 组织资源

11. 中国国际航空公司针对不正常航班后的补偿和食宿安排，开展了顾客满意度调查。组织相关管理人员走访学习某著名火锅连锁餐饮集团提升服务质量的经验，并瞄准全球航空业标杆阿联酋国际航空公司制定了整改方案。中国国际航空公司进行基准分析所采用的基准类型有（　　）。
A. 过程或活动基准　　B. 一般基准
C. 竞争性基准　　D. 顾客基准

12. 实行多元化经营的S公司在智能机器人产业有较强的竞争力，占据产业第二的市场份额。近年来智能机器人市场进入高速增长阶段，根据波士顿矩阵原理，下列各项中，对S公司的智能机器人业务表述正确的有（　　）。
A. 该业务应采用撤退战略，将剩余资金向其他业务转移
B. 该业务适合采用事业部制进行管理
C. 该业务适合采用智囊团或项目组等形式进行管理
D. 该业务需要增加投资以加强其竞争地位

13. 2014年起，公安部、质检总局全面推进机动车检验机构社会化，严格执行环保部发文的政府部门不准经办检验机构等企业的规定，从而使得民营检测站投资得到激发，中国检测因此成功进入机动车检测站运营的领域，为公司带来了稳定、持续的业绩来源。由于机动车检测关系着机动车行驶的安全性与环保性，日益受到广大车主的重视，未来公司检测站的建设需求有望进一步增加。上述信息体现出的宏观环境因素有（　　）。
A. 政治和法律因素
B. 经济因素
C. 社会和文化因素
D. 技术因素

14. DJ公司是一家生产无人机的企业。该公司以几十年的不懈探索和积累打造出自己的核心能力。依据辨别企业能力是否属于核心能力的关键性测试，下列各项中，体现DJ公司核心能力的有（ ）。
    A. DJ公司不断推出的创新型产品给消费者带来超过预期的价值
    B. DJ公司生产的舰艇无人机比其他企业的同类产品操作更简便，拍摄出的图片更清晰
    C. DJ公司的技术研发和管理创新被公认为行业标杆，其他企业至今未能成功模仿或超越
    D. 近年来DJ公司的市场占有率和销售增长率一直位居行业第五

三、简答题

1. 2018年7月23日，小米正式发布家电新品“米家互联网空调”（以下简称米家空调）。这款产品的发布除了丰富小米产品线外，也意味着小米正式向传统白电领域发起冲击。而此时白色家电行业的竞争已经异常激烈。格力、美的、海尔等龙头企业凭借其规模经济、品牌、技术、渠道和服务等优势，基本上占领了白色家电行业的市场。格力在空调领域拥有差异化竞争优势，其产品可以做到与其他品牌不同，更加优质、品牌更强；美的空调拥有目标聚集优势；相较于格力、美的空调占比较高，海尔的业务占比更加均衡，其在家电产品多元化和国际化上布局更优。整个产业的销售额保持稳定，且市场基本饱和。家电行业已经从快速增长期进入逐渐稳定的更新换代期，行业竞争进一步加剧，品牌集中度进一步提高。试图扩大市场份额的企业，总会遇到竞争对手的快速反击。各企业空调的库存已接近历史高位，产品价格竞争开始成为市场竞争的主要手段。

   根据“米家空调官微”的宣传，这一次米家空调的主要卖点为空调能实现0.1℃的精准控温，对于消费者而言，这确实很有新意，因为传统空调的温度只能到整数，很少有到小数点后的。空调内部过滤网采用一体注塑成型防霉抗菌产品，抗菌率超过99%。还有一个细节的设计也是传统空调不具备的，空调在制冷或除湿结束后，并不会马上关闭，而是将风机继续运转一段时间，以便将蒸发器中的冷凝水吹干，起到防霉效果。同时用户也可以使用米家App和“小爱同学”来操控米家互联网空调，这也让远程启动成为可能，用户用手机App提前打开空调降温，一进门就可以置身于凉爽适宜的环境中，不必再等待空调启动的过程。米家互联网空调来自小米生态链企业智米科技，依托于小米生态链的大平台，核心技术牢牢掌握在自家手中。

   要求：

   （1）简要分析小米正式向传统白电领域发起冲击时，白色家电行业所处的产品生命周期发展阶段；

   （2）运用辨别企业核心能力的三个关键性测试，判断小米掌握的互联网空调技术能否称之为该公司的核心能力。

2. 中国白酒是世界著名六大蒸馏酒之一，作为中国酒文化的代表享誉中外。近年来，由于国内原材料、劳动力成本持续上涨，以及白酒行业整体的产能过剩，使得整个白酒行业的竞争不断加剧。白酒企业准确认识行业的竞争态势成为了发展立足的必备条件。为此，白酒行业规模较小的J公司对国内白酒行业进行了深入调研，有关情况如下：

   （1）M公司、W公司、L公司和K公司产品长度短，营销力度也小；

   （2）G公司和N公司产品长度短，营销力度大；

   （3）J公司产品长度长，营销力度小；

   （4）F公司产品长度长，营销力度大。

通过对白酒市场的深入调研，J公司管理层对市场竞争格局有了清晰的把握。对于J公司下一步的发展方向，该公司考虑应避免产品种类过于分散，精简产品种类。原因是每一种新产品的推出需要市场的推广与客户的接受过程，过多的产品种类会对企业的营销推广产生压力。因此，基于自身资源能力的局限性，J公司决定控制新产品的推出节奏，提高经典酒系列产品的市场影响力。

要求：

（1）运用“产品长度”和“营销力度”两个战略特征，各分为“长”“短”和“大”“小”两个档次，对M公司、W公司、L公司、K公司、G公司、N公司、J公司和F公司进行战略群组划分；

（2）根据战略群组分析的作用，简要分析J公司战略决策体现的战略群组分析的思想。

3. 甲公司有三个事业部，分别从事A、B、C三类家电产品的生产和销售。在A、B、C三类产品市场上，甲公司的最大竞争对手是乙公司。下表是A、B、C三类家电产品在2021年的市场销售数据。

单位：万元

产品	A	B	C
甲公司销售额	2600	8800	14500
最大竞争对手销售额	4200	22000	11000
全国市场销售总额	32000	84000	64000
近年全国市场增长率（%）	13	6	1

假设市场增长率和相对市场占有率分别以10%和1.0作为高低的界限标准。

要求：

（1）运用波士顿矩阵分析甲公司的A、B、C三类产品分别属于何种产品；

（2）运用波士顿矩阵分析甲公司对A、C两类产品应分别采取什么策略？并说明理由。

4. 从1996年开始，爱民医疗器械公司创始人率领研发团队从事生物材料方面的研究，开发出一系列产品。其中，爱民公司2010年开发的专利产品Y产品能够通过义眼的移植帮助失明患者实现部分眼功能，恢复一定的视力。初期的动物试验证明此产品安全有效。

Y产品的核心技术掌握在爱民公司手中，目前在国内还未有类似的产品。前期的市场调研表明，全球至少有5000万Y产品的潜在消费者。新进入者必须投入大量的资金、时间、技术等成本，因而进入难度很大。

在开发Y产品时，爱民公司在保证医疗效果不下降的前提下，坚持选用通用型原材料。这带来两点好处：其一，通用型原材料均由国内厂家生产，进货和运输仓储等方面的成本都比较低，降低了生产成本；其二，供应商的可替代程度高，企业原材料采购的转换成本低。

从成立至今，爱民公司逐渐打造出一支实力较强的研发与销售团队，建立和形成了较为完善的采购、进货和发货后勤服务体系，建立了包括300家三甲医院，基本覆盖全国的销售网络。与上千名临床医疗专家建立了良好的合作关系，分销商渠道健全，建立了专业服务团队，客服部均由经过培训的专业人员负责，服务网络较为完善。

2012年，爱民公司在C国首都建立了生产Y产品的工厂，希望通过进一步的产业化，将Y产品推上市场。

要求：

（1）运用辨别企业核心能力的三个关键性测试，判断爱民公司Y产品的技术能否称之为该公司的核心能力；

（2）根据价值链两类活动，简要分析爱民公司开发Y产品具备的优势条件。

5. C公司是我国一家二级民营电信运营商，专注于宽带接入业务。C公司的供应商主要分为带宽供应商和设备供应商。带宽供应商主要是中国联通、中国电信、中国移动、中广电4家基础电信运营商，他们控制了在全国范围内经营互联网国内数据传送业务和国内通信设施服务业务。C公司与其他二级电信运营商一样，只能从这4家一级基础电信运营商手中购买带宽资源。设备供应商数量多、规模小，C公司每年都可以选择从不同供应商手中采购大量设备，在价格及付款方式等方面已达成很好的默契。C公司客户主要是一些居民小区，对C公司产品的价格较敏感，加之C公司目前的产品比较单一，且容易被竞争对手复制，因而使客户具有较强的议价能力。
2014年年底，工信部发布了《关于向民间资本开放宽带市场的通告》，提出鼓励民间资本以多种模式进入宽带接入市场。一是鼓励民营企业建设宽带接入网业务所需的基础设施，并以自有品牌为用户提供宽带上网服务。二是鼓励民营企业以资本合作、业务代理、网络代维等多种形式和基础电信运营商开展合作，分享收益。向民间资本开放宽带接入市场，可以更好地适应我国经济快速增长和互联网普及率迅速提高的需求。面对十分广阔的市场前景，许多投资者跃跃欲试，准备跻身于宽带接入行业。尤其是4家基础电信运营商，手中积累了大量资金，打造“全产业链”正在成为其战略取向。一旦它们的业务延伸到宽带接入领域，将很可能成为该领域的主导者。有的基础电信运营商还有可能利用更为先进的5G技术来代替传统的宽带接入技术，从根本上改变行业竞争格局。这些基础电信运营商在直接介入宽带业务之前，已经利用其市场知名度和资金优势，调整市场开发策略、通过扶植众多的代理商参与市场竞争。这些代理商虽然目前实力较弱，覆盖区域较小，但价格灵活，服务的客户比较集中，它们往往以价格为利器与C公司展开竞争，其中个别代理商提供的产品价格已达到与C公司产品价格持平甚至略低的水平。

要求：

（1）从PEST角度简要分析C公司面临的机会与威胁；

（2）从五种竞争力角度简要分析C公司面临的机会与威胁。

6. 随着我国经济的快速发展，旅游成为人们重要的休闲娱乐方式之一。2020年以来，旅游产业市场的发展和消费虽然受新冠疫情影响较大，但区域内短途游、线上旅游体验发展势头仍然良好。粤港澳大湾区旅游业发展呈现一体化、全局化、国际化、创新性、文旅IP组团、智慧化、共享性等特点。粤港澳大湾区地带气候适宜、环境优良，是国内游客常选的旅游目的地之一。随着港珠澳大桥和广深港高铁的开通，便利快捷的出行方式大大缩减了往来内地与港澳的时间，人们可以一天之内来往三个甚至四个城市，粤港澳大湾区内各大城市之间交流更加紧密，旅游业的发展成为粤港澳大湾区新的重要着力点。粤港澳大湾区连接着香港、澳门、广州、深圳、珠海、中山、东莞、佛山、肇庆、惠州和江门，每座城市都有各自的特色旅游资源。
粤港澳大湾区的“旅游产业基础”发展良好。总体来看，广州、香港、澳门是粤港澳大湾区内旅游中心城市，这三个城市的旅游收入占到了粤港澳大湾区内旅游收入的2/3；深圳、东莞、佛山、珠海形成了大湾区内旅游次核心区域；肇庆、惠州、江门及中山则是大湾区内旅游的弱核心区域，是大湾区内部旅游开发与建设的重点。

粤港澳大湾区旅游产业“龙头企业”主要分布在景区、酒店、旅行社、旅游电子商务业、旅游产品和设备供应企业等不同产业方向。景区龙头企业有香港海洋公园、澳门渔人码头、广州白云山风景名胜区（5A）、深圳东部华侨城（5A）、珠海御温泉度假村（4A）等；酒店龙头企业有香港帝京酒店（甲级）、澳门威尼斯人度假酒店（5星）、广州嘉逸国际酒店（5星）、深圳阳光酒店（5星）、珠海竹林酒店（5星）等；旅行社主要有香港康泰旅行社、广州广之旅国际旅行社、深圳华侨城旅行社、珠海环球国际旅行社等；旅游电子商务企业主要有广东信游电子商务有限公司、深圳蜘蛛旅游网、珠海知游电子商务公司等；旅游产品和设备供应企业主要有广州水之乐设备有限公司、深圳云卡通科技有限公司、中山金马科技娱乐设备股份有限公司等。

粤港澳大湾区内各地政府对发展旅游产业支持力度较大,《粤港澳大湾区规划纲要》提出推进大湾区旅游发展，依托大湾区特色优势及香港国际航运中心的地位，构建文化历史、休闲度假、养生保健、邮轮游艇等多元旅游产品体系，丰富粤港澳旅游精品路线，开发高铁“一程多站”旅游产品。建设粤港澳大湾区世界级旅游目的地政策主要是政府对社会资本参与体育场馆投资与运营的相关政策。政府对旅游产业的支持政策将推动粤港澳大湾区旅游产业更快、更好发展。

要求：

（1）依据钻石模型四要素，简要分析粤港澳大湾区旅游业发展的优势；

（2）从 PEST 角度简要分析粤港澳大湾区旅游业发展面临的外部环境。

7. 凤凰医疗集团是我国最大的股份制医院投资管理集团之一，涵盖大型综合医院和社区医疗机构。作为旗下医院性质多为“非营利性医院”的集团，凤凰医疗多年来通过管理托管医院、供应链等方式实现获利。具体来说，凤凰医疗将综合医院服务、IOT 医院管理服务和供应链确定为经营的关键部分。综合医院服务是指凤凰医疗集团通过投资控股的北京市建宫医院向患者提供综合医疗服务及 VIP 服务，并获得医疗服务收益，集团的大部分营业收入来自这块业务。供应链收入是指集团以议定价格向供应商购买药品、医疗器械以及医用耗材，然后卖给集团旗下医院及诊所，集团大部分的净利润获益于此。旗下的医院和诊所，多为凤凰医疗所托管的公立医院，如燕化医院集团、京煤医院集团、门头沟区医院以及门头沟区中医院等。这四家医院目前是凤凰医疗的四大客户，这就涉及凤凰医疗的另一块业务—— IOT 医院管理服务，即公立医院的托管。根据 IOT 模式，凤凰医疗集团承诺进行固定投资，改善医院的医疗设施和诊疗设备，以交换在 19 年至 48 年的期限内管理和营运相关医院并收取基于表现的管理费的权益。集团向这些公立医院出售药品、器械，实现集团的供应链收入；又向这几家医院提供管理服务，实现医院管理服务收入。通过构筑这样的联系方式，凤凰医疗集团实现了对几家公办医院的“一鱼两吃”，提高了价值创造能力。

虽然凤凰医疗一直低调，但其在京津冀的医疗布局明显看出其商业模式的几大特点：一是区域规模化发展，在北京、河北地区从综合医院、区域医疗向二级医院、社区医疗发展，并未向其他省份扩张；二是营销方向准确，结合大健康发展趋势、国家分级诊疗政策、区域医疗信息化等热点争取客户、拓宽市场；三是管理团队全部从医院管理实战中来，所管辖医院既有三级，也有二级，还有社区，核心团队成员中既有医院管理背景的人，也有医生临床背景的人，还有资本运营背景的人；四是凤凰医疗以公私合营PPP模式和集中采购供应链管理模式闻名，在参与公立医院改革和医疗集团扩张方面积攒了经验。

2014年年末至2015年年初，通过三项合作，凤凰医疗的业务结构、服务范围、商业模式都在发生调整。一是与安监总局、中信信托共同成立合营公司，承担对煤炭总医院、石龙医院投资责任；二是与京煤集团共同设立京煤集团总医院有限责任公司，双方在医疗保障和基础设施建设方面相互合作；三是与河北省保定市达成框架协议，通过公私合作的模式，与保定政府举办的公立医疗机构及医疗教育机构合作，参与未来规划的重点医疗项目。此外，凤凰医疗、煤炭总医院及中信信托之间的合作聚集了疗养及养老产业的核心资源（平台、医疗、金融和客户），这让凤凰医疗逐步向养老和保险领域延伸。

要求：

（1）简要分析凤凰医疗的企业能力；

（2）依据企业资源能力的价值链分析，简要分析凤凰医疗在构筑竞争优势的过程中，是如何体现价值链分析的方法的。

8. D公司致力于为个人消费者、企业级用户带来高科技电器完美性能的体验，公司产品包括吸尘器、风扇、吹风机、照明、干手器等，着眼于高端领域的家用电器。D公司创始人D先生对D公司创新文化起引领性作用，其特立独行、敢于打破陈规的精神渗透进D公司文化骨血。D公司的使命不是用喧嚣而煽情的噪音抢占用户的头脑，而是踏踏实实地打造出性能和设计都远优于现有产品的创新。

D公司用令人意想不到的新颖创意，挑战现有思维，进行颠覆性再造，打造特立独行、引领潮流、性能远超对手的卓越产品。通过深厚的研发实力和对用户需求的洞察，以一种出乎意料的方式推翻传统设计。重新调整产品定位，选择那些被大众普遍使用并相当成熟的产品类别，然后找到这些产品的缺陷，再发挥独辟蹊径的创意，大胆对这些成熟产品进行深度颠覆式创新。

D公司的三大创新战略主要围绕：研发技术创新战略、三元化营销战略和全球化战略。

研发技术创新战略主要涉及的研发创新技术有双重气旋式系统和RC技术。D公司的双重气旋式系统是自真空吸尘器发明后在技术上的首次突破。D公司发明气旋式系统来代替袋子装置以保持吸尘器吸力的持久性。气旋式系统利用离心力将空气中的灰尘分离开，这意味着灰尘可以不用袋子来收集，那么吸力就自然不会受损。RC技术是双重气旋式系统的延伸，这一技术在双重气旋式系统的基础上改造而成，通过运用许多气旋仓来扩大气体的体积，从而加强吸力。RC吸尘器在运转时吸力比双重气旋式吸尘器高出45%。

三元化营销战略主要是从高端化、专业化和多元化三个角度进行营销。D公司将市场定位于为那些工作繁忙而想要更多休闲时间，同时又追求高质量生活的家庭和个人提供高科技产品。

全球化战略主要是通过打造团队全球化、生产基地全球化、研发中心全球化、市场营销全球化，吸取全球优势资源推动企业创新发展。D公司团队遍布全世界，每一位成员都对D公司成功有至关重要的作用。同时，D公司每年会开展设计大赛，邀请全世界年轻人参加，挖掘创新思维和创新理念。D公司在J国、C国等地均建有生产基地，在E国、X国、M国等地设有研发中心。D公司全球化步伐目前已涉及A国、F国、J国、C国等65个不同国家。与此同时，D公司不断进行品牌延伸、跨界合作，如借助自身设计领域优势，与国际知名时装品牌S公司合作时装秀，把风力应用搬到时装秀的舞台。

D公司拥有一支由超过1536位设计工程

师组成的研发团队。D公司工程师和科学家拥有流体力学、原型机制造、电子技术、机械工程、声学、微生物学等不同专业背景，研发部门成员都是所在领域专家。D公司每年投入近40%的税后利润用于研发新技术。

寻找并攻克挑战是D公司工程师的首要任务和使命，D公司致力于发现和解决全新的问题，带来性能更为卓越的创新产品。D公司"源于生活，利于生活，使生活更美好"的价值观，赋予思想自由，使公司中的每个人都充分参与试验和改进过程，获得更多的发挥空间。也可以说是一种独有的梦想和信仰，驱使D公司不断创新。D公司鼓励员工分享经验和知识，研发人员的工作空间全部开放共享，允许其他部门员工与其自由交流。另外，D公司还鼓励员工面对面解决问题，要求员工最大限度地减少电邮和文件记录，在互动中快速形成解决方案。

要求：

（1）简要分析D公司涉及的战略创新的类型；

（2）简要分析D公司成功的战略创新赖以实现的关键情境；

（3）从企业资源类型角度看，简要分析D公司的资源所展示的竞争优势。

同步强化练习题参考答案及解析

使用"会计云课堂"App或"微信"扫码对答案、看解析、掌握解题思路，开启轻松过关之旅。

一、单项选择题

1.【答案】D

【解析】企业基础设施是指企业的组织结构、惯例、控制系统以及文化等。企业高层管理人员往往能在这些方面发挥重要的作用，因此高层管理人员也被视作企业基础设施的一部分，选项D正确。

2.【答案】C

【解析】人口因素属于社会和文化环境的范畴，选项C正确。

3.【答案】B

【解析】"国家进一步放开计划生育并鼓励三胎政策的出台……预测婴幼儿奶粉的市场需求将明显增长"属于宏观环境分析（PEST分析）中的政治和法律因素；"为了迎合消费者的安全、优质和多样性需求"属于宏观环境分析（PEST分析）中的社会和文化因素。因此，选项B正确。

4.【答案】B

【解析】现有企业的市场优势主要表现在品牌优势和政府政策上。"百事可乐公司进入I国市场时……承诺帮I国政府发展经济，协助将农产品销售到世界各国，终于突破该国法令管制，成功进入I国市场。后来不少企业试图进入I国市场并挑战百事可乐公司的市场地位，但因受I国法令管制都未获成功”属于政府政策（现有企业的市场优势），选项B正确。

5.【答案】A

【解析】“目前该公司已建成覆盖全国的营销网络，包括电商销售平台、数以千计的超市专卖柜和实体店以及十几个仓储物流中心”表明G公司给潜在进入者设置的进入障碍是现有企业对关键资源的控制，选项A正确。

6.【答案】B

【解析】亚非认为，任何一个产业与其相关产业都存在不同程度的互补互动（互相配合一起使用）的产品或服务业务。房地产业的发展带动了与其相关的室内装修行业的成长，二者体现了互动互补作用力。因此，选项B正确。

7.【答案】B

【解析】“国内轿车产业的销售额达到前所未有的水平。不同企业生产的轿车在技术和质量等方面的差异不明显”“主要战略路径是提高效率、降低成本”表明目前国内轿车产业所处的阶段是成熟期，选项B正确。

8.【答案】A

【解析】“国内玻尿酸产业的产品销售量节节攀升，竞争者不断涌入。各厂家的产品虽然在技术和性能方面有较大差异，但均可被消费者接受。产品由于供不应求，价格高企”属于成长期的特点。从市场角度看，成长期的成功关键因素是建立商标信誉，开拓新销售渠道，选项A正确。选项B是成熟期市场方面的成功关键因素，选项C是衰退期市场方面的成功关键因素，选项D是导入期市场方面的成功关键因素。

9.【答案】B

【解析】适应变化的能力表现为企业随着外部环境的改变适时调整资源配置、经营方式和采取相关行动，以顺应环境变化的趋势、实现自身长期生存和持续发展的能力。“预计在政府政策和市场双重刺激下，生猪养殖结构将发生显著变化，由以散户养殖为主向以规模化标准养殖为主转变。我国生猪养殖产业化发展进程将加快，其竞争对手H生猪养殖公司将会加大在生猪产业绿色化、规模化和标准化等方面的战略布局”表明S公司对H公司的分析属于适应变化的能力分析，选项B正确。

10.【答案】D

【解析】美国西南航空公司选择了国内短途航线，Q航空公司专营中国国内城际航线，西南航空公司和Q航空公司虽处于同一行业并提供相同的服务，但不构成直接竞争关系，因此属于一般基准，选项D正确。

11.【答案】D

【解析】“由于其所在三线城市的市场空间狭小，不能支撑两个竞争者同时盈利，D公司的竞争者只好放弃竞争”属于具有经济制约性的资源，选项D正确。

12.【答案】A

【解析】“其使用国家级保密配方配制的某种药品，具有清热、利尿、祛痰、凉血、解毒的功效”属于物理上独特的资源，选项A正确。

【名师点题】解答本题的关键是注意题干资料表达的核心意思，即“从20世纪90年代推出以来，疗效显著，一直深受患者欢迎”，其原因是“使用国家级保密配方配制”，而不是“一家拥有80多年历史的中医药公司”。

13.【答案】B

【解析】价值链基本活动中的“服务”是指与保持和提高产品价值有关的活动，如培训、修理、零部件的供应和产品的调试等。这一活动的本质，是产品的价值保证和增值。“该公司通过售后用户体验追踪系统随时掌握、分析不同产品的质量问题，并与分销商共享信息，不断提高前来维修的客户的满意度”属于服务，选项 B 正确。

14.【答案】D

【解析】“心脑血管介入产品市场需求旺盛”属于机会（O），“LP 公司有较强的研发和制造能力”属于优势（S），应为 SO 战略，选项 A 错误；“心脑血管介入产品市场需求旺盛”属于机会（O），“LP 公司缺乏精通业务的营销人员”属于劣势（W），应为 WO 战略，选项 B 错误；“心脑血管介入产品市场竞争日趋激烈”属于威胁（T），“LP 公司有较强的研发和制造能力”属于优势（S），应为 ST 战略，选项 C 错误；“心脑血管介入产品市场竞争日趋激烈”属于威胁（T），“LP 公司缺乏精通业务的营销人员”属于劣势（W），应为 WT 战略，选项 D 正确。

15.【答案】B

【解析】企业能力主要由研发能力、生产管理能力、营销能力、财务能力和组织管理能力等组成。“2014 年，小米公司创始人雷军开始意识到‘智能硬件’和‘万物互联’可能比智能手机的发展机遇还要大。于是，小米公司开启了小米生态链计划”体现了小米公司的营销能力（市场决策能力），选项 B 正确。

16.【答案】C

【解析】“具有通风、防尘、除味、降温集于一身的节能制冷空调还是市场‘空白点’。于是，K 公司创出了一个独特的、有助于综合解决消费者痛点的制冷空调—— K 制冷空调”体现的是预测市场变化或发现战略机会，选项 C 正确。

17.【答案】D

【解析】“近年来国内在线直播产业增速均在 10% 以上”“在线直播业务的市场占有率位居行业第三”说明东华公司的在线直播业务属于“高增长—弱竞争”地位的“问题”业务，应采取选择性投资战略。

18.【答案】C

【解析】快速反应能力是指企业对所处环境变化的敏感程度和迅速采取正确应对措施的能力。快速反应能力由下述因素决定：自由现金储备、留存借贷能力、厂房设备的余力、定型的但尚未推出的新产品等。乙公司针对甲公司的情况，迅速做出反应，利用定型的但尚未推出的新产品来做出应对，可以体现快速反应能力，选项 C 正确。

二、多项选择题

1.【答案】ABC

【解析】进入航空业需要大量的资本投入，表明航空业进入障碍大，有助于保护现有航空公司获取行业竞争优势，即对现有航空公司获取产业竞争优势产生有利影响，选项 A 正确；甲航空公司实行里程累积计划，表明消费者的转换成本高，消费者的讨价还价能力弱，对现有航空公司获取产业竞争优势产生有利影响，选项 B 正确；高额的飞行员和技师培训费用表明航空业需要大量资金投入，从而阻止潜在进入者的进入，使得产业竞争程度减弱，对现有航空公司获取产业竞争优势产生有利影响，选项 C 正确；目前生产大型商用飞机的公司主要有波音和空中客车两家公司，表明航空业供应商的议价能力强，对现有航空公司获取产业竞争优势产生不利影响，选项 D 错误。

2.【答案】AC

【解析】蚝油市场目前仍在消费者培养的快速增长期且海天味业的蚝油品类为行业第一，因此海天味业的蚝油业务属于“高增长—强竞争地位”的“明星”业务，选项A正确；酱类市场是成熟并低速增长的市场且海天味业的酱类品类为行业第一，因此其酱类业务属于“低增长—强竞争地位”的“现金牛”业务，选项C正确。

【名师点题】本题的第一句话中已经表明这三类产品都做到了行业第一，因此，不管它们绝对市场份额（超过40%、超过16%）是多少，它们仍是每个行业中最大的市场份额，故都比市场份额排名第二多，相对应的相对市场占有率也高（本企业某项业务的市场份额与该业务市场上最大竞争对手的市场份额之比。在本题中，其最大竞争对手是行业第二，因此，与其最大竞争对手相比，相对市场占有率高）。

3.【答案】ABD

【解析】选项A表明甲公司面对购买者的议价能力强；选项B表明甲公司实施前向一体化战略，面对购买者的议价能力强；选项C表明甲公司的主要铁矿石供应商乙公司实行前向一体化战略，供应商乙公司议价能力较强，甲公司的议价能力较弱；选项D表明甲公司面对供应商的议价能力强。因此，选项A、B、D正确。

4.【答案】ACD

【解析】当产业内产品差异化明显时，竞争不会激烈。其余三种情况都会导致竞争激烈。因此，选项B错误，选项A、C、D正确。

5.【答案】ABC

【解析】企业核心能力是指企业在具有重要竞争意义的经营活动中能够比其竞争对手做得更好的能力。因为选项A、B、C中的独特、极强都代表了比竞争对手做得更好的能力，所以选项A、B、C能够形成企业核心能力。但是，选项D中在美国购买的信息系统，竞争对手也可以去购买，不算比竞争对手做得更好的能力，选项D错误。

6.【答案】ABC

【解析】钻石模型的四种要素是生产要素，需求条件，相关与支持性产业，企业战略、企业结构和同业竞争。选项A、B属于同业竞争；选项C属于生产要素；选项D属于政府政策，不属于钻石模型的构成要素。因此，选项A、B、C正确。

7.【答案】BD

【解析】“由于三星公司在生产关键零部件方面的能力显著强于其他公司，在短期内使得苹果公司仍然离不开三星公司”表明影响三星公司对苹果公司讨价还价能力的主要因素是产品差异化程度与资产专用性程度，选项B正确；“三星公司作为苹果公司的元器件和闪存供应商的同时，推出了系列智能手机和平板电脑，成为苹果公司在智能手机和平板电脑市场主要的竞争对手”表明影响三星公司对苹果公司讨价还价能力的主要因素是纵向一体化程度，选项D正确。

8.【答案】BCD

【解析】贝恩将结构性障碍分为三类，即规模经济、现有企业对关键资源的控制和现有企业的市场优势（品牌优势、政府政策）；行为性障碍分为两类，即限制进入定价和进入对方领域。选项A属于行为性障碍；选项B、C、D属于结构性障碍。

9.【答案】ABCD

【解析】“由于国内新能源汽车企业众多，产品差异小，利润微薄”表明产业内现有企业的竞争强度大，选项A正确；“海外汽车制造企业不断通过收购国内品牌或在国内直接建厂进入国内市场”表明潜在进入者的进入威胁大，选项B正确；“原料成本、用工成本不断上涨”表明供应者讨价还价能力强，选项C正确；“产品差异小，利润微薄”表明购买者讨价还价能力强，选项D正确。

10.【答案】ABC

【解析】"在长江沿岸建设了一大批熟料基地和在长江三角洲建设了一大批水泥粉磨厂"属于有形资源，选项A正确；"海螺水泥公司一直秉持'以人为本'的用人理念，始终贯彻'为员工创造机会，帮助员工成功'的用人宗旨，在公司高速发展的同时，海螺水泥公司锻炼出了一批坚实的人才队伍"属于人力资源，选项B正确；"公司生产线全部采用先进的新型干法水泥工艺技术"属于无形资源，选项C正确。

11.【答案】ACD

【解析】"组织相关管理人员走访学习某著名火锅连锁餐饮集团提升服务质量的经验"属于过程或活动基准，选项A正确；"瞄准全球航空业标杆阿联酋国际航空公司制定了整改方案"属于竞争性基准，选项C正确；"针对不正常航班后的补偿和食宿安排，开展了顾客满意度调查"属于顾客基准，选项D正确。

12.【答案】CD

【解析】"近年来智能机器人市场进入高速增长阶段""占据产业第二的市场份额"体现了S公司的智能机器人业务属于"高增长—弱竞争地位"的"问题"业务，该业务适合采用智囊团或项目组等形式进行管理，选项C正确；"S公司在智能机器人产业有较强的竞争力，占据产业第二的市场份额。近年来智能机器人市场进入高速增长阶段"表明智能机器人业务经过改进可能会成为"明星"业务，应进行重点投资，提高市场占有率，选项D正确。选项A适用于"瘦狗"业务，选项B适用于"明星"业务和"现金牛"业务。

13.【答案】AC

【解析】"2014年起，公安部、质检总局全面推进机动车检验机构社会化，严格执行环保部发文的政府部门不准经办检验机构等企业的规定"体现的是政治和法律因素，选项A正确；"机动车检测关系着机动车行驶的安全性与环保性，日益受到广大车主的重视"体现的是社会和文化因素，选项C正确。

14.【答案】ABC

【解析】辨别企业能力是否属于核心能力的三个关键性测试是它对顾客是否有价值、它与企业竞争对手相比是否有优势和它是否很难被模仿或复制。选项A表明它对顾客有价值；选项B表明它与企业竞争对手相比有优势；选项C表明它很难被模仿或复制。

三、简答题

1.【答案】

（1）小米正式向传统白电领域发起冲击时，白色家电行业处于成熟期。

①竞争者之间出现挑衅性的价格竞争。"产品价格竞争开始成为市场竞争的主要手段"。

②虽然市场巨大，但是已经基本饱和。"整个产业的销售额保持稳定，且市场基本饱和。家电行业已经从快速增长期进入逐渐稳定的更新换代期，行业竞争进一步加剧，品牌集中度进一步提高。试图扩大市场份额的企业，总会遇到竞争对手的快速反击"。

③产品差异不明显。"传统空调的温度只能到整数，很少有到小数点后的"。

④局部生产能力过剩。"市场基本饱和""各企业空调的库存已接近历史高位"。

（2）辨别企业能力是否属于核心能力的三个关键性测试：

①它对顾客是否有价值？"米家空调的主要卖点为空调能实现0.1℃的精准控温，对于消费者而言，这确实很有新意""同时用户也可以使用米家App和'小爱同

学'来操控米家互联网空调，这也让远程启动成为可能，用户用手机 App 提前打开空调降温，一进门就可以置身于凉爽适宜的环境中，不必再等待空调启动的过程"体现了对顾客有价值。

②它与企业竞争对手相比是否有优势？"因为传统空调的温度只能到整数，很少有到小数点后的。空调内部过滤网采用一体注塑成型防霉抗菌产品，抗菌率超过 99%。还有一个细节的设计也是传统空调不具备的，空调在制冷或除湿结束后，并不会马上关闭，而是将风机继续运转一段时间，以便将蒸发器中的冷凝水吹干，起到防霉效果"体现了与竞争对手相比有优势。

③它是否很难被模仿或复制？"米家互联网空调来自小米生态链企业智米科技，依托于小米生态链的大平台，核心技术牢牢掌握在自家手中"体现了很难被模仿或复制。

综上，小米掌握的互联网空调技术是该公司的核心能力。

2.【答案】

（1）运用"产品长度"和"营销力度"两个战略特征，各分为"长""短"和"大""小"两个档次，对 M 公司、W 公司、L 公司、K 公司、G 公司、N 公司、J 公司和 F 公司进行战略群组划分，可分为四个群组：

第一群组（产品长度短，营销力度小）：M 公司、W 公司、L 公司和 K 公司；

第二群组（产品长度短，营销力度大）：G 公司和 N 公司；

第三群组（产品长度长，营销力度小）：J 公司；

第四群组（产品长度长，营销力度大）：F 公司。

（2）根据战略群组分析的作用，J 公司战略决策体现的战略群组分析的思想：J 公司通过对国内白酒行业的战略群组分析，了解战略群组间的竞争状况和战略群组内企业竞争的主要着眼点。"对市场竞争格局有了清晰的把握"。

3.【答案】

（1）甲公司 A 类产品的市场增长率为 13% > 10%，相对市场占有率 = 2600/4200=0.619 < 1.0。因此，甲公司 A 类产品属于高增长—弱竞争地位的"问题"产品。

甲公司 B 类产品的市场增长率为 6% < 10%，相对市场占有率 =8800/22000=0.4 < 1.0。因此，甲公司 B 类产品属于低增长—弱竞争地位的"瘦狗"产品。

甲公司 C 类产品的市场增长率为 1% < 10%，相对市场占有率 =14500/11000=1.318 > 1.0。因此，甲公司 C 类产品属于低增长—强竞争地位的"现金牛"产品。

（2）产品 A 属于"问题"产品。该产品特点是市场增长率较高，需要企业投入大量资金予以支持，但该产品的相对市场占有率不高，不能给企业带来较高的资金回报。对于产品 A 的策略是进一步深入分析其是否具有发展潜力，从而决定是否追加投资，扩大市场份额。可以考虑选择"发展""收割"或"放弃"战略。

产品 C 属于"现金牛"产品。这类产品处于成熟的低速增长的市场中，市场地位有利，盈利能力强，本身不需要投资，反而能为企业提供大量资金，用以支持其他产品的发展。应该选择"保持"或"收割"战略。

4.【答案】

（1）企业能力应同时满足以下三个关键性测试才可称为核心能力：

①它对顾客是否有价值？

②它与企业竞争对手相比是否有优势？

③它是否很难被模仿或复制？

爱民公司"通过义眼的移植帮助失明患者实现部分眼功能，恢复一定的视力。初期的动物试验证明此产品安全有效”“全球至少有5000万Y产品的潜在消费者”说明符合①；“坚持选用通用型原材料”“爱民公司逐渐打造出一支实力较强的研发与销售团队，建立和形成了较为完善的采购、进货和发货后勤服务体系，建立了包括300家三甲医院，基本覆盖全国的销售网络。与上千名临床医疗专家建立了良好的合作关系，分销商渠道健全，建立了专业服务团队，客服部均由经过培训的专业人员负责，服务网络较为完善”说明符合②；“Y产品的核心技术掌握在爱民公司手中，目前在国内还未有类似的产品”“新进入者必须投入大量的资金、时间、技术等成本，因而进入难度很大”说明符合③。

因此，爱民公司Y产品是该公司的核心能力。

（2）根据基本活动，爱民公司开发Y产品具备的优势条件：

①内部后勤。“通用型原材料均由国内厂家生产，进货和运输仓储等方面的成本都比较低”“建立和形成了较为完善的……进货……后勤服务体系”。

②生产经营。“2012年，爱民公司在C国首都建立了生产Y产品的工厂，希望通过进一步的产业化，将Y产品推上市场”。

③外部后勤。“建立和形成了较为完善的……发货后勤服务体系”。

④市场销售。“建立了包括300家三甲医院，基本覆盖全国的销售网络”“分销商渠道健全”。

⑤服务。“建立了专业服务团队，客服部均由经过培训的专业人员负责，服务网络较为完善”。

根据支持活动，爱民公司开发Y产品具备的优势条件：

①采购管理。“供应商的可替代程度高，企业原材料采购的转换成本低”“建立和形成了较为完善的采购……服务体系”。

②技术开发。“爱民医疗器械公司创始人率领研发团队从事生物材料方面的研究，开发出一系列产品”“Y产品的核心技术掌握在爱民公司手中，目前在国内还未有类似的产品”。

③人力资源管理。“爱民公司逐渐打造出一支实力较强的研发与销售团队”“客服部均由经过培训的专业人员负责”。

④企业基础设施。“爱民医疗器械公司创始人率领研发团队从事生物材料方面的研究”。

5.【答案】

（1）从PEST角度分析C公司面临的机会：

①政治和法律因素。“工信部发布了……鼓励民营企业以资本合作、业务代理、网络代维等多种形式和基础电信运营商开展合作，分享收益”。

②经济因素。“经济快速增长”。

③社会和文化因素。“互联网普及率迅速提高”。

从PEST角度分析C公司面临的威胁：

①政治和法律因素。“工信部发布了……鼓励民营企业建设宽带接入网业务所需的基础设施，并以自有品牌为用户提供宽带上网服务”。

②技术因素。“有的基础电信运营商还有可能利用更为先进的5G技术来代替传统的宽带接入技术，从根本上改变行业竞争格局”。

（2）从五种竞争力角度分析C公司面临的机会：

供应商讨价还价。“设备供应商数量多、规模小，C公司每年都可以选择从不同供应商手中采购大量设备，在价格及付款方式等方面已达成很好的默契”“鼓励民营企业以资本合作、业务代理、网络代维等多种形式和基础电信运营商开展合作，分享收益”。

从五种竞争力角度分析C公司面临的威胁：

①潜在进入者的进入威胁。“鼓励民营企业建设宽带接入网业务所需的基础设施，

并以自有品牌为用户提供宽带上网服务”“面对十分广阔的市场前景，许多投资者跃跃欲试，准备跻身于宽带接入行业。尤其是4家基础电信运营商，手中积累了大量资金，打造‘全产业链’正在成为其战略取向。一旦它们的业务延伸到宽带接入领域，将很可能成为该领域的主导者”。

②替代品的替代威胁。“有的基础电信运营商还有可能利用更为先进的5G技术来代替传统的宽带接入技术，从根本上改变行业竞争格局”。

③购买者讨价还价。“C公司客户主要是一些居民小区，对C公司产品的价格较敏感，加之C公司目前的产品比较单一，且容易被竞争对手复制，因而使客户具有较强的议价能力”。

④供应商讨价还价。“带宽供应商主要是中国联通、中国电信、中国移动、中广电4家基础电信运营商，他们控制了在全国范围内经营互联网国内数据传送业务和国内通信设施服务业务。C公司与其他二级电信运营商一样，只能从这4家一级基础电信运营商手中购买带宽资源”。

⑤产业内现有企业的竞争。“这些代理商虽然目前实力较弱，覆盖区域较小，但价格灵活，服务的客户比较集中，它们往往以价格为利器与C公司展开竞争，其中个别代理商提供的产品价格已达到与C公司产品价格持平甚至略低的水平”。

6.【答案】

（1）①生产要素。“粤港澳大湾区地带气候适宜、环境优良”“随着港珠澳大桥和广深港高铁的开通，便利快捷的出行方式大大缩减了往来内地与港澳的时间，人们可以一天之内来往三个甚至四个城市，粤港澳大湾区内各大城市之间交流更加紧密”“粤港澳大湾区连接着香港、澳门、广州、深圳、珠海、中山、东莞、佛山、肇庆、惠州和江门，每座城市都有各自的特色旅游资源”。

②需求条件。“随着我国经济的快速发展，旅游成为人们重要的休闲娱乐方式之一。2020年以来，旅游产业市场的发展和消费虽然受新冠疫情影响较大，但区域内短途游、线上旅游体验发展势头仍然良好。粤港澳大湾区旅游业发展呈现一体化、全局化、国际化、创新性、文旅IP组团、智慧化、共享性等特点”。

③相关与支持性产业。“粤港澳大湾区旅游产业‘龙头企业’主要分布在景区、酒店、旅行社、旅游电子商务业、旅游产品和设备供应企业等不同产业方向”。

④企业战略、企业结构和同业竞争。“总体来看，广州、香港、澳门是粤港澳大湾区内旅游中心城市，这三个城市的旅游收入占到了粤港澳大湾区内旅游收入的2/3；深圳、东莞、佛山、珠海形成了大湾区内旅游次核心区域；肇庆、惠州、江门及中山则是大湾区内旅游的弱核心区域，是大湾区内部旅游开发与建设的重点”。

（2）①政治和法律因素。“粤港澳大湾区内各地政府对发展旅游产业支持力度较大，《粤港澳大湾区规划纲要》提出推进大湾区旅游发展……政府对旅游产业的支持政策将推动粤港澳大湾区旅游产业更快、更好发展”。

②经济因素。“随着我国经济的快速发展”。

③社会和文化因素。“旅游成为人们重要的休闲娱乐方式之一……短途游、线上旅游体验发展势头仍然良好”。

7.【答案】

（1）①营销能力。“区域规模化发展，在北京、河北地区从综合医院、区域医疗向二级医院、社区医疗发展，并未向其他省份扩张”“营销方向准确，结合大健康发展趋势、国家分级诊疗政策、区域医疗信息化等热点争取客户、拓宽市场”。

②组织管理能力。“管理团队全部从医院管理实战中来，所管辖医院既有三级，

也有二级，还有社区，核心团队成员中既有医院管理背景的人，也有医生临床背景的人，还有资本运营背景的人”“凤凰医疗以公私合营PPP模式和集中采购供应链管理模式闻名，在参与公立医院改革和医疗集团扩张方面积攒了经验”。

（2）①确认那些支持企业竞争优势的关键性活动。“凤凰医疗将综合医院服务、IOT医院管理服务和供应链确定为经营的关键部分”。

②明确价值链内各种活动之间的联系。“集团向这些公立医院出售药品、器械，实现集团的供应链收入；又向这几家医院提供管理服务，实现医院管理服务收入。通过构筑这样的联系方式，凤凰医疗集团实现了对几家公办医院的‘一鱼两吃’，提高了价值创造能力”。

③明确价值系统内各项价值活动之间的联系。“2014年年末至2015年年初，通过三项合作，凤凰医疗的业务结构、服务范围、商业模式都在发生调整。一是与安监总局、中信信托共同成立合营公司，承担对煤炭总医院、石龙医院投资责任；二是与京煤集团共同设立京煤集团总医院有限责任公司，双方在医疗保障和基础设施建设方面相互合作；三是与河北省保定市达成框架协议，通过公私合作的模式，与保定政府举办的公立医疗机构及医疗教育机构合作，参与未来规划的重点医疗项目。此外，凤凰医疗、煤炭总医院及中信信托之间的合作聚集了疗养及养老产业的核心资源（平台、医疗、金融和客户），这让凤凰医疗逐步向养老和保险领域延伸”。

8.【答案】

（1）D公司涉及的战略创新的类型：

①产品创新。“D公司用令人意想不到的新颖创意，挑战现有思维，进行颠覆性再造，打造特立独行、引领潮流、性能远超对手的卓越产品”“选择那些被大众普遍使用并相当成熟的产品类别，然后找到这些产品的缺陷，再发挥独辟蹊径的创意，大胆对这些成熟产品进行深度颠覆式创新”“D公司的双重气旋式系统是自真空吸尘器发明后在技术上的首次突破……RC技术是双重气旋式系统的延伸，这一技术在双重气旋式系统的基础上改造而成，通过运用许多气旋仓来扩大气体的体积，从而加强吸力。RC吸尘器在运转时吸力比双重气旋式吸尘器高出45%”“D公司致力于发现和解决全新的问题，带来性能更为卓越的创新产品”。

②流程创新。“D公司鼓励员工分享经验和知识，研发人员的工作空间全部开放共享，允许其他部门员工与其自由交流。另外，D公司还鼓励员工面对面解决问题，要求员工最大限度地减少电邮和文件记录，在互动中快速形成解决方案”。

③定位创新。“重新调整产品定位，选择那些被大众普遍使用并相当成熟的产品类别，然后找到这些产品的缺陷，再发挥独辟蹊径的创意，大胆对这些成熟产品进行深度颠覆式创新”“D公司将市场定位于为那些工作繁忙而想要更多休闲时间，同时又追求高质量生活的家庭和个人提供高科技产品”。

④范式创新。“D公司用令人意想不到的新颖创意，挑战现有思维，进行颠覆性再造”“通过深厚的研发实力和对用户需求的洞察，以一种出乎意料的方式推翻传统设计……再发挥独辟蹊径的创意，大胆对这些成熟产品进行深度颠覆式创新”“D公司不断进行品牌延伸、跨界合作，如借助自身设计领域优势，与国际知名时装品牌S公司合作时装秀，把风力应用搬到时装秀的舞台”。

（2）D公司成功的战略创新赖以实现的关键情境：

①建立创新型组织。

a. 共同使命、领导力和创新的意愿。“D公司致力于为个人消费者、企业级用户带来高科技电器完美性能的体验……D公司创始人D先生对D公司创新文化起引领性作用，其特立独行、敢于打破陈规的精神渗透进D公司文化骨血。D公司的使命不是用喧嚣而煽情的噪音抢占用户的头脑，而是踏踏实实地打造出性能和设计都远优于现有产品的创新”“寻找并攻克挑战是D公司工程师的首要任务和使命，D公司致力于发现和解决全新的问题，带来性能更为卓越的创新产品……也可以说是一种独有的梦想和信仰，驱使D公司不断创新”。

b．合适的组织结构。“D公司鼓励员工分享经验和知识，研发人员的工作空间全部开放共享，允许其他部门员工与其自由交流。另外，D公司还鼓励员工面对面解决问题，要求员工最大限度地减少电邮和文件记录，在互动中快速形成解决方案”。

c．关键个体。“D公司创始人D先生对D公司创新文化起引领性作用，其特立独行、敢于打破陈规的精神渗透进D公司文化骨血”。

d．全员参与创新。“D公司‘源于生活，利于生活，使生活更美好’的价值观，赋予思想自由，使公司中的每个人都充分参与试验和改进过程，获得更多的发挥空间”。

e．有效的团队合作。“D公司鼓励员工分享经验和知识，研发人员的工作空间全部开放共享，允许其他部门员工与其自由交流”。

f．创造性的氛围。“寻找并攻克挑战是D公司工程师的首要任务和使命”“D公司‘源于生活，利于生活，使生活更美好’的价值观，赋予思想自由，使公司中的每个人都充分参与试验和改进过程，获得更多的发挥空间。也可以说是一种独有的梦想和信仰，驱使D公司不断创新。D公司鼓励员工分享经验和知识，研发人员的工作空间全部开放共享，允许其他部门员工与其自由交流。另外，D公司还鼓励员工面对面解决问题，要求员工最大限度地减少电邮和文件记录，在互动中快速形成解决方案”。

g．跨越边界。“D公司不断进行品牌延伸、跨界合作，如借助自身设计领域优势，与国际知名时装品牌S公司合作时装秀，把风力应用搬到时装秀的舞台”。

②制定创新的战略。“D公司的三大创新战略主要围绕：研发技术创新战略、三元化营销战略和全球化战略”。

（3）从企业资源类型角度，D公司的资源所展示的竞争优势：

①D公司有形资源所展示的竞争优势。“D公司在J国、C国等地均建有生产基地，在E国、X国、M国等地设有研发中心”。

②D公司无形资源所展示的竞争优势。“D公司创始人D先生对D公司创新文化起引领性作用，其特立独行、敢于打破陈规的精神渗透进D公司文化骨血”“D公司的双重气旋式系统是自真空吸尘器发明后在技术上的首次突破……RC技术是双重气旋式系统的延伸，这一技术在双重气旋式系统的基础上改造而成，通过运用许多气旋仓来扩大气体的体积，从而加强吸力。RC吸尘器在运转时吸力比双重气旋式吸尘器高出45%”“D公司‘源于生活，利于生活，使生活更美好’的价值观，赋予思想自由，使公司中的每个人都充分参与试验和改进过程，获得更多的发挥空间。也可以说是一种独有的梦想和信仰，驱使D公司不断创新”。

③D公司人力资源所展示的竞争优势。“D公司团队遍布全世界，每一位成员都对D公司成功有至关重要的作用。同时，D公司每年会开展设计大赛，邀请全世界年轻人参加，挖掘创新思维和创新理念”“D公司拥有一支由超过1536位设计工程师组成的研发团队。D公司工程师和科学家拥有流体力学、原型机制造、电子技术、机械工程、声学、微生物学等不同专业背景，研发部门成员都是所在领域专家”。

轻松过关® 1

2022年注册会计师考试
应试指导及全真模拟测试

公司战略与风险管理

（中册）

田　明　主编
东奥会计在线　编

北京科学技术出版社

目录 CONTENTS

第二部分　考点精讲及强化训练

第三章 战略选择

CHAPTER-3

本章学习指南

一、学习目标

本章属于非常重点章，主要涉及企业不同层次战略类型的选择以及国际化经营战略的相关内容。本章通常与实际案例相结合，让考生对具体问题进行分析，并进行战略选择。因此，在学习本章内容时，力求整体把握，做到全面复习、综合掌握。

1. 掌握总体战略的类型
2. 掌握并购的类型、动机和失败的原因
3. 熟悉企业采取内部发展战略的动因、缺点及应用条件
4. 掌握企业战略联盟的基本特征、形成动因、主要类型及管控
5. 掌握基本竞争战略的类型、优势、实施条件和可能面临的风险
6. 掌握基本战略的综合分析——“战略钟”的相关内容
7. 掌握零散产业和新兴产业的特点以及这两类产业中的中小型企业可以选择的战略方向
8. 掌握红海战略和蓝海战略的关键性差异及重建市场边界的基本法则
9. 掌握六大职能战略的主要内容
10. 熟悉企业国际化经营动因、国际化经营的主要方式、全球价值链中的企业国际化经营
11. 掌握国际化经营的战略类型和新兴市场中本土企业的战略选择

二、考情概况

在近3年的考试中，本章的平均分值约为40分。本章考试的题型主要以客观题和主观题的形式进行呈现。

三、教材变化

2022年教材本章内容与2021年教材相比，主要变化：

1. 第一节“收缩战略”中的部分内容进行了改写
2. 第三节“研发定位”“生产运营战略”中新增了部分表述，并删除了“准时生产系统（JIT）”
3. 第三节“采购战略”进行了重新编写
4. 第四节“企业国际化经营动因”中的部分内容进行了改写

5. 第四节将“二、国际市场进入模式”改为“二、国际化经营的主要方式”，并调整了部分表述

6. 第四节新增“三、全球价值链中的企业国际化经营”

7. 调整了部分案例

四、考点框架

- 第三章 战略选择
  - 总体战略
    - 总体战略的主要类型
      - 发展战略 ★★★
      - 稳定战略 ★
      - 收缩战略 ★★
    - 发展战略的主要途径
      - 发展战略可选择的途径 ★★
      - 并购战略 ★★
      - 内部发展（新建）战略 ★
      - 企业战略联盟 ★★
  - 业务单位战略
    - 基本竞争战略
      - 三种基本竞争战略的选择 ★★
      - 基本战略的综合分析——“战略钟” ★★
    - 中小企业竞争战略
      - 零散产业中的竞争战略 ★★
      - 新兴产业中的竞争战略 ★★
    - 蓝海战略 ★★
  - 职能战略
    - 市场营销战略 ★★
    - 研究与开发战略 ★★
    - 生产运营战略 ★★
    - 采购战略 ★★
    - 人力资源战略 ★★
    - 财务战略 ★★
  - 国际化经营战略
    - 企业国际化经营动因 ★★
    - 国际化经营的主要方式 ★★
    - 全球价值链中的企业国际化经营 ★★★
    - 国际化经营的战略类型 ★★★
    - 新兴市场的企业战略 ★★

核心考点精讲

致坚持不懈的您

本章堪称战略学习中的“珠穆朗玛峰”，在历年的战略考试中雷打不动地占据着最高分值，不仅内容多，而且考查方式灵活。学习本章要有“千磨万击还坚劲，任尔东西南北风”的精神。为了帮助您快速准确地理解各种战略类型，快扫我们的听课二维码，名师带您打破一背解千愁的常态，助您“码”上通关。

第一节　总体战略

使用“会计云课堂”App 或“微信”扫码查看本节视频，快速 GET 知识点。

总体战略也称公司层战略，是企业最高层次的战略。它需要根据企业的目标，选择企业可以竞争的经营领域，合理配置企业经营所必需的资源，使各项经营业务相互支持、相互协调。

一、总体战略的主要类型

企业总体战略可分为三大类：发展战略、稳定战略和收缩战略。

（一）发展战略 ★★★

发展战略是指企业采用积极进攻态度的战略形态。具体的战略形式包括一体化战略、密集型战略和多元化战略。

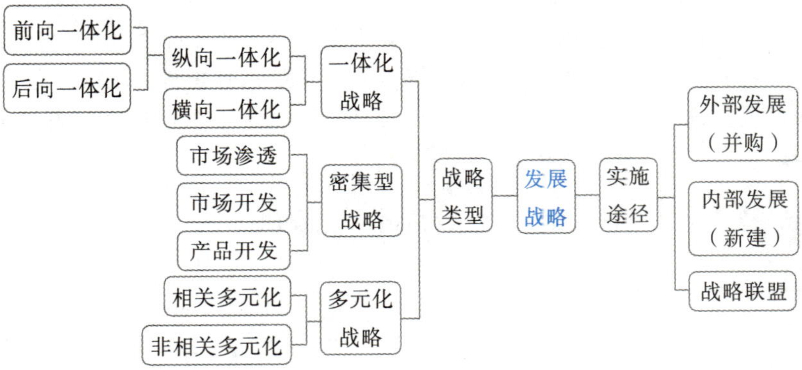

1. 一体化战略

一体化战略是指企业对具有优势和增长潜力的产品或业务，沿其经营链条的纵向或横向延展业务的深度和广度，扩大经营规模，实现企业成长的战略。即一体化战略就是公司充分利用自己在产品、技术、市场上的优势，在供、产、销方面实行纵向或横向联合，以扩大经营范围和经营规模的战略。

一体化战略按照业务拓展的方向可以分为纵向一体化战略和横向一体化战略。

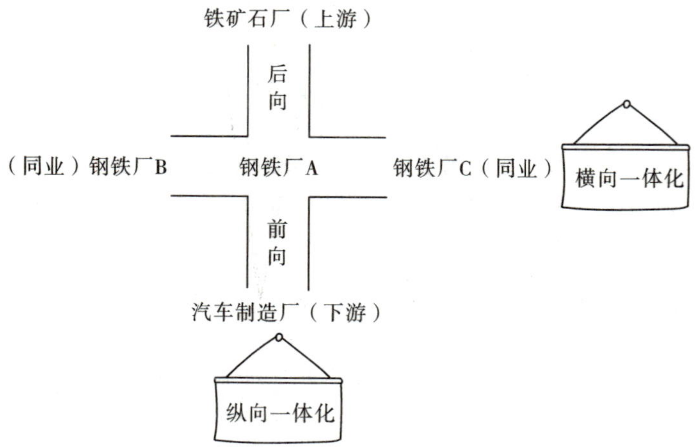

（1）纵向一体化战略。

含义	也称垂直一体化战略，是指公司将生产与原材料、零部件供应，或者将生产与产品销售联合在一起的战略形式，是公司在两个可能的战略方向上扩展现有经营业务的一种发展战略，也就是将经营领域向深度（产业化）发展的战略形式
类别	按物流的方向可以分为前向一体化战略和后向一体化战略
优点	有利于节约与上下游公司在市场上进行购买或销售的交易成本，控制稀缺资源，保证关键投入的质量或者获得新客户，从而使公司能在市场竞争中掌握主动权，进而达到增加各个业务活动阶段利润的目的
缺点	增加公司的内部管理成本
风险	①不熟悉新业务领域所带来的风险 ②纵向一体化，尤其是后向一体化，一般涉及的投资数额较大且资产专用性较强，增加了企业在该产业的退出成本

要点小贴士

生产商向上游（供应商）处扩展是后向，生产商向下游（销售商）处扩展是前向。

【案例】雅戈尔公司经过三十多年的发展，已经成为中国最具实力的服装企业。雅戈尔公司一直在积极向服装产业的上下游拓展：不但向下游的商业、零售、直营连锁方向发展，组建庞大的分销网络，还向上游的纺织面料领域进军，建立自己的纺织面料城。雅戈尔公司为了实现纵向一体化战略，斥巨资打造了一条纺织面料、服装和分销零售网络的商业链条。

【易错易混点】前向一体化战略 vs 后向一体化战略

第一，概念对比。

项目	前向一体化战略	后向一体化战略
含义	①在生产经营过程中，按物流顺方向移动 ②为了获得经销商或者零售商的所有权或加强对其控制权来求得发展的战略	①在生产经营过程中，按物流逆方向移动 ②为了获得供应商的所有权或加强对其控制权来求得发展的战略
举例	格力电器建立自己的专卖店来销售自己的产品	伊利奶业进行奶源基地的建设

第二，优点及适用情形对比。

项目		前向一体化战略	后向一体化战略
优点		通过控制销售过程和渠道，有利于企业控制和掌握市场，增强对消费者需求变化的敏感性，提高企业产品的市场适应性和竞争力	有利于企业有效控制关键原材料等投入的成本、质量及供应可靠性，确保企业生产经营活动稳步进行
适用情形	共性	①企业所在产业的增长潜力较大 ②企业具备实施战略所需的人力、物力和财力等资源 ③利润率较高：销售环节——前向；供应环节——后向 ④成本高昂或不可靠：现有销售商——前向；现有供应商——后向	
	特性	—	①供应商数量较少而需求方竞争者数量多 ②价格的稳定对企业至关重要，通过后向一体化，企业可稳定其原材料的成本，进而稳定其产品的价格

（2）横向一体化战略。

要点小贴士

主要动机：降低产业内的竞争压力，提高公司的侃价能力，改善整个产业结构，使产业长期盈利能力提高。

含义	为了获得与自身生产经营同类产品企业（如同行业竞争对手）的所有权或加强对其控制权来求得发展的战略。即企业向产业价值链相同阶段方向扩张的战略。其强调与处于相同行业、生产同类产品或工艺相近的企业实现联合，实质上是资本在同一产业和部门内的集中，也就是将经营领域向广度（专业化）发展的战略形式
目的	为了追求规模经济以获取竞争优势
适用情形	①企业所在产业竞争较为激烈 ②企业所在产业的规模经济效应较为显著 ③企业的横向一体化在符合反垄断法的前提下，能够在局部地区获得一定的垄断优势 ④企业所在产业的增长潜力较大 ⑤企业具备实施横向一体化战略所需的人力、物力和财力等资源
举例	法国电信斥资432亿欧元收购英国第三大移动运营商，从而成为欧洲第二大移动通信公司

要点小贴士

①同处于产业供应阶段的供应商之间。

②同处于产业生产制造阶段的生产企业之间。

③同处于产业销售阶段的经销商之间。

经典题解

【真题1·单选题】达康公司是国内一家中成药品生产企业。为了保障原材料的稳定供给与产品质量，自2015年以来投资建设了3个原料药材现代化种植基地，收购了2个原属于其他药品公司的药材种植企业，全面推进原料药材规范化绿色种植工程。下列各项中，属于达康公司采用上述战略适用条件的是（　　）。（2020年）

A. 中成药品产业增长潜力较大

B. 达康公司现有销售商的销售成本较高

C. 达康公司存在过剩的生产能力

D. 中成药品产业竞争较为激烈

解题攻略

企业存在过剩的生产能力时，需要一种战略来消耗其生产能力，而实施后向一体化战略是进入了新的上游领域，无法消耗企业原来的生产能力。

【解析】后向一体化战略是指获得供应商的所有权或加强对其控制权的战略。“达康公司是国内一家中成药品生产企业。为了保障原材料的稳定供给与产品质量，自2015年以来投资建设了3个原料药材现代化种植基地，收购了2个原属于其他药品公司的药材种植企业，全面推进原料药材规范化绿色种植工程”表明达康公司采取的是后向一体化战略，选项A属于后向一体化战略的适用条件，选项A正确。选项B属于前向一体化战略的适用条件，选项B错误。选项C属于市场开发战略的适用条件，选项C错误。选项D属于横向一体化战略的适用条件，选项D错误。

【答案】A

【真题2·单选题】为克服对客户需求的变化缺乏敏感性、公司结构性产能过剩等问题，神大钢铁公司近年来收购了远航造船厂，参股国兴造船厂，与天州钢帘线制造厂签订了合作协议。神大钢铁公司的发展战略是（　　）。（2017年）

A. 前向一体化战略　　B. 后向一体化战略

C. 密集型战略　　D. 多元化战略

【解析】“为克服对客户需求的变化缺乏敏感性……神大钢铁公司近年来收购了远航造船厂，参股国兴造船厂，与天州钢帘线制造厂签订了合作协议”表明神大钢铁公司向下游产业延伸，故采用的发展战略是前向一体化战略，选项A正确。

【答案】A

【例题3·单选题】甲公司以客户需求为导向，涵盖从田间到餐桌，即从农产品原料到终端消费品，包括种植、仓储物流、贸易、加工、养殖屠宰、食品制造与营销等多个环节，通过对全产业链的系统管理和关键环节的有效掌控以及各产业链之间的有机协同，形成整体核心竞争力，奉献安全、营养、健康的食品，实现全面协调可持续发展。该公司采取的总体战略类型属于（　　）。

A. 成本领先战略　　B. 差异化战略

C. 横向一体化战略　　D. 纵向一体化战略

【解析】甲公司采取的战略涵盖了上下游多个环节，属于纵向一体化战略，选项D正确。

【答案】D

【例题4·单选题】甲公司是一家大型啤酒生产企业，其利用自主研发的清爽型啤酒，在当地取得了50%的市场占有率。为了在保证质量的同时再降生产成本，强化成本领先战略优势，甲公司下一步应选择一体化战略中的（　　）。

A. 横向一体化战略　　B. 稳定战略

C. 前向一体化战略　　D. 后向一体化战略

【解析】甲公司“为了在保证质量的同时再降生产成本”，应该采用纵向一体化战略中的后向一体化战略，选项D正确。

【名师点题】解答本题的关键是审题时注意准确理解“为了在保证质量的同时再降生产成本，强化成本领先战略优势”的战略意图。后向一体化战略有利于企业有效控制关键原材料等投入的成本、质量及供应可靠性，可以帮助甲公司实现其战略意图。而横向一体化战略虽然可以实现规模经济（降低成本），但可能无法保证质量。

【答案】D

【例题5·多选题】2020年10月，中国大型钢铁制造商宝武钢铁集团并购中国钢铁生产商中钢集团，随后宝武钢铁集团为确保公司铁矿石资源的稳定供应，协议收购澳大利亚铁矿石供应商菲尼克斯一半的铁矿石产量。宝武钢铁集团实施的发展战略有（ ）。

A. 前向一体化战略　　B. 横向一体化战略

C. 密集型战略　　D. 后向一体化战略

【解析】“钢铁制造商宝武钢铁集团并购中国钢铁生产商中钢集团”属于横向一体化战略，选项B正确；“宝武钢铁集团为确保公司铁矿石资源的稳定供应，协议收购澳大利亚铁矿石供应商菲尼克斯一半的铁矿石产量”属于后向一体化战略，选项D正确。

【答案】BD

2. 密集型战略

研究企业密集型战略的基本框架，是安索夫的“产品—市场战略组合”矩阵，矩阵图如下所示：

项目		产品	
		现有产品	新产品
市场	现有市场	市场渗透：在现有市场提高现有产品的市场占有率	产品开发：在现有市场上推出新产品
	新市场	市场开发：将现有产品推销到新地区或其他细分市场	多元化：在新市场上推出新产品

（1）市场渗透战略。

含义	企业在立足现有产品和现有市场的基础上，通过各种营销手段或更大的市场营销力度以稳定或提高现有产品市场占有率的战略
适用情形	①当整个市场正在增长或可能产生增长时 ②若一家企业决定将其利益局限在现有产品或市场领域，即使在整个市场衰退时也不允许销售额下降 ③其他企业由于各种原因离开了市场 ④企业拥有强大的市场地位，并能利用经验和能力获得竞争优势 ⑤当市场渗透战略对应的风险较低、高级管理者参与度较高，且在需要的投资较少时

要点小贴士

当企业特定产品或服务在当前市场中还未达到饱和，用户对产品的使用率还可以显著提高时，企业往往采用市场渗透战略。

实施途径	通过广告宣传、降价促销、人员推销和公关宣传等措施，以及借助多渠道将同一产品送达至同一市场等措施，在现有市场上扩大现有产品的销售
举例	宝洁公司投入大量资金进行广告营销，以提高其Lanvin牌高级香水的市场份额

（2）市场开发战略。

含义	将现有产品或服务打入新市场的战略，即在原有市场的基础上不断开拓新市场，扩大现有产品的销路
适用情形	①存在未开发或未饱和的市场 ②可得到新的、可靠的、经济的和高质量的销售渠道 ③企业在现有经营领域十分成功 ④企业拥有扩大经营所需的资金和人力资源 ⑤企业存在过剩的生产能力 ⑥企业的主业属于正在迅速全球化的产业
实施途径	通过在新地区增设新商业网点或利用新分销渠道等措施，将现有产品推广到新市场
举例	某产品原来只在城市市场销售，现决定推广到农村市场

（3）产品开发战略。

含义	在现有市场上通过改良现有产品或开发全新产品来扩大销售量的战略
适用情形	①企业产品具有较高的市场信誉度和顾客满意度 ②企业所在产业属于适宜创新的高速发展的高新技术产业 ③企业所在产业正处于高速增长阶段 ④企业具有较强的研究与开发能力 ⑤主要竞争对手以近似价格提供更高质量的产品
实施途径	通过增加花色、品种、规格、型号等，向现有市场提供新产品或改进现有产品
举例	著名的运动鞋制造商——耐克公司，通过市场调研，不断开发适合不同运动项目的特殊运动鞋，如登山鞋、旅游鞋、自行车鞋、冲浪鞋等

（4）多元化战略。

多元化战略——新产品和新市场组合的发展战略。这一战略可从“产品—市场战略组合”矩阵中分离出来，归为发展战略的另一种基本类型。

经典题解

【真题6·多选题】京川餐饮公司近期实行了新的经营方式，顾客既可以按照公司提供的菜谱点餐，也可以自带菜谱和食材请公司的厨师加工烹饪，还可以在支付一定学习费用后在厨师指导下自己操作，从而在享受美食的同时提高厨艺。这些新的经营方式使该公司的顾客数量和营业收入均增长20%以上。从密集型战略角度看，京川餐饮公司的上述做法属于（　　）。（2019年）

A. 产品开发战略　　B. 集中化战略

C. 一体化战略　　D. 市场渗透战略

【解析】依据“近期实行了新的经营方式”可以判断，选项A正确，因为对于餐饮业来说，其新的服务方式就是产品开发创新。“这些新的经营方式使该公司的顾客数量和营业收入均增长20%以上”表明创新后的产品（服务）使得企业在现有市场的份额得以提升，从这个角度看，属于市场渗透战略，选项D正确。

【答案】AD

【例题7·单选题】D公司是一家以科研为基础的全球性企业。该公司生产销售的凯夫拉尔（又称芳伦，一种质地坚硬、质量轻的合成纤维）是用于警察、保安和军人防弹衣制作的一种有机物。当D公司发现了凯夫拉尔的新用途时，立即将其用来改装和维修木体船。D公司采取的发展战略类型是（　　）。

A. 市场开发战略　　B. 相关多元化战略

C. 市场渗透战略　　D. 产品开发战略

【解析】“该公司生产销售的凯夫拉尔是用于警察、保安和军人防弹衣制作的一种有机物。当D公司发现了凯夫拉尔的新用途时，立即将其用来改装和维修木体船”属于将现有产品打入新市场的战略，即市场开发战略，选项A正确。

【答案】A

【例题8·单选题】下列企业采取的战略中，属于市场开发战略的是（　　）。

A. 甲银行与航空公司发行联名卡，刷该银行信用卡的客户可累积航空里程

B. 乙IT企业开发最新一代平板电脑

C. 丙箱包企业将现有箱包产品出口至美国市场

D. 丁食品企业进军房地产行业

> **解题攻略**
>
> 发行“联名卡”是为了吸引客户使用它们的信用卡，即采用营销手段增加现有产品的使用频率。

【解析】选项A属于市场渗透战略——现有产品和现有市场；选项B属于产品开发战略——新产品和现有市场；选项C属于市场开发战略——现有产品和新市场；选项D属于多元化战略——新产品和新市场。

【答案】C

【例题9·多选题】甲公司主营定向爆破业务，在大型设施设备定向爆破拆除领域具有明显优势。甲公司确定的发展战略：一是向爆破拆除与拆除现场清理的一揽子承包工程拓展；二是向承揽矿山采掘爆破、筑路土方爆破业务拓展。甲公司的业务开拓方向是密集型战略中的（　　）。

A. 市场渗透战略　　B. 市场开发战略

C. 产品开发战略　　D. 多元化战略

【解析】甲公司在大型设施设备定向爆破拆除领域具有明显优势，在向爆破拆除与拆除现场清理的一揽子承包工程拓展时，面对的是原来的客户，推出的是不同的服务，因此属于新产品（拆除现场清理）与现有市场（现有客户）组合的产品开发战略。向承揽矿山采掘爆破、筑路土方爆破业务拓展时，是由原来的大型设施设

备客户向矿山采掘、筑路土方客户转换，因此属于现有产品（爆破业务）与新市场（新客户）组合的市场开发战略。综上，选项B、C正确。

【答案】BC

3. 多元化战略

（1）类型。

项目	相关多元化战略	非相关多元化战略
含义	也称同心多元化，是以现有业务、现有市场为基础进入相关产业、相关市场的战略	也称离心多元化，是指企业进入与当前产业和市场均不相关的领域的战略。即增加与企业目前的产品或服务显著不同的新产品
目标（优点）	有利于企业利用原有产业的产品知识、制造能力、营销渠道、营销技能等优势来获取协同效应，即 1+1 > 2	从财务上考虑平衡现金流或者获取新的利润增长点，规避产业或市场的发展风险
适用情形	当企业在产业或市场内具有较强的竞争优势，而该产业或市场的成长性或者吸引力逐渐下降时	如果企业当前的产业或市场缺乏吸引力，而企业也不具备较强的能力和技能转向相关产品或市场时
举例	MCI 通讯公司的业务范围从咨询服务、电信服务、软件销售到无线通讯，无所不包，但都围绕着通讯产业	生产圆珠笔的企业将业务扩展到生产打火机

要点小贴士

企业利用现有的技术、特长、经验等发展新产品或新服务，增加产品或服务种类，开辟新市场，从同一圆心向外扩大经营业务范围的战略。

要点小贴士

企业通过收购、兼并其他行业的业务，或者在其他行业投资，把业务领域拓展到其他行业中去，新产品、新业务与企业的现有业务、技术、市场等毫无关系的战略。

（2）原因。

①在现有产品或市场中持续经营不能达到企业目标。

【案例】美国的泰克斯特龙公司，原来是一家纺织企业。因为纺织业资本收益率低，且易受经济萧条的影响，故转向其他产业，逐渐变为多元化大公司。后来该公司的资本收益率从5%~6%提高到20%，达成了公司的目标。

②在财务上平衡现金流。

【提示】在成熟期，企业现金流量充沛，但市场基本饱和，发展空间有限，急需要通过多元化将多余资金投向成长性高的其他产业。

③与在现有领域扩张相比，多元化战略意味着更高的利润。

【案例】飞利浦·莫利斯公司原是从事烟草经营的企业，但是烟草业的规模由于“无烟社会”运动的发起而逐渐缩小。因而在1987年，飞利浦·莫利斯公司将资金投向食品工业，对大众食品公司进行了收购，从而为该公司提供了新的发展机会。

（3）优点。

①分散风险。

选择多元化战略，即进入更多的产业、生产更多类型的产品、提供更多样性的服务，以确保企业经营“东方不亮西方亮”。

【案例】固特异公司是一家专业轮胎橡胶公司，但在20世纪80年代它又开始投资石油管道，因为该公司发现石油管道的销售与轮胎销售正好呈反向波动关系，如此经营就像在金融市场做套期保值一样，可以分散风险。

②能更容易地从资本市场中获得融资。

一方面，通过并购实施多元化，可以使得企业的权益资本扩大，财务风险相对降低，偿债能力和取得外部借款的能力提高，解决了偿债能力对企业外部融资带来的限制问题。

另一方面，那些信用等级较低的被并购企业，通过并购，使其信用等级提高到并购企业的水平，为外部融资减少了障碍，能更容易地从资本市场中获得融资。

③当企业在原产业无法增长时找到新的增长点。

当企业原有的经营领域没有更大的赢利机会时，开辟新领域就等于开辟了新的天地。

④利用未被充分利用的资源。

企业在发展过程中，因科技水平的提高、人员素质的提升、管理理念和方法的改进、企业发展方向的变化等，一般都会产生大量的富余资源，包括设施设备等有形资源、信誉等无形资源以及人力资源等。

这些富余的资源如果没有得到充分利用，就会造成企业大量人、财、物的浪费，成为企业的负担。如果企业采取多元化战略，这些富余的资源就能得到充分利用，可为企业创造更多的效益。

⑤运用盈余资金。

已进入成熟期的企业，往往有相对富余的现金流入，但是苦于没有适合的投资机会，因此其管理当局希望能从其他产业中找到有较高回报的投资机会，通过采取多元化战略将多余资金投向成长性高的新兴产业。

⑥获得资金或其他财务利益。

多元化经营企业创造了一个很大的内部资本市场，企业可以通过企业内部资金的调度在一定程度上解决资金不足的问题，使多元化经营企业比专业化经营企业得到更多的获利机会。

> 要点小贴士
>
> 多领域经营下有亏有盈，利于企业在纳税筹划中获得收益。

⑦运用企业在某个产业或某个市场中的形象和声誉来进入另一个产业或市场，而在另一个产业或市场中要取得成功，企业的形象和声誉是至关重要的。

【案例】美国通用电气公司和中国青岛海尔公司是实施多元化战略成功的典范。这两家公司就是凭借其核心竞争力和良好的公司形象成功地实施了多元化战略。

（4）风险。

类型	阐释
来自原有经营产业的风险	多元化战略的实施，必然会分散企业的经营资源，这有可能会削弱企业在原有经营领域的竞争力
市场整体风险	韩国大宇集团最终解体的主要原因在于其盲目的过度多元化、盈利水平下降、短期债务过多、财务费用过高和结构调整缓慢等。因此在1997年亚洲金融危机爆发和韩国政府债务融资监管趋严的双重冲击下，逐步走向衰落
产业进入风险	多元化意味着企业要进入新的领域。俗话说“隔行如隔山”，由于对新领域的信息掌握不完全以及缺乏相应专长，进入的风险往往较高
产业退出风险	企业在退出某个产业时所遇到的困难和要付出的代价。现有企业在市场前景不好、企业业绩不佳时欲退出该产业（市场），但由于各种因素的阻挠，资源不能被顺利转移出去
内部经营整合风险	多元化经营使企业面临多种产业、多个市场，因而造成部门和子公司的增多，势必形成更为复杂的管理体系，增加了经营管理上的难度

直击题眼

主要从两方面把握：
①各业务面临共同的风险。
②资源分散加大风险。

要点小贴士

一方面，需要吸收具备综合经营能力和领导才能的管理者；另一方面，非相关多元化下会增加管理的复杂性，不易协调。

【案例】由广州白云山制药厂为核心发展起来的白云山集团公司，在生产原药品的同时，实行多种类型的发展战略：该公司下设医药供销公司和化学原料分厂，实行前向一体化战略和后向一体化战略；下设中药分厂，实行产品开发战略；下设兽药厂，实行相关多元化战略；还设有汽车修配服务中心、建筑装修工程公司、文化体育发展公司、彩印厂、酒厂等，实行非相关多元化战略。

经典题解

【例题10·单选题】S公司是一家从事园林绿化、水果蔬菜、农药化肥、农机配件、种植技术等多种业务的农业企业。近年来，该公司将业务范围扩展到农业信贷、保险等金融类服务以及数据、信息、经营等农业咨询类服务，正逐渐由单一农资企业转型升级为农业综合服务商。S公司的发展战略类型属于（　　）。

A. 同心多元化　　B. 市场渗透

C. 离心多元化　　D. 产品开发

【解析】“农业信贷、保险等金融类服务以及数据、信息、经营等农业咨询类服务”属于新产品，而且它们的用户（市场）和原有的“园林绿化、水果蔬菜、农药化肥、农机配件、种植技术”用户（市场）不同，即面对新市场。因此，S公司的发展战略类型属于多元化战略。本题的相关性主要体现在产业（农业）方面。因此，选项A正确。

【答案】A

【例题11·单选题】下列企业采用的发展战略中，属于多元化战略的是（　　）。

A. 甲碳酸饮料生产企业通过按季更换饮料包装、在各传统节日期间附赠小包装饮料等方式增加市场份额

B. 乙汽车制造企业开始将其原在国内生产销售的小型客车出口到南美地区

C. 丙洗衣粉生产企业通过自行研发，开始生产和销售具有不同功效的洗发水

D. 丁酸奶生产企业新开发出一种凝固型酸奶，并将其推向市场

【解析】选项 A 属于密集型战略中的市场渗透战略；选项 B 属于密集型战略中的市场开发战略；选项 C 属于多元化战略；选项 D 属于密集型战略中的产品开发战略。

【答案】C

（二）稳定战略 ★

稳定战略也称维持战略，是指在内外部环境的约束下，企业准备在战略规划期使资源的分配和经营状况基本保持在目前状态和水平上的战略。

采用稳定战略的企业，由于基本维持原有的产品和市场领域，从而可以避免开发新产品和新市场的巨大资金投入、激烈的竞争抗衡和开发失败的巨大风险，因此经营风险相对较小。

但是稳定战略的执行是以市场需求、竞争格局等内外部条件基本稳定为前提的，一旦企业的这一判断没有得到验证，就会打破战略目标、外部环境、企业实力之间的平衡，使企业陷入困境。因此，如果环境预测有问题，稳定战略也会有问题。

稳定战略一般适用于处在市场需求及行业结构稳定或者较小动荡的外部环境中，面临的竞争挑战和发展机会相对较小的企业，也适用于虽然市场需求以较大幅度发展或是外部环境提供了较多发展机遇，但是由于资源状况不足而难以抓住新的发展机会的企业。

经典题解

【例题 12 · 单选题】某市自来水公司由市政府全资控股，其确定的公司使命和目标是为该市所有企事业单位和个人提供生产、生活用水服务。下列各项战略类型中，该自来水公司适宜选择的是（　　）。

A. 密集型战略

B. 稳定战略

C. 紧缩与集中战略

D. 转向战略

【解析】总体战略包括发展战略、稳定战略和收缩战略。“由市政府全资控股，其确定的公司使命和目标是为该市所有企事业单位和个人提供生产、生活用水服务”表明该自来水公司适合采用稳定战略，选项 B 正确。

【答案】B

（三）收缩战略 ★★

收缩战略，也称为撤退战略，是指企业从目前的经营领域和基础上收缩，在一定时期内缩小原有经营范围和规模的一种战略。包括三种方式：紧缩与集中战略、转向战略和放弃战略。

1. 采用收缩战略的原因

原因	阐释	
主动原因	为了满足企业战略重组的需要	
被动原因	外部环境原因	如宏观经济形势、产业周期、技术、政策、社会价值观或时尚等方面发生重大变化，以及市场达到饱和、竞争行为加剧或改变等，导致企业赖以生存的外部环境恶化甚至出现危机
	内部环境原因	由于内部经营机制不顺、决策失误、管理不善等原因，企业或企业某项业务经营陷入困境，失去竞争优势，因而不得不采用收缩战略

2. 采用收缩战略的方式及具体做法

方式	含义	具体做法
紧缩与集中战略	是一种牺牲企业未来发展来维持短期利润的战略。该战略注重短期效果而忽略长期利益，其根本意图是度过暂时性的难关，因而往往在经济形势不景气时被采用，以维持过去的经济状况和效益，实现稳定发展	①机制变革，包括调整管理层领导机构；制定新的政策和建立新的管理控制系统，以改善激励机制与约束机制等 ②调整财务战略，如建立有效的财务控制系统，严格控制现金流量；进行债务重组；优化资本结构等 ③削减成本战略，如减薪、裁员；削减广告和研发支出；减少设备投资；缩小分部和职能部门的规模等
转向战略	也称调整型收缩战略，是指企业为了谋求更好的发展机会，使有限的资源得到更有效的配置。其适用条件是企业存在一个回报更高的资源配置点	①重新定位或调整现有的产品和服务 ②调整营销策略，包括在价格、促销、渠道等环节推出新的举措
放弃战略	也称失败型收缩战略，是指将企业的一个或几个主要部门转让、出卖等，以求最大限度地收回投资。与前两种收缩战略相比，这是比较彻底的撤退方式	在实施放弃战略时，企业要把握时机。因为若过早放弃，企业可能要蒙受巨大损失；若过晚放弃，则行业内外的收买者就会拥有较强的谈判能力，使企业处于不利地位。放弃战略的主要类型有特许经营、分包、卖断、管理层杠杆收购、拆产为股/分拆

要点小贴士（紧缩与集中战略）

实施前提是公司过去存在能赖以生存的真正优势，在大幅削减服务质量、终止广告宣传的同时，销售量不会大幅缩减。

要点小贴士（转向战略）

主要目的在于公司总体战略方向的调整。它来源于众多公司致力于集中加强自己的核心优势，降低多元化经营的程度。

要点小贴士（放弃战略）

采取放弃战略等于承认经营失败，因而是一种在感情上难以接受的战略。然而，停止营业可能是比继续大笔亏损更为有利的一种选择。

【案例】1991年，摩托罗拉的“铱星”计划开始正式投资。按照摩托罗拉的宏大设想，这个计划是通过搭建一个覆盖全球的卫星网络，让世界上任何一个“能看到天空的角落”都能实施无线通信。如果计划完成，就能直接解决当时基站覆盖技术难题，也能让人类通信直接跨越基站模式而进入到卫星时代。

然而，巨大的投资和高昂的资费让这项业务难以维系。1997年，铱星公司独立上市。2000年，铱星公司申请破产，摩托罗拉损失50亿美元。

摩托罗拉的创新精神让它开创了汽车电子、半导体、手机等多个产业，但随后的命运却是不断分拆出售。比如 2001 年，摩托罗拉分拆了国防业务部门；2006 年，摩托罗拉分拆了汽车电子业务。

3. 采用收缩战略的困难

（1）对企业或业务状况的判断。

实行收缩战略的尺度较难把握，因而如果盲目地使用收缩战略的话，可能会扼杀具有发展前途的业务和市场，使企业的总体利益受到伤害。

（2）退出障碍。

①固定资产的专用性程度。固定资产的专用性程度高，不容易变现，从而难以退出现有产业。

②退出成本。退出成本包括劳工协议、重新安置的成本、备件维修能力等。如果这些成本过高，会加大退出障碍。

③内部战略联系（协同关系密切程度）。如果企业中准备撤离的经营业务与其他业务存在着密切的协同作用，企业则很难采取收缩战略。

这种战略性障碍主要存在于对消费者的服务上，有可能损害企业和其他产品的质量形象。特别是企业准备撤离的产品会使企业流失掉大量的消费者或市场份额，从而影响企业在其他市场上的竞争能力。

④感情障碍。实施收缩战略会引起企业内部人员的不满，从而引起员工情绪低落。因为实施收缩战略常常意味着不同程度的裁员和减薪，而且实施收缩战略在某些管理人员看来会威胁他们的职业生涯和业绩考核。若企业认为市场需求还会回升或在某个特定的细分市场上企业的产品还有一定的销路，企业就会不愿撤离这个经营领域，也会形成一种感情障碍。

⑤政府与社会约束。政府考虑到失业问题和对地区经济的影响，有时会出面反对或劝阻企业退出的决策。

直击题眼

不要看到“政府”二字就认为是正确答案。一定要判断“政府”所扮演的角色：到底是帮助企业退出还是阻止企业退出。因为后者才属于退出障碍的范畴。

经典题解

【真题 13 · 单选题】泰瑞公司原是一家提供管理咨询服务的企业。2020 年以来，该公司采用收缩战略以应对利润下滑局面，调整了管理层领导班子，采用了更具有激励作用的薪酬制度。泰瑞公司采用的收缩战略的方式是（　　）。（2021 年）

A. 机制变革　　B. 财政和财务战略

C. 削减成本战略　　D. 拆产为股

【解析】“调整了管理层领导班子，采用了更具有激励作用的薪酬制度”属于机制变革，选项 A 正确。

【答案】A

【真题 14 · 多选题】滦河公司是一家大型能源集团，拥有分别从事煤矿开采、炼焦、发电等业务的多家子公司。面对煤炭产能过剩销售困难的局面，该公司管理层提出放弃煤矿开采业务，但此举将使大量煤炭采掘设备废弃，下岗工人生活和重新安置费用短期内难以解决，炼焦、发电等业务原料来源的稳定性将受到影响，因此遭到各个子公司员工的质疑、不满甚至反对。滦河公司的煤矿开采业务面临的退出障碍有（　　）。（2020 年）

A. 感情障碍

B. 退出成本

C. 内部战略联系

D. 固定资产的专用性程度

【解析】“遭到各个子公司员工的质疑、不满甚至反对”属于感情障碍，选项A正确；“下岗工人生活和重新安置费用短期内难以解决”属于退出成本，选项B正确；“炼焦、发电等业务原料来源的稳定性将受到影响”属于内部战略联系，选项C正确；“使大量煤炭采掘设备废弃”属于固定资产的专用性程度，选项D正确。

【答案】ABCD

【真题15·单选题】竹岭公司是我国知名的白酒生产企业。随着我国公务消费改革的日益推进，白酒市场需求发生了重大变化。该公司积极应对这一变化，对旗下多个白酒品牌重新进行了定位，并按照“系列酒薄利多销”的策略，快速实现了从满足公务消费需求向满足商务消费和大众消费需求的转型。该公司采取的总体战略类型属于（　　）。（2017年）

A. 多元化战略　　B. 转向战略

C. 放弃战略　　D. 产品开发战略

【解析】本题中的竹岭公司为了应对外部市场需求的变化，“对旗下多个白酒品牌重新进行了定位，并按照‘系列酒薄利多销’的策略，快速实现了从满足公务消费需求向满足商务消费和大众消费需求的转型”属于转向战略中的重新定位或调整现有的产品和服务，选项B正确。

【答案】B

【例题16·多选题】D公司是全球知名的汽车制造商。D公司的品牌覆盖各个层级，其目前将旗下不盈利的B和C两大汽车品牌出售，将有竞争力的核心品牌予以保留。同时，在2021年年初，D公司全球裁员4000人以缩减成本费用，进而改善公司的财务状况。D公司采用的总体战略类型有（　　）。

A. 市场开发战略　　B. 稳定战略

C. 放弃战略　　D. 紧缩与集中战略

【解析】“D公司全球裁员4000人以缩减成本费用，进而改善公司的财务状况”属于紧缩与集中战略中的削减成本战略；“将旗下不盈利的B和C两大汽车品牌出售”属于放弃战略。因此，选项C、D正确。

【答案】CD

能量小贴士

人生哪儿有那么多退路，有时就得咬牙硬撑。

二、发展战略的主要途径

（一）发展战略可选择的途径 ★★

发展战略一般可以采用三种途径，即外部发展（并购）、内部发展（新建）与战略联盟。

途径	含义	阐释
外部发展（并购）	是指企业通过取得外部经营资源谋求发展的战略	狭义内涵是并购，并购包括收购与合并。收购指一个企业（收购者）购买和吸纳了另一个企业（被收购者）的股权而控股该企业。合并指两个或两个以上的企业之间的重新组合 【关键词】并购、收购
内部发展（新建）	也称内生增长，是指企业利用自身内部资源谋求发展的战略	狭义内涵是新建，新建与并购相对应，是指建立一个新的企业 【关键词】新建基地、自主研发
战略联盟	是指两个或两个以上经营实体之间为了达到某种战略目的而建立的一种合作关系	从交易费用经济学角度看，并购方式的实质是运用"统一规制"方式实现企业一体化，即以企业组织形态取代市场组织形态；而新建方式的实质则是运用"市场规制"实现企业的市场交易，即以市场组织形态取代企业组织形态。企业战略联盟则是这两种组织形态的一种中间形态 【关键词】签订协议、OEM、特许经营

【案例】2007 年 10 月 15 日，腾讯建立了研究机构——腾讯研究院，这是第一家由国内互联网企业自主建成的研究院（内部发展）。

2010 年 6 月 17 日，腾讯与美国思科公司签署合作备忘录，双方将建立长期的战略合作伙伴关系（战略联盟）。2015 年 12 月，腾讯 100% 收购 Riot Games（外部发展）。

（二）并购战略 ★★

1. 并购的类型

<table>
<tr><th>分类标准</th><th colspan="2">类别</th><th>阐释</th></tr>
<tr><td rowspan="4">按并购双方所处的产业分类</td><td colspan="2">横向并购</td><td>并购方与被并购方处于同一产业</td></tr>
<tr><td rowspan="2">纵向并购</td><td>前向并购</td><td>沿着产品实体流动的正向发生的并购，如生产企业并购销售商</td></tr>
<tr><td>后向并购</td><td>沿着产品实体流动的反向发生的并购，如加工企业并购原料供应商</td></tr>
<tr><td colspan="2">多元化并购</td><td>处于不同产业、在经营上也无密切联系的企业之间的并购</td></tr>
</table>

分类标准	类别	阐释
按被并购方的态度分类	友善并购	并购方与被并购方通过友好协商确定并购条件，在双方意见基本一致的情况下实现产权转让的一类并购
	敌意并购	并购方不顾被并购方的意愿采取强制手段，强行收购对方企业的一类并购
按并购方的身份分类	产业资本并购	并购方为非金融企业
	金融资本并购	并购方为投资银行或非银行金融机构
按收购资金来源分类	杠杆收购	收购方的主体资金来源是对外负债
	非杠杆收购	收购方的主体资金来源是自有资金

直击题眼

需注意，并非涉及负债融资就是杠杆收购。二者的判定主要看主体资金来源哪方占比高。

【案例】2020年日本大型综合贸易商伊藤忠商事株式会社（产业资本并购）计划收购全家便利店，由于伊藤忠商事自身庞大的业务版图包括食品板块业务，其自身可以充当全家便利店的供应商（纵向并购），经过双方的友好协商（友善并购），最终达成了并购计划。此次收购对伊藤忠来说，可以延伸其产业链，以提升集团在零售板块的竞争力。

2. 并购的动机

（1）避开进入壁垒，迅速进入，争取市场机会，规避各种风险。由于进入新领域或新市场会面临很多障碍，通过并购能更容易地避开这些障碍，降低风险，争取更多的市场机会。

（2）获得协同效应。通过并购活动，企业之间将资源重新分配，可以将原有资源的利用效果发挥到最佳状态，其获得的效果远远超过独立存在于某个企业内的水平，即实现“1+1＞2”的效果。这种资源互补、优势互现、价值增值的整体优势就是企业进行并购的协同效应。

（3）克服企业负外部性，减少竞争，增强对市场的控制力。众所周知，竞争的结果往往是两败俱伤，两个独立的企业进行相互竞争就会表现出这种负外部性，而通过并购不仅可以减少残酷的竞争，还能够增强对其他竞争对手的竞争优势，即增强对市场的控制力。

要点小贴士

通常表现为个体理性导致集体非理性，即在一个规模经济显著的产业中，各企业为获取竞争优势，纷纷扩大生产规模，大打价格战，导致整个产业产能过剩，盈利能力下降。

3. 并购失败的原因

（1）决策不当。

企业在并购行为正式实施之前就决策不当。由于在并购活动开始前没有对被并购企业进行详尽的调查与分析，高估目标企业的吸引力和自己对其管控的能力，高估并购带来的潜在经济效益等不适当的决策导致并购失败。

【案例1】中铝收购力拓9%股份后的巨额亏损、湖南华菱收购FMG后的原料供应问题等都是事前未做好尽职调查工作导致的严重后果。

【案例2】2006年，中信泰富斥巨资开建澳洲磁铁矿项目，资源量为20亿吨，设计年产量2500万吨，原计划投资42亿美元。由于事先没有做调研，开工之后才发现其工程规模之大、系统之复杂远远超出最初的预期，导致投资预算增加至52亿美元，投产日期被迫一再推迟。

（2）并购后不能很好地进行企业整合。

企业并购后对于被并购企业与自己无法做到很好地整合，比如在战略、组织、规章制度、业务和企业文化等方面的整合出现重重障碍，尤其是在企业文化的认同与整合上出现较大的困难，导致一系列的整合行为失败，也会最终导致企业的并购行为失败。

【案例】1992年，秘鲁政府决定把长期亏损的国营企业秘鲁铁矿私有化。在秘鲁铁矿的国际招标中，首钢以1.2亿美元投得该标，收购了秘鲁铁矿公司98.4%的股份。从进入秘鲁铁矿开始，首钢就被各种名目的罢工示威所困扰，频繁的劳资纠纷曾一度令秘鲁铁矿处于“半死不活”的状态。

每年三四月份，秘鲁铁矿公司都要集中精力应对矿业工会的强势。每次费尽心力解决完问题后，又面临下一波威胁。此外，秘鲁铁矿的人事管理问题也曾困扰首钢多年。

（3）支付过高的并购溢价。

由于对并购后协同效应过于乐观而导致支付过高的并购溢价，给企业造成了极大的财务压力，同时将未来可能产生的潜在收益提前侵蚀掉了，并购注定失败。

要点小贴士

并购企业支付的并购价格高于被并购企业价值的差额。

【案例】由于前期调研不足，首钢对秘鲁政府的意愿并不清楚，对参与投标的其他几个竞争对手也不了解，在投标中一下子就开出了1.2亿美元的高价。

事后他们才知道，这个价格远远高出秘鲁政府的标底，也大大高出其他对手的出价。这笔投资的本息，要用秘鲁铁矿每年卖铁矿石的收入来偿还。

以后很多年中，首钢秘铁长期存在贷款规模过大、偿付能力偏低、每年支付银行的财务费用过高等问题。尽管首钢秘铁大部分年份都有盈余，但扣除需付银行债务的本息后，始终难以摆脱亏损的困境。

（4）跨国并购面临政治风险。

中国企业在跨国并购中，面临的最大外部风险就是东道国的政治风险。政治风险主要是指东道国的政局稳定性、政策连续性等发生变化，从而造成投资环境的变化而产生的风险。

【案例】2005年6月23日，中海油宣布以要约价185亿美元收购美国第九大石油公司优尼科公司。

2005年6月30日，在美国众议院一项议案中，宣称“如果成功收购优尼科，中海油将可能采取威胁到美国国家安全的行动”。该议案是以398票对15票的悬殊差距而获通过的。

中海油的巨大努力因所谓的“国家安全”问题而付诸东流，导致并购失败。

经典题解

【真题17·单选题】方舟公司是国内首家专营私人定制国内外自由行项目的旅行社。近年来，该社先后并购了多家规模较小但经营各具特色的旅行社，有效拓展了业务种类和范围，取得高于其他旅行社的经济效益。方舟公司并购多家旅行社的动机是（　　）。（2021年）

A. 获得协同效应

B. 容易从企业资源获得财务支持

C. 保持统一的管理风格和企业文化

D. 降低协调成本

【解析】"方舟公司……先后并购了多家规模较小但经营各具特色的旅行社，有效拓展了业务种类和范围，取得高于其他旅行社的经济效益"表明该公司并购多家旅行社的动机是获得协同效应。

【答案】A

【真题18·单选题】佳美公司是一家全国性家电零售连锁企业，在国内一二线城市拥有近百家大型连锁商城，是国内外众多家电品牌厂家在中国的最大销售商。2019年，该公司并购了国内另一家著名的家电零售连锁企业恒兴公司，销售网络扩展到全国三分之二以上的城市和部分乡镇，市场占有率提高了20%，进一步巩固了其行业领先地位。佳美公司实施上述并购的动机是（　　）。（2020年）

A. 避开进入壁垒，迅速进入，争取市场机会

B. 克服企业负外部性，增强对市场的控制力

C. 避免经营风险

D. 实现资源互补

【解析】"佳美公司……并购了国内另一家著名的家电零售连锁企业恒兴公司，销售网络扩展到全国三分之二以上的城市和部分乡镇，市场占有率提高了20%，进一步巩固了其行业领先地位"表明其进行并购的动机是克服企业负外部性，增强对市场的控制力，选项B正确。

【答案】B

【真题19·多选题】百苑集团是一家实行标准化管理的跨国餐饮连锁企业。2016年以来，该公司收购了国内多家分别经营"川""鲁""粤"等不同菜系的餐饮企业。收购后的标准化管理难以适应多元化的中餐文化和管理风格，运营状况远逊于预期。依据并购战略"并购失败的原因"，下列各项中，属于百苑集团收购后运营状况远逊于预期的原因有（　　）。（2020年）

A. 决策不当

B. 跨国并购面临政治风险

C. 支付过高的并购费用

D. 并购后不能很好地进行企业整合

【解析】"收购后的标准化管理难以适应多元化的中餐文化和管理风格，运营状况远逊于预期"属于决策不当和并购后不能很好地进行企业整合，选项A、D正确。

【答案】AD

【真题 20 · 多选题】从事能源工程建设的百川公司在并购 M 国一家已上市的同类企业后发现，后者因承建的项目未达到 M 国政府规定的环保标准而面临巨额赔偿的风险，股价一落千丈，其核心技术人员因对百川公司的管理措施不满而辞职。百川公司为挽救被并购企业的危局做出各种努力，均以失败告终。下列各项中，属于百川公司上述并购失败原因的有（　　）。（2018 年）

A. 决策不当

B. 并购后不能很好地进行企业整合

C. 跨国并购面临政治风险

D. 支付过高的并购费用

【解析】“百川公司在并购 M 国一家已上市的同类企业后发现，后者因承建的项目未达到 M 国政府规定的环保标准而面临巨额赔偿的风险”表明百川公司上述并购失败的原因属于决策不当，选项 A 正确。

“其核心技术人员因对百川公司的管理措施不满而辞职。百川公司为挽救被并购企业的危局做出各种努力，均以失败告终”表明百川公司上述并购失败的原因属于并购后不能很好地进行企业整合，选项 B 正确。

【答案】AB

解题攻略

“未达到 M 国政府规定……面临巨额赔偿”体现的是企业自身承建的项目不合规，而非 M 国政府针对百川公司故意为之，进而无法体现选项 C。

【例题 21 · 单选题】甲公司是一家集研发、生产和销售为一体的医药集团公司。为了配合公司增加产品种类的战略扩张需要，甲公司以合并吸收的方式收购乙公司 100% 股权，取得了乙公司 A、B、C 三个药品的所有权。其后不久，甲公司发现乙公司不是药品生产企业，并不拥有三种药品的生产技术所有权。甲公司在并购中失败的原因是（　　）。

A. 决策不当

B. 支付过高的并购费用

C. 并购后不能很好地进行企业整合

D. 跨国并购面临政治风险

【解析】“甲公司以合并吸收的方式收购乙公司 100% 股权，取得了乙公司 A、B、C 三个药品的所有权。其后不久，甲公司发现乙公司不是药品生产企业，并不拥有三种药品的生产技术所有权”体现了甲公司在并购前没有对目标企业进行详尽的调查和分析，属于决策不当，选项 A 正确。

【答案】A

【例题 22 · 多选题】W 集团是中国最大的连锁超市集团之一。经过双方多次友好磋商，2020 年 4 月，W 集团成功以 20 亿欧元收购了世界五百强之一的德国企业迈德龙中国业务的 80% 股权，本次收购全部以现金方式交易，收购资金中有 70% 来源于银行贷款。截至 2020 年 4 月，迈德龙中国在 59 个城市拥有 97 家门店，是中国最大的专业餐饮企业服务商。从并购的类型来看，上述收购属于（　　）。

A. 杠杆收购　　B. 多元化并购

C. 友善并购　　D. 金融资本并购

【解析】“收购资金中有 70% 来源于银行贷款”说明该并购是杠杆收购，选项 A 正确；“W 集团是中国最大的连锁超市集团之一……收购了世界五百强之一的德国企业迈德龙中国业务的80%股权……迈德龙……是中国最大的专业餐饮企业服务商”说明该并购属于多元化并购，选项B正确；“经过双方多次友好磋商”说明该并购是友善并购，选项C正确；作为并购方的W集团是中国最大的连锁超市集团之一，即W集团为非金融机构，因此该并购属于产业资本并购，选项D错误。

【答案】ABC

【例题23·多选题】甲公司是一家化肥厂。为有效应对市场竞争，经与乙化肥厂协商，将双方的股权（资产与负债）融合在一起，合并为一家新的化肥厂。这种方式可以被称为（　　）。

A. 横向并购　　B. 金融资本并购

C. 友善并购　　D. 杠杆收购

【解析】双方都属于化肥厂，属于横向并购，选项A正确。双方经协商完成合并，属于友善并购，选项C正确。

【答案】AC

（三）内部发展（新建）战略★

1. 内部发展战略的特点

优点（动因）	缺点
（1）能更深刻地了解市场和产品 （2）不存在合适的收购对象 （3）保持统一的管理风格和企业文化 （4）激励内部管理人员 （5）代价较低 （6）可以避免并购陷阱 （7）积累学习能力 （8）容易获得内部资源支持 （9）风险相对较小 （10）成本增速较慢	（1）与并购市场中现有的企业相比，在市场上增加了竞争者，这可能会激化某一市场内的竞争 （2）企业不能接触到其他企业的知识及系统，这可能更具风险 （3）从一开始就缺乏规模经济或经验曲线效应 （4）内部发展是一个很缓慢的过程，在这个过程中，可能会错失市场机会 （5）进入新市场可能要面对非常高的障碍

2. 内部发展战略的应用条件

（1）进得去：产业处于不均衡状况，结构性障碍还没有完全建立起来。因为竞争结构尚未完善，原材料的渠道没有被封锁，易于建立品牌的识别，所以使得企业的进入成本相对较低。

（2）抗得住：产业内现有企业的行为性障碍容易被进入者所限制和制约。这主要体现在现有企业采取报复性措施时会有一定的考虑空间，一方面会因为报复性措施的成本高于收益导致不划算；另一方面报复性措施的效果并不理想。

（3）利益大：企业能够有能力或者轻易地克服结构性与行为性障碍，使得其付出的代价远远小于企业进入相关领域后的收益，即收益是远远大于成本的，因此企业会采用内部发展途径来发展企业。

克服进入障碍的能力表现：

①有助于提高现有资源的利用程度。企业现有业务的资产、技能、销售渠道等与新的经营领域具有较强的相关性，使得企业采用内部发展途径时能够很好地衔接和利用已有的资源，而不必再重新寻找其他资源导致成本提高。

②有助于利用核心能力塑造有利于自身的产业结构。企业拥有自己独特的能力和影响力，当企业进入到新的领域后其独特的能力能够影响到产业的结构，从而使得这些结构能够为自己服务，比如市场结构、销售结构等。

③有助于提升市场竞争力。企业进入新的领域后能够有利于其现有经营内容的更新换代和升级。例如，可以改善和优化其销售渠道、公司的形象、品牌效应等，以达到更有效地吸引客户眼球的目的。

经典题解

【例题 24·单选题】下列选项中，属于企业采用内部发展方式的是（　　）。

A. 甲家用电器制造公司筹建专卖店销售家电产品

B. 乙餐饮连锁集团通过特许加盟的方式吸引很多投资人

C. 丙汽车制造公司联合相关企业组建合资公司生产无人驾驶汽车

D. 丁零售集团收购了另外一家竞争对手

【解析】选项 A 属于内部发展，选项 B、C 属于企业战略联盟，选项 D 属于并购。

【答案】A

（四）企业战略联盟 ★★

1. 企业战略联盟的基本特征

（1）从经济组织形式来看，战略联盟是介于企业与市场之间的一种“中间组织”。

> 要点小贴士
>
> 边界模糊，战略联盟并不像传统的企业具有明确的层级和边界，而是一种“你中有我，我中有你”的组织。

（2）从企业关系来看，组建战略联盟的企业各方是在资源共享、优势相长、相互信任、相互独立的基础上通过事先达成协议而结成的一种平等的合作伙伴关系。

（3）从企业行为来看，联盟是一种战略性的合作行为。

2. 企业战略联盟形成的动因

> 名师点拨
>
> 六个动因并不是互斥的，往往一段材料表述能凸显多个动因。客观题中要看准核心要义，主观题中可灵活引用。

（1）促进技术创新。

阐释	对于技术要求比较高的企业而言，研发新技术的费用很大，一个企业很难独立支付，而企业之间建立战略联盟可以共同分担，从而促进技术创新
举例	在航空领域，波音公司为了开发新型的波音 777 喷气客机，就与实力强大的富士、三菱及川崎重工结成战略联盟进行联合开发

（2）避免经营风险。

阐释	任何企业在经营过程中都会遭遇各种各样的经营风险。建立企业之间的战略联盟能够快速实现扩大信息传递的密度与速度，避免企业在规避经营风险时出现盲目性或者孤军作战，从而导致失败

举例	海尔冰箱若凭一己之力进入日本市场并让消费者接受自己的产品需要花费很长时间。而日本三洋在日本是知名企业，技术方面具有很强的优势，并且有一定的市场客户群，然而三洋开发中国市场却没有销售渠道。在海尔同日本三洋双方均有意开发国外市场的共同发展目标下，双方缔结以市场换市场、市场共用的战略联盟。海尔在日本利用三洋的销售渠道销售自己的产品，而三洋在中国利用海尔的销售渠道销售自己的产品。结果是双方不仅都获得了更大的销售市场，拥有了更多的客户群，而且还带来了销售利润的增幅

（3）避免或减少竞争。

阐释	企业之间的竞争关系分为对抗性竞争和合作性竞争两种。一般而言，对抗性竞争往往会出现两败俱伤的结果，而合作性竞争就会避免或者减少竞争，这种合作性竞争关系往往是通过建立企业之间的战略联盟来实现的
举例	世界石油产业中最大的 OPEC 组织，就是各大石油产油国为了避免彼此之间的过度竞争，通过协议合作的方式，以控制产量、保证石油价格和各自的收益

（4）实现资源互补。

阐释	资源在企业之间的配置总是不均衡的。在资源方面或拥有某种优势，或存在某种不足，通过战略联盟可达到资源共享、优势互补的效果
举例	福特公司与马自达公司通过十几年的合作，福特和马自达彼此教会了对方不少“绝活”：福特提升了重要的制造技术，作为回报，它向马自达提供了发动机废气排放电脑控制系统的技术，还提供了一些用于测量噪音和振幅的精密计算机程序

（5）开拓新的市场。

阐释	企业通过建立广泛的战略联盟可迅速实现经营范围的多样化和经营地区的扩张
举例	TCL 合资法国汤姆逊公司，在与汤姆逊的合作中，TCL 没吃掉汤姆逊的品牌，而是利用其在欧美等市场的影响进一步拓展市场

（6）降低协调成本。

阐释	与并购方式相比，战略联盟方式省略了内部整合的环节，因此可以降低协调成本
举例	德国宝马汽车公司在 1994 年以 12.6 亿美元收购了罗孚汽车公司。由于并购整合不成功，协调成本太高，宝马不得不将罗孚的部分资产出售给了福特汽车公司。事后来看，宝马也许通过战略联盟（而不是并购）的方式会更好。若省略内部整合的环节，降低协调成本，更有机会实现其拓展新市场的目标

【案例】美国通用汽车公司在美国汽车产业中一直名列前茅，而日本丰田汽车公司则是日本实力最雄厚的汽车公司之一。

20世纪80年代初的美国汽车产业正陷入极为严重的衰退期，能源价格居高不下和消费者偏好的改变导致了对高质省油的小型车的巨大需求。通用汽车公司为适应全球竞争的需要，加大了在研究与开发方面的投入，但收效甚微。

丰田汽车公司是当时世界上汽车产业中最具成本竞争力的生产者，又拥有生产小型车的经验，并有首创的丰田管理模式。然而，由于日本汽车对美出口受到限制，要积极地争取巨大的美国市场，需要丰田公司将生产基地向美国转移。

如果双方进行合作，通用汽车公司就可以从丰田汽车公司获得小型车生产技术、改善车间管理的经验以及稳定的供销关系等，而丰田汽车公司则可以成功地打破汽车行业的贸易壁垒、积累在美国的海外运作经验等。

双方于1984年2月签订协议，共同出资在美国加利福尼亚建立合资企业——新联合汽车制造公司。

通过双方之间的股权合资，通用汽车公司成功地引入了高新技术，提高了自己在中小型汽车领域的竞争实力。而丰田汽车公司则通过合资经营成功地打入了美国市场，并且掌握了在美国从事汽车生产的经验，弥补了缺乏海外运作经验的缺陷。

在本案例中，通用汽车公司与丰田汽车公司结成战略联盟的主要动机：

①促进技术创新。“通用汽车公司就可以从丰田汽车公司获得小型车生产技术”“通用汽车公司成功地引入了高新技术”。

②避免经营风险。“美国汽车产业正陷入极为严重的衰退期，能源价格居高不下和消费者偏好的改变导致了对高质省油的小型车的巨大需求。通用汽车公司为适应全球竞争的需要，加大了在研究与开发方面的投入，但收效甚微”“由于日本汽车对美出口受到限制，要积极地争取巨大的美国市场，需要丰田公司将生产基地向美国转移”“如果双方进行合作，通用汽车公司就可以从丰田汽车公司获得小型车生产技术、改善车间管理的经验以及稳定的供销关系等，而丰田汽车公司则可以成功地打破汽车行业的贸易壁垒、积累在美国的海外运作经验等”“通过双方之间的股权合资，通用汽车公司成功地引入了高新技术，提高了自己在中小型汽车领域的竞争实力。而丰田汽车公司则通过合资经营成功地打入了美国市场，并且掌握了在美国从事汽车生产的经验，弥补了缺乏海外运作经验的缺陷”。

③实现资源互补。“如果双方进行合作，通用汽车公司就可以从丰田汽车公司获得小型车生产技术、改善车间管理的经验以及稳定的供销关系等，而丰田汽车公司则可以成功地打破汽车行业的贸易壁垒、积累在美国的海外运作经验等”“通过双方之间的股权合资，通用汽车公司成功地引入了高新技术，提高了自己在中小型汽车领域的竞争实力。而丰田汽车公司则通过合资经营成功地打入了美国市场，并且掌握了在美国从事汽车生产的经验，弥补了缺乏海外运作经验的缺陷”。

④开拓新的市场。“如果双方进行合作……丰田汽车公司则可以成功地打破汽车行业的贸易壁垒”“丰田汽车公司则通过合资经营成功地打入了美国市场”。

3. 企业战略联盟的主要类型

类型		阐释
股权式战略联盟	合资企业	由两家或两家以上的企业共同出资、共担风险、共享收益而形成的企业。合作各方将各自的优势资源投入到合资企业中，从而使其发挥单独一家企业所不能发挥的效益
	相互持股投资	合作各方为加强相互联系而持有对方一定数量的股份
契约式战略联盟	功能性协议	最常见的形式： （1）技术交流协议 （2）合作研究开发协议 （3）生产营销协议 （4）产业协调协议

要点小贴士

与股权式战略联盟相比，契约式战略联盟通常比较松散，往往以合同为基础，没有所有权上的承诺。

【案例】

①合资企业：通用汽车公司和丰田汽车公司于1984年共同出资创办了新联合汽车制造公司，在两个公司共同所有的加州工厂进行生产。

②相互持股投资：1999年，“辽宁成大”与“广发证券”相互成为对方第二大股东，并得到了中国证券监督管理委员会的首肯。

③功能性协议：为提升技术，REE Automotive与麦格纳公司签署战略合作协议，目标是向市场推出创新的、功能齐全的模块化电动汽车公司和“电动技术”品牌下的新型电动出行者。

4. 两种战略联盟类型的主要特点

类型	优点	缺点
契约式战略联盟	（1）由于更强调相关企业的协调与默契，从而更具有战略联盟的本质特征 （2）在经营的灵活性、自主权和经济效益等方面比股权式战略联盟具有更大的优越性	企业对联盟的控制能力差、松散的组织缺乏稳定性和长远利益、联盟内成员之间的沟通不充分、组织效率低下等
股权式战略联盟	有利于扩大企业的资金实力，并通过部分“拥有”对方的形式，增强双方的信任感和责任感，因而更利于长久合作	灵活性差

【提示】

贴牌生产（OEM）和特许经营是最为常见的契约式战略联盟。

①贴牌生产（OEM）：如果一方有知名品牌但生产力不足；另一方则有剩余生产能力。那么，另一方可以为对方贴牌生产，充分利用闲置的生产能力，谋取一定利益；对于拥有品牌的一方，还可以降低投资或并购所产生的风险。

②特许经营：通过特许的方式组成战略联盟，其中一方具有重要无形资产，可以与其他各方签署特许协议，允许其使用自身品牌、专利或专用技术，从而形成一

种战略联盟。拥有方不仅可获取收益，还可利用规模优势加强无形资产的维护，受许可方当然有利于扩大销售、谋取收益。

5. 战略联盟的管控

（1）订立协议。订立协议需要明确一些基本内容：严格界定联盟的目标、周密设计联盟结构、准确评估投入的资产、规定违约责任和解散条款。

（2）建立合作信任的联盟关系。信任可以降低联盟伙伴之间的监督成本，大大提升联盟成功的可能性，是影响和控制联盟伙伴行为的最有效手段。

经典题解

【真题 25 · 多选题】大型显示器制造商富林公司与光裕公司于 2017 年订立协议，双方结为股权式战略联盟。两年后，光裕公司以自己拥有独创的单元板制造技术为筹码要求提高在联盟的股权占比，遭到对方拒绝。此后，光裕公司在没有告知对方的情况下把股份转让给其他两家公司，致使联盟解体，富林公司的经营陷入困境。从订立协议角度看，富林公司与光裕公司战略联盟解体的原因有（　　）。（2021 年）

A. 没有严格界定联盟的目标

B. 没有周密设计联盟结构

C. 没有准确评估投入的资产

D. 没有规定违约责任和解散条款

【解析】"大型显示器制造商富林公司与光裕公司于 2017 年订立协议，双方结为股权式战略联盟。两年后……要求提高在联盟的股权占比，遭到对方拒绝……没有告知对方的情况下把股份转让……致使联盟解体"表明两家公司虽然订立合作协议，但缺乏管控机制，最终导致联盟解体。本题中，选项 A、B、C、D 均是企业在订立协议时需要明确的一些基本内容。因此，选项 A、B、C、D 均正确。

【答案】ABCD

【例题 26 · 多选题】2015 年 8 月，苏宁云商和阿里巴巴签署合作协议，阿里巴巴以约 283 亿元人民币战略投资苏宁云商，持有苏宁云商 19.99% 的股权，成为其第二大股东，而苏宁云商则以 140 亿元人民币认购不超过 2780 万股的阿里新发行股份，持股比例为 1.05%。下列各项中，属于上述两家公司所采用的战略联盟特点的有（　　）。

A. 有利于扩大企业的资金实力

B. 具有较好的灵活性

C. 有利于企业长久合作

D. 更具有战略联盟的本质特征

【解析】"阿里巴巴以约 283 亿元人民币战略投资苏宁云商，持有苏宁云商 19.99% 的股权，成为其第二大股东，而苏宁云商则以 140 亿元人民币认购不超过 2780 万股的阿里新发行股份，持股比例为 1.05%"说明上述两家公司所采用的战略联盟形式是股权式战略联盟中的相互持股投资，选项 A、C 正确，选项 B、D 属于契约式战略联盟的特点。

【答案】AC

【例题 27·多选题】美国的 M 公司与日本的 D 公司组成一个以技术交换为导向的战略联盟。在此战略联盟下，D 公司获得当时日本公司一直缺乏的单晶片微处理机关键技术，对日后该公司的整体研发有很大的帮助。M 公司则因此改善其制造技术，不但缓解了公司在此产品上的价格压力，同时也提升了晶片制造的整体技术。根据上述信息可以判断，M 公司与 D 公司组成战略联盟的动因有（　　）。

A. 促进技术创新

B. 避免经营风险

C. 实现资源互补

D. 开拓新的市场

【解析】M 公司与 D 公司组成战略联盟有助于提升双方的整体研发能力，属于促进技术创新。缓解了公司在产品上的价格压力，属于避免经营风险。同时，双方技术的改善体现了资源的优势互补。因此，选项 A、B、C 正确。

【答案】ABC

能量小贴士

忍耐和坚持虽是痛苦的事情，但却能渐渐地为我们带来好处。

第二节　业务单位战略

使用“会计云课堂”App 或“微信”扫码查看本节视频，快速 GET 知识点。

一、基本竞争战略

（一）三种基本竞争战略的选择 ★★

1. 成本领先战略

含义	是指企业通过在内部加强成本控制，在研究开发、生产、销售、服务和广告等领域把成本降到最低限度，成为产业中的成本领先者的战略 **【关键词】**降低成本、规模经济
优势	（1）形成进入障碍 （2）增强对购买商讨价还价的能力 （3）增强对供应商讨价还价的能力 （4）树立与替代品相比的竞争优势 （5）可以抵御竞争对手的进攻

要点小贴士

采用成本领先战略可以使企业有效地应对产业中的五种竞争力量，以其低成本优势，获得高于行业平均水平的利润。

市场情况	（1）产品具有较大的价格弹性，市场中存在大量的价格敏感用户 （2）企业所处产业的产品基本上是标准化或者同质化的，实现产品差异化的途径很少 （3）购买者不太关注品牌，多数顾客使用产品的方式相同，转换成本很低，因而倾向于购买价格最优惠的产品 （4）价格因素决定了企业的市场地位，价格竞争是市场竞争的主要手段
所需资源和能力	（1）在规模经济显著的产业中装备相应的生产设施来实现规模经济 （2）降低各种要素成本 （3）提高生产率 （4）改进产品工艺设计 （5）提高生产能力利用程度 （6）选择适宜的交易组织形式 （7）重点集聚
风险	（1）技术变化会降低企业资源的利用或效用 （2）产业的新进入者或追随者通过模仿或者以更高技术水平设施的投资能力，使其可能后来居上 （3）市场需求从注重价格转向注重产品的品牌形象，使得企业原有的优势变为劣势

名师点拨

顾客：既然产品都差不多，是不是品牌也无所谓了，便宜最重要，看商家的优惠力度吧！

名师点拨

商家：核算一下，A零部件是自制成本低还是外购成本低。在其他条件等同的情况下，哪个成本低选哪个。

2. 差异化战略

含义	是指企业借助自身产品与众不同，为客户提供某种有独特价值的产品或服务，如产品差异化、服务差异化、形象差异化等，与竞争对手有明显的区别，从而获得竞争优势的战略 **【关键词】**率先、特色产品
优势	（1）形成强有力的产业进入障碍 （2）削弱购买商讨价还价的能力 （3）增强企业对供应商讨价还价的能力 （4）由于差异化战略使企业建立起顾客的忠诚，这使得替代品无法在性能上与之竞争 （5）凭借差异化，形成保持领先竞争对手的竞争地位
市场情况	（1）可以有很多途径创造企业与竞争对手产品之间的差异，并且这种差异被顾客认为是有价值的 （2）顾客对产品的需求和使用要求是多种多样的，即顾客需求是有差异的 （3）技术变革很快，市场上的竞争主要集中在不断地推出新的产品特色上
所需资源和能力	（1）具有强大的研发能力和产品设计能力 （2）具有很强的市场营销能力 （3）有能够确保激励员工创造性的激励体制、管理体制和良好的创造性文化 （4）具有从总体上提高某项经营业务的质量、树立产品形象、保持先进技术和建立完善分销渠道的能力

要点小贴士

一方面，降低了购买商对价格的敏感度；另一方面，使购买商具有较高的转换成本，依赖于企业。

要点小贴士

采用差异化战略可以使企业有效地应对产业中的五种竞争力量，以其特色优势，获得高于行业平均水平的利润。

风险	（1）与竞争对手的成本差距过大，购买者不愿支付过高的价格去购买差异化产品 （2）市场需求发生变化，使原本产品和服务的差异对消费者来说失去了意义 （3）竞争者可能模仿或进攻，使得差异消失

3. 集中化战略

含义	是指主攻某个特殊的顾客群、某产品线的一个细分区段或某一地区市场，公司业务的专一化能够以较高的效率、更好的效果为某一狭窄的战略对象服务，从而超过在较广阔范围内竞争对手的战略。公司或者通过满足特殊对象的需要而实现了差异化，或者在为这一对象服务时实现了低成本。可分为两类：集中成本领先战略和集中差异化战略 **【关键词】**目标市场、目标人群
优势	（1）能够抵御产业五种竞争力的威胁 （2）可以避免与竞争对手正面冲突，增强相对的竞争优势
实施条件	（1）不同的细分市场具有完全不同的用户群，这些用户或有不同的需求，或以不同的方式使用产品 （2）产业中各细分市场在规模、成长率、获利能力、竞争强度等方面存在很大差异，致使某些细分市场比其他细分市场更有吸引力 （3）目标市场的竞争对手尚未采用类似战略 （4）企业资源和能力有限，难以在整个产业实现成本领先或差异化，只能选定个别细分市场
风险	（1）顾客需求变了：由于企业将全部力量和资源都投入到了一个特定的市场，当顾客偏好发生变化，技术出现创新或有新的替代品出现时，就会发现这部分市场对产品或服务的需求下降，企业就会受到很大的冲击 （2）目标市场的差异不明显了：由于目标细分市场与其他细分市场的差异过小，企业原来赖以形成集中化战略的基础就消失了 （3）被模仿或目标市场重新划分：竞争者可能模仿或新进入者重新细分市场，从而使原来实施集中化战略的企业失去了优势

要点小贴士

集中化战略的基础就是市场能够细分，而且不同的细分市场是有差异的。

【提示1】当企业想利用其核心能力以满足某一特定产业细分市场的需求而不考虑其他需求时，就可以采用集中化战略。可以作为集中化战略目标市场的特定细分市场的例子：

（1）某一特定的购买群体（如老年人或年轻人）。

（2）某一特定的产品类别（如专业油漆匠用的油漆或自助用户使用的油漆）。

（3）某一地理区域或市场（如美国东部或西部）。

【提示2】三种基本竞争战略的基础条件

从经济学角度看，成本领先战略、差异化战略和集中化战略实际上是对市场份额和利润率之间的关系定位。在竞争性市场上，市场份额和利润率是互为代价的。

成本领先战略的主攻方向是市场份额，而差异化战略的主攻方向是利润率，集中化战略则是主攻一个特定领域，并在这个领域取得市场份额或利润率的优势。

由于不同战略的基础条件不同，波特认为战略选择不可能鱼与熊掌兼而得之。尤其是在成本领先战略和差异化战略之间，存在着明显的互相排斥。

【案例】三种基本竞争战略的典型案例

（1）成本领先战略的典型案例。

格兰仕微波炉业务采取的就是成本领先战略。20 世纪 90 年代，因国内劳动力成本低，故为国内生产制造方面的发展提供了空间，而格兰仕瞄准了时机。

到 2000 年年底，格兰仕微波炉生产规模达到 1200 万台，是全球第二企业的两倍多，生产规模越大，其生产成本就越低；格兰仕还通过引入竞争机制、减少管理层次等手段降低管理成本，提高效率，使其低成本优势得到进一步巩固。

（2）差异化战略的典型案例。

苹果采取的就是差异化战略。它十分注重研发，使得它的产品几乎在各个方面，比如在性能、设计、使用感受上都与其他电子产品有着较明显的差异。同时，苹果强大的营销能力也将这种差异化最大程度地传递给消费者，奠定了如今苹果在行业内的竞争优势。

（3）集中化战略的典型案例。

挪威的造船业难以在整体上与欧、美、日等实力强大的造船企业匹敌，则选择专门制造破冰船而大获成功。

经典题解

【真题 28 · 单选题】福门公司是 R 国一个专为老年人提供洗澡、理发等上门清洁服务的企业，建立了遍布全国城镇的服务网络，在 R 国老年人清洁服务市场占有 90% 以上的份额。下列各项中，属于福门公司所采用的竞争战略实施条件的是（　　）。（2021 年）

A. 老年人清洁服务市场容量有限

B. 老年人清洁服务的需求与其他群体差异不大

C. 在目标市场上，成长速度缺乏吸引力

D. 在老年人清洁服务市场上没有其他竞争对手采取类似的战略

【解析】“福门公司是 R 国一个专为老年人提供洗澡、理发等上门清洁服务的企业，建立了遍布全国城镇的服务网络，在 R 国老年人清洁服务市场占有 90% 以上的份额”表明该公司采用的竞争战略类型是集中化战略。选项 D 属于集中化战略的实施条件。

【答案】D

【真题 29 · 单选题】尚佳公司是一家办公用品生产和维修企业。该公司运用大数据技术，对某市客户使用办公用品的情况进行了调查分析，并根据分析结果，针对这些客户制定并实施了一套促销策略，取得了显著效果。根据以上描述，尚佳公司实施的竞争战略是（　　）。（2018 年）

A. 市场开发战略　　　　B. 集中化战略

C. 差异化战略　　　　D. 成本领先战略

【解析】“对某市客户使用办公用品的情况进行了调查分析，并根据分析结果，针对这些客户制定并实施了一套促销策略，取得了显著效果”体现了集中化战略，选项B正确。

【答案】B

【例题30·单选题】乙公司是一家餐饮企业，主打菜品为北京传统风味。该公司在店面设计上采用老北京传统民宅的风格，服务人员全部招聘地道的北京人，口音纯正，配以老北京酒馆店小二服饰，营造出一种浓郁的老北京氛围。根据以上信息可以判断，乙公司采用的战略是（　　）。

A. 集中成本领先战略

B. 集中差异化战略

C. 成本领先战略

D. 多元化战略

【解析】乙公司主打菜品为北京传统风味，聚焦于特定产品，体现了集中化战略；同时采取各种措施营造出一种浓郁的老北京氛围，又体现了差异化特点。由此可以判断，乙公司采用的是集中差异化战略。

【答案】B

【例题31·单选题】甲海鲜大卖场是一家位于某商厦地下一层的大卖场，定位于朋友聚会和家庭聚餐。卖场一边是海鲜摊位，一边是加工摊位，顾客可以先去选择海鲜，之后再过来加工，提供的都是新鲜的海鲜，味道不错，海鲜价格也便宜。根据以上信息可以判断，甲海鲜大卖场实施的战略属于（　　）。

A. 差异化战略

B. 成本领先战略

C. 集中化战略

D. 多元化战略

【解析】根据“定位于朋友聚会和家庭聚餐”可判断，甲海鲜大卖场主要针对这部分细分市场，属于集中化战略。因此，选项C正确。

【答案】C

【例题32·多选题】M公司是一家专为石油开采油井提供钢棒扳手的采油设备配件供应商。该公司通过钢棒的充足库存、广泛的分布服务网点，甚至提供直升机送货服务，在其所在领域独占鳌头。下列各项中，属于M公司采取的竞争战略实施条件的有（　　）。

A. 购买者群体之间在需求上存在着差异

B. 目标市场在市场容量、成长速度等方面具有相对的吸引力

C. 产业规模经济显著

D. 产品具有较高的价格弹性，市场中存在大量的价格敏感用户

【解析】“M公司是一家专为石油开采油井提供钢棒扳手的采油设备配件供应商”表明M公司采用的竞争战略类型属于集中化战略，选项A、B正确。选项C、D属于成本领先战略的实施条件。

【答案】AB

【例题 33 · 多选题】某玩具制造商拟实施包括实现规模经济、针对 3 岁以下的幼儿设计独有的“幼童速成学习法”玩具系列等在内的战略方案，以增加其业务的竞争优势。该玩具制造商采取的上述业务单位战略涉及（ ）。

A. 成本领先战略

B. 多元化战略

C. 集中差异化战略

D. 集中成本领先战略

【解析】该玩具制造商实现规模经济，属于成本领先战略；针对 3 岁以下的幼儿设计独有的“幼童速成学习法”玩具系列，属于集中差异化战略。因此，选项 A、C 正确。

【名师点题】本题解题的关键是要把“实现规模经济”“针对 3 岁以下的幼儿设计独有的‘幼童速成学习法’玩具系列”看作两个战略方案，两者是并行的，并不是互斥关系。一个企业往往有多项业务，对于不同的业务采取不同的战略方案是很常见的。很多学员将两者看作一个方案，认为是“集中化战略”，导致做错题目。同时，注意本题题干要求学员选择“业务单位战略”的类型，因此，学员适宜采用排除法，首先排除选项 B，然后再从其他选项中选出正确答案。

【答案】AC

（二）基本战略的综合分析——“战略钟”★★

鲍曼提出的“战略钟”，可以对波特的许多理论进行综合。

有效的竞争战略		含义
成本领先战略	低价低值战略（集中成本领先战略）	企业关注的是对价格非常敏感的细分市场的情况。企业采用这种战略是在降低产品或服务的附加值的同时，降低产品或服务的价格
	低价战略（成本领先战略）	企业关注的是在降低产品或服务的价格的同时，保持产品或服务的质量不变
差异化战略	高价高值战略（集中差异化战略）	企业可以采用高品质、高价格策略在产业中竞争，即以特别高的价格为用户提供更高的产品或服务的附加值
	高值战略（差异化战略）	企业以相同或略高于竞争对手的价格向顾客提供可感知的高于竞争对手的附加值
混合战略	同时追求低成本和差异化	企业在为顾客提供可感知的高附加值的同时，保持低价格

【案例】Zara 是欧洲最大的专业服装公司的一个连锁店，采用了混合战略（同时追求低成本和差异化）。该公司以相对较低的价格提供流行的并且令人向往的时尚物品。有效地实施这一战略要求有经验丰富的设计师和高效的成本管理方法，这些要素都与 Zara 的能力非常匹配。Zara 可以在三周的时间内设计并且生产一个新

的款式，这表明Zara是一个具有高度柔性的组织，可以很轻易地应对市场或竞争对手的变化。

经典题解

【真题34·单选题】北星咖啡馆通过精选原料和优化操作、服务流程，使顾客只需付出同种咖啡最低的价格就能享受顶级口味的咖啡。根据战略钟分析，北星咖啡馆采取的竞争战略是（ ）。（2021年）

A. 低价战略　　B. 高值战略

C. 集中差异化战略　　D. 混合战略

【解析】"通过精选原料和优化操作、服务流程，使顾客只需付出同种咖啡最低的价格就能享受顶级口味的咖啡"体现了北星咖啡馆可以在为顾客提供更高的认可价值的同时，获得成本优势，即为混合战略，选项D正确。

【答案】D

【真题35·单选题】从事苹果种植与销售的秋实公司于2017年率先采取一种新的经营方式，在种植区内增设了园林景观、运动场、游戏场等，到秋收季节，顾客可前来付费进行休闲娱乐等活动，同时能以市场最低的价格采摘和购买苹果。顾客采摘和购买的苹果达到一定数量，可免费参加休闲娱乐活动。这一经营方式受到市场的热捧。秋实公司采用的上述战略属于（ ）。（2019年）

A. 成本领先战略　　B. 差异化战略

C. 集中化战略　　D. 混合战略

【解析】"从事苹果种植与销售的秋实公司于2017年率先采取一种新的经营方式……同时能以市场最低的价格采摘和购买苹果。顾客采摘和购买的苹果达到一定数量，可免费参加休闲娱乐活动"体现了企业可以在为顾客提供更高的认可价值的同时，获得成本优势，即为混合战略，选项D正确。

【答案】D

【真题36·单选题】绿屋咖啡店率先采取了一项新的经营方式：顾客点单付费后，亲自操作咖啡机自取咖啡。此举节省了店员的操作和相关费用，相应地把咖啡价格降低到行业最低水平，同时使顾客产生宾至如归的亲切感，"回头客"明显增加。绿屋咖啡店采用的战略属于（ ）。（2018年）

A. 成本领先战略　　B. 混合战略

C. 集中化战略　　D. 差异化战略

【解析】"绿屋咖啡店率先采取了一项新的经营方式：顾客点单付费后，亲自操作咖啡机自取咖啡……使顾客产生宾至如归的亲切感"体现了差异化战略；"节省了店员的操作和相关费用，相应地把咖啡价格降低到行业最低水平"体现了成本领先战略。因此，绿屋咖啡店既追求成本领先又兼顾差异化，属于混合战略，选项B正确。

【答案】B

二、中小企业竞争战略

（一）零散产业中的竞争战略 ★★

在零散产业中，产业集中度很低，市场势力较为薄弱，且没有任何企业可以独占鳌头拥有压倒性的市场份额。任何一个企业的单独活动都无法左右整个产业的发展变化。

在一般的情况下，零散产业由很多中小型企业构成。零散产业存在于经济活动的许多领域中，如一些传统服务业——快餐业、洗衣业、照相业等都属于这种产业。

1. 造成产业零散的原因

产业零散的原因		含义
经济因素	进入障碍低或存在退出障碍	零散产业进入障碍低，就会有大量的企业涌入该产业；退出障碍高，业绩不佳的企业将倾向于在产业中维持，以求得巩固。这就会造成产业不易集中而变得分散
	市场需求多样导致高度产品差异化	（1）由于顾客需求的多样化，导致该产业提供的产品高度差异化，限制了企业规模的扩大，使得满足不同目标市场需求的中小企业得以存在 （2）需求多样还体现在消费地点的零散，因为消费者希望就近获取
	不存在规模经济或难以达到经济规模	零散产业通常需要投入大量的专业技能，且不易复制，无法扩大规模。因此，难以达到规模经济
非经济因素	政府政策和地方法规对某些产业集中的限制	例如，交通运输部牵头各部门出台的《汽车维修技术信息公开实施管理办法》，强制打破4S店对汽车零部件的垄断，允许授权经销商可以向非授权经销商转让汽车零部件
	没有任何企业占有显著的市场份额，也没有任何一个企业能对整个产业的发展产生重大的影响	现有企业缺乏资源或技能。可能有些企业在生产制造方面存在潜力，但企业缺乏建立大规模生产的资本或专业技能，或缺乏纵向整合所需的投资，或缺乏资本或技能去发展分销机构、服务系统等

要点小贴士

产业本身的基础经济特性。

2. 零散产业的战略选择

从三种基本竞争战略的角度出发，零散产业的战略选择可以分为以下三类：

名师点拨

①“克服零散”相当于成本领先战略。
②“增加附加价值”相当于差异化战略。
③“专门化”相当于集中化战略。

战略选择类型	途径	阐释
克服零散——获得成本优势	连锁经营或特许经营	通过连锁经营或特许经营能够克服零散，使企业获得规模经济带来的成本优势
	技术创新以创造规模经济	20多年前，我国注会培训产业以面授为主，产业相当分散。后来，一些培训机构借助于IT技术和互联网，开办了网络远程教育，使得注会培训产业通过技术创新以创造规模经济，令该产业逐渐趋于集中
	尽早发现产业趋势	当产业处于导入期或成长期时，如果能够尽早地预测产业未来的发展趋势，积极主动地提前进行战略布局，也能够获得规模经济或经验曲线带来的低成本优势
增加附加价值——提高产品差异化程度	增加产品的附加价值，增强消费者对产品价值的认同感，有助于强化消费者的购买意愿，降低价格上的议价能力，因此企业可能获得高利润	河北一家面粉企业，就曾以石磨制粉为标志，与其他机器磨制面粉的企业区分开来，强调了石磨的好处，使自己的企业在面粉市场上获得了差异化的竞争优势
专门化——目标集聚	产品类型或产品细分的专门化	当造成产业零散的原因之一是产品系列中存在多项不同产品时，产品类型或产品细分的专门化就是一种可行的战略
	顾客类型专门化	企业专注于产业中一部分特定顾客也可以获得潜在的收益
	地理区域专门化	有些产业在大的地域范围内可能不存在规模经济或者企业难以达到规模经济所需的市场份额，但是在一个小的地域范围内却可能获得重要的经济性

3. 谨防潜在的战略陷阱

注意事项	阐释
避免寻求支配地位	受零散产业本身的基础经济特性的影响，为了寻求支配地位往往会使一些企业制定的战略过于激进，脱离企业的实际资源与能力，可能导致企业过度扩张，甚至经营失败

注意事项	阐释
保持严格的战略约束力	企业制定战略后就要严格执行，战略频繁变动可能导致资源浪费，甚至危及企业的生存和持续发展
避免过分集权化	零散产业要求企业对市场变化快速作出反应，因此处于零散产业的企业不能过度集权，应适当分权
了解竞争者的战略目标与管理费用	知己知彼方能百战百胜，分析竞争对手的战略目标可以预测竞争对手对其所处位置是否满意，由此判断竞争对手会如何改变战略，以及其对外部事件会采取什么样的反应
避免对新产品做出过度反应	零散产业中客户的需求是多样化的，也是多变的，因此对于市场上出现的新产品，企业要认真分析，避免盲目跟风，做出过度反应

名师点拨

C企业经过调查，竞争对手的战略目标如下：A企业的目标是“行业第一”；B企业的目标是与去年相比，利润增加10%。

经典题解

【真题37·单选题】经营健身房的永强公司率先采用新技术，在其拥有的所有分店统一推出智能健身设备。使用该设备，健身者可以比以往节省50%的时间达到同样的健身效果，因此该设备受到健身者的好评。但由于购置、使用、维护智能健身设备耗资很大，而需求和使用率有限，永强公司入不敷出，经营陷入困境。从零散产业角度看，下列各项中，属于永强公司进行战略选择未能避免的战略陷阱是（　　）。（2020年）

A. 寻求支配地位

B. 对新产品做出过度反应

C. 不能保持严格的战略约束力

D. 过分集权化

【解析】零散产业中谨防潜在的战略陷阱之一是避免对新产品做出过度反应。由于零散产业需求的多样性与缺乏规模经济，企业对新产品做出的大量投资在该产品的成熟期并不容易收回，也难以获得较高的回报。

本题中，“由于购置、使用、维护智能健身设备耗资很大，而需求和使用率有限，永强公司入不敷出，经营陷入困境”说明永强公司进行战略选择时未能避免的战略陷阱是对新产品做出过度反应，选项B正确。

【答案】B

【真题38·多选题】松涛旅行社面对老年社会的到来，专注于组织老年消费者出国游业务，并在业内率先根据旅行中所在国家或地区的特点，开展健身、垂钓、摄影、休闲、美食品尝与制作、探访民居等活动。面对越来越多的慕名而来的消费者，该社在国内设立了上百家分社或代理机构，复制推广上述业务模式，取得了远远高于行业平均水平的利润率。从零散产业的战略选择角度看，松涛旅行社的做法有（　　）。（2020年）

A. 连锁经营或特许经营　　B. 提高产品差异化程度

C. 尽早发现产业趋势　　D. 目标集聚

【解析】"该社在国内设立了上百家分社或代理机构，复制推广上述业务模式，取得了远远高于行业平均水平的利润率"属于连锁经营或特许经营，选项A正确；"在业内率先根据旅行中所在国家或地区的特点，开展健身、垂钓、摄影、休闲、美食品尝与制作、探访民居等活动"属于提高产品差异化程度，选项B正确；"松涛旅行社面对老年社会的到来，专注于组织老年消费者出国游业务，并在业内率先根据旅行中所在国家或地区的特点，开展……活动"属于尽早发现产业趋势，选项C正确；"专注于组织老年消费者出国游业务"属于目标集聚，选项D正确。

【答案】ABCD

【真题39·单选题】经营中式快餐的力元公司于2015年宣布其战略目标是建成门店覆盖全国的"快餐帝国"。由于扩张过快、缺乏相关资源保障、各地流行菜系经营者的激烈竞争以及不同消费者口味难以调和的矛盾，该战略目标未能实现，公司经营也陷入危机。从零散产业角度看，下列各项中，属于力元公司进行战略选择未能避免的战略陷阱是（　　）。（2018年）

A. 不能保持严格的战略约束力

B. 寻求支配地位

C. 不了解竞争者的战略目标和管理费用

D. 过分集权化

【解析】"经营中式快餐的力元公司于2015年宣布其战略目标是建成门店覆盖全国的'快餐帝国'。由于扩张过快、缺乏相关资源保障、各地流行菜系经营者的激烈竞争以及不同消费者口味难以调和的矛盾，该战略目标未能实现，公司经营也陷入危机"表明力元公司进行战略选择未能避免的战略陷阱是寻求支配地位，选项B正确。

【答案】B

【例题40·多选题】家政服务行业由很多中小企业组成，其中没有任何一个企业占有显著的市场份额或对整个产业的发展产生重大影响。造成家政服务行业上述状况的原因有（　　）。

A. 家政服务行业的经营成本迅速变化

B. 家政服务行业进入障碍低

C. 家政服务市场需求多样导致高度产品差异化

D. 家政服务行业难以达到经济规模

【解析】根据题干信息推断出家政服务行业属于零散产业。造成产业零散的原因主要来源于产业本身的基础经济特性：①进入障碍低或存在退出障碍；②市场需求多样导致高度产品差异化；③不存在规模经济或难以达到经济规模。因此，选项B、C、D正确，选项A属于新兴产业内部结构的共同特征。

【答案】BCD

（二）新兴产业中的竞争战略★★

新兴产业是指随着新的科研成果和新兴技术的发明、应用而出现的新的行业。如网约车、共享单车、网络支付、网络借贷等都属于新兴产业。

从战略制定的观点看，新兴产业的基本特征是没有游戏规则。缺乏游戏规则既是风险又是机会的来源。

1. 新兴产业内部结构的共同特征

（1）技术的不确定性。

（2）战略的不确定性。

（3）成本的迅速变化。高初始成本但之后成本会急剧下降。这主要是由于有一段非常陡峭的学习曲线在发生作用。

（4）萌芽企业和另立门户企业较多。

（5）客户大多是首次购买者。

2. 新兴产业发展障碍与机遇

新兴产业常见的发展障碍：

（1）专有技术选择、获取与应用的困难。

（2）原材料、零部件、资金与其他供给的不足。

（3）顾客的困惑与等待观望。

（4）被替代产品的反应。

（5）缺少承担风险的胆略与能力。

新兴产业的发展机遇更多地从五种竞争力中的两个方面——进入障碍与产业内现有企业的竞争中表现出来。由于新兴产业进入障碍相对较低，产业尚处于不平衡状态，竞争结构还没有完全建立起来，因此，相对于成熟产业，新兴产业的进入成本与竞争代价都会小得多。

3. 新兴产业的战略选择

（1）塑造产业结构。在新兴产业中占压倒地位的战略问题是考虑企业是否有使产业结构成型的能力。企业通过其战略选择能够尽力在产品策略、销售方法以及定价策略等领域内确定竞争规则。从长期来看，企业应该以形成其最强有力的竞争地位的方式来寻求划定产业内的竞争规则。

（2）正确对待产业发展的外在性。在一个新兴产业内，一个重要的战略问题是企业在产业倡导和追求其本身的狭隘私利之间达到平衡。企业为了产业的整体利益以及企业自身的长远利益，有时必须暂时放弃自身利益。

（3）注意产业机会与障碍的转变，在产业发展变化中占据主动地位。

（4）选择适当的进入时机与领域。

适宜早期进入的情形	不适宜早期进入的情形
①企业的形象和声望对顾客至关重要，企业可因先驱者而发展和提高声望 ②产业中的学习曲线很重要，经验很难模仿，持续更新换代的技术绝不会使这种学习过程无效 ③客户忠诚度很高，因此首先对客户销售的企业可以自然地得到好处 ④通过对原材料供应、销售渠道等早期承诺，能够获得绝对的成本优势	①先入者转行成本高：早期竞争的细分市场与产业发展成熟后的情况不同，早期进入的企业建立了竞争基础后，面临过高的转换成本 ②先入者成为先烈，后来者坐享其成：开辟市场的费用很大，包括客户培训、规章制度的批准，以及技术开发费用等，但是开辟市场的好处却不能为先进入企业所独占 ③后来者居上，弯道超车：技术变革将使早期投资过时，并且使那些后期进入的、具备最新产品及工艺的企业拥有某种优势

经典题解

【真题41·单选题】伊峰公司是一家从事光学仪器研发和制造的企业。该公司拟投资进入尚处于产业导入期的新型显示技术产业。从新兴产业战略选择角度看，下列各项中，属于该公司近期进入新型显示技术产业需具备的条件是（ ）。（2021年）

A. 新型显示技术的变化比较迅速

B. 顾客忠诚的重要性在早期不显著

C. 企业的形象与声望对顾客至关重要

D. 为了塑造新型显示技术产业结构，需付出开辟市场较高的代价

【解析】选项C属于新兴产业适宜早期进入的情形。

【答案】C

【例题42·多选题】网约车、共享单车属于典型的新兴产业，下列属于新兴产业内部结构的共同特征的有（ ）。

A. 成本的迅速变化

B. 不存在规模经济或难以达到经济规模

C. 客户大多是首次购买者

D. 战略的不确定性

【解析】新兴产业内部结构的共同特征：①技术的不确定性；②战略的不确定性；③成本的迅速变化；④萌芽企业和另立门户；⑤首次购买者。

【答案】ACD

三、蓝海战略★★

（一）蓝海战略的内涵

蓝海战略就是企业突破红海的残酷竞争，不把主要精力放在打败竞争对手上，而是主要放在全力为客户与企业自身创造价值的飞跃上，并由此开创新的“无人竞争”的市场空间，彻底摆脱竞争，开创属于自己的一片蓝海。这是一种企业通过开创新的、未被竞争对手重视的市场领域以达到扩张目的的战略。

蓝海战略要求企业把视线从市场的供给一方移向需求一方，从与对手的竞争转向为客户提供价值的飞跃；通过跨越现有竞争边界看市场以及将不同市场的客户价值元素筛选与重新排序，企业就将重建市场和产业边界，开启巨大的潜在需求，从而摆脱“红海”的血腥竞争，开创“蓝海”，实现同时追求“差异化”和“成本领先”。价值创新是开创蓝海、突破竞争的战略思考和战略执行的新途径。

> **要点小贴士**
>
> 创新的基本要求是要敢于突破思维定势，即突破以经验为基础的思维固化、模式化。

【案例1】英国化妆品公司联合利华用一位96岁的老奶奶作为“多芬香皂”的产品代言人，立竿见影地起到广而告之的作用，就是突破常规的美女型代言人这一思维定势而取得成功的典型。

【案例2】美国哥伦比亚广播公司《60分钟》的成功就在于突破了人们对新闻播报的固有思维。这个节目的制片人唐·休伊特说他要开创一种与传统的一本正经的问题探讨和一板一眼的新闻播报完全不同的形式，要像好莱坞包装大片一样包装新闻，果然一举成功。

（二）红海战略和蓝海战略的关键性差异

红海战略	蓝海战略
在已经存在的市场内竞争	拓展非竞争性市场空间
参与竞争	规避竞争
争夺现有需求	创造并攫取新需求
遵循价值与成本互替定律	打破价值与成本互替定律
根据差异化或低成本的战略选择，把企业行为整合为一个体系	同时追求差异化和低成本，把企业行为整合为一个体系

名师点拨

①因为“规避竞争”，所以要“拓展非竞争性市场空间”，二者往往合并考核。

②因为“打破互替定律”，所以差异化和低成本能够并存，二者往往合并考核。

【易错易混点】红海战略与蓝海战略中的“价值与成本互替定律”

类型	特点
红海战略	高价高值，低价低值，“一分钱，一分货”
蓝海战略	同时实现低成本和高价值，“物美价廉”

（三）蓝海战略制定与执行原则

战略制定原则	各原则降低的风险因素
重建市场边界	搜寻的风险
注重全局而非数字	规划的风险
超越现有需求	规模的风险
遵循合理的战略顺序	商业模式风险
战略执行原则	**各原则降低的风险因素**
克服关键组织障碍	组织的风险
将战略执行建成战略的一部分	管理的风险

1. 战略制定原则

（1）重建市场边界。开创和夺取蓝海需要必备的分析工具和框架，通过有目的地运用这些有关机会与风险的工具和框架，企业可以主动改变产业和市场的基础条件。

（2）注重全局而非数字。常有人批评现行的战略规划过程只是在做数字游戏，把企业束缚在小步改进的模式中。蓝海战略注重全局，而不是沉浸在数字和术语中，这样才能超越小步改进价值的境界，在减少规划风险的同时，实现价值创新。

（3）超越现有需求。通常，企业为增加自己的市场份额努力保留和拓展现有顾客，常常导致更精微的市场细分，然而，为使蓝海规模最大化，企业需要反其道而行，不应只把视线集中于顾客，还需要关注非顾客。不要一味通过个性化和细分市场来满足顾客差异，应寻找买方共同点，将非顾客置于顾客之前，将共同点置于差异点之前，将合并细分市场置于多层次细分市场之前。

（4）遵循合理的战略顺序。遵循合理的战略顺序，需建立强劲的商业模式，确保将蓝海创意变为战略执行，从而获得蓝海利润，并按照买方效用、价格、成本、接受的顺序来制定蓝海战略。

2. 战略执行原则

（1）克服关键组织障碍。企业经理层证明执行蓝海战略的挑战是严峻的，他们面对四重障碍：一是认知障碍，沉迷于现状的组织；二是有限的资源，执行战略需要大量资源；三是动力障碍，缺乏有干劲的员工；四是组织政治障碍，来自强大既得利益者的反对。

（2）将战略执行建成战略的一部分。执行蓝海战略，企业最终需要求助于最根本的行动基础，即组织基层员工的态度和行为，必须创造一种充满信任和忠诚的文化来鼓舞员工认同战略。

（四）重建市场边界的基本法则

蓝海战略的第一条原则就是重新构筑市场边界，从而打破现有竞争局面，开创蓝海。蓝海战略总结了六种重建市场边界的基本法则，被称之为六条路径框架。下表对六种重建市场边界的路径框架作了一个小结。

项目	肉搏式竞争	开创蓝海战略
产业	专注于产业内的竞争者	审视他择产业
战略群组	专注于战略群组内部的竞争地位	跨越产业内不同的战略群组
买方群体	专注于更好地为买方群体服务	重新界定产业的买方群体
产品或服务范围	专注于在产业边界内将产品或服务的价值最大化	放眼互补性产品或服务
功能—情感导向	专注于产业既定功能—情感导向下性价比的改善	重设客户的功能性或情感性诉求
时间	专注于适应外部发生的潮流	跨越时间参与塑造外部潮流

名师点拨

在利用战略群组图预测市场变化或发现战略机会的同时，往往也触碰了他择产业。因此，路径一和路径二通常会合并考核，常表述为“审视他择产业或跨越产业内不同的战略群组”。

企业应把眼光放在更多的产业、更多的战略群组、更多的购买群体上，提供互补性产品或服务，重设客户现有的功能性或情感性倾向，甚至应该超越时间。只有这样，企业才能获得重建市场空间、开创蓝海的新视角。

1. 路径一：审视他择产业

替代品指的是形式不同，但功能或者核心效用相同的产品或服务。例如，电影院的替代品是电视机和网络视频。他择品还包括形式和功能都不同，但目的却相同的产品或服务。电影院的目的是让人娱乐放松，它的他择品包括咖啡馆、书吧、KTV 等娱乐场所。

红海思维：人云亦云为产业定界，并一心成为其中最优。

蓝海观点：一家企业不仅与自身产业内的对手竞争，而且与他择产品或服务的产业对手竞争。

【案例】咖啡馆、餐厅、舞厅的竞争激烈，均属于红海市场，咖啡馆的功能是喝咖啡、餐厅的功能是吃饭、舞厅的功能是跳舞。胡桃里音乐酒馆是一家多功能的餐厅，在这里既能喝咖啡、喝酒，也能用餐和蹦迪。胡桃里音乐酒馆就是通过“审视他择产业”开辟了蓝海市场。

2. 路径二：跨越产业内不同的战略群组

红海思维：受制广为接受的战略群组概念（如豪华车、经济型车、家庭车），并努力在群组中技压群雄。

蓝海观点：突破狭窄视野，搞清楚什么因素决定顾客选择，如高档和低档消费品的选择。

【案例】奔驰、宝马、捷豹都是定位于高端豪华型的汽车，它们属于同一战略群组。福特、大众、丰田都是定位于低端的经济型汽车，它们属于另一战略群组。丰田新推出的凌志以接近低端的福特和大众的价格，提供与高端的奔驰、宝马和捷豹一样的产品质量。丰田就是通过“跨越产业内不同的战略群组”开辟了汽车产业的蓝海市场。

3. 路径三：重新界定产业的买方群体

红海思维：只关注单一买方，不关注最终用户。

蓝海观点：买方是由购买者、使用者和施加影响者共同组成的买方链条。

【案例】20 世纪 80 年代的时候，因为胰岛素行业的买方是医生，医生最看重的就是胰岛素的纯度，所以整个行业都在以提纯为第一竞争要素。但随着技术的进步，各产品之间的纯度差别已经微乎其微了，胰岛素行业进入红海市场。

然而诺和诺德公司，将目标客户从购买者（医生）身上，转移到实际使用者（病人）身上时发现，病人最看重的是注射胰岛素的方便程度。由于糖尿病患者每天要注射好几次胰岛素，用注射器从药瓶吸取再注射的方式实在是不便之极。

诺和诺德就此推出了诺和笔，它像一支自来水笔，不仅方便携带，而且笔的容量非常大，一次充满可以使用一周。诺和笔一经推出，就风靡全球市场。诺和诺德就是通过“重新界定产业的买方群体”开辟了胰岛素行业的蓝海市场。

4. 路径四：放眼互补性产品或服务

红海思维：以雷同方式为产品或服务的范围定界。

蓝海观点：互补性产品或服务蕴含着未经发掘的需求，简单方法是分析顾客在使用产品之前、之中、之后都有哪些需要。所有的产品和服务都不是独立存在的，有时候一些互补性的产品或服务对顾客的最终购买能起到至关重要的作用。

【提示】对于想外出看电影的夫妇来说，是否方便为宝宝找一个临时保姆，就对他们是否去这家电影院起到了关键作用。一家自带托儿所的电影院,就是通过“放眼互补性产品或服务”开辟了电影院的蓝海市场。

【案例】英国的茶具产业虽然在英国文化中占有非常重要的地位，但是曾一度销售额几乎停滞，利润率不断下降，竞争异常激烈，属于红海市场。

飞利浦公司发现，英国人泡茶时遇到的最大问题并不是茶壶，而是与茶壶互补的水。因为自来水中的碳酸钙含量问题，在烧水过程中，水中的碳酸钙不断沉积，最后会混入泡好的茶中。英国人在喝茶时，通常先用一个茶匙把这些令人讨厌的碳酸钙捞出来。对茶具产业来说，水的问题与它们无关，它是另一个产业——自来水产业的问题。

从解决顾客整体方案中的主要问题角度思考，飞利浦把水的问题视为它的一个机会。于是，飞利浦公司发明了一个新的茶壶，茶壶口有一个过滤器，在倒水的时候能够有效地过滤碳酸钙。这样，英国人在喝茶时，就不会在茶水中看到漂浮的碳酸钙杂质了。

人们纷纷将旧茶壶换成带过滤嘴的新茶壶，茶具产业又进入了高速增长时期。飞利浦公司就是通过“放眼互补性产品或服务”开辟了茶具产业的蓝海市场。

5. 路径五：重设客户的功能性或情感性诉求

红海思维：接受现有产业固化的功能与情感导向。

蓝海观点：产品一般有两种竞争导向，一种是以功能和价格为导向，它们想以此吸引理性用户；另一种是以美学和情怀为导向，它们想以此吸引感性用户。如果采用其中某一种竞争导向的企业，转换视角去学习另一种竞争导向，或许自己的顾客会更喜欢。

【案例】小米手机最开始是以功能为导向的，后来适当地添加了设计美感和用户情感元素，结果即使是以前的理性用户也变得更喜欢小米手机了。没有绝对理性的顾客，也没有绝对感性的顾客，换一个视角说不定能赢得更多的客户。小米就是通过“重设客户的功能性或情感性诉求”开辟了手机行业的蓝海市场。

6. 路径六：跨越时间参与塑造外部潮流

红海思维：制定战略只关注现阶段的竞争威胁。

蓝海观点：从商业角度洞悉技术与政策潮流将如何改变顾客获取的价值，如何影响商业模式。潮流的影响是所有企业不得不重视的，然而大多数企业都把精力用在预测潮流本身，很少从商业角度去预测潮流趋势下的顾客会如何获取价值。如果能跨越时间用未来顾客获取价值的方式来指导当下的战略，就有可能开创一片新的蓝海市场。

【案例】20世纪90年代末盛行非法共享数码音乐的潮流，各地唱片公司痛心疾首，都想全力遏制数码音乐的发展。然而，苹果公司却敏锐地观察到这种数码音乐的潮流是不可逆转的。

于是他们在2001年推出了iTunes，以远低于实体店CD的价格向大众出售高质量的正版数码音乐，一经推出就受到市场热捧。苹果公司就是通过准确预测潮流之下顾客获取价值的方式转变，即通过“跨越时间参与塑造外部潮流”开辟了数码音乐的蓝海市场。

经典题解

【真题 43·多选题】经营电影院线的虹光公司面对不同电影院线之间同质化竞争异常激烈的局面，独辟蹊径地将旗下的一部分影院改造成家庭影院，按照消费者预定的时间、影片乃至餐席提供服务，使他们在影院欣赏影片的同时享受亲友团聚和美味佳肴，结果大大提高了该公司的竞争力和市场占有率。依据红海战略与蓝海战略的关键性差异，本案例中虹光公司体现的蓝海战略的特征有(　　)。(2021 年)

A. 拓展非竞争性市场空间

B. 打破价值与成本互替定律

C. 同时追求差异化与低成本

D. 创造并攫取新需求

【解析】“经营电影院线的虹光公司面对不同电影院线之间同质化竞争异常激烈的局面，独辟蹊径地将旗下的一部分影院改造成家庭影院”体现了拓展非竞争性市场空间，选项 A 正确；“独辟蹊径地将旗下的一部分影院改造成家庭影院，按照消费者预定的时间、影片乃至餐席提供服务，使他们在影院欣赏影片的同时享受亲友团聚和美味佳肴”体现了创造并攫取新需求，选项 D 正确。

【答案】AD

【真题 44·单选题】甲公司是一家区别于传统火锅店的新式火锅餐饮企业，在给顾客提供用餐服务的同时，还免费给顾客提供擦鞋、美甲、擦拭眼镜等服务。甲公司的经营模式取得了成功，营业额高速增长。甲公司实施蓝海战略的路径是(　　)。(2016 年)

A. 跨越时间

B. 重新界定产业的买方群体

C. 重设客户的功能性或情感性诉求

D. 跨越战略群组

【解析】企业服务的对象还是原有客户，只是又增加了一些服务(免费给顾客提供擦鞋、美甲、擦拭眼镜等服务)来满足客户的一些功能性或情感性诉求，选项 C 正确。

【答案】C

【例题 45·单选题】N 公司原本的业务是租寄 DVD 光盘，消费者下单后等它们寄到，看完后再寄回去。N 公司发现宽带网络呈现一种爆炸式增长，意识到高速、实时地进行线上播放电影可能会形成趋势后，率先推出了线上按需观看。N 公司重建市场边界遵循的基本法则是(　　)。

A. 重设客户的功能性或情感性诉求

B. 放眼互补性产品或服务

C. 跨越时间参与塑造外部潮流

D. 审视他择产业

【解析】“N 公司发现宽带网络呈现一种爆炸式增长，意识到高速、实时地进行线上播放电影可能会形成趋势后，率先推出了线上按需观看”表明N公司重建市场边界遵循的基本法则是跨越时间参与塑造外部潮流，选项C正确。

【答案】C

第三节　职能战略

使用“会计云课堂”App或“微信”扫码查看本节视频，快速GET知识点。

一、市场营销战略★★

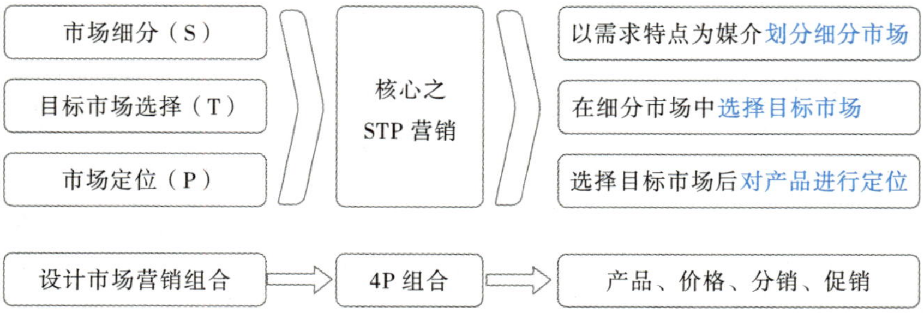

（一）市场细分

1.消费者市场细分

消费者市场又称最终消费者市场或生活资料市场，是指那些为满足生活消费需要而购买商品的所有个人和家庭所组成的市场。消费品是社会最终产品，它不需要经过生产企业再生产和加工，便可供人们直接消费。因此，消费者市场不是中间市场而是最终市场。

消费者市场的主要细分变量有地理细分、人口细分、心理细分和行为细分。

（1）地理细分。

地理细分就是企业按照消费者所在的地理位置以及其他地理变量（包括城市农村、地形气候、交通运输等）来细分消费者市场。

（2）人口细分。

人口细分就是企业按照人口变量（包括年龄、性别、收入、职业、教育水平、家庭规模、家庭生命周期阶段、宗教、种族、国籍等）来细分消费者市场。

（3）心理细分。

心理细分就是按照消费者的生活方式、个性等心理变量来细分消费者市场。

（4）行为细分。

行为细分就是企业按照消费者购买或使用某种产品的时机、消费者所追求的利益、使用者情况、消费者对某种产品的使用率、消费者对品牌（商店）的忠诚程度、消费者待购阶段和消费者对产品的态度等行为变量来细分消费者市场。

【易错易混点】消费者市场细分中行为细分和心理细分的区分

项目	行为细分	心理细分
强调	消费者（市场主体）对特定产品（市场客体）的外在行为表现	消费者（市场主体）内在的心理活动和心理特征
重心	在于市场客体	在于市场主体
举例	某天，因为工作原因要参加一个慈善舞会，她在舞会前夕购买了某品牌的华丽晚礼服（对特殊活动的行为分析）	小奥性格内向、最喜欢的衣服是白衬衫，她的衣柜里基本上都是不同款式的白衬衫（消费者的心理特征）

2. 产业市场细分

产业市场又称生产者市场或工业品市场，是指购买的目的是为了再生产而采购的工商服务企业形成的市场。许多用来细分消费者市场的标准，同样可用于细分产业市场。如根据地理、追求的利益和使用率等变量加以细分。不过，因为生产者与消费者在购买动机与行为上存在差别，所以除了运用前述消费者市场的细分标准外，还可用一些新的标准来细分产业市场。

（1）用户的行业类别。

在产业市场上，不同的最终用户对同一种产业用品的市场营销组合往往有不同的要求。工业品用户购买产品，一般都是供再加工之用，对所购产品通常都有特定的要求。

比如，同是钢材用户，有的需要圆钢，有的需要带钢，有的需要普通钢材，有的需要硅钢、钨钢或其他特种钢。企业此时可根据用户要求，将大体相同的用户集合成群，并据此设计出不同的营销组合策略。

（2）用户规模。

在产业市场中，公司规模可以是大型、中型和小型，不同规模的用户，其购买力、购买批次、频率、购买行为和方式都有可能不同。

以钢材市场为例，像建筑公司、造船公司、汽车制造公司等对钢材需求量很大，动辄数万吨的购买，而一些小的机械加工企业，一年的购买量也不过几吨至几十吨。企业应当根据顾客规模大小来细分市场，并由于用户或客户的规模不同，企业的营销组合方案也应有所不同。

比如，对于大客户，宜于直接联系，直接供应，在价格、信用等方面给予更多优惠；而对众多的中小客户，则宜于使产品进入商业渠道，由批发商或零售商去组织供应。

（3）用户的地理位置。

按用户地理位置细分市场，有助于企业将目标市场选择在用户集中的地区，以节省推销费用和运输成本。

（4）购买行为因素。

购买行为包括用户追求的利益、使用频率、品牌忠诚度、使用者地位（如重点户、一般户、常用户、临时户等）和购买方式等。

经典题解

【真题 46 · 单选题】云澜公司是一家面向全球的家具和室内饰品生产商。该公司根据不同国家和地区的消费者是崇尚传统还是追求时尚来为他们设计、生产具有不同风格和质地的产品。云澜公司对消费者市场的细分属于（　　）。（2020 年）

A. 地理细分　　B. 人口细分

C. 心理细分　　D. 行为细分

【解析】云澜公司对消费者市场的细分依据强调“消费者是崇尚传统还是追求时尚”，其与消费者的生活方式、个性等心理变量有关。因此，选项 C 正确。

【答案】C

【真题 47 · 单选题】嘉利啤酒公司通过数据分析发现，其产品的 89% 是被 50% 的顾客（重度饮用啤酒者）消费掉的，另外 50% 顾客（轻度饮用啤酒者）的消费量只占总消费量的 11%。该公司据此推出了吸引重度饮用啤酒者而放弃轻度饮用啤酒者的促销策略。该公司进行市场细分的依据是（　　）。（2019 年）

A. 地理细分　　B. 人口细分

C. 行为细分　　D. 心理细分

【解析】“其产品的 89% 是被 50% 的顾客（重度饮用啤酒者）消费掉的……该公司据此推出了吸引重度饮用啤酒者而放弃轻度饮用啤酒者的促销策略”表明该公司进行市场细分的依据是行为细分，选项 C 正确。

【答案】C

【例题 48 · 单选题】许多汽车制造商都在设计旨在满足所有客户需求的电动车，而 A 国 M 公司独辟蹊径，决定按照消费者特定的使用车辆的方式定制生产电动车。该公司将使用车辆的方式分为在城里驾车与通勤，这一市场细分方法可以根据消费者的具体需求，匹配车辆的电池蓄能要求，让消费者无须购买比他们实际需求更大的车辆与电池。M 公司这一战略决策的依据是对电动车市场的（　　）。

A. 人口细分　　B. 地理细分

C. 心理细分　　D. 行为细分

【解析】在城里驾车与通勤中，后者的蓄能要求要高得多，并非主要是由于通勤车要行驶的距离更远，最重要的因素其实是平均行车速度更高，在高速路上受到的空气阻力更大。这清楚地表明，适合于高能源密集型的通勤电池动力车。对于那些将车辆用于短途的低速行程（如在城里办事）的消费者来说，功能就浪费了。题干信息“决定按照消费者特定的使用车辆的方式定制生产电动车”体现了行为细分（使用者情况），选项 D 正确。

【答案】D

【例题 49 · 单选题】大型超市连锁店在选择重点销售商品时，会考虑到居民的一般消费特性，按照居民的平均收入水平的高低，将居民消费者划分为高收入、中等收入及低收入三个客户群组。该细分过程属于（　　）。

A. 人口细分　　B. 地理细分

C. 行为细分　　D. 心理细分

【解析】“按照居民的平均收入水平的高低，将居民消费者划分为高收入、中等收入及低收入三个客户群组”表明该超市进行的消费者市场细分属于人口细分（收入），选项 A 正确。

【答案】A

【例题 50·多选题】某笔记本电脑生产企业正在大力宣传其新推出的某系列笔记本电脑。该系列笔记本电脑不仅具有多种可以选择的外壳颜色，而且具有突出的影音、游戏功能配置，其主要目的是满足追求时尚和个性化的年轻人的需要。根据上述情况可以判断，该笔记本电脑生产企业营销该系列笔记本电脑时重点考虑的市场细分依据包括（　　）。

A. 人口细分　　　　B. 行为细分

C. 地理细分　　　　D. 心理细分

【解析】“年轻人”属于人口细分；“突出的影音、游戏功能配置”属于行为细分中的消费者所追求的利益；“追求时尚和个性化”属于心理细分。因此，选项 A、B、D 正确。

【答案】ABD

（二）目标市场选择

所谓目标市场，就是企业决定要进入的市场，也就是企业拟投其所好、为之服务的那个顾客群。目标市场的选择策略，通常有三种模式供参考。下述三种目标市场选择策略事实上是企业业务单位战略中的三种基本竞争战略在营销战略中的体现。

要点小贴士

针对所有消费者制定同样的营销方案。

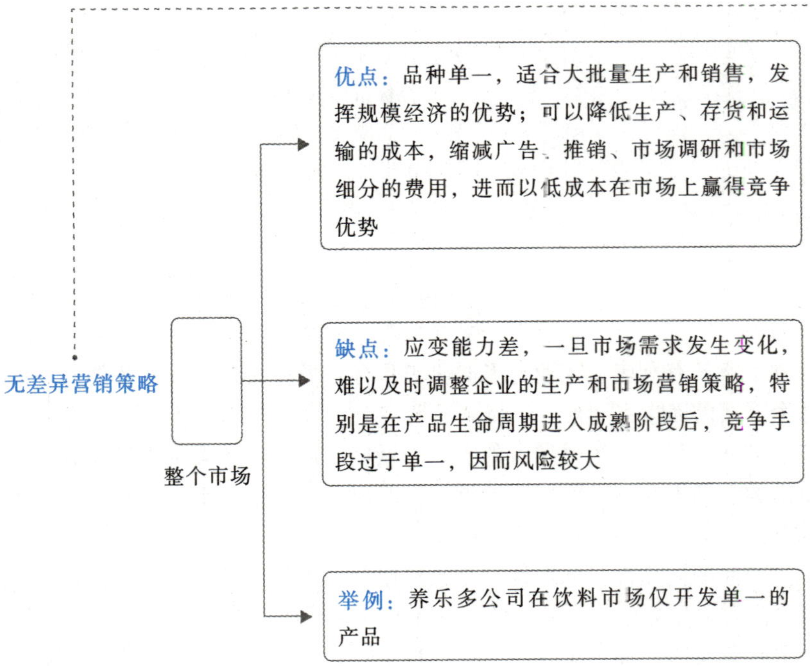

要点小贴士

针对不同子市场制定不同的营销方案。

差异性营销策略

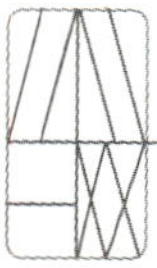

整个市场

优点：面向广阔的市场，满足不同消费者的需要，有利于扩大销售量，增强竞争力；企业适应性强，富有回旋余地，不依赖一个市场一种产品

缺点：由于小批量多品种生产，要求企业具有较高的经营管理水平；由于品种、价格、销售渠道、广告、推销手段的多样化，使生产成本、研发成本、存货成本、销售费用、市场调研费用相应增加，有可能降低经济效益

举例：服装生产企业针对不同性别、不同收入水平的消费者推出不同品牌、不同价格的产品，并采用不同的广告主题来宣传这些产品

要点小贴士

集中力量进入一个或少数几个性质相似的细分市场。

集中化营销策略

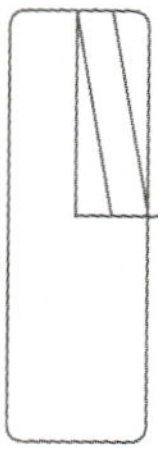

细分市场

优点：企业得以集中运用有限的资源，实行专业化的生产和销售，节省营销费用，提高产品和企业知名度

缺点：对单一和窄小的目标市场依赖性太大，一旦目标市场情况发生突然变化，企业周旋余地小，风险大。同时，当强有力的竞争者打入目标市场时，企业就会受到严重影响

举例：足力健专门为老年消费者提供专业鞋品

三种策略各有利弊，企业选择时除了目标市场应具备的一些条件外，尚需考虑以下几个方面的因素：

（1）市场相似性。若消费者的需求、爱好、购买行为大致相近，对产品供应和销售要求的差别不大，即市场需求类似程度很高时，宜采用无差异营销策略；反之则采取差异性营销策略或集中化营销策略。

（2）产品的同质性。同质性产品比较适合采用无差异营销策略；而一些差异性较大的产品宜采用差异性营销策略或集中化营销策略。

（3）企业实力。如果企业在生产、技术、资源、销售等方面的实力很强，有能力覆盖所有的市场，则可采用无差异营销策略，或差异性营销策略；若实力有限，则宜采用集中化营销策略。

（4）产品生命周期阶段。通常，产品在导入期，采用无差异营销策略能取得很好的效果；而当产品进入成长期和成熟期后，则宜采用差异性营销策略，以建立有别于竞争对手的特色，或开拓新的市场，刺激新需求，延长产品生命周期。

（5）竞争者的策略。假如竞争者实行无差异竞争策略，则应采取差异性营销策略与之抗衡；如果竞争者已采取差异性竞争策略，企业可以考虑在进一步细分的基础上，采取差异性营销策略或集中化营销策略。

经典题解

【例题51·单选题】甲公司是一家多元化经营的企业。该公司涉足的产品包括针对儿童的营养液、针对时尚青年的果汁饮料以及八宝粥。根据以上信息可以判断，甲公司的目标市场选择策略是（　　）。

A. 无差异营销策略

B. 集中化营销策略

C. 差异性营销策略

D. 全面营销策略

【解析】"针对儿童的营养液、针对时尚青年的果汁饮料以及八宝粥"表明甲公司针对不同细分市场推出不同产品，属于差异性营销策略，选项C正确。

【答案】C

（三）市场定位

市场定位是指为使产品在目标消费者心目中相对于竞争产品而言占据清晰、特别和理想的位置而进行的安排。因此，营销人员设计的位置必须使他们的产品有别于竞争品牌，并取得在目标市场中的最大战略优势。

> **要点小贴士**
>
> 简而言之，就是企业对自身经营的产品赋予某些特色，使产品在用户中树立一种特定的形象。

企业确定目标市场后，对产品进行第一次市场定位，也称初次定位。一般新产品投入市场均属初次定位。随着市场情况的变化，产品尚需重新定位，即对产品进行二次或再次定位。

在以下情况企业需要对产品进行重新定位：

（1）当本企业产品定位附近出现了强大竞争者，导致本企业产品的销售量及市场占有率下降。

（2）顾客的消费观念、偏好发生变化，由喜爱本企业产品转向竞争者产品。

（3）当本企业产品在目标市场已逐步走向产品生命周期的衰退期。

在重新定位前，企业应慎重考虑和评价企业改进产品特色和转移到另一种定位时所需付出的代价是否小于在此新市场上的销售收入，以保证产品重新定位后仍有利润。

不论是产品的初次定位还是重新定位，一般有以下三种产品市场定位策略可供选择。

（1）抢占或填补市场空位策略。

> **名师点拨**
>
> 避强定位。

将企业产品定位在目标市场的空白处，生产销售目标市场上尚没有的某种特色产品，避开与目标市场上竞争者的直接对抗，以增强企业的相对竞争优势，获取更好的经济效益。

【案例】王老吉发现在饮料行业里面有一个空白点，即没有一个品牌代表着祛火饮料。于是它最先提出，“怕上火就喝王老吉。”现在王老吉已成为了细分市场的领导品牌，即当王老吉成为祛火凉茶的代名词时，我们就可以说这个品牌占据了这块心智资源。

名师点拨

迎头定位、对抗性定位。

（2）与竞争者并存和对峙的市场定位策略。

将本企业的产品位置确定在目标市场上现有竞争者的产品旁，相互并存并对峙着。

【案例 1】当人们想喝饮料的时候，马上会想到可乐，然后有一个说自己是“非可乐”的品牌跟可乐靠在一起，那就是七喜。“非可乐”的定位让七喜一举成为饮料业第三品牌。

【案例 2】国内的金蝶软件曾经通过“北用友，南金蝶”的公关宣传，借用友之势迅速获得发展。

名师点拨

取代定位。

（3）取代竞争者的市场定位策略。

将竞争者赶出原有位置，并取而代之。

【案例】泰诺林进入头痛药市场的时候，阿司匹林占据了头痛药市场的首要位置。于是泰诺林攻击阿司匹林会导致胃肠道毛细血管微量出血这一点，把阿司匹林替换掉，成了领导品牌。

经典题解

【例题 52 · 单选题】生产销售万宝路香烟的菲利普 · 莫里斯公司是全球烟草巨头。但是烟草业的规模由于“无烟社会”运动的发起而逐渐萎缩，使其市场增长率直线下滑，经营业绩不佳。1987 年，菲利普 · 莫里斯公司对大众食品公司进行了收购，因而将其资金投向了食品工业，很快给公司带来巨额的利润。根据以上信息，菲利普 · 莫里斯公司对其产品进行重新定位主要是基于（　　）。

A. 出于市场竞争的需要

B. 本企业产品在目标市场已逐步走向产品生命周期的衰退期

C. 原有品牌定位模糊

D. 企业自身资源能力存在问题

【解析】“生产销售万宝路香烟的菲利普 · 莫里斯公司是全球烟草巨头。但是烟草业的规模由于‘无烟社会’运动的发起而逐渐萎缩，使其市场增长率直线下滑，经营业绩不佳”体现了菲利普 · 莫里斯公司对其产品进行重新定位主要是基于本企业产品在目标市场已逐步走向产品生命周期的衰退期，选项 B 正确。

【答案】B

【例题 53 · 单选题】美国联邦快递公司以优质快捷服务著称，当其发现其他一些竞争对手也开始以快捷服务为基本定位时，立即着手调整，强调无论条件如何恶劣，联邦快递都会保证交货的理念，从而增加了联邦快递的品牌个性，巩固了其自身品牌的领导地位。根据以上信息，联邦快递公司运用的产品市场定位策略是（　　）。

A. 抢占或填补市场空位策略

B. 与竞争者并存和对峙的市场定位策略

C. 取代竞争者的市场定位策略

D. 市场霸主策略

【解析】"美国联邦快递公司以优质快捷服务著称，当其发现其他一些竞争对手也开始以快捷服务为基本定位时，立即着手调整，强调无论条件如何恶劣，联邦快递都会保证交货的理念，从而增加了联邦快递的品牌个性，巩固了其自身品牌的领导地位"体现了联邦快递公司运用的产品市场定位策略是与竞争者并存和对峙的市场定位策略，选项 B 正确。

【答案】B

（四）设计市场营销组合

美国市场营销专家麦卡锡教授在人们营销实践的基础上，提出了著名的"4P 营销策略组合"理论，即产品（Product）、价格（Price）、分销（Place）、促销（Promotion）。上述四个方面的策略组合起来统称为市场营销组合策略。

市场营销组合策略的基本思想：从制定产品策略入手，同时制定价格、促销及分销渠道策略，组合成策略总体，以便达到合适的商品、合适的价格、合适的促销方式，把产品送到合适地点的目的。企业经营的成败，在很大程度上取决于这些组合策略的选择和它们的综合运用效果。

1. 产品策略

产品策略包括产品组合策略、品牌和商标策略以及产品开发策略。

（1）产品组合策略。产品组合是指某一企业所生产或销售的全部产品大类、产品项目的组合。产品大类（又称"产品线"）是指产品类别中具有密切关系的一组产品。产品项目是指某一产品大类内由价格、功能及其他相关属性来区别的具体产品。

①产品组合的宽度、长度、深度和关联性。

产品组合的宽度是指一个企业有多少产品大类。

产品组合的长度是指一个企业的产品组合中所包含的产品项目的总数。通常，每一个产品线中包括多个产品项目，企业各产品线的产品项目总数就是企业产品组合的长度。

产品组合的深度是指产品大类中每种产品有多少花色、品种、规格。

产品组合的关联性是指一个企业的各个产品大类在最终使用、生产条件、分销渠道等方面的密切相关程度。

产品组合的宽度、长度、深度和关联性在市场营销战略中具有重要意义。

首先，企业增加产品组合的宽度（增加产品大类，扩大经营范围，甚至跨行业经营，实行多元化经营），可以充分发挥企业的特长，使企业（尤其是大企业）的资源、技术得到充分利用，提高经营效益。此外，实行多元化经营还可以分散风险。

其次，企业增加产品组合的长度和深度（增加产品项目，增加产品的花色、式样、规格等），可以迎合广大消费者的不同需要和爱好，以招徕和吸引更多顾客。

最后，企业增加产品组合的关联性，则可以提高企业在某一地区、行业的声誉。

【案例】

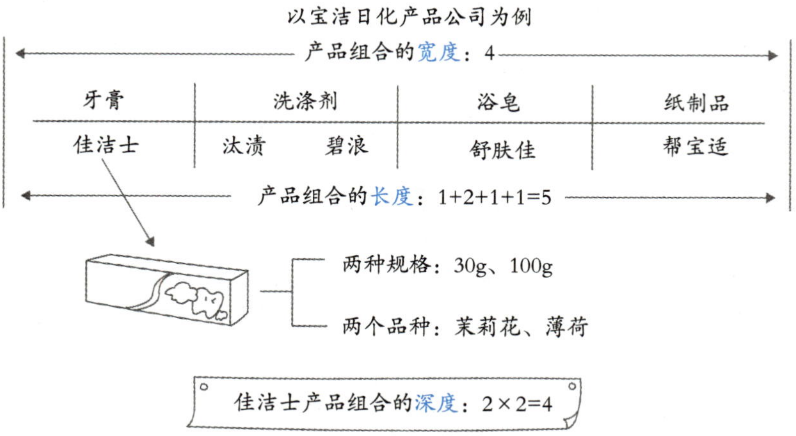

②产品组合策略类型。企业在调整和优化产品组合时，依据情况的不同，可选择如下策略：

类型		阐释
扩大产品组合		开拓产品组合的宽度、长度和加强产品组合的深度
缩减产品组合		削减产品线或产品项目，特别是要取消那些获利小的产品
产品延伸	向上延伸	低档产品→增加中高档产品
	向下延伸	高档产品→增加中低档产品
	双向延伸	增加低档产品←中档产品→增加高档产品

（2）品牌和商标策略。

企业可采用的品牌和商标策略如下：

①单一的品牌名称。单一品牌又称统一品牌，它是指企业所生产的所有产品都同时使用一个品牌的情形。

这种策略的优点：可以将一种产品具备的特征传递给另一种产品，简化了新产品上市的过程，因为无须为新产品建立新的品牌认知度。

【案例】“海尔”就是单一品牌名称的代表。一个成功的海尔品牌，使得海尔的上万种商品成为名牌商品，单一品牌名称的优势尽显其中。

②多品牌策略（每个产品都有不同的品牌名称）。如果企业生产的产品在市场中的定位显然不同，或者市场被高度细分，则企业通常对每个产品都采用不同的品牌名称。

【案例】宝洁的多品牌策略让它在各产业中拥有极高的市场占有率。以洗发水为例，我们所熟悉的“飘柔”以柔顺为特长；“潘婷”以全面营养吸引公众；“海飞丝”强调具有很好的去屑功效；“沙宣”强调的是亮泽。不同的消费者在洗发水的货架上可以自由选择，然而都没有脱离开宝洁公司的产品。

③自有品牌策略。自有品牌属于零售商品牌，是商业零售企业自己创意并使用于所经营商品的品牌。许多零售商销售自有品牌的杂货、服饰或五金器具，以使客户建立对该零售商而不是产品生产商的忠诚度。

【案例】美国最大的零售集团沃尔玛拥有20000多个供货商，其中较大的制造商有500多个，这些制造商必须根据沃尔玛公司设计的造型、装潢、质量要求进行产品生产，生产出的产品印上沃尔玛的自有品牌。

（3）产品开发策略。

产品开发的原因：

①有实力：企业具有较高的市场份额和较强的品牌实力，并在市场中具有独特的竞争优势；

②有机会：市场中有潜在增长力；

③有需求：客户需求的不断变化需要新产品，持续的产品更新是防止产品被淘汰的唯一途径；

④有开发计划：需要进行技术开发或采用技术开发；

⑤看局势：企业需要对市场的竞争创新作出反应。

2. 价格策略

（1）基本的定价方法。

基本的定价方法有三种：成本导向定价法、需求导向定价法和竞争价格定价法。

①成本导向定价法最为简便，也是企业最常用的。具体的做法又可分为四种：成本加成定价法、收支平衡定价法、目标利润定价法和变动成本定价法。

②需求导向定价法是按市场需求的强弱情况制定不同的价格。市场需求量大，定价就高，需求量小，定价就低。

高定价策略一般适用于以下情况：竞争者产品未上市；愿付高价购买的人数相当多；即使高价格诱使竞争者进入市场的风险也不大。

低定价策略一般适用于以下情况：市场对价格呈现高度敏感，降低价格，需求量将大幅提高；低价可拒退已有或潜在竞争者；单位生产成本与销售成本能够因大量生产和销售而降低。

③竞争价格定价法是以市场上相互竞争的同类产品为价格的基本尺度，并随竞争变化调整价格水平。主要做法有通行价格定价和密封投标定价。

（2）主要定价策略。

①心理定价策略是为适应消费者的购买心理所采用的定价策略，主要有尾数定价、整数定价、声望定价和招徕定价。

②产品组合定价策略包括系列产品定价、副产品定价、关联产品定价和捆绑定价等。

类型	阐释
系列产品定价	将系列商品根据规格、外观等的不同给予不同的价格
副产品定价	对在生产主要产品的过程中同时产出的产品给予低于主要产品的定价
关联产品定价（大多为互补产品）	既生产主要产品又生产关联产品的企业，将主要产品的价格定得偏低，而将关联产品定高价，靠关联产品赚钱
捆绑定价	将几种相关产品组合起来，以低于整体价格的价格销售

要点小贴士：目的是促进消费者购买那些他们本来可能不会购买的产品。

③折扣与折让策略包括各种减价策略，即在原定价格的基础上减收一定比例的货款。有现金折扣、数量折扣、交易折扣、季节性折扣和推广折扣等。

④地理差价策略是根据买卖双方地理位置的差异，考虑买卖双方分担运输、装卸、仓储、保险等费用的一种价格策略，包括产地价、目的地交货价、统一交货价、分区运送价和津贴运费定价等。

（3）新产品定价策略。

新产品主要有三种定价策略可供选择。

名师点拨：先低后高。

①渗透定价法是指在新产品投放市场时确定一个非常低的价格，以便抢占销售渠道和消费者群体，从而使竞争者较难进入市场。这是一种通过牺牲短期利润来换取长期利润的策略。

名师点拨：先高后低。

②撇脂定价法是指在新产品上市之初确定较高的价格，并随着生产能力的提高逐渐降低价格。这一方法旨在产品生命周期的最初阶段获取较高的单位利润。

③满意定价策略是介于以上两种定价策略之间的适中定价策略。这一方法意图同时达到产品价格既能被顾客接受、企业又有一定利润的目的。

3. 分销策略

分销策略是确定产品到达客户手上的最佳方式。

分类依据	分销策略	含义
按是否经过中间商环节	直接分销	是指生产企业不通过中间商环节，直接将产品销售给消费者
	间接分销	是指生产企业通过中间商环节把产品传送到消费者手中
按中间商数量的多少	独家分销	是指生产企业在某一目标市场，只选择一个中间商销售本企业的产品，双方签订合同，规定中间商不得经营竞争者的产品，制造商则只对选定的经销商供货
	选择性分销	是指生产企业在某一地区仅通过几个精心挑选的、最适合的中间商推销产品
	密集分销	是指生产企业同时选择较多的中间商销售产品

分类依据	分销策略	含义
按是否通过网络分销	线上渠道	是指依托网上商城或网络平台传播产品和服务等
	线下渠道	是指通过传统贸易行为（面对面或其他非网络方法）交易或传播产品和服务等

按中间商数量分类的三种分销策略的比较如下：

分销策略	优势	劣势	适用范围
独家分销	对中间商的服务水平和提供的产品保持控制。中间商能获得企业给定的产品的优惠价格	需企业与经销商之间更紧密的合作。因缺乏竞争，消费者的满意度可能会受到影响；经销商对生产商的反控制力度较强	适用于技术含量较高，需要售后服务的专门产品的分销，如机械产品、耐用消费品、特殊产品等
选择性分销	比密集分销能取得经销商更大的支持，同时又比独家分销能给消费者购物带来更大的方便	分销商的竞争较独家分销时激烈	适宜消费品中的选购品和特殊品
密集分销	市场覆盖率高、便利消费者	价格竞争激烈，导致市场混乱，有时会破坏厂家的营销意图；渠道的管理成本很高	比较适宜日用消费品的分销。多数家具、家用电器品牌采用此种策略

4．促销策略

促销策略是指企业通过人员推销、广告促销、公关宣传和营业推广等各种促销手段，向消费者传递产品信息，引起他们的注意和兴趣，激发他们的购买欲望和购买行为，以达到扩大销售目的的活动。

（1）促销组合要素构成。

促销组合由四个要素构成：广告促销、营业推广、公关宣传和人员推销。

①广告促销。它是指利用在媒体中投放广告的方式让消费者了解企业产品和服务，从而促进购买的一种行为。

【案例】脑白金能够畅销数十年，从它不间断的广告和广告语中就能看出端倪，“收礼只收脑白金”正是利用了国人在过节时爱送礼的特性，而作为保健品，两个活泼老人的形象在无形中驱使晚辈在过节时选择脑白金。

②营业推广。它是指企业为鼓励客户购买商品或服务而采取的除广告、公关宣传和人员推销之外的所有企业营销活动的总称。如赠送试用品、赠送打折券、抽奖、批发回扣、推广津贴等。

【提示】ABC 牛奶公司在乙超市举行新品推广促销活动，每箱新品牛奶绑赠纯牛奶 10 包，若同时购买 5 箱以上，则全单享八折优惠。

③公关宣传。它不是推销某个具体的产品，而是利用公共关系，把企业的经营目标、经营理念、政策措施等传递给社会公众，使公众对企业有充分了解，联系企业与公众的关系，扩大企业的知名度、信誉度、美誉度，从而间接地促进产品销售。

【案例】蒙牛集团的蒙牛生态草原基金发起“拯救地球的100个行动”，蒙牛用自己的行动号召更多的人加入“保卫地球家园”的先锋队。

④人员推销。它是指企业派出推销人员直接与顾客接触、洽谈、宣传商品，以达到促进销售目的的活动过程。

【提示】A公司不做广告，不搞营销活动。公司产品推广有个绝招：靠过硬的产品让消费者口口相传。要注意口碑营销也属于人员推销的范畴。

（2）促销组合策略。

①推式策略。将产品经过营销渠道“推”向最终消费者。制造商的市场活动（主要是人员推销和交易推广）大多面向渠道成员展开，激励他们购买产品并向最终消费者销售。

②拉式策略。依靠制造商直接开展的市场活动（主要是广告和消费者推广）指向最终消费者，激励他们购买产品。如果拉式策略奏效，消费者将向渠道成员索取产品，渠道成员转而向制造商索取产品。

③推拉结合策略。企业将推式策略和拉式策略配合起来使用，在向中间商进行大力促销的同时，通过广告刺激市场需求。

经典题解

【真题54·多选题】江湾公司是一家水产品生产和销售企业，该公司为提升在超市的销售业绩采取了一些措施：增加小包装产品在超市的销售比例；在超市中采用体现公司形象的销售车进行销售；在国内几个一线城市开设20余家自营水产品超市进行直销；对喜庆消费者如庆生日者赠送水产品礼盒。本案例中，江湾公司在超市销售中采取的营销组合策略有（　　）。（2021年）

A. 价格策略　　B. 分销策略

C. 促销策略　　D. 产品策略

【解析】“增加小包装产品在超市的销售比例”属于产品策略；“在超市中采用体现公司形象的销售车进行销售”“对喜庆消费者如庆生日者赠送水产品礼盒”属于促销策略；“在国内几个一线城市开设20余家自营水产品超市进行直销”属于分销策略。因此，选项B、C、D正确。

【答案】BCD

【真题55·多选题】主营体育用品生产和销售的云济公司开发出一款智能家用跑步机。为了使该产品迅速占领市场，公司销售人员在主要销售商场举办促销活动，宣传该产品能够根据使用者的年龄、身高、体重、脉搏频率等生理指标，自动显示使用者应选择的最佳步速和运动时间，同时宣布前20名购买者，可获得产品免费

保修期从 3 年延长至 6 年的优惠。云济公司采用的促销组合策略要素有（ ）。（2020 年）

A. 广告促销　　B. 公关宣传

C. 营业推广　　D. 人员推销

【解析】“宣布前 20 名购买者，可获得产品免费保修期从 3 年延长至 6 年的优惠”属于营业推广，选项 C 正确；“公司销售人员在主要销售商场举办促销活动，宣传该产品能够根据使用者的年龄、身高、体重、脉搏频率等生理指标，自动显示使用者应选择的最佳步速和运动时间”属于人员推销，选项 D 正确。

【答案】CD

【真题 56·多选题】新业影视公司于 2019 年年底推出一档贺岁片。该片公映前，公司召开新片发布会，全体创作人员、导演和阵容强大的主要演员集体在媒体和影视界嘉宾前亮相，宣称此片将“进军奥斯卡”。公司在会上散发了该片的精彩剧照，透露了令人捧腹的拍摄花絮，并请与会人员免费观看了该片的首映。新业影视公司采用的促销策略组合要素有（ ）。（2020 年）

A. 广告促销　　B. 营业推广

C. 公关宣传　　D. 人员推销

【解析】“公司召开新片发布会……在媒体和影视界嘉宾前亮相”不属于通过媒介进行广告促销；“在会上散发了该片的精彩剧照，透露了令人捧腹的拍摄花絮，并请与会人员免费观看了该片的首映”属于营业推广；“公司召开新片发布会……宣称此片将‘进军奥斯卡’”有助于宣传企业形象，扩大企业知名度，属于公关宣传；“全体创作人员、导演和阵容强大的主要演员集体在媒体和影视界嘉宾前亮相”属于人员推销。因此，选项 B、C、D 正确。

【答案】BCD

【真题 57·多选题】乐融旅行社定期开展会员俱乐部活动。活动期间，该社向参加活动的会员提供免费茶点、风景摄影及旅游知识讲座、旅游新项目推介等，建立了良好的公众形象。在上述活动中，乐融旅行社采用的促销组合要素有（ ）。（2018 年）

A. 营业推广　　B. 广告促销

C. 人员推销　　D. 公关宣传

【解析】“该社向参加活动的会员提供免费茶点、风景摄影及旅游知识讲座”属于营业推广，选项 A 正确；“该社向参加活动的会员提供……旅游新项目推介”属于人员推销，选项 C 正确；“建立了良好的公众形象”属于公关宣传，选项 D 正确。

【答案】ACD

【例题 58·单选题】为了招徕消费者，服装销售类企业通常发布广告，宣传购买 100 件以上产品可享 6.5 折优惠。从市场营销组合中的价格策略看，上述举措属于（ ）。

A. 渗透定价法　　B. 撇脂定价法

C. 折扣与折让策略　　D. 产品组合定价策略

【解析】折扣与折让策略包括各种减价策略，即在原定价格的基础上减收一定比例的货款。有现金折扣、数量折扣、交易折扣、季节性折扣和推广折扣等。因此，选项C正确。

【答案】C

【例题59·单选题】甲公司是一家家用电器生产企业，其生产的蓝光播放机首次投放市场。为了扩大蓝光播放机的销量，甲公司对其首次上市定价采用了低于其他企业价格的策略。甲公司对蓝光播放机首次上市采用的新产品定价策略是(　　)。

A. 渗透定价法

B. 转移定价法

C. 细分定价法

D. 撇脂定价法

【解析】“其生产的蓝光播放机首次投放市场。为了扩大蓝光播放机的销量，甲公司对其首次上市定价采用了低于其他企业价格的策略”表明甲公司采用的是渗透定价法，选项A正确。

【答案】A

【例题60·单选题】甲公司是一家大型饮料公司，市场遍及全球多个国家，其打算在每个国家都设置相应的代理商。根据以上信息可以判断，该公司适合采用的分销策略是(　　)。

A. 渗透分销

B. 间接分销

C. 差别分销

D. 直接分销

【解析】甲饮料公司市场遍及全球多个国家，并打算在每个国家都设置相应的代理商（中间商），因此适合选择间接分销，选项B正确。

【答案】B

二、研究与开发战略★★

（一）研发的类型

研发有两种类型：产品研究和流程研究。

1. 产品研究——新产品开发

新产品开发是竞争优势的主要来源，是实施差异化战略的企业战略保障体系中的关键环节。

2. 流程研究

流程研究关注于生产产品或提供服务的流程，旨在减少环节、改变时序，以提高工作质量和工作效率、降低成本和劳动强度、节约能耗、保证安全生产、减少污染等为目的。因此流程管理无论对于实施成本领先战略的企业，还是对于实施差异化战略的企业而言，都是必不可少的。

（二）研发的动力来源

研发的动力来源分为需求拉动型和技术推动型。

（1）需求拉动型。也称市场牵引型，即开始于市场机会，通过市场调研与客户反馈来寻求市场机会，并确定可以满足市场需求的研发方案。

【案例】曾经有段时间，在其他地方向来声誉非常好的海尔洗衣机却在四川市场遭到很多客户的投诉，海尔总部派人调研发现，原来许多客户用洗衣机洗红薯，淤积的泥沙影响了洗衣机的正常运转。这本来属于不正当使用的范畴，但海尔却不这样想，他们认为这是客户需要洗衣机有这种功能。

于是，他们进行技术改进，在销往该地区的洗衣机的涡轮上做了一点改动，这样洗衣机就不但能够洗衣服还能够洗红薯。客户导向使得海尔洗衣机在该地区大受欢迎。

（2）技术推动型。即开始于技术创新和变革，并确定可以使技术和市场相匹配的研发方案。

【案例】微软公司凭借持续不断的技术变革和创新能力始终站在全球电脑市场的最前沿，并保持着微软品牌特有的活力。

微软公司的研发中心不断地为其注入来自全球市场的新观念、新影响，使公司的技术创新和变革始终充满活力，不仅引领整个行业的发展，而且也适应了全球各地市场的需求。

（三）研发的战略作用

1. 基本竞争战略

产品创新是产品差异化的来源。流程创新使企业能够采用成本领先战略或差异化战略。

2. 价值链

研发被纳入价值链的支持性活动。通过提供低成本的产品或改良的差异化产品可以强化价值链。

3. 安索夫矩阵

研发支持四个战略象限。可以通过产品求精来实现市场渗透战略和市场开发战略；产品开发和产品多元化需要更显著的产品创新。

4. 产品生命周期

产品研发会加速现有产品的衰退，因而需要研发来为企业提供替代产品。

（四）研发定位

企业研发战略至少存在四种定位：

（1）成为向市场推出新技术产品的企业。

（2）成为成功产品的创新模仿者。

（3）成为成功产品的低成本生产者。

（4）成为成功产品低成本生产者的模仿者。

（五）研发战略特别要求管理层制定鼓励创新性构思的政策

（1）资金支持：必须对创新给予财务支持，可以通过为研发和市场研究投入资金以及为新构思投入风险资金来实现。

（2）环境创造：鼓励创新、创建适合研发的企业环境。

（3）以人为本：发挥员工的创造性、激发员工的主动性。

（4）小组协作：运用矩阵制组织结构实现跨部门协同运作。

（5）合理招聘：在适当情况下，企业的招聘政策应集中于招聘具有创新技能的员工，应对员工进行培训并使其知识、技能与时俱进。

（6）专人沟通：由专门的管理者负责从环境中或从企业的内部沟通中获取与创新构思有关的信息。

（7）辅助与嘉奖：战略计划应有助于创新目标的达成；对成功实现目标的员工应给予奖励。

三、生产运营战略★★

（一）生产运营战略所涉及的主要因素

企业生产运营的基础或者说企业竞争力的优势要素主要包括批量、种类、需求变动以及可见性。

1．批量

含义	不同的生产运营流程在投入和产出的批量上有所不同
与单位成本的关系	批量大（大规模生产）—成本低 批量小（小规模生产）—成本高

【提示】箱包产品中，普通的产品可以大批量的生产，纯手工制作的产品批量就会小。

2．种类

含义	企业向顾客提供的产品或服务的范围（如标准化产品、个性化产品）
与单位成本的关系	品种少—成本低 品种多—成本高

【提示】某汽车公司的T型车进行标准化生产，从而实现规模经济，降低成本；再如某服装品牌，一年要生产四万款产品，个性化强，防止“撞衫”。

3．需求变动

含义	当需求变动较大时，生产运营会产生产能利用率的问题。因此，运营流程应尽量预测需求变动并相应调整产量，避免发生损失。即运营系统的柔性化
与单位成本的关系	需求稳定—产能利用率较高—成本低 需求波动—产能利用率较低—成本高

要点小贴士

①“柔性”管理强调对市场需求变化做出快速的适应和调整，同时消除冗余无用的损耗，力求企业获得更大的效益。

②“刚性”管理强调单一品种的大批量生产。

【提示】一般企业在一年中的需求都比较稳定，成本容易控制；但是有一些企业季节性明显，比如种子、化肥企业，冬季、春季需求量大，夏季、秋季需求量小。

当需求量小时，企业的设备和员工都处于未被充分利用的状态，单位成本可能较高，因此企业应尽量预测需求变动，避免损失。

4. 可见性

含义	指生产运营流程为客户所见的程度。可见性影响企业的运营方式和管理方式
与单位成本的关系	可见性较低（生产型行业）—对员工沟通技巧要求低—成本低 可见性较高（服务型行业）—对员工沟通技巧要求高—成本高

【案例】同样是饺子馆，喜家德的厨房是透明的，制作流程为顾客可见，而普通饺子馆的制作流程通常不可见。

经典题解

【真题 61 · 多选题】欣馨公司是某市一家向公众开放的花卉种植和销售企业，平时采用自动化设备培植、出售当地居民喜爱的兰花、绿萝等花卉；每逢节日前夕，便向市场推出富有节庆意义的花卉，同时接受并满足顾客观看公司业务流程后所提出的个性化定制要求。该公司的生产运营战略所涉及的主要因素有（　　）。（2020 年）

A. 批量　　B. 种类

C. 需求变动　　D. 可见性

【解析】“平时采用自动化设备培植”说明涉及的因素是批量，选项 A 正确；“平时采用自动化设备培植、出售当地居民喜爱的兰花、绿萝等花卉；每逢节日前夕，便向市场推出富有节庆意义的花卉，同时接受并满足顾客……提出的个性化定制要求”说明涉及的因素有种类和需求变动，选项 B、C 正确；“接受并满足顾客观看公司业务流程后所提出的个性化定制要求”说明涉及的因素是可见性，选项 D 正确。

【答案】ABCD

【例题 62 · 多选题】通达公司是一家工具模具制造企业。该公司建立弹性生产体系，即在同一条生产线上通过设备调整来完成不同品种产品的大批量生产任务，既满足多品种的定制化要求，又使设备流水线的停工时间随着订单量的变动达到最小。通达公司的生产运营战略所涉及的主要因素有（　　）。

A. 种类　　B. 批量

C. 需求变动　　D. 可见性

【解析】“不同品种”“多品种的定制化要求”属于种类，选项 A 正确；“大批量生产”属于批量，选项 B 正确；“建立弹性生产体系”“使设备流水线的停工时间随着订单量的变动达到最小”属于需求变动，选项 C 正确。

【答案】ABC

（二）生产运营战略的内容

企业生产运营战略包括以下几个方面的内容：

（1）产品（服务）的选择。

（2）自制或外购选择。

（3）生产与运营方式选择。

（4）供应链与配送网络选择。

（三）生产运营战略的竞争重点

在多数行业中，影响竞争力的因素主要是TQCF，即交货期、质量、成本、制造柔性，也是生产运营系统的中心任务。

（四）产能计划

要点小贴士

产能是指在一定时期内，在既定的组织技术条件下，企业所能生产的产品的最大数量，即最大生产能力。

产能计划是指确定企业所需的最大生产能力以满足其产品不断变化的需求过程。当产品需求旺盛时，企业需要考虑如何增加生产能力，以满足需求的增长；当产品需求不足时，企业需要考虑如何缩小规模，避免生产能力过剩，尽可能减少损失。

产能计划的类型包括领先策略、滞后策略和匹配策略。

类型	含义	属性	阐释
领先策略	指根据对需求增长的预期增加产能，即产能的增加领先于外部市场需求的增加	进攻性策略	其目标是将客户从企业竞争对手的手中吸引过来。这种策略的潜在劣势在于其通常会产生过量的产能，使得生产能力不能被充分利用而导致企业成本上升
滞后策略	指仅当企业因需求增长而满负荷生产或超额生产后才增加产能，即产能的增加滞后于外部市场需求的增加	保守性策略	能降低生产能力过剩的风险，但可能导致潜在客户流失
匹配策略	指产能的增加与外部市场需求的增加在规模上、时间上是匹配的	稳健性策略	在把握市场机会和充分利用企业的生产能力两方面得到很好地兼顾

一般来说，共有三种平衡产能与需求的方法：资源订单式生产、订单生产式生产和库存生产式生产。

名师点拨

订单→资源→生产

名师点拨

资源→订单→生产

类型	含义	举例
资源订单式生产	由于每个客户的需求各不相同，使得客户的需求不能准确地提前预测，只能在取得客户订单后，再取得完成订单所需的资源，最后组织生产	建筑企业在承接新订单后，才开始采购资源
订单生产式生产	即按订单装配式生产，客户对产品或服务的需求基本是相同的，只是配置要求不同。因此企业可以提前保持基本的资源，在取得客户订单后，按订单组织生产	餐馆提前储备兼职员工，但只有在举办大型宴会需要更多人力时，才使用兼职员工

类型	含义	举例
库存生产式生产	所有客户对最终产品的规格或型号的需求是确定的、相同的，而且企业对产品的市场前景也看好，因此客户的需求能够准确地提前预测，对此企业可以提前取得资源，然后组织生产，最后推销给客户	某玩具厂商预计圣诞节玩具订单会增加，于是在第三季度就开始采购资源并组织生产

名师点拨

资源→生产→订单

【易错易混点】三种产能计划与三种平衡产能与需求方法的区分

产能计划，准确来讲应该是产能策略。策略，是指计策、谋略。产能策略是指为了实现产能与外部市场需求的对接，根据形势的发展需要而制定的行动准则。

方法是指为了完成一定的目的和任务所采用的方式、手段和途径。其更为详细、具体，是策略的具体化，方法要受制于策略。在平衡产能与需求的过程中选择和采用什么方法，受到策略支配。因此，三种平衡产能与需求的方法可以理解为实现三种产能策略的方式、手段和途径。

简单地说，策略与方法的关系：策略就是运用很多方法来达到成功。

经典题解

【例题63·单选题】甲公司是一家国际船舶制造企业。甲公司在与其客户签订船舶制造合同后，才向各主要部件供应商发出采购订单。甲公司采用的平衡产能与需求的方法是（　　）。

A. 订单生产式生产

B. 资源订单式生产

C. 库存生产式生产

D. 滞后策略式生产

【解析】“甲公司在与其客户签订船舶制造合同后，才向各主要部件供应商发出采购订单”表明甲公司是先取得订单、再购买资源、最后进行生产，属于资源订单式生产，选项B正确。

【答案】B

【例题64·单选题】C国政府出台“十四五”规划，计划高铁投资3万亿元。甲公司作为国内仅有的三家高铁列车轴承提供商之一，从国外采购了新的生产线，以提高企业竞争力。根据以上信息可以判断，该企业采取的产能计划的类型属于（　　）。

A. 领先策略　　B. 匹配策略

C. 滞后策略　　D. 稳定策略

【解析】甲公司根据政府出台的规划，提前增加产能属于领先策略，选项A正确。

【答案】A

四、采购战略 ★★

（一）货源策略

类型	优点	缺点
少数或单一货源策略	（1）使企业与供应商建立较为稳固的关系 （2）有利于企业信息的保密 （3）使企业增加进货的数量，从而产生规模经济并使企业享受价格优惠 （4）随着与供应商关系的加深，企业可能获得高质量的供应品	（1）若无其他供应商，则单一供应商的议价能力就会增强 （2）企业容易遭受供应中断的风险
多货源少批量策略	（1）企业可以与较多的供应商建立和保持联系，以保证稳定的供应 （2）有利于与多个供应商合作从而获得更多的知识和技术 （3）供应商之间的竞争使企业的议价能力增强	（1）企业与供应商的联系不够稳固，相互信任程度较低 （2）不利于产生规模经济；企业不能享受大批量购买的价格优惠 （3）不利于企业获得质量和性能不断提高改进的供应品
平衡货源策略	平衡货源策略就是在以上两种货源策略之间寻求一个比较均衡的点，使企业既能获得集中于少数货源的好处，又充分利用多货源的优点	

（二）交易策略

交易策略是指企业通过一定方式与供应商进行交易获取供应品的策略。从企业所需采购的产品、服务的性质和供应商的特点两个维度，可把交易策略分为四类：

1. 市场交易策略

市场交易策略即企业通过与供应商签订买卖合同在市场上取得所需供应品的策略。

采用该策略的适用条件：

（1）供应品的技术含量较低或生产技术相对成熟；

（2）供应品在企业产品的生产和销售中不具有重要性；

（3）企业不需要供应商提供售后服务；

（4）供应商所处的市场较为成熟；

（5）供应商数量较多；

（6）竞争比较激烈。

因此，企业无须与供应商建立长期、稳定的合作关系，只要通过市场竞价方式就能及时获得质量合格、价格低廉的供应品。

2. 短期合作策略

短期合作策略即企业为了应对一定的市场需求对供应商采取短期合作的策略，在市场需求满足或消失后，合作就宣告结束。

采用该策略的适用条件：

（1）企业的产品往往面临急剧变化的市场机会和变化很灵活的客户需求；

（2）供应品的供给具有较高的适应性；

（3）有的供应品有较高的技术含量，对企业产品的设计、生产、销售都有重要影响。

3. 功能性联盟策略

功能性联盟策略即企业与供应商通过订立协议结成联盟的策略。

采用该策略的适用条件：

（1）供应品在企业产品的生产经营中起着重要作用；

（2）企业对供应品的需求量比较大；

（3）供应品的生产技术成熟，可替代性较高；

（4）供应商拥有较强的生产能力和实现规模经济的能力。

企业通过采用这种策略与供应商建立比较长期、稳定的合作关系，有助于规避、减少双方的生产经营风险，同时使供应商的生产产生规模效益，降低供应品的价格，相应地使企业本身的采购成本降低。

4. 创新性联盟策略

创新性联盟策略即企业为了产品、业务的创新并取得长期竞争优势而与供应商结成联盟的策略。企业采用这种策略时，往往从某种新产品概念的提出就开始与供应商合作，其产品的设计、试制、改进、定型、生产与供应商的产品和技术创新基本上同步进行、相互契合。为了创新的最终成功和取得双赢的效果，双方需要进行紧密和持久的合作，包括双方发展战略的相互配合以及资金、人员等重要资源的协调使用，必要时双方还可建立共同基金、合资企业或进行股权式合作。

在上述四类交易策略中，从管理的侧重点来看，企业采用市场交易策略和功能性联盟策略侧重于降低采购成本的考虑，采用短期合作策略和创新性联盟策略则侧重于创新的考虑；从与供应商的关系中所追求的目标来看，企业采用市场交易策略和短期合作策略重视的是短期利益，而采用功能性联盟策略和创新性联盟策略追求的是长期利益。

（三）采购模式

1. 传统采购模式

传统采购模式是指企业采购部门在每个月末或者每个季末，根据库存情况制定下个月或下个季的采购计划，经主管经理或企业负责人审批后，向供应商发出采购信息，供应商接收后向企业报价，再经过双方谈判、协商，最终签订交易合同。

该种采购模式的主要特点：

（1）企业与供应商之间的信息沟通不够充分、有效，甚至双方有时为了各自在谈判中占据有利地位，有意隐瞒一些信息；

（2）企业和供应商之间只是简单的供需关系，缺少其他方面的合作；

（3）以补充库存为目的，缺少对生产需求及市场变化的考虑，因而经常造成库存积压或供不应求，影响企业生产经营正常进行；

（4）管理简单、粗放，采购成本居高不下。

2. MRP 采购模式

物料需求计划（Material Requirement Planning，简称 MRP）采购模式主要应用于生产企业。它是指生产企业以生产为导向，根据生产计划和主产品的结构以及库存情况，逐步推导出生产主产品所需要的零部件、原材料等的数量以及进货时间，据此编制采购计划，按照采购计划向供应商发出订单。

该种采购模式的主要特点：

（1）生产计划和采购计划十分精细，从产品到原材料、零部件，从需求数量到需求时间，从生产进度到进货顺序，都无一遗漏地做出明确规定；

（2）采购计划的计算、编制非常复杂，尤其在产品种类繁多、产品结构复杂的情况下，对各种所需原材料和零部件及其进货时间的计算量是十分巨大的，因而需要借助计算机技术进行。

3. JIT采购模式

准时化（Just In Time，简称JIT）采购模式是指企业根据自身生产需要对供应商下达订单，要求供应商把适当数量、适当质量的物品在适当的时间送达适当的地点。采用这种采购模式，既能及时充分满足企业生产对物资的需求，又使企业库存量降到最小，甚至实现零库存，从而大大减少了相关采购、仓储费用，加快了企业资金周转。

该种采购模式的主要特点：

（1）供应商数量少甚至是单一供应商；

（2）企业与供应商建立长期稳定的合作关系；

（3）采购批量小，送货频率高；

（4）企业与供应商都关心对方产品的改进和创新，并主动协调、配合；信息共享快速可靠。

4. VMI采购模式

供应商管理库存（Vendor Managed Inventory，简称VMI）采购模式是一种以企业和供应商双方都获得最低成本为目的，在一个共同的协议下由供应商管理库存，并不断监督协议执行情况和修正协议内容，使库存管理得到持续地改进的合作性策略。

VMI采购模式的核心思想是供应商通过共享企业的当前库存和实际耗用数据，按照实际的消耗模型、消耗趋势和补货策略进行有实际根据的补货。由此，交易双方都变革了传统的独立预测模式，尽最大可能地减少由于独立预测的不确定性导致的商流、物流和信息流的浪费，降低了供应链的总成本。

该种采购模式的主要特点：

（1）企业与供应商建立了长期稳定的深层次合作关系；

（2）打破了以往各自为政的采购和库存管理模式，供应商通过共享企业实时生产消耗、库存变化、消耗趋势等方面的信息，及时制定并实施正确有效的补货策略，不仅以最低的成本满足了企业对各类物品的需要，而且尽最大可能地减少了自身由于独立预测企业需求的不确定性造成的各种浪费，极大地节约了供货成本；

（3）企业与供应商之间按照利益共享、风险共担的原则，协商确定对相关管理费用和意外损失的分担比例以及对库存改善带来的新增利润的分成比例，从而为双方的合作奠定了坚实的基础。

5. 数字化采购模式

数字化采购模式是指通过人工智能、物联网、云端协同等技术，实现对采购全流程的智慧管理，在选择和管理供应商、采购需求和费用分析、决策审批、订单生成、进货物流、对账结算、开票付款等各个环节都实现自动化、可视化、标准化和可控化，并通过实时监测和定期评估使之不断优化。

该种采购模式的主要特点：

（1）企业和供应商以数字化平台为基础建立了自动识别、彼此认知、直接交易、高度契合的新型合作关系；

（2）自动化技术淘汰了以往大量的人工操作，创新、优化了采购流程甚至企业全部业务流程；

（3）采购管理的科学性、便捷性、精细性、准确性空前提高，“降本增效”极为显著；适应新技术发展趋势，推广前景十分广阔。

经典题解

【真题 65 · 单选题】灵川公司是一家汽车制造商，原先只从一家公司购买其所需的轴承，后来改为分别从 3 家公司少批量购买。下列各项中，属于灵川公司增加轴承供应商的目的的是（　　）。（2020 年改编）

A. 容易设计出有效的质量保证计划

B. 与轴承供应商建立更稳定的关系

C. 产生规模经济

D. 利用供应商之间的竞争对供应商压价

【解析】灵川公司分别从 3 家公司少批量购买其所需的轴承，属于货源策略中的多货源少批量策略。选项 A、B、C 属于少数或单一货源策略的优点，选项 D 属于多货源少批量策略的优点。

【答案】D

【例题 66 · 多选题】甲公司是一家新能源客车制造商，其客车空调系统所采用的变频卧式涡旋压缩机长期从一家压缩机公司购买。下列各项中，属于甲公司货源策略优点的有（　　）。

A. 便于信息的保密

B. 能产生规模经济

C. 能够取得更多的知识和专门技术

D. 能与供应商建立较为稳固的关系

【解析】甲公司长期从一家压缩机公司购买空调压缩机，说明甲公司采用的货源策略是少数或单一货源策略。少数或单一货源策略的优点：①使企业与供应商建立较为稳固的关系；②有利于企业信息的保密；③使企业增加进货的数量，从而产生规模经济并使企业享受价格优惠；④随着与供应商关系的加深，企业可能获得高质量的供应品。因此，选项 A、B、D 正确。

【答案】ABD

【例题 67 · 单选题】2015 年以来，Z 石化公司与 42 家供应商签订协议，并在协议中规定，与供应商实现物资需求信息共享，将物资库存委托给供应商管理，供应商一直享有库存物资的所有权，直到它们被运送到 Z 公司指定的仓库。Z 公司采用的采购模式属于（　　）。

A. MRP 采购模式

B. JIT 采购模式

C. VMI 采购模式

D. 数字化采购模式

【解析】“Z石化公司与42家供应商签订协议，并在协议中规定，与供应商实现物资需求信息共享，将物资库存委托给供应商管理，供应商一直享有库存物资的所有权，直到它们被运送到Z公司指定的仓库”表明Z公司采用的是供应商管理库存（VMI）采购模式，选项C正确。

【答案】C

【例题68·多选题】2001年，H公司计划进军液晶电脑领域。液晶显示器是生产液晶电脑的战略物品，为保证进军液晶电脑市场获得成功，H公司与液晶显示器六巨头达成战略联盟，在供货方面全面合作：未来半年内，H公司向六巨头购置60万套、总价值达18亿元人民币的超A级液晶显示器。H公司采用该交易策略的适用条件有（　　）。

A. 供应品在企业产品的生产经营中起着重要作用

B. 企业对供应品的需求量比较大

C. 供应商拥有较强的生产能力和实现规模经济的能力

D. 供应品的技术含量较低

【解析】“H公司计划进军液晶电脑领域。液晶显示器是生产液晶电脑的战略物品，为保证进军液晶电脑市场获得成功，H公司与液晶显示器六巨头达成战略联盟”表明H公司采用的交易策略是功能性联盟策略。选项A、B、C属于功能性联盟策略的适用条件，选项D属于市场交易策略的适用条件。

【答案】ABC

五、人力资源战略 ★★

（一）人力资源供需平衡策略

人力资源规划的最终目的是实现企业人力资源供给和需求的平衡，因此在预测出人力资源的供给和需求之后，就要对这两者进行比较，并根据比较的结果采取相应的措施。

比较结果	采取的措施
供给和需求总量平衡但结构不匹配	①进行人员内部的重新配置，包括晋升、调动、降职等，来弥补那些空缺的职位，满足这部分的人力资源需求 ②对现有人员进行有针对性的专门培训，使他们能够从事空缺职位的工作 ③进行人员的置换，清理企业不需要的人员，补充企业需要的人员，以调整人员的结构

比较结果	采取的措施
供给大于需求	①扩大经营规模，或者开拓新的增长点，以增加对人力资源的需求 ②永久性地裁员或者辞退员工，但会给社会带来不安定需求因素，往往会受到政府的限制 ③鼓励员工提前退休，给那些接近退休年龄的员工以优惠的政策，让他们提前离开企业 ④冻结招聘，就是停止从外部招聘人员，通过自然减员来减少供给 ⑤缩短员工的工作时间、实行工作分享或者降低员工的工资等方式也可以减少供给 ⑥对富余的员工进行培训，这相当于进行人员的储备，为未来的发展做好准备
供给小于需求	①从外部雇用人员，包括返聘退休人员 ②采取多种方法提高现有员工的工作效率 ③延长工作时间，让员工加班加点 ④降低员工的离职率，减少员工的流失，同时进行内部的调配，增加内部的流动来提高某些职位的供给 ⑤将企业的某些业务进行外包，减少对人力资源的需求

（二）人力资源获取

人力资源获取是通过员工招聘来实现的。招聘包括招募、甄选与录用三部分。招募是企业采取多种措施吸引候选人来申报企业空缺职位的过程；甄选是指企业采用特定的方法对候选人进行评价，以挑选最合适人选的过程；录用是指企业作出决策，确定入选人员，并进行初始安置、试用、正式录用的过程。

1. 招募的渠道和方法

企业的招募渠道有两个：外部招募和内部招募。这两种渠道相辅相成，共同为企业获取人员提供支持与保障。

两种招募渠道的优势与劣势分析如下：

招募渠道	优势	劣势
内部招募	①有利于提高员工的士气和发展期望 ②对组织工作的程序、企业文化、领导方式等比较熟悉，能够迅速地展开工作 ③对企业目标有认同感，辞职可能性小，有利于个人和企业的长期发展 ④风险小，对员工的工作绩效、能力和人品有基本了解，可靠性较高 ⑤节约时间和成本	①容易引起同事间的过度竞争，产生内耗 ②竞争失利者感到心理不平衡，难以安抚，容易降低士气 ③新上任者是“老人”，难以建立起领导声望 ④容易出现近亲繁殖问题，思想观念因循守旧，思考范围狭窄，缺乏创新和活力

招募渠道	优势	劣势
外部招募	①为企业注入新鲜“血液”，能够给企业带来活力 ②避免企业内部相互竞争所造成的紧张氛围 ③给企业内部人员以压力，激发他们的工作动力 ④选择的范围比较广，可以招聘到优秀的人才	①对内部人员是一个打击，感到晋升无望，会影响工作热情 ②外部人员对企业情况不了解，需要较长的时间来适应 ③对外部人员不是很了解，不容易作出客观的评价，可靠性比较差 ④外部人员不一定认同企业的价值观和企业文化，会给企业稳定造成影响

2. 与企业竞争战略匹配的人力资源获取策略

高效的招募、甄选与录用人才是企业获得持续竞争优势的关键。人力资源的获取与企业竞争战略密切相关。

采取成本领先战略的企业，在员工招聘时，往往比较注重员工招聘成本，尤其对通用型和辅助型员工，可替代性强，采用的多是外部招募和人力资源外包。在选拔时，常用简历、面试和纸笔测试，以缩减成本支出；相反，寻求差异化战略的企业，可能对员工的甄选采取较为严密的策略；集中化战略的企业，更强调招聘工作的速度，常采用认知能力测试和人格测试等快速识别能够胜任工作的员工。

与三种基本竞争战略相匹配的人力资源获取策略比较如下：

人力资源获取策略	成本领先	差异化	集中化
员工来源	外部	内部	两者兼顾
晋升阶梯	狭窄、不宜转换	广泛、灵活	狭窄、不宜转换
甄选决策	人力资源部	业务部门	结合两者
甄选方法	简历和面试为主	多重方法	心理测试
甄选标准	强调技能	强调与文化契合	结合两者
社会化过程	正式的雇佣和社会化过程	非正式的雇佣和社会化过程	结合两者

（三）与竞争战略相匹配的人力资源开发与培训

当企业采取成本领先战略时，通常强调个人能力，因此强调范围有限的知识和技巧，实施个人的在职培训，企业往往通过自己设立企业大学或者定期培训来提升员工的知识和能力。

采用差异化战略的企业则强调公司与其他企业的不同之处，因此要求具有广泛的知识、技巧和创造性，采用这种策略的公司往往传递外部新颖信息、购买所需技能或者利用外部培训机构对团队进行培训。

采用集中化战略的企业，对专门领域的知识需求更迫切，一般强调应用范围适中的知识和技巧。这种知识和技巧成为专有知识，不易转换和共享。企业可能利用在职培训或者外部培训，自己培养技能或者购买技能。

（四）人力资源绩效评估

绩效管理就是对绩效评估的过程。完整意义上的绩效管理是由绩效计划、绩效监控、绩效考核和绩效反馈这四个部分组成的一个系统。

1. 绩效计划

绩效计划是整个绩效管理系统的起点，是指在绩效周期开始时，由上级和员工一起就员工绩效考核期内的绩效目标、绩效过程和手段等进行讨论并达成一致。

在实践中，企业普遍使用的绩效计划工具主要有关键绩效指标法（KPI）、平衡计分卡（BSC）、目标管理法。这里简单说明关键绩效指标法和目标管理法。

（1）关键绩效指标法。关键绩效指标是用于评估和管理被评估者绩效的可量化的或可行为化的标准体系，是对组织战略目标有增值作用的指标，它将个体绩效与组织战略目标紧密连接起来。运用关键绩效指标法对绩效进行管理，可以保证对组织有贡献的行为受到关注和鼓励。

（2）目标管理法。目标管理法不仅是一种评估体系和过程，而且是一种管理实践哲学，是一种管理者和下属一起进行计划、组织、控制、交流和讨论的方法。通过参与设置目标或者主管安排任务，下属在履行工作过程中被提供给一种追随进程和一个努力目标。

2. 绩效监控

绩效监控是指在整个绩效期间内，通过上级与员工之间持续的沟通来预防或解决员工实现绩效时可能发生的各种问题的过程。

3. 绩效考核

绩效考核是指确定一定的考核主体，借助一定的考核方法，对员工的工作绩效做出评价。考核对象一般包括组织、部门和员工三个层面；考核内容由工作能力、工作态度和工作业绩组成；考核主体一般包括五类成员：上级、同事、下级、员工本人和客户；考核方法大致可以分为三类：比较法、量表法和描述法。

4. 绩效反馈

绩效反馈是指绩效周期结束时在上级和员工之间进行绩效考核面谈，由上级将考核结果告知员工，指出员工在工作中存在的不足并和员工一起制订绩效改进的计划。

【提示】绩效管理与企业基本竞争战略的匹配

实施成本领先战略的企业，主张通过较低成本击败对手或者成为行业领先，绩效评估强调结果导向，以控制成本为目的，评估范围狭窄，评估的信息来源单一，上级作为考核的主要考官。

差异化战略强调生产与众不同的产品，关注创新和新颖性，评估内容涉及行为和结果两种指标。评估范围宽广，评估信息丰富，主要用于员工的发展和素质提升。

相比于成本领先和差异化战略，采用集中化战略的企业，绩效管理目的、内容、范围及其结果应用等倾向于两者的结合。

（五）人力资源薪酬激励

薪酬管理是指在组织经营战略和发展规划指导下，综合考虑内外部各种因素的影响，确定薪酬体系、薪酬水平、薪酬结构、薪酬构成，明确员工所应得的薪酬，并进行薪酬调整和薪酬控制的过程。

1. 薪酬的组成及公平性原则

一般来说，在企业中，员工的薪酬由三部分组成：①基本薪酬，是指根据员工所承担的工作或者所具备的技能而支付给他们的较为稳定的经济收入。②可变薪酬，是指根据员工、部门或团队、组织自身的绩效而支付给他们的具有变动性质的经济收入。③间接薪酬，是指给员工提供的各种福利。

有效的薪酬管理必须坚持公平性原则。公平性包括三个层次的含义：①外部公平性，指在不同企业中，类似职位或者员工的薪酬应当基本相同。②内部公平性，指在同一企业中，不同职位或者员工的薪酬应当与各自对企业贡献成正比。③个体公平性，指在同一企业中，相同或类似职位上的员工，薪酬应当与其能力、贡献成正比。

2. 薪酬水平策略

薪酬水平指内部各职位、各部门以及组织整体平均薪酬的高低状况，反映了企业所支付薪酬的外部竞争性与薪酬成本。

在确定薪酬水平时，企业通常可以采取四种策略：①领先型策略，即薪酬水平高于市场平均水平的策略。②匹配型策略，即薪酬水平与市场平均水平保持一致。③拖后型策略，即薪酬水平要明显低于市场平均水平。④混合型策略，即针对企业内部的不同职位采用不同的策略。

要点小贴士

对关键职位采用领先型策略，对辅助性职位采用匹配型策略。

3. 企业竞争战略与薪酬策略

成本领先战略	强调对外公平	强调集权，通过高层做出决策	工资基础是岗位或年资，使用固定薪酬（基本薪酬）
差异化战略	强调对内公平	授权中层或子公司进行决策	支付薪酬的基础是能力或绩效，较多使用浮动薪酬（可变薪酬）
集中化战略	强调对内公平	有效地将授权与分权统一，针对市场和公司能力采用不同的方式	工资基础强调能力与绩效的结合，并将固定薪酬和浮动薪酬一起使用

经典题解

【真题69·单选题】贝康公司是一家生产婴幼儿奶粉的企业，该公司近期率先推出一种营养成分最接近母乳且比其他奶粉更易于婴幼儿消化吸收的产品，深受消费者欢迎。目前贝康公司因业务发展需招聘新员工。从人力资源获取策略看，该公司甄选新员工的方法应是（　　）。（2021年）

A. 心理测试　　B. 面试

C. 多重方法　　D. 简历审查

【解析】“该公司近期率先推出一种营养成分最接近母乳且比其他奶粉更易于婴

幼儿消化吸收的产品，深受消费者欢迎”表明该公司采用的是差异化战略。从人力资源获取策略看，采用差异化战略的公司甄选新员工的方法应是多重方法。

【答案】C

【真题 70 · 单选题】太奇公司是一家从事饮料生产的外资企业，该公司的薪酬结构由基本工资、奖金、津贴和福利构成，其薪酬水平是国内饮料行业平均薪酬的 3 倍左右。太奇公司采取的薪酬水平策略是（　　）。（2021 年）

A. 拖后型策略

B. 匹配型策略

C. 领先型策略

D. 混合型策略

【解析】“其薪酬水平是国内饮料行业平均薪酬的 3 倍左右”表明太奇公司采取的薪酬水平策略是领先型策略。

【答案】C

六、财务战略 ★★

（一）实务中的股利政策

类型	定义	特点
固定股利政策	每年支付固定的或者稳定增长的股利	为投资者提供可预测的现金流量，减少管理层将资金转移到盈利能力差的活动的机会。但是，盈余下降时也可能导致股利发放遇到一些困难。适用于成熟的、生产能力扩张的需求较少、且获利比较稳定的企业
固定股利支付率政策	企业发放的每股现金股利除以企业的每股收益保持不变	能保持盈余、再投资率和股利现金流之间的稳定关系，但是投资者无法预测现金流，无法表明管理层的意图或者期望，并且如果盈余下降或者出现亏损，这种方法就会出现问题
零股利政策	所有剩余盈余都留存于企业	在成长阶段通常会使用这种股利政策，并将其反映在股价的增长中。但是，当成长阶段已经结束，并且项目不再有正的净现值时，就需要制定新的股利分配政策
剩余股利政策	只有在没有净现值为正的项目的时候才会支付股利	在成长阶段，不能轻松获得其他融资来源的企业中比较常见

【提示】项目净现值为正，表明投资项目可行。因此，剩余股利政策是指在没有净现值为正的项目的时候才会支付股利，即净利润先满足投资项目的资本需求，然后有剩余才给股东分配股利。

经典题解

【例题 71·多选题】甲上市公司采用固定股利分配政策。与剩余股利政策相比，固定股利政策的优点有（　　）。

A. 为投资者提供可预测的现金流量

B. 减少管理层将资金转移到盈利能力差的活动的机会

C. 避免公司出现负净现值的项目

D. 能为企业保持充足资金

【解析】固定股利政策是指每年支付固定的或者稳定增长的股利，可以为投资者提供可预测的现金流量，减少管理层将资金转移到盈利能力差的活动的机会。但是，盈余下降时也可能导致股利发放遇到一些困难。因此，选项 A、B 正确。

【答案】AB

（二）财务战略的选择

1. 基于产品生命周期的财务战略选择

（1）企业在产品生命周期不同发展阶段的经营特征。

项目	产品生命周期阶段			
	导入期	成长期	成熟期	衰退期
经营风险	非常高	高	中等	低
财务风险	非常低	低	中等	高
资本结构	权益融资	权益融资为主	权益和债务融资并重	债务融资为主
资金来源	风险资本	私募或公募（最具有吸引力的是公开发行股票）	保留盈余（留存收益）和债务	债务
股利	不分配	分配率很低	分配率高	全部分配
价格/盈余倍数（市盈率）	非常高	高	中	低
股价	迅速增长	增长并波动	稳定	下降并波动

要点小贴士

风险投资者的资金投入，是投资于未上市的新兴中小型企业的一种承担高风险、谋求高回报的资本形态。

（2）产品生命周期不同阶段的财务战略。

阶段	资本结构	资金来源	股利分配政策
导入阶段的财务战略	由于导入期的经营风险非常高，应选择低财务风险战略，尽量使用权益融资，避免使用负债	引进风险投资者	股利支付率大多为零

名师点拨

本表格中有关“股利分配政策”的表述为一般情况，并不绝对。

如此处关于成长阶段的股利分配政策是“低”股利政策。但实际上，企业也可能将资金全部投入至新项目中而采取零股利政策，考生应灵活把握。

阶段	资本结构	资金来源	股利分配政策
成长阶段的财务战略	由于此时的经营风险虽然有所降低，但仍然维持在较高水平，不宜大量增加负债比例	私募或公募	采用低股利政策
成熟阶段的财务战略	由于经营风险降低，应当扩大负债筹资的比例	债务融资和权益融资	采用高股利政策或作为替代进行股票回购
衰退阶段的财务战略	应设法进一步提高负债筹资的比例，以获得利息节税的好处	债务融资	采用高股利政策

经典题解

【真题 72 · 单选题】近年来，人们不断增加的对健康水源的需求催生了越来越多的滤水壶生产企业。目前这些企业提供的产品性能、质量大体相同，彼此之间为争夺客户展开挑衅性的价格竞争；行业规模达到前所未有的水平；任何一个企业扩大市场份额都十分困难。下列各项中，属于目前上述企业所具有的经营特征的是（　　）。（2020 年）

A. 经营风险非常高

B. 价格 / 盈余倍数非常高

C. 具有中等的股利分配率

D. 资金来源于保留盈余 + 债务

【解析】“目前这些企业提供的产品性能、质量大体相同，彼此之间为争夺客户展开挑衅性的价格竞争；行业规模达到前所未有的水平；任何一个企业扩大市场份额都十分困难”表明该行业目前处于成熟期，选项 D 属于成熟期的经营特征。

【答案】D

【真题 73 · 多选题】甲公司是一家互联网叫车平台公司，目前经营处于培育客户的阶段。该公司通过支付大量的营销费用来培养客户通过互联网叫车的习惯。下列各项中，属于甲公司现阶段经营特征的有（　　）。（2018 年）

A. 经营风险非常高而财务风险非常低

B. 具有中等的股利分配率

C. 价格 / 盈余倍数非常高

D. 主要资金来源是风险资本

【解析】“目前经营处于培育客户的阶段。该公司通过支付大量的营销费用来培养客户通过互联网叫车的习惯”表明互联网叫车平台公司处于导入期，选项 A、C、D 为导入期企业的经营特征。

【答案】ACD

（3）经营风险与财务风险的四种搭配。

经营风险的大小是由特定的经营战略决定的，财务风险的大小是由资本结构决定的，它们共同决定了企业的总风险。

搭配方式	特点	举例
高经营风险与高财务风险的搭配	具有很高的总体风险。该种搭配不符合债权人的要求，符合风险投资者的要求	一个处于产品导入期的高科技公司，假设能够通过借款取得大部分资金，那么它破产的概率很大，而成功的可能性很小
高经营风险与低财务风险的搭配	具有中等程度的总体风险。该种搭配是一种可以同时符合股东和债权人期望的现实搭配	一个处于产品导入期的高科技公司，主要使用权益筹资，较少使用或不使用负债筹资
低经营风险与高财务风险的搭配	具有中等程度的总体风险。该种搭配是一种可以同时符合股东和债权人期望的现实搭配	一个处于产品成熟期的公用企业，大量使用借款筹资
低经营风险与低财务风险的搭配	具有很低的总体风险。该种搭配不符合权益投资人的期望，是一种不现实的搭配	一个处于产品成熟期的公用企业，只借入很少的债务资本

经典题解

【真题74·单选题】兆兴公司是一家提供基因检测解决方案的初创公司，其资金主要来源于专业投资机构的投资。经过管理和研发团队不懈的努力，该公司近期开始与几家医疗机构开展尝试性合作，但其终端客户的接受程度与潜在市场规模等因素尚存在不确定性。从财务战略角度看，目前兆兴公司经营风险与财务风险的搭配是（　　）。（2021年）

A. 低经营风险与高财务风险搭配

B. 高经营风险与高财务风险搭配

C. 高经营风险与低财务风险搭配

D. 低经营风险与低财务风险搭配

【解析】“兆兴公司是一家提供基因检测解决方案的初创公司……该公司近期开始与几家医疗机构开展尝试性合作，但其终端客户的接受程度与潜在市场规模等因素尚存在不确定性”表明其经营风险高；“其资金主要来源于专业投资机构的投资”表明其财务风险低。因此，选项C正确。

【答案】C

【例题75·单选题】乙自来水集团公司是B市市政府所属的国有独资特大型企业。该公司负责B市的民用自来水供给业务。近年来该市的民用自来水需求量比较稳定，乙自来水集团公司主要通过向银行贷款取得更新供水管线所需的资金。该公司经营风险与财务风险的搭配属于（　　）。

A. 高经营风险与低财务风险

B. 高经营风险与高财务风险

C. 低经营风险与高财务风险

D. 低经营风险与低财务风险

【解析】“该公司负责 B 市的民用自来水供给业务。近年来该市的民用自来水需求量比较稳定”体现的是低经营风险；“乙自来水集团公司主要通过向银行贷款取得更新供水管线所需的资金”体现的是高财务风险。因此，选项 C 正确。

【答案】C

【例题 76 · 单选题】某初创期的净水器生产企业，大股东以其拥有的国内先进的渗透膜技术以及部分现金投入企业进行生产经营，近两年销售额年均增幅在 25% 以上。为了获得拓展污水处理工程业务所需的资金，并将长期借款置换为权益资本，企业刚完成向机构投资者募集资金。根据经营风险与财务风险搭配理论，该企业的搭配属于（ ）。

A. 高经营风险与高财务风险

B. 低经营风险与高财务风险

C. 高经营风险与低财务风险

D. 低经营风险与低财务风险

【解析】“某初创期的净水器生产企业”说明经营风险高；“将长期借款置换为权益资本，企业刚完成向机构投资者募集资金”说明财务风险低。因此，选项 C 正确。

【答案】C

2. 基于创造价值或增长率的财务战略选择

创造价值是财务管理的目标，也是财务战略管理的目标。鉴于财务战略是影响企业价值可持续增长的重要动因，对于日益追求价值可持续增长的企业来说，构建可持续增长的价值创造财务模型是财务战略管理的关键。

（1）影响价值创造的主要因素。

要点	阐释
企业的市场增加值	企业市场增加值 = 企业资本市场价值 − 企业投资资本
影响企业市场增加值的因素	经济增加值 =（投资资本回报率 − 资本成本）× 投资资本 市场增加值 = 经济增加值 /（资本成本 − 增长率） =（投资资本回报率 − 资本成本）× 投资资本 /（资本成本 − 增长率） 影响企业市场增加值的因素有三个： ①投资资本回报率；②资本成本；③增长率
影响价值创造的因素	①投资资本回报率：与市场增加值同向变化 ②资本成本：与市场增加值反向变化 ③增长率：当“投资资本回报率 − 资本成本”为正值时，增长率与市场增加值同向变化；当“投资资本回报率 − 资本成本”为负值时，增长率与市场增加值反向变化 ④可持续增长率

（2）现金状况与价值创造。

内容		相关分析
现金余缺	现金短缺	销售增长率超过可持续增长率
	现金剩余	销售增长率低于可持续增长率
	现金平衡	销售增长率等于可持续增长率
价值状态	创造价值	投资资本回报率大于资本成本
	减损价值	投资资本回报率小于资本成本
创造价值的现金短缺		应当设法筹资以支持高增长，创造更多价值
减损价值的现金短缺		应当通过重组或出售以减少价值减损
创造价值的现金剩余		应当用剩余现金提高增长率，创造更多的价值
减损价值的现金剩余		应当尽快将价值减损转换为价值创造

（3）价值创造和增长率矩阵（财务战略矩阵）。

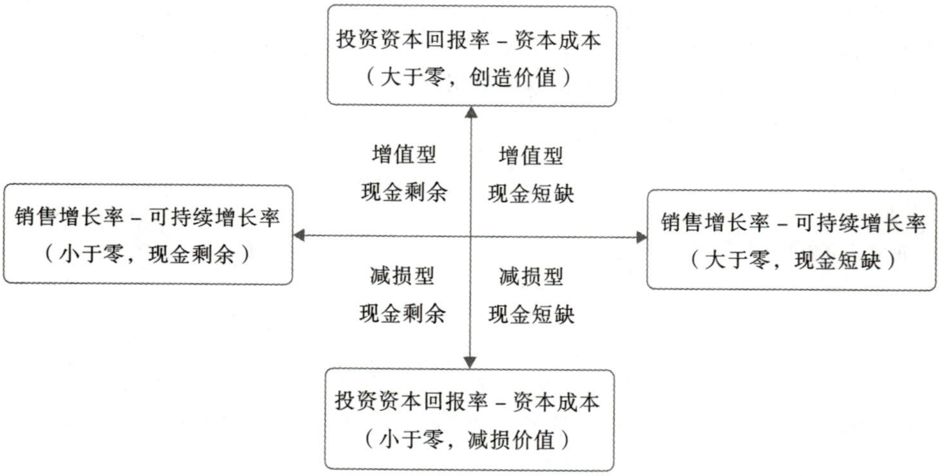

【提示】财务战略矩阵假设一家企业或企业集团有一个或多个业务单位。纵坐标是一个业务单位的投资资本回报率与其资本成本的差额，实际上就是EVA，也就是经济增加值，财务战略矩阵用该指标来评价业务单位的价值增长状态。

如果EVA的值大于零，说明该业务单位的税后净经营利润大于其资本成本，该业务单位为股东创造价值。如果EVA的值小于零，说明该业务单位的税后净经营利润不能弥补其资本成本，该业务单位减损股东价值。

财务战略矩阵的横坐标是销售增长率与可持续增长率的差额，用于衡量业务单位现金耗费的状况。

可持续增长率可以通俗地理解为在不增发新股或回购股票、保持现有的经营效率和财务政策的情况下，业务单位增长可以提供的现金供给能力。销售增长率代表业务单位所需资金。

如果销售增长率大于可持续增长率，说明该业务单位带来的现金流量不能维持其自身发展，存在现金短缺；反之，表示该业务单位带来的现金流量可以满足其自身发展需要，存在剩余现金。

增值型现金短缺

- 特征：
  该业务往往处于业务成长期，一方面该业务能够带来企业价值增值，另一方面其产生的现金流量不足以支持业务增长，会遇到现金短缺的问题。在这种情况下，业务增长越快，现金短缺越严重
- 对策：
  暂时性高速增长的资金问题可以通过短期借款来解决
  长期性高速增长的资金问题有两种解决途径：
  ①提高可持续增长率
  a. 提高经营效率：降低成本、提高价格、降低运营资金、剥离部分资产、改变供货渠道
  b. 改变财务政策：停止支付股利、增加借款的比例
  ②增加权益资本
  a. 增发股份
  b. 兼并成熟企业

增值型现金剩余

- 特征：
  该业务往往随着业务发展，获得持续增长的现金净流量，其内外部环境也发生了一系列的变化，新技术不断成熟，新产品逐渐被市场接受，目标市场逐步稳定，获利水平持续增长，为企业带来预期的现金流。这时企业的现金流量足以满足其自身发展需求，即该业务单元能够为企业带来价值增值
- 对策：
  ①加速增长：内部投资、收购相关业务
  ②分配剩余现金：增加股利支付、回购股份

减损型现金剩余

- 特征：
  该业务虽然能够产生足够的现金流量维持自身发展，但是业务的增长反而会降低企业的价值，这是业务处于衰退期的前兆
- 对策：
  ①提高投资资本回报率：提高税后经营利润率、提高经营资产周转率
  ②降低资本成本
  ③出售业务单元

减损型现金短缺

- 特征：
  该业务既不能带来企业价值的增值，又由于其可持续增长率过低，即企业自身能够提供的资金少，达不到自身发展所需的资金，因此也会造成资金短缺
- 对策：
  ①彻底重组
  ②出售

经典题解

【真题77·多选题】维力公司管理层根据该公司的经营业绩决定采用新的财务战略，该战略包括使用内部资金进行前向一体化并购、增加股利支付和回购部分股东股份等。下列各项中，属于维力公司管理层采用新财务战略根据的有（ ）。（2021年）

A. 投资资本回报率为7%，资本成本为10%

B. 销售增长率为11%，可持续增长率为8%

C. 销售增长率为9%，可持续增长率为10%

D. 投资资本回报率为8%，资本成本为6%

【解析】"该战略包括使用内部资金进行前向一体化并购、增加股利支付和回购部分股东股份等"属于增值型现金剩余业务的做法。增值型现金剩余业务的特征：现金剩余（销售增长率小于可持续增长率），选项C正确；创造价值（投资资本回报率大于资本成本），选项D正确。

【答案】CD

【例题78·多选题】甲公司2021年的投资资本回报率为6%，销售增长率为8%；甲公司的加权平均资本成本为7.5%，可持续增长率为10%。在上述情况下，甲公司应选择的财务战略有（ ）。

A. 彻底重组　　B. 改变财务政策

C. 提高投资资本回报率　　D. 降低加权平均资本成本

【解析】投资资本回报率小于加权平均资本成本，销售增长率小于可持续增长率，说明甲公司的业务属于减损型现金剩余业务。对于减损型现金剩余业务应选择的财务战略是提高投资资本回报率、降低加权平均资本成本和出售业务单元，选项C、D正确。选项A属于减损型现金短缺业务的应对策略；选项B属于增值型现金短缺业务的应对策略。

【答案】CD

第四节 国际化经营战略

使用“会计云课堂”App或“微信”扫码查看本节视频，快速GET知识点。

一、企业国际化经营动因 ★★

动机	含义	阐释
寻求市场	主要是规避贸易保护和贸易壁垒以及开辟新的市场，即市场导向型动机	①投资企业是出口型企业，就地设厂避开各国关税及非关税壁垒，快速进入市场 ②对于新产品而言，同时占领国内和国外市场，从规模经济中充分受益 ③接近目标市场，满足消费者需要 ④国内市场饱和、生产过剩、市场需求呈下降趋势等，寻求新的市场
寻求资源	寻求国内稀缺的战略性资源以及维护资源来源的稳定性，即资源导向型动机	这一动机下的直接投资主要集中在非洲、中亚、西亚地区以及石油、铁、铜等自然资源丰富的拉美国家
寻求现成资产	是为了获取和利用国外先进的技术、发达国家垄断优势，亦即品牌、生产工艺、新产品设计、先进的管理经验、资金和规模经济等现成资产，即技术与管理导向型动机	这一动机下的直接投资一般都会采取跨国并购等海外投资的方式
寻求效率	利用国外廉价的生产要素，降低生产成本，即成本导向型动机	①出于汇率变动方面的考虑 ②出于利用国外便宜的劳动力和土地等生产要素方面的考虑 ③出于利用闲置的设备和工业产权与专有技术等技术资源方面的考虑 ④为了利用东道国政府的优惠政策以及母国政府的鼓励性政策

经典题解

【真题 79 · 多选题】 国内从事有色金属矿产地质勘探的艾地公司于 2017 年横向收购了 N 国的纳奇公司。N 国政府只允许本国企业从事贵金属矿产的勘探，因此这次收购使艾地公司获得 N 国储量丰富的黄金矿产的勘探权。此后艾地公司留用了纳奇公司经验丰富的管理层。艾地公司向 N 国投资的动机有（ ）。（2020 年）

A. 寻求市场　　B. 寻求效率

C. 寻求资源　　D. 寻求现成资产

> 解题攻略
>
> 该公司“从事有色金属矿产地质勘探”，即为客户提供地质勘探服务，且“这次收购使艾地公司获得 N 国储量丰富的黄金矿产的勘探权”，而不是开发权，即不能体现寻求资源的动机。

【解析】 因为“国内从事有色金属矿产地质勘探的艾地公司”想将其有色金属矿产地质勘探业务拓展到 N 国，而“N 国政府只允许本国企业从事贵金属矿产的勘探”，所以艾地公司通过横向收购了 N 国的纳奇公司，不仅跨过了进入壁垒，而且获得了 N 国储量丰富的黄金矿产的勘探权，体现了艾地公司开辟新市场的动机；“此后艾地公司留用了纳奇公司经验丰富的管理层”体现了寻求现成资产的动机。因此，选项 A、D 正确。

【答案】 AD

【真题 80 · 多选题】 顺驰公司是国内一家汽车玻璃制造商。面对国内生产要素成本不断上涨和产品订单日趋减少，该公司把一部分资金和生产能力转移至生产综合成本相对较低的汽车产销大国 M 国。通过独立投资设厂和横向并购 M 国一家拥有国际知名品牌的企业，顺驰公司在 M 国不仅很快站稳脚跟，而且获得 M 国汽车制造商的大量订单，业务量大幅增长。在本案例中，顺驰公司向 M 国投资的动机有（ ）。（2018 年）

A. 寻求效率　　B. 寻求市场

C. 寻求现成资产　　D. 寻求资源

【解析】“面对国内生产要素成本不断上涨和产品订单日趋减少，该公司把一部分资金和生产能力转移至生产综合成本相对较低的汽车产销大国 M 国”体现了寻求效率，选项 A 正确；“顺驰公司在 M 国不仅很快站稳脚跟，而且获得 M 国汽车制造商的大量订单，业务量大幅增长”体现了寻求市场，选项 B 正确；“通过独立投资设厂和横向并购 M 国一家拥有国际知名品牌的企业”体现了寻求现成资产，选项 C 正确。

【答案】 ABC

二、国际化经营的主要方式 ★★

企业国际化经营的方式一般有出口贸易、对外直接投资、非股权安排等几种。

（一）出口贸易

出口贸易模式是指产品在本国生产，但输出到目标国进行销售，或者说是通过产品输出进入国外市场的方式。而目标市场选择涉及两个层面：一是目标市场的区域路径；二是在东道国细分市场的目标客户的定位。

（1）目标市场的区域路径。目前存在着两种选择目标市场区域路径的方式：

方式	高新技术产品的出口路径
传统方式 （连续方式）	发达国家→类似的发达国家→发展中国家
	发展中国家→类似的发展中国家→发达国家
新型方式 （不连续方式）	发达 / 发展中国家→发达国家→发展中国家

【提示】发展中国家的农产品、矿产品等初级产品和劳动密集型的低端产品主要流向是发达国家。

（2）选择目标客户。目标客户选择的基础是市场细分。各国之间的细分市场通常在数量、大小和特点上存在差别。

（二）对外直接投资

对外直接投资是一国投资者为取得国外企业经营管理上的有效控制权而输出资本、设备、技术和管理技能等资产的经济行为。

对外直接投资一般表现为投资者输出资本；直接在国外开办工厂；设立分公司或事业部；并购当地原有企业；与当地政府、团体、私人企业合作，而取得直接经营企业的权利等。

对外直接投资方式可以分为全资子公司与合资经营两种形式。

1. 全资子公司（独资经营）

（1）优点。

①完全控制：管理者可以完全控制子公司在目标市场上的日常经营活动，并确保有价值的技术、工艺和其他无形资产都保留在子公司。

②摆脱冲突：可以避免合资经营各方在利益、目标等方面的冲突问题，从而使国外子公司的经营战略与企业的总体战略融为一体。

（2）缺点。

①花费较多：这种方式可能耗费大量资金，公司必须在内部集资或在金融市场上融资以获得资金。

②缺少支持者：由于没有东道国企业的合作与参与，全资子公司难以得到当地的政策与各种经营资源的支持，规避政治风险的能力也明显小于合资经营企业。

2. 合资经营

> **要点小贴士**
>
> 共同投资的各方各按一定比例的股份出资，共同组成一家具有法人地位、在经济上独立核算、在业务上独立经营的企业。

（1）优点。

①可以减少国际化经营的资本投入。

②有利于弥补跨国经营经验不足的缺陷，有利于吸引和利用东道国合资方的资源。

（2）缺点。

合资企业由多方参与投资，协调成本可能过大（目标、文化等差异）。

（三）非股权形式（契约模式）

非股权形式主要包括合约制造、服务外包、订单农业、特许经营、许可经营、管理合约及其他类型的合约关系。

【提示】国际化经营的主要方式比较

模式		阐释
出口贸易		即国内生产，国外销售。这是一种传统、简单、风险最低的进入方式
对外直接投资	全资子公司	对外直接投资是指投资者将资金直接投入投资项目，形成实物资产或者并购现有企业的投资。通过直接投资，投资者便可以拥有全部或一定数量的企业资产及经营的所有权，直接进行或参与投资的经营管理。即企业直接在目标国投资，就地生产、就近销售
	合资经营	
非股权形式（契约模式）		优势： ①契约模式下企业输出的可以是技术、技能和工艺等无形资产，而不仅仅是有形的产品，因此可以克服商品贸易壁垒 ②可以克服因为运费过高而导致的某些产品在国际市场上缺乏竞争力的情况 ③可以避免经营风险，保持稳定的收入，充分发挥技术的效用 劣势： 对受让方的经营活动缺乏必要的控制权，可能无形中为自己树立竞争对手，阻碍自身进入某些市场

三、全球价值链中的企业国际化经营 ★★★

（一）全球价值链的理论与概念

1. 产品内国际分工

全球价值链分工分为三类：一为产业间国际分工，二为产业内国际分工，三为产品内国际分工。其中，不同国家制造业及服务业之间的分工被称为产业间国际分工；产业内国际分工则被定义为产品生产过程中，上、中、下游之间的分工；最后，产品内国际分工则是在突破了产品本身的局限之后，将产品生产中不同的价值链环节分割出来，并依据不同国家的比较优势进行分配。因此，产品内国际分工是指特定产品生产过程中不同工序、不同区段、不同零部件在空间上分布到不同国家，每个国家专业化于产品生产价值链的特定环节进行生产的现象。

2. 全球生产网络

跨国公司作为国际生产网络的主体，将世界范围内的各种生产相关企业紧密地联系到产品的全球生产链中。全球生产网络的基本构成单位是跨国企业的价值链，不同跨国企业价值链之间的相互作用形成了全球生产网络，因而全球生产网络具有明显的地理分散特征。

3. 全球价值链

全球价值链是指为实现全球范围内的商品或服务价值而将生产、销售和回收处理等一系列过程融合起来的全球性跨国企业网络组织。这一系列的过程包括从原料采购、劳动力及其他相关生产资料的投入、半成品的生产和再投入、成品的销售和运输，直至最终消费、售后服务和回收等。全球价值链包括所有的组织及其价值利润分配活动。这些活动不仅来自参与者，还有来自生产销售等活动，通过将自动化的业务流程融合到供应商、生产商、销售商以及客户的连接中，以提高整个机构的效率。它强调不同国家（地区）的企业在全球业务活动中的价值链环节间的关联互动和博弈。

（二）企业国际化经营与全球价值链构建

1. 全球价值链中企业的角色定位

（1）领先企业（主导企业）。

全球价值链通常由领先企业（实力雄厚的跨国企业）主导，在其子公司网络（直接投资）、合作伙伴（非股权形式）和市场供应商（贸易商）之间进行投入品与产出品跨境交易。领先企业拥有产品、技术、品牌、营销渠道、规模经济等垄断优势，担负全球价值链战略制定、组织领导以及管理工作，在全球生产网络中拥有绝对的控制力和影响力。领先企业灵活运用企业国际化经营三种主要方式——贸易、直接投资、非股权形式，以获取其在全球价值链中最有利的地位和最大的价值增值。

（2）一级供应商。

供应商由于缺乏技术、品牌等关键资源的优势，通常在生产网络中处于从属地位。而具有不同能力的供应商则处于不同的层级。技术能力较强、具有较高成本优势的一级供应商能够起到在领先企业和本地供应商之间的桥梁作用，除了必须由领先企业承担的核心技术研发和营销渠道构建等功能外，能够承担诸如部件的生产、组装、物流等外围管理工作。一级供应商可以通过其拥有的非核心技术创新以及生产成本的相对优势，在全球价值链中获得相对较高的地位与价值增值。

（3）其他层级供应商。

以微弱比较优势参与全球价值链的企业通常处在二级、三级或更低级别供应商的位置。这些企业与一级供应商相联系，承接价值网络中非关键环节的非核心生产活动，如进行简单组装、初始设备制造（Original Equipment Manufacturer，OEM）等。

（4）合同制造商。

合同制造商存在于全球生产网络中，它们能够为领先企业提供除关键环节设计和营销以外的配套服务。合同制造商通常具备一定的技术能力，能够承接领先企业对技术有一定要求的产品的生产，也可以独立完成产品部分结构的生产。例如，初始设计制造商（Original Design Manufacture，ODM）就能够为领先企业提供部分设计服务。

2. 全球价值链的分工模式

全球价值链分工可以通过企业国际化经营的三种基本方式来实现。一是通过领先企业进行海外直接投资将部分生产环节转移到海外子公司或分支机构，海外子公司或分支机构与国内剩余的生产环节共同构成全球价值链分工形态；二是领先企业通过正常的国际贸易市场机制获取其生产环节所需的商品和服务；三是领先企业通过非股权方式与分布在不同国家（地区）的供应商进行合作。非股权方式具有多种类型，采用的协调机制也不尽相同，相关研究归纳出领先企业与非股权供应商之间存在三种分工模式——俘获型（领导型）、模块型和关联型（关系型）。

依据企业间交易的复杂程度、用标准化契约来降低交易成本的程度（对交易的标准化能力）和供应商能力等三个变量，全球价值链的分工模式可以分为以下五种类型。

（1）科层型（层级型）价值链。

科层型（层级型）分工模式是指领先企业对全球价值链上的某些运行环节采取直接的股权控制。跨国公司及其分支机构之间的关系就属于这一类。该种分工模式下产品很复杂，外部交易的成本很高，而供应商的能力很低时，领先企业不得不采用纵向一体化的企业内治理方式。因为交易可能涉及领先企业的核心能力，如隐性知识、知识产权等，领先企业无法通过契约来控制机会主义行为，只能采用企业内生产。主要特征是内部化的控制关系。

（2）市场型价值链。

市场型分工模式是指处于价值链上的企业不存在任何的隶属、控制关系，纯粹是一种贸易关系。该种分工模式通过契约可以降低交易成本，产品比较简单，供应商能力较强，不需要购买者太多投入，且资产的专用性较低。交易双方只要通过价格和契约就可以很好地控制交易的不确定性，不需要太多的协调。

（3）俘获型（领导型）价值链。

俘获型（领导型）分工模式是指价值链上一家企业对其他企业实施高度控制，常常规定产品的各种特征以及要遵循的流程。该种分工模式下产品复杂，供应商的能力较低，需要供应商的大量投入和技术支持。供应商为了防止其它供应商竞争，将其资产专用化。供应商对领先企业的依赖性非常强，很难改变交易对象，成为“俘虏型供应商”。领先企业通过对供应商高度控制来实现治理，同时通过提供各种支持使供应商愿意保持合作关系。

（4）模块型价值链。

模块型分工模式是指处于全球价值链上的各个企业是一种优势互补关系，而非控制关系。产品较复杂，供应商的能力较强，其资产专用程度较低，买卖双方的数量虽然有限，但仍有一定的市场灵活性，更换合作伙伴较容易。双方交流的信息量较市场型大、较复杂，但能够通过标准化契约来较好地降低交易成本，因此，需要的协调成本也不高。

（5）关联型（关系型）价值链。

关联型（关系型）分工模式是指具有互补能力的企业之间对价值链的重要环节进行分工，各方共同定义产品。在该分工模式下，价值链中的各个企业之间是一种平等合作关系，而不是领导与被领导的关系，在全球价值链中分享各自的核心能力。产品复杂导致交易复杂，双方需要交换的信息量大且复杂，供应商的能力较强，领先企业和供应商之间有很强的互相依赖。但双方可以通过信誉、空间的临近性、家族或种族关系降低交易成本。双方常常可以通过面对面的交流进行协商和交换复杂的信息，需要较多的协调，因此，改变交易伙伴比较困难。

【提示】全球价值链五种分工模式的主要特点及对供应商的主要影响

分工模式		领先企业与供应商关系主要特点	对供应商的主要影响
对外直接投资		(1)产品规格或加工规格方面的信息专有或不易于整理和传播 (2)适用于具有高知识产权、高质量风险以及高品牌价值的产品 (3)交易复杂,领先企业需要进行全面的风险管理 (4)领先企业协调性高	(1)供应商是被垂直整合的,受到全面的管理控制 (2)能够快捷地获得领先企业的现成资产 (3)技术扩展和知识转移通过内部商业联系
市场交易		(1)产品规格的相关信息易于传播 (2)适用于商品以及商品化的产品 (3)交易简单,价格机制发挥主导作用 (4)领先企业协调性低	(1)交易伙伴间没有正式合作 (2)客户转换成本低 (3)受到市场力量的影响 (4)学习方式仅限于贸易渠道
非股权形式	俘获型	(1)产品信息或加工规格不容易整理和传播 (2)领先企业有效控制生产,交易相对简单 (3)领先企业协调性较高 (4)在汽车产业供应商的分级结构较常见	(1)相对较小的供应商受到领先企业的高度监管和控制 (2)对领先企业依赖度较高 (3)知识转移侧重于提高效率与部分产品改进的知识共享
	模块型	(1)产品结构具有模块型特征,从而降低信息编码的难度 (2)领先企业选择和更换供应商便利,交易相对简单 (3)领先企业协调性较低 (4)在电子产业的供应商关系较常见	(1)企业间联系范围广、信息流动量较高 (2)对领先企业的依赖度较低,供应商往往参与多个价值链
	关联型	(1)产品信息或加工规格不容易整理和传播 (2)团队合作 (3)复杂的交易通过高频率的当面交流或高度明确的调控来实现 (4)领先企业协调性中等	(1)合作伙伴间相互依存度较高 (2)合作伙伴间的交易与交流频繁 (3)供应商更容易生产差异化产品 (4)知识学习和转移的程度相对较高 (5)由于领先企业转换成本较高,需求更加稳定

（三）全球价值链与发展中国家企业升级

发展中国家企业升级是指嵌入全球价值链中的发展中国家企业通过获得技术进步和市场联系，由低附加值向高附加值环节攀升的过程。对于全球价值链中发展中国家企业的升级路径，有学者提出大致按照OEA（组装）—OEM（贴牌生产）—ODM（自主设计生产）—OBM（自主品牌生产）的路径自动实现升级。

1. 企业升级的类型

企业升级从易到难有4种类型——工艺升级、产品升级、功能升级和价值链升级。

（1）工艺升级，即价值链各环节通过改进工艺、技术、流程等提高效率，使自己的生产过程比竞争对手更有效率的升级。

（2）产品升级，即通过提升现有产品质量、引入新产品，以更好的质量、更低的价格提升产品的竞争力而实现的升级。

（3）功能升级，即通过占领价值链更高附加值的环节而实现升级，如从生产环节向设计和营销等利润丰厚的环节跨越，改变自身在价值链中各个环节所处的位置。

（4）价值链升级，即从一条价值链跨越到另一条新的、地位更高的价值链，以提升盈利能力和竞争力而实现的升级。

一般认为，企业升级遵循从工艺升级到产品升级、再到功能升级、最后到价值链升级的循序渐进的发展进程。

2. 全球价值链分工模式与企业升级

从参与领先企业主导的全球价值链分工模式角度考察，发现不同的分工模式对于四种升级类型有着不同的影响。

（1）在科层型价值链中，跟随企业由于能够快捷地通过内部技术扩展和知识转移获得领先企业的现成资产，其工艺升级和产品升级很快能够发生。但是在领先企业的严格管控下，其后的功能升级和价值链升级则较难发生。

（2）在俘获型价值链中，被“俘获”的企业能够通过旨在提高效率与部分产品改进的知识共享实现工艺升级和产品升级。但是在领先企业的高度监管和控制下，被“锁定”在价值链的特定生产环节，其后的功能升级和价值链升级很难发生。

（3）在关联型价值链中，领先企业选择可以与自身建立长期供应关系的供应商。在这种相对稳定的分工关系中，跟随企业的工艺升级和产品升级可以在领先企业的协助下在短时间内完成。但由于供应商只需具备领先企业所需的特定环节的生产能力，领先企业对于供应商功能升级和价值链升级的行为没有支持的动力，甚至会因影响到自身的利益而加以控制与干预。因此供应商的功能升级和价值链升级也相对不易。

（4）在模块型价值链中，供应商需要通过自主研发构建与领先企业的供求关系，因此，早期难以获得领先企业的现成资产，工艺升级与产品升级较为缓慢。但模块型供应商一旦形成了与领先企业的供给关系后，一方面可以通过对领先企业的产品供应获取对方的技术溢出，另一方面可以基于自主核心能力发展功能升级和价值链升级，最终成为新的价值链中的领先者。

（5）在市场型价值链中，供应商需要通过自主研发实现工艺升级和产品升级，早期难以获得领先企业的现成资产，在一个充分竞争的市场环境下，工艺升级与产品升级较为缓慢。但是市场型供应商一旦形成了与领先企业的供给关系后，也能够将领先企业的技术外溢与自身的自主核心能力相结合，实现功能升级和价值链升级。

发展中国家企业的最终目标是占据价值链高端位置或者建立自主价值链。企业应依据自身能力与产业发展的不同阶段，选择适宜的分工模式参与全球价值链，并注重在分工合作中，努力汲取领先企业的现成资产，同时加强自主创新，培育核心竞争力，最终实现从工艺升级到价值链升级的跨越。

经典题解

【例题 81 · 单选题】 H 公司目前在全球拥有 240 多家法人单位，在 30 多个国家建立本土化的设计中心、制造基地和贸易公司。在全球价值链中，H 公司的母公司发挥主导作用，子公司要服从母公司的整体规划，自觉接受母公司的监管，为实现集团整体目标服务。H 公司全球价值链的分工模式属于（　　）。

A. 科层型　　B. 俘获型

C. 模块型　　D. 关联型

【解析】 科层型（层级制）分工模式是指领先企业对全球价值链上的某些运行环节采取直接的股权控制。跨国公司及其分支机构之间的关系就属于这一类。因此，选项 A 正确。

【答案】 A

四、国际化经营的战略类型 ★★★

（一）国际化经营企业追求的主要利益

追求的利益	实施途径	含义及应用
区位经济	把一个个价值创造活动在全球范围内分散到能最有效实施的地方	区位经济是指企业由于在全球最佳地点从事某项价值创造活动而获得的经济优势。建立价值创造活动的全球网络，将价值链的各个环节分散在价值最大化或成本最小化的地方
经验曲线效应和规模经济效应	从一个中心点服务于全球市场从而降低成本	经验曲线效应和规模经济效应是指在某种产品的生产过程中生产成本随累计产量有规律地下降。比如在一个地点生产，面向全球市场销售
转移核心能力	把母公司特殊技术或能力转移应用到新市场	“转移核心能力”暗含观点：技术先在母国开发出来，然后转移到海外
利用子公司技能（获得全球学习效应）	将在海外经营中开发出的有价值技术转移到全球网络中的其他企业	技术创新并非公司总部的专利，对于大量成熟的跨国公司，有价值的技术开发常常发生在海外分支机构。如麦当劳：海外特许经销商是宝贵新点子的源泉

（二）国际化经营企业面临的压力

1. 降低成本的压力

降低成本的压力要求企业尽量把单位成本降到最低水平。

实现这个目标可能意味着企业必须在最有利的低成本地点从事生产活动，而不论这个地点在世界的什么地方。

主要措施：为了应付这种压力，企业必须在世界上的最佳生产地点大批量生产某种标准化产品，以此降低生产成本、实现区位经济以及经验曲线效应和规模经济效应。

2. 顾及地域差别的压力

顾及地域差别的压力意味着企业可能无法完全获得区位经济、经验曲线效应和规模经济效应的好处。也就是说，企业不可能在一个低成本地点生产全球性标准化产品，然后再把这些产品在全球范围内销售而取得经验曲线效应和规模经济效应。

另外，顾及地域差别的压力还意味着企业可能无法把与自己核心能力有关的技能和产品完整地从一个国家转移到另一个国家。

主要措施：为了应付这种压力，产品和营销就必须适合当地消费者的品味和偏好，这通常迫使公司把生产和营销功能下放到各东道国子公司进行。

（三）国际化经营的战略类型

企业国际化经营的战略基本上有四种类型，即国际战略、多国本土化战略、全球化战略与跨国战略。这四种战略可以通过“全球协作”的程度和“本土独立性和适应能力”的程度所构成的两维坐标体现出来。

1. 国际战略

含义	企业把在本国开发的各种不同的产品推向国外市场
特点	①全球协作程度低、对东道国本土市场的适应能力低 ②决策行为主要体现母国与母公司的利益。公司的管理决策权高度集中于母公司，对海外事业部采取集权式管理体制 ③该种战略把产品的研发职能集中于母国，而在东道国当地建立生产基地和营销渠道，同时总部对其实施严格的控制 ④无法获得区位经济、经验曲线效应和规模经济效应
适用情形	适用于企业拥有宝贵的核心能力、并且企业所面临的顾及地域差别的压力和降低成本压力均较小的情形

2. 多国本土化战略

含义	一个企业的大部分活动，如战略和业务决策权分配到所在国外的战略业务单位进行，由这些单元向本地市场提供本土化的产品，从而把自己有价值的技能和产品推向外国市场而获得收益
特点	①全球协作程度低、对东道国本土市场的适应能力高 ②决策行为倾向于体现海外子公司的利益，母公司对子公司采取分权式管理体制 ③采用该战略的企业致力于最大程度地顾及地域差别 ④该战略倾向于在有业务的主要国家建立一整套的价值创造活动（包括生产、营销和研究与开发）。因此无法获得区位经济、经验曲线效应和规模经济效应的好处

适用情形	适用于顾及地域差别的压力较大而降低成本的压力较小的情形。由于生产设施的重复性建设所造成的高成本，这种战略不宜在那些成本压力很大的行业中使用

3. 全球化战略

含义	向全球市场推销标准化的产品和服务，并在较有利的国家集中进行生产经营活动，由此获得区位经济、经验曲线效应和规模经济效应，以实施成本领先战略
特点	①全球协作程度高、对东道国本土市场的适应能力低 ②决策哲学是母公司的全球利益最大化 ③强调集权，强调由母国总部控制 ④采用该战略的企业把它们的生产、营销和研究开发活动集中在少数几个最有利的地点进行 ⑤采用全球化战略的企业一般不针对各地的情况调整它们的产品和营销战略
适用情形	适用于降低成本的压力很大而顾及地域差别的压力很小的情形

4. 跨国战略

含义	企业既寻求多国本土化战略所具有的当地优势，又注重全球化战略带来的效率。因此，运用这种战略的企业在本土化响应和全球效率上都能获得优势
特点	①全球协作程度高、对东道国本土市场的适应能力高 ②跨国战略既不以母公司也不以子公司为中心，其决策哲学是公司的整体利益最大化 ③公司采取集权与分权相结合的管理体制 ④企业的技能和产品的流动不是单向的 ⑤该种战略能够获得区位经济、经验曲线效应和规模经济效应的好处
适用情形	适用于面临降低成本的压力以及顾及地域差别的压力均高的情形

要点小贴士

技能和产品不仅仅是从母公司流向海外子公司，也可以从国外一家子公司流向本国母公司、从一个国外子公司流向另外一个国外子公司，形成全球学习效应。

（四）四种国际化经营战略的特点

类型	优点	缺点
国际战略	转移核心能力	缺乏地区调适能力；不能获得区位经济、经验曲线效应和规模经济效应；不能形成全球学习效应
多国本土化战略	地区调适能力强	不能获得区位经济、经验曲线效应和规模经济效应；不能转移核心能力；不能形成全球学习效应
全球化战略	获得区位经济、经验曲线效应和规模经济效应	缺乏地区调适能力
跨国战略	获得区位经济、经验曲线效应和规模经济效应；地区调适能力强；形成全球学习效应	往往因组织问题而难以贯彻实施

【案例】1999 年，海尔在美国建立第一个海外工业园，开启了国际化的征程。海尔实施国际战略是按照“走出去、走进去、走上去”的“三步走”思路。“走出去”阶段，海尔以缝隙产品进入国外主流市场；“走进去”阶段，海尔以主流产品进入当地主流渠道；“走上去”阶段，海尔以高端产品成为当地主流品牌。

从 2005 年开始，海尔进入多国本土化战略阶段。海尔创立自主品牌，在海外建立本土化设计、本土化制造、本土化营销的“三位一体”中心，员工都是当地人，更了解当地用户的个性化需求。

从 2012 年开始，海尔进入全球化战略阶段。海尔收购三洋电机在日本、东南亚的洗衣机、冰箱等多项业务，成功实现了跨文化融合；之后，海尔还成功并购新西兰高端家电品牌斐雪派克；2016 年 1 月 15 日，海尔全球化进程又开启了历史性的一页——海尔与 GE 签署战略合作备忘录，整合通用电气家电业务。现在海尔已经在全球建立五大研发中心，21 个工业园，66 个营销中心，全球员工总数超过 6 万人。

从 2014 年开始，海尔进入跨国战略阶段。海尔从传统制造家电产品的企业转型为面向全社会孵化创客的平台，致力于成为互联网企业，颠覆传统企业自成体系的封闭系统，变成网络互联中的节点，互联互通各种资源，打造共创共赢新平台，实现攸关各方的共赢增值。在战略上，建立以用户为中心的共创共赢生态圈，实现生态圈中攸关各方的共赢增值；在组织上，变传统的自我封闭到开放的互联网节点，颠覆科层制为网状组织。

经典题解

【真题 82 · 单选题】G 国的戴维公司是一家技术领先的数码马达研发和生产企业。该公司把生产基地设在制造业发达的 X 国，每年生产超过 5000 万台标准化的数码马达销往世界近百个国家和地区。戴维公司国际化经营的战略类型属于(　　)。（2021 年）

A. 跨国战略　　　　B. 国际战略

C. 多国本土化战略　　　　D. 全球化战略

【解析】全球化战略是向全球市场推销标准化的产品和服务，并在较有利的国家集中进行生产经营活动，由此获得区位经济、经验曲线效应和规模经济效应。“该公司把生产基地设在制造业发达的 X 国，每年生产超过 5000 万台标准化的数码马达销往世界近百个国家和地区”表明戴维公司国际化经营的战略类型属于全球化战略，选项 D 正确。

【答案】D

【真题 83 · 单选题】贝恩公司是著名的电子商务企业，下设 5 大商务区和分布在 100 多个国家的子公司。商务区经理负责为各自商务区制定国际化经营战略，各国子公司经理则根据所在国市场需求对该子公司的经营活动行使经营权和管理权。商务区经理需要各国子公司经理的合作，当商务区经理和子公司经理的意见或决策发生冲突时，可提交总公司裁决。贝恩公司采用的国际化经营的战略类型是(　　)。（2020 年）

A. 国际战略　　　　B. 全球化战略

C. 跨国战略　　　　D. 多国本土化战略

【解析】跨国战略是在全球激烈竞争的情况下，形成以经验为基础的成本效益和区位效益，转移企业的核心竞争力，同时注意满足当地市场的需要，其全球协作程度高，本土独立性和适应能力强。

在本题中，"各国子公司经理则根据所在国市场需求对该子公司的经营活动行使经营权和管理权。商务区经理需要各国子公司经理的合作，当商务区经理和子公司经理的意见或决策发生冲突时，可提交总公司裁决"属于跨国战略，选项 C 正确。

【答案】C

【真题 84·单选题】P 公司是一家生产经营日化用品的跨国公司，其母公司设立在 U 国，在其他国家设立了 20 余个子公司。在该公司的经营过程中，母公司将产品的研发技术和新产品提供给各个子公司，子公司也会把在当地畅销的产品提供给母公司和其他子公司。P 公司国际化经营的战略类型属于（　　）。（2017 年）

A. 跨国战略　　　　B. 全球化战略

C. 多国本土化战略　　　　D. 国际战略

【解析】"母公司将产品的研发技术和新产品提供给各个子公司，子公司也会把在当地畅销的产品提供给母公司和其他子公司"体现了母子公司之间、子子公司之间相互提供技术与产品，这属于跨国战略的典型特征，选项 A 正确。

【答案】A

【例题 85·单选题】2020 年 5 月，国内研发和制造盾构机设备的 ZT 公司开启了国际化进程，在国外成立了多个事业部，ZT 公司在国内的母公司保留技术和产品开发的职能，在国外的事业部只生产由母公司开发的产品。ZT 公司采取的国际化经营战略类型的特点是（　　）。

A. 全球协作程度低，本土独立性和适应能力高

B. 全球协作程度高，本土独立性和适应能力低

C. 全球协作程度高，本土独立性和适应能力高

D. 全球协作程度低，本土独立性和适应能力低

【解析】"在国外成立了多个事业部，ZT 公司在国内的母公司保留技术和产品开发的职能，在国外的事业部只生产由母公司开发的产品"表明 ZT 公司采取的国际化经营战略是国际战略，其特点是全球协作程度低、本土独立性和适应能力低，选项 D 正确。

【答案】D

【例题 86·单选题】甲公司经营高档餐厅，在内地完成布点，其连锁店也开到了香港、澳门特区，并已经编制完成了国际化经营的方案并逐步落实。该方案允许各地分店集中关注其所在地的消费需求、行业状况、政治法律制度和社会标准的特点，因此甲公司选择的国际化经营战略是（　　）。

A. 跨国战略　　　　B. 全球化战略

C. 多国本土化战略　　　　D. 国际战略

【解析】"该方案允许各地分店集中关注其所在地的消费需求、行业状况、政治法律制度和社会标准的特点"表明甲公司选择的是多国本土化战略，选项 C 正确。

【答案】C

五、新兴市场的企业战略★★

新兴市场是指经济发展速度较高、市场发展潜力巨大的发展中国家。

将产业所面临的全球化压力和新兴市场本土企业拥有的优势资源作为两个变量，作出下图，可以用来指导公司战略性的思考。

> 要点小贴士
>
> 在全球化经营的背景下，新兴市场本土企业面对跨国公司进入本国市场抢占的竞争压力。
> 产业全球化程度高，全球化压力大；产业全球化程度低，全球化压力小。

产业的全球化程度	适合于本国市场	可以向海外移植
高	“躲闪者” 通过转向新业务或缝隙市场避开竞争	“抗衡者” 通过全球竞争发动进攻
低	“防御者” 利用国内市场的优势防卫	“扩张者” 将企业的经验转移到周边市场

新兴市场本土企业优势资源

（一）防御者

特点	企业面临的全球化压力较小，而其拥有的优势资源只适合于本国市场
战略定位	利用国内市场的优势防卫
战略举措	①锁定客户：把目光集中于喜欢本国产品的客户，而不考虑那些崇尚国际品牌的客户 ②调整产品：频繁地调整产品和服务，以适应客户特别的甚至是独一无二的需求 ③建设渠道：加强分销网络的建设和管理，缓解国外竞争对手的竞争压力

（二）扩张者

特点	企业面临的全球化压力较小，而其拥有的优势资源可以向海外移植
战略定位	将企业的经验转移到周边市场
战略举措	通过合理运用可移植的优势资源，并以其在本地市场的成功为平台，向其他市场扩张

【提示】在向海外延伸本土优势时，应当注意寻找在消费者偏好、地缘关系、分销渠道或政府管制方面与本国市场相类似的市场，来最有效地利用自己的资源。

（三）躲闪者

特点	企业面临的全球化压力较大，而其拥有的优势资源只适合于本国市场
战略定位	通过转向新业务或缝隙市场避开竞争
战略举措	①与跨国竞争对手建立合资、合作企业 ②将企业出售给跨国竞争对手 ③重新定义自己的核心业务，避开与跨国竞争对手的直接竞争 ④根据自身的本土优势专注于细分市场，将业务重心转向价值链中的某些环节 ⑤生产与跨国竞争对手产品互补的产品，或者将其改造为适合本国人口味的产品

（四）抗衡者

特点	企业面临的全球化压力较大，而其拥有的优势资源可以向海外移植
战略定位	通过全球竞争发动进攻
战略举措	①找标杆：不要局限于低水平的成本上的竞争，而应将行业中的领先公司作为标杆，全方位提升自己的实力。在生产效率、产品质量和服务水平上不断追赶来自发达国家的竞争者 ②找市场：找到一个定位明确又易于防守的市场。即准确定位企业自身在全球化产业链中的位置，积极主动地参与国际分工，可以通过发挥比较优势，实现资源配置效率的提高，拓展海外市场，提高企业的竞争力 ③找突破：在一个全球化的产业中找到一个合适的突破口。即面对全球化背景下的产业转型升级，可以利用国外的先进技术或在国外产品和技术的基础上进行创新，建立和发展高新技术产业，实现经济的跨越式发展 ④获资源：善于学习从发达国家获取资源，以克服自身技能不足和资本匮乏的缺陷

要点小贴士

可以是规模经济，也可以是其他专门技术优势等。

要点小贴士

可以进行大范围的重组，将那些由于全球化而难以为继的业务剥离，将原先内部生产的零部件外包出去。

【案例】长期研究新兴市场的本土企业战略的学者尼雷·达娃（Nirai Dawar）和托尼·弗罗斯特（Tony Frost）曾提出一个著名的竞争模型，他们根据“所处产业的全球化压力”和“竞争性资产的国际可转移性”两个变量，提出本土企业应对跨国公司的竞争战略。

从这个模型看，在日化等快速消费品领域中，中高端市场是典型的全球性竞争产业，而且本土企业的资产仅适用于母国。新兴市场的本土企业将会面临巨大的挑战，他们将不得不采取“躲闪”的战略：要么专注于价值链的某个环节，要么与外商合资，或索性出售给跨国公司。因为如果不能战胜强大的对手，最优的战略就是归顺对手，这正是“小护士”的战略（2003 年 12 月，法国欧莱雅集团完成了对中国护肤品牌“小护士”的收购）。

对一些文化程度差异小的产业，如机电、汽车、航空、电信等，竞争优势来自较高的标准化和规模经济程度，但是它们同样承载着较高的全球化压力。不过这些产业的资产容易国际转移，企业可实施“抗衡”的战略，与跨国公司展开全球争夺。长安就是一个典型，利用在意大利设计公司的资源反击跨国公司在中国的竞争。中集、TCL、联想等企业都走出国门，利用国际上的各种资源（如收购品牌和渠道）反击跨国公司的竞争。

本来在日化等快速消费品的低端市场，国际竞争的压力并不太大，企业可以通过强化无法跨国转移的资产优势，如渠道和品牌的文化内涵等，进行积极“防御”：通过集中资源保护自己的领地免受跨国公司的入侵，如“雕牌”“非常可乐”等；通过价值链上的创新提高竞争优势，如“蒙牛”与“伊利”应对“和路雪”的蚕食。

如果国际竞争的压力并不太大，同时本土企业的竞争性资产具备国际转移性，那么本土企业最好的战略是把母国的成功经验扩展到海外，这一战略就是“扩张”，如小肥羊利用特色火锅与连锁加盟将餐饮店开到美国。

经典题解

【真题87·单选题】金力公司是国内一家风力发电设备制造企业。2015年，金力公司取得世界最大的风力发电机组制造商麦尔公司的叶轮生产外包项目，并从对方引进一整条先进生产线，成为麦尔公司唯一的叶轮供应商。之后，金力公司通过引进麦尔公司的先进技术，不断提高产品性能和生产效率，并把引进的新技术移植到核心业务齿轮增速器的生产中，成为欧美多家相关企业的齿轮增速器供应商。作为新兴市场国家本土企业，金力公司采用的战略类型是（　　）。（2020年）

A. 防御者战略　　B. 抗衡者战略

C. 扩张者战略　　D. 躲闪者战略

【解析】"金力公司取得世界最大的风力发电机组制造商麦尔公司的叶轮生产外包项目，并从对方引进一整条先进生产线，成为麦尔公司唯一的叶轮供应商。之后，金力公司通过引进麦尔公司的先进技术，不断提高产品性能和生产效率，并把引进的新技术移植到核心业务齿轮增速器的生产中，成为欧美多家相关企业的齿轮增速器供应商"属于抗衡者战略，选项B正确。

【答案】B

【真题88·单选题】面对国外品牌牙膏不断涌入国内市场的不利局面，健华牙膏厂独创了完全用中草药提取物制造，具有生津健齿功效的牙膏，并通过强化销售网络的建设和管理，赢得了越来越多国内消费者的好评。作为新兴市场的本土企业，健华牙膏厂采用的战略属于（　　）。（2018年）

A."扩张者"战略　　B."防御者"战略

C."抗衡者"战略　　D."躲闪者"战略

【解析】"面对国外品牌牙膏不断涌入国内市场的不利局面，健华牙膏厂独创了完全用中草药提取物制造，具有生津健齿功效的牙膏，并通过强化销售网络的建设和管理，赢得了越来越多国内消费者的好评"说明健华牙膏厂的战略定位是利用国内市场的优势防卫，属于"防御者"战略，选项B正确。

【名师点题】"面对国外品牌牙膏不断涌入国内市场的不利局面"只能看出来有压力，但判断不出大小。因此，本题是从具体做法考虑的。"强化销售网络的建设和管理"属于"防御者"战略的典型举措。

【答案】B

【真题89·单选题】飞翔公司是国内一家奶粉生产企业。近年来，很多具有品牌优势的国外奶粉制造商纷纷涉足中国市场，竞争十分激烈。飞翔公司为了自身的长期发展，与新西兰乳品巨头甲公司结成战略联盟，双方以50%∶50%的股权比例合资成立一家新的公司，产品从奶粉扩展到各类奶制品。从战略选择角度看，飞翔公司扮演的角色可称为（　　）。（2016年）

A. 防御者　　B. 躲闪者

C. 抗衡者　　D. 扩张者

【解析】"躲闪者"的战略选择包括与跨国竞争对手建立合资、合作企业（双方以50%∶50%的股权比例合资成立一家新的公司）等，选项B正确。

【答案】B

考试加油站

一、本章小结

下载“会计云课堂”App 学习

您已成功完成“第三章”的学习，本章共 16 个考点，您都学会了吗？

为了让您对章节有更清晰的理解，加倍巩固。本书作者田明老师将通过**“视频导图课”**的方式，带您回顾重要考点。

名师点拨，视听结合，高效提分。

※ 欢迎您扫码，免费观看学习。

二、本章疑难问题解答

1. 产品开发战略与相关多元化战略的区分

答：产品开发战略是指产品在同一市场的细分化，但在本质上是同一产品类别的细分。而相关多元化战略则是异质产品进入了异质市场，是增加新产品的种类和进入新市场两者同时发生的，只是在生产技术、营销渠道等方面具有一定的相关性。因此，相关多元化战略属于发展战略中的新产品和新市场组合的战略，而产品开发战略属于在同一市场产品的细分化。例如，耐克公司通过市场调查，不断开发适合不同运动项目的特殊运动鞋，如登山鞋、旅游鞋、自行车鞋、冲浪鞋等。其核心是强调围绕“鞋”这一产品大类或产品线，不断推出新产品，进一步丰富其产品系列，但其面对的市场（用户）依然是现有市场，只是为了更好地满足顾客在不同时段、不同场合的需求罢了。因此，耐克公司采用的战略属于产品开发战略。再如，H 公司是一家主要从事智能家电产品生产和销售的公司，近年来又涉足智能家居产品的研发、生产和销售。H 公司实施的就是相关多元化战略（以“智能”为依托，开发新产品、进入新市场）。

2. 纵向一体化战略与相关多元化战略的区分

答：纵向一体化战略与相关多元化战略的主要区别在于是否沿着产业链条发展。如果企业的发展方向是沿着现有产业链条进行的，就属于纵向一体化战略；如果产品或业务仅仅是相关，而没有上下游关系的话，就属于相关多元化战略。

3. 市场开发战略与转向战略的区分

答：市场开发战略和转向战略的最大区别就是一个是发展战略，一个是收缩战略。其中，转向战略是紧缩与集中战略的延伸与发展，它是指企业在现有的经营领域不能维持原有的产销规模和市场占有率，进行的战略调整。比如，缩减原有产品或业务的产销规模和市场占有率，或者企业存在新的更好的产品或业务，对原有的产品或业务领域进行压缩投资，控制成本以改善现金流，为新的产品或业务提供资源的战略方案。而市场开发战略是指企业现有产品或业务在现有市场的增长幅度已经稳定了，不能再有所突破了，故要为该产品或业务开辟一个新市场。

4. 成本领先战略与集中成本领先战略，差异化战略与集中差异化战略的区分

答：（1）成本领先战略与集中成本领先战略的区别是所针对的市场不同：成本领先战略针对整个市场，集中成本领先战略针对细分市场。比如某企业对整个白酒市场采用成本领先，则属于成本领先战略；如果某企业仅对低端白酒市场采用成本领先，则属于集中成本领先战略。

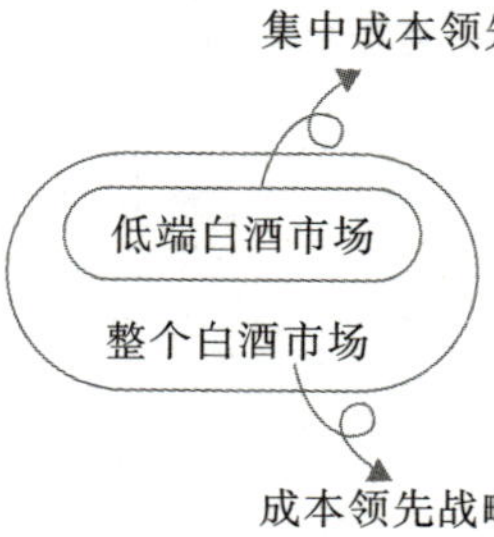

做法：降低生产成本，创造成本优势

（2）差异化战略与集中差异化战略的区别是所针对的市场不同：差异化战略针对整个市场,集中差异化战略针对某个细分市场。比如某房地产公司面对的是整个房地产市场（城市和农村），并且采取差异化，则属于差异化战略；如果该房地产公司面对的仅是农村，并且采取差异化，则属于集中差异化战略。

做法：打造独特风格的房子

历年经典主观题回顾

使用“会计云课堂”App或“微信”扫码快速做题、对答案、
看解析、掌握解题思路，开启轻松过关之旅。

一、简答题

1. 2013年12月，红宝宝公司以海外购物攻略为切入点，建立了一个分享境外购物经验笔记和攻略的UGC（用户创造内容）手机App社区平台。在这一阶段，平台围绕社区建设，注重培养跨境购物领域KOL（关键意见领袖），社区积累了大量优质内容，获得了第一批具有真实跨境购物需求的用户。

   随着中国经济的迅速发展，消费者境外购物的需求不断增加。2014年7月政府有关部门相继出台两个关于规范和监管跨境贸易电子商务的公告，从政策层面上认可了跨境电商业务。2014年12月，红宝宝公司正式上线电商渠道，结合社区和数据选品实现商业闭环。在这一阶段，公司着重加强电商板块，并充分发挥前期社区优质内容的深厚积累，社交功能与网购功能并行。经过对商业模式的摸索，公司找到了自己的定位——社交内容电商平台。借助迅猛发展的数字技术，公司实现了智能内容分发，通过个性化推荐提升转化率，电商品牌也从海外逐渐拓展到海外+本土。

   红宝宝公司基于其目标人群的特征，即一二线城市的年轻女性，将其内容定位为标记自己的生活，把与生活息息相关的事物或经验传递他人。平台将内容细分为时尚穿搭、护肤、发型、彩妆、动漫、音乐、食谱、运动健身、旅游、摄影、明星等30余个类别，以满足年轻女性日益增长的对于时尚、娱乐、情感交流以及精致生活的全方位需求。通过普通用户对这些内容的分享和传递，引起其他用户内心的共鸣，产生对该产品的购买欲，之后即可以直接在红宝宝商城进行购买。公司开创的社交内容电商平台，充分挖掘了消费者、商家、创造者和平台方的价值创造潜力，引领着价值共创共享的时代潮流。

   截至2019年7月，红宝宝平台用户突破3亿人，未来依旧有较大发展空间。

   要求：

   （1）从宏观环境（PEST）角度分析红宝宝公司所抓住的发展机遇；

   （2）简要分析红宝宝公司采用的消费者市场细分变量；

   （3）依据蓝海战略重建市场边界的基本法则（开创蓝海战略的路径），简要分析红宝宝公司开创生存与发展空间的主要路径。（2021年）

2. 2003年，从国内名牌大学毕业的李轩开始以“眼镜肉店”老板的身份在X市农贸市场卖猪肉，成为倍受关注的“最有文化的猪肉佬”。多年的教育背景让李轩把卖猪肉这个生意做到了很高的水准，他从来不卖注水肉，品质不好的肉坚决不进货，也从不缺斤少两，慢

慢地积攒了诚信经营的口碑，一天能卖出十几头猪。

2008 年，李轩与同是经营猪肉生意的本校校友张生相识。张生于 2007 年在 G 市创办猪肉连锁店，同样因为“国内名牌大学”和“猪肉”的名号，引起众人关注。

李轩和张生开始联手打造“特号土猪”的猪肉品牌。他们自己养猪，自己卖猪。他们选择口感颇受国内百姓喜爱的优良土猪品种；猪场采用半开放式的大空间，让猪自由活动；猪场里设有音响，专门给猪听音乐。他们认为，猪和人一样，只有心情愉悦，才会长得又肥又壮，肉质也会更加鲜美。

“特号土猪”公司日益发展壮大。从 2010 年 5 月开始，李轩和张生凭着自己多年经营猪肉的经验，开办了培训职业屠夫的“屠夫学校”，培养目标是“通晓整个产业流程的高素质创新性人才”。“特号土猪”公司每年都会招聘应届大学生，经过“屠夫学校”40 天培训，再派往各店铺工作。

2015 年，“特号土猪”销量超过 10 亿元，成为国内土猪肉第一品牌。2016 年，在互联网大潮引领下，“特号土猪”登陆国内最大电商平台，成为第一个面向大众消费者的“互联网 +”猪肉品牌。线上与线下同时发力，“特号土猪”品牌影响力进一步扩展，销量也更上一层楼。2019 年，“特号土猪”品牌连锁店开到全国 20 多个城市，共有 2000 多家门店。十几年来，李轩和张生专心致志，将“特号土猪”高端品牌做到极致。

要求：

（1）简要分析李轩和张生在零散产业——猪肉经营业中是如何实施三种基本竞争战略的；

（2）从差异化战略实施条件（资源能力）角度，简要分析李轩和张生将“特号土猪”高端品牌做到极致的原因。（2020 年）

3. 在汽车产业电动化、智能化、网联化、共享化融合变革之际，被称为“造车新势力”之一的家家智能汽车公司于 2015 年正式成立，家家公司的董事长兼创始人王向认为，汽车制造业已经进入 2.0 数字时代，其特征是电机驱动 + 智能互联；而汽车 3.0 时代是人工智能时代，其特征是无人驾驶 + 出行空间。为了赢得 2.0 时代，并参与 3.0 时代的竞争，家家公司开始全面布局：通过三轮融资获得资金，拥有了自己的制造基地，与国内最大的出租车网约平台合作切入共享出行领域，积极投资产业链（包括投资孵化自动驾驶系统供应商 MJ 公司、专注自动驾驶中央控制器的 ZX 公司以及研发生产激光雷达的 LH 公司等）。

王向认为，未来企业竞争的关键要素，是具备快速成长能力的公司组织。他把 60% 的时间用于组织管理，以是否具备创新能力与正确价值观而非是否来自成功大企业为标准选拔人才；帮助团队中每一个人成就心中的事业追求，去挑战自己和团队成长的极限。

家家公司的第一款产品 SEV 面向国内外共享汽车使用群体，续航里程将超过 100 公里。但是，两年筹备之后，由于低速车的合法性以及海外分时租赁市场实际容量的局限，这个雄心勃勃的计划，还是夭折了。面对挫折，王向立即将公司产品开发重心转移到中大型 SUV 的“家家智造 ONE”。为了实现“没有里程焦虑”，“家家智造 ONE”采用全新的形式——增程式电动。王向认为，相对于 U 国 TL 等电动车采用的充电桩 / 换电站等方式，中国消费者更需要从产品本身去解决问题的产品。2018 年 10 月 18 日晚，备受汽车及科技界人士瞩目的家家公司新车——“家家智造 ONE”于 B 市正式发布。这场发布会没有明星大腕捧场助阵，全程由王向一人直接以大量数据对比和充满硬核知识的干货完成了自我演绎，让消费者在各类新产品中有了清晰的比较。王向表示，“家家智造 ONE”定价不会高于 40 万元，而增程式电动技术显著难于纯电动车，因而“家家智造 ONE”的性价比具有优势。

2018 年 12 月，家家公司以 6.5 亿元收购 LF 股份公司所持有的 C 市 LF 汽车公司 100% 股权，被业界称为家家公司“完美避开进入门槛”，取得了新能源汽车的生产资质，以实现王向掌控并引领新能源汽车市场的梦想。而此举对于 LF 股份公司而言是其战略重组的一部分，将经营不善的 C 市 LF 汽车公司剥离出去，以应对流动资金不足的困境。家家公司与 LF 股份公司还签署了为期 3 年的框架合作协议。双方将通过资源互补、技术互补等方式，在新能源技术开发、车联网、人车交互及数据共享等领域形成技术联盟。

要求：

（1）简要分析王向统领家家公司所克服的智能汽车新兴产业中的发展障碍；

（2）简要分析家家公司收购 C 市 LF 汽车公司的动机；

（3）简要分析 LF 股份公司采用收缩战略的原因和方式。（2020 年）

4. 2014 年王丽红抓住酒店市场消费升级的机遇，投巨资创建了果硕酒店品牌。果硕酒店布局全国一二线核心城市，以发挥规模经济优势。2019 年，果硕酒店全国连锁店近千家，覆盖百余城市，在国内激烈竞争的中档酒店中成为规模领先的酒店集团。

2017 年，果硕酒店集团从国内酒店行业巨大的发展潜力中，敏锐地感受到酒店经营中一个核心业务环节——酒店布草洗涤，未来一定向规模化、产业化的方向发展，布草洗涤的效率提升、节能降耗、物流升级将成为现实。果硕酒店集团毅然投入上亿元资金建设营邦洗涤产业园区，这是国内首个现代化智慧洗涤产业园区。

截至 2019 年年底，营邦洗涤产业园区累计投入超 2 亿元，在国内十余个城市布局 5 个智慧洗涤产业园、12 个洗涤龙智慧工厂，投产 30 条洗涤龙，成为国内连锁布局范围最广、工厂数量最多、上线洗涤龙最多的公纺洗涤龙头企业。营邦洗涤产业园区成为果硕酒店集团新的利润增长点。

营邦洗涤工厂采用国际顶尖的全自动化隧道式洗涤龙生产线，2 条洗涤龙就相当于 8~12 个传统中型单机工厂，实现分拣、洗涤、仓储、运输、收发、支付等纺织品流转全流程智能化，并建立洗涤及检测标准、运输标准、环保标准、管理工艺标准等，推动行业标准化运营。营邦洗涤工厂依托研发出的云洗涤管理系统，在每一件纺织品中植入 RFID 超高频芯片，实时链接连通工厂、酒店，辅以人才培训、供应链支持以及订单打通。营邦洗涤产业园区在有效集合上下游产业链资源，实现规模效应、显著降低能耗和人力成本的同时，规范园区污水排放处理，自建万吨污水处理设施，每年节水上千万吨。

2019 年 12 月，营邦洗涤产业园区的业务进一步拓展，完成 5000 万元布草采购，全部植入 RFID 芯片，全力推进布草租洗业务。相比较传统的纯洗业务，采用布草租赁洗涤模式，对于酒店上下游产业链降低成本、提高利润的好处显而易见：一是因为纺织品利用率大幅提升，有效提升行业成本管控能力；二是租赁的纺织品规格材质相对统一，能更充分发挥洗涤设备效率，同步提升行业周转效率；三是传统洗涤与物联网技术结合，洗涤标准化流程更加成熟，同时标准化的流程也有利于保护和延长纺织品的使用寿命。这一战略举措，将促进酒店与洗涤公司基于双赢思想的紧密合作。

要求：

简要分析果硕酒店集团发展战略的类型及其适用条件。（2020年改编）

5. 2004年1月，以B2C为主要经营模式的综合性网络零售商喜旺公司注册成立。此时在电商领域，无论是用户规模或是平台数量，早期进入者云里公司已占尽先机。为了突破云里公司一家独大的状况，喜旺公司采取一系列战略举措，实现对产业链上下游的整合和控制，打造自身的竞争优势。

（1）自建物流体系。喜旺公司早期与大多数电商一样，采用第三方物流配送商品。随着商品年销售量的不断增加，第三方物流配送能力不足、每天数千单货物积压问题日益显著，严重影响服务质量和客户满意度。喜旺公司决定自建物流体系，并于2007年投资2000万元建立东速快递公司，专门为喜旺商城提供物流服务，服务范围覆盖200多座城市。东速快递公司的成立，大大提高了喜旺商城全国配送商品的速度，为喜旺商城的用户带来良好的体验。此后，喜旺公司不断完善物流配送体系，将大量资金用于物流队伍、运输车队、仓储体系建设。到2011年，喜旺公司在全国各地建立7个一级物流中心和20多个二级物流中心，以及118个大型仓库。

（2）进一步整合物流配送资源和能力。2014年3月，喜旺公司并购迅风物流；2014年10月，喜旺公司与国有邮政公司达成战略合作；2016年5月，喜旺公司并购“快快”，实现“两小时极速达”的个性化增值服务。喜旺公司这一系列举措，使得其下游配送的效率取得质的飞跃。

（3）运用多种方式整合与完善商品采购与供给端。为了确保上游供给商品的质量与可靠性，2014年4月，喜旺公司与国内最大海洋牧场微岛公司达成合作协议；2014年6月，喜旺公司投资智能体重体脂秤P产品；2015年5月，喜旺公司投资7000万美元建立生鲜电商果园；2015年8月，喜旺公司与国信医药公司合作，使用户在喜旺平台可购买处方药品；2015年8月，喜旺公司出资43亿元战略入股永芒超市，取得10%股权。永芒超市是国内超市中最好的生鲜品供应商，拥有业内最低的生鲜品采购成本。永芒超市的门店超过350家，但还不能覆盖全国。线上线下两大零售巨头原本是竞争对手，达成合作后，在永芒超市门店尚未覆盖的区域，喜旺公司可以与永芒超市共同提供O2O服务（online线上网店和offline线下消费），因此双方还有较大的潜在合作空间。

要求：

（1）简要分析喜旺公司所实施的发展战略类型及其实施该战略的动因（优势）；

（2）简要分析喜旺公司实施发展战略所采用的途径；

（3）简要分析喜旺公司与永芒超市合作的动因。（2019年）

6. 日升公司于1995年成立，1996年在国内设立生产基地，建设了五个制造厂房。日升公司最初主要从事OEM代工业务，为M国的客户FG公司贴牌生产家具配套及小巧家具组件。之后，公司业务扩展至餐厅及卧房家具，成为国内首家生产卧房家具的企业。1998年，日升公司单月出货量从100个货柜大幅提升至300个货柜，制造能力远远超过昔日家具业的龙头老大。

1999年以前，日升公司的家具几乎全部外销，只做OEM代工业务而没有自己的品牌。公司在低附加值的经营中认识到打造自身品牌的重要性。1999年3月，日升公司在M国组建公司并创立公司品牌“LC”，主要从事中低端家具的生产和销售。然而，日升公司在M国自创品牌的成效并不显著。于是，公司先后实施四次跨国并购，获取了欧美知名企业的品牌、渠道、研发设计及制造能力等战略性资产，实现了从 OEM 向原始设计制造商 OBM 的升级。2001 年，日升公司斥资完成对原委托方 FG 公司的收购，直接进入 M 国中高档家具市场。2005 年日升公司成功上市。上市后，公司市值从 2004 年的 1.37 亿美元跃升至 2005 年的 3.69 亿美元，增长 2.69 倍。

在强大的资金和产能支持下，日升公司于 2006 年至 2008 年又先后收购国际三大品牌家具制造商。四次跨国收购使日升公司的产品组合由单一的中低端木制家具拓展为包含中低端、高端、顶级木制家具，以及沙发、酒店家具的组合；销售市场由 M 国扩展到欧洲。2000 年和 2008 年，在国内设立研发中心的基础上，日升公司又分别在 M 国和欧洲设立了研发中心。

2007 年以来，全球经济环境发生了很大变化。出于对国内市场潜力的判断，日升公司适时调整经营策略，决定在巩固海外市场的同时，进军国内市场。多年的国际化经历使日升公司在生产、设计、销售方面储备、积累了大量人才和经验。2008 年日升公司在国内展会上全面亮相，展出专门针对国内市场开发的三大品牌——“日升家居”“日升家园”“日升屋”。2009 年 9 月在国内建成了日升国际风尚馆。

日升公司在原有多个知名品牌的基础上，运用特许经营品牌、针对细分客户设立新品牌等策略，进一步巩固日升公司的 OBM 业务。2010 年，开展酒店家具业务，并在 J 国和 N 国设立生产基地。2009 年、2012 年，先后推出特许品牌“PDH”和“PDK”；2011 年，推出青年家具品牌“SM”；2012 年，M 国日升推出特许品牌“MH”；2013 年，推出特许品牌“WB”；2014 年，推出婴儿家具品牌“SB”。日升公司的 OBM 业务约占总业务的 90%。目前，日升公司在国内 18 个城市 23 家门店销售产品。国际市场仍然是日升公司的主要市场。

要求：

（1）简要分析日升公司“从 OEM 向 OBM 升级”所采用的发展途径；

（2）简要分析日升公司“从 OEM 向 OBM 升级”所显示的企业能力。（2019 年）

7. 1992 年，以家电研发、生产和销售为主业的信达公司确立了“技术立企”的发展战略。公司董事长程静强调：“那些只引进不研发、落伍了再引进的企业，没有追求，必死无疑”。信达公司拒绝参与彩电行业价格战，每年将销售收入的 5% 投入研发。公司实行奖金与开发成果挂钩的制度，将技术开发人员工资涨到一线工人的 3 倍。几十年来，在信达公司彩电业务的发展过程中，经历了 4 个关键的转折点。

（1）2005 年研发成功“中国芯”，中国首块拥有自主知识产权并产业化的数字视频处理芯片在信达公司诞生，彻底打破了国外芯片的垄断地位。2013 年国内首款网络多媒体电视 SoC 主芯片研制成功并实现量产。2015 年发布 VP 画质引擎芯片，使信达公司正式比肩国际行业巨头，成为中国拥有自主高端画质芯片的企业。

（2）建成中国电视行业第一条液晶模组线，彻底扭转中国液晶模组几乎全部依赖外国企业的状况，率先完成平板电视上游产业链的突破。

（3）UL 电视与激光电视并行。其中，“UL 显示技术”是信达公司 10 年来对电视行业上游垄断发起的第 3 次突围战。凭借历时 7 年研发的激光电视提前锁定主动权，在全球大屏幕电视市场赢得了一席之地。

（4）转型布局智能电视。2017 年，信达公司推出的 V5 智能系统由简单的单向人机交互向更简洁的触控交互、智能交互发展，主动感知用户需求，实现智能化推荐。

信达公司以强大的研发实力为后盾，以优秀的销售团队为支撑，产品销售额与营销收入实现稳步增长。根据有关部门提供的信息，2018年，信达公司电视机的营业收入位居全球品牌第三位，国内品牌第一位。

要求：

（1）简要分析信达公司所实施的竞争战略类型，并从资源和能力角度，分析信达公司实施这一竞争战略的条件；

（2）简要分析信达公司的研发定位。（2019年）

8. 2008年，传统汽车生产企业旭辉公司决定研发、生产国内第一款新能源汽车，此举在同行眼中无异于一种“逆风而上”的冒险行为。

首先，对传统汽车企业而言，研发新能源汽车是一个全新的挑战。新能源汽车的驱动原理与传统燃油汽车有着本质性的区别。技术的不确定性以及业务创新对技术和人才储备的要求都是对企业严峻的考验。

其次，新能源汽车企业的运营模式、行业规范和服务体系等方面无法仿照传统燃油汽车，存在诸多不确定性。

第三，新能源汽车供应链处于初建期，企业原材料、零部件及其他供给不足；分销渠道、充电设备、维修保养、保险业务等服务很不完善。

第四，传统汽车企业与消费者的困惑与等待观望。2014年下半年，政府推出一系列扶持新能源汽车产业的政策，而此前传统汽车企业大多采取深耕传统燃油汽车的策略以降低被新能源汽车替代的风险。消费者普遍认为新能源汽车技术尚不成熟，服务设施尚不完善，价格过高且伴随规模经济与经验曲线的形成肯定会大幅度降价，第二代或第三代产品将迅速取代现有产品，因而采取等待观望态度。在这种情况下，企业市场营销的中心活动只能是选择顾客对象并诱导初始购买行为。

旭辉公司以一往无前的勇气和高瞻远瞩的眼力，坚守十年时间，实现了对新能源汽车领域核心技术的掌控与完整的产业链布局，也迎来新能源汽车销量在国内外的全面爆发。到目前为止，旭辉公司是全球唯一一家同时掌握新能源汽车电池、电机、电控及充电配套设施、整车制造等核心技术以及拥有成熟市场推广经验的企业。旭辉公司物美价廉的新能源汽车已遍布全球六大洲的50个国家和地区。

要求：

（1）简要分析作为新兴产业，新能源汽车行业内部结构的共同特征；

（2）简要分析作为新兴产业，新能源汽车行业的发展障碍。（2019年改编）

9. 随着生活节奏的加快，生活在都市的人们越来越希望能有一方净土，在空闲的时光摆脱繁忙的工作，通过劳动来净化自己的心灵，回归到最简单家庭亲情的生活方式中。此外，消费者对有机农产品的需求与日俱增，而一些企业的不规范行为导致消费者对市场销售的有机农产品的真实性产生质疑。

一种新型的社区支持型农业顺应这些需求而产生，其中以小马驹市民农园最为知名。小马驹市民农园成立于2008年，农园将农业、休闲业、教育产业融为一体，以会员制的模式运作。会员分为两种类型——配送份额会员和劳动份额会员。对于配送份额会员，农园提供配送服务，包括宅配和取菜点两种方式。宅配即配送到家，配送频率为每周一次或两次；小马驹农园在市区设立了三个取菜点，会员可以自行选择时间和取菜点。这些配送为消费者提供了便利，使他们享受到被关爱的体验。

劳动份额会员可以在空闲时间到农场耕种自己的园地。有儿童的家庭特别青睐这种亲近自然、家庭团聚、寓教于乐的模式。小马驹农园策划了很多节事活动，包括开锄节、立夏节、端午节、立秋节、中秋节、丰收节等，在这些节事活动中，对小朋友进行传统农耕和文化教育。农园还开展了一些活动激发小朋友的兴趣，包括认识植物、喂养动物、挖红薯、拔萝卜、荡秋千、玩沙子、滚铁环、拔河、在野地里撒欢等，这些活动是孩子们在城市中不可能见到的。在农园一角设立了一个大食堂，会员在劳动过程中，可以到食堂用餐。农园要求会员用餐后自己洗碗，洗碗用的不是洗涤灵，而是麦麸，更增添了农园天然质朴环保的色彩。

小马驹市民农园新鲜的有机农产品去掉了中间商，可以直接被会员们购买，在传统农产品的激烈竞争中，确保了稳定的市场和农民可靠的收入来源；同时，由于降低了农产品物流和包装成本，会员们能够亲历有机农产品的生产过程，也满足了会员们能够放心地享用物美价廉有机农产品的消费需求。

要求：

（1）依据红海战略和蓝海战略的关键性差异，简要分析小马驹农园怎样体现蓝海战略的特征；

（2）依据蓝海战略重建市场边界的基本法则（开创蓝海战略的途径），简要分析小马驹农园如何在激烈的农产品生产领域，开创新的生存与发展空间。（2018 年）

10. 2003 年，“电池大王”环亚公司收购了一家汽车制造公司，成立了环亚汽车公司。环亚汽车公司将其电池生产技术优势与汽车制造技术相结合，迅速成为国内新能源汽车领域的龙头企业。

新能源汽车生产的关键在于掌握三大核心零部件电机、电控与电池的生产制造技术以及具有完备的整车组装能力。环亚汽车公司下大力气增强企业这些关键性活动的竞争优势。环亚汽车公司在包括电机、电控与电池生产领域投入的研发费用占销售收入比重达 4.13%，远高于国内同类汽车生产企业的研发投入占比，与国际知名汽车品牌企业相当。环亚汽车公司自主研发的磷酸铁锂电池（锂电池的一种）及管理系统安全性能好、使用寿命长；环亚汽车公司的锂电池专利数量名列国内第一。环亚汽车公司自主研发的永磁同步电机功率大、扭矩大，足够满足双模电动汽车（拥有燃油驱动与电能驱动两种动力系统，驱动力可以由电动机单独供给，也可以由发动机与电动机耦合供给，与混合动力汽车并无差别）与纯电动车的动力需求。环亚汽车公司自主研发的动力系统匹配技术能够保证动力电池、驱动电机及整车系统的匹配，保证整车运行效率。此外，2008 年环亚汽车公司以近 2 亿元的价格收购了半导体制造企业中达公司，此次收购使环亚汽车公司拥有了电动汽车驱动电机的研发能力和生产能力。2011 年环亚汽车公司与国际知名老牌汽车制造企业 D 公司成立合资企业，借助 D 公司掌握的汽车结构以及安全领域的专有技术，增强公司在汽车整车组装方面的研发能力和生产能力。

为了进一步扩大新能源汽车生产制造规模，环亚汽车公司又将在新能源轿车制造的优势延展至新能源客车制造。2009 年环亚汽车公司以 6000 万元的价格收购国内美泽客车公司，获得客车生产许可证；2014 年环亚汽车公司又与国内广贸汽车集团分别按 51% 和 49%

的持股比例合资设立新能源客车公司，注册资本 3 亿元人民币。

近年来，环亚汽车公司开启了向产业上下游延展的战略新举措。2015 年环亚汽车公司收购专门从事盐湖资源综合利用产品的开发、加工与销售的东州公司，这一收购整合了环亚汽车公司汽车零部件的生产。2016 年环亚汽车公司以 49% 的持股比例，与青山盐湖工业公司及深域投资公司共同建立合资企业，注册资本 5 亿元人民币。此次合作实现了环亚汽车公司的动力锂电池优势与盐湖锂资源优势相结合。2015 年环亚汽车公司与广安银行分别以 80% 和 20% 的持股比例合资成立环亚汽车金融公司，注册资本 5 亿元人民币。这是环亚汽车公司向汽车服务市场延伸的一个重大事件。

到目前为止，环亚汽车公司是全球少有的同时掌握新能源电池、电机、电控及充电配套、整车制造等核心技术以及拥有成熟市场推广经验的企业之一。环亚新能源汽车的足迹已遍布全球六大洲 50 个国家和地区。

要求：

（1）简要分析环亚汽车公司在分析自身的资源和能力，从而构筑其竞争优势的过程中，是如何体现价值链分析方法的；

（2）简要分析环亚汽车公司实施发展战略所采用的主要途径。（2018 年）

11. 羊乐火锅成立于 1999 年 8 月。羊乐火锅以其风格多样的美味锅底、无须蘸料的特色和旨在“让消费者到处能看到我的店”的全国连锁经营布局赢得消费者的喜爱。2002 年，羊乐火锅的营业额达到 25 亿元，一跃成为国内本土餐饮业的佼佼者。2008 年 6 月，羊乐火锅登陆香港交易所主板上市。

2011 年，国内最大的餐饮企业千百集团领导层判断，中餐市场的发展势不可挡，而火锅占中餐市场三分之一，羊乐火锅又位居国内火锅企业中的龙头地位，因而加快了收购羊乐火锅的步伐。

2012 年 2 月，千百集团以 6.5 港元 / 股的注销价格（溢价 30%）、总额近 46 亿港元现金完成了对羊乐火锅的高价收购，持股比例高达 93.2%，剩余的 6.8% 股权则由羊乐火锅两位创始人持有。一年后，千百集团再次加码，以现金收购羊乐火锅全部股权。曾经的“国内火锅第一股”的称号也随着羊乐火锅从交易所退市而隐匿。

正式收购羊乐火锅后，千百集团启动了标准化品牌升级工作，发布了全新品牌形象和运营标准，将传统厨艺与先进的管理理念相结合，努力将羊乐火锅打造成为知名火锅连锁品牌。然而，收购后的几年中，羊乐火锅的运营情况不尽如人意，客流量与门店数量不断下滑。在国内一项行业评比中，收购前一直名列前茅的羊乐火锅仅位列第 9 位。业内人士分析，造成这种状况的原因如下：

（1）收购后的标准化管理未必适合饮食文化多元化的中餐，即使对于形式相对简单的火锅也不例外。经过多年的发展和改良，火锅种类的划分更加细化，作为一种餐饮文化，很难用标准化的管理模式去“经营”。消费者对口味的感受需要多元化的体验。羊乐火锅标准化管理的升级将着重于店面的装修风格和菜品的精致程度向千百旗下的外资餐饮企业看齐，而羊乐火锅原来引以自傲的“美味锅底、无须蘸料”的特色被改掉，没有及时更新菜品，不能针对不同顾客提供差异化服务（如南北方消费者对调料的不同需求），使得消费者失去了以往享用羊乐火锅的乐趣。

（2）千百集团运用“关、延、收、合”四字诀对羊乐火锅的加盟店进行整顿，使得原来羊乐火锅的门店数量大幅缩减，又没有及时对羊乐火锅门店开展新的布局，因而失去了羊乐火锅旨在“让消费者到处能看到我的店”打造的规模经济优势。
（3）2013 年千百集团收购羊乐火锅两位创始人持有的剩余股权后，羊乐火锅原创团队就离开，之前多年积累的企业竞争优势也随之消失殆尽。例如，羊乐火锅当时完全有能力去整合 M 省肉羊全产业链，而原创团队散伙后，这一功能被 M 省另一家企业取而代之。
（4）中国庞大的火锅餐饮市场吸引着新的企业不断加入，火锅业态近几年涌现不少实力强大的竞争对手。这些公司各自以其鲜明的特色、不断地推陈出新、清晰的市场定位，以及不断拓展的门店布局，赢得日益挑剔的消费者的青睐，对羊乐火锅的市场地位形成巨大的威胁。

要求：
（1）依据并购战略“并购失败的原因”，简要分析千百集团收购羊乐火锅效果不尽如人意的主要原因；
（2）依据“零散产业的战略选择”，结合本案例，简要分析餐饮企业应当如何选择和实施波特三种基本竞争战略。（2018 年）

12. 智勤公司成立于 2010 年，是一家研究开发智能手机的企业。智勤公司从创立之初就做了大量的市场调研，发现智能手机市场上国内中低端品牌与国际高端品牌的技术差距正逐步缩小，消费者更多地关注产品价格，价格竞争开始成为市场竞争的主要手段。在此基础上，智勤公司对消费者的年龄进行了细分，将目标市场消费者的年龄定位在 25 至 35 岁之间。这个阶段的年轻人相对经济独立，普遍处于事业的发展期，并且个性张扬，勇于尝试，对于新鲜事物的接受程度比其他年龄段的人更高。
为了适应目标顾客对价格敏感的特点，智勤手机以其“高性价比”走入大众视线。为了降低智勤手机的成本和价格，智勤公司采取了以下措施：
（1）开创了官网直销预订购买的发售方式，减少了昂贵的渠道成本，使智勤手机生产出来之后，不必通过中间商就可以到达消费者手中。
（2）在营销推广方面，智勤公司没有使用传统的广告营销手段，而是根据消费者的不同类型，分别在智勤官网、QQ 空间、智勤论坛、微信平台等渠道进行智勤手机的出售和智勤品牌的推广，在很大程度上采用粉丝营销、口碑营销的方式，有效降低了推广费用。
（3）采用低价预订式抢购模式。这种先预定再生产的方式使智勤公司的库存基本为零，大大减少了生产运营成本。
（4）智勤手机定价只有国际高端品牌的 1/3，而其硬件成本要占到其定价的 2/3 以上。为了既保证高性价比又不降低手机的产品质量，智勤公司为手机瘦身，把不需要的硬件去掉，把不需要的功能替换掉，简化框架结构设计，使用低成本的注塑材质工艺等。
（5）将手机硬件的研发和制造外包给其他公司，提高了生产率，大大减小了智勤成立之初的资金压力。
（6）实现规模经济。2011~2015 年智勤手机的销售量突飞猛进地增长，进而为智勤手机通过规模经济降低成本和价格奠定了基础。

要求：

（1）从市场情况和资源能力两个方面，简要分析智勤手机实施成本领先战略的条件；

（2）依据消费者市场细分、目标市场选择和设计市场营销组合三个方面，简要分析智勤手机的营销策略。（2017 年改编）

二、综合题

资料一

20 世纪 90 年代，兰微公司在 C 国推出微波炉产品。兰微公司充分利用市场对微波炉产品价格的高度敏感，通过集中生产少数品种、规模经济、减少各种要素成本、提高生产效率、不断改进产品工艺设计、承接外包等多种手段降低成本，以“价格战”不断摧毁竞争对手的防线，抬高行业的进入门槛，使自己成为微波炉行业的“霸主”，国内市场占有率超过 70%，全球产量占比超过 30%。国内微波炉生产厂商从超过 200 家迅速下降到不足 30 家。

1999 年，在众人的质疑声中，光美公司宣布大举进入微波炉行业。光美公司当时的战略决策是基于两点理由：一是从制造技术的角度看，微波炉和光美公司已生产的电饭煲、电磁炉等产品都是使用电能转换加热系统，因此对微波炉的技术研发、生产制造和营销网络都有着极其便利的条件和经验，还可以利用光美公司在其他厨具小家电市场上树立的品牌优势开拓市场；二是光美公司的主打产品空调、风扇等，销售旺季集中在每年的 3~8 月，在其余时间里资金和经销商资源的利用都明显不足，而推出微波炉产品可以弥补这一缺陷，有利于优化公司整体运作和产品结构，建立新的增长点。

对于光美公司的挑战，兰微公司予以迎击，不仅再次举起了“价格战”的大旗，而且宣布大举进军光美公司已拥有优势的产业，如空调、冰箱、风扇、电暖气等产业。针对兰微公司的行为和兰微公司价格血洗形成的行业规模壁垒，光美公司的微波炉业务确立了“低成本、规模化”的跟随发展策略，利用光美公司强大的品牌优势、销售网络和资源实力，以“低价渗透”的方式与兰微公司展开正面的激烈对抗，开启了微波炉行业“两强争霸”的征程。

在与兰微公司竞争力的对比分析中，光美公司清楚地看到，自己的微波炉业务竞争地位不稳固，多年来一直被迫接受价格战，而没有通过差异化创新建立与兰微公司相抗衡的产品特色和品牌形象。

2006 年，在一次光美公司每年例行的经营策略高层研讨会上，与会人员对微波炉行业的发展趋势和公司应对策略形成了统一的判断和认识。

与炉灶等加热工具相比，微波炉具有多种优点，它不仅能快速加热或烹调食物，而且没有油烟，还能保持食物的原汁原味与减少营养损失。在 C 国，虽然 80% 以上的家庭已经使用微波炉，但微波炉只是作为一个加热工具，它的多种优点还没被消费者充分认识。同时，市场上的微波炉设计、构造与性能雷同，缺少创新型产品。如果能够开发并向市场推出使消费者迅速认识并接受微波炉的多种优点的产品，微波炉市场将进入另一个高速发展期。

光美公司对全球微波炉产销调研情况显示，在国际市场，日本、韩国垄断了中高端市场，C 国企业控制了中低端市场，而全球微波炉市场中低端制造向 C 国转移已经接近尾声。随着材料成本、物流成本的快速上升，微波炉行业的利润空间将进一步缩小。日本、韩国企业由于在规模、产业链的配套上不如 C 国企业，成本劣势将进一步凸显，只能逐步退出制造领域，因此为 C 国企业进入中高端制造领域、实现中高端产品出口增长提供了机会。

与会人员一致认为，公司应当从以跟随为主的“低成本”战略向“差异化”战略转变；公司竞争的焦点应当从关注竞争对手向关注消费者、关注客户需求转变；用3~5年时间，扭转目前品牌竞争的被动局面，由“中低端”向“中高端”转变，最终超越兰微公司成为全球微波炉行业霸主，成为全球最优秀的微波炉供应商。

资料二

光美公司于2006年在国内率先推出具备蒸功能的产品，这不仅是第一款针对国内市场消费者使用习惯开发的本土化创新产品，实现了C国传统烹饪习惯与微波炉功能优点的有效结合，而且在核心技术上形成了对兰微公司的技术壁垒，突破了兰微公司的价格和产品封锁。经过将近一年的推广，市场反响很好，显示了巨大的发展潜力。光美公司决定通过对微波炉“蒸功能”的持续升级和传播实现战略转型，扭转在国内市场上竞争的被动局面。

2007年，公司确立了以“80后”白领阶层以及一二线城市家庭作为具备“蒸功能”微波炉的主要目标客户群，推出了第二代具备蒸功能的产品——“全能蒸”微波炉，这款微波炉可以使国内8大菜系的代表性菜式烹饪通过“蒸功能”实现，并将健康、营养、口感、杀菌与外观的时尚及使用的安全、便捷完美地结合在一起。此后，光美公司以“蒸功能”为主题的产品功能不断升级，针对不同消费群体的产品线不断扩充，“蒸文化”逐步普及，公司和产品的品牌形象日益鲜明。

2008年，光美公司发布了5个系列14款“蒸功能”微波炉。该产品在智能化、时尚设计方面对第二代产品进行了升级，并针对不同细分市场推出系列新品。

2009年，公司第三代产品“蒸立方”面世，该款产品创造了三项纪录：首创新的蒸技术，即不借助其他器具，由蒸汽将食物蒸熟；首创炉腔内蒸汽温度达到300℃，使食物脱脂减盐，更有效地保留营养；首创自动供水、排水系统，使用更加便捷，也更省电。

2010年，光美公司发布第五代“蒸功能”系列新品，新产品顺应节能、绿色、环保的时代潮流，率先将历时4年开发的变频技术应用在微波炉上，产品更节能。同时，光美公司宣布，退出300元以下微波炉市场，主流变频蒸立方产品价格集中在3000~5000元，最高端变频高温产品的零售价格高达10000元。

2012年光美公司发布了半导体、太阳能和云技术微波炉三大创新产品，而且宣布把蒸立方作为独立的高端品牌。从2012年开始，超市系统将停止销售399元以下产品，在连锁销售系统中将停止销售599元以下产品。光美公司解释，从光美公司掌握的数据看，国内市场的高端化消费趋势已经非常明显，低端产品对消费者已不具吸引力。

光美公司在不断创新和推出产品的过程中，成功地开展了一系列促销活动。

2006年，光美公司开启了以“食尚蒸滋味”为主题的全年推广活动，首次在各大电视台开展广告营销活动，同时在全国主要市场开展产品的循环演示活动。2008年，光美公司主办了“蒸夺营养冠军”的全国推广活动。2009年，光美公司推出“全蒸宴”的全国演示推广活动。2010年，光美公司推出“蒸出营养与健康——光美公司蒸立方”微波炉的电视形象广告片。

配合线上的品牌广告推广以及线下的循环演示活动，2010年光美公司耗巨资在国内主要城市的核心终端，开辟了1000个“蒸立方”品牌专柜。

2011年公司开发上线了新一代营销管理系统，该系统实现了全国主要终端的销售、库存数据动态更新，公司能及时了解市场销售变化情况。2012年光美公司推出另一项重大变革措施，变以产定销为以销定产。这项变革成效显著，仅2012年第一季度工厂库存就下降了60%。

自2007年起，光美公司在海外前15大市场设立了区域经理，同时针对不同区域的主流客户设立了专门的产品开发团队。通过资源的聚焦、本土化市场拓展以及公司技术、品质等后台支持体系的不断强化，至2010年，光美公司生产的微波炉在9个国家成功实现对竞争对手产品的超越，在10个国家中市场占有率排名首位。

资料三

提升自主创新能力一直是光美公司努力的方向和管理的重点。光美公司在这方面开展的主要工作：

（1）确定公司技术发展方向以及技术发展路线。2009年公司制定了三年技术路线图，其中不仅规划出公司主要技术发展方向，而且第一次将产品实现技术（关键制造技术）纳入技术规划中，形成基础研究、核心技术研究、产品开发的阶梯创新模式，实现了技术与市场的有效对接。

（2）开展广泛技术合作。2008年光美公司引进变频器开发的鼻祖——日本D公司的变频技术以及高温蒸汽技术和生产工艺。经过一年多的消化吸收，公司于2010年在国内市场推出"变频蒸立方高端新品",树立了光美公司在微波炉"蒸功能"上的绝对技术领先地位。此外，公司广泛开展与国内外科研院校、零部件供应商在研发项目上的合作。公司还与其他单位建立联合实验室，开展长期的合作研究。

（3）投入巨资改善软硬件条件。到2012年年底，光美公司研发体系的人员从转型前的约100人增加到240人，形成了10多个前沿、关键技术研究团队。公司调整了研发项目激励方式，提高了基础研究项目的激励比例。同时，公司调整了科技人员的薪酬结构，减少年底绩效收入，提高固薪，以稳定研发队伍。公司累计投资3亿多元，建立了包括零部件质量检验、整机性能寿命检测、消费者体验研究、营养分析等在内的全球最先进、最完善的研发测试体系。

（4）大刀阔斧进行组织变革。2009年之后，公司不断完善基于以市场、客户为导向的矩阵式管理模式，各产品、客户经理对经营结果负责，并拥有相应的产品企划和定价、供应商选择、人员选择等关键决策权力；其他管理人员在各自职责体系中对产品、客户经理经营提供后台支持。

（5）变革学习、考核机制。公司不断加大对各类人员培训的投入，同时转变培训方式。公司要求中高层管理者每年必须走访市场不少于4次，倾听市场和客户的声音。公司定期组织中高层管理者赴日本、韩国企业进行学习交流取经。公司每年投入超过1000万元的培训费用用于员工的专业技能培训。公司出台专项政策，鼓励员工进行再学习、再深造。公司经常组织读书心得分享会，书目由公司总经理亲自选定，均与公司当期推动的变革措施有关。光美公司的绩效导向文化逐渐深入到员工骨髓，公司也结合各阶段工作重点在绩效考核导向方面进行不断的调整和优化。

（6）提高成本竞争力。为了避免差异化成本过高，光美公司通过加大部件自制、精益运营、加强价值链信息共享和协同降低运营成本等手段来创新成本管控，解决成本与结构升级的矛盾，应对资源要素价格的持续上升，保证成本优势。

经过多年的努力，光美公司在2010年成功超越兰微公司成为微波炉出口冠军；在2012年，光美公司微波炉国内市场品牌价格指数全面超越兰微公司，由行业跟随者升级为行业领导者，跳出行业"价格战"的恶性循环，实现了企业业绩持续增长。

要求：

（1）简要分析光美公司实行多元化经营进入微波炉产业的动因（采用多元化战略的优点）；

（2）简要分析兰微公司微波炉产品实施成本领先战略的条件（从市场情况、资源能力两个方面）与风险；

（3）简要分析光美公司微波炉产品战略转型、实施差异化战略的条件（从市场情况、资源能力两个方面），以及光美公司如何防范差异化战略的风险；

（4）简要分析兰微公司为阻止光美公司进入微波炉产业所设置的行为性障碍；

（5）简要分析光美公司战略转型中研发的类型、动力来源和定位；

（6）依据市场营销组合四个要素，简要分析光美公司如何运用市场营销来实现战略转型。（2016 年改编）

历年经典主观题参考答案及解析

使用“会计云课堂”App 或“微信”扫码对答案、看解析、掌握解题思路，开启轻松过关之旅。

一、简答题

1.【答案】

（1）①政治和法律环境。“2014 年 7 月政府有关部门相继出台两个关于规范和监管跨境贸易电子商务的公告，从政策层面上认可了跨境电商业务”。

②经济环境。“随着中国经济的迅速发展，消费者境外购物的需求不断增加”。

③社会和文化环境。“以满足年轻女性日益增长的对于时尚、娱乐、情感交流以及精致生活的全方位需求”。

④技术环境。“借助迅猛发展的数字技术”。

（2）①地理细分。“一二线城市的年轻女性”。

②人口细分。“一二线城市的年轻女性”。

③心理细分。“以满足年轻女性日益增长的对于时尚、娱乐、情感交流以及精致生活的全方位需求”。

④行为细分。“以满足年轻女性日益增长的对于时尚、娱乐、情感交流以及精致生活的全方位需求”。

（3）依据蓝海战略重建市场边界的基本法则（开创蓝海战略的路径），红宝宝公司开创的生存与发展空间的主要路径如下：

①审视他择产业或跨越产业内不同的战略群组。“2013 年 12 月，红宝宝公司以海外购物攻略为切入点，建立了一个分享境外购物经验笔记和攻略的 UGC（用户创造内容）手机

App社区平台……2014年12月，红宝宝公司正式上线电商渠道，结合社区和数据选品实现商业闭环。在这一阶段，公司着重加强电商板块”。

②重新界定产业的买方群体。“将其内容定位为标记自己的生活，把与生活息息相关的事物或经验传递他人……通过普通用户对这些内容的分享和传递，引起其他用户内心的共鸣，产生对该产品的购买欲，之后即可以直接在红宝宝商城进行购买”。

③放眼互补性产品或服务。“社交功能与网购功能并行。经过对商业模式的摸索，公司找到了自己的定位——社交内容电商平台”。

④重设客户的功能性或情感性诉求。“将其内容定位为标记自己的生活，把与生活息息相关的事物或经验传递他人。平台将内容细分为时尚穿搭、护肤、发型、彩妆、动漫、音乐、食谱、运动健身、旅游、摄影、明星等30余个类别，以满足年轻女性日益增长的对于时尚、娱乐、情感交流以及精致生活的全方位需求”。

⑤跨越时间参与塑造外部潮流。“公司开创的社交内容电商平台，充分挖掘了消费者、商家、创造者和平台方的价值创造潜力，引领着价值共创共享的时代潮流”。

2.【答案】

（1）①克服零散——获得成本优势。

a. 连锁经营或特许经营。“张生于2007年在G市创办猪肉连锁店”“2019年，‘特号土猪’品牌连锁店开到全国20多个城市，共有2000多家门店”。

b. 技术创新以创造规模经济。“开办了培训职业屠夫的‘屠夫学校’，培养目标是‘通晓整个产业流程的高素质创新性人才’”“在互联网大潮引领下，‘特号土猪’登陆国内最大电商平台，成为第一个面向大众消费者的‘互联网+’猪肉品牌。线上与线下同时发力，‘特号土猪’品牌影响力进一步扩展，销量也更上一层楼”。

②增加附加价值——提高产品差异化程度。“多年的教育背景让李轩把卖猪肉这个生意做到了很高的水准，他从来不卖注水肉，品质不好的肉坚决不进货，也从不缺斤少两，慢慢地积攒了诚信经营的口碑”“他们自己养猪，自己卖猪。他们选择口感颇受国内百姓喜爱的优良土猪品种；猪场采用半开放式的大空间，让猪自由活动；猪场里设有音响，专门给猪听音乐。他们认为，猪和人一样，只有心情愉悦，才会长得又肥又壮，肉质也会更加鲜美”“开办了培训职业屠夫的‘屠夫学校’，培养目标是‘通晓整个产业流程的高素质创新性人才’”。

③专门化——目标集聚。“十几年来，李轩和张生专心致志，将‘特号土猪’高端品牌做到极致”。

（2）①具有强大的研发能力和产品设计能力。“他们自己养猪，自己卖猪。他们选择口感颇受国内百姓喜爱的优良土猪品种；猪场采用半开放式的大空间，让猪自由活动；猪场里设有音响，专门给猪听音乐。他们认为，猪和人一样，只有心情愉悦，才会长得又肥又壮，肉质也会更加鲜美”“开办了培训职业屠夫的‘屠夫学校’，培养目标是‘通晓整个产业流程的高素质创新性人才’”。

②具有很强的市场营销能力。“从来不卖注水肉，品质不好的肉坚决不进货，也从不缺斤少两，慢慢地积攒了诚信经营的口碑，一天能卖出十几头猪”“在互联网大潮引领下，‘特号土猪’登陆国内最大电商平台，成为第一个面向大众消费者的‘互联网+’猪肉品牌。线上与线下同时发力，‘特号土猪’品牌影响力进一步扩展，销量也更上一层楼”。

③有能够确保激励员工创造性的激励体制、管理体制和良好的创造性文化。“开办了培训

职业屠夫的‘屠夫学校’，培养目标是‘通晓整个产业流程的高素质创新性人才’”。

④具有从总体上提高某项经营业务的质量、树立产品形象、保持先进技术和建立完善分销渠道的能力。“李轩和张生开始联手打造‘特号土猪’的猪肉品牌”“选择口感颇受国内百姓喜爱的优良土猪品种；猪场采用半开放式的大空间，让猪自由活动；猪场里设有音响，专门给猪听音乐”“开办了培训职业屠夫的‘屠夫学校’，培养目标是‘通晓整个产业流程的高素质创新性人才’”“在互联网大潮引领下，‘特号土猪’登陆国内最大电商平台，成为第一个面向大众消费者的‘互联网 +’猪肉品牌”“十几年来，李轩和张生专心致志，将‘特号土猪’高端品牌做到极致”。

3.【答案】

（1）①专有技术选择、获取与应用的困难。“为了实现‘没有里程焦虑’，‘家家智造 ONE’采用全新的形式——增程式电动。王向认为，相对于 U 国 TL 等电动车采用的充电桩 / 换电站等方式，中国消费者更需要从产品本身去解决问题的产品”。

②原材料、零部件、资金与其他供给的不足。“家家公司开始全面布局：通过三轮融资获得资金，拥有了自己的制造基地，与国内最大的出租车网约平台合作切入共享出行领域，积极投资产业链（包括投资孵化自动驾驶系统供应商 MJ 公司、专注自动驾驶中央控制器的 ZX 公司以及研发生产激光雷达的 LH 公司等）”。

③顾客的困惑与等待观望。“这场发布会没有明星大腕捧场助阵，全程由王向一人直接以大量数据对比和充满硬核知识的干货完成了自我演绎，让消费者在各类新产品中有了清晰的比较”。

④被替代产品的反应。“王向表示，‘家家智造 ONE’定价不会高于 40 万元，而增程式电动技术显著难于纯电动车，因而‘家家智造 ONE’的性价比具有优势”。

⑤缺少承担风险的胆略与能力。“家家公司的董事长兼创始人王向认为，汽车制造业已经进入 2.0 数字时代，其特征是电机驱动 + 智能互联；而汽车 3.0 时代是人工智能时代，其特征是无人驾驶 + 出行空间。为了赢得 2.0 时代，并参与 3.0 时代的竞争，家家公司开始全面布局”“王向认为，未来企业竞争的关键要素，是具备快速成长能力的公司组织。他把 60% 的时间用于组织管理，以是否具备创新能力与正确价值观而非是否来自成功大企业为标准选拔人才；帮助团队中每一个人成就心中的事业追求，去挑战自己和团队成长的极限”“由于低速车的合法性以及海外分时租赁市场实际容量的局限，这个雄心勃勃的计划，还是夭折了。面对挫折，王向立即将公司产品开发重心转移到中大型 SUV 的‘家家智造 ONE’”。

（2）①避开进入壁垒，迅速进入，争取市场机会，规避各种风险。“被业界称为家家公司‘完美避开进入门槛’，取得了新能源汽车的生产资质”。

②获得协同效应。“家家公司与 LF 股份公司还签署了为期 3 年的框架合作协议。双方将通过资源互补、技术互补等方式，在新能源技术开发、车联网、人车交互及数据共享等领域形成技术联盟”。

③克服企业负外部性，减少竞争，增强对市场的控制力。“‘完美避开进入门槛’，取得了新能源汽车的生产资质，以实现王向掌控并引领新能源汽车市场的梦想”。

（3）LF 股份公司采用收缩战略的原因：

①主动原因：为了满足企业战略重组的需要。“而此举对于 LF 股份公司而言是其战略重组的一部分，将经营不善的 C 市 LF 汽车公司剥离出去，以应对流动资金不足的困境”。

②被动原因：内部环境原因。“将经营不善的C市LF汽车公司剥离出去”。

LF股份公司采用收缩战略的方式是放弃战略中的卖断。“家家公司以6.5亿元收购LF股份公司所持有的C市LF汽车公司100%股权”。

4.【答案】

（1）横向一体化战略。“投巨资创建了果硕酒店品牌。果硕酒店布局全国一二线核心城市，以发挥规模经济优势。2019年，果硕酒店全国连锁店近千家，覆盖百余城市，在国内激烈竞争的中档酒店中成为规模领先的酒店集团”。

适用条件：

①企业所在产业竞争较为激烈。“在国内激烈竞争的中档酒店中成为规模领先的酒店集团”。

②企业所在产业的规模经济较为显著。“以发挥规模经济优势”。

③企业能够在局部地区获得一定的垄断地位。“成为规模领先的酒店集团”。

④企业所在产业的增长潜力较大。“抓住酒店市场消费升级的机遇”。

⑤企业具备横向一体化所需的资金、人力资源等。“投巨资创建了果硕酒店品牌”。

（2）前向一体化战略。“果硕酒店集团毅然投入上亿元资金建设营邦洗涤产业园区，这是国内首个现代化智慧洗涤产业园区”“截至2019年年底，营邦洗涤产业园区累计投入超2亿元，在国内十余个城市布局5个智慧洗涤产业园、12个洗涤龙智慧工厂，投产30条洗涤龙，成为国内连锁布局范围最广、工厂数量最多、上线洗涤龙最多的公纺洗涤龙头企业”。

适用条件：

①企业现有销售商的销售成本较高或者可靠性较差而难以满足企业的销售需要。“敏锐地感受到酒店经营中一个核心业务环节——酒店布草洗涤，未来一定向规模化、产业化的方向发展，布草洗涤的效率提升、节能降耗、物流升级将成为现实”“营邦洗涤产业园区在有效集合上下游产业链资源，实现规模效应、显著降低能耗和人力成本的同时，规范园区污水排放处理，自建万吨污水处理设施，每年节水上千万吨”。

②企业所在产业的增长潜力较大。“果硕酒店集团从国内酒店行业巨大的发展潜力中”。

③企业具备前向一体化所需的资金、人力资源等。“果硕酒店集团毅然投入上亿元资金建设营邦洗涤产业园区”。

④销售环节的利润率较高。“酒店布草洗涤，未来一定向规模化、产业化的方向发展”“营邦洗涤产业园区成为果硕酒店集团新的利润增长点”。

（3）后向一体化战略。“2019年12月，营邦洗涤产业园区的业务进一步拓展，完成5000万元布草采购，全部植入RFID芯片，全力推进布草租洗业务”。

适用条件：

①企业现有的供应商供应成本较高或者可靠性较差而难以满足企业对原材料、零部件等的需求。“一是因为纺织品利用率大幅提升，有效提升行业成本管控能力；二是租赁的纺织品规格材质相对统一，能更充分发挥洗涤设备效率，同步提升行业周转效率；三是传统洗涤与物联网技术结合，洗涤标准化流程更加成熟，同时标准化的流程也有利于保护和延长纺织品的使用寿命”。

②企业所在产业的增长潜力较大。“果硕酒店集团从国内酒店行业巨大的发展潜力中”。

③企业具备后向一体化所需的资金、人力资源等。“营邦洗涤产业园区的业务进一步拓展，完成5000万元布草采购，全部植入RFID芯片，全力推进布草租洗业务”。

④供应环节的利润率较高。“采用布草租赁洗涤模式，对于酒店上下游产业链降低成本、

提高利润的好处显而易见：一是因为纺织品利用率大幅提升，有效提升行业成本管控能力；二是租赁的纺织品规格材质相对统一，能更充分发挥洗涤设备效率，同步提升行业周转效率；三是传统洗涤与物联网技术结合，洗涤标准化流程更加成熟，同时标准化的流程也有利于保护和延长纺织品的使用寿命”。

⑤企业产品价格的稳定对企业而言十分关键，后向一体化有利于控制原材料成本，从而确保产品价格的稳定。“一是因为纺织品利用率大幅提升，有效提升行业成本管控能力；二是租赁的纺织品规格材质相对统一，能更充分发挥洗涤设备效率，同步提升行业周转效率；三是传统洗涤与物联网技术结合，洗涤标准化流程更加成熟，同时标准化的流程也有利于保护和延长纺织品的使用寿命”。

5.【答案】

（1）喜旺公司所实施的发展战略类型属于纵向一体化战略，包括前向一体化战略和后向一体化战略。

①前向一体化战略。“自建物流体系”“进一步整合物流配送资源和能力”。

其动因（优势）是有利于企业控制和掌握市场，增强对消费者需求变化的敏感性，提高企业产品的市场适应性和竞争力。“随着商品年销售量的不断增加，第三方物流配送能力不足、每天数千单货物积压问题日益显著，严重影响服务质量和客户满意度。喜旺公司决定自建物流体系”“喜旺公司这一系列举措，使得其下游配送的效率取得质的飞跃”。

②后向一体化战略。“运用多种方式整合与完善商品采购与供给端”。

其动因（优势）是有利于企业有效控制关键原材料等投入的成本、质量及供应可靠性，确保企业生产经营活动稳步进行。“为了确保上游供给商品的质量与可靠性”“喜旺公司与国信医药公司合作，使用户在喜旺平台可购买处方药品”“永芒超市是国内超市中最好的生鲜品供应商，拥有业内最低的生鲜品采购成本”。

（2）喜旺公司实施发展战略所采用的途径：

①外部发展（并购）。“2014 年 3 月，喜旺公司并购迅风物流”“2016 年 5 月，喜旺公司并购‘快快’，实现‘两小时极速达’的个性化增值服务”。

②内部发展（新建）。“自建物流体系……2007 年投资 2000 万元建立东速快递公司，专门为喜旺商城提供物流服务……喜旺公司不断完善物流配送体系，将大量资金用于物流队伍、运输车队、仓储体系建设。到 2011 年，喜旺公司在全国各地建立 7 个一级物流中心和 20 多个二级物流中心，以及 118 个大型仓库”“2014 年 6 月，喜旺公司投资智能体重体脂秤 P 产品；2015 年 5 月，喜旺公司投资 7000 万美元建立生鲜电商果园”。

③战略联盟。“2014 年 10 月，喜旺公司与国有邮政公司达成战略合作”“2014 年 4 月，喜旺公司与国内最大海洋牧场微岛公司达成合作协议”“喜旺公司与国信医药公司合作，使用户在喜旺平台可购买处方药品”“2015 年 8 月，喜旺公司出资 43 亿元战略入股永芒超市，取得 10% 股权”。

（3）①避免或减少竞争。“线上线下两大零售巨头原本是竞争对手，达成合作后……双方还有较大的潜在合作空间”。

②实现资源互补。“永芒超市是国内超市中最好的生鲜品供应商，拥有业内最低的生鲜品采购成本。永芒超市的门店超过 350 家，但还不能覆盖全国……达成合作后，在永芒超市门店尚未覆盖的区域，喜旺公司可以与永芒超市共同提供 O2O 服务（online 线上网店和 offline 线下消费）”。

③开拓新的市场。“喜旺公司可以与永芒超市共同提供O2O服务（online线上网店和offline线下消费）”（喜旺开拓线下市场，永芒超市开拓线上市场）。

6.【答案】

（1）①外部发展（并购）。“公司先后实施四次跨国并购，获取了欧美知名企业的品牌、渠道、研发设计及制造能力等战略性资产，实现了从OEM向原始设计制造商OBM的升级”“2001年，日升公司斥资完成对原委托方FG公司的收购，直接进入M国中高档家具市场”“日升公司于2006年至2008年又先后收购国际三大品牌家具制造商”。

②内部发展（新建）。“1996年在国内设立生产基地，建设了五个制造厂房”“1999年3月，日升公司在M国组建公司并创立公司品牌‘LC’，主要从事中低端家具的生产和销售”“2000年和2008年，在国内设立研发中心的基础上，日升公司又分别在M国和欧洲设立了研发中心”“2009年9月在国内建成了日升国际风尚馆”“2010年，开展酒店家具业务，并在J国和N国设立生产基地”“日升公司在国内18个城市23家门店销售产品”。

③战略联盟。“日升公司最初主要从事OEM代工业务，为M国的客户FG公司贴牌生产家具配套及小巧家具组件”“日升公司在原有多个知名品牌的基础上，运用特许经营品牌、针对细分客户设立新品牌等策略，进一步巩固日升公司的OBM业务”。

（2）①研发能力。“公司先后实施四次跨国并购，获取了欧美知名企业的品牌、渠道、研发设计及制造能力等战略性资产，实现了从OEM向原始设计制造商OBM的升级”“2000年和2008年，在国内设立研发中心的基础上，日升公司又分别在M国和欧洲设立了研发中心”。

②生产管理能力。“1996年在国内设立生产基地，建设了五个制造厂房”“公司业务扩展至餐厅及卧房家具，成为国内首家生产卧房家具的企业。1998年，日升公司单月出货量从100个货柜大幅提升至300个货柜，制造能力远远超过昔日家具业的龙头老大”。

③营销能力。

a.产品竞争能力。“1998年，日升公司单月出货量从100个货柜大幅提升至300个货柜，制造能力远远超过昔日家具业的龙头老大”“四次跨国收购使日升公司的产品组合由单一的中低端木制家具拓展为包含中低端、高端、顶级木制家具，以及沙发、酒店家具的组合；销售市场由M国扩展到欧洲”。

b.销售活动能力。“多年的国际化经历使日升公司在生产、设计、销售方面储备、积累了大量人才和经验”“2008年日升公司在国内展会上全面亮相，展出专门针对国内市场开发的三大品牌——‘日升家居’‘日升家园’‘日升屋’。2009年9月在国内建成了日升国际风尚馆”“2009年、2012年，先后推出特许品牌‘PDH’和‘PDK’；2011年，推出青年家具品牌‘SM’；2012年，M国日升推出特许品牌‘MH’；2013年，推出特许品牌‘WB’；2014年，推出婴儿家具品牌‘SB’”。

c.市场决策能力。“公司在低附加值的经营中认识到打造自身品牌的重要性”“然而，日升公司在M国自创品牌的成效并不显著。于是，公司先后实施四次跨国并购”“出于对国内市场潜力的判断，日升公司适时调整经营策略，决定在巩固海外市场的同时，进军国内市场”。

④财务能力。“2005年日升公司成功上市。上市后，公司市值从2004年的1.37亿美元跃升至2005年的3.69亿美元，增长2.69倍。在强大的资金和产能支持下”。

⑤组织管理能力。“公司先后实施四次跨国并购”“出于对国内市场潜力的判断，日升公司

适时调整经营策略，决定在巩固海外市场的同时，进军国内市场”“日升公司在原有多个知名品牌的基础上，运用特许经营品牌、针对细分客户设立新品牌等策略”“日升公司在国内 18 个城市 23 家门店销售产品”。

【名师点题】市场决策能力是以产品竞争能力、销售活动能力的分析结果为依据的，是领导者对企业市场进行决策的能力。因此，“市场决策能力”的重点在于是否体现了领导的决策力。比如，“公司在低附加值的经营中认识到打造自身品牌的重要性”体现的是领导者认识到在销售中品牌的重要性，随后开始设立品牌，故属于市场决策能力。市场决策能力通常关键词是“认识到”“出于……的判断”等。

组织管理能力主要侧重的是对组织的管理与整合，是指为了有效地实现目标，灵活地运用各种方法，把各种力量合理地组织和有效地协调起来的能力，主要涉及组织结构的调整、职能管理体系的任务分工、岗位责任、集权和分权的情况、管理层次和管理范围的匹配等方面。另外，根据第四章的内容可知，企业战略的变化会引起企业组织结构的变化，因此企业在进行跨国并购或者经营策略调整时，与之对应的组织结构也会发生变化，故“公司先后实施四次跨国并购”和“出于对国内市场潜力的判断，日升公司适时调整经营策略，决定在巩固海外市场的同时，进军国内市场”属于组织管理能力的范畴。“日升公司在原有多个知名品牌的基础上，运用特许经营品牌、针对细分客户设立新品牌等策略”：因为企业在原有品牌的基础上，对这些品牌进行了整理和规划（运用特许经营品牌、针对细分客户设立新品牌等），所以涉及了企业管理的问题，故属于组织管理能力的范畴。“日升公司在国内 18 个城市 23 家门店销售产品”：因为日升公司设立了很多门店，而这就会涉及日升公司对各个门店的管理问题，故属于组织管理能力的范畴。

7.【答案】

（1）信达公司所实施的竞争战略类型是差异化战略。“信达公司拒绝参与彩电行业价格战，每年将销售收入的 5% 投入研发”。

从资源和能力角度，信达公司实施差异化战略的条件：

①具有强大的研发能力和产品设计能力。“每年将销售收入的 5% 投入研发”“2005 年研发成功‘中国芯’”“建成中国电视行业第一条液晶模组线，彻底扭转中国液晶模组几乎全部依赖外国企业的状况”“‘UL 显示技术’是信达公司 10 年来对电视行业上游垄断发起的第 3 次突围战”。

②具有很强的市场营销能力。“信达公司以强大的研发实力为后盾，以优秀的销售团队为支撑，产品销售额与营销收入实现稳步增长。根据有关部门提供的信息，2018 年，信达公司电视机的营业收入位居全球品牌第三位，国内品牌第一位”。

③有能够确保激励员工创造性的激励体制、管理体制和良好的创造性文化。“公司实行奖金与开发成果挂钩的制度，将技术开发人员工资涨到一线工人的 3 倍”。

④具有从总体上提高某项经营业务的质量、树立产品形象、保持先进技术和建立完善分销渠道的能力。“公司董事长程静强调：‘那些只引进不研发、落伍了再引进的企业，没有追求，必死无疑’”“在信达公司彩电业务的发展过程中，经历了 4 个关键的转折点”。

（2）信达公司的研发定位是成为成功产品的创新模仿者。“2005 年研发成功‘中国芯’……彻底打破了国外芯片的垄断地位”“建成中国电视行业第一条液晶模组线，彻底扭转中国液晶模组几乎全部依赖外国企业的状况”“‘UL 显示技术’是信达公司 10 年来对电视行业上游垄断发起的第 3 次突围战。凭借历时 7 年研发的激光电视提前锁定主动权，在全球大屏幕电视市场赢得了一席之地”。

8.【答案】

（1）①技术的不确定性。“新能源汽车的驱动原理与传统燃油汽车有着本质性的区别。技术的不确定性以及业务创新对技术和人才储备的要求都是对企业严峻的考验”。

②战略的不确定性。“新能源汽车企业的运营模式、行业规范和服务体系等方面无法仿照传统燃油汽车，存在诸多不确定性”。

③成本的迅速变化。“消费者普遍认为新能源汽车……价格过高且伴随规模经济与经验曲线的形成肯定会大幅度降价”。

④首次购买者。“在这种情况下，企业市场营销的中心活动只能是选择顾客对象并诱导初始购买行为”。

（2）①专有技术选择、获取与应用的困难。“对传统汽车企业而言，研发新能源汽车是一个全新的挑战。新能源汽车的驱动原理与传统燃油汽车有着本质性的区别。技术的不确定性以及业务创新对技术和人才储备的要求都是对企业严峻的考验”。

②原材料、零部件、资金与其他供给的不足。“新能源汽车供应链处于初建期，企业原材料、零部件及其他供给不足；分销渠道、充电设备、维修保养、保险业务等服务很不完善”。

③顾客的困惑与等待观望。“消费者普遍认为新能源汽车技术尚不成熟，服务设施尚不完善，价格过高且伴随规模经济与经验曲线的形成肯定会大幅度降价，第二代或第三代产品将迅速取代现有产品，因而采取等待观望态度”。

④被替代产品的反应。“此前传统汽车企业大多采取深耕传统燃油汽车的策略以降低被新能源汽车替代的风险”。

⑤缺少承担风险的胆略与能力。“传统汽车生产企业旭辉公司决定研发、生产国内第一款新能源汽车，此举在同行眼中无异于一种‘逆风而上’的冒险行为”“旭辉公司以一往无前的勇气和高瞻远瞩的眼力，坚守十年时间，实现了对新能源汽车领域核心技术的掌控与完整的产业链布局，也迎来新能源汽车销量在国内外的全面爆发”。

9.【答案】

（1）小马驹农园体现了蓝海战略的如下特征：

①规避竞争，拓展非竞争性市场空间。“在传统农产品的激烈竞争中，确保了稳定的市场和农民可靠的收入来源”。

②创造并攫取新需求。“随着生活节奏的加快，生活在都市的人们越来越希望能有一方净土，在空闲的时光摆脱繁忙的工作，通过劳动来净化自己的心灵，回归到最简单家庭亲情的生活方式中。此外，消费者对有机农产品的需求与日俱增，而一些企业的不规范行为导致消费者对市场销售的有机农产品的真实性产生质疑。一种新型的社区支持型农业顺应这些需求而产生”。

③打破价值与成本互替定律，同时追求差异化和低成本，把企业行为整合为一个体系。“小马驹市民农园新鲜的有机农产品去掉了中间商，可以直接被会员们购买……由于降低了农产品物流和包装成本，会员们能够亲历有机农产品的生产过程，也满足了会员们能够放心地享用物美价廉有机农产品的消费需求”。

（2）小马驹农园在激烈的农产品生产领域开创新的生存与发展空间的路径如下：
①审视他择产业或跨越产业内不同的战略群组。“农园将农业、休闲业、教育产业融为一体”。
②重新界定产业的买方群体。“小马驹市民农园新鲜的有机农产品去掉了中间商，可以直接被会员们购买”。
③放眼互补性产品或服务。“农园将农业、休闲业、教育产业融为一体”。
④重设客户的功能性或情感性诉求。“这些配送为消费者提供了便利，使他们享受到被关爱的体验”“有儿童的家庭特别青睐这种亲近自然、家庭团聚、寓教于乐的模式。小马驹农园策划了很多节事活动……对小朋友进行传统农耕和文化教育。农园还开展了一些活动激发小朋友的兴趣……这些活动是孩子们在城市中不可能见到的。在农园一角设立了一个大食堂，会员在劳动过程中，可以到食堂用餐。农园要求会员用餐后自己洗碗，洗碗用的不是洗涤灵，而是麦麸，更增添了农园天然质朴环保的色彩”。
⑤跨越时间参与塑造外部潮流。“一种新型的社区支持型农业顺应这些需求而产生，其中以小马驹市民农园最为知名”。

10.【答案】
（1）环亚汽车公司在分析自身的资源和能力，从而构筑其竞争优势的过程中，主要通过如下方式体现价值链分析方法：
①确认那些支持企业竞争优势的关键性活动。“新能源汽车生产的关键在于掌握三大核心零部件电机、电控与电池的生产制造技术以及具有完备的整车组装能力。环亚汽车公司下大力气增强企业这些关键性活动的竞争优势”。
②明确价值链内各种活动之间的联系。“环亚汽车公司在包括电机、电控与电池生产领域投入的研发费用占销售收入比重达 4.13%，远高于国内同类汽车生产企业的研发投入占比，与国际知名汽车品牌企业相当”“2008 年环亚汽车公司以近 2 亿元的价格收购了半导体制造企业中达公司，此次收购使环亚汽车公司拥有了电动汽车驱动电机的研发能力和生产能力。2011 年环亚汽车公司与国际知名老牌汽车制造企业 D 公司成立合资企业，借助 D 公司掌握的汽车结构以及安全领域的专有技术，增强公司在汽车整车组装方面的研发能力和生产能力”“2009 年环亚汽车公司以 6000 万元的价格收购国内美泽客车公司，获得客车生产许可证；2014 年环亚汽车公司又与国内广贸汽车集团分别按 51% 和 49% 的持股比例合资设立新能源客车公司”。
③明确价值系统内各项价值活动之间的联系。“近年来，环亚汽车公司开启了向产业上下游延展的战略新举措。2015 年环亚汽车公司收购专门从事盐湖资源综合利用产品的开发、加工与销售的东州公司，这一收购整合了环亚汽车公司汽车零部件的生产。2016 年环亚汽车公司以 49% 的持股比例，与青山盐湖工业公司及深域投资公司共同建立合资企业，注册资本 5 亿元人民币。此次合作实现了环亚汽车公司的动力锂电池优势与盐湖锂资源优势相结合。2015 年环亚汽车公司与广安银行分别以 80% 和 20% 的持股比例合资成立环亚汽车金融公司，注册资本 5 亿元人民币。这是环亚汽车公司向汽车服务市场延伸的一个重大事件”。
（2）环亚汽车公司实施发展战略所采用的主要途径：
①内部发展（新建）。“环亚汽车公司在包括电机、电控与电池生产领域投入的研发费用占销售收入比重达 4.13%”“环亚汽车公司自主研发的磷酸铁锂电池（锂电池的一种）及管理系统安全性能好、使用寿命长”“环亚汽车公司自主研发的永磁同步电机功率大、扭

矩大，足够满足双模电动汽车（拥有燃油驱动与电能驱动两种动力系统，驱动力可以由电动机单独供给，也可以由发动机与电动机耦合供给，与混合动力汽车并无差别）与纯电动车的动力需求。环亚汽车公司自主研发的动力系统匹配技术能够保证动力电池、驱动电机及整车系统的匹配，保证整车运行效率”。

②外部发展（并购）。“2003 年，‘电池大王’环亚公司收购了一家汽车制造公司，成立了环亚汽车公司”“2008 年环亚汽车公司以近 2 亿元的价格收购了半导体制造企业中达公司”“2009 年环亚汽车公司以 6000 万元的价格收购国内美泽客车公司，获得客车生产许可证”“2015 年环亚汽车公司收购专门从事盐湖资源综合利用产品的开发、加工与销售的东州公司”。

③战略联盟。“2011 年环亚汽车公司与国际知名老牌汽车制造企业 D 公司成立合资企业，借助 D 公司掌握的汽车结构以及安全领域的专有技术，增强公司在汽车整车组装方面的研发能力和生产能力”“2014 年环亚汽车公司又与国内广贸汽车集团分别按 51% 和 49% 的持股比例合资设立新能源客车公司”“2016 年环亚汽车公司以 49% 的持股比例，与青山盐湖工业公司及深域投资公司共同建立合资企业”“2015 年环亚汽车公司与广安银行分别以 80% 和 20% 的持股比例合资成立环亚汽车金融公司”。

11.【答案】

（1）千百集团收购羊乐火锅效果不尽如人意的主要原因：

①决策不当。“收购后的标准化管理未必适合饮食文化多元化的中餐，即使对于形式相对简单的火锅也不例外……羊乐火锅标准化管理的升级将着重于店面的装修风格和菜品的精致程度向千百旗下的外资餐饮企业看齐，而羊乐火锅原来引以自傲的‘美味锅底、无须蘸料’的特色被改掉，没有及时更新菜品，不能针对不同顾客提供差异化服务（如南北方消费者对调料的不同需求），使得消费者失去了以往享用羊乐火锅的乐趣”“千百集团运用‘关、延、收、合’四字诀对羊乐火锅的加盟店进行整顿，使得原来羊乐火锅的门店数量大幅缩减，又没有及时对羊乐火锅门店开展新的布局，因而失去了羊乐火锅旨在‘让消费者到处能看到我的店’打造的规模经济优势”。

②并购后不能很好地进行企业整合。“羊乐火锅标准化管理的升级将着重于店面的装修风格和菜品的精致程度向千百旗下的外资餐饮企业看齐，而羊乐火锅原来引以自傲的‘美味锅底、无须蘸料’的特色被改掉，没有及时更新菜品，不能针对不同顾客提供差异化服务（如南北方消费者对调料的不同需求）”“千百集团运用‘关、延、收、合’四字诀对羊乐火锅的加盟店进行整顿，使得原来羊乐火锅的门店数量大幅缩减，又没有及时对羊乐火锅门店开展新的布局”“羊乐火锅原创团队就离开，之前多年积累的企业竞争优势也随之消失殆尽”。

③支付过高的并购费用。“千百集团以 6.5 港元 / 股的注销价格（溢价 30%）、总额近 46 亿港元现金完成了对羊乐火锅的高价收购”。

（2）餐饮企业可以从以下角度选择和实施波特的基本竞争战略：

①克服零散——获得成本优势。“羊乐火锅以……‘让消费者到处能看到我的店’的全国连锁经营布局赢得消费者的喜爱”“千百集团运用‘关、延、收、合’四字诀对羊乐火锅的加盟店进行整顿，使得原来羊乐火锅的门店数量大幅缩减，又没有及时对羊乐火锅门店开展新的布局，因而失去了羊乐火锅旨在‘让消费者到处能看到我的店’打造的规模经济优势”“这些公司……以及不断拓展的门店布局，赢得日益挑剔的消费者的青睐”。

②增加附加价值——提高产品差异化程度。“火锅……作为一种餐饮文化，很难用标准化的管理模式去‘经营’。消费者对口味的感受需要多元化的体验。羊乐火锅标准化管理的升级将着重于店面的装修风格和菜品的精致程度向千百旗下的外资餐饮企业看齐，而羊乐火锅原来引以自傲的‘美味锅底、无须蘸料’的特色被改掉，没有及时更新菜品，不能针对不同顾客提供差异化服务（如南北方消费者对调料的不同需求），使得消费者失去了以往享用羊乐火锅的乐趣”“这些公司各自以其鲜明的特色、不断地推陈出新……赢得日益挑剔的消费者的青睐”。

③专门化——目标集聚。“经过多年的发展和改良，火锅种类的划分更加细化，作为一种餐饮文化，很难用标准化的管理模式去‘经营’。消费者对口味的感受需要多元化的体验”“这些公司各自以其鲜明的特色、不断地推陈出新、清晰的市场定位……赢得日益挑剔的消费者的青睐”。

12.【答案】

（1）成本领先战略的实施条件：

市场情况：

①市场中存在大量的价格敏感用户。“消费者更多地关注产品价格”。

②产品难以实现差异化。“智能手机市场上国内中低端品牌与国际高端品牌的技术差距正逐步缩小”。

③购买者不太关注品牌。“智能手机市场上国内中低端品牌与国际高端品牌的技术差距正逐步缩小”。

④价格竞争是市场竞争的主要手段。“价格竞争开始成为市场竞争的主要手段”。

资源和能力：

①实现规模经济。“2011~2015 年智勤手机的销售量突飞猛进地增长，进而为智勤手机通过规模经济降低成本和价格奠定了基础”。

②降低各种要素成本。“减少了昂贵的渠道成本”。

③提高生产率。“将手机硬件的研发和制造外包给其他公司，提高了生产率”。

④改进产品工艺设计。“为手机瘦身，把不需要的硬件去掉，把不需要的功能替换掉，简化框架结构设计，使用低成本的注塑材质工艺等”。

⑤选择适宜的交易组织形式。“将手机硬件的研发和制造外包给其他公司，提高了生产率，大大减小了智勤成立之初的资金压力”。

⑥重点集聚。“将目标市场消费者的年龄定位在 25 至 35 岁之间”。

（2）从消费者市场细分角度分析，智勤公司按照人口细分，把目标市场消费者的年龄定位在 25 至 35 岁之间。

从目标市场选择角度分析，智勤公司实施的是集中化营销策略。

从设计市场营销组合角度分析，智勤公司的营销策略：

①产品策略。“将目标市场消费者的年龄定位在 25 至 35 岁之间”“智勤手机以其‘高性价比’走入大众视线”“为了既保证高性价比又不降低手机的产品质量，智勤公司为手机瘦身，把不需要的硬件去掉，把不需要的功能替换掉，简化框架结构设计，使用低成本的注塑材质工艺等”。

②促销策略。“在营销推广方面，智勤公司没有使用传统的广告营销手段，而是根据消费者的不同类型，分别在智勤官网、QQ 空间、智勤论坛、微信平台等渠道进行智勤手机的

出售和智勤品牌的推广，在很大程度上采用粉丝营销、口碑营销的方式”“采用低价预订式抢购模式。这种先预定再生产的方式使智勤公司的库存基本为零，大大减少了生产运营成本”。

③分销策略。“开创了官网直销预订购买的发售方式，减少了昂贵的渠道成本，使智勤手机生产出来之后，不必通过中间商就可以到达消费者手中”。

④价格策略。“智勤手机定价只有国际高端品牌的 1/3”“为智勤手机通过规模经济降低成本和价格奠定了基础”。

【名师点题】“发现智能手机市场上国内中低端品牌与国际高端品牌的技术差距正逐步缩小，消费者更多地关注产品价格，价格竞争开始成为市场竞争的主要手段。在此基础上，智勤公司对消费者的年龄进行了细分，将目标市场消费者的年龄定位在 25 至 35 岁之间”表明智勤公司面对的是整个智能手机市场，只是在定位整个智能手机市场的基础上，为了配合成本领先战略的实施，实行重点集聚，但仍然没有放弃整个智能手机市场，因此不属于集中化战略。

二、综合题

【答案】

（1）光美公司实行多元化经营进入微波炉产业的动因：

①分散风险。“光美公司的主打产品空调、风扇等，销售旺季集中在每年的 3~8 月，在其余时间里资金和经销商资源的利用都明显不足，而推出微波炉产品可以弥补这一缺陷”。

②当企业在原产业无法增长时找到新的增长点。“有利于优化公司整体运作和产品结构，建立新的增长点”。

③利用未被充分利用的资源。“从制造技术的角度看，微波炉和光美公司已生产的电饭煲、电磁炉等产品都是使用电能转换加热系统，因此对微波炉的技术研发、生产制造和营销网络都有着极其便利的条件和经验”“在其余时间里资金和经销商资源的利用都明显不足”。

④运用盈余资金。“在其余时间里资金和经销商资源的利用都明显不足”。

⑤运用企业在某个产业或某个市场中的形象和声誉来进入另一个产业或市场。“还可以利用光美公司在其他厨具小家电市场上树立的品牌优势开拓市场”。

（2）兰微公司微波炉产品采用成本领先战略的实施条件（市场情况）：

①市场中存在大量的价格敏感用户。“兰微公司充分利用市场对微波炉产品价格的高度敏感”。

②产品难以实现差异化。“通过集中生产少数品种……使自己成为微波炉行业的‘霸主’”。

③价格竞争是市场竞争的主要手段。“充分利用市场对微波炉产品价格的高度敏感”“以‘价格战’不断摧毁竞争对手的防线”。

兰微公司微波炉产品采用成本领先战略的实施条件（资源和能力）：

①在规模经济显著的产业中装备相应的生产设施来实现规模经济。“通过……规模经济……多种手段降低成本”。

②降低各种要素成本。“通过……减少各种要素成本……多种手段降低成本”。

③提高生产率。“通过……提高生产效率……多种手段降低成本”。

④改进产品工艺设计。“通过……不断改进产品工艺设计……多种手段降低成本”。

⑤选择适宜的交易组织形式。“通过……承接外包等多种手段降低成本”。

⑥重点集聚。“通过集中生产少数品种……多种手段降低成本”。

风险：市场需求从注重价格转向注重产品的品牌形象，使得企业原有的优势变为劣势。“从光美公司掌握的数据看，国内市场的高端化消费趋势已经非常明显，低端产品对消费者已不具吸引力”“光美公司在2010年成功超越兰微公司成为微波炉出口冠军；在2012年，光美公司微波炉国内市场品牌价格指数全面超越兰微公司，由行业跟随者升级为行业领导者，跳出行业‘价格战’的恶性循环，实现了企业业绩持续增长”。

（3）光美公司微波炉产品采用差异化战略的实施条件（市场情况）：

①产品能够充分地实现差异化，且为顾客所认可。“如果能够开发并向市场推出使消费者迅速认识并接受微波炉的多种优点的产品，微波炉市场将进入另一个高速发展期”“从光美公司掌握的数据看，国内市场的高端化消费趋势已经非常明显，低端产品对消费者已不具吸引力”。

②顾客的需求是多样化的。“微波炉具有多种优点，它不仅能快速加热或烹调食物，而且没有油烟，还能保持食物的原汁原味与减少营养损失。在C国，虽然80%以上的家庭已经使用微波炉，但微波炉只是作为一个加热工具，它的多种优点还没被消费者充分认识”。

③创新成为竞争的焦点。“如果能够开发并向市场推出使消费者迅速认识并接受微波炉的多种优点的产品，微波炉市场将进入另一个高速发展期”“从光美公司掌握的数据看，国内市场的高端化消费趋势已经非常明显，低端产品对消费者已不具吸引力”。

光美公司微波炉产品采用差异化战略的实施条件（资源和能力）：

①具有强大的研发能力和产品设计能力。“确定公司技术发展方向以及技术发展路线”“开展广泛技术合作”“投入巨资改善软硬件条件”“变革学习、考核机制”。

②具有很强的市场营销能力。“光美公司在不断创新和推出产品的过程中，成功地开展了一系列促销活动”“2010年光美公司耗巨资在国内主要城市的核心终端，开辟了1000个‘蒸立方’品牌专柜”“2011年公司开发上线了新一代营销管理系统”“光美公司在海外前15大市场设立了区域经理，同时针对不同区域的主流客户设立了专门的产品开发团队”。

③有能够确保激励员工创造性的激励体制、管理体制和良好的创造性文化。“2009年之后，公司不断完善基于以市场、客户为导向的矩阵式管理模式”“公司不断加大对各类人员培训的投入，同时转变培训方式。公司要求中高层管理者每年必须走访市场不少于4次，倾听市场和客户的声音。公司定期组织中高层管理者赴日本、韩国企业进行学习交流取经。公司每年投入超过1000万元的培训费用用于员工的专业技能培训。公司出台专项政策，鼓励员工进行再学习、再深造。公司经常组织读书心得分享会，书目由公司总经理亲自选定，均与公司当期推动的变革措施有关。光美公司的绩效导向文化逐渐深入到员工骨髓，公司也结合各阶段工作重点在绩效考核导向方面进行不断的调整和优化”。

④具有从总体上提高某项经营业务的质量、树立产品形象、保持先进技术和建立完善分销渠道的能力。“光美公司在不断创新和推出产品的过程中，成功地开展了一系列促销活动”“光美公司在海外前15大市场设立了区域经理，同时针对不同区域的主流客户设立了专门的产品开发团队”“确定公司技术发展方向以及技术发展路线”“为了避免差异化成本过高，光美公司通过加大部件自制、精益运营、加强价值链信息共享和协同降低运营成本等手段来创新成本管控，解决成本与结构升级的矛盾，应对资源要素价格的持续上升，保证成本优势”。

光美公司注重防范差异化战略的风险：

①企业形成产品差别化的成本过高。“为了避免差异化成本过高，光美公司通过加大部件

自制、精益运营、加强价值链信息共享和协同降低运营成本等手段来创新成本管控，解决成本与结构升级的矛盾，应对资源要素价格的持续上升，保证成本优势”。

②竞争对手的模仿和进攻使已建立的差异缩小甚至转向。“光美公司以‘蒸功能’为主题的产品功能不断升级，针对不同消费群体的产品线不断扩充，‘蒸文化’逐步普及，公司和产品的品牌形象日益鲜明”。

（4）①限制进入定价。“对于光美公司的挑战，兰微公司予以迎击，不仅再次举起了‘价格战’的大旗”。

②进入对方领域。“宣布大举进军光美公司已拥有优势的产业，如空调、冰箱、风扇、电暖气等产业”。

（5）①研发的类型：产品研究——新产品开发。

②研发的动力来源：既是需求拉动，也是技术推动。“如果能够开发并向市场推出使消费者迅速认识并接受微波炉的多种优点的产品，微波炉市场将进入另一个高速发展期”“光美公司于 2006 年在国内率先推出具备蒸功能的产品，这不仅是第一款针对国内市场消费者使用习惯开发的本土化创新产品，实现了 C 国传统烹饪习惯与微波炉功能优点的有效结合……经过将近一年的推广，市场反响很好，显示了巨大的发展潜力”。

③研发的定位：成为向市场推出新技术产品的企业。“光美公司于 2006 年在国内率先推出具备蒸功能的产品”。

（6）①产品策略。“对微波炉‘蒸功能’的持续升级和传播”“2007 年……推出了第二代具备蒸功能的产品——‘全能蒸’微波炉”“2008 年，光美公司发布了 5 个系列 14 款‘蒸功能’微波炉”“2009 年，公司第三代产品‘蒸立方’面世”“2010 年，光美公司发布第五代‘蒸功能’系列新品”“2012 年光美公司发布了半导体、太阳能和云技术微波炉三大创新产品”。

②促销策略。“光美公司在不断创新和推出产品的过程中，成功地开展了一系列促销活动”“2006 年，光美公司开启了以‘食尚蒸滋味’为主题的全年推广活动，首次在各大电视台开展广告营销活动，同时在全国主要市场开展产品的循环演示活动。2008 年，光美公司主办了‘蒸夺营养冠军’的全国推广活动。2009 年，光美公司推出‘全蒸宴’的全国演示推广活动。2010 年，光美公司推出‘蒸出营养与健康——光美公司蒸立方’微波炉的电视形象广告片”。

③分销策略。“2010 年光美公司耗巨资在国内主要城市的核心终端，开辟了 1000 个‘蒸立方’品牌专柜”“2011 年公司开发上线了新一代营销管理系统，该系统实现了全国主要终端的销售、库存数据动态更新，公司能及时了解市场销售变化情况”“自 2007 年起，光美公司在海外前 15 大市场设立了区域经理，同时针对不同区域的主流客户设立了专门的产品开发团队”。

④价格策略。“退出 300 元以下微波炉市场，主流变频蒸立方产品价格集中在 3000~5000 元，最高端变频高温产品的零售价格高达 10000 元”“从 2012 年开始，超市系统将停止销售 399 元以下产品，在连锁销售系统中将停止销售 599 元以下产品”。

同步强化练习题

使用“会计云课堂”App 或“微信”扫码快速做题、对答案、看解析、掌握解题思路，开启轻松过关之旅。

一、单项选择题

1. J 公司是国内一家家具生产企业。2010 年以来，该公司依靠其成本优势，将产品成功打入了东南亚、欧洲和北美市场。2020 年，为了进入 R 国市场，J 公司在 R 国第一大城市经济开发区建成了一家家具生产工厂，并顺利将其产品销往 R 国各地。J 公司采取的发展战略类型是（　　）。
   A. 市场开发战略
   B. 相关多元化战略
   C. 市场渗透战略
   D. 产品开发战略

2. L 公司是一家知名的粤菜餐厅，在全国有 100 多家门店。为了在行业中始终保持领先地位，公司在内部设立了研究所，紧跟市场需求变化，定期开发特色菜上市，赢得了消费者好评。根据上述描述，L 公司采取的发展战略类型是（　　）。
   A. 市场开发战略
   B. 市场渗透战略
   C. 产品开发战略
   D. 多元化战略

3. 锦江国际酒店集团是中国目前规模最大的酒店集团，旗下拥有 8900 多家酒店，95 万多间客房。2020 年 3 月，该酒店集团并购了国内另一家著名的酒店连锁集团，市场份额提高了 15%，进一步巩固了其行业领先地位。锦江国际酒店集团实施上述并购的动机是（　　）。
   A. 避开进入壁垒，迅速进入，争取市场机会，规避各种风险
   B. 克服企业负外部性，减少竞争，增强对市场的控制力
   C. 避免经营风险
   D. 实现资源互补

4. Y 公司是国内一家燃煤火力发电企业。为了保障煤炭的稳定供给与产品质量，自 2017 年以来并购重组了 2 家煤炭企业，实现了高效、清洁、环保的发电方式。下列各项中，属于 Y 公司采用上述战略适用条件的是（　　）。
   A. 火力发电产业增长潜力较大
   B. Y 公司现有销售商的销售成本较高
   C. Y 公司存在过剩的生产能力
   D. 火力发电产业竞争较为激烈

5. X 公司是一家以小肥羊特色火锅为主业的公司。从 2000 年开始，X 公司为了重新调整业务组合，与 Y 公司达成如下交易：X 公司将旗下 50 家实体店转让给 Y 公司经营，并向 Y 公司收取一次性付清的费用，Y 公司可以使用 X 公司的品牌，但要严格遵守 X 公司的经营规定。X 公司所采用的放弃战略类型是（　　）。
   A. 特许经营
   B. 拆产为股 / 分拆
   C. 分包
   D. 卖断

6. 皇家御厨是国内一家知名的餐饮企业。2012 年以来，在中央八项规定、六条禁令出台后，原来定位为公款消费的国内高端餐饮企业进入了“寒冬”。皇家御厨积极顺应市场变化，对企业进行了重新定位——突出面向大众、打造特色，“做老百姓消费得起的美食”。此举不仅没有让皇家御厨进入死胡同，反而柳暗花明，重新获得了新的经济增长点。该企业采取的总体战略类型属于（　　）。

A. 多元化战略

B. 转向战略

C. 放弃战略

D. 稳定战略

7. 北京商惠源商贸公司是一家集种植、加工、冷藏、存储、配送于一体的一站式食品配送公司。该公司运用大数据挖掘技术，对某商务区的客户食品订货行为进行了深入调查，并根据调查结果，针对该商务区的客户制定和实施了一套促销方案，取得了良好效果。北京商惠源商贸公司实施的竞争战略属于（　　）。

A. 差异化战略

B. 成本领先战略

C. 集中化战略

D. 蓝海战略

8. D 公司是 E 国的一家区别于传统保险公司的保险集团公司，它取消了传统的经纪人。该公司认为，如果公司把工作做好，比如迅速完成理赔和取消复杂的表格，客户并不需要传统经纪人给予情感上的舒适感。因此，D 公司没有用经纪人和区域办公室，而是利用信息技术提高理赔的处理效率，并且将节省的成本返还给客户，为客户提供更优惠的保险费率。D 公司的经营模式取得了成功，营业额高速增长。D 公司实施蓝海战略的路径是（　　）。

A. 跨越时间

B. 重新界定产业的买方群体

C. 重设客户的功能性或情感性诉求

D. 跨越产业内不同的战略群组

9. 健翔公司是一家生产医用防护口罩的企业。2020 年 3 月份，公司管理层根据医学专家的预测，认为在最严重的 2020 年年初的这波新冠疫情过去之后，疫情可能会周期性地在 2020 年冬季爆发。因此，健翔公司决定加大公司上半年防护口罩的产量，以应对未来防疫需求的增长。健翔公司采用的平衡产能与需求的方法是（　　）。

A. 库存生产式生产

B. 资源订单式生产

C. 准时生产式生产

D. 订单生产式生产

10. L 公司是一家从事医疗美容产品研发和生产的公司，其自主研发的一款医疗美容产品刚一推向市场，立即受到消费者欢迎，产品供不应求，公司一直处于满负荷生产状态。为满足持续增长的订单要求，该公司决定增加一条生产流水线。L 公司所实施的产能计划属于（　　）。

A. 滞后策略

B. 匹配策略

C. 维持策略

D. 领先策略

11. 某轮胎制造商为汽车制造商和农用拖拉机制造商分别生产两种安全标准不同的轮胎，其中为汽车制造商生产的轮胎安全标准高于为农用拖拉机制造商生产的轮胎安全标准。依据产业市场细分，该轮胎制造商进行市场细分的依据是（　　）。

A. 用户的行业类别

B. 用户规模

C. 消费者的欲望和需要

D. 消费者对某种产品的使用率

12. D旅行社在深入分析消费者对旅游产品的使用率之后，决定把提供短途旅游和低端消费旅游服务作为主营业务。该旅行社做出这一决定是基于对旅游市场的（　　）。

A. 行为细分

B. 地理细分

C. 心理细分

D. 人口细分

13. B公司是C国国内一家羽绒服加工生产企业。每年9~12月份是该公司生产的旺季，2~5月份是其生产的淡季。为了减少库存，该公司对生产过程实施订单管理。生产部门依据销售部门提供的客户订购的产品数量安排档期生产。B公司的生产运营战略所涉及的主要因素是（　　）。

A. 种类

B. 批量

C. 需求变动

D. 可见性

14. 甲公司规定，只有在满足了公司所有净现值为正的项目的资金需求后，才会支付股利。甲公司采用的股利分配政策是（　　）。

A. 固定股利政策

B. 剩余股利政策

C. 固定股利支付率政策

D. 零股利政策

15. 近年来，受颜值经济影响，医疗美容市场异常火热，我国医疗美容市场规模保持每年20%以上的复合年均增长率，产品的销量节节攀升，销售群不断扩大。医疗美容消费不再只局限于女性群体中，男性对医疗美容的消费也呈现逐年增强的趋势。在这种情况下，从事医美行业的立圣公司宜采用的股利分配政策是（　　）。

A. 固定股利政策

B. 稳健的高股利分红政策

C. 低股利政策

D. 全部分配的股利政策

16. 甲生物制药公司研制出一种治疗艾滋病的新药，抗病毒的治疗效果很强大，而且和其他的药物发生相互作用的几率比较小。目前，该款药品价格较高，性能还有待完善，因此销售量小，公司净利润率较低。甲公司现阶段的资金来源应是（　　）。

A. 风险资本

B. 权益投资增加

C. 债务

D 保留盈余＋债务

17. 甲公司是一家全球知名的生产经营医疗器械的公司，其母公司设立在D国，在其他国家和地区设立了30多个子公司。在该公司的经营过程中，技能和产品供应可在母子公司之间、子子公司之间形成双向流动。甲公司国际化经营的战略类型属于（　　）。

A. 跨国战略

B. 全球化战略

C. 多国本土化战略

D. 国际战略

18. Y家家居是全球最大的家居用品商家，其产品销往多个国家和地区。该公司始终秉承‘为尽可能多的顾客提供他们能够负担、设计精良、功能齐全、价格低廉的家居用品”的经营理念。为了确保产品质优价廉，该公司在生产制造成本最低的V国和I国建立生产制造中心，并在研发创新条件和环境最好的U国设立研发创新中心。Y家家居国际化经营的战略类型是（　　）。

A. 多国本土化战略

B. 国际战略

C. 跨国战略

D. 全球化战略

19. H燃气公司负责B市的民用天然气供给业务。近年来B市的民用天然气需求量比较稳定，H燃气公司主要通过引入战略投资者取得更新燃气管道所需的资金。H公司经营风险与财务风险的搭配属于（　　）。
A. 高经营风险与高财务风险搭配
B. 低经营风险与高财务风险搭配
C. 高经营风险与低财务风险搭配
D. 低经营风险与低财务风险搭配

20. 下列选项中，适宜采用市场开发战略的是（　　）。
A. 甲公司发现戊国市场对本企业产品存在较大潜在需求
B. 乙公司在现有产业中经营多年，竞争优势明显，但该产业属于夕阳产业
C. 丙公司从自身实际出发，决定将经营重心集中在现有产品及市场领域
D. 丁公司希望避免资金投入和开发风险，以及资源重新配置和组合的成本

21. 面对国外著名化妆品公司在中国市场上不断扩张，多年从事化妆品研发、生产和销售的丽美公司为了自身的长期发展，将化妆品的生产和销售业务转让给甲跨国公司，同时与国外乙公司合作，专注于丽美新产品的研发业务。从本土企业战略选择的角度看，丽美公司扮演的角色可称为（　　）。
A. 防御者
B. 扩张者
C. 抗衡者
D. 躲闪者

22. H公司是国内安防设备制造行业的知名企业。面对日益加剧的全球化压力，H公司于2007年开始实施全球化扩张行动，成功建成了全球性的市场网络和研发平台。H公司在全球价值链环节当中，不仅仅拥有强大的中国制造环节，还掌控了营销、研发等高附加值的价值链环节。在国际市场竞争中，取得了话语权和定价权。根据以上描述，H公司作为新兴市场本土企业所选择的战略是（　　）。
A.“防御者”战略
B.“抗衡者”战略
C.“躲闪者”战略
D.“扩张者”战略

23. Q通信技术公司对公司高级管理人员和关键技术人员，提供高于市场平均水平的薪酬，对普通员工实施与同行业市场平均水平相当的薪酬，对在当地劳动力市场上很容易招聘到的人员职位实施低于同行业市场平均水平的薪酬。Q通信技术公司采用的薪酬水平策略是(　　)。
A. 领先型策略
B. 匹配型策略
C. 拖后型策略
D. 混合型策略

24. 2021年3月30日，小米正式宣布进军智能电动汽车行业，首期投入100亿人民币，并将在未来十年投入100亿美元。早在2015年，小米就已经申请了关于车辆定速巡航、车辆操控、车辆导航、停车信息预测等十几个智能电动汽车方向的发明专利。小米具有充足的现金流储备和全球最完善的智能生态供应链，并针对传统汽车企业大多采取深耕传统燃油汽车的策略制定了充分的应对预案。小米进入智能电动汽车行业还需要克服的新兴产业发展障碍是（　　）。
A. 专有技术选择、获取与应用的困难
B. 原材料、零部件、资金与其他供给的不足
C. 顾客的困惑与等待观望
D. 被替代产品的反应

25. 在中国凭借早年大排长队的“网红体质”、新品开发速度和品牌联名打开知名度的喜茶，于2018年11月，在新加

坡开设了首家海外独资门店。此外，还于2020年3月在东京开设了第一家独资门店，并在此后计划陆续开出5家门店。由此可见，喜茶国际化经营的主要方式为（　　）。

A. 出口贸易

B. 合资经营

C. 全资子公司

D. 特许经营

26. 智光公司是一家专注于智能手机、电脑等电子产品硬件研究及应用的高科技企业。该公司对高端嵌入式智能硬件产品具有独特的设计和开发能力，为此赢得了客户的青睐，始终走高价高值路线。按照“战略钟”理论，智光公司实施的竞争战略属于（　　）。

A. 差异化战略

B. 混合战略

C. 失败战略

D. 集中差异化战略

27. 宝洁公司在开始进入中国市场时，将“飘柔”定位为二合一，带给人们方便和使头发柔顺的功效。但该公司后来经过市场调查发现，人们最需要的是建立自信。因此，宝洁公司从2000年起开始对该品牌以自信为诉求重新进行了定位。根据以上信息判断，宝洁公司对其产品进行重新定位主要是基于（　　）。

A. 出于市场竞争的需要

B. 本企业产品在目标市场已逐步走向产品生命周期的衰退期

C. 顾客的消费观念、偏好发生变化

D. 企业自身存在问题

28. 美国M公司为规避激烈的市场竞争，率先生产出具有不容易在手中溶化的巧克力，并宣传“只溶在口，不溶于手”。由此可见，M公司运用的产品市场定位策略是（　　）。

A. 抢占或填补市场空位策略

B. 与竞争者并存和对峙的市场定位策略

C. 取代竞争者的市场定位策略

D. 市场霸主策略

29. H公司为了取得长期竞争优势而与供应商结成战略伙伴关系，以实现共同发展的双赢局面。H公司有很多产品的设计方案直接交给供应商来做，很多零部件是基于供应商提供未来市场的产品预测，并将待开发的产品形成图纸，这样供应商就成为了H公司的设计部和工厂，加快了产品开发速度。基于以上信息，H公司采用的交易策略属于（　　）。

A. 市场交易策略

B. 短期合作策略

C. 功能性联盟策略

D. 创新性联盟策略

30. 供应商在征得需求方同意的大前提条件下，控制需求方库存水平，决定最佳库存量，制定库存补充措施，以最低的成本实现物资的可得性，是供需双方之间持续改进的合作性策略。该种采购模式是（　　）。

A. MRP采购模式

B. JIT采购模式

C. VMI采购模式

D. 数字化采购模式

二、多项选择题

1. N公司是一家总部位于芬兰埃斯波，主要从事移动通信设备生产和相关服务的跨国公司。N公司共遇到过2次重大危机。第一次是在20世纪90年代初，N公司通过剥离不良业务，成功摆脱危机。第二次是在2013年左右，N公司挥泪出售手机业务和Here地图业务后，全球数万名高级管理人才和研发工程师随后陆续被裁员解聘。伴随着公司战略的调整，N公司在重组资源，专注通信设备和解决方案后，也逐渐回到了行业第二的宝座。

N公司采用的总体战略类型有（　　）。
A. 转向战略
B. 放弃战略
C. 市场开发战略
D. 紧缩与集中战略

2. 新钢公司是一家特种钢材生产企业，在特种钢材行业处于领先地位，其产品主要用于国防、电力、石化、核电、环保、汽车、航空、船舶、铁路等行业的高端、特种装备制造领域。为了增强对钢铁市场需求变化的敏感性，新钢公司决定把前向一体化作为发展战略。下列各项中，符合该公司发展战略的有（　　）。
A. 参股大亚湾核电设备制造公司
B. 与东亚汽车制造公司签订集研发、生产、销售为一体的合作协议
C. 投资建立铁矿石资源开发和生产企业
D. 与山西阳煤集团建立战略联盟

3. H公司是一家水泥生产企业。近年来，随着我国城镇化进程进入缓慢增长的中后期，固定资产投资增速逐年下降，与水泥需求关系更紧密的房地产投资增速下降，以及由于扩张过快和市场竞争激烈等原因，H公司陷入了不能偿还到期债务的危机。由于H公司的干法水泥生产线等设备难以转产，该公司拟通过破产的方式退出水泥行业，并用买断方式终止与员工的劳动合同，但引起一些职工的抵触。后来在当地政府的干预下，H公司不得不对下岗职工做出了妥善安置。在上述案例中，H公司面临的退出障碍有（　　）。
A. 退出成本
B. 政府与社会约束
C. 固定资产的专用性程度
D. 感情障碍

4. 复星国际有限公司是一家在香港联交所主板整体上市的大型综合类民营企业，业务包括医药、房地产开发、钢铁、矿业、零售、服务业及战略投资领域。该公司于2016年2月17日宣布，决定终止以4.6亿美元收购以色列保险和金融服务公司——凤凰控股有限公司的股份买入协议。据媒体披露，该项并购失败的主要原因如下：一是以色列监管部门认为该项收购不符合以色列国家利益，因此未获批准；二是“凤凰”员工与原股东的纠纷问题所导致的罢工可能会增加复星国际有限公司收购后的压力。复星国际有限公司收购失败的可能原因有（　　）。
A. 决策不当
B. 跨国并购面临政治风险
C. 支付过高的并购费用
D. 并购后不能很好地进行企业整合

5. 经过多次磋商签订协议后，汽车制造商甲公司凭借自有资金2亿元和发行债券融资5亿元，实现了对汽车零部件商乙公司的收购。从并购的类型来看，上述收购属于（　　）。
A. 杠杆收购
B. 前向并购
C. 友善并购
D. 金融资本并购

6. 同程公司是一家从事国内互联网旅游项目的投资公司。皇中国际控股公司主要从事航空旅游与金融服务等领域相关业务。2020年2月，同程公司与皇中国际控股公司签署战略合作协议，双方拟共同出资设立合资公司。同程公司将充分发挥在旅游行业的运作经验与品牌优势，提供旅游产品设计、线上线下服务等方面的支持。皇中国际控股公司则利用自身平台功能，挖掘境外航空旅游资源与金融服务资源，提供航线开通、包机业务等方面的支持。下列各项中，属于同程公司与皇中国际控股公司进行战略合作的动因有（　　）。
A. 开拓新的市场

B. 实现资源互补
C. 降低协调成本
D. 防范信任危机

7. 2015 年 8 月，以 B2C 为主要经营模式的综合性网络零售商 J 公司战略入股 Y 超市，J 公司将持有 Y 超市 10% 的股份。引入 J 公司后，将有利于 Y 超市建立与 J 公司的线上业务合作关系，降低采购和物流成本，扩展 Y 超市生鲜冷链物流系统等业务。下列各项中，属于上述两家公司结成战略联盟的特点有（　　）。
A. 企业对联盟的控制力较强
B. 更具有战略联盟的本质特征
C. 有利于企业长久合作
D. 有利于扩大企业的资金实力

8. 餐饮行业进入门槛低，产业集中度低，竞争激烈，具有零散产业的典型特征。Z 公司作为一家餐饮企业，其应当采用的竞争战略有（　　）。
A. 聚焦细分市场需求，如婚宴、升学宴和谢师宴等
B. 适应多样化的顾客需求，开发多种菜品
C. 增加服务的附加价值，如在顾客用餐时提供文艺表演等
D. 连锁经营或特许经营，将地点选择在购物中心、商业中心或旅游中心

9. 汽车修理修配产业由很多中小企业组成，其中没有任何一个企业占有显著的市场份额或对整个产业的发展产生重大影响。造成汽车修理修配业上述状况的原因可能有（　　）。
A. 汽车修理修配业进入障碍低
B. 汽车修理修配业的经营成本迅速变化
C. 汽车修理修配业难以达到经济规模
D. 汽车修理修配市场需求多样导致高度产品差异化

10. 年画是我国特有的一种绘画体裁，也是我国老百姓喜闻乐见的艺术形式。大都用于新年时张贴以装饰环境，含有祝福新年吉祥喜庆之意。2022 年新年前夕，华夏公司推出流行于我国华北地区反映不同民族生活习俗特点的民间木版年画，深受目标市场消费者的喜爱。华夏公司进行市场细分的依据有（　　）。
A. 人口细分
B. 地理细分
C. 心理细分
D. 行为细分

11. 甲公司是一家化妆品生产企业。最近该公司推出一款新产品，为了使该产品迅速占领市场，公司销售人员在主要销售商场举办促销活动，宣传该产品具有美白、抗皱、抗衰老、紧致肌肤之类的特效，并采取免费赠送试用品的方式来吸引消费者。甲公司采用的促销组合要素有（　　）。
A. 广告促销
B. 公关宣传
C. 营业推广
D. 人员推销

12. B 公司是一家新能源汽车生产企业，长期分别从多家配件公司少批量采购新能源汽车部件：驱动电机、动力电池和整车电控。下列各项中，属于 B 公司货源策略优点的有（　　）。
A. 可利用多家供货商之间的竞争增强其讨价还价能力
B. 有利于企业获得新能源汽车部件的质量和性能不断提高改进的供应品
C. 因与多家配件公司建立和保持联系，能够保证稳定的供应
D. 有利于从多家供货商获得更多的知识和技术信息

13. 甲公司是一家制造和销售加湿器的公司。目前加湿器产业的产品逐步标准化，技术和质量改进缓慢，加湿器市场基本饱和。处于目前发展阶段的甲公司具备

的经营特征有（　　）。

A. 财务风险高

B. 股利分配率高

C. 资金来源于保留盈余和债务

D. 股价迅速增长

14. 国内最大的海上原油和天然气生产商中国海洋石油有限公司（简称“中海油”）于2012年以151亿美元并购了加拿大尼克森公司。尼克森公司拥有常规油气、油砂以及页岩气等优质的资产组合。该项并购将有助于中海油进一步拓展其海外业务和增加资源储备，同时也使中海油获得了一个领先的国际发展平台及先进的国际管理经验，为股东创造长期价值。中海油的动机有（　　）。

A. 寻求市场

B. 寻求资源

C. 寻求现成资产

D. 寻求效率

15. 英华公司是一家从事少儿智力开发的企业。该企业成立十几年来，凭借其自主研发的独特高效的教育训练方法、国内一流的少儿智力开发团队和多年打造出的“英华”品牌，在业内一直占据龙头地位。根据与企业竞争战略相匹配的人力资源获取策略，该公司的下列做法中正确的有（　　）。

A. 员工主要来源于外部

B. 员工晋升通道广泛、灵活

C. 甄选标准强调技能

D. 强调非正式的雇佣和社会化过程

16. 以空调研发、生产和销售为主业的春秋公司确立了“技术立企”的发展战略。该公司拒绝参与空调行业价格战，每年将销售收入的5%投入研发。在与竞争战略相匹配的人力资源开发与培训中，该公司的下列做法中正确的有（　　）。

A. 要求具有广泛的知识、技巧和创造性

B. 购买所需技能或者利用外部培训机构对团队进行培训

C. 通过自办企业大学来提升员工的知识和能力

D. 强调范围有限的知识和技巧

17. 家电制造商K公司将生产制造全部外包，降低了建立工厂生产的成本。同时，销售渠道主要是通过网络直销的方式。和传统家电产品通过实体经销商销售相比，减少了营销成本和各级经销商的加价。通过以上这些途径，K公司的成本低于竞争对手，从而获得竞争优势。在绩效管理与企业基本竞争战略的匹配中，K公司的下列做法中正确的有（　　）。

A. 绩效评估强调结果导向

B. 评估范围狭窄，评估的信息来源单一

C. 上级作为考核的主要考官

D. 评估内容涉及行为和结果两种指标

18. Kindle是亚马逊公司开发的一款电子阅读器，截至2019年6月已经开发了十代产品。在Kindle发布前，消费者只能阅读纸质书籍，携带非常不便。亚马逊敏锐地发现了这个问题，认为电子书的市场巨大，于是就推出了第一代的电子阅读器Kindle，以低于纸质书籍的价格销售书籍的电子版权，一时间Kindle风靡全球，引领了电子阅读器的发展。同时，亚马逊也观察到了与读书互补的读书笔记领域，提供了一个线上的读书交流平台，获得了广泛的好评。根据蓝海战略，亚马逊重建市场边界的路径有（　　）。

A. 审视他择产业

B. 放眼互补性产品或服务

C. 重新界定产业的买方群体

D. 跨越时间参与塑造外部潮流

19. G公司是全球知名科技公司。在《2020全球企业研发投入报告》榜单中，G公司以231.6亿欧元的研发投入排名第一。G公司鼓励内部信息的分享，并由专门的管理者进行收集，消除信息壁垒，开阔员工的眼界。同时，G公司会鼓励员工发挥自己的创意，参与到公司的决策中来。G公司一直秉承“只雇用最聪明的人”的人才宗旨，吸收所有领域的人才而不是仅局限于互联网领域，现在G公司员工中就包含火箭领域的科学家和脑外科医生。G公司的研发战略特别要求管理层制定鼓励创新性构思的政策表现在（　　）。

A. 对创新给予财务支持

B. 积极地鼓励员工提出新构思

C. 招聘具有创新技能的员工

D. 从企业的内部沟通中获取与创新构思有关的信息

20. F集团是国内最具规模、技术水平最高、出口量最大的汽车玻璃生产供应商。同时，F集团还成功挺进国际汽车玻璃配套、配件市场，在竞争激烈的国际市场占据了一席之地。近年来，F集团转向以生产高附加值产品为主，希望由此提升单品的价值及利润率。除此之外，F集团还完成了与客户的产品设计协同、订单交付协同以及全球生产营运的可视化。这一举措不仅与客户建立了良好的协作关系，而且降低了企业的日常运营成本，提升了企业的整体运营能力。近年来，F集团企业升级的类型有（　　）。

A. 工艺升级

B. 产品升级

C. 功能升级

D. 价值链升级

三、简答题

1. 甲公司是一家生产豆浆机的民营企业，设立于2004年。企业愿景是将物美价廉的豆浆机摆进普通居民的厨房，让普通居民足不出户便可喝上新鲜香浓的豆浆。由于渣浆分离操作不便和内桶豆渣难以清理，豆浆机上市初期在市场上认同度较低，市场总体需求量不大，总体增长率偏低。

豆浆机上市初期，甲公司的唯一竞争对手是乙公司。乙公司是一家生产多类型小家电的企业，其生产的豆浆机性能虽与甲公司生产的豆浆机相当，但因其拥有知名品牌，其豆浆机市场占有率远高于甲公司。甲公司一直依赖促销手段赚取微薄的利润。市场上其他著名小家电生产企业尚未涉足豆浆机的研发和生产。

2021年10月，经过持续的革新和改造，甲公司生产的新型豆浆机实现了渣浆的轻松分离和内桶豆渣的简捷清理，获得了顾客的广泛认可，市场占有率跃居第一。随着健康饮食观念的推广，豆浆已逐渐成为时尚的健康饮料，因此新型豆浆机市场以两位数进行增长，出现了供不应求的局面。

鉴于豆浆机市场的迅速扩张，其他著名小家电企业开始加强研发，拟推出类似产品，抢夺市场。甲公司亦应对变化，进一步完善了相关财务战略目标。下面是关于甲公司豆浆机产品2022年的相关预测信息：

因素	2022年预计
销售增长率	60%
可持续增长率	45%
投资资本回报率	25%
资本成本	15%

要求：

（1）依据波士顿矩阵，简要分析甲公司的豆浆机在革新和改造前后所属的产品类型并指出其特征；

（2）根据甲公司2022年的相关预测信息，判断甲公司的业务在财务战略矩阵中所属的象限，并简要说明甲公司可能面临的财务挑战及可实施的应对措施。

2. 汉庭酒店是华住酒店集团的创始品牌。汉庭酒店的诞生，是中国企业界“蓝海战略”教科书式的标杆案例。汉庭的第一次蓝海战略是在2005年，当时酒店行业只有两类产品。一类是高星级酒店，价格昂贵，普通人难以承受；另一类是招待所，虽然价格便宜，但住宿条件十分落后。于是季琦先生创办了汉庭酒店，在产品设计上，他剔除了传统星级酒店的豪华大堂、会议室、娱乐、餐厅等不必要设施，开拓了经济型酒店这一产业。因为差旅人士业务繁忙，星级酒店提供的这些服务他们都没时间享受。但是蓝海并不是一劳永逸的，它需要不断地开拓。时间到了2016年，经济型酒店已经成为一片红海，汉庭正面临着产品老化、低价竞争、入住率下滑三座大山。

   季琦先生走访了全国各大城市的经济型酒店，做了消费者的调研访谈，发现相比于酒店的硬件设施和服务水平来说，客房的干净卫生是消费者入住经济型酒店最大的痛点。基于汉庭在干净上已有的投入和能力，汉庭的第二次蓝海战略，就是加强客房卫生，进行压倒性的投入，做到比五星级酒店还要干净，形成新的蓝海。汉庭率先与行业领先的洗涤公司达成战略合作，从源头保障毛巾和床单严格洗涤，成本高出10%；行业首创便携式消毒柜，每一个水杯都经过紫外线和臭氧高温消毒10分钟；采用世界五百强美国进口的艺康清洁剂，价格是国产的2倍，为马桶有效除菌达99.9%；启动内部自检工程，每月将5%质量不达标的酒店或房间下线停售。这些创新在传统业界是前所未有的，通过这些细节上的价值创新，汉庭在“干净”这一存在巨大买方需求的元素上做到了持续精进，重新界定了业界的买方群体。由于干净给顾客满意度带来了提升，让顾客获得宾至如归的体验，回头客更多了。通过一年的干净行动，汉庭不仅赢得了顾客的信任，还带动了经济型酒店全行业对干净品质的关注和提升，为行业带来了改变。

   要求：

   简要分析汉庭酒店实施蓝海战略所运用的重建市场边界的基本法则。

3. 2000年以来，随着我国经济的快速发展、居民生活水平的提高以及人口老龄化的加剧，我国对医药产品的需求快速增长，世界著名医药跨国公司纷纷进入我国市场。

   恒瑞医药公司是国内一家生产和经销药品及医疗器械的企业。由于缺乏拥有自主知识产权的药品，该公司多年来一直以生产仿制药为主，其生产的医疗器械科技含量较低，难以满足用户对高科技医疗器械的需要，国内高科技医疗器械市场基本被进口产品占领。恒瑞医药公司的管理层通过进行深入分析认识到，与国外跨国公司相比，自己在规模及利润两个方面存在着巨大差距，在研发经费的投入方面差距更大。如2016年，恒瑞医药公司投入的研发费用占营业收入的比重为2.6%，而国外一家同类企业W公司投入的研发费用占营业收入的比重高达20%。此外，恒瑞医药公司还存在着专业化程度和品牌认知度较低等问题。上述种种差距，使恒瑞医药公司不仅在国内市场上面临国外跨国公司的巨大挑战，而且进入国际市场也步履维艰。

   2018年年初，恒瑞医药公司管理层制定并实施了新的发展战略。新战略的核心是设立若干个中小型医药高科技分公司，每个分公司相对独立经营，有的专攻国外跨国公司关注的盲区（如罕见病、特殊需求），在产品上逐渐形成自己的特色；有的通过承接国外跨国公司医药研发外包业务，将业务重点转向价值链的研发环节；还有的着力于将自身具有相对优势的本土医药产品拓展至周边欠发达国家和地区。几年来，恒瑞医药公司在国内市场与跨国公司的较量中，注重向跨国公司学习，合理整合和运用国内外优势资源，克服自身技能和资本匮乏的缺陷，以期发展为实力强大的大型跨国企业，在国内外市场上与国外跨国医药公司展开真正的较量。

要求：

（1）依据“进入障碍”中几种主要“结构性障碍”，简要分析恒瑞医药公司进入国际市场举步维艰的主要原因；

（2）依据新兴市场本土企业的战略选择理论，简要分析恒瑞医药公司面对跨国公司的大规模进入和挑战所做出的战略选择。

4. 北雅公司是一家新能源汽车制造企业，在进行战略分析后，选择了成本领先战略作为其竞争战略，并通过重构价值链各项活动以求获取成本优势。北雅公司的主要重构措施：

（1）与新能源汽车生产的上游供应商，如动力电池和人工智能软硬件科技企业等，建立了长期的战略合作伙伴关系，提升了整体供应链的灵活性、适应性与效率。

（2）生产所需要的车辆底盘等关键部件由就近的德力公司生产，与北雅公司总装厂距离非常近，节约了物流费用。

（3）采用订单拉动的生产方式，实现按需生产、消除库存，降低储存成本。

（4）专注于汽车整车生产制造，同时为合作伙伴提供整车生产组装，实现了专业化、规模化生产。

（5）订单处理人员根据全国直营店的分布就近调配车型，并选择最优路线配送以降低物流费用。

（6）根据客户个性化定制需求以及快速变化的市场竞争环境，借助数字化、人工智能、大数据等技术提升了供应链响应能力，实现了柔性生产与制造。

（7）利用售前热线开展市场调查活动，有的放矢地进行广告宣传，提高广告效率。

（8）向用户提供充电服务、移动出行服务、车内网联服务等专业服务组合，以提升客户的产品体验和服务体验。

（9）建立基于大数据分析与洞察的智能算法模型，开发畅销车型，提高了资金周转速度。

（10）采取招募地区代理人、合伙人加盟等不同的直销模式，在提升用户体验的同时，也减少了资金投入、降低了营销费用和地域市场的进入门槛。

（11）定期对员工进行培训，使其及时掌握新能源汽车产业的新技术、新工艺和新材料，并运用于产品设计和工艺流程改进，尽快实现学习经济。

（12）建立起支撑商业模式创新发展的大数据计算中台与大数据智能中台，全面打通新能源汽车产业链各环节的数据与业务，赋能技术研发、产品创新、服务创新与用户运营、智能制造以及智慧供应链等，提升了决策效率和实现了对资源的精准配置。

要求：

（1）依据企业价值链分析理论，对北雅公司的价值活动进行分类；

（2）依据实现成本领先战略的资源和能力，简要分析北雅公司具备的资源和能力。

5. 凤凰卫视是全球性华语卫星电视频道，是华语媒体中最有影响力的媒体之一，是中国大陆最先获得落地权的境外电视媒体之一。凤凰卫视于 2018 年 3 月 7 日正式更名为“凤凰卫视投资（控股）有限公司”，更名后其定位已升级为“内容运营型高科技全媒体集团”，并订立了为期三年的战略升级目标：依托凤凰卫视品牌力与专业精神，打造以内容运营为核心、跨界融合发展的、国际领先的高科技全媒体集团。发展上将会以内容和品牌为核心，依托多元化业务，进行跨界融合的多元化投资。具体来看，是指在继续坚守与保持领先的华语媒体内容提供商基础上，以凤凰品牌与高端媒体内容为依托，借力前沿数字技术，跨界融合发展，对具有价值、有可持续发展商业模式的项目进行了孵化与持续投入。同时，凤凰卫视的相关多元化延伸已涵盖动漫、游戏、数位科技、文创、云技术服务、教育、展览等领域，为公司业绩带来新的增长点，并以此来应对移动通讯时代激烈的竞争下宏观经济放缓和若干新媒体业务暂停造成的经营亏损。

凤凰卫视与阿里巴巴宣布于 2018 年 11 月 16 日订立了一份战略合作备忘录。根据该备忘录，凤凰卫视与阿里巴巴表示了在节目内容、产品、平台及云计算、大数据等互联网技术方面开展深化合作的意愿，并将在跨界创新、资本投资、中台技术共用、达摩院科创转化与传播等领域增加合作的可能性，以及在备忘录一年有效期内签署有约束力的战略合作协议的意向。

作为凤凰卫视集团旗下服务全球华人的一站式智能投资平台，凤凰金融集团自成立以来就将用户定位为全球华人群体，并在持续发展中逐步完善全球化业务布局。2018 年，凤凰金融在美国纽约法拉盛地区落地成立了纽约分公司。作为多元化战略布局的重要一环，凤凰金融以“一站式财富管理 + 互联网智能金融”为两大核心引擎，在 2017 年 1 月上线国际站之后，就针对目前大部分海外华人普遍面临投资理财渠道较少、可投资资产类型较少等问题，凤凰金融分别在美国、东南亚、欧洲等地区上线多样化产品。此次在法拉盛成立的凤凰金融纽约分公司，可为美国东部地区的华人在投资理财和财富管理方面提供专业精细的一对一服务，并量身定制个性化的资产配置方案。未来，凤凰金融将继续以国际化视角不断拓展海外市场，获取先进的管理经验，开拓更多优质的全球资产，为更多华人提供更丰富的金融服务。

要求：

（1）简要分析凤凰卫视采用多元化战略的原因；

（2）简要分析凤凰卫视实施发展战略的具体途径；

（3）简要分析凤凰金融国际化经营的动因。

6. Luckin coffee（瑞幸咖啡）是中国新零售咖啡的典型代表，致力于成为中国领先的高品质咖啡品牌和专业化的咖啡服务提供商。2018 年，新晋咖啡品牌瑞幸以闪电突袭的姿态迅速攻占一二线城市中的白领市场。微信 LBS 精准定向的线上广告覆盖了大量的人群，而线下的分众广告主要投放于城区写字楼和社区，线上与线下的结合达到了很好的造势效果。总体来说，瑞幸的咖啡水准已经跟星巴克十分接近，混豆的口感也有明显向星巴克靠拢的意思。咖啡的卖点也非常明确：好的用料（优选上等阿拉比卡豆），好的调校（WBC 冠军团队拼配），加上新鲜现磨的保证，构成了非常典型直接的产品卖点，直击咖啡消费人群需求。产品定位也非常明确：价格定在 20 至 30 元之间，避开了 30 至 40 元的星巴克主流价位，也跟 10 至 20 元的肯德基、全家等快餐咖啡划清了界限。除了产品定位清楚之外，瑞幸咖啡还需要解决品牌传播的问题。2018 年 10 月，瑞幸咖啡与轻松筹达成深度战略合作，将在面向快消人群与年轻群体的维护上，走出了一条未有人涉足的创新公益之路。通过积极参与公益事业承担企业社会责任来宣传企业的形象，使用户对品牌产生一定的亲切感。更重要的是在营销端，尽管门店撒遍一线城市核心商业区，但如何让用户接受并尝试第一单，是必须要解决的问题。瑞幸咖啡用的方法非常简单：注册就送一杯免费咖啡，如果用户推荐朋友注册，还能再获赠一杯。与此同时，他们还在推一个“买二送一”“买五送五”的活动。几个用户一起购买咖啡，均价直接降到了十几块，这种力度的促销使得瑞幸咖啡的用户数量得以激增。

这种高额的用户补贴政策和爆发式的扩张手段都表明了这是一家典型的互联网公司。瑞幸咖啡的所有门店都不能现金购买，必须在官方 App 上下单。因此它送出的每一杯咖啡，都代表一个新用户的注册。考虑到咖啡本身的成本并不高，瑞幸咖啡付出的获客成本看似高达 30 至 40 元（1 至 2 杯免费咖啡），以传统零售的角度来说十分高昂，但如果以互联网角度看，一个 App 的新增用户成本控制在这个价格，实际上是不算高的。互联网的思路决定了一个互联网新品牌的路线，一定是先不考虑盈利，以最快的速度获得足够大的市场容量，甚至在初期以非常高额的补贴吸引用户产生使用习惯。

瑞幸咖啡的业务不止于外卖。瑞幸咖啡有 4 种不同的门店类型：A 店（大型旗舰店）、B 店（带堂食的中小型门店）、大堂店（写字楼内用于自取的小型门店）和外卖店。实体店中的工作人员能完整解释产品的细节，并针对客户的要求进行推荐，给消费者带来不一样的体验。目前占据绝对主流的店型是后两者。瑞幸咖啡通过迅速扩张的店面数量降低用户购买咖啡的难度，并在建立起一定的市场规模后，再通过 A、B 店，与核心商业地段的星巴克门店进行竞争。

要求：

（1）简要分析瑞幸咖啡涉及的促销组合要素；

（2）基于成功关键因素分析，简要分析瑞幸咖啡确认产业的成功关键因素需要考虑的方面。

7. 沃尔玛是一家综合型的商超，在全球 15 个国家拥有超过 8000 家门店，是名副其实的零售业巨头。2016 年 6 月 20 日，京东与沃尔玛宣布达成一系列深度战略合作，通过整合双方在电商和零售领域的巨大优势，为中国消费者提供更优质的商品和服务。作为此次协议的一部分，沃尔玛以中国本土电商“1 号店”的第三方平台获得京东约 5% 的 A 类普通股，成为京东战略股东。京东将拥有 1 号商城主要资产，包括“1 号店”的品牌、网站、App。沃尔玛将继续经营“1 号店”自营业务，并入驻 1 号商城。按照双方达成的协议，京东旗下本地即时物流和生鲜商超 O2O 平台“新达达”还获得沃尔玛 5000 万美元战略投资，整合各自在 O2O 到家服务、物流和零售领域的优势。双方的合作协议将涉及广泛的业务领域，并覆盖线上线下零售市场。对于沃尔玛来说，此次合作将极大地拓展其在中国电商市场的增长机遇。京东海量的线上用户以及强大的当日到达物流网络将为沃尔玛门店和山姆会员商店带来巨大的客流量，将山姆会员商店的业务拓展至全国范围，并为沃尔玛和山姆会员商店的顾客提供更好的物流配送服务。而京东将通过沃尔玛旗下“1 号店”的强大品牌优势、其在食品杂货和家居产品领域的品类优势、其长期形成的优质低价的良好口碑以及在华东和华南等重要区域的领先布局，极大地补充和增强京东的产品丰富度和在重点区域的竞争力。此外，京东的用户也将享受到来自山姆会员商店和沃尔玛更为丰富的精选进口商品。

沃尔玛通过与京东合作，搭上了京东这个中国电商中巨头级别的平台。此后，沃尔玛和京东进行了深入的合作。2016年年末，沃尔玛再次增持京东股份至12.1%，成为京东第三大股东；沃尔玛旗下山姆会员商店、全球官方旗舰店以及全球购官方旗舰店也相继入驻了京东。作为全球知名企业，沃尔玛看中的是京东的电商经验和能力，在中国市场频频受挫的沃尔玛希望借助京东的力量来重塑自己的线下业态，以试图通过新零售盘活自己的线下店，同时借助京东的电商经验来抵抗竞争对手亚马逊的全球攻势。而京东也希望可以在“1号店”和沃尔玛身上得到进军新零售的筹码，在国内市场中先一步获得渠道优势。

要求：

（1）简要分析京东与沃尔玛采用的战略联盟的类型；

（2）简要分析京东与沃尔玛双方结成战略联盟的主要动因。

8. 2002年，国内最大的工程机械制造商S重工股份有限公司（以下简称S重工）决定实现混凝土机械市场的国际化。2008年5月，S重工为正式进入G国混凝土机械市场，计划投资1亿欧元，在G国K市注册成立了G国分公司——SG公司。S重工不是在G国投资建厂的第一家中国公司。早在20世纪初，宝钢、华为等公司就已经有了在G国创办子公司的经历。然而，尽管可以参考其他公司在G国的投资经验，但是作为当时最大的一个生产制造型项目，SG公司的经营理念和生产技术仍然很难得到当地企业和市场的认可。为了尽快融入G国市场，获得G国政府和消费者的认同，SG公司实行了本土化改造策略。一方面，SG公司招聘了大量G国员工。截至2011年9月，公司员工已达160人左右，其中80%以上是G国本土员工。另一方面，SG公司积极与当地政府沟通，公司与所在地的项目经理保持着密切联系，在工厂选址、员工签证办理等事宜上达成合意，最终在G国建成了全球制造业最高水准的混凝土机械制造中心。

然而，尽管2009年S重工在混凝土机械的年销售额就超越了G国P公司，成为该领域的全球冠军，但P公司仍毫无争议是当时全球混凝土机械的第一品牌。其原因在于S重工在高端混凝土机械市场上与P公司等欧美领先品牌相比仍有一定差距。比如P公司旗下的超长臂架泵车产品品质要远远超过S重工生产的同种产品，而超长臂架泵车代表行业内最领先技术，其销量占比也在稳步提升。此外，P公司拥有全球销售网络，超过90%的销售收入来自海外市场，而2011年上半年S重工的海外销售收入占比不到5%。因此，为了进入高端混凝土机械市场，S重工打算收购P公司。若收购成功，公司将直接获得“G国制造”的顶尖技术与专利，且可以借助P公司在中国以外的全球销售网络快速进入海外市场，从而有利于S重工提升产品品质并丰富高档产品系列。2012年1月30日，S重工董事会审议通过了《关于收购G国P公司的议案》并发布公告，公司控股子公司SG公司联合中信产业投资基金（香港）顾问有限公司，与G国P公司签署了《转让及购买协议》。

在并购过程中，S重工非常注重规避跨国并购可能带来的风险。在并购实施前，S重工在G国成立的子公司SG公司已经独立运营两年有余，因此对G国的政治制度和法律意识都有一定的了解。同时，SG公司的设立也让当地政府得以更好地了解S重工，有效地减少了并购阻力，这为并购的顺利进行奠定了基础。考虑到S重工和P公司有着显著的文化不同点，S重工派了专人负责文化层面的沟通交流以及日常事务的处理。S 重工承诺收购以后，在发展战略等层面帮助被并购企业制定计划并提供一定的资金支持，同时，对于其原来的管理层、研发层和生产人员等全部加以保留。此外，此次 S 重工并购 P 公司处于金融危机后期，G 国的市场需求低迷，销售额大幅萎缩，进而导致其市场估值在以往基础上减少。P 公司在危机后的销售收入和净利润大幅下降，其市场估值处于一个较低点。

S 重工凭借并购在短期内获得了 P 公司领先的技术支持，降低了创新风险，巩固了其在产业链中的地位，缩减了成本。从 P 公司视角而言，可以将中国低廉的劳动力成本优势加以利用，以降低生产总成本，进一步提升自身的盈利能力。不仅如此，S 重工还通过 P 公司学到了在国际上处于领先地位的管理理念与方法，提升其国际化经营水准。对于 P 公司来说，此次并购也有助于解决其在中国市场的“水土不服”问题，提升了在中国的市场占有率。收购后的 S 重工不仅获得了全球顶尖的技术和专利，还获得了直接面向全球消费者的销售市场，进一步巩固了其在混凝土机械技术领域的全球领导地位，成为了混凝土机械领域无可争议的全球技术和产品领导者。

要求：

（1）简要分析 S 重工在 G 国实施发展战略的主要途径；

（2）简要分析 S 重工在 G 国采用并购战略的动机与所规避的主要风险。

9. C 煤炭集团有限责任公司（以下简称 C 公司）是一家大型煤炭企业，其经营范围以煤炭开采，原煤洗选加工，煤炭经营为主，并涉及了铁路专线运输、铁路专线技术服务、资产租赁、供水、供电、水泥生产销售、建筑材料、机械设备、医疗保健等行业。

近年来，随着我国煤炭市场供给侧矛盾突出，需求减少导致煤炭价格下跌和煤炭产能过剩且抑制效果不明显的情况同时出现，煤炭行业整体利润率偏低。从 2012 到 2016 年，C 公司的销售利润率、资产收益率和净资产收益率三个指标呈现逐年下降的趋势。由于主营煤炭业务的连年亏损导致公司资金不足的现象愈发明显，公司发展陷入困境。除主营业务外的其他行业中也只有少部分业务实现盈利，且由于公司经营范围过大，多个行业间难以形成协同效应，发展方向模糊的问题也逐渐凸显出来。此外，C 公司旗下存在较多的负资产，如一些小型煤矿产出少，人力成本高，已经连续多年处于亏损状态。C 公司为了剥离非核心业务，分化亏损资产，提高公司的资产周转率，实现公司的战略重组，帮助企业实现盈利和可持续发展，于 2016 年对煤炭业务采用了收缩战略。

C 公司通过分析主营业务收入发现，截至 2016 年，公司供电业务、机械设备业务和医疗保健业务均实现了利润收入，而煤炭销售业务却连年亏损且有扩大趋势。为此，C 公司计划在一到两年内在投资资本回报率低的煤炭销售领域抽出一部分资金转入供电业务、机械设备业务和医疗保健业务领域，并进行管理创新，实现公司战略的转向。而对于一些持续亏损，开发成本高的小型煤矿来说，其亏损结局已经无法改变，于是 C 公司决定采取停产出售措施。

要求：

（1）简要分析 C 公司对于煤炭业务采用收缩战略的原因；

（2）简要分析 C 公司 2016 年所采用的收缩战略（撤退战略）的主要方式。

10. 在 20 世纪 90 年代，我国汽车产业处于起步阶段，国产车企之间的技术差距不大，产品区分度较小。对于选择国产车的顾客群体，由于本身消费能力不强，导致产品的价格弹性很大。

1991年，恒辉汽车集团成立。成立初期，恒辉集团在国内汽车市场面对着具有品牌优势的跨国公司带来的压力，清楚地认识到汽车制造业属于规模经济显著的行业，必须扬长避短，发挥自己的本土优势，走低成本路线，着力提高产品的性价比。恒辉集团与周边大运轮胎等生产制造相关零部件的本土企业建立了长期的合作关系，降低了自己的零部件采购成本。此外，恒辉集团率先引进国外先进的生产技术，大大降低了自己的制造时间和成本，提高了车间的生产率，并实现了专业化生产。同时，恒辉集团将职工销售业绩与奖金待遇挂钩，调动销售岗位职工的积极性，极大程度地提升了公司人均销售收入，并凭借强大的销售团队和产品的高性价比，为恒辉集团带来了很高的规模经济效益，产品销售量和销售收入也稳步增长，位居国内品牌前列。

然而，好景不长，随着我国对外开放的深入，越来越多的跨国车企进入我国市场。为了迎接挑战和实现更加长久的发展，1995年恒辉集团通过发行恒辉B股引入战略合作伙伴美国F汽车公司。双方在1997年联合推出恒顺商用车，该车型突破了汽车用材料、工艺、装备、检测试验等关键技术。就整车而言，除了极大提升安全性和舒适性之外，对汽车节能环保、智能驾驶、功能集成方面也做出了重大改进。首次进入全球中高端市场，并获得了巨大的成功。恒辉集团吸收F汽车最前沿的产品技术和制造工艺、有效的股权制衡机制、高效透明的运作以及高水准的经营管理，使公司形成了规范的管理运作体制，以科学的制度保证了公司治理和科学决策的有效性。同时，恒辉集团将F汽车公司的新技术移植到核心业务齿轮增速器的生产中，成为欧美多家相关企业的齿轮增速器供应商。恒辉集团还建立了研发、物流、销售服务和金融支持等符合国际规范的体制和运行机制，成为中国本地企业与外资合作成功的典范。

要求：

（1）简要分析恒辉汽车集团在成立初期实施的竞争战略类型，并从市场情况及自身资源和能力角度，分析其实施相应竞争战略的条件；

（2）依据新兴市场本土企业的战略选择理论，简要分析恒辉汽车集团面对跨国企业的大规模进入和挑战所做出的战略选择。

11. 福特汽车公司是最具国际化的企业，其2/3的小汽车生产都是在国外。在其发展的不同阶段有着不同的战略。

T型车阶段：1908年，福特汽车公司推出了T型车。1909年，福特宣布只生产T型车。由于管理得当，价格低廉，福特汽车公司飞速发展，但有限的生产能力难以满足巨大的市场需求。第一次世界大战期间，福特汽车公司不仅在美国的阿巴拉契亚山区拥有煤矿，在五大湖地区拥有铁矿，在国外拥有橡胶园，甚至拥有自己的船队和铁路。煤、铁、橡胶等原材料被运送到红河工厂后，分别由炼焦厂、炼钢厂、轮胎厂等加工成汽车零部件，并经福特汽车公司发明的流水生产线组装成T型车，最后通过福特汽车公司控制的经销商系统进入千家万户。福特汽车公司于1904年在加拿大安大略省建立了第一个国外生产基地。1911年，福特汽车公司在英国的曼彻斯特建立了欧洲第一个汽车组装厂。1913年，又在法国的波多尔建立了一个生产基地。福特汽车公司的母公司控制关键的原材料、零部件及研发职能，并且在管理上，福特汽车公司以母国为中心，子公司的产品都是母公司产品的复制。美国福特母公司通过所有权、技术转移等措施来控制分散在世界各地的子公司。

在20世纪20年代中期，面对市场的变化，福特汽车公司依旧固步自封："无论你需要什么颜色的汽车，我福特公司只有黑色的"。1927年，累计销售了1500多万辆的T型车被迫停产。

Y型车和C型车阶段：1932年和1934年，福特汽车公司Y型车和C型车先后问世。这是第一批专门为欧洲市场设计的汽车。为了发展当地市场，福特汽车公司不再使用原来的以母国为中心的战略，而是给予欧洲各子公司很大的决策自主权，以便对欧洲区域市场的需求做出快速反应。

世界车阶段：1980年，卡德威尔担任福特汽车公司的董事长。为了应对欧洲和日本车在全球市场上的竞争，福特汽车公司的经营战略做出了许多改变。福特汽车公司的目标是建立一个更加适应全球性的汽车生产环境，从而将零部件采购、设计、制造以及组装在全球范围内进行统一协调和管理。福特汽车公司设计的产品发展部门共有5个。其中，4个在美国，1个在欧洲。福特汽车公司倾向于假设全球各国消费者的需求和偏好是近似的并逐渐趋同的，因此倾向于使用标准化的产品来供应全球市场。福特汽车公司的子公司与子公司之间必须进行密切的分工合作，每个子公司都充分发挥区位优势，为整个跨国公司的全球体系服务。在这种战略下，福特汽车公司以全球化经营为指导思想，不再区分国内和国外市场，真正实行"无国界经营"。

要求：

（1）简要分析T型车时期福特汽车公司所实施的发展战略类型（如能细分，请进一步细分）；

（2）简要分析福特汽车公司在三个不同阶段分别采取的国际化经营的战略类型。

12. 东阿阿胶股份有限公司主要从事阿胶及阿胶系列产品的研发、生产和销售业务，是我国最大的阿胶企业，是阿胶行业标准的制定者。

阿胶与人参、鹿茸并称为"中药三宝"。阿胶具有"补血、滋补、养颜"三大功能，在中医药食同源理念中，阿胶是传统第一补血良方。尤其是东阿阿胶，将自己定位于"滋补国宝"，抢占了品牌内涵制高点。东阿阿胶股份有限公司作为国内阿胶行业的双寡头之一，其阿胶类产品在行业内具有一定的优势。东阿阿胶从上游原料基地建设，掌控驴皮收购终端，到下游OTC终端、商超、医院、自建连锁等营销终端掌控，形成了全产业链掌控的模式优势。在山东、内蒙古、辽宁等地建立原料基地，在国外多个国家建立采购网络，国内与国际并重，实现对全球原料资源的掌控，确保公司可持续发展。与百强连锁形成稳固的战略合作，加强对销售渠道的控制，直供及重点连锁终端销量逐年稳步增长，网络优势明显。此外，东阿阿胶建有科技部批准的业内唯一"国家胶类中药工程技术研究中心"，拥有"院士工作站""博士后科研工作站""泰山学者岗位""山东省胶类中药研究与开发重点实验室"等平台。公司在阿胶等胶类中药研发、技术、人才、资源等方面处于行业领先水平，是品类领导者，具有不可复制的竞争优势。与同行相比，东阿阿胶具有传承千年的国家级保密传统工艺，以及自动化、智能化的现代生产技术；参与制定多项行业标准，拥有大量阿胶传统配方、秘方，具有领先行业的标准优势、产品研发和技术领先优势。

近年来东阿阿胶开创了"3+X+2"的新模式，实现全产业链融合发展。追溯产业源头，坚持"把毛驴当药材养"，实施"毛驴活体循环开发"，结合现代养殖和研究技术，突破中药上品发展的原料瓶颈问题，从第一步保证产品品质。充分利用社会资源，加大活驴掌控和驴皮采购力度，积极加强全球原料资源掌控。建立两个百万头毛驴基地，创新规模化养殖合作模式，掌控国内主要毛驴交易市场，控制上游产业关键环节。除了在上游发展毛驴养殖、交易、加工三大产业之外，还聚焦阿胶主业，培育多种产品、多个品牌，同时发展健康服务业、养生旅游业，达到了“一产控资源、二产抓发展、三产重体验”的完美结合，实现了产业链延伸、价值链提升、供应链贯通“三链重构”，走向全产业链体系融合。

2017年年报显示，东阿阿胶的研发投入占营业收入比例为3.06%，比2016年上升0.40%。东阿阿胶积极开展上游产业链研发工作，通过技术创新带动毛驴产业健康发展。东阿阿胶建立了标准化验收、规范化仓储及自动化处理的“三位一体”驴皮原料处理工艺，优化原料处理与产品生产流程。聚焦阿胶主业，做大阿胶品类，进一步挖掘胶类中药经典大产品治疗及滋补保健功能，开发新产品。2017年全年发明专利授权20项，实用新型授权48项，申请发明专利52项，申请实用新型40项。其中，阿胶特征性成分检测方法通过国家技术监督局审核，为规范行业标准提供支持；制定驴皮团体标准2项，提高阿胶行业准入门槛；驴冻精两项标准上升为山东省地方标准，填补国内外行业标准空白；核心产品关键技术获国家授权发明专利9项，其中PCT（美国）1项；公司被授予“关键核心技术知识产权品牌单位”。未来东阿阿胶将持续提升感知质量，实现原料质量、设备、工艺、技术系统全面提升。深化技术标准研究，推进阿胶、复方阿胶浆两大产品二次开发，为市场提供专业化支撑。

要求：

（1）简要分析东阿阿胶采用的总体战略的类型（如能细分，请进一步细分）；

（2）简要分析东阿阿胶研发的类型和定位。

四、综合题

1. 资料一

大龙汽车有限公司总部位于中国内地，成立于1992年，由国内某汽车集团与法国A公司合资组建，合资双方各占50%的股份。大龙公司在引进法国A公司最新产品和技术的同时，不断加强自主创新和自主研发能力的提升，实现了由产品引进到技术输出的飞跃。作为合资企业，大龙公司内部每个部门都由法方人员任部门经理，双方员工观念不一致，导致沟通交流出现问题，使得在技术引进及生产进度方面滞后于同产业其他竞争对手。

目前大龙汽车采用双品牌构架，拥有多种车型，布局各个细分车型。在营销方法上，大龙公司确立了“产品聚焦”“区域聚焦”和“客户聚焦”三个聚焦的核心主张，强化客户关系管理，并开始致力于完善渠道网络布局，在产业内部率先向二三线城市及农村市场进行延伸和覆盖，持续提升营销能力。但受制于资金问题，效果目前并未完全体现出来，销售网点和产品供应系统建立缓慢。同时，大龙公司也在扩大零部件供给及整车生产布局，在多地开工建设了工厂。随着营销布局的扩张和生产能力的提升，大龙公司也面临了资金短缺的问题，公司长期贷款额度大、期限长，平均每年需还本付息几十亿元。

资料二

目前中国汽车产业厂商数量较多。除原有若干厂商外，一些其他产业巨头也已进入汽车产业。汽车产业既属于资本技术密集型产业，也属于劳动密集型产业，具有明显的规模经济性。整个产业高端产品的差异性较为明显，而低端产品差异性表现不明显。同时，老品牌已经占据了大部分的渠道资源，在目前情况下，新企业建立自己的供应商体系和经销商体系将越来越难。汽车本身包含了很多零部件，围绕这些零部件的提供，中国也形成了一个庞大的汽车零部件产业。据不完全统计，国内零部件企业共有2万多家，其中大规模汽车零部件企业近8000家。汽车零部件产业的集中程度明显低于乘用车制造产业的集中程度。与零部件厂商相比，整车生产企业的品牌效应更高，采购规模更大，企业实力更强，因此配件厂商的生存很大程度上依赖于整车生产企业。而且一些大的汽车生产企业零部件自给率也很高，平均自产率达到50%~60%。

资料三

作为消费升级的典型代表，随着中国国民收入和整个消费的扩张，中国的汽车消费也扶摇直上。2009年，我国一跃成为世界第一大汽车产销国。我国汽车产量由2006年的727.89万辆上升到2016年的2811.88万辆，汽车销量由2006年的712.80万辆上升到2016年的2802.82万辆，年均增长率分别达到14.46%和14.66%。

与此同时，随着国内宏观经济放缓，中国汽车产销量增速自2014年开始出现明显放缓，而能源短缺、油价上涨、环保问题也是一直阻碍汽车工业发展的威胁。从汽车产业中长期发展趋势来看，虽然我国汽车行业增速将逐步趋缓，但得益于以下几方面的因素，我国汽车行业仍将保持稳健的发展态势。

（1）我国城镇化进程的快速发展。

近十几年来，伴随我国城镇化率的逐步提升和国民经济的快速增长，我国汽车工业产值及汽车保有量呈现高速增长的发展态势。2006~2016年我国城镇化率由43.90%提升到57.35%，同期我国汽车保有量由0.37亿辆提升至1.94亿辆，年均复合增长率达到18.03%。在未来新型城镇化逐步推行的过程中，新型城镇化战略将为我国汽车需求的稳健增长提供有力的保障。

（2）不断增长的居民购买水平。

从全球汽车行业的发展历史来看，汽车普及率与人均GDP及相应的收入水平存在明显的相关关系。行业内通常以R值（车价/人均GDP）作为一个国家汽车购买力水平的重要指标。按照发达国家的历史经验，一个国家的R值接近2~3时，该国就进入了汽车快速普及阶段。我国2016年人均GDP已超过7800美元，居民消费潜力进一步提升，消费结构开始向高级化方向转化。与此同时，我国的R值已进入2~3区间，按照发达国家的经验，未来10年我国的汽车工业仍将具备较快增长的潜力。根据权威市场调查，增购、换购消费与首购相比，中高级车和SUV、MPV的比例都明显上升，国内汽车消费层次将更加丰富。

（3）整体较低的汽车普及率及区域发展的不平衡。

2016年年底我国汽车保有量达到1.94亿辆。与国际成熟市场相比，我国汽车保有量仍处于较低水平。从总量来看，我国汽车保有量不足美国的60%；从人均保有量来看，2016年我国千人汽车保有量为140辆，而美国2005年就达到了675辆，韩国2005年也达到319辆。目前我国千人汽车保有量仅相当于日本60年代、韩国80年代的水平，并低于世界平均水平。

2019年中国的汽车保有量将超过美国，我国的汽车保有量还有很大的增长空间。第一，中国庞大的人口数量是汽车销量在长期内保持稳健增长的基石。第二，我国一二线城市的汽车普及率明显高于三四线城市，随着三四线城市的汽车普及率持续提升，来自这些地区的强劲需求将继续推动全国汽车需求稳健增长。第三，从地区差异看，当前我国各地千人保有量仍然分布不均，东部沿海地区总体千人保有量高于中西部地区。目前，中西部内陆城市经济增速明显快于东部地区，这些地区强劲的汽车需求将是我国汽车需求增长的重要驱动力。预计西部地区的汽车保有量在未来10~15年内很难达到饱和状态。

（4）更新换代需求。

2002年中国经济进入新一轮的增长周期，拉动了汽车需求的快速增长。由于汽车的使用寿命一般在十年左右，这一时期购买汽车的消费者将逐渐进入到换车周期。我国汽车行业的更新需求，尤其是东部沿海发达省份汽车更新需求将逐步释放。

从近期发展趋势来看，我国汽车产业总体环境发生了明显的变化，原材料价格、劳动力成本等不断上升。同时，随着国家刺激汽车消费的一系列税收政策逐步退出，汽车消费税收政策环境面临政策基调从“偏暖”向“中性”的变化。国内一些城市已出台或正在酝酿以“限牌、限购”为主要手段的治理交通拥堵的措施，短期内会对一二线城市的汽车市场形成一定制约，国内汽车销量难以迅速恢复以往几年的高增长态势。

由于市场增长趋缓，消费者对产品以及服务更加挑剔，对汽车现有品牌的认知度和忠诚度均已慢慢形成。汽车市场竞争开始从低层次的价格战慢慢向高层次产品质量、服务维修体系等的竞争转移；竞争已不再完全体现在产品价格上，更多表现在性价比以及新车型推出以满足不同文化层次的需求上。

资料四

鉴于上述环境分析，2017年大龙公司开始加大整车出口，计划在未来三年内出口所占比重达到45%。同时，在越南建立了合资企业，利用当地廉价的劳动力资源和便利的海上运输实现产品当地生产、当地销售，并可出口到其他更为发达的国家。据报道，越南汽车价格比其他东盟国家高20%，原因是产量低，大多数组装线的产能仅达到50%。因此，越南汽车零部件生产和组装利润不大，出口也缺乏竞争力，难以吸收投资。税率不稳定也在一定程度上制约越南汽车产业的发展。但越南汽车关税将逐年下降，2014年越南自东盟进出汽车关税降至50%，2015年降至35%，2016年降至20%，2017年降至10%，2018年为零关税。越南政府还提供了税收、贷款等多方面的优惠政策，鼓励外国企业在越南投资建厂。2016年，越南经济增长速度达到6.81%，人均GDP为2385美元。虽然整体不富裕，但老百姓对汽车消费的要求很高，他们宁愿坐公共汽车，也不愿意开质量差、外观不美的私家车。

要求：

（1）从五种竞争力模型中除替代品和购买者议价能力之外的其他“三力”角度出发，根据上述资料对大龙公司面对的此“三力”进行分析；

（2）从宏观环境（PEST）角度简要分析大龙公司面临的机会与威胁；

（3）依据联合国贸易和发展会议（UNCTAD）2006年《世界投资报告》提出的影响企业国际化经营决策的四大动机，简要分析大龙公司进入越南市场的动机；

（4）依据企业发展战略可采用的三种途径，简要分析大龙公司进入国外市场所采用的发展战略的途径；

（5）简要分析大龙公司国际化经营的主要方式以及大龙公司目标市场选择的区域路径。

2. 资料一

目前培训行业在中国还是一个零散型产业。有许多企业纷纷进入培训行业，但它们的规模都不大，这些企业多受地域的限制，在当地有一定的品牌影响，但没有任何企业占有显著的市场份额，也没有任何企业能对整个产业的发展产生重大的影响。虽然新东方学校在留学英语培训市场上占有绝对的垄断地位，但这个细分市场对于整个培训市场实在微不足道。政府对民办学校的非营利限制，阻止了这个行业的产业化。没有合理的回报，致使大量外部资金不敢进入这个领域，同时该行业自身积累的资金也不敢再投入。

培训市场的需求是多方面的。目前英语培训比较活跃，除此之外，还有 IT 培训、管理培训、技能培训和各类考试培训等，每一类培训都有很多细分市场。即使对于相同的细分市场，用户也希望有更适合自己的个性化培训方案。

教育培训市场利润丰厚，而进入的技术壁垒和资金壁垒却比较低，已被公认为是“朝阳产业”和最具“钱景”的市场之一。发展到今天，整个市场培训品种已经高度丰富，基本可以依据培训目的分为考试导向型和能力导向型两种，并以前者为主。但各培训学校之间的业务多有重叠，这直接导致行业内部的竞争。不仅是不同培训业务之间，即使在同一培训业务下，竞争依然高度集中。

中国加入 WTO 以后，我国培训市场一直保持快速发展势头，中国英语培训市场以每年 15% 的速度增长。到 2010 年为止，中国英语培训的市场总值已经达到 300 亿元人民币，市场潜力巨大。在 2008 年的北京奥运会、2010 年的上海世博会等利好因素的推动之下，中国英语培训市场将在一段时间内保持高速增长。2006 年年底，IT 教育培训市场在 2005 年的规模已超过 40 亿元人民币，近 3 年的市场复合增长率达到了 22.6%，大大高于全球的增长速度。

资料二

新东方教育科技集团（New Oriental Education & Technology Group）成立于 1993 年 11 月 16 日。经过二十多年的发展，新东方教育科技集团已发展为一家以外语培训和基础教育为核心，拥有短期语言培训系统、基础教育系统、职业教育系统、教育研发系统、出国咨询系统、文化产业系统、科技产业系统等多个发展平台，集教育培训、教育研发、图书杂志音响出版、出国留学服务、职业教育、新东方在线教育、教育软件研发等于一体的大型综合性教育科技集团。2006 年 9 月 7 日，新东方教育科技集团在美国纽约证券交易所成功上市，成为中国第一家在美国上市的教育机构。截至 2010 年 12 月，新东方已在全国设立了 41 所短期语言培训学校，5 家产业机构，2 所基础教育学校，2 所高考复读学校，2 所幼儿园以及 1 家职业培训学校，累计培训学员近 1200 万人次。新东方品牌在世界品牌价值实验室（World Brand Value Lab）编制的 2010 年度《中国品牌 500 强》排行榜中排名第 94 位，品牌价值已达 64.23 亿元。面临行业内竞争压力的与日俱增，作为领军企业的新东方已走上了多元化、国际化或两者并行的道路，涉足出版、咨询、网络教学等诸多领域，同时，开拓了海外市场，建立了北美分校。随着新东方教学事业的广泛推进，新东方在基础英语、小语种、少儿英语教学等方面的规模和影响力都在不断扩大。除了实体环境的教学之外，新东方也开始发展区别于竞争对手的虚拟通路的服务项目。2000 年时正是达康公司最热门的年代，许多人都想利用网络有所作为，联想集团也正在寻找在线教育合作伙伴。

于是，联想出资5000万元，新东方“技术入股”占50%，成立了新东方教育在线，专门致力于以外语培训为主、以多种职业考试培训为辅的在线教育服务和远程培训服务，这是新东方集团进行流程创新的一步，也是创造规模经济的重要一步。

在教育产业化思维下，连锁经营成为新东方做大规模的路径。而连锁经营的成功扩张，却得益于新东方在教材和服务上的标准化。由于教育提供的服务是无形产品，其中有很多不可控的因素，如果不能使之标准化，并且有效地快速复制，那么连锁经营必将陷入困境。在教育培训领域，标准化主要体现在内容标准化和商业模式标准化两个方面。

资料三

早在2004年，城市居民人均教育培训支出已达1012.85元，以7.4%的比例高居家庭消费支出的第一位。中国培训业规模正以每年30%的速度递增，2006年国内培训市场总体规模达到了3700亿元，远程培训市场规模逼近400亿元。与发达国家的培训市场相比还有一定的距离，但我国人口基数大，培训市场个人层次的需求量也在不断扩大。中国经济的迅猛发展，产生了大量的教育需求；而教育本身，又推动了经济的发展。

2002年年底，中国通过了《中华人民共和国民办教育促进法》。2004年，出台了《民办教育促进法实施条例》，自此中国教育培训行业进入了发展的快车道。资本市场力捧中国教育，身处热潮的机构们纷纷开始加快扩张步伐，增强自己的实力。但是特别值得一提的是，中国政府的监管是新东方面临的一大风险。尽管比公办学校灵活，但中国私立学校往往受到政府严格的监管。此外，对于以培训课程为主营业务的新东方来说，考试辅导类课程存在较大的考试政策变化的风险。

自20世纪90年代以来，世界各国都在加快教育现代化的建设步伐。以教材多媒体化、资源全球化、教学个性化、学习自主化、活动合作化、管理自动化、环境虚拟化为特征的教育信息化让人们看到了它促成教育变革的潜力。我国教育信息化发展速度、推进速度是惊人的，仅政府投入就达到500~600亿元。2002年教育信息化市场规模接近230亿元，比2001年增长24%；2003年教育信息化程度不断加深，市场规模达到280亿元；而2005年教育市场IT应用整体规模达到了421.9亿元。

资料四

有许多从事培训业务的公司规模小、数量多，“大市场，小作坊”的现象非常突出。以上海为例，3300多家培训公司中年度利润规模在100万元以内的占60%，1000万以上的只占2.1%。而目前全国还没有一家培训公司能达到市场份额的1%。因此说中国教育培训行业目前产业集中度不高。

新东方以出国留学考试培训起步，通过市场渗透战略取得了迅猛的发展，其后通过市场开发战略向上海、武汉等地发展，通过产品开发战略进入其他英语培训领域，并进入远程教育领域，以多元化经营战略进入基础教育和职业教育等领域。新东方采用了发展战略态势，以发展为核心内容，不断开发新产品，开拓新市场，采取新的管理方式，以便扩大规模，提高竞争地位，增强竞争实力。

为迅速打开公司未来成长空间，新东方正在积极采取一系列的举措布局市场。未来，公司将以知名的教育机构培生教育集团为标杆，不断提升自身的竞争力。培生教育集团是全球领先的教育集团，迄今为止已有150多年的历史，作为提供终生教育产品与服务的教育集团，培生教育集团在高等教育、中小学教育、英语教育、专业出版、考试测评、网络教育等众多领域位居全球之首。近年来，培生教育集团相继收购了戴尔国际英语、华尔街英语以及环球雅思等国内培训教育机构，已经着手进行中国培训教育资源的整合重组，如拆分环球网校的英语培训业务，与华尔街英语合并重构中国成人英语产品，新东方教育集团的英语培训面临着更为激烈的竞争。

要求：

（1）简要分析造成培训产业零散的原因；

（2）简要分析新东方作为零散产业中的企业所采用的竞争战略；

（3）简要分析新东方采用的密集型战略的类型；

（4）从 PEST 角度简要分析新东方在培训产业所面临的机会与威胁；

（5）简要分析新东方采用的基准类型。

同步强化练习题参考答案及解析

使用“会计云课堂”App 或“微信”扫码对答案、看解析、掌握解题思路，开启轻松过关之旅。

一、单项选择题

1.【答案】A

【解析】“J 公司是国内一家家具生产企业……将产品成功打入了东南亚、欧洲和北美市场。2020 年，为了进入 R 国市场，J 公司在 R 国第一大城市经济开发区建成了一家家具生产工厂，并顺利将其产品销往 R 国各地”属于市场开发战略，选项 A 正确。

2.【答案】C

【解析】“L 公司是一家知名的粤菜餐厅，在全国有 100 多家门店……紧跟市场需求变化，定期开发特色菜上市，赢得了消费者好评”属于现有市场和新产品的组合，即产品开发战略，选项 C 正确。

3.【答案】B

【解析】“该酒店集团并购了国内另一家著名的酒店连锁集团，市场份额提高了 15%，进一步巩固了其行业领先地位”表明锦江国际酒店集团进行并购的动机是克服企业负外部性，减少竞争，增强对市场的控制力，选项 B 正确。

4.【答案】A

【解析】后向一体化战略是指获得供应商的所有权或加强对其控制权的战略。“Y 公司是国内一家燃煤火力发电企业。为了保障煤炭的稳定供给与产品质量，自 2017 年以来并购重组了 2 家煤炭企业，实现了高效、清洁、环保的发电方式”表明 Y 公司采取的是后向一体化战略。选项 A 属于后向一体化战略的适用条件，选项 A 正确。选项 B 属于前向一体化战略的适用条件；选项 C 属于市场开发战略的适用条件；选项 D 属于横向一体化战略的适用条件。

5.【答案】A

【解析】特许经营是指企业将其拥有的名称、商标、企业标志、专有技术、管理经验等经营资源特许给被特许企业使用，收取一次性付清的特许经营费用。被特许企业按照合同严格遵守相关规定，在统一的经营模式下开展经营活动。在本题中，“Y公司收取一次性付清的费用，Y公司可以使用X公司的品牌，但要严格遵守X公司的经营规定”属于特许经营的范畴，选项A正确。

6.【答案】B

【解析】“积极顺应市场变化，对企业进行了重新定位……重新获得了新的经济增长点”属于转向战略中的重新定位或调整现有的产品和服务，选项B正确。

7.【答案】C

【解析】“对某商务区的客户食品订货行为进行了深入调查，并根据调查结果，针对该商务区的客户制定和实施了一套促销方案”属于集中化战略，选项C正确。

8.【答案】C

【解析】D公司取消了传统的经纪人，其认为如果公司把工作做好，比如迅速完成理赔和取消复杂的表格，客户并不需要传统经纪人给予情感上的舒适感。D公司没有用经纪人和区域办公室，而是利用信息技术提高理赔的处理效率，并且将节省的成本返还给客户，为客户提供更优惠的保险费率。因此该公司将以往建立在个人关系上的情感主导型业务模式转变为业绩好、成本低的功能导向型业务模式，从而开创蓝海。因此，选项C正确。

9.【答案】A

【解析】“公司管理层根据医学专家的预测，认为在最严重的2020年年初的这波新冠疫情过去之后，疫情可能会周期性地在2020年冬季爆发”说明需求是可预测的，于是公司就加大上半年防护口罩的产量作为库存，来应对未来防疫需求的增长。因此，健翔公司采用的平衡产能与需求的方法是库存生产式生产。

10.【答案】A

【解析】滞后策略是指仅当企业因需求增长而满负荷生产或超额生产后才增加产能。“其自主研发的一款医疗美容产品刚一推向市场，立即受到消费者欢迎，产品供不应求，公司一直处于满负荷生产状态。为满足持续增长的订单要求，该公司决定增加一条生产流水线”属于滞后策略，选项A正确。

11.【答案】A

【解析】“为汽车制造商生产的轮胎安全标准高于为农用拖拉机制造商生产的轮胎安全标准”表明该轮胎制造商进行产业市场细分的依据是用户的行业类别。

12.【答案】A

【解析】“深入分析消费者对旅游产品的使用率之后，决定把提供短途旅游和低端消费旅游服务作为主营业务”属于根据消费者对某种产品的使用率来划分市场，体现了行为细分，选项A正确。

13.【答案】C

【解析】“生产部门依据销售部门提供的客户订购的产品数量安排档期生产”属于需求变动，选项C正确。

14.【答案】B

【解析】剩余股利政策是指只有在没有净现值为正的项目时才会支付股利的政策，选项B正确。

15.【答案】C

【解析】“我国医疗美容市场规模保持每年20%以上的复合年均增长率，产品的销量节节攀升，销售群不断扩大。医疗美容消费不再只局限于女性群体中，男性对医疗美容的消费也呈现逐年增强的趋势”表明立圣公司所处的医美行业处于成长期。成长期宜采用低股利政策，选项 C 正确。

16.【答案】A

【解析】“目前，该款药品价格较高，性能还有待完善，因此销售量小，公司净利润率较低”表明该药品行业处于导入期。导入期的资金来源主要是风险资本，选项 A 正确。

17.【答案】A

【解析】“技能和产品供应可在母子公司之间、子子公司之间形成双向流动”表明甲公司国际化经营的战略类型是跨国战略，选项 A 正确。

18.【答案】D

【解析】“其产品销往多个国家和地区……该公司在生产制造成本最低的 V 国和 I 国建立生产制造中心，并在研发创新条件和环境最好的 U 国设立研发创新中心”表明 Y 家家居向全世界的市场推销标准化的产品和服务，并在较有利的国家集中进行生产经营活动，由此形成经验曲线和规模经济效益，以获得高额利润，体现的是全球化战略，选项 D 正确。

19.【答案】D

【解析】“H 燃气公司负责 B 市的民用天然气供给业务。近年来 B 市的民用天然气需求量比较稳定”体现的是低经营风险；“H 燃气公司主要通过引入战略投资者取得更新燃气管道所需的资金”体现的是低财务风险。因此，选项 D 正确。

20.【答案】A

【解析】选项 A 适宜采用市场开发战略。选项 B 适宜采用相关（同心）多元化战略，当企业在产业或市场内具有较强的竞争优势，而该产业或市场成长性或吸引力逐渐下降时，适宜采用此战略。选项 C 适宜采用市场渗透战略，若一家企业决定将利益局限在现有产品及市场领域，即使在整个市场衰退时也不允许销售额下降，那么企业就必须采取市场渗透战略。选项 D 适宜采用稳定战略。

21.【答案】D

【解析】“将化妆品的生产和销售业务转让给甲跨国公司，同时与国外乙公司合作，专注于丽美新产品的研发业务”表明丽美公司扮演的角色为躲闪者，选项 D 正确。

22.【答案】B

【解析】“面对日益加剧的全球化压力，H 公司于 2007 年开始实施全球化扩张行动，成功建成了全球性的市场网络和研发平台。H 公司在全球价值链环节当中，不仅仅拥有强大的中国制造环节，还掌控了营销、研发等高附加值的价值链环节。在国际市场竞争中，取得了话语权和定价权”表明 H 公司的战略定位是通过全球竞争发动进攻，其选择的战略是“抗衡者”战略，选项 B 正确。

23.【答案】D

【解析】混合型策略是指针对企业内部的不同职位制定不同的薪酬策略。因此，选项 D 正确。

24.【答案】C

【解析】“早在 2015 年，小米就已经申请了关于车辆定速巡航、车辆操控、车辆导航、停车信息预测等十几个智能电动汽车方向的发明专利”表明小米克服了专有技术选择、获取与应用的困难，选项 A 排除。“小米具有充足的现金流储备和全球最完善的智能生态供应链”表明小米克服了原材料、零部件、资金与其他供给的不足，选项 B 排除。“针对传统汽车企业大多采取深耕传统燃油汽车的策略制定了充分的应对预案”表明小米已经考虑到了被替代产品的反应，选项D排除。因此，选项C为本题正确答案。

25.【答案】C

【解析】“于2018年11月，在新加坡开设了首家海外独资门店。此外，还于2020年3月在东京开设了第一家独资门店，并在此后计划陆续开出5家门店”表明喜茶国际化经营的主要方式为对外直接投资中的全资子公司。

26.【答案】D

【解析】按照“战略钟”理论，集中差异化战略对应高价高值战略，其是指以特别高的价格为顾客提供更高的认可价值。因此，选项D正确。

27.【答案】C

【解析】“宝洁公司在开始进入中国市场时，将‘飘柔’定位为二合一，带给人们方便和使头发柔顺的功效。但该公司后来经过市场调查发现，人们最需要的是建立自信。因此，宝洁公司从2000年起开始对该品牌以自信为诉求重新进行了定位”体现了宝洁公司对其产品进行重新定位主要是基于顾客的消费观念、偏好发生变化，选项C正确。

28.【答案】A

【解析】“M公司为规避激烈的市场竞争，率先生产出具有不容易在手中溶化的巧克力，并宣传‘只溶在口，不溶于手’”体现了M公司运用的产品市场定位策略是抢占或填补市场空位策略，选项A正确。

29.【答案】D

【解析】创新性联盟策略即企业为了产品、业务的创新并取得长期竞争优势而与供应商结成联盟的策略。“H公司有很多产品的设计方案直接交给供应商来做，很多零部件是基于供应商提供未来市场的产品预测，并将待开发的产品形成图纸，这样供应商就成为了H公司的设计部和工厂，加快了产品开发速度”表明H公司采用的交易策略是创新性联盟策略。因此，选项D正确。

30.【答案】C

【解析】供应商管理库存（Vendor Managed Inventory，简称VMI）采购模式是一种以企业和供应商双方都获得最低成本为目的，在一个共同的协议下由供应商管理库存，并不断监督协议执行情况和修正协议内容，使库存管理得到持续地改进的合作性策略。

二、多项选择题

1.【答案】ABD

【解析】“重组资源，专注通信设备和解决方案”属于收缩战略中的转向战略，选项A正确。“N公司通过剥离不良业务”“挥泪出售手机业务和Here地图业务”属于收缩战略中的放弃战略，选项B正确。“全球数万名高级管理人才和研发工程师随后陆续被裁员解聘”属于收缩战略中的紧缩与集中战略（削减成本战略），选项D正确。

2.【答案】AB

【解析】“新钢公司是一家特种钢材生产企业……其产品主要用于国防、电力、石化、核电、环保、汽车、航空、船舶、铁路等行业的高端、特种装备制造领域”，故参股大亚湾核电设备制造公司、与东亚汽车制造公司签订集研发、生产、销售为一体的合作协议是向产业链下游延伸，属于前向一体化战略，选项A、B正确。而选项C、D是向产业链上游（提供能源、原材料的供应商）延伸，属于后向一体化战略。

3.【答案】ABCD

【解析】“用买断方式终止与员工的劳动合同”体现了退出成本,选项 A 正确。“在当地政府的干预下”体现了政府与社会约束，选项 B 正确。“干法水泥生产线等设备难以转产”体现了固定资产的专用性程度比较高，选项 C 正确。“引起一些职工的抵触”体现了感情障碍，选项 D 正确。

4.【答案】BD

【解析】“以色列监管部门认为该项收购不符合以色列国家利益，因此未获批准”属于跨国并购面临政治风险。“‘凤凰’员工与原股东的纠纷问题所导致的罢工可能会增加复星国际有限公司收购后的压力”属于并购后不能很好地进行企业整合。因此，选项 B、D 正确。

5.【答案】AC

【解析】“汽车制造商甲公司凭借自有资金 2 亿元和发行债券融资 5 亿元”说明该并购是杠杆收购，选项 A 正确；“实现了对汽车零部件商乙公司的收购”说明乙公司是甲公司的上游企业，该并购属于后向并购，选项 B 错误；“经过多次磋商签订协议”说明该并购是友善并购，选项 C 正确；作为并购方的甲公司为非金融机构，该并购属于产业资本并购，选项 D 错误。

6.【答案】AB

【解析】“同程公司将充分发挥在旅游行业的运作经验与品牌优势，提供旅游产品设计、线上线下服务等方面的支持。皇中国际控股公司则利用自身平台功能，挖掘境外航空旅游资源与金融服务资源，提供航线开通、包机业务等方面的支持”表明同程公司与皇中国际控股公司进行战略合作的动因有开拓新的市场和实现资源互补，选项 A、B 正确。

7.【答案】ACD

【解析】“综合性网络零售商 J 公司战略入股 Y 超市，J 公司将持有 Y 超市 10% 的股份”说明上述两家公司结成的战略联盟为股权式战略联盟，选项 A、C、D 正确。选项 B 属于契约式战略联盟的特点。

8.【答案】ACD

【解析】零散产业的战略选择：①克服零散——获得成本优势，其中克服零散的途径包括连锁经营或特许经营（选项 D）、技术创新以创造规模经济和尽早发现产业趋势；②增加附加价值——提高产品差异化程度（选项 C）；③专门化——目标集聚（选项 A）。选项 B 不属于零散产业的竞争战略范畴，选项 B 错误。

9.【答案】ACD

【解析】“汽车修理修配产业由很多中小企业组成，其中没有任何一个企业占有显著的市场份额或对整个产业的发展产生重大影响”表明汽车修理修配业属于零散产业。造成产业零散的原因主要来源于产业本身的基础经济特性：①进入障碍低或存在退出障碍；②市场需求多样导致高度产品差异化；③不存在规模经济或难以达到经济规模。因此,选项 A、C、D 正确。

10.【答案】ABCD

【解析】“不同民族”体现的是人口细分；“推出流行于我国华北地区……深受目标市场消费者的喜爱”体现的是地理细分；“生活习俗特点的民间木版年画”体现的是心理细分；“大都用于新年时张贴……2022 年新年前夕，华夏公司推出……年画”体现的是行为细分（购买时机）。因此，选项 A、B、C、D 均正确。

11.【答案】CD

【解析】“采取免费赠送试用品的方式”属于营业推广，选项 C 正确；“公司销售人员在主要销售商场举办促销活动，宣传该产品具有美白、抗皱、抗衰老、紧致肌肤之类的特效”属于人员推销，选项D正确。

12.【答案】ACD

【解析】“长期分别从多家配件公司少批量采购新能源汽车部件：驱动电机、动力电池和整车电控”表明B公司采用的是多货源少批量策略。多货源少批量策略的优点：①企业可以与较多的供应商建立和保持联系，以保证稳定的供应（选项C）；②有利于与多个供应商合作从而获得更多的知识和技术（选项D）；③供应商之间的竞争使企业的议价能力增强（选项A）。不利于企业获得质量和性能不断提高改进的供应品属于多货源少批量策略的缺点。

13.【答案】BC

【解析】“目前加湿器产业的产品逐步标准化，技术和质量改进缓慢，加湿器市场基本饱和”表明加湿器产业处于成熟期。处于成熟期的企业财务风险属于中等水平，股利分配率高，资金来源于保留盈余和债务，而股价是比较稳定的，选项B、C正确。选项A属于衰退期的经营特征，选项D属于导入期的经营特征。

14.【答案】ABC

【解析】“该项并购将有助于中海油进一步拓展其海外业务”属于寻求市场；“该项并购将有助于中海油……增加资源储备”属于寻求资源；“使中海油获得了一个领先的国际发展平台及先进的国际管理经验”属于寻求现成资产。因此，选项A、B、C正确。

15.【答案】BD

【解析】“该企业成立十几年来，凭借其自主研发的独特高效的教育训练方法、国内一流的少儿智力开发团队和多年打造出的‘英华’品牌，在业内一直占据龙头地位”表明英华公司实施的竞争战略是差异化战略。选项A、C属于与成本领先战略相匹配的人力资源获取策略，选项B、D正确。

16.【答案】AB

【解析】“以空调研发、生产和销售为主业的春秋公司确立了‘技术立企’的发展战略。该公司拒绝参与空调行业价格战，每年将销售收入的5%投入研发”表明春秋公司实施的是差异化战略。采用差异化战略的企业强调公司与其他企业的不同之处，因此要求具有广泛的知识、技巧和创造性，采用这种策略的公司往往传递外部新颖信息、购买所需技能或者利用外部培训机构对团队进行培训。选项C、D属于与成本领先战略相匹配的人力资源开发与培训策略，选项A、B正确。

17.【答案】ABC

【解析】根据题干信息判断，K公司实施的基本竞争战略是成本领先战略。实施成本领先战略的企业，主张通过较低成本击败对手或者成为行业领先，绩效评估强调结果导向，以控制成本为目的，评估范围狭窄，评估的信息来源单一，上级作为考核的主要考官。因此，选项A、B、C正确。

18.【答案】ABD

【解析】“在Kindle发布前，消费者只能阅读纸质书籍，携带非常不便。亚马逊敏锐地发现了这个问题，认为电子书的市场巨大，于是就推出了第一代的电子阅读器Kindle”体现了审视他择产业，选项A正确；“亚马逊也观察到了与读书互补的读书笔记领域，提供了一个线上的读书交流平台，获得了广泛的好评”体现了放眼互补性产品或服务，选项B

正确；“在Kindle发布前，消费者只能阅读纸质书籍，携带非常不便。亚马逊敏锐地发现了这个问题，认为电子书的市场巨大，于是就推出了第一代的电子阅读器Kindle……一时间Kindle风靡全球，引领了电子阅读器的发展”体现了跨越时间参与塑造外部潮流，选项D正确。

19.【答案】ABCD

【解析】“G公司以231.6亿欧元的研发投入排名第一”体现了对创新给予财务支持，选项A正确。“鼓励员工发挥自己的创意，参与到公司的决策中来”体现了积极地鼓励员工提出新构思，选项B正确。“G公司一直秉承‘只雇用最聪明的人’的人才宗旨，吸收所有领域的人才而不是仅局限于互联网领域，现在G公司员工中就包含火箭领域的科学家和脑外科医生”体现了招聘具有创新技能的员工，选项C正确。“鼓励内部信息的分享，并由专门的管理者进行收集，消除信息壁垒，开阔员工的眼界”体现了从企业的内部沟通中获取与创新构思有关的信息，选项D正确。

20.【答案】AB

【解析】“完成了与客户的产品设计协同、订单交付协同以及全球生产营运的可视化。这一举措不仅与客户建立了良好的协作关系，而且降低了企业的日常运营成本，提升了企业的整体运营能力”表明F集团企业升级的类型是工艺升级，选项A正确；“F集团转向以生产高附加值产品为主，希望由此提升单品的价值及利润率”表明F集团企业升级的类型是产品升级，选项B正确。

三、简答题

1.【答案】

（1）①革新和改造前：低增长—弱竞争地位的“瘦狗”产品。“豆浆机上市初期在市场上认同度较低，市场总体需求量不大，总体增长率偏低”“甲公司的唯一竞争对手是乙公司……其豆浆机市场占有率远高于甲公司”。“瘦狗”产品只能为企业带来一般的现金流，是融资的陷阱，并且投资回报率不高。同时，这类产品由于缺乏吸引力而不会引入市场过分竞争。如果企业未能继续利用促销手段维持企业发展或进行革新，这类产品可能会被市场淘汰。

②革新和改造后：高增长—强竞争地位的“明星”产品。“获得了顾客的广泛认可，市场占有率跃居第一”“新型豆浆机市场以两位数进行增长，出现了供不应求的局面”。“明星”产品短期需要资本投入超过产生的现金流，以便保持它们的市场地位，但是未来会为企业带来高额的回报。同时，高增长率可能会吸引新来者和竞争者，甲公司必须大量投入现金以维持其现有的地位并加以巩固。

（2）根据题中信息，有关决定财务战略矩阵中所属象限的因素：

①销售增长率－可持续增长率=60%-45%=15%＞0

②投资资本回报率－资本成本=25%-15%=10%＞0

根据甲公司2022年的预测信息可以判断，甲公司在财务战略矩阵中的象限属于第一象限，为增值型现金短缺业务。这一象限的业务一方面能够为企业带来价值增值，另一方面其产生的现金流量不足以支持业务增长，会遇到现金短缺的问题。甲公司的管理层应判断由销售增长率大于可持续增长率所出现的高速增长状态是暂时性的还是长期性的。如果高速增长状态是暂时性的，企业应通过借款来筹集所需资金，等到销售增长率下降后企业会有多余现金归还借款。但是，当企业预计高速增长的状态是长期性的，比较长远的方法是提高可持续增长率或增加权益资本（可以通过增发股份或兼并成熟企业等途径）来实现。

2.【答案】

汉庭酒店实施蓝海战略运用的重建市场边界的基本法则：

①跨越产业内不同的战略群组。“汉庭的第一次蓝海战略是在2005年，当时酒店行业只有两类产品。一类是高星级酒店，价格昂贵，普通人难以承受；另一类是招待所，虽然价格便宜，但住宿条件十分落后。于是季琦先生创办了汉庭酒店，在产品设计上，他剔除了传统星级酒店的豪华大堂、会议室、娱乐、餐厅等不必要设施，开拓了经济型酒店这一产业”。

②重新界定产业的买方群体。“这些创新在传统业界是前所未有的，通过这些细节上的价值创新，汉庭在‘干净’这一存在巨大买方需求的元素上做到了持续精进，重新界定了业界的买方群体”。

③重设客户的功能性或情感性诉求。“在产品设计上，他剔除了传统星级酒店的豪华大堂、会议室、娱乐、餐厅等不必要设施，开拓了经济型酒店这一产业。因为差旅人士业务繁忙，星级酒店提供的这些服务他们都没时间享受”“发现相比于酒店的硬件设施和服务水平来说，客房的干净卫生是消费者入住经济型酒店最大的痛点。基于汉庭在干净上已有的投入和能力，汉庭的第二次蓝海战略，就是加强客房卫生，进行压倒性的投入，做到比五星级酒店还要干净，形成新的蓝海”“由于干净给顾客满意度带来了提升，让顾客获得宾至如归的体验，回头客更多了”。

④跨越时间参与塑造外部潮流。“于是季琦先生创办了汉庭酒店，在产品设计上，他剔除了传统星级酒店的豪华大堂、会议室、娱乐、餐厅等不必要设施，开拓了经济型酒店这一产业”“通过一年的干净行动，汉庭不仅赢得了顾客的信任，还带动了经济型酒店全行业对干净品质的关注和提升，为行业带来了改变”。

3.【答案】

（1）恒瑞医药公司进入国际市场举步维艰的主要原因：

①对关键资源的控制能力差。“由于缺乏拥有自主知识产权的药品，该公司多年来一直以生产仿制药为主，其生产的医疗器械科技含量较低，难以满足用户对高科技医疗器械的需要，国内高科技医疗器械市场基本被进口产品占领”。

②缺乏规模经济效应。“与国外跨国公司相比，自己在规模及利润两个方面存在着巨大差距，在研发经费的投入方面差距更大”。

③缺少市场优势。“恒瑞医药公司还存在着专业化程度和品牌认知度较低等问题”。

（2）恒瑞医药公司采用了躲闪者战略、抗衡者战略和扩张者战略。

①躲闪者战略。

a. 重新定义自己的核心业务，避开与竞争对手的直接竞争。“有的专攻国外跨国公司关注的盲区（如罕见病、特殊需求），在产品上逐渐形成自己的特色”。

b. 根据自身的本土优势专注于细分市场，将业务重心转向价值链中的某些环节。“有的通过承接国外跨国公司医药研发外包业务，将业务重点转向价值链的研发环节”。

②扩张者战略。“将自身具有相对优势的本土医药产品拓展至周边欠发达国家和地区”。

③抗衡者战略。学习从发达国家获取资源，以克服自身技能不足和资本的匮乏。“注重向跨国公司学习，合理整合和运用国内外优势资源，克服自身技能和资本匮乏的缺陷，以期发展为实力强大的大型跨国企业，在国内外市场上与国外跨国医药公司展开真正的较量”。

【名师点题】在涉及新兴市场本土企业的战略选择类型的分析中，不仅可以依据所在行业全球化压力高低、优势资源能否向海外转移来判断，还可以依据案例中企业所采取的具体战略举措来判断。

4.【答案】

（1）按照价值链活动的分类，北雅公司的12类活动可做如下划分：

①内部后勤（进货物流）：活动（2）；

②生产经营：活动（3）、（4）、（6）、（11）；

③外部后勤（出货物流）：活动（5）；

④市场销售：活动（7）、（10）；

⑤服务：活动（8）；

⑥采购管理：活动（1）；

⑦技术开发：活动（9）、（11）；

⑧人力资源管理：活动（11）；

⑨企业基础设施：活动（12）。

（2）北雅公司实现成本领先战略所具备的资源和能力：

①在规模经济显著的产业中装备相应的生产设施来实现规模经济。“实现了专业化、规模化生产”。

②降低各种要素成本。“生产所需要的车辆底盘等关键部件由就近的德力公司生产，与北雅公司总装厂距离非常近，节约了物流费用”“采用订单拉动的生产方式，实现按需生产、消除库存，降低储存成本”“订单处理人员根据全国直营店的分布就近调配车型，并选择最优路线配送以降低物流费用”“减少了资金投入、降低了营销费用和地域市场的进入门槛”。

③提高生产率。“与新能源汽车生产的上游供应商，如动力电池和人工智能软硬件科技企业等，建立了长期的战略合作伙伴关系，提升了整体供应链的灵活性、适应性与效率”“采用订单拉动的生产方式，实现按需生产、消除库存，降低储存成本”“订单处理……选择最优路线配送以降低物流费用”“借助数字化、人工智能、大数据等技术提升了供应链响应能力，实现了柔性生产与制造”“有的放矢地进行广告宣传，提高广告效率”“开发畅销车型，提高了资金周转速度”“定期对员工进行培训……尽快实现学习经济”“建立起支撑商业模式创新发展的大数据计算中台与大数据智能中台……提升了决策效率和实现了对资源的精准配置”。

④改进产品工艺设计。“及时掌握新能源汽车产业的新技术、新工艺和新材料，并运用于产品设计和工艺流程改进”。

⑤提高生产能力利用程度。“提升了整体供应链的灵活性、适应性与效率”“同时为合作伙伴提供整车生产组装，实现了……规模化生产”“借助数字化、人工智能、大数据等技术提升了供应链响应能力，实现了柔性生产与制造”“有的放矢地进行广告宣传，提高广告效率”“建立基于大数据分析与洞察的智能算法模型，开发畅销车型”“实现了对资源的精准配置”。

⑥重点集聚。“专注于汽车整车生产制造……实现了专业化、规模化生产”。

5.【答案】

（1）凤凰卫视采用多元化战略的原因：

①在现有产品或市场中持续经营不能达到目标。“凤凰卫视的相关多元化……来应对移动通讯时代激烈的竞争下宏观经济放缓和若干新媒体业务暂停造成的经营亏损”。

②与在现有产品或市场中的扩张相比，多元化战略意味着更高的利润。“凤凰卫视的相关多元化延伸已涵盖动漫、游戏、数位科技、文创、云技术服务、教育、展览等领域，为公司业绩带来新的增长点”。

（2）凤凰卫视实施发展战略的具体途径是战略联盟。“凤凰卫视与阿里巴巴宣布于2018年11月16日订立了一份战略合作备忘录”“在备忘录一年有效期内签署有约束力的战略合作协议的意向”。

（3）凤凰金融国际化经营的动因：

①寻求市场。“就针对目前大部分海外华人普遍面临投资理财渠道较少、可投资资产类型较少等问题，凤凰金融分别在美国、东南亚、欧洲等地区上线多样化产品。此次在法拉盛成立的凤凰金融纽约分公司，可为美国东部地区的华人在投资理财和财富管理方面提供专业精细的一对一服务，并量身定制个性化的资产配置方案”。

②寻求现成资产。“凤凰金融将继续以国际化视角不断拓展海外市场，获取先进的管理经验，开拓更多优质的全球资产，为更多华人提供更丰富的金融服务”。

6.【答案】

（1）瑞幸咖啡涉及的促销组合要素：

①广告促销。“微信LBS精准定向的线上广告覆盖了大量的人群，而线下的分众广告主要投放于城区写字楼和社区，线上与线下的结合达到了很好的造势效果”。

②营业推广。“注册就送一杯免费咖啡，如果用户推荐朋友注册，还能再获赠一杯。与此同时，他们还在推一个‘买二送一’‘买五送五’的活动”。

③公关宣传。“2018年10月，瑞幸咖啡与轻松筹达成深度战略合作，将在面向快消人群与年轻群体的维护上，走出了一条未有人涉足的创新公益之路。通过积极参与公益事业承担企业社会责任来宣传企业的形象，使用户对品牌产生一定的亲切感”。

④人员推销。“实体店中的工作人员能完整解释产品的细节，并针对客户的要求进行推荐，给消费者带来不一样的体验”。

（2）确认产业的成功关键因素必须考虑以下三个问题：

①顾客在各个竞争品牌之间进行选择的基础是什么？

②产业中的一个卖方厂商要取得竞争成功需要什么样的资源和竞争能力？

③产业中的一个卖方厂商获取持久的竞争优势必须采取什么样的措施？

咖啡产业的成功关键因素：

①上乘的广告以吸引消费者购买某一特定品牌。“微信LBS精准定向的线上广告覆盖了大量的人群，而线下的分众广告主要投放于城区写字楼和社区，线上与线下的结合达到了很好的造势效果”。

②制定吸引人的零售价格以抢占消费者。“价格定在20至30元之间，避开了30至40元的星巴克主流价位，也跟10至20元的肯德基、全家等快餐咖啡划清了界限”。

③多种销售渠道以抢占市场份额。“瑞幸咖啡有4种不同的门店类型：A店（大型旗舰店）、B店（带堂食的中小型门店）、大堂店（写字楼内用于自取的小型门店）和外卖店”“目前占据绝对主流的店型是后两者。瑞幸咖啡通过迅速扩张的店面数量降低用户购买咖啡的难度，并在建立起一定的市场规模后，再通过A、B店，与核心商业地段的星巴克门店进行竞争”。

7.【答案】

（1）京东与沃尔玛采用的战略联盟类型属于股权式战略联盟。“沃尔玛以中国本土电商‘1号店’的第三方平台获得京东约5%的A类普通股，成为京东战略股东”“京东将拥有1号商城主要资产，包括‘1号店’的品牌、网站、App”“京东旗下本地即时物流和生鲜商超O2O平台‘新达达’还获得沃尔玛5000万美元战略投资”“2016年年末，沃尔玛再次增持京东股份至12.1%，成为京东第三大股东”。

（2）京东与沃尔玛双方结成战略联盟的

主要动因：

①避免经营风险。“极大地补充和增强京东的产品丰富度和在重点区域的竞争力。此外，京东的用户也将享受到来自山姆会员商店和沃尔玛更为丰富的精选进口商品”“沃尔玛看中的是京东的电商经验和能力，在中国市场频频受挫的沃尔玛希望借助京东的力量来重塑自己的线下业态，以试图通过新零售盘活自己的线下店，同时借助京东的电商经验来抵抗竞争对手亚马逊的全球攻势”。

②实现资源互补。“通过整合双方在电商和零售领域的巨大优势，为中国消费者提供更优质的商品和服务”“整合各自在O2O到家服务、物流和零售领域的优势”“对于沃尔玛来说，此次合作将极大地拓展其在中国电商市场的增长机遇。京东海量的线上用户以及强大的当日到达物流网络将为沃尔玛门店和山姆会员商店带来巨大的客流量，将山姆会员商店的业务拓展至全国范围，并为沃尔玛和山姆会员商店的顾客提供更好的物流配送服务。而京东将通过沃尔玛旗下‘1号店’的强大品牌优势、其在食品杂货和家居产品领域的品类优势、其长期形成的优质低价的良好口碑以及在华东和华南等重要区域的领先布局，极大地补充和增强京东的产品丰富度和在重点区域的竞争力。此外，京东的用户也将享受到来自山姆会员商店和沃尔玛更为丰富的精选进口商品”“沃尔玛通过与京东合作，搭上了京东这个中国电商中巨头级别的平台”。

③开拓新的市场。“对于沃尔玛来说，此次合作将极大地拓展其在中国电商市场的增长机遇”“将山姆会员商店的业务拓展至全国范围”“京东也希望可以在‘1号店’和沃尔玛身上得到进军新零售的筹码，在国内市场中先一步获得渠道优势”。

8.【答案】

（1）S重工在G国实施发展战略的主要途径：

①外部发展（并购）。“2012年1月30日，S重工董事会审议通过了《关于收购G国P公司的议案》并发布公告，公司控股子公司SG公司联合中信产业投资基金（香港）顾问有限公司，与G国P公司签署了《转让及购买协议》”。

②内部发展（新建）。“2008年5月，S重工为正式进入G国混凝土机械市场，计划投资1亿欧元，在G国K市注册成立了G国分公司——SG公司”“为了尽快融入G国市场，获得G国政府和消费者的认同，SG公司实行了本土化改造策略……在工厂选址、员工签证办理等事宜上达成合意，最终在G国建成了全球制造业最高水准的混凝土机械制造中心”。

（2）并购的动机：

①避开进入壁垒，迅速进入，争取市场机会，规避各种风险。“为了进入高端混凝土机械市场，S重工打算收购P公司。若收购成功，公司将直接获得‘G国制造’的顶尖技术与专利，且可以借助P公司在中国以外的全球销售网络快速进入海外市场，从而有利于S重工提升产品品质并丰富高档产品系列”。

②获得协同效应。“S重工凭借并购在短期内获得了P公司领先的技术支持，降低了创新风险，巩固了其在产业链中的地位，缩减了成本。从P公司视角而言，可以将中国低廉的劳动力成本优势加以利用，以降低生产总成本，进一步提升自身的盈利能力。不仅如此，S重工还通过P公司学到了在国际上处于领先地位的管理理念与方法，提升其国际化经营水准。对于P公司来说，此次并购也有助于解决其在中国市场的‘水土不服’问题，提升了在中国的市场占有率”。

③克服企业负外部性，减少竞争，增强

对市场的控制力。“收购后的S重工不仅获得了全球顶尖的技术和专利，还获得了直接面向全球消费者的销售市场，进一步巩固了其在混凝土机械技术领域的全球领导地位，成为了混凝土机械领域无可争议的全球技术和产品领导者”。

所规避的主要风险：

①并购后不能很好地进行企业整合。“考虑到S重工和P公司有着显著的文化不同点，S重工派了专人负责文化层面的沟通交流以及日常事务的处理。S重工承诺收购以后，在发展战略等层面帮助被并购企业制定计划并提供一定的资金支持，同时，对于其原来的管理层、研发层和生产人员等全部加以保留”。

②支付过高的并购费用。“此次S重工并购P公司处于金融危机后期，G国的市场需求低迷，销售额大幅萎缩，进而导致其市场估值在以往基础上减少。P公司在危机后的销售收入和净利润大幅下降，其市场估值处于一个较低点”。

③跨国并购面临政治风险。“在并购过程中，S重工非常注重规避跨国并购可能带来的风险。在并购实施前，S重工在G国成立的子公司SG公司已经独立运营两年有余，因此对G国的政治制度和法律意识都有一定的了解。同时，SG公司的设立也让当地政府得以更好地了解S重工，有效地减少了并购阻力，这为并购的顺利进行奠定了基础”。

9.【答案】

（1）采用收缩战略的原因：

①主动原因：为了满足企业战略重组的需要。“C公司旗下存在较多的负资产，如一些小型煤矿产出少，人力成本高，已经连续多年处于亏损状态。C公司为了剥离非核心业务，分化亏损资产，提高公司的资产周转率，实现公司的战略重组，帮助企业实现盈利和可持续发展，于2016年对煤炭业务采用了收缩战略”。

②被动原因。

a. 外部环境原因。“近年来，随着我国煤炭市场供给侧矛盾突出，需求减少导致煤炭价格下跌和煤炭产能过剩且抑制效果不明显的情况同时出现，煤炭行业整体利润率偏低”。

b. 内部环境原因。“从2012到2016年，C公司的销售利润率、资产收益率和净资产收益率三个指标呈现逐年下降的趋势。由于主营煤炭业务的连年亏损导致公司资金不足的现象愈发明显，公司发展陷入困境。除主营业务外的其他行业中也只有少部分业务实现盈利，且由于公司经营范围过大，多个行业间难以形成协同效应，发展方向模糊的问题也逐渐凸显出来”。

（2）C公司2016年所采用的收缩战略（撤退战略）的主要方式：

①转向战略中的重新定位或调整现有的产品和服务。“C公司通过分析主营业务收入发现，截至2016年，公司供电业务、机械设备业务和医疗保健业务均实现了利润收入，而煤炭销售业务却连年亏损且有扩大趋势。为此，C公司计划在一到两年内在投资资本回报率低的煤炭销售领域抽出一部分资金转入供电业务、机械设备业务和医疗保健业务领域，并进行管理创新，实现公司战略的转向”。

②放弃战略。“对于一些持续亏损，开发成本高的小型煤矿来说，其亏损结局已经无法改变，于是C公司决定采取停产出售措施”。

10.【答案】

（1）恒辉汽车集团在成立初期采用的是成本领先战略。“成立初期，恒辉集团在国内汽车市场面对着具有品牌优势的跨国公司带来的压力，清楚地认识到汽车制造业属于规模经济显著的行业，必须扬长避短，发挥自己的本土优势，走低成本路线，着力提高产品的性价比”。

从市场情况的角度，恒辉汽车集团实施成本领先战略的条件：

①产业中所有企业的产品都是标准化的产品，产品难以实现差异化。“国产车企之间的技术差距不大，产品区分度较小”。

②产品具有较高的价格弹性，市场中存在大量的价格敏感用户。“对于选择国产车的顾客群体，由于本身消费能力不强，导致产品的价格弹性很大”。

从自身资源和能力角度，恒辉汽车集团实施成本领先战略的条件：

①在规模经济显著的产业中装备相应的生产设施来实现规模经济。“成立初期……清楚地认识到汽车制造业属于规模经济显著的行业”“为恒辉集团带来了很高的规模经济效益”。

②提高生产率。“恒辉集团率先引进国外先进的生产技术，大大降低了自己的制造时间和成本，提高了车间的生产率”“将职工销售业绩与奖金待遇挂钩，调动销售岗位职工的积极性，极大程度地提升了公司人均销售收入”。

③降低各种要素成本。“与周边大运轮胎等生产制造相关零部件的本土企业建立了长期的合作关系，降低了自己的零部件采购成本”“恒辉集团率先引进国外先进的生产技术，大大降低了自己的制造……成本”。

④选择适宜的交易组织形式。“与周边大运轮胎等生产制造相关零部件的本土企业建立了长期的合作关系，降低了自己的零部件采购成本”。

（2）恒辉汽车集团在新兴市场中扮演的角色为抗衡者。

①不要拘泥于成本上竞争，而应该比照行业中的领先公司来衡量自己的实力。“双方在1997年联合推出恒顺商用车，该车型突破了汽车用材料、工艺、装备、检测试验等关键技术。就整车而言，除了极大提升安全性和舒适性之外，对汽车节能环保、智能驾驶、功能集成方面也做出了重大改进。首次进入全球中高端市场，并获得了巨大的成功”。

②在一个全球化的产业中找到一个合适的突破口。“该车型突破了汽车用材料、工艺、装备、检测试验等关键技术。就整车而言，除了极大提升安全性和舒适性之外，对汽车节能环保、智能驾驶、功能集成方面也做出了重大改进。首次进入全球中高端市场，并获得了巨大的成功”“恒辉集团吸收F汽车最前沿的产品技术和制造工艺、有效的股权制衡机制、高效透明的运作以及高水准的经营管理，使公司形成了规范的管理运作体制，以科学的制度保证了公司治理和科学决策的有效性”。

③学习从发达国家获取资源，以克服自身技能不足和资本的匮乏。“1995年恒辉集团通过发行恒辉B股引入战略合作伙伴美国F汽车公司……恒辉集团吸收F汽车最前沿的产品技术和制造工艺、有效的股权制衡机制、高效透明的运作以及高水准的经营管理，使公司形成了规范的管理运作体制，以科学的制度保证了公司治理和科学决策的有效性。同时，恒辉集团将F汽车公司的新技术移植到核心业务齿轮增速器的生产中，成为欧美多家相关企业的齿轮增速器供应商。恒辉集团还建立了研发、物流、销售服务和金融支持等符合国际规范的体制和运行机制，成为中国本地企业与外资合作成功的典范”。

④找到一个定位明确又易于防守的市场。“恒辉集团将F汽车公司的新技术移植到核心业务齿轮增速器的生产中，成为欧美多家相关企业的齿轮增速器供应商”。

11.【答案】

（1）T型车时期福特汽车公司实施的是纵向一体化战略。“第一次世界大战期间，福特汽车公司不仅在美国的阿巴拉契亚山区拥有煤矿，在五大湖地区拥有铁矿，在国外拥有橡胶园，甚至拥有自己的船队和铁路。煤、铁、橡胶等原材料被运送到红河工厂后，分别由炼焦厂、炼钢厂、轮胎厂等加工成汽车零部件，并经福特汽车公司发明的流水生产线组装成T型车”属于纵向一体化战略中的后向一体化战略。“最后通过福特汽车公司控制的经销商系统进入千家万户”属于纵向一体化战略中的前向一体化战略。

（2）福特汽车公司在三个不同阶段采取的国际化经营的战略类型：

①T型车阶段：国际战略。“福特汽车公司于1904年在加拿大安大略省建立了第一个国外生产基地。1911年，福特汽车公司在英国的曼彻斯特建立了欧洲第一个汽车组装厂。1913年，又在法国的波多尔建立了一个生产基地。福特汽车公司的母公司控制关键的原材料、零部件及研发职能，并且在管理上，福特汽车公司以母国为中心，子公司的产品都是母公司产品的复制”。

②Y型车和C型车阶段：多国本土化战略。“福特汽车公司不再使用原来的以母国为中心的战略，而是给予欧洲各子公司很大的决策自主权，以便对欧洲区域市场的需求做出快速反应”。

③世界车阶段：全球化战略。“福特汽车公司倾向于假设全球各国消费者的需求和偏好是近似的并逐渐趋同的，因此倾向于使用标准化的产品来供应全球市场。福特汽车公司的子公司与子公司之间必须进行密切的分工合作，每个子公司都充分发挥区位优势，为整个跨国公司的全球体系服务”。

12.【答案】

（1）东阿阿胶采用的总体战略是发展战略中的一体化战略、密集型战略和多元化战略。

①东阿阿胶主要涉及一体化战略中的纵向一体化战略，包括前向一体化战略和后向一体化战略。

a. 前向一体化战略。“到下游OTC终端、商超、医院、自建连锁等营销终端掌控，形成了全产业链掌控的模式优势”“与百强连锁形成稳固的战略合作，加强对销售渠道的控制，直供及重点连锁终端销量逐年稳步增长”。

b. 后向一体化战略。“从上游原料基地建设，掌控驴皮收购终端……在山东、内蒙古、辽宁等地建立原料基地，在国外多个国家建立采购网络，国内与国际并重，实现对全球原料资源的掌控”“充分利用社会资源，加大活驴掌控和驴皮采购力度，积极加强全球原料资源掌控。建立两个百万头毛驴基地，创新规模化养殖合作模式，掌控国内主要毛驴交易市场，控制上游产业关键环节。除了在上游发展毛驴养殖、交易、加工三大产业”。

②东阿阿胶主要涉及密集型战略中的产品开发战略。“聚焦阿胶主业，培育多种产品、多个品牌”“聚焦阿胶主业，做大阿胶品类，进一步挖掘胶类中药经典大产品治疗及滋补保健功能，开发新产品”。

③东阿阿胶主要涉及多元化战略中的相关多元化战略。“发展健康服务业、养生旅游业”。

（2）①东阿阿胶研发的类型：

a. 产品研究——新产品开发。“聚焦阿胶主业，培育多种产品、多个品牌”“聚焦阿胶主业，做大阿胶品类，进一步挖掘胶类中药经典大产品治疗及滋补保健功能，开发新产品”。

b. 流程研究。“建立了标准化验收、规范化仓储及自动化处理的‘三位一体’驴皮原料处理工艺，优化原料处理与产品生产流程”。

②东阿阿胶研发的定位是成为向市场推出新技术产品的企业。“2017 年全年发明专利授权 20 项，实用新型授权 48 项，申请发明专利 52 项，申请实用新型 40 项。其中，阿胶特征性成分检测方法通过国家技术监督局审核，为规范行业标准提供支持；制定驴皮团体标准 2 项，提高阿胶行业准入门槛；驴冻精两项标准上升为山东省地方标准，填补国内外行业标准空白；核心产品关键技术获国家授权发明专利 9 项，其中 PCT（美国）1 项；公司被授予‘关键核心技术知识产权品牌单位’”。

四、综合题

1.【答案】

（1）①潜在进入者的进入威胁。“汽车产业既属于资本技术密集型产业，也属于劳动密集型产业，具有明显的规模经济性。整个产业高端产品的差异性较为明显”“老品牌已经占据了大部分的渠道资源，在目前情况下，新企业建立自己的供应商体系和经销商体系将越来越难”。

②供应者的讨价还价能力。“国内零部件企业共有 2 万多家，其中大规模汽车零部件企业近 8000 家。汽车零部件产业的集中程度明显低于乘用车制造产业的集中程度。与零部件厂商相比，整车生产企业的品牌效应更高，采购规模更大，企业实力更强，因此配件厂商的生存很大程度上依赖于整车生产企业。而且一些大的汽车生产企业零部件自给率也很高，平均自产率达到 50%~60%”。

③产业内现有企业的竞争。“目前中国汽车产业厂商数量较多。除原有若干厂商外，一些其他产业巨头也已进入汽车产业”。

（2）从 PEST 角度分析大龙公司面临的机会：

①政治和法律因素。“越南政府还提供了税收、贷款等多方面的优惠政策，鼓励外国企业在越南投资建厂”。

②经济因素。“作为消费升级的典型代表，随着中国国民收入和整个消费的扩张，中国的汽车消费也扶摇直上”“伴随我国城镇化率的逐步提升和国民经济的快速增长，我国汽车工业产值及汽车保有量呈现高速增长的发展态势”“在未来新型城镇化逐步推行的过程中，新型城镇化战略将为我国汽车需求的稳健增长提供有力的保障”“我国 2016 年人均 GDP 已超过 7800 美元，居民消费潜力进一步提升，消费结构开始向高级化方向转化。与此同时，我国的 R 值已进入 2~3 区间，按照发达国家的经验，未来 10 年我国的汽车工业仍将具备较快增长的潜力”“中西部内陆城市经济增速明显快于东部地区，这些地区强劲的汽车需求将是我国汽车需求增长的重要驱动力”“2002 年中国经济进入新一轮的增长周期，拉动了汽车需求的快速增长”。

③社会和文化因素。“中国庞大的人口数量是汽车销量在长期内保持稳健增长的基石”“随着三四线城市的汽车普及率持续提升，来自这些地区的强劲需求将继续推动全国汽车需求稳健增长”“我国汽车行业的更新需求，尤其是东部沿海发达省份汽车更新需求将逐步释放”。

从 PEST 角度分析大龙公司面临的威胁：

①政治和法律因素。“随着国家刺激汽车消费的一系列税收政策逐步退出，汽车消费税收政策环境面临政策基调从‘偏暖’向‘中性’的变化。国内一些城市已出台或正在酝酿以‘限牌、限购’为主要手段的治理交通拥堵的措施，短期内会对一二线城市的汽车市场形成一定制约”。

②经济因素。"随着国内宏观经济放缓，中国汽车产销量增速自2014年开始出现明显放缓，而能源短缺、油价上涨、环保问题也是一直阻碍汽车工业发展的威胁""原材料价格、劳动力成本等不断上升"。

③社会和文化因素。"消费者对产品以及服务更加挑剔，对汽车现有品牌的认知度和忠诚度均已慢慢形成。汽车市场竞争开始从低层次的价格战慢慢向高层次产品质量、服务维修体系等的竞争转移；竞争已不再完全体现在产品价格上，更多表现在性价比以及新车型推出以满足不同文化层次的需求上"。

（3）大龙公司进入越南市场的动机：

①寻求市场。"在越南建立了合资企业，利用当地廉价的劳动力资源和便利的海上运输实现产品当地生产、当地销售，并可出口到其他更为发达的国家"。

②寻求效率。"利用当地廉价的劳动力资源和便利的海上运输实现产品当地生产、当地销售""越南政府还提供了税收、贷款等多方面的优惠政策，鼓励外国企业在越南投资建厂"。

（4）大龙公司进入国外市场所采用的发展战略的途径为战略联盟。"在越南建立了合资企业"。

（5）大龙公司国际化经营的主要方式：

①出口贸易。"2017年大龙公司开始加大整车出口，计划在未来三年内出口所占比重达到45%""可出口到其他更为发达的国家"。

②对外直接投资。"在越南建立了合资企业，利用当地廉价的劳动力资源和便利的海上运输实现产品当地生产、当地销售"。

大龙公司目标市场选择的区域路径是传统方式。"在越南建立了合资企业，利用当地廉价的劳动力资源和便利的海上运输实现产品当地生产、当地销售，并可出口到其他更为发达的国家"。

2.【答案】

（1）造成培训产业零散的原因：

①培训产业进入障碍低或存在退出障碍。"教育培训市场利润丰厚，而进入的技术壁垒和资金壁垒却比较低"。

②培训市场需求多样导致高度产品差异化。"培训市场的需求是多方面的。目前英语培训比较活跃，除此之外，还有IT培训、管理培训、技能培训和各类考试培训等，每一类培训都有很多细分市场。即使对于相同的细分市场，用户也希望有更适合自己的个性化培训方案"。

③培训产业不存在规模经济或难以达到经济规模。"有许多从事培训业务的公司规模小、数量多，'大市场，小作坊'的现象非常突出"。

④政府政策和地方法规对培训产业集中的限制。"政府对民办学校的非营利限制，阻止了这个行业的产业化。没有合理的回报，致使大量外部资金不敢进入这个领域，同时该行业自身积累的资金也不敢再投入"。

⑤培训产业中没有企业掌握足够的技能和能力以占据重要的市场份额。"这些企业多受地域的限制，在当地有一定的品牌影响，但没有任何企业占有显著的市场份额，也没有任何企业能对整个产业的发展产生重大的影响"。

（2）新东方作为零散产业中的企业所采用的竞争战略：

①克服零散——获得成本优势。

a. 连锁经营或特许经营。"在教育产业化思维下，连锁经营成为新东方做大规模的路径。而连锁经营的成功扩张，却得益于新东方在教材和服务上的标准化"。

b. 技术创新以创造规模经济。"联想出资5000万元，新东方'技术入股'占50%，成立了新东方教育在线，专门致力于以外语培训为主、以多种职业考试培训为辅的在线教育服务和远程培训服务，这是新东方集团进行流程创新的一步，也是创造规模经济的重要一步”。

c. 尽早发现产业趋势。“面临行业内竞争压力的与日俱增，作为领军企业的新东方已走上了多元化、国际化或两者并行的道路，涉足出版、咨询、网络教学等诸多领域，同时，开拓了海外市场，建立了北美分校”“除了实体环境的教学之外，新东方也开始发展区别于竞争对手的虚拟通路的服务项目”。

②增加附加价值——提高产品差异化程度。“除了实体环境的教学之外，新东方也开始发展区别于竞争对手的虚拟通路的服务项目”。

（3）新东方采用的密集型战略的类型：

①市场渗透战略。“通过市场渗透战略取得了迅猛的发展”。

②市场开发战略。“开拓了海外市场，建立了北美分校”“其后通过市场开发战略向上海、武汉等地发展”。

③产品开发战略。“通过产品开发战略进入其他英语培训领域，并进入远程教育领域”。

④多元化战略。“新东方教育科技集团已发展为一家以外语培训和基础教育为核心，拥有短期语言培训系统、基础教育系统、职业教育系统、教育研发系统、出国咨询系统、文化产业系统、科技产业系统等多个发展平台，集教育培训、教育研发、图书杂志音响出版、出国留学服务、职业教育、新东方在线教育、教育软件研发等于一体的大型综合性教育科技集团”“新东方已走上了多元化、国际化或两者并行的道路，涉足出版、咨询、网络教学等诸多领域”“以多元化经营战略进入基础教育和职业教育等领域”。

（4）从 PEST 角度分析新东方在培训产业所面临的机会：

①政治和法律因素。“2002 年年底，中国通过了《中华人民共和国民办教育促进法》。2004 年，出台了《民办教育促进法实施条例》，自此中国教育培训行业进入了发展的快车道”。

②经济因素。“中国加入 WTO 以后，我国培训市场一直保持快速发展势头，中国英语培训市场以每年 15% 的速度增长。到 2010 年为止，中国英语培训的市场总值已经达到 300 亿元人民币，市场潜力巨大。在 2008 年的北京奥运会、2010 年的上海世博会等利好因素的推动之下，中国英语培训市场将在一段时间内保持高速增长。2006 年年底，IT 教育培训市场在 2005 年的规模已超过 40 亿元人民币，近 3 年的市场复合增长率达到了 22.6%，大大高于全球的增长速度”“早在 2004 年，城市居民人均教育培训支出已达 1012.85 元，以 7.4% 的比例高居家庭消费支出的第一位”“中国经济的迅猛发展，产生了大量的教育需求”。

③社会和文化因素。“我国人口基数大，培训市场个人层次的需求量也在不断扩大”。

④技术因素。“自 20 世纪 90 年代以来，世界各国都在加快教育现代化的建设步伐。以教材多媒体化、资源全球化、教学个性化、学习自主化、活动合作化、管理自动化、环境虚拟化为特征的教育信息化让人们看到了它促成教育变革的潜力。我国教育信息化发展速度、推进速度是惊人的，仅政府投入就达到 500~600 亿元。2002 年教育信息化市场规模接近 230 亿元，比 2001 年增长 24%；2003 年教育信息化程度不断加深，市场规模达到 280 亿元；而 2005 年教育市场 IT 应用整体规模达到了 421.9 亿元”。

从 PEST 角度分析新东方在培训产业所面临的威胁：

政治和法律因素。“政府对民办学校的非

营利限制，阻止了这个行业的产业化”“中国政府的监管是新东方面临的一大风险。尽管比公办学校灵活，但中国私立学校往往受到政府严格的监管。此外，对于以培训课程为主营业务的新东方来说，考试辅导类课程存在较大的考试政策变化的风险”。

（5）新东方教育集团以知名的教育机构培生教育集团为标杆，采用的基准类型是竞争性基准。“培生教育集团是全球领先的教育集团……作为提供终生教育产品与服务的教育集团，培生教育集团在高等教育、中小学教育、英语教育、专业出版、考试测评、网络教育等众多领域位居全球之首。近年来，培生教育集团相继收购了戴尔国际英语、华尔街英语以及环球雅思等国内培训教育机构，已经着手进行中国培训教育资源的整合重组，如拆分环球网校的英语培训业务，与华尔街英语合并重构中国成人英语产品，新东方教育集团的英语培训面临着更为激烈的竞争”。

第四章 战略实施

CHAPTER-4

本章学习指南

一、学习目标

本章属于次重点章，主要涉及组织结构、企业文化、战略控制和数字化技术等内容。

1. 掌握纵横向分工结构的基本类型
2. 熟悉横向分工结构的基本协调机制
3. 了解组织结构与战略的关系
4. 熟悉组织的战略类型
5. 熟悉企业文化的类型
6. 熟悉战略稳定性与文化适应性矩阵
7. 掌握战略失效的类型和原因
8. 掌握战略控制方法
9. 掌握数字化技术对公司战略的影响
10. 掌握数字化战略转型的主要方面
11. 掌握数字化战略转型的困难和任务

二、考情概况

在近3年的考试中，本章的平均分值约为9分。本章考试的题型主要以客观题和主观题的形式进行呈现。

三、教材变化

2022年教材本章内容与2021年教材相比，主要变化：

1. 第一节“横向分工结构的基本类型”“企业发展阶段与结构”调整了部分表述
2. 第三节“战略控制”的部分内容进行了重新编写
3. 将原第四节移至第一章中，原第五节改为第四节，并新增了部分表述
4. 调整了部分案例

四、考点框架

- **第四章 战略实施**
  - 公司战略与组织结构
    - 组织结构的构成要素 ★
    - 纵横向分工结构 ★★
    - 企业战略与组织结构 ★★
  - 公司战略与企业文化
    - 企业文化的类型 ★★
    - 文化与绩效 ★
    - 战略稳定性与文化适应性 ★★
  - 战略控制
    - 战略失效与战略控制的概念 ★★
    - 战略控制过程 ★★
    - 战略控制方法 ★★
  - 公司战略与数字化技术
    - 数字化技术应用领域 ★
    - 数字化技术对公司战略的影响 ★★
    - 数字化战略 ★★
    - 数字化战略转型的困难和任务 ★★

核心考点精讲

致勤勤恳恳的您

恭喜您攻克前三章的难关，完成战略备考的大半。本章“纵横向分工结构”小有波澜，却不足以掀起轩然大波，请您一定要稳住阵脚，在理解和记忆的基础上，做到灵活运用。遇到困难不要怕，扫一扫听课二维码，即可获得名师讲解的“爱心加油包”，风里雨里，小“码”一直在等您。

第一节　公司战略与组织结构

使用“会计云课堂”App 或“微信”扫码查看本节视频，快速 GET 知识点。

一、组织结构的构成要素 ★

组织结构是组织的全体成员为实现组织目标，在管理工作中进行分工协作，在职务范围、责任、权利等方面所形成的结构体系。组织结构的基本构成要素是分工与整合。

（一）分工

分工是指企业为创造价值而对其人员和资源的分配方式。对不同的人分配做不同的工作，将不同的人群划分成不同的部门，并确定其职责，就是分工。

1. 纵向分工

纵向分工是指从企业最高层扩展至最基层，明确谁向谁报告工作。它能够回答员工提出的这种问题："我有问题时，去找谁""我对谁负责"。纵向分工主要涉及职权的分配。

2. 横向分工

横向分工是企业资源的分配，公司所有的资源都在这条线上进行专业化分配，并保障业务部门能够获得支持。横向分工主要涉及资源的分配。

名师点拨

"50万以上的付款审核是由财务经理审批还是财务总监审批"由纵向分工解决。

名师点拨

"在北京和深圳新增的两条产品线，是设立产品事业部还是区域事业部"由横向分工解决。

（二）整合

为了避免分工所带来的诸如部门间的脱节、各行其是、部门间利益冲突、横向协调难等问题，就需要通过整合把企业内部各部门、各环节进行必要地调整或重建，协调他们之间的关系，使各部门相互支持、相互配合，以实现企业的组织协同。

【提示】公司的组织结构就是一种职权的划分体系以及各部门的分工协作体系。组织结构需要根据公司的战略和战略目标，把公司管理要素配置在一定的方位上，确定其活动条件，规定其活动范围，形成相对稳定的、科学的管理体系。

没有组织结构的公司将是一盘散沙，组织结构不合理会严重阻碍公司的正常运作，甚至导致公司经营的彻底失败。相反，适宜、高效的组织结构能够最大限度地释放公司的能量，更好地发挥协同效应，达到"1+1 > 2"的合理运营状态。

很多公司正承受着组织结构不合理所带来的损失与困惑。公司内部信息传递效率降低、失真严重；公司做出的决策低效甚至错误；部门设置臃肿，部门间责任划分不清，导致工作中互相推诿、互相掣肘；公司内耗严重等。要清除这些公司病，只有通过合理的组织结构设计和变革来实现。

能量小贴士

日日行，不怕千万里；常常做，不怕千万事。

二、纵横向分工结构 ★★

（一）纵向分工结构

纵向分工是指企业高层管理人员为了有效地贯彻执行企业的战略，选择适当的管理层次和正确的控制幅度，并说明连接企业各层管理人员、工作以及各项职能的关系。

1. 纵向分工结构的基本类型

类型	含义	优点	缺点
高长型组织结构	管理层次较多而控制幅度较窄的组织结构	有利于对下属部门和人员进行指导和控制	降低了企业对外部市场的迅速反应能力
扁平型组织结构	管理层次较少而控制幅度较宽的组织结构	增强了企业对外部市场的迅速反应能力	容易导致管理失控

【提示】图示对比

类型	高长型组织结构	扁平型组织结构
图示	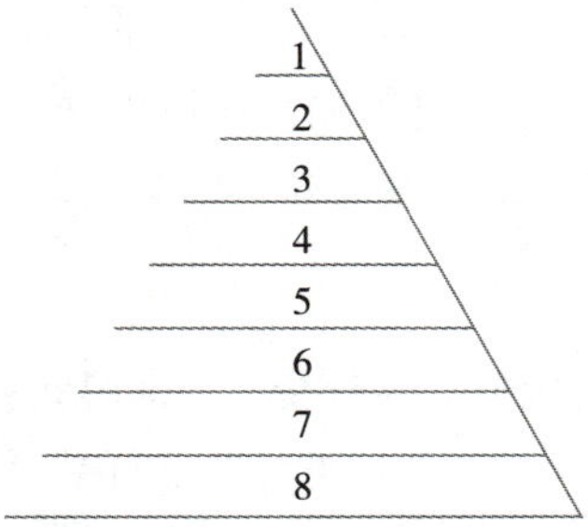	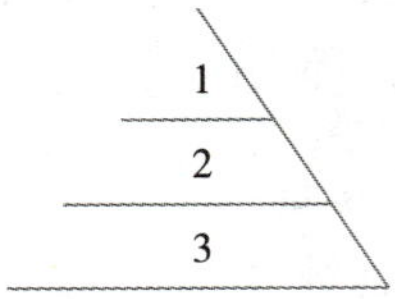

2. 纵向分工结构组织内部的管理问题

（1）集权与分权。

在企业组织中，集权与分权各有不同的适用条件，应根据企业的具体情况而定。处理集权与分权的关系时，既要防止“失控”，又不能“管死”，应遵循战略上的集权和战术上的分权以及因势而变的原则。

- **集权**
  - 含义：高层管理者制定所有的决策，基层管理人员只负责执行高层管理者的指示。这种企业通常采取管理层次较多而控制幅度较窄的高长型组织结构
  - 优点
    - ①易于协调各职能间的决策
    - ②易于对上下沟通的形式进行规范
    - ③由最高管理层统一决策，有利于规范下属部门的行动，促使企业整体目标的实现
    - ④有利于集中力量快速应对紧急危局
    - ⑤有助于实现规模经济
  - 缺点
    - ①不利于发展个性，高层管理者顾及不到下属部门的特殊性
    - ②由于信息传递时间长，可能会延误决策时机，缺乏灵活性与对市场的应变力
    - ③基层管理人员职业晋升空间有限
  - 适用情形
    - ①产品线数量有限且关系较为密切的企业
    - ②适用于由外部机构实施密切监控的企业

要点小贴士

若采用分权，部门间各自为政，不利于协调企业内外部利益相关者的利益矛盾和冲突。

- **分权**
  - 含义：按照一定的规则把权力分派给下级管理层，下级管理层在自己的职权范围内，有权自主地进行决策。这种企业通常采取管理层次较少而控制幅度较宽的扁平型组织结构
  - 优点
    - ①有利于发挥下属的积极性和创造性
    - ②能为下属提供更多的职位晋升机会
    - ③适应外部环境的能力较强
    - ④信息沟通和传递速度比较快，信息失真程度比较低
  - 缺点
    - ①难以统一指挥和协调，有的下属部门因追求自身利益而忽视甚至损害公司的整体利益
    - ②容易出现部门之间各自为政等的失控现象
  - 适用情形：产品线数量较多或多元化经营的企业

（2）中层管理人员人数。

企业在选择组织层次和指挥链时，要根据自己的实际情况。如果选择高长型组织结构，意味着要增加管理层次，需要配备较多的中层管理人员，导致管理成本增加；如果选择扁平型组织结构，意味着要减少管理层次，需要配备较少的中层管理人员，可以节约管理成本。

（3）信息传递。

企业管理层次越多，信息沟通和传递速度就会越慢，信息失真程度就会越高，同时也会增加管理成本。因此，企业在选择高长型组织结构时，应慎重。

（4）协调与激励。

扁平型组织结构中信息沟通更为容易，有利于建立以工作成就为导向的员工激励机制。同时，扁平型组织结构中管理层次较少，部门目标与企业目标之间的偏差缩小，使建立以企业目标为导向的员工激励机制成为可能。

经典题解

【真题1·多选题】建平公司专注于铁路、电力、矿产、石油、机场、港口等行业的工程总承包业务，拥有3000多名员工，设有业务员、部门经理、总经理等3个管理层级，各层级被充分授权。下列各项中，属于该公司组织类型优点的有（　　）。（2021年）

A. 易于协调各职能间的决策

B. 有利于减少信息沟通障碍，提高企业反应能力

C. 危急情况下能够做出快速决策

D. 有利于调动管理人员的积极性

【解析】"建平公司专注于铁路、电力、矿产、石油、机场、港口等行业的工程

总承包业务，拥有3000多名员工，设有业务员、部门经理、总经理等3个管理层级，各层级被充分授权”表明该公司采取的是扁平型组织结构，强调分权。因此，选项B、D正确。选项A、C属于集权型决策的优点。

【答案】BD

【例题2·多选题】我国东南沿海主营房地产开发业务的甲家族式企业实行集权化管理。下列关于该企业集权型决策的特点中表述正确的有（　　）。

A. 不容易进行职能间的决策

B. 常规决策的时间过长

C. 危急情况下能够做出快速决策

D. 对级别较低的管理者而言，其职业发展有限

【解析】集权型决策下的企业高层管理人员拥有最重要的决策权力，因此易于控制与协调各职能间的决策，选项A错误。

【名师点题】“常规决策的时间过长”与“危急情况下能够做出快速决策”并不矛盾。前者是从集权型决策的管理层次较多这一方面体现出来的，管理层次多，常规事项要一级一级上报，导致决策时间过长；后者是因为集权型决策下的所有决策都是由高层管理者制定的，权力比较集中，危急情况下高层管理者可自主决定，所以能够做出快速决策。

【答案】BCD

【例题3·多选题】甲公司是一家房地产中介公司。近年来，该公司的效益急剧下降，市场竞争力下降，员工离职率增加。公司王总认为是公司组织结构存在问题，于是他找来人力资源部经理李华，要求其在近期完成对公司组织结构的诊断、优化与再设计工作，并将出具的整改方案直接向领导汇报。李华在考虑公司纵向分工结构组织内部的管理问题时，需要考虑的因素有（　　）。

A. 集权与分权

B. 中层管理人员人数

C. 信息传递

D. 协调与激励

【解析】纵向分工结构组织内部的管理问题：①集权与分权；②中层管理人员人数；③信息传递；④协调与激励。因此，选项A、B、C、D均正确。

【答案】ABCD

（二）横向分工结构

1. 横向分工结构的基本类型

从横向分工结构考察，企业组织结构有8种基本类型：

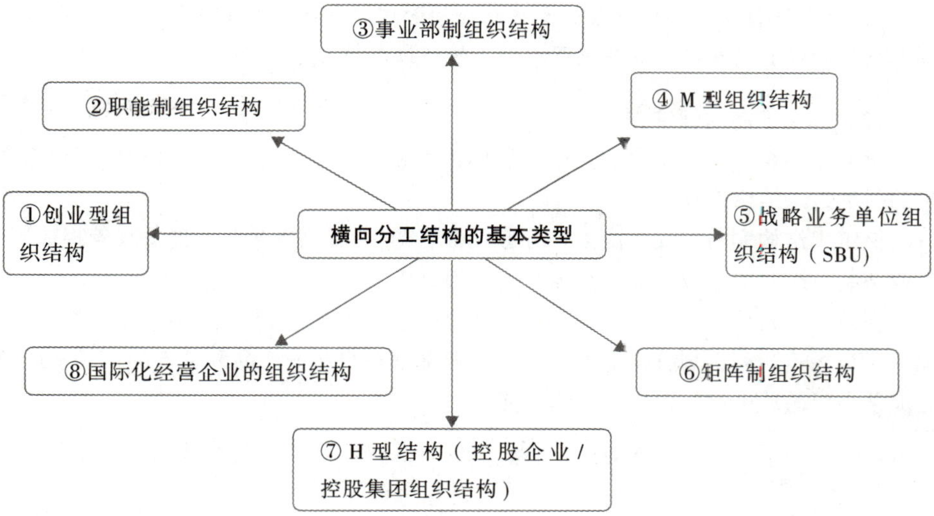

（1）创业型组织结构。

含义	也称直线制组织结构，是一种最早的、最简单的组织结构。这种组织结构几乎等同于缺乏结构，从最高管理层到最低层实现直线垂直领导
优点	结构比较简单，命令统一
缺点	它要求高层管理者通晓多种知识和技能，可以亲自处理各种业务。在业务比较复杂、企业规模比较大的情况下，把所有管理职能都集中到最高管理者一人身上，显然是难以胜任的
适用范围	只适用于规模较小、生产技术比较简单的传统创业型企业，对生产技术和经营管理比较复杂的企业并不适用

（2）职能制组织结构。

含义	也称直线职能制组织结构，是各级行政单位除主管负责人外，还相应地设立一些职能机构（如生产、营销、研发等）。如在厂长下面设立职能机构和人员，协助厂长从事职能管理工作
优点	①通过把专业技术和研究方向接近的同类专家集中到同一个部门中，从事企业所有某一类型的活动，有助于实现规模经济 ②由于给每一位员工分配特定的、重复性的工作，有利于培养职能专家，同时也有利于提高工作效率 ③为各个职能部门赋予一定的责、权、利，便于董事会监控各个部门的绩效
缺点	①职能部门之间的协作和配合性较差 ②难以确定各项产品产生的盈亏 ③容易导致各职能部门各自为政，追求部门利益而损害企业的整体利益 ④等级层次以及集权化的决策制定机制会缺乏对市场的应变力与灵活性
适用范围	主要适用于中小型的、产品品种比较单一、生产技术发展较慢、外部环境比较稳定的企业

【提示】这种结构要求行政主管把相应的管理职责和权力交给相关的职能机构，各职能机构就有权在自己业务范围内向下级行政单位发号施令。

（3）事业部制组织结构。

事业部制组织结构是为满足企业规模扩大和多元化经营对组织机构的要求而产生的一种组织结构形式。

要点小贴士：事业部不是独立的法人，但具有较大的经营自主权，实行独立核算、自负盈亏。

该组织结构实行“集中决策、分散经营”，是一种高度集权下的分权管理体制。事业部制组织结构的战略决策和经营决策相分离。

在总公司领导下设立多个事业部，把分权管理与独立核算结合在一起，按产品、地区或市场（顾客）划分事业部，每个事业部都有自己的产品和特定的市场，能够完成某种产品从生产到销售的全部职能。

类型	区域事业部制结构	产品/品牌事业部制结构
含义	以所处的地理区域为基础设立事业部	以产品的种类为基础设立事业部
优点	①能实现更好更快的地区决策 ②总部放手让区域人员处理相关事务，可以削减成本费用 ③能对该地区环境变化迅速做出反应	①容易协调事业部内部的供、产、销活动 ②有助于企业实施产品差异化 ③易于出售或关闭经营不善的事业部
缺点	①管理成本的重复 ②区域管理人员只能满足本区域业务，可能支撑不了其他区域的事务，难以处理跨区域的大客户的事务	①各个事业部会为了争夺有限资源而产生摩擦 ②各个事业部之间会存在管理成本的重叠和浪费 ③若产品事业部数量较多，则难以协调 ④若产品事业部数量较多，事业部的高级管理层会缺乏整体观念
适用范围	适用于产业多元化、品种多样化、各有独立的市场，而且市场环境变化较快的企业	

要点小贴士：总部不需要多次出差去指导工作，由此能够节省差旅费、交通费等。

要点小贴士：即本位主义：一种放大了的个人主义。强调只顾本单位、本部门、本地区的利益，不顾大局和整体利益。

【提示】事业部主要有三种划分方式：①按照产品来划分，如相当多的家电企业均采用了该种划分，分为空调事业部、冰箱事业部、洗衣机事业部、电视机事业部等；②按照区域来划分，如分为华南事业部、华中事业部、华北事业部；③按照客户来划分，如分为渠道事业部（针对代理商）、零售事业部（针对个人用户）。

（4）M型组织结构。

含义	在M型组织结构中，原来的事业部一般由拥有更大经营权的公司所代替；每个公司比以前的事业部负责更多的产品线；有的公司下设若干事业部分别管理不同的产品生产线

优点	①各事业部之间有比较、有竞争，由此可以增强企业活力，有利于企业的持续成长 ②总部高层可以摆脱日常事务的烦扰，集中精力考虑全局问题，同时总部员工的工作量会有所减轻 ③职权被分派到总部下面的每个事业部，并在每个事业部内部进行再次分派 ④能够通过诸如资本回报率等方法对事业部的绩效进行财务评估和比较
缺点	①为事业部分配企业的管理成本比较困难并略带主观性 ②经常会在事业部之间滋生功能失调性的竞争和摩擦 ③确定内部转移价格可能会产生冲突
适用范围	适用于具有若干生产线的企业，也适用于面临的市场环境复杂多变或所处地理位置分散的企业

（5）战略业务单位组织结构（SBU）。

含义	也称超事业部制组织结构，是在事业部制组织结构的基础上，在企业最高管理层和各个事业部之间增加了一级管理机构——战略业务单位，负责管辖和协调所属各个事业部的活动，使领导方式在分权的基础上又适当的集中
优点	①降低了企业总部的控制跨度，减轻了总部的工作负荷 ②减轻了总部的信息过度情况 ③使得具有类似使命的产品、区域、市场或客户的事业部之间能够更好地协调 ④由于几乎无须在事业部之间分摊成本，易于监控每个战略业务单位的绩效
缺点	①总部与事业部的关系变得更疏远 ②战略业务单位管理者为了取得更多的企业资源会引发竞争和摩擦，而这些竞争会变成功能性失调并会对企业的总体绩效产生不利影响
适用范围	适用于从事多元化经营的大型企业和巨型企业

【易错易混点】关于“职能制组织结构、产品（区域）事业部制组织结构、M型组织结构、战略业务单位组织结构”的区分

①职能制组织结构图示如下：

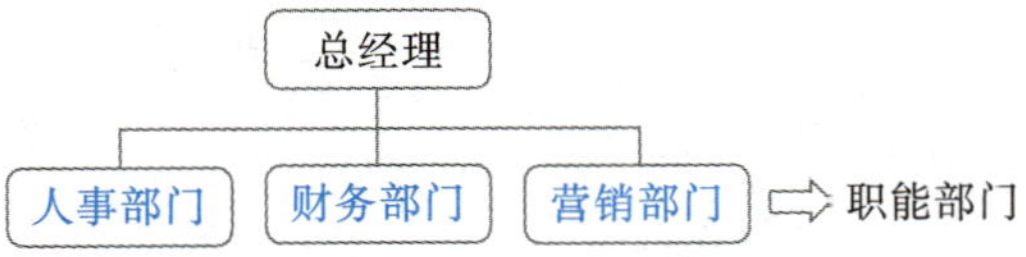

②产品（区域）事业部制组织结构图示如下：

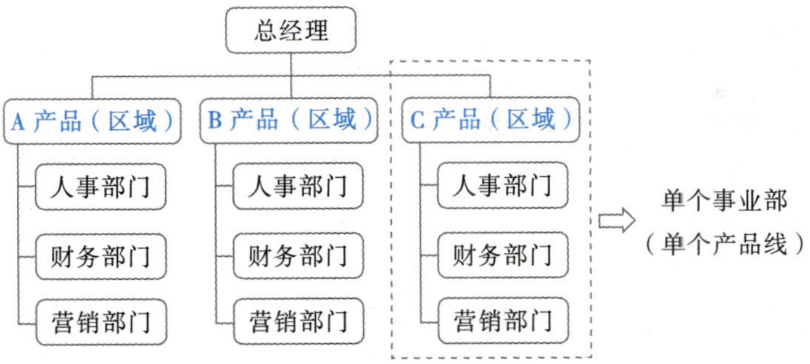

③ M 型组织结构图示如下：

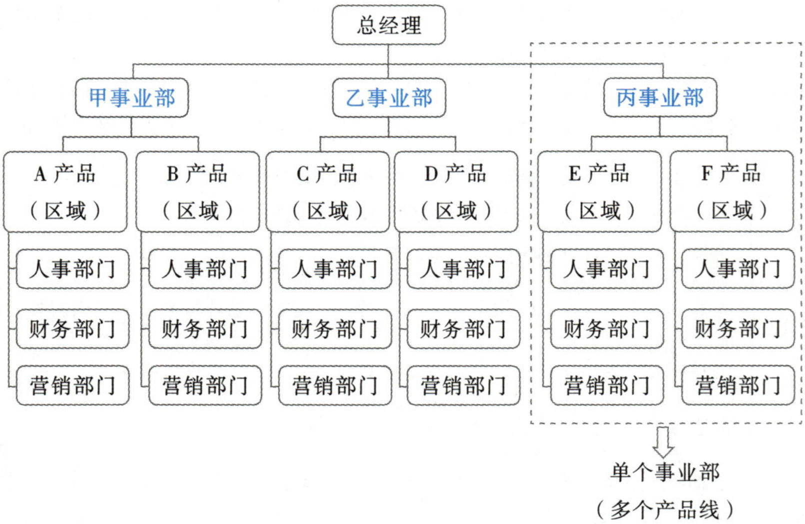

④战略业务单位组织结构图示如下：

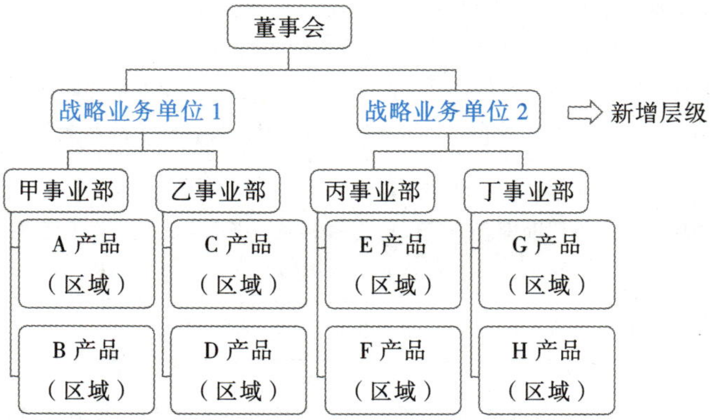

上述四种组织结构的发展趋势如下图所示：

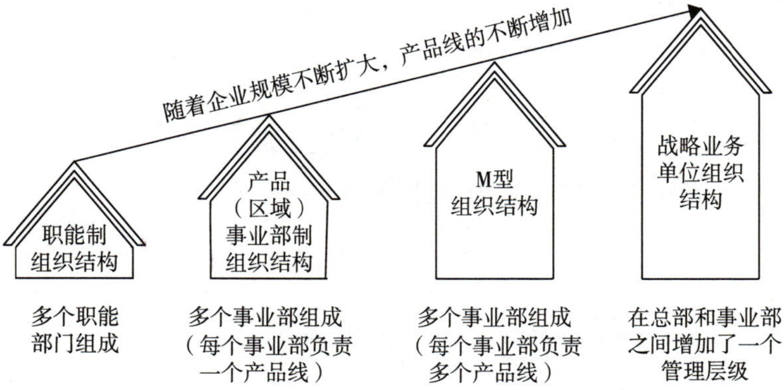

（6）矩阵制组织结构。

含义	既包含职能专业化又包含产品或项目专业化的二元组织结构。矩阵制组织结构是为了改进职能制组织结构横向联系差、缺乏弹性的缺点而形成的一种组织结构形式。该结构由纵、横两套管理系统叠加在一起组成一个矩阵，其中纵向系统一般是按照职能划分的指挥系统，横向系统一般是按产品、项目或服务组成的管理系统
优点	①由于从各职能部门抽调来的人员有信任感、荣誉感，使他们增加了责任感，激发了工作热情，促进了目标的实现 ②加强了不同部门之间的配合和信息交流，克服了职能制组织结构中各部门互相脱节、对产品和市场关注不足的现象 ③与产品主管和职能主管之间的联系更加直接，从而能够做出更有质量的决策 ④由于这种结构是根据项目组织的，任务清楚、目标明确，各方面有专长的人都是有备而来，从而在新的工作小组里，能更好地沟通、融合 ⑤双重权力使得企业具有多重定位，这样，职能专家就不会只关注自身的业务范围
缺点	①由于项目组成员来自各个职能部门，当任务完成以后，仍要回到原部门，容易产生临时观念，在职能工作和项目工作之间产生冲突 ②人员受双重领导，出了问题，有时难以分清责任 ③容易引起职能部门经理和项目经理权力的冲突 ④协调所有的产品和职能会增加时间成本和财务成本，从而导致制定决策的时间过长
适用范围	主要适用于复杂 / 动态的环境以及因技术发展迅速和产品品种较多而具有创新性强、管理复杂特点的企业

【提示】矩阵制组织结构是围绕某项专门任务成立的跨职能部门的专门机构，组成一个专门的产品（项目）小组去从事新产品开发工作，在研究、设计、试验、制造各个不同阶段，由有关职能部门派人参加，力图做到条块结合，以协调有关部门的活动，保证任务顺利完成。

矩阵制组织结构是在职能制组织结构的基础上，再增加一种横向的领导系统，它由职能部门系列和完成某一临时任务而组建的项目小组系列组成，从而同时实现了（产品）事业部制组织结构与职能制组织结构特征的组织结构形式。

矩阵制组织结构图示如下：

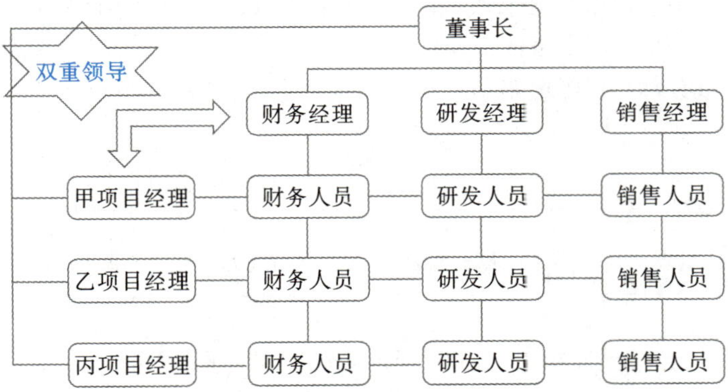

（7）H型结构（控股企业/控股集团组织结构）。

企业内实行分权治理的一种结构形式。

控股型结构是非相关多元化经营的企业经常使用的一种组织形式。由于经营业务的非相关或弱相关，大公司不对这些业务经营单位进行直接的管理和控制，而以持股控制代之。这样，大公司便成为一个控股公司，受其持股的企业不但对具体业务有经营自主权，而且保留了独立的法人地位。

现代意义上的H型结构既可以实行分权管理，也可以实行集权管理。

（8）国际化经营企业的组织结构。

企业国际化经营的战略有四种基本类型，即国际战略、多国本土化战略、全球化战略与跨国战略，而这些战略所依托的组织结构如下图所示：

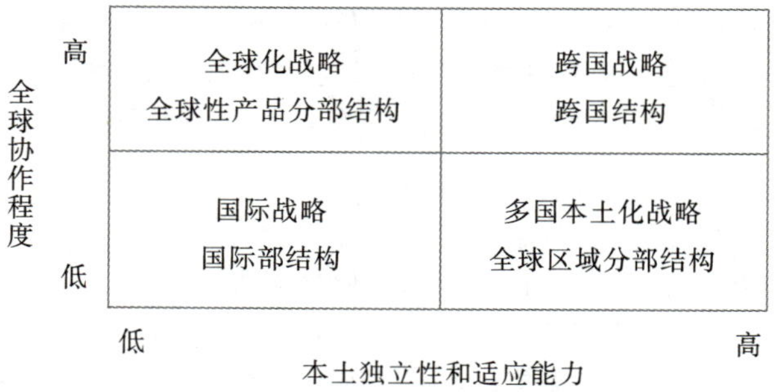

①国际部结构与国际战略相匹配。

特点：其事业部的划分可以按区域划分，也可以按产品划分，甚至还可能按区域和产品的混合划分。

国际部结构图示如下：

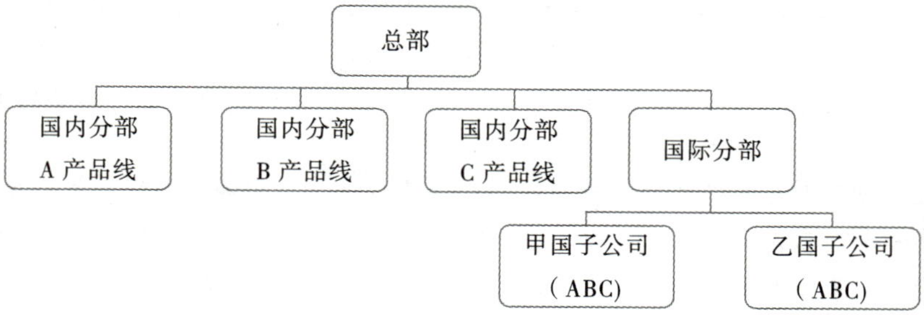

②全球区域分部结构与多国本土化战略相匹配。

要点小贴士

在全球区域分部结构模式下，其产品可根据当地用户的需要和使用条件进行调整。

特点：分部的国家或地区经理有高度的自主权，本土适应能力高，但由于生产规模相对较小，生产成本通常比母公司高。

全球区域分部结构图示如下：

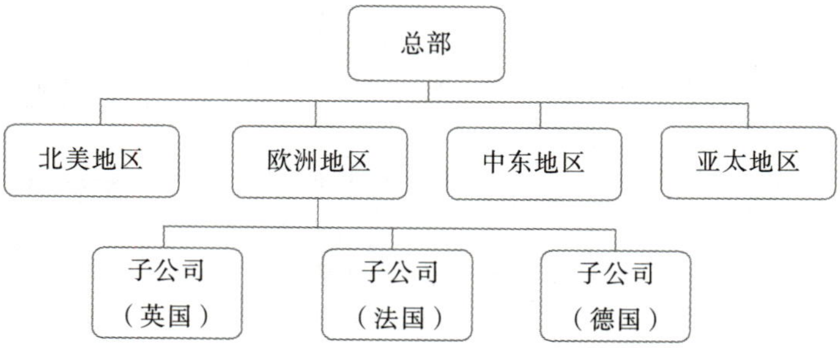

③全球性产品分部结构与全球化战略相匹配。

特点：企业总部确定企业的总目标和经营战略，下属公司的生产属于总公司的一部分。这种结构容易把价值创造活动集中在关键地区，进而实现区位经济、经验曲线效应和规模经济效应，但下属公司的自主权较小，其对当地市场的反应能力受到限制。

全球性产品分部结构图示如下：

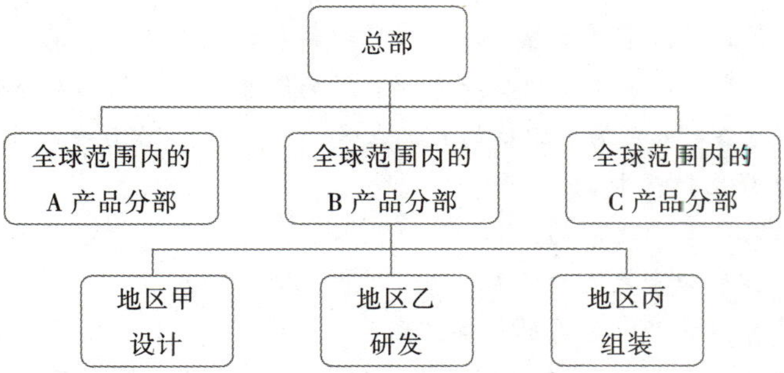

【提示】根据主要产品的种类及其相关服务的特点，设立若干产品分部，每一产品分部负责该产品的国际生产经营活动。企业的整体经营目标与战略计划由总部制定，每一个产品部门以全球市场为着眼点，对所负责产品的全球性生产经营活动进行管理和控制。

④跨国结构与跨国战略相匹配。

特点：可以看作是一种矩阵结构，试图同时获得地区分部结构和产品分部结构的所有优势，目的是力求同时追求当地反应能力、全球规模经济、全球知识开发与传播等目标。这种全球性产品—地区混合结构适用于那些产品多样化程度很高、地区分散化程度也很大的跨国公司。

跨国结构图示如下：

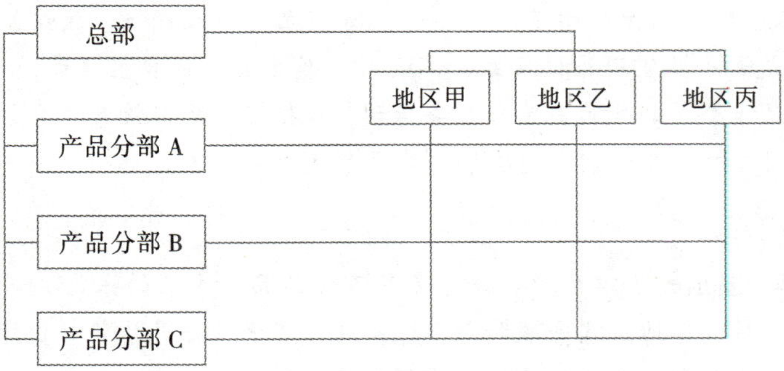

要点小贴士

跨国结构是一种连接世界范围内不同类型子公司的网络结构。

处于网络中心节点的单位协调产品、职能和地区方面的信息。

其基本框架由三种因素构成：分散的下属单位、专业化经营和相互依赖的联系。

经典题解

【真题 4 · 单选题】L 公司是 H 国一家主营智能照明系统研发和制造的企业，在全球 20 多个国家设有分部。每个分部都凭借母公司先进的电磁调压及电子感应技术，独立设计、生产和销售各种智能灯具、光源等产品，以满足所在国的市场需求。L 公司国际化经营组织结构的类型应是（　　）。（2021 年）

A. 跨国结构　　B. 全球性产品分部结构

C. 全球区域分部结构　　D. 国际部结构

【解析】“在全球20多个国家设有分部。每个分部都凭借母公司先进的电磁调压及电子感应技术，独立设计、生产和销售各种智能灯具、光源等产品，以满足所在国的市场需求”表明L公司采用的国际化经营战略的类型是多国本土化战略。与多国本土化战略相匹配的组织结构是全球区域分部结构，选项C正确。

【答案】C

【真题5·单选题】华通公司是一家铁路建造企业。该公司把施工单位划分为轨道、桥梁、涵洞等若干项目组，每个项目组都包括从事技术、采购、运输、生产等活动的人员；每个人员都受项目组主管和所属职能部门主管的双重领导。下列各项中，属于华通公司采用的组织结构的优点是（　　）。（2020年）

A. 权力划分比较清晰

B. 实现了各个部门之间的协作

C. 容易协调管理者之间的关系

D. 职能专家更加关注自身的业务范围

【解析】“该公司把施工单位划分为轨道、桥梁、涵洞等若干项目组，每个项目组都包括从事技术、采购、运输、生产等活动的人员；每个人员都受项目组主管和所属职能部门主管的双重领导”表明华通公司采用的是矩阵制组织结构，选项B正确。

【答案】B

【真题6·单选题】升达公司是一家控股企业，下属多个分别主营石油化工、物流、机械制造等业务的独立经营的子公司。升达公司不干预子公司的战略决策和业务活动，仅根据市场前景和子公司的经营状况做出对子公司增加或减少投资的决策。升达公司应采取的组织结构类型是（　　）。（2020年）

A. 事业部制组织结构　　B. H型组织结构

C. 战略业务单位组织结构　　D. M型组织结构

【解析】H型组织结构的下属子公司具有独立的法人资格。该组织结构下，母公司一般只是做一些宏观性的决断，不会对下属子公司的自主经营进行干涉。“升达公司不干预子公司的战略决策和业务活动，仅根据市场前景和子公司的经营状况做出对子公司增加或减少投资的决策”属于H型组织结构，选项B正确。

【答案】B

【真题7·多选题】以生产、销售多种石化产品为主业的东昌公司对本企业的经营活动和人员，按照北方区域和南方区域进行划分。公司总部负责计划、协调和安排资源，区域分部负责所在区域的所有经营活动、产品销售和客户维护。下列各项中，属于东昌公司组织结构优点的有（　　）。（2019年）

A. 能实现更好更快的地区决策

B. 可以削减差旅和交通费用

C. 易于处理跨区域的大客户的事务

D. 可以避免管理成本的重复

【解析】“按照北方区域和南方区域进行划分”体现的是区域事业部制组织结构。选项A、B属于区域事业部制组织结构的优点；而区域管理人员只能满足本区域业务，可能支撑不了其他区域的事务，难以处理跨区域的大客户的事务，选项 C 错误；如每个区域办事处都需要一个财务部门，则划分多个区域时会造成管理成本的重复，选项 D 错误。

【答案】AB

【例题 8 · 单选题】顺阳制衣有限公司自成立以来，生产和经营规模逐步扩大，服装的品种不断增加。为了提高工作效率并实现规模经济，该公司应采用的组织结构是（　　）。

A. M 型组织结构　　B. 事业部制组织结构

C. 创业型组织结构　　D. 职能制组织结构

【解析】提高工作效率和实现规模经济属于职能制组织结构的优点。因此，顺阳制衣有限公司应采用的组织结构是职能制组织结构，选项 D 正确。

【答案】D

【例题 9 · 单选题】王某个人创办了一家代驾服务社，每接到一笔业务，就临时雇请日间工作单位的非职业驾驶员，为一些晚间聚会人员提供泊车代驾服务。次日他会把酬劳存进临时雇请人员的银行卡里。由于业务日渐起色，王某想再找几个搭档，能多揽一些业务，同时建立适当的组织结构形式管理企业。根据上述信息判断，该代驾服务社适宜的组织结构形式是（　　）。

A. 创业型组织结构　　B. 职能制组织结构

C. 事业部制组织结构　　D. 矩阵制组织结构

【解析】王某创办的代驾服务社属于规模较小、生产技术比较简单的小型企业，由创办人王某一人负责管理。王某亲自处理各种业务，还负责所有重要的经营决策。因此，该代驾服务社适宜的组织结构形式是创业型组织结构，选项 A 正确。

【答案】A

【例题 10 · 多选题】美的集团是一家在深交所上市的科技集团，有六大事业部，分别负责研发和生产消费电器业务、暖通空调业务、机器人及工业自动化系统业务、智能供应链业务、芯片业务和电梯业务。每个事业部都拥有多个产品线。公司总部对各个事业部统一进行资源配置。美的集团采取的组织结构类型的特点有（　　）。

A. 能够通过资本回报率等方法对事业部进行绩效评估

B. 集权化的决策制定机制放慢了反应速度

C. 职权被分派到各个事业部，并在每个事业部内部进行再次分派

D. 为各事业部分配企业的管理成本比较困难

【解析】“美的集团……有六大事业部……每个事业部都拥有多个产品线”表明其采取的组织结构类型属于 M 型组织结构。选项 A、C、D 属于 M 型组织结构的特点。

【答案】ACD

【例题 11 · 多选题】美国通用电气公司曾经把它所经营的范围划分为 49 种，并设立了战略业务单位层级。与其他组织结构相比较，战略业务单位组织结构的优点有（　　）。

A. 降低了企业总部的控制跨度

B. 使企业总部与事业部和产品层的关系更密切

C. 使具有类似使命的产品、市场或技术的事业部之间能够更好地协调

D. 更易于监控每个战略业务单位的绩效

【解析】战略业务单位组织结构在总部与事业部之间增加了战略业务单位管理机构，使企业总部与事业部和产品层的关系变得更疏远，选项B错误。

【名师点题】战略业务单位组织结构下，总部只需要控制少数几个战略业务单位而无须控制多个事业部；各个事业部由战略业务单位进行管理，从而总部几乎无须在事业部之间分摊成本，易于监控每个战略业务单位的绩效。

【答案】ACD

【例题12·多选题】甲集团是以肉类加工为主的大型食品集团，在全国18个省市建设了加工基地。集团旗下子公司有肉制品加工、生物工程、化工包装、物流、养殖、药业和软件等。2013年5月，甲集团以71亿美元收购全球最大生猪养殖企业美国乙食品公司的全部股份，使甲集团成为全球最大的肉类加工企业。为配合甲集团的总体战略实施，甲集团可以选择的组织结构类型有（　　）。

A. 事业部制组织结构

B. 职能制组织结构

C. M型组织结构

D. 控股集团组织结构

【解析】甲集团涉及多个业务领域，实行多元化战略，可以采用事业部制组织结构、M型组织结构、战略业务单位组织结构和控股集团组织结构。职能制组织结构适用于单一业务企业，选项B错误。

【答案】ACD

【例题13·多选题】德州仪器是一家全球化半导体设计与制造企业，以开发、制造、销售半导体和计算机技术闻名于世。它在25个国家设有制造、设计和销售机构，在世界范围内行销标准化产品。德州仪器采用全球性产品分部结构，下列属于该组织结构特点的有（　　）。

A. 获得了更高的全球效率

B. 下属公司对母公司的依赖程度较高，战略自主权较小

C. 形成经验曲线和规模经济效益

D. 对当地市场的反应能力较差

【解析】全球化战略是向全世界的市场推销标准化的产品和服务，并在较有利的国家中集中进行生产经营活动，由此形成经验曲线和规模经济效益，以获得高额利润。从国际化经营企业的组织结构来看，与全球化战略相配套的是全球性产品分部结构。采用全球性产品分部结构的优势是获得了更高的全球效率，劣势是下属公司对母公司的依赖程度较高，战略自主权较小，母公司与下属公司的互动缺乏创造力，从而导致子公司对当地市场的反应能力受到限制。

【答案】ABCD

2. 横向分工结构的基本协调机制

协调机制就是建立在企业的分工与协调之上的制度。横向分工结构的基本协调机制有以下六种类型：

（1）相互适应，自行调整。

这是一种自我控制方式。

组织成员直接通过非正式的、平等的沟通达到协调，相互之间不存在指挥与被指挥的关系，也没有来自外部的干预。这种机制适合最简单的组织结构。

在十分复杂的组织里，人员构成复杂，工作事务事先不能全部规范化，因而也采用这种协调机制，使组织成员边工作、边调整，互相适应、互相协调。

（2）直接指挥，直接控制。

这是指组织的所有活动都按照一个人的决策和指令行事。这位负责人发布指示，监督工作。形象地讲，这种协调机制如人的大脑一样，同时协调两只手的活动。

（3）工作过程标准化。

这是指组织通过预先制定的工作标准，来协调生产经营活动。

在生产之前，企业向职工明确工作的内容，或对工作制定出操作规程及其规章制度，然后要求工作过程中所有活动都要按这些标准进行，以实现协调。

（4）工作成果标准化。

这是指组织通过预先制定的工作成果标准，实现组织中各种活动的协调。这种协调只规定最终目标，不限定达到目标的途径、方法、手段和过程。

如果工作流程复杂到不可控，那么制度的作用便不明显了，就只能通过对工作输出（工作结果）的控制来达到协调工作的目的。

（5）技艺（知识）标准化。

有些组织内的工作专业性强，工作过程和工作成果均无法标准化，那么组织只能通过将员工的技能标准化来实现工作协调的目的。

这种协调机制主要是依靠组织成员在任职以前就接受了必要的、标准化的训练，成为具有标准化知识和技能的人才。在实际工作中，他们便可以根据自己的知识和技艺，相互配合与协调。如麻醉师和外科医生在给患者切除阑尾时，几乎不用交流，凭借其接受过的培训，就知道从对方手里接过什么器械，下一步进行什么操作。

（6）共同价值观。

这是指组织成员或群体成员分享同一价值观念，实现全员的价值共享。“共同价值观”强调理想型的企业管理应该是“人本化”和“市场化”的有机结合。

“人本化”是指企业对人的需求、价值实现和发展的一种态度和理念。这种态度和理念，驱使着企业要关心员工的报酬与工作环境、人际交往与自尊、精神需要与个人价值实现等。

“市场化”是指企业对市场及竞争的一种态度和理念。这种态度和理念，驱使着企业要关注市场需求与发展变化、产品与服务创新、经营效率与效益等。

鉴于内部条件和外部环境都是在不断变化的，企业对内要及时调整，发挥创新精神、协同效果和整体优势；对外要灵活适应，快速行动。

要点小贴士

共同价值观是企业文化的核心和基石，是企业的灵魂，也是维系企业生存发展的精神支柱。共同价值观对组织成员具有导向、凝聚、约束和激励的作用。

名师点拨

企业不可能在一段时间内只依靠一种协调机制，而往往是根据不同任务的侧重点不同，混合使用这六种协调机制。

【提示】组织结构与协调机制的一般匹配关系

组织结构	协调机制
简单时	相互适应、自行调整
扩大后需要某人单独控制时	直接指挥、直接控制
更加复杂时	趋向标准化
相当复杂时	工作成果标准化、技艺（知识）标准化
极其复杂、难以标准化时	相互适应、自行调整

经典题解

【真题14·单选题】图美公司是某出版社所属的一家印刷厂，该公司按照出版社提供的文稿、图片和质量要求从事印刷、装订工作。图美公司适宜采用的组织协调机制是（　　）。（2019年）

A. 共同价值观

B. 相互适应，自行调整

C. 工作成果标准化

D. 技艺（知识）标准化

【解析】因为印刷厂和出版社是雇佣的关系，出版社对印刷厂的要求只是能按时、按质把东西印刷出来即可，至于怎么印刷，出版社并不会做出过多的要求（不强调过程），所以本题体现了工作成果标准化，选项C正确。

【答案】C

【真题15·单选题】生产智能家电产品的凯威公司适应外部环境的不断变化，及时调整内部资源和组织结构，发挥协同效果和整体优势，激发员工的创新精神和使命感，对社会需求作出灵活、快速的反应。该公司采取的组织协调机制是（　　）。（2019年）

A. 直接指挥，直接控制

B. 工作过程标准化

C. 共同价值观

D. 工作成果标准化

【解析】“及时调整内部资源和组织结构，发挥协同效果和整体优势，激发员工的创新精神和使命感，对社会需求作出灵活、快速的反应”体现了企业对内要及时调整，发挥创新精神、协同效果和整体优势；对外要灵活适应，快速行动，即共同价值观，选项C正确。

【答案】C

【真题 16 · 单选题】育英公司是一家英语培训机构，定位于高端培训。该公司实行纯英文教学，全部课程由外籍教师进行授课，另外配备一名中文教师担任助教，所有教师都须有 5 年以上的教学经验。育英公司培训活动中的组织协调机制是（　　）。（2017 年）

A. 技艺（知识）标准化

B. 工作过程标准化

C. 工作成果标准化

D. 相互适应，自行调整

【解析】"实行纯英文教学，全部课程由外籍教师进行授课，另外配备一名中文教师担任助教，所有教师都须有 5 年以上的教学经验"表明育英公司对其成员所应有的技艺、知识加以标准化，选项 A 正确。

【答案】A

【例题 17 · 单选题】甲公司是一家复印机生产企业。该公司在制定好自动生产流水线的标准以后，工人在生产过程中便根据这个标准进行生产和检验产品。一旦生产出现问题，管理人员便用这个标准来检查和调整。根据横向分工结构的基本协调机制，该公司采取的是（　　）。

A. 相互适应，自行调整

B. 技艺（知识）标准化

C. 工作成果标准化

D. 工作过程标准化

【解析】"该公司在制定好自动生产流水线的标准以后，工人在生产过程中便根据这个标准进行生产和检验产品。一旦生产出现问题，管理人员便用这个标准来检查和调整"属于工作过程标准化，选项 D 正确。

【答案】D

【例题 18 · 单选题】BJ 控股公司拥有多家各自独立经营的子公司，这些子公司可以自主做出战略决策，是相对独立的投资中心。BJ 控股公司主要运用投资报酬率和剩余收益评价考核各子公司的业绩。该控股公司采取的组织协调机制是（　　）。

A. 共同价值观

B. 工作过程标准化

C. 工作成果标准化

D. 相互适应，自行调整

【解析】"主要运用投资报酬率和剩余收益评价考核各子公司的业绩"体现了工作成果标准化，选项 C 正确。

【答案】C

三、企业战略与组织结构 ★★

（一）组织结构与战略的关系

组织结构的功能在于分工和协调，是保证战略实施的必要手段。钱德勒在其经典著作《战略和结构》中，首次提出组织结构服从战略的理论，即钱德勒的两大命题。

<table>
<tr><th colspan="2">钱德勒命题</th><th>阐释</th><th>启发</th></tr>
<tr><td rowspan="2">战略的前导性与结构的滞后性</td><td>战略前导性</td><td>指企业战略的变化快于组织结构的变化</td><td rowspan="2">①在经济发展时，企业不可错过时机，要制定出与发展相适应的发展战略
②一旦战略制定出来以后，要正确认识组织结构有一定反应滞后性的特性，不可操之过急
③组织结构反应滞后时间过长将会影响战略实施的效果，企业应努力缩短组织结构反应滞后的时间，使组织结构配合战略的实施</td></tr>
<tr><td>结构滞后性</td><td>指企业组织结构的变化常常慢于战略的变化速度</td></tr>
<tr><td colspan="2">企业发展阶段与组织结构</td><td colspan="2">企业在不同的发展阶段，应该采用不同的发展战略，并要求组织结构做出相应的调整</td></tr>
</table>

企业战略与组织结构的关系如下：

（1）市场渗透战略。

企业处于创立不久的初步发展阶段，往往着重发展单一产品，试图通过更强的营销手段来获得更大的市场份额。这时，企业只需采用简单结构即创业型组织结构。

（2）市场开发战略。

企业发展后，需要将产品或服务扩展到其他地区中去。为了实现产品和服务的标准化、专业化，企业要求建立职能制组织结构。

（3）纵向一体化战略。

企业进一步发展后，拥有了多个产品线，销售市场迅速扩张，需要增强管理协调能力；同时，为了提高竞争力，需要拥有一部分原材料的生产能力或销售产品的渠道。在这种情况下，企业适宜采用事业部制组织结构。

（4）多元化经营战略。

企业高度发展并进入成熟期，为了避免投资或经营风险，需要开发与企业原有产品不相关的新产品系列。这时企业应根据经营规模、业务结构和市场范围，分别采用更为复杂的组织结构，如战略业务单位组织结构、矩阵制组织结构或 H 型组织结构。

（二）组织的战略类型

一个企业需要通过战略解决的基本问题有三类：

一是开创性问题，即企业如何管理市场份额。

二是工程技术问题，即企业如何执行解决开创性问题的方案。

三是行政管理问题，即企业应该如何设计组织架构以适应解决前两个问题的需要。

根据一个组织在解决以上三类问题时采用的思维方式和行为特点（战略倾向）的不同，可以将组织分为四种类型：防御型战略组织、开拓型战略组织、分析型战略组织和反应型战略组织。前三种战略组织都有与其市场和能力相适应的战略，而第四种战略组织却通常是一种失败的组织类型。

1. 防御型战略组织

项目	如何理解	如何应对
开创性问题	如何保持稳定的市场份额	利用既有的标准化技术流程获得低成本优势
工程技术问题	如何保证效率	尽可能有效地生产与销售产品或提供服务，要创造出一种具有高度成本效率的核心技术
行政管理问题	为了保证效率，如何做到严格控制	①采取“机械式”结构机制来保证组织严格地控制效率 ②由生产与成本控制专家形成的高层管理

名师点拨

保持现状。

要点小贴士

通过纵向一体化，可以提高防御型战略组织的技术效率，也就是将从原材料供应到最终产品销售的整个过程合并到一个组织系统里来。

【提示】防御型战略组织常采用竞争性定价或高质量产品等经济活动来阻止竞争对手进入它们的经营领域。组织效率较高但适应性差。

2. 开拓型战略组织

项目	如何理解	如何应对
开创性问题	如何在动态多变的环境中，寻找和开发新产品与新市场的机会	通过产品开发和市场开发获得发展
工程技术问题	如何避免长期局限于单一的技术过程	常常通过开发机械化程度很低和例外性的多种技术及标准技术，以保持其创新性和适应性
行政管理问题	如何协调经营活动与创新活动	①奉行灵活性原则。采取“有机的”机制 ②由市场、研究开发方面的专家组成的高层管理

名师点拨

不断改变。

【提示】开拓型战略组织通过开发新产品，全力以赴的追求企业产品技术水平的先进性来抢占市场。组织效率较低但适应性较强。

3. 分析型战略组织

项目	如何理解	如何应对
开创性问题	如何在保持现有市场份额的同时发现新的产品和市场机会	当市场稳定时，通过传统的产品和服务来保持低成本；当市场变化时，通过模仿新产品和服务，来保持竞争力
工程技术问题	如何使得经营业务中稳定的部分更有效率，而变动的部分更为灵活	形成双重的技术核心。一部分技术与防御型战略组织的技术极为类似，另一部分技术则类似于开拓型战略组织的技术
行政管理问题	如何区分组织结构的各个方面，以适应既稳定又变动的经营业务，使两种经营业务达到平衡	采用矩阵制组织结构

名师点拨

保持＋改变。

【提示】分析型战略组织能够理智地选择战略，试图以最小的风险、最大的机会获得利润。稳定性与灵活性并存，最大的危险就是既无效能又无效率。

4. 反应型战略组织

特征	对外部环境采取动荡不定的调整	对经营行动犹豫不决
		对环境变化和不确定性做出不适当的反应且执行不力
缺点	①缺少在变化的环境中随机应变的机制 ②永远处于不稳定的状态，是一种消极无效的组织形态	
适用情形	①存在于经营垄断或被高度操纵的产业中 ②除①之外，只有在其他 3 种战略组织无法运用时，才考虑使用这种方法	
形成原因	①决策层没有明文表达企业战略 ②管理层次中没有形成可适用于现有战略的组织结构 ③只注重保持现有的战略与结构的关系，忽视了外部环境条件的变化	

【易错易混点】四种战略组织的区分

组织的战略类型	关键点	适用环境
防御型战略组织	低成本、提高技术效率、“机械式”结构	稳定的环境
开拓型战略组织	新产品和新市场、创新性和适应性、“有机式”结构	多变的环境
分析型战略组织	在保留原有业务的同时追求新产品和新市场、矩阵制结构	—
反应型战略组织	既缺乏适应性，又缺乏内部控制	垄断经营或被高度操控的环境

经典题解

【真题 19 · 单选题】圣元公司是一家智能家居用品制造商。该公司在技术开发和行政管理上具有很大的灵活性，由技术、营销等人员组成的项目组拥有产品开发的自主选择权。近年来该公司适应不断变化的市场需求，陆续开发出智能音响、智能手环、智能电视、扫地机器人等产品。圣元公司组织结构的战略类型是（　　）。（2020 年）

A. 防御型战略组织　　　　B. 分析型战略组织

C. 反应型战略组织　　　　D. 开拓型战略组织

【解析】开拓型战略组织追求一种更为动态的环境，将其能力表现在探索和发现新产品和市场的机会上。“该公司在技术开发和行政管理上具有很大的灵活性……近年来该公司适应不断变化的市场需求，陆续开发出智能音响、智能手环、智能电视、扫地机器人等产品”属于开拓型战略组织的特征，选项 D 正确。

【名师点题】在判断属于何种组织的战略类型时，建议从各自的典型特点角度判断（参考本知识点下的【易错易混点】），而非单纯凭“项目组”就判定其采用什么战略类型。因为分析型战略组织是在寻求新的产品和市场机会的同时，保持传统的产品和市场。但是在本题中，明确表明这个项目组是为了开发新品，并未提及保持原有业务的问题，所以不属于分析型战略组织。

【答案】D

【真题 20 · 单选题】华蓓公司是 Y 市一家生产婴幼儿用品的企业。多年来公司在 Y 市婴幼儿用品市场拥有稳定的市场占有率。为了巩固其竞争优势，华蓓公司运用竞争性定价阻止竞争对手进入其经营领域，并实施有利于保持高效率的“机械式”组织机制。华蓓公司所采取的组织的战略类型属于（　　）。（2019 年）

A. 防御型战略组织　　B. 开拓型战略组织

C. 反应型战略组织　　D. 分析型战略组织

【解析】“为了巩固其竞争优势，华蓓公司运用竞争性定价阻止竞争对手进入其经营领域，并实施有利于保持高效率的‘机械式’组织机制”表明华蓓公司所采取的是防御型战略组织，选项 A 正确。

【答案】A

【真题 21 · 单选题】风华公司的主营业务是生产、销售体育运动器材。从去年起，该公司在保留原有业务的同时寻找新的市场机会，开发出适合个人使用的运动健康体测仪并尝试性投放市场。该仪器可随时把使用者在运动中的有关生物指数进行显示并记录下来，从而帮助使用者了解自己的健康状况并选择适当的运动方式。风华公司适宜采取的组织战略类型是（　　）。（2018 年）

A. 开拓型战略组织　　B. 防御型战略组织

C. 反应型战略组织　　D. 分析型战略组织

【解析】“该公司在保留原有业务的同时寻找新的市场机会”表明风华公司适宜采取的组织战略类型是分析型战略组织，选项 D 正确。

【答案】D

【例题 22 · 单选题】早在 2000 年年初，手机生产商 N 公司就已经开发出了全触屏手机。面对手机市场日新月异的变化，N 公司高级管理层始终沉浸在“世界第一”的荣耀中，过于关注耐用性，对环境变化和未来的经营行动犹豫不决。而此时消费者已经把目光转向了手机上网、互联互通、掌上娱乐等功能，最终用户把票投给了其竞争对手 P 公司和 A 公司。N 公司采取的组织战略类型是（　　）。

A. 开拓型战略组织　　B. 防御型战略组织

C. 分析型战略组织　　D. 反应型战略组织

【解析】“面对手机市场日新月异的变化，N 公司高级管理层始终沉浸在‘世界第一’的荣耀中，过于关注耐用性，对环境变化和未来的经营行动犹豫不决。而此时消费者已经把目光转向了手机上网、互联互通、掌上娱乐等功能，最终用户把票投给了其竞争对手 P 公司和 A 公司”表明 N 公司采取的组织战略类型是反应型战略组织，选项 D 正确。

【答案】D

第二节　公司战略与企业文化

使用“会计云课堂”App或“微信”扫码查看本节视频，快速GET知识点。

一、企业文化的类型★★

企业文化是指企业在生产经营实践中逐步形成的、为整体团队所认同并遵守的价值观、经营理念和企业精神，以及在此基础上形成的行为规范的总称。

企业文化类型从理论上分为四类：权力（power）导向型、角色（role）导向型、任务（task）导向型和人员（people）导向型。

1. 权力导向型（铁腕型家长式文化）

要点小贴士

集权式领导、决策快、决策质量可能较差。

阐释	①也称集权式文化 ②该种文化偏重个人英雄主义，是建立在强人统治的基础之上 ③企业文化的宗旨是保证企业家的绝对个人权威，企业家就是原则，是一种“服从文化” ④企业的领导方式很强势，有决断力，反应速度很快
适用情形	通常存在于家族企业和一些初创企业中

【案例】20世纪90年代初，权力导向型文化成为温州家族企业的隐形杀手。

有人这样评价温州“鞋王”——霸力皮鞋厂的老总王跃进：“这名字很像他的个性，很自信、有霸气”“他是一个事业心很强的人，但性格太主观了，完全要他自己说了算”“他的想法在很多人看来都不切实际，他太不相信别人了”“以血缘关系或者族人的价值观为核心的家族文化，在鞋企创业初期有过许多积极的意义”。

2. 角色导向型（埃菲尔铁塔式文化）

要点小贴士

权力按职称、职位等分配，稳定度、持续性较高。

阐释	①也称各司其职的文化 ②该种文化强调员工对企业的忠诚奉献，企业层级分明，强调规则至上，凡事皆有规章可循，重视正规化，行事态度谨慎保守，做好份内的事即可，回避改变 ③采用的组织结构往往是职能制组织结构 ④在稳定环境中，这类文化可能导致高效率
适用情形	不太适合动荡的环境，此类文化最常见于国有企业和公务员机构

【案例】国内某知名房地产公司曾经对企业实行军事化管理，严格到部门领导要为下属的不当行为买单，如员工在工作时间未着正装，连同部门领导都会被扣钱。

此外，该公司的调薪制度对员工什么时候具备涨薪资格、每次涨多少、该走怎样的程序都有非常明确的规定，哪怕涨幅超过制度规定的0.01%都无法执行下去，杜绝了打擦边球的可能。由此可见，该公司的文化类型属于角色导向型文化。

3. 任务导向型（导弹式文化）

阐释	①也称目标导向型文化 ②管理者关心的是不断地和成功地解决问题，对不同职能和活动的评估完全依据它们对企业目标做出的贡献 ③采用的组织结构往往是矩阵制组织结构 ④专长是个人权力和职权的主要来源，并且决定一个人在给定情景中的相对权力 ⑤具有很强的适应性，个人能高度掌控自己份内的工作，在十分动荡或经常变化的环境中会很成功
适用情形	常见于新兴产业中的企业（特别是一些高科技企业）、公关公司、房地产经纪公司以及销售公司等

要点小贴士

专业或具有解决问题能力的人影响力大。

【案例】索尼人始终不满足于现状，时时有“饥饿感”“紧迫感”伴随，这可谓索尼企业文化的特色。

正因如此，他们能不断学习世界上比自己先进的东西，经过消化，创造出别人没有的东西，最终适应了市场，赢得了声誉。

4. 人员导向型（孵化器式文化）

阐释	①也称以人为本的文化 ②实质上是从人的本性，如需求、发展、平衡出发，以关心和满足人性为基础，激发人的积极性、主动性、创造性的企业文化 ③组织帮助个人实现目标。组织存在的目的是作为孵化器，为成员自我表现和自我实现服务 ④需要构建平等、和谐的人文氛围，要做到对内以全体员工为本，对外以顾客、用户为本，要提倡平等、公平、公正意识
适用情形	常见于小型咨询公司，也可以是集体开业的医生、律师和俱乐部等

要点小贴士

平等、平权的组织文化。

【案例】“蓝天救援队”是中国民间专业、独立的纯公益紧急救援机构，成立于2007年。

“蓝天救援队”的入队誓词：“我志愿加入蓝天救援队，遵循人道、博爱、奉献的志愿精神，勤奋刻苦、努力训练、团结友爱、乐于助人，在各种危机面前竭尽所能地挽救生命”。队训：“少说多做，默默奉献，完善自我，善待他人”。

经典题解

【真题 23 · 单选题】蓝星公司是一家大型信息设备制造企业。该公司依据对公司目标做出的贡献评价各种职能和活动，并根据员工的专长给他们安排相应的岗位和职权。蓝星公司企业文化的类型是（　　）。（2021 年）

A. 人员导向型　　B. 权力导向型

C. 角色导向型　　D. 任务导向型

【解析】“该公司依据对公司目标做出的贡献评价各种职能和活动，并根据员工的专长给他们安排相应的岗位和职权”表明蓝星公司的企业文化属于任务导向型文化。任务导向型文化也称目标导向型文化。在这种文化中，管理者关心的是不断地和成功地解决问题，对不同职能和活动的评估完全依据它们对企业目标做出的贡献。专长是个人权力和职权的主要来源，并且决定一个人在给定情景中的相对权力。

【答案】D

【真题24·单选题】格朗公司是一家从事环境艺术的企业。该公司的业务以创意为核心，员工根据个人的爱好、专长和成长需要，自主选择从事建筑设计、室内装潢、城市雕塑和壁画制作等工作，公司则为员工的工作需要提供必要的服务。格朗公司的企业文化类型是（　　）。（2020年）

A. 权力导向型　　B. 任务导向型

C. 人员导向型　　D. 角色导向型

【解析】在人员导向型文化下的企业存在的目的主要是为其成员的需要服务，企业是其员工的下属，企业的生存也依赖于员工。"员工根据个人的爱好、专长和成长需要，自主选择从事建筑设计、室内装潢、城市雕塑和壁画制作等工作，公司则为员工的工作需要提供必要的服务"属于人员导向型文化，选项C正确。

【答案】C

【真题25·单选题】新阜铁路公司为保障所辖铁路的安全与畅通，制定并实施一整套严格的工作规章和程序，要求所有员工忠于岗位职责，严守操作规程。该公司文化的类型属于（　　）。（2020年）

A. 权力导向型　　B. 任务导向型

C. 角色导向型　　D. 人员导向型

【解析】角色导向型企业应尽可能追求理性和秩序。角色导向型文化十分重视合法性、忠诚和责任。这类文化一般是围绕着限定的工作规章和程序建立起来的，分歧由规章和制度来解决。"制定并实施一整套严格的工作规章和程序，要求所有员工忠于岗位职责，严守操作规程"表明新阜铁路公司文化的类型属于角色导向型文化，选项C正确。

【答案】C

【例题26·单选题】奥玛公司是一家从事服装加工生产的家族企业。该公司创始人独断专行、事必躬亲，员工主动性差，一切按老板的指示行事。奥玛公司的企业文化类型属于（　　）。

A. 角色导向型　　B. 权力导向型

C. 任务导向型　　D. 人员导向型

【解析】"公司创始人独断专行、事必躬亲，员工主动性差，一切按老板的指示行事"表明奥玛公司企业文化的类型属于权力导向型，选项B正确。

【答案】B

二、文化与绩效 ★

（一）企业文化为企业创造价值的途径

创造价值的途径	阐释
文化简化了信息处理	文化减少了企业内部对个人信息处理的要求，允许个人更好地把注意力集中于他们的本职工作
文化补充了正式控制	文化补充了正式的控制制度，减少了企业中监督个人的成本
文化促进合作并减少讨价还价成本	文化影响了企业中个人的偏好，使他们趋向于共同的目标，这就降低了企业中个人的谈判和讨价还价成本，并促进了更多协作行动的产生和发展

要点小贴士

部门间、员工相互间沟通效率化，简化了信息处理时间。

要点小贴士

在价值观上依附企业文化的员工，其士气、学习成长动机得到鼓励。

要点小贴士

好的企业文化氛围，会最大程度地降低企业的内耗成本。

（二）文化、惯性和不良绩效

企业文化有助于促进组织绩效的提升，但是企业惯性的文化也会带来不良的绩效。

【案例】直到 1986 年，美国 IBM 公司还被认为是强有力的、值得模仿的企业，它管理的深入性和公司文化得到了广泛称赞。然而，不到十年后，IBM 公司又因其惯性的文化而受到责难。

IBM 公司并不是由于能力变化而失掉产业领导地位的，未能保持其优势的原因在于其惯性文化的影响，使该公司没有预测到产品变化的方向，并让竞争对手（特别是微软公司）在市场份额和网络外部性的基础上夺取了市场优势地位。

（三）企业文化成为维持竞争优势源泉的条件

1. 文化必须为企业创造价值。
2. 公司文化必须是企业所特有的。
3. 企业文化必须是很难被模仿的。

三、战略稳定性与文化适应性 ★★

战略的稳定性反映企业在实施一个新的战略时，企业的结构、技能、共同价值、生产作业程序等各种组织要素所发生的变化程度；文化的适应性反映企业所发生的变化与企业目前的文化相一致的程度。处理二者关系时可以用下面的矩阵表示：

各种组织要素的变化	潜在的一致性：大	潜在的一致性：小
多	以企业使命为基础 1	4 重新制定战略
少	2 加强协同作用	3 根据文化进行管理

在矩阵中，纵轴表示企业战略的稳定性状况，横轴表示文化的适应性状况。相关特征及管理变革的措施如下：

（一）以企业使命为基础

特征	①组织要素变化大 ②现有文化支持变革
管理变革的措施	①企业在进行重大变革时，必须考虑与企业基本使命的关系。在企业中，企业使命是企业文化的正式基础 ②发挥企业现有人员在战略变革中的作用。现有人员之间具有共同的价值观念和行为准则，可以保持企业在文化一致的条件下实施变革 ③在调整企业的奖励系统时，必须注意与企业组织目前的奖励行为保持一致 ④考虑进行与企业组织目前的文化相适应的变革，不要破坏企业已有的行为准则

要点小贴士：文化变化不大，就向文化靠拢。

（二）加强协同作用

特征	①组织要素变化不大 ②现有文化支持变革
管理变革的措施	①利用目前的有利条件，巩固和加强企业文化 ②利用文化相对稳定的这一时机，根据企业文化的需求，解决企业生产经营中的问题

要点小贴士：组织要素和文化均变化不大，就在此基础上加强、巩固。

（三）根据文化进行管理

特征	①组织要素变化不大 ②现有文化抵制变革
管理变革的措施	企业可以根据经营的需要，在不影响企业总体文化一致的前提下，对某种经营业务实行不同的文化管理

要点小贴士：文化变动较大，就按不同文化管理。

（四）重新制定战略

特征	①组织要素变化大 ②现有文化抵制变革
管理变革的措施	第一：要考察是否有必要继续推行现行战略。如果没有必要，则需要重新制定战略 第二：重新制定战略要重点关注 ①企业的高层管理人员要痛下决心进行变革，并向全体员工讲明变革的意义 ②为了形成新的文化，企业要招聘或从内部提拔一批与新文化相符的人员 ③改变奖励结构，将奖励的重点放在具有新文化意识的事业部或个人的身上，促进企业文化的转变 ④设法让管理人员和员工明确新文化所需要的行为，形成一定的规范，保证新战略的顺利实施

要点小贴士：内外部环境发生重大变化，原有的管理认识和信念体系已经不能支撑新的战略转型，必须对组织和成员的整体思想和行为进行深度变革。

【案例】组织要素包括组织外部环境、组织内部环境、组织目的、管理主体（可以是人或机构，具有一定的管理能力，拥有相应的权威和责任来从事协调和控制活动）和管理客体（指被管理、协调和控制的对象）。

例如，李宁原是一家和众晋江品牌同档次的体育运动用品生产商，在2010年，李宁强行将主品牌推至一线，直面阿迪达斯、耐克，这是李宁公司第一次品牌升级中最大的战略"错位"。李宁原本的文化和国内众多品牌类似，一下子将企业战略改变，导致了文化的水土不服。

在本案例中，"李宁强行将主品牌推至一线，直面阿迪达斯、耐克，这是李宁公司第一次品牌升级中最大的战略'错位'"反映了组织要素（管理主体的决策）变化大，即组织变革属于革命性变革；"李宁原本的文化和国内众多品牌类似，一下子将企业战略改变，导致了文化的水土不服"反映了企业现有文化不适应变革。因此，应选择重新制定战略。

【提示】对于"组织要素变化多少"和"与现有文化潜在一致性大小"的判断

要素	关键词
组织要素变化多 or 少	多：较大调整、重大改革 少：在原有基础上进行部分调整
与现有文化潜在一致性大 or 小	大：与现有文化保持一致、多数员工认同 小：大多数员工反对、受到现有文化抵制

经典题解

【真题27·单选题】汉阳公司是国内一家经营多年的广告公司，在业内以鼓励员工个人对公司目标作出贡献闻名。近年来，国外著名广告公司的不断进入和本土竞争对手的成长给汉阳公司的业务增长带来越来越大的威胁，因此该公司管理层最近决定在维持现有组织架构的前提下推出新的更为严格的员工薪酬与绩效挂钩制度，以刺激业绩增长，该决定受到公司员工的拥护。汉阳公司在实施新的绩效考核制度时，应（　　）。（2021年）

A. 以企业使命为基础

B. 加强协同作用

C. 根据文化进行管理

D. 重新制定战略

【解析】"该公司管理层最近决定在维持现有组织架构的前提下推出新的更为严格的员工薪酬与绩效挂钩制度"表明组织要素变化少；"该决定受到公司员工的拥护"表明与现有文化潜在一致性大。因此，应加强协同作用来管理变革，选项B正确。

【答案】B

【真题28·单选题】越达公司是合成橡胶、合成树脂等石化类产业的龙头企业。2017年，该公司启动新的战略变革，将公司在原产业领域积累的高分子技术应用到光化学和有机合成化学领域，使业务内容扩大到半导体制造材料、显示器材料等领域，同时进行了广泛的组织结构调整。此次战略变革得到公司上下一致认同和支持。该公司处理企业战略稳定性与文化适应性的关系时应（　　）。（2020年）

A. 以企业使命为基础

B. 根据文化进行管理

C. 重新制定战略

D. 加强协同作用

【解析】“进行了广泛的组织结构调整”表明组织要素变化多；“此次战略变革得到公司上下一致认同和支持”表明与现有文化潜在一致性大。因此，应以企业使命为基础来管理变革，选项A正确。

【答案】A

【真题29·单选题】家电制造商东岳公司于2015年并购了一家同类企业，在保留被并购企业原有组织的同时实行了新的绩效考核制度，结果遭到被并购企业大多数员工反对。本案例中，东岳公司在处理被并购企业战略稳定性与文化适应性关系时正确的做法是（　　）。（2018年）

A. 加强协同作用

B. 以企业使命为基础

C. 重新制定战略

D. 根据文化进行管理

【解析】“在保留被并购企业原有组织的同时实行了新的绩效考核制度”表明组织要素变化少；“结果遭到被并购企业大多数员工反对”表明与现有文化潜在一致性小。因此，应根据文化进行管理，选项D正确。

【答案】D

【例题30·单选题】格力电器于2019年频频跨界寻求外部突破。公司目前已经在物联网、人工智能、智慧家居、车用空调、芯片制造等领域展开重大战略布局。但这一变革受到企业现有惯性文化的抵制。根据战略稳定性与文化适应性矩阵的要求，该公司应该（　　）。

A. 以企业使命为基础

B. 加强协同作用

C. 重新制定战略

D. 根据文化进行管理

【解析】“频频跨界寻求外部突破。公司目前已经在物联网、人工智能、智慧家居、车用空调、芯片制造等领域展开重大战略布局”表明组织要素变化多；“这一变革受到企业现有惯性文化的抵制”表明与现有文化潜在一致性小。因此，应重新制定战略，选项C正确。

【答案】C

第三节 战略控制

使用“会计云课堂”App或“微信”扫码查看本节视频，快速GET知识点。

一、战略失效与战略控制的概念 ★★

（一）战略失效

战略失效的概念		指企业战略实施的结果偏离了预定的战略目标或战略管理的理想状态
导致战略失效的原因		①企业内部缺乏沟通，企业战略未能成为全体员工的共同行动目标，企业成员之间缺乏协作共事的愿望 ②战略实施过程中各种信息的传递和反馈受阻 ③战略实施所需的资源条件与现实的资源条件之间出现较大缺口 ④用人不当，主管人员、作业人员不称职或玩忽职守 ⑤公司管理者决策错误，使战略目标本身存在严重缺陷或错误 ⑥企业外部环境出现较大变化，现有战略一时难以适应
战略失效的类型	早期失效	一项战略开始实施时，因为新战略还没有被全体员工理解和接受，或者战略实施者对新的环境、工作还不适应，导致战略失效
	晚期失效	在新战略实施一段时间之后，理想与现实差距过大而导致的失效
	偶然失效	在战略的平稳实施阶段出现的一些意外情况导致战略失效。可能在开始实施时发生，也可能在实施一段时间后发生

名师点拨

①企业内部：缺乏沟通、用人不当、管理失误。

②企业外部：环境变化大，战略不适应。

③战略实施：信息互通受阻、所需资源大于现有资源。

【提示】对于“战略失效的类型”的判断技巧

在考试中，对于这类题目，一般情况下先看题目中是否提及特定的突发因素，比如流行病、金融危机、自然灾害等因素导致的战略失效。若有，可以直接锁定答案为偶然失效；若没有，则再关注实施时间的早晚，结合原因在早期失效和晚期失效中选择（主要看是实施初期的不接受、不适应，还是推进一段时间之后，实际与预期偏差过大）。

经典题解

【真题31·单选题】诺力公司曾是一家著名的手机及相关设备制造企业，其生产的手机曾是世界第一品牌，占据将近一半的市场份额。2013年该公司启动战略转型，将业务聚焦于模拟机业务上，而越来越多的消费者更青睐不断改进的智能手机。后来在智能手机制造巨头的竞争挤压下，诺力公司的经营跌入谷底并一蹶不振，最终在手机市场上被淘汰出局。诺力公司实施战略转型失效的原因是（　　）。（2021年）

A. 战略实施所需要资源条件与现实资源条件间出现了较大缺口

B. 战略实施过程中各种信息的传递和反馈受阻

C. 企业内部缺乏沟通，企业成员之间缺乏协作共事的愿望

D. 企业外部环境出现较大变化，现有战略一时难以适应

【解析】"2013年该公司启动战略转型，将业务聚焦于模拟机业务上，而越来越多的消费者更青睐不断改进的智能手机。后来在智能手机制造巨头的竞争挤压下，诺力公司的经营跌入谷底并一蹶不振，最终在手机市场上被淘汰出局"表明诺力公司实施战略转型失效的原因是企业外部环境出现较大变化，现有战略一时难以适应。因此，选项D正确。

【答案】D

【例题32·单选题】2018年12月，小李在武汉市区黄金位置开了一家烧烤店。由于创新经营模式，小店开业不到1年就取得了不错的经营业绩。正在小李准备进一步扩大经营规模时，武汉一场流行性冠状病毒疾病袭来，使得小店经营陷入困境，最后不得不关闭了烧烤店。根据战略失效理论，小李创业没有取得成功属于(　　)。

A. 早期失效　B. 正常失效　C. 偶然失效　D. 晚期失效

【解析】"武汉一场流行性冠状病毒疾病袭来，使得小店经营陷入困境，最后不得不关闭了烧烤店"属于偶然失效，选项C正确。

【答案】C

(二)战略控制

战略控制是指企业在战略实施过程中，检测环境变化，检查业务进展，评估经营绩效，把检查和评估结果与既定的战略目标相比较，发现战略实施出现的偏差，分析产生偏差的原因，采取有效措施及时纠正偏差，使战略实施结果符合预期战略目标。

战略控制和预算控制之间的差异：

项目	战略控制	预算控制
控制期间	期间比较长，从几年到十几年以上	期间通常为一年以下
控制方法	定性方法和定量方法	定量方法
控制重点	重点是内部和外部	重点是内部
纠正行为时点	不断纠正行为	通常在预算期结束之后采用纠正行为

经典题解

【例题33·单选题】下列关于战略控制与预算控制的表述，正确的是(　　)。

A. 战略控制的期间通常在一年以内

B. 预算控制通常在预算期结束后采用纠正行为

C. 预算控制采用定性与定量结合的方法

D. 战略控制的重点是企业内部

【解析】战略控制的期间通常比较长，从几年到十几年以上，预算控制的期间通常为一年以下，选项A错误；战略控制采用定性与定量结合的方法，预算控制采用定量方法，选项C错误；战略控制的重点是内部和外部，预算控制的重点是企业内部，选项D错误。

【答案】B

二、战略控制过程 ★★

战略控制过程包括以下四个重要步骤：

（一）设定战略控制的目标

设定战略控制的目标是指依据企业战略目标，结合企业的内部资源以及外部环境的重大变化，合理设定的企业战略控制标准或指标。

（二）选择战略控制的方法

战略控制方法是从企业战略控制的实际需要出发，用来收集和处理企业经营的相关信息，对内部和外部环境进行监测，检查业务进展情况，衡量和评价企业整体及各个部门的长期和短期业绩，制定调整或纠正偏差措施的方式、工具和标准。选择合理、有效的战略控制方法是战略控制过程中十分重要的一步，直接影响甚至决定战略控制目标的实现与否。

（三）实施战略控制措施

实施战略控制措施就是企业决策者通过一定的组织、程序和机制，运用一种或多种战略控制方法，对企业整体以及各个经营领域的状况和业绩进行科学衡量和合理评价，将衡量和评价结果与企业的战略控制目标进行比较，找出它们之间的差距，结合企业内外环境的变化分析和识别差距产生的原因，制定和实施弥补差距对策或应对变化的措施。

（四）反馈战略控制效果

反馈战略控制效果是指将实施战略控制措施的效果或结果及时反馈给企业决策者、部门经理和一般员工，以推动战略控制的持续改进和战略目标的实现。

三、战略控制方法 ★★

（一）预算

项目	增量预算	零基预算
定义	在以前期间的预算或者实际业绩的基础上，通过增加相应的内容编制新的预算	以零为基点，重新分析、判断各个部门的需求和费用，根据企业财力，在综合平衡的基础上编制预算
优点	①预算编制工作量较少，相对容易操作 ②预算变动较小且循序渐进，为各个部门的经营活动提供了一个相对稳定的基础 ③有利于避免因资金分配规则改变而引起各部门之间产生冲突 ④比较容易对预算进行协调	①有利于根据实际需要合理分配资金 ②有利于调动各个部门和员工参与预算编制的积极性 ③增强员工的成本效益意识 ④鼓励企业管理层和部门经理根据环境变化进行创新 ⑤增加预算的科学性和透明度，提高预算管理水平

直击题眼

①增量预算：以实际业绩为基础、在去年的基础上不做较大调整。
②零基预算：以“零”为基点、“新”成立的企业。

项目	增量预算	零基预算
缺点	①没有考虑经营条件和经营情况的变化 ②容易使企业管理层和部门经理产生维持现状的保守观念，不利于企业创新 ③与部门和员工的业绩没有联系，没有提供降低成本的动力 ④鼓励各部门用光预算以保证下一年的预算不减少 ⑤随着业务活动及其开支水平的变化而失去合理性、可行性	①预算编制比较复杂，工作量大，费用较高 ②如果过度强调眼前预算项目的需要，容易导致追求短期利益而忽视长期利益 ③预算规则和业务项目开支标准的改变可能引起部门之间的矛盾和冲突

经典题解

【真题34·多选题】信达银行每年都依据实际业绩编制预算。2016年年底信达银行在某地开设了一家分行，该分行2017年预算编制类型的优点有（　　）。（2018年改编）

A. 有利于根据实际需要合理分配资金

B. 为各个部门的经营活动提供了一个相对稳定的基础

C. 比较容易对预算进行协调

D. 鼓励企业管理层和部门经理根据环境变化进行创新

【解析】因为该分行是2016年年底新开设的，没有以前的数据可以利用，而且本题问的主体是分行，而非信达银行，所以该分行2017年编制的预算只能以“零为基点，故预算编制类型是零基预算。选项A、D属于零基预算的优点，选项B、C属于增量预算的优点。

【答案】AD

【例题35·多选题】德佳公司2021年实际销售费用为6500万元，占营业收入的20%，该公司预计2022年营业收入增加3000万元，于是将2022年销售费用预算确定为7100（6500+3000×20%）万元。德佳公司采用的预算编制方法的优点有（　　）。

A. 增强员工的成本效益意识

B. 预算编制工作量较少，相对容易操作

C. 有利于避免因资金分配规则改变而引起各部门之间产生冲突

D. 鼓励企业管理层和部门经理根据环境变化进行创新

【解析】“德佳公司2021年实际销售费用为6500万元，占营业收入的20%，该公司预计2022年营业收入增加3000万元，于是将2022年销售费用预算确定为7100（6500+3000×20%）万元”表明德佳公司采用的预算编制方法属于增量预算。选项A、D属于零基预算的优点，选项B、C属于增量预算的优点。

【答案】BC

【例题36·多选题】甲公司是国内一家大型农业生产资料集团，近年来致力于推进横向一体化战略和纵向一体化战略，以保持国内规模优势。甲公司对其各子公司实行预算管理，并通常使用增量预算方式进行战略控制，子公司预算需要经甲公司预算管理委员会批准后执行。2019 年 9 月，甲公司在化肥市场低迷时期收购了乙化肥厂。收购后，甲公司更换了乙化肥厂的总经理和财务总监，并要求乙化肥厂以零为基点编制预算。2019 年 11 月，甲公司启动 2020 年度预算编审工作，乙化肥厂 2020 年采用的预算编制类型的缺点有（　　）。

A. 容易使企业管理层和部门经理产生维持现状的保守观念，不利于企业创新

B. 容易导致追求短期利益而忽视长期利益

C. 预算规则和业务项目开支标准的改变可能引起部门之间的矛盾和冲突

D. 与部门和员工的业绩没有联系，没有提供降低成本的动力

【解析】乙化肥厂属于甲公司全新的子公司，“要求乙化肥厂以零为基点编制预算”表明乙化肥厂采用的预算编制类型为零基预算。选项 A、D 属于增量预算的缺点，选项 B、C 属于零基预算的缺点。

【答案】BC

（二）企业业绩衡量

企业业绩包括两类：

种类	概念	表现	特征
战略性业绩	与企业战略地位和战略目标相关的绩效	市场竞争力、行业地位、企业成长性、企业声誉、重大创新等	整体性、长期性
经营性业绩	与企业日常经营活动相关的业绩	月度或年度的销售额、净利润额、资产回报率、质量合格率等	与企业局部或短期的经营活动相关

上述两类业绩的企业业绩衡量分别对应战略性业绩衡量和经营性业绩衡量。无论哪一类业绩衡量，都须使用财务指标和非财务指标对其进行定性和定量衡量，并且将衡量结果与本企业的历史业绩以及同期同类企业的业绩进行比较，对发现的差距和差距产生的原因做出分析。下面是企业通常使用的业绩衡量指标。

1. 财务衡量指标

（1）财务衡量指标通过财务比率指标来反映。财务比率指标是指总结和评价企业财务状况和经营成果的相对数指标。

①盈利能力和回报率指标。

a. 毛利率与净利润率。

它们是反映企业盈利能力和盈利水平的指标。

毛利率 =[（营业收入 – 销售成本）/ 营业收入]×100%

净利润率 =[（营业收入 – 销售成本 – 期间费用）/ 营业收入]×100%

毛利率的变化反映销售收入和销售成本之间差距的变化。企业通过综合考察产品销售价格、销售数量、销售成本等各方面的变化以及企业的业务范围（如是零售业还是制造业），可以衡量企业盈利能力的变化。

b. 已动用资本报酬率（ROCE）。

它又称作投资回报率（ROI）或净资产回报率（RONA），是衡量企业投资效益

和盈利能力的重要指标。

已动用资本报酬率（ROCE）=（息税前利润/当期平均已动用资本）×100%

②股东投资指标。

a. 每股盈余、每股股利和市净率。

每股盈余或每股股利是显示企业为股东带来收益的主要指标。市净率是衡量、评估股票投资价值的指标，假设其他条件相同，则市净率与股票的投资价值成反方向变化。

每股盈余=净利润/股票数量

每股股利=股利/股票数量

市净率=每股市价/每股净资产

b. 股息率。

股息率是衡量企业投资价值的重要指标之一。假设其他条件相同，则股息率低表示企业将较多的利润进行再投资，股息率高则表明企业将较多的利润用于股东分红。股息率通常高于利息率。股东既希望股票价格上升，又希望得到的股息超过投资者从固定收益证券中得到的回报。

股息率=每股股利/每股市价 ×100%

c. 市盈率。

市盈率是来评估股价水平是否合理的指标之一。投资者常常用市盈率来衡量、判断同一行业内不同价格的股票是否被高估或者低估。

市盈率=每股市价/每股盈余 ×100%

③流动性指标。

流动性指标是衡量企业避免拖欠债务和偿还短期债务能力的指标。一般情况下，作为流动性指标的各种比率越高，企业避免拖欠债务和偿还短期债务的能力越强。

流动性指标主要包括流动比率、速动比率、存货周转期、应收账款周转期、应付账款周转期。

流动比率=流动资产/流动负债 ×100%

速动比率=（流动资产－存货）/流动负债 ×100%

存货周转期=存货 ×365/销售成本

应收账款周转期=应收账款借方余额 ×365/销售收入

应付账款周转期=应付账款贷方余额 ×365/购买成本

④综合负债和资金杠杆指标。

企业资金来源于股东权益和负债，它们之间的比率称为负债率。负债率体现企业的整体负债水平和资金杠杆水平。负债率越高，企业的整体负债水平越高，资金杠杆率往往也越高。此外，企业经营活动产生的现金净流量是企业偿还债务的财务保障，现金净流量与企业债务总额之间的比率称为现金流量比率，该比率反映企业偿还全部债务的能力，这个比率越高，企业偿还全部债务的能力越强。

负债率=有息负债/股东权益 ×100%

现金流量比率=经营现金净流量/（流动负债+非流动负债）×100%

（2）使用比率来衡量、评价企业业绩的主要原因及局限性。

主要原因	局限性
①通过比较不同时期的比率可以很容易地发现它们的变动 ②相对于实物数量或货币的绝对数值，比率对企业业绩的衡量更为适合 ③比率适合用作业绩目标 ④比率提供了总结企业业绩和经营成果的工具、方法，并可在同类企业之间进行比较	①信息获取存在困难 ②信息的使用存在局限性（数据存在时效性问题，评价侧重过去） ③比率在各个行业的理想标准不同，而且理想标准会随着时间推移发生改变，这为不同行业或同一行业中不同企业的业绩比较带来困难（评价标准存在动态性问题） ④比率有时不能准确反映真实情况（数据存在完整性问题） ⑤比率有时体现的是被扭曲的结果（数据存在真实性问题） ⑥可能鼓励短期行为（比较短视，忽略长远发展） ⑦忽略其他战略要素（过于关注财务指标上的达标，忽视了具有战略意义上的因素） ⑧激励、控制的人员范围有限（对于那些对财务结果无任何责任的人员，无法起到激励和控制作用）

2. 非财务衡量指标

非财务衡量指标是基于非财务信息的业绩衡量指标。

（1）主要的非财务衡量指标。

评价的领域	业绩计量
服务	诉讼数量 客户等待时间
人力资源	员工周转率 旷工时间 每个员工的培训时间
市场营销	销量增长 市场份额 客户数量
生产	工艺、流程先进性 质量标准
研发	技术专利数量和等级 设计创新能力
物流	设备利用能力 服务水平
广告	属性等级 成本水平
管理信息	及时性 准确度

要点小贴士

员工周转率（员工流动率）= 补充员工数量 / 该时间段内员工平均数量

其中：补充员工数量是指为补充离职人员所新雇佣的员工人数。

（2）使用非财务指标衡量、评价企业业绩的主要原因及局限性。

主要原因	局限性
①能够反映和监控非财务方面的经营业绩 ②通常比使用财务衡量指标提供企业业绩信息更为及时 ③容易被非财务管理人员理解并使用 ④有利于激励企业高管关注财务因素之外的因素，甚至决定企业成败的战略因素 ⑤一些衡量企业长期业绩的非财务指标，有利于避免短期行为 ⑥往往需要同时采用定性和定量分析、衡量，因此更能反映企业业绩的真实情况 ⑦激励、控制的人员范围较广，覆盖了对财务结果无任何责任的人员	①不能使用统一的比率标准，因此不能容易地发现业绩变化或进行业绩比较 ②指标通常产生于各个经营部门并被它们分别使用，不能作为所有部门的共同业绩目标即企业整体性业绩目标 ③难以避免外部环境中某些因素的变化，造成不能客观、真实地衡量和反映企业业绩

3．ESG衡量指标

2006年，联合国责任投资原则组织（UN PRI）正式提出ESG概念，将环境、社会及公司治理作为衡量可持续发展的重要指标，确立了社会责任投资原则。ESG是环境（environmental)、社会（social）和治理（governance)的英文缩写，是一种关注企业环境、社会和治理等业绩的投资理念，也是一种衡量企业业绩的非财务衡量指标或标准。

ESG企业业绩衡量指标或标准主要涉及以下三个方面：

（1）环境方面，包括碳及温室气体排放、废物污染及管理政策、能源使用/消费、自然资源使用和管理政策、生物多样性、合规性、员工环境意识、绿色采购政策、节能减排措施、环境成本核算、绿色技术等。

（2）社会方面，主要有性别及性别平衡政策、人权政策及违反情况、社团（或社区）健康安全、管理培训、劳动规范、产品责任、职业健康安全、产品质量、供应链责任管理、精准扶贫、公益慈善及其他等。

（3）治理方面，主要涉及公司治理、贪污受贿政策、反不公平竞争、风险管理、税收透明、公平的劳动实践、道德行为准则、合规性、董事会独立性及多样性、组织结构、投资者关系等。

可见，ESG理念及业绩衡量指标体系包括了企业在经营中需要考虑的多层次、多维度的因素，其中每个因素都含有明确的业绩衡量内容，如：上述环境方面中的环境政策，包括衡量、评估企业在生产过程中是否明确了对环境可能产生的影响，承担起了保护环境的责任，并据此制定相应的企业层面的保护政策；社会环境中的劳动规范，即指企业是否制定了各类员工制度规范，以及这些制度规范可能对员工带来的影响；治理方面的反不公平竞争，是指企业处理不同的机构或个人商业关系时，是否有违反道德或公平原则的潜在风险。

经典题解

【真题 37 · 多选题】美邦服装公司每年都采用投资回报率、销售利润率、资产周转率等比率指标对经营业绩进行衡量、评价。下列各项中，属于该公司采用的绩效来衡量、评价指标的局限性的有（ ）。（2019 年改编）

A. 鼓励短期行为

B. 比率在各个行业的理想标准不同并随着时间推移发生改变，这为不同行业或同一行业中不同企业的业绩比较带来困难

C. 比率不适合用作业绩目标

D. 信息获取存在困难

【解析】选项 A、B、D 属于使用比率来衡量、评价企业业绩的局限性。比率适合用作业绩目标，如投资报酬率、销售利润率、资产周转率等作为业绩目标，既简明又易于理解。选项 C 错误。

【答案】ABD

【真题 38 · 多选题】龙都钢铁公司每年都用投资报酬率、销售利润率、资产周转率等比率对经营绩效进行衡量、评价。下列各项中，属于该公司采用上述绩效衡量、评价指标的主要原因有（ ）。（2018 年改编）

A. 相对于实物数量或货币的绝对数值，比率对企业业绩的衡量更为适合

B. 比率提供了总结企业业绩和经营成果的工具、方法

C. 能够激励和控制对财务结果无任何责任的人员

D. 可以避免短期行为

【解析】选项 A、B 属于使用比率来衡量、评价企业业绩的主要原因。对于那些对财务结果无任何责任的人员，比率无法起到激励和控制作用，选项 C 错误；比率可能鼓励短期行为，选项 D 错误。

【答案】AB

【例题 39 · 多选题】中航信公司每年都采用财务和非财务指标对经营业绩进行评价。下列属于非财务衡量指标的有（ ）。

A. 员工周转率

B. 每个员工的培训时间

C. 客户等待时间

D. 应收账款周转期

【解析】选项 A、B 属于反映人力资源方面的非财务衡量指标；选项 C 属于反映服务方面的非财务衡量指标；选项 D 属于财务衡量指标。

【答案】ABC

（三）平衡计分卡的企业业绩衡量

平衡计分卡是一种打破了传统的单一使用财务指标衡量业绩的全新的组织绩效管理方法。在财务指标的基础上加入了未来驱动因素，即客户因素、内部经营管理过程和员工的学习成长，在公司战略规划与执行管理方面发挥着非常重要的作用。

平衡计分卡实现了财务指标和非财务指标的平衡；企业的长期目标（如创新与学习指标的内容）和短期目标（如财务指标的内容）的平衡；结果性指标（如财务指标的内容）与动因性指标（如内部流程指标、创新与学习指标的内容）之间的平衡；企业内部利益相关者（员工）与外部利益相关者（股东、客户）的平衡；领先指标即预期性指标与滞后指标即结果性指标之间的平衡。因此，它能反映企业组织综合经营状况，使业绩评价趋于平衡和完善，有利于组织长期可持续发展。

平衡计分卡主要从财务角度、顾客角度、内部流程角度和创新与学习角度分别进行衡量。

1. 财务角度

重点关注	能够显示企业战略及其实施对提高企业盈利能力和股东价值做出的贡献
主要衡量指标	主要有营业收入、销售增长率、利润增长率、资产回报率、股东回报率、现金流量、经济增加值等。前面在“企业业绩衡量”中阐述的“财务衡量指标”，都可作为平衡计分卡财务指标内容的选取对象

2. 顾客角度

重点关注	用来衡量和反映企业在满足顾客需求、提高顾客价值方面的业绩
主要衡量指标	主要有顾客满意度、顾客投诉率、投诉解决率、准时交货率、市场份额、客户保留率、新客户开发率、客户收益率等

要点小贴士

新客户开发率 =（本期客户数量 − 上期客户数量）/ 上期客户数量
开发新客户的能力是企业提高市场份额的关键。

3. 内部流程角度

重点关注	用于衡量和确认企业在哪些业务流程上表现优异，需要加强或改进哪些业务流程才能保证战略落地
主要衡量指标	主要有数字化信息系统覆盖率、计划准确率、设备利用率、订单准时交付率、采购成本和周期、项目进度及完成率、废物减排及利用率、安全事故率、接待客户的时间和次数、对客户诉求的反应时间以及员工建议采纳率和员工收入等

要点小贴士

员工收入是指员工实现的人均销售收入，人均销售收入越高，代表着员工为企业创造的财富与价值越多，反映内部流程的人均产值效率越高。

4. 创新与学习角度

重点关注	衡量和体现企业在人力资源管理以及建设创新型、学习型组织和文化方面的业绩
主要衡量指标	主要有研发费用占销售额的比例、新产品销售额占总销售额的比例、专利等级和数量、数字化技术采用率、员工流动率、员工培训费用及次数、员工满意度等

【提示】平衡计分卡四个指标的目标内容之间相互交叉。如销售增长率既可作为一项财务指标，也可纳入客户指标；数字化信息系统覆盖率可同时列入内部流程指标和创新与学习指标。

经典题解

【真题 40 · 多选题】东亚建筑公司采用平衡计分卡衡量公司业绩，并选取了利润增长率、订单准时交付率、市场份额、顾客满意度等作为绩效衡量标准。该公司选取的上述指标涵盖的平衡计分卡角度有（　　）。（2019 年改编）

A. 创新与学习角度　　B. 财务角度

C. 顾客角度　　D. 内部流程角度

【解析】利润增长率属于财务角度；订单准时交付率属于内部流程角度；市场份额和顾客满意度属于顾客角度。因此，选项 B、C、D 正确。

【答案】BCD

【真题 41 · 多选题】研发、生产治疗糖尿病药品的仁康公司采用平衡计分卡进行绩效管理。下列选项中，属于该公司的平衡计分卡从内部流程角度包括的内容有（　　）。（2018 年改编）

A. 员工满意度　　B. 新药品销售额占总销售额的比例

C. 员工收入　　D. 废物减排及利用率

【解析】选项 A、B 属于创新与学习角度；选项 C、D 属于内部流程角度。

【答案】CD

【真题 42 · 多选题】顺通公司是一家快递公司，2016 年，顺通公司开始使用平衡计分卡衡量公司业绩，并选取了数字化信息系统覆盖率、销售增长率等指标作为业绩衡量指标。上述指标涵盖的角度有（　　）。（2017 年改编）

A. 创新与学习角度　　B. 顾客角度

C. 内部流程角度　　D. 财务角度

【解析】数字化信息系统覆盖率属于内部流程指标和创新与学习指标，选项 A、C 正确；销售增长率属于财务指标和顾客指标，选项 B、D 正确。

【答案】ABCD

第四节　公司战略与数字化技术

使用“会计云课堂”App 或“微信”扫码查看本节视频，快速 GET 知识点。

一、数字化技术应用领域 ★

数字经济作为一种新的经济型态，是以云计算、大数据、人工智能、物联网、区块链、移动互联网等信息通信技术为载体，基于信息通信技术的创新与融合来驱动社会生产方式的改变和生产效率的提升。

数字化技术就是通过利用电子计算机软硬件、周边设备、协议、网络和通信技术，实现信息离散化表述、定量、感知、传递、存储、处理、控制、联网的集成技术。下表是其具体的应用领域介绍。

（一）大数据

大数据的主要特征为大量性、多样性、高速性、价值性。

【提示】价值性是指海量数据中真正有价值的数据占比非常低，即价值密度低。

（二）人工智能

人工智能是自然科学和社会科学的交叉学科，它企图了解智能的实质，并生产出一种新的能以人类智能相似的方式作出反应的智能机器。

应用领域包括专家系统、博弈、定理证明、自然语言理解、图像理解和机器人等。

（三）移动互联网

移动互联网是将移动通信与互联网结为一体，让用户在使用手机、平板电脑或其他无线终端设备时，通过速率较高的移动网络，在移动状态下（如在地铁、公交车等）随时随地访问互联网，从而获取信息，使用商务、娱乐等各种网络服务。

（四）云计算

“云”实质上就是一个网络，狭义上讲，云计算就是一种提供资源的网络，使用者可以按需随时获取“云”上的资源。

此外，云计算主要包括基础设施级服务、平台级服务和软件级服务。

（五）物联网

物联网即“万物相连的互联网”，是在互联网基础上延伸和扩展的网络。它将各种信息传感设备与互联网结合起来形成一个巨大的网络，实现在任何时间、任何地点，人、机、物的互联互通。

（六）区块链

区块链是信息技术领域的术语。

从应用视角看，它是一个分布式的共享账本和数据库，存储于其中的数据或信息，具有“去中心化”“不可篡改”“全程留痕”“可以追溯”“公开透明”“集体维护”等特征。

基于上述特征，保证了区块链的“诚实”与“透明”，为区块链创造信任奠定了基础。

经典题解

【真题43·单选题】瑞安保险公司依托医疗大数据智能化管理系统，将来自保险机构、医院和药房的诸如疾病发病率、治疗效果和医疗费用等方面的大数据及时进行“提纯”和整合，对潜在目标客户进行精细化管理，从而实现对健康保费的有效控制。本案例主要体现的大数据特征是（　　）。（2019年）

A. 大量性　　B. 多样性　　C. 价值性　　D. 高速性

【解析】大数据的“价值性”特征是指大数据价值巨大，但价值密度低，即浪里淘沙，却又弥足珍贵。在本案例中，“提纯”这一关键词体现了大数据特征中的价值性，选项C正确。

【答案】C

二、数字化技术对公司战略的影响★★

（一）数字化技术对组织结构的影响

1. 组织结构向平台化转型

在数字经济时代，组织形态趋于柔性化、扁平化和网络化，并呈现出大平台、小前端的特征。未来的组织形态必须更敏捷地应对动态市场环境的变化。

通过建立以流程驱动为基本特征的扁平化动态组织，围绕为用户创造价值，以跨部门的业务流程梳理与优化为切入点，从横向上逐步打通部门壁垒，彻底改造因部门分割而产生的流程中断、分散等状态。

要点小贴士

平台型组织即企业将自己变成提供资源支持的平台，并通过开放的共享机制，赋予部门、员工相当的自主权，使其能够通过灵活的项目形式组织各类资源，形成产品、服务、解决方案，满足用户的各类个性化需求。

2. 构建传统与数字的融合结构

数字化技术构建传统与数字的融合结构是现阶段的核心变革举措。

一方面，融合结构中包含传统和新兴的两类人才、观念、技术、流程和传播渠道。在媒介融合战略的引导下，新兴的知识和理念在组织内部扩散，新生元素对传统元素会发挥强有力的引导和转化作用。

另一方面，如果从促进传统要素转型的角度而言，融合结构只是一种过渡性的结构，而非最终的形式。原因在于通过新兴的知识、观念、技术的引导与洗礼，无法适应数字内容生产和分发的人员、介质等要素需要被清除，从而使组织转向更加纯粹地适宜网络端，尤其是移动端的形态。

3. 以新型组织结构为主要形式

（1）团队结构。

含义	是以团队作为协调组织活动的主要方式
特征	①团队成员在动机、价值取向和目标追求上具有高度的一致性，要求成员既是全才又是专才 ②团队具有高度的自主性，对大多数操作性工作负全部责任 ③信息技术使得团队之间的沟通和组织对团队的有效监督成为可能

要点小贴士

团队，乃由一群不同背景、不同技能及不同知识的人员所组成，通常人数不多。

他们分别选自组织中的不同部门，那是他们各自的“家”。组成团队后，他们共同为某一特殊的任务而工作。

（2）虚拟组织。

含义	①是组织扁平化在企业之间的形式 ②是当市场出现新机遇时，具有不同资源与优势的企业为了共同开拓市场，共同对付其他的竞争者而组织、建立在信息网络基础上的共享技术与信息，分担费用，联合开发的、互利的企业联盟体
特征	①运用网络来联系人员、资产和创意，不受传统组织边界或地理位置的限制，制造产品，提供服务 ②通过组建虚拟企业，企业可以突破自身能力的限制，追求一种完全靠自身资源或能力难以达到的目标 ③这种结构的优点在于灵活性强，有利于很快地重组社会的资源，以适应市场的需要

【案例】阿里巴巴“淘工厂”是一个连接淘宝商家与生产工厂的平台，其运作模式是寻找工厂的淘宝商家，将生产需求（如订单件数、工期等需求）发布在“淘工厂”网络平台，供方工厂也可以将其有能力接单的产品类型、剩余产量发布在该平台，供需双方双向选择合作方。

“淘工厂”分享模式主要解决了商家短时订单的制造需求。其中，一方面解决了商家找生产工厂难的问题，另一方面通过分享工厂闲置生产线的模式，也提升了工厂的生产效率。“淘工厂”自2013年上线以来，目前已有1.5万多家工厂驻入平台，4万多家淘宝商家通过“淘工厂”平台找到了所需的生产制造工厂。

能量小贴士

天下无难事，只怕有心人；天下无易事，只怕粗心人。

（二）数字化技术对经营模式的影响

1. 互联网思维的影响

数字经济催生了互联网思维。

> 要点小贴士
>
> 互联网思维就是在（移动）互联网、大数据、云计算等科技不断发展的背景下，对市场、用户、产品、企业价值链乃至对整个商业生态进行重新审视的思考方式。

互联网思维颠覆了我们对传统企业经营的固有认知，我们需要对传统企业的战略、业务、运营及管理等各个层面重新审视。

依托数字技术，企业能以更好的产品和服务满足消费者的个性化需求，且价格更低、速度更快。

2. 多元化经营的影响

在数字技术的促进下，随着“互联网 + 流通”的快速发展，实体零售企业加快线上线下O2O全渠道布局，通过线上线下融合对全渠道范围零售要素（店铺、产品、服务、渠道、技术、营业模式、业态）进行重新整合，从而推动实体零售业态多元化发展。

3. 消费者参与的影响

借助大数据平台，消费者可以实现将历史数据和实时数据高度融合匹配，充分发挥主观能动性，为企业商业模式创新贡献个性化智慧。

消费者的深度参与使得商业模式创新更加开放，更加科学，也更加有效。

【案例】盒马鲜生是阿里的新零售一号工程，其创始人侯毅说，“盒马模式完全满足了新零售进化三大路径：线上线下融合（O2O）、零售 + 体验式消费、零售 + 产业生态链”。这不是连锁超市 +App，而是供应链重构、品类重构、服务重构后诞生的新一代零售业”。

（1）在体验端，盒马鲜生消费者到店，不仅能买到食品原材料、辅料和半成品，还可以将原材料进行加工，实现堂食，或者30分钟送货到家。因此，盒马鲜生就是重新定义的“家庭厨房”。

（2）在线上线下融合端，盒马鲜生比传统生鲜超市多了一个线上购物场景：盒马App。App通过打通支付宝的方式，实现了在线下实体店里顾客扫描每个商品的条形码即完成线上订购，半小时内送货上门的服务。

（3）在价值链控制端，实现了开店、采购、销售、配送全链路的自营。盒马鲜生，简单说是大型生鲜超市 + 餐饮 +O2O，是一种跨界融创模式。

（三）数字化技术对产品和服务的影响

1. 个性化

数字化时代，消费者的需求发生了显著变化，个性化成为消费者需求的重要特征。

消费者诉求已经由传统的价格、质量、实用等功能性诉求转向服务、社交、分享、沟通、参与等体验性诉求。

数字化时代提供了高效便捷的数据获取和分析工具，企业可以在消费者“留痕”的平台（社交平台、购物平台和搜索平台）上将零散的信息收集、加工、处理，充分提取消费者的偏好信息，发现消费者的隐性需求和个性化需求。

数字经济时代，互联网技术使得万物互联成为现实，消费者的信息获取能力大大增强，且参与成本变低、方式变多、难度变小，多样化、个性化需求表达成为可能，由此驱动企业产品理念向定制化、个性化和多样化转型。

2. 智能化

在数字化时代，产品的一个重要特征是智能化。

通过大量的传感器、处理器、存储器等电子元器件，智能产品实现了对使用数据的实时抓取，这些数据被企业用于分析消费者的使用行为，或者用于智能产品的自主学习，以便为消费者提供更好的使用体验；而配套的操作系统和应用软件，使得消费者能够在购买到产品后，自行完成最后的定制环节，从而可以按照个性化需求控制和使用智能化产品。

【案例】Google 的无人驾驶汽车，就能对周围环境进行智能处理。

3. 连接性

在数字化时代，产品的另一重要特征是不断增强的连接性。

通过智能产品之间的连接，将看似不相关的活动主体连接起来，能够创造出更多的商业机会。

【案例】智能化可穿戴设备的一项基本功能是帮助消费者了解身体的各项指标。因此，医院、医保、药企、健康顾问等医疗机构都可以通过可穿戴设备，与消费者构建直接的连接，为其提供定制化的服务；运动、餐饮领域的企业也可以利用这种连接为消费者提供运动和饮食方面的建议。

4. 生态化

通过依靠科技促进低碳化发展，实现数字化赋能生态发展。通过数字化赋能，提高效率、节约资源，实现降低能耗，加快重铸产业结构、生产方式、生活方式、空间格局。在这一过程中，消费者对于生态产品的需求能够迫使企业依靠科技创新实现生产技术的更新换代。

【案例】在交通物流、新能源汽车发展、智慧城市建设等方面，通过数字化赋能，能够提高效率、节约资源，实现降低能耗。

（四）数字化技术对业务流程的影响

传统的企业管理模式下的业务流程，非增值的环节比较多，信息传递较为缓慢，流程中各环节的关系混乱。特别是一个完整的业务流程被不同的职能部门分割开来，降低了流程的效率和效益。因此，企业只有对其流程进行改造与创新，才能在新的环境中得以生存与发展。

业务流程重组，简称重组，是通过对业务流程彻底地再设计而大幅度改善成本、质量、进度和服务效益，企业从而可以在市场上成为一名成功的竞争者的过程。数字化技术在重组业务流程中起到了重要的作用。

经典题解

【真题44·单选题】斯威公司是一家休闲服装生产企业。近期该公司与其他具有不同资源与优势的企业建立了以信息网络为基础的企业联盟体，通过网络来联系设计创意、制作人员和资产设备，共同开拓市场，共享技术与信息，费用分担。从组织结构角度看，上述企业联盟体（　　）。（2021年）

A. 具有灵活性较差的局限性

B. 是组织扁平化在企业之间的形式

C. 是传统组织结构与新型组织结构的结合

D. 是以资金流管理为核心的组织形式

【解析】"近期该公司与其他具有不同资源与优势的企业建立了以信息网络为基础的企业联盟体，通过网络来联系设计创意、制作人员和资产设备，共同开拓市场，共享技术与信息，费用分担"表明该企业联盟体是虚拟组织，其是组织扁平化在企业之间的形式。

【答案】B

【真题45·多选题】天方出租汽车公司于2017年开始利用基于大数据的预测性分析系统，对其投入运营的10000多辆出租车进行数据收集与分析，实时检测这些车辆的行驶车况，以便及时地进行预防性维修，杜绝安全事故发生。天方出租汽车公司的上述做法所体现的数字化技术对产品和服务的影响有（　　）。（2021年改编）

A. 连接性　　B. 个性化　　C. 智能化　　D. 生态化

【解析】"利用基于大数据的预测性分析系统，对其投入运营的10000多辆出租车进行数据收集与分析，实时检测这些车辆的行驶车况，以便及时地进行预防性维修，杜绝安全事故发生"表明该公司的上述做法所体现的数字化技术对产品和服务的影响有连接性和智能化。

【答案】AC

三、数字化战略 ★★

（一）数字化战略的定义

数字化战略就是全面评估企业数字资产，制定持续改进计划并积极服务于企业业务增长目标的战略举措。

（二）数字化战略转型的主要方面

1. 技术变革

内涵	5G、工业互联网等新一代信息技术的发展促使企业对基础条件如网络、通信设备和原有系统等进行重构与变革，为企业的创新行为提供技术资源的支撑，加速企业产品与服务的创新，探索新的市场机遇		
转型内容	数字化基础设施建设	作用	是企业进行数字化转型的基石
		评价指标	主干网与互联网接口带宽、主干网网络覆盖率和数据安全措施应用率
	数字化研发	作用	是企业转型升级的主要动力
		评价指标	新产品产值率、R&D 投入强度和员工人均专利数
	数字化投入	作用	为推动企业数字化转型提供支持
		评价指标	数字化投入占比、数字化设备投入占比、数字化运维投入占比和数据安全投入占比

2. 组织变革

内涵	消费需求日益个性化，迫使企业利用数字化技术变革组织结构，以增强对市场的反应速度。同时，也需要员工之间加强直接沟通与信息获取，提高数字化技能与管理能力，进而拉动企业对数字化应用人才的需求		
转型内容	组织架构	作用	为企业组织架构带来重要变革
		评价指标	数字化部门领导者地位和企业管理层级数量
	数字化人才	作用	是推动企业数字化转型的关键要素之一
		评价指标	数字化人才比重、数字化技能员工覆盖率和初级数字化技能人才培训支出比

3. 管理变革

内涵	企业通过数字化转型打通生产与管理全流程的数据链，促进业务流程变革、生产变革和财务变革，提高产品质量和生产效率		
转型内容	业务数字化管理	作用	是企业数字化转型的重点之一
		评价指标	电子商务采购比率、数字化仓储物流设备占比、订单准时交付率以及数据可视化率
	生产数字化管理	作用	是企业数字化转型的关键
		评价指标	作业自动化编制及优化排程比例、与过程控制系统（PCS）或生产执行系统（MES）直接相连的数字化设备占比、数字化检测设备占比和在线设备管理与运维比例
	财务数字化管理	作用	为企业数字化转型提供保障
		评价指标	ERP 系统覆盖率、资金周转率和库存资金占有率

转型内容	营销数字化管理	①凭借多种数字化媒介，企业可以整合不同渠道为客户提供线上和线下全面的无缝式体验，打造全渠道营销的服务模式 ②通过大数据技术对海量客户信息进行挖掘和利用，将结果数据转化为改进营销方式的切入点，有利于企业实现精准营销 ③在数字化客户管理的基础上，通过大数据分析实现精准营销、内容营销、数字化的客户生命周期管理等

经典题解

【真题46·单选题】传统汽车制造企业华阳公司实施数字化战略转型，提高电子商务采购金额与总采购金额的比例以及ERP系统的覆盖率。根据上述情况，属于华阳公司数字化转型主要方面的是（　　）。（2021年）

A. 组织变革　　　　B. 流程变革

C. 技术变革　　　　D. 管理变革

【解析】"电子商务采购金额与总采购金额的比例"属于反映业务数字化管理变革的指标；"ERP系统的覆盖率"属于反映财务数字化管理变革的指标。

【答案】D

四、数字化战略转型的困难和任务★★

（一）公司数字化战略转型面临的困难

1. 网络安全与个人信息保护问题

网络对公司数字化转型起着重要作用但也存在安全问题：数据在云化以后，数据集中化程度不高，造成数据安全性得不到保障，数据非法访问风险加剧。

2. 数据容量问题

公司数字化转型中数据飞速剧增，传统的普通计算机已经无法容纳海量的数据。与此同时，对后台运行、终端处理技术也提出了更高的要求。

3. "数据孤岛"问题

开发时间与部门的差异，导致异构以及多个软硬件平台的信息系统同时运行，但这些系统数据相互独立、隔离，无法实现数据共享，由此产生了"数据孤岛"。

4. 核心数字技术问题

公司数字化转型面临成本较高、核心数字技术供给不足等问题，也缺乏有能力承担集战略咨询、架构设计、数据运营等关键任务于一体，且能够实施"总包"的第三方服务商。

5. 技术伦理与道德问题

科技的进步让很多不可能的事情变成了现实，但同时，也要警惕可能会开启潘多拉的盒子。这取决于使用者的主观态度，用好了就能造福人类，用不好就会给人类社会带来灾难性冲击，科技本身没有错，错的是使用的人。比如，最近广受关注的"代孕弃养"，代孕需要一定的科学技术作为支持，并且这直接涉及人类后代的延续，像这样的技术，我们一定要慎之又慎。我们相信，一开始研究遗传的生物学家，不会想到克隆和代孕这件事。只不过当技术能够提供支持，在利益杠杆的驱动下，有人开始尝试并逐渐形成一条灰色产业链，当时机成熟，它就可以正大光明地走出来。

（二）公司数字化战略转型的主要任务

1. 构建数字化组织设计，转变经营管理模式

（1）制定数字化转型战略。由企业领导层亲自负责，制定企业级的数字化转型战略。

（2）建立数字化企业架构。推动企业传统架构向新一代数字化企业架构转变。

（3）推动数字化组织变革。建立数字化组织变革领导小组，调整组织架构，建立适应数字化转型的组织体系。

2. 加强核心技术攻关，夯实技术基础

建立公司数字化技术管理体系，对互联网、移动互联网、大数据、人工智能、区块链、云计算等各类技术进行统筹管理，融合企业内外技术团队的能力，建立一个开放式的技术开发应用生态，推动各项技术在企业数字化转型中的实时响应、有力支撑、高效应用。

3. 打破“数据孤岛”，打造企业数字化生态体系

围绕实现数据、技术、流程、组织四要素和有关活动的统筹协调、协同创新管理和动态优化，建立适宜的标准规范和治理机制，打破“数据孤岛”。

建立企业数字化生态体系和企业级数字生态服务平台，以开放共享的理念，连接企业客户和上下游合作伙伴、第三方服务商等各类主体，形成以企业价值创造为核心的全面开放、协同共生、共建共享的企业级数字化生态共同体。

4. 加快企业数字文化建设

建立企业数字化转型的文化氛围，让数字化转型深入人心，成为企业的主流文化。

5. 利用新兴技术，提升公司网络安全水平

在云计算、虚拟化和移动计算技术的应用下，利用支持架构和技术控制来进行安全监控，提供可用于增强服务质量和性能指标的数据。

6. 重视数字伦理，提升数字素养

所谓数字伦理，是指立足以人为本，在数字技术的开发、利用和管理等方面应该遵循的要求和准则，涉及数字化时代人与人之间、个人和社会之间的行为规范。

比如，在社会层面，如何弥补“数字鸿沟”，让数字技术的发展更加公平、可持续；在企业层面，怎样避免技术滥用、不当采集用户数据，以正向社会价值创造为目标；在个人层面，应该怎样区分现实与虚拟，化解网络成瘾、短视频沉迷等困扰，解决注意力缺失、知识碎片化等问题。

一方面，对那些明显不正当的企业行为和严重的侵权行为，相关部门应当加强监管，比如最近对平台垄断、侵害用户权益等行为开展治理。另一方面，应通过价值观、伦理规范等柔性调节，促使社会、企业和个人等多元主体更加重视数字伦理，提升数字素养，实现数字化时代的协同治理，从而迈向更加美好的数字生活。

考试加油站

一、本章小结

下载“会计云课堂”App 学习

您已成功完成“第四章”的学习，本章共 13 个考点，您都学会了吗?

为了让您对章节有更清晰的理解，加倍巩固。本书作者田明老师将通过**“视频导图课”**的方式，带您回顾重要考点。

名师点拨，视听结合，高效提分。

※ 欢迎您扫码，免费观看学习。

二、本章疑难问题解答

1. 对职能制组织结构中“难以确定各项产品产生的盈亏”的理解

答： 在完全成本法（这里的完全成本属于广义的成本概念，不能等同于财务会计、成本管理中所讲的完全成本，还包括管理费用、销售费用等期间费用）下，产品成本中包括应分配的各职能支持部门（如研发部门、营销部门等）发生的间接成本，而这些职能支持部门的间接成本的分配难以做到科学合理。因此，在职能制组织结构下难以确定各项产品产生的盈亏。

2. 对跨国结构的理解

答： 跨国结构最具代表性的是全球性矩阵制组织结构。它赋予职能、地区和产品三个维度中的两维甚至三维同等的权力，对公司的全部业务进行纵横交叉甚至立体式的控制与管理，使得每个子公司都同时接受来自两个甚至三个部门的领导。该结构代表着跨国公司同时追求当地反应能力、全球规模经济、全球知识开发与传播等目标。

ABB 是从事电力和自动化技术业务的跨国公司，其组织按照两维结构设计，一维是按照地理区域在全球设立 100 多个不同国家的经理，负责所在国家和地区的产品和业务；另一维是按照产品（业务）专业化原则设立五大产品（业务）运营中心（电力产品部、电力系统部、离散自动化与运动控制部、低压产品部和过程自动化部），它们服务于全球客户需求。

ABB 大力推行一种两条指挥链的组织结构，使子公司同时接受所在国经理和所属产品（业务）经理的双重领导。这种组织结构有利于一个国家经理利用其它国家的技术。

比如，一个领导 ABB 美国业务和离散自动化与运动控制部的经理，使用 ABB 瑞士公司开发的技术服务于美国公司的汽轮机制造，或者使用 ABB 欧洲地区的技术将在美国的核反应堆转换为沼气发电厂。ABB 经营的核心是实现技术和产品的共享，优化内部资源配置，提高整体绩效。由上可见，ABB 公司的组织结构属于跨国结构。

历年经典主观题回顾

使用“会计云课堂”App 或“微信”扫码快速做题、对答案、
看解析、掌握解题思路，开启轻松过关之旅。

简答题

2015 年成立的盟塑公司是国内一家工业电子商务服务平台，相对于国内综合性 B2B（企业与企业之间交易）电商平台，盟塑公司专注于塑化行业，围绕塑化原材料贸易，运用数字化技术，为采购商和供应商提供专业的塑化材料采购和配套的供应链服务。具体运营模式如下：

（1）建立塑化原材料上下游对接通道。针对塑化原料贸易信息不透明、交易流程长、效率低下等关键行业痛点，盟塑平台提供大量供应商的信息数据，采购商通过专业搜索可以拿到大品牌厂家的直供原料，满足其专业化采购的需求；上游企业也因此获得大量消费者、提高了毛利、打造了品牌。

（2）整合关联服务方，提供一站式互联网服务。针对塑化原材料贸易双方对于仓储公司、物流公司以及金融机构等关联服务方的需求问题，盟塑平台将这些关联服务方整合进来，贸易双方不需要再费时费力地去跟各个环节打交道，大大降低了贸易成本。而对于关联服务方而言，也因此增加了客源，并能通过盟塑平台积累的大量用户的数据，增加对用户信用的了解，降低了经营风险。

（3）引入 C 端（消费者）参与贸易服务。盟塑平台引入包括行业的采购师、分销人员、司机车主等个人提供对应的贸易服务，有资源的其他消费者也能通过盟塑平台参与贸易服务，从而加速塑化产业的货物流通和货款流通，解决成本高企、效率低下的难题。

2019 年，盟塑公司荣获“中国 B2B 电子商务平台 50 强”称号。

要求：

（1）简要分析盟塑公司建立工业电子商务服务平台所依据的产业市场细分的变量；

（2）简要分析盟塑公司是如何运用价值链分析构筑自身竞争优势的；

（3）简要分析盟塑电子商务平台的运营模式所体现的数字技术对企业经营模式的影响。（2021 年）

历年经典主观题参考答案及解析

使用“会计云课堂”App 或“微信”扫码对答案、看解析、掌握解题思路，开启轻松过关之旅。

简答题

【答案】

（1）盟塑公司建立工业电子商务服务平台所依据的产业市场细分的变量是“用户的行业类别”。“相对于国内综合性 B2B（企业与企业之间交易）电商平台，盟塑公司专注于塑化行业，围绕塑化原材料贸易，运用数字化技术，为采购商和供应商提供专业的塑化材料采购和配套的供应链服务”。

（2）盟塑公司运用价值链分析构筑其竞争优势体现如下：

①确认那些支持企业竞争优势的关键性活动。“针对塑化原料贸易信息不透明、交易流程长、效率低下等关键行业痛点”。

②明确价值链内各种活动之间的联系。“盟塑平台提供大量供应商的信息数据，采购商通过专业搜索可以拿到大品牌厂家的直供原料，满足其专业化采购的需求；上游企业也因此获得大量消费者、提高了毛利、打造了品牌”。

③明确价值系统内各项价值活动之间的联系。“整合关联服务方，提供一站式互联网服务。针对塑化原材料贸易双方对于仓储公司、物流公司以及金融机构等关联服务方的需求问题，盟塑平台将这些关联服务方整合进来，贸易双方不需要再费时费力地去跟各个环节打交道，大大降低了贸易成本。而对于关联服务方而言，也因此增加了客源，并能通过盟塑平台积累的大量用户的数据，增加对用户信用的了解，降低了经营风险”。

（3）盟塑电子商务平台的运营模式所体现的数字技术对企业经营模式的影响如下：

①互联网思维的影响。“围绕塑化原材料贸易，运用数字化技术，为采购商和供应商提供专业的塑化材料采购和配套的供应链服务”“建立塑化原材料上下游对接通道”“整合关联服务方，提供一站式互联网服务”“引入 C 端（消费者）参与贸易服务”。

②多元化经营的影响。“整合关联服务方，提供一站式互联网服务。针对塑化原材料贸易双方对于仓储公司、物流公司以及金融机构等关联服务方的需求问题，盟塑平台将这些关联服务方整合进来，贸易双方不需要再费时费力地去跟各个环节打交道，大大降低了贸易成本。而对于关联服务方而言，也因此增加了客源，并能通过盟塑平台积累的大量用户的数据，增加对用户信用的了解，降低了经营风险”。

③消费者参与的影响。“引入 C 端（消费者）参与贸易服务。盟塑平台引入包括行业的采购师、分销人员、司机车主等个人提供对应的贸易服务，有资源的其他消费者也能通过盟塑平台参与贸易服务，从而加速塑化产业的货物流通和货款流通，解决成本高企、效率低下的难题”。

同步强化练习题

使用“会计云课堂”App或“微信”扫码快速做题、对答案、看解析、掌握解题思路，开启轻松过关之旅。

一、单项选择题

1. 甲公司是一家集团企业，一直采用增量预算的方式进行管理。2021年下半年，该公司通过并购将一家肉联厂纳入公司旗下，并进行重组。在编制2022年预算时，为了促进更为有效的资源分配，甲公司要求该肉联厂以零为基点编制预算。根据上述信息判断，该肉联厂2022年应编制的预算类型是（　　）。
A. 零基预算　　B. 增量预算
C. 滚动预算　　D. 责任预算

2. ofo小黄车是一家领先的共享单车企业。自2015年启动以来，在创始人戴威的领导下，ofo小黄车稳居共享单车的头把交椅，成为了“国家名片”。随着时间的发展，市场对ofo小黄车盈利能力的怀疑日渐加深，ofo小黄车的运营陷入困境。截至2018年年底，ofo小黄车已被多家法院认定为被执行人。根据战略失效理论，ofo小黄车最终陷入困境属于（　　）。
A. 早期失效　　B. 正常失效
C. 偶然失效　　D. 晚期失效

3. 王先生在20世纪80年代创办了鹿城儿童玩具厂。该玩具厂秉承以血缘关系或者族人的价值观为核心的家族文化，在玩具厂创业初期有过许多积极的意义。但后来王先生独断专行，盲目投资矿产，导致资金链条断裂，鹿城儿童玩具厂在2009年突然“坍塌”。根据上述信息可以判断，鹿城儿童玩具厂的企业文化类型属于（　　）。
A. 人员导向型　　B. 任务导向型
C. 权力导向型　　D. 角色导向型

4. 华海建筑公司设有集团财务部、设计部、规划部、工程部、物资部、行政部这6个主要部门。当公司承接一个建设项目时，由财务部、设计部、规划部、工程部、物资部、行政部各抽调人员组成项目小组进行项目开发和实施。华海建筑公司所采取的组织结构为（　　）。
A. M型组织结构
B. 职能制组织结构
C. 矩阵制组织结构
D. 事业部制组织结构

5. 甲企业是一家处于成长期的健身公司，地处高校密集的大学城。公司实行会员制，顾客主要通过电话和网络预约方式来门店进行健身。甲企业决定采用平衡计分卡进行绩效管理，下列属于从顾客角度考虑的是（　　）。
A. 数字化技术采用率
B. 顾客续卡率
C. 健身器材的维护
D. 员工流动率

6. GA足球俱乐部是国内最成功的足球俱乐部之一，在平时工作中，俱乐部非常强调球员的价值，并为球员提供最好的保障。GA 足球俱乐部的企业文化类型属于（　　）。

A. 人员导向型　　B. 任务导向型
C. 权力导向型　　D. 角色导向型

7. 北汽集团控股公司拥有多家各自独立经营的子公司，这些子公司可以自主做出战略决策。该公司的横向分工结构应为（　　）。

A. M 型组织结构
B. H 型结构
C. 矩阵制组织结构
D. 战略业务单位组织结构

8. 甲公司是研发音乐耳塞的企业。为保持自身地位，其近期面向舞台表演者和音乐发烧友推出的 3 款“入耳型”音乐耳塞产品，虽然外形并不时尚，但凭借着先进的音频技术和舒适的屏蔽感觉，得到了客户的认可，甲公司决定不断完善 3 款产品的制造工艺技术，降低产品成本并提高产品质量，从而能够继续保持这一部分耳塞市场份额。甲公司宜采取的组织战略类型为（　　）。

A. 开拓型战略组织
B. 防御型战略组织
C. 反应型战略组织
D. 分析型战略组织

9. U 国一家飞机制造公司，原有产品仅包括四种类型的直升机。四种直升机的差异化程度大，标准化程度低。在激烈的市场竞争下，这种生产方式不利于实现规模经济。为了赢得竞争优势，该公司决定大刀阔斧地对人员和部门进行调整组合。这样，通过内部调整，既有利于实现大批量生产，也能够满足市场的多样化需求，而且这一变革也深受公司人员的强烈追捧。根据战略稳定性和文化适应性矩阵的要求，该公司正确的做法是（　　）。

A. 以企业使命为基础
B. 加强协同作用
C. 重新制定战略
D. 根据文化进行管理

10. 甲公司是一家专注于高科技移动领域的互联网公司。该公司没有森严的等级制度，强调员工平等，崇尚创新，在处理多样化的问题时，鼓励员工跨部门合作，在工作中发挥自己的专长和创意，努力打造客户需要的产品。甲公司的企业文化类型属于（　　）。

A. 角色导向型　　B. 权力导向型
C. 任务导向型　　D. 人员导向型

11. LX 集团作为全球电脑市场的领导企业，决定不再固守分销模式，引入直销模式与戴尔抗衡。LX 集团新的营销模式调整为“直销 + 分销”的复合营销模式：对大客户拓展实行电话营销和客户营销（直销）模式，对于零售客户和中小企业客户，则加强渠道营销（分销）模式。对于多年合作的分销商们，LX 集团 CEO 一再强调：“未来我们的渠道分销模式依然是我们 IT 产品销售的主力军，甚至可以说 80% 以上的销售都依然会依赖于我们的渠道分销模式”。这一变革得到企业固有文化的支持。根据战略稳定性和文化适应性矩阵的要求，该公司在实施上述新战略时应（　　）。

A. 加强协同作用
B. 以企业使命为基础
C. 重新制定战略
D. 根据文化进行管理

12. G 公司是一家全球公认的业界领先的搜索技术公司。在日常工作中，该公司的员工始终秉承“工作应具有挑战性，而挑战可以带来乐趣”的理念，并将用户放在首位。而 G 公司也将自己的员工放在首位，重视团队的功绩，并为个人的成就而倍感自豪。上述都促成了公司的全面成功。G公司采取的组织协调机制是（ ）。
A. 直接指挥，直接控制
B. 工作过程标准化
C. 共同价值观
D. 工作成果标准化

13. 2020年12月，网上发布一篇题为《我被美团会员割了韭菜》的文章。该文章指出，美团外卖存在会员与非会员在同一送餐地址、同一外卖商户订餐，会员配送费高于非会员配送费的情况。以上信息表明，美团外卖在数字化战略转型方面面临的困难是（ ）。
A. 网络安全与个人信息保护问题
B. 数据容量问题
C. “数据孤岛”问题
D. 技术伦理与道德问题

二、多项选择题

1. 企业在实施一个新战略时，组织的要素会发生重大的变化，又多与企业现有的文化很不一致，或受到现有文化的抵制。为了处理这种重大的变革，企业可以从（ ）方面采取管理行动。
A. 企业的高层管理人员要痛下决心进行变革，并向全体员工讲明变革的意义
B. 巩固和加强企业文化
C. 将奖励的重点放在具有新文化意识的事业部或个人的身上
D. 设法让管理人员和员工明确新文化所需要的行为，形成一定的规范

2. 甲集团以电脑软件起家，立志要做“中国的蓝色巨人”。在还远远没长成“巨人”的时候，就开始投资生物工程以及房地产。由于摊子太大，公司资金链出现了断裂，最终使公司发展陷入停滞。根据上述信息可以判断，该公司战略失效的主要原因有（ ）。
A. 企业内部缺乏沟通
B. 战略实施所需的资源条件与现实的资源条件之间出现较大缺口
C. 用人不当，主管人员、作业人员不称职或玩忽职守
D. 公司管理者决策错误

3. 科技创新是企业发展的源动力，营销创新则是企业立足市场、棋行天下的锐利武器。格力电器营销模式常变常新，经历了市场和时间的严峻考验，它正焕发出越来越强大的生命力。创新的营销模式奠定了格力电器在行业内的领导地位，保证了格力不断跨越巅峰，从1995年开始，产销量、市场占有率、销售额连续10年居于行业前列。根据上述信息可以判断，格力电器采取的组织战略类型的特点包括（ ）。
A. 在不断求变当中可以减少环境动荡的影响
B. 技术和行政管理具有很大的灵活性
C. 常常采取“机械式”结构机制
D. 缺乏效率性，很难获得最大利润

4. 大福火锅店规定：10万元以下的开支，每个分店的店长就可以做主；普通的一线员工，拥有免单权，而且可以根据客人的需求，赠送水果盘。根据组织纵向分工结构集权与分权理论，大福火锅店这种组织方式的优点有（ ）。
A. 降低管理成本
B. 易于协调各职能间的决策
C. 提高企业对市场的反应能力
D. 能够对普通员工产生激励效应

5. 下列属于全球区域分部结构特点的有（ ）。
A. 使公司能够获得更高的当地反应能力和灵活性
B. 会加大生产和管理成本
C. 对其自治的子公司实施支配性的战略时会产生阻力和困难
D. 力求同时最大限度地提高效率、地区适应能力和组织学习能力

6. 建龙集团对各子公司实行预算管理，并一直要求各子公司使用实际业绩为预算编制基础。2021年年底，建龙集团完成了对黑龙江伊春西林钢铁100%股权的收购，并延续了西林钢铁的经营业务。建龙集团启动2022年度预算编审工作时，其子公司西林钢铁采用的预算编制方法的优点有（　　）。
A. 比较容易对预算进行协调
B. 鼓励企业管理层和部门经理根据环境变化进行创新
C. 有利于根据实际需要合理分配资金
D. 预算变动较小且循序渐进，为各个部门的经营活动提供了一个相对稳定的基础

7. 海底捞成立于1994年，是国内一家以经营川味火锅为主、融汇各地火锅特色为一体的大型直营餐饮品牌火锅店。为了提高企业竞争力，海底捞决定运用平衡计分卡衡量公司绩效，并选取了营业收入、采购成本和周期、客户回头率、员工学习培训力度等作为绩效衡量指标。海底捞选取的绩效衡量指标涵盖的角度有（　　）。
A. 财务角度
B. 内部流程角度
C. 创新与学习角度
D. 顾客角度

8. 甲公司是一家纺织产品生产企业。该公司通过乙公司提供的云计算平台将企业近期收集的大量信息进行分析，并从中挑选出“新产品产值率、数字化人才比重、订单准时交付率”指标作为此次企业价值链活动优化的重要评价依据。依据数字化战略转型的主要方面，上述指标涉及的方面有（　　）。
A. 战略变革　　B. 技术变革
C. 组织变革　　D. 管理变革

9. 凯蒂公司采用流动比率、资产负债率、存货周转期、净资产收益率等财务衡量、评价指标进行绩效评价。下列各项中，属于该公司上述做法的局限性的有（　　）。
A. 难以避免外部环境中某些因素的变化，造成不能客观、真实地衡量和反映企业业绩
B. 有时体现的是被扭曲的结果
C. 信息获取存在困难
D. 激励、控制的人员范围有限

10. TX平台通过规范产地编码规则、生产档案记录、产品包装标识可以建立马铃薯区块链溯源信息管理平台，让每一个马铃薯都拥有了独一无二的“身份证”，每个环节通过扫码可快速获取马铃薯从种植生产到市场流动的全生命阶段信息，如何时施肥、何时浇水等。截至目前，累计连接商品数量超150亿。根据上述信息判断，TX平台所体现的数字化技术对产品和服务的影响有（　　）。
A. 连接性　　B. 个性化
C. 智能化　　D. 生态化

11. 阳光电源成立于1997年，是一家专注于太阳能、风能、储能、电动汽车等新能源电源设备的研发、生产、销售和服务的国家重点高新技术企业。该公司自成立以来，积极参与社会公益事业，支持科技创新、教育、社区发展、防灾救灾等领域，以实际行动感谢并回馈社会的关爱与支持。同时，逐步建立科学的碳排放管理体系，争取于2028年前实现企业碳中和。阳光电源的上述做法所体现的ESG衡量方面有（　　）。
A. 环境方面　　B. 社会方面
C. 治理方面　　D. 经济方面

三、简答题

1. 甲公司是一家机床生产企业，成立于1995年。甲公司的主营业务为机床制造及其相关配件生产。2003年7月，公司在深交所上市。2018年，公司销售收入

增长了10倍。甲公司的发展主要涉及三次转折。

第一次转折：2006年，甲公司位于杭州的第一家旗舰店诞生。2010年，甲公司的旗舰店数量达到了50家，覆盖了全国主要区域性机床市场，减少了产品多地转移的环节，强化了市场端机床及配件的快速交付能力。

第二次转折：2012年，甲公司开始着手于商业模式上的创新，在企业信息化建设上持续发力，逐步实施ERP项目，优化企业各项价值活动，从而高效地提供顾客满意的产品，并且颠覆了原有机床企业的发展模式。同时，甲公司将低端业务外包，提高原有高端业务的市场份额，并推出多款新型高端数控机床。

第三次转折：2015年，万物互联的理念得到大多数企业的推崇。基于互联网技术的迅速发展，甲公司成功研制出A_1智能数控系统，并基于A_1智能数控系统，推出"A平台+云制造"智能网络，将设计、制造、服务、供应链、用户集成到云端，大大提高了企业的生产、研发、销售的效率，显著降低相关成本。该系统的推出，极大地推进了商业模式的创新。基于A_1智能数控系统，甲公司为供应链上的合作伙伴搭建了一个云平台，让商流、资金流和物流的交互均基于该平台，构建了开放的商业生态系统。消费者也可在此平台进行交流，对甲公司提出改进意见，极大提高了顾客对甲公司的满意程度。

要求：

（1）依据战略创新的类型，简要分析甲公司三次转折所涉及的战略创新类型；

（2）简要分析甲公司利用数字化技术对经营模式带来的影响。

2. 甲公司是一家手机制造商。2014年，甲公司决定通过乙公司互联网平台技术搭建以手机业务为中心的信息分享平台，以此来整合供应链、生产、销售、服务的各项数据。众多类型的企业发现其潜在优势后进驻该平台。在平台内，供应商可以及时了解下游企业的需求量，生产企业则可以根据销售数据对产品需求进行预测，及时调整产品结构。顾客也可以入驻该平台，在该平台提出自己的意见，生产企业便可以根据消费者的要求为其提供定制化的产品或服务。甲公司作为中心企业，为各个生产企业的产品提供技术支持，提升各个生产企业产品的智能化程度。

甲公司在此基础上提出"万物互联"的理念。通过技术手段，使得各种科技产品互通。以手机为中心的管控体系研发成功，通过手机即可控制大部分产品的使用。比如在进入房间之前，通过软件操控，提前将室内灯光以及空调开启等。该平台的发展为甲公司带来了更多的发展机遇，但同时也面临着一些问题。一方面，由于平台内企业和顾客数量越来越多，导致数据量暴增，如何储存并快速地对大量信息进行筛选、分析，成为目前甲公司亟待解决的难题。而且数据量暴增导致甲公司无法运用传统服务器来管理，需要借助云系统来管理，但是这种系统的安全性存在一定隐患。另一方面，由于甲公司的平台建设技术是由乙公司提供的，关键的核心技术并未掌握在甲公司手中，使用成本较高，且在某些方面无法满足平台内各企业的个性化需求，对甲公司的进一步发展有一定的制约作用。

如何妥善解决上述问题成为甲公司数字化转型的关键点。

要求：

（1）简要分析数字化技术对甲公司产品和服务的影响；

（2）简要分析甲公司在数字化战略转型中面临的困难。

四、综合题

资料一

LP 股份有限公司（以下简称“LP”）作为一家实体零售起家的休闲食品企业，深耕线下市场的同时，顺势拓展线上市场，通过服务商的介入，利用数字化技术完成单渠道、多渠道到全渠道的平台整合，优化自身供应链，提高了运营效率和用户体验，成为国内休闲食品行业数字化战略转型的佼佼者。

2006 年 8 月，LP 在 W 市开设了第一家线下门店。凭借着优质的产品和体验以及店铺网络的铺开，LP 在 W 市的品牌知名度与口碑得以不断提升，市场区域也逐渐扩大。

然而线上消费的兴起不仅增加了人们的购买渠道，而且也改变着人们的消费习惯。面对加速变化中的外部环境，LP 意识到仅靠传统线下门店作为销售渠道不足以支撑企业的快速和可持续发展。为此，LP 开始了持续的渠道变革。LP 的渠道变革之路可以分为两个阶段。第一阶段是完善线上渠道模式，积极开展电商业务，并着手布局数字化基础设施建设；第二阶段是数字化赋能线上线下渠道融合，提升消费者的购买体验。

资料二

加盟模式推动线下渠道快速发展。LP 的加盟模式一方面确保了消费者在加盟店仍然拥有一致的体验；另一方面也使得企业能够以低成本的方式迅速进入华东、西南、华南等新市场。LP 的加盟店数量迅速增长，从 2015 年年初的 522 家增长到 2016 年年末的 1263 家，加盟店的收入占线下收入的比例也从 2015 年的 36.99% 提高至 2016 年的 63.72%。

抓住市场机遇构建线上渠道，培养电商能力。LP 敏锐地捕捉到电商平台将是未来休闲零食行业中重要的销售渠道之一，于 2010 年设立一个独立于门店业务系统的电商业务团队，开始研究互联网环境下消费者的购买习惯和电商的商业模式，跟踪休闲零食行业电商业务的发展变化，规划 LP 如何借助电商平台向消费者传递价值等核心问题。2012 年，LP 正式进入主流电商平台开展线上业务。在电商业务发展的过程中，LP 不断通过赋予电商团队自主性、培养甄别消费者需求的能力、完善爆品打造流程以及建立内容营销体系等举措使得电商业务在激烈的竞争环境中得以存活和发展。线上业务的收入从 2015 年的 8.25 亿元增长到 2016 年的 14.25 亿元，线上业务占比也从 2015 年的 26.53% 增长至 2016 年的 33.69%。LP 不断沉淀和构筑的电商能力为下一阶段的渠道融合转型提供了助力。

启动信息化建设，构筑数字化能力的基础。为了保证门店在商品、价格和订单上的统一管理，2008 年 LP 上线了门店信息化管理系统。2009 年和 2011 年又分别上线了仓库信息化管理系统和物流信息化系统，使得门店补货订单得以在 4 小时内响应并使得货品能够最大效率地配送到门店。2012 年开展电商业务后，为了提升订单的快速响应能力和优化企业业务流程，LP 通过战略性合作引入 SAP 系统。

资料三

随着互联网技术的发展，消费者完成购买的平台也越来越多样，通过数字媒体向消费者传递信息，并在消费者决策中的作用也越来越大。因此，LP 布局更为广泛的线上销售网络，着手打造基于“平台电商 + 社交电商 + 自营 App 渠道”三位一体的全方位运营网络。LP 不仅在消费者热门的社交网站（微博、小红书等）、短视频（抖音、快手等）围绕 KOL（意见领袖）建立口碑，构建多样化的消费场景，向消费者传递品牌故事、价值和原创性内容，而且 LP 也开始探索在直播

（淘宝直播、抖音直播等）领域围绕网络主播与红人进行“带货”，提高品牌知名度与产品销量，以实现多线触达消费者，搭建全方位运营网络。

LP采取门店先行，打造O2O融合的新零售布局。为了打造LP的高端零食品牌形象，LP从数量和质量两个方面推动线下门店的发展。在数量方面，截至2019年年末，LP在全国共有2416家终端门店，覆盖从社区到核心商圈的目标消费群。在质量方面，为了不断保持和优化消费者的体验，LP对门店体系进行了升级改造。2019年上半年，LP推出了全新的五代店。五代店布局在购物中心，从设计理念上更加倾向于高端、专业、简约、商业的风格，打造一个具有沉浸式消费体验氛围的“零食图书馆”。同时，门店业务还将自营App、小程序以及外卖纳入管理范围内，围绕终端门店率先进行O2O融合，提升门店的数字化能力以及单店盈利能力。LP还将门店与美团、饿了么等本地生活平台打通，接入外卖、找美食等消费场景，实现“线上下单快速送达”“线上下单门店取货”等多样的交易方式，将终端门店在线化，进一步提高了门店的收入和黏住消费者的能力。不仅如此，LP在门店也开始试行与主流线上渠道的融合。2019年，LP在S市的门店借助阿里巴巴的数字化工具试点进行线上线下全方位融合的“智能店铺”升级项目。这个项目使得消费者能够体验到更为便捷与丰富的消费场景：只要在手淘上搜索LP，不仅能够体验到线上旗舰店的服务，还能在门店与外卖服务之间进行选择，实现了真正意义上的跨渠道融合。

建立渠道间统一的会员运营平台。2019年年初，LP与数字化服务商Y科技公司合作，开发打通线下线上会员体系的LP会员中台，建立属于自己的用户“蓄水池”，积蓄私域流量。LP基于会员中台将现有自营渠道（平台电商、门店、App、小程序等）的用户特征、行为数据进行匹配融合，形成自己的数字资产。

构建数据驱动的产品开发能力。LP会员中台的客户数据资产有助于提升其产品开发能力。一方面，基于消费者大数据的分析，LP能够针对不同消费群、不同生活状况、不同场景的用户需求进行产品的规划与研发。例如，LP通过对多渠道的用户评论数据进行分析，发现消费者对孕妇零食和下午茶场景有需求，从而研发了针对孕妇群体和下午茶场景的产品。另一方面，由于消费者追求有质量保证、吃起来更加安全放心的食品，LP通过数字化手段不断提升品质把控水平，对食品安全指标进行更加严格的把控。2018年，LP从J国和U国分别引进电子舌设备和质检仪器，对产品的味觉指标等产品质量指标进行标准化检测，不断优化产品口感。同时，LP还搭建了基于产品全流程、全链条的质量信息管理平台，对生产、仓储、物流各个过程中的各个环节进行数据提取和实时监控，实现产品生命周期的数据化和透明化，致力打造“高品质、高颜值、高体验、高价格”的高端零食产品。

在产品规划方面，一方面，供应链端的商品规划团队与各个渠道负责团队之间进行及时沟通，共同组建产品规划小组；另一方面，供应链充分利用LP拥有的数据资产，根据消费者的浏览、消费数据进行偏好甄别，有针对性地对产品进行精准规划。

在产品生产方面，由于市场环境的波动性带来销量的不确定。例如，电商或门店促销使得销量激增，这给供应链的生产（数量、质量和交货期）带来了极大的挑战。因此，LP的供应链不仅需要甄别具有高产能、高质量的供应商，更加需要通过自身对于数据资源的应用赋能供应商，为供应商提供精确的需求信息的同时，提高供应商的产能与产品质量。在与供应商的业务协同中，LP 通过搭建 B/S 系统将供应商的生产计划、质量管理、财务对账和送货仓储等业务进行数据化管理，提高协同效率。

在物流方面，由于食品对于新鲜度有特殊要求，因此需要 LP 能够对订单进行快速响应。2017 年，LP 就建立了三级响应的仓储体系：中心仓、区域仓和门店，分别针对不同的渠道（线上线下）进行发货。但随着渠道间融合对于消费者体验的要求不断提升，渠道之间的仓储物流也需要更快地响应。因此，LP 通过建立立体库和启用自动化分拣系统，构建了高效的物流网络，在订单高峰期能够达到 15 万 ~20 万日订单发货量，实现快速响应。

近年来，LP 已实现包括供应链、渠道、商品、营销及客户在内的产业全链路数字化，数字化转型助力 LP 业务增长迅速。2015 年至 2017 年，LP 主营业务收入从 31.49 亿元上升到 54.24 亿元，年均复合增长率达 31.24%；2018 年上半年，营业收入达到 30.35 亿元，净利润 1.13 亿元。同时还完善了自身的库存计划机制，优化采购流程，提升供应链协作效率，降低库存成本，促进资金利用效率提升。

资料四

LP 数字化运营的经验可以从互联网思维塑造、组织结构调整、引导员工参与以及服务商助力四个角度分别展开说明。

数字化转型，首先是思维的转变，尤其是企业管理者思维的转变。LP 从 2013 年起就开始培养所有管理人员的互联网化思维。创始人每年亲自带队，拜访考察了数十家各领域最优秀的企业。LP 还有意识的将相关管理人员在不同岗位学习，组织培训；鼓励电商部门和门店业务的员工相互交流，同时在实践中强化员工对于业务的理解。

数字化转型同样要求组织构架的调整。企业层级的冗长常常使得决策效率降低。为了适应互联网“短、平、快”的思维特点，LP 将组织构架调整为市场经营层、资源能力层和规划策略层；并在 2016 年内部试推行“小组制”经营，将分公司管理层级取消，直接建立总部和最小经营单元的联接，建立了敏捷精干的内部响应机制。

LP 在数字化转型时，更加善于引导员工参与企业数字化过程。LP 在开始尝试时，并不是让网络订单直接扔给门店，而是让门店先和“饿了么”等在线订餐平台合作，当店员熟悉并体会到电商会给门店带来销售以后，就会主动学习电商后台系统，配合公司全渠道战略落地。

数字化转型也离不开借助外力。LP 在向数字转型时实行的策略：单渠道—多渠道—全渠道。2015 年 9 月，LP 和 IBM、SAP 达成合作。LP 投入了 5000 多万元用来开发后台系统，通过 IBM 来帮助 LP 打通前中后台，整合 10 多个系统，33 个线上平台，实现全渠道会员管理。2016 年 8 月，LP 又与 IBM 进一步合作，基于已成功搭建的全渠道平台，聚焦优势业务领域，制定了产品差异化、围绕用户做品牌、全渠道数字化运营、平台化组织运行的四大发展战略。

要求：

（1）简要分析 LP 涉及的战略创新的类型；

（2）简要分析 LP 的企业能力；

（3）简要分析 LP 所实施的密集型战略类型以及实施发展战略所采用的途径；

（4）依据市场营销组合四个要素，简要分析 LP 的市场营销组合策略；

（5）简要分析 LP 的研发类型和动力来源；

（6）简要分析数字化技术对 LP 的组织结构和经营模式的影响；

（7）简要分析 LP 数字化战略转型的主要方面。

同步强化练习题参考答案及解析

使用“会计云课堂”App 或“微信”扫码对答案、看解析、掌握解题思路，开启轻松过关之旅。

一、单项选择题

1.【答案】A

【解析】在战略教材中，预算通常有增量预算和零基预算两种类型。“为了促进更为有效的资源分配，甲公司要求该肉联厂以零为基点编制预算”表明在编制 2022 年预算时，该肉联厂应编制零基预算。

2.【答案】D

【解析】ofo 小黄车是在成功运营了较长一段时间之后，由于市场对其盈利能力的怀疑日渐加深，现实市场情况与其之前对市场的预测之间的差距越来越大，从而导致的战略失效。因此，属于晚期失效。

3.【答案】C

【解析】“该玩具厂秉承以血缘关系或者族人的价值观为核心的家族文化”“独断专行”表明鹿城儿童玩具厂的企业文化类型属于权力导向型文化。

4.【答案】C

【解析】矩阵制组织结构在职能和产品或项目之间起到了联系的作用，员工拥有两个直接上级，其中一名上级负责产品或服务，而另一名负责职能活动。“当公司承接一个建设项目时，由财务部、设计部、规划部、工程部、物资部、行政部各抽调人员组成项目小组进行项目开发和实施”表明华海建筑公司所采取的组织结构为矩阵制组织结构，选项 C 正确。

5.【答案】B

【解析】选项 A、D 属于创新与学习角度；选项 B 属于顾客角度；选项 C 属于内部流程角度。

6.【答案】A

【解析】“俱乐部非常强调球员的价值，并为球员提供最好的保障”表明 GA 足球俱乐部的企业文化类型属于人员导向型文化。

7.【答案】B

【解析】控股企业 / 控股集团组织结构（H 型结构）是一种多个法人实体集合的母子体制，母子之间主要靠产权纽带来连接。这种结构使各子公司保持了较大的独立性。因此，选项 B 正确。

8.【答案】B

【解析】通过“为保持自身地位，其近期面向舞台表演者和音乐发烧友推出的 3 款‘入耳型’音乐耳塞产品……决定不断完善 3 款产品的制造工艺技术……能够继续保持这一部分耳塞市场份额”可以看出，甲公司对于近期推出的 3 款耳塞决定着眼于此、不断完善该产品，而最终目的也是能够继续保持这一部分耳塞市场份额，因此更侧重于防御型战略组织（从现有表述来看，并不侧重于在动态多变的环境中不断推出新品或追求新市场，故不属于开拓型战略组织），防御型战略组织主要是追求一种稳定的环境，保持稳定的市场份额。

9.【答案】A

【解析】“该公司决定大刀阔斧地对人员和部门进行调整组合”说明组织要素的变化多；“这一变革也深受公司人员的强烈追捧”说明与现有文化潜在一致性大。因此，应以企业使命为基础，选项A正确。

10.【答案】C

【解析】甲公司是一家高科技公司，“在处理多样化的问题时，鼓励员工跨部门合作，在工作中发挥自己的专长和创意”，这些都是任务导向型企业文化的特点，选项C正确。

11.【答案】A

【解析】“未来我们的渠道分销模式依然是我们IT产品销售的主力军，甚至可以说80%以上的销售都依然会依赖于我们的渠道分销模式”说明组织要素的变化少；“这一变革得到企业固有文化的支持”说明与现有文化潜在一致性大。因此，应加强协同作用，选项A正确。

12.【答案】C

【解析】共同价值观是指组织成员或群体成员分享同一价值观念，实现全员的价值共享。鉴于内部条件和外部环境都是在不断变化的，企业对内要及时调整，发挥创新精神、协同效果和整体优势；对外要灵活适应，快速行动。因此，选项C正确。

13.【答案】D

【解析】“美团外卖存在会员与非会员在同一送餐地址、同一外卖商户订餐，会员配送费高于非会员配送费的情况”表明美团外卖存在“大数据杀熟”问题，即存在技术伦理与道德问题。

二、多项选择题

1.【答案】ACD

【解析】企业在实施一个新战略时，组织的要素会发生重大的变化，又多与企业现有的文化很不一致，或受到现有文化的抵制。在这种情况下，企业首先要考察是否有必要推行这个新战略。如果没有必要，企业则需要考虑重新制定战略。反之，在企业外部环境发生重大变化，企业考虑到自身长远利益，必须实施不能迎合企业现有文化的重大变革时，则必须进行文化管理，使企业文化也做出相应重大的变化。为了处理这种重大变革，企业需要从四个方面采取管理行动：一是企业的高层管理人员要痛下决心进行变革，并向全体员工讲明变革的意义；二是为了形成新的文化，企业要招聘或从内部提拔一批与新文化相符的人员；三是改变奖励结构，将奖励的重点放在具有新文化意识的事业部或个人的身上，促进企业文化的转变；四是设法让管理人员和员工明确新文化所需要的行为，形成一定的规范，保证新战略的顺利实施。

2.【答案】BD

【解析】“在还远远没长成‘巨人’的时候，就开始投资生物工程以及房地产。由于摊子太大”表明公司管理者决策错误；“公司资金链出现了断裂”表明战略实施所需的资源条件与现实的资源条件之间出现较大缺口。因此，选项B、D正确。

3.【答案】ABD

【解析】开拓型战略组织的开创性问题是如何在动态多变的环境中，寻求和开发新产品和新市场机会。格力电器采取的就是开拓型战略组织。开拓型战略组织要求它的技术和行政管理具有很大的灵活性，这类组织的结构应采取“有机的”机制。开拓型战略组织可以减少环境不确定性带来的风险，同时其多种技术可以迅速地适应市场需求的变化，但它要承担资源分散使用和低利润的风险。这种组织面临的最大挑战是如何提高组织的效率并合理地使用资源。因此，其组织效率较低但适应性强是其主要特点。选项A、B、D正确，选项C是防御型战略组织的特点。

4.【答案】ACD

【解析】“10万元以下的开支，每个分店的店长就可以做主”“普通的一线员工，拥有免单权，而且可以根据客人的需求，赠送水果盘”表明大福火锅店实行的是分权型决策机制。分权型决策的优点：减少了信息沟通的障碍，提高了企业反应能力，能够为决策提供更多的信息并对员工产生激励效应；在管理中，通过分权制可以减少管理层次，降低企业内部的管理成本。选项B属于集权型决策的优点。

5.【答案】ABC

【解析】采用全球区域分部结构的优势是能够使公司获得更高的当地反应能力和灵活性，劣势是母公司对其自治的子公司实施支配性的战略时会产生阻力和困难，选项A、C正确；在不同的地区进行研究与开发、采购、营销和分配活动会加大生产和管理成本，选项B正确；力求同时最大限度地提高效率、地区适应能力和组织学习能力属于跨国结构的特点，选项D错误。

6.【答案】AD

【解析】“建龙集团对各子公司实行预算管理，并一直要求各子公司使用实际业绩为预算编制基础”表明西林钢铁被建龙集团收购后应编制增量预算。选项A、D属于增量预算的优点，选项B、C属于零基预算的优点。

7.【答案】ABCD

【解析】营业收入属于财务角度；采购成本和周期属于内部流程角度；客户回头率属于顾客角度；员工学习培训力度属于创新与学习角度。因此，选项A、B、C、D均正确。

8.【答案】BCD

【解析】新产品产值率属于技术变革中数字化研发的评价指标，选项B正确；数字化人才比重属于组织变革中数字化人才的评价指标，选项C正确；订单准时交付率属于管理变革中业务数字化管理的评价指标，选项D正确。

9.【答案】BCD

【解析】选项A属于采用非财务指标衡量、评价企业业绩的局限性。选项B、C、D属于使用比率衡量、评价企业业绩的局限性。

10.【答案】AC

【解析】数字化技术对产品和服务的影响主要体现在四个方面：个性化、智能化、连接性和生态化。“TX平台通过规范产地编码规则、生产档案记录、产品包装标识可以建立马铃薯区块链溯源信息管理平台，让每一个马铃薯都拥有了独一无二的‘身份证’”体现了连接性，选项A正确；“每个环节通过扫码可快速获取马铃薯从种植生产到市场流动的全生命阶段信息，如何时施肥、何时浇水等”体现了智能化，选项C正确。

11.【答案】AB

【解析】“逐步建立科学的碳排放管理体系，争取于2028年前实现企业碳中和”体现环境方面，选项A正确。“积极参与社会公益事业，支持科技创新、教育、社区发展、防灾救灾等领域，以实际行动感谢并回馈社会的关爱与支持”体现社会方面，选项B正确。

三、简答题

1.【答案】

（1）第一次转折：

流程创新。“2010年，甲公司的旗舰店数量达到了50家，覆盖了全国主要区域性机床市场，减少了产品多地转移的环节，强化了市场端机床及配件的快速交付能力”。

第二次转折：

①范式创新。“甲公司开始着手于商业模式上的创新，在企业信息化建设上持续发力，逐步实施ERP项目，优化企业各项价值活动，从而高效地提供顾客满意的产品，并且颠覆了原有机床企业的发展模式”。

②产品创新。“将低端业务外包，提高原有高端业务的市场份额，并推出多款新型高端数控机床”。

第三次转折：

①范式创新。“2015年，万物互联的理念得到大多数企业的推崇。基于互联网技术的迅速发展，甲公司成功研制出A_1智能数控系统，并基于A_1智能数控系统，推出‘A平台+云制造’智能网络，将设计、制造、服务、供应链、用户集成到云端……该系统的推出，极大地推进了商业模式的创新”。

②流程创新。“2015年，万物互联的理念得到大多数企业的推崇。基于互联网技术的迅速发展，甲公司成功研制出A_1智能数控系统，并基于A_1智能数控系统，推出‘A平台+云制造’智能网络，将设计、制造、服务、供应链、用户集成到云端，大大提高了企业的生产、研发、销售的效率，显著降低相关成本”。

（2）①互联网思维的影响。“2012年，甲公司开始着手于商业模式上的创新，在企业信息化建设上持续发力，逐步实施ERP项目，优化企业各项价值活动，从而高效地提供顾客满意的产品”“2015年，万物互联的理念得到大多数企业的推崇。基于互联网技术的迅速发展，甲公司成功研制出A_1智能数控系统，并基于A_1智能数控系统，推出‘A平台+云制造’智能网络……显著降低相关成本”。

②多元化经营的影响。“将设计、制造、服务、供应链、用户集成到云端，大大提高了企业的生产、研发、销售的效率，显著降低相关成本”“甲公司为供应链上的合作伙伴搭建了一个云平台，让商流、资金流和物流的交互均基于该平台，构建了开放的商业生态系统”。

③消费者参与的影响。“消费者也可在此平台进行交流，对甲公司提出改进意见，极大提高了顾客对甲公司的满意程度”。

2.【答案】

（1）①个性化。“生产企业则可以根据销售数据对产品需求进行预测，及时调整产品结构。顾客也可以入驻该平台，在该平台提出自己的意见，生产企业便可以根据消费者的要求为其提供定制化的产品或服务”。

②智能化。“甲公司作为中心企业，为各个生产企业的产品提供技术支持，提升各个生产企业产品的智能化程度”。

③连接性。“甲公司在此基础上提出‘万物互联’的理念。通过技术手段，使得各种科技产品互通。以手机为中心的管控体系研发成功，通过手机即可控制大部分产品的使用。比如在进入房间之前，通过软件操控，提前将室内灯光以及空调开启等”。

（2）①网络安全与个人信息保护问题。“数据量暴增导致甲公司无法运用传统服务器来管理，需要借助云系统来管理，但是这种系统的安全性存在一定隐患”。

②数据容量问题。“由于平台内企业和顾客数量越来越多，导致数据量暴增，如何储存并快速地对大量信息进行筛选、分析，成为目前甲公司亟待解决的难题”。

③核心数字技术问题。"由于甲公司的平台建设技术是由乙公司提供的，关键的核心技术并未掌握在甲公司手中，使用成本较高，且在某些方面无法满足平台内各企业的个性化需求，对甲公司的进一步发展有一定的制约作用"。

四、综合题

【答案】

（1）LP涉及的战略创新的类型：

①产品创新。"构建数据驱动的产品开发能力……致力打造'高品质、高颜值、高体验、高价格'的高端零食产品"。

②流程创新。"LP股份有限公司（以下简称'LP'）作为一家实体零售起家的休闲食品企业，深耕线下市场的同时，顺势拓展线上市场，通过服务商的介入，利用数字化技术完成单渠道、多渠道到全渠道的平台整合，优化自身供应链，提高了运营效率和用户体验""LP的渠道变革之路可以分为两个阶段。第一阶段是完善线上渠道模式，积极开展电商业务，并着手布局数字化基础设施建设；第二阶段是数字化赋能线上线下渠道融合，提升消费者的购买体验""2008年LP上线了门店信息化管理系统。2009年和2011年又分别上线了仓库信息化管理系统和物流信息化系统，使得门店补货订单得以在4小时内响应并使得货品能够最大效率地配送到门店。2012年开展电商业务后，为了提升订单的快速响应能力和优化企业业务流程，LP通过战略性合作引入SAP系统""在与供应商的业务协同中，LP通过搭建B/S系统将供应商的生产计划、质量管理、财务对账和送货仓储等业务进行数据化管理，提高协同效率""同时还完善了自身的库存计划机制，优化采购流程，提升供应链协作效率，降低库存成本，促进资金利用效率提升"。

③定位创新。"为了打造LP的高端零食品牌形象，LP从数量和质量两个方面推动线下门店的发展""致力打造'高品质、高颜值、高体验、高价格'的高端零食产品""聚焦优势业务领域，制定了产品差异化、围绕用户做品牌、全渠道数字化运营、平台化组织运行的四大发展战略"。

④范式创新。"LP股份有限公司（以下简称'LP'）作为一家实体零售起家的休闲食品企业，深耕线下市场的同时，顺势拓展线上市场，通过服务商的介入，利用数字化技术完成单渠道、多渠道到全渠道的平台整合，优化自身供应链，提高了运营效率和用户体验，成为国内休闲食品行业数字化战略转型的佼佼者""LP从2013年起就开始培养所有管理人员的互联网化思维"。

（2）①研发能力。"2008年LP上线了门店信息化管理系统。2009年和2011年又分别上线了仓库信息化管理系统和物流信息化系统……LP通过战略性合作引入SAP系统""2015年9月，LP和IBM、SAP达成合作。LP投入了5000多万元用来开发后台系统，通过IBM来帮助LP打通前中后台，整合10多个系统，33个线上平台，实现全渠道会员管理"。

②生产管理能力。"LP通过数字化手段不断提升品质把控水平，对食品安全指标进行更加严格的把控。2018年，LP从J国和U国分别引进电子舌设备和质检仪器，对产品的味觉指标等产品质量指标进行标准化检测，不断优化产品口感。同时，LP还搭建了基于产品全流程、全链条的质量信息管理平台，对生产、仓储、物流各个过程中的各个环节进行数据提取和实时监控，实现产品生命周期的数据化和透明化，致力打造'高品质、高颜值、高体验、高价格'的高端零食产品""在产品生产方面……在与供应商的

业务协同中，LP通过搭建B/S系统将供应商的生产计划、质量管理、财务对账和送货仓储等业务进行数据化管理，提高协同效率”。

③营销能力。

a.产品竞争能力。“凭借着优质的产品和体验以及店铺网络的铺开，LP在W市的品牌知名度与口碑得以不断提升，市场区域也逐渐扩大”“为了打造LP的高端零食品牌形象，LP从数量和质量两个方面推动线下门店的发展”“致力打造‘高品质、高颜值、高体验、高价格’的高端零食产品”。

b.销售活动能力。“加盟模式推动线下渠道快速发展”“LP布局更为广泛的线上销售网络，着手打造基于‘平台电商+社交电商+自营App渠道’三位一体的全方位运营网络……提高品牌知名度与产品销量”“2017年，LP就建立了三级响应的仓储体系……LP通过建立立体库和启用自动化分拣系统，构建了高效的物流网络”。

c.市场决策能力。“面对加速变化中的外部环境，LP意识到仅靠传统线下门店作为销售渠道不足以支撑企业的快速和可持续发展。为此，LP开始了持续的渠道变革”“LP敏锐地捕捉到电商平台将是未来休闲零食行业中重要的销售渠道之一，于2010年设立一个独立于门店业务系统的电商业务团队，开始研究互联网环境下消费者的购买习惯和电商的商业模式，跟踪休闲零食行业电商业务的发展变化，规划LP如何借助电商平台向消费者传递价值等核心问题”。

④财务能力。“2015年至2017年，LP主营业务收入从31.49亿元上升到54.24亿元，年均复合增长率达31.24%；2018年上半年，营业收入达到30.35亿元，净利润1.13亿元”“优化采购流程，提升供应链协作效率，降低库存成本，促进资金利用效率提升”。

⑤组织管理能力。“LP敏锐地捕捉到电商平台将是未来休闲零食行业中重要的销售渠道之一，于2010年设立一个独立于门店业务系统的电商业务团队，开始研究互联网环境下消费者的购买习惯和电商的商业模式，跟踪休闲零食行业电商业务的发展变化，规划LP如何借助电商平台向消费者传递价值等核心问题”“在电商业务发展的过程中，LP不断通过赋予电商团队自主性、培养甄别消费者需求的能力、完善爆品打造流程以及建立内容营销体系等举措使得电商业务在激烈的竞争环境中得以存活和发展”“供应链端的商品规划团队与各个渠道负责团队之间进行及时沟通，共同组建产品规划小组”“LP数字化运营的经验可以从互联网思维塑造、组织结构调整、引导员工参与以及服务商助力四个角度分别展开”。

（3）①LP所实施的密集型战略类型：

a.市场开发战略。“加盟模式推动线下渠道快速发展。LP的加盟模式一方面确保了消费者在加盟店仍然拥有一致的体验；另一方面也使得企业能够以低成本的方式迅速进入华东、西南、华南等新市场”。

b.产品开发战略。“研发了针对孕妇群体和下午茶场景的产品”“致力打造‘高品质、高颜值、高体验、高价格’的高端零食产品”。

②LP实施发展战略所采用的途径：

a.内部发展（新建）。“2006年8月，LP在W市开设了第一家线下门店”“2010年设立一个独立于门店业务系统的电商业务团队……规划LP如何借助电商平台向消费者传递价值等核心问题”“2008年LP上线了门店信息化管理系统。2009年和2011年又分别上线了仓库信息化管理系统和物流信息化系统”“着手打造基于‘平台电商+社交电商+自营App渠道’三位一体的全方位运营网络”“截至2019年年末，LP在全国共有2416家终端门店……LP对门店体系进行了升级改造。2019年上半年，LP推出了全新的五代店”“LP还搭建了基于产品全流程、全链条的质量信息管理平台”“LP通过搭建B/S系统将供应商的生产计划、质量管理、财务对账和送货仓储等业务进行数据化管理，提高协同效率”“2017年，LP就建立了三级响应的仓储体系……LP通过建立立体库和启用自动化分拣系统……实现快速响应”。

b. 战略联盟。“加盟模式推动线下渠道快速发展”“LP通过战略性合作引入SAP系统”“2019年年初，LP与数字化服务商Y科技公司合作，开发打通线下线上会员体系的LP会员中台”“2015年9月，LP和IBM、SAP达成合作。LP投入了5000多万元用来开发后台系统，通过IBM来帮助LP打通前中后台，整合10多个系统，33个线上平台，实现全渠道会员管理。2016年8月，LP又与IBM进一步合作”。

（4）①产品策略。“凭借着优质的产品和体验以及店铺网络的铺开，LP在W市的品牌知名度与口碑得以不断提升，市场区域也逐渐扩大”“为了打造LP的高端零食品牌形象，LP从数量和质量两个方面推动线下门店的发展”“基于消费者大数据的分析，LP能够针对不同消费群、不同生活状况、不同场景的用户需求进行产品的规划与研发……致力打造‘高品质、高颜值、高体验、高价格’的高端零食产品”。

②促销策略。“LP布局更为广泛的线上销售网络，着手打造基于‘平台电商+社交电商+自营App渠道’三位一体的全方位运营网络。LP不仅在消费者热门的社交网站（微博、小红书等）、短视频（抖音、快手等）围绕KOL（意见领袖）建立口碑，构建多样化的消费场景，向消费者传递品牌故事、价值和原创性内容，而且LP也开始探索在直播（淘宝直播、抖音直播等）领域围绕网络主播与红人进行‘带货’，提高品牌知名度与产品销量”。

③分销策略。“LP的渠道变革之路可以分为两个阶段。第一阶段是完善线上渠道模式，积极开展电商业务，并着手布局数字化基础设施建设；第二阶段是数字化赋能线上线下渠道融合，提升消费者的购买体验”。

④价格策略。“致力打造‘高品质、高颜值、高体验、高价格’的高端零食产品”。

（5）①研发类型：

a. 产品研究——新产品开发。“致力打造‘高品质、高颜值、高体验、高价格’的高端零食产品”。

b. 流程研究。“LP股份有限公司（以下简称‘LP’）作为一家实体零售起家的休闲食品企业，深耕线下市场的同时，顺势拓展线上市场，通过服务商的介入，利用数字化技术完成单渠道、多渠道到全渠道的平台整合，优化自身供应链，提高了运营效率和用户体验”。

②动力来源：既是需求拉动又是技术推动。“然而线上消费的兴起不仅增加了人们的购买渠道，而且也改变着人们的消费习惯。面对加速变化中的外部环境，LP意识到仅靠传统线下门店作为销售渠道不足以支撑企业的快速和可持续发展。为此，LP开始了持续的渠道变革”“2012年开展电商业务后，为了提升订单的快速响应能力和优化企业业务流程，LP通过战略性合作引入SAP系统”“随着互联网技术的发展，消费者完成购买的平台也越来越多样，通过数字媒体向消费者传递信息，并在消费者决策中的作用也越来越大。因此，LP布局更为广泛的线上销售网络，着手打造基于‘平台电商+

社交电商+自营App渠道’三位一体的全方位运营网络”。

（6）①数字化技术对LP组织结构的影响：

a. 组织结构向平台化转型。“企业层级的冗长常常使得决策效率降低。为了适应互联网‘短、平、快’的思维特点，LP将组织构架调整为市场经营层、资源能力层和规划策略层；并在2016年内部试推行‘小组制’经营，将分公司管理层级取消，直接建立总部和最小经营单元的联接，建立了敏捷精干的内部响应机制”。

b. 构建传统与数字的融合结构。“LP采取门店先行，打造O2O融合的新零售布局。为了打造LP的高端零食品牌形象，LP从数量和质量两个方面推动线下门店的发展。在数量方面，截至2019年年末，LP在全国共有2416家终端门店，覆盖从社区到核心商圈的目标消费群。在质量方面，为了不断保持和优化消费者的体验，LP对门店体系进行了升级改造。2019年上半年，LP推出了全新的五代店。五代店布局在购物中心，从设计理念上更加倾向于高端、专业、简约、商业的风格，打造一个具有沉浸式消费体验氛围的‘零食图书馆’。同时，门店业务还将自营App、小程序以及外卖纳入管理范围内，围绕终端门店率先进行O2O融合，提升门店的数字化能力以及单店盈利能力。LP还将门店与美团、饿了么等本地生活平台打通，接入外卖、找美食等消费场景，实现‘线上下单快速送达’‘线上下单门店取货’等多样的交易方式，将终端门店在线化，进一步提高了门店的收入和黏住消费者的能力。不仅如此，LP在门店也开始试行与主流线上渠道的融合。2019年，LP在S市的门店借助阿里巴巴的数字化工具试点进行线上线下全方位融合的‘智能店铺’升级项目。这个项目使得消费者能够体验到更为便捷与丰富的消费场景：只要在手淘上搜索LP，不仅能够体验到线上旗舰店的服务，还能在门店与外卖服务之间进行选择，实现了真正意义上的跨渠道融合”。

c. 以新型组织结构为主要形式。“LP还将门店与美团、饿了么等本地生活平台打通，接入外卖、找美食等消费场景，实现‘线上下单快速送达’‘线上下单门店取货’等多样的交易方式，将终端门店在线化，进一步提高了门店的收入和黏住消费者的能力。不仅如此，LP在门店也开始试行与主流线上渠道的融合。2019年，LP在S市的门店借助阿里巴巴的数字化工具试点进行线上线下全方位融合的‘智能店铺’升级项目。这个项目使得消费者能够体验到更为便捷与丰富的消费场景：只要在手淘上搜索LP，不仅能够体验到线上旗舰店的服务，还能在门店与外卖服务之间进行选择，实现了真正意义上的跨渠道融合”“在产品规划方面，一方面，供应链端的商品规划团队与各个渠道负责团队之间进行及时沟通，共同组建产品规划小组；另一方面，供应链充分利用LP拥有的数据资产，根据消费者的浏览、消费数据进行偏好甄别，有针对性地对产品进行精准规划”。

②数字化技术对LP经营模式的影响：

a. 互联网思维的影响。“数字化转型，首先是思维的转变，尤其是企业管理者思维的转变。LP从2013年起就开始培养所有管理人员的互联网化思维。创始人每年亲自带队，拜访考察了数十家各领域最优秀的企业。LP还有意识的将相关管理人员在不同岗位学习，组织培训；鼓励电商部门和门店业务的员工相互交流，同时在实践中强化员工对于业务的理解”。

b. 多元化经营的影响。“LP采取门店先行，打造O2O融合的新零售布局。为了打造LP的高端零食品牌形象，LP从数量和质量两个方面推动线下门店的发展。在数量方面，截至2019年年末，LP在全国共有2416家终端门店，覆盖从社区到核心商圈的目标消费群。在质量方面，为了不断保持和优化消费者的体验，LP对门店体系进行了升级改造。2019年上半年，LP推出了全新的五代店。五代店布局在购物中心，从设计理念上更加倾向于高端、专业、简约、商业的风格，打造一个具有沉浸式消费体验氛围的‘零食图书馆’。同时，门店业务还将自营App、小程序以及外卖纳入管理范围内，围绕终端门店率先进行O2O融合，提升门店的数字化能力以及单店盈利能力。LP还将门店与美团、饿了么等本地生活平台打通，接入外卖、找美食等消费场景，实现‘线上下单快速送达’‘线上下单门店取货’等多样的交易方式，将终端门店在线化，进一步提高了门店的收入和黏住消费者的能力。不仅如此，LP在门店也开始试行与主流线上渠道的融合。2019年，LP在S市的门店借助阿里巴巴的数字化工具试点进行线上线下全方位融合的‘智能店铺’升级项目”。

（7）LP数字化战略转型的主要方面：

①技术变革。“2008年LP上线了门店信息化管理系统。2009年和2011年又分别上线了仓库信息化管理系统和物流信息化系统，使得门店补货订单得以在4小时内响应并使得货品能够最大效率地配送到门店。2012年开展电商业务后，为了提升订单的快速响应能力和优化企业业务流程，LP通过战略性合作引入SAP系统”“2019年年初，LP与数字化服务商Y科技公司合作，开发打通线下线上会员体系的LP会员中台，建立属于自己的用户‘蓄水池’，积蓄私域流量。LP基于会员中台将现有自营渠道（平台电商、门店、App、小程序等）的用户特征、行为数据进行匹配融合，形成自己的数字资产”“2015年9月，LP和IBM、SAP达成合作。LP投入了5000多万元用来开发后台系统，通过IBM来帮助LP打通前中后台，整合10多个系统，33个线上平台，实现全渠道会员管理”。

②组织变革。“2010年设立一个独立于门店业务系统的电商业务团队，开始研究互联网环境下消费者的购买习惯和电商的商业模式，跟踪休闲零食行业电商业务的发展变化，规划LP如何借助电商平台向消费者传递价值等核心问题。2012年，LP正式进入主流电商平台开展线上业务。在电商业务发展的过程中，LP不断通过赋予电商团队自主性、培养甄别消费者需求的能力、完善爆品打造流程以及建立内容营销体系等举措使得电商业务在激烈的竞争环境中得以存活和发展”“在产品规划方面，一方面，供应链端的商品规划团队与各个渠道负责团队之间进行及时沟通，共同组建产品规划小组”“企业层级的冗长常常使得决策效率降低。为了适应互联网‘短、平、快’的思维特点，LP将组织构架调整为市场经营层、资源能力层和规划策略层；并在2016年内部试推行‘小组制’经营，将分公司管理层级取消，直接建立总部和最小经营单元的联接，建立了敏捷精干的内部响应机制”。

③管理变革。

a. 业务数字化管理。“LP通过搭建B/S系统将供应商的生产计划、质量管理、财务对账和送货仓储等业务进行数据化管理，提高协同效率”“近年来，LP已实现包括供应链、渠道、商品、营销及客户在内的产业全链路数字化，数字化转型助力LP业务增长迅速”。

b. 生产数字化管理。“LP还搭建了基于产品全流程、全链条的质量信息管理平台，对生产、仓储、物流各个过程中的各个环节进行数据提取和实时监控，实现产品生命周期的数据化和透明化”。

c. 财务数字化管理。“优化采购流程，提升供应链协作效率，降低库存成本，促进资金利用效率提升”。

d. 营销数字化管理。“LP 布局更为广泛的线上销售网络，着手打造基于‘平台电商 + 社交电商 + 自营 App 渠道’三位一体的全方位运营网络”“门店业务还将自营 App、小程序以及外卖纳入管理范围内，围绕终端门店率先进行 O2O 融合，提升门店的数字化能力以及单店盈利能力”“2019 年，LP 在 S 市的门店借助阿里巴巴的数字化工具试点进行线上线下全方位融合的‘智能店铺’升级项目”“供应链充分利用 LP 拥有的数据资产，根据消费者的浏览、消费数据进行偏好甄别，有针对性地对产品进行精准规划”“LP 通过建立立体库和启用自动化分拣系统，构建了高效的物流网络，在订单高峰期能够达到 15 万 ~20 万日订单发货量，实现快速响应”。

◇湖南天闻新华印务有限公司

加赠“全真模拟测试题”3 套

—— 轻 1 名师亲编 ——

考前点押

名师融汇政策及行业最新变化，亲撰好题，考点覆盖全面，难度贴近真实考题。

机考模拟

3 套全真模拟测试题，同步上传至东奥“机考系统”，100% 还原真实机考场景；客观题、主观题系统自动判分，帮您精准查缺补漏，做到心中有数。

三步实现「机考模拟」

STEP 1

扫码下载“会计云课堂”App

STEP 2

扫描轻 1 上册封面防伪码，即可激活领取正版服务

STEP 3

激活后，请用电脑登录 www.dongao.com
“学员中心”—“机考系统”即可轻松机考模拟

目录 CONTENTS

2022 年注册会计师考试
全真模拟测试题（一）

使用“会计云课堂”App 或“微信”扫码快速做题、对答案、看解析、掌握解题思路，开启轻松过关之旅。

扫码做题

● 建议答卷时长 120 分钟 ● 答卷开始时间 ______ ● 答卷结束时间 ______

一、单项选择题

本题型共 26 小题，每小题 1 分，共 26 分。每小题只有一个正确答案，请从每小题的备选答案中选出一个你认为正确的答案。

1. 20 世纪 50 年代，W 电脑公司曾经红火一时，最后却倒闭了，其中一个主要原因就是当年的 W 公司对市场的评估出现了战略性的错误，当时 W 公司认为在未来的三到五年内国际电脑市场会以小型机和中型机为主，而不是家庭 PC 机，然而事实却恰恰相反，家庭电脑成为了电脑市场的主流。由于对市场的评估出现了错误，W 公司的战略也随之出现偏差，而竞争对手却把握住了时机，很快占领了市场。根据上述信息判断，竞争对手对 W 电脑公司的分析属于（　　）。

A. 竞争对手的未来目标
B. 竞争对手的潜在能力
C. 竞争对手的现行战略
D. 竞争对手的假设

2. 甲专车公司是基于互联网的专车服务提供商。甲专车公司采用“专业车辆、专业司机”的运营模式，利用移动互联网及大数据技术为客户提供“随时随地、专人专车”的全新服务体验，在专车服务市场取得了很大的成功。甲专车公司给潜在进入者设置的进入障碍是（　　）。

A. 规模经济　　B. 资金需求
C. 价格优势　　D. 产品差异

3. 意大利企业领导了世界的金银首饰业务，就是因为意大利的机械业已经占领了全球珠宝生产机械 60% 的市场，并且意大利回收有色金属的技术也领先全球。按照波特的“钻石模型”分析架构，意大利企业领导世界的金银首饰业务的主要原因是（　　）。

A. 需求条件
B. 生产要素
C. 相关与支持性产业
D. 企业战略、企业结构和同业竞争

4. U 国 2021 年的社会经济增长较快，国内消费强劲，该国玩具生产商 W 公司预计在圣诞节前订单会有 15%~20% 的增长，因此在第三季度就开始生产各种玩具，以减小第四季度不能满足市场需求的压力。根据上述信息可以判断，U 国玩具生产商 W 公司采用的平衡产能与需求的方法为（　　）。

A. 资源订单式生产
B. 库存生产式生产

C. 订单生产式生产

D. 库存订单式生产

5. 东大电器公司经过分析和调查发现，消费者的生活方式正在发生变化，现在人们更喜欢足不出户就能满足自己的需求，因此该电器公司开通了网上购物，实现了电商模式。结合上述信息可以判断，东大电器公司进行市场细分的依据属于（　　）。

A. 人口细分

B. 地理细分

C. 行为细分

D. 心理细分

6. 某企业正在寻求扩张，通过调查发现，其所在产业竞争非常激烈，且该产业规模经济显著。该企业寻求扩张的首选战略是（　　）。

A. 纵向一体化战略

B. 横向一体化战略

C. 后向一体化战略

D. 前向一体化战略

7. 20 世纪 90 年代，GL 公司在中国推出微波炉产品。GL 公司利用市场对微波炉产品价格的高度敏感性，通过规模经济、降低各种要素成本、提高生产效率、不断改进产品工艺设计等多种手段降低成本，以“价格战”不断摧毁竞争对手的防线，使自己成为微波炉行业的“霸主”，国内市场占有率超过 70%，全球产量占比超过 30%。依据上述信息可以判断，GL 公司适宜采用的薪酬策略是（　　）。

A. 薪酬结构强调固定薪酬和对外公平，实行中央集权式的薪酬管理制度

B. 薪酬结构强调浮动薪酬和对内公平，实行分权式的薪酬管理制度

C. 薪酬结构强调固定薪酬和浮动薪酬一起使用，实行授权与分权统一的薪酬管理制度

D. 薪酬结构强调固定薪酬和对内公平，实行中央集权式的薪酬管理制度

8. 甲公司是上海一家服装生产企业，甲公司的目标市场选择策略是集中化营销策略。下列选项中符合其目标市场选择策略的是（　　）。

A. 为不同年龄层次的顾客提供相同档次的服装

B. 为不同民族的消费者提供各种档次的服装

C. 为不同年龄层次的消费者提供不同款式的服装

D. 为老年消费者提供高档服装

9. 近年来，随着经济增速放缓、房地产市场低迷、人口红利消失，支撑家电行业飞速成长的土壤已经不在了。目前家电行业的企业提供的产品性能、质量大体相同，面对需求不振、竞争白热化的局面，家电企业彼此之间为争夺客户展开挑衅性的价格竞争。下列各项中，属于目前家电行业企业所具有的经营特征是（　　）。

A. 经营风险非常高

B. 价格 / 盈余倍数非常高

C. 股利分配率很低

D. 资金来源于保留盈余 + 债务

10. 铱星移动通信系统是美国摩托罗拉公司设计的一种全球性卫星移动通信系统，它通过使用卫星手持电话机，通过卫星可在地球上的任何地方拨出和接收电话讯号。相对地面移动电话系统，铱星系统本身存在许多不足，如手机笨重、运行不稳定、价格昂贵等。从技术活动过程所处的不同阶段考察，摩托罗拉公司面临的技术风险属于（　　）。

A. 技术选择风险

B. 技术设计风险

C. 技术应用风险

D. 技术研发风险

11. 甲公司是一家生产光伏组件的企业，产品以出口为主，以美元为结算货币。公

司管理层为了管理汇率风险，提出从国外进口相关的原材料，并用相关外币支付采购货款，以抵消部分人民币升值带来的影响。该公司管理汇率风险的策略属于（　　）。

A. 风险规避

B. 风险转移

C. 风险承担

D. 风险对冲

12. 甲公司是一家玩具生产企业。在企业运营过程中，表现出如下特征：①该公司数十年聚焦于拼插玩具生产；②该公司产品优质优价；③该公司认为提高技术效率是关键，决定采用纵向一体化战略。根据上述信息可以判断，甲公司采取的组织的战略类型是（　　）。

A. 分析型战略组织

B. 开拓型战略组织

C. 反应型战略组织

D. 防御型战略组织

13. C 国 M 银行始终把强化风险管理、严控资产质量作为立行之本，从 2015 年年初启动“凤凰计划”到 2018 年实施全面改革转型，风险管理都是其中的关键板块，旨在打造适应、引领、推动和保障业务发展的全面风险管理体系。下列关于企业全面风险管理的说法中，错误的是（　　）。

A. 全面风险管理主动将风险管理作为价值中心

B. 全面风险管理既管理纯粹风险也管理机会风险

C. 全面风险管理主要是财务会计主管和内部审计等部门负责

D. 全面风险管理的焦点在所有利益相关者的共同利益最大化上

14. 博朗科技在首次公开发行股票的招股意向书上表示，企业将完善建立健全“三会一层”的公司治理结构，并在董事会下设战略、提名、审计、薪酬与考核四个专门委员会，这属于企业内部控制要素中的（　　）。

A. 控制活动　　B. 内部监督

C. 风险评估　　D. 内部环境

15. 甲服装公司原来经营专为高档消费群体设计的“向阳”牌服装，在该市场获得成功后，又以该品牌进入低档服装消费市场，这一产品组合策略属于（　　）。

A. 产品向上延伸

B. 产品大类现代化

C. 产品双向延伸

D. 产品向下延伸

16. 甲公司在钢制办公家具制造行业小有名气，秉持“因为不是第一，所以更加努力”的工作方针，该公司会定期在内部公布家具行业的一流企业、直接竞争对手和同行企业优异的业绩、有效的活动、先进的方法，以及顾客对钢制办公家具产品和服务的预期要求。此举既明确了部门、岗位工作努力的方向，提出了工作进取的要求，也形成了对本公司核心竞争力的定期评价。甲公司采用的上述措施，属于评价核心竞争力方法中的（　　）。

A. 企业的自我评价

B. 产业内部比较

C. 基准分析

D. 成本驱动力和作业成本法

17. 甲公司是一家汽车生产企业，其生产模式是根据企业收到的订单去生产相应的产品。随着人们消费水平的提高，对汽车的需求迅速提高。为了更好地满足市场的需求，甲公司迅速调整公司的战略，提前从市场上采购大量的原材料，及时进行生产，提高企业的库存。这主要体现了战略现代概念的（　　）。

A. 应变性　　B. 计划性

C. 竞争性　　D. 风险性

18. 甲公司是一家家电生产企业，通过自身研发，向市场推出一款新型家电产品，受到消费者的追捧，产品供不应求，企业为此一直满负荷生产。在此情况下，公司决定根据市场需求的情况投资生产线，增加该种产品的产能，以谋求进一步扩大销售。根据上述信息可以判断，甲公司采用的产能计划类型属于（　　）。
A. 领先策略
B. 匹配策略
C. 滞后策略
D. 适中策略

19. 瑞声科技是一家主要生产微型声学元件的上市公司。在生产微型声学元件的过程中，瑞声科技有一套非常严格的制造流程来控制成本和提高产品质量，从而占据了世界上声学元件市场的大部分份额。根据横向分工结构的基本协调机制判断，该公司采用的基本协调机制是（　　）。
A. 技艺（知识）标准化
B. 相互适应，自行调整
C. 工作成果标准化
D. 工作过程标准化

20. 丽岛同城是一家处于起步期的餐饮企业，其业务主要为通过电话订购的方式销售日本特色食品，例如，生鱼片和寿司。该公司决定采用平衡计分卡来计量公司的绩效。下列选项中，属于创新与学习角度的是（　　）。
A. 餐厅营业额
B. 顾客满意度
C. 采购成本和周期
D. 新菜品的开发

21. 安徽新华联新型材料公司是新华联集团旗下的石英石材料生产企业。2018年4月17日，该企业被美国列入反倾销企业名单，并对其产品进行反倾销调查，这对该企业在美国的销售产生了致命的打击。上述内容体现了政治风险中的（　　）。
A. 限制投资领域
B. 设置贸易壁垒
C. 进口配额和关税
D. 没收资产

22. U国L公司发明一种瞬时显相机，取名“拍立得”。为了尽快占领市场，L公司的营销团队与中间商开展了多次会议，主要介绍了产品的功能、特色等，从而吸引了大批的中间商与之合作，为招徕大量的潜在顾客奠定基础。L公司采用的促销组合策略是（　　）。
A. 推式策略
B. 拉式策略
C. 推拉结合策略
D. 组合策略

23. M公司是国内一家太阳能晶硅光伏组件和电池组件制造企业。2018年，M公司获得世界最大的光伏设备制造商G国D公司的电池组件生产外包项目，并从对方引进一整条先进生产线，成为D公司唯一的电池组件供应商。之后，M公司通过引进D公司的先进技术，提高了太阳能电池板的硅片原料和晶体硅原料的生产效率，从而成为欧美多家相关企业的晶硅光伏组件供应商。作为新兴市场中的本土企业，M公司采用的战略类型是（　　）。
A. 防御者战略　　B. 抗衡者战略
C. 扩张者战略　　D. 躲闪者战略

24. 德华公司营销部李林入职5年来只有在特殊情况下才请假，李林最近一次请假是在半年前参加招待公司客户业务应酬之后。假设李林下周会请假一天，查看相应工作日志发现，李林下周三有一个业务谈判及应酬安排，因而推断李林极可能于下周四请假。德华公司采用的风险管理技术与方法是统计推论法中的（　　）。

A. 正推法　　B. 前推法

C. 后推法　　D. 旁推法

25. 艾比森光电股份有限公司是全球领先的至真 LED 显示屏应用与服务提供商。2019 年，艾比森颠覆传统管理理念，把经营管理提升到全新高度，义无反顾地进行脱胎换骨的管理变革，建设“以客户为中心”的流程型组织，成为 LED 行业内首个开启流程型组织建设的公司。公司的战略变革得到了大多数员工的认同与支持。该公司在处理战略稳定性与文化适应性关系时应（　　）。

A. 以企业使命为基础

B. 加强协同作用

C. 重新制定战略

D. 根据文化进行管理

26. 金石资源是专注于萤石矿投资开发以及相关产品生产销售的企业，公司位于杭州。萤石产品资源的地域属性强，国内萤石资源主要分布在湖南、浙江、内蒙古、江西等地，但由于湖南、内蒙古等地伴（共）生型萤石矿采选难度较高、经济性较差，于是单一型萤石矿资源相对分布较多的华东地区（浙江等）成为主要萤石精粉产区。金石资源目前是中国萤石行业拥有资源储量、开采及生产加工规模最大的企业。相比于湖南、内蒙古等地，金石资源拥有的具有不可模仿性的资源属于（　　）。

A. 物理上独特的资源

B. 具有因果含糊性的资源

C. 具有路径依赖性的资源

D. 具有经济制约性的资源

二、多项选择题

本题型共 16 小题，每小题 1.5 分，共 24 分。每小题均有多个正确答案，请从每小题的备选答案中选出你认为正确的答案。每小题所有答案选择正确的得分，不答、错答、漏答均不得分。

1. DA 教育集团每年都采用财务和非财务指标对公司经营业绩进行评价。下列属于非财务指标的有（　　）。

A. 销售量增长

B. 客户等待时间

C. 客户投诉数量

D. 已动用资本报酬率

2. 甲公司是我国一家大型服装鞋帽生产企业，产品主要在国内市场进行销售。2019 年，该公司管理层根据国际经济环境的变化，决定在劳动力成本更低的马来西亚建立生产线，以有效降低成本，同时积极开拓欧美客户，力图扩大销售。该公司实施国际化经营的动因包括（　　）。

A. 寻求市场

B. 寻求效率

C. 寻求资源

D. 寻求现成资产

3. D 公司为全球第一大烈酒公司，主要从事烈酒的酿造与销售，占据了全球烈酒市场份额的 30%，而 D 公司目前最大的市场主要在美国和加拿大，亚洲市场尚未涉猎。S 公司不仅是亚洲 C 国现存最古老的白酒企业，而且是 C 国浓香型白酒酿造工艺的源头，堪称 C 国白酒第一坊。2021 年 3 月，D 公司对 S 公司发起了收购要约。D 公司对 S 公司的收购属于（　　）。

A. 横向一体化战略

B. 市场开发战略
C. 纵向一体化战略
D. 前向一体化战略

4. 甲公司是我国六大稀土开采提炼企业之一。与国内其他五家稀土开采提炼企业相比，甲公司具有一定的经营优势：①稀土地质储量大，可选性好，易开采；②稀土破碎和磨粉等稀土开采提炼设备全部从国外进口；③拥有多名具备博士学位的高级工程师；④稀土矿水陆交通及通信工具十分方便。与国内其他五家稀土开采提炼企业相比，可以使甲公司获得竞争优势的资源有（　　）。
A. 先进的稀土开采提炼设备
B. 优越的地理位置
C. 丰富的稀土资源
D. 拥有高级技术人员

5. J公司创立于1993年4月，是一家为信息交互和人类健康提供智慧端口产品和专业服务的物联网公司，核心经营业务包括端口器件、智慧物联、智慧医工和节能环保4部分业务。这些业务的市场增长率依次为7.2%、12%、6%和15%，相对市场占有率依次为1.2、1.4、0.7和0.3。根据波士顿矩阵原理，上述4部分业务中，可以视情况采取发展战略的有（　　）。
A. 端口器件业务　　B. 智慧物联业务
C. 智慧医工业务　　D. 节能环保业务

6. 某大型外语培训机构拟实施包括实现规模经济、针对12岁以下的幼童设计独有的“贝乐学科英语”培训项目等在内的战略方案，以增加其业务的竞争优势。该外语培训机构上述业务单位战略包括（　　）。
A. 成本领先战略
B. 差异化战略
C. 集中差异化战略
D. 集中成本领先战略

7. 华瑞制药公司一方面积极地加大药品研发方面的投入，不断开发新的药品，奠定了在全球制药行业中的领先地位；另一方面不断加大生产设施投资，对市场普遍接受的产品实行规模化生产，追求规模经济效益，获得了可观的利润。根据上述信息判断，华瑞制药公司研发战略的定位有（　　）。
A. 成为向市场推出新技术产品的企业
B. 成为向市场推出替代产品的企业
C. 成为成功产品的创新模仿者
D. 成为成功产品的低成本生产者

8. 2018年，有财经媒体质疑康得新公司存在多种经营违规行为。该报道在微博等网络平台上成为热门话题后，中国证监会迅速反应，立案调查，并发现康得新公司披露的2013~2018年财务报告存在重大虚假信息。而2013年至2017年年报经过注册会计师审计后，出具的均是标准无保留意见，2018年年报给出的是无法表示意见。根据上述信息判断，在本案例中涉及的公司治理基础设施的有（　　）。
A. 信息披露制度
B. 政府监管
C. 中介机构
D. 媒体、专业人士的舆论监督

9. 以下属于成本领先战略在对抗五种竞争力方面的优势有（　　）。
A. W钢铁公司依靠规模经济增加了钢铁产业新进入者的进入障碍
B. 消费者对某品牌食用油的认可度高而造成潜在进入者难以进入食用油产业
C. F公司由于改进技术而降低了产品的成本，面对原料供应商的提价有一定的弹性空间来应对
D. E公司利用其名牌产品的高附加值可以弥补供应商原材料提价而产生的利润损失

10. 2019年2月19日晚间，易到用车的大股东韬蕴资本发布内部通知称，自公司接手易到以来，耗费了大量精力与资金挽救易到，但在网约车这种讲究布局的产业当中，韬蕴资本的能力犹如沧海一粟，在近期整体融资市场不甚景气的情况下，韬蕴资本难以向易到进行持续性投入。而且公司在过去一段时间里，多次展开融资自救，资本结构失衡导致筹资成本居高不下，再加上新的一笔融资短期内难以到位，财务上面临巨大困难。根据上述信息可以判断，韬蕴资本在资金活动中存在的主要风险有（　　）。
A. 筹资决策不当，引发资本结构不合理或无效融资，可能导致企业筹资成本过高或债务危机
B. 投资决策失误，引发盲目扩张或丧失发展机遇，可能导致资金链断裂或资金使用效益低下
C. 资金调度不合理、营运不畅，可能导致企业陷入财务困境或资金冗余
D. 资金活动管控不严，可能导致资金被挪用、侵占、抽逃或遭受欺诈

11. N公司创立之初的产品线较多，除移动通信产品以外，还生产电视机、电脑、电线甚至胶鞋。后来，N公司专注移动通信业务，推动以智能手机为中心的专业化发展创新战略。在创新战略实施中，N公司注重对人的培养，通过各种渠道创造优越条件，让员工去实现其个人价值。N公司始终在寻找和保持一种领导与管理之间的平衡，也就是通过领导的影响力，使企业的价值观渗透到员工的价值观中去。这种独特的企业文化，把广大员工凝聚到一起。N公司通过推行“有机式”的组织管理机制，带来了超强的成本控制能力、快速的市场反应、持续的产品创新、严格而完善的质量控制与检验、人性化的售后服务等优势，在智能手机市场独占鳌头。N公司的战略创新体现了创新型组织的组成要素中的（　　）。
A. 共同使命、领导力和创新的意愿
B. 跨越边界
C. 创造性的氛围
D. 合适的组织结构

12. 近年来，随着人们健身需求的上升，健身行业迅速发展。因为健身行业不需要复杂的技术和大量的投资，且消费者需要的健身地点分散，所以健身房数量大量增加，健身行业呈零散状态。根据以上信息判断，造成健身行业零散的原因有（　　）。
A. 成本的迅速变化
B. 进入障碍低
C. 技术的不确定性
D. 市场需求多样导致高度产品差异化

13. 华夏基金管理公司在对基金管理、受托资产管理、基金销售和咨询等业务活动进行风险度量时，综合运用了多种定性和定量度量方法。华夏基金管理公司可采用的定量风险度量方法有（　　）。
A. 层次分析法
B. 最大可能损失
C. 期望值
D. 在险值

14. 1999年之后，升达公司意识到，国内空调从少数人的奢侈品转为大众消费品的时机已经来临，市场需要大量老百姓买得起、用得起的“民牌”空调。处于弱势地位的升达公司找到了挑战竞争对手、壮大自身的法宝——降低成本，以价格制胜。依据与企业竞争战略匹配的人力资源获取策略，升达公司的下列做法中正确的有（　　）。
A. 应由人力资源部做出甄选决策
B. 员工晋升阶梯狭窄、不宜转换
C. 甄选标准强调与文化契合
D. 甄选方法以简历和面试为主

15. H公司是一家从事家电产品研发、生产和销售的国际化企业。该公司实行“员工自治”模式的变革，就是将8万名员工变成2000个自主经营体，削减为4个管理层级，各个自主经营体相当于小微公司，能够在市场上自我驱动、自我创新，让员工作为“企业主人”释放更多的活力。根据纵向分工结构理论，H公司采用的组织结构通常具有的特点有（　　）。
A. 可以及时反映市场的变化
B. 容易造成管理的失控
C. 有利于企业内部的控制
D. 企业管理费用会大幅度增加

16. K上市公司2021年5月9月披露，2018年11月至2020年6月，在未履行相应决策、信息披露的情况下，公司为其控股股东F公司42.47亿元的银行贷款提供担保，承担连带保证责任。到期后F公司没有偿还借款，被法院提起诉讼，法院作出判决，K公司作为该笔借款的担保方，须与F公司共同偿还债务本金和利息。2021年9月，K公司发布了一份收购方案，计划收购F公司100%持有的E公司的全部股权，收购价格为26亿元，E公司被收购时净资产为7800万元，盈利能力较差，业内专家质疑是超溢价收购。本案例中，K公司存在的终极股东对于中小股东的“隧道挖掘”问题的主要表现有（　　）。
A. 关联性交易
B. 掠夺性资本运作
C. 直接占用资源
D. 掠夺性融资

三、简答题

本题型共4小题26分。其中一道小题可以选用中文或英文解答，请仔细阅读答题要求。如使用英文解答，须全部使用英文，答题正确的，增加5分。本题型最高得分为31分。

1.（本小题5分，可以选用中文或英文解答，如使用英文解答，须全部使用英文，答题正确的，增加5分，最高得分为10分。）
东海房地产公司创立于2001年，总部位于南方甲省。公司成立之初，创始人张总认为，虽然房地产行业属于资金投入大，经营周期长、环节多的高风险行业，但是在中国经济快速增长的背景下，中国房地产行业未来会步入一个较长的黄金发展期。因此，张总决定借中国房地产行业大力发展之势，力争3年内销售额达到30亿元、6年内达到100亿元，成为甲省房地产行业的龙头老大。
张总判断，未来房价、地价都会大幅上涨，因此公司开始快速、高价拿地，四处出击。由于公司自有资金不足5亿元，剩余资金全部由银行贷款解决，负债率偏高。为了缓解快速发展带来的现金流压力，公司从拿地到销售回款的时间间隔短，仅为几个月，而且拿到销售回款，再去购买土地，进入下一循环。2016年，公司销售增长率为100%，可持续增长率为40%，投资资本回报率为12%，资本成本为8%。
2017年年后，公司决定大举进入外省二线城市，新建多家外省的子公司。然而，东海公司单纯追求快速增长，导致房屋质量存在不少瑕疵，并经常延期交房。这促使公司销售回款急剧下滑、现金流紧张。公司在对外省急剧扩张中，组织结构设计存在严重问题，很多子公司失控，出现总公司对其年度财务预决算不知情、大额资金被挪用、重大违规担保、不经总公司批准随意处置重要资产等现象。2017 年公司销售增长率大幅下降为 35%，可持续增长率下降为 15%，投资资本回报率下降为 5%，资本成本上升为 13%。公司在 2018 年年初陷入了财务危机。

要求：

（1）简要分析东海公司经营风险和财务风险的搭配情况，并提出相关建议；

（2）简要分析 2016 年和 2017 年东海公司的业务在财务战略矩阵中所属的象限及财务状况，并说明假设从长期增长角度来看各自可采取的应对措施。

2. （本小题 7 分。）

DD 于 1999 年 11 月正式运营，初期定位为图书音像制品电子商务平台，逐步占据了图书市场领导地位，市场份额最高年份高达 70%。但是随着其他电商平台逐步向图书市场进军，以及电子书市场的快速兴起，DD 的图书业务受到了很大挑战。在 2010 年，DD 上市之后，“互联网 +”大潮持续来袭，带来的影响有两点：一是传统图书市场被不断挤压。互联网催生电子阅读市场迅速“蹿红”，不断挤压图书业务市场发展空间，同时还带动了智能手机的普及，让靠印刷和版权“吃饭”的图书市场迎来致命一击；二是百货电商成为“香饽饽”。昔日的小伙伴们纷纷转型，TB 商城独立并增加多个垂直频道，团购兴起，GM、SN、YT 百货等传统零售巨头纷纷布局线上。眼看图书市场频频被唱衰，而小伙伴们又都去开辟新战场了，DD 联合创始人和首席大股东李先生也坐不住了。一直强调要“稳健经营，不过度扩张”理念的他，决定转型，将 DD 重心转移到百货。DD 管理层认为，一方面，充分发挥公司在在线图书业务经营中拥有的各种有形资源和良好的品牌声誉优势，进一步扩大公司生存发展空间；另一方面，多年的在线图书销售业务也积累了较为充裕的资金。2010 年 DD 从垂直型电商向综合型电商转型，DD 逐渐从早期的网上卖书拓展到网上卖各品类百货，包括图书音像、美妆、家居、母婴、服装和 3C 数码等几十个大类。而转型期，图书市场显现疲软态势，消费者对其他日用百货等商品的购买量小于进货量，造成库存积压，资产周转率低，资产利用质量不高，收入增长缓慢，2012 年和 2013 年连续亏损。在打造一站式购物体验网站的同时，DD 也力求实现客户的随时随地购物需求。2012 年，DD 陆续发布了基于 iPhone、Android、Windows Phone 和 Smart TV 等多个平台的手机客户端。2014 年 DD 逐步加大在数字技术方面的投入力度，才开始扭亏为盈。综合型电商虽然可以满足客户多元化的产品服务需求，但是增强了管理难度，不利于精细化管理。2016 年 9 月 21 日，DD 完成私有化退市，市值不及上市时的四分之一。

随着电子书的兴起，纸质图书销售遇到了很大瓶颈，越来越多的消费者偏向于电子图书。由于版权保护不到位，电子版书籍也经常能在其他网站阅读，价格远远低于纸质图书。网购行业进入门槛低，竞争对手不断增多。B2C 电子商务网站的准入门槛较低，没有明确的进入标准，只要企业具有充足的货源且可以在供货商或者制造商那里拿到低价商品，就可以在网上开张营业。

电商的经营发展程度与物流体系的完善程度息息相关。在当前 B2C 电子商务购物网站竞争异常激烈的局势下，客户对电商的服务，如物流、支付方式等越来越关注，要求越来越高。DD 的存货周转率比 JD 商城和 YMX 低的原因除了库存管理不完善外，还有一个重要原因在于 DD 商品配送采用的是和第三方物流公司合作的形式，没有自有的专属物流。这虽然在一定程度上能够降低物流成本，但是可能难以保证配送的高效率，降低了客户体验，造成顾客流失。

DD的主要业务涵盖：DD图书、DD百货、DD手机和DD数字馆。在图书销售上，DD的图书订单转化率高达25%，远远高于行业平均的7%，这意味着每四个人浏览DD，就会产生一个订单。能做到图书零售第一，DD的杀手锏有许多，比如全品种上架、给出版社回款最快等。也正是依靠这些手段，出版社给DD的进货折扣也最低，DD也因此有了价格竞争优势。DD百货的销售额在2014~2015年保持了持续增长，2015年日用百货总营收34.85亿元，同比增长34.%。百货的销售额超过了图书音像制品的销售额，表明DD改变了单一经营图书音像制品的经营战略，开始向多元化经营战略发展，力求扩大经营范围，扩宽营收渠道和来源，实现盈利最大化。

要求：

（1）简要分析DD实施多元化战略的动因（优点）与风险；

（2）简要分析DD面临的风险类型。

3.（本小题7分。）

进入21世纪，随着基因科技的发展，其相关市场规模快速扩张，政策环境不断优化，在近几年受到了投资者的关注和青睐。我国基因测序行业内大部分企业处于初创期，成立1~3年的企业有125家，占比38.34%；成立4~5年的企业有93家，占比28.44%。2016年我国将基因组学纳入“十三五”规划，推动大量创业公司进入基因测序领域发展。除了初创企业之外，我国基因测序行业成立6~10年的公司有76家，占比23.40%；成立10年以上的公司有32家，占比9.82%，其中大部分是传统医疗公司主动追随市场，如迪安诊断、金域医学等，在基因检测行业进行布局，将其传统业务向精准医疗方向转变，但目前还存在诸多不确定性，属于在摸索中进行战略规划。

随着基因产业的发展，各种检测服务的成本急剧下降，从原来的几万元一次下降到现在的几百元一次。“一口唾沫，基因数据全掌握”，不少大城市的市民都尝试过已经成为“网红”的消费基因检测产品。但对普通公众来说，几百元一次的基因检测价格并不低，且人们不觉得基因检测在日常生活中具有必要性，致使基因测序产业的受众多是首次购买者，短时间内也不会重复购买。

我国的基因测序公司，多分布在长三角地区，尤其以上海为重点，拥有生工生物、美吉、康成生物等一批规模较大、技术较先进、服务较全面的企业。这主要是由于基因产业需要前沿的专业技术和充足的人才储备，而长三角地区具备较好的产、学、研条件，除此之外，上海张江、浙江余杭等一系列长三角产业园原先就建立了生物医药产业集群，众多生物医药标杆企业有充足的自主研发经验，无形中降低了迈入基因产业的成本。值得一提的是，基因测序企业数量并不占优势的珠三角地区，诞生出了全国基因测序的龙头企业——华大基因。华大基因于2002年完成了人类基因组10%的测序，从而进入人类基因测序领域；2003年成为国内首个完成SARS病毒的基因组测序，成为首个提供SARS试剂盒的企业，从而进入了病毒基因组测序领域；2007年从北京迁至深圳，获得了当地的包括税费减免在内的很多扶持性政策，聚集了珠三角地区众多高层次的人才；2012年国家开始大力发展基因产业，华大于2014年成为国内首个获批二代基因测序产品的企业，成为业内的翘楚。可以说，华大基因很好地把握住了每一次的发展契机。同时，华大基因采取并购国外的测序生产企业，在其技术上进行改造升级，推出自主品牌的测序服务，从而占据了国内基因测序行业的领导者的地位，并多次参与行业标准规范的制定。此外，华大基因按销售渠道和客户类型的不同特点，实行直销、代理、政府合作的销售模式。其中，由于临床应用服务的国内终端客户主要为医院、体检机构等医疗机构，数量众多、需求各异，公司借助代理机构的现有渠道和资源得以快速开展业务，这是很多萌芽企业难以做到的。在基因行业中，很多公司与华大基因有着密不可分的关系，他们绝大部分公司的创始人都来自于华大基因，如今这些公司也逐渐成长为行业的中坚。如此，不难看出华大基因在测序界中的地位，华大基因乃是中国基因检测行业的先驱者，是中国基因检测界的“黄埔军校”。

目前基因测序仍有一些需要解决的瓶颈问题：由于基因组学研究在我国起步较晚，目前上游基因测序仪器及耗材试剂主要由国外行业巨头垄断，国内测序仪器生产企业大多以买断模式与国外行业巨头合作，我国自主研发测序仪器的企业较少；基因数据库样本量仍需要进一步扩充以增加数据解读模型的准确性；在二代测序平台上，基因组数据解读的精准度依然不够理想，未来的三代单分子测序有望解决这个问题。基因产业从来都是风险丛生的，比如操作人员的水平会为技术推广带来风险，疾病领域检测的手术和穿刺存在诸多局限性，但风险也往往与收益同在，基因产业的市场将达到千亿美元的规模，已经成为各方共识，这是继信息科技之后最大的产业机遇。

要求：

（1）简要分析作为新兴产业，基因产业内部结构的共同特征；

（2）简要分析作为新兴产业，基因产业的发展障碍；

（3）依据新兴产业的战略选择，简要分析华大基因的战略选择。

4.（本小题 7 分。）

盒马鲜生是阿里巴巴对线下超市完全重构的新零售业态。盒马鲜生最大的优势在于其掌握的数据信息和完备的物流体系，而它也确实将自身资源聚焦于营销服务和物流系统研发这些价值创造的环节中。盒马鲜生会员是绑定支付宝的，而支付宝是实名认证的账户体系，这使得盒马鲜生可以实现全链路的数据化和食品追踪，能根据客户的真实需求选定采购的商品。不论是线上还是线下，盒马鲜生都采用了从源头直采食材售卖的方式。由于没有了中间环节，菜品在保证新鲜度的前提下也降低了价格。因为生鲜对品质要求很高，盒马鲜生的物流全部自营。线上线下一体化系统的构建，包括物流 WMS、ERP、财务、门店 POS、物流配送、App、会员、支付、营销，复杂程度远超传统电商及线下商超，这套系统正是阿里的系统研发团队设计和开发的。

2018 年，盒马鲜生与 13 家地产商建立战略合作，加快布局社区生活中心。一方面，地产商将在全国范围内为盒马鲜生提供门店物业及相关服务支持，打造基于社区的生活服务中心；另一方面，盒马鲜生也将发挥数字化优势，支持合作伙伴的线上线下一体化升级，共同探索新零售的各种创新业态，让中国新零售力量继续领跑全球。

如今，很多利用大数据的优势来实现企业的运营发展。盒马鲜生对于整个生鲜市场的把控，之所以能够做到面面俱到，并且高效运作，很大一方面正是得益于大数据的帮助。盒马鲜生通过绑定 App 的会员支付制度，把线下门店和线上销售的数据进行汇集处理，依靠阿里在大数据方面的积累，通过深度挖掘消费者数据，将数据不断沉淀，反向导入平台化体系，进而分析数据与数据之间的交叉网点，去理解消费者的具体诉求，利用前端的销售数据去影响后端的供应链生产，形成闭环后可有效控制成本。

比如，大数据等新技术已渗入“日日鲜”牛奶的整个生产环节，它勾勒出门店大部分消费者喜欢的牛奶类型和价格区间，计算出怎样的生产量和销售量能够让生产商通过规模效益降低成本并且能预测销量、控制损耗等。不仅如此，根据对顾客的需求分析，盒马鲜生餐饮产品开发非常强调口味的本地化产品拓展，每个区域都有专业的熟悉本地口味的研发团队，在打造安全美味的食品同时，更多从适合当地居民喜爱口味出发精心定制，这是盒马鲜生区别于竞争对手的重要举措，能最大程度获取竞争优势。

尽管存在诸多需要改善的问题，但经过两年多精细打磨，盒马鲜生模式已经基本定型，并且被证明是新零售的标杆。它实现了让消费者获益的变革，颠覆了市场原有的交易结构。“日日鲜”和永远无条件退货的承诺便是两个例证。所谓“日日鲜”，在盒马鲜生的概念设定中就是“只售一日”，不卖隔夜菜和隔夜肉。具体做法是通过将包装小份化以及在晚上营业结束前对剩余的新鲜食材进行降价处理以促进售卖。

要求：

（1）运用价值链分析方法，简要分析盒马鲜生是如何利用自身的资源和能力构筑其竞争优势的；

（2）简要分析盒马鲜生采用的基本竞争战略。

四、综合题

（本题共 24 分。）

资料一

S 公司创办于 1990 年 12 月 26 日，总部位于南京，是中国商业企业的领先者，经营商品涵盖传统家电、消费电子、日用品、图书、虚拟产品等综合品类。截至 2019 年，全场景 S 公司线下网络覆盖全国，自筹资金投资建设有 S 广场、S 社区中心、S 百货、S 小店、S 零售云、S 极物、S 红孩子、S 易购、S 体育、S 影城、S 汽车超市等“一大两小多专”各类创新互联网门店 13000 多家，稳居国内线下网络前列。

近年来，S 公司依托“大智物移云”等互联网新兴技术手段，对于零售行业从前端生产到中端物流，再到末端销售的完整价值链进行创新变革和流程再造，重塑零售业态，使线上平台、线下门店和现代物流设施之间有效连通与融合，推动线上线下全场景多业态深度融合，带给消费者全新的消费体验。

资料二

S 公司是实体零售行业推动互联网转型的先行者，S 公司注重培养管理人员的互联网思维，加快管理人员思维转变，从而加快组织结构变革以适应互联网时代的到来。2009 年，以上线 B2C 网购平台“S 拼购”为标志，正式开启互联网转型之路，推动线上线下融合发展；2013 年提出“云商模式”，即“店商 + 电商 + 零售服务商”，聚焦线下连锁店面和线上电子商务两个平台，致力于打造互联网时代的零售与服务模式，以云技术为支撑、以开放平台为架构，形成多渠道融合、全品类经营、开放平台服务的业务形态。随着 S 公司网络零售的高速成长，互联网因素全面渗透 S 公司的经营管理，S 公司越来越聚焦于O2O深度融合，围绕渠道、商品、物流、技术等，不断加大投入，开启更深刻的变革，逐步走出了一条从“+互联网”到“互联网+”再到全场景智慧零售的探索之路。

乘着互联网时代的大潮，S公司也在积极进行重新定位。2013年10月，S公司联合弘毅资本战略投资PPTV聚力，占股44%，成为PPTV的第一大股东，积极拥抱互联网，推动线上线下融合、软件硬件融合，创新营销方式，为线上网络零售业务引流，提高客户粘性；2014年1月，全资收购“满座网”并将其整合为本地生活事业部，融入S公司平台协调发展，创新消费者服务。努力将S公司打造成线上线下融合发展的新零售企业领导者的形象。

在基础运营和经营管理过程中，S公司还从品类规划、定价管理、营销推广、客户体验、供应链管理、产业联动等方面着手，进行全面的重塑。品类规划方面，加快新品类的发展，不断丰富超市、母婴、家居等商品类目；定价管理方面，适应行业发展需要建立独立的定价体系；营销推广方面，加强关联推荐、精准营销，注重社群营销，有效提升用户复购率，整合互联网各种推广模式；客户体验上，打造综合类电子商务门户，从商品、服务、资讯及社区建设等方面不断完善网站功能和增值服务内容；供应链管理方面，依托S公司电器规模采购的成本优势，强化自主采购能力，增加线上业务广告促销投入，推广易购品牌；产业联动方面，通过推出专属客服、免运费等具有吸引力的服务权益，以及打通本地生活、视频、文娱等高粘性会员权益等方式，提高消费者品牌认可度，实现付费会员快速增长。最后，完善平台规则机制建设，打造覆盖全生态的运营管理平台，通过规则的建立对各类线上平台进行垂直化的管理，最终实现线上资源效益发展的最大化。

通过对外开展并购合作、对内运营管理革新，S公司凭借着良好的品牌效应和与实体零售协同采购的规模优势，依托线下既有的全国性实体物流、服务网络，S公司迅速提高现有业务的市场占有率，实现规模化增长。2019年，公司实现营业收入2692.29亿元，商品交易规模（含税，区域上涵盖中国大陆、香港及日本市场，包括线上、线下、自营及开放平台，以及提供物流、金融、售后等服务）为3787.4亿元；线上平台商品交易规模为2387.53亿元，占比63.04%（根据财报，S公司2010年首次将线上销售额纳入统计，当年仅实现销售收入20亿元，增长超过100倍）。

物流作为智慧零售的基础设施及对外赋能的重要方面，S公司在物流网络建设、自动化设备、车辆、人员管理等方面进行了前瞻性的长期投入，建立全国骨干网络和城市末端配送网络，不断丰富服务产品内容，同时不断提高S公司物流的市场竞争能力，推动物流社会化业务发展。

资料三

S公司在互联网转型期间曾多次调整组织结构以适应O2O运营的需要，最关键的是2012年在总部层面设立五大管理总部，在大区层面实施大区—城市终端两级管理，又于2013年、2017年、2018年、2019年进行了一些调整。保证组织结构与企业战略相匹配，能够使企业最大限度地实现协调与整合，提高经营运作效率，为企业带来竞争优势。为了更好实现扁平化管理和本地化自主经营，最大程度调动和发掘各业务单元和大区的经营主动性、积极性，提升运营效率，S公司结合战略推进情况完善互联网组织架构，实现以任务和项目导向的组织设计，推行小团队、微创新，鼓励跨界组合、内外协同。

S公司在互联网时代大展身手的背后，是

不断的技术创新和新技术应用。S公司有着近30年信息化沉淀，在这次互联网转型过程中，始终坚持“科技公司、智慧服务”的战略方向，将社会原生技术与S公司丰富的零售实践相结合，重点展开“云软件、云服务、智能终端”三大业务，为用户提供实实在在的智慧服务。比如，研发“千里传音”“A+联盟平台”等大数据会员营销系统；推出“线下预售”“云POS”等产品用于线下营销；研发“第一现场&门店短视频”“身边V购”等互联网工具用于O2O场景建设；推出手持工作平台“店+”等工具为线下全业态提供业务支持与经营指导。在智慧零售生态体系中，科技就是核心驱动力，S公司依托庞大的用户群体，利用人工智能、云计算、大数据等前沿技术，量身打造各类智慧零售产品，服务于所有用户，致力于将技术创新能力打造为带动整个S公司高速发展的引擎。数字化技术让消费者由以前的被动变为主动——主动去“拉动”品牌，在驱动着品牌满足消费需求的同时，也拉动了品牌的销售额。S公司利用人工智能、云计算、大数据等数字化技术，让自己努力成为一家“直接面向消费者”（Direct-to-Consumer，DTC）的公司，顾客对于商品的反馈信息能够直接送达给厂家，厂家可以根据消费者的需求对商品进行优化升级，从而更好满足消费者的需求。

要求：

（1）简要分析S公司涉及的战略创新的类型；

（2）简要分析S公司的企业能力；

（3）简要分析S公司实施发展战略所采用的途径；

（4）依据市场营销组合四个要素，简要分析S公司市场营销组合策略；

（5）简要分析S公司的研发类型和动力来源；

（6）简要分析数字化技术对S公司的组织结构和经营模式的影响；

（7）简要分析S公司数字化战略转型的主要方面。

客观题答案速查

我做对了 ________ 题　我得了 ________ 分

一、单项选择题

序号	1	2	3	4	5	6	7	8	9	10
答案	D	D	C	B	D	B	A	D	D	B
序号	11	12	13	14	15	16	17	18	19	20
答案	D	D	C	D	D	C	A	C	D	D
序号	21	22	23	24	25	26				
答案	B	A	B	C	A	A				

二、多项选择题

序号	1	2	3	4	5	6	7	8	9	10
答案	ABC	AB	AB	BC	BD	AC	AD	ABCD	AC	AB
序号	11	12	13	14	15	16				
答案	ACD	BD	BCD	ABD	AB	BC				

参考答案及解析

“使用“会计云课堂”App 或“微信”扫码对答案、看解析、掌握解题思路，开启轻松过关之旅。

扫码看解析

一、单项选择题

1.【答案】D

【解析】“当年的 W 公司对市场的评估出现了战略性的错误，当时 W 公司认为在未来的三到五年内国际电脑市场会以小型机和中型机为主，而不是家庭 PC 机，然而事实却恰恰相反，家庭电脑成为了电脑市场的主流。由于对市场的评估出现了错误，W 公司的战略也随之出现偏差”表明竞争对手对 W 电脑公司的分析属于对竞争对手的假设分析（包括竞争对手对自身企业的评价和对所处产业以及其他企业的评价），选项 D 正确。

2.【答案】D

【解析】甲专车公司提供的是差异化服务，可以利用产品差异形成进入障碍，选项 D 正确。

3.【答案】C

【解析】相关与支持性产业：单独的一个企业或单独的一个产业，都很难保持竞争优势，只有形成有效的“产业集群”，即上下游产业及相关产业之间形成良性互动，才能使产业竞争优势持久发展。意大利企业能够领导世界的金银首饰业务，是因为意大利的机械业已经占领了全球珠宝生产机械 60% 的市场，并且意大利回收有色金属的技术也领先全球，选项 C 正确。

4.【答案】B

【解析】平衡产能与需求的三种方法：资源订单式生产、订单生产式生产、库存生产式生产。“W 公司预计在圣诞节前订单会有 15%~20% 的增长，因此在第三季度就开始生产各种玩具，以减小第四季度不能满足市场需求的压力”表明 U 国玩具生产商 W 公司采用的方法为库存生产式生产，选项 B 正确，选项 D 为干扰项。

5.【答案】D

【解析】心理细分就是按照消费者的生活方式、个性等心理变量来细分消费者市场。东大电器公司通过对消费者生活方式的研究改变销售方式，属于心理细分，选项 D 正确。

6.【答案】B

【解析】横向一体化战略的适用情形：①企业所在产业竞争较为激烈；②企业所在产业的规模经济较为显著；③企业的横向一体化符合反垄断法律法规，能够在局部地区获得一定的垄断地位；④企业所在产业的增长潜力较大；⑤企业具备横向一体化所需的资金、人力资源等。因此，选项 B 正确。

7.【答案】A

【解析】GL 公司实施的是成本领先战略。

实施成本领先战略的企业的薪酬策略：薪酬结构强调固定薪酬（基本薪酬）和对外公平，决策过程强调集权通过高层做出决策。

8.【答案】D

【解析】选项A属于无差异营销策略；选项B、C属于差异性营销策略；选项D属于集中化营销策略。

9.【答案】D

【解析】“目前家电行业的企业提供的产品性能、质量大体相同，面对需求不振、竞争白热化的局面，家电企业彼此之间为争夺客户展开挑衅性的价格竞争”表明该行业目前处于成熟期，选项D属于成熟期的经营特征。

10.【答案】B

【解析】技术设计风险是指技术在规划设计阶段，由于技术方案或系统总体设计不合理致使技术及技术系统存在先天“缺陷”或创新能力不足，即技术缺乏先进性、可行性而引发的各种风险。“相对地面移动电话系统，铱星系统本身存在许多不足，如手机笨重、运行不稳定、价格昂贵等”体现了技术风险中的技术设计风险，选项B正确。

11.【答案】D

【解析】使用多种外币结算属于风险对冲策略，选项D正确。

12.【答案】D

【解析】防御型战略组织主要是要追求一种稳定的环境，试图通过解决开创性问题来达到自己的稳定性。往往是会生产有限的一组产品，占领整个潜在市场的一小部分。在这个有限的市场中，防御型战略组织常采用竞争性定价或高质量产品等经济活动来阻止竞争对手进入它们的领域，保持自己的稳定。提高技术效率是组织成功的关键。

13.【答案】C

【解析】传统风险管理主要是财务会计主管和内部审计等部门负责，而全面风险管理强调在高层的参与下，每个成员都承担与自己行为相关的风险管理责任。因此，选项C为本题正确答案。

14.【答案】D

【解析】“将完善建立健全‘三会一层’的公司治理结构，并在董事会下设战略、提名、审计、薪酬与考核四个专门委员会”属于企业内部控制要素中的内部环境，选项D正确。

15.【答案】D

【解析】产品向下延伸是指企业原来生产高档产品，后来决定增加低档产品，选项D正确，选项B属于干扰项。

16.【答案】C

【解析】基准分析是企业比较自己和竞争对手的业绩，包括单个或多种具体活动、系统或过程的比较。最理想的方法是企业把自己和一流企业相比较，无论它们是否处在同一个产业。基准类型主要包括内部基准、竞争性基准、过程或活动基准、一般基准、顾客基准五种类型。

17.【答案】A

【解析】“为了更好地满足市场的需求，甲公司迅速调整公司的战略”体现的是战略现代概念的应变性。

18.【答案】C

【解析】滞后策略是指仅当企业因需求增长而满负荷生产或超额生产后才增加产能。

19.【答案】D

【解析】“瑞声科技有一套非常严格的制造流程来控制成本和提高产品质量”体现出该公司采用的基本协调机制是工作过程标准化。

20.【答案】D

【解析】选项 A 属于财务角度，选项 B 属于顾客角度，选项 C 属于内部流程角度，选项 D 属于创新与学习角度。

21.【答案】B

【解析】设置贸易壁垒体现在一些发达国家对于新兴经济体企业与本国的贸易设置了多种壁垒，如制定限制本国高新技术产品出口等知识产权保护政策，开展对进口产品反倾销、反补贴、反垄断等调查与诉讼等。因此，选项 B 正确。

22.【答案】A

【解析】推式策略是将产品经过营销渠道"推"向最终消费者。"L 公司的营销团队与中间商开展了多次会议，主要介绍了产品的功能、特色等，从而吸引了大批的中间商与之合作，为招徕大量的潜在顾客奠定基础"体现了推式策略。

23.【答案】B

【解析】"M 公司获得世界最大的光伏设备制造商 G 国 D 公司的电池组件生产外包项目……成为 D 公司唯一的电池组件供应商"属于抗衡者战略中的"找到一个定位明确又易于防守的市场"；"从对方引进一整条先进生产线……通过引进 D 公司的先进技术，提高了太阳能电池板的硅片原料和晶体硅原料的生产效率"属于抗衡者战略中的"学习从发达国家获取资源，以克服自身技能不足和资本的匮乏"。因此，选项 B 正确。

24.【答案】C

【解析】后推法是把未知的想象事件及后果与某一已知事件及后果相联系，来推断该未知事件的风险。也就是将未来风险事件归结到有数据可查的、造成这一风险事件的初始事件上，在时间序列上表现为由前向后推算。"李林下周会请假一天"是一个未知的假想事件，如果判断成立，那么必然有请假的诱因，即是否有招待公司客户业务应酬，这是造成李林请假的初始事件。李林下周三有一个业务谈判及应酬安排，因而推断李林极可能于下周四请假。因此，选项 C 正确。

25.【答案】A

【解析】"2019 年，艾比森颠覆传统管理理念，把经营管理提升到全新高度，义无反顾地进行脱胎换骨的管理变革，建设'以客户为中心'的流程型组织，成为 LED 行业内首个开启流程型组织建设的公司"表明各种组织要素的变化多；"公司的战略变革得到了大多数员工的认同与支持"表明与企业目前文化潜在的一致性大。因此，该公司在处理战略稳定性与文化适应性关系时应以企业使命为基础，选项 A 正确。

26.【答案】A

【解析】物理上独特的资源是由物质本身的特性所决定的，是不可能被模仿的。萤石矿资源的最佳产区位于金石资源所在的华东地区（浙江等），因此其属于物理上独特的资源，选项 A 正确。

二、多项选择题

1.【答案】ABC

【解析】选项 A 属于反映市场营销效力方面的非财务指标；选项 B、C 属于反映服务质量方面的非财务指标；选项 D 属于反映盈利能力和回报率方面的财务指标。

2.【答案】AB

【解析】甲公司积极开拓欧美客户，力图扩大销售，属于寻求市场，选项 A 正确；甲公司将生产线设在马来西亚，目的是寻求更低的劳动力成本，属于寻求效率，选项 B 正确。

3.【答案】AB

【解析】D 公司和 S 公司同为酒企，前者对后者的收购属于横向一体化战略，选项 A 正确。同时，D 公司收购 S 公司也有助于其开拓亚洲 C 国市场，因此也属于市场开发战略，选项 B 正确。

4.【答案】BC

【解析】选项 A、D 属于能被模仿或复制的资源，不能获得竞争优势；选项 B 属于不可模仿性资源（物理上独特的资源）和稀缺性资源，能够帮助企业获得竞争优势；选项 C 属于稀缺性资源，能够帮助企业获得竞争优势。

5.【答案】BD

【解析】端口器件业务属于低增长—强竞争地位的“现金牛”业务；智慧物联业务属于高增长—强竞争地位的“明星”业务；智慧医工业务属于低增长—弱竞争地位的“瘦狗”业务；节能环保业务属于高增长—弱竞争地位的“问题”业务。对于“明星”业务和有希望转化为“明星”业务的“问题”业务应采取发展战略，选项 B、D 正确。

6.【答案】AC

【解析】该外语培训机构“实现规模经济”，属于成本领先战略；“针对 12 岁以下的幼童设计独有的‘贝乐学科英语’培训项目”，属于集中差异化战略。因此，选项 A、C 正确。

7.【答案】AD

【解析】“加大药品研发方面的投入，不断开发新的药品，奠定了在全球制药行业中的领先地位”表明华瑞制药公司研发战略的定位属于成为向市场推出新技术产品的企业；“不断加大生产设施投资，对市场普遍接受的产品实行规模化生产，追求规模经济效益，获得了可观的利润”表明华瑞制药公司研发战略的定位属于成为成功产品的低成本生产者。

8.【答案】ABCD

【解析】信息披露制度：“康得新公司披露的 2013~2018 年财务报告存在重大虚假信息”。政府监管：“中国证监会迅速反应，立案调查”。中介机构：“而 2013 年至 2017 年年报经过注册会计师审计后，出具的均是标准无保留意见，2018 年年报给出的是无法表示意见”。媒体、专业人士的舆论监督：“2018 年，有财经媒体质疑康得新公司存在多种经营违规行为。该报道在微博等网络平台上成为热门话题”。因此，选项 A、B、C、D 均正确。

9.【答案】AC

【解析】选项 A 是成本领先战略对抗潜在进入者方面的优势；选项 B 是差异化战略对抗潜在进入者方面的优势；选项 C 是成本领先战略对抗供应商方面的优势；选项 D 是差异化战略对抗供应商方面的优势。

10.【答案】AB

【解析】“在网约车这种讲究布局的产业当中，韬蕴资本的能力犹如沧海一粟，在近期整体融资市场不甚景气的情况下，韬蕴资本难以向易到进行持续性投入”体现投资决策失误，可能导致资金链断裂；“公司在过去一段时间里，多次展开融资自救，资本结构失衡导致筹资成本居高不下，再加上新的一笔融资短期内难以到位，财务上面临巨大困难”体现了筹资决策不当，引发资本结构不合理，可能导致企业筹资成本过高或债务危机。因此，选项 A、B 正确。

11.【答案】ACD

【解析】“N 公司始终在寻找和保持一种领导与管理之间的平衡，也就是通过领导的影响力，使企业的价值观渗透到员工的价值观中去。这种独特的企业文化，把广大员工凝聚到一起”体现了共同使命、领导力和创新的意愿；“N公司注重对人的培养，通过各种渠道创造优越条件，让员工去实现其个人价值”体现了创造性的氛围；“N公司通过推行‘有机式’的组织管理机制，带来了超强的成本控制能力、快速的市场反应、持续的产品创新、严格而完善的质量控制与检验、人性化的售后服务等优势，在智能手机市场独占鳌头”体现了合适的组织结构。因此，选项A、C、D正确。

12.【答案】BD

【解析】从产业本身的基础经济特性角度看，造成产业零散的原因：①进入障碍低或存在退出障碍；②市场需求多样导致高度产品差异化；③不存在规模经济或难以达到经济规模。“健身行业不需要复杂的技术和大量的投资”表明进入障碍低，选项B正确；“消费者需要的健身地点分散，所以健身房数量大量增加，健身行业呈零散状态”表明市场需求多样导致高度产品差异化，选项D正确。选项A、C属于新兴产业内部结构的共同特征。

13.【答案】BCD

【解析】选项A属于定性风险度量方法（直观方法）；选项B、C、D属于定量风险度量方法。

14.【答案】ABD

【解析】“处于弱势地位的升达公司找到了挑战竞争对手、壮大自身的法宝——降低成本，以价格制胜”表明升达公司实施的基本竞争战略是成本领先战略。选项C属于与差异化战略相匹配的人力资源获取策略。

15.【答案】AB

【解析】“该公司实行‘员工自治’模式的变革，就是将8万名员工变成2000个自主经营体，削减为4个管理层级，各个自主经营体相当于小微公司，能够在市场上自我驱动、自我创新，让员工作为‘企业主人’释放更多的活力”表明H公司的组织结构属于扁平型组织结构。选项A、B属于扁平型组织结构的特点，选项C、D属于高长型组织结构的特点。

16.【答案】BC

【解析】“计划收购F公司100%持有的E公司的全部股权，收购价格为26亿元，E公司被收购时净资产为7800万元，盈利能力较差，业内专家质疑是超溢价收购”属于掠夺性资本运作，选项B正确；“在未履行相应决策、信息披露的情况下，公司为其控股股东F公司42.47亿元的银行贷款提供担保，承担连带保证责任。到期后F公司没有偿还借款，被法院提起诉讼，法院作出判决，K公司作为该笔借款的担保方，须与F公司共同偿还债务本金和利息”属于直接占用资源，选项C正确。

三、简答题

1.【答案】

（1）东海公司采取了高经营风险和高财务风险的搭配类型。东海公司所在地的房地产行业资金投入大，经营周期长，经营环节多，因此经营风险高。东海公司在财务上采取了激进的融资政策，负债率高，导致流动性压力大，属于高财务风险政策。

高经营风险和高财务风险的搭配加大了公司面临的总风险，一旦经营方面出现销售下滑或资金回收不力等问题，公司的资金链很容易断裂进而陷入不能偿还到期债务的财务危机。

相关建议：

经营风险与财务风险反向搭配是制定资本结构的一项战略性原则，因此东海公司应该采用高经营风险和低财务风险（企业在同一时期所面临的经营风险不易改变，而财务风险可通过降低债务比例来调节）的搭配，才能使公司总风险处于中等程度，这是一种可以同时符合股东和债权人期望的现实搭配。

（2）①东海公司在2016年销售增长率为100%，高于40%的可持续增长率；投资资本回报率为12%,高于8%的资本成本。处于财务战略矩阵的第一象限，属于增值型现金短缺业务，可以为股东创造价值，但自身经营产生的现金流量不足以支持销售增长。

东海公司解决资金短缺问题可选择的应对措施：

第一，提高公司可持续增长率，使之向销售增长率靠拢；

第二，增加权益资本，提供增长所需的资金。

②东海公司在2017年销售增长率为35%，高于15%的可持续增长率；投资资本回报率为5%，低于13%的资本成本。处于财务战略矩阵的第四象限，属于减损型现金短缺业务，为股东减损价值，而且自身经营产生的现金流量不足以支持销售增长。由于股东价值和现金都在被吞食，需要快速解决问题。

东海公司可选择的应对措施：

第一，对业务进行彻底重组；

第二，直接出售企业。

2.【答案】

（1）① DD实施多元化战略的动因（优点）：

a. 分散风险。"'互联网+'大潮持续来袭，带来的影响有两点：一是传统图书市场被不断挤压。互联网催生电子阅读市场迅速'蹿红'，不断挤压图书业务市场发展空间，同时还带动了智能手机的普及，让靠印刷和版权'吃饭'的图书市场迎来致命一击……2010年DD从垂直型电商向综合型电商转型，DD逐渐从早期的网上卖书拓展到网上卖各品类百货"。

b. 当企业在原产业无法增长时找到新的增长点。"眼看图书市场频频被唱衰，而小伙伴们又都去开辟新战场了，DD联合创始人和首席大股东李先生也坐不住了。一直强调要'稳健经营，不过度扩张'理念的他，决定转型，将DD重心转移到百货""DD改变了单一经营图书音像制品的经营战略，开始向多元化经营战略发展，力求扩大经营范围，扩宽营收渠道和来源，实现盈利最大化"。

c. 利用未被充分利用的资源。"充分发挥公司在在线图书业务经营中拥有的各种有形资源……进一步扩大公司生存发展空间"。

d. 运用盈余资金。"多年的在线图书销售业务也积累了较为充裕的资金"。

e. 运用企业在某个产业或某个市场中的形象和声誉来进入另一个产业或市场，而在另一个产业或市场中要取得成功，企业形象和声誉是至关重要的。"充分发挥公司在在线图书业务经营中拥有的各种有形资源和良好的品牌声誉优势，进一步扩大公司生存发展空间"。

② DD实施多元化战略的风险：

a. 产业进入风险。"消费者对其他日用百货等商品的购买量小于进货量，造成库存积压，资产周转率低，资产利用质量不高，收入增长缓慢"。

b. 内部经营整合风险。"综合型电商虽然可以满足客户多元化的产品服务需求，但是增强了管理难度，不利于精细化管理"。

（2）①法律风险与合规风险。"由于版权保护不到位，电子版书籍也经常能在其他网站阅读，价格远远低于纸质图书"。

②市场风险。"随着其他电商平台逐步向图书市场进军，以及电子书市场的快速兴起，DD的图书业务受到了很大挑

战”“图书市场显现疲软态势，消费者对其他日用百货等商品的购买量小于进货量……收入增长缓慢，2012年和2013年连续亏损”“随着电子书的兴起，纸质图书销售遇到了很大瓶颈，越来越多的消费者偏向于电子图书……电子版书籍也经常能在其他网站阅读，价格远远低于纸质图书”“网购行业进入门槛低，竞争对手不断增多。B2C电子商务网站的准入门槛较低，没有明确的进入标准，只要企业具有充足的货源且可以在供货商或者制造商那里拿到低价商品，就可以在网上开张营业”。

③运营风险。“综合型电商虽然可以满足客户多元化的产品服务需求，但是增强了管理难度，不利于精细化管理”“DD的存货周转率比JD商城和YMX低的原因除了库存管理不完善外，还有一个重要原因在于DD商品配送采用的是和第三方物流公司合作的形式，没有自有的专属物流。这虽然在一定程度上能够降低物流成本，但是可能难以保证配送的高效率，降低了客户体验，造成顾客流失”。

3.【答案】

（1）基因产业内部结构的共同特征：

①技术的不确定性。“目前基因测序仍有一些需要解决的瓶颈问题……基因数据库样本量仍需要进一步扩充以增加数据解读模型的准确性；在二代测序平台上，基因组数据解读的精准度依然不够理想，未来的三代单分子测序有望解决这个问题”。

②战略的不确定性。“大部分是传统医疗公司主动追随市场，如迪安诊断、金域医学等，在基因检测行业进行布局，将其传统业务向精准医疗方向转变，但目前还存在诸多不确定性，属于在摸索中进行战略规划”。

③成本的迅速变化。“随着基因产业的发展，各种检测服务的成本急剧下降，从原来的几万元一次下降到现在的几百元一次”。

④萌芽企业和另立门户。“我国基因测序行业内大部分企业处于初创期，成立1~3年的企业有125家，占比38.34%；成立4~5年的企业有93家，占比28.44%”“在基因行业中，很多公司与华大基因有着密不可分的关系，他们绝大部分公司的创始人都来自于华大基因”。

⑤首次购买者。“对普通公众来说，几百元一次的基因检测价格并不低，且人们不觉得基因检测在日常生活中具有必要性，致使基因测序产业的受众多是首次购买者，短时间内也不会重复购买”。

（2）基因产业的发展障碍：

①专有技术选择、获取与应用的困难。“基因产业需要前沿的专业技术和充足的人才储备”。

②原材料、零部件、资金与其他供给的不足。“由于基因组学研究在我国起步较晚，目前上游基因测序仪器及耗材试剂主要由国外行业巨头垄断，国内测序仪器生产企业大多以买断模式与国外行业巨头合作，我国自主研发测序仪器的企业较少”。

③缺少承担风险的胆略与能力。“基因产业从来都是风险丛生的，比如操作人员的水平会为技术推广带来风险，疾病领域检测的手术和穿刺存在诸多局限性”。

（3）华大基因的战略选择：

①塑造产业结构。“华大基因采取并购国外的测序生产企业，在其技术上进行改造升级，推出自主品牌的测序服务，从而占据了国内基因测序行业的领导者的地位，并多次参与行业标准规范的制定”。

②选择适当的进入时机与领域。“华大基因于2002年完成了人类基因组10%的测序，从而进入人类基因测序领域；2003年成为国内首个完成SARS病毒的基因组测序，成为首个提供SARS试剂盒的企业，

从而进入了病毒基因组测序领域……很好地把握住了每一次的发展契机”“在基因行业中，很多公司与华大基因有着密不可分的关系，甚至他们的创始人都来自于华大基因，如今这些公司也逐渐成长为行业的中坚。如此，不难看出华大基因在测序界中的地位，华大基因乃是中国基因检测行业的先驱者，是中国基因检测界的‘黄埔军校’”。

4.【答案】

（1）①确认那些支持企业竞争优势的关键性活动。“盒马鲜生最大的优势在于其掌握的数据信息和完备的物流体系，而它也确实将自身资源聚焦于营销服务和物流系统研发这些价值创造的环节中”。

②明确价值链内各种活动之间的联系。“盒马鲜生可以实现全链路的数据化和食品追踪，能根据客户的真实需求选定采购的商品。不论是线上还是线下，盒马鲜生都采用了从源头直采食材售卖的方式。由于没有了中间环节，菜品在保证新鲜度的前提下也降低了价格”“物流WMS、ERP、财务、门店POS、物流配送、App、会员、支付、营销，复杂程度远超传统电商及线下商超，这套系统正是阿里的系统研发团队设计和开发的”“盒马鲜生对于整个生鲜市场的把控，之所以能够做到面面俱到，并且高效运作，很大一方面正是得益于大数据的帮助”。

③明确价值系统内各项价值活动之间的联系。“2018年，盒马鲜生与13家地产商建立战略合作，加快布局社区生活中心。一方面，地产商将在全国范围内为盒马鲜生提供门店物业及相关服务支持，打造基于社区的生活服务中心；另一方面，盒马鲜生也将发挥数字化优势，支持合作伙伴的线上线下一体化升级，共同探索新零售的各种创新业态，让中国新零售力量继续领跑全球”。

（2）盒马鲜生采用的基本竞争战略：

①成本领先战略。“利用前端的销售数据去影响后端的供应链生产，形成闭环后可有效控制成本”“大数据等新技术已渗入‘日日鲜’牛奶的整个生产环节，它勾勒出门店大部分消费者喜欢的牛奶类型和价格区间，计算出怎样的生产量和销售量能够让生产商通过规模效益降低成本并且能预测销量、控制损耗等”。

②差异化战略。“根据对顾客的需求分析，盒马鲜生餐饮产品开发非常强调口味的本地化产品拓展，每个区域都有专业的熟悉本地口味的研发团队，在打造安全美味的食品同时，更多从适合当地居民喜爱口味出发精心定制，这是盒马鲜生区别于竞争对手的重要举措，能最大程度获取竞争优势”。

四、综合题

【答案】

（1）S公司涉及的战略创新的类型：

①产品创新。“品类规划方面，加快新品类的发展，不断丰富超市、母婴、家居等商品类目”“将社会原生技术与S公司丰富的零售实践相结合，重点展开‘云软件、云服务、智能终端’三大业务，为用户提供实实在在的智慧服务……S公司依托庞大的用户群体，利用人工智能、云计算、大数据等前沿技术，量身打造各类智慧零售产品，服务于所有用户，致力于将技术创新能力打造为带动整个S公司高速发展的引擎”。

②流程创新。“S公司依托‘大智物移云’等互联网新兴技术手段，对于零售行业从前端生产到中端物流，再到末端销售的完整价值链进行创新变革和流程再造，重塑零售业态，使线上平台、线下门店和现代物流设施之间有效连通与融合，推动线上线下全场景多业态深度融合，带给消费者全新的消费体验”“客户体验上，打造综合类电子商务门户，从商品、

服务、资讯及社区建设等方面不断完善网站功能和增值服务内容”“建立全国骨干网络和城市末端配送网络，不断丰富服务产品内容，同时不断提高 S 公司物流的市场竞争能力，推动物流社会化业务发展”。

③定位创新。“乘着互联网时代的大潮，S 公司也在积极进行重新定位……努力将 S 公司打造成线上线下融合发展的新零售企业领导者的形象”。

④范式创新。“S 公司是实体零售行业推动互联网转型的先行者，S 公司注重培养管理人员的互联网思维，加快管理人员思维转变，从而加快组织结构变革以适应互联网时代的到来”“S 公司依托‘大智物移云’等互联网新兴技术手段……重塑零售业态，使线上平台、线下门店和现代物流设施之间有效连通与融合，推动线上线下全场景多业态深度融合，带给消费者全新的消费体验”“2013 年提出‘云商模式’，即‘店商 + 电商 + 零售服务商’，聚焦线下连锁店面和线上电子商务两个平台，致力于打造互联网时代的零售与服务模式，以云技术为支撑、以开放平台为架构，形成多渠道融合、全品类经营、开放平台服务的业务形态”“逐步走出了一条从‘+ 互联网’到‘互联网 +’再到全场景智慧零售的探索之路”。

（2）分析 S 公司的企业能力：

①研发能力。“S 公司有着近 30 年信息化沉淀，在这次互联网转型过程中……S 公司依托庞大的用户群体，利用人工智能、云计算、大数据等前沿技术，量身打造各类智慧零售产品，服务于所有用户，致力于将技术创新能力打造为带动整个 S 公司高速发展的引擎”。

②营销能力。“2009 年，以上线 B2C 网购平台“S 拼购”为标志，正式开启互联网转型之路，推动线上线下融合发展；2013 年提出“云商模式”，即“店商 + 电商 + 零售服务商”，聚焦线下连锁店面和线上电子商务两个平台，致力于打造互联网时代的零售与服务模式，以云技术为支撑、以开放平台为架构，形成多渠道融合、全品类经营、开放平台服务的业务形态”“乘着互联网时代的大潮，S 公司也在积极进行重新定位。2013 年 10 月，S 公司联合弘毅资本战略投资 PPTV 聚力，占股 44%，成为 PPTV 的第一大股东，积极拥抱互联网，推动线上线下融合、软件硬件融合，创新营销方式”“定价管理方面，适应行业发展需要建立独立的定价体系；营销推广方面，加强关联推荐、精准营销，注重社群营销，有效提升用户复购率，整合互联网各种推广模式”“2019 年，公司实现营业收入 2692.29 亿元，商品交易规模（含税，区域上涵盖中国大陆、香港及日本市场，包括线上、线下、自营及开放平台，以及提供物流、金融、售后等服务）为 3787.4 亿元；线上平台商品交易规模为 2387.53 亿元，占比 63.04%（根据财报，S 公司 2010 年首次将线上销售额纳入统计，当年仅实现销售收入 20 亿元，增长超过 100 倍）”。

③财务能力。“S 公司联合弘毅资本战略投资 PPTV 聚力，占股 44%，成为 PPTV 的第一大股东……2014 年 1 月，全资收购‘满座网’并将其整合为本地生活事业部，融入 S 公司平台协调发展，创新消费者服务”。

④组织管理能力。“S 公司注重培养管理人员的互联网思维，加快管理人员思维转变，从而加快组织结构变革以适应互联网时代的到来”“S 公司在互联网转型期间曾多次调整组织结构以适应 O2O 运营的需要，最关键的是 2012 年在总部层面设立五大管理总部，在大区层面实施大区—城市终端两级管理……推行小团队、微创新，鼓励跨界组合、内外协同”。

（3）S 公司实施发展战略所采用的途径：

①内部发展（新建）。“自筹资金投资建

设……各类创新互联网门店13000多家”。

②外部发展（并购）。“2014年1月，全资收购‘满座网’并将其整合为本地生活事业部，融入S公司平台协调发展，创新消费者服务”。

③战略联盟。“2013年10月，S公司联合弘毅资本战略投资PPTV聚力，占股44%，成为PPTV的第一大股东，积极拥抱互联网，推动线上线下融合、软件硬件融合，创新营销方式，为线上网络零售业务引流，提高客户粘性”。

（4）S公司市场营销组合策略：

①产品策略。“经营商品涵盖传统家电、消费电子、日用品、图书、虚拟产品等综合品类”“品类规划方面，加快新品类的发展，不断丰富超市、母婴、家居等商品类目”。

②价格策略。“定价管理方面，适应行业发展需要建立独立的定价体系”。

③分销策略。“截至2019年，全场景S公司线下网络覆盖全国，自筹资金投资建设有S广场、S社区中心、S百货、S小店、S零售云、S极物、S红孩子、S易购、S体育、S影城、S汽车超市等‘一大两小多专’各类创新互联网门店13000多家，稳居国内线下网络前列”“2009年，以上线B2C网购平台‘S拼购’为标志，正式开启互联网转型之路，推动线上线下融合发展；2013年提出‘云商模式’，即‘店商+电商+零售服务商’，聚焦线下连锁店面和线上电子商务两个平台，致力于打造互联网时代的零售与服务模式，以云技术为支撑、以开放平台为架构，形成多渠道融合、全品类经营、开放平台服务的业务形态”。

④促销策略。“营销推广方面，加强关联推荐、精准营销，注重社群营销，有效提升用户复购率，整合互联网各种推广模式；客户体验上，打造综合类电子商务门户，从商品、服务、资讯及社区建设等方面不断完善网站功能和增值服务内容……增加线上业务广告促销投入，推广易购品牌；产业联动方面，通过推出专属客服、免运费等具有吸引力的服务权益，以及打通本地生活、视频、文娱等高粘性会员权益等方式，提高消费者品牌认可度，实现付费会员快速增长”。

（5）S公司的研发类型和动力来源：

①研发类型：

a. 产品研究——新产品开发。“品类规划方面，加快新品类的发展，不断丰富超市、母婴、家居等商品类目”。

b. 流程研究。“S公司依托‘大智物移云’等互联网新兴技术手段，对于零售行业从前端生产到中端物流，再到末端销售的完整价值链进行创新变革和流程再造，重塑零售业态，使线上平台、线下门店和现代物流设施之间有效连通与融合，推动线上线下全场景多业态深度融合，带给消费者全新的消费体验”。

②研发的动力来源：技术推动。“S公司依托‘大智物移云’等互联网新兴技术手段，对于零售行业从前端生产到中端物流，再到末端销售的完整价值链进行创新变革和流程再造，重塑零售业态，使线上平台、线下门店和现代物流设施之间有效连通与融合，推动线上线下全场景多业态深度融合，带给消费者全新的消费体验”“S公司在互联网时代大展身手的背后，是不断的技术创新和新技术应用”。

（6）①数字化技术对S公司组织结构的影响：

a. 构建传统与数字的融合结构。“2013年提出‘云商模式’，即‘店商+电商+零售服务商’，聚焦线下连锁店面和线上电子商务两个平台，致力于打造互联网时代的零售与服务模式，以云技术为支撑、以开放平台为架构，形成多渠道融合、全品类经营、开放平台服务的业务形态。随着S公司网络零售的高速成长，互联网因素全面渗透S公司的经营管理，S公司越来越聚焦于O2O深度融合，围绕渠道、商品、物流、技术等，不断加大投入，开启更深刻的变革，逐步走出了一条从‘+互联网’到‘互联网+’再到全场景智慧零售的探索之路”。

b. 以新型组织结构为主要形式。“为了更好实现扁平化管理和本地化自主经营，最大程度调动和发掘各业务单元和大区的经营主动性、积极性，提升运营效率，S公司结合战略推进情况完善互联网组织架构，实现以任务和项目导向的组织设计，推行小团队、微创新，鼓励跨界组合、内外协同”。

②数字化技术对S公司经营模式的影响：

a. 互联网思维的影响。“S公司是实体零售行业推动互联网转型的先行者，S公司注重培养管理人员的互联网思维，加快管理人员思维转变，从而加快组织结构变革以适应互联网时代的到来。2009年，以上线B2C网购平台‘S拼购’为标志，正式开启互联网转型之路，推动线上线下融合发展；2013年提出‘云商模式’，即‘店商+电商+零售服务商’，聚焦线下连锁店面和线上电子商务两个平台，致力于打造互联网时代的零售与服务模式，以云技术为支撑、以开放平台为架构，形成多渠道融合、全品类经营、开放平台服务的业务形态”。

b. 多元化经营的影响。“随着S公司网络零售的高速成长，互联网因素全面渗透S公司的经营管理，S公司越来越聚焦于O2O深度融合，围绕渠道、商品、物流、技术等，不断加大投入，开启更深刻的变革，逐步走出了一条从‘+互联网’到‘互联网+’再到全场景智慧零售的探索之路”。

c. 消费者参与的影响。“数字化技术让消费者由以前的被动变为主动——主动去‘拉动’品牌，在驱动着品牌满足消费需求的同时，也拉动了品牌的销售额。S公司利用人工智能、云计算、大数据等数字化技术，让自己努力成为一家‘直接面向消费者’（Direct-to-Consumer，DTC）的公司，顾客对于商品的反馈信息能够直接送达给厂家，厂家可以根据消费者的需求对商品进行优化升级，从而更好满足消费者的需求”。

（7）S公司数字化战略转型的主要方面：

①技术变革。“S公司在互联网时代大展身手的背后，是不断的技术创新和新技术应用……S公司依托庞大的用户群体，利用人工智能、云计算、大数据等前沿技术，量身打造各类智慧零售产品，服务于所有用户，致力于将技术创新能力打造为带动整个S公司高速发展的引擎”“S公司在物流网络建设、自动化设备、车辆、人员管理等方面进行了前瞻性的长期投入”。

②组织变革。“保证组织结构与企业战略相匹配，能够使企业最大限度地实现协调与整合，提高经营运作效率，为企业带来竞争优势。为了更好实现扁平化管理和本地化自主经营，最大程度调动和发掘各业务单元和大区的经营主动性、积极性，提升运营效率，S公司结合战略推进情况完善互联网组织架构，实现以任务和项目导向的组织设计，推行小团队、微创新，鼓励跨界组合、内外协同”。

③管理变革。“营销推广方面，加强关联推荐、精准营销，注重社群营销，有效提升用户复购率，整合互联网各种推广模式”“物流作为智慧零售的基础设施及对外赋能的重要方面，S公司在物流网络建设、自动化设备、车辆、人员管理等方面进行了前瞻性的长期投入，建立全国骨干网络和城市末端配送网络，不断丰富服务产品内容，同时不断提高S公司物流的市场竞争能力，推动物流社会化业务发展”。

2022 年注册会计师考试
全真模拟测试题（二）

使用“会计云课堂”App 或“微信”扫码快速做题、对答案、看解析、掌握解题思路，开启轻松过关之旅。

扫码做题

- 建议答卷时长 120 分钟
- 答卷开始时间 ______
- 答卷结束时间 ______

一、单项选择题

本题型共 26 小题，每小题 1 分，共 26 分。每小题只有一个正确答案，请从每小题的备选答案中选出一个你认为正确的答案。

1. 甲公司是一家专注于高端定制白酒的生产商，所处地理位置接近白酒原料产地且具备生产优质白酒的成本优势和研发优势。根据上述信息判断，甲公司选择的竞争战略是（　　）。
   A. 集中化战略　　B. 多元化战略
   C. 成本领先战略　　D. 差异化战略

2. 德汇公司董事会在最近一次会议中决定，为了更及时、全面地计量和评价业绩，选取了工艺、流程先进性以及质量标准作为业绩衡量指标。下列关于德汇公司使用上述非财务指标衡量、评价企业业绩的原因中，不正确的是（　　）。
   A. 覆盖了对财务结果无任何责任的人员
   B. 有利于避免短期行为
   C. 容易被非财务管理人员理解并使用
   D. 可以作为所有部门的共同业绩目标

3. 甲、乙公司共同出资设立丙有限责任公司。丙公司董事会共有 9 名董事，于 2022 年 3 月召开董事会临时会议。下列关于董事会职责的说法中，正确的是（　　）。
   A. 审议内部审计部门提交的风险管理监督评价审计综合报告并报股东大会批准
   B. 批准设立公司风险管理部门
   C. 批准企业全面风险管理年度工作报告
   D. 对重大决策的风险评估报告进行审议

4. 北药集团是一家中药制造企业。2019 年以前，北药集团主打的 S 产品具有疏风解表，清热解毒的功效，由于功效显著，很受市场欢迎。近年来中药市场需求依然旺盛，然而北药集团的 S 产品销售增长缓慢，公司的经营业绩不如其他竞争对手。根据 SWOT 分析，北药集团目前应该采取的战略是（　　）。
   A. 扭转型战略
   B. 多种经营战略
   C. 防御型战略
   D. 增长型战略

5. 甲公司是一家纺织企业，以产品质量闻名市场。随着人工成本的上涨以及高新技术的发展，机械化生产逐渐成为产业的发展趋势。甲公司为保持企业的质量优势，保留了部分人工纺织车间，与此同时引进机械化设备以提高企业的生产效率，为企业长期稳定的发展打下基础。依据竞争对手分析，上述信息可以体现甲公司的（　　）。

A. 持久力　　B. 适应变化能力
C. 快速反应能力　　D. 财务能力

6. 甲公司是一家国际知名洗涤用品公司，计划与中国某企业建立合资企业。双方谈判中，均坚持只保留自有品牌，不考虑对方品牌的保留。经过多次协商，最后双方同意在合资企业中同时采用外方和中方两个品牌。根据以上信息可以判断，双方的这种行为模式属于（　　）。

A. 对抗　　B. 折中
C. 协作　　D. 和解

7. 丙公司是一家刚创立的软件开发公司，总部设在北京。丙公司所处的软件开发行业突出特点是技术更新快，同时也导致经验丰富、素质高的软件工程师流动性较大，为此丙公司按矩阵式的结构对各项目进行管理和考核，以确保各项目按期完成。根据以上信息可以判断，丙公司企业文化的类型是（　　）。

A. 权力导向型　　B. 角色导向型
C. 任务导向型　　D. 人员导向型

8. 近年来，随着生猪价格不断上涨，J公司在推进混合所有制改革的过程中，收购M猪业公司100%的股权，打算以行业先进的养殖技术发展现代化养猪产业。但收购后因管理不善，M公司出现持续亏损。最近J公司组织M公司的管理人员到本公司的下属钢铁生产企业N公司调研、学习，收效良好。J公司所实施的基准分析的类型属于（　　）。

A. 顾客基准　　B. 一般基准
C. 内部基准　　D. 竞争性基准

9. 盛华股份有限公司是一家大型客运公司，其业务涉及全国20多个大中型城市。2020年，该公司在客运过程中发生8起事故。根据专家建议，公司设计了一系列事故后处理系统，按事件发展的时间顺序由初始事件开始推论可能的后果，从而进行危险源的辨识，并对各种可能后果进行定性和定量分析。盛华股份有限公司适用的风险管理技术与方法是（　　）。

A. 敏感性分析法
B. 事件树分析法
C. 统计推论法
D. 风险评估系图法

10. 2020年4月27日，棉花的现货价格为15393元/吨，某棉花加工厂对此价格表示满意，希望能以此价格在一个月后买进20吨棉花。为了避免将来现货价格上涨，决定在某期货交易所进行套期保值。4月27日买进4手8月份到期的棉花期货合约，5吨/手，成交价格为15400元/吨。5月28日，该棉花加工厂在现货市场按照17930元/吨的价格买进20吨棉花的同时，卖出4手8月份到期的棉花期货平仓，成交价格为18000元/吨。在不考虑佣金和手续费的情况下，5月28日平仓时该套期保值的净损益为（　　）元。

A. 1260　　B. -1260
C. -1540　　D. 1540

11. 海康公司是一家专业从事安防视频监控产品研发、生产和销售的高科技企业。该公司主要管理人员和核心技术人员均为视频监控领域的资深专家，具有长期、丰富的技术和管理经验。经过多年的摸索，公司在消化吸收众多先进企业管理经验的基础上，形成了富有特色、较为完善的技术管理、职能管理体系和内部控制制度。上述信息反映海康公司的企业能力是（　　）。

A. 组织管理能力　　B. 营销能力
C. 生产管理能力　　D. 财务能力

12. 朝祥实木家具有限公司是一家集家具设计、生产、销售为一体的专业实木家具制造公司。该公司选择在特定的市场，通过一部分最适合的中间商来推销本公司的家具产品。根据上述信息判断，该公司采用的分销策略是（　　）。

A. 密集分销　　B. 选择性分销

C. 独家分销　　D. 混合分销

13. 近年来，虽然C国工业气体市场增长率较低，但是普莱克斯作为全世界最大的气体供应商，仍霸占着C国工业气体的头把交椅。根据波士顿矩阵分析法，普莱克斯C国的工业气体业务是（　　）。

A.“明星”业务

B.“问题”业务

C.“现金牛”业务

D.“瘦狗”业务

14. 华仁药业股份有限公司，主要从事研发、生产、销售大容量制剂，包括基础性输液、治疗性输液、营养性输液、腹膜透析液。未来公司将深耕现有主营大输液和血液净化领域的业务，利用现有的渠道优势，全面推广公司的现有产品线，并开发更多具有高附加值的产品线，提高公司盈利能力。同时公司以“大健康产业”为主线，以医药、医疗和健康服务为核心，一方面，做好血液净化领域的诊断治疗；另一方面，探索预防保健领域，逐步从诊断治疗转向预防保健和诊断治疗相结合，以延伸和拓宽公司的产业布局。华仁药业采取的发展战略类型不涉及（　　）。

A. 产品开发战略

B. 同心多元化战略

C. 离心多元化战略

D. 市场渗透战略

15. SN电器是中国商业企业的领先者，经过20多年的发展，成为中国最大的商业零售企业。随着互联网技术的不断发展，尤其是移动互联网技术的日新月异，在给零售业带来巨大发展契机的同时，也向传统的零售模式发起了挑战。2012年SN电器董事长提出了SN云商模式，可以概括为“店商＋电商＋零售服务商”。2013年2月19日，零售业巨头SN电器正式发布公告，更名为“SN云商集团股份有限公司”。次日，SN正式发布其“云商零售模式”。该公司的战略转型考虑了宏观环境分析中的（　　）。

A. 政治和法律因素

B. 经济因素

C. 技术因素

D. 社会和文化因素

16. G公司是一家上市公司。近日该公司发布了一则公告，计划将所持的S公司35%的股权，以2000万元的价格转让给控股股东G集团，但基于资产基础法评估的S公司全部股权价值为35000万元。从掠夺性财务活动角度分析，G公司的上述股权转让行为属于（　　）。

A. 内幕交易

B. 超额股利

C. 掠夺性资本运作

D. 掠夺性融资

17. 哈佛商学院教授亚非在波特教授五种竞争力研究的基础上，提出了影响产业利润的第六个要素。下列各项中，体现该要素作用的是（　　）。

A. 某肉制品加工企业并购了一家生猪养殖场，降低了原材料成本

B. 某市甲房地产开发公司与乙家用电器销售公司通过优势互补合作开发某地产项目

C. 某家电生产企业控制了全省的销售渠道，使其他家电生产企业在该省难以立足

D. 两家快捷酒店通过降低住宿价格，争夺消费者

18. 从事汽车维修保养的海达公司率先从国外引进世界级高端汽车维修保养设备，并在其拥有的所有分店统一使用。使用该设备进行汽车保养维修，带给客户创新、品质、高效的体验，受到了客户的信任。但由于购置、使用、维护该设备耗资很大，而需求和使用率有限，海达公司入不敷出，经营陷入困境。从零散产业角度看，下列各项中，属于海达公司进行战略选择时未能避免的战略陷阱是（　　）。
A. 寻求支配地位
B. 对新产品做出过度反应
C. 不能保持严格的战略约束力
D. 过分集权化

19. 华为公司一直秉承着“以客户为中心、以奋斗者为本、长期坚持艰苦奋斗、坚持自我批判”的理念。从公司使命的角度来看，属于（　　）。
A. 公司宗旨
B. 公司目的
C. 公司目标
D. 经营哲学

20. 万华化学是一家发展中国家企业，着眼于北美市场的拓展，目前全球化布局有望逐步完善：40万吨美国MDI一体化项目若如期建成，公司将实现MDI的美国本地化生产和经营，有利于降低国际贸易政策和关税带来的风险，同时满足北美地区客户对公司MDI产品供应稳定性和产品多样化的需求。该公司对外直接投资的动机是（　　）。
A. 寻求市场
B. 寻求效率
C. 寻求现成资产
D. 寻求资源

21. 在证券市场一片萧条的大环境下，各券商的业绩虽不尽人意，但某些上市证券公司的股价却较为稳定甚至有所上涨。据悉，这些上市证券公司对财富管理、信息技术岗位的需求大，信息技术员工占比超过了60%，为智能投股、大数据财富管理、融资授信、大数据风控等提供了很好的技术支持。这些上市证券公司的竞争优势主要来自于其拥有的（　　）。
A. 文化资源
B. 人力资源
C. 技术资源
D. 物质资源

22. X公司以内容电商打造内容性消费，实现了对高品质流量的掌控。为迎合当前消费者倾向于购买高质量、高口碑的商品，X公司决定以对商品品质高度重视的美妆行业作为切入点，让用户在X公司的平台上发布自己在生活中的精彩瞬间片段，并在精彩的内容中添加商品的购买链接，不断提升自身在美妆界的影响力，以此汇聚高转化率、高留存度的高质流量。上述信息体现了创新型组织的组成要素中的（　　）。
A. 全员参与创新
B. 跨越边界
C. 创造性的氛围
D. 关键个体

23. 为了应对市场巨变，MM公司制定了新的企业战略并立刻实施。但因缺乏良好的企业内部沟通机制，没有使新战略被全体员工接受。上述做法极可能导致企业战略的（　　）。
A. 早期失效
B. 中期失效
C. 偶然失效
D. 晚期失效

24. 甲公司是一家集团企业，主要从事化工、电力、市政、建筑、环保等工程建设、服务及相关业务。该公司拥有23家全资二级子公司，8家控股二级子公司，主要通过各子公司开展业务。各个子公司独立经营，并保留其原本的企业名称，集团公司较少参与其子公司的市场战略。根据上述信息可以判断，甲公司采用的组织结构是（　　）。

A. 战略业务单位组织结构

B. M型组织结构

C. H型结构

D. 事业部制组织结构

25. 三菱集团是一家国内汽车生产企业。自改革开放以来，很多具有品牌以及技术优势的国外汽车品牌企业进入我国市场，汽车产业竞争十分激烈。为了长久发展，三菱集团在2002年以全部整车业务与国外汽车S集团建立了合作关系，合资成立了新的公司。随着新公司规模的不断扩大，产销量持续增长，该公司已经在我国发展为一家现代化的微、小型汽车制造企业。根据以上信息判断，三菱集团作为新兴市场本土企业所选择的战略是（　　）。

A.“防御者”战略

B.“抗衡者”战略

C.“躲闪者”战略

D.“扩张者”战略

26. H公司为了取得长期竞争优势与供应商结成战略伙伴关系。H公司从某种新产品概念的提出就开始与供应商合作，其采购部门和设计部门与包装箱供应商共同合作讨论包装设计。在产品设计阶段就充分考虑未来在仓储、运输、生产和销售等环节的成本和服务，提高物料、工艺和服务的标准化水平，减少差异性带来的后续成本。基于上述信息判断，H公司采用的交易策略属于（　　）。

A. 市场交易策略

B. 短期合作策略

C. 功能性联盟策略

D. 创新性联盟策略

二、多项选择题

本题型共16小题，每小题1.5分，共24分。每小题均有多个正确答案，请从每小题的备选答案中选出你认为正确的答案。每小题所有答案选择正确的得分，不答、错答、漏答均不得分。

---

1. 德利公司是一家以食品生产加工为主的企业。该公司在组织机构设置和权责分配上仍然缺乏系统科学的整体考虑，虽然设置了形式上的公司治理结构，却未能真正发挥现代企业制度中董事会、监事会的职能。同时，该公司目前的内部信息传递方式还停留在电话、传真的阶段，没有运用先进的信息传播手段，如计算机网络来提高信息传播的效果和效率。根据上述信息判断，德利公司存在控制缺陷的内部控制要素有（　　）。

A. 风险评估　　B. 内部环境

C. 信息与沟通　　D. 控制活动

2. 甲公司是一家提供社交媒体服务的互联网公司，乙公司是一家著名的电子商务公司。2015年，甲公司和乙公司签署交换彼此30%股份的战略合作协议。根据协议，双方将在网络支付服务方面进行合作。同时，甲公司将向乙公司提供社交媒体客户端的一级入口位置及其他主要平台的支持。甲公司和乙公司结成的战略联盟的特点有（　　）。

A. 有利于长久合作

B. 联盟内成员之间的沟通不充分

C. 双方具有较好的信任感和责任感

D. 企业对联盟的控制能力差

3. 美容美发产业是公认的零散产业。从产业本身的基础经济特性角度出发，造成美容美发产业零散的原因可能有（　　）。
A. 市场需求多样导致高度产品差异化
B. 不存在规模经济或难以达到经济规模
C. 进入障碍低或存在退出障碍
D. 产业中还没有企业掌握足够的技能和能力以占据重要的市场份额

4. 20多年前，欧洲N公司的产品线很多，除生产移动通信产品以外，还生产纸张、电视机、电脑、电缆、轮胎等。1995年，N公司新任总裁Q先生一上任，就抓住时机促使管理层和员工达成共识，专注电信业务，执行以移动电话为中心的专业化发展新战略，出售了当时规模位居欧洲第二的电缆生产业务。根据上述信息可以判断，N公司总体战略涉及的类型包括（　　）。
A. 紧缩与集中战略
B. 产品开发战略
C. 转向战略
D. 放弃战略

5. 甲公司是一家光伏发电企业。受材料技术研发项目本身的难度和复杂性影响，光伏发电投资成本居高不下，而同一区域的风力发电企业成本较低，给甲公司的生存和发展带来威胁。更糟糕的是，公司在新建光伏电站时，因不了解当地的实际情况，选址不当，造成运输成本过高。甲公司面临的风险有（　　）。
A. 技术风险
B. 市场风险
C. 政治风险
D. 运营风险

6. 特斯拉是国际领先的电动汽车研发生产企业。特斯拉非常注重中国市场，并于2019年成功在中国上海建立了生产基地。但是随着国内车企的长足发展，上汽、北汽都已经开始布局电动汽车业务，比亚迪、领克等已经开始量产高端电动汽车；在国际市场上，丰田等老牌车企的油电混动汽车也已经量产。从波特五种竞争力的角度分析，特斯拉面临的威胁有（　　）。
A. 供应商的讨价还价能力
B. 潜在进入者的进入威胁
C. 替代品的替代威胁
D. 产业内现有企业的竞争

7. 冰峰汽水曾经是西安市场上十分畅销的汽水。目前，冰峰汽水不只在西安，在陕西其他一些城市也都具有一定的品牌知名度和顾客忠诚度。但近年来，随着产品逐步标准化，造成陕西地区汽水局部生产能力过剩，价格竞争激烈。结合产品生命周期理论，冰峰汽水应该把握的成功关键因素有（　　）。
A. 保护现有市场，渗入别人的市场
B. 降低成本，开发新口味的汽水
C. 广告宣传，开辟销售渠道
D. 缩减生产能力，保持价格优势

8. A化妆品公司着眼于追求精致生活方式的消费群体，推出包装精美的化妆用品，其定位于20~35岁女性，包括大学生、上班族、宝妈等。她们想通过化妆，展示自己的优雅动人之处，并把女性魅力融入自己的整体生活或满足职场需要。根据上述信息可以判断，A化妆品公司重点考虑的市场细分依据包括（　　）。
A. 人口细分
B. 行为细分
C. 地理细分
D. 心理细分

9. 德凯公司2021年的投资资本回报率为5%，销售增长率为10%；经测算该公司的加权平均资本成本为8%，可持续增长率为12%。下列说法中错误的有（　　）。
A. 该公司的业务属于减损型现金剩余业务

B. 该公司首选的战略是提高投资资本回报率
C. 该公司首选的战略是利用剩余现金加速增长
D. 该公司可选的战略是彻底重组

10. N公司是一家主要从事移动通信设备生产和相关服务的跨国公司。早在20世纪90年代，N公司并没有考虑清楚自己要做什么类型的互联网公司，也不清楚互联网公司的内涵是什么，更不清楚怎么干。其先后设立了游戏平台、在线音乐商店、邮件服务平台，管理层战略方面的不断调整让用户对N公司的业务无法产生清晰的理解和记忆。根据《企业内部控制应用指引第2号——发展战略》，N公司在制定和实施发展战略方面存在的主要风险有（　　）。
A. 缺乏明确的发展战略
B. 发展战略过于激进
C. 发展战略因主观原因频繁变动
D. 缺乏团队协作和风险意识

11. 大华公司实行全面预算管理，不受以往预算安排的影响，每年年底都在深入分析每个部门的需求和费用的基础上，从实际出发编制预算。大华公司编制预算所采用方法的缺点有（　　）。
A. 工作量大，费用较高
B. 它可能追求短期利益而忽视长期利益
C. 没有提供降低成本的动力
D. 没有考虑经营条件和经营情况的变化

12. 1992年，以家电研发、生产和销售为主业的信达公司确立了“技术立企”的发展战略。公司董事长程静强调：“那些只引进不研发、落伍了再引进的企业，没有追求，必死无疑”。信达公司拒绝参与彩电行业价格战，每年将销售收入的5%投入研发。依据绩效管理与企业基本竞争战略的匹配，该公司在绩效评估方面做法正确的有（　　）。
A. 评估内容涉及行为和结果两种指标
B. 评估范围宽广，评估信息丰富
C. 上级作为考核的主要考官
D. 主要用于员工的发展和素质提升

13. B公司采用平衡计分卡衡量公司业绩，并选取了客户收益率、废物减排及利用率、新客户开发率、数字化技术采用率等作为绩效衡量标准。该公司选取的上述指标涵盖的平衡计分卡角度有（　　）。
A. 创新与学习角度
B. 财务角度
C. 顾客角度
D. 内部流程角度

14. 甲公司是M国一家特种钢材制造公司，为各类制造企业提供特种钢材。为追求更高的质量标准，甲公司在生产技术方面不断改进，生产效率得到快速提升。2017年，甲公司与N国飞机制造商乙公司签订合作协议，由乙公司提供关键生产技术，为乙公司贴牌生产30万组飞机发动机关键部件。2019年，甲公司并购B国汽车零部件制造企业丙公司，运用双方先前积累的各项技术，成功在该产业站稳脚跟，并成功研发多种汽车专用的关键零部件。2021年，甲公司在全球产业链中占据重要位置，业务涵盖汽车、飞机等多种大型设备制造，并成功迈入整车制造产业。依据全球价值链与发展中国家企业升级理论，甲公司涉及的企业升级类型有（　　）。
A. 工艺升级
B. 产品升级
C. 功能升级
D. 价值链升级

15. 华海公司是Z市一家生产儿童玩具的企业。多年来该公司一直在Z市儿童玩具市场拥有稳定的市场占有率，并采取了防御型战略组织形式。下列各项中，属于防御型战略组织特点的有（ ）。

A. 提高技术效率是组织成功的关键

B. 常常采取“机械式”结构机制

C. 适合于较为稳定的产业

D. 组织缺乏效率性

16. 近日，全国知名房地产公司恒大集团将要步入破产企业的行列。其主要内因如下：一是公司决策层过度运用资金的杠杆，盲目举债，出现违约债务；二是公司地产项目在全国遍地开花，盲目扩张，一旦房价横盘或下跌，购房者大幅下降，房款回收时间拉长，就会出现资金链紧张。依据《企业内部控制应用指引第6号——资金活动》，本案例中，恒大集团所面临的主要风险有（ ）。

A. 资金调度不合理、营运不畅，可能导致企业陷入财务困境

B. 投资决策失误，引发盲目扩张，可能导致资金链断裂

C. 资金活动管控不严，可能导致资金被挪用、侵占、抽逃或遭受欺诈

D. 筹资决策不当，引发资本结构不合理，可能导致企业债务危机

三、简答题

本题型共4小题26分。

1.（本小题5分。）

提到火锅品牌，大多数人首先想到的便是海底捞。餐饮行业是个低门槛、低技术行业，复制性很高，如果从竞争的角度考虑，口味、价钱、环境等都是基础性条件，海底捞能做到的，竞争对手也能做到，因此海底捞选择服务作为突破口。海底捞着重打造宾至如归的体验，以低成本创造差异化的服务，并以此为目标整合全公司的系统，实行高压考核政策，海底捞将店面分为三个等级，每三个月考核一次，会有15个神秘人组成考评团，针对服务质量、服务员的敬业程度、食物质量及餐厅环境进行考评。现在人们一提到火锅店的服务体验，第一反应就是海底捞，它的服务早已不局限在餐饮类，给孩子辅导作业、替顾客买药、为单人就餐者提供玩偶陪伴等，海底捞用创造性的思维挖掘了顾客的新需求，重构了顾客价值元素，塑造新的价值曲线，从而打破了价值与成本的权衡取舍，谋得自身不可取代的市场地位。不仅如此，海底捞还快速切入了快消零售渠道，以火锅为切入口推出底料、自热食品等商品，一方面依靠门店展示商品为线上反哺流量；另一方面开启线上商店自营电商渠道，开展商品销售与服务预约，尽可能降低边际成本。近年来，啤酒似乎正成为海底捞餐厅重要的收入来源之一。海底捞在2017年下半年开始推出啤酒，它选择的并非工业啤酒，而是精酿啤酒，开辟了和传统火锅品牌不同的竞争空间。之所以做此选择，海底捞考虑的是从工艺角度，精酿啤酒的麦芽等原料的含量更高，口感调整后相对独特。海底捞2019年年底700家门店的年啤酒销售额或达到4.32亿元。要知道，啤酒上市企业兰州黄河2018年的全年营收也不过5.09亿元，这也验证了海底捞此举的成功。

更让人意想不到的是，海底捞2019年开启了自己的跨界之路，推出了自己的系列文创产品。海底捞微商城目前上线的产品主要包括环保袋、套袖、便利贴、ipad保护壳、手账本等，价格比较亲民，收获了网友的好感，网友甚至还出主意

希望能继续扩大文创品的阵营，比如出个能一半装酸梅汤一半装柠檬水的鸳鸯杯子或者四宫格便当盒等，而这些想法也得到了海底捞的回应。

目前，海底捞正致力于智慧餐厅的实践。2018年年底，海底捞的第一家智慧餐厅在北京开业。消费者下单后，与前台点餐系统连接的自动出菜机就通过机械臂从菜品仓库中开始配菜，并通过传送带把菜品送至传菜口，再由传菜机器人将菜品送至相应的餐桌，理想状态下，整个过程仅2分钟就可完成。未来，海底捞计划将这些智能化设备投放到更多的门店，并加紧国内、海外智能餐厅布局，这必将引领新的行业潮流。

要求：

（1）依据红海战略和蓝海战略的关键性差异，简要分析海底捞所体现的蓝海战略的特征；

（2）依据蓝海战略重建市场边界的基本法则（开创蓝海战略的途径），简要分析海底捞在火锅品牌中开创新的发展空间的路径。

2.（本小题7分。）

IBM由托马斯·沃森在1911年创立于美国，是全球最大的信息技术和业务解决方案公司，全球雇员30多万人，业务遍及160多个国家和地区。

在将个人电脑业务出售给联想之后，IBM开启了企业的新阶段。2010年后，IBM开启了疯狂的并购。2011年10月，IBM成功收购Algorithmics，使其成为IBM软件集团的重要成员；2012年12月19日，IBM宣布签署了收购StoredIQ软件公司的确定性协议；2013年9月19日，IBM宣布收购了Daeja影像系统有限公司；2014年4月10日，IBM宣布收购私人控股的云营销服务公司Silverpop；2015年3月28日，IBM收购搜索引擎初创企业Blekko技术及团队；2016年1月21日，IBM宣布收购了网络视频直播服务商Ustream；2018年10月29日，IBM宣布以340亿美元的价格收购RedHat。2018年10月2日，IBM和Groupon宣布，他们已经解决了两家公司之间的所有专利诉讼，后者向IBM支付了约5700万美元的赔偿。同时，两家公司还达成了一项长期专利交叉许可协议。据全球领先的专利数据库提供商IFI CLAIMS Patent Services数据显示，2017年IBM在美国获得了9043项专利，连续25年高居榜首。

目前，IBM在硬件及材料化学领域成绩斐然：在硬件方面，IBM在大型机、超级计算机（主要代表有深蓝、蓝色基因和Watson）、UNIX、服务器方面领先业界；在软件方面，IBM软件集团拥有软件行业解决方案以及中间件产品，包括业务分析软件（Cognos、SPSS）、企业内容管理软件、信息管理软件（DB2、Infomix、InfoSphere）、ICS协作（包括Lotus等）、Rational软件（软件生命周期管理）、Tivcli软件（整合服务管理）、WebSphere软件（业务整合与优化）、System z软件；在材料和化学领域，硬盘技术、扫描隧道显微镜（STM）、铜布线技术、原子蚀刻技术都是IBM研究院发明的。

IBM的发展并不是一帆风顺的，其发展也经历了起起落落。从上世纪七十年代开始，IBM由于在PC市场近乎于垄断的地位，导致企业开始以自我为主而忽略消费者，最终导致其在与苹果等公司的竞争中失败，濒临破产。IBM前董事长埃克斯从推销员干起，一路上升到IBM董事长，但是其却导致了IBM的衰败。1994年，埃克斯离开IBM之后拟合伙办一家公司，最终计划失败。一些经理人担心IBM积重难返，从而拒绝了IBM董事会的邀请，但是格斯特约毛遂自荐，最终领导了IBM的复兴，其本人的人力资本也随IBM公司的复苏而倍增。IBM作为上市的企业，资本投资者有“用脚”投票的权力。公司经营状态好则股价上涨，反之股价下跌。从1993年的每股47美元的股价到时隔三年之后的158.5美元，新的管理层带给投资者足够多的信心。

要求：

（1）简要分析IBM公司在2010年后所采取的发展战略的主要途径；

（2）简要分析IBM公司目前采取的产品组合策略类型；

（3）简要分析IBM公司的外部治理机制。

3.（本小题7分。）

中简科技是一家生产、销售高性能碳纤维及碳纤维织物的公司，产品主要应用于航空航天领域。近年来，随着航空航天领域的不断发展，全球碳纤维市场需求以每年10%的增长率上升。在市场需求不断提升的背景下，近年来，中简科技业绩稳增，年营业收入由2014年的6029万元增至2016年的1.5亿元；净利润由2014年的1271万元增至2016年的5984万元。

但中简科技披露的财务数据存在三大疑点：其一，中简科技在2016年向前五大供应商采购金额合计为1858.95万元，占当期采购总额的比重为76.79%，由此计算采购总额为2420.82万元，对应含税采购总额也不会超过2832.36万元。但在中简科技当年的财务报表中显示，现金流量表中"购买商品、接受劳务支付的现金"项目在2016年支出金额高达3495.54万元，显著高于同期采购总额对应的资金支付需求。其二，2017年上半年中简科技对客户M的应收账款余额为2305.91万元，而在2016年年末对该客户的应收账款余额还仅为423.99万元，说明2017年上半年应收账款余额净增加了1881.92万元。但是中简科技在2017年上半年销售了973.6万元碳纤维和625.57万元碳纤维织物，合计销售额尚不足1600万元。其三，中简科技2016年和2017年上半年的产品产销率均不足100%，其中2016年产销差达926.66千克、2017年上半年的产销差则为2007.84千克，合计2900多千克产成品的新增库存，相当于2017年上半年实际产品销量23859.03千克的十分之一以上。由于中简科技已于2019年3月成功过会，4月首次公开发行股票并在创业板上市初步询价及推介公告，其披露出的虚假财务数据会误导财务报告使用者，干扰市场。

中简科技当前在产的湿法T700工艺的碳纤维产品涉嫌侵犯北京化工大学的专利，在研究的干湿法工艺碳纤维与中科院和中复神鹰的核心技术权属存在重大争议。中简科技在招股说明书中对核心技术及其权属争议的披露采用"文字游戏"进行隐瞒，其行为涉嫌虚假记载、误导性陈述和重大遗漏。

中简科技应收账款余额占比较大主要与航空航天行业的特性有关。由于航空航天装备的产业链较长，货款结算程序复杂、周期相对较长，导致公司的应收账款具有回收周期相对较长、期末金额较大的特点。高占比的应收账款有可能会对公司盈利和资金状况造成以下不利影响：如果未来客户资信情况或与公司合作关系发生恶化，将可能因应收账款不能及时回收形成坏账；若应收账款规模进一步扩大、账龄进一步上升，坏账准备金额会相应增加，对公司经营成果造成不利影响；如果应收账款规模扩大，也会影响公司经营性现金流量，对公司资金状况造成不利影响，并可能导致银行贷款和财务费用的增加，从而影响公司盈利能力。

我国航空航天行业高度集中的经营模式导致企业普遍具有客户集中的特征。中简科技生产的高性能碳纤维已通过航空航天型号验证，成为了国内大型航空航天企业集团的主要供应商。公司与主要客户形成了密切配合的战略合作关系，且这些客户对公司产品具有较高依赖性。如果现有客户需求受国家国防政策变化影响而大幅下降，而中简科技又没有其他的销售渠道，则较高的客户集中度将对公司的经营产生一定影响。

要求：

（1）依据《企业内部控制应用指引第14号——财务报告》，简要分析中简科技面临的财务报告风险；

（2）依据《企业内部控制应用指引第8号——资产管理》，简要分析中简科技面临的资产管理风险；

（3）依据《企业内部控制应用指引第9号——销售业务》，简要分析中简科技面临的销售业务风险。

4.（本小题7分。）

近年来，随着我国国民经济快速增长，人民生活水平逐步提高，国家加大医疗保障和医药创新投入，医药产业将继续保持良好发展态势。随着人均可支配收入不断的增多，生活水平的提高会使居民更加注重医疗健康，从而在居民可支配收入中，医疗保健消费的占比将会不断增加。

国家不断出台鼓励医药行业创新的政策，医药行业总体技术实力得到了提高。但是还存在着一些问题：首先，研发投入不足；其次，我国医药装备水平也亟待提高；最后，科技成果迅速产业化的机制尚未完全形成。医药行业的资产专用性比较高，进入该行业之后所面对的转换成本也比较大。目前医药行业竞争十分激烈，全国各区域基本都分布着实力较强的医药企业，如果贸然进入，必然会遭到现有医药企业的排挤。但互联网和电子商务的发展在一定程度上降低了进入医药行业的难度。

N药业股份有限公司（以下简称N公司）1999年7月在上海证券交易所上市，主要经营范围为医药制造及药品批发。N公司生产所需的原材料和胶囊需要由其上游供应。但最近几年由于中药原材料造假以及毒胶囊事件频频曝光，增加了药品生产企业在相关采购环节收集信息的成本，无形中增加了这些企业的费用支出。一旦有类似的事件发生，对N公司的许多方面，包括企业形象所造成的负面影响是很大的。

N公司在销售渠道上严重地依赖大股东和关联方，使公司处在被动的位置上。另外，主要采用线下销售来进行产品的推广。随着互联网的不断发展，N公司严重地依赖于传统的销售模式，不仅造成公司销售成本的增加，同时也削弱了公司在销售渠道的竞争力。

N公司主攻心脑血管方向的药物生产，但是目前N公司在心脑血管方向的药物主要是诺迪康和新活素。虽然N公司在2016年新购进依姆多品牌，但是药物品种还是相对较少。

N公司新收购的药品品牌在管理和运营方面如果缺乏相应的专业人员，会严重地削弱药品已经占领的市场份额，并且会对公司整体的盈利能力带来消极的作用。

要求：

（1）从PEST角度简要分析N公司面临的机会与威胁；

（2）从五种竞争力角度简要分析N公司面临的机会与威胁；

（3）简要分析N公司面临的风险类型。

四、综合题

（本题共 24 分。）

资料一

北京字节跳动科技有限公司成立于 2012 年，是最早将人工智能应用于移动互联网场景的科技企业之一。公司独立研发的“今日头条”客户端，通过海量信息采集、深度数据挖掘和用户行为分析，为用户智能推荐个性化信息，从而开创了一种全新的新闻阅读模式。随着公司的进一步发展，字节跳动在原有今日头条 App 的基础之上，开发出了西瓜视频、火山小视频、抖音等一系列网红 App，极大地丰富了公司的产品线。

在创业之初，字节跳动旗下的“今日头条”产品仿佛掩盖了字节跳动的光芒。随着公司的发展壮大，字节跳动的业务已经很难用某一个 App 来定义：从今日头条到抖音、西瓜、火山、飞书、懂车帝，字节跳动成功完成了自身的二次创业。这都得归功于公司创始人张一鸣对考核机制的改革。字节跳动在 2015 年前后放弃了原本的管理考核制度，开始采用新的 OKR，即目标与关键成果法的制度，从而开始了自身的狂飙突进之旅。

资料二

2012 年是我国移动互联网爆发的元年，在此之前，从 PC 时代走出的门户巨头们接连推出自己的移动端新闻资讯 App，比如首家移动全媒体平台搜狐新闻 App，“有态度”的网易新闻客户端，以及腾讯旗下的腾讯新闻、天天快报等。相比当时同质化严重的资讯平台，今日头条的亮点是机器学习下的个性化推荐，字节跳动的机器学习技术打破了原有的“人”找“信息”的模式，在更加碎片化、浅阅读的移动时代完成了对“千人千面”的推送定制，迎合了大众的“好奇感”，很快，在推出不到 90 天的时间内，用户量突破了 1000 万人。由于今日头条成立之初就在广泛地对内容特征、用户特征以及环境特征进行大数据采集，因此今日头条具有难以被其他互联网公司模仿的优势。随着公司的发展，创始人张一鸣在今日头条的基础之上成立了字节跳动公司。

字节跳动不仅在国内狂飙突进，在国外也同样攻城略地。为了响应创始人张一鸣的号召“走出去”，完成“技术出海”的公司核心战略，字节跳动在美国、日本、韩国、加拿大、巴西等国家建立了分支机构，实现了公司的本土化运营。公司积极开发了 Tik Tok、Musical.ly、TopBuzz 等软件，这些软件都是基于国内的软件辅以本土设计师本土化设计而成。我们可以简单地将 TopBuzz 理解为今日头条海外版，Tik Tok 为抖音海外版，Musical.ly 则是字节跳动后来收购的音乐短视频社区。此外，还有西瓜视频海外版 Buzz Video、火山小视频海外版 Vigo Video。

资料三

随着字节跳动的“野蛮生长”，其仿佛已经成为能挑战 BAT 三巨头的最有力的公司，并且已经有人将 BAT 中的 B 理解为字节跳动（Bytedance）。随着公司的发展，也出现了一些隐患。在如今“严监管”成为大势所趋的背景下，字节跳动上线时间最久的拥有两亿用户的“内涵段子”被关停，这对字节跳动是一个警示。如果内容去低俗化，那么会流失极为庞大的一群用户；内容不去低俗化，继续保持一直以来的低俗、庸俗、恶俗，甚至是情色、灰色等特点，则会有政策方面的风险出现。字节跳动对流量方面的“上瘾”，在开发新产品时若不注意，则会继续招来整改要求。

随着企业的发展，字节跳动仿佛采取了“通吃战略”，涉及互联网的各个方面，并且开始对手机制造蠢蠢欲动。字节跳动的新市场开发策略虽然红红火火，但是由于大量融资而少有盈利，导致资金链紧张。

要求：

（1）简要分析字节跳动采取的基本竞争战略；

（2）简要分析字节跳动的战略创新类型；

（3）运用企业核心能力的三个关键性测试，判断字节跳动公司掌握的“机器学习个性化推荐”能否称之为该公司的核心竞争力；

（4）简要分析字节跳动的国际化经营战略类型；

（5）依据“钱德勒有关结构跟随战略”的理论，简要分析字节跳动企业国际化发展阶段采取的战略；

（6）依据《中央企业全面风险管理指引》，简要分析字节跳动所面临的运营风险。

客观题答案速查

我做对了 ________ 题　我得了 ________ 分

一、单项选择题

序号	1	2	3	4	5	6	7	8	9	10
答案	A	D	B	A	B	B	C	C	B	A
序号	11	12	13	14	15	16	17	18	19	20
答案	A	B	C	C	C	C	B	B	D	A
序号	21	22	23	24	25	26				
答案	B	B	A	C	C	D				

二、多项选择题

序号	1	2	3	4	5	6	7	8	9	10
答案	BC	AC	ABC	CD	ABD	BCD	AB	ABD	CD	AC
序号	11	12	13	14	15	16				
答案	AB	ABD	ACD	ABCD	ABC	ABD				

参考答案及解析

使用“会计云课堂”App 或“微信”扫码对答案、看解析、掌握解题思路，开启轻松过关之旅。

扫码看解析

一、单项选择题

1.【答案】A

【解析】“甲公司是一家专注于高端定制白酒的生产商”表明甲公司选择的竞争战略是集中化战略，选项 A 正确。

2.【答案】D

【解析】采用非财务指标衡量企业业绩的局限性之一是指标通常产生于各个经营部门并被它们分别使用，不能作为所有部门的共同业绩目标即企业整体性业绩目标。因此，选项 D 错误，为本题正确答案。

3.【答案】B

【解析】内部审计部门提交的风险管理监督评价审计综合报告由风险管理委员会审议，董事会批准，选项 A 错误；批准风险管理组织机构设置及其职责方案属于董事会的职责，选项 B 正确；企业全面风险管理年度工作报告由董事会审议并提交股东（大）会批准，选项 C 错误；重大决策的风险评估报告由风险管理委员会审议，董事会批准，选项 D 错误。

4.【答案】A

【解析】“北药集团的 S 产品销售增长缓慢，公司的经营业绩不如其他竞争对手”是企业自身的劣势（W），“近年来中药市场需求依然旺盛”是外部环境带来的机会（O）。根据 SWOT 分析，北药集团目前应该采取的战略是 WO 战略，即扭转型战略，选项 A 正确。本题强调的是目前状况，因此，2019 年以前的材料不应该作为判断依据。

5.【答案】B

【解析】适应变化的能力表现为企业随着外部环境的改变适时调整资源配置、经营方式和采取相关行动，以顺应环境变化的趋势、实现自身长期生存和持续发展的能力。甲公司为顺应发展趋势并保留自身的优势项目，对企业进行调整，保留部分人工纺织车间并引进机械化设备。因此，体现了甲公司为应对环境变化的趋势而采取相关行动，属于适应变化的能力，选项 B 正确。

6.【答案】B

【解析】甲公司和中国某企业由最初均坚持只保留自有品牌，不考虑对方品牌的保留，到最终同意在合资企业中同时采用双方品牌的行为，属于折中行为，选项 B 正确。

7.【答案】C

【解析】在任务导向型文化中管理者关心的是不断地和成功地解决问题。采用的组织结构往往是矩阵式的。“丙公司按矩阵式的结构对各项目进行管理和考核，以确保各项目按期完成”体现了任务导向型的企业文化。因此，选项C正确。

8.【答案】C

【解析】M猪业公司和钢铁生产企业N公司都属于J公司的下属企业，因此，属于内部基准，选项C正确。

9.【答案】B

【解析】事件树分析法按事件发展的时间顺序由初始事件开始推论可能的后果，从而进行危险源的辨识。该方法适用于具有多种环节的故障发生以后，对各种可能后果进行定性和定量分析。“公司设计了一系列事故后处理系统，按事件发展的时间顺序由初始事件开始推论可能的后果，从而进行危险源的辨识，并对各种可能后果进行定性和定量分析”体现的是事件树分析法，选项B正确。

10.【答案】A

【解析】套期保值的净损益=20×（15393-17930）+5×4×（18000-15400）=1260（元），选项A正确。

11.【答案】A

【解析】“该公司主要管理人员和核心技术人员均为视频监控领域的资深专家，具有长期、丰富的技术和管理经验。经过多年的摸索，公司在消化吸收众多先进企业管理经验的基础上，形成了富有特色、较为完善的技术管理、职能管理体系和内部控制制度”体现了海康公司的组织管理能力，选项A正确。

12.【答案】B

【解析】选择性分销指生产企业在某一地区仅通过几个精心挑选的、最适合的中间商推销产品。因此，选项B正确。

13.【答案】C

【解析】“虽然C国工业气体市场增长率较低，但是普莱克斯作为全世界最大的气体供应商，仍霸占着C国工业气体的头把交椅”表明普莱克斯C国的工业气体业务属于低增长—强竞争地位的“现金牛”业务，选项C正确。

14.【答案】C

【解析】“利用现有的渠道优势……开发更多具有高附加值的产品线”体现的是产品开发战略；“华仁药业股份有限公司，主要从事研发、生产、销售大容量制剂，包括基础性输液、治疗性输液、营养性输液、腹膜透析液……同时公司以‘大健康产业’为主线，以医药、医疗和健康服务为核心，一方面，做好血液净化领域的诊断治疗；另一方面，探索预防保健领域，逐步从诊断治疗转向预防保健和诊断治疗相结合，以延伸和拓宽公司的产业布局”体现的是同心多元化战略；“未来公司将深耕现有主营大输液和血液净化领域的业务，利用现有的渠道优势，全面推广公司的现有产品线”体现的是市场渗透战略。因此，选项C不涉及，为本题正确答案。

15.【答案】C

【解析】“随着互联网技术的不断发展，尤其是移动互联网技术的日新月异，在给零售业带来巨大发展契机的同时，也向传统的零售模式发起了挑战”体现了宏观环境分析中的技术因素，选项C正确。

16.【答案】C

【解析】上市公司向其控股股东或实际控制人低价转让其持有的其他公司股权，造成上市公司的利益流向了其控股股东或实际控制人，属于掠夺性财务活动中的掠夺性资本运作。S公司35%的股权价值=35000×35%=12250（万元），而股权转让价格2000万元远低于其股权价值，G公司的股权转让行为属于掠夺性资本运作，选项C正确。

17.【答案】B

【解析】哈佛商学院教授亚非在波特教授研究的基础上，提出了影响产业利润的第六个要素，即互动互补作用力。互补品厂商，也称协力业者，是指与自身企业具有相互支持与互补关系的其他企业。在互补关系中，该公司的产品与另一家公司的产品互相配合使用，可得到更好的使用效果。因此，选项B正确。

18.【答案】B

【解析】零散产业中潜在的战略陷阱之一是对新产品作出过度反应，其含义是由于零散产业需求的多样性与缺乏规模经济，企业对新产品做出的大量投资在该产品的成熟期并不容易收回，也难以获得较高的回报。“使用该设备进行汽车保养维修，带给客户创新、品质、高效的体验，受到了客户的信任。但由于购置、使用、维护该设备耗资很大，而需求和使用率有限，海达公司入不敷出，经营陷入困境”表明海达公司进行战略选择时未能避免的战略陷阱是对新产品作出过度反应，选项B正确。

19.【答案】D

【解析】经营哲学是公司为其经营活动方式所确立的价值观、基本信念和行为准则，是企业文化的高度概括，选项D正确。

20.【答案】A

【解析】“着眼于北美市场的拓展……公司将实现MDI的美国本地化生产和经营，有利于降低国际贸易政策和关税带来的风险，同时满足北美地区客户对公司MDI产品供应稳定性和产品多样化的需求”体现的动机是寻求市场，选项A正确。

21.【答案】B

【解析】人力资源是指组织成员向组织提供的技能、知识以及推理和决策能力。“信息技术员工占比超过了60%，为智能投股、大数据财富管理、融资授信、大数据风控等提供了很好的技术支持”表明这些上市证券公司的竞争优势主要来自于其拥有的人力资源，选项B正确。

22.【答案】B

【解析】成功的创新型组织的一贯特征，是对来自外部的刺激保持开放。在建立创新型组织过程中，开发一种外部导向意识。“让用户在X公司的平台上发布自己在生活中的精彩瞬间片段，并在精彩的内容中添加商品的购买链接，不断提升自身在美妆界的影响力，以此汇聚高转化率、高留存度的高质流量”体现了创新型组织的组成要素中的跨越边界，选项B正确。

23.【答案】A

【解析】在战略实施初期，由于新战略还没有被全体员工理解和接受，或者战略实施者对新的环境、工作还不适应，导致战略失效。“因缺乏良好的企业内部沟通机制，没有使新战略被全体员工接受”表明极可能导致企业战略的早期失效，选项A正确。

24.【答案】C

【解析】“主要通过各子公司开展业务。各个子公司独立经营，并保留其原本的企业名称，集团公司较少参与其子公司的市场战略”表明甲公司采用的组织结构是H型结构（控股企业/控股集团组织结构），选项C正确。

25.【答案】C

【解析】“三菱集团在2002年以全部整车业务与国外汽车S集团建立了合作关系，合资成立了新的公司。随着新公司规模的不断扩大，产销量持续增长，该公司已经在我国发展为一家现代化的微、小型汽车制造企业”表明三菱集团选择的是“躲闪者”战略，选项 C 正确。

26.【答案】D

【解析】创新性联盟策略即企业为了产品、业务的创新并取得长期竞争优势而与供应商结成联盟的策略。“H 公司从某种新产品概念的提出就开始与供应商合作……在产品设计阶段就充分考虑未来在仓储、运输、生产和销售等环节的成本和服务，提高物料、工艺和服务的标准化水平，减少差异性带来的后续成本”表明 H 公司采用的交易策略是创新性联盟策略。

二、多项选择题

1.【答案】BC

【解析】“该公司在组织机构设置和权责分配上仍然缺乏系统科学的整体考虑，虽然设置了形式上的公司治理结构，却未能真正发挥现代企业制度中董事会、监事会的职能”表明内部环境存在缺陷，选项 B 正确；“该公司目前的内部信息传递方式还停留在电话、传真的阶段，没有运用先进的信息传播手段，如计算机网络来提高信息传播的效果和效率”表明信息与沟通存在缺陷，选项 C 正确。

2.【答案】AC

【解析】契约式战略联盟中企业存在对联盟的控制能力差、松散的组织缺乏稳定性和长远利益、联盟内成员之间的沟通不充分、组织效率低下等问题。相对于契约式战略联盟而言，股权式战略联盟有利于扩大企业的资金实力，并通过部分“拥有”对方的形式，增强双方的信任感和责任感，因而更利于长久合作。“甲公司和乙公司签署交换彼此 30% 股份的战略合作协议”说明甲乙之间属于股权式战略联盟，选项 A、C 正确。

3.【答案】ABC

【解析】造成产业零散的原因主要来源于产业本身的基础经济特性，包括进入障碍低或存在退出障碍、市场需求多样导致高度产品差异化、不存在规模经济或难以达到经济规模。一个新产业中还没有企业掌握足够的技能和能力以占据重要的市场份额等因素，也是导致产业零散的原因，但不属于产业本身的基础经济特性方面的原因。因此，选项 A、B、C 正确。

4.【答案】CD

【解析】“专注电信业务，执行以移动电话为中心的专业化发展新战略”属于转向战略，选项 C 正确；“出售了当时规模位居欧洲第二的电缆生产业务”属于放弃战略，选项 D 正确。

5.【答案】ABD

【解析】“受材料技术研发项目本身的难度和复杂性影响”属于技术风险；“光伏发电投资成本居高不下，而同一区域的风力发电企业成本较低”属于市场风险中的潜在进入者、竞争者、与替代品的竞争带来的风险；“因不了解当地的实际情况，选址不当，造成运输成本过高”属于运营风险中的高、中层管理人员和重要业务流程中专业人员的知识结构、专业经验等方面可能引发的风险。因此，选项 A、B、D 正确。

6.【答案】BCD

【解析】“上汽、北汽都已经开始布局电动汽车业务”体现了潜在进入者的进入威胁，选项 B 正确；“丰田等老牌车企的油电混动汽车也已经量产”体现了替代品的替代威胁，选项 C 正确；“比亚迪、领克等已经开始量产高端电动汽车”体现了产业内现有企业的竞争，选项 D 正确。

7.【答案】AB

【解析】“随着产品逐步标准化，造成陕

西地区汽水局部生产能力过剩，价格竞争激烈”表明汽水产业已经进入成熟期。选项A、B是成熟期的成功关键因素；选项C是导入期的成功关键因素；选项D是衰退期的成功关键因素。

8.【答案】ABD

【解析】“其定位于20~35岁女性，包括大学生、上班族、宝妈等”属于人口细分；“想通过化妆，展示自己的优雅动人之处，并把女性魅力融入自己的整体生活或满足职场需要”属于行为细分；“着眼于追求精致生活方式的消费群体”属于心理细分。因此，选项A、B、D正确。

9.【答案】CD

【解析】投资资本回报率（5%）小于加权平均资本成本（8%），销售增长率（10%）小于可持续增长率（12%），因此，德凯公司的业务属于减损型现金剩余业务。减损型现金剩余业务的首选战略是提高投资资本回报率。选项C属于增值型现金剩余业务应采取的首选战略；选项D属于减损型现金短缺业务可以采取的战略。

10.【答案】AC

【解析】“N公司并没有考虑清楚自己要做什么类型的互联网公司，也不清楚互联网公司的内涵是什么，更不清楚怎么干”表明N公司缺乏明确的发展战略，选项A正确；“先后设立了游戏平台、在线音乐商店、邮件服务平台，管理层战略方面的不断调整让用户对N公司的业务无法产生清晰的理解和记忆”表明N公司的发展战略因主观原因频繁变动，选项C正确。

11.【答案】AB

【解析】大华公司“不受以往预算安排的影响，每年年底都在深入分析每个部门的需求和费用的基础上，从实际出发编制预算”表明该公司采用的预算方法是零基预算。零基预算的缺点：①预算编制比较复杂，工作量大，费用较高（选项A）；②如果过度强调眼前预算项目的需要，容易导致追求短期利益而忽视长期利益（选项B）；③预算规则和业务项目开支标准的改变可能引起部门之间的矛盾和冲突。因此，选项A、B正确。选项C、D属于增量预算的缺点。

12.【答案】ABD

【解析】“信达公司确立了‘技术立企’的发展战略”“信达公司拒绝参与彩电行业价格战，每年将销售收入的5%投入研发”表明信达公司实施的是差异化战略。差异化战略强调生产与众不同的产品，关注创新和新颖性，评估内容涉及行为和结果两种指标。评估范围宽广，评估信息丰富，主要用于员工的发展和素质提升。因此，选项A、B、D正确。

13.【答案】ACD

【解析】客户收益率和新客户开发率属于顾客角度；废物减排及利用率属于内部流程角度；数字化技术采用率属于创新与学习角度。因此，选项A、C、D正确。

14.【答案】ABCD

【解析】“甲公司在生产技术方面不断改进，生产效率得到快速提升”属于工艺升级，选项A正确；“甲公司是M国一家特种钢材制造公司……为乙公司贴牌生产30万组飞机发动机关键部件”属于产品升级，选项B正确；“甲公司并购B国汽车零部件制造企业丙公司……成功在该产业站稳脚跟，并成功研发多种汽车专用的关键零部件”属于功能升级，选项C正确；“甲公司在全球产业链中占据重要位置，业务涵盖汽车、飞机等多种大型设备制造，并成功迈入整车制造产业”属于价值链升级，选项D正确。

15.【答案】ABC

【解析】一般来说，提高技术效率是防御型战略组织成功的关键。在行政管理上，防御型战略组织常常采取“机械式”结构机制，这样有利于产生并保持高效率，最终形成明显的稳定性。防御型战略组织适合于较为稳定的产业。组织缺乏效率性是开拓型战略组织的特点。因此，选项 A、B、C 正确。

16.【答案】ABD

【解析】“公司决策层过度运用资金的杠杆，盲目举债，出现违约债务……公司地产项目在全国遍地开花，盲目扩张，一旦房价横盘或下跌，购房者大幅下降，房款回收时间拉长，就会出现资金链紧张”体现了资金调度不合理、营运不畅，可能导致企业陷入财务困境，选项 A 正确；“公司地产项目在全国遍地开花，盲目扩张，一旦房价横盘或下跌，购房者大幅下降，房款回收时间拉长，就会出现资金链紧张”体现了投资决策失误，引发盲目扩张，可能导致资金链断裂，选项 B 正确；“公司决策层过度运用资金的杠杆，盲目举债，出现违约债务”体现了筹资决策不当，引发资本结构不合理，可能导致企业债务危机，选项 D 正确。

三、简答题

1.【答案】

（1）海底捞体现了蓝海战略的如下特征：

①规避竞争，拓展非竞争性市场空间。“如果从竞争的角度考虑，口味、价钱、环境等都是基础性条件，海底捞能做到的，竞争对手也能做到，因此海底捞选择服务作为突破口”“海底捞在 2017 年下半年开始推出啤酒，它选择的并非工业啤酒，而是精酿啤酒，开辟了和传统火锅品牌不同的竞争空间”。

②创造并攫取新需求。“它的服务早已不局限在餐饮类，给孩子辅导作业、替顾客买药、为单人就餐者提供玩偶陪伴等，海底捞用创造性的思维挖掘了顾客的新需求”。

③打破价值与成本互替定律，同时追求差异化和低成本，把企业行为整合为一个体系。“海底捞着重打造宾至如归的体验，以低成本创造差异化的服务，并以此为目标整合全公司的系统”“重构了顾客价值元素，塑造新的价值曲线，从而打破了价值与成本的权衡取舍，谋得自身不可取代的市场地位”。

（2）海底捞在火锅品牌中开创新的发展空间的路径：

①审视他择产业或跨越产业内不同的战略群组。“不仅如此，海底捞还快速切入了快消零售渠道，以火锅为切入口推出底料、自热食品等商品，一方面依靠门店展示商品为线上反哺流量；另一方面开启线上商店自营电商渠道，开展商品销售与服务预约，尽可能降低边际成本”“海底捞在 2017 年下半年开始推出啤酒，它选择的并非工业啤酒，而是精酿啤酒，开辟了和传统火锅品牌不同的竞争空间”。

②放眼互补性产品或服务。“海底捞 2019 年开启了自己的跨界之路，推出了自己的系列文创产品”。

③重设客户的功能性或情感性诉求。“海底捞着重打造宾至如归的体验，以低成本创造差异化的服务”“价格比较亲民，收获了网友的好感，网友甚至还出主意希望能继续扩大文创品的阵营，比如出个能一半装酸梅汤一半装柠檬水的鸳鸯杯子或者四宫格便当盒等，而这些想法也得到了海底捞的回应”。

④跨越时间参与塑造外部潮流。“未来，海底捞计划将这些智能化设备投放到更多的门店，并加紧国内、海外智能餐厅布局，这必将引领新的行业潮流”。

2.【答案】

（1）①外部发展（并购）。“2011年10月，IBM成功收购Algorithmics，使其成为IBM软件集团的重要成员；2012年12月19日，IBM宣布签署了收购StoredIQ软件公司的确定性协议；2013年9月19日，IBM宣布收购了Daeja影像系统有限公司；2014年4月10日，IBM宣布收购私人控股的云营销服务公司Silverpop；2015年3月28日，IBM收购搜索引擎初创企业Blekko技术及团队；2016年1月21日，IBM宣布收购了网络视频直播服务商Ustream；2018年10月29日，IBM宣布以340亿美元的价格收购RedHat”。

②战略联盟。“2018年10月2日，IBM和Groupon宣布，他们已经解决了两家公司之间的所有专利诉讼，后者向IBM支付了约5700万美元的赔偿。同时，两家公司还达成了一项长期专利交叉许可协议”。

（2）IBM公司目前采取的产品组合策略为扩大产品组合。“在硬件方面，IBM在大型机、超级计算机（主要代表有深蓝、蓝色基因和Watson）、UNIX、服务器方面领先业界；在软件方面，IBM软件集团拥有软件行业解决方案以及中间件产品，包括业务分析软件（Cognos、SPSS）、企业内容管理软件、信息管理软件（DB2、Infomix、InfoSphere）、ICS协作（包括Lotus等）、Rational软件（软件生命周期管理）、Tivoli软件（整合服务管理）、WebSphere软件（业务整合与优化）、System z软件；在材料和化学领域，硬盘技术、扫描隧道显微镜（STM）、铜布线技术、原子蚀刻技术都是IBM研究院发明的”。

（3）IBM公司的外部治理机制：

①资本市场。“IBM作为上市的企业，资本投资者有‘用脚’投票的权力。公司经营状态好则股价上涨，反之股价下跌。从1993年的每股47美元的股价到时隔三年之后的158.5美元，新的管理层带给投资者足够多的信心”。

②产品市场。“从上世纪七十年代开始，IBM由于在PC市场近乎于垄断的地位，导致企业开始以自我为主而忽略消费者，最终导致其在与苹果等公司的竞争中失败，濒临破产”。

③经理人市场。“IBM前董事长埃克斯从推销员干起，一路上升到IBM董事长，但是其却导致了IBM的衰败。1994年，埃克斯离开IBM之后拟合伙办一家公司，最终计划失败。一些经理人担心IBM积重难返，从而拒绝了IBM董事会的邀请，但是格斯特约毛遂自荐，最终领导了IBM的复兴，其本人的人力资本也随IBM公司的复苏而倍增”。

3.【答案】

（1）中简科技面临的财务报告风险是提供虚假财务报告，误导财务报告使用者，造成决策失误，干扰市场秩序。“中简科技披露的财务数据存在三大疑点”“其披露出的虚假财务数据会误导财务报告使用者，干扰市场”。

（2）中简科技面临的资产管理风险是无形资产缺乏核心技术、权属不清、技术落后、存在重大技术安全隐患，可能导致企业法律纠纷、缺乏可持续发展能力。“中简科技当前在产的湿法T700工艺的碳纤维产品涉嫌侵犯北京化工大学的专利，在研究的干湿法工艺碳纤维与中科院和中复神鹰的核心技术权属存在重大争议。中简科技在招股说明书中对核心技术及其权属争议的披露采用‘文字游戏’进行隐瞒，其行为涉嫌虚假记载、误导性陈述和重大遗漏”。

（3）中简科技面临的销售业务风险：

①销售政策和策略不当，市场预测不准确，销售渠道管理不当等，可能导致销售不畅、库存积压、经营难以为继。“如果现有客户需求受国家国防政策变化影

响而大幅下降，而中简科技又没有其他的销售渠道，则较高的客户集中度将对公司的经营产生一定影响”。

②客户信用管理不到位，结算方式选择不当，账款回收不力等，可能导致销售款项不能收回或遭受欺诈。“由于航空航天装备的产业链较长，货款结算程序复杂、周期相对较长，导致公司的应收账款具有回收周期相对较长、期末金额较大的特点”“如果未来客户资信情况或与公司合作关系发生恶化，将可能因应收账款不能及时回收形成坏账”。

4.【答案】

（1）从PEST角度分析N公司面临的机会：

①政治和法律因素。“国家不断出台鼓励医药行业创新的政策”。

②经济因素。“随着我国国民经济快速增长，人民生活水平逐步提高，国家加大医疗保障和医药创新投入”“随着人均可支配收入不断的增多，生活水平的提高会使居民更加注重医疗健康，从而在居民可支配收入中，医疗保健消费的占比将会不断增加”。

③社会和文化因素。“居民更加注重医疗健康”。

④技术因素。“国家加大医疗保障和医药创新投入”“国家不断出台鼓励医药行业创新的政策，医药行业总体技术实力得到了提高”。

从PEST角度分析N公司面临的威胁：

技术因素。“首先，研发投入不足；其次，我国医药装备水平也亟待提高；最后，科技成果迅速产业化的机制尚未完全形成”。

（2）从五种竞争力角度分析N公司面临的机会：

潜在进入者的进入威胁。“医药行业的资产专用性比较高，进入该行业之后所面对的转换成本也比较大”“全国各区域基本都分布着实力较强的医药企业，如果贸然进入，必然会遭到现有医药企业的排挤”。

从五种竞争力角度分析N公司面临的威胁：

①潜在进入者的进入威胁。“但互联网和电子商务的发展在一定程度上降低了进入医药行业的难度”。

②产业内现有企业的竞争。“目前医药行业竞争十分激烈”。

（3）N公司面临的风险类型：

①法律风险与合规风险。“N公司生产所需的原材料和胶囊需要由其上游供应。但最近几年由于中药原材料造假以及毒胶囊事件频频曝光，增加了药品生产企业在相关采购环节收集信息的成本，无形中增加了这些企业的费用支出。一旦有类似的事件发生，对N公司的许多方面，包括企业形象所造成的负面影响是很大的”。

②市场风险。“N公司生产所需的原材料和胶囊需要由其上游供应。但最近几年由于中药原材料造假以及毒胶囊事件频频曝光，增加了药品生产企业在相关采购环节收集信息的成本，无形中增加了这些企业的费用支出”“目前医药行业竞争十分激烈，全国各区域基本都分布着实力较强的医药企业，如果贸然进入，必然会遭到现有医药企业的排挤。但互联网和电子商务的发展在一定程度上降低了进入医药行业的难度”。

③运营风险。“由于中药原材料造假以及毒胶囊事件频频曝光，增加了药品生产企业在相关采购环节收集信息的成本，无形中增加了这些企业的费用支出。一旦有类似的事件发生，对N公司的许多方面，包括企业形象所造成的负面影响是很大的”“N公司在销售渠道上严重地依赖大股东和关联方，使公司处在被动的位置上。另外，主要采用线下销售来进行产品的推广。随着互联网的不断发

展，N公司严重地依赖于传统的销售模式，不仅造成公司销售成本的增加，同时也削弱了公司在销售渠道的竞争力”“N公司主攻心脑血管方向的药物生产，但是目前N公司在心脑血管方向的药物主要是诺迪康和新活素。虽然N公司在2016年新购进依姆多品牌，但是药物品种还是相对较少”“N公司新收购的药品品牌在管理和运营方面如果缺乏相应的专业人员，会严重地削弱药品已经占领的市场份额”。

四、综合题

【答案】

（1）字节跳动采取的基本竞争战略是差异化战略。“相比当时同质化严重的资讯平台，今日头条的亮点是机器学习下的个性化推荐，字节跳动的机器学习技术打破了原有的‘人’找‘信息’的模式，在更加碎片化、浅阅读的移动时代完成了对‘千人千面’的推送定制，迎合了大众的‘好奇感’，很快，在推出不到90天的时间内，用户量突破了1000万人”。

（2）字节跳动主要涉及的战略创新类型：

①产品创新。“字节跳动在原有今日头条App的基础之上，开发出了西瓜视频、火山小视频、抖音等一系列网红App，极大地丰富了公司的产品线”“公司积极开发了Tik Tok、Musical.ly、TopBuzz等软件，这些软件都是基于国内的软件辅以本土设计师本土化设计而成”。

②流程创新。“字节跳动在2015年前后放弃了原本的管理考核制度，开始采用新的OKR，即目标与关键成果法的制度”。

③范式创新。“为用户智能推荐个性化信息，从而开创了一种全新的新闻阅读模式”“相比当时同质化严重的资讯平台，今日头条的亮点是机器学习下的个性化推荐，字节跳动的机器学习技术打破了原有的‘人’找‘信息’的模式，在更加碎片化、浅阅读的移动时代完成了对‘千人千面’的推送定制，迎合了大众的‘好奇感’”。

（3）辨别企业核心能力的三个关键性测试：

①它对顾客是否有价值？“字节跳动的机器学习技术打破了原有的‘人’找‘信息’的模式，在更加碎片化、浅阅读的移动时代完成了对‘千人千面’的推送定制，迎合了大众的‘好奇感’，很快，在推出不到90天的时间内，用户量突破了1000万人”。

②它与企业竞争对手相比是否有优势？“相比当时同质化严重的资讯平台，今日头条的亮点是机器学习下的个性化推荐”。

③它是否很难被模仿或复制？“由于今日头条成立之初就在广泛地对内容特征、用户特征以及环境特征进行大数据采集，因此今日头条具有难以被其他互联网公司模仿的优势”。

综上，字节跳动公司掌握的“机器学习个性化推荐”同时满足三个关键性测试，属于该公司的核心能力。

（4）字节跳动的国际化经营战略为多国本土化战略。“字节跳动在美国、日本、韩国、加拿大、巴西等国家建立了分支机构，实现了公司的本土化运营。公司积极开发了Tik Tok、Musical.ly、TopBuzz等软件，这些软件都是基于国内的软件辅以本土设计师本土化设计而成。我们可以简单地将TopBuzz理解为今日头条海外版，Tik Tok为抖音海外版，Musical.ly则是字节跳动后来收购的音乐短视频社区。此外，还有西瓜视频海外版Buzz Video、火山小视频海外版Vigo Video”。

（5）钱德勒有关结构跟随战略的理论认为，企业发展到一定阶段，其规模、产品和市场都发生了变化。这时，企业会采用合适的战略，并要求组织结构做出相应的反应。字节跳动采取的战略是市场开发战略。“为了响应创始人张一鸣的号召‘走出去’，完成‘技术出海’的公司核心战略，字节跳动在美国、日本、韩国、加拿大、巴西等国家建立了分支机构，实现了公司的本土化运营”。

（6）字节跳动面临的运营风险：

①企业产品结构、新产品研发可能引发的风险。“如果内容去低俗化，那么会流失极为庞大的一群用户；内容不去低俗化，继续保持一直以来的低俗、庸俗、恶俗，甚至是情色、灰色等特点，则会有政策方面的风险出现。字节跳动对流量方面的‘上瘾’，在开发新产品时若不注意，则会继续招来整改要求”。

②企业新市场开发，市场营销策略（包括产品或服务定价与销售渠道，市场营销环境状况等）可能引发的风险。“字节跳动的新市场开发策略虽然红红火火，但是由于大量融资而少有盈利，导致资金链紧张”。

③质量、安全、环保、信息安全等管理中发生失误导致的风险。“在如今‘严监管’成为大势所趋的背景下，字节跳动上线时间最久的拥有两亿用户的‘内涵段子’被关停，这对字节跳动是一个警示”。

2022 年注册会计师考试
全真模拟测试题（三）

使用“会计云课堂”App 或“微信”扫码快速做题、对答案、看解析、掌握解题思路，开启轻松过关之旅。

扫码做题

- 建议答卷时长 120 分钟
- 答卷开始时间 ________
- 答卷结束时间 ________

一、单项选择题

本题型共 26 小题，每小题 1 分，共 26 分。每小题只有一个正确答案，请从每小题的备选答案中选出一个你认为正确的答案。

1. 海底捞是一家以经营川味火锅为主、融汇各地火锅特色为一体的大型直营餐饮品牌火锅店。海底捞以其独特的企业文化为基础，构建起在中国餐饮业的竞争优势，竞争对手对其难以模仿。海底捞的竞争优势来源于（　　）。

A. 物理上独特的资源

B. 具有路径依赖性的资源

C. 具有因果含糊性的资源

D. 具有经济制约性的资源

2. 早华公司是一家轿车生产企业。目前轿车行业的销售额达到前所未有的规模，各个车企生产的不同品牌的轿车在质量和技术等方面差别不大，价格竞争十分激烈。在上述情况下，早华公司的战略重点应是（　　）。

A. 扩大市场份额

B. 在巩固市场份额的同时提高投资报酬率

C. 防御，获取最后的现金流

D. 争取最大市场份额

3. T 公司是一家新能源汽车制造企业，其整车使用铝制车身，同行业主要竞争对手整车大多使用钢制车身。由于铁矿石价格上升，钢材价格也随之大幅上涨，而铝的价格相对比较平稳。T 公司利用成本优势立即大幅度扩张生产能力，并且大幅降低产品价格，使得数 10 家竞争对手退出新能源汽车领域，T 公司在中国的市场份额因此提升到 40% 以上，该行业很长一段时间内没有新的进入者。运用产业五种竞争力理论分析 T 公司对付五种竞争力的主要手段，下列表述中正确的是（　　）。

A. 通过差异化手段与竞争对手竞争

B. 通过采用不同的原材料增强对于供应商的讨价还价能力

C. 采用限制进入定价手段形成进入障碍

D. 利用成本优势抵御产业替代品的威胁

4. 家电企业 A 和手机企业 B 都具备自配物流。A 企业借鉴 B 企业在提高配送效率、防止贵重货品在快递运输途中被损坏等方面的成功经验，对自身业务做出了较大改进。根据上述信息可以判断，家电企业 A 采用的基准分析类型是（　　）。

A. 内部基准　　B. 竞争性基准

C. 过程或活动基准　　D. 顾客基准

5. HX是我国服装连锁零售品牌的龙头公司。考虑到不同城市的地形气候问题，该公司的设计团队会根据各城市的气候变化提前规划新款服饰供消费者选购。该细分过程属于消费者市场细分中的（　　）。
A. 人口细分
B. 地理细分
C. 行为细分
D. 心理细分

6. 龙虾捕捞产业属于典型的零散产业，其生产单位是单船。多船作业对降低成本的作用极小，由于全部船只都将在同一水域作业，其获得好的捕捞量的机会也相差无几。这样就形成了许多小作业者以几乎同样的成本在作业。根据上述信息可以判断，造成龙虾捕捞产业零散的原因是（　　）。
A. 成本的迅速变化
B. 存在退出障碍
C. 不存在规模经济或难以达到经济规模
D. 市场需求多样导致高度产品差异化

7. 在缓慢增长的早餐食品市场上，许多占有统治地位的公司转向别处谋求增长时，甲早餐食品公司并不甘心承认早餐食品行业可能已经成熟老化，于是决定通过促销创新，不断向现有产品范畴中输入新的活力，其收益相当可观。在2022年之前的5年中，甲早餐食品公司创下了几乎两位数字的年增长率记录，而同一时间内竞争对手的市场份额却下降了。甲早餐食品公司采用的发展战略属于（　　）。
A. 市场渗透战略
B. 市场开发战略
C. 产品开发战略
D. 差异化战略

8. 宝洁公司的纸巾和婴儿尿不湿两项业务在生产过程中都是以纸为主要原料投入，并且这两项业务都是和生活用品有关，还可以共享分销渠道和销售网络。根据上述信息判断，宝洁公司采用的公司层战略属于（　　）。
A. 相关多元化战略
B. 非相关多元化战略
C. 横向一体化战略
D. 密集型战略

9. YA药业是一家以牛磺酸为主业的医药公司。YA药业拥有全球最大的牛磺酸生产基地，产品占据50%左右的市场份额，其中80%以上用于出口。2021年2月，YA药业以3600万元的价格收购Q氢能源发展有限公司60%的股权。该项收购是YA药业践行转型发展战略的举措，有利于培育新的发展方向和利润增长点。依据公司的使命，本案例体现了YA药业（　　）。
A. 公司宗旨的变化
B. 经营哲学的变化
C. 战略层次的变化
D. 公司目的的变化

10. 目前，我国城镇家庭每百户家电保有量基本趋于饱和状态，家电行业的产品也已逐步标准化，价格竞争异常激烈。从市场角度看，现阶段家电行业的成功关键因素是（　　）。
A. 保护现有市场
B. 建立商标信誉
C. 开拓新销售渠道
D. 改善企业形象

11. 陆地公司是国内华北地区的一家多元化经营公司，业务涉足房地产、金融、酒店、餐饮，其中，房地产业占比较低。该公司运用“专业化程度”和“地理分布程度”两个战略特征，各分为“高”“低”两个档次，对国内主要房地产开发企业进行了如下的战略群组划分：①专业化程度高、地理分布程度高的群组甲：包括A公司、B公司等企业；②专业化程度高、地理分布程度低的群组乙：包括C公司、D公司等企业；③专业化程度低、地理分布程度低的群组丙：包括陆地公司、E公司、F公司等企业。基于以上分析，陆地公司决定借助其多元化经营的优势，尽快在全国进行房地产业务布局。陆地公司对国内房地产业进行战略群组划分的主要作用是（　　）。

A. 了解战略群组间的竞争状况

B. 了解战略群组间的“移动障碍”

C. 预测市场变化或发现战略机会

D. 了解战略群组内企业竞争的主要着眼点

12. H集团拥有地产、金融、健康和旅游4部分业务，这些业务的市场增长率依次为4.5%、8%、15%和12%，相对市场占有率依次为1.4、0.6、0.7和1.2。根据波士顿矩阵原理，上述4部分业务中，可以采取保持战略的是（　　）。

A. 地产业务

B. 金融业务

C. 健康业务

D. 旅游业务

13. 甲公司是一家生产儿童玩具的厂商。该公司派专门的销售人员主动去找中间商，给他们介绍本公司儿童玩具产品的特点以及公司产品对孩子的好处等，从而激发了众多的中间商经销甲公司儿童玩具产品的热情。甲公司采用的促销组合策略是（　　）。

A. 推式策略　　B. 拉式策略

C. 推拉结合策略　　D. 组合策略

14. 面对国外品牌饮料不断涌入国内市场的不利局面，J饮料有限公司出品的凉茶依据传统配方，采用上等本草材料配制，秉承传统的蒸煮工艺，经由现代科技提取本草精华、调配而成；其内含菊花、甘草、仙草、金银花等具有预防上火作用的本草植物。同时通过强化销售网络的建设和管理，赢得了越来越多国内消费者的好评。作为新兴市场的本土企业，J饮料有限公司采用的战略属于(　　)。

A. “扩张者”战略

B. “防御者”战略

C. “抗衡者”战略

D. “躲闪者”战略

15. H公司是一家教育软件开发企业。该公司划分为若干项目部，每个项目部都包括从事教研、美工、程序、信息、销售等活动的人员；每个人员都受项目部主管和所属职能部门主管的双重领导。H公司采取的组织结构类型是（　　）。

A. 事业部制组织结构

B. 矩阵制组织结构

C. 战略业务单位组织结构

D. M型组织结构

16. 生产新能源汽车的P公司鉴于其内部条件和所处外部环境的不断变化，该公司对内及时调整，发挥创新精神、协同效果和整体优势；对外灵活适应，快速行动。P公司采取的组织协调机制是（　　）。

A. 直接指挥，直接控制

B. 工作过程标准化

C. 共同价值观

D. 工作成果标准化

17. W广告公司的主营业务是设计、制作、代理、发布广告；电脑图文设计、制作；包装、装潢设计。从2020年起，该公司在保留原有业务的同时寻找新的市场机会，开发出裸眼3D产品，打破传统视觉定式、升级用户视觉体验，带来传统视觉的颠覆式创新。W公司适宜采取的组织战略类型是（　　）。

A. 开拓型战略组织

B. 防御型战略组织

C. 反应型战略组织

D. 分析型战略组织

18. G搜索引擎公司的创始人秉承着“工作赋予挑战，挑战带来快乐”的理念创建了G公司。G公司重视个人价值，并以促成公司全面成功的个人成就为荣。G公司的生存依赖于员工，且其员工具有不同的背景，用极富创意的方式工作、玩乐和生活，工作氛围非常轻松。员工之间多通过示范和助人精神来相互影响。根据上述信息判断，G公司的企业文化类型属于（　　）。

A. 角色导向型　　B. 权力导向型
C. 任务导向型　　D. 人员导向型

19. Y公司是一家中日合资企业。在日本工作加班加点司空见惯，而且没有报酬。Y公司经常要求中国员工加班，而且没有报酬，为此引起中国员工的不满。后来，Y公司管理层与中国员工经过多次谈判，Y公司管理层愿意考虑员工的需求而尽可能减少加班，同时给予员工适当的加班补助，员工也愿意接受管理层的解决方案，不再坚持每小时50元加班费的诉求。双方在战略决策与实施过程中的行为模式属于（　　）。

A. 对抗　　B. 和解
C. 折中　　D. 规避

20. Z公司是一家上市公司，最近连续两年亏损，经营陷入困境。经审计发现，2018年1月至2019年4月期间，Z公司控股股东及其关联方利用虚假贸易业务预付账款、销售业务应收账款占用Z公司资金共计22.14亿元。Z公司存在的公司治理问题属于（　　）。

A. 代理型公司治理问题
B. “内部人控制”问题
C. 剥夺型公司治理问题
D. 企业与其他利益相关者之间的关系问题

21. 华为公司作为一家大型高科技企业，聚焦全连接网络、智能计算、创新终端三大领域。国外有苹果、三星，国内有小米、OPPO等，苹果和三星占据着全球较大的市场份额，华为公司虽然在国内知名度较高，但是仍然承受着苹果的压力，再加上近几年小米的快速发展，也给华为公司带来了一定风险。基于以上分析，华为公司面临的风险是（　　）。

A. 技术风险　　B. 市场风险
C. 政治风险　　D. 财务风险

22. 保险连接型固定收益证券，如巨灾债券，是指所发行的公司债券，对于未来债券本金或利息的偿还与否，完全根据巨灾损失发生的情况而定，也就是将债券的未来偿债或利息支付情况与保险事故的发生与否相联系。根据上述信息判断，这种具有金融衍生品特性的债券，属于风险管理策略工具中的（　　）。

A. 风险补偿　　B. 风险转换
C. 风险转移　　D. 风险对冲

23. S公司主要从事电力、燃气等生产供应和能源基础设施的投资、建设和管理。自成立以来，该公司制定和实施了有利于公司可持续发展的人力资源政策。同时加强法制教育，增强董事、监事、经理及其他高级管理人员和员工的法制观念，严格依法决策、依法办事、依法监督。根据我国《企业内部控制基本规范》，S公司的上述做法涉及的内部控制要素是（　　）。

A. 内部环境
B. 控制活动
C. 风险评估
D. 信息与沟通

24. 甲公司是一家化纤企业，近期准备新建一个生产线项目。考虑到项目实施过程中一些不确定性因素的变化，该公司分别将固定资产投资、经营成本、销售收入三个因素作为分析对象，分析每一个因素的变化对该项目内部收益率的影响。根据上述信息可以判断，甲公司采取的风险管理技术与方法是（　　）。

A. 敏感性分析法

B. 决策树法

C. 情景分析法

D. 事件树分析法

25. F公司是一家空调生产企业。其根据主生产计划规定的最终产品需求总量和产品结构信息，对产品的需求进行分解，生成对部件、零件以及材料的毛需求量计划。然后再根据库存状态信息计算出各个部件、零件及材料的净需求量及期限，并发出订单。F公司采用的采购模式属于（　　）。

A. MRP采购模式

B. JIT采购模式

C. VMI采购模式

D. 数字化采购模式

26. 翰博高新公司是以研发为主导的背光显示模组企业。为了分散经营风险，该公司开展多元化经营，投资了一个新能源汽车项目。由于对该项目的前期调研不够充分，相关信息搜集不足，公司管理人员在分析项目运营风险时，无法判断风险发生的概率。在这种情况下，翰博高新公司应采取的风险度量方法是（　　）。

A. 期望值　　B. 在险值

C. 最大可能损失　　D. 概率值

二、多项选择题

本题型共16小题，每小题1.5分，共24分。每小题均有多个正确答案，请从每小题的备选答案中选出你认为正确的答案。每小题所有答案选择正确的得分，不答、错答、漏答均不得分。

1. Q公司是一家家电产品生产企业，拟在U国投资建立家电产品生产基地，并对U国的相关环境进行了分析。Q公司所做的下列分析中，符合钻石模型四要素分析要求的有（　　）。

A. U国的家电制造业发展落后，仅有少数几家本国家电生产企业，其他国家的家电生产企业尚未进入

B. U国政府鼓励并支持该国家电制造业的发展

C. U国的家电制造业处于成长期

D. U国的土地租金和电力价格长期处于较低水平

2. 2020年10月，韩国存储器制造商海力士公司宣布与总部位于美国的全球最大个人计算机零件和中央处理器制造商英特尔公司签署收购协议，将以约90亿美元收购英特尔存储器业务，其收购资金中有60亿美元由银行贷款提供。海力士公司收购英特尔存储器业务，能从技术、市场、客户等多个维度全面提升其在存储器领域的竞争力。海力士公司对英特尔公司的收购类型包括（　　）。

A. 横向并购

B. 产业资本并购

C. 杠杆收购

D. 金融资本并购

3. 新航道出国留学服务公司定期开展会员俱乐部活动。活动期间，该公司向参加活动的会员提供免费茶点、国外学校及专业讲座、留学新项目推介等，建立了良好的公众形象。在上述活动中，新航道公司采用的促销组合要素有（　　）。

A. 营业推广　　B. 广告促销

C. 人员推销　　D. 公关宣传

4. 近年来，人们不断增加对健康水源的需求催生了越来越多的滤水壶生产企业。目前这些企业提供的产品性能、质量大体相同，彼此之间为争夺客户展开了挑衅性的价格竞争。在与竞争战略相匹配的人力资源开发与培训中，该行业中试图通过提高效率，降低成本取得竞争优势的德利公司的下列做法中正确的有（　　）。

A. 强调范围有限的知识和技巧

B. 实施个人的在职培训

C. 通过自办企业大学来提升员工的知识和能力

D. 利用外部培训机构对团队进行培训

5. 某化妆品公司近期组建了一支高学历、经验丰富的研发与销售团队，并引进了一批高精度的物质检测仪器进行抗过敏药妆新产品的研发，初期的实验证明药妆的抗过敏成分是有效的。该公司的上述活动中涉及的支持活动有（　　）。

A. 采购管理

B. 技术开发

C. 人力资源管理

D. 企业基础设施

6. 我国模具生产产业集中度较低，行业内的中小企业数量非常多。对于这种产业，企业获得成本优势的具体途径有（　　）。

A. 连锁经营或特许经营

B. 技术创新以创造规模经济

C. 增加商品的附加价值

D. 尽早发现产业趋势

7. 2020年8月4日，中国联合航空有限公司（简称“中国联合航空”）与上海航空国际旅游（集团）有限公司（简称“上航旅游集团”）战略合作协议签约仪式在北京大兴机场举行。此次合作，对于双方实现资源、品牌、业务互补互促，共同打造“航空航线+旅游产品”的创新模式，为旅游要素间跨界融合、共赢发展提供借鉴。本案例中，中国联合航空与上航旅游集团进行战略合作的动因有（　　）。

A. 保持统一的管理风格和企业文化

B. 防范信任危机

C. 开拓新的市场

D. 实现资源互补

8. 上海家化主要从事护肤类、洗护类、家居护理类、婴幼儿喂哺类产品的研发、生产和销售，主要品牌包括佰草集、六神、高夫、美加净、启初、家安、玉泽、双妹、汤美星等。公司以差异化的品牌定位覆盖不同年龄和消费群体的消费需求，采用线上与线下相结合的销售模式，借助持续不断的产品创新，成为国内拥有一定影响力的本土品牌公司。以上信息体现出上海家化的市场营销策略有（　　）。

A. 产品策略　　B. 促销策略

C. 分销策略　　D. 价格策略

9. 甲公司是一家在上海证券交易所上市的有色金属公司。2009年，受全球金融危机影响，该公司亏损46.5亿元，再加上公司产品市场需求持续疲软，不断下降的产品价格与成本形成了严重倒挂，公司进入最为艰难的时期。为此，甲公司选择出售旗下九家主业为铝加工的亏损子公司，并扩大氧化铝和电解铝业务比例。根据上述信息可以判断，甲公司涉及的总体战略类型包括（　　）。

A. 紧缩与集中战略

B. 一体化战略

C. 转向战略

D. 放弃战略

10. 甲公司是C国一家以乳制品业务为主体的多元化经营企业，业务范围涉及乳制品、煤化工、房地产、新能源等。甲公司对其业务发展状况进行分析，以下各项符合SWOT分析的有（　　）。

A. 房地产行业不景气，该业务市场占有率低，应采用 WT 战略
B. 乳制品行业增长缓慢，该业务市场占有率高，应采用 SO 战略
C. 煤化工行业近年来发展势头明显回落，公司在该行业中具备一定优势，应采用 ST 战略
D. 新能源行业整体发展空间较大，但公司的竞争实力较弱，应采用 WO 战略

11. 目标市场的选择策略，通常有无差异营销策略、差异性营销策略和集中化营销策略三种模式。下列有关三种目标市场选择策略的做法中正确的有（　　）。
A. 市场需求类似程度很高时，宜采用无差异营销策略
B. 同质性产品比较适合采用无差异营销策略
C. 产品在导入期宜采用差异性营销策略
D. 竞争者实行无差异营销策略时，企业应采取差异性营销策略与之抗衡

12. S 快递公司采用平衡计分卡衡量公司业绩，并选取了资产负债率、新客户开发率、员工收入、员工培训计划完成率等作为绩效衡量标准。该公司选取的上述指标涵盖的平衡计分卡角度有（　　）。
A. 创新与学习角度　B. 财务角度
C. 顾客角度　D. 内部流程角度

13. 北京摩拜科技有限公司推出的摩拜单车，让人们通过智能手机就能快速租用和归还摩拜单车，用可负担的价格来完成一次几公里的市内骑行。与其他共享单车相比，摩拜单车将全铝车身、防爆轮胎、轴传动等高科技手段集于一体，使其坚固耐用，进而降低维护成本。摩拜已经建成了全球领先的物联网平台，这是摩拜在新出行时代难以被复制的优势。上述内容涉及的关于摩拜单车核心能力的关键性测试有（　　）。
A. 它对顾客是否有价值
B. 它是否具备足够的资源和能力
C. 它与企业竞争对手相比是否有优势
D. 它是否很难被模仿或复制

14. HE 公司是国内一家白色家电生产企业。为了开拓海外市场，HE 公司启动了国际化战略。2012 年 4 月，为了在激烈的市场竞争中获得相关市场经验和领先技术，HE 公司在发达国家 G 国和 A 国成立了研发中心；随后在东南亚、印度等市场需求较大、劳动力成本较低的国家和地区成立了 7 个高效率的生产制造基地。HE 公司对外投资的主要动机包括（　　）。
A. 寻求市场　B. 寻求效率
C. 寻求资源　D. 寻求现成资产

15. 甲公司是一家煤炭企业集团。近年来，客户对煤炭产品的性价比的要求很高；各煤炭企业的产品差别很小，价格差异缩小且处于很低水平；产品毛利很低，只有大规模生产并有自己销售渠道的企业才具有竞争力；大量中小煤炭企业陆续退出市场。在煤炭产业发展的现阶段，甲公司具备的经营特征有（　　）。
A. 经营风险低
B. 财务风险高
C. 股价稳定
D. 资金来源于保留盈余和债务

16. 森萱公司是一家主营原料药、医药中间体及含氧杂环类化工中间体的研发、生产及销售的医药企业。该公司分析其运营风险，应至少收集与本公司、所在行业相关的信息，其中包括（　　）。
A. 医药行业国家产业政策的变化
B. 公司部分子公司正享受的高新技术企业相关税收优惠政策的变化
C. 因公司管理出现疏漏或设备老化失修等情况而发生安全、环保事故
D. 公司研发的原料药品种是否存在无法通过关联审评的情形

三、简答题

本题型共4小题26分。

1.（本小题5分。）

M公司创建于1995年，主要研发、生产、销售“M”品牌休闲系列服饰。“M”品牌的目标消费者是16～25岁充满活力和时尚的年轻人群。M公司靠自主设计、生产外包的轻资产模式，迅速在国内扩张。从2008年在深交所上市，到2012年顶峰时期，在全国拥有5220家门店，可谓盛极一时。随后便逐渐落败，不得不频频撤资、调整，2015年出现上市后首亏，2018年短暂扭亏为盈后，2019年至今再度由盈转亏。

自2012年之后，受制于服装行业不景气、海外快时尚品牌强势布局以及国内电商的影响，M公司开始走下坡路。M公司每况愈下的主要原因有以下几点：

（1）高库存压力。难以短期消化高库存，一直是M公司业绩难以提振的原因。到2015年上半年末，库存商品期末账面余额仍高达13.4亿元，库存3000多万件。

（2）国际品牌的竞争。2008年以来，国内经济发展很快，消费能力也迅速跟上。本土品牌发展繁荣的同时，大量的国际品牌也开始进入中国市场。M公司偏休闲和跨时尚的风格，外部遭遇了强大的国际竞争对手，比如H&M、Zara、优衣库等，而M公司对国际品牌的竞争并未有足够重视，为之后溃败埋下伏笔。

（3）互联网转型。互联网电子商务发展迅速，服装是受到影响最大的行业之一。整个网购服装卖得最好的价格是200元之内，从价格上讲，整个电商服装品牌都是M公司的竞争对手。

（4）为了力挽败局，M公司动作频频，但未取得明显的效果。M公司在2010年踏上互联网转型之路。2010年12月，M公司上线电商平台邦购网，运营还不到一年就关闭了。

2013年10月，M公司宣布启动O2O战略，打造线下体验店。M公司关闭了部分亏损的加盟店，增开了1000家直营体验店，然而体验店看客寥寥，O2O试水成效并不大。

2015年，M公司强势推出“有范”App，以5000万元冠名人气综艺节目。然而两季节目过10亿的点击量却并没有给“有范”App带来预想的推广结果。根据2015年3月份媒体报道，“有范”App当时的下载量仅有37万左右。

2021年3月，M公司将旗下一家全资子公司的100%股权出售，出售金额为4.48亿元。根据2020年年报，该资产出售或给M公司带来2.88亿元净现金流入。其次，从数据来看，截至2019年年末、2020年年末、2021年3月末，M公司已经连续两年及一期流动负债超出流动资产，超出金额分别为3.59亿元、9.92亿元、7.0亿元。此外，从业绩来看，2019年、2020年，M公司已持续两年大幅亏损，归属于母公司的净利润分别为-8.25亿元、-8.59亿元，且经营活动产生的现金流量净额无法满足经营需求。根据公告，M公司本次处置资产，主要为盘活存量资产、优化资本结构、获取一定流动资金；剥离与主营业务关联度低的资产，聚焦主业。但种种“迹象”看来，本次资产出售的主要原因或是流动资金短缺。

要求：

（1）简要分析M公司战略失效的原因和战略失效的类型；

（2）简要分析M公司实施收缩战略的原因和方式。

2.（本小题7分。）

作为中国家具业界的巨头，H公司曾经连续6年跻身中国民营企业500强。H公司能够取得如此辉煌的业绩，根本原因在于其实施了一整套可以持续创造价值的创新管理系统，即打破传统行业规则的束缚，最大程度地降低企业成本，同时以差异化的产品和服务，充分满足目标客户群体的市场需求。

按照以往的市场规则，家具企业本应该致力于提供功能性的产品，而H公司却考虑到家具在人们日常生活中的特殊意义，力求用富有艺术品位的家具，给客户营造舒适、温馨的家居氛围，从而使自己与其他企业区别开来。

通过低成本战略，H公司赢得了大批中低收入的客户。在此基础上，H公司又将自己的目标客户群体向外围辐射：首先是针对同样的中低收入消费者，H公司在店内推出了低价美味的餐饮服务，这使得很多原本不想购买H公司家具的人群，因为有低价、快捷的餐饮而成为H公司的客户；其次，考虑到购物的乐趣，H公司采用了自助购物的模式，用详细的产品说明取代了传统的贴身店员服务，吸引了很多习惯于自助采购的客户；与此同时，H公司的产品展示划分为不同的单元，各种家具自然的结合在一起，客户可以把组合好的单元照搬到自己家中，免去了费力设计的精力，而这使得一些原本不喜欢花心思在家具上的人同样成为H公司的忠诚客户。通过以上方式，H公司寻求到了那些处于市场边缘，却又能给企业带来巨大收益的客户群体。

近些年来，人们对环保的关注与日俱增，很多消费者在购买产品的同时，也会注意到企业的外部行为。家具行业需要大量的原材料，而这些原材料从最初的采购到后期的设计、生产都与周围的环境密切相关。H公司的高层较早地意识到了环境保护对企业长期发展的重要意义，并制定了相对完整和切实可行的工作规范。

基于对市场环境和消费习惯的敏锐洞察，H公司顺利地扮演了“企业公民”的角色，进而从环保的角度对产品的研发进行了调整，满足了客户和社会在这方面的潜在需求。而事实证明，具有环保理念的H公司家具产品正越来越受到全国消费者的欢迎。

为了给客户提供真正低价格的产品和服务，H公司在设计产品之前会充分考虑顾客对价格的承受能力，并结合产品特性设定预期的销售价格，这样由此得到的目标成本也会较其他企业低很多，而以后的生产流程会在这个目标成本之内，尽可能地向客户提供更高性能和品质的产品。

在生产作业流程上，H公司的战略举措主要有三个方面：首先，探求价格相对低廉的新材料。H公司不断研发和应用新材料、新技术来降低产品的成本，在保证品质的前提下，H公司不仅考虑木材，还充分利用复合塑料等新材料。其次，调整生产布局，将生产基地定位于成本低的地区。此外，H公司还采用平板包装的模式进行产品的储运。平板化包装不仅有助于全国范围内的生产布局调整，同时降低了储运的空间，极大地降低了产品成本。

H公司与全国的供应商建立了一种理性的长期合作关系，除了与供应商通力合作之外，H公司也鼓励供应商之间开展竞争，并把订单交给那些衡量起来价格较低的厂商，这就不仅保证了H公司产品都基于最低的成本，而且还会以最高的效率生产并运送给各地的分销中心。

要求：

（1）依据蓝海战略重建市场边界的基本法则（开创蓝海战略的途径），简要分析H公司是如何取得辉煌业绩的；

（2）依据“战略钟”理论，简要分析H公司所采用的竞争战略类型；

（3）依据企业价值链两类活动，简要分析H公司的主要竞争优势。

3.（本小题 7 分。）

L 公司是一家集红枣种植加工、冷藏保鲜、科技研发、贸易出口、观光旅游为一体的综合型公司。在公司发展初期，结合南方人喜欢用枣煲汤和自身产品鸡心枣被誉为“百药之引”，L 公司将自身生产销售的产品取名为“鸡心人参枣”，用人参煮枣，突出枣药食兼用的价值；采用 100 克的小袋包装，便于消费者单次食用；还将重 15 公斤的黄色传统包装箱升级为仅 5 公斤重、外观素雅小巧的白色箱子。依靠对消费者的精准定位，当年的“鸡心人参枣”在深圳、广州地区十分畅销。随后根据市场调查，了解到南方人不喜欢吃枣吐核这一现象，L 公司迅速设计并生产出一款类似缝纫机的半自动机器，专门用于生产无核枣。在发现嚼口香糖是当时的新潮流后，便研发口香糖样式包装的枣片，放在类似烟盒的包装里，在机场、火车站等场所进行派发和售卖。L 公司通过在各销售点派出促销人员，开展促销活动，如免费品尝、积分送产品、购买赠贺卡等形式有效地带动了公司销售额的增加。同时通过电视、报纸、期刊、网络等方式进行广告宣传，将 L 公司文化无缝隙覆盖消费者生活，从而不断刷新并提升消费者对 L 公司品牌的情感认知。

L 公司发展初期的营销渠道单一，主要借助商场进行销售。在公司发展初具规模时，L 公司及时作出调整，于 2000 年在 Z 市成立第一家专卖店。在之后的发展中，L 公司又对专卖店渠道进行调整，探索出“L 红枣旗舰店”“L 生活家健康零食店”“L 食养生活馆”三种专卖店运营新模式。

但到了 2012 年，由于红枣实现大丰收，各种红枣专卖店纷纷出现，专卖店渠道的竞争由蓝海转为红海。如在 L 公司的大本营 X 市，除了 L 公司的专卖店之外，各种品牌的红枣专卖店随处可见。在一条不足一百米的路段上，集中了 6 家红枣批发店，经营的红枣品牌起码有几十个。由于这些品牌的红枣专卖店销售的产品有着更高的性价比，为此 L 公司流失了很大一批顾客。痛定思变，L 公司在 2015 年 6 月底前关闭了 600 家专卖店，聘请了咨询公司对公司进行重新定位，确立了由生产主导型企业向市场主导型企业的转型，并兵分两路，一方面对产品进行重新定位，由高端商务礼品向大众休闲食品转型，专注于为 25 岁至 45 岁的白领女性提供日常休闲食品。另一方面由单一的专卖店渠道向专卖店、商超、电商三大渠道转型。

要求：

（1）依据市场定位理论，简要分析 L 公司的市场定位以及对产品进行重新定位的适用情况；

（2）依据市场营销组合的四个要素，简要分析 L 公司的市场营销组合策略。

4.（本小题 7 分。）

L 集团是中国的一家在信息产业内多元化发展的大型企业集团，同时也是富有创新性的国际化科技公司。L 集团的电脑销量长期处于国内电脑销量首位，作为全球电脑市场上的领头企业，L 集团致力于为客户提供最优秀、最具创新性的产品，使客户的生活和工作更加便捷、高效、丰富多彩。L 集团拥有世界领先的科技创新团队，超过 73% 的员工都是科研人员。L 集团的科技研发部门由相关领域的专家全权负责，给予科研人员充分的自由度和发挥空间，员工之间可以充分交流、分享新知识。在全球范围内，L 集团拥有专利超过 28000 件。L 集团的员工有共同的使命，那就是参与到 L 集团的创新工作中，将 L 集团打造成高科技和国际化的集团。进入互联网时代之后，L 集团又在企业文化中加入“开放、包容、合作、共享”理念，开放其 5G 专利技术，在其他企业纷纷学习新技术的过程中，L 集团的5G技术也被应用的更加广泛，从而在5G标准制定中提高了其话语权。

国际化同时也贯穿在L集团的生产环节中。L集团在亚洲、欧洲、北美及南美洲共拥有36个生产制造厂，其中有11个是L集团自有的生产制造基地。自有工厂中90%的产品都是在中国生产，剩下的10%产品在海外生产。其中，L集团位于武汉的生产基地聚焦手机，而位于合肥的工厂是其最大的PC生产基地。

L集团的战略创新主要围绕业务服务的创新、产品科技的创新和销售策略的创新展开。

在2021年L集团的创新科技大会上，L集团明确未来将会在智能化AI服务领域为各行各业的客户提供服务的战略升级，以“端+边+云+网+智”为技术架构，赋能产业数字化、智能化，正式推出了TruScale服务。所谓TruScale服务说得简单直白一点，就是被L集团重新定位的付费IT服务，一般的IT服务针对的是企业和公司，很少有针对个人，但是L集团将服务器、PC等硬件设备，搭配智能AI算法服务、云存储服务等整合成为套餐，推给其个人用户，用户不需要支付硬件费用，而是直接支付套餐订阅费用即可，大大节省了成本支出和消耗。

在产品科技创新方面，L集团推出国内首创温水水冷技术，并与冬奥会赛事合作，进行品牌延伸。据L集团基础设施方案业务技术顾问介绍，L集团温水水冷技术，一改传统低效率、高耗能的空气散热法，采用50℃的温水水冷技术，可以提升高性能机房算力的5%，能耗比以往降低42%。如果在冬季，还可以利用余热为楼宇供暖，进一步节省其他能耗。L集团的创新技术产品，再次成为彰显中国智慧的一大看点。

L集团同样在不断改进自己的销售策略以适应市场环境的变化。L集团将现有的销售渠道改造的更加扁平化，通过与经销商直接沟通，建立直接的合作关系，此举不仅降低产品的流通成本，更实现了L集团与终端客户更直接、更快捷的沟通。L集团正通过这一系列的价值链改善措施和成本控制，逐步提升自己的国际竞争力。

要求：

（1）简要分析L集团的战略创新类型；

（2）简要分析L集团成功的战略创新赖以实现的关键情境；

（3）从企业资源类型角度看，简要分析L集团资源所展示的竞争优势。

四、综合题

（本题共24分。）

资料一

三星集团是韩国大型的企业集团，三星手机是全球领先的手机制造商，在2001年进入中国市场，经过多年的探索，在中国智能手机市场上拥有很高的市场占有率，深受中国民众的喜爱。

2001年以来，随着市场经济的深入发展与全球化进程的不断加快，我国经济发展呈现不断上升趋势。良好的经济环境增加了人们的收入与购买力，人们对智能手机的需求量很大。我国政治局势稳定，相关政策法律体系日渐完善，为包括智能手机在内的各个行业的发展提供了良好的大环境。同时随着社会主义新农村建设，为智能手机企业打开农村市场提供了可能。我国作为世界上人口最多的国家，市场潜力巨大，随着人们收入的增加与文化的影响，对新潮、功能多样的智能手机表现出了极大的需求。信息技术迅猛发展，数字化技术、半导体技术等为更先进、更新潮、功能更多样的智能手机的开发奠定了基础。

智能手机行业作为高技术行业，需要强大的实力与雄厚的资金作为支撑，新进入者要面临很高的进入壁垒，一般企业很难进入。智能手机的各个部件在市场上有着众多的供应商，而且供应商规模都比较大，难以联手操控市场，零部件能够得到稳定供应。但智能手机的操作系统、芯片和处理器对供应商的依赖性较大。智能手机的购买者大多是个人消费者，而且智能手机厂商对自身产品的定位大多是中高端产品，购买者很难对智能手机的价格与产品质量提出很多要求。智能手机行业的竞争是十分激烈的，市场上存在许多智能手机品牌，不仅有国际品牌的并驱争先，也有本国智能手机企业崛起的新秀，如苹果、小米、华为、欧珀和维沃等智能手机企业。手机几乎是每个人必不可少的东西，基本上不存在可替代的产品，笔记本、平板电脑在一定程度上拥有手机的某些功能，但却不能完全替代智能手机。

三星手机将自己的产品市场定位于中高端顾客和20~45岁的中青年群体，致力于为这类群体提供中高端品牌、新潮时尚、功能多样的手机。三星手机作为智能手机中的“佼佼者”，十分注重自己的品牌建设。三星将品牌形象和广告管理委托给专门的公司，努力实施能够提升三星形象的品牌战略。在产品设计上，三星智能手机不断进行优化以便更加满足消费者的需要。三星手机在发现传统翻盖手机在来电时无法看到来电者信息这一不足时，率先推出双屏手机；在Galaxy S6 Edge加入了时尚曲面设计，打破了传统的手机平面设计，并推出了无线充电。

资料二

2016年，三星Note7手机的电池危机给三星集团造成了超过60亿美元的损失。三星电子无线事业部总裁承认电池在设计与制造过程中存在问题，Note7第一批次的电池在右上角出现了挤压受损的现象，第二批次出现问题的原因是正极焊接有毛刺，刺穿电池隔离膜导致短路起火。Note7和上一代相比采用了更加紧凑的设计，三星想尽可能提高电池容量，电池制造商为了满足三星的要求进行了新工艺尝试，但三星在Note7上市前没能够最终确认，也没能够很好地验证电池设计以及制造工艺方面存在的问题。表面上看三星手机爆炸是质量问题，但实质上是公司治理缺失、董事长和CEO的职责含糊不清所致。低水平的管理和低效率的运行使企业缺乏灵活的技术开发组织形式，缺乏创新观念和创业理念的企业家精神，技术研发活动自然进展不顺。

三星组织架构中的秘书室和结构调整本部均不是法人机构，既非集团子公司也不是业务单元。其下各小组分别隶属于集团各子公司，由子公司拨出经费，但在实际权力上，则堪称三星的最高权力机构，有“太上皇”之讽喻。三星的董事会、监事会没有发挥应有的监督约束作用，缺乏对于权力的制衡，权力高度集中在最高层，不排除企业高管趋向揣摩领导心思的可能，而这也会导致企业的效率低下。三星电子正在对其复杂的所有权结构进行简化改革，并通过分割董事长和CEO的职责，让子公司董事会更为灵活地运作。

资料三

近年来，三星集团的发展面临许多阻碍。2016年6月，华为以专利侵权为由将三星诉至福建省泉州市中级人民法院，请求法院判令被告停止侵权，并赔偿经济损失8000万元及合理费用50万元。据了解，三星在未经授权的情况下私自使用了华为多达40多项的专利技术。2016年7月，三星针对涉案专利向专利复审委员会提起多起专利权无效宣告请求。专利复审委员会将两案并案审理，于2017年4月7日作出无效宣告请求审查决定，驳回了三星公司的请求，维持涉案专利权有效。三星不服，向北京知识产权法院提起诉讼。据了解，三星被判处立即停止以制造、销售、允诺销售等方式侵害华为专利权。按照判决，三星有22款产品被禁售，还需赔偿华为8000万元的经济损失，以及侵权所需支付的50万元合理费用，总计8050万元。2018年4月，北京知识产权法院审结原告三星公司与被告国家知识产权局专利复审委员会，以及第三人华为公司发明专利权无效宣告请求行政纠纷案，维持华为公司的涉案专利权有效。此后，三星公司不服判决，并向北京市高级人民法院提起上诉。2018年10月29日，北京市高级人民法院作出终审判决，驳回上诉，维持原判。2011年4月，苹果正式起诉三星侵犯专利，试图在全球范围禁售三星，两家关系开始破裂，自此正式拉开了两家专利大战的序幕。2018年5月，苹果和三星再次对簿公堂，苹果要求三星支付10亿美元的损失赔偿，三星则要求陪审团将损失赔偿金额下调至2800万美元。最终，美国陪审团终于达成一致，认为三星应该向苹果支付侵权费用5.39亿美元。

2016年7月，三星集团全资子公司上海三星半导体有限公司出资30亿元人民币获得比亚迪约2%的股份，成为比亚迪新的机构投资者。三星选择比亚迪的原因是显而易见的，比亚迪是全球最大的新能源汽车制造商，也是隶属于全球最大新能源市场（中国）的本土汽车品牌。2016年5月，中国相关部门出台动力电池目录制度，中国新能源汽车企业搭载未进入目录的三星、LG电池，将不享受补贴，车企纷纷取消与三星等动力电池的订单。中国政府把三星排除在电池目录之外，对三星将是致命的打击，三星投资比亚迪被认为是对电池业务的曲线救国。

2017年2月，三星集团表示解散有三星“神经中枢”之称的企业战略办公室，今后旗下子公司将通过各自公司CEO与集团董事会之间的合作来进行独立管理。

2018年1月，美国贸易代表办公室宣布，对进口光伏产品和大型洗衣机分别采取为期四年和为期三年的全球保障措施，并分别征收最高税率达30%和50%的关税。为应对美国特朗普政府对韩国产洗衣机采取的进口保障措施，三星电子及LG电子相继在美国东部建立大型物流基地，以备将低关税进口的洗衣机销售殆尽后，转向销售美国当地工厂生产的产品，以规避高额进口关税。

要求：

（1）依据资料一，运用PEST分析方法，简要分析三星公司在中国市场的外部环境；

（2）依据资料一，运用五种竞争力分析方法，简要分析三星公司智能手机所在的产业环境；

（3）依据资料一，简要分析三星公司采取的基本竞争战略类型；

（4）从技术活动过程所处的不同阶段考察，简要分析三星公司Note7手机电池存在的技术风险；

（5）依据《企业内部控制应用指引第1号——组织架构》，简要分析三星公司在组织架构设计与运行中存在的风险；

（6）简要分析三星公司面临的法律风险与合规风险；

（7）简要分析三星公司面临的主要政治风险。

客观题答案速查

我做对了 ________ 题　　我得了 ________ 分

一、单项选择题

序号	1	2	3	4	5	6	7	8	9	10
答案	C	B	C	C	B	C	A	A	A	A
序号	11	12	13	14	15	16	17	18	19	20
答案	C	A	A	B	B	C	D	D	C	C
序号	21	22	23	24	25	26				
答案	B	C	A	A	A	C				

二、多项选择题

序号	1	2	3	4	5	6	7	8	9	10
答案	ACD	ABC	ACD	ABC	ABC	ABD	CD	AC	CD	ACD
序号	11	12	13	14	15	16				
答案	ABD	ABCD	ACD	ABD	AB	CD				

参考答案及解析

使用“会计云课堂”App或“微信”扫码对答案、看解析、掌握解题思路，开启轻松过关之旅。

扫码看解析

一、单项选择题

1.【答案】C

【解析】具有因果含糊性的资源的潜在复制者不能清楚其价值究竟在何处，或不能找出准确的复制方法。例如，企业文化常常是一种因果含糊性的资源，难以被竞争对手模仿。因此，选项C正确。

2.【答案】B

【解析】“目前轿车行业的销售额达到前所未有的规模，各个车企生产的不同品牌的轿车在质量和技术等方面差别不大，价格竞争十分激烈”表明轿车行业目前处于成熟期，成熟期的战略重点是在巩固市场份额的同时提高投资报酬率，选项B正确。

3.【答案】C

【解析】“大幅降低产品价格……该行业很长一段时间内没有新的进入者”表明T公司通过“限制进入定价”这种手段给潜在进入者设置了行为性障碍，选项C正确。

4.【答案】C

【解析】家电企业A和手机企业B之间的产品和服务不存在直接竞争的关系，但具有类似核心经营的业务（自配物流），属于过程或活动基准，选项C正确。

5.【答案】B

【解析】“考虑到不同城市的地形气候问题，该公司的设计团队会根据各城市的气候变化提前规划新款服饰供消费者选购”属于按照地理位置来细分消费者市场，选项B正确。

6.【答案】C

【解析】“多船作业对降低成本的作用极小，由于全部船只都将在同一水域作业，其获得好的捕捞量的机会也相差无几。这样就形成了许多小作业者以几乎同样的成本在作业”表明龙虾捕捞产业不存在规模经济或难以达到经济规模，选项C正确。

7.【答案】A

【解析】甲早餐食品公司通过促销创新，提高现有产品在现有市场中的增长率属于市场渗透战略，选项A正确。

8.【答案】A

【解析】宝洁公司通过共享行为来实现经营层面的相关性，且纸巾和婴儿尿不湿两项和生活用品有关的业务在生产过程中都是以纸为主要原料投入，因此采用的公司层战略属于相关多元化战略，选项A正确。

9.【答案】A

【解析】“YA 药业是一家以牛磺酸为主业的医药公司……收购 Q 氢能源发展有限公司 60% 的股权。该项收购是 YA 药业践行转型发展战略的举措，有利于培育新的发展方向和利润增长点”体现的是 YA 药业经营业务范围的调整，即公司宗旨的变化，选项 A 正确。

10.【答案】A

【解析】“目前，我国城镇家庭每百户家电保有量基本趋于饱和状态，家电行业的产品也已逐步标准化，价格竞争异常激烈”表明现阶段家电行业处于成熟期。从市场角度看，选项 A 属于成熟期的成功关键因素；选项 B、C 属于成长期的成功关键因素；选项 D 属于衰退期的成功关键因素。因此，选项 A 正确。

11.【答案】C

【解析】“陆地公司决定借助其多元化经营的优势，尽快在全国进行房地产业务布局”体现了该公司要进入“专业化程度低、地理分布程度高”的战略群组，这是一片蓝海，是利用战略群组图发现战略机会，选项 C 正确。

12.【答案】A

【解析】地产业务属于低增长—强竞争地位的“现金牛”业务；金融业务属于低增长—弱竞争地位的“瘦狗”业务；健康业务属于高增长—弱竞争地位的“问题”业务；旅游业务属于高增长—强竞争地位的“明星”业务。对于较大的“现金牛”业务可以采取保持战略，选项 A 正确。

13.【答案】A

【解析】推式策略是将产品经过营销渠道“推”向最终消费者。“该公司派专门的销售人员主动去找中间商，给他们介绍本公司儿童玩具产品的特点以及公司产品对孩子的好处等，从而激发了众多的中间商经销甲公司儿童玩具产品的热情”体现了推式策略，选项 A 正确。

14.【答案】B

【解析】面对国外品牌饮料不断涌入国内市场的不利局面，J 饮料有限公司出品独特的凉茶产品，并强化销售网络的建设和管理，赢得了越来越多国内消费者的好评。因此，说明 J 饮料有限公司的战略定位是利用国内市场的优势防卫，属于“防御者”战略，选项 B 正确。

15.【答案】B

【解析】“该公司划分为若干项目部，每个项目部都包括从事教研、美工、程序、信息、销售等活动的人员；每个人员都受项目部主管和所属职能部门主管的双重领导”表明 H 公司采取的是矩阵制组织结构，选项 B 正确。

16.【答案】C

【解析】“P 公司鉴于其内部条件和所处外部环境的不断变化，该公司对内及时调整，发挥创新精神、协同效果和整体优势；对外灵活适应，快速行动”表明 P 公司采取的组织协调机制是共同价值观，选项 C 正确。

17.【答案】D

【解析】“该公司在保留原有业务的同时寻找新的市场机会”表明 W 公司适宜采取的组织战略类型是分析型战略组织，选项 D 正确。

18.【答案】D

【解析】“G 公司重视个人价值，并以促成公司全面成功的个人成就为荣。G 公司的生存依赖于员工，且其员工具有不同的背景，用极富创意的方式工作、玩乐和生活，工作氛围非常轻松。员工之间多通过示范和助人精神来相互影响”

表明G公司的企业文化类型属于人员导向型，选项D正确。

19.【答案】C

【解析】通过各方利益相关者之间的讨价还价，相互做出让步，达成双方都能接受的协议，即为折中，选项C正确。

20.【答案】C

【解析】“经审计发现，2018年1月至2019年4月期间，Z公司控股股东及其关联方利用虚假贸易业务预付账款、销售业务应收账款占用Z公司资金共计22.14亿元”体现的是终极股东对于中小股东的“隧道挖掘”问题，即剥夺型公司治理问题，选项C正确。

21.【答案】B

【解析】“国外有苹果、三星，国内有小米、OPPO等，苹果和三星占据着全球较大的市场份额，华为公司虽然在国内知名度较高，但是仍然承受着苹果的压力，再加上近几年小米的快速发展，也给华为公司带来了一定风险”表明华为公司面临潜在进入者、竞争者、与替代品的竞争带来的市场风险，选项B正确。

22.【答案】C

【解析】“保险连接型固定收益证券，如巨灾债券”属于风险转移中的风险证券化，选项C正确。

23.【答案】A

【解析】“该公司制定和实施了有利于公司可持续发展的人力资源政策。同时加强法制教育，增强董事、监事、经理及其他高级管理人员和员工的法制观念，严格依法决策、依法办事、依法监督”属于我国《企业内部控制基本规范》关于内部环境要素的要求，选项A正确。

24.【答案】A

【解析】敏感性分析法是针对潜在的风险，研究项目的各种不确定因素变化至一定幅度时，计算其主要经济指标的变化率及敏感程度的一种方法。因此，选项A正确。

25.【答案】A

【解析】MRP采购模式即物料需求计划（Material Requirement Planning）模式主要应用于生产企业。它是指企业以生产为导向，根据生产计划中的产品数量、结构和库存情况，计算推导出需要购买的各种原材料、零部件的数量以及进货时间，据此编制采购计划，按照采购计划向供应商发出订单。因此，选项A正确。

26.【答案】C

【解析】企业一般在无法判断或无须判断发生概率的时候，可将最大可能损失作为风险的衡量方法，选项C正确。

二、多项选择题

1.【答案】ACD

【解析】选项A属于同业竞争；选项B不属于钻石模型分析的范畴；选项C属于需求条件（家电制造业处于成长期，说明市场需求旺盛）；选项D属于生产要素。因此，选项A、C、D正确。

2.【答案】ABC

【解析】“韩国存储器制造商海力士公司宣布与……个人计算机零件和中央处理器制造商英特尔公司签署收购协议……收购英特尔存储器业务”表明该并购属于横向并购，选项A正确；作为并购方的海力士公司是非金融企业，表明该并购属于产业资本并购，选项B正确，选项D错误；“以约90亿美元收购英特尔存储器业务，其收购资金中有60亿美元由银行贷款提供”表明该收购属于杠杆收购，选项C正确。

3.【答案】ACD

【解析】“该公司向参加活动的会员提供免费茶点、国外学校及专业讲座”属于营业推广，选项A正确；“留学新项目推介”属于人员推销，选项C正确；“建立了良好的公众形象”属于公关宣传，选项D正确。

4.【答案】ABC

【解析】“试图通过提高效率，降低成本取得竞争优势”表明德利公司实施的是成本领先战略。采用成本领先战略时，通常强调个人能力，因此强调范围有限的知识和技巧，实施个人的在职培训，企业往往通过自己设立企业大学或者定期培训来提升员工的知识和能力。因此，选项A、B、C正确。

5.【答案】ABC

【解析】“引进了一批高精度的物质检测仪器”属于支持活动中的采购管理，选项A正确；“进行抗过敏药妆新产品的研发，初期的实验证明药妆的抗过敏成分是有效的”属于支持活动中的技术开发，选项B正确；“组建了一支高学历、经验丰富的研发与销售团队”属于支持活动中的人力资源管理，选项C正确。

6.【答案】ABD

【解析】根据“产业集中度较低，行业内的中小企业数量非常多”表明我国模具生产产业属于零散产业。克服零散——获得成本优势的具体途径：①连锁经营或特许经营；②技术创新以创造规模经济；③尽早发现产业趋势。因此，选项A、B、D正确。

7.【答案】CD

【解析】“为旅游要素间跨界融合、共赢发展提供借鉴”体现的动因是开拓新的市场；“实现资源、品牌、业务互补互促”体现的动因是实现资源互补。因此，选项C、D正确。

8.【答案】AC

【解析】“主要品牌包括佰草集、六神、高夫、美加净、启初、家安、玉泽、双妹、汤美星等。公司以差异化的品牌定位覆盖不同年龄和消费群体的消费需求”“借助持续不断的产品创新”体现的是产品策略；“采用线上与线下相结合的销售模式”体现的是分销策略。因此，选项A、C正确。

9.【答案】CD

【解析】“出售旗下九家主业为铝加工的亏损子公司”体现放弃战略；“扩大氧化铝和电解铝业务比例”体现转向战略。因此，选项C、D正确。

10.【答案】ACD

【解析】“乳制品行业增长缓慢”属于外部威胁（T），“该业务市场占有率高”属于内部优势（S），应该采用ST战略，选项B错误。

11.【答案】ABD

【解析】通常，产品在导入期，采用无差异营销策略能取得很好的效果；而当产品进入成长期和成熟期后，则宜采用差异性营销策略，以建立有别于竞争对手的特色，或开拓新的市场，刺激新需求，延长产品生命周期。因此，选项C错误。

12.【答案】ABCD

【解析】资产负债率属于财务角度；新客户开发率属于顾客角度；员工收入属于内部流程角度；员工培训计划完成率属于创新与学习角度。因此，选项A、B、C、D均正确。

13.【答案】ACD

【解析】辨别企业能力是否属于核心能力的三个关键性测试：①它对顾客是否有价值；②它与企业竞争对手相比是否有优势；③它是否很难被模仿或复制。

"让人们通过智能手机就能快速租用和归还摩拜单车，用可负担的价格来完成一次几公里的市内骑行"体现了①，选项 A 正确。"与其他共享单车相比，摩拜单车将全铝车身、防爆轮胎、轴传动等高科技手段集于一体，使其坚固耐用，进而降低维护成本"体现了②，选项 C 正确。"摩拜已经建成了全球领先的物联网平台，这是摩拜在新出行时代难以被复制的优势"体现了③，选项 D 正确。

14.【答案】ABD

【解析】"为了开拓海外市场""东南亚、印度等市场需求较大"体现了寻求市场，选项 A 正确；"在东南亚、印度等……劳动力成本较低的国家和地区成立了 7 个高效率的生产制造基地"体现了寻求效率，选项 B 正确；"为了在激烈的市场竞争中获得相关市场经验和领先技术"体现了寻求现成资产，选项 D 正确。

15.【答案】AB

【解析】"客户对煤炭产品的性价比的要求很高；各煤炭企业的产品差别很小，价格差异缩小且处于很低水平；产品毛利很低，只有大规模生产并有自己销售渠道的企业才具有竞争力；大量中小煤炭企业陆续退出市场"说明煤炭产业目前处于衰退期，选项 A、B 正确。选项 C、D 属于成熟期的经营特征。

16.【答案】CD

【解析】分析运营风险，企业应至少收集与本企业、所在行业相关的以下信息：①产品结构、新产品研发情况；②新市场开发情况、市场营销策略包括产品或服务定价与销售渠道、市场营销环境状况；③企业组织效能、管理现状、企业文化，高、中层管理人员和重要业务流程中专业人员的知识结构、专业经验；④期货等衍生产品业务中曾发生或易发生失误的流程和环节；⑤质量、安全、环保、信息等管理中曾发生或易发生失误的业务流程或环节；⑥因企业内、外部人员的道德风险致使企业遭受损失或业务控制系统失灵的情况；⑦给企业造成损失的自然灾害以及除上述有关情形之外的其他纯粹风险；⑧对现有业务流程和信息系统操作运行情况的监管、运行评价及持续改进能力；⑨企业风险管理的现状和能力。因此，选项 C、D 正确。

三、简答题

1.【答案】

（1）M 公司战略失效的原因：

①战略实施所需的资源条件与现实的资源条件之间出现较大缺口。"截至 2019 年年末、2020 年年末、2021 年 3 月末，M 公司已经连续两年及一期流动负债超出流动资产，超出金额分别为 3.59 亿元、9.92 亿元、7.0 亿元。此外，从业绩来看，2019 年、2020 年，M 公司已持续两年大幅亏损，归属于母公司的净利润分别为 −3.25 亿元、−8.59 亿元，且经营活动产生的现金流量净额无法满足经营需求"。

②公司管理者决策错误，使战略目标本身存在严重缺陷或错误。"M 公司在 2010 年踏上互联网转型之路。2010 年 12 月，M 公司上线电商平台邦购网，运营还不到一年就关闭了""2013 年 10 月，M 公司宣布启动 O2O 战略，打造线下体验店。M 公司关闭了部分亏损的加盟店，增开了 1000 家直营体验店，然而体验店看客寥寥，O2O 试水成效并不大""2015 年，M 公司强势推出'有范'App，以 5000 万元冠名人气综艺节目。然而两季节目过 10 亿的点击量却并没有给'有范'App 带来预想的推广结果。根据 2015 年 3 月份媒体报道，'有范'App 当时的下载量仅有 37 万左右"。

③企业外部环境出现较大变化，现有战略一时难以适应。"2008 年以来，国内经

济发展很快，消费能力也迅速跟上。本土品牌发展繁荣的同时，大量的国际品牌也开始进入中国市场。M公司偏休闲和跨时尚的风格，外部遭遇了强大的国际竞争对手，比如H&M、Zara、优衣库等，而M公司对国际品牌的竞争并未有足够重视，为之后溃败埋下伏笔”。

M公司战略失效的类型属于晚期失效。“M公司创建于1995年……M公司靠自主设计、生产外包的轻资产模式，迅速在国内扩张……到2012年顶峰时期，在全国拥有5220家门店，可谓盛极一时。随后便逐渐落败，不得不频频撤资、调整，2015年出现上市后首亏，2018年短暂扭亏为盈后，2019年至今再度由盈转亏”“自2012年之后，受制于服装行业不景气、海外快时尚品牌强势布局以及国内电商的影响，M公司开始走下坡路”。

（2）M公司实施收缩战略的原因是被动原因。

①外部环境原因。“大量的国际品牌也开始进入中国市场。M公司偏休闲和跨时尚的风格，外部遭遇了强大的国际竞争对手，比如H&M、Zara、优衣库等”“互联网电子商务发展迅速，服装是受到影响最大的行业之一。整个网购服装卖得最好的价格是200元之内，从价格上讲，整个电商服装品牌都是M公司的竞争对手”。

②内部环境原因。“随后便逐渐落败，不得不频频撤资、调整，2015年出现上市后首亏，2018年短暂扭亏为盈后，2019年至今再度由盈转亏”“高库存压力。难以短期消化高库存，一直是M公司业绩难以提振的原因。到2015年上半年末，库存商品期末账面余额仍高达13.4亿元，库存3000多万件”“M公司对国际品牌的竞争并未有足够重视，为之后溃败埋下伏笔”“经营活动产生的现金流量净额无法满足经营需求”。

M公司实施收缩战略的方式：

①紧缩与集中战略。“M公司关闭了部分亏损的加盟店”。

②转向战略。“M公司在2010年踏上互联网转型之路”“2013年10月，M公司宣布启动O2O战略，打造线下体验店。M公司关闭了部分亏损的加盟店，增开了1000家直营体验店”“2015年，M公司强势推出‘有范’App，以5000万元冠名人气综艺节目”。

③放弃战略。“2021年3月，M公司将旗下一家全资子公司的100%股权出售，出售金额为4.48亿元”。

2.【答案】

（1）依据蓝海战略重建市场边界的基本法则（开创蓝海战略的途径），H公司取得辉煌的业绩所依赖的路径如下：

①审视他择产业或跨越产业内不同的战略群组。“考虑到购物的乐趣，H公司采用了自助购物的模式，用详细的产品说明取代了传统的贴身店员服务，吸引了很多习惯于自助采购的客户；与此同时，H公司的产品展示划分为不同的单元，各种家具自然的结合在一起，客户可以把组合好的单元照搬到自己家中，免去了费力设计的精力，而这使得一些原本不喜欢花心思在家具上的人同样成为H公司的忠诚客户”。

②重新界定产业的买方群体。“通过低成本战略，H公司赢得了大批中低收入的客户。在此基础上，H公司又将自己的目标客户群体向外围辐射……通过以上方式，H公司寻求到了那些处于市场边缘，却又能给企业带来巨大收益的客户群体”。

③放眼互补性产品或服务。“H公司在店内推出了低价美味的餐饮服务，这使得很多原本不想购买H公司家具的人群，因为有低价、快捷的餐饮而成为H公司的客户；其次，考虑到购物的乐趣，H公

司采用了自助购物的模式，用详细的产品说明取代了传统的贴身店员服务，吸引了很多习惯于自助采购的客户；与此同时，H公司的产品展示划分为不同的单元，各种家具自然的结合在一起，客户可以把组合好的单元照搬到自己家中，免去了费力设计的精力，而这使得一些原本不喜欢花心思在家具上的人同样成为H公司的忠诚客户”。

④重设客户的功能性或情感性诉求。“按照以往的市场规则，家具企业本应该致力于提供功能性的产品，而H公司却考虑到家具在人们日常生活中的特殊意义，力求用富有艺术品位的家具，给客户营造舒适、温馨的家居氛围，从而使自己与其他企业区别开来”。

⑤跨越时间参与塑造外部潮流。“H公司的高层较早地意识到了环境保护对企业长期发展的重要意义，并制定了相对完整和切实可行的工作规范”“基于对市场环境和消费习惯的敏锐洞察，H公司顺利地扮演了‘企业公民’的角色，进而从环保的角度对产品的研发进行了调整，满足了客户和社会在这方面的潜在需求。而事实证明，具有环保理念的H公司家具产品正越来越受到全国消费者的欢迎”。

（2）依据“战略钟”理论，H公司所采用的竞争战略类型是混合战略。“打破传统行业规则的束缚，最大程度地降低企业成本，同时以差异化的产品和服务，充分满足目标客户群体的市场需求”“为了给客户提供真正低价格的产品和服务，H公司在设计产品之前会充分考虑顾客对价格的承受能力，并结合产品特性设定预期的销售价格，这样由此得到的目标成本也会较其他企业低很多，而以后的生产流程会在这个目标成本之内，尽可能地向客户提供更高性能和品质的产品”。

（3）基本活动：

①生产经营。“调整生产布局，将生产基地定位于成本低的地区”“H公司还采用平板包装的模式进行产品的储运。平板化包装不仅有助于全国范围内的生产布局调整……极大地降低了产品成本”“以最高的效率生产并运送给各地的分销中心”。

②外部后勤。“H公司还采用平板包装的模式进行产品的储运。平板化包装不仅有助于全国范围内的生产布局调整，同时降低了储运的空间，极大地降低了产品成本”“以最高的效率生产并运送给各地的分销中心”。

③市场销售。“H公司在店内推出了低价美味的餐饮服务，这使得很多原本不想购买H公司家具的人群，因为有低价、快捷的餐饮而成为H公司的客户；其次，考虑到购物的乐趣，H公司采用了自助购物的模式，用详细的产品说明取代了传统的贴身店员服务，吸引了很多习惯于自助采购的客户；与此同时，H公司的产品展示划分为不同的单元，各种家具自然的结合在一起，客户可以把组合好的单元照搬到自己家中，免去了费力设计的精力，而这使得一些原本不喜欢花心思在家具上的人同样成为H公司的忠诚客户”“为了给客户提供真正低价格的产品和服务，H公司在设计产品之前会充分考虑顾客对价格的承受能力，并结合产品特性设定预期的销售价格，这样由此得到的目标成本也会较其他企业低很多，而以后的生产流程会在这个目标成本之内，尽可能地向客户提供更高性能和品质的产品”。

支持活动：

①采购管理。“H公司与全国的供应商建立了一种理性的长期合作关系，除了与供应商通力合作之外，H公司也鼓励供应商之间开展竞争，并把订单交给那些衡量起来价格较低的厂商”。

②技术开发。“H公司不断研发和应用新材料、新技术来降低产品的成本，在保

证品质的前提下，H 公司不仅考虑木材，还充分利用复合塑料等新材料”。

③企业基础设施。“H 公司能够取得如此辉煌的业绩，根本原因在于其实施了一整套可以持续创造价值的创新管理系统”“H 公司的高层较早地意识到了环境保护对企业长期发展的重要意义，并制定了相对完整和切实可行的工作规范。基于对市场环境和消费习惯的敏锐洞察，H 公司顺利地扮演了‘企业公民’的角色，进而从环保的角度对产品的研发进行了调整，满足了客户和社会在这方面的潜在需求。而事实证明，具有环保理念的 H 公司家具产品正越来越受到全国消费者的欢迎”。

3.【答案】

（1）L 公司发展初期的市场初次定位：“在公司发展初期，结合南方人喜欢用枣煲汤和自身产品鸡心枣被誉为‘百药之引’，L 公司将自身生产销售的产品取名为‘鸡心人参枣’，用人参煮枣，突出枣药食兼用的价值；采用 100 克的小袋包装，便于消费者单次食用；还将重 15 公斤的黄色传统包装箱升级为仅 5 公斤重、外观素雅小巧的白色箱子。依靠对消费者的精准定位，当年的‘鸡心人参枣’在深圳、广州地区十分畅销”。

2015 年，L 公司对产品进行再次定位：“对产品进行重新定位，由高端商务礼品向大众休闲食品转型，专注于为 25 岁至 45 岁的白领女性提供日常休闲食品”。

L 公司对产品进行重新定位的适用情况：

①当本企业产品定位附近出现了强大竞争者，导致本企业产品的销售量及市场占有率下降。“但到了 2012 年，由于红枣实现大丰收，各种红枣专卖店纷纷出现，专卖店渠道的竞争由蓝海转为红海。如在 L 公司的大本营 X 市，除了 L 公司的专卖店之外，各种品牌的红枣专卖店随处可见。在一条不足一百米的路段上，集中了 6 家红枣批发店，经营的红枣品牌起码有几十个。由于这些品牌的红枣专卖店销售的产品有着更高的性价比，为此 L 公司流失了很大一批顾客”。

②顾客的消费观念、偏好发生变化，由喜爱本企业产品转向竞争者产品。“由于这些品牌的红枣专卖店销售的产品有着更高的性价比，为此 L 公司流失了很大一批顾客”。

（2）①产品策略。“在公司发展初期，结合南方人喜欢用枣煲汤和自身产品鸡心枣被誉为‘百药之引’，L 公司将自身生产销售的产品取名为‘鸡心人参枣’，用人参煮枣，突出枣药食兼用的价值；采用 100 克的小袋包装，便于消费者单次食用；还将重 15 公斤的黄色传统包装箱升级为仅 5 公斤重、外观素雅小巧的白色箱子”“L 公司迅速设计并生产出一款类似缝纫机的半自动机器，专门用于生产无核枣。在发现嚼口香糖是当时的新潮流后，便研发口香糖样式包装的枣片，放在类似烟盒的包装里，在机场、火车站等场所进行派发和售卖”“对产品进行重新定位，由高端商务礼品向大众休闲食品转型，专注于为 25 岁至 45 岁的白领女性提供日常休闲食品”。

②促销策略。“L 公司通过在各销售点派出促销人员，开展促销活动，如免费品尝、积分送产品、购买赠贺卡等形式有效地带动了公司销售额的增加。同时通过电视、报纸、期刊、网络等方式进行广告宣传，将 L 公司文化无缝隙覆盖消费者生活，从而不断刷新并提升消费者对 L 公司品牌的情感认知”。

③分销策略。“L 公司发展初期的营销渠道单一，主要借助商场进行销售。在公司发展初具规模时，L 公司及时作出调整，于 2000 年在 Z 市成立第一家专卖店。在之后的发展中，L 公司又对专卖店渠道进行调整，探索出‘L 红枣旗舰店’‘L

生活家健康零食店’‘L食养生活馆’三种专卖店运营新模式”“由单一的专卖店渠道向专卖店、商超、电商三大渠道转型”。

4.【答案】

（1）L集团的战略创新类型：

①产品创新。“在2021年L集团的创新科技大会上，L集团明确未来将会在智能化AI服务领域为各行各业的客户提供服务的战略升级，以‘端+边+云+网+智’为技术架构，赋能产业数字化、智能化，正式推出了TruScale服务”“在产品科技创新方面，L集团推出国内首创温水水冷技术，并与冬奥会赛事合作，进行品牌延伸……L集团的创新技术产品，再次成为彰显中国智慧的一大看点”。

②流程创新。“L集团将现有的销售渠道改造的更加扁平化，通过与经销商直接沟通，建立直接的合作关系，此举不仅降低产品的流通成本，更实现了L集团与终端客户更直接、更快捷的沟通。L集团正通过这一系列的价值链改善措施和成本控制，逐步提升自己的国际竞争力”。

③范式创新。“进入互联网时代之后，L集团又在企业文化中加入‘开放、包容、合作、共享’理念，开放其5G专利技术，在其他企业纷纷学习新技术的过程中，L集团的5G技术也被应用的更加广泛，从而在5G标准制定中提高了其话语权”。

④定位创新。“所谓TruScale服务说得简单直白一点，就是被L集团重新定位的付费IT服务，一般的IT服务针对的是企业和公司，很少有针对个人，但是L集团将服务器、PC等硬件设备，搭配智能AI算法服务、云存储服务等整合成为套餐，推给其个人用户，用户不需要支付硬件费用，而是直接支付套餐订阅费用即可，大大节省了成本支出和消耗”。

（2）L集团成功的战略创新赖以实现的关键情境：

①建立创新型组织。

a. 共同使命、领导力和创新的意愿。“L集团的员工有共同的使命，那就是参与到L集团的创新工作中，将L集团打造成高科技和国际化的集团。进入互联网时代之后，L集团又在企业文化中加入‘开放、包容、合作、共享’理念”。

b. 关键个体。“L集团的科技研发部门由相关领域的专家全权负责”。

c. 全员参与创新。“L集团的员工有共同的使命，那就是参与到L集团的创新工作中，将L集团打造成高科技和国际化的集团”。

d. 有效的团队合作。“L集团拥有世界领先的科技创新团队，超过73%的员工都是科研人员。L集团的科技研发部门由相关领域的专家全权负责，给予科研人员充分的自由度和发挥空间，员工之间可以充分交流、分享新知识”。

e. 创造性的氛围。“给予科研人员充分的自由度和发挥空间，员工之间可以充分交流、分享新知识……L集团的员工有共同的使命，那就是参与到L集团的创新工作中，将L集团打造成高科技和国际化的集团。进入互联网时代之后，L集团又在企业文化中加入‘开放、包容、合作、共享’理念”。

f. 跨越边界。“在产品科技创新方面，L集团推出国内首创温水水冷技术，并与冬奥会赛事合作，进行品牌延伸”“通过与经销商直接沟通，建立直接的合作关系。此举不仅降低产品的流通成本，更实现了L集团与终端客户更直接、更快捷的沟通”。

②制定创新的战略。“L集团的战略创新主要围绕业务服务的创新、产品科技的创新和销售策略的创新展开”。

（3）L集团资源所展示的竞争优势：

①有形资源的竞争优势。“L集团在亚洲、欧洲、北美及南美洲共拥有36个生产制造厂，其中有11个是L集团自有的生产制造基地。自有工厂中90%的产品都是在中国生产，剩下的10%产品在海外生产。其中，L集团位于武汉的生产基地聚焦手机，而位于合肥的工厂是其最大的PC生产基地”。

②无形资源的竞争优势。“在全球范围内，L集团拥有专利超过28000件”“L集团又在企业文化中加入‘开放、包容、合作、共享’理念，开放其5G专利技术，在其他企业纷纷学习新技术的过程中，L集团的5G技术也被应用的更加广泛，从而在5G标准制定中提高了其话语权”“在产品科技创新方面，L集团推出国内首创温水水冷技术”。

③人力资源的竞争优势。“L集团拥有世界领先的科技创新团队，超过73%的员工都是科研人员”。

四、综合题

【答案】

（1）从PEST角度分析三星公司在中国市场的外部环境：

①政治和法律因素。“我国政治局势稳定，相关政策法律体系日渐完善，为包括智能手机在内的各个行业的发展提供了良好的大环境。同时随着社会主义新农村建设，为智能手机企业打开农村市场提供了可能”。

②经济因素。“随着市场经济的深入发展与全球化进程的不断加快，我国经济发展呈现不断上升趋势。良好的经济环境增加了人们的收入与购买力，人们对智能手机的需求量很大”。

③社会和文化因素。“我国作为世界上人口最多的国家，市场潜力巨大，随着人们收入的增加与文化的影响，对新潮、功能多样的智能手机表现出了极大的需求”。

④技术因素。“信息技术迅猛发展，数字化技术、半导体技术等为更先进、更新潮、功能更多样的智能手机的开发奠定了基础”。

（2）从五种竞争力角度分析三星公司智能手机所在的产业环境：

①潜在进入者的进入威胁。“智能手机行业作为高技术行业，需要强大的实力与雄厚的资金作为支撑，新进入者要面临很高的进入壁垒，一般企业很难进入”。

②替代品的替代威胁。“手机几乎是每个人必不可少的东西，基本上不存在可替代的产品，笔记本、平板电脑在一定程度上拥有手机的某些功能，但却不能完全替代智能手机”。

③购买者讨价还价的能力。“智能手机的购买者大多是个人消费者，而且智能手机厂商对自身产品的定位大多是中高端产品，购买者很难对智能手机的价格与产品质量提出很多要求”。

④供应商讨价还价的能力。“智能手机的各个部件在市场上有着众多的供应商，而且供应商规模都比较大，难以联手操控市场，零部件能够得到稳定供应。但智能手机的操作系统、芯片和处理器对供应商的依赖性较大”。

⑤产业内现有企业的竞争。“智能手机行业的竞争是十分激烈的，市场上存在许多智能手机品牌，不仅有国际品牌的并驱争先，也有本国智能手机企业崛起的新秀，如苹果、小米、华为、欧珀和维沃等智能手机企业”。

（3）三星公司采取的基本竞争战略类型是集中差异化战略。“三星手机将自己的产品市场定位于中高端顾客和20~45岁的中青年群体，致力于为这类群体提供中高端品牌、新潮时尚、功能多样的手机”。

（4）从技术活动过程所处的不同阶段考察，三星Note7手机电池存在的技术风险：

①技术设计风险。“三星电子无线事业部总裁承认电池在设计与制造过程中存在问题，Note7第一批次的电池在右上角出现了挤压受损的现象，第二批次出现问题的原因是正极焊接有毛刺，刺穿电池隔离膜导致短路起火”。

②技术研发风险。“表面上看三星手机爆炸是质量问题，但实质上是公司治理缺失、董事长和CEO的职责含糊不清所致。低水平的管理和低效率的运行使企业缺乏灵活的技术开发组织形式，缺乏创新观念和创业理念的企业家精神，技术研发活动自然进展不顺”。

（5）三星公司在组织架构设计与运行中存在的风险：

①治理结构形同虚设，缺乏科学决策、良性运行机制和执行力，可能导致企业经营失败，难以实现发展战略。“三星的董事会、监事会没有发挥应有的监督约束作用，缺乏对于权力的制衡，权力高度集中在最高层，不排除企业高管趋向揣摩领导心思的可能”。

②内部机构设计不科学，权责分配不合理，可能导致机构重叠、职能交叉或缺失、推诿扯皮，运行效率低下。“但实质上是公司治理缺失、董事长和CEO的职责含糊不清所致。低水平的管理和低效率的运行使企业缺乏灵活的技术开发组织形式”“三星组织架构中的秘书室和结构调整本部均不是法人机构，既非集团子公司也不是业务单元。其下各小组分别隶属于集团各子公司，由子公司拨出经费，但在实际权力上，则堪称三星的最高权力机构，有‘太上皇’之讽喻”“权力高度集中在最高层，不排除企业高管趋向揣摩领导心思的可能，而这也会导致企业的效率低下”。

（6）三星公司面临的法律风险与合规风险突出表现在专利侵权诉讼。“2016年6月，华为以专利侵权为由将三星诉至福建省泉州市中级人民法院，请求法院判令被告停止侵权，并赔偿经济损失8000万元及合理费用50万元”“三星被判处立即停止以制造、销售、允诺销售等方式侵害华为专利权。按照判决，三星有22款产品被禁售，还需赔偿华为8000万元的经济损失，以及侵权所需支付的50万元合理费用，总计8050万元”“三星公司不服判决，并向北京市高级人民法院提起上诉。2018年10月29日，北京市高级人民法院作出终审判决，驳回上诉，维持原判。2011年4月，苹果正式起诉三星侵犯专利，试图在全球范围禁售三星，两家关系开始破裂，自此正式拉开了两家专利大战的序幕。2018年5月，苹果和三星再次对簿公堂，苹果要求三星支付10亿美元的损失赔偿，三星则要求陪审团将损失赔偿金额下调至2800万美元。最终，美国陪审团终于达成一致，认为三星应该向苹果支付侵权费用5.39亿美元”。

（7）三星公司面临的主要政治风险：

①设置贸易壁垒。“2016年5月，中国相关部门出台动力电池目录制度，中国新能源汽车企业搭载未进入目录的三星、LG电池，将不享受补贴，车企纷纷取消与三星等动力电池的订单”。

②进口配额和关税。“2018年1月，美国贸易代表办公室宣布，对进口光伏产品和大型洗衣机分别采取为期四年和为期三年的全球保障措施，并分别征收最高税率达30%和50%的关税”。

◇湖南天闻新华印务有限公司

轻松过关® 1

2022年注册会计师考试
应试指导及全真模拟测试

公司战略与风险管理

（下册）

田　明　主编
东奥会计在线　编

北京科学技术出版社

目录

CONTENTS

第二部分　考点精讲及强化训练

第三部分　跨章节主观题演练

第四部分　经典案例分析

第五章　公司治理

CHAPTER-5

本章学习指南

一、学习目标

本章属于次重点章，主要涉及公司治理概述、三大公司治理问题、公司内部治理结构和外部治理机制、公司治理的基础设施等相关内容。本章通常与实际案例相结合，让考生结合案例分析目标企业存在的公司治理问题。因此，在学习本章内容时，应理解与记忆并重，围绕“三大公司治理问题”“公司内部治理结构”和“公司治理基础设施”三大核心考点，有的放矢地进行学习。

1. 了解公司治理理论
2. 熟练掌握三大公司治理问题及其表现
3. 了解中小股东的权益保护措施
4. 掌握公司内部治理结构的相关理论
5. 掌握外部治理机制中的三大市场机制
6. 掌握公司治理基础设施中的五个方面

二、考情概况

在近 3 年的考试中，本章的平均分值约为 4 分。本章考试的题型一般为客观题和简答题。

三、教材变化

2022 年教材本章内容与 2021 年教材相比，主要变化：

1. 第一节将“五、公司治理的重要性”改为“五、公司治理与战略管理”，并进行了重新编写
2. 第二节“三大公司治理问题”调整了部分表述
3. 第三节将原“监事会”中的部分内容移出并改写为“(一)公司内部治理结构的不同模式”
4. 第三节“公司内部治理结构”中新增“国有企业各级党委（党组）”
5. 第四节“公司治理原则”中的部分内容进行了改写
6. 调整了部分案例

四、考点框架

- **第五章 公司治理**
  - 公司治理概述
    - 企业的起源与演进 ★
    - 公司治理问题的产生 ★
    - 公司治理的概念 ★
    - 公司治理理论 ★
    - 公司治理与战略管理 ★
  - 三大公司治理问题
    - 经理人对于股东的“内部人控制”问题 ★★
    - 终极股东对于中小股东的“隧道挖掘”问题 ★★
    - 企业与其他利益相关者之间的关系问题 ★
  - 公司内部治理结构和外部治理机制
    - 公司内部治理结构 ★★
    - 外部治理机制 ★★
  - 公司治理的基础设施 ★★

核心考点精讲

致锲而不舍的您

本章内容轻薄，任务轻松，不需要“头悬梁，锥刺股”，只需抓住“公司治理”相关核心内容，加以适当记忆即可。有困难，找小奥，扫一扫“核心考点精讲”中的二维码，快“码”加鞭，一往无前。

第一节　公司治理概述

使用“会计云课堂”App或“微信”扫码查看本节视频，快速GET知识点。

一、企业的起源与演进 ★

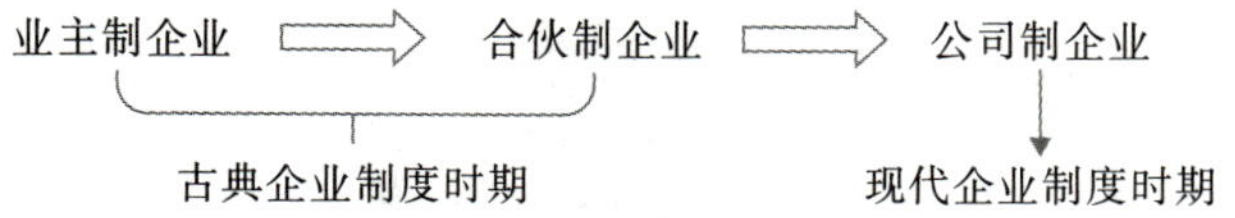

典型的企业组织形式：业主制企业、合伙制企业以及公司制企业。

（一）业主制企业

特征	不具有法人资格，对企业的债务承担无限责任
优点	①企业法律登记手续简单，容易创立和解散 ②经营比较灵活 ③业主更加关注预算和成本控制以降低经营风险
缺点	①难以在资本市场上筹集资金，从而无法进一步扩张 ②经营缺乏稳定性，受业主个人状况影响很大 ③业主的个体决策可能会影响到组织决策的质量 ④为规避风险，业主缺乏主动创新的动力，不利于新产业的发展

（二）合伙制企业

特征	不具有法人资格，对企业的债务承担无限责任
优点	①扩大了资金来源，有助于企业扩大规模，部分缓解了业主制企业资金不足的问题 ②有利于整合发挥合伙人的资源优势，部分缓解了业主制企业人力资本不足的问题 ③合伙人共同经营企业、共担风险，在一定程度上分散了经营压力
缺点	①合伙人对企业债务承担无限责任，风险较大 ②合伙人之间缺乏有效的制约机制，监督履责困难 ③在决策中合伙人之间的分歧带来很高的协调成本，降低了决策效率 ④合伙人的退伙会影响企业的存续

（三）公司制企业

特征	具有法人资格，对企业的债务承担有限责任
优点	①所有权的流动性强 ②有限债务责任 ③永续经营 ④易于融资
缺点	①组建公司的成本高 ②存在代理问题

二、公司治理问题的产生★

随着公司制企业的不断发展，现代公司呈现出股权结构分散化、所有权与经营权分离等典型特征，由此产生了公司治理问题。

在公司所有权与经营权分离的情况下，公司所有者与经营者之间利益不一致，经营者为了自身的利益，有可能损害股东的利益。同时，股权结构分散化使得公司的股东们无法在集体行动上达成一致，从而对公司经营者的监督弱化，也会使得股东和其他利益相关者的利益被经营者损害、掠夺的风险增加，经理人对于股东的“内部人控制”问题便产生了。

后来，随着公司股权结构由分散转为集中，特别当资本市场缺乏对中小股东利益的保护机制时，对公司经营活动具有控制力的大股东的行为就更加不容易被约束，他们可能以牺牲众多的中小股东利益为代价，通过追求自利目标而非提升公司价值目标来实现自身利益最大化，传统的所有者与经营者的代理矛盾也逐步转变为大股东与中小股东之间的矛盾，即导致了终极股东对于中小股东的“隧道挖掘”问题。

三、公司治理的概念★

（一）公司治理的定义

从公司治理的实践及公司治理问题的产生和发展来看，公司治理可以分为狭义的公司治理和广义的公司治理两个层次。

1. 狭义的公司治理

定义	指所有者（主要是股东）对经营者的一种监督与制衡机制，即通过一种制度安排，来合理地界定和配置所有者与经营者之间的权力与责任关系
目标	保证股东利益的最大化，防止经营者对所有者利益的背离
如何实现	通过股东大会、董事会、监事会及经理层所构成的公司治理结构来实现的内部治理

2. 广义的公司治理

定义	不局限于股东对经营者的制衡，还涉及广泛的利益相关者，包括股东、雇员、债权人、供应商和政府等与公司有利害关系的集体或个人
目标	不仅是股东利益的最大化，还是所有利益相关者的利益最大化
如何实现	通过一整套包括正式或非正式的、内部或外部的制度或机制来协调公司与所有利益相关者之间的利益关系，以保证公司决策的科学性、公正性，从而最终维护公司各方面的利益

【提示】在此基础上，学术界还产生了泛广义的公司治理概念，泛广义的公司治理概念在涵盖狭义与广义的公司治理内涵的同时，还包括了企业的战略决策系统、企业文化、企业高管控制制度、收益分配激励制度、财务制度、人力资源管理等制度。

（二）公司治理结构

定义	指为实现资源配置的有效性，所有者（股东）对公司的经营管理和业绩改良等方面进行监督、激励、控制和协调的一整套制度安排
作用	反映了决定公司发展方向和业绩的各参与方之间的关系
常见形式	是由所有者、董事会和执行经理层等形成的一定的相互关系框架 根据国际惯例，规模较大的公司，其内部治理结构通常由股东会（股东大会）、董事会、经理层、监事会和员工等组成，它们依据法律赋予的权力、责任、利益，相互分工，相互制衡

（三）公司治理机制

公司治理机制主要指除企业内部的各种监督机制外的各项市场机制对公司多维度的监督与约束。

公司治理机制主要有三大类，即权益机制、市场机制和管理机制。

四、公司治理理论★

> **要点小贴士**
>
> 公司治理理论是构建公司治理结构、解决公司治理问题的理论基础。

（一）委托代理理论

> **要点小贴士**
>
> 委托代理理论认为，公司治理问题是伴随着委托代理问题的出现而产生的。

委托代理理论主要涉及企业资源的提供者与资源的使用者之间的契约关系。

按照委托代理理论，资源的所有者是委托人，负责使用及控制这些资源的人是代理人。

委托代理理论认为，当企业的经营者本身就是企业资源的所有者时，他们拥有企业全部的剩余索取权（对利润的要求权），经营者会努力地为他自己而工作，在这种环境下，就不存在什么代理问题。

但是，当经营者不再是提供者，而只是使用者的时候，经营者就有一种动机去提高在职消费，自我放松并降低工作强度。显然，如果企业的经营者是一个理性经济人，此时他的行为与原先自己拥有企业全部股权时会有显著的差别。

因此，公司治理的中心问题就是如何使代理人（经营者）履行对委托人（所有者）的忠诚义务和勤勉义务。

（二）资源依赖理论

> **要点小贴士**
>
> 资源的稀缺程度和依赖状况决定企业内部的权力分配状况。

资源依赖理论指出，企业是一个开放的系统，要靠内外部环境中的参与者提供的资源来作为其生存和发展的基础。

企业对环境中的参与者提供的资源依赖程度越高，则参与者的权力就越大，企业的受限性也就越强。

为了降低受限程度，企业也会采取对外并购、战略联盟等一系列的战略途径，减少由于依赖所导致的不确定性。

在公司治理中，从资源依赖理论这一视角，强调企业治理参与者的选择、权力和影响程度源于企业对于这些参与者给企业带来资源的稀缺程度以及企业对这些资源的依赖程度，即认为企业选择利益相关者参与公司治理在于期望他们能够通过自身的资源来支持企业发展。

因此，那些能帮助企业获得稀缺性资源的利益相关者往往能在企业中获得更多的话语权。

（三）利益相关者理论

> **要点小贴士**
>
> 利益相关者理论认为，公司法人治理结构是股东、债权人、职工等利益相关者之间有关公司经营与权力的配置结构。

利益相关者理论强调企业是各种要素投入的组合，是由不同要素提供者组成的一个系统。

股东仅仅是资本的提供者，除此之外，经营者、债权人、公司员工都做出了专门化的特殊投资，他们提供的投资有许多是公司的专用资产，如专用性人力资本。

利益相关者理论主张将利益相关者纳入到公司治理当中去，公司不应仅仅视为是由股东所有的投资组成的实物资产的集合，而应是向公司投入专用资产的所有当事人之间相互关系的制度安排。这些当事人中不仅包括股东，而且包括向公司投入专用技术的员工、供应商、客户等。

因此，有效的公司治理结构应当能够向这些利益相关者提供与其利益关联程度相匹配的权力、责任和利益。

能量小贴士

立身以立学为先；立学以读书为本。

五、公司治理与战略管理 ★

公司治理作为现代企业制度的核心，通过合理的利益与风险的分配以及有效的监督机制、激励机制和权力制衡机制，能够在很大程度上解决由于契约的不完整性而产生的委托代理问题，从而为公司进行有效的战略管理提供了制度基础和根本保障。

（一）公司治理直接影响战略管理主体行使战略管理权限和职能

战略管理主体是指参与企业战略管理过程的所有组织、机构和人员，包括董事会、高层管理者、事业部经理、职能部门管理者及相关人员等。公司治理的不同模式或结构会赋予这些战略管理主体不同的权限和职能，从而影响他们对战略管理的参与度和影响力。

（二）公司治理影响企业战略目标

战略目标是企业各利益主体进行利益博弈与平衡的结果，而公司治理结构与治理机制直接决定了企业各利益主体在利益博弈中的地位，制约着他们对自身利益的追求和对企业战略目标的选择。

（三）公司治理模式对战略实施过程有重大影响

公司治理作为一种权力制衡和监督机制，对战略实施过程起着监督、控制作用。企业如果选择内部治理模式，这种监督、控制责任就由董事会履行。企业如果选择外部治理模式，对战略实施的监督、控制则通过外部市场实现。如果公司治理失效，市场上的投资者就会通过“用脚投票”的方式抛售企业股票，董事会或相关高级管理层会因此受到相应的惩罚。

第二节　三大公司治理问题

使用“会计云课堂”App或“微信”扫码查看本节视频，快速GET知识点。

要点小贴士

需要解决股东和管理层之间的激励和约束问题。

一、经理人对于股东的“内部人控制”问题 ★★

代理型公司治理问题主要是经营者的利益最大化目标与股东的财富最大化目标

不同，这样就会造成经营者利用自己所掌握的信息以及资源为自己谋福利，而不是为了股东的利益而工作，甚至会做出损害股东利益的行为。

经理人对股东负有忠诚、勤勉的义务，然而由于委托代理问题和缺乏足够的监督，经理人在经营管理中通常会违背忠诚和勤勉义务，从而导致内部人控制问题。

分类	主要表现
违背忠诚义务	①过高的在职消费 ②盲目过度投资，经营行为短期化 ③侵占资产，转移资产 ④工资、奖金等收入增长过快，侵占利润 ⑤会计信息作假、财务作假 ⑥建设个人帝国
违背勤勉义务	①信息披露不完整、不及时 ②敷衍偷懒不作为 ③财务杠杆过度保守 ④经营过于稳健、缺乏创新

要点小贴士

忠诚义务是指公司经理行使职权时，不谋求个人利益，以避免与行使职权所追求的公司利益相冲突。

要点小贴士

勤勉义务是指公司经理在履行职权时，应当充分发挥自己的主观能动性和创新精神，为实现公司最大利益而努力工作。

【提示】与忠诚义务相关：诚信义务、披露和报告义务、不得利用公司机会谋取私利的义务、不得侵占公司财产的义务等。

与勤勉义务相关：积极进取、勤勤恳恳、兢兢业业、恪尽职守。

治理“内部人控制”问题的基本对策：

（1）完善公司治理体系，加大监督力度。

在明确股东大会、董事会、监事会和经理层职责的基础上，使其运作流程更加规范，信息更加透明、公开。

这既有利于监管企业的日常经营活动，也能为建立更好的经理人激励机制提供条件。

（2）强化监事会的监督职能，形成企业内部权力制衡体系。

吸纳具有良好专业素质的外部人员担任独立董事，以此削弱监事会对董事会的依附，从而加强对企业经理人员的监督。

监事会作为公司内部监督机构，应独立运作，强化其监督权的有效行使，这有助于形成内部不同利益集团间的监督制衡机制。

（3）加强内部审计工作。

充分发挥内部审计的监督职能，完善企业内部约束机制。

（4）完善和加强公司的外部监督体系。

使利益相关者参与到公司的监管中，再结合经济、行政、法律等手段，构建对企业经营者的外部监督机制。

二、终极股东对于中小股东的“隧道挖掘”问题★★

要点小贴士

需要解决大股东不公正对待中小股东的问题。

剥夺型公司治理问题主要是控制股东剥夺其他中小股东利益的行为，即“隧道挖掘”行为。

近年来，现代股份公司股权结构的一个显著特征是所有权与控制权集中于一个或少数大股东手中，公司管理层通常由大股东直接出任或直接指派，管理层与大股东的利益趋于一致。

由于所有权集中使控股股东有可能也有能力通过各种手段侵害中小股东的利益，控股股东为取得控制权谋取私利而与中小股东之间产生利益冲突。

相关链接

本图主要介绍大股东是如何侵害中小股东利益的，而关于如何保护中小股东利益，详见“（三）如何保护中小股东的权益”。

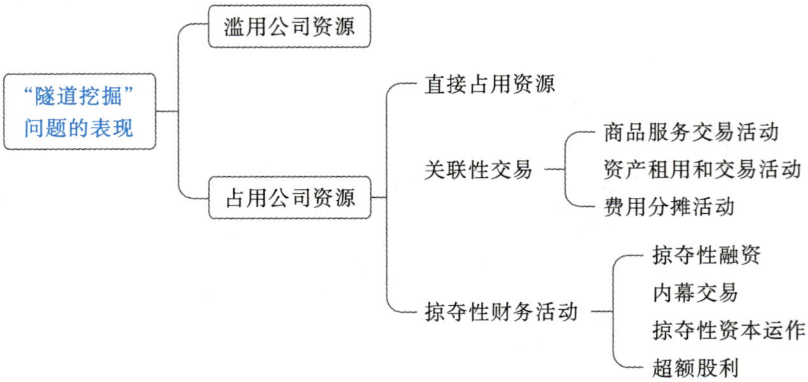

（一）滥用公司资源

要点小贴士

违背勤勉义务。

含义	指并非以占有公司资源为目的，但也未按照公司整体目标为行动导向的行为
具体表现	控股股东不会为了股东共同利益而改善公司经营管理、进行战略决策和监督经理人不作为或乱作为

【案例】某上市公司控股股东对甲上市公司进行重组。自重组以来，公司资产负债率急剧增高，令人匪夷所思的是公司仍继续扩大规模，大手笔上项目，而且这些项目多数为市场竞争激烈的普通产品。中小股东不禁质疑：高负债下大举开展低效投资，意义何在。

要点小贴士

违背忠实义务。

（二）占用公司资源

1. 直接占用资源

含义	指终极股东直接从公司将利益输送给自己，这种行为在上市公司中经常出现
具体表现	直接借款、利用控制的上市子公司借款、代垫费用、代偿债务、代发工资、利用上市子公司为终极股东违规担保、虚假出资、预付账款等
	终极股东占用上市子公司商标、品牌、专利等无形资产，以及抢占上市子公司的商业机会等

【案例】“预付账款”与“占用商标”的实际操作

①预付账款：上市公司新大洲，2018年度向其实际控制人控制的企业共预付采购款7.5亿元，因部分预付账款不具有商业实质，形成期末非经营性资金占用4.79亿元。

②占用商标：张裕集团于2009年注册了爱斐堡、黄金冰谷等商标，上述商标由上市子公司张裕A在生产过程中创立，完全有条件由上市公司进行注册，但令人意想不到的是，其仍由控股股东张裕集团注册后特许给张裕A使用，并由张裕集团收取销售收入2%的商标使用费，此举侵害了上市公司中小股东利益。

2. 关联性交易

（1）商品服务交易活动。

终极股东经常以高于市场的价格向上市子公司销售商品和提供服务，或以低于市场价格向上市子公司购买商品和服务，利用价格的“低进高出”来转移利润，进行利益输送。

【提示】X 上市子公司长期从控股股东控制的 A 公司处以高于市场价 40% 的价格购买一些重要原材料。

（2）资产租用和交易活动。

资产租用和交易活动与商品服务交易活动很相似，仅仅是交易的标的物不同。

租用和交易的资产有房屋、土地使用权、机器设备、商标和专利等无形资产。

【提示】Y 上市子公司向控股股东控制的 B 公司以每年 4000 万元的价格租入一套机器设备，但此时同样机器设备的市场租赁价格仅为 2000 万元。

（3）费用分摊活动。

控股的终极股东常常利用费用分摊活动从上市子公司获取利益，进行“隧道挖掘”。

另外，终极股东自己或者派人到上市子公司担任董事、监事和高管等职位后，将相关的高额薪酬、奖金、在职消费等费用分摊到上市子公司，这样终极股东就变相地从上市子公司进行了利益输送。

【提示】Z 上市子公司人力资源部缴纳的劳动保险中包括控股股东及其关联公司人员的保险。

3. 掠夺性财务活动

（1）掠夺性融资。

一些上市公司控股股东通过财务作假以骗取融资资格、虚假包装以及过度融资的行为，损害了外部中小投资者利益。

另外，利用上市子公司向终极股东低价定向增发股票也属于掠夺性融资行为。

【提示】某上市子公司在 2021 年年底向控股股东定向增发 5 元 / 股的股票 1 亿股，而当时的股价却为 8 元 / 股。

（2）内幕交易。

终极股东经常利用信息优势，利用所知悉、尚未公开的可能影响证券市场价格的重大信息来进行内幕交易，谋取不当利益。

【提示】甲公司的终极股东利用未公开的利好内幕信息提前低价购入上市公司股票，然后再高价出售并从中获利。

（3）掠夺性资本运作。

经常由上市子公司高价收购终极股东持有的其他公司股权，造成上市子公司的利益流向终极股东。

【案例 1】在上市公司通策医疗 50.5 亿元收购海骏科技一案中，收购标的预估增值率高达 427.19%。

标的资产与通策医疗受同一实际控制人控制。换言之，实际控制人计划以高价把自己的资产转入上市公司。

【案例 2】一些高溢价收购暗藏“猫腻”，有向大股东进行利益输送的嫌疑。

例如，在上市公司迪森股份以 7.35 亿元，溢价率为 488% 收购迪森家锅 100% 股权一案中，交易的对象迪森家锅是迪森股份的兄弟公司，两者同被一家控股股东和实际控制人所控制。交易一经公布，立刻引发了市场的广泛质疑。

无论是以支付股份还是现金的方式，支付对价的都是上市公司，全体股东都是这个对价的承担者，高溢价收购大股东的自有资产，无异于通过损害中小股东的利益来满足大股东的个人需求。

（4）超额股利。

以终极股东需求为导向的股利政策操纵也是一种“隧道挖掘”行为。

实践中也有另外一种情况，上市公司多年不进行现金股利分配，使得中小股东无法获得剩余利润，与此相对应的是存在大股东高溢价转让控股权获利的事实。

大股东将属于中小股东的剩余利润强制性留存于公司，最终成为大股东转让控股权时议价的筹码，这无疑损害了中小股东的权益。

【案例】兰州民百 2018 年扣非后的经营业绩平平，但是为了满足超额现金股利的资金支持，兰州民百通过资本运作，出售上海永菱公司和上海乾鹏公司的股权以获得现金和利润，从而在一年内先后发放三次金额较高的现金股利，这与其盈利水平和财务状况极不相符，对公司的业务成长性以及未来的长远发展产生不利影响，也损害了中小股东的利益。

【提示】控股股东的控制权收益分为两部分：一部分为控制权共享收益，其主要表现为大股东改善公司经营管理和监督经理人所带来的公司价值提升，控制权共享收益由全体股东共享。另一部分为控制权私人收益，其主要表现为大股东获得控制权后，利用关联性交易、内幕交易等形式为大股东获取其他股东无法享有的额外收益。

基于以上分析可以看出，控制权共享收益主要涉及控股股东勤勉义务的履行，而控制权私人收益主要涉及控股股东忠实义务的履行。

（三）如何保护中小股东的权益

1. 累积投票制

阐释	当股东应用累积投票制度行使表决权时，每一股份代表的表决权数不是一个，而是与待选人数相同，并且股东可以将与持股数目相对应的表决票数以任何集中组合方式投向所选择的对象
作用	让小股东可以将其表决权集中投给自己的提名候选人，通过这种局部集中的投票方法，能够使小股东选出代表自己利益的人，从而对终极股东形成制衡，增强中小股东的话语权，提升中小股东权益的保护水平

2. 建立有效的股东民事赔偿制度

公司股东滥用股东权利给公司或者其他股东造成损失的，应当依法承担赔偿责任。

3. 建立表决权排除制度

表决权排除制度也被称为表决权回避制度，是指当某一股东与股东大会讨论的决议事项有特别的利害关系时，该股东或其代理人均不得就其持有的股份行使表决权的制度。

4. 完善小股东的代理投票权

股东劝诱其他股东将表决权委托给自己代为行使，称为股东表决权征集。股东表决权代理制度可以给中小股东更多参与公司治理的机会。

5. 建立股东退出机制

当公司被终极股东控制，中小股东无法实现其诉求时，为了降低自己的投资风险和受终极股东剥夺的程度，中小股东就会选择退出。

股东退出机制，包括转股和退股两种方式。

【易错易混点 1】掠夺性融资与掠夺性资本运作

项目	相同点	不同点	案例
掠夺性融资	涉及对象为股权	通过融资手段（发行）	甲公司在增发股票时，以 6 元每股的价格向 5 名控股股东发行 1000 万股股票，而当时股票的市场价格是每股 10 元
掠夺性资本运作		股权交易手段（买卖）	甲公司以高价收购控股股东手里持有的乙公司的股权，乙公司盈利能力较差，面临破产

【易错易混点 2】“内部人控制”与“隧道挖掘”

相同点	均是为自身利益不惜损害他人利益的行为	
不同点	“内部人控制”	实施者是经理人（高管）；被侵害者是股东
	“隧道挖掘”	实施者是大股东（控股股东）；被侵害者是中小股东

经典题解

【真题 1 · 多选题】亚奥公司是一家生产各类工程机械的上市公司，其终极股东为尚荣公司。2015~2016 年间，亚奥公司存在的“内部人控制”问题多次被媒体曝光。下列各项中，属于该公司“内部人控制”问题表现的有（　　）。（2021 年）

A. 将其生产的挖掘机、起重机以低于市场价格的价格出售给尚荣公司

B. 未经正常审批程序投资房地产业，造成巨额亏损

C. 部分关联交易未向投资者和社会公众披露

D. 为尚荣公司对外借款违规担保人民币 2 亿元

【解析】选项 A 属于“隧道挖掘”问题中的关联性交易，选项 D 属于“隧道挖掘”问题中的直接占用资源。因此，选项 B、C 正确。

【答案】BC

【真题 2 · 单选题】建安集团是一家上市公司，公开信息显示该公司 2016 年实现净利润 3.8 亿元。当年该公司股价波动区间为 12~22 元，市盈率波动区间为

6~11 倍，公司以每股 5 元的价格向控股股东定向增发 1000 万股。从掠夺性财务活动角度分析，建安集团的上述定向增发行为属于（　　）。（2020 年）

A. 内幕交易　　B. 超额股利

C. 掠夺性资本运作　　D. 掠夺性融资

【解析】公司向终极股东低价定向增发股票属于掠夺性财务活动中的掠夺性融资。“当年该公司股价波动区间为 12~22 元……公司以每股 5 元的价格向控股股东定向增发 1000 万股”属于掠夺性融资，选项 D 正确。

【答案】D

【真题 3 · 单选题】佳宝公司是一家上市公司，最近连续两年亏损，经营陷入困境。经审计发现，佳宝公司的重大决策权一直被控股股东控制，控股股东把佳宝公司当作“提款机”，占用佳宝公司的资金累计高达 10 亿元。佳宝公司存在的公司治理问题属于（　　）。（2019 年）

A. 代理型公司治理问题　　B. “内部人控制”问题

C. 剥夺型公司治理问题　　D. 企业与其他利益相关者之间的关系问题

【解析】“控股股东把佳宝公司当作‘提款机’，占用佳宝公司的资金累计高达 10 亿元”体现的是终极股东对于中小股东的“隧道挖掘”问题，即剥夺型公司治理问题，选项 C 正确。

【答案】C

三、企业与其他利益相关者之间的关系问题★

当前，在公司的治理模式中过度强调股东利益最大化，而缺乏必要机制维护各利益相关者权益的现象十分普遍。在利益相关者对公司经营和公司治理的影响越来越明显的背景下，公司经营必须重视将利益相关者融入公司的治理模式中，让外部与公司利益相关的主体共同参与公司治理。

能量小贴士

学贵有疑，小疑则小进，大疑则大进。

第三节　公司内部治理结构和外部治理机制

使用“会计云课堂”App 或“微信”扫码查看本节视频，快速 GET 知识点。

一、公司内部治理结构★★

公司内部治理结构是指为实现公司最佳经营业绩，公司所有权与经营权基于信托责任而形成的相互制衡关系的结构性制度安排。

股东（大）会由全体股东组成，是公司内部的最高权力机构和决策机构。

董事会、监事会和经理层分别履行公司战略决策职能、监督职能和经营管理职能，在遵循职权相互制衡的前提下，客观、公正、专业地开展公司治理，对股东（大）会负责，以维护和争取公司实现最佳的经营业绩。

（一）公司内部治理结构的不同模式

依据董事会权责特征和其他监督机构与董事会的权责关系，将其划分为单层董事会、双层董事会和复合结构三种公司内部治理结构模式。不同模式下，公司治理结构的股东会、董事会（监事会）、经理班子的设置、组成和功能有所不同。

1. 单层董事会制

单层董事会制 (Unitary Boards) 以英国、美国为代表，董事会既有监督职能又有决策职能。公司内部不设单独的监事会，相应的监督职能由董事会中的独立董事发挥。董事会结构由执行董事和非执行董事组成，执行董事是指参与公司经营管理的董事，非执行董事是指除董事身份外不在本公司内部任职的董事会成员，包括在股东及关联单位任职的非执行董事和独立第三方的非执行董事（即独立董事）。

2. 双层董事会制

双层董事会制 (Two-Tier Boards) 以德国为代表，一般设置一个由非执行董事会成员组成的监事会和完全由执行董事组成的管理董事会，且监事会的权力在董事会之上，监事会具有任命和监督董事会成员的权力。这种治理结构模式下，监事会、董事会分别行使监督、管理职能，监事与董事不得兼任。

3. 复合结构制

复合结构制将单层董事会制和双层董事会制结合起来，在公司内部设立董事会和监事会，且监事会与董事会是平行机构。以日本最为典型，在我国大陆和台湾地区、韩国以及东南亚的一些国家或地区也采取类似模式。这种模式下的董事会具有决策职能，但由于董事会大多由执行董事构成，同时具有执行职能。同时，为了避免监督者监督自己，法律规定由股东大会选举法定审计人或者监事，对董事和经理层进行监督。

（二）公司内部治理结构各方主体的权利和义务

1. 股东大会

（1）股东。

定义	是出资设立公司并对公司债务负责的人
权利和义务	股东向公司投资，从而持有公司股票，并且凭借持有的股票行使其权利，享受法定的经济利益，并承担相应的义务
如何参与公司治理	主要是通过参与股东大会来行使权利

【提示】股东可以是自然人，也可以是各种类型的法人实体。

（2）机构投资者。

定义	是指用自有资金或者从分散的公众手中筹集的资金专门进行有价证券投资活动的法人机构，包括证券投资基金、社会保障基金、商业保险公司和各种投资公司等

要点小贴士

机构投资者是代表分散投资者进行投资的法人机构，具备股东身份，可参与股东大会。

特征	①相对个人投资者而言，机构投资者具有显著的人才优势 ②机构投资者往往奉行稳健的价值投资理念，投资具有中长期投资价值的股票 ③相对个人投资者而言，机构投资者可以利用股东身份，更加可能参与上市公司的治理	
如何参与公司治理	“用脚投票”	通过买入或卖出公司股票而参与被投资公司的管理的行为
	“用手投票”	通过董事会选举获取董事会席位，入驻董事会和出席股东大会，对公司投资、融资等重大问题议案进行表决或否决，主动参与公司的重要决策，直接对公司董事会和经理层的行为施加影响

【提示】“用脚投票”的实际操作

如果机构投资者认为一家公司的股价被低估，就会大量购买该公司的股票，从而给市场传递一个积极的信号，股价显著增长，使包括机构投资者在内的全体股东获取了投资回报。

反之，如果机构投资者发现一家公司董事会或经理层存在各类委托代理问题时，就会大量抛售该公司股票，迫使董事会或经理层能够及时对股东等利益相关者的要求做出反应，从而使其行为受到市场的约束。

2. 董事会

（1）董事义务。

类型	阐释	相关法条
善管义务	董事必须忠实于公司	①“董事不得利用职权收受贿赂或者其他非法收入，不得侵占公司的财产” ②“不得擅自泄露公司秘密”
善管义务	董事必须维护公司资产	①“不得将公司资产以其个人名义或者以其他个人名义开立账户存储” ②“不得私自挪用公司资金” ③“不得擅自将公司资金借贷给他人” ④“不得以公司资产为他人提供担保”
	董事在董事会上有审慎行使决议权的义务	
竞业禁止义务	董事与公司间的竞业禁止义务	①“董事不得未经股东大会同意，利用职务便利为自己或者他人谋取属于公司的商业机会” ②“未经股东会或者股东大会同意，董事不得自营或者为他人经营与所任职公司同类的业务”

（2）董事会下设的几个专门委员会及其主要职责。

专门委员会	主要职责
审计委员会	①检查公司会计政策、财务状况和财务报告程序；②与公司外部审计机构进行交流；③对内部审计人员及其工作进行考核；④对公司的内部控制进行考核；⑤检查、监督公司存在或潜在的各种风险；⑥检查公司遵守法律、法规的情况

专门委员会	主要职责
薪酬与考核委员会	①负责制定董事、监事与高级管理人员考核的标准，并进行考核；②负责制定、审查董事、监事、高级管理人员的薪酬政策与方案
提名委员会	①分析董事会构成情况，明确对董事的要求；②制定董事选择的标准和程序；③广泛搜寻合格的董事候选人；④对股东、监事会提名的董事候选人进行形式审核；⑤确定董事候选人，提交股东大会表决
战略决策委员会	①制定公司长期发展战略；②监督、核实公司重大投资决策

3. 监事会

监事会是由股东（大）会选举的监事以及由公司职工民主选举的监事组成的，对公司的业务活动进行监督和检查的常设机构。

4. 经理层

经理人是公司日常经营管理和行政事务的负责人，由公司董事会聘任，在法律、法规及公司章程规定和董事会授权范围内，代表公司从事业务活动的高级管理人员。

经典题解

【例题 4 · 单选题】奕瑞光电子的实际控制人曹红光是奕瑞光电子的创业元老兼董事长，同时也在 TCL 集团旗下医疗公司担任副董事长，两家公司有着竞争的关系，曹红光违反了董事的（　　）。

A. 善管义务　　　　　　B. 竞业禁止义务

C. 信息披露义务　　　　D. 职业审慎义务

【解析】因为曹红光任职的两家公司有着竞争关系，所以其违反了竞业禁止义务。

【答案】B

【例题 5 · 多选题】申通地铁召开 2018 年第一次临时股东大会，同意设立战略决策委员会，并以 90% 的得票率通过《董事会下设战略决策委员会的议案》。战略决策委员会的主要职责包括（　　）。

A. 制定公司长期发展战略

B. 监督、核实公司重大投资决策

C. 制定董事、监事与高级管理人员考核的标准，并进行考核

D. 制定、审查董事、监事、高级管理人员的薪酬政策与方案

【解析】选项 A、B 属于战略决策委员会的主要职责；选项 C、D 属于薪酬与考核委员会的主要职责。

【答案】AB

二、外部治理机制★★

从科学决策的角度看，公司内部治理结构不能解决公司治理的所有问题，更需要若干具体的超越结构的外部治理机制。而外部治理机制主要是指除企业内部的各种监控机制外，还包括各个市场机制对公司的监控和约束。

> **要点小贴士**
>
> 市场机制是指公司的出资者（包括股东和债权人）通过市场体系对经营者进行控制，从而发挥作用的机制。

（一）产品市场

含义	是指通过公司产品在市场上的竞争力来客观反映企业经济活动效益的一种治理机制	
约束机制	看产品市场的竞争程度	产品市场竞争越激烈，经营者败德行为的空间就越小
	从产品市场的竞争中获悉经理人员的能力	如何激励经营者努力为企业创造价值，减少道德风险
作用	①使产品生产者只有在取得更高投资效率的前提下才能在竞争中处于优势地位 ②使投资效率低于社会平均投资效率的企业产生亏损，从而形成被淘汰的压力（如破产倒闭）	
影响	企业基于对经济利益的追求，不断采用新技术，加强管理，拓展市场，以提高劳动生产率，降低生产成本，优化产品结构	

【提示】只有经过产品市场机制的检验、在市场上能被社会所承认的产品，才是有效益的。因此，产品市场机制会促使企业的管理层面临更大的压力。

（二）资本市场

含义	是指公司经营者如果经营管理不善，造成公司股价下跌，而被其他公司收购，导致公司控制权易手的一种治理机制	
约束机制	兼并	由于资本市场的激烈竞争，任何公司若经营不好都有被收购的危险，公司的经理人员有“下岗”的职业风险
	接管	外部接管机制的启动运作，可以通过替换不称职的经理人员，并对被收购的公司进行重组，从而使公司业绩得到改善
作用	①资本市场机制的存在，会在很大程度上约束经理人员的行为目标，使之不与公司价值最大化目标发生明显偏离 ②这种治理机制被认为是保护广大股东利益、约束管理层行为的一种有效的公司治理机制	

名师点拨

经营不努力→业绩下降→股价下跌→被收购→经营者被替代

（三）经理人市场

含义	也称声誉激励机制，是指为经营者提供较高的社会地位以及获得社会赞誉、同行好评的一种机制	
约束机制	声誉	经理人如果工作不努力，其业绩就会不佳，声誉就会下降。只有声誉好，经理人未来才会获得一份更好的职位，获得更高的报酬

名师点拨

经营不努力→业绩下降→经营者名誉扫地→没人聘用

【提示】在竞争的市场上，声誉是决定经理人个人价值的重要因素。

经典题解

【例题6·单选题】京东在2018年Q3季度活跃用户数首次出现下跌的公告公布后，公司的股价应声大跌导致企业出现并购危机。从外部治理的角度来看，这体现了（　　）对公司的监控和约束。

A. 资本市场　B. 经理人市场　C. 产品市场　D. 期权市场

【解析】外部治理机制主要是指除企业内部的各种监控机制外，还包括各个市场机制（如产品市场、资本市场、经理人市场）对公司的监控和约束。股价的波动导致并购危机属于资本市场对公司的监控和约束，选项 A 正确。

【答案】A

第四节　公司治理的基础设施 ★★

使用“会计云课堂”App 或“微信”扫码查看本节视频，快速 GET 知识点。

影响公司治理效率的因素不仅包括公司内部治理结构和公司外部治理机制，还包括公司治理的基础设施。

（一）信息披露制度

主要从以下四个方面评估信息披露的质量：①财务信息；②审计信息；③披露的公司治理信息是否符合相关规定；④信息披露的及时性。

（二）中介机构

主要的信用中介机构：①会计师事务所；②投资银行；③律师事务所。

（三）法律法规

公司治理是以法治为基础的,《公司法》《银行法》《证券法》《破产法》《劳工法》等各法律均会对公司治理产生重大影响。

（四）政府监管

有效的政府监管体系应包括以下四个方面：①法律监管；②行政监管；③市场环境监管；④信息披露监管。

（五）媒体、专业人士的舆论监督

舆论监督的实施主体：①公众：舆论话题的发现者与提供者；②媒体：既是公众舆论监督的实现途径和输出管道，也是舆论监督话题的发现者与供应者。

【案例】

2020 年 1 月底，浑水公司发布沽空报告，指出瑞幸咖啡在经营数据上存在作假和欺诈行为。

2020 年 4 月，在瑞幸咖啡发布的公告中，承认自己在 2019 年第二季度到第四季度期间存在伪造交易行为，涉及销售额大约 22 亿人民币（信息披露制度）。而且该财务造假事件在微博等网络平台上成为了热门话题(媒体、专业人士的舆论监督)。

2020 年 5 月，财政部监督评价局（政府监管）派出现场检查组进驻瑞幸咖啡和安永（瑞幸咖啡财报的审计机构——中介机构），分别对瑞幸咖啡自成立以来的财务记录以及安永相关的审计底稿进行检查。

经典题解

【真题7·多选题】科慧公司是一家在深圳证券交易所上市的企业。2017年5月，该公司实际控制人因散布虚假信息、操纵股票价格、扰乱股市交易秩序从而非法牟利，被证监会依据上市规则中的有关规定，开出巨额罚单并采取终身禁入证券市场措施，同时将其涉嫌犯罪行为移送公安机关。从公司治理基础设施角度看，本案例中，在科慧公司治理中发挥作用的政府监管体系包括（　　）。（2021年）

A. 信息披露监管　　B. 法律监管

C. 市场环境监管　　D. 行政监管

【解析】“在深圳证券交易所上市的企业……该公司实际控制人因散布虚假信息”属于信息披露监管；“被证监会依据上市规则中的有关规定……同时将其涉嫌犯罪行为移送公安机关”体现了法律监管和行政监管；“开出巨额罚单并采取终身禁入证券市场措施”体现了市场环境监管。因此，选项A、B、C、D均正确。

【答案】ABCD

【例题8·多选题】2013年4月10日，《京华时报》连续27天利用67个版面报道农夫山泉所采取的桶装水标准问题，最终导致农夫山泉桶装水在北京质监局的介入下停产。这体现了公司治理基础设施中的（　　）。

A. 信息披露制度　　B. 中介机构

C. 政府监管　　D. 媒体、专业人士的舆论监督

【解析】“在北京质监局的介入下停产”体现了政府监管，选项C正确；“《京华时报》连续27天利用67个版面报道农夫山泉所采取的桶装水标准问题”体现了媒体、专业人士的舆论监督，选项D正确。

【答案】CD

考试加油站

本章小结

下载“会计云课堂”App学习

您已成功完成“第五章”的学习，本章共11个考点，您都学会了吗？

为了让您对章节有更清晰的理解，加倍巩固。本书作者田明老师将通过**“视频导图课”**的方式，带您回顾重要考点。

名师点拨，视听结合，高效提分。

※ 欢迎您扫码，免费观看学习。

历年经典主观题回顾

使用“会计云课堂”App 或“微信”扫码快速做题、对答案、看解析、掌握解题思路，开启轻松过关之旅。

简答题

太阳公司是G省一家于2013年发行股票并上市的公司，主营水泥及水泥制品的生产和销售。2018年5月，某财经媒体深度报道了太阳公司存在的多种经营违规行为。该报道在微博等网络平台上成为热门话题后，G省证监局迅速反应，立案调查。

根据证监局的调查结果，太阳公司经营违规行为主要有以下几点：

（1）2016年9月，太阳公司与银行签署一笔担保合同，为大股东星科集团5000万元的贷款提供担保，承担连带保证责任。2016年11月，星科集团向龙辉公司借款2亿元，太阳公司为该笔借款提供担保，到期后星科集团没有偿还借款，龙辉公司向法院提起诉讼，法院做出判决，太阳公司作为该笔借款担保方，须和星科集团共同偿还债务本金和利息。这两笔担保均没有在2016年年报中进行信息披露。

（2）太阳公司从甲公司购进熟料等重要原材料，双方签订了长期供应合同，价格比市场价高40%。太阳公司还从乙公司以租赁的方式引入一台机器设备，租赁费用每年5000万元，同样的设备市场租赁价格为4000万元。经查，甲公司和乙公司均为星科集团全资控制的子公司。

（3）太阳公司在2017年年底向星科集团以每股6元价格定向增发1亿股，当时太阳公司股价为每股12元，相当于5折进行定向增发。

（4）太阳公司发布公告，拟购买丙公司100%股权。由于丙公司拥有物联网概念，太阳公司发布公告后10个交易日内，股价大涨70%。发布公告前几天，星科集团实际控制人刘某买入太阳公司股票100万股，在公告发布后卖出，获利600万元。经查，刘某买卖股票的时间都属于证监会认定的敏感期。

（5）2017年5月，太阳公司收购了大股东星科集团持有的丁公司的全部股权，收购价格为20亿元，而丁公司账目净资产为5000万元，盈利能力较差，业内专家质疑是超溢价收购。

（6）2016年太阳公司1.4亿元的销售费用未及时入账，造成2016年年度报告虚假记载。此外，与星科集团多笔资金往来事项并未披露和记账，导致太阳公司在2016年和2017年年报中存在信息不实、虚假记载的情况。而太阳公司上述年报经过注册会计师审计后，审计师都出具了标准无保留的审计意见。

证监局根据以上调查结果，依法对太阳公司及其大股东星科集团进行了行政处罚。

要求：

（1）依据“三大公司治理问题”，简要分析太阳公司存在的终极股东“隧道挖掘”的利益输送行为的主要表现；

（2）简要分析公司治理基础设施在本案例中发挥作用的情况。（2019 年）

历年经典主观题参考答案及解析

使用“会计云课堂”App 或“微信”扫码对答案、看解析、掌握解题思路，开启轻松过关之旅。

简答题

【答案】

（1）太阳公司存在的终极股东“隧道挖掘”的利益输送行为的主要表现：

①直接占用资源。“2016 年 9 月，太阳公司与银行签署一笔担保合同，为大股东星科集团 5000 万元的贷款提供担保，承担连带保证责任。2016 年 11 月，星科集团向龙辉公司借款 2 亿元，太阳公司为该笔借款提供担保，到期后星科集团没有偿还借款，龙辉公司向法院提起诉讼，法院做出判决，太阳公司作为该笔借款担保方，须和星科集团共同偿还债务本金和利息”。

②关联性交易。“太阳公司从甲公司购进熟料等重要原材料，双方签订了长期供应合同，价格比市场价高 40%。太阳公司还从乙公司以租赁的方式引入一台机器设备，租赁费用每年 5000 万元，同样的设备市场租赁价格为 4000 万元。经查，甲公司和乙公司均为星科集团全资控制的子公司”。

③掠夺性财务活动。

a. 掠夺性融资。“太阳公司在 2017 年年底向星科集团以每股 6 元价格定向增发 1 亿股，当时太阳公司股价为每股 12 元，相当于 5 折进行定向增发”。

b. 内幕交易。“太阳公司发布公告，拟购买丙公司 100% 股权。由于丙公司拥有物联网概念，太阳公司发布公告后 10 个交易日内，股价大涨 70%。发布公告前几天，星科集团实际控制人刘某买入太阳公司股票 100 万股，在公告发布后卖出，获利 600 万元。经查，刘某买卖股票的时间都属于证监会认定的敏感期”。

c. 掠夺性资本运作。“2017 年 5 月，太阳公司收购了大股东星科集团持有的丁公司的全部股权，收购价格为 20 亿元，而丁公司账目净资产为 5000 万元，盈利能力较差，业内专家质疑是超溢价收购”。

（2）公司治理基础设施在本案例中发挥作用的情况：

①信息披露制度。“2016 年 9 月，太阳公司与银行签署一笔担保合同，为大股东星科集团

5000 万元的贷款提供担保，承担连带保证责任。2016 年 11 月，星科集团向龙辉公司借款 2 亿元，太阳公司为该笔借款提供担保，到期后星科集团没有偿还借款，龙辉公司向法院提起诉讼，法院做出判决，太阳公司作为该笔借款担保方，须和星科集团共同偿还债务本金和利息。这两笔担保均没有在 2016 年年报中进行信息披露”“2016 年太阳公司 1.4 亿元的销售费用未及时入账，造成 2016 年年度报告虚假记载。此外，与星科集团多笔资金往来事项并未披露和记账，导致太阳公司在 2016 年和 2017 年年报中存在信息不实、虚假记载的情况”。信息披露制度在本案例中没有发挥应有的治理作用。

②中介机构。“2016 年太阳公司 1.4 亿元的销售费用未及时入账，造成 2016 年年度报告虚假记载。此外，与星科集团多笔资金往来事项并未披露和记账，导致太阳公司在 2016 年和 2017 年年报中存在信息不实、虚假记载的情况。而太阳公司上述年报经过注册会计师审计后，审计师都出具了标准无保留的审计意见”。中介机构在本案例中没有发挥应有的治理作用。

③政府监管。“2018 年 5 月，某财经媒体深度报道了太阳公司存在的多种经营违规行为。该报道在微博等网络平台上成为热门话题后，G 省证监局迅速反应，立案调查”。政府监管在本案例中发挥了应有的治理作用。

④媒体、专业人士的舆论监督。“2018 年 5 月，某财经媒体深度报道了太阳公司存在的多种经营违规行为。该报道在微博等网络平台上成为热门话题”。媒体、专业人士的舆论监督在本案例中发挥了应有的治理作用。

同步强化练习题

使用“会计云课堂”App 或“微信”扫码快速做题、对答案、
看解析、掌握解题思路，开启轻松过关之旅。

一、单项选择题

1. 2020 年 1 月，美国对冲基金浑水指控瑞幸财务造假，遭到瑞幸否认，但在随后的 4 月份，瑞幸公告称通过自查发现公司首席运营官刘剑财务造假，牵涉约 22 亿元的虚假交易。消息一出，瑞幸盘中触发六次熔断，给股东们造成巨额损失。根据以上信息可以判断，瑞幸公司存在的公司治理问题是（　　）。

A. 终极股东对于中小股东的“隧道挖掘”问题

B. 经理人对于股东的“内部人控制”问题

C. 剥夺型公司治理问题

D. 企业与其他利益相关者之间的关系问题

2. 2019 年年底，海康威视的两位董事因泄露大宗交易的内幕信息被立案调查。该公司的这两位董事违反了董事的（　　）。

A. 忠实义务

B. 竞业禁止义务

C. 维护公司资产义务

D. 职业审慎义务

3. 2020年2月，深交所向曾经的“消防第一股”天广中茂发出关注函，要求其说明子公司中茂园林及中茂生物为公司大股东邱茂国提供违规担保一事。这一违规行为未经股东大会审议，涉及资金1亿元，侵害了其他中小股东的利益。根据案例信息判断，天广中茂大股东侵占中小股东利益的方式是（　　）。
A. 直接占用资源
B. 关联性交易
C. 掠夺性融资
D. 内幕交易

4. 2020年11月，在深交所创业板上市的浩丰科技拟收购其实控人持有的信远通公司的全部股权，收购价格高于信远通公司账面净资产的溢价率高达1620.52%。信远通公司在2018年、2019年连亏两年，2020年上半年刚刚开始盈利，其中存在诸多蹊跷之处，业内专家质疑是超溢价收购。根据案例信息判断，浩丰科技大股东侵占中小股东利益的方式是（　　）。
A. 直接占用资源
B. 关联性交易
C. 掠夺性资本运作
D. 掠夺性融资

5. 2017年5月11日至2018年3月15日期间，上市公司凯迪生态通过子公司松原凯迪绿色能源开发有限公司以项目工程款的名义向关联方中薪油武汉化工工程技术有限公司支付预付款5.88亿元，实际款项主要用于其大股东阳光凯迪新能源集团有限公司及其关联方偿还借款、购买三家格薪源股权、增持上市公司股份、偿还欠上市公司的往来款以及其他日常经营。目前项目建设实际工程量2660万元，形成非经营性资金占用5.614亿元。针对大股东占用上市公司资金的情况，湖北证监局责令凯迪生态立即做出改正。以上体现出公司治理的主要问题是（　　）。
A. “内部人控制”问题
B. “隧道挖掘”问题
C. 利益相关者问题
D. 关联方问题

6. 2019年4月，格力电器有意引入私募股权公司厚朴投资作为其新的机构投资者。新股东入驻董事会后，将对公司管理层进行改组，这将有望提升管理层股权激励和薪酬待遇，从而推动格力电器的运营能力和市场潜力的爆发。上述信息体现出机构投资者参与公司治理的途径是（　　）。
A. “用脚投票”　　B. “用手投票”
C. 市场干预　　D. 行政干预

7. 下列关于不同类型企业特点的说法中，不正确的是（　　）。
A. 当业主制企业出现资不抵债时，业主要用其全部资产来抵偿
B. 业主制企业法律登记手续简单，容易创立
C. 在合伙制企业中，合伙人的退伙不会影响企业的生存和寿命
D. 在公司制企业中，因所有者与法人财产权的分离，使企业实现永续运行

8. 下列不属于审计委员会的职责范围的是（　　）。
A. 监督、核实公司重大投资决策
B. 对内部审计人员及其工作进行考核
C. 对公司的内部控制进行考核
D. 检查、监督公司存在或潜在的各种风险

二、多项选择题

1. 沃格股份是一家专业提供自动化智能装备的高科技企业。受全球经济不确定性的影响，沃格股份所在行业产品市场竞

争激烈，对公司销售业务产生较大影响。为了应对外部挑战及维护自身在行业里的声誉，管理层决定加强内部管理以降低原材料的综合采购成本，完善组织架构体系以提高总体工作效率。从外部治理机制的角度来看，这体现了（　　）对公司的监控和约束。

A. 资本市场　　B. 经理人市场
C. 产品市场　　D. 劳动力市场

2. 2018 年有财经媒体质疑康美药业存在多种经营违规行为。该报道在微博等网络平台上成为热门话题后，中国证监会迅速反应，立案调查，并发现康美药业披露的 2016~2018 年财务报告存在重大虚假信息。2019 年 5 月 17 日，中国证监会发布的调查报告坐实康美药业财务造假。康美药业 2016 年年报和 2017 年年报经过注册会计师审计后，出具的均是标准无保留意见。2018 年年报给出的是保留意见。2019 年 5 月 21 日，中诚信证评发布公告称，决定将康美药业的主体信用等级由 AA+ 下调至 A。根据上述信息，在本案例中涉及的公司治理基础设施有（　　）。

A. 信息披露制度
B. 政府监管
C. 中介机构
D. 媒体、专业人士的舆论监督

3. 新大洲是一家在深圳证券交易所上市的公司。N 公司为新大洲公司第一大股东控制下的企业。新大洲全资子公司 H 公司进口的冷冻牛肉大部分销售给 N 公司，N 公司及其子公司又向新大洲的另一全资子公司 B 公司销售牛肉。B 公司与 N 公司付款模式为先款后货。H 公司卖给 N 公司的牛肉单价要比卖给第三方便宜接近 20%，B 公司向 N 公司平均采购价格比向第三方采购价格高出接近 28%。2018 年度因上述交易导致新大洲存在被 N 公司非经营性资金占用的情况，合计金额为 4.77 亿元，被中国证监会立案调查。上述终极股东对于中小股东的“隧道挖掘”问题主要表现有（　　）。

A. 滥用公司资源
B. 直接占用资源
C. 掠夺性财务活动
D. 关联性交易

4. 2019 年年报披露后，科创板上市公司金山办公同时获得基金、保险、社保等各类机构投资者重仓买入。关于机构投资者的特征，下列说法正确的有（　　）。

A. 机构投资者具有显著的人才优势
B. 机构投资者往往奉行稳健的价值投资理念
C. 机构投资者投资具有中短期投资价值的股票
D. 机构投资者可以利用股东身份，更加可能参与上市公司的治理

5. 下列属于治理经理人对于股东的“内部人控制”问题的基本对策有（　　）。

A. 在明确股东大会、董事会、监事会和经理层职责的基础上，使公司运作流程更加规范
B. 强化监事会的监督职能，形成企业内部权力制衡体系
C. 完善和加强公司的外部监督体系，使利益相关者参与到公司的监管中
D. 实行累积投票制

三、简答题

1. 珠海银隆新能源有限公司以新能源产业为经营核心，是我国新能源产业大型现代化高新技术企业之一。2018 年，珠海银隆自爆“家丑”，对外披露大股东银隆集团及银隆集团实控人魏银仓及前高管孙国华涉嫌侵占公司利益超 10 亿元。

珠海银隆在函件中表示，2018 年 3 月份公司完成管理层变更，选举卢春泉担任

董事长，聘请赖信华担任公司总经理，而孙国华不再担任公司董事长及总裁职务。4月份公司监事会亦发生变化。在新一任董事会、监事会及公司管理层履职过程中，发现公司与大股东之间存在频繁关联交易，部分交易存在异常与疑点。

珠海银隆表示，就新管理层履职过程中发现的部分交易存在异常和疑点，公司自2018年7月底委托了律师事务所及会计师事务所就公司与大股东银隆集团及实际控制人魏银仓、孙国华及关联公司之间的关联交易事项做了专项尽职调查和审计。报告显示，大股东通过关联交易侵占公司财产，损害公司利益，部分行为涉嫌构成刑事犯罪。

2018年5月份，珠海银隆在河北邯郸、成都的园区相继被爆多条生产线停工、大批员工出走。之前管理层盲目生产，造成的库存压力很重，直接引发了资金问题。7月份，南京银隆产业园由于和业主方的纠纷未平，被江苏省高级人民法院查封。这些园区项目的停滞直接影响了供应商、承建商的资金周转，也影响了当地政府的生产计划和发展规划。

由于珠海银隆大量的工厂停产导致珠海银隆的出货量大大减少，比亚迪等竞争者也都借此扩展市场，导致珠海银隆的市场占有率有所下滑。珠海银隆的众多投资者包括万达、中集等对于此次珠海银隆出现的问题都密切关注，并且将进一步考虑继续投资的必要性。孙国华作为珠海银隆的前高管侵吞银隆资产，其未来是否还能继续在职业经理人的舞台上工作将打了一个非常大的问号。

要求：

（1）简要分析珠海银隆公司存在的三大公司治理问题；

（2）从外部治理机制角度，简要分析珠海银隆公司存在的公司治理问题。

2. K公司是G省一家于2001年发行股票并上市的公司，主营中药材市场经营、医药电商和医疗服务等业务。K公司财务造假的声音在2012年就开始引起大众讨论，直至2018年10月15日一篇自媒体文章从资金真实性、经营现金等多个角度对K公司提出质疑，一石激起千层浪，K公司股价触底跌停，并出现连续跌停的情况。2018年12月，证监会对K公司立案调查。

马某为K公司董事长、总经理、实际控制人，许某为副董事长、常务副总经理，且二人为夫妻关系，K公司的其他大股东也有其家族成员，公司董事与管理层职务兼容使得董事会的职能丧失，无法对管理层进行制约，公司内控制度无法得到有效的监管，这无疑为K公司财务造假提供了巨大便利，也降低了掩饰舞弊行为的难度。2019年4月30日，K公司宣布计划再发行200亿债务融资产品。其实K公司上市后，不断融资扩张，债务高企，近年来年度财务费用少则数亿元，多则近20亿元。这与其几百亿元的货币资金形成极大反差。

根据证监会的调查结果及法院的判决结果，K公司经营违规行为主要有以下几点：

（1）2016年至2018年期间，K公司涉嫌通过仿造、变造增值税发票等方式虚增营业收入206亿元；通过伪造、变造大额定期存单等方式虚增货币资金886.81亿元；将不满足会计确认和计量条件的工程项目纳入报表，虚增固定资产、在建工程、投资性房地产36.05亿元，致使K公司披露的相关年度报告存在虚假记载。

（2）2016年1月1日至2018年12月31日，K公司在未经过决策审批或授权程序的情况下，累计向控股股东及其关联方提供非经营性资金116.19亿元用于购买股票、替控股股东及其关联方偿还融资本息、垫付解质押款或支付收购溢价款等用途。K公司未在相关年度报告中披露前述情况，存在重大遗漏。

（3）2015年至2018年期间，马某伙同他人，违规筹集大量资金，利用内幕信息来对实际控制的股票交易账户自买自卖、连续交易，操纵K公司股票价格和交易量，致使共计20次连续10个交易日累计成交量达到同期该证券总成交量30%以上，共计7次连续10个交易日累计成交量达到同期该证券总成交量50%以上，非法获利高达90亿元。

（4）K公司以在全国各地建设药材交易市场和物流配送中心之名，以极其便宜的价格拿到工业用地。K公司曾多次更改原医药项目用地用途，最终落入实际控制人控制的地产公司，使马某夫妇借医药项目为名变相圈地进行获利。

与K公司合作大约19年的G省Z会计师事务所在此前一直为其出具的是“标准无保留意见”审计报告，直至K公司被证监会立案调查后，2018年年报才出具了“保留意见”审计报告。

证监会根据以上调查结果，依法对K公司及其大股东进行了行政处罚。2021年11月12日，G省G市中级人民法院作出一审判决，责令K公司因年报等虚假陈述侵权赔偿证券投资者损失24.59亿元。判决内容显示，K公司原董事长、总经理马某及其妻子许某、4名直接责任人员、Z会计师事务所及直接责任人员承担全部连带赔偿责任。2021年12月17日，G省F市中级人民法院对马某等12人操纵证券市场案公开宣判。马某因操纵证券市场罪、违规披露罪、不披露重要信息罪以及单位行贿罪数罪并罚，被判处有期徒刑12年，并处罚人民币120万元。许某及其他责任人员因参与相关证券犯罪被分别判处有期徒刑并处罚金。

要求：

（1）依据“三大公司治理问题”，简要分析K公司存在的公司治理问题的具体表现；

（2）从“公司治理问题的基本对策”的治理角度来看，简要分析K公司治理结构存在的主要缺陷；

（3）简要分析公司治理基础设施在本案例中发挥作用的情况。

3. 红星美凯龙的前身红星家具城创建于1991年，在很短的时间里，红星美凯龙便走上了连锁化经营的道路。红星美凯龙的主营业务为家居装饰及家具商场的经营、管理和专业咨询服务。截至目前，红星美凯龙在全国各地陆续开了214个商场，规模已居全国首位。

更值得称赞的是，红星美凯龙不仅在主营业务上大力发展，还进行着多元化的布局。这样不仅可以减轻与宜家等国外大品牌的竞争压力，还规避了产业发展风险。同时，多元化还为其创造了一个很大的内部资本市场，可以通过内部资金的调度在一定程度上解决企业进一步发展所需的资金问题。

红星美凯龙拥有的商城规模目前已经超过国内任何一家开发商运营商城的规模，但红星美凯龙的盈利能力，一定程度上是由其不断扩大规模获得的。在其原产业的发展陷入停滞时，希望通过多元化发展为企业提供新的发展机遇。红星美凯龙集团管理层期望充分利用和发挥自身在家居行业中的各种有形资源和良好的品牌声誉优势，进一步扩大公司的生存发展空间。但是，多元化发展使得公司的资源分散，企业整体抗风险能力下降，在缺乏优势的电商产业中经营绩效不佳（例如，进入电商市场多年，至今尚未取得盈利），而且其家居产业的发展也受到一定的牵制。并且电商产业与红星美凯龙的主营业务家具产业只存在着较弱的联系，并不能带动家居产业的发展。

红星美凯龙在公司发展的同时也在完善公司治理。红星美凯龙的一部分盈利来源于其子公司红星地产和红星商业，其开发的商业品牌“爱琴海”已经成为了著名的商业品牌。在红星地产方面，俊发地产前 CEO 赵彬已出任红星美凯龙房地产集团有限公司执行总裁，赵彬具有良好的工作履历，丰富的专业知识以及解决问题的思维，并在俊发地产任职超过 17 年。赵彬的加盟使红星地产由具有丰富经验的职业经理人来管理。与此同时，红星地产为赵彬开出了高额的年薪以及辅以一定的股权奖励。

在家具行业，红星美凯龙不仅需要和国内的厂商月星家居进行竞争，还需要和国外的宜家进行竞争，其竞争压力非常大，这就驱使着职业经理人更加努力工作，力求在与行业强力竞争对手的竞争中占据优势地位。在资本市场方面，若公司持续效益不佳，股票价格就会下跌，可能会有人试图通过收购来争夺公司的控制权。作为本土的产业巨头，职业经理人若是在红星美凯龙表现不佳，则必然会影响其职业生涯。

要求：

（1）简要分析红星美凯龙实施多元化战略的动因（优点）与风险；

（2）简要分析红星美凯龙的外部治理机制。

同步强化练习题参考答案及解析

使用“会计云课堂”App 或“微信”扫码对答案、看解析、掌握解题思路，开启轻松过关之旅。

一、单项选择题

1.【答案】B

【解析】经理人财务作假属于经理人对于股东的“内部人控制”问题中违背忠诚义务的表现，选项 B 正确。

2.【答案】A

【解析】董事义务主要包括善管义务和竞业禁止义务。董事的善管义务要求董事必须忠实于公司，不得擅自泄露公司秘密。“两位董事因泄露大宗交易的内幕信息被立案调查”违反了善管义务中的忠实义务。

3.【答案】A

【解析】终极股东对于中小股东的“隧道挖掘”问题中的直接占用资源是指终极股东直接从公司将利益输送给自己。利用上市子公司为终极股东违规担保属于直接占用资源的具体表现之一，选项 A 正确。

4.【答案】C

【解析】“浩丰科技拟收购其实控人持有的信远通公司的全部股权，收购价格高于信远通公司账面净资产的溢价率高达 1620.52%。信远通公司在 2018 年、2019

年连亏两年，2020 年上半年刚刚开始盈利”体现浩丰科技大股东侵占中小股东利益的方式是掠夺性资本运作，选项 C 正确。

5.【答案】B

【解析】当资本市场缺乏对中小股东利益的保护机制时，对公司经营活动具有控制力的大股东的行为就更加不容易被约束，他们可能以牺牲众多的中小股东利益为代价，通过追求自利目标而非公司价值目标来实现自身利益最大化，从而导致终极股东对于中小股东的“隧道挖掘”问题。“实际款项主要用于其大股东阳光凯迪新能源集团有限公司及其关联方偿还借款、购买三家格薪源股权、增持上市公司股份、偿还欠上市公司的往来款以及其他日常经营”体现出终极股东对于中小股东的“隧道挖掘”问题。

6.【答案】B

【解析】机构投资者主要通过以下两种途径参与公司治理、改善上市公司治理结构：①“用脚投票”；②“用手投票”。其中，“用手投票”就是机构投资者通过董事会选举获取董事会席位，入驻董事会和出席股东大会，对公司投资、融资、人事、分配等重大问题议案进行表决或否决，参与公司的重要决策，直接对公司董事会和经理层的行为施加影响。“新股东入驻董事会后，将对公司管理层进行改组，这将有望提升管理层股权激励和薪酬待遇，从而推动格力电器的运营能力和市场潜力的爆发”体现出机构投资者通过“用手投票”参与公司治理，选项 B 正确。

7.【答案】C

【解析】在合伙制企业中，合伙人的退伙会影响企业的生存和寿命，选项 C 错误，为本题正确答案。

8.【答案】A

【解析】选项 A 属于战略决策委员会的主要职责；选项 B、C、D 属于审计委员会的主要职责。

二、多项选择题

1.【答案】BC

【解析】外部治理机制主要是指除企业内部的各种监控机制外，还包括各个市场机制（如产品市场、资本市场、经理人市场）对公司的监控和约束。“沃格股份所在行业产品市场竞争激烈，对公司销售业务产生较大影响”体现的是产品市场的约束；“为了应对外部挑战及维护自身在行业里的声誉”体现的是经理人市场的约束。

2.【答案】ABCD

【解析】①信息披露制度。“康美药业披露的 2016~2018 年财务报告存在重大虚假信息”。②中介机构。“康美药业 2016 年年报和 2017 年年报经过注册会计师审计后，出具的均是标准无保留意见。2018 年年报给出的是保留意见”“中诚信证评发布公告称，决定将康美药业的主体信用等级由 AA+ 下调至 A”。③政府监管。“中国证监会迅速反应，立案调查”“中国证监会发布的调查报告坐实康美药业财务造假”。④媒体、专业人士的舆论监督。“2018 年有财经媒体质疑康美药业存在多种经营违规行为。该报道在微博等网络平台上成为热门话题”。

3.【答案】BD

【解析】“B 公司与 N 公司付款模式为先款后货……2018 年度因上述交易导致新大洲存在被 N 公司非经营性资金占用的情况，合计金额为 4.77 亿元”属于直接占用资源，选项 B 正确；“H 公司卖给 N 公司的牛肉单价要比卖给第三方便宜接近 20%，B 公司向 N 公司平均采购价格比向第三方采购价格高出接近28%”属于关联性交易，选项D正确。

4.【答案】ABD

【解析】机构投资者投资具有中长期投资价值的股票，选项C错误。

5.【答案】ABC

【解析】选项D属于治理终极股东对于中小股东的“隧道挖掘”问题的对策。因此，选项A、B、C正确。

三、简答题

1.【答案】

（1）①经理人对于股东的“内部人控制”问题。“前高管孙国华涉嫌侵占公司利益超10亿元”“之前管理层盲目生产，造成的库存压力很重，直接引发了资金问题”“孙国华作为珠海银隆的前高管侵吞银隆资产”。

②终极股东对于中小股东的“隧道挖掘”问题。“2018年，珠海银隆自爆‘家丑’，对外披露大股东银隆集团及银隆集团实控人魏银仓……涉嫌侵占公司利益超10亿元”“在新一任董事会、监事会及公司管理层履职过程中，发现公司与大股东之间存在频繁关联交易，部分交易存在异常与疑点”“大股东通过关联交易侵占公司财产，损害公司利益，部分行为涉嫌构成刑事犯罪”。

③企业与其他利益相关者之间的关系问题。“多条生产线停工、大批员工出走”“这些园区项目的停滞直接影响了供应商、承建商的资金周转，也影响了当地政府的生产计划和发展规划”。

（2）①产品市场。“由于珠海银隆大量的工厂停产导致珠海银隆的出货量大大减少，比亚迪等竞争者也都借此扩展市场，导致珠海银隆的市场占有率有所下滑”。

②资本市场。“珠海银隆的众多投资者包括万达、中集等对于此次珠海银隆出现的问题都密切关注，并且将进一步考虑继续投资的必要性”。

③经理人市场。“孙国华作为珠海银隆的前高管侵吞银隆资产，其未来是否还能继续在职业经理人的舞台上工作将打了一个非常大的问号”。

2.【答案】

（1）K公司存在经理人对于股东的“内部人控制”问题。主要表现：

①侵占资产，转移资产。“K公司以在全国各地建设药材交易市场和物流配送中心之名，以极其便宜的价格拿到工业用地。K公司曾多次更改原医药项目用地用途，最终落入实际控制人控制的地产公司，使马某夫妇借医药项目为名变相圈地进行获利”。

②盲目过度投资，经营行为短期化。“2019年4月30日，K公司宣布计划再发行200亿债务融资产品。其实K公司上市后，不断融资扩张，债务高企，近年来年度财务费用少则数亿元，多则近20亿元。这与其几百亿元的货币资金形成极大反差”。

③会计信息作假、财务作假。“2016年至2018年期间，K公司涉嫌通过仿造、变造增值税发票等方式虚增营业收入206亿元；通过伪造、变造大额定期存单等方式虚增货币资金886.81亿元；将不满足会计确认和计量条件的工程项目纳入报表，虚增固定资产、在建工程、投资性房地产36.05亿元，致使K公司披露的相关年度报告存在虚假记载”。

④信息披露不完整、不及时。“K公司未在相关年度报告中披露前述情况，存在重大遗漏”。

K公司存在终极股东对于中小股东的“隧道挖掘”问题。主要表现：

①直接占用资源。“2016年1月1日至2018年12月31日，K公司在未经过决策审批或授权程序的情况下，累计向

控股股东及其关联方提供非经营性资金116.19亿元用于购买股票、替控股股东及其关联方偿还融资本息、垫付解质押款或支付收购溢价款等用途”“K公司以在全国各地建设药材交易市场和物流配送中心之名，以极其便宜的价格拿到工业用地。K公司曾多次更改原医药项目用地用途，最终落入实际控制人控制的地产公司，使马某夫妇借医药项目为名变相圈地进行获利”。

②掠夺性财务活动（内幕交易）。“2015年至2018年期间，马某伙同他人，违规筹集大量资金，利用内幕信息来对实际控制的股票交易账户自买自卖、连续交易，操纵K公司股票价格和交易量，致使共计20次连续10个交易日累计成交量达到同期该证券总成交量30%以上，共计7次连续10个交易日累计成交量达到同期该证券总成交量50%以上，非法获利高达90亿元”。

（2）公司治理结构不健全、不完善，不能形成有效的监督制衡机制。“马某为K公司董事长、总经理、实际控制人，许某为副董事长、常务副总经理，且二人为夫妻关系，K公司的其他大股东也有其家族成员，公司董事与管理层职务兼容使得董事会的职能丧失，无法对管理层进行制约，公司内控制度无法得到有效的监管，这无疑为K公司财务造假提供了巨大便利，也降低了掩饰舞弊行为的难度”。

（3）公司治理基础设施在本案例中发挥作用的情况：

①信息披露制度。“2016年至2018年期间，K公司涉嫌通过仿造、变造增值税发票等方式虚增营业收入206亿元；通过伪造、变造大额定期存单等方式虚增货币资金886.81亿元；将不满足会计确认和计量条件的工程项目纳入报表，虚增固定资产、在建工程、投资性房地产36.05亿元，致使K公司披露的相关年度报告存在虚假记载”“2016年1月1日至2018年12月31日，K公司在未经过决策审批或授权程序的情况下，累计向控股股东及其关联方提供非经营性资金116.19亿元用于购买股票、替控股股东及其关联方偿还融资本息、垫付解质押款或支付收购溢价款等用途。K公司未在相关年度报告中披露前述情况，存在重大遗漏”。信息披露制度在本案例中没有发挥应有的治理作用。

②中介机构。“与K公司合作大约19年的G省Z会计师事务所在此前一直为其出具的是‘标准无保留意见’审计报告，直至K公司被证监会立案调查后，2018年年报才出具了‘保留意见’审计报告”。中介机构在本案例中没有发挥应有的治理作用。

③政府监管。“2018年12月，证监会对K公司立案调查”“证监会根据以上调查结果，依法对K公司及其大股东进行了行政处罚。2021年11月12日，G省G市中级人民法院作出一审判决，责令K公司因年报等虚假陈述侵权赔偿证券投资者损失24.59亿元……2021年12月17日，G省F市中级人民法院对马某等12人操纵证券市场案公开宣判。马某因操纵证券市场罪、违规披露罪、不披露重要信息罪以及单位行贿罪数罪并罚，被判处有期徒刑12年，并处罚人民币120万元。许某及其他责任人员因参与相关证券犯罪被分别判处有期徒刑并处罚金”。政府监管在本案例中发挥了应有的治理作用。

④媒体、专业人士的舆论监督。“K公司财务造假的声音在2012年就开始引起大众讨论，直至2018年10月15日一篇自媒体文章从资金真实性、经营现金等多个角度对K公司提出质疑，一石激起千层浪，K公司股价触底跌停，并出现连续跌停的情况”。媒体、专业人士的舆论监督在本案例中发挥了应有的治理作用。

3.【答案】

（1）①红星美凯龙采用多元化战略具有的优点：

a. 分散风险。“这样不仅可以减轻与宜家等国外大品牌的竞争压力，还规避了产业发展风险”。

b. 获得资金或其他财务利益。“多元化还为其创造了一个很大的内部资本市场，可以通过内部资金的调度在一定程度上解决企业进一步发展所需的资金问题”。

c. 当企业在原产业无法增长时找到新的增长点。“在其原产业的发展陷入停滞时，希望通过多元化发展为企业提供新的发展机遇”。

d. 利用未被充分利用的资源。“红星美凯龙集团管理层期望充分利用和发挥自身在家居行业中的各种有形资源和良好的品牌声誉优势，进一步扩大公司的生存发展空间”。

e. 运用企业在某个产业或某个市场中的形象和声誉来进入另一个产业或市场，而在另一个产业或市场中要取得成功，企业形象和声誉是至关重要的。“红星美凯龙集团管理层期望充分利用和发挥自身在家居行业中的各种有形资源和良好的品牌声誉优势，进一步扩大公司的生存发展空间”。

②红星美凯龙实施多元化战略的风险：

a. 来自原有经营产业的风险。“多元化发展使得公司的资源分散，企业整体抗风险能力下降，在缺乏优势的电商产业中经营绩效不佳……而且其家居产业的发展也受到一定的牵制”。

b. 产业进入风险。“进入电商市场多年，至今尚未取得盈利”。

c. 内部经营整合风险。“电商产业与红星美凯龙的主营业务家具产业只存在着较弱的联系，并不能带动家居产业的发展”。

d. 市场整体风险。“多元化发展使得公司的资源分散，企业整体抗风险能力下降”。

（2）①产品市场。“在家具行业，红星美凯龙不仅需要和国内的厂商月星家居进行竞争，还需要和国外的宜家进行竞争，其竞争压力非常大”。

②资本市场。“若公司持续效益不佳，股票价格就会下跌，可能会有人试图通过收购来争夺公司的控制权”。

③经理人市场。“在红星地产方面，俊发地产前CEO赵彬……由具有丰富经验的职业经理人来管理”“作为本土的产业巨头，职业经理人若是在红星美凯龙表现不佳，则必然会影响其职业生涯”。

第六章 风险与风险管理

CHAPTER-6

本章学习指南

一、学习目标

本章属于重点章，主要涉及风险与风险管理概述、企业面对的主要风险（包括从内部控制角度展开的战略风险、运营风险和财务风险）、风险管理基本流程、风险管理体系、风险管理技术与方法等内容。在学习本章内容时，建议在理解的基础上加以记忆。

1. 了解风险的概念与构成要素
2. 熟悉风险管理的概念
3. 掌握企业面对的主要风险（包括从内部控制角度展开的战略风险、运营风险和财务风险）
4. 熟悉风险管理基本流程
5. 掌握风险管理策略的工具
6. 熟悉风险度量方法
7. 掌握风险理财措施
8. 熟悉风险管理的组织职能体系
9. 了解风险管理信息系统
10. 掌握内部控制五要素的要求
11. 熟悉风险管理技术与方法的含义、特点和适用情形

二、考情概况

在近 3 年的考试中，本章的平均分值约为 17 分。本章考试题型主要以客观题和主观题的形式进行呈现。

三、教材变化

2022 年教材本章内容与 2021 年教材相比，主要变化：

1. 将原第一节“二、企业面对的风险种类”修改为“第二节 企业面对的主要风险”
2. 第二节“法律风险与合规风险”“战略风险”“财务风险”新增“依据《中央企业全面风险管理指引》角度”
3. 第四节“风险理财措施”中的部分内容调整了编写顺序，并调整了部分表述
4. 第四节“内部控制系统”调整了部分表述
5. 第五节“风险管理技术与方法”调整了部分表述
6. 调整了部分案例

四、考点框架

- **第六章 风险与风险管理**
  - 风险与风险管理概述
    - 风险的概念与构成要素 ★
    - 风险管理的概念、目标和演进 ★★
  - 企业面对的主要风险
    - 外部风险
      - 政治风险 ★★
      - 法律风险与合规风险 ★★
      - 社会文化风险 ★★
      - 技术风险 ★★
      - 市场风险 ★★★
    - 内部风险
      - 战略风险 ★★
      - 运营风险 ★★★
      - 财务风险 ★★
  - 风险管理基本流程
    - 收集风险管理初始信息 ★★
    - 进行风险评估 ★★
    - 制定风险管理策略 ★
    - 提出和实施风险管理解决方案 ★★
    - 风险管理的监督与改进 ★★
  - 风险管理体系
    - 风险管理策略 ★★★
    - 风险理财措施 ★★
    - 风险管理的组织职能体系 ★★
    - 风险管理信息系统 ★
    - 内部控制系统 ★★
  - 风险管理技术与方法
    - 头脑风暴法 ★
    - 德尔菲法 ★★
    - 失效模式、影响和危害度分析法 ★★
    - 流程图分析法 ★★
    - 马尔科夫分析法 ★★
    - 风险评估系图法 ★★
    - 情景分析法 ★★
    - 敏感性分析法 ★★
    - 事件树分析法 ★★
    - 决策树法 ★★
    - 统计推论法 ★★

核心考点精讲

致柳暗花明的您

本章是战略备考路上的最后一道拦路虎，知识体系较为复杂，专业性强，理解起来有一定难度。不苦不累，备考无味。在最后的紧要关头，千万不要放弃，需咬紧牙关，逐个击破。我们在“核心考点精讲”中设置了二维码，扫码听课，名师助您“码”到成功。

第一节　风险与风险管理概述

使用“会计云课堂”App 或“微信”扫码查看本节视频，快速 GET 知识点。

一、风险的概念与构成要素★

（一）风险的概念

定义	未来的不确定性对企业实现其经营目标的影响
如何理解	①企业风险与企业战略相关 ②风险是一系列可能发生的结果，而不能简单地理解为最有可能的结果 ③风险既具有客观性，又具有主观性 ④风险往往与机遇并存

（二）风险的构成要素

风险由风险因素、风险事件（事故）、损失三个基本要素构成。

二、风险管理的概念、目标和演进★★

（一）风险管理的概念

1. 全面风险管理的定义与特征

定义	指企业围绕总体经营目标，通过在企业管理的各个环节和经营过程中执行风险管理的基本流程，培育良好的风险管理文化，建立健全全面风险管理体系，从而为实现风险管理的总体目标提供合理保证的过程和方法	
特征	战略性	尽管风险管理渗透到企业各项活动中，存在于企业管理者对企业的日常管理当中，但它主要运用于企业战略管理层面
	全员性	企业全面风险管理是一个由企业治理层、管理层和所有员工参与、旨在把风险控制在风险容量以内，增进企业价值的过程

要点小贴士

全面风险管理体系包括风险管理策略、风险理财措施、风险管理的组织职能体系、风险管理信息系统和内部控制系统。

特征	专业性	要求风险管理的专业人才实施专业化管理
	二重性	风险预示着机会时，化风险为增进企业创造价值的机会。全面风险管理既要管理纯粹的风险，也要管理机会风险
	系统性	全面风险管理必须拥有一套系统的、规范的方法

2. 风险管理的新旧理念对比

项目	传统风险管理	全面风险管理
态度	被动地将风险管理作为成本中心	主动积极地将风险管理作为价值中心
目标	与企业战略联系不紧，目的是转移或避免风险	紧密联系企业战略，目的是寻求风险优化措施
方法	事后反应式的风险管理方法，即先检查和预防经营风险，然后采取应对措施	事前风险防范，事中风险预警和及时处理，事后风险报告、评估、备案及其他相应措施
注意焦点	专注于纯粹和灾害性风险	焦点在所有利益相关者的共同利益最大化上

3. 风险偏好与风险承受度

（1）风险偏好。

风险偏好也称风险态度，是指组织或个人对风险所采取的态度，或者说是对重要的不确定性认知所选择的回应方式。

（2）风险承受度。

风险承受度也称风险容忍度，是指组织或个人能够承担的风险限度，泛指对各方面风险的承受能力和水平。

【提示】风险偏好是一个企业运营风格的体现，受到企业利益相关各方价值取向和利益追求方式的影响和调节。

风险偏好和风险承受度概念的提出基于企业风险管理理念的变化，企业风险管理要在机遇和风险中寻求平衡点，以实现企业价值最大化的目标。

要点小贴士

从“传统”到“全面”的转变：

①传统风险管理：风险只是灾难，被动地将风险管理作为成本中心。

②全面风险管理：风险具有二重性，风险总是与机遇并存。

（二）风险管理的目标（略）

（三）风险管理的演进与新发展（略）

经典题解

【真题1·单选题】永泽公司是一家餐饮公司。2010年，一场传染病的流行使餐饮业进入“寒冬”。该公司在进行风险评估后认为，这场传染病的流行将使消费者的健康饮食意识大大增强，于是组织员工迅速开发并推出系列健康菜品，使公司营业额逆势上升。永泽公司的上述做法体现的风险管理特征是（　　）。（2018年）

A. 专业性　　　　B. 战略性

C. 系统性　　　　D. 二重性

【解析】"这场传染病的流行将使消费者的健康饮食意识大大增强，于是组织员工迅速开发并推出系列健康菜品，使公司营业额逆势上升"说明当风险预示着机会时，永泽公司化风险为增进企业价值的机会，故体现了风险管理特征中的二重性，选项 D 正确。

【答案】D

【例题 2·多选题】下列各项关于企业全面风险管理的表述中，正确的有（　　）。

A. 企业全面风险管理是增进企业价值的过程

B. 企业全面风险管理旨在把风险控制在风险容量以内

C. 企业全面风险管理的参与者由管理层和全体员工组成

D. 企业全面风险管理既要管理纯粹的风险，也要管理机会风险

【解析】企业全面风险管理是一个由企业治理层、管理层和所有员工参与、旨在把风险控制在风险容量以内，增进企业价值的过程，选项 C 错误，选项 A、B、D 正确。

【答案】ABD

第二节　企业面对的主要风险

使用"会计云课堂"App 或"微信"扫码查看本节视频，快速 GET 知识点。

企业面对的主要风险分为两大类：外部风险和内部风险。

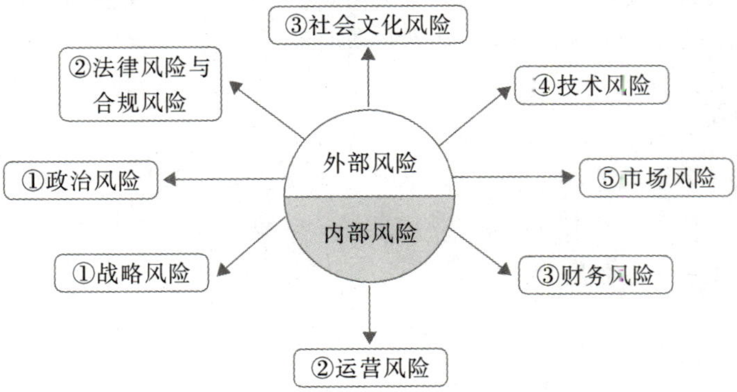

能量小贴士

学在苦中求，艺在勤中练；不怕学问浅，就怕志气短。

一、外部风险

（一）政治风险 ★★

政治风险是指完全或部分由政府官员行使权力和政府组织的行为而产生的不确定性。具体表现如下：

要点小贴士

在跨国经营活动中，政治风险是指东道国的政治环境或东道国与其他国家之间政治关系发生改变而给外国投资企业的经济利益带来的不确定性。

1. 限制投资领域

【提示】A国政府出台法规，限制B国企业对A国的敏感技术领域进行投资。

2. 设置贸易壁垒

【提示】U国政府制定政策，限制本国高新技术产品（包括半导体、计算机、芯片等）出口。

3. 外汇管制规定

【提示】C国政府通过法令对外汇汇出境外进行限制。

4. 进口配额和关税

【提示】E国政府对我国出口该国的相关产品征收高额进口关税。

5. 组织结构及要求最低持股比例

【提示】C国政府要求合资企业中本土企业持股比例不低于50%。

6. 限制向东道国的银行借款

【提示】W国政府限制本国银行向外资企业提供贷款。

7. 没收资产

【案例】2017年4月20日，通用汽车公司宣布，将关闭委内瑞拉的业务，委内瑞拉出于国家利益考虑，没收了其在该国的资产。

经典题解

【例题3·单选题】2018年5月28日，美国众议院通过一项法案，禁止美国政府和国防部与大华股份等电信、视频监控设备公司进行商业交易。在上述案例中，大华公司面临的风险是（　　）。

A. 战略风险

B. 技术风险

C. 政治风险

D. 社会文化风险

【解析】"美国众议院通过一项法案，禁止美国政府和国防部与大华股份等电信、视频监控设备公司进行商业交易"表明美国的政府行为使大华公司面临风险，故属于政治风险，选项C正确。

【答案】C

【例题4·单选题】2019年2月21日，印度商工部发布公告称，对原产于或进口自中国的太阳能电池组件用EVA塑料片作出反倾销终裁：中国的涉案产品存在倾销行为，并对印度国内产业造成实质性损害，故建议对中国的涉案产品征收反倾销税，有效期为5年。向印度出口太阳能电池组件用EVA塑料片的国内H公司面临的风险是（　　）。

A. 技术风险　　B. 市场风险

C. 政治风险　　D. 社会文化风险

【解析】“印度商工部发布公告称，对原产于或进口自中国的太阳能电池组件用 EVA 塑料片作出反倾销终裁：中国的涉案产品存在倾销行为，并对印度国内产业造成实质性损害，故建议对中国的涉案产品征收反倾销税，有效期为 5 年”属于政治风险类别中的“设置贸易壁垒”，选项 C 正确。

【答案】C

（二）法律风险与合规风险★★

1. 合规风险

定义	指因违反法律或监管要求而受到制裁、遭受金融损失以及因未能遵守所有适用法律、法规、行为准则或相关标准而给企业信誉带来损失的可能性
责任后果	①突出表现在监管机关的行政处罚、重大财产损失和声誉损失上，如吊销营业执照、许可证；对高管个人责任的追究 ②侧重于行政责任和道德责任的承担

2. 法律风险

定义	指企业在经营过程中因自身经营行为的不规范或者外部法律环境发生重大变化而造成不利法律后果的可能性
责任后果	①侧重于商事活动，主要是依据普适性的法律规定，如《民法典》等 ②侧重于行为人对民事赔偿责任的承担上

要点小贴士

与合规风险相比，外部监管关联性比较弱。

【案例】合规风险和法律风险两者既有重合，又各有侧重。

富华造纸厂未经批准擅自在淮河流域的一河流管理范围内设置排污口，向河流内排污，受到企业所在地县环保局的查处。该县环保局责令富华造纸厂纠正违法行为，并报经其上一级环境保护行政主管部门批准，对富华造纸厂处以 4 万元的罚款（体现合规风险）。

同时，立强水产中心以富华造纸厂排污行为导致该水产中心鱼死亡为由，向当地法院提起诉讼。法院认定，富华造纸厂的排污行为与立强水产中心鱼死亡之间有因果关系，根据立强水产中心鱼死亡的数量及当时的市场价格，判决富华造纸厂赔偿立强水产中心 2 万元（体现法律风险）。

3. 依据《中央企业全面风险管理指引》，法律风险与合规风险至少要考虑以下几个方面：

（1）国内外与企业相关的政治、法律环境可能引发的风险；

（2）影响企业的新法律法规和政策可能引发的风险；

（3）员工的道德操守可能引发的风险；

（4）企业签订的重大协议和有关贸易合同可能引发的风险；

（5）企业发生重大法律纠纷案件可能引发的风险；

（6）企业和竞争对手的知识产权可能引发的风险。

经典题解

【例题5·单选题】2017年12月29日，财政部对ZXH会计师事务所审计J省G市建设投资发展有限公司的执业质量进行了专项检查。检查发现，ZXH会计师事务所在审计中未保持职业怀疑态度，未获取充分、适当的审计证据，出具了不恰当的审计意见。针对检查发现的问题，财政部依法下达了处理决定，要求ZXH会计师事务所限期进行整改，并对4名签字注册会计师予以警告的行政处罚。ZXH会计师事务所面临的风险是（　　）。

A. 技术风险　　B. 市场风险

C. 政治风险　　D. 法律风险与合规风险

【解析】"ZXH会计师事务所在审计中未保持职业怀疑态度，未获取充分、适当的审计证据，出具了不恰当的审计意见。针对检查发现的问题，财政部依法下达了处理决定，要求ZXH会计师事务所限期进行整改，并对4名签字注册会计师予以警告的行政处罚"体现了法律风险与合规风险，选项D正确。

【答案】D

（三）社会文化风险★★

定义	指文化这一不确定性因素给企业经营活动带来的影响
类别	①跨国经营活动引发的文化风险 ②企业并购活动引发的文化风险 ③组织内部因素引发的文化风险

要点小贴士

它主要强调组织内部员工可能涉及多个地区或民族，会因文化观念或宗教信仰等不同产生文化风险。

另外，组织内部的价值观念、经营思想与决策方式不断面临冲击，进而在组织内部也会引发多种文化的碰撞。

经典题解

【例题6·单选题】我国纺织生产企业甲公司向欧洲H国出口"双羊"牌高档羊绒被，其英文商标名为"Goats"。该产品虽然质量上乘，但在H国一直销路不佳。甲公司进行详细调查后发现，在H国，"Goats"除了有山羊的意思以外，还有其他的贬义，一些消费者因此产生不好的联想，影响了产品的销售。这个案例表明，企业跨国营销可能面临（　　）。

A. 市场风险　　B. 环境风险

C. 社会文化风险　　D. 品牌风险

【解析】"在H国，'Goats'除了有山羊的意思以外，还有其他的贬义，一些消费者因此产生不好的联想，影响了产品的销售"表明甲公司跨国营销可能面临社会文化风险，选项C正确。

【答案】C

【例题7·单选题】在TCL与阿尔卡特合资的TA公司中有600名原阿尔卡特员工，但后来很多员工纷纷出走。其原因在于，阿尔卡特对员工的薪酬制度采取的是高底薪、低提成的制度，在这个制度下，原阿尔卡特员工已经习惯让公司承担风险，个人抗御风险能力和承受能力不强。而当TCL掌握TA公司的话语权后变革薪酬制度，采取的是低底薪、高提成的薪酬制度，就会让原阿尔卡特销售人员的压力陡然增加，薪酬风险加大，因不适应而选择出走。在上述案例中，TCL面临的风险是（　　）。

A. 社会文化风险　　B. 技术风险

C. 政治风险　　D. 法律风险与合规风险

【解析】在本案例中，TCL面临的是来自于不同文化背景下的价值观念冲突，属于社会文化风险，选项A正确。

【答案】A

（四）技术风险★★

定义	广义	指与某一种新技术给某一行业或某些企业带来增长机会的同时，可能对另一行业或另一些企业形成巨大威胁
	狭义	指技术在创新过程中，由于技术本身的复杂性和其他相关因素变化的不确定性而导致技术创新遭遇失败的可能性
类别	设计阶段	由于技术方案或系统总体设计不合理致使技术及技术系统存在先天"缺陷"或创新能力不足而引发的各种风险
	研发阶段	由于外界环境变化的不确定性、技术研发项目本身的难度和复杂性、技术研发人员自身知识和能力的有限性都可能导致技术的研发面临失败的危险
	应用阶段	由于技术成果在产品化、产业化的过程中所带来的一系列不确定性的负面影响或效应

要点小贴士

技术设计风险通常表现为技术缺乏先进性、可行性等。

要点小贴士

技术研发风险通常表现为任务分工不合理、管理水平低、研发投入不足、研发队伍不稳定、专业人才缺乏等。

要点小贴士

技术应用风险通常表现为市场对新技术的接受程度不高、他人的技术模仿行为、市场准入的技术门槛低、大量企业涌入导致竞争加剧等。

【提示】对技术风险广义定义的理解

晶体管的发明和生产严重危害了直头管行业；高性能塑料和陶瓷材料的研制和开发严重削弱了钢铁业的获利能力。

经典题解

【真题8·单选题】惠通公司开发出一种用于少儿英语学习的智能机器人。该产品投放市场不久，便被其他公司仿制。从技术活动过程所处的不同阶段考察，惠通公司面临的技术风险属于（　　）。（2018年）

A. 技术选择风险　　B. 技术设计风险

C. 技术应用风险　　D. 技术研发风险

【解析】"该产品投放市场不久，便被其他公司仿制"表明该产品在投入市场后面临他人的技术模仿风险，属于技术风险中的技术应用风险，选项C正确。

【答案】C

【真题9·单选题】亚洲R国H公司推出了一个名为"东大机器人"的项目，该项目的目标是通过R国顶级学府J大学的入学考试。2013年以来，"东大机器人"每年都参加J大学的入学考试，但连续3年的得分均低于J大学的录取分数线。H公司于2016年11月正式宣布因项目过于复杂而最终放弃该项目。根据上述描述，H公司研发"东大机器人"项目面临的风险是（　　）。（2017年改编）

A. 政治风险　B. 市场风险　C. 技术风险　D. 财务风险

【解析】“H 公司于 2016 年 11 月正式宣布因项目过于复杂而最终放弃该项目”表明 H 公司研发“东大机器人”项目面临的风险是技术风险，选项 C 正确。

【答案】C

（五）市场风险★★★

定义	是指未来市场价格的不确定性对企业实现其既定目标（如利润）的不利影响
具体表现	依据《中央企业全面风险管理指引》，主要体现： ①产品或服务的价格及供需变化带来的风险 ②能源、原材料、配件等物资供应的充足性、稳定性和价格的变化带来的风险 ③主要客户、主要供应商的信用风险 ④税收政策和利率、汇率、股票价格指数的变化带来的风险 ⑤潜在进入者、竞争者、与替代品的竞争带来的风险

要点小贴士

未来市场价格，是指利率、汇率、股票价格、原料价格和商品价格等。

【提示】与市场风险相关的主要情形

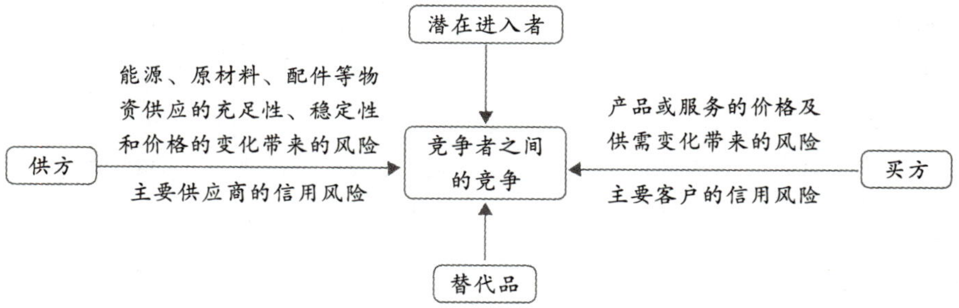

注：建议结合五种竞争力模型记忆，外加税收政策和利率、汇率、股票价格指数的变化带来的风险。

经典题解

【例题 10·单选题】2021 年新年伊始，新能源汽车巨头特斯拉新款车型特斯拉 Model Y 正式向国内消费者亮相，同时，国产 Model Y 正式开卖。国产 Model Y 共推出长续航版和高性能版两款车型，其中长续航版起售价为 33.99 万元，较此前预售价 48.8 万元下调了 14.81 万元；高性能版起售价为 36.99 万元，较此前预售价 53.5 万元下调了 16.51 万元。网传 Model Y 的订单量在 10 多个小时内已经突破 10 万，Model Y 的价格直接杀到了蔚来等众国产新能源汽车的价格区间。基于以上分析判断，国内造车新势力的蔚来面临的风险是（　　）。

A. 政治风险　　B. 市场风险

C. 技术风险　　D. 运营风险

【解析】“国产 Model Y 共推出长续航版和高性能版两款车型，其中长续航版起售价为 33.99 万元，较此前预售价 48.8 万元下调了 14.81 万元；高性能版起售价为 36.99 万元，较此前预售价 53.5 万元下调了 16.51 万元。网传 Model Y 的订单量在 10 多个小时内已经突破 10 万，Model Y 的价格直接杀到了蔚来等众国产新能源汽车的价格区间”表明蔚来面临新进入者、竞争者的竞争带来的市场风险，选项 B 正确。

【答案】B

【例题 11·多选题】甲公司是我国一家长期向M国出口照明产品的企业。2019年，M国对我国出口的照明产品大幅提高了关税。面对这种情况，甲公司在M国与当地企业组建了一家合资公司，生产销售照明产品。甲公司在M国组建合资公司规避的风险有（　　）。

A. 运营风险　　　　B. 政治风险

C. 市场风险　　　　D. 社会文化风险

【解析】"2019年，M国对我国出口的照明产品大幅提高了关税"表明甲公司向M国出口照明产品面临政治风险，选项B正确；因关税（税收政策）变化引起的税收风险属于市场风险中的"税收政策和利率、汇率、股票价格指数的变化带来的风险"，选项C正确。

【名师点题】首先，政府税收政策的变化属于政治风险。其次，从市场风险定义的角度来看，市场风险是指企业所面对的外部市场的复杂性和变动性（税收政策的变化）所带来的与经营相关的（影响到企业的成本费用包括税金及附加的变化，即企业利润的不确定性）风险，即企业利润的不确定性是与经营相关的结果体现，根本原因是税收政策带来的市场风险，故应同时认定为市场风险。

【答案】BC

二、内部风险

（一）战略风险★★

定义	指企业在战略管理过程中，由于内外部环境的复杂性和变动性以及主体对环境的认知能力和适应能力的有限性而导致企业整体性损失和战略目标无法实现的可能性及损失
具体表现	依据《中央企业全面风险管理指引》，战略风险至少要考虑以下几个方面： ①国内外宏观经济政策和经济运行情况、企业所在产业的状况、国家产业政策可能引发的风险 ②科技进步、技术创新可能引发的风险 ③市场对企业产品或服务的需求可能引发的风险 ④与企业战略合作伙伴的关系，寻求战略合作伙伴可能引发的风险 ⑤企业主要客户、供应商及竞争对手可能引发的风险 ⑥与主要竞争对手相比，企业实力与差距可能引发的风险 ⑦企业编制发展战略和规划、投融资计划、年度经营目标、经营战略可能引发的风险 ⑧企业对外投融资过程中曾发生或易发生错误的业务流程或环节可能引发的风险
	依据我国《企业内部控制应用指引第2号——发展战略》，战略风险的具体表现如下： ①缺乏明确的发展战略或发展战略实施不到位，可能导致企业盲目发展，难以形成竞争优势，丧失发展机遇和动力 ②发展战略过于激进，脱离企业实际能力或偏离主业，可能导致企业过度扩张，甚至经营失败 ③发展战略因主观原因频繁变动，可能导致资源浪费，甚至危及企业的生存和持续发展

要点小贴士

①没有战略或战略实施不畅；
②战略本身有问题；
③指挥战略的人有问题。

经典题解

【真题12·单选题】甲公司曾是一家世界著名的照相机生产企业。近年来，面对各类新型照相设备的兴起，该公司业务转型迟缓，目前出现巨额亏损，频临破产。甲公司遭遇的风险属于（　　）。（2018年）

A. 财务风险　　B. 技术风险

C. 产业风险　　D. 战略风险

【解析】“近年来，面对各类新型照相设备的兴起，该公司业务转型迟缓，目前出现巨额亏损，频临破产”表明甲公司在战略管理过程中，由于内外部环境的复杂性和变动性以及主体对环境的认知能力和适应能力的有限性，而导致企业整体性损失，属于战略风险，选项D正确。

【答案】D

【真题13·多选题】甲公司是一家钢铁生产企业。2015年上半年，甲公司把通过银行贷款取得的大部分技改项目基金投入股市。后来，由于政府宏观管理措施的出台和股市的暴跌，甲公司投入股市的资金无法收回。在上述案例中，甲公司面临的风险有（　　）。（2018年）

A. 战略风险　　B. 技术风险

C. 政治风险　　D. 法律风险与合规风险

【解析】“甲公司是一家钢铁生产企业。2015年上半年，甲公司把通过银行贷款取得的大部分技改项目基金投入股市”表明甲公司的发展战略偏离主业，面临战略风险，选项A正确；“由于政府宏观管理措施的出台和股市的暴跌，甲公司投入股市的资金无法收回”表明甲公司面临政治风险，选项C正确；“甲公司把通过银行贷款取得的大部分技改项目基金投入股市”表明甲公司违反相应贷款约定，把原本用来发展技改项目的资金另作他用，而这可能会导致银行方面的追责，使企业面临法律风险与合规风险，选项D正确。

【答案】ACD

【真题14·单选题】思达集团原是一家房地产企业。2016年，思达集团以银行贷款为主要资金来源，开始大举并购一些发达国家的酒店和娱乐、体育健身等方面的业务。最近，思达集团由于收购规模过大，资金出现短缺。同时银行收紧了银根，不再向思达集团发放贷款。因此，思达集团被迫中止了收购活动，并为弥补资金漏洞出售了一些已购的业务。根据《企业内部控制应用指引第2号——发展战略》，思达集团在制定和实施发展战略方面存在的主要风险是（　　）。（2017年）

A. 发展战略实施不到位

B. 发展战略过于激进，脱离企业实际能力或偏离主业

C. 发展战略因主观原因频繁变动

D. 缺乏明确的发展战略

【解析】“思达集团原是一家房地产企业……大举并购一些发达国家的酒店和娱乐、体育健身等方面的业务。最近，思达集团由于收购规模过大，资金出现短缺。同时银行收紧了银根，不再向思达集团发放贷款。因此，思达集团被迫中止了收购活动，并为弥补资金漏洞出售了一些已购的业务”表明思达集团发展战略过于

激进，脱离企业实际能力或偏离主业，选项 B 正确。

【答案】B

【例题 15·多选题】近年来，信息与通信技术产业发展迅速且复杂多变，信息与通信技术产业云服务的商业模式正在飞速发展。华为在技术、商业、交易模式方面的不确定性大大增加，可能导致其战略目标无法实现。随着全球贸易增速放缓，发展本地经济就成为各国政策首选。随着华为市场的不断拓展，会面临更多更复杂的贸易壁垒方面的挑战。虽然华为已采取严格的信息安全措施来全方位地保护知识产权，但不能完全防止其他厂商采用各种不正当手段使用华为的知识产权。在上述案例中，华为面临的风险有（　　）。

A. 战略风险　　　　B. 技术风险

C. 政治风险　　　　D. 社会文化风险

【解析】“华为在技术、商业、交易模式方面的不确定性大大增加，可能导致其战略目标无法实现”体现的是战略风险，选项 A 正确；“华为在技术……方面的不确定性大大增加”“虽然华为已采取严格的信息安全措施来全方位地保护知识产权，但不能完全防止其他厂商采用各种不正当手段使用华为的知识产权”体现的是技术风险，选项 B 正确；“发展本地经济就成为各国政策首选。随着华为市场的不断拓展，会面临更多更复杂的贸易壁垒方面的挑战”体现的是政治风险，选项 C 正确。

【答案】ABC

（二）运营风险★★★

1. 定义

运营风险是指企业在运营过程中，由于内外部环境的复杂性和变动性以及主体对环境的认知能力和适应能力的有限性，而导致的运营失败或使运营活动达不到预期目标的可能性及损失。

> 要点小贴士
>
> 运营风险并不是指某一种具体特定的风险，而是包含一系列具体的风险。即主要源自于内部因素的不确定性引发的风险，但也有例外，如给企业造成损失的自然灾害风险。

2. 依据《中央企业全面风险管理指引》，运营风险至少要考虑以下几个方面

（1）企业产品结构、新产品研发可能引发的风险。

【案例】环宇公司的主营业务是生产电视机这个龙头产品，后来兴建起与电视生产并无密切联系的空调器厂等 5 个工厂。

结果，该公司盈少亏多，使电视机这一看家产品因资金缺乏、技术保障不力及新产品研究开发不足而被挤出市场。

（2）企业新市场开发，市场营销策略可能引发的风险。

> 要点小贴士
>
> 通常是指产品或服务定价与销售渠道，市场营销环境状况等。

【案例】IBM 的 PC 业务被联想并购后，公司的牌子换了，原有公司的客户，特别是欧美客户是否认可联想，是否相信联想的技术实力和服务能力，是否还会继续购买被联想并购的原 IBM 的产品，是联想潜在的运营风险。

（3）企业组织效能、管理现状、企业文化，高、中层管理人员和重要业务流程中专业人员的知识结构、专业经验等方面可能引发的风险。

【案例】联想并购 IBM 的 PC 业务后，能否将原来 IBM 的业务与联想的业务有

效地进行整合，能否充分发挥各自的原有优势，并形成新的业务优势。

同时，由于 IBM 和联想原来是在不同的国际背景和文化背景下开展业务，现在合二为一，二者之间的文化在整合过程中是否会发生冲突，从而可能造成联想整体运行不畅等。

（4）期货等衍生产品业务中发生失误带来的风险。

【案例】某钢铁公司开展铁矿石期货套期保值业务，意图锁定铁矿石价格上涨的风险，结果由于操作失误做成了投机业务，反而加大了铁矿石价格波动的风险。

（5）质量、安全、环保、信息安全等管理中发生失误导致的风险。

【案例】2018 年 8 月，全球晶圆代工龙头企业台积电在台湾北、中、南三处重要生产基地遭遇勒索软件攻击，导致全部生产线停摆。

（6）因企业内、外部人员的道德风险或业务控制系统失灵导致的风险。

【案例】民生银行北京分行航天桥支行行长张颖，自 2013 年以来，以高息为诱饵，诱骗被害人签订虚假的理财产品购买或转让协议，并将购买或受让虚假理财产品的钱款转入其控制的个人银行账户，骗取 147 名被害人共计 27.46 亿余元。

（7）给企业造成损失的自然灾害等风险。

【案例】2019 年 8 月 10 日，超强台风“利奇马”在浙江省温岭市沿海登陆，当地不少工厂被迫停电停产，大量工厂厂区被淹、仓库货物浸水。

（8）企业现有业务流程和信息系统操作运行情况的监管、运行评价及持续改进能力方面引发的风险。

【案例】“有范”App 是美特斯邦威在成立 20 周年的时候重磅推出的一款电商产品。目的是想通过此举辐射更多的年轻用户，完成品牌从线下到线上的转型。

然而“有范”团队的重心只在营销策略上，不够重视管理产品本身。虽然花费了 5000 万元连续冠名了两季热播综艺《奇葩说》，但也没能将其粉丝顺利转化为“有范”的用户。最后“有范”App 入不敷出，被迫停运。

【易错易混点 1】运营风险中的“新产品研发”与技术风险的区分

二者各有侧重：

运营风险中“新产品研发”的基本风险因素包括环境风险、技术风险、生产风险和竞争风险等。侧重于受整个大环境的影响，导致企业在开发新产品时所面临的一系列问题，如新产品没有充分利用企业原有优势、新产品的上新不及时等。

技术风险中的基本风险因素包括决策技术、信息技术、产品技术和管理技术等。侧重于技术本身的设计不合理、研发项目的复杂性、研究人员的能力以及研发项目产品化过程中的不确定性等。

二者亦有重合：

帮宝适是宝洁公司旗下的一个产品品牌。宝洁公司为其采用了“D.Y MAX”干燥技术进行升级换代，但是由于技术创新的原因，其并没有将这些元素有效地融合，最后导致产品在美国上市后，受到了一片抨击与投诉声。

据路透社报道，婴儿使用该产品后出现了病理性反应，如烧伤、麻疹等症状。宝洁公司深刻总结了失败的原因，并意识到了技术创新存在的不确定性，对以后的新产品都进行了大规模的产品测试。

在该案例中，宝洁的新产品没有充分利用原有优势，使得产品上市后，受到了一片抨击与投诉，公司形象严重受损，出现运营危机（新产品研发方面可能引发的风险）；而产品失败的原因为技术创新的不确定性，即技术本身的复杂性（技术研发风险）。

【易错易混点2】“因企业内、外部人员的道德风险或业务控制系统失灵导致的风险”与“企业现有业务流程和信息系统操作运行情况的监管、运行评价及持续改进能力方面引发的风险”的区分

（1）因企业内、外部人员的道德风险或业务控制系统失灵导致的风险。

定义	由于企业内外部人员的欺诈或内部控制缺陷（如运行缺陷）导致意外损失的风险
举例	物资采购申请金额已超过其采购权限，却未向上级部门申请安排大宗物品采购，即本身存在权限管理规定，却未在实际操作中妥善执行
关键点	明知故犯、系统运行出现问题

要点小贴士

运行缺陷是指设计合理及有效的内部控制，但在运作上没有被正确地执行。包括不恰当的人员执行，未按设计的方式运行。

（2）企业现有业务流程和信息系统操作运行情况的监管、运行评价及持续改进能力方面引发的风险。

定义	没有对企业现有业务流程和信息系统进行有效地监控和管理，没有及时掌握业务流程和信息系统配置的现状和存在的问题，导致企业业务流程和信息系统可靠、高效、持续和安全运行出现问题
举例	在当今高度国际化的社会分工背景下，华为的制造、物流及服务等业务都不可避免地依赖于第三方厂商或专业机构，如果缺乏持续监管，则第三方厂商或专业机构的业务中断将直接或间接对华为的业务和运营结果造成不利影响
关键点	明知却无能为力、系统没有问题但缺乏持续监管

【案例】铱星移动通信系统是美国摩托罗拉公司设计的一种全球性卫星移动通信系统，它通过使用卫星手持电话机，通过卫星可在地球上的任何地方拨出和接收电话讯号，耗资50亿美元却最终失败。摩托罗拉“铱星计划”失败的主要原因：

①铱星的管理决策架构使其根本不可能进行有效管理。董事会28个成员说的是多国语言，每次开会就像是出席一次小型联合国会议，人人必须带着耳塞，收听5种语言的同声翻译。

点评：“铱星的管理决策架构使其根本不可能进行有效管理”反映运营风险中的企业组织效能、管理现状、企业文化，高、中层管理人员和重要业务流程中专业人员的知识结构、专业经验等方面可能引发的风险。

②公司的基本组织结构是一个联合体（合伙人结构），由世界15个地区性的“闸口”组成。所谓“闸口”是指地面上的信号传输系统，可以收发和传送铱星电话讯号。各地区“闸口”负责在本地区范围内行销铱星的电话和服务。铱星的市场运营

架构无法建立起一支整体的销售队伍，设计完整的行销计划，建立各地区的分销渠道，形成统一有效的行销攻势，很多合伙人严重缺乏电讯业经验，比如委内瑞拉的投资者此前仅经营过奶制品业务。

铱星运营总部，不能过多地向地方“闸口”施压，因为“闸口”的主人都是董事会成员。在运营的过程中，铱星的行销计划受到了各地区闸口的质疑，因而也就难以指望获得很好的配合。

点评：“铱星的市场运营架构无法建立起一支整体的销售队伍，设计完整的行销计划，建立各地区的分销渠道，形成统一有效的行销攻势”反映运营风险中的企业新市场开发，市场营销策略（包括产品或服务定价与销售渠道，市场营销环境状况等）可能引发的风险。“很多合伙人严重缺乏电讯业经验，比如委内瑞拉的投资者此前仅经营过奶制品业务”反映运营风险中的企业组织效能、管理现状、企业文化，高、中层管理人员和重要业务流程中专业人员的知识结构、专业经验等方面可能引发的风险。“铱星的市场运营架构无法建立起一支整体的销售队伍，设计完整的行销计划”“铱星运营总部，不能过多地向地方‘闸口’施压，因为‘闸口’的主人都是董事会成员。在运营的过程中，铱星的行销计划受到了各地区闸口的质疑，因而也就难以指望获得很好的配合”反映运营风险中的企业现有业务流程和信息系统操作运行情况的监管、运行评价及持续改进能力方面引发的风险。

③过去10年里，地面移动通信发展迅猛，夺走了铱星公司的目标市场，相对地面移动通信，尤其是移动电话领域，铱星计划已失去了市场机会。

点评：“过去10年里，地面移动通信发展迅猛，夺走了铱星公司的目标市场”反映市场风险中的潜在进入者、竞争者、与替代品的竞争带来的风险。

④相对地面移动电话系统，铱星系统本身也存在许多不足，如手机个头笨重，运行不稳定，价格又昂贵，不能在室内和车内使用等。而整个世界通信系统的趋势却是手机越做越小，商家为了赚取通话费，甚至无偿赠送手机。

点评：“相对地面移动电话系统，铱星系统本身也存在许多不足，如手机个头笨重，运行不稳定，价格又昂贵，不能在室内和车内使用等”反映技术风险中的技术设计风险，同时也反映了运营风险中的企业产品结构、新产品研发可能引发的风险。“而整个世界通信系统的趋势却是手机越做越小，商家为了赚取通话费，甚至无偿赠送手机”反映技术风险中的技术应用风险。

⑤摩托罗拉的企业文化可以说是永不言败的工程师精神，在实验室内，这种精神确实令人敬佩，但是在向市场推进，或当内部一系列问题发生的时候，却容易导致严重失误。

点评：“摩托罗拉的企业文化可以说是永不言败的工程师精神，在实验室内，这种精神确实令人敬佩，但是在向市场推进，或当内部一系列问题发生的时候，却容易导致严重失误”反映了社会文化风险中的组织内部因素引发的文化风险，同时也反映运营风险中的企业组织效能、管理现状、企业文化，高、中层管理人员和重要业务流程中专业人员的知识结构、专业经验等方面可能引发的风险。

经典题解

【真题16·多选题】燕州公司是一家肉鸭养殖、加工企业，该公司于2017年从国外引进著名的番鸭全面替代原有鸭种。由于番鸭的饲养成本是原有鸭种的3倍多，加上番鸭熟制品不太适合国内消费者的口味，因而该公司此后的经营持续入不敷出，逐渐陷入困境。本案例中，燕州公司面临的风险有（ ）。（2021 年）

A. 运营风险 B. 技术风险 C. 战略风险 D. 市场风险

【解析】“引进著名的番鸭全面替代原有鸭种……番鸭熟制品不太适合国内消费者的口味，因而该公司此后的经营持续入不敷出”表明燕州公司面临企业产品结构、新产品研发可能引发的风险，属于运营风险，选项 A 正确；“引进著名的番鸭全面替代原有鸭种……加上番鸭熟制品不太适合国内消费者的口味，因而该公司此后的经营持续入不敷出，逐渐陷入困境”表明燕州公司在战略管理过程中，由于内外部环境的复杂性和变动性以及主体对环境的认知能力和适应能力的有限性而导致企业整体性损失，属于战略风险，选项 C 正确；“由于番鸭的饲养成本是原有鸭种的 3 倍多”意味着番鸭在与原有鸭种的竞争中存在成本方面的劣势，体现潜在进入者、竞争者、与替代品的竞争带来的风险，属于市场风险，选项 D 正确。

【答案】ACD

【真题 17 · 单选题】随着云计算技术的崛起，传统数据技术受到严峻挑战。此前引领世界数据库软件市场的 J 公司对环境变化反应迟钝，没有及时研究云计算技术。当公司意识到云技术是未来方向时，转型为时已晚。2018 年，J 公司营业收入基本零增长，净利润比前一年暴跌 59%。J 公司面对的主要风险是（ ）。（2019 年改编）

A. 运营风险 B. 法律风险 C. 政治风险 D. 社会文化风险

【解析】“此前引领世界数据库软件市场的 J 公司对环境变化反应迟钝，没有及时研究云计算技术。当公司意识到云技术是未来方向时，转型为时已晚”体现的是运营风险中的企业组织效能、管理现状、企业文化，高、中层管理人员和重要业务流程中专业人员的知识结构、专业经验等方面可能引发的风险，选项 A 正确。

【答案】A

【真题 18 · 单选题】有关研究机构证实，从事中成药生产的上市公司天康公司的主打产品含有对人体健康有害的成分。该研究结果被媒体披露后，天康公司的股价大跌，购买其产品的部分消费者和经销商纷纷要求退货，致使其经营陷入危机。上述案例中，天康公司面临的风险属于（ ）。（2018 年）

A. 市场风险 B. 运营风险 C. 财务风险 D. 产业风险

【解析】“天康公司的主打产品含有对人体健康有害的成分。该研究结果被媒体披露后……购买其产品的部分消费者和经销商纷纷要求退货，致使其经营陷入危机”体现的是天康公司在质量、安全、环保、信息安全等管理中发生失误导致的风险，属于运营风险，选项 B 正确。

【答案】B

【真题 19 · 多选题】平昌制冷设备公司在对某客户提供个性化定制产品服务时，因缺乏设计、制造经验，产品质量未达到客户的特殊需求，遭到该客户索赔。根据上述信息，平昌制冷设备公司遇到的风险类型有（ ）。（2018 年改编）

A. 技术风险 B. 法律风险与合规风险

C. 市场风险 D. 运营风险

【解析】“缺乏设计、制造经验”属于技术风险，选项 A 正确；“遭到该客户索赔”属于法律风险与合规风险，选项 B 正确；“因缺乏设计、制造经验，产品质量未达到客户的特殊需求”属于运营风险，选项 D 正确。

【答案】ABD

【例题 20·多选题】甲公司是一家从事手机研发和制造的高科技企业。2015 年，甲公司将手机的制造外包给乙公司。此后，市场上发生多起甲公司的手机电池爆炸事件，给用户造成人身和财产损失的事故，公司也因此面临诉讼危机。甲公司详细调查后发现，乙公司提供的手机电池质量不合格，存在很大的安全隐患。甲公司将手机的制造外包给乙公司后面临的风险有（　　）。

A. 法律风险　B. 运营风险　C. 政治风险　D. 技术风险

【解析】“市场上发生多起甲公司的手机电池爆炸事件，给用户造成人身和财产损失的事故，公司也因此面临诉讼危机”属于法律风险；“甲公司详细调查后发现，乙公司提供的手机电池质量不合格，存在很大的安全隐患”属于运营风险中的质量、安全、环保、信息安全等管理中发生失误导致的风险。因此，选项 A、B 正确。

【答案】AB

【例题 21·多选题】甲公司是一家大型基础设施承建企业，根据业务发展需要，甲公司需要在美国采购一套大型机械设备。管理层经过讨论确定了与此次设备采购相关的主要风险。下列各项与该设备采购相关的风险中，属于运营风险的有（　　）。

A. 采购部门可能由于不熟悉美国市场供应商的情况，无法在有限时间内寻找到最佳设备供应商

B. 该套设备由于采用了某项国防科技核心技术，可能受到美国政府的监控，甚至可能限制外国厂商购买

C. 财务人员可能由于疏忽发出错误的外汇套期操作指令

D. 该套设备资产专用性程度较高，供应商议价能力较强且价格处于不断上升中

【解析】选项 A 属于运营风险中重要业务流程中专业人员的知识结构、专业经验等方面可能引发的风险；选项 C 属于运营风险中期货等衍生产品业务中发生失误带来的风险。

【答案】AC

【例题 22·多选题】华为目前整体资产处于健康状态，但也存在不少风险。其存在的主要风险有以下四方面：第一，存在低价竞争的现象，以前华为依靠低价竞争拿下了一些市场，但是这种低价模式肯定不会持续，未来低价策略会存在一定的风险；第二，过于激进的销售策略，公司以客户为中心，对于客户来讲是完美的，但是由于客户的信誉无法保障，签订合同后，客户是否会付款存在不确定性；第三，汇率方面的风险，由于没有足够的对冲，这可能是华为独有的风险；第四，研发投入的效果，公司在研发上的投入很多，但到底能产生多大价值是个未知数。上述案例中，华为面临的风险有（　　）。

A. 市场风险　B. 运营风险　C. 政治风险　D. 技术风险

【解析】“存在低价竞争的现象”“由于客户的信誉无法保障，签订合同后，客户是否会付款存在不确定性”“汇率方面的风险”体现的是市场风险，选项A正确；“存在低价竞争的现象，以前华为依靠低价竞争拿下了一些市场，但是这种低价模式肯定不会持续，未来低价策略会存在一定的风险”“过于激进的销售策略”体现的是运营风险，选项B正确；“研发投入的效果，公司在研发上的投入很多，但到底能产生多大价值是个未知数”体现的是技术风险，选项D正确。

【答案】ABD

3. 从内部控制角度展开的14个主要运营风险

(1)《企业内部控制应用指引第1号——组织架构》。

①治理结构形同虚设，缺乏科学决策、良性运行机制和执行力，可能导致企业经营失败，难以实现发展战略。

②内部机构设计不科学，权责分配不合理，可能导致机构重叠、职能交叉或缺失、推诿扯皮，运行效率低下。

(2)《企业内部控制应用指引第3号——人力资源》。

①人力资源缺乏或过剩、结构不合理、开发机制不健全，可能导致企业发展战略难以实现。

②人力资源激励约束制度不合理、关键岗位人员管理不完善，可能导致人才流失、经营效率低下或关键技术、商业秘密和国家机密泄露。

③人力资源退出机制不当，可能导致法律诉讼或企业声誉受损。

(3)《企业内部控制应用指引第4号——社会责任》。

①安全生产措施不到位，责任不落实，可能导致企业发生安全事故。

②产品质量低劣，侵害消费者利益，可能导致企业巨额赔偿、形象受损，甚至破产。

③环境保护投入不足，资源耗费大，造成环境污染或资源枯竭，可能导致企业巨额赔偿、缺乏发展后劲，甚至停业。

④促进就业和员工权益保护不够，可能导致员工积极性受挫，影响企业发展和社会稳定。

(4)《企业内部控制应用指引第5号——企业文化》。

①缺乏积极向上的企业文化，可能导致员工丧失对企业的信心和认同感，企业缺乏凝聚力和竞争力。

②缺乏开拓创新、团队协作和风险意识，可能导致企业发展目标难以实现，影响可持续发展。

③缺乏诚实守信的经营理念，可能导致舞弊事件的发生，造成企业损失，影响企业信誉。

④忽视企业间的文化差异和理念冲突，可能导致并购重组失败。

(5)《企业内部控制应用指引第7号——采购业务》。

①采购计划安排不合理，市场变化趋势预测不准确，造成库存短缺或积压，可能导致企业生产停滞或资源浪费。

②供应商选择不当，采购方式不合理，招投标或定价机制不科学，授权审批不

规范，可能导致采购物资质次价高，出现舞弊或遭受欺诈。

③采购验收不规范，付款审核不严，可能导致采购物资、资金损失或信用受损。

（6）《企业内部控制应用指引第8号——资产管理》。

①存货积压或短缺，可能导致流动资金占用过量、存货价值贬损或生产中断。

②固定资产更新改造不够、使用效能低下、维护不当、产能过剩，可能导致企业缺乏竞争力、资产价值贬损、安全事故频发或资源浪费。

③无形资产缺乏核心技术、权属不清、技术落后、存在重大技术安全隐患，可能导致企业法律纠纷、缺乏可持续发展能力。

（7）《企业内部控制应用指引第9号——销售业务》。

①销售政策和策略不当，市场预测不准确，销售渠道管理不当等，可能导致销售不畅、库存积压、经营难以为继。

②客户信用管理不到位，结算方式选择不当，账款回收不力等，可能导致销售款项不能收回或遭受欺诈。

③销售过程存在舞弊行为，可能导致企业利益受损。

（8）《企业内部控制应用指引第10号——研究与开发》。

①研究项目未经科学论证或论证不充分，可能导致创新不足或资源浪费。

②研发人员配备不合理或研发过程管理不善，可能导致研发成本过高、舞弊或研发失败。

③研究成果转化应用不足、保护措施不力，可能导致企业利益受损。

（9）《企业内部控制应用指引第11号——工程项目》。

①立项缺乏可行性研究或者可行性研究流于形式，决策不当，盲目上马，可能导致难以实现预期效益或项目失败。

②项目招标“暗箱”操作，存在商业贿赂，可能导致中标人实质上难以承担工程项目、中标价格失实及相关人员涉案。

③工程造价信息不对称，技术方案不落实，预算脱离实际，可能导致项目投资失控。

④工程物资质次价高，工程监理不到位，项目资金不落实，可能导致工程质量低劣，进度延迟或中断。

⑤竣工验收不规范，最终把关不严，可能导致工程交付使用后存在重大隐患。

（10）《企业内部控制应用指引第12号——担保业务》。

①对担保申请人的资信状况调查不深，审批不严或越权审批，可能导致企业担保决策失误或遭受欺诈。

②对被担保人出现财务困难或经营陷入困境等状况监控不力，应对措施不当，可能导致企业承担法律责任。

③担保过程中存在舞弊行为，可能导致经办审批等相关人员涉案或企业利益受损。

（11）《企业内部控制应用指引第13号——业务外包》。

①外包范围和价格确定不合理，承包方选择不当，可能导致企业遭受损失。

②业务外包监控不严、服务质量低劣，可能导致企业难以发挥业务外包的优势。

③业务外包存在商业贿赂等舞弊行为，可能导致企业相关人员涉案。

（12）《企业内部控制应用指引第16号——合同管理》。

①未订立合同、未经授权对外订立合同、合同对方主体资格未达要求、合同内

容存在重大疏漏和欺诈，可能导致企业合法权益受到侵害。

②合同未全面履行或监控不当，可能导致企业诉讼失败、经济利益受损。

③合同纠纷处理不当，可能损害企业利益、信誉和形象。

（13）《企业内部控制应用指引第 17 号——内部信息传递》。

①内部报告系统缺失、功能不健全、内容不完整，可能影响生产经营有序运行。

②内部信息传递不通畅、不及时，可能导致决策失误、相关政策措施难以落实。

③内部信息传递中泄露商业秘密，可能削弱企业核心竞争力。

（14）《企业内部控制应用指引第 18 号——信息系统》。

①信息系统缺乏或规划不合理，可能造成信息孤岛或重复建设，导致企业经营管理效率低下。

②系统开发不符合内部控制要求，授权管理不当，可能导致无法利用信息技术实施有效控制。

③系统运行维护和安全措施不到位，可能导致信息泄露或毁损，系统无法正常运行。

经典题解

【例题 23·单选题】上市公司康美药业的大股东康美实业投资控股有限公司，公司实控人是马兴田，任公司董事长兼总经理。其妻许冬瑾目前为康美药业的第七大股东，持股 1.97%，并任职公司副董事长兼副总经理。康美药业马兴田夫妇的一股独大使得公司缺乏科学决策、良性运行机制和执行力，导致公司步履维艰，难以实现发展战略。从内部控制角度来看，康美药业的运营风险主要来自于（　　）。

A. 组织架构　B. 人力资源　C. 资金活动　D. 财务报告

【解析】“康美药业马兴田夫妇的一股独大使得公司缺乏科学决策、良性运行机制和执行力，导致公司步履维艰，难以实现发展战略”表明康美药业的运营风险主要来自于组织架构方面，选项 A 正确。

【答案】A

（三）财务风险★★

1. 定义

财务风险是指企业在生产经营过程中，由于内外部环境的各种难以预料或无法控制的不确定性因素的作用，使企业存在在一定时期内所获取的财务收益与预期收益发生偏差的可能性。

相关链接

第三章第三节财务战略中所指的财务风险是指狭义的财务风险，即筹资风险，它是指因负债筹资而产生的丧失偿债能力的可能性。

【提示】这里所指的财务风险是指广义的财务风险，即基于财务管理内容所涵盖的风险，包括筹资风险、投资风险、资金营运风险和收益分配风险。

2. 依据《中央企业全面风险管理指引》，财务风险要考虑以下几个方面

（1）企业负债、负债率、偿债能力方面可能引发的风险；

（2）现金流、应收账款及其占销售收入的比重、资金周转率方面可能引发的风险；

（3）产品存货及其占销售成本的比重、应付账款及其占购货额的比重方面可能引发的风险；

（4）制造成本和管理费用、财务费用、营业费用方面可能引发的风险；

（5）盈利能力方面可能引发的风险；

（6）成本核算、资金结算和现金管理业务中曾发生或易发生错误的业务流程或环节可能引发的风险；

（7）与企业相关的产业会计政策、会计估算、与国际会计制度的差异与调节（如退休金、递延税项等）等信息方面可能引发的风险。

3. 从内部控制角度展开的3个主要财务风险

（1）《企业内部控制应用指引第15号——全面预算》。

①不编制预算或预算不健全，可能导致企业经营缺乏约束或盲目经营。

②预算目标不合理、编制不科学，可能导致企业资源浪费或发展战略难以实现。

③预算缺乏刚性、执行不力、考核不严，可能导致预算管理流于形式。

（2）《企业内部控制应用指引第6号——资金活动》。

①筹资决策不当，引发资本结构不合理或无效融资，可能导致企业筹资成本过高或债务危机。

②投资决策失误，引发盲目扩张或丧失发展机遇，可能导致资金链断裂或资金使用效益低下。

③资金调度不合理、营运不畅，可能导致企业陷入财务困境或资金冗余。

④资金活动管控不严，可能导致资金被挪用、侵占、抽逃或遭受欺诈。

（3）《企业内部控制应用指引第14号——财务报告》。

①编制财务报告违反会计法律法规和国家统一的会计准则制度，可能导致企业承担法律责任和声誉受损。

②提供虚假财务报告，误导财务报告使用者，造成决策失误，干扰市场秩序。

③不能有效利用财务报告，难以及时发现企业经营管理中存在的问题，可能导致企业财务和经营风险失控。

【提示】从近年的考查趋势看，从内部控制角度展开的14个主要运营风险和3个主要财务风险呈现了全面考察的特点，均有可能被考到。因此，建议各位考生在掌握重点的同时应做到全面复习。

经典题解

【真题24·多选题】主营太阳能电池组件业务的日华公司上市后，通过股权融资、债券融资、银行借贷、信托融资、民间集资等各种手段融资近70亿元，在多个国家投资布局光伏全产业链，还大举投资房地产、汽车等项目。后来光伏产业国际市场需求急剧萎缩，致使公司出现大额亏损，深陷债务危机。本案例中，日华公司所面临的主要风险类型有（　　）。（2019年）

A. 战略风险　B. 政治风险　C. 社会文化风险　D. 财务风险

【解析】“在多个国家投资布局光伏全产业链，还大举投资房地产、汽车等项目”体现了发展战略过于激进，脱离企业实际能力或偏离主业，可能导致企业过度扩张，甚至经营失败，属于战略风险，选项A正确。

“通过股权融资、债券融资、银行借贷、信托融资、民间集资等各种手段融资近70亿元”体现了筹资决策不当，引发资本结构不合理或无效融资，可能导致企业筹资成本过高或债务危机，属于财务风险，选项D正确。

【答案】AD

【例题25·多选题】2020年11月，华晨集团发布公告，确认债务违约金额达65亿元，逾期利息达1.44亿元，陷入债务危机，正式申请破产重组。华晨集团旗下有中华、金杯、华颂三个自主品牌以及华晨宝马、华晨雷诺两个合资品牌，产品覆盖乘用车、商用车全领域。华晨集团长期经营管理不善，自主品牌一直处于亏损状态，负债率居高不下。本案例中，华晨集团所面临的主要风险类型有（　　）。

A. 社会文化风险　　B. 市场风险

C. 运营风险　　D. 财务风险

【解析】"华晨集团长期经营管理不善，自主品牌一直处于亏损状态"属于运营风险，选项C正确；"确认债务违约金额达65亿元，逾期利息达1.44亿元，陷入债务危机，正式申请破产重组……负债率居高不下"属于财务风险，选项D正确。

【答案】CD

【例题26·多选题】2020年11月10日，永城煤电控股集团有限公司（以下简称"永煤控股"）发布公告称，因流动资金紧张，公司2020年度第三期超短期融资券"20永煤SCP003"未能按期足额偿付本息，已构成实质性违约，涉及本息金额共10.32亿元。从该公司财务报告可以看出，永煤控股主业煤炭盈利能力尚可，融资渠道畅通，但是母公司和关联方占款严重。同时该公司主要依赖负债筹资，使得资产负债率高达78%。依据《企业内部控制应用指引第6号——资金活动》，本案例中，永煤控股所面临的主要风险有（　　）。

A. 资金调度不合理、营运不畅，可能导致企业陷入财务困境

B. 投资决策失误，引发盲目扩张，可能导致资金链断裂

C. 资金活动管控不严，可能导致资金被挪用、侵占、抽逃或遭受欺诈

D. 筹资决策不当，引发资本结构不合理，可能导致企业债务危机

【解析】"因流动资金紧张，公司2020年度第三期超短期融资券'20永煤SCP003'未能按期足额偿付本息，已构成实质性违约，涉及本息金额共10.32亿元"体现了资金调度不合理、营运不畅，可能导致企业陷入财务困境，选项A正确；"母公司和关联方占款严重"体现了资金活动管控不严，可能导致资金被挪用、侵占、抽逃或遭受欺诈，选项C正确；"该公司主要依赖负债筹资，使得资产负债率高达78%"体现了筹资决策不当，引发资本结构不合理，可能导致企业债务危机，选项D正确。

【答案】ACD

第三节　风险管理基本流程

使用"会计云课堂"App或"微信"扫码查看本节视频，快速GET知识点。

风险管理基本流程包括以下主要工作：①收集风险管理初始信息；②进行风险评估；③制定风险管理策略；④提出和实施风险管理解决方案；⑤风险管理的监督与改进。

一、收集风险管理初始信息★★

风险管理基本流程的第一步，要广泛地、持续不断地收集与本企业风险和风险管理相关的内部、外部初始信息，包括历史数据和未来预测。应把收集初始信息的职责分工落实到各有关职能部门和业务单位。

> 名师点拨
>
> ①围绕政策；②围绕科技；③围绕顾客需求；④围绕战略合作；⑤围绕波特“三力”；⑥围绕企业实力；⑦围绕战略规划；⑧围绕对外投融资。

（1）分析战略风险，企业应广泛收集国内外企业战略风险失控导致企业蒙受损失的案例，并至少收集与本企业相关的以下重要信息：

①国内外宏观经济政策和经济运行情况、企业所在产业的状况、国家产业政策；

②科技进步、技术创新的有关内容；

③市场对该企业产品或服务的需求；

④与企业战略合作伙伴的关系，未来寻求战略合作伙伴的可能性；

⑤企业主要客户、供应商及竞争对手的有关情况；

⑥与主要竞争对手相比企业的实力与差距；

⑦企业发展战略和规划、投融资计划、年度经营目标、经营战略，以及编制这些战略、规划、计划、目标的有关依据；

⑧企业对外投融资过程中曾发生或易发生错误的业务流程或环节。

> 名师点拨
>
> 围绕“企业面对的主要风险”中“外部风险—市场风险”来掌握。

（2）分析市场风险，企业应广泛收集国内外企业因忽视市场风险、缺乏应对措施导致企业蒙受损失的案例，并至少收集与本企业相关的以下重要信息：

①产品或服务的价格及供需变化；

②能源、原材料、配件等物资供应的充足性、稳定性和价格变化；

③主要客户、主要供应商的信用情况；

④税收政策和利率、汇率、股票价格指数的变化；

⑤潜在竞争者、竞争者及其主要产品、替代品情况。

> 名师点拨
>
> 前八条围绕“企业面对的主要风险”中“内部风险—运营风险（全面风险管理角度）”来掌握，最后一条需特殊记忆。

（3）分析运营风险，企业应至少收集与本企业、所在行业相关的以下信息：

①产品结构、新产品研发情况；

②新市场开发情况、市场营销策略，包括产品或服务定价与销售渠道、市场营销环境状况；

③企业组织效能、管理现状、企业文化，高、中层管理人员和重要业务流程中专业人员的知识结构、专业经验；

④期货等衍生产品业务中曾发生或易发生失误的流程和环节；

⑤质量、安全、环保、信息等管理中曾发生或易发生失误的业务流程或环节；

⑥因企业内、外部人员的道德风险使企业遭受损失或业务控制系统失灵的情况；

⑦给企业造成损失的自然灾害以及除上述有关情形之外的其他纯粹风险；

⑧对现有业务流程和信息系统操作运行情况的监管、运行评价及持续改进能力；

⑨企业风险管理的现状和能力。

> 名师点拨
>
> 主要围绕企业在法律法规、道德方面的遵守情况。

（4）分析法律风险，企业应广泛收集国内外企业忽视法律法规风险、缺乏应对措施导致企业蒙受损失的案例，并至少收集与本企业相关的以下信息：

①国内外与企业相关的政治、法律环境；

②影响企业的新法律法规和政策；

③员工的道德操守；

④企业签订的重大协议和有关贸易合同；

⑤企业发生重大法律纠纷案件的情况；

⑥企业和竞争对手的知识产权情况。

（5）分析财务风险，企业应广泛收集国内外企业财务风险失控导致危机的案例，并至少收集本企业的以下重要信息：

①负债、负债率、偿债能力；

②现金流、应收账款及其占销售收入的比重、资金周转率；

③产品存货及其占销售成本的比重、应付账款及其占购货额的比重；

④制造成本和管理费用、财务费用、营业费用；

⑤盈利能力；

⑥成本核算、资金结算和现金管理业务中曾发生或易发生错误的业务流程或环节；

⑦与企业相关的产业会计政策、会计估算、与国际会计制度的差异及调节（如退休金、递延税项等）等信息。

名师点拨

①围绕债务情况；②围绕流动资金；③和④围绕各类成本、费用；⑤围绕赚钱能力；⑥围绕财务核算；⑦围绕会计制度。

【提示】我们在分析这五种风险类型收集信息的时候，可能会发现不同风险需要收集的信息可能会存在一些重合，这时建议针对此内容特殊记忆一下，因为针对同一内容站在不同角度可能会有不同的结论。

收集战略风险相关信息中的“企业主要客户、供应商及竞争对手的有关情况”是一种偏宏观的信息概况，可能包括这些企业（上下游企业以及竞争对手）的种种信息，比如，发展前景、发展状况、是否具备很好的发展潜力等，而这些都是为了企业制定战略而收集的信息。

至于收集市场风险相关信息中的“潜在竞争者、竞争者及其主要产品、替代品情况”，这是一种比较具体和直接的信息，比较细化。比如，竞争对手推出的产品定价如何、质量如何、是否对自己构成了威胁。这一系列分析的目的是防范市场风险，从而更好地提升竞争力。

经典题解

【真题 27 · 多选题】德勤公司是一家研发和制造大型游乐设施的企业。从风险管理基本流程来看，下列各项中，属于该公司为分析其所面临的运营风险需要收集的重要初始信息有（　　）。（2021 年）

A. 公司风险管理的现状与能力

B. 与主要竞争对手相比，该公司实力与差距

C. 替代品情况

D. 产品结构、新型游乐设施的研发情况

【解析】选项 B 属于该公司为分析其所面临的战略风险需要收集的重要初始信息；选项 C 属于该公司为分析其所面临的市场风险需要收集的重要初始信息。因此，选项 A、D 正确。

【答案】AD

【真题 28 · 多选题】宝胜公司是一家全球性的手机生产企业。近年来公司在高速发展的同时，面临的风险也与日俱增。为了更好地分析面临的市场风险，宝胜公司应该至少收集的与该公司相关的重要信息有（　　）。（2019 年）

A. 全球汇率变动状况

B. 全球手机价值链生产供应状况

C. 各国手机的价格及供需变化

D. 各国对手机及其零部件进出口的政策导向

【解析】分析市场风险，企业应至少收集与本企业相关的以下重要信息：①产品或服务的价格及供需变化（选项 C）；②能源、原材料、配件等物资供应的充足性、稳定性和价格变化（选项 B）；③主要客户、主要供应商的信用情况；④税收政策和利率、汇率、股票价格指数的变化（选项 A）；⑤潜在竞争者、竞争者及其主要产品、替代品情况。

【答案】ABC

二、进行风险评估★★

完成了风险管理初始信息收集之后，企业要对收集的风险管理初始信息和企业各项业务管理及重要业务流程进行风险评估。

1. 风险评估的步骤

风险辨识→风险分析→风险评价

（1）风险辨识。

风险辨识是指查找企业各业务单元、各项重要经营活动及重要业务流程中有无风险，有哪些风险。

（2）风险分析。

风险分析是指对辨识出的风险及其特征进行明确的定义描述，分析和描述风险发生可能性的高低、风险发生的条件。

（3）风险评价。

风险评价是指评估风险对企业实现目标的影响程度、风险的价值等。

2. 风险评估的方法及运用

（1）如何实施评估：进行风险辨识、分析和评价，应将定性与定量方法相结合。进行风险定量评估时，应统一制定各风险的度量单位和风险度量模型。

（2）谁来实施评估：风险评估应由企业组织有关职能部门和业务单位实施，也可聘请有资质、信誉好、风险管理专业能力强的中介机构协助实施。

（3）如何动态监管：企业应对风险管理信息实行动态管理，定期或不定期实施风险辨识、分析和评价，以便对新的风险和原有风险的变化重新评估。

经典题解

【例题 29·多选题】下列各项关于风险评估的表述中，正确的有（　　）。

A. 风险评估包括风险辨识、风险分析和风险评价三个步骤

B. 风险定性评估时应统一制定各风险的度量单位和度量模型

C. 企业应当定期或不定期对新风险或原有风险的变化进行重新评估

D. 风险评估应当将定性方法和定量方法相结合

【解析】进行风险定量评估时，应统一制定各风险的度量单位和风险度量模型，选项 B 错误。

【答案】ACD

三、制定风险管理策略★

风险管理基本流程的第三步是制定风险管理策略。

定义	指企业根据自身条件和外部环境，围绕企业发展战略，确定风险偏好、风险承受度、风险管理有效性标准，选择适合的风险管理工具，并确定风险管理所需人力和财力资源的配置原则的总体策略
制定要求	①根据风险的不同类型选择适宜的风险管理策略 ②应根据不同业务特点统一确定风险偏好和风险承受度 ③应根据风险与收益相平衡的原则以及各风险在风险坐标图上的位置，进一步确定风险管理的优先顺序，明确风险管理成本的资金预算和控制风险的组织体系、人力资源、应对措施等总体安排

相关链接

风险管理工具包含风险承担、风险规避、风险转移、风险转换、风险对冲、风险补偿、风险控制等。具体详见第四节。

四、提出和实施风险管理解决方案★★

按照风险管理的基本流程制定风险管理策略后的工作是制订实施风险管理解决方案，也就是执行前一阶段制定的风险管理策略，进一步落实风险管理工作。

风险管理解决方案	阐释
外部解决方案	一般指外包
内部解决方案	指风险管理体系的运转

五、风险管理的监督与改进★★

风险管理基本流程的最后一个步骤是风险管理的监督与改进。

监督：企业应以重大风险、重大事件和重大决策、重要管理及业务流程为重点，对风险管理初始信息、风险评估、风险管理策略、关键控制活动及风险管理解决方案的实施情况进行监督。

改进：采用压力测试、返回测试、穿行测试以及风险控制自我评估等方法对风险管理的有效性进行检验，根据情况变化和存在的缺陷及时加以改进。

各部门职责如下：

（1）各有关部门和业务单位。

主要职责	应定期对风险管理工作进行自查和检验，及时发现缺陷并改进
向谁报告	出具检查、检验报告并及时报送企业风险管理职能部门

（2）风险管理职能部门。

主要职责	①应定期对各部门和业务单位风险管理工作的实施情况和有效性进行检查和检验 ②要根据在制定风险管理策略时提出的有效性标准对风险管理策略进行评估 ③对跨部门和业务单位的风险管理解决方案进行评价
向谁报告	提出调整或改进建议，出具评价和建议报告，及时报送企业总经理或其委托分管风险管理工作的高级管理人员

（3）内部审计部门。

主要职责	应每年至少一次对包括风险管理职能部门在内的各有关部门和业务单位能否按照有关规定开展风险管理工作及其工作效果进行监督评价
向谁报告	监督评价报告应直接报送董事会或董事会下设的风险管理委员会和审计委员会

【提示1】企业可聘请有资质、信誉好、风险管理专业能力强的中介机构对企业全面风险管理工作进行评价，出具风险管理评估和建议专项报告。

【提示2】压力测试、返回测试和穿行测试

①压力测试：指在极端情景下，分析评估风险管理模型或内控流程的有效性，发现问题，制定改进措施的方法，目的是防止出现重大损失事件。

例如：一个企业已有一个信用很好的交易伙伴，该交易伙伴除发生极端情景，一般不会违约。因此，在日常交易中，该企业只需“常规的风险管理策略和内控流程”即可。采用压力测试方法，是假设该交易伙伴将来发生极端情景（如其财产毁于地震、火灾、被盗），被迫违约对该企业造成了重大损失。而该企业“常规的风险管理策略和内控流程”在极端情景下不能有效防止重大损失事件，为此，该企业采取了购买保险或相应衍生产品、开发多个交易伙伴等措施。

②返回测试：指将历史数据输入到风险管理模型或内控流程中，把结果与预测值对比，以检验其有效性的方法。

③穿行测试：指在正常运行条件下，将初始数据输入内控流程，穿越全流程和所有关键环节，把运行结果与设计要求对比，以发现内控流程缺陷的方法。

经典题解

【真题30·单选题】丰源公司是一家多年从事制氧设备出口业务的国有企业。2019年年初，面对国外市场环境趋紧、订单大幅减少造成的风险，该公司开辟了国内销售业务，两年多来取得良好的业绩。本案例中丰源公司的做法体现了《中央企业全面风险管理指引》中的（　　）。（2021年）

A. 风险管理策略

B. 风险管理理财措施

C. 风险管理信息系统

D. 风险管理组织职能体系

【解析】“2019年年初，面对国外市场环境趋紧、订单大幅减少造成的风险，该公司开辟了国内销售业务，两年多来取得良好的业绩”表明丰源公司采取了风险管理策略中的“风险对冲”。

【答案】A

【例题31·多选题】某公司设置了内部审计部、风险管理部和审计委员会，制定了本企业的风险管理监督与改进措施。下列选项中，符合《中央企业全面风险管理指引》要求的有（　　）。

A. 各有关部门定期对风险管理工作进行自查和检验，及时发现缺陷并改进，将风险管理检查、检验报告报送企业总经理

B. 外聘风险管理中介机构进行风险管理评价并出具报告

C. 风险管理职能部门对跨部门和业务单位的风险管理解决方案进行评价，提出建议和出具报告，报送公司总经理

D. 内部审计部门每年至少一次对各有关部门和业务单位的风险管理工作及效果进行监督评价，评价报告直接报送审计委员会

【解析】企业各有关部门和业务单位应定期对风险管理工作进行自查和检验，及时发现缺陷并改进，其检查、检验报告应及时报送企业风险管理职能部门，选项A错误；

企业可聘请有资质、信誉好、风险管理专业能力强的中介机构对企业全面风险管理工作进行评价，出具风险管理评估和建议专项报告，选项B正确；

企业风险管理职能部门对跨部门和业务单位的风险管理解决方案进行评价，提出调整或改进建议，出具评价和建议报告，及时报送企业总经理或其委托分管风险管理工作的高级管理人员，选项C正确；

企业内部审计部门应每年至少一次对包括风险管理职能部门在内的各有关部门和业务单位能否按照有关规定开展风险管理工作及其工作效果进行监督评价，监督评价报告应直接报送董事会或董事会下设的风险管理委员会和审计委员会，选项D正确。

【答案】BCD

第四节 风险管理体系

使用“会计云课堂”App或“微信”扫码查看本节视频，快速GET知识点。

企业风险管理体系包括五大系统：①风险管理策略；②风险理财措施；③风险管理的组织职能体系；④风险管理信息系统；⑤内部控制系统。

要点小贴士

风险管理体系是指公司组织管理体系中与管理风险有关的要素集合。

能量小贴士

常说口里顺，常做手不笨；最淡的墨水，也胜过最强的记性。

一、风险管理策略★★★

（一）风险管理策略的总体定位

（1）风险管理策略是根据企业经营战略制定的全面风险管理的总体策略。

（2）风险管理策略在整个风险管理体系中起着统领全局的作用。

（3）风险管理策略在企业战略管理过程中起着承上启下的作用，制定与企业战略保持一致的风险管理策略减少了企业战略失误的可能性。

（二）风险管理策略的工具

1. 风险承担

含义	也称风险自留，指企业直接将风险损失摊入成本或费用，或冲减利润，从而承担风险带来的损失后果
适用情形	对未能辨识出的风险，企业只能采用风险承担
	对于辨识出的风险，企业也可能由于以下三种原因采用风险承担： ①缺乏能力进行主动管理 ②没有其他备选方案 ③从成本效益考虑，风险承担是最适宜的

【提示】对于企业的重大风险，一般不应采用风险承担。

经典题解

【例题 32·单选题】大华公司新购置了一台价值 5 万元的机器设备。考虑到该机器设备发生故障需要大额维修费用的可能性比较小，因此，大华公司既没有向保险公司为该机器设备投保，也没有计提固定资产减值准备。从风险管理策略角度看，大华公司采取的策略是（　　）。

A. 风险规避　　B. 风险转移

C. 风险承担　　D. 风险补偿

【解析】“考虑到该机器设备发生故障需要大额维修费用的可能性比较小，因此，大华公司既没有向保险公司为该机器设备投保，也没有计提固定资产减值准备”说明大华公司既没有采取风险转移策略，也没有采取风险补偿策略，同时也没有将机器设备发生故障需要大额维修费用的风险规避掉，而是顺其自然，直接接受，故大华公司采取的风险管理策略是风险承担，选项 C 正确。

【答案】C

2. 风险规避

含义	指在考虑到某项活动存在风险损失的可能性较大时，采取主动放弃或加以改变的措施，以避免因该项活动引起的相关风险
适用情形	当风险潜在威胁的可能性极大，并会带来严重后果且损失无法转移又不能承受时
实现方式	①放弃或终止某项活动的实施，即在尚未承担风险的情况下拒绝风险 ②在已承担风险的情况下通过改变某项活动的性质、工作地点、工艺流程等途径来避免未来经营活动中所承担的风险

【案例】2018 年 5 月，美国特朗普政府宣布单边退出伊核协议，并在当年 11 月全面恢复针对伊朗的经济制裁。吉利公司在权衡利弊之后，为避免风险，放弃了 2018 年 12 月向伊朗出口 1500 台沃尔沃轿车的机会。

【提示】风险规避是最消极的风险应对策略，通过回避风险源，进而避免风险。风险规避的使用有其局限性，在回避风险的同时，也失去了市场机会。

经典题解

【真题 33·单选题】庆云公司是国内一家研发、生产抗癌药品的企业。面对M国F公司生产的疗效和安全性更高的同类药品被越来越多的患者接受，庆云公司将业务转型为与F公司合作研发新一代抗癌药品，并销售F公司的产品，取得比转型前更好的经营业绩。庆云公司采取的风险管理策略是（　　）。（2020 年）

A. 风险转移　B. 风险规避　C. 风险补偿　D. 风险转换

【解析】风险规避是指企业回避、停止或退出蕴含某一风险的商业活动或商业环境，避免成为风险的所有人。“面对M国F公司生产的疗效和安全性更高的同类药品被越来越多的患者接受，庆云公司将业务转型为与F公司合作研发新一代抗癌药品，并销售F公司的产品，取得比转型前更好的经营业绩”表明庆云公司采取的风险管理策略属于风险规避，选项B正确。

【答案】B

【真题 34·单选题】中科公司是国内一家著名的印刷机制造商。面对G国先进印刷机在中国的市场占有率迅速提高，中科公司将业务转型为给G国印刷机的用户提供零配件和维修保养服务，取得比业务转型前更高的收益率。从风险管理策略角度看，中科公司采取的策略是（　　）。（2019 年）

A. 风险规避　B. 风险转换　C. 风险转移　D. 风险补偿

【解析】“面对G国先进印刷机在中国的市场占有率迅速提高，中科公司将业务转型为给G国印刷机的用户提供零配件和维修保养服务”体现了中科公司退出了印刷机制造领域，以避免激烈的市场竞争，其采取的策略为风险规避，选项A正确。

【答案】A

3. 风险转移

含义	企业采取某种方式将风险转嫁他人承担，对转移后的风险不再拥有所有权的一种风险应对策略
特征	风险转移不会降低风险发生的可能性和可能的损失后果，只是从一方转移到另一方
实现方式	①向保险公司投保 ②非保险型的风险转移 ③风险证券化

【提示】关于风险转移的三种实现方式的理解

①向保险公司投保：将风险可能导致的损失转移给保险公司。如车险。

②非保险型的风险转移：将风险可能导致的财务风险损失负担转移给非保险机构。如租赁经营、不附追索权的应收账款保理等。

③风险证券化：指保险公司利用资本市场，将自己的承保风险转移出去的一种策略。如发行巨灾债券，即通过发行收益与指定的巨灾损失相联结的债券，将保险公司或再保险公司的巨灾风险转移给资本市场上的债券投资者。

一般地，根据巨灾债券合同，如果在约定期限内发生指定的巨灾，且损失超过事先约定的限额，则债券持有人就要损失或延期获得债券的部分或全部的本金或利息，而发行债券的保险机构则获得相应的资金，用于赔付超过限额的损失。

当然了，如果指定的巨灾没有发生或者巨灾损失没有超过约定的限额，则债券投资者仍有权按照约定的利率收回本金和利息。

经典题解

【真题35·多选题】星云公司制造手机所需要的部分零部件由奇象公司提供。星云公司为了防范和应对采购过程中可能出现的风险，与奇象公司签订了严格而规范的合同，其中一项规定是如果由于外界不可抗力因素造成奇象公司不能按时供货并给星云公司带来损失，只要损失额超过一定数量，那么超过的部分由奇象公司予以赔偿。在上述案例中，星云公司采取的风险管理工具有（　　）。（2017年）

A. 风险规避　　B. 风险转移　　C. 风险补偿　　D. 风险承担

【解析】"星云公司为了防范和应对采购过程中可能出现的风险，与奇象公司签订了严格而规范的合同，其中一项规定是如果由于外界不可抗力因素造成奇象公司不能按时供货并给星云公司带来损失，只要损失额超过一定数量，那么超过的部分由奇象公司予以赔偿"表明星云公司采取的风险管理工具有非保险型的风险转移（超过的部分由奇象公司予以赔偿）和风险承担（损失额未超过规定数量的部分由星云公司自己承担），选项B、D正确。

【答案】BD

【例题36·单选题】R国W公司于2002年发行了名为Ploneer的巨灾债券。该债券能够同时为北美飓风、欧洲风暴以及美国加利福尼亚和日本地震提供救灾资金保障。这种具有金融衍生品特性的债券，属于风险管理策略工具中的（　　）。

A. 风险补偿　　B. 风险转换　　C. 风险转移　　D. 风险对冲

【解析】"R国W公司于2002年发行了名为Ploneer的巨灾债券。该债券能够同时为北美飓风、欧洲风暴以及美国加利福尼亚和日本地震提供救灾资金保障"属于风险转移应对策略中的风险证券化，选项C正确。

【答案】C

4. 风险转换

含义	企业通过战略调整等手段将企业面临的风险转换成另一个风险
特征	风险转换一般不会直接降低企业总的风险，其简单形式就是在减少某一风险的同时，增加另一风险
实现方式	①战略调整 ②使用衍生产品

直击题眼

风险转换的常见考核形式：企业为了多销售产品而放宽客户信用标准，这样企业就将产品销售不出去的风险，转换成了款项收不回来的风险。

【提示】风险转换通常采取扬长避短、趋利避害的选择原则，可以在低成本或者无成本的情况下达到目的。

经典题解

【例题37·单选题】我国北方种蒜大户老王过去一直是每年3月份种植大蒜，

等到7月份大蒜收获时再到市场上销售，采取“一手交钱、一手交货”的即期交易方式。但从播种到收获上市销售有四个月的时间，在此期间由于大蒜价格的波动，老王承担很高的价格下跌风险。现在老王改为在每年3月份播种大蒜的同时，提前以订立远期合同的方式把大蒜销售出去，为此老王要承担由于大蒜价格下跌对方不履约的风险。老王采取的风险管理策略工具是（　　）。

A. 风险控制　B. 风险转移　C. 风险规避　D. 风险转换

【解析】老王原来“采取‘一手交钱、一手交货’的即期交易模式。但从播种到收获上市销售有四个月的时间，在此期间由于大蒜价格的波动，老王承担很高的价格下跌风险”表明老王原来承担市场风险中的产品价格风险。

“现在老王改为在每年3月份播种大蒜的同时，提前以订立远期合同的方式把大蒜销售出去”表明老王现在主要承担市场风险中的信用风险（即交易对手由于大蒜价格下跌不履约的风险）。

本案例中，老王运用衍生金融工具（远期合同）实现了风险转换，即不会直接降低市场总的风险，只是在减少市场风险中价格风险的同时，增加了市场风险中的信用风险。

【名师点题】具体某一种风险应对方式可能同时属于几种风险应对策略，比如本题“老王改为在每年3月份播种大蒜的同时，提前以订立远期合同的方式把大蒜销售出去”，单从这句话可以理解为风险对冲，可是选项中没有风险对冲这个选项。因此，做题时关键是要结合案例给出的资料和给定的选项综合分析后来作答。

【答案】D

5. 风险对冲

含义	通过引入多个风险因素或承担多个风险，使相关风险能够互相抵消的方法
实现方式	①资产组合使用 ②多种外币结算的使用 ③战略上的多种经营 ④利用期货进行套期保值 ⑤利用不同行业的经济周期进行风险对冲

【提示】使用风险对冲，必须进行风险组合，而不是对单一风险进行规避、控制等。

经典题解

【例题38·单选题】2021年4月10日，国内某铜贸易商，以7155美元/吨的价格与智利供货商签订了5000吨购货合同。由于从订货到装船运输再到国内港口的时间预计还要45天左右。于是，该贸易商于4月10日在英国伦敦期货市场卖出6月期铜合约200手(25吨/手)，成交均价为7145美元/吨。到2021年5月25日，进口铜到港卸货完毕，该贸易商卖出5000吨铜现货，价格为7172美元/吨；同时在期货市场上买入200手（25吨/手）6月期铜合约进行平仓，成交均价为7168美元/吨。该贸易商的这种做法属于（　　）。

A. 风险对冲　B. 风险规避　C. 风险转移　D. 风险转换

【解析】风险对冲是指采取各种手段，引入多个风险因素或承担多个风险，使得这些风险能够互相冲抵，也就是使这些风险的影响互相抵消。在金融资产风险管理中，对冲也包括使用衍生产品，如利用期货进行套期保值，选项A正确。

【答案】A

6. 风险补偿

含义	企业对风险可能造成的损失采取适当的措施进行补偿
特征	风险补偿表现在企业主动承担风险，并采取措施以补偿可能的损失
实现方式	①在交易价格上附加风险溢价 ②应急资本 ③建立意外损失基金 ④建立专业自保公司

【提示】关于风险补偿的四种实现方式的理解

①在交易价格上附加风险溢价：通过提高风险回报的方式，获得承担风险的价格补偿。

如商业银行可以预先在金融资产定价中充分考虑到各种风险因素，如通过提高利率来获得合理的风险回报。

②应急资本：风险事件发生后，企业可以通过应急资本以弥补事件损失造成的资金缺口。

由于风险事件的突发性和损失的不确定性，企业可以在风险事件发生前，与银行达成一项应急资本协议，一旦风险事件发生，企业可以获得及时的贷款应急，并按协议约定条件还款。

③建立意外损失基金：企业预先提取以补偿风险事件所致损失的一种基金。

这种方式通常处理那些可能引起较大损失，但这一损失又无法摊入经营成本的风险。如对大额应收账款计提坏账准备金。

④建立专业自保公司：专业自保公司是企业（母公司）自己设立的保险公司，旨在对本企业、附属企业以及其他企业的风险进行保险或再保险。

经典题解

【例题39·单选题】大华公司是一家大型家电制造企业。2022年年初，该公司管理层做出以下决定：①将手中多余的资金1.2亿元投资于国家发行的三年期国债、某能源集团发行的三年期重点企业债券，以及业绩优良的公司股票。②预提1000万元准备金用于可能发生的异地员工劳动争议。③在公司园区内全面禁止吸烟。④针对公司固定资产加强投保，防止出现意外损失。根据上述信息可以判断，该公司以上决策中属于风险补偿策略的是（　　）。

A. ①　　B. ②　　C. ③　　D. ④

【解析】风险补偿是指企业对风险可能造成的损失采取适当的措施进行补偿。①属于风险对冲；②属于风险补偿；③属于风险控制；④属于风险转移。因此，选项B正确。

【答案】B

7. 风险控制

含义	通过控制风险事件发生的动因、环境、条件等，来达到减轻风险事件发生带来的损失或降低风险事件发生概率的目的
适用情形	风险控制对象一般是可控风险，包括多数运营风险（如质量、安全和环境风险）以及合规风险
实现方式	①控制风险事件发生的概率 ②控制风险事件发生带来的损失

直击题眼

常见考核形式：

①室内使用不易燃地毯、山林中禁止吸烟等；

②修建水坝防洪、设立质量检查防止次品出厂等。

【提示】风险控制即减少风险发生的可能性或削弱风险损失的严重性。

经典题解

【真题 40 · 单选题】桐城钢铁公司需要的铁矿石购自 U 国的山谷矿山公司，后者曾多次在前者急需大量铁矿石时大幅提高产品价格，使前者遭受很大损失。后来桐城钢铁公司买下山谷矿山公司 51% 的股权并获得定价权。下列各项中，属于桐城钢铁公司采用的风险管理策略的是（　　）。（2020 年）

A. 风险规避　B. 风险控制　C. 风险补偿　D. 风险转移

解题攻略

定价权指公司对其产品价格制定拥有主动权，若改变产品定价不会对需求有负面影响，拥有定价权的公司在成本上升情况下可以顺利通过提价将新增成本传导给下游且不影响销量。

但应注意，本题中虽取得定价权，但损失的风险并没有根除，还受铁矿石市场价格波动影响，因此可排除风险规避。

【解析】根据"后者曾多次在前者急需大量铁矿石时大幅提高产品价格，使前者遭受很大损失"可知，桐城钢铁公司的利润原来不仅要受到铁矿石市场价格波动的影响，还要受到其供应商山谷矿山公司大幅提价的影响，而"后来桐城钢铁公司买下山谷矿山公司 51% 的股权并获得定价权"说明桐城钢铁公司对其产品价格制定拥有了主动权，将受到其供应商山谷矿山公司大幅提价的影响降到了最低，控制了影响其利润的因素之一。因此，桐城钢铁公司采用的风险管理策略是风险控制，选项 B 正确。

【答案】B

【真题 41 · 单选题】M 国某地区位于地震频发地带，那里的居民具有较强的防震意识，住房普遍采用木制结构，抗震性能优越。不少家庭加装了地震时会自动关闭煤气的仪器，以防范地震带来的相关灾害。根据上述信息，该地区居民采取的风险管理策略工具是（　　）。（2018 年）

A. 风险控制　B. 风险转移　C. 风险规避　D. 风险转换

【解析】"住房普遍采用木制结构，抗震性能优越。不少家庭加装了地震时会自动关闭煤气的仪器，以防范地震带来的相关灾害"表明该措施有利于减轻风险事件发生带来的损失。因此，该地区居民采取的风险管理策略工具是风险控制，选项 A 正确。

【答案】A

【例题 42 · 单选题】博雅医院管理层认为电力局供电中断会对病人健康状况产生不利影响。管理层针对这一风险采用的管理策略是安装一个备用发电机。为使发电机在需要时能够正常运行，医院工程部门进行了日常维护，其维护日记由工程部门负责人每月审阅一次。根据上述信息，该医院采取的风险管理策略工具是（　　）。

A. 风险控制　B. 风险转移　C. 风险规避　D. 风险转换

【解析】“管理层针对这一风险采用的管理策略是安装一个备用发电机。为使发电机在需要时能够正常运行，医院工程部门进行了日常维护，其维护日记由工程部门负责人每月审阅一次”表明该措施有利于减轻风险事件发生带来的损失。因此，该医院采取的风险管理策略工具是风险控制，选项A正确。

【答案】A

【例题43·多选题】甲公司是一家生产高档不锈钢表壳的企业，产品以出口为主，以美元为结算货币。公司管理层召开会议讨论如何管理汇率风险，与会人员提出不少对策。关于这些对策，下述表述正确的有（　　）。

A. 部门经理刘某提出“风险规避”策略：从国外进口相关的原材料，这样可以用外币支付采购货款，抵消部分人民币与美元汇率变动带来的影响

B. 财务部小王提出“风险转移”策略：干脆公司把目标客户从国外转移到国内，退出国外市场，这样就从根本上消除了汇率风险

C. 负责出口业务的副总张某提出“风险控制”策略：加强对汇率变动趋势的分析和研究，以减少汇率风险带来的损失

D. 业务员李某提出“风险对冲”策略：运用套期保值工具来控制汇率风险

【解析】选项A属于“风险对冲”策略；选项B属于“风险规避”策略。

【答案】CD

（三）确定风险偏好和风险承受度

一般来讲，风险偏好和风险承受度是针对公司的重大风险制定的，对企业的非重大风险的风险偏好和风险承受度不一定要十分明确，甚至可以先不提出。

企业的风险偏好依赖于企业风险评估的结果。由于企业的风险不断变化，企业需要持续进行风险评估，并调整自己的风险偏好。

重大风险的风险偏好是企业的重大决策，应由董事会决定。

（四）风险度量

1. 关键在于量化

风险偏好可以只定性，但风险承受度一定要定量。

2. 风险度量方法

企业应该对所采取的风险度量方法取得共识，但不一定在整个企业使用唯一的风险度量方法，而应对不同的风险采取不同的度量方法。

一般来讲，度量风险的定量方法可以采用风险发生的可能性（概率）或风险发生造成的损失大小来度量。度量风险的定性方法可以采用直观方法。

（1）定量方法。

①最大可能损失。

定义	是指风险事件发生后可能造成的最大损失。即比较各方案下最坏情况发生时的最大损失额，选择最大可能损失方案并以此确定风险管理策略
适用情形	一般在无法判断或无须判断发生概率时适用

②概率值。概率值是指风险事件发生的概率或造成损失的概率。

③期望值。计算并比较各种可选方案下的损失或收益的期望值，选择最小或最大的损失或收益的期望值作为方案的决策依据。

要点小贴士

各事件发生的概率与该事件的影响相乘，再将这些乘积相加得到和。

④波动性。

测算工具	方差或标准差
分析方法	对于单一方案来讲，方差或标准差越大，变量的波动程度就越大，风险就越大；方差或标准差越小，变量的波动程度就越小，风险就越小

⑤在险值。在险值（VaR）是指在正常的市场条件和给定的置信水平（概率）下，在给定的持有期间内，某一资产或资产组合预期可能发生的最大损失。

【案例】华兴公司在95%的概率下10天的VaR是10万美元，也就是说，在未来10天的时间范围内，华兴公司有95%的把握确保其发生的风险损失不会超过10万美元，即发生的风险损失超过10万美元的可能性只有5%。

（2）定性方法（直观方法）。

定义	是指不依赖于概率统计结果的度量方法，即人们直观判断的方法
常见形式	专家意见法、层次分析法（AHP）
适用情形	当统计数据不足或需要度量结果包括人们的偏好时，可以使用直观方法

经典题解

【真题44·单选题】亚星公司是一家生产、销售化工产品的企业。由于各类风险发生的可能性难以预测且风险一旦发生危害巨大，因而该公司实施了极为严格的风险管理制度。亚星公司采取的风险度量方法应是（　　）。（2021年）

A. 概率值　　B. 在险值

C. 最大可能损失　　D. 期望值

【解析】“由于各类风险发生的可能性难以预测且风险一旦发生危害巨大，因而该公司实施了极为严格的风险管理制度”表明亚星公司采取的风险度量方法应是最大可能损失。最大可能损失一般是在无法判断或无须判断发生概率的时候采取的风险度量方法。因此，选项C正确。

【答案】C

【真题45·单选题】甲基金公司在对基金管理、受托资产管理、基金销售和咨询等业务活动进行风险度量时，首先对所有事件中每一事件发生的概率乘以该事件的影响，然后将这些乘积相加得到风险数值。甲基金公司采用的风险度量方法是（　　）。（2019年）

A. 概率值　　B. 最大可能损失

C. 期望值　　D. 在险值

【解析】期望值通常指的是数学期望，即以概率为权数的加权平均值，选项C正确。

【答案】C

【例题46·多选题】企业要有效地选择最佳和可行的风险管理策略。下列选项中，针对企业风险管理策略描述错误的有（　　）。

A. 风险转移可以在低成本或者无成本的情况下达到目的

B. 各方面相似的企业即使处于不同行业，其风险偏好也是相似的

C. 重大风险的风险偏好是企业的重大决策，应由总经理决定

D. 风险偏好和风险承受度只可定量

【解析】风险转换可以在低成本或者无成本的情况下达到目的，选项A错误；同一风险在不同行业风险偏好不同，选项B错误；重大风险的风险偏好是企业的重大决策，应由董事会决定，选项C错误；风险偏好可以只定性，但风险承受度一定要定量，选项D错误。

【答案】ABCD

（五）风险管理有效性标准

风险管理有效性标准是指企业衡量风险管理是否有效的标准。量化的企业风险管理有效性标准应与企业风险承受度有相同的度量基础。

（六）风险管理的资源配置

由于全面风险管理覆盖面广，资源的使用一般是多方面的、综合性的。企业应当统筹兼顾，将资源用于需要优先管理的重大风险。

（七）确定风险管理的优先顺序

企业应根据风险与收益相平衡的原则以及各风险在风险坐标图上的位置，进一步确定风险管理的优先顺序，明确风险管理成本的资金预算和控制风险的组织体系、人力资源、应对措施等总体安排。

（八）风险管理策略检查

企业应定期总结和分析已制定的风险管理策略的有效性和合理性，结合实际不断地修订和完善。其中，应重点检查依据风险偏好、风险承受度和风险控制预警线实施的结果是否有效，并提出定性或定量的有效性标准。

风险管理策略要随着企业经营状况的变化、经营战略的变化、外部环境的变化而调整。

二、风险理财措施★★

（一）风险理财的含义、特点及选择原则

要点小贴士

在购买车险的时候，我们并不能通过购买车险来改变车祸本身发生的概率，以及车祸可能给车辆带来的直接损失，但是我们可以通过保险赔付，来解决这个车祸后给我们带来的金钱损失。

含义	风险理财是用金融手段管理风险。风险理财是全面风险管理的重要组成部分
特点	①风险理财的手段既不改变风险事件发生的可能性，也不改变风险事件可能引起的直接损失程度 ②风险理财需要判断风险的定价，因此量化的标准较高，即不仅需要风险事件的可能性和损失的分布，更需要量化风险本身的价值 ③风险理财的应用范围一般不包括声誉等难以衡量价值的风险，也难以消除战略失误造成的损失 ④风险理财手段技术性强，许多风险理财工具本身具有比较复杂的风险特性，使用不当容易造成重大损失

选择风险理财策略与方案的原则和要求	①与公司整体风险管理策略一致 ②采用与公司所面对风险的性质相匹配的风险理财手段 ③依据公司内外部环境选择适宜的风险理财工具 ④遵循风险管理成本与收益的平衡原则

经典题解

【例题 47·多选题】瑞祥公司近年来实施全面风险管理，运用衍生产品等风险理财工具防范风险。下列关于风险理财的表述中，错误的有（　　）。

A. 风险理财可以有效降低风险事件可能引起的直接损失

B. 风险理财的应用范围一般不包括声誉等难以衡量价值的风险

C. 风险理财注重风险因素对现金流的影响

D. 风险理财只可针对不可控的风险

【解析】风险理财的手段既不改变风险事件发生的可能性，也不改变风险事件可能引起的直接损失程度，选项 A 错误；风险理财的应用范围一般不包括声誉等难以衡量价值的风险，也难以消除战略失误造成的损失，选项 B 正确；风险理财注重风险因素对现金流的影响，选项 C 正确；风险理财可以针对可控风险，也可以针对不可控风险，选项 D 错误。

【答案】AD

（二）两类主要的风险理财措施

1. 损失事件管理

损失事件管理是指对可能给企业造成重大损失的风险事件进行事前、事后管理的方法。

损失融资是为风险事件造成的财物损失融资，是从风险理财的角度进行损失事件的事后管理，是损失事件管理中最具共性也最重要的部分。

企业损失分为预期损失和非预期损失，因此损失事件融资也相应分为预期损失融资和非预期损失融资。预期损失融资一般作为运营资本的一部分，而非预期损失融资则属于风险资本范畴。常见的融资方式为风险资本、应急资本、保险和专业自保。

（1）风险资本。

风险资本是描述在一定的概率水平上，一定时间内（如一年），为了弥补企业的非预期性损失所需要的资本。

【提示】风险资本是使一家公司破产的概率低于某一给定水平所需的资金，因此取决于公司的风险偏好。

一家公司每年最低运营资本是 8 亿元，但是有 5% 的可能性需要 10.5 亿元才能维持运营，有 1% 的可能性需要 12 亿元才能维持运营。

也就是说，如果该公司风险资本为 2.5（10.5-8）亿元，其生存概率为 95%；如果该公司风险资本为 4（12-8）亿元，其生存概率为 99%。

（2）应急资本。

定义	又称或有资本和承诺资本，是指当企业发生了特定事件陷入财务困境后，可以根据事先的承诺合同，以债务或优先股等方式从外部市场获得企业所需要的资本
特点	①应急资本的提供方并不承担特定事件发生的风险，而只是在风险事件发生并造成应急资本受让方损失后提供用于弥补损失、确保持续经营的资金 ②应急资本是一个在一定条件下的融资选择权，应急资本受让方可以不使用这个权利 ③应急资本可以为应急资本受让方提供持续经营的保证

（3）保险。

可保风险是纯粹风险，机会风险不可保。

【提示】保险与应急资本不同，保险是风险转移的传统手段。应急资本不涉及风险转移，是企业风险补偿策略的一种方式。

（4）专业自保。

定义	专业自保公司是那些由其母公司拥有的，主要业务对象即被保险人为其母公司的保险公司
优点	降低运营成本；改善公司现金流；保障项目更多；公平的费率等级；保障的稳定性；直接进行再保险；提高服务水平；减少规章的限制；国外课税扣除和流通转移
缺点	提高内部管理成本；增加资本投入；损失储备金不足；减少其他保险的可得性

【提示】专业自保由母公司筹集保险费，建立损失储备金，属于风险补偿方式。

经典题解

【真题 48·单选题】为了对可能给企业造成重大损失的风险事件进行有效管理，南方石油公司成立了自己的专属保险公司，为母公司提供保险，并由母公司筹集总计 10 亿元的保险费，建立损失储备金。下列各项中，属于南方石油公司采用的上述损失事件管理办法的优点的是（　　）。（2020 年）

A. 降低内部管理成本　　B. 改善公司现金流

C. 增加了其他保险的可得性　　D. 损失储备金充足

【解析】“南方石油公司成立了自己的专属保险公司，为母公司提供保险，并由母公司筹集总计 10 亿元的保险费，建立损失储备金”属于专业自保。改善公司现金流属于专业自保的优点，选项 B 正确。

【答案】B

【真题 49·单选题】甲公司每年最低运营资本是 5000 万元，有 10% 的可能性维持运营需要 5800 万元；有 5% 的可能性维持运营需要 6200 万元。若甲公司风险资本为 1000 万元，则该公司的生存概率为（　　）。（2020 年）

A. 10%　　B. 90%~95%

C. 95% 以上　　D. 90%

【解析】当甲公司风险资本为 800（5800-5000）万元时，其生存概率是 90%（1-10%）；当甲公司风险资本为 1200（6200-5000）万元时，其生存概率是

95%（1–5%）。因此，当甲公司风险资本为1000（800~1200之间）万元时，其生存概率为90%~95%，选项B正确。

【答案】B

【真题50·单选题】甲公司每年最低运营资本是10亿元，但是有5%的可能性需要12亿元维持运营。该公司筹集了12亿元，将其生存概率提高到95%。甲公司管理损失事件的方法是（　　）。（2019年）

A. 风险资本　　　　B. 损失融资

C. 保险　　　　　　D. 专业自保

【解析】风险资本是除经营资本之外，公司补偿风险造成的财务损失而需要的资本。甲公司筹集的12亿元中，10亿元为最低运营资本，其余的2亿元为风险资本，选项A正确。

【答案】A

【真题51·多选题】2017年年初，甲公司与乙银行签订一份协议，约定甲公司一旦发生特定事件引起财务危机时，有权从乙银行取得500万贷款来应对风险。在协议中，双方明确了甲公司归还贷款的期限以及获得贷款应当支付的利息和费用。针对甲公司采取的措施，下列各项中表述正确的有（　　）。（2018年改编）

A. 甲公司采取的风险理财措施为其可持续经营提供了保证

B. 甲公司采取的风险理财措施不涉及风险补偿

C. 乙银行向甲公司提供贷款，但不承担甲公司发生特定事件的风险

D. 甲公司采取的风险理财措施是一个在一定条件下的融资选择权

【解析】"甲公司与乙银行签订一份协议，约定甲公司一旦发生特定事件引起财务危机时，有权从乙银行取得500万贷款来应对风险。在协议中，双方明确了甲公司归还贷款的期限以及获得贷款应当支付的利息和费用"表明甲公司采取的风险理财措施是应急资本（运用的风险管理策略工具是风险补偿）。因此，选项A、C、D正确，选项B错误。

【答案】ACD

【真题52·单选题】宏远海运公司为了加强对损失事件的管理成立了一家附属机构，这家附属机构的职责是用母公司提供的资金建立损失储备金，并为母公司提供保险。宏远海运公司管理损失事件的方法属于（　　）。（2017年）

A. 损失融资　　　　B. 风险资本

C. 保险　　　　　　D. 专业自保

【解析】"宏远海运公司为了加强对损失事件的管理成立了一家附属机构，这家附属机构的职责是用母公司提供的资金建立损失储备金，并为母公司提供保险"表明宏远海运公司管理损失事件的方法属于专业自保，选项D正确。

【答案】D

【例题53·单选题】HY公司为加强对风险损失事件的管理，与甲银行签订协议，规定在一定期间内，如果HY公司由于台风等自然灾害遭受重大损失，可从甲银行取得贷款，并为此按约定的时间向甲银行缴纳费用。HY公司管理损失事件的方法称为（　　）。

A. 专业自保　　　　　　B. 应急资本
C. 风险补偿合约　　　　D. 损失融资

【解析】应急资本是一个金融合约，规定在某一个时间段内、某个特定事件发生的情况下公司有权从应急资本提供方募集股本或贷款（资产负债表上的其他实收资本项目），并为此按时间向资本提供方缴纳费用。所谓特定事件可称为触发事件。因此，选项B正确。

【答案】B

2. 套期保值

（1）对金融衍生产品的选择。

①远期合约。

定义	指交易双方约定在未来的某一确定时间，以事先约定的价格买卖一定数量的某种金融资产的合约
类型	远期利率协议、远期外汇合约、远期股票合约
特征	a. 远期合约到期往往会促成标的资产的交割 b. 合约条件是由买卖双方协商确定的，通过场外交易（OTC）达成

②互换交易。

定义	指对相同货币的债务和不同货币的债务通过金融中介进行互换的一种行为
类型	利率互换、货币互换、商品互换、股权互换、信用互换、气候互换（碳互换）、期权互换等

③期货合约。

定义	指由期货交易所统一制定的、规定在将来某一特定的时间和地点交割一定数量和质量商品的标准化合约
类型	外汇期货、利率期货、股票指数期货、商品期货
特征	a. 在期货交易所买卖的标准化合约 b. 期货合约往往会在到期日之前对冲平仓 c. 期货价格是在期货交易所公开竞价产生的

④期权合约。

<table>
<tr><td>定义</td><td colspan="3">是一种选择权，期权合约的买方向卖方支付权利金后，就获得这种权利，即拥有在一定时间内以一定的价格（执行价格）出售或购买某种资产的权利</td></tr>
<tr><td rowspan="2">类型</td><td rowspan="2">按赋予期权买方权利的不同</td><td>看涨期权</td><td>是指在期权有效期内按执行价格买进一定数量标的物的权利</td></tr>
<tr><td>看跌期权</td><td>是指在期权有效期内按执行价格卖出一定数量标的物的权利</td></tr>
</table>

类型	按执行时间的不同	欧式期权	是指只有在合约到期日才被允许执行的期权
		美式期权	是指可以在期权有效期内任何一个时点被执行的期权
特征	a. 期权的买方拥有是否执行期权的权利，无执行的义务 b. 期权的卖方只有履行期权的义务，而无权利		

要点小贴士

①买方行使权利时，卖方必须按期权合约规定的内容履行义务。

②买方可以放弃行使权利，此时买方只是损失权利金，同时卖方则赚取权利金。

经典题解

【真题54·单选题】下列各项关于金融衍生产品的说法中，正确的是（ ）。（2017年）

A. 远期合约价格不能预先确定

B. 期货价格不是通过公开竞价达成的

C. 欧式期权只能在到期日执行

D. 远期合约是标准化合约

【解析】远期合约是指合约双方同意在未来日期按照事先约定的价格交换金融资产的合约，选项A错误；期货价格通过公开竞价达成，选项B错误；远期合约是非标准化合约，选项D错误。

【答案】C

（2）套期保值与投机。

要点小贴士

为冲抵现货市场的价格波动风险而买卖衍生产品的行为，结果是降低了风险。

要点小贴士

单纯为获得价格波动差价而买卖衍生产品的行为，结果是增加了风险。

①期货套期保值。

定义	是指为配合现货市场上的交易，而在期货市场上做与现货市场商品相同或相近但交易部位相反的买卖行为		
基本原理	之所以有利于回避价格风险，其基本原理就在于某一特定商品的期货价格和现货价格受相同的经济因素影响和制约		
计算基础	基差	概念	基于现货市场和期货市场两个不同类型的市场，在某个时点标的物的现货价格与期货价格往往会有差异 基差 = 现货价格 - 期货价格
		特征	基差在期货合约到期日为零，在此之前可正可负。一般而言，离到期日越近，基差就越小
类别	空头期货套期保值；多头期货套期保值		

a. 空头期货套期保值。

要点小贴士

在构建套期保值时，在期货市场上卖出期货合约。

适用情形	如果某公司要在未来某时出售某种资产，则可以现在在期货市场卖出期货合约来对冲风险
结果分析	（a）到期日资产价格下降→现货市场出售资产亏了→在期货合约到期日前买入期货合约进行对冲平仓而获利→盈亏相抵，损失减少 （b）到期日资产价格上升→现货市场出售资产获利→在期货合约到期日前买入期货合约进行对冲平仓而亏损→盈亏相抵，收益减少

b. 多头期货套期保值。

要点小贴士

在构建套期保值时，在期货市场上买入期货合约。

适用情形	如果某公司要在未来某时买入某种资产，则可以现在在期货市场买入期货合约来对冲风险
结果分析	（a）到期日资产价格上升→现货市场购买资产亏了→在期货合约到期日前卖出期货合约进行对冲平仓而获利→盈亏相抵，损失减少 （b）到期日资产价格下降→现货市场购买资产获利→在期货合约到期日前卖出期货合约进行对冲平仓而亏损→盈亏相抵，收益减少

【提示1】空头期货套期保值示例

项目	现货市场	期货市场
7月	某贸易公司与客户签订5个月后到期的远期合同，承诺12月份购买200吨铜，铜的现货市场价格（合同价格）为7000美元/吨［注：签订远期合同，属于现货市场行为，即7月份现货市场是购买行为］	在期货交易所卖出12月份到期的期铜200吨，每吨期铜价格为7020美元［注：7月份同一时点构建投资组合时，期货市场是卖出行为］
12月	现货市场（即期交易市场）每吨铜的价格下跌到6800美元［注：到期收到客户交付的标的物，支付货款1400000美元，钱货两清，然后按市场价格6800美元/吨卖出200吨标的物］	当月期铜价格接近现货价格（即期交易价格），为每吨6830美元。按此价格买入期铜200吨，平仓（对冲）期货合约
结果	每吨亏损200美元	每吨盈利190美元

【提示2】多头期货套期保值示例

项目	现货市场	期货市场
7月	某贸易公司与客户签订5个月后到期的远期合同，承诺12月份出售200吨铜给客户，铜的现货市场价格（合同价格）为7000美元/吨［注：签订远期合同，属于现货市场行为，即7月份现货市场是出售行为］	在期货交易所买入12月份到期的期铜200吨，每吨期铜价格为7020美元［注：7月份同一时点构建投资组合时，期货市场是买入行为］
12月	现货市场（即期交易市场）每吨铜的价格上涨到7200美元［到期按现货价格7200美元/吨买入200吨铜交付客户，收取客户货款1400000美元，钱货两清］	当月期铜价格接近现货价格（即期交易价格），为每吨7210美元。按此价格卖出期铜200吨，平仓（对冲）期货合约
结果	每吨亏损200美元	每吨盈利190美元

②期权套期保值。

期权套期保值具有对冲风险的作用。

【提示】某投资者现在持有甲上市公司股票10000股，持股成本为10美元/股，计划6个月后出售。

为了降低该股票价格6个月后下跌带来的损失，现在在期权市场上以1000美元的价格购进1份以甲公司股票为标的物的6个月看跌期权，1份看跌期权的数量为10000股，每股执行价格为9.9美元。

假设6个月后甲公司股票价格下跌到9.2美元/股，现货市场按此价格出售10000股，每股损失0.8美元，共计损失8000美元。

6个月后期权市场投资者行权，期权投资共计盈利6000美元［10000×（9.9-9.2）-1000］，弥补现货投资损失，套期保值的结果是现货市场出售股票仅损失了2000美元。

③期货投机。

期货投机是指基于对市场价格走势的预期，为了盈利在期货市场上进行的买卖行为。

【提示】目前期铜价格为7020美元/吨，某贸易公司判断5个月后铜的价格会大跌，因此该公司现在在期货市场卖出期铜200吨。

假设5个月后，期铜的价格果真下跌到每吨6830美元，买入期铜200吨，平仓期货合约，盈利190美元/吨，共计盈利38000美元。

但如果5个月后期铜的价格上涨到每吨7200美元，买入期铜200吨，平仓期货合约，亏损180美元/吨，共计亏损36000美元。

④期权投机。

期权也可以作为投机的工具，但风险更大。

【提示】某贸易公司判断6个月后原油的价格会大涨，因此，该公司现在在期权市场以2000美元的价格购进1份6个月到期的原油看涨期权合约，1份原油看涨期权合约的数量为1000桶，每桶执行价格为92美元。

假设6个月后原油市场价格为97美元/桶，投资者行权，期权投资共计盈利3000美元［1000×（97-92）-2000］。

但如果6个月后原油市场价格为89美元/桶，投资者不会行权，期权投资损失2000美元。

经典题解

【真题55·单选题】甲公司签订合同承诺10月份向客户出售20吨白糖，并以5600元人民币/吨的价格购入现货白糖20吨，同时在期货交易所以5700元/吨的价格卖出10月份到期的白糖期货20吨。10月份合同到期时，白糖现货和当月期货市场价格均为5500元人民币/吨，甲公司以该价格向客户售出白糖20吨，并买入当月期货20吨。甲公司的上述风险理财策略是（　　）。（2021年）

A. 期货多头套期保值　　B. 期货空头套期保值

C. 买方期权套期保值　　D. 卖方期权套期保值

【解析】由于在构建期货套期保值时，该公司是“在期货交易所以5700元/吨的价格卖出10月份到期的白糖期货20吨”，属于期货空头套期保值，选项B正确。

【答案】B

【例题56·单选题】甲企业是一家大型纺织企业，主要的生产原材料为棉花。甲企业预计未来棉花价格将持续上涨。为了降低已经承接的纺织品订单的生产成本上涨风险，甲企业决定以套期保值的方式规避棉花现货风险。下列选项中，不符合套期保值特征的是（　　）。

A. 甲企业从事棉花套期保值的目的是通过降低棉花价格变动风险而获利

B. 甲企业棉花期货合约开仓时的价格反映了市场参与者对棉花的远期预期价格

C. 甲企业持有的棉花期货合约对应的“基差”反映了棉花现货和棉花期货的价格差异，该差异在期货合约到期日之前，既可以为正，也可以为负

D. 甲企业为套期保值所持有的棉花期货合约可以在到期日之前卖出平仓或者到期交割

【解析】套期保值的目的是降低风险，而投机的目的是承担额外的风险以盈利，选项A错误。期货合约开仓时的价格反映了市场参与者对标的物的远期预期价格，选项B正确。期货合约对应的“基差”表示标的物的现货价格与所用合约的期货价格之差。基差在期货合约到期日为零，在此之前可正可负。一般而言，离到期日越近，基差就越小，选项C正确。为套期保值所持有的期货合约可以在到期日之前卖出平仓或者到期交割，但绝大多数期货合约不会在到期日用标的物进行交割而选择平仓，选项D正确。

【答案】A

【例题57·单选题】2022年1月18日，某投资者持有在美国纽约上市的甲公司股票10000股，此时甲公司股价为每股30美元。该投资者认为甲公司股价在未来3个月内可能下跌，而3个月期限的看跌期权行权价为27美元/股，2022年1月18日看跌期权的价格为100美元/手，100股/手。如果该投资者2022年1月18日购买100手看跌期权，4月份甲公司股价下跌至22美元，那么该投资者的损益是（　　）。

A. 损失40000美元　　B. 损失70000美元

C. 获利70000美元　　D. 获利40000美元

【解析】看跌期权的净损益 =100×100×（27−22）−100×100=40000（美元）。该投资者持有股票的损益为（22−30）×10000=−80000（美元）。因此该套期保值的净损益为损失40000（−80000+40000=−40000）美元。

【答案】A

【例题58·单选题】3月份，某投机者认为丙公司股价在未来3个月内可能下跌。此时，丙公司股价为每股30美元；而3个月期限的看跌期权行权价为23美元，目前售价为每份2美元。如果该投机者3月份投入30000美元购买看跌期权，6月份丙公司股价下跌至21美元，那么该投机者该项投资的净损益是（　　）。

A. 损失30000美元　　B. 损失5000美元

C. 没有任何损益　　D. 获利30000美元

【解析】投资者投入 30000 美元购买看跌期权，可以购买 30000/2=15000（份）。由于股价低于执行价格，看跌期权到期日价值 =15000×（23-21）=30000（美元），该项投资净损益 =30000-30000=0（美元）。

【答案】C

三、风险管理的组织职能体系★★

企业风险管理组织职能体系主要包括规范的公司法人治理结构、风险管理委员会、风险管理职能部门、审计委员会、企业其他职能部门及各业务单位。

【提示】具备条件的企业可建立风险管理三道防线：各有关职能部门和业务单位为第一道防线；风险管理职能部门和董事会下设的风险管理委员会为第二道防线；内部审计部门和董事会下设的审计委员会为第三道防线。

（一）规范的公司法人治理结构

企业应建立健全规范的公司法人治理结构，股东（大）会、董事会、监事会、经理层依法履行职责，形成高效运转、有效制衡的监督约束机制。

董事会就全面风险管理工作的有效性对股东（大）会负责。董事会在全面风险管理方面主要履行以下职责：

名师点拨

1 个审议、1 个决策、1 个督导、7 个批准。

（1）审议并向股东（大）会提交企业全面风险管理年度工作报告。

（2）确定企业风险管理总体目标、风险偏好、风险承受度，批准风险管理策略和重大风险管理解决方案。

（3）了解和掌握企业面临的各项重大风险及其风险管理现状，作出有效控制风险的决策。

（4）批准重大决策、重大风险、重大事件和重要业务流程的判断标准或判断机制。

（5）批准重大决策的风险评估报告。

（6）批准内部审计部门提交的风险管理监督评价审计报告。

（7）批准风险管理组织机构设置及其职责方案。

（8）批准风险管理措施，纠正和处理任何组织或个人超越风险管理制度作出的风险性决定的行为。

（9）督导企业风险管理文化的培育。

（10）批准或决定全面风险管理的其他重大事项。

（二）风险管理委员会

具备条件的企业，董事会可下设风险管理委员会。该委员会成员中需有熟悉企业重要管理及业务流程的董事，以及具备风险管理监管知识或经验、具有一定法律知识的董事。

风险管理委员会对董事会负责，主要履行以下职责：

名师点拨

1 个提交、4 个审议、1 个办理。

（1）提交全面风险管理年度报告。

（2）审议风险管理策略和重大风险管理解决方案。

（3）审议重大决策、重大风险、重大事件和重要业务流程的判断标准或判断机制，以及重大决策的风险评估报告。

（4）审议内部审计部门提交的风险管理监督评价审计综合报告。

（5）审议风险管理组织机构设置及其职责方案。

（6）办理董事会授权的有关全面风险管理的其他事项。

企业总经理对全面风险管理工作的有效性向董事会负责。总经理或总经理委托的高级管理人员负责主持全面风险管理的日常工作，负责组织拟订企业风险管理组织机构设置及其职责方案。

（三）风险管理职能部门

企业应设立专职部门或确定相关职能部门履行全面风险管理的职责。该部门对总经理或其委托的高级管理人员负责，主要履行以下职责：

> **名师点拨**
>
> 均是基础性工作，关键词如研究提出、负责、办理等。

（1）研究提出全面风险管理工作报告。

（2）研究提出跨职能部门的重大决策、重大风险、重大事件和重要业务流程的判断标准或判断机制。

（3）研究提出跨职能部门的重大决策风险评估报告。

（4）研究提出风险管理策略和跨职能部门的重大风险管理解决方案，并负责该方案的组织实施和对该风险的日常监控。

（5）负责对全面风险管理有效性的评估，研究提出全面风险管理的改进方案。

（6）负责组织建立风险管理信息系统。

（7）负责组织协调全面风险管理日常工作。

（8）负责指导、监督有关职能部门、各业务单位以及全资、控股子企业开展全面风险管理工作。

（9）办理风险管理的其他有关工作。

（四）审计委员会

企业应在董事会下设立审计委员会，企业内部审计部门对审计委员会负责。内部审计部门在风险管理方面，主要负责研究提出全面风险管理监督评价体系，制定监督评价相关制度，开展监督与评价，出具监督评价审计报告。

1. 审计委员会履行职责的方式

审计委员会应每年至少举行三次会议，并于审计周期的主要日期举行。审计委员会应每年至少与外聘及内部审计师会面一次，讨论与审计相关的事宜，但无须管理层出席。审计委员会成员之间的不同意见如无法内部调解，应提请董事会解决。

此外，审计委员会应每年对其权限及其有效性进行复核，并就必要的人员变更向董事会报告。管理层对审计委员会有告知义务，并应主动提供信息，而不应等待审计委员会索取。

2. 审计委员会与合规

审计委员会的主要活动之一是核查对外报告合规的情况。审计委员会一般有责任确保企业履行对外报告合规的义务。审计委员会应结合企业财务报表的编制情况，对重大的财务报告事项和判断进行复核。

3. 审计委员会与内部审计

确保充分且有效的内部控制是审计委员会的义务，其中包括负责监督内部审计部门的工作。审计委员会应监察和评估内部审计职能在企业整体风险管理系统中的角色和有效性。它批准对内部审计主管的任命和解聘，并确保内部审计部门能直接与董事长或董事会主席接触。审计委员会复核及评估年度内部审计工作计划。

经典题解

【真题 59·单选题】雅莱公司主营化妆品的研发、生产与销售。该公司董事会下设风险管理委员会。下列各项中，属于雅莱公司风险管理委员会职责范围的是（　　）。（2021 年）

A. 审议公司及各个部门的风险管理策略和重大风险管理解决方案

B. 组织协调公司全面风险管理日常工作

C. 研究提出公司全面风险管理工作报告

D. 研究提出化妆品研发、生产、销售等业务部门和各个职能部门的重大决策风险评估报告

【解析】选项 A 属于风险管理委员会的职责，选项 B、C、D 属于风险管理职能部门的职责。

【答案】A

【例题 60·单选题】博远公司是一家上市公司，其在董事会下设有风险管理委员会。下列各项中，属于风险管理委员会职责的是（　　）。

A. 督导企业风险管理文化的培育

B. 负责组织建立风险管理信息系统

C. 批准重大决策的风险评估报告

D. 提交全面风险管理年度报告

【解析】选项 A、C 属于董事会的职责，选项 B 属于风险管理职能部门的职责。因此，选项 D 正确。

【答案】D

四、风险管理信息系统★

企业风险管理信息系统的要求：

1. 涵盖范围要求

企业应将信息技术应用于风险管理的各项工作，建立涵盖风险管理基本流程和内部控制系统各环节的风险管理信息系统。

2. 数据要求

企业应采取措施确保向风险管理信息系统输入的业务数据和风险量化值的一致性、准确性、及时性、可用性和完整性。对输入信息系统的数据，未经批准，不得更改。

3. 功能要求

风险管理信息系统应具备如下功能：

①能够进行对各种风险的计量和定量分析、定量测试；

②能够实时反映风险矩阵和排序频谱、重大风险和重要业务流程的监控状态；

③能够对超过风险预警上限的重大风险实施信息报警；

④能够满足风险管理内部信息报告制度和企业对外信息披露管理制度的要求。

4. 信息的集成与共享要求

风险管理信息系统应实现信息在各职能部门、业务单位之间的集成与共享，既能满足单项业务风险管理的要求，也能满足企业整体和跨职能部门、业务单位的风险管理综合要求。

5. 完善和改进要求

企业应确保风险管理信息系统的稳定运行和安全，并根据实际需要不断进行改进、完善或更新。

6. 规划与实施要求

①已建立或基本建立管理信息系统的企业，应补充、调整、更新已有的管理流程和管理程序，建立完善的风险管理信息系统；

②尚未建立管理信息系统的企业，应将风险管理与企业各项管理业务流程、管理软件统一规划、统一设计、统一实施、同步运行。

【提示】风险管理信息系统是指运用信息技术对风险进行管控的系统，它是管理信息系统的重要组成部分，管理人员可借用信息技术工具嵌入业务流程，实时收集相关信息，从而对风险进行识别、分析、评估、预警，并制订对应的风险管控策略，处理现实的或者潜在的风险，控制并降低风险所带来的不利影响。

经典题解

【例题61·多选题】中国航天科技集团有限公司（简称“中国航天”）是经国务院批准，于1999年7月1日设立的国有特大型高科技企业，是国家授权投资的机构，由中央直接管理。按照《中央企业全面风险管理指引》的要求，中国航天在2006年8月构建了风险管理信息系统。下列关于该公司风险管理信息系统的表述中，正确的有（　　）。

A. 实时反映风险矩阵和排序频谱、重大风险和重要业务流程的监控状态

B. 能够对各种风险进行计量和定量分析

C. 实现风险相关信息与企业外部利益相关者的共享

D. 对超过风险预警上限的重大风险实施信息报警

【解析】风险管理信息系统应能够进行对各种风险的计量和定量分析、定量测试；能够实时反映风险矩阵和排序频谱、重大风险和重要业务流程的监控状态；能够对超过风险预警上限的重大风险实施信息报警；能够满足风险管理内部信息报告制度和企业对外信息披露管理制度的要求。风险管理信息系统应实现信息在各职能部门、业务单位之间的集成与共享，既能满足单项业务风险管理的要求，也能满足企业整体和跨职能部门、业务单位的风险管理综合要求。因此，选项A、B、D正确。

【答案】ABD

五、内部控制系统★★

内部控制系统是指内部控制的构成要素相互联系、相互制约而形成的有机整体。内部控制系统由内部牵制、内部会计控制和内部管理控制所构成。

（一）控制环境

控制环境包括治理职能和管理职能，以及治理层和管理层对内部控制及其重要性的态度、认识和措施。

控制环境设定了公司的内部控制基调，影响员工对内部控制的认识和态度。良好的控制环境是实施有效内部控制的基础。

1. COSO 角度

根据 2013 年修订发布的 COSO《内部控制框架》，控制环境要素应当坚持以下原则：

（1）企业对诚信和道德价值观做出承诺。

（2）董事会独立于管理层，对内部控制的制定及其绩效施以监控。

（3）管理层在董事会的监控下，建立目标实现过程中所涉及的组织架构、报告路径以及适当的权利和责任。

（4）企业致力于吸引、发展和留任优秀人才，以配合企业目标达成。

（5）企业根据其目标，使员工各自担负起内部控制的相关责任。

【提示】考试要点概括

（1）诚实守信。

（2）董事会监控内控的制定与绩效实施。

（3）管理层权责。

（4）重视人才、员工担责。

2. 我国《企业内部控制基本规范》角度

我国《企业内部控制基本规范》关于内部环境要素的要求：

（1）建立规范的公司治理结构和议事规则，明确决策、执行、监督等方面的职责权限，形成科学有效的职责分工和制衡机制。

（2）董事会负责内部控制的建立健全和有效实施。监事会对董事会建立与实施内部控制进行监督。经理层负责组织领导企业内部控制的日常运行。

（3）企业应当在董事会下设立审计委员会。审计委员会负责审查企业内部控制，监督内部控制的有效实施和内部控制自我评价情况，协调内部控制审计及其他相关事宜等。

（4）企业应当结合业务特点和内部控制要求设置内部机构，明确职责权限，将权利与责任落实到各责任单位。

企业应当通过编制内部管理手册，使全体员工掌握内部机构设置、岗位职责、业务流程等情况，明确权责分配，正确行使职权。

（5）企业应当加强内部审计工作，保证内部审计机构设置、人员配备和工作的独立性。

内部审计机构应当结合内部审计监督，对内部控制的有效性进行监督检查。

内部审计机构对监督检查中发现的内部控制缺陷，应当按照企业内部审计工作程序进行报告；对监督检查中发现的内部控制重大缺陷，有权直接向董事会及其审计委员会、监事会报告。

（6）企业应当制定和实施有利于企业可持续发展的人力资源政策。

（7）企业应当将职业道德修养和专业胜任能力作为选拔和聘用员工的重要标准，切实加强员工培训和继续教育，不断提升员工素质。

（8）企业应当加强文化建设，培育积极向上的价值观和社会责任感。

（9）企业应当加强法制教育，增强董事、监事、经理及其他高级管理人员和员工的法制观念，严格依法决策、依法办事、依法监督，建立健全法律顾问制度和重大法律纠纷案件备案制度。

【提示】考试要点概括

（1）组织结构（治理结构、内部机构设置、职权与责任的分配）。

（2）内部审计监督（内部审计机构对内部控制的有效性进行监督检查）。

（3）人力资源政策与实务（职业道德修养和专业胜任能力）。

（4）企业文化（对诚信和道德价值观念的沟通与落实）。

（5）法制教育。

经典题解

【真题62·多选题】松涛广告公司建立了比较完善的内部控制系统。根据COSO《内部控制框架》关于控制环境要素的要求与原则，下列各项中，属于该公司控制环境要素的有（　　）。（2021年）

A. 董事会对内部控制的制定及其绩效施以监控

B. 公司致力于吸引、发展、留任从事广告策划、设计、制作和营销等业务的优秀人才

C. 员工践行诚信为本、客户至上的价值观

D. 公司在内部控制全过程的各个环节实行透明、对等的权责分配方法

【解析】选项A、B、C、D均属于该公司控制环境要素。

【答案】ABCD

【真题63·多选题】甲公司为加强风险管理制定并实施了下列内部控制制度，其中符合我国《企业内部控制基本规范》关于内部环境要素要求的有（　　）。（2020年）

A. 董事会负责内部控制的建立健全和有效实施

B. 在董事会下设立审计委员会

C. 制定和实施有利于企业可持续发展的人力资源政策

D. 编制内部管理手册，使高级管理人员掌握内部机构设置、岗位职责、业务流程等情况

【解析】根据内部环境要素的要求可知，企业应当通过编制内部管理手册，使全体员工掌握内部机构设置、岗位职责、业务流程等情况，但选项D说的是“高级管理人员”而非“全体员工”。因此，选项D错误。

【答案】ABC

【真题 64 · 单选题】众城银行是一家股份制商业银行。自成立以来，该银行坚持将职业道德修养和专业胜任能力作为选拔和聘用员工的重要标准，切实加强员工培训和继续教育，不断提升员工素质，保证了该银行规范高效运营。根据我国《企业内部控制基本规范》，众城银行的上述做法涉及的内部控制要素是（　　）。（2018 年）

A. 控制环境　　B. 控制活动

C. 风险评估　　D. 信息与沟通

【解析】"该银行坚持将职业道德修养和专业胜任能力作为选拔和聘用员工的重要标准，切实加强员工培训和继续教育，不断提升员工素质"属于我国《企业内部控制基本规范》关于内部环境要素的要求，选项 A 正确。

【答案】A

【真题 65 · 单选题】凌云公司近年来不断加强企业内部控制体系建设，在董事会下设立了审计委员会。审计委员会负责审查企业内部控制，监督内部控制的有效实施和内部控制自我评价情况，协调内部控制审计及其他相关事宜。根据 COSO《内部控制框架》，凌云公司的上述做法属于内部控制要素中的（　　）。（2017 年）

A. 风险评估　　B. 控制活动

C. 监控　　D. 控制环境

【解析】企业应当在董事会下设立审计委员会。审计委员会负责审查企业内部控制，监督内部控制的有效实施和内部控制自我评价情况，协调内部控制审计及其他相关事宜等。根据 COSO《内部控制框架》，凌云公司的做法属于控制环境的范畴，选项 D 正确。

【答案】D

【例题 66 · 多选题】下列各项中，属于《企业内部控制基本规范》对内部环境要素要求的有（　　）。

A. 企业应当建立举报投诉制度和举报人保护制度

B. 企业应当建立重大风险预警机制和突发事件应急处理机制

C. 企业应当制定和实施有利于企业可持续发展的人力资源政策

D. 企业应当加强内部审计工作

【解析】选项 A 属于信息与沟通要素的要求，选项 B 属于控制活动要素的要求。因此，选项 C、D 正确。

【答案】CD

（二）风险评估

风险评估是指识别、分析相关风险以实现既定目标，从而形成风险管理的基础。

1. COSO 角度

根据 2013 年修订发布的 COSO《内部控制框架》，风险评估要素应当坚持以下原则：

（1）企业制定足够清晰的目标，以便识别和评估有关目标所涉及的风险。

（2）企业从整个企业的角度来识别实现目标所涉及的风险，分析风险，并据此决定应如何管理这些风险。

（3）企业在评估影响目标实现的风险时，考虑潜在的舞弊行为。

（4）企业识别并评估可能会对内部控制系统产生重大影响的变更。

【提示】考试要点概括

（1）根据设定目标，对风险识别、分析和管理。

（2）考虑舞弊行为及产生重大影响的变更。

2. 我国《企业内部控制基本规范》角度

我国《企业内部控制基本规范》关于风险评估要素的要求：

（1）企业应当根据设定的控制目标，全面系统持续地收集相关信息，结合实际情况，及时进行风险评估。

（2）企业开展风险评估，应当准确识别与实现控制目标相关的内部风险和外部风险，确定相应的风险承受度。在识别内外部风险时，应关注各自的相关因素。

（3）企业应当采用定性与定量相结合的方法，按照风险发生的可能性及其影响程度等，对识别的风险进行分析和排序，确定关注重点和优先控制的风险。

（4）企业应当根据风险分析的结果，结合风险承受度，权衡风险与收益，确定风险应对策略。

（5）企业应当综合运用风险规避、风险降低、风险分担和风险承受等风险应对策略，实现对风险的有效控制。

（6）企业应当结合不同发展阶段和业务拓展情况，持续收集与风险变化相关的信息，进行风险识别和风险分析，及时调整风险应对策略。

【提示】考试要点概括

（1）风险识别（识别内外部风险，确定风险承受度）。

（2）风险分析（采用定性与定量相结合的方法进行风险分析）。

（3）风险应对策略选择。

（4）风险管理信息实行动态管理。

经典题解

【真题 67 · 多选题】隆盛信托投资公司自成立以来，结合业务特点和内部控制要求设置内部机构，明确职责权限，将权力和责任落实到责任单位，同时综合运用风险规避、风险降低、风险分担和风险承受等风险应对策略，实现对风险的有效控制。根据我国《企业内部控制基本规范》，该公司的上述做法涉及的内部控制要素有（　　）。（2018 年）

A. 风险评估　　　　B. 控制环境

C. 信息与沟通　　　D. 控制活动

【解析】“综合运用风险规避、风险降低、风险分担和风险承受等风险应对策略，实现对风险的有效控制”属于风险评估，选项 A 正确；“结合业务特点和内部控制要求设置内部机构，明确职责权限，将权力和责任落实到责任单位”属于控制环境，选项 B 正确。

【答案】AB

（三）控制活动

控制活动是指有助于确保管理层的指令得以执行的政策和程序，包括与授权、业绩评价、信息处理、实物控制和职责分离等相关的活动。

1. COSO 角度

根据 2013 年修订发布的 COSO《内部控制框架》，控制活动要素应当坚持以下原则：

（1）企业选择并制定有助于将目标实现风险降低至可接受水平的控制活动。

（2）企业为用以支持目标实现的技术选择并制定一般控制政策。

（3）企业通过政策和程序来部署控制活动：政策用来确定所期望的目标；程序则将政策付诸行动。

【提示】考试要点概括

（1）选择并制定控制活动。

（2）为实现目标的技术选择和制定控制政策，控制活动则通过政策和程序部署。

2. 我国《企业内部控制基本规范》角度

我国《企业内部控制基本规范》关于控制活动要素的要求：

（1）控制措施一般包括不相容职务分离控制、授权审批控制、会计系统控制、财产保护控制、预算控制、运营分析控制和绩效考评控制等。

①不相容职务分离控制要求企业全面系统地分析、梳理业务流程中所涉及的不相容职务，实施相应的分离措施，形成各司其职、各负其责、相互制约的工作机制。

②授权审批控制要求企业根据常规授权和特别授权的规定，明确各岗位办理业务和事项的权限范围、审批程序和相应责任。企业各级管理人员应当在授权范围内行使职权和承担责任。

企业对于重大的业务和事项，应当实行集体决策审批或者联签制度，任何个人不得单独进行决策或者擅自改变集体决策。

③会计系统控制要求企业严格执行国家统一的会计准则制度，加强会计基础工作，明确会计凭证、会计账簿和财务会计报告的处理程序，保证会计资料真实完整。

④财产保护控制要求企业建立财产日常管理制度和定期清查制度，采取财产记录、实物保管、定期盘点、账实核对等措施，确保财产安全。

企业应当严格限制未经授权的人员接触和处置财产。

⑤预算控制要求企业实施全面预算管理制度，明确各责任单位在预算管理中的职责权限，规范预算的编制、审定、下达和执行程序，强化预算约束。

⑥运营分析控制要求企业建立运营情况分析制度，经理层应当综合运用生产、购销、投资、筹资、财务等方面的信息，通过因素分析、对比分析、趋势分析等方法，定期开展运营情况分析，发现存在的问题，及时查明原因并加以改进。

⑦绩效考评控制要求企业建立和实施绩效考评制度，科学设置考核指标体系，对企业内部各责任单位和全体员工的业绩进行定期考核和客观评价，将考评结果作为确定员工薪酬以及职务晋升、评优、降级、调岗、辞退等的依据。

（2）企业应当建立重大风险预警机制和突发事件应急处理机制，明确风险预警标准，对可能发生的重大风险或突发事件，制定应急预案、明确责任人员、规范处置程序，确保突发事件得到及时妥善处理。

【提示】考试要点概括

（1）7项控制措施（不相容职务分离控制、授权审批控制、会计系统控制、财产保护控制、预算控制、运营分析控制和绩效考评控制）。

（2）建立重大风险预警机制和突发事件应急处理机制。

经典题解

【例题68·单选题】随着全面风险管理意识的加强，甲公司的股东要求管理层建立重大风险预警机制，明确风险预警标准，对可能发生的重大风险事件，制定应急方案，明确相关责任人和处理流程、程序和政策，确保重大风险事件得到及时、稳妥的处理。甲公司股东的要求所针对的内部控制要素是（　　）。

A. 控制活动　　B. 内部监督

C. 信息与沟通　　D. 风险评估

【解析】"建立重大风险预警机制，明确风险预警标准，对可能发生的重大风险事件，制定应急方案，明确相关责任人和处理流程、程序和政策，确保重大风险事件得到及时、稳妥的处理"属于我国《企业内部控制基本规范》关于控制活动要素的要求，选项A正确。

【答案】A

【例题69·多选题】企业的下列各项活动中，属于控制活动的有（　　）。

A. 办公楼设立门禁系统

B. 人力资源部门安排员工年度考核评价

C. 员工如请事假，需向部门经理申请及获得批准

D. 为一投资项目编制预算

【解析】"办公楼设立门禁系统"属于控制活动中的财产保护控制，选项A正确；"人力资源部门安排员工年度考核评价"属于控制活动中的绩效考评控制（也属于内部环境中的人力资源，这并不矛盾，因为内部控制五要素是可以交叉的），选项B正确；"员工如请事假，需向部门经理申请及获得批准"属于控制活动中的授权审批控制，选项C正确；"为一投资项目编制预算"属于控制活动中的预算控制，选项D正确。

【答案】ABCD

（四）信息与沟通

信息与沟通是及时、准确、完整地采集与企业经营管理密切相关的各种信息，并使这些信息以适当的方式在企业有关层级之间、企业与外部之间进行及时传递、有效沟通和正确使用的过程，是实施内部控制的重要条件。

1. COSO角度

根据2013年修订发布的COSO《内部控制框架》，信息与沟通要素应当坚持以下原则：

（1）企业获取或生成和使用相关的高质量信息，以支持内部控制其他要素发挥效用。

（2）企业于内部沟通的内部控制信息，包括内部控制目标和职责范围，必须能

够支持内部控制的其他要素发挥效用。

（3）企业就影响内部控制其他要素发挥效用的事项与外部方进行沟通。

【提示】考试要点概括

（1）高质量信息和内部沟通的内部控制信息以支持内部控制的其他要素发挥效用。

（2）与外部沟通。

2. 我国《企业内部控制基本规范》角度

我国《企业内部控制基本规范》关于信息与沟通要素的要求：

（1）企业应当建立信息与沟通制度。

（2）企业应当对收集的各种内部信息和外部信息进行合理筛选、核对、整合，提高信息的有用性。

（3）企业应当将内部控制相关信息在企业内部各管理级次、责任单位、业务环节之间以及企业与外部投资者、债权人、客户、供应商、中介机构和监管部门等有关方面之间进行沟通和反馈。

信息沟通过程中发现的问题，应当及时报告并加以解决。重要信息应当及时传递给董事会、监事会和经理层。

（4）企业应当利用信息技术促进信息的集成与共享，充分发挥信息技术在信息与沟通中的作用。

（5）企业应当建立反舞弊机制。

（6）企业应当建立举报投诉制度和举报人保护制度。

【提示】考试要点概括

（1）内部控制相关信息应在企业内外部有关方面之间进行沟通和反馈。

（2）信息系统运维管理。

（3）建立反舞弊机制。

（4）建立举报投诉制度和举报人保护制度。

经典题解

【真题70·多选题】甲公司在加强风险管理过程中采取了下列做法，其中符合我国《企业内部控制基本规范》关于信息与沟通要素要求的有（　　）。（2020年）

A. 加强法制教育，建立健全法律顾问制度和重大法律纠纷案件备案制度

B. 建立举报投诉制度和举报人保护制度

C. 建立重大风险预警机制和突发事件应急处理机制

D. 建立反舞弊机制，坚持惩防并举、重在预防的原则

【解析】选项A属于内部环境要素的要求；选项B、D属于信息与沟通要素的要求；选项C属于控制活动要素的要求。

【答案】BD

【例题71·多选题】S集团股份有限公司是集奶牛饲养、乳品加工、科研开发为一体的大型企业集团，2007年12月以来，S集团陆续接到消费者关于婴幼儿食用其S牌婴幼儿配方奶粉出现疾患的投诉。在2007年12月至2008年8月2日的

8个月中，S集团未向当地政府和有关部门报告，也未积极采取补救措施。由于报告不及时，导致事态进一步扩大，最终于2009年2月12日宣布破产。根据上述信息，S集团存在内控缺陷的内部控制要素有（　　）。

A. 控制活动　　B. 内部监督

C. 信息与沟通　　D. 内部环境

【解析】“2007年12月以来，S集团陆续接到消费者关于婴幼儿食用其S牌婴幼儿配方奶粉出现疾患的投诉。在2007年12月至2008年8月2日的8个月中，S集团……未积极采取补救措施”表明控制活动要素存在内控缺陷，选项A正确。

“2007年12月以来，S集团陆续接到消费者关于婴幼儿食用其S牌婴幼儿配方奶粉出现疾患的投诉。在2007年12月至2008年8月2日的8个月中，S集团未向当地政府和有关部门报告”表明S集团在信息沟通过程中发现的问题，没有及时报告并加以解决，属于信息与沟通要素存在内控缺陷，选项C正确。

【答案】AC

（五）监控

控制环境、风险评估、控制活动、信息与沟通四要素的调整和完善需要监控来保障，通过持续监控实现内部控制的动态更新，保证内部控制有效性，进而促进企业实现发展战略。

1. COSO角度

根据2013年修订发布的COSO《内部控制框架》，监控要素应当坚持以下原则：

（1）企业选择、制定并实行持续及（或）单独的评估，以判定内部控制各要素是否存在且发挥效用。

（2）企业及时评估内部控制缺陷，并将有关缺陷及时通报给负责整改措施的相关方，包括高级管理层和董事会（如适当）。

【提示】考试要点概括

（1）判定内控各要素是否存在且发挥效用。

（2）及时评估内控缺陷并通报相关方。

2. 我国《企业内部控制基本规范》角度

我国《企业内部控制基本规范》关于内部监督要素的要求：

（1）企业应当制定内部控制监督制度，明确内部审计机构（经授权的其他监督机构）和其他内部机构在内部监督中的职责权限，规范内部监督的程序、方法和要求。

（2）企业应当制定内部控制缺陷认定标准，对监督过程中发现的内部控制缺陷，应当分析缺陷的性质和产生的原因，提出整改方案，采取适当的形式及时向董事会、监事会或者经理层报告。

（3）企业应当结合内部监督情况，定期对内部控制的有效性进行自我评价，出具内部控制自我评价报告。

（4）企业应当以书面或者其他适当的形式，妥善保存内部控制建立与实施过程中的相关记录或者资料，确保内部控制建立与实施过程的可验证性。

【提示】考试要点概括

（1）制定内部控制监督制度与缺陷认定标准。

（2）对内部控制的有效性进行自我评价。

（3）保存相关资料。

经典题解

【例题 72 · 单选题】东大公司在实施全面风险管理过程中，按照我国《企业内部控制基本规范》的要求，制定了内部控制监督制度。下列各项中，属于该公司内部监督要素的是（　　）。

A. 实施全面预算管理制度

B. 制定内部控制缺陷认定标准

C. 根据设立的控制目标，及时进行风险评估

D. 董事会下设立审计委员会

【解析】选项 A 属于控制活动要素；选项 B 属于内部监督要素；选项 C 属于风险评估要素；选项 D 属于内部环境要素。

【答案】B

第五节　风险管理技术与方法

使用“会计云课堂”App 或“微信”扫码查看本节视频，快速 GET 知识点。

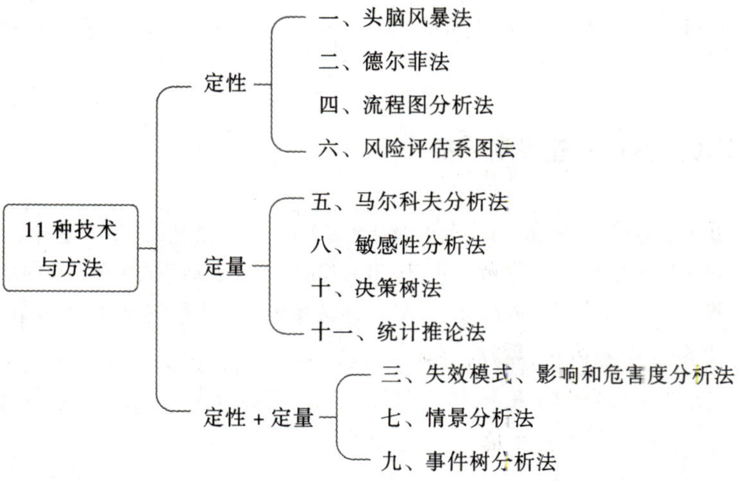

一、头脑风暴法★

含义	是通过小型会议的组织形式，诱发集体智慧，相互启发灵感，最终产生创造性思维的一种风险管理技术与方法
适用范围	适用于在风险识别阶段充分发挥专家意见，对风险进行定性分析

优点	①激发了专家想象力，有助于发现新的风险和全新的解决方案 ②主要的利益相关者参与其中，有助于进行全面沟通 ③速度较快并易于开展
局限性	①参与者可能缺乏必要的技术或知识，无法提出有效的建议 ②头脑风暴法的实施过程和参与者提出的意见容易分散，较难保证全面性 ③集体讨论时可能出现特殊情况，导致某些有重要观点的人保持沉默而其他人成为讨论的主角

二、德尔菲法★★

要点小贴士

专家之间不得互相讨论，不发生横向联系，只能与调查人员发生关系，通过多轮调查专家对问卷所提问题的看法，反复征询、归纳、修改，最后汇总成专家基本一致的看法。

含义	又称专家意见法，是采用匿名发表意见的方法
适用范围	适用于在风险识别阶段专家取得一致性意见基础上，对风险进行定性分析
优点	①由于观点是匿名的，专家更有可能表达出那些不受欢迎的观点 ②所有观点都有相同的权重，避免重要人物的观点占主导地位 ③专家不必聚集在某个地方，实施比较方便 ④专家最终形成的意见具有广泛的代表性
局限性	①权威人士的意见难免影响他人的意见 ②有些专家可能碍于情面，不愿意发表与其他人不同的意见 ③有的专家可能出于自尊心而不愿意修改自己原来的意见 ④过程比较复杂，花费时间较长（主要缺点）

【提示】关于德尔菲法局限性表述中的①、②、③属于教材的观点，本书的理解是这三点应该属于头脑风暴法的局限性，但出于应试考虑，我们将其按照教材的观点去处理。

三、失效模式、影响和危害度分析法★★

要点小贴士

引起系统整体故障，零部件所发生的故障和系统之间存在一定的因果关系。

含义	从因果关系出发，通过对系统各部件的每一种可能潜在的故障模式进行逐一分析，找出所有潜在的失效模式，并分析其可能的后果，从而预先采取必要的措施，以提高系统可靠性的一种活动。即通过辨识系统失去效用后的各种状况，分析其影响，并采取相应措施的方法
适用范围	适用于对失效模式、影响及危害进行定性或定量分析
优点	①适用广泛 ②识别组件失效模式及其原因和对系统的影响，同时用可读性较强的形式表达出来 ③能够在设计初期发现问题，因而避免了开支较大的设备改造 ④识别单个失效模式以适合系统安全的需要
局限性	①只能识别单个失效模式，无法同时识别多个失效模式 ②除非得到充分控制并集中精力，否则采用此法较耗时且开支较大

【提示】失效模式、影响和危害度分析法是“事前的预防措施”。

四、流程图分析法★★

含义	对流程的每一阶段、每一环节逐一进行调查分析，从中发现潜在风险，找出导致风险发生的因素，分析风险产生后可能造成的损失以及对整个组织可能造成的不利影响
适用范围	适用于对企业生产或经营中的风险及其成因进行定性分析
优点	清晰明了，易于操作，且组织规模越大，流程越复杂，流程图分析法就越能体现出优越性
局限性	绘制流程图必须具有较高的专业素质，因此该方法的使用效果依赖于专业人员的水平

五、马尔科夫分析法★★

含义	又称马尔科夫转移矩阵法，是通过分析随机变量的现时变化情况来预测这些变量未来变化情况的一种预测方法，是一种时间序列分析方法
适用范围	适用于对复杂系统中的不确定性事件及其状态改变进行定量分析
优点	能够计算出具有维修能力和多重降级状态的系统的概率
局限性	①假设状态变化的概率是固定的 ②所有事项在统计上都具有独立性，因此未来的状态独立于一切过去的状态 ③需要了解状态变化的各种概率 ④有关矩阵运算的知识比较复杂，非专业人士很难看懂

六、风险评估系图法★★

含义	又称风险矩阵、风险坐标图，是指按照风险发生的可能性和风险发生后果的严重程度，将风险绘制在矩阵图中的风险管理方法
适用范围	适用于对风险进行初步的定性分析
优点	作为一种简单的定性方法，为企业确定各项风险重要性等级提供了可视化的工具，直观明了
局限性	①需要对风险重要性等级标准、风险发生可能性、后果严重程度等做出主观判断，可能影响使用的准确性 ②所确定的风险重要性等级是通过相互比较确定的，因而无法将列示的个别风险重要性等级通过数学运算得到总体风险的重要性等级 ③如需要进一步探求风险原因，则采用该方法过于简单，缺乏经验证明和数据支持

七、情景分析法★★

含义	又称前景描述法，是假定某种现象或某种趋势将持续到未来的前提下，对预测对象可能出现的情况或引起的后果做出预测的方法
适用范围	适用于对企业面临的风险进行定性和定量分析
优点	对于未来变化不大的情况能够给出比较精确的模拟结果
局限性	①在存在较大不确定性的情况下，模拟有些情景可能不够现实 ②对数据的有效性以及分析师和决策者开发现实情境的能力有很高的要求 ③将情景分析法作为一种决策工具，所用情景可能缺乏充分的基础，数据可能具有随机性

【提示】通常用来对预测对象的未来发展做出种种设想或预计，是一种较为直观的预测方法。

八、敏感性分析法★★

含义	指从众多不确定性因素中找出对项目经济效益指标有重要影响的敏感性因素，并分析、测算其对项目经济效益指标的影响程度和敏感性程度，进而判断项目承受风险能力的一种不确定性分析方法
适用范围	适用于对项目不确定性对结果产生的影响进行定量分析
优点	①为决策提供有价值的参考信息 ②清晰地为风险分析指明方向 ③帮助企业制定紧急预案
局限性	①所需要的数据经常缺乏，无法提供可靠的参数变化 ②分析时借助公式计算，没有考虑各种不确定因素在未来发生变动的概率，因此其分析结果可能和实际相反

九、事件树分析法★★

含义	是一种按事件发展的时间顺序由初始事件开始推论可能的互斥性后果，从而进行危险源辨识的方法。即以树状图形方式分析风险事件间因果关系的方法
适用范围	适用于具有多种环节的故障发生以后，对各种可能后果进行定性和定量分析
优点	①以清晰的图形显示了经过分析的初始事件之后的潜在情景，以及缓解系统或功能成败产生的影响 ②它能说明时机、依赖性以及很烦琐的多米诺效应 ③它生动地体现事件的顺序

局限性	①一切潜在的初始事件都要进行识别，这可能需要使用其他分析方法，但总有可能错过一些重要的初始事件 ②事件树只分析了某个系统的成功及故障状况，很难将延迟成功或恢复事项纳入其中 ③任何路径都取决于路径上以前分支点处发生的事项。因此，要分析各可能路径上的众多从属因素。然而，人们可能会忽视某些从属因素。如果不认真处理这些从属因素，就会导致风险评估过于乐观

十、决策树法★★

含义	决策树法是一种利用概率论的原理，用树形图来描述各方案在未来收益的计算、比较以及选择的方法，其决策是以期望值为标准进行的
适用范围	适用于对不确定性投资方案期望收益的定量分析
优点	①具有层次分明、逻辑清晰的特点，能够使决策者有步骤地进行决策 ②能够计算到达一种情形的最优路径
局限性	①大的决策树可能过于复杂，不容易与他人交流 ②为了能够用树形图表示，可能有过于简化环境的倾向

【提示】决策树的基本原理

基本原理是用决策节点（通常用矩形框来表示）代表决策问题，从决策节点引出的分枝叫方案分枝，用方案分枝代表可供选择的方案。

机会节点（通常用圆圈来表示）代表每个方案的选择机会，从机会节点引出的分枝叫概率分枝，用概率分枝代表每个方案可能出现的各种结果，经过对各个方案在各种结果条件下期望损益值的计算比较，为决策者提供决策依据。

十一、统计推论法★★

类型	前推	是应用最为广泛的类型，是指根据历史的经验和数据出发，向前推测未来事件可能发生的概率及其后果
	后推	是把未知的想象事件及后果和某一已知事件及后果的联系来推断该未知事件的风险
	旁推	是利用类似项目的数据进行统计推论，利用某一项目的历史记录对新的类似项目可能遇到的风险进行评估和分析
适用范围	适合于各种风险分析预测	
优点	①在数据充足可靠的情况下简单易行 ②应用领域广泛	
局限性	①由于历史事件的前提和环境已发生了变化，不一定适用于今天或未来 ②没有考虑事件的因果关系，使推论结果可能产生较大偏差	

要点小贴士

将未来事件归算到有数据可查的、造成这一事件的一些起始事件上，在时间序列上表现为由前向后推算。

【提示】后推法的举例

假设某公司营销部李某本周会请假一天，那么查看其考勤历史发现，李某往往在一些固定日期或业务应酬之后出现请假现象，再查看日期及工作日志之后发现，本周不在李某请假的固定日期之内，而本周三有一个业务谈判及应酬安排，因而推断李某极可能于本周四请假。

此时"本周李某请假"是一个未知的假想事件，如果判断成立，那么必然有请假的诱因，即是否在请假的固定时间内，是否有业务应酬，而这些原因就是造成李某请假的起始事件（符合后推法的含义）。

假设本周既不在其请假的固定日期之内，工作日志上也没有业务应酬的计划，那么其请假的原因就只能是小比例的突发事件，从而基本可以判断李某本周不会请假。

经典题解

【真题73·多选题】美邦公司是一家建筑装修企业，该公司的采购总监为了防范原材料和设备采购过程中可能发生的风险，梳理了从采购计划制定、供应商筛选、询议价格、制作订单、部门领导审核、采购合同签订、产品验收入库直到结算等各个环节的潜在风险，并找出导致风险发生的因素，分析风险发生后可能造成的损失。下列各项中，属于该公司采用的上述风险分析方法优点的有（　　）。（2021年）

A. 清晰明了，易于操作

B. 风险识别定量分析准确率高

C. 组织规模越大，流程越复杂，越能体现出优越性

D. 使用效果较少依赖专业人员的水平

【解析】"该公司的采购总监为了防范原材料和设备采购过程中可能发生的风险，梳理了从采购计划制定、供应商筛选、询议价格、制作订单、部门领导审核、采购合同签订、产品验收入库直到结算等各个环节的潜在风险，并找出导致风险发生的因素，分析风险发生后可能造成的损失"表明美邦公司采用的风险分析方法是流程图分析法。选项A、C属于流程图分析法的优点。

【答案】AC

【真题74·单选题】科环公司计划在某市兴建一座垃圾处理场，并对占用土地的价格、垃圾处理收入和建设周期等不可控因素的变化对该垃圾处理场内部收益率的影响进行了分析。科环公司采取的风险管理方法是（　　）。（2019年）

A. 马尔科夫分析法　　B. 失效模式、影响和危害度分析法

C. 情景分析法　　D. 敏感性分析法

【解析】敏感性分析法是针对潜在的风险，研究项目的各种不确定因素变化至一定幅度时，计算其主要经济指标的变化率及敏感程度的一种方法。"科环公司……对占用土地的价格、垃圾处理收入和建设周期等不可控因素的变化对该垃圾处理场内部收益率的影响进行了分析"表明科环公司采取的是敏感性分析法，选项D正确。

【答案】D

【真题75·单选题】甲公司在实施风险管理过程中，对由人为操作和自然因素引起的各种风险对企业影响的大小和发生的可能性进行分析，为确定企业风险的优先次序提供分析框架。该公司采取的上述风险管理方法属于（　　）。（2019年）

A. 决策树法　　B. 马尔科夫分析法

C. 流程图分析法　　D. 风险评估系图法

【解析】通过风险评估系图可以识别某一风险是否会对企业产生重大影响，并将此结论与风险发生的可能性联系起来，为确定企业风险的优先次序提供框架。“对由人为操作和自然因素引起的各种风险对企业影响的大小和发生的可能性进行分析，为确定企业风险的优先次序提供分析框架”表明甲公司采取的是风险评估系图法，选项D正确。

【答案】D

【真题76·单选题】甲公司是一家白酒生产企业。为了进一步提高产品质量，甲公司通过图表形式将白酒生产按顺序划分为多个模块，并对各个模块逐一进行详细调查，识别出每个模块各种潜在的风险因素或风险事件，从而使公司决策者获得清晰直观的印象。根据上述信息，下列各项中，对甲公司采取的风险管理办法的描述错误的是（　　）。（2018年）

A. 该方法的使用效果依赖于专业人员的水平

B. 该方法的优点是简单明了易于操作

C. 该方法可以对企业生产或经营中的风险及其成因进行定性分析

D. 该方法适用于组织规模较小、流程较简单的业务风险分析

【解析】“甲公司通过图表形式将白酒生产按顺序划分为多个模块，并对各个模块逐一进行详细调查，识别出每个模块各种潜在的风险因素或风险事件，从而使公司决策者获得清晰直观的印象”表明甲公司采取的风险管理技术与方法是流程图分析法。

流程图分析法适用于对企业生产或经营中的风险及其成因进行定性分析。流程图分析法的优点是清晰明了，易于操作，且组织规模越大，流程越复杂，流程图分析法就越能体现出优越性。局限性是该方法的使用效果依赖于专业人员的水平。因此，选项D错误。

【答案】D

【真题77·单选题】中海路桥建设公司最近承接了一项跨海大桥建设项目。该公司根据以前完成的一个类似项目的相关数据，并结合环境的变化，对新项目进行风险评估和分析。中海路桥建设公司采用的风险管理办法是统计推论法中的（　　）。（2018年）

A. 正推法　　B. 前推法

C. 后推法　　D. 旁推法

【解析】旁推法就是利用类似项目的数据进行统计推论，利用某一项目的历史记录对新的类似项目可能遇到的风险进行评估和分析，当然这需要充分考虑新环境的各种变化，选项D正确。

【答案】D

【真题78·多选题】东风林场为了加强对火灾风险的防控工作，组织有关人员深入分析了由于自然或人为因素引发火灾、场内消防系统工作、火警和灭火直升机出动等不确定事件下产生各种后果的频率。下列各项中，属于该林场采用的风险管理方法优点的有（　　）。（2018年）

A. 生动地体现事件的顺序

B. 不会遗漏重要的初始事件

C. 能够将延迟成功或恢复事件纳入其中

D. 能说明时机、依赖性和多米诺效应

【解析】"东风林场……深入分析了由于自然或人为因素引发火灾、场内消防系统工作、火警和灭火直升机出动等不确定事件下产生各种后果的频率"表明东风林场采用的风险管理技术与方法是事件树分析法，选项A、D正确。

【答案】AD

【真题79·单选题】甲公司是一家大型商场。开业以来，公司积累了丰富的销售数据。公司战略部门每年都会对这些数据进行收集整理，据此推算出未来年度企业的销售风险。根据上述信息，甲公司采用的风险管理方法是（　　）。（2017年）

A. 后推法　　B. 前推法

C. 逆推法　　D. 正推法

【解析】前推就是根据历史的经验和数据，向前推断出未来事件发生的概率及其后果。甲公司战略部门每年都会对积累的丰富的销售数据进行收集整理，据此推算出未来年度企业的销售风险，属于前推法，选项B正确。

【答案】B

【真题80·单选题】面对未来国内外经济形势不确定因素增加的局面，鑫华基金公司按照较好、一般、较差三种假设条件，对公司未来可能遇到的不确定因素及其对公司收入和利润的影响做出定性和定量分析。鑫华基金公司使用的风险管理技术与方法是（　　）。（2017年）

A. 情景分析法　　B. 敏感性分析法

C. 统计推论法　　D. 马尔科夫分析法

【解析】情景分析法在识别和分析那些反映诸如最佳情景、最差情景及期望情景的多种情景时，可用来识别在特定环境下可能发生的事件及其后果，以及每种情景出现的可能性。情景分析法适用于对企业面临的风险进行定性和定量分析。因此，选项A正确。

【答案】A

【真题81·单选题】通达路桥公司拟在某省兴建一座大桥。这项工程将面临诸多不确定因素，如工程总投资、银行贷款、过桥费收入等。公司为了预测这项工程所产生的效益并防范可能发生的风险，组织相关人员分析了上述每一个因素的变化对该项目内部收益率的影响。通达路桥公司所采用的风险管理方法是（　　）。（2017年）

A. 敏感性分析法　　B. 马尔科夫分析法

C. 风险评估分析法　　D. 情景分析法

【解析】敏感性分析法是针对潜在的风险，研究项目的各种不确定因素变化至一定幅度时，计算其主要经济指标的变化率及敏感程度的一种方法。“这项工程将面临诸多不确定因素……组织相关人员分析了上述每一个因素的变化对该项目内部收益率的影响”表明通达路桥公司所采用的风险管理技术与方法是敏感性分析法，选项 A 正确。

【答案】A

【真题 82·单选题】为了适应市场需求，甲公司决定投资扩大手机生产规模。市场预测表明：该产品销路好的概率为 0.6，销路差的概率为 0.4。据此，公司计算出多个备选方案，并根据在产品销路不确定情况下净现值的期望值，选择出最优方案。根据上述信息，甲公司采用的风险管理技术与方法是（　　）。（2017 年）

A. 流程图分析法　　B. 事件树分析法

C. 敏感性分析法　　D. 决策树分析法

【解析】决策树法是一种用树形图来描述各方案在未来收益的计算、比较以及选择的方法，其决策是以期望值为标准进行的。因此，选项 D 正确。

【答案】D

【例题 83·单选题】甲公司是一家计划向移动互联网领域转型的大型传统媒体企业。为了更好地了解企业转型中存在的风险因素，甲公司聘请了 20 位相关领域的专家，根据甲公司面临的内外部环境，针对六个方面的风险因素，反复单独征询每个专家的意见，直到每一个专家不再改变自己的意见、达成共识为止。该公司采取的这种风险管理方法是（　　）。

A. 德尔菲法　　B. 情景分析法

C. 敏感性分析法　　D. 头脑风暴法

【解析】德尔菲法又称专家意见法，是在一组专家中取得可靠共识的程序，其基本特征是专家单独、匿名表达各自的观点，同时随着过程的进展，他们有机会了解其他专家的观点。德尔菲法采用背对背的通信方式征询专家小组成员的意见，专家之间不得互相讨论，不发生横向联系，只能与调查人员发生关系。通过反复填写问卷，收集各方意见，达成专家之间的共识。

“甲公司聘请了 20 位相关领域的专家，根据甲公司面临的内外部环境，针对六个方面的风险因素，反复单独征询每个专家的意见，直到每一个专家不再改变自己的意见、达成共识为止”属于德尔菲法，选项 A 正确。

【答案】A

【例题 84·单选题】甲公司是一家化工企业，每年都对设备进行检修。甲公司在对设备故障风险进行分析时，先将设备运行情况划分为几种情景状态，然后用随机转移矩阵描述这几种状态之间的转移，最后用计算机程序计算出每种状态发生的概率。甲公司采用的这种风险管理方法是（　　）。

A. 事件树分析法

B. 马尔科夫分析法

C. 失效模式、影响和危害度分析法

D. 情景分析法

【解析】马尔科夫分析法主要围绕“状态”这个概念展开，该方法通常用于对那些存在多种状态（包括各种降级使用状态）的可维修复杂系统进行分析。随机转移概率矩阵可用来描述状态间的转移，以计算各种输出结果，即各种状态下的概率，选项 B 正确。

【名师点题】“先将设备运行情况划分为几种情景状态”很容易想到情景分析法，但再结合关键词“用随机转移矩阵描述这几种状态之间的转移”。因此，属于马尔科夫分析法。

【答案】B

【例题 85 · 单选题】乙公司为一家专营空中物流货运的航空公司，现正为可能开发的中东航线进行风险评估。以下是所绘制的风险评估系图。

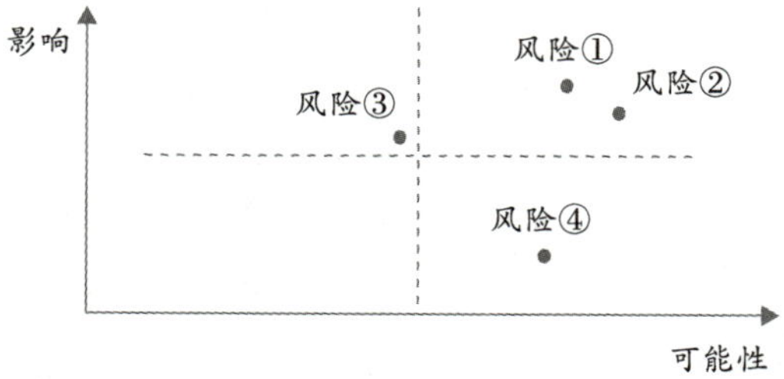

在风险管理的基本原则下，乙公司应将注意力集中应对的风险包括（　　）。

A. 风险①和风险②

B. 风险①、风险②和风险③

C. 风险①、风险②和风险④

D. 风险①、风险②、风险③和风险④

【解析】风险①和风险②属于风险发生的可能性和影响都比较大的风险，因此乙公司应将注意力集中应对该类风险，选项 A 正确。

【答案】A

【例题 86 · 多选题】乙公司是一家国内知名的互联网企业。乙公司去年以来推出了多款新的互联网金融产品，为了消除部分客户对其产品风险的质疑，乙公司组织了来自学术界、企业界以及政府相关职能部门的专家，通过电子信箱发送问卷的调查方式征询专家对公司产品风险的意见。下列各项对乙公司采用的风险管理技术与方法的表述中，正确的有（　　）。

A. 这种方法中权威人士的意见难免影响他人的意见

B. 这种方法速度较快并易于开展

C. 这种方法让主要的利益相关者参与其中，有助于进行全面沟通

D. 这种方法更有可能表达出那些不受欢迎的观点

【解析】根据题干描述，乙公司采用的风险管理技术与方法是德尔菲法，选项 A、D 正确。选项 B、C 是头脑风暴法的优点。

【答案】AD

考试加油站

一、本章小结

下载“会计云课堂”App 学习

您已成功完成“第六章”的学习，本章共 25 个考点，您都学会了吗？

为了让您对章节有更清晰的理解，加倍巩固。本书作者田明老师将通过**“视频导图课”**的方式，带您回顾重要考点。

名师点拨，视听结合，高效提分。

※ 欢迎您扫码，免费观看学习。

二、本章疑难问题解答

1.“外包某项对工人健康安全风险较高的工作”属于风险规避的原因

答：企业之所以想把对工人健康安全风险较高的工作外包出去，是想把影响工人健康安全的某一项工作完全甩掉，这样工人的健康安全就不会受到该项工作的影响了，即把该项工作对工人健康安全威胁的风险彻底规避掉。因此，“外包某项对工人健康安全风险较高的工作”属于风险规避。

2. 风险承担与风险补偿的区分

答：

项目	区分点	举例
风险承担	当有风险存在时，采取接受的态度	产品加工厂的流水线所生产的产品有一定的残品率，从成本效益角度考虑，企业对于生产残次品的风险采取接受的态度 态度：接受
风险补偿	当有风险存在时，采取接受的态度，并采取措施以补偿可能发生的损失	为了应付可能发生的灾害事件，公司与银行签订应急资本协议，规定在灾害发生时，由银行提供资本以保证公司的持续经营 态度：接受 + 补偿措施

3. 风险规避与风险控制的区分

答：

项目	区分点	举例
风险规避	通过回避、抛弃的方式终止与风险的联系，使风险发生的可能性降为零	甲公司为了避免汇率风险而退出国外市场
风险控制	通过某些手段降低风险发生的概率或减少造成的损失，但不能消除风险发生的可能性	乙贸易公司加强对汇率变动趋势的分析和研究，以减少汇率风险带来的损失

4. 风险转移与风险转换的区分

答：

项目	区分点	举例
风险转移	风险类型不变；风险承担者改变 甲公司(A 风险)→乙公司(A 风险)	丙运输公司与保险公司签订协议，规定当货物在运输过程中发生自然灾害和意外事故造成的经济损失由保险公司承担。而丙运输公司需要向保险公司支付保险费 丙公司（货损风险）→保险公司（货损风险）
风险转换	风险类型改变；风险承担者不变 甲公司(A 风险)→甲公司(B 风险)	丁公司为了多销售产品，而放宽客户信用标准 丁公司（滞销风险）→丁公司（回款风险）

5. 风险承担与风险控制的区分

答：风险承担是不采取任何措施，坦然承受，而风险控制是在风险发生前采取措施，以降低风险事件发生的概率或影响程度。

6. 对纯粹风险和机会风险的理解

答：纯粹风险：只有损失，而无获利可能的风险。这种风险可能造成的结果只有两种：①没有损失；②造成损失。例如，自然灾害、人的生老病死等。

与纯粹风险相对应的是机会风险。

机会风险，也称投机风险。这种风险可能造成的结果有三种：①收益；②没有损失；③损失。例如，购买股票。

将风险划分为纯粹风险和机会风险是以风险造成的结果为依据对风险的一种分类。纯粹风险具有可保性，机会风险不具有可保性。保险公司承保纯粹风险，不承保机会风险。

7. 事件树分析法与决策树法的区分

答：

项目	相同点	不同点		
		适用情况	方式	结果
事件树分析法	树形图，涉及概率	故障发生后	概率相乘	不同后果的可能性
决策树法		项目风险管理和决策	概率 × 各自决策方案期望值	选择最高期望值

8. 失效模式、影响和危害度分析法与流程图分析法的区分

答：

项目	区分点	适用范围	举例
失效模式、影响和危害度分析法	对流程中所有可能出现的问题的出现频率、危害程度以及检测难易度进行评分，然后计算出一个综合分值，并挑选出评分超过某特定数值的几项问题进行重点改善	主要用于解决流程中可能出现的主要问题，并进行改善	去医院排队看病，这个队伍怎么样排，那我们就运用流程图分析法，将重症和急诊排在前面，轻微病症排后面。到了医生那里，医生逐个诊治，看身体哪个部位不舒服，怎么样治疗，这就相当于失效模式、影响和危害度分析法
流程图分析法	主要是依据系统确定分工，标明分工界定标准，图示符合衔接规范，流程线路清晰易见	主要用于解决流程本身的不合理，并进行改善	

历年经典主观题回顾

一、简答题

1. 煌水乳业公司成立于2002年，2013年正式挂牌上市。2016年12月16日，一家国际著名调查机构发布做空煌水乳业的报告，指出煌水乳业在苜蓿草和产奶量等方面数据造假。随后数月，国内一家银行审计发现，煌水乳业大量单据造假，将账上30亿资金转出投资房地产，无法收回。此外，业内人士也发现了煌水乳业多处编制财务报告的内控缺陷。

（1）煌水乳业在2016年3月报表中显示公司流动资金充足，并对企业的持续经营能力表示肯定。然而2016年度的财务报表显示，煌水乳业2016年的经营活动在收入、成本、借款等方面存在不实问题，企业未来的持续经营能力存在重大不确定性，财务报表存在重大错报风险。

（2）煌水乳业在2014年4~6月向迪科种业公司累计购买约685万元的种子，这笔交易并未在中期报告中及时披露，而在后期发现执行董事于坤间接持有迪科种业公司的控股权，该收购行为被证明为关联交易。2014年12月23日，煌水乳业将其当年4月建立的子公司富浩股份转让予新成立的兴旺畜牧公司，后者由刘冰个人100%控股。然而此次交易不具有正当的商业理由，且煌水乳业2015年财务报告并未披露此次处置子公司的作价，业

内人士质疑煌水乳业建立富浩公司的目的很可能就是利用关联方转移资产。
煌水乳业频繁出现财务报告虚假与不实问题，与其内部治理结构的缺陷不无关联。煌水乳业自上市以来，董事会主席兼 CEO 的张凯始终维持公司最大股东身份，对公司具有绝对的控制和管理权力，掌控公司所有的重大事项决策权，并直接负责公司所有业务的运营和管理。煌水乳业未设置监事会，监事会的职能主要由审计委员会以及独立董事履行。煌水乳业的独立董事中王光和李良都曾是 BM 会计师事务所的合伙人，而煌水乳业一直以来聘用 BM 事务所进行外部审计，会计师事务所的合伙人任职客户公司重要岗位，削弱了注册会计师的独立性，煌水乳业的独立董事及其聘用的会计师事务所都没有严格履行其对公司财务报告审核监督的责任。煌水乳业的审计委员会由 3 名独立非执行董事组成。年报公布的审计委员会两次会议显示，审计费用以及年度和半年度的财务报告审计均被顺利通过，并未发现财务报表和审计过程中存在的诸多问题，审计委员会并没有尽到应尽的职责。

要求：
（1）依据《企业内部控制应用指引第 14 号——财务报告》，简要分析煌水乳业财务报告存在的主要风险；
（2）依据《企业内部控制应用指引第 1 号——组织架构》，简要分析煌水乳业存在的主要风险；
（3）简要分析煌水乳业公司内部治理结构存在的主要缺陷。（2021 年）

2. “达达出行”创建于 2012 年。经过几年的发展，“达达出行”从一个出租车打车软件平台，成长为涵盖出租车、专车、快车、顺风车、代驾及大巴等多项业务的一站式出行平台。
“达达出行”的顺风车业务定位于“共享出行”，旨在进一步释放闲置车辆的利用效率。为了调动广大车主和乘客参与的积极性，“达达出行”有意突出了其社交属性，“就像咖啡馆、酒吧一样，私家车也能成为一个半公开、半私密的社交空间”。然而，这一思路给达达顺风车业务带来灾难性的后果。
2018 年 5 月和 8 月，达达顺风车连续两次发生了女乘客被车主杀害事件，引发社会舆论轩然大波。有关政府部门在第一时间约谈“达达出行”，责令全面整改。在“达达出行”承诺给予被害者巨额赔偿后，国内一家主流报刊发文评论，“生命安全是人类最基本的需求，网络平台不能把资本思维凌驾于公共利益之上”。随后“达达出行”发布公告，自 8 月 27 日起下线全国顺风车业务，进行内部整改。之后，达达顺风车开展了多项整改措施。
（1）调整产品定位和属性。坚决摒弃社交思路，回归顺风车“顺路”属性。达达顺风车永久下线用户真实头像、性别等个人信息展示；限制车主接单次数，确保无法挑单；去掉非行程相关的评价标签，防止隐私泄露等。
（2）完善安全管理控制体系。达达顺风车安全管理优化了 226 项功能，聚焦真正顺路、真实身份核实以及全程的安全防护。
（3）改善激励机制与约束机制，打造友善出行环境。达达顺风车将原有的“信任值”升级为“行为分”，更有效地引导车主和乘客双方在平台上的“好行为”。同时，达达顺风车为用户每次行程免费提供最高 120 万元 / 人保额的驾乘人员意外险。
下线整改一年多后，2019 年 11 月 20 日上午 9：00 起，达达顺风车终于开启试运营。

要求：

（1）简要分析“达达出行”在 2018 年所面临的法律与合规风险；

（2）简要分析“达达出行”实施收缩战略的原因和方式。（2020 年）

3. 主营单晶硅、多晶硅太阳能电池产品研发和生产的益强公司于 2003 年成立。这是一家由董事长兼总经理李自一手创办并控制的家族式企业。

2010 年 11 月益强公司挂牌上市。在资本市场获得大额融资的同时，益强公司开始了激进的扩张之路。从横向看，为了扩大市场份额，益强公司在欧美多个国家投资或设立子公司；从纵向看，益强公司布局光伏全产业链，实施纵向一体化发展战略，由产业中游的组件生产，延伸至上游的硅料和下游的电站领域。益强公司还大举投资房地产、炼油、水处理和 LED 显示屏等项目。

为了支持其扩张战略，益强公司多方融资。公司上市仅几个月便启动第二轮融资计划——发行债券，凭借建设海外电站的愿景，通过了管理部门的审批，发行 10 亿元的“益强债”，票面利率为 8.98%，在当年新发债券中利率最高。自 2011 年 2 月起，李自及其女儿李丽陆续以所持股份作抵押，通过信托融资约 9.7 亿元，同时益强公司大举向银行借债。李自还发起利率高达 15% 的民间集资。这样，益强公司在上市后三年内，通过各种手段融资近 70 亿元。

受 2008 年美国次贷危机和 2011 年欧债危机影响，欧美国家和地区纷纷大幅削减甚至取消光伏补贴，光伏产品国际市场需求急剧萎缩。随后欧盟对中国光伏产品发起“反倾销、反补贴”调查，光伏企业出口遭受重创。而全行业的非理性发展已经导致产能严重过剩，市场供大于求，企业间开始以价格战展开恶性竞争，利润急速下降，甚至亏损。

在这种情况下，益强公司仍执着于多方融资扩大产能，致使产品滞销库存积压。同时，在海外大量投资电站致使公司的应收账款急速增加。欧盟经济低迷，海外客户还款能力下降，欧元汇率下跌。存货跌价损失、汇兑损失、坏账准备的计提使严重依赖海外市场的益强公司出现大额亏损。公司把融资筹措的大量短期资金投放于回款周期很长的电站项目，投资回报期和债务偿付期的错配使公司的短期还款压力巨大，偿债能力逐年恶化。2010 年公司的流动比率为 3.165，到了 2013 年只有 0.546。公司资金只投不收的模式使现金流很快枯竭。2012 年和 2013 年多家银行因贷款逾期、供应商因货款清偿事项向益强公司提起诉讼，公司部分银行账户被冻结，深陷债务危机。益强公司由于资金链断裂，无法在原定付息日支付公司债券利息 8980 万元，成为国内债券市场上第一家违约公司，在资本市场上掀起轩然大波，打破了公募债券刚性兑付的神话。

2014 年 5 月益强公司因上市后连续三年亏损被 ST 处理，暂停上市。仅仅三年多的时间，益强公司就从一家市值百亿元的上市公司深陷债务违约危机导致破产重组。

要求：

（1）简要分析益强公司上市后所面对的市场风险；

（2）简要分析益强公司上市后所存在的战略风险（内控角度）；

（3）依据《企业内部控制应用指引第 6 号——资金活动》，简要分析益强公司资金活动中存在的主要风险。（2019 年）

4. 1988 年，U 国跨国公司 P 公司以每瓶价格 19 元的洗发水叩开了 C 国日化用品市场的大门，并顺势占领了 C 国高端消费市场的高地。之后，P 公司又进入 C 国日化用品低端市场，依靠规模化、标准化，迅速行销全国，市场份额一度达到 47%，洗护发产品更是超过 50%，市场上耳熟能详的日化用品品牌，几乎全是 P 公司品牌旗下的产品。

进入 21 世纪，随着 C 国经济的迅猛发展，中产阶级崛起，追求品质、个性化成为时代潮流。面对市场需求的变化，C 国日化用品市场的竞争日趋激烈，威胁着 P 公司的霸主地位。

日化用品行业其他几家国际知名品牌企业都开足马力开发 C 国市场。例如，2011 年 H 国 A 公司首次将其旗下的高端品牌主打产品草药护肤雪花霜引入 C 国，火速完成在 C 国一线城市各高端商场的铺货，大大分流了与该产品定位相同的 P 公司旗下 S 品牌产品的市场份额。以往受到 P 公司挤压排斥的 C 国日化用品本土品牌，纷纷开发具有本土特色的产品，狙击 P 公司。众多品牌一拥而上，在消费者选择多样化的新形势下，P 公司的产品不再那么不可替代。C 国本土品牌的优势还在需求量增长更快的三至六线城市渠道布局中显现出来。本土品牌与个体或连锁的日化商店已有多年合作的积累，这种人情构建的渠道排他性很强。

面对消费者需求的巨大变化和市场日趋激烈的竞争，P 公司的反应却很迟钝。

P 公司管理层认为 C 国的中产阶级是一群“节俭的中产阶级”，因而在 C 国市场开发高品质、个性化的新产品严重滞后。例如，P 公司是世界上第一家生产合成洗衣粉的企业，然而第一个将洗衣液带入 C 国市场的却是名不见经传的 C 国本土品牌 L 洗衣液。P 公司总部认为，从 U 国消费者的消费习惯看，从使用洗衣粉过渡到使用洗衣液用了近 30 年的时间，C 国这一过程至少也需要 20 年。在 P 公司链条过长、结构过于精密、近于僵化的决策系统指挥下，P 公司在洗衣液这个本该属于自己的 C 国市场迟到了 4 年。

在广告营销方面，P 公司也未能将其在国外市场的成功经验移植到 C 国市场。尽管长期以来，P 公司的广告在 C 国各大主流卫视的屏幕上保持着较高的出镜率，但 P 公司近年来除了常规的电视广告投放外，很少出现让人印象深刻的广告设计。

随着互联网时代到来，尤其是移动互联网的飞速发展，C 国消费渠道迎来巨变，线上消费渠道占据主流地位。而 P 公司在 C 国大量的线下渠道布局，不仅不再是优势，反而成了累赘，利益干扰成了 P 公司线上布局的阻力。

P 公司发布的财务报告显示，从 2017 年 7 月 1 日至 2018 年 3 月 31 日的 9 个月时间内，P 公司净利润同比下滑 40%；营业收入也自 2012 年达到 800 亿美元之后，增长陷入停滞，2017 年营业收入仅为 651 亿美元。

要求：

（1）简要分析 P 公司近年来在 C 国所面临的市场风险；

（2）简要分析 P 公司近年来在 C 国所面临的运营风险。（2018 年）

5. 四水集团是一家专门从事基础设施研发与建造、房地产开发及进出口业务的公司，1996 年 11 月 21 日在证券交易所正式挂牌上市。2014 年 8 月 8 日，四水集团收到证监局《行政监管措施决定书》，四水集团一系列违规问题被披露出来。

（1）未按规定披露重大关联交易。四水集团监事刘某同时担任 F 公司的董事长、法定代表人；刘某的配偶李某担任 H 贸易公司的董事、总经理、法定代表人。2012 年度，四水集团与 F 公司关联交易总金额 6712 万元，与 H 贸易公司的关联交易总金额 87306 万元；2013 年度，四水集团与H贸易公司的关联交易总金额为215395万元。这些关联交易均超过3000万元且超过四水集团最近一期经审计净资产的5%。根据证监会的规定，这些交易属于应当在年报中披露的重大关联交易。但是，四水集团均未在这两年的年度报告中披露上述重大关联交易。

（2）违规在关联公司间进行频繁的资金拆借，非法占用上市公司资金。四水集团无视证监会关于禁止上市公司之间资金相互拆借的有关规定，2012年4月至2014年8月，向关联公司H贸易公司、F公司拆借和垫付资金6笔，共27250万元。

（3）通过派发高额工资等方式变相占用上市公司非经营性资金。四水集团近年来效益很不佳，连续多年没有分红，公司股价也一直处于低迷状态。然而，2011~2013年，包括董事长在内的公司高管人数分别为17名、19名和16名，合计从公司领走1317万元、1436万元和1447万元薪酬，均超过同期四水集团归属于母公司股东的净利润水平。

（4）连续多年向公司董事、监事和高级管理人员提供购房借款。截至2013年12月31日，四水集团向公司董事、监事和高级管理人员提供购房借款金额达到610万元。上述行为违反了《公司法》关于"公司不得直接或通过子公司向董事、监事、高级管理人员提供借款"的相关规定。

（5）利用上市公司信用为关联公司进行大量违规担保。四水集团2011~2014年为公司高管所属的公司提供担保的金额分别为0.91亿元、5.2亿元、5.6亿元、7.7亿元。公司管理层将四水集团当作融资工具，为自己所属公司解决资金需求。一旦这些巨额贷款到期无法偿还，四水集团就必须承担起还款的责任。

四水集团管理层频繁的违规行为，导致四水集团的发展陷入举步维艰的地步。公司2011~2014年的经营状况不佳，扣除非经常性损益后的净利润出现连续大额亏损的状况。公司连续多年资产负债率高达70%以上，且流动资产和流动负债相差无几，财务风险很大。四水集团的每股收益连续多年走低，远低于上市公司平均水平，反映四水集团股东的获利水平很低。

要求：

（1）依据"三大公司治理问题"，简要分析四水集团存在的公司治理问题的类型与主要表现；

（2）依据《企业内部控制应用指引第6号——资金活动》，简要分析四水集团资金活动存在的主要风险。（2018年）

二、综合题

1. 资料一

翔鹤乳业公司创建于1962年，2003年成为中国乳品行业第一家境外上市企业。

2008年国内乳业质量事件爆发后，由于翔鹤公司产品的宣传定位是"一贯的让消费者放心的好奶粉"，其产品也始终保持安全零事故的纪录，因而迅速获取了更多的市场份额，营收突破了20亿元大关。然而，随着消费者对国产奶粉整体的信任丧失，一批质量上乘、技术创新能力高的外资品牌奶粉乘虚而入，占据了婴幼儿奶粉的绝大部分市场份额，国产奶粉陷入前所未有的低谷期。

通过市场调研，翔鹤公司认识到，伴随着消费升级，奶粉市场呈现出多样化的需求，翔鹤公司亟待调整战略定位，实现与外资品牌"错位经营"，在外资品牌经营的薄弱环节开辟新的生存发展空间。翔鹤公司将产品的宣传定位调整为“更适合中国宝宝体质”,并强化“一方水土养一方人”的观点，以此作为价值理念持续教育消费者。经过几年的努力，这一理念逐步在消费者心中形成了翔鹤品牌独特优势的认知。

外资品牌在国内的优势在于一二线城市的线上市场。早在2013年，翔鹤公司就发现母婴店可以为年轻妈妈们提供各类服务和咨询，具备非常高的消费黏性，预测到未来线下的婴幼儿奶粉渠道会逐步向母婴店靠拢,因此,翔鹤公司提早布局,成为最早布局母婴店的品牌。此外，翔鹤公司加大在三四线城市的渠道布局，其业务人员扎根市场，结合当地实际情况开展各类工作，而很多外资品牌对三四线城市的渠道布局却完全浮于表面。

资料二

婴幼儿奶粉是乳品中科技含量最高的品类，年轻妈妈们对产品质量与品牌的敏感度远远高于产品价格。翔鹤奶粉在采用高端定价的同时，采取多项战略举措，不断提升产品竞争力。

（1）扎根于北纬47度黄金奶源带，实现牧草种植、奶牛养殖、生产加工全产业链一体化管理和经营。翔鹤公司将全产业链安置于有着“地球之肾”美誉的丹顶鹤的故乡——ZL湿地旁，堪称“丝毫不逊于海外最优质牧场条件”的得天独厚的自然条件为牧草和奶牛提供了绝佳的生长环境，保证了奶源的天然优质，也成为翔鹤公司吸引崇尚国际品牌的年轻妈妈们回归国产品牌的主要优势。

（2）坚持科技创新，专注于研究母乳营养和中国宝宝的体质。翔鹤公司研发投入占比处于行业前列。翔鹤公司联合国内科研单位共建创新中心，承接国家重大科研项目。公司凭借其优质奶源优势、采用湿法工艺（即用鲜奶直接制成）开发生产的新产品，已经连续5年获得了世界品质评鉴大会金奖，这个奖项堪称食品界的诺贝尔奖。

（3）高标准质量把控和精细化管理贯穿翔鹤公司产业链一体化全过程。翔鹤公司以产品质量为最优先级大事，质检部和生产部属于平行部门，质检部不仅仅是对生产出来的产品进行检测，还要对上下游产业链整体进行监控和把关。

（4）投重金铸造品牌形象和强大的营销能力。翔鹤公司每年花费十几亿广告宣传费用;举办数十万场“妈妈班”，1/3以上的中国孕妈被翔鹤公司面对面灌输品牌优势；在全国各地设置10万多家网点，3万多门店配备导购；公司拥有1100余名经销商，通过单层经销模式对经销商进行扁平结构管理，经销商资金周转率高于其代理的其他内资和外资品牌。

（5）构建坚守使命、专注专一的企业精神。翔鹤公司80%以上的中层人员都是自己培养的，公司以健全的激励体制和良好的企业文化造就强大的团队凝聚力。翔鹤公司基层员工、销售人员节假日还在奔走忙碌是家常便饭。

（6）加快海外布局，获取更多的自然资源和现有资产。2018年，翔鹤乳业公司完成了对U国第三大营养健康补充剂公司VW公司的收购，实现其在大健康产业新的拓展。2020年在自然条件极其优质的J国JS地区建造牛奶及羊奶婴幼儿配方奶粉生产设施并投产。

自2016年，翔鹤公司在中国婴幼儿配方奶粉市场份额连续三年保持高速增长，2020年公司在国内婴幼儿配方奶粉公司中排名第一，市场占有率为17.2%。

资料三

2019年11月13日，翔鹤乳业公司在港交所重新上市，以发行价计市值超过670亿港元。翔鹤公司保持着良好的财务状况：公司的毛利率显著高于其他品牌；存货周转期显著低于同行平均值；翔鹤采取保守的财务管理政策，取得较高水平的速动比率，公司负债率一直保持稳定的状态，能够保证公司的持续经营能力；公司资本报酬率 ROCE 也明显高于行业平均水平。

然而，始料未及的是，翔鹤公司仅上市一个星期，一家海外沽空机构在其官网发布了针对翔鹤公司的做空报告，认为翔鹤公司自 2014 年以来成倍地增长，存在诸多不可确定性，质疑其未来发展可持续性。翔鹤公司立刻紧急停盘并做出了回应，次日，针对该机构的报告质疑一一作出了回复。随后复盘，翔鹤股票大涨。

这一事件让翔鹤公司领导层更加清醒地意识到国产乳业品牌与外资品牌的较量仍然任重道远。除了要应对在资本市场上各类不怀好意的做空外，未来行业可能还面临更为激烈的竞争。

（1）尽管国内迎来了二孩政策，但出生人口仍然持续下滑，并没有给乳业奶粉市场带来人们期盼的更大的发展空间。

（2）国内婴幼儿奶粉市场前五名仍然被外资品牌占据，外资品牌相对于国产品牌的强势地位还没有根本改变。翔鹤公司近年来的发展主要是抢占了国内其他中小品牌的市场份额，下一步要夺回被外资品牌占领的份额难度不可低估。

（3）新生代孕产妇大多是 90 后的新妈妈，这个群体相对更有品牌意识，习惯网购，在一二线城市的消费者尤其明显。这对于前期致力于打造三四线城市线下渠道优势的翔鹤等国内品牌而言，如果不能努力在一二线城市消费者心中树立优质的线上品牌形象，也难以开拓新的市场空间。

专注深耕于乳制品业，历经 59 年重重考验的翔鹤乳业，仍日秉承着其踏踏实实的长期主义精神，迎接新的竞争洗礼。

要求：

（1）简要分析翔鹤公司战略调整前后其经营哲学的变化；

（2）从竞争对手能力（优势与劣势）分析角度，简要分析翔鹤公司与外资品牌“错位经营”的主要着眼点；

（3）从市场情况和资源能力两个方面，简要分析翔鹤公司所采用的竞争战略的类型及其实施条件；

（4）依据企业资源的主要类型，简要分析翔鹤公司所具备的竞争优势；

（5）简要分析翔鹤公司所实施的发展战略的主要类型；

（6）简要分析翔鹤公司国际化经营的动因；说明其海外布局所采用的发展战略的途径；

（7）依据“企业业绩衡量”，简述衡量翔鹤公司“保持着良好的财务状况”的几个主要指标的具体内涵；

（8）简要分析翔鹤公司 2019 年在港交所重新上市后面临的市场风险。（2021 年）

2. **资料一**

2005 年，王浩在大学就读时将自己毕业论文的题目定为“直升机自主悬停技术”，终于在 2006 年 1 月成功做出了第一台样品，并在航拍爱好者中广受好评。

王浩开始了自主创业，他同两位一起做实验课题的伙伴，共同创立了天志公司，主营业务围绕航模飞控，致力于为航模飞行器提供精确的姿态感知和控制系统。经过不懈的努力，2008 年，第一个较为成熟的直升机飞行系统 XP3.1 在天志公司问世，中国的直升机自主悬停技术在天志公司取得突破性的进展。

由于直升机自主悬停技术在民用市场十分稀缺，天志公司的技术很快就获得了业界认可，一个单品在当时卖到了20万元的售价。但是潜在的危机也随之而来。航拍爱好者购买了天志直升机后，相机还要另外购买，使用比较麻烦，而且产品价格过高，天志公司的新技术很难迅速推广。

天志公司开始了相机飞机一体化的研发设计，终于在2012年，天志精灵PH1横空出世，高度的集成一体化很快就获得了第一批消费者的认可，引爆了整个无人机领域的使用需求。随着生产技术的不断成熟，产品价格日趋下降，天志公司从此走上无人机领域的巅峰。截至2018年年底，天志公司在全球无人机领域占据了74%的份额，牢牢锁定无人机市场的霸主地位。

资料二

天志公司的无人机产品和技术使得更多的人获得了认识世界的全新视角，让人们从地面的二维平面上升到三维空间去观察思考，其产品和技术也因此点燃了更多领域的创新。影视航拍、农业、能源、电力、测绘、安防等产业与无人机产业深度融合，天志公司的无人机技术成为这些产业创新所依赖的“基础设施”。在这一过程中，天志公司与各产业中的专业人员密切合作，优势互补，开辟了一个又一个新的发展空间。例如，天志公司推出第一代精灵无人机时，电网的工程师、第三方开发者和天志公司的研发人员一起，解决了许多技术问题，在2017年推出了能够执行电力巡逻任务的经纬M200系列无人机平台。又如，在农业植保领域，天志公司研发制造出用来进行农业植保作业的无人机。结合软件、地面站、RTK差分定位和人工智能，来实现自动化的精准喷洒。再如，天志公司与U国一家航空公司合作，使用便携式无人机进行民航客机的检修。

在全球范围内，已有越来越多的用户使用天志公司的产品和解决方案。全球有约10万名无人机技术开发者通过天志公司的平台完成各种各样的开发项目，有些项目远远超出了人们想象，伴随而至的是对天志公司技术深化及制造管理提出新的任务和要求。由于天志公司技术和管理的不断深化和创新，竞争对手不易模仿，更难以超越。

资料三

然而，天志公司这只迅猛成长的无人机独角兽，近年来却不得不面对内部暴露出的诸多问题。

天志公司2019年1月18日的内部反腐公告称，在2018年由于公司供应链贪腐造成平均采购价格超过合理水平20%以上，保守估计造成超过10亿元人民币损失。在公司运作的各个领域（采购、财务、研发设计、工厂制造、行政管理以及销售）均出现了舞弊行为，可见这次串通勾结行为范围极广，危害程度极大。该公告披露涉贪采购人员和研发人员采用的主要手法：

（1）让供应商报底价，然后伙同供应商往上加价，加价部分双方按比例分成；

（2）利用手中权力，以技术规格要求为由指定供应商或故意以技术不达标把正常供应商踢出局，让可以给回扣的供应商进短名单，长期拿回扣；

（3）以降价为借口，淘汰正常供应商，让可以给回扣的供应商进短名单并做成独家垄断，然后涨价，双方分成；

（4）利用内部信息和手中权力与供应商串通收买验货人员，对品质不合格的物料不进行验证，导致质次价高的物料长期独家供应；

（5）内外勾结，搞皮包公司，利用手中权力以皮包公司接单，转手把单分给工厂，中间差价分成。

不仅如此，2017年一名安全研究员在天志公司的网络安全方面发现了一个非常严重的漏洞。这个漏洞会导致天志公司的所有旧密钥毫无用处，从而可能造成天志公司服务器上的用户信息、飞行日志等私密信息能够被下载。尽管天志公司之后采取了合理的保密措施，但该次事件依然给天志公司造成116.4万元的经济损失。

业内人士分析，天志公司内部接连出现如此严重的问题，是由于以下几个原因。

（1）公司治理结构相对混乱。天志公司领导层面对业务的迅速扩张，将注意力集中在极力扩大经营规模、追求足够的市场份额和企业利润，而忽略组织内部治理，致使腐败、泄密等问题频繁产生。

（2）缺乏内部信息的披露。作为一家非上市的民营企业，天志公司没有对外披露重大事项的要求和压力，导致公司内部治理缺乏良性运行和监督机制，在信息不对称的情况下，舞弊、泄密等问题极易产生。

（3）“重结果，轻人才”的管理模式。公司创始人兼CEO王浩搞技术出身，对产品至上有着独特情怀，赛马机制一直是团队竞争发展的管理模式。产品在开发时由两个团队分头去做，谁的产品好就用谁的，产品未被选用的团队会被公司淘汰。这一管理模式带来诸多问题，如研发过程中两个团队恶性竞争、人才流失严重、被选用的团队为防以后被淘汰而滋生腐败动机等。“重结果，轻人才”的文化氛围大大地降低了员工的归属感，难以形成凝聚力、向心力，离职员工对天志公司负面评价很多。

天志公司管理层已经认识解决公司内部问题的重要性和紧迫性，强化公司内部治理、打击职务腐败正在天志公司全面展开。

要求：

（1）简要分析天志公司所创建的无人机新兴产业内部结构的共同特征，以及天志公司在无人机新兴产业中的战略选择；

（2）运用识别企业核心能力三个关键性测试，简要分析天志公司在无人机产业是否具备核心能力；

（3）简要分析天志公司研发的类型、动力来源、研发定位，并从安索夫矩阵角度，分析天志公司研发的战略作用；

（4）依据蓝海战略重建市场边界的基本法则（开创蓝海战略的途径），简要分析天志公司如何开辟一个又一个新的发展空间；

（5）简要分析天志公司存在的运营风险；

（6）依据《企业内部控制应用指引第1号——组织架构》，简要分析天志公司须关注的组织架构的主要风险；

（7）依据《企业内部控制应用指引第3号——人力资源》，简要分析天志公司须关注的人力资源的主要风险；

（8）依据《企业内部控制应用指引第7号——采购业务》，简要分析天志公司须关注的采购业务的主要风险。（2020年）

3. 资料一

2003年，在个人音响领域经营多年的张煌创立了力益公司，进军国内需求旺盛的MP3播放器市场，推出力益公司的开山之作MX系列。力益公司创立之初就推崇"小而美"的策略，致力于开发优质的MP3产品。张煌对于上市产品的审核标准十分苛刻，多款开发的产品因"不够完美"被否定。力益公司对产品品质的严格把控受到市场认同，其产品成为国产MP3高品质的代表，也因此拥有了大量忠实用户，并创造了国内MP3历史上多个"第一"。

2006年，力益公司的MP3播放器在国际市场已经是一个很出名的品牌，风格活泼、时尚的产品远销欧美日韩等数十个国家，进一步巩固了力益公司在国内MP3市场的领导地位。

2006年年初，国内MP3产业还正处于繁荣时期，张煌却看到了全球MP3产业的衰势，开始着手战略转型。进入2007年，国内MP3市场盛极而衰。此时，力益公司破釜沉舟地放弃了国内MP3市场领头羊的地位，转向互联网智能手机的研发。

2007年，力益公司开始在智能手机领域投入全部的精力，致力开发高端智能手机。2009年2月18日，国内第一款大屏幕全触屏智能机力益M8正式上市。凭靠着"国产智能手机先驱者"的名号，2009年，力益M8站稳了国产智能手机的领先地位。

2010年到2014年，力益公司延续着做MP3产品时的策略，崇尚"小而美"，不追求扩大市场份额，专注制造精品。力益公司的智能手机新品种在不断创新中脱颖而出。与产品开发同步，力益公司强化营销体系建设，在实施多重营销策划方案的同时，不断扩展专卖店和维修中心。2013年力益公司国内专卖店数量超过1000家，维修中心数量突破100家。力益公司内部采取员工股票和期权激励制度，吸引和鼓励更多人才致力于公司的技术和产品创新。

资料二

随着通信网络技术的发展，智能手机行业迎来了巨大的机遇。自2009年开始，各大手机厂商纷纷发力智能手机，疯抢市场份额。

2009年到2013年，在国内智能手机发展的初期，智能手机的销量与国内三大电信运营商密切相关。凭借与三大电信运营商良好的合作关系，"中旺""华夏""盟进""联展"（简称"中华盟联"）四大厂商的手机常常与电信运营商套餐绑定，迅速占据了大部分市场份额。

2013年到2016年，在"中华盟联"统治市场的后期，"OO""VV""XM"等手机厂商开始异军突起。他们凭借出色的营销渠道网络和庞大的广告投放，不断从线下和线上掠取智能手机市场份额。与此同时，一些传统电信运营商手机厂商也开始谋求转变，如华夏公司对线下与线上都非常重视，在维持自身传统优势的同时，在营销上充分借鉴"OO""XM"等友商成功的销售策略，"华夏"成为"中华盟联"中唯一转型成功的公司。

然而，"力益"这个国产智能手机的先驱者却迷失了方向。公司实施"小而美"策略，既没有在前期抓住与三大电信运营商合作的机遇，也没有在后期强化营销扩大市场份额。公司一年只开发上市两部精品手机，广告投入与渠道建设也停滞不前。力益公司逐渐失去市场份额，成为一个小众品牌。

在规模经济显著且已进入成熟期的产业中，产品差异逐渐变小，投资者和供应链都开始拒绝"小而美"。小众厂商如果无法拿出很好的企划方案，很难说服投资方。而新一轮的手机技术竞争，大量投入，才能够做高端产品，消费者也情愿为高端产品买单。供应链对于销量甚少的小众厂商，态度难免"势利"，因为体量大、销量预期稳定的公司，才是供应商的大客户。此外，在产品定价上，小厂商也非常被动。

资料三

2014 年，力益公司全年手机销量不到 400 万台。而彼时的“学徒”、现在的竞争对手“XM”公司全年手机销量则超过 6000 万台，成为国内第一。在严峻的市场形势下，2014 年年底张煌重新出山，担任力益公司董事长。力益公司启动了新一轮战略转型。

（1）调整发展理念，摒弃“小而美”，启动“大而全”。力益公司接受了两家大公司的投资总计 6.5 亿美元，确立了大力提高市场份额的战略目标。

（2）实施机海战术，全面扩大产品线。2015 年全年，力益公司发布了 6 款手机，覆盖了高中低三种不同档次和价格的产品线。

（3）对内理清管理职责，对外加大营销力度。配合公司战略调整，力益公司重新设计内部的管理职责，提高管理效率。同时，运用新的投资，扩张线下门店，广告、公关宣传等营销手段在线上线下全面展开。

2015 年力益公司全年手机出货量超过 2000 万台，比 2014 年提升了近 5 倍。

然而，自 2016 年起，力益公司再次遭受重创。主要原因是由于专业经验不足与评价体系不完善，力益手机大量使用了“LFK”的手机芯片。“LFK”芯片用料廉价，CPU 核心技术落后，与竞争对手“GT”芯片相比差距明显。力益公司巨资开发的 PR6 系列和 PR7 系列，由于“内芯”这一致命缺陷，市场并不买账。2018 年力益手机全年销量仅 405 万台，市场占比仅有 0.1%，形势异常严峻。

2018 年年底，在公司生死存亡关头，张煌又一次重新调整企业战略：确立了新的品牌口号“追求不止，只因热爱”；改用“GT”芯片；跟进全面屏技术；提升产能等一系列问题。营销策略上，线上启用新的意见领袖，在各大平台上投放广告，不断制造热门话题。线下大力投入整合专卖店；积极开展地铁、车站等地推广活动。多方发力作用下，力益手机一定程度上挽回了前几年的销售颓势。2019 年公司新产品 16x 发布仅半个月，销量就超过 10 万台，进入热销机型 TOP8，16x 有可能成为力益手机的“续命之作”。

业界人士认为，在激烈的市场竞争和孱弱的底子下，力益公司依旧面临严峻考验。要想绝境求生，公司不仅需要继续强化产品的投入与创新，进一步优化营销策略也是重要的着力点。

要求：

（1）从差异化战略实施条件（资源能力）角度，简要分析力益公司开发高端 MP3 和高端智能手机成功的原因；

（2）依据资料一，简要分析力益公司对高端 MP3 和高端智能手机的研发类型、动力来源、研发定位；

（3）运用“与电信运营商密切程度”和“营销力度”两个战略特征，各分为“高”“低”两个档次，将智能手机生产厂商“中旺”“华夏”“盟进”“联展”“OO”“VV”“XM”“力益”进行战略群组划分；

（4）依据集中化战略的风险，简要分析力益公司在 2010 年到 2014 年实施“小而美”策略失败的原因；

（5）简要分析 2009~2014 年与 2015 年以后，力益手机市场营销组合的变化；

（6）简要分析 2013 年以后力益手机所面临的运营风险。（2020 年改编）

4. 资料一

1994年，电表行业的巨头升达公司进军空调行业。由于当时国内空调还属于少数人的奢侈品，升达公司与业内其他公司一样，产品定位于比较高档的空调。因为升达空调没有品牌优势，产品价格又与竞争对手不相上下，所以升达空调在规模上一直没有多大突破，年产量不到60万台。

经过几年的努力，升达公司生存下来。1999年之后，升达公司意识到，国内空调从少数人的奢侈品转为大众消费品的时机已经来临，市场需要大量老百姓买得起、用得起的“民牌”空调。处于弱势地位的升达公司找到了挑战竞争对手、壮大自身的法宝——以价格制胜。

经过缜密的策划之后，2002年4月，面对百余名记者，升达公司突然抛出《空调成本白皮书》，文中指出，一台1.5匹的冷暖型空调的生产成本为1378元，加上销售费用370元、商家利润80元、厂家利润52元，市场零售价应该是1880元。而当时市场上同为1.5匹的其他空调价格大多在2800元到3800元之间。

升达公司在公布空调成本的同时，将其空调产品全线降价，平均降幅达20%。升达公司得罪了同行，却赢得无数的消费者。2003年，升达空调销量达到了250万台，进入国内前三强，比2002年高出近100万台。升达公司发动的价格战也使整个空调行业的产品价格节节下滑，市场均价从2002年的2500元降到2003年的2000元。

升达公司在空调制造业发动价格战并非鲁莽之举，而是以其自身优势为底气的。

首先，在升达公司家乡N市，做空调配件的企业很多，整个空调产业链已经成型，升达公司通过整合这些企业，产品零部件自制率达到90%，与同类企业一般不超过50%的自制率相比，在零部件成本、生产率、设备利用率、规模经济等方面都具备整机制造成本优势。以空调的关键元器件冷凝器和蒸发器为例，其成本在空调总成本中一般占80%以上，而升达公司自2000年建立分厂以来，该种元器件的成本就下降至原来外购时的3/5左右，而且质量更好。

其次，公司在2001年引进全球最先进的信息化管理工具ERP，配合内部各个部门严格的承包制的实施，对提高企业效率和降低运营成本起到了极大的作用。

第三，在采购环节，升达公司同时采用自制和外购两条路线，当自制的质量和价格有优势时，采用自制；当自制明显不如外购有竞争力时，就毫不犹豫地采用外购，甚至关掉自制部门。升达公司借鉴国外企业“全球论质比价采购”的模式，其加工蒸发器和冷凝器的自动生产设备购自J国；保证镀层10年不脱皮泛锈的瓦格纳喷涂设备是引进D国的；制造空调塑壳的ABS粉料来自H国；机身上的所有接插件购自M国。这些设备和原料共有的特点是品质在全球范围内相对较好，价格最低。

最后，以年轻人为主体的人员结构和灵活的民营企业机制是升达公司成本优势的又一源泉。升达公司是新办的企业，没有下岗职工和离退休人员的负担；升达公司发挥其灵活的民营企业机制，实施全方位的承包责任制，激发了各级人员的积极性、主动性和创造性，对于提高企业效率和降低运营成本发挥了重要作用。

资料二

然而，质疑甚至批评之声一直伴随着升达公司：“升达公司的‘价格屠夫’策略是不是在自断创新之路？”“升达公司低价营销得到了规模优势，但牺牲了品牌优势。”近年来随着国内消费升级与产品更新换代，大众的空调消费需求开始从“功能型”向“品质型”转变。升达公司日益认识到启动新的战略转型的必要性与紧迫性。

早在2012年，升达公司就敏锐察觉到互联网发展的大趋势，积极与电商平台合作，在整体布局上确定了互联网、智能化发展战略。

为了避开与国内空调行业优势品牌的正面较量，升达公司将目标客户聚焦在新一代网络消费群体，充分依托电商平台，用18~35岁年轻消费者熟悉的代言人和沟通方式，建立起年轻化、时尚化的品牌形象，打造了“倾国倾城”“淑女窈窕”等情感化的明星产品，吸引了一批有时尚要求、重情感又注重性价比的年轻人群。这样的选择让升达公司的产品品质与创新力不断提升，从而实现了跨越式的增长。

在随后的2013年，升达公司开始进行企业产品升级，累计投入超过30亿元用于技术创新、效率提升。先后推出二级供应链管理、引进全球领先检测设备、吸纳超过50%的硕博人才组成创新研究团队，从根本上把控产品品质。2017年，升达公司智能工厂落成投产，以更加标准化、高周转率的技术实力，实现产品品质的又一次提升；在J国建立研发中心，实现智能化产品占比超80%；筹建多个智能制造基地累计投资超过150亿元，为实现空调产业全智能一体化做好准备。

资料三

2017年下半年以来，升达公司意识到，虽然电商存量市场很大，但增长速度开始下降，线上流量红利在下滑。面对市场环境新的变化，升达公司采用了两个新的战略举措。

一是与国内著名电商普天组建联合团队，打通商家与平台的供应链，全面提升电商渠道供应链效率。升达公司和普天旗下天鸟、乐淘融合的智慧供应链系统销售预测准确率达到70%。升达空调原来的电商渠道供应链SOP（标准操作程序）分为18个节点，操作共需33个小时，新的系统上线以后优化为6个节点，操作只需1个多小时，大大提升了供应链效率。

二是抓住国内电商平台纷纷下沉开店的机遇，向基层市场渗透，逐步熟悉终端零售商渠道。升达公司放弃了向经销商层层压货、完成销售任务后给予返利的销售模式，而是采用“互联网直卖”方式，只发展一层终端零售商，产品订货起点定为3台。这样做的好处是投资少，不压货。目前升达公司拥有1.5万多家终端零售商，这些终端零售商通过手机App直接下单，升达公司接单后通过各区域的仓储中心调配，由第三方物流送货到店。升达公司已建成社会化的售后服务网点7500个，覆盖国内98%的县市。终端零售商或用户通过云平台寻找所在地的升达公司售后服务人员，由他们抢单帮助安装、维修。在“互联网直卖”模式下，终端零售商不管卖多少台产品，每一台的利润都是固定的，不和总销量挂钩。这不仅有利于市场价格体系的稳定，也克服了传统模式下渠道库存严重、层层加价、经销商资金周转慢、利润不稳定等弊端。

2018年11月，升达公司与以线下销售为主的长宁家电零售公司合作，共创智慧零售新模式。升达公司作为长宁家电品牌主力军，通过长宁零售公司快速开启渠道下沉绿色通道，从线上渠道转移至线下渠道，在运营上借助长宁零售公司在市场上的口碑和服务，形成很强的品牌竞争力。

2018年12月，升达公司召开新闻发布会，宣布启动“双轮战略”规划，从以前“通过厂家直供的方式真正让利于经销商，打造至真至诚的利益共同体”，进一步延伸到“以升达公司主导产业为基础搭建O2O（Online To Offline，线上到线下）平台，为更多中小企业服务，全面赋能线下经销商”。“双轮战略”的实施，将进一步实现线上线下融合、深耕零售发展的模式。

2018 年，升达空调总销售量达到 1500 万台，在国内排名第三；在电商平台上，升达是销量最大的空调品牌。升达公司致力于推动模式创新、技术革新、品质升级，已然成为国内家电行业的佼佼者、互联网时代空调智能化的“领头羊”。

要求：

（1）从市场情况与资源能力两个方面，简要分析从 2002 年开始升达公司实施成本领先战略的条件；

（2）简要分析升达公司在 1999 年之后和 2012 年之后所意识到的市场风险；

（3）依据资料二，简要分析作为跟跑者的升达公司在与国内强大竞争对手竞争时所体现的蓝海战略特征（红海战略和蓝海战略的关键性差异）；简要分析升达公司在竞争激烈的空调市场开辟新的生存与发展空间的途径（蓝海战略重建市场边界的基本法则）；

（4）依据企业价值链两类活动，简要分析升达公司的主要竞争优势；

（5）简要分析升达公司与普天公司、长宁公司结成战略联盟的动因；

（6）依据市场营销组合四个要素，简要分析升达公司在其三次战略转型进程中市场营销组合策略的变化。（2019 年改编）

5. 资料一

1984 年，国内最大的汽车零部件供应商万欣公司与 U 国 L 公司签订了每年贴牌生产 20 万套万向节的合作协议，开展代工生产 OEM 业务。1994 年，万欣 U 国公司在 U 国注册成立，万欣公司正式进入 U 国汽车零部件市场。

虽然有为 U 国客户代工生产的经历，但是作为中国第一个走进 U 国的汽车零部件企业，万欣 U 国公司来自新兴市场的低端形象很难得到 U 国企业和消费者的认同。万欣 U 国公司在注册时就被当地同行奚落“你们还不如养马有前途”；公司向 U 国企业出售经检验没问题的油脂时却以质量不合格为由屡遭退货；公司向客户提供自己擅长的低价供货方案，客户根本不买账；公司尝试向 U 国 K 公司推销产品时，业务员连门都进不去，只能在传达室谈业务；公司初次收购 U 国当地企业并调整员工假期遭到工会强烈反对，工会声称“即使倒闭也不会让中国企业兼并”。接踵而来的歧视和挫败让万欣 U 国公司意识到自己不能凭借母公司在国内资源能力的优势获得认可，要在 U 国生存必须适应 U 国规则，并彻底融入 U 国的经济和社会文化体系。

万欣 U 国公司将“瞄着 U 国主流社会”的本地化改造作为首要任务，不再沿用母国总部的管理理念和方法。万欣 U 国公司聘请 U 国人为首席运营官和首席财务官，在内部建立起一套符合 U 国国情的运营体系，重新设计了一整套规范的工作程序。在用人方面，万欣 U 国公司打破从国内大量派人的老框框，从当地招聘人才，按当地标准付薪。这一系列本地化举措使万欣 U 国公司弱化了中国企业的形象，满足了 U 国市场对一家普通汽车零部件企业的基本期望。此外，万欣 U 国公司在与客户交往中的表现也一步步获得认可，例如在市场出现波动时，一家积压了大量库存的客户向万欣 U 国公司求助，尽管当时公司自身经营也有困难，但还是立即收回了库存并换新货给客户。后来这家客户主动搭桥，使一家知名企业成为万欣 U 国公司的大客户。

万欣 U 国公司在 U 国逐步立稳脚跟后，开始收购一些品牌价值高但经营不善的公司。1999 年万欣 U 国公司收购 L 公司，这笔收购使它取代 L 公司成为世界上拥有最多万向节专利的公司。2000 年万欣 U 国公司收购 T 公司，从而成为 U 国最大的汽车轮毂加工装配基地和供应商。2001年万欣U国公司又收购U国零售商A公司，获得了A公司的汽车制动器技术与品牌、U国连锁维修店和采购渠道。万欣U国公司非常注重规避跨国并购可能带来的风险，例如在收购L公司时，为了绕开工会的制约，万欣U国公司联手当地企业一起收购；在收购T公司时，万欣U国公司不仅没有解雇富余员工，还扩建厂房并招收新员工，帮助T公司渡过难关。

万欣U国公司在与当地客户的积极互动中彰显自己的信誉和能力，让外界逐渐了解并默许这家零部件企业的发展壮大。

资料二

2003年万欣U国公司正式成为主机厂的一级供应商，同年收购K公司，该公司是翼型万向节传动轴的发明者和全球最大的一级供应商；2005年万欣U国公司收购U国F汽车公司的一级供应商S公司和轴承企业G公司。一系列成功的收购进一步为万欣U国公司的信誉和形象加码。

2008年全球金融危机爆发，汽车产业是受影响最大的产业之一，U国三大汽车公司都陷入困境。原本现金流耐受力就较差的U国企业在危机冲击下纷纷倒下，众多供应商走向破产。而谨慎的资金管控措施让万欣U国公司在金融危机中保持良好的经营状况。此前万欣U国公司成功地帮助一些危机企业扭转局面在业内积累了不错的声誉，危机爆发后很多企业主动找到万欣U国公司希望能够被其收购。万欣U国公司曾经在竞购H公司时败于一家私募基金公司，而在金融危机的冲击下这家基金公司被迫清盘，H公司的管理层主动沟通希望被万欣U国公司收购。

金融危机中万欣U国公司找到了进一步发展的突破口。万欣U国公司意识到金融危机前公司要尽可能适应和服从外部环境的要求，危机后公司则应当发挥自身优势，朝更有利的方向施加影响。

万欣U国公司运用自身和总部独有的优势整合内外部资源，帮助很多危机中的U国企业渡过难关，并做出“即使公司有困难，仍然保证一不裁员、二不减薪、三不减福利”的承诺。DR公司是一家汽车电子感应器公司，在金融危机中不得不出售。出售前公司所有者联系了万欣U国公司收购过的公司，了解到这些公司被收购后得到万欣U国公司及其总部很好的资源整合，因此拒绝另外4家竞标收购者而决定出售给万欣U国公司。2007年U国AI公司被万欣U国公司并购后其大股东评价“万欣的并购会让现代化的U国汽车工业企业变得更加赚钱”。

2008年U国F汽车公司旗下的M工厂因严重亏损被迫剥离。万欣U国公司收购M工厂后对其生产经营方式进行全面改造。在并购H公司后停掉了该公司的一些生产线，将设备运到万欣公司中国公司进行生产，H公司主要负责组装、技术开发、测试、售后服务和物流，以发挥各自优势。在收购U国T-D公司后，万欣U国公司通过对T-D公司和中国总部进行优势和资源的对接，把等速驱动轴打造为继万向节之后又一个世界老大产品。2009年万欣U国公司收购U国DS汽车转向轴业务后，为十分不景气的U国汽车业挽救约150个工作岗位。一系列的并购及其之后的资源整合，不仅拯救了被并购公司，也让他们认识到万欣公司的强大实力与中国国内完备的产业配套能力。

同时，万欣U国公司收购一级供应商，通过财务支持帮助它们渡过难关，为3500位U国人保住了工作，也让万欣U国公司生产的零部件得以在U国三分之一的汽车上使用。

资料三

新能源汽车的问世对传统汽车制造业带来严峻的挑战。在全球环境保护的压力下，万欣公司也开始向新能源汽车领域挺进。但是由于起步晚、缺少高端技术研发人员和营销人员，万欣公司的电动车零部件核心技术远远落后于国内外的领先企业，也缺少整合供应链的资源和能力，更没有早期进入者所具有的经验曲线等成本优势。为了克服公司进入新能源汽车领域的诸多障碍，2012 年年底，万欣 U 国公司协助集团总部参与竞购深陷破产危机的 U 国 AB 公司。

AB 公司是 U 国一家研制和生产锂离子能量存储设备的厂商，曾被 U 国政府和市场寄予厚望。竞购期间 U 国诸多政府官员与行业专家强烈反对将 AB 公司卖给万欣公司，他们认为 AB 公司是 U 国重点企业且部分业务和军方有直接关联，被万欣公司收购会威胁 U 国国家安全。为了减少万欣公司在 U 国受到的政治压力，万欣公司向国内备案以获得国家的背书，增加谈判筹码；万欣公司始终承诺整体收购，并维持其 2000 多名员工的工作岗位，这与其他 8 个竞标者只对 AB 公司的部分业务感兴趣不同；更关键的是，万欣公司只收购 AB 公司的民用业务，绝对避开涉及军方的业务。万欣公司的收购方案展现了愿意承担社会责任的企业形象，得到了 AB 公司首席执行官的高度认可，妥善化解了来自外界的压力。

对 AB 公司的收购完成之后，万欣 U 国公司代替总部开始直接接管万欣公司在 U 国的新能源汽车业务。2013 年公司聘请 U 国人 R 先生管理 AB 公司，要求他在不影响研发的前提下不断削减开支。R 先生削减医疗福利，取消了免费食物和卡布奇诺咖啡机等待遇。在甩债务、拓业务、削福利这三板斧之后，AB 公司终于扭转了亏损，开始步入正轨。之后，万欣公司继续向 AB 公司提供培养核心业务必要的财务支持，推动 AB 公司进入汽车电动化、电网储能及其他全球性市场，包括进入中国市场。

2013 年 10 月万欣公司将其所有的电池制造业务交给 AB 公司承担，这成为双方建立互信的重要里程碑。万欣公司还开放了 AB 公司的实验室并建立“AB 创业技术项目”，与 20 多家电池公司开展联合研发。万欣公司通过收购 AB 公司获得了世界顶尖的电池技术，与全球主流客户建立了业务联系，在新能源电池领域也更具号召力。

2014 年年初，经过多轮角逐，U 国批准了万欣 U 国公司对 FS 电动汽车公司的收购，标志着万欣公司全面进入新能源汽车整车制造产业。在收购 FS 公司期间，万欣 U 国公司同样遭到非议，被指责“偷窃 U 国技术”。然而 FS 公司所在州州长和议员对万欣 U 国公司表示支持：“万欣 U 国公司在 U 国 20 多年，形象一直比较靠谱”。并购后，万欣 U 国公司履行承诺，将 FS 公司的工厂从欧洲 F 国搬回 U 国，复产后创造了 300 多个工作岗位。

2015 年 11 月，FS 公司宣布与 D 国 BM 公司结成重要合作伙伴关系，万欣 U 国公司认为这一合作不仅将技术和资本绑在一起，而且将名誉与品牌绑在一起。万欣 U 国公司又一次向 U 国新能源市场展现自身实力，也让评价者认可其在新业务中的行为和战略。

要求：

（1）简要分析万欣 U 国公司成立之初所面对的社会文化风险；

（2）简要分析万欣公司国际化经营进入 U 国市场的主要动因；

（3）简要分析万欣 U 国公司在 U 国采用并购战略的动机与所规避的主要风险；

（4）依据新兴市场的企业战略，简要分析万欣 U 国公司协同总部是如何在 U 国实施“抗衡者”战略的；

（5）依据企业资源能力的价值链分析理论，简要分析金融危机后，万欣U国公司协同总部是如何整合资源能力，重新构筑被并购企业的竞争优势的；

（6）简要分析万欣公司进入新能源汽车新兴产业所面对的发展障碍；

（7）依据《企业内部控制应用指引第4号——社会责任》，简要分析万欣公司与万欣U国公司进入新能源汽车领域是如何规避履行社会责任风险的。（2019年改编）

6. 资料一

2010年4月，由6名工程师、2名设计师组成的联合团队创建的科通科技公司正式成立。公司成立之初，公司CEO刘毅与股东们就有一个想法：要做一款设计好、品质高、价格便宜的智能手机。

2010年的手机市场，还是国际品牌的天下，功能机仍是主体，智能手机的价格至少在3000~4000元。虽然也有一些国产品牌手机，但大多数是低质低价的山寨机。

为了开发物美价廉的智能手机，科通公司首先运用互联网工具，让用户参与到手机硬件的设计、研发之中，通过用户的反馈意见，了解市场的最新需求。而此前其他公司的研发模式都是封闭的，动辄一两年，开发者以为做到了最好，但其实未必是用户喜欢的，而且一两年时间过去，市场很可能已经变化。其次，坚持做顶级配置，真材实料，高性能，高体验，强调超用户预期的最强性价比。第三，以品牌和口碑积累粉丝，靠口口相传，节省大量广告费用。第四，开创了官网直销预订购买的发售方式，不必通过中间商，产品可以直接送到消费者手上，省去了实体店铺的各种费用和中间的渠道费用。

2011年8月16日，科通公司发布了第一款"为发烧而生"的科通手机。这款号称顶级配置的手机定价只有1999元，几乎是同配置手机价格的一半。科通手机2012年实现销售量719万部。2014年二季度，科通手机占据国内智能手机市场的第一名，科通公司在全球也成为第三大手机厂商。

短短5年时间，科通公司的估值增长180倍，高达460亿美元。科通成为国内乃至全球成长最迅猛的企业，一度是全球估值最高的初创企业。刘毅总结科通公司成功的秘诀是"用互联网思维做消费电子，这是科通在过去5年取得成绩的理论基础"。在刘毅看来，"互联网思维"体现在两个关键点上：一是用户体验，利用互联网接近用户，了解他们的感受和需求；二是效率，利用互联网技术提高企业的运行效率，使优质的产品以高性价比的形式出现，做到"感动人心、价格厚道"。

科通的成功模式成为各行各业观摩学习的范本，大量企业开始对标科通，声称要用科通模式颠覆自己所在行业。"做XX行业的科通"，成为众多企业的口号。

资料二

然而，在2015年，迅猛增长的科通遇到了前所未有的危机。一方面，销量越来越大就意味着要与数百个零部件供应商建立良好高效的合作协同关系，不能有丝毫闪失。而科通的供货不足、发货缓慢被指为"饥饿营销"，开始颇受质疑。另一方面，竞争对手越来越多、越来越强大。H公司推出的互联网手机品牌R手机成为科通手机强劲的对手，O公司和V公司也借助强大的线下渠道开始崛起。芯片供应商G公司的一脚急刹车成为导火线。在经历了5年的超高速增长后，2015年下半年，科通公司放缓了飞速前进的脚步。由于市场日趋饱和，整个智能手机行业的增速下滑，虽然科通手机2015年7000万部的销量依然是国内出货量最高的手机，但刘毅在年初喊出的8000万部销量的目标没能实现。

科通手机销量下滑的趋势并没有止住。2016年，科通手机首次跌出全球出货量前五；在国内市场，科通手机也从第一跌到了第五，季度出货量跌幅一度超过 40%，全年出货量暴跌 36%。而这一年，以线下渠道为主的 O 公司和 V 公司成为手机行业的新星，其手机出货量不仅增幅超过 100%，而且双双超过科通公司进入全球前五、国内前三。

因为增速放缓，一直被顶礼膜拜的科通模式在这一年开始遭遇前所未有的质疑。科通公司似乎自己也乱了节奏，在渠道、品牌和产品等方面都出现了不少问题。

科通公司认识到过于迅猛的发展背后还有很多基础没有夯实，亟待主动减速、积极补课。2016 年，科通公司内部开始进行架构和模式多维调整。

（1）刘毅亲自负责科通手机供应链管理。前供应链负责人转任首席科学家，负责手机前沿技术研究。这意味着科通公司从组织架构上加大对供应链的管理力度。

（2）开启“新零售”战略。所谓新零售就是指通过线上线下互动融合的运营方式，将电商的经验和优势发挥到实体零售中。让消费者既能享用线下看得见摸得着的良好体验，又能获取电商一样的低价格。截至 2018 年 3 月 10 日，全国范围内已有 330 个实体店“科通之家”，覆盖 186 座城市。

（3）早年一直坚持口碑营销从未请过代言人的科通公司在 2016 年开始改变策略，先后邀请几位明星作为代言人，赢得不少新老客户。

2017 年科通公司开始重新恢复高速增长。2017 年第二季度，科通手机的出货量环比增长 70%，达 2316 万部，开创了科通手机季度出货量的新纪录。2017 年第四季度，在其他全球前五名的智能手机厂商出货量全部负增长的情况下，科通手机出货量增长 96.9%。

资料三

2014 年，刘毅开始意识到“智能硬件”和“万物互联（Internet of Things，IoT）”可能是比智能手机更大的发展机遇。于是，科通公司开启了科通生态链计划，运用科通公司已经积累的大量资金，准备在 5 年内投资 100 家创业公司，在这些公司复制科通模式。

科通公司抽出 20 名工程师，让他们从产品的角度看待拟投资的创业公司，通过与创业公司团队的沟通，了解这家公司的未来走向。科通生态链团队不仅做投资，而且是一个孵化器，从 ID、外观、结构、硬件、软件、云服务、供应链、采购、品牌等诸多方面给予创业公司全方位的支持。这些创业公司有一大半是科通生态链团队从零开始孵化的。但是，科通公司并没有控股任何一家科通生态链公司，所有的公司都是独立的。这样有利于在统一的价值观和目标下，生态链企业各自发挥技术创新优势，同时降低科通公司整体内部协调成本，规避经营风险。

科通生态链的投资主要围绕以下 5 大方向：①手机周边，如手机的耳机、移动电源、蓝牙音箱；②智能可穿戴设备，如科通手环、智能手表；③传统白电的智能化，如净水器、净化器；④极客酷玩类产品，如平衡车、3D 打印机；⑤生活方式类，如科通插线板。

2016 年，科通生态链宣布使用全新的麦家品牌，除了手机、电视、路由器等继续使用科通品牌，科通生态链的其他产品都将成为“麦家”成员。2016 年，科通生态链企业的总营业收入超过了 150 亿元。至 2018 年 5 月，科通已经投资了 90 多家生态链企业，涉足上百个行业。在移动电源、空气净化器、可穿戴设备、平衡车等许多新兴产品领域，麦家的多个产品已经做到全球数量第一。科通生态链公司也出现多个独角兽（指那些估值达到 10 亿美元以上的初创企业）。

由于科通品牌给人们高性价比的印象已经根深蒂固，不少人认为科通生态链企业的产品无法盈利。但实际上，科通生态链企业已经有多家实现盈利。这是因为科通公司利用其规模经济带来的全球资源优势帮助这些生态链企业提高效率。科通公司运用其全球供应链优势能够让生态链上的小公司瞬间拥有几百亿供应链提供的能力。

科通公司还建成了全球最大消费类 IoT 平台，连接超过 1 亿台智能设备。通过这种独特的战略联盟模式，科通公司投资和带动了更多志同道合的创业者，围绕手机业务构建起手机配件、智能硬件、生活消费产品三层产品矩阵；科通公司也从一家手机公司过渡到一个涵盖众多消费电子产品、软硬件和内容全覆盖的互联网企业。

2018 年 4 月，科通公司成功上市。

要求：

（1）简要分析科通公司从初创时期到上市之前公司宗旨的变化；

（2）依据“战略钟”理论，简要分析科通智能手机与科通生态链产品所采用的竞争战略类型；

（3）针对“科通的成功模式成为各行各业观摩学习的范本”，依据核心能力评价理论，简要分析本案例中向科通公司学习的企业进行基准分析的基准类型；

（4）简要分析科通公司在 2015 年面临的市场风险；

（5）简要分析科通公司 2016 年所采用的收缩战略（撤退战略）的主要方式；

（6）简要分析科通生态链所采用的发展战略的类型及其优点、途径及该途径的动因；

（7）简要分析科通公司的企业能力。（2018 年改编）

7. 资料一

广源天药集团是一家专门生产医药产品，并且拥有独一无二的国家级保密配方和百年老字号品牌的医药企业。其核心产品广源天药在治疗出血、消炎等方面有非常好的疗效，在国内外享有很高声誉。

广源天药集团最初生产销售的粉剂产品，产品结构较为单一。随着人们生活水平逐渐提高，医药企业竞争日趋激烈，消费者对医药产品功能的要求也日益多样化。广源天药集团顺应时代发展对药品剂型、便捷性、准确性等多方面的需求，从 1975 年开始，在广源天药秘方原有剂型的基础上研制出系列新剂型、新品种，历经 30 多年时间，逐步开发构建了广源天药完整、庞大的产品群。如主打止血消炎的广源天药膏、广源天药酊，用于外伤止痛的广源天药气雾剂，具有止血功效的创可贴等。同时，广源天药深入挖掘创新以天然植物为原料的民族药物，成功研发出具有地方特色的新产品，如脑脉通口服液、宫血宁胶囊等。广源天药集团坚持稳老扶新，循序渐进地优化产品群结构，将自身独特的技术优势与多变的市场需求相结合，不断开发出新的高品质药品，赢得了消费者的信赖。

广源天药新产品开发最具代表性的产品是广源天药创可贴。2000 年，创可贴市场占领者国际品牌 BD 创可贴仅仅是一种卫生消毒材料，没有对伤口的止血和愈合的功效。而广源天药产品的药性具有很强的止血和愈合功效。如果将广源天药产品的药性与创可贴的功效结合起来，可与其他创可贴形成功能性差异。但是当时广源天药不具备生产透皮方面的技术，为了快速推出此类产品，广源天药选择暂时不进行自主研发，与国外创可贴企业合作，广源天药提供创可贴的敷料部分，国外企业负责成品生产。2001 年 3 月广源天药投资成立专业透皮研究部门，主要对创可贴进行研究开发，引进日本更先进的生产透皮技术，委托国内企业加工生产 8000 多万张，产量比 2000 年增长了近 100 倍。随后投资 300 万元建立广源天药创可贴生产线，并投资 2000 多万元组建医药电子商务公司，完善创可贴销售网络。2004 年广源天药创可贴年销售额达到 4000 万元。2006 年广源天药加大宣传攻势，着重宣传广源天药创可贴弥补了其他同类产品只能护理不能治疗的缺陷，彻底打破了 BD 独霸创可贴天下的局面，当年广源天药创可贴与 BD 创可贴的市场比率由 2000 年的 1 ∶ 10 涨到 1 ∶ 2.6。随后广源天药集团成立了主要生产经营透皮产品的事业部，并于 2011 年收购国内一家制药厂，作为与透皮事业部相配套的生产企业。2012 年广源天药创可贴销售额再创新高，达到 4 亿元。到目前为止，广源天药仍然是创可贴行业的翘楚。

资料二

广源天药没有止步于药品系列的开发。广源天药集团管理层考虑，一方面，广源天药集团进入国家基本药物目录的药品在价格上受到限制，招标采购模式也使得药品价格维持在一个较低的水平，毛利率较低；另一方面，一种药品从立项、临床报批到进入市场需要很长的周期和大量资金投入，进入市场的结果也存在着未知的风险。一旦产品销售不佳，会对广源天药集团产生较大影响。因此，广源天药集团希望开发非药品业务作为公司新的利润增长源泉，这样，一方面可以获得足够的资金支撑企业研发新的医药产品，另一方面也可以抵御医药市场的竞争压力，规避产业发展风险。此外，广源天药集团管理层还期望充分发挥企业在药品经营中各种有形资源和良好的品牌声誉优势，进一步扩大公司生存发展空间。

早在 2002 年，广源天药集团就开始进军日化产业。先从牙膏产品入手。一般传统牙膏的主要功能是解决牙齿防蛀和清洁问题，而 80% 左右的成年人或多或少都有口腔溃疡或者牙龈萎缩出血等问题。广源天药集团开始研发天药牙膏，利用天药的活性成分，开发出一种能够帮助消费者减轻牙龈出血等口腔问题的独特的药物牙膏。2004 年广源天药牙膏开始投放市场，市场反映良好。2005 年天药牙膏销售收入接近 8000 万元。在此基础上，广源天药集团又对产品进行不断改进和完善。2014 年广源天药牙膏销售额突破 19 亿元，在国内所有牙膏品牌中的市场份额位列第三。

开发广源天药牙膏的成功激励着企业进入其他日化领域。2008 年年初与日本高端品牌化妆品企业 S 公司签订化妆品转让技术，进行护肤类化妆品研究、开发、生产和销售。2010 年广源天药集团投资 500 万元组建健康产品事业部，主要进行健康护理产品类的生产经营。从 2009 年到 2014 年，公司相继推出健康类个人护理产品沐浴素、洗发水、护发素、面膜、护手霜、卫生棉等新产品。

从 2003 年以来国内房地产行业突飞猛进，房地产的巨大利润吸引了广源天药集团。2006 年广源天药集团投资成立 100% 控股的广源天药置业有限公司，主营房地产开发，注册资本 1000 万元。2011 年又成立了物业服务公司，为集团的房地产公司提供配套物业服务。2012 年集团又投资 38 亿元修建集旅游、休闲、养生、娱乐为一体的度假村。2013 年 7 月广源天药集团出售了广源天药置业有限公司的所有股份。

资料三

广源天药集团多元化经营的各个领域的经营状况呈现出多种不同态势。

（1）医药板块稳步增长。公司医药产品中已经有 6 种产品销量过亿元。其中最高的销售额超过 10 亿元。

（2）日化板块仅有牙膏一枝独秀，其他产品业绩不佳。2004~2014 年广源天药牙膏的销售额从 3000 万元上升到 19 亿元，成为广源天药集团利润增长的主要产品之一。然而，其他日化产品都销售不佳，发展势头萎靡不振。几种主要产品的市场占有率大大低于外资品牌，也低于国内其他著名品牌。目前市场上已经很少能看到广源天药的沐浴素、洗发水、护发素、面膜、护手霜等产品的踪迹。

究其原因，广源天药日化产品的开发和发展，虽然都能依托集团公司强势的品牌效应，但是，只有牙膏产品，能够将广源天药集团的核心竞争力真正体现出来。其一，广源天药牙膏运用公司的关键资源——广源天药粉的神奇功效，使得广源天药牙膏具有独特的治疗功能；其二，广源天药牙膏首先采用的销售渠道是医院和药房、网络销售渠道，随后才进入超市等渠道，这样有利于在产品问世时显现出药企的背景，让消费者觉得质量有保障，并且巧妙避开了与行业龙头的直接竞争，还可降低前期的销售费用。而其他日化产品因为其功能和特点无法体现广源天药粉的独特优势，所以难以成功。

（3）房地产板块经营不善。广源天药集团在2006年房地产行业发展热火朝天的大好形势下进入房地产行业，但是房地产业务与广源天药集团的主营业务不存在联系，在生产技术、市场、营销等方面无法产生协同效应。广源天药集团没有强大的资源和人才来支撑这个庞大的房地产业务体系，致使房地产业务在5年内4年都是严重亏损，侵蚀了集团的资源，占用了人力，还占据了企业大量资金。广源天药集团管理层没有审时度势和合理分析房地产业的未来走势，没有结合集团房地产业务连续数年亏损的实际和房地产整个行业的发展现状及时作出调整，却于2012年反其道而行耗资38亿元兴建度假村。直到2013年才出售广源天药置业有限公司退出不良业务。

近年来，广源天药集团由于多元化经营资源分散，不仅导致其在缺乏优势的产业中经营绩效不佳，而且对其主业带来了负面影响。2007~2014年广源天药集团有4种药品进入国家药监局不合格药品名单，其中影响最大的是2012年国内某省药监局查出广源天药胶囊的水分不合格，相关产品被召回，广源天药集团被列入医药企业黑名单。该省药物采购联合办公室取消了广源天药胶囊的中标权利和网上采购资格，并且在2013~2016年严格禁止广源天药胶囊进入该省基本药物统一招标采购目录。从2007年至2016年9年间，广源天药至少10次因为部分药品质量不合格、广告夸大疗效等原因导致负面消息，这些负面消息无疑给广源天药集团的企业形象和口碑造成不良的影响。

要求：

（1）依据市场营销组合的产品策略，简要分析广源天药集团医药板块产品组合策略的类型及产品开发的原因；

（2）简要分析广源天药集团开发广源天药创可贴过程中所实施的发展战略的几种途径；

（3）简要分析广源天药集团实施多元化战略的动因（优点）与风险；

（4）运用辨别企业核心能力的三个关键性测试，简要分析广源天药集团在医药板块、牙膏、其他日化产品、房地产四个领域是否具备核心能力；

（5）简要分析广源天药集团在医药板块、广源天药牙膏两个领域研发的类型、动力来源与研发定位；

（6）简要分析广源天药集团在经营中面临的运营风险。（2017年）

历年经典主观题参考答案及解析

使用“会计云课堂”App 或“微信”扫码对答案、看解析、
掌握解题思路，开启轻松过关之旅。

一、简答题

1.【答案】

（1）依据《企业内部控制应用指引第 14 号——财务报告》，煌水乳业财务报告所存在的主要风险：

①编制财务报告违反会计法律法规和国家统一的会计准则制度，可能导致企业承担法律责任和声誉受损。“煌水乳业在 2014 年 4~6 月向迪科种业公司累计购买约 685 万元的种子，这笔交易并未在中期报告中及时披露，而在后期发现执行董事于坤间接持有迪科种业公司的控股权，该收购行为被证明为关联交易。2014 年 12 月 23 日，煌水乳业将其当年 4 月建立的子公司富浩股份转让予新成立的兴旺畜牧公司，后者由刘冰个人 100% 控股。然而此次交易不具有正当的商业理由，且煌水乳业 2015 年财务报告并未披露此次处置子公司的作价，业内人士质疑煌水乳业建立富浩公司的目的很可能就是利用关联方转移资产”。

②提供虚假财务报告，误导财务报告使用者，造成决策失误，干扰市场秩序。“2016 年 12 月 16 日，一家国际著名调查机构发布做空煌水乳业的报告，指出煌水乳业在苜蓿草和产奶量等方面数据造假。随后数月，国内一家银行审计发现，煌水乳业大量单据造假，将账上 30 亿资金转出投资房地产，无法收回”。

③不能有效利用财务报告，难以及时发现企业经营管理中存在的问题，可能导致企业财务和经营风险失控。“煌水乳业在 2016 年 3 月报表中显示公司流动资金充足，并对企业的持续经营能力表示肯定。然而 2016 年度的财务报表显示，煌水乳业 2016 年的经营活动在收入、成本、借款等方面存在不实问题，企业未来的持续经营能力存在重大不确定性，财务报表存在重大错报风险”。

（2）依据《企业内部控制应用指引第 1 号——组织架构》，煌水乳业存在的主要风险：

①治理结构形同虚设，缺乏科学决策、良性运行机制和执行力，可能导致企业经营失败，难以实现发展战略。“煌水乳业自上市以来，董事会主席兼 CEO 的张凯始终维持公司最大股东身份，对公司具有绝对的控制和管理权力，掌控公司所有的重大事项决策权，并直接负责公司所有业务的运营和管理”。

②内部机构设计不科学，权责分配不合理，可能导致机构重叠、职能交叉或缺失、推诿扯皮，运行效率低下。“煌水乳业未设置监事会，监事会的职能主要由审计委员会以及独立董事履行……煌水乳业的独立董事及其聘用的会计师事务所都没有严格履行其对公司财务报告审核监督的责任”。

（3）公司内部治理结构是指主要涵盖股东大会、董事会（监事会）、高级管理团队以及公司员工之间责权利相互制衡的制度体系。

①股东大会（股东）。煌水乳业公司所存在的主要缺陷："董事会主席兼 CEO 的张凯始终维持公司最大股东身份，对公司具有绝对的控制和管理权力，掌控公司所有的重大事项决策权，并直接负责公司所有业务的运营和管理"。

②董事会。煌水乳业公司所存在的主要缺陷："董事会主席兼 CEO 的张凯始终维持公司最大股东身份，对公司具有绝对的控制和管理权力（三者集中于一人，缺乏制衡）""煌水乳业的独立董事中王光和李良都曾是 BM 会计师事务所的合伙人，而煌水乳业一直以来聘用 BM 事务所进行外部审计，会计师事务所的合伙人任职客户公司重要岗位，削弱了注册会计师的独立性""煌水乳业的审计委员会由 3 名独立非执行董事组成。年报公布的审计委员会两次会议显示，审计费用以及年度和半年度的财务报告审计均被顺利通过，并未发现财务报表和审计过程中存在的诸多问题，审计委员会并没有尽到应尽的职责（审计委员会是董事会下设的专门委员会）"。

③监事会。煌水乳业公司所存在的主要缺陷："煌水乳业未设置监事会，监事会的职能主要由审计委员会以及独立董事履行"。

④经理层。煌水乳业公司所存在的主要缺陷："董事会主席兼 CEO 的张凯始终维持公司最大股东身份，对公司具有绝对的控制和管理权力"（三者集中于一人，缺乏制衡）。

2.【答案】

（1）①合规风险。"达达顺风车连续两次发生了女乘客被车主杀害事件，引发社会舆论轩然大波。有关政府部门在第一时间约谈'达达出行'，责令全面整改""国内一家主流报刊发文评论，'生命安全是人类最基本的需求，网络平台不能把资本思维凌驾于公共利益之上'"。

②法律风险。"'达达出行'承诺给予被害者巨额赔偿"。

（2）"达达出行"实施收缩战略的原因是被动原因中的内部环境原因，企业或企业某项业务经营陷入困境，失去竞争优势。"这一思路给达达顺风车业务带来灾难性的后果。2018 年 5 月和 8 月，达达顺风车连续两次发生了女乘客被车主杀害事件，引发社会舆论轩然大波……'达达出行'发布公告，自 8 月 27 日起下线全国顺风车业务，进行内部整改"。

"达达出行"实施收缩战略的方式：

①紧缩与集中战略中的机制变革。

a. 制定新的政策和建立新的管理控制系统。"完善安全管理控制体系"。

b. 改善激励机制与约束机制。"改善激励机制与约束机制，打造友善出行环境"。

②转向战略。

a. 重新定位或调整现有的产品和服务。"调整产品定位和属性。坚决摒弃社交思路，回归顺风车'顺路'属性"。

b. 调整营销策略。"达达顺风车为用户每次行程免费提供最高 120 万元 / 人保额的驾乘人员意外险"。

3.【答案】

（1）①产品或服务的价格及供需变化带来的风险。"受 2008 年美国次贷危机和 2011 年欧债危机影响，欧美国家和地区纷纷大幅削减甚至取消光伏补贴，光伏产品国际市场需求急剧萎缩。随后欧盟对中国光伏产品发起‘反倾销、反补贴’调查，光伏企业出口遭受重创。而全行业的非理性发展已经导致产能严重过剩，市场供大于求”。

②主要客户、主要供应商的信用风险。“欧盟经济低迷，海外客户还款能力下降”。

③税收政策和利率、汇率、股票价格指数的变化带来的风险。“欧元汇率下跌。存货跌价损失、汇兑损失、坏账准备的计提使严重依赖海外市场的益强公司出现大额亏损”。

④潜在进入者、竞争者、与替代品的竞争带来的风险。“而全行业的非理性发展已经导致产能严重过剩，市场供大于求，企业间开始以价格战展开恶性竞争，利润急速下降，甚至亏损”。

（2）发展战略过于激进，脱离企业实际能力或偏离主业，可能导致企业过度扩张，甚至经营失败。“在资本市场获得大额融资的同时，益强公司开始了激进的扩张之路。从横向看，为了扩大市场份额，益强公司在欧美多个国家投资或设立子公司；从纵向看，益强公司布局光伏全产业链，实施纵向一体化发展战略，由产业中游的组件生产，延伸至上游的硅料和下游的电站领域。益强公司还大举投资房地产、炼油、水处理和 LED 显示屏等项目”。

（3）①筹资决策不当，引发资本结构不合理或无效融资，可能导致企业筹资成本过高或债务危机。“为了支持其扩张战略，益强公司多方融资。公司上市仅几个月便启动第二轮融资计划——发行债券，凭借建设海外电站的愿景，通过了管理部门的审批，发行 10 亿元的‘益强债’，票面利率为 8.98%，在当年新发债券中利率最高。自 2011 年 2 月起，李自及其女儿李丽陆续以所持股份作抵押，通过信托融资约 9.7 亿元，同时益强公司大举向银行借债。李自还发起利率高达 15% 的民间集资。这样，益强公司在上市后三年内，通过各种手段融资近 70 亿元”。

②投资决策失误，引发盲目扩张或丧失发展机遇，可能导致资金链断裂或资金使用效益低下。“在这种情况下，益强公司仍执着于多方融资扩大产能，致使产品滞销库存积压。同时，在海外大量投资电站致使公司的应收账款急速增加。欧盟经济低迷，海外客户还款能力下降，欧元汇率下跌。存货跌价损失、汇兑损失、坏账准备的计提使严重依赖海外市场的益强公司出现大额亏损。公司把融资筹措的大量短期资金投放于回款周期很长的电站项目，投资回报期和债务偿付期的错配使公司的短期还款压力巨大，偿债能力逐年恶化”。

③资金调度不合理、营运不畅，可能导致企业陷入财务困境或资金冗余。“公司把融资筹措的大量短期资金投放于回款周期很长的电站项目，投资回报期和债务偿付期的错配使公司的短期还款压力巨大，偿债能力逐年恶化。2010 年公司的流动比率为 3.165，到了 2013 年只有 0.546。公司资金只投不收的模式使现金流很快枯竭”。

4.【答案】

（1）P 公司近年来在 C 国所面临的市场风险主要体现在以下几个方面：

①产品或服务的价格及供需变化带来的风险。“中产阶级崛起，追求品质、个性化成为时代潮流。面对市场需求的变化，C 国日化用品市场的竞争日趋激烈，威胁着 P 公司的霸主地位”。

②潜在进入者、竞争者、与替代品的竞争带来的风险。“日化用品行业其他几家国际知名品牌企业都开足马力开发 C 国市场。例如，2011 年 H 国 A 公司首次将其旗下的高端品牌主打产品草药护肤雪花霜引入 C 国，火速完成在 C 国一线城市各高端商场的铺货，大大分流了与该产品定位相同的 P 公司旗下 S 品牌产品的市场份额。以往受到 P 公司挤压排斥的

C 国日化用品本土品牌，纷纷开发具有本土特色的产品，狙击 P 公司。众多品牌一拥而上，在消费者选择多样化的新形势下，P 公司的产品不再那么不可替代。C 国本土品牌的优势还在需求量增长更快的三至六线城市渠道布局中显现出来。本土品牌与个体或连锁的日化商店已有多年合作的积累，这种人情构建的渠道排他性很强”。

（2）P 公司近年来在 C 国所面临的运营风险主要体现在以下几个方面：

①企业产品结构、新产品研发可能引发的风险。“面对消费者需求的巨大变化和市场日趋激烈的竞争，P 公司的反应却很迟钝”“在 C 国市场开发高品质、个性化的新产品严重滞后”“P 公司是世界上第一家生产合成洗衣粉的企业，然而第一个将洗衣液带入 C 国市场的却是名不见经传的 C 国本土品牌 L 洗衣液……P 公司在洗衣液这个本该属于自己的 C 国市场迟到了 4 年”。

②企业新市场开发，市场营销策略（包括产品或服务定价与销售渠道，市场营销环境状况等）可能引发的风险。“C 国本土品牌的优势还在需求量增长更快的三至六线城市渠道布局中显现出来”“在广告营销方面，P 公司也未能将其在国外市场的成功经验移植到 C 国市场。尽管长期以来，P 公司的广告在 C 国各大主流卫视的屏幕上保持着较高的出镜率，但 P 公司近年来除了常规的电视广告投放外，很少出现让人印象深刻的广告设计”“C 国消费渠道迎来巨变，线上消费渠道占据主流地位。而 P 公司在 C 国大量的线下渠道布局，不仅不再是优势，反而成了累赘，利益干扰成了 P 公司线上布局的阻力”。

③企业组织效能、管理现状、企业文化，高、中层管理人员和重要业务流程中专业人员的知识结构、专业经验等方面可能引发的风险。“P 公司管理层认为 C 国的中产阶级是一群‘节俭的中产阶级’，因而在 C 国市场开发高品质、个性化的新产品严重滞后”“P 公司总部认为，从 U 国消费者的消费习惯看，从使用洗衣粉过渡到使用洗衣液用了近 30 年的时间，C 国这一过程至少也需要 20 年……P 公司在洗衣液这个本该属于自己的 C 国市场迟到了 4 年”。

④因企业内、外部人员的道德风险或业务控制系统失灵导致的风险。“P 公司在 C 国大量的线下渠道布局，不仅不再是优势，反而成了累赘，利益干扰成了 P 公司线上布局的阻力”。

⑤企业现有业务流程和信息系统操作运行情况的监管、运行评价及持续改进能力方面引发的风险。“在 P 公司链条过长、结构过于精密、近于僵化的决策系统指挥下，P 公司在洗衣液这个本该属于自己的 C 国市场迟到了 4 年”。

5.【答案】

（1）四水集团存在的公司治理问题的类型是经理人对于股东的“内部人控制”问题。主要表现：

①信息披露不完整、不及时。“未按规定披露重大关联交易……根据证监会的规定，这些交易属于应当在年报中披露的重大关联交易。但是，四水集团均未在这两年的年度报告中披露上述重大关联交易”。

②工资、奖金等收入增长过快，侵占利润。“通过派发高额工资等方式变相占用上市公司非经营性资金。四水集团近年来效益很不佳，连续多年没有分红，公司股价也一直处于低迷状态。然而，2011~2013 年，包括董事长在内的公司高管人数分别为 17 名、19 名和 16 名，合计从公司领走 1317 万元、1436 万元和 1447 万元薪酬，均超过同期四水集团归属于母公司股东的净利润水平”。

③侵占资产，转移资产。“违规在关联公司间进行频繁的资金拆借，非法占用上市公司资金”“连续多年向公司董事、监事和高级管理人员提供购房借款”。

（2）依据《企业内部控制应用指引第6号——资金活动》，四水集团资金活动须关注的主要风险：

①资金活动管控不严，可能导致资金被挪用、侵占、抽逃或遭受欺诈。“违规在关联公司间进行频繁的资金拆借，非法占用上市公司资金”“连续多年向公司董事、监事和高级管理人员提供购房借款”“利用上市公司信用为关联公司进行大量违规担保……一旦这些巨额贷款到期无法偿还，四水集团就必须承担起还款的责任”。

②资金调度不合理、营运不畅，可能导致企业陷入财务困境或资金冗余。“违规在关联公司间进行频繁的资金拆借……2012年4月至2014年8月，向关联公司H贸易公司、F公司拆借和垫付资金6笔，共27250万元”“公司2011~2014年的经营状况不佳，扣除非经常性损益后的净利润出现连续大额亏损的状况”“公司连续多年资产负债率高达70%以上，且流动资产和流动负债相差无几，财务风险很大”。

【名师点题】本题在解答时一定要认真审题，题干的资料主要叙述的是高管层的相关资料，没有明确提及公司终极股东（控股股东、实际控制人）的相关资料。因此，涉及的是经理人对于股东的“内部人控制”问题，而不是依据其表现形式盲目判断为终极股东对于中小股东的“隧道挖掘”问题。

二、综合题

1.【答案】

（1）经营哲学是公司为其经营活动方式所确立的价值观、基本信念和行为准则，是企业文化的高度概括。翔鹤公司战略调整前“产品的宣传定位是‘一贯的让消费者放心的好奶粉’”，为了实现“与外资品牌‘错位经营’，在外资品牌经营的薄弱环节开辟新的生存发展空间。翔鹤公司将产品的宣传定位调整为‘更适合中国宝宝体质’，并强化‘一方水土养一方人’的观点，以此作为价值理念持续教育消费者”。

（2）从竞争对手能力分析考察，翔鹤公司与外资品牌“错位经营”的主要着眼点有两个：

①产品。每个细分市场中，用户眼中产品的地位。“在外资品牌经营的薄弱环节开辟新的生存发展空间。翔鹤公司将产品的宣传定位调整为‘更适合中国宝宝体质’，并强化‘一方水土养一方人’的观点，以此作为价值理念持续教育消费者”。

②代理商/分销渠道。渠道的覆盖面和质量。“外资品牌在国内的优势在于一二线城市的线上市场……翔鹤公司提早布局，成为最早布局母婴店的品牌……翔鹤公司加大在三四线城市的渠道布局，其业务人员扎根市场，结合当地实际情况开展各类工作，而很多外资品牌对三四线城市的渠道布局却完全浮于表面”。

（3）翔鹤公司所采用的竞争战略的类型是差异化战略。“翔鹤奶粉在采用高端定价的同时，采取多项战略举措，不断提升产品竞争力”。

实施条件——市场情况：

①产品能够充分地实现差异化，且为顾客所认可。“婴幼儿奶粉是乳品中科技含量最高的品类，年轻妈妈们对产品质量与品牌的敏感度远远高于产品价格”。

②顾客的需求是多样化的。“伴随着消费升级，奶粉市场呈现出多样化的需求”。

③企业所在产业技术变革较快，创新成为竞争的焦点。“一批质量上乘、技术创新能力高的外资品牌奶粉乘虚而入，占据了婴幼儿奶粉的绝大部分市场份额”“婴幼儿奶粉是乳品中科技含量最高的品类”。

实施条件——资源和能力：

①具有强大的研发能力和产品设计能力。“坚持科技创新，专注于研究母乳营养和中国宝宝的体质。翔鹤公司研发投入占比处于行业前列。翔鹤公司联合国内科研单位共建创新中心，承接国家重大科研项目。公司凭借其优质奶源优势、采用湿法工艺（即用鲜奶直接制成）开发生产的新产品，已经连续5年获得了世界品质评鉴大会金奖，这个奖项堪称食品界的诺贝尔奖”。

②具有很强的市场营销能力。“投重金铸造品牌形象和强大的营销能力。翔鹤公司每年花费十几亿广告宣传费用；举办数十万场‘妈妈班’，1/3以上的中国孕妈被翔鹤公司面对面灌输品牌优势；在全国各地设置10万多家网点，3万多门店配备导购；公司拥有1100余名经销商，通过单层经销模式对经销商进行扁平结构管理，经销商资金周转率高于其代理的其他内资和外资品牌”。

③有能够确保激励员工创造性的激励体制、管理体制和良好的创造性文化。“构建坚守使命、专注专一的企业精神。翔鹤公司80%以上的中层人员都是自己培养的，公司以健全的激励体制和良好的企业文化造就强大的团队凝聚力。翔鹤公司基层员工、销售人员节假日还在奔走忙碌是家常便饭”。

④具有从总体上提高某项经营业务的质量、树立产品形象、保持先进技术和建立完善分销渠道的能力。“翔鹤奶粉在采用高端定价的同时，采取多项战略举措，不断提升产品竞争力……扎根于北纬47度黄金奶源带，实现牧草种植、奶牛养殖、生产加工全产业链一体化管理和经营”“专注深耕于乳制品业、历经59年重重考验的翔鹤乳业，仍旧秉承着其踏踏实实的长期主义精神，迎接新的竞争洗礼”。

（4）①有形资源。“扎根于北纬47度黄金奶源带，实现牧草种植、奶牛养殖、生产加工全产业链一体化管理和经营”“翔鹤公司研发投入占比处于行业前列。翔鹤公司联合国内科研单位共建创新中心，承接国家重大科研项目”“翔鹤公司每年花费十几亿广告宣传费用……在全国各地设置10万多家网点，3万多门店配备导购；公司拥有1100余名经销商”“2020年在自然条件极其优质的J国JS地区建造牛奶及羊奶婴幼儿配方奶粉生产设施并投产”。

②无形资源。“翔鹤公司将产品的宣传定位调整为‘更适合中国宝宝体质’，并强化‘一方水土养一方人’的观点，以此作为价值理念持续教育消费者。经过几年的努力，这一理念逐步在消费者心中形成了翔鹤品牌独特优势的认知”“公司凭借其优质奶源优势、采用湿法工艺（即用鲜奶直接制成）开发生产的新产品，已经连续5年获得了世界品质评鉴大会金奖，这个奖项堪称食品界的诺贝尔奖”。

③人力资源。“翔鹤公司80%以上的中层人员都是自己培养的，公司以健全的激励体制和良好的企业文化造就强大的团队凝聚力。翔鹤公司基层员工、销售人员节假日还在奔走忙碌是家常便饭”。

（5）①密集型战略。

a. 市场渗透战略——现有产品和现有市场。“专注深耕于乳制品业、历经59年重重考验的翔鹤乳业，仍旧秉承着其踏踏实实的长期主义精神，迎接新的竞争洗礼”。

b. 市场开发战略——现有产品和新市场。“翔鹤公司加大在三四线城市的渠道布局”。

c. 产品开发战略——新产品和现有市场。“公司凭借其优质奶源优势、采用湿法工艺（即用鲜奶直接制成）开发生产的新产品，已经连续5年获得了世界品质评鉴大会金奖，这个奖项堪称食品界的诺贝尔奖”。

②一体化战略。

a. 纵向一体化战略。"扎根于北纬47度黄金奶源带，实现牧草种植、奶牛养殖、生产加工全产业链一体化管理和经营""2018年，翔鹤乳业公司完成了对U国第三大营养健康补充剂公司VW公司的收购，实现其在大健康产业新的拓展"。

b. 横向一体化战略。"2020年在自然条件极其优质的J国JS地区建造牛奶及羊奶婴幼儿配方奶粉生产设施并投产"。

（6）翔鹤公司海外布局国际化经营的动因：

①寻求资源。"2020年在自然条件极其优质的J国JS地区建造牛奶及羊奶婴幼儿配方奶粉生产设施并投产"。

②寻求现成资产。"2018年，翔鹤乳业公司完成了对U国第三大营养健康补充剂公司VW公司的收购，实现其在大健康产业新的拓展"。

翔鹤公司海外布局所采用的发展战略的途径：

①外部发展（并购）。"2018年，翔鹤乳业公司完成了对U国第三大营养健康补充剂公司VW公司的收购"。

②内部发展（新建）。"2020年在自然条件极其优质的J国JS地区建造牛奶及羊奶婴幼儿配方奶粉生产设施并投产"。

（7）①毛利率=[（营业收入－销售成本）/营业收入]×100%

②存货周转期=存货×365/销售成本

③速动比率=（流动资产－存货）/流动负债×100%

④负债率=有息负债/股东权益×100%

⑤已动用资本报酬率（ROCE）=（息税前利润/当期平均已动用资本）×100%

（8）①产品或服务的价格及供需变化带来的风险。"尽管国内迎来了二孩政策，但出生人口仍然持续下滑，并没有给乳业奶粉市场带来人们期盼的更大的发展空间""新生代孕产妇大多是90后的新妈妈，这个群体相对更有品牌意识，习惯网购，在一二线城市的消费者尤其明显。这对于前期致力于打造三四线城市线下渠道优势的翔鹤等国内品牌而言，如果不能努力在一二线城市消费者心中树立优质的线上品牌形象，也难以开拓新的市场空间"。

②税收政策和利率、汇率、股票价格指数的变化带来的风险。"一家海外沽空机构在其官网发布了针对翔鹤的做空报告，认为翔鹤公司自2014年以来成倍地增长，存在诸多不可确定性，质疑其未来发展可持续性"。

③潜在进入者、竞争者、与替代品的竞争带来的风险。"翔鹤公司领导层更加清醒地意识到国产乳业品牌与外资品牌的较量仍然任重道远。除了要应对在资本市场上各类不怀好意的做空外，未来行业可能还面临更为激烈的竞争""国内婴幼儿奶粉市场前五名仍然被外资品牌占据，外资品牌相对于国产品牌的强势地位还没有根本改变。翔鹤公司近年来的发展主要是抢占了国内其他中小品牌的市场份额，下一步要夺回被外资品牌占领的份额难度不可低估"。

2.【答案】

（1）①无人机新兴产业内部结构的共同特征：

a. 技术的不确定性。"在2006年1月成功做出了第一台样品，并在航拍爱好者中广受好评""航拍爱好者购买了天志直升机后，相机还要另外购买，使用比较麻烦，而且产品价格过高，天志公司的新技术很难迅速推广”“天志公司的无人机产品和技术使得更多的人获得了认识世界的全新视角……开辟了一个又一个新的发展空间”。

b. 战略的不确定性。“天志公司的无人机产品和技术使得更多的人获得了认识世界的全新视角，让人们从地面的二维平面上升到三维空间去观察思考，其产品和技术也因此点燃了更多领域的创新。影视航拍、农业、能源、电力、测绘、安防等产业与无人机产业深度融合，天志公司的无人机技术成为这些产业创新所依赖的‘基础设施’”。

c. 成本的迅速变化。“天志公司的技术很快就获得了业界认可，一个单品在当时卖到了 20 万元的售价……而且产品价格过高，天志公司的新技术很难迅速推广”“随着生产技术的不断成熟，产品价格日趋下降”。

d. 萌芽企业和另立门户。“王浩开始了自主创业，他同两位一起做实验课题的伙伴，共同创立了天志公司”。

e. 首次购买者。“终于在 2012 年，天志精灵 PH1 横空出世，高度的集成一体化很快就获得了第一批消费者的认可”。

②天志公司在无人机新兴产业中的战略选择：

a. 塑造产业结构。“天志公司开始了相机飞机一体化的研发设计，终于在 2012 年，天志精灵 PH1 横空出世”“产品价格日趋下降”“牢牢锁定无人机市场的霸主地位”“天志公司的无人机技术成为这些产业创新所依赖的‘基础设施’”。

b. 正确对待产业发展的外在性。“天志公司的无人机技术成为这些产业创新所依赖的‘基础设施’。在这一过程中，天志公司与各产业中的专业人员密切合作，优势互补，开辟了一个又一个新的发展空间”“全球有约 10 万名无人机技术开发者通过天志公司的平台完成各种各样的开发项目，有些项目远远超出了人们想象，伴随而至的是对天志公司技术深化及制造管理提出新的任务和要求”。

c. 注意产业机会与障碍的转变，在产业发展变化中占据主动地位。“中国的直升机自主悬停技术在天志公司取得突破性的进展”“天志公司的无人机产品和技术使得更多的人获得了认识世界的全新视角，让人们从地面的二维平面上升到三维空间去观察思考，其产品和技术也因此点燃了更多领域的创新。影视航拍、农业、能源、电力、测绘、安防等产业与无人机产业深度融合，天志公司的无人机技术成为这些产业创新所依赖的‘基础设施’。在这一过程中，天志公司与各产业中的专业人员密切合作，优势互补，开辟了一个又一个新的发展空间”。

d. 选择适当的进入时机与领域。“2008 年，第一个较为成熟的直升机飞行系统 XP3.1 在天志公司问世，中国的直升机自主悬停技术在天志公司取得突破性的进展”“牢牢锁定无人机市场的霸主地位”。

（2）①它对顾客是否有价值？“高度的集成一体化很快就获得了第一批消费者的认可，引爆了整个无人机领域的使用需求”“天志公司的无人机产品和技术使得更多的人获得了认识世界的全新视角，让人们从地面的二维平面上升到三维空间去观察思考，其产品和技术也因此点燃了更多领域的创新”。

②它与企业竞争对手相比是否有优势？“天志公司从此走上无人机领域的巅峰”“牢牢锁定无人机市场的霸主地位”。

③它是否很难被模仿或复制？“由于天志公司技术和管理的不断深化和创新，竞争对手不易模仿，更难以超越”。

天志公司在无人机产业同时满足三个关键性测试，具备核心能力。

（3）①研发类型属于产品研究——新产品开发。“中国的直升机自主悬停技术在天志公司取得突破性的进展”。

②研发的动力来源既属于“技术推动”。“中国的直升机自主悬停技术在天志公司取得突破性的进展”。又属于“需求拉动”。“天志公司的无人机产品和技术使得更多的人获得了认识世界的全新视角，让人们从地面的二维平面上升到三维空间去观察思考，其产品和技术也因此点燃了更多领域的创新。影视航拍、农业、能源、电力、测绘、安防等产业与无人机产业深度融合，天志公司的无人机技术成为这些产业创新所依赖的‘基础设施’”。

③研发定位属于成为向市场推出新技术产品的企业。“中国的直升机自主悬停技术在天志公司取得突破性的进展”“天志公司从此走上无人机领域的巅峰”“牢牢锁定无人机市场的霸主地位”。

④依据研发的战略作用，研发支持安索夫矩阵的四个战略象限。

可以通过产品求精来实现市场渗透战略和市场开发战略。“天志公司从此走上无人机领域的巅峰”“在全球范围内，已有越来越多的用户使用天志公司的产品和解决方案”。

产品开发战略和产品多元化需要更显著的产品创新。“天志公司的无人机产品和技术使得更多的人获得了认识世界的全新视角，让人们从地面的二维平面上升到三维空间去观察思考，其产品和技术也因此点燃了更多领域的创新。影视航拍、农业、能源、电力、测绘、安防等产业与无人机产业深度融合，天志公司的无人机技术成为这些产业创新所依赖的‘基础设施’。在这一过程中，天志公司与各产业中的专业人员密切合作，优势互补，开辟了一个又一个新的发展空间”。

（4）①重新界定产业的买方群体。“天志公司的无人机技术成为这些产业创新所依赖的‘基础设施’”。

②放眼互补性产品或服务。“影视航拍、农业、能源、电力、测绘、安防等产业与无人机产业深度融合”“在2017年推出了能够执行电力巡逻任务的经纬M200系列无人机平台”“研发制造出用来进行农业植保作业的无人机”“使用便携式无人机进行民航客机的检修”。

③重设客户的功能性或情感性诉求。“航拍爱好者购买了天志直升机后，相机还要另外购买，使用比较麻烦，而且产品价格过高，天志公司的新技术很难迅速推广。天志公司开始了相机飞机一体化的研发设计，终于在2012年，天志精灵PH1横空出世，高度的集成一体化很快就获得了第一批消费者的认可，引爆了整个无人机领域的使用需求”。

④跨越时间参与塑造外部潮流。“天志公司的无人机产品和技术使得更多的人获得了认识世界的全新视角，让人们从地面的二维平面上升到三维空间去观察思考，其产品和技术也因此点燃了更多领域的创新”。

（5）天志公司存在的运营风险：

①企业组织效能、管理现状、企业文化，高、中层管理人员和重要业务流程中专业人员的知识结构、专业经验等方面可能引发的风险。“公司治理结构相对混乱”“‘重结果，轻人才’的管理模式”。

②质量、安全、环保、信息安全等管理中发生失误导致的风险。“2017年一名安全研究员在天志公司的网络安全方面发现了一个非常严重的漏洞。这个漏洞会导致天志公司的所有旧密钥毫无用处，从而可能造成天志公司服务器上的用户信息、飞行日志等私密信息能够被下载”。

③因企业内、外部人员的道德风险或业务控制系统失灵导致的风险。“在公司运作的各个领域（采购、财务、研发设计、工厂制造、行政管理以及销售）均出现了舞弊行为，可见

这次串通勾结行为范围极广，危害程度极大”。

④企业现有业务流程和信息系统操作运行情况的监管、运行评价及持续改进能力方面引发的风险。“缺乏内部信息的披露。作为一家非上市的民营企业，天志公司没有对外披露重大事项的要求和压力，导致公司内部治理缺乏良性运行和监督机制，在信息不对称的情况下，舞弊、泄密等问题极易产生”。

（6）天志公司须关注的组织架构的主要风险：

①治理结构形同虚设，缺乏科学决策、良性运行机制和执行力，可能导致企业经营失败，难以实现发展战略。“天志公司领导层面对业务的迅速扩张，将注意力集中在极力扩大经营规模、追求足够的市场份额和企业利润，而忽略组织内部治理，致使腐败、泄密等问题频繁产生”。

②内部机构设计不科学，权责分配不合理，可能导致机构重叠、职能交叉或缺失、推诿扯皮，运行效率低下。“产品在开发时由两个团队分头去做，谁的产品好就用谁的，产品未被选用的团队会被公司淘汰。这一管理模式带来诸多问题，如研发过程中两个团队恶性竞争、人才流失严重、被选用的团队为防以后被淘汰而滋生腐败动机等”。

（7）天志公司须关注的人力资源的主要风险：

①人力资源缺乏或过剩、结构不合理、开发机制不健全，可能导致企业发展战略难以实现。“赛马机制一直是团队竞争发展的管理模式……‘重结果，轻人才’的文化氛围大大地降低了员工的归属感，难以形成凝聚力、向心力”。

②人力资源激励约束制度不合理、关键岗位人员管理不完善，可能导致人才流失、经营效率低下或关键技术、商业秘密和国家机密泄露。“产品在开发时由两个团队分头去做，谁的产品好就用谁的，产品未被选用的团队会被公司淘汰。这一管理模式带来诸多问题，如研发过程中两个团队恶性竞争、人才流失严重、被选用的团队为防以后被淘汰而滋生腐败动机等”。

③人力资源退出机制不当，可能导致法律诉讼或企业声誉受损。“产品未被选用的团队会被公司淘汰。这一管理模式带来诸多问题，如研发过程中两个团队恶性竞争、人才流失严重、被选用的团队为防以后被淘汰而滋生腐败动机……离职员工对天志公司负面评价很多”。

（8）天志公司须关注的采购业务的主要风险：

①供应商选择不当，采购方式不合理，招投标或定价机制不科学，授权审批不规范，可能导致采购物资质次价高，出现舞弊或遭受欺诈。“让供应商报底价，然后伙同供应商往上加价，加价部分双方按比例分成”“利用手中权力，以技术规格要求为由指定供应商或故意以技术不达标把正常供应商踢出局，让可以给回扣的供应商进短名单，长期拿回扣”“以降价为借口，淘汰正常供应商，让可以给回扣的供应商进短名单并做成独家垄断，然后涨价，双方分成”“利用内部信息和手中权力与供应商串通收买验货人员，对品质不合格的物料不进行验证，导致质次价高的物料长期独家供应”“内外勾结，搞皮包公司，利用手中权力以皮包公司接单，转手把单分给工厂，中间差价分成”。

②采购验收不规范，付款审核不严，可能导致采购物资、资金损失或信用受损。“在 2018 年由于公司供应链贪腐造成平均采购价格超过合理水平 20% 以上，保守估计造成超过 10 亿元人民币损失。在公司运作的各个领域（采购、财务、研发设计、工厂制造、行政管理以及销售）均出现了舞弊行为，可见这次串通勾结行为范围极广，危害程度极大”。

3.【答案】

（1）①具有强大的研发能力和产品设计能力。“力益公司创立之初就推崇‘小而美’的策略，致力于开发优质的 MP3 产品……其产品成为国产 MP3 高品质的代表，也因此拥有了大量忠实用户，并创造了国内 MP3 历史上多个‘第一’”“力益公司开始在智能手机领域投入全部的精力，致力开发高端智能手机”“力益公司的智能手机新品种在不断创新中脱颖而出”。

②具有很强的市场营销能力。“力益公司强化营销体系建设，在实施多重营销策划方案的同时，不断扩展专卖店和维修中心。2013 年力益公司国内专卖店数量超过 1000 家，维修中心数量突破 100 家”。

③有能够确保激励员工创造性的激励体制、管理体制和良好的创造性文化。“力益公司内部采取员工股票和期权激励制度，吸引和鼓励更多人才致力于公司的技术和产品创新”。

④具有从总体上提高某项经营业务的质量、树立产品形象、保持先进技术和建立完善分销渠道的能力。“力益公司创立之初就推崇‘小而美’的策略，致力于开发优质的 MP3 产品。张煌对于上市产品的审核标准十分苛刻，多款开发的产品因‘不够完美’被否定”“力益公司延续着做 MP3 产品时的策略，崇尚‘小而美’，不追求扩大市场份额，专注制造精品”。

（2）①力益公司对高端 MP3 和高端智能手机的研发类型属于产品研究——新产品开发。“进军国内需求旺盛的 MP3 播放器市场，推出力益公司的开山之作 MX 系列”“力益公司开始在智能手机领域投入全部的精力，致力开发高端智能手机”。

②力益公司对高端 MP3 和高端智能手机研发的动力来源类型属于需求拉动。“进军国内需求旺盛的 MP3 播放器市场”“进入 2007 年，国内 MP3 市场盛极而衰。此时，力益公司破釜沉舟地放弃了国内 MP3 市场领头羊的地位，转向互联网智能手机的研发”。

③力益公司对高端 MP3 和高端智能手机的研发定位属于成为成功产品的创新模仿者。“进军国内需求旺盛的 MP3 播放器市场，推出力益公司的开山之作 MX 系列”“力益公司开始在智能手机领域投入全部的精力，致力开发高端智能手机”。

（3）①与电信运营商密切程度高、营销力度高的群组，包括“华夏”；

②与电信运营商密切程度高、营销力度低的群组，包括“中旺”“盟进”“联展”；

③与电信运营商密切程度低、营销力度高的群组，包括“OO”“VV”“XM”；

④与电信运营商密切程度低、营销力度低的群组，包括“力益”。

（4）①狭小的目标市场导致的风险。“力益公司逐渐失去市场份额，成为一个小众品牌”“在规模经济显著且已进入成熟期的产业中，产品差异逐渐变小，投资者和供应链都开始拒绝‘小而美’。小众厂商如果无法拿出很好的企划方案，很难说服投资方。而新一轮的手机技术竞争，大量投入，才能够做高端产品，消费者也情愿为高端产品买单”。

②购买者群体之间需求差异变小。“在规模经济显著且已进入成熟期的产业中，产品差异逐渐变小”。

（5）①产品策略。2009~2014 年，“崇尚‘小而美’，不追求扩大市场份额，专注制造精品”“公司一年只开发上市两部精品手机”；2015 年以后，“实施机海战术，全面扩大产品线。2015 年全年，力益公司发布了 6 款手机，覆盖了高中低三种不同档次和价格的产品线”。

②促销策略。2009~2014 年，“广告投入……停滞不前”；2015 年以后，“运用新的投资，扩张线下门店，广告、公关宣传等营销手段在线上线下全面展开”。

③分销策略。2009~2014 年，“渠道建设也停滞不前”；2015 年以后，“运用新的投资，扩

张线下门店，广告、公关宣传等营销手段在线上线下全面展开”。

④价格策略。2009~2014 年，“专注制造精品”；2015 年以后，“力益公司发布了 6 款手机，覆盖了高中低三种不同档次和价格的产品线”。

（6）①企业产品结构、新产品研发可能引发的风险。“公司实施‘小而美’策略……公司一年只开发上市两部精品手机……成为一个小众品牌”。

②企业新市场开发，市场营销策略（包括产品或服务定价与销售渠道，市场营销环境状况等）可能引发的风险。“公司实施‘小而美’策略……广告投入与渠道建设也停滞不前。力益公司逐渐失去市场份额”。

③企业组织效能、管理现状、企业文化，高、中层管理人员和重要业务流程中专业人员的知识结构、专业经验等方面可能引发的风险。“自 2016 年起，力益公司再次遭受重创。主要原因是由于专业经验不足与评价体系不完善，力益手机大量使用了‘LFK’的手机芯片”。

④质量、安全、环保、信息安全等管理中发生失误导致的风险。“‘LFK’芯片用料廉价，CPU 核心技术落后，与竞争对手‘GT’芯片相比差距明显……由于‘内芯’这一致命缺陷，市场并不买账……形势异常严峻”。

⑤企业现有业务流程和信息系统操作运行情况的监管、运行评价及持续改进能力方面引发的风险。“自 2016 年起，力益公司再次遭受重创。主要原因是由于……评价体系不完善，力益手机大量使用了‘LFK’的手机芯片”。

4.【答案】

（1）市场情况：

①产品具有较高的价格弹性，市场中存在大量的价格敏感用户。“国内空调从少数人的奢侈品转为大众消费品的时机已经来临，市场需要大量老百姓买得起、用得起的‘民牌’空调”“升达公司得罪了同行，却赢得无数的消费者”。

②购买者不太关注品牌。“市场需要大量老百姓买得起、用得起的‘民牌’空调”。

③价格竞争是市场竞争的主要手段，消费者的转换成本较低。“升达公司在公布空调成本的同时，将其空调产品全线降价，平均降幅达 20%。升达公司得罪了同行，却赢得无数的消费者”。

资源和能力：

①在规模经济显著的产业中装备相应的生产设施来实现规模经济。“在升达公司家乡 N 市，做空调配件的企业很多，整个空调产业链已经成型，升达公司通过整合这些企业，产品零部件自制率达到 90%，与同类企业一般不超过 50% 的自制率相比，在……规模经济等方面都具备整机制造成本优势”。

②降低各种要素成本。“在升达公司家乡 N 市，做空调配件的企业很多，整个空调产业链已经成型，升达公司通过整合这些企业，产品零部件自制率达到 90%，与同类企业一般不超过 50% 的自制率相比，在零部件成本……方面都具备整机制造成本优势”“在采购环节，升达公司同时采用自制和外购两条路线……这些设备和原料共有的特点是品质在全球范围内相对较好，价格最低”“以年轻人为主体的人员结构和灵活的民营企业机制是升达公司成本优势的又一源泉。升达公司是新办的企业，没有下岗职工和离退休人员的负担……对于提高企业效率和降低运营成本发挥了重要作用”。

③提高生产率。“在升达公司家乡 N 市，做空调配件的企业很多，整个空调产业链已经成型，升达公司通过整合这些企业，产品零部件自制率达到 90%，与同类企业一般不超过 50%

的自制率相比，在……生产率……方面都具备整机制造成本优势”“公司在 2001 年引进全球最先进的信息化管理工具 ERP，配合内部各个部门严格的承包制的实施，对提高企业效率和降低运营成本起到了极大的作用”“以年轻人为主体的人员结构和灵活的民营企业机制是升达公司成本优势的又一源泉。升达公司是新办的企业，没有下岗职工和离退休人员的负担……对于提高企业效率和降低运营成本发挥了重要作用”。

④提高生产能力利用程度。“在升达公司家乡 N 市，做空调配件的企业很多，整个空调产业链已经成型，升达公司通过整合这些企业，产品零部件自制率达到 90%，与同类企业一般不超过 50% 的自制率相比，在……设备利用率……方面都具备整机制造成本优势”。

⑤选择适宜的交易组织形式。“在采购环节，升达公司同时采用自制和外购两条路线，当自制的质量和价格有优势时，采用自制；当自制明显不如外购有竞争力时，就毫不犹豫地采用外购，甚至关掉自制部门……这些设备和原料共有的特点是品质在全球范围内相对较好，价格最低”。

（2）① 1999 年之后，升达公司所意识到的市场风险是产品或服务的价格及供需变化带来的风险。“1999 年之后，升达公司意识到，国内空调从少数人的奢侈品转为大众消费品的时机已经来临，市场需要大量老百姓买得起、用得起的‘民牌’空调”。

② 2012 年之后，升达公司所意识到的市场风险是产品或服务的价格及供需变化带来的风险。“近年来随着国内消费升级与产品更新换代，大众的空调消费需求开始从‘功能型’向‘品质型’转变。升达公司日益认识到启动新的战略转型的必要性与紧迫性”。

（3）升达空调在与国内强大竞争对手竞争时所体现出的蓝海战略特征：

①规避竞争，拓展非竞争性市场空间。“为了避开与国内空调行业优势品牌的正面较量，升达公司将目标客户聚焦在新一代网络消费群体”。

②创造并攫取新需求。“升达公司……充分依托电商平台，用 18~35 岁年轻消费者熟悉的代言人和沟通方式，建立起年轻化、时尚化的品牌形象，打造了‘倾国倾城’‘淑女窈窕’等情感化的明星产品，吸引了一批有时尚要求、重情感又注重性价比的年轻人群”。

③打破价值与成本互替定律，同时追求差异化和低成本，把企业行为整合为一个体系。“吸引了一批有时尚要求、重情感又注重性价比的年轻人群”。

升达空调在竞争激烈的空调市场中开辟新的生存与发展空间的途径：

①重新界定产业的买方群体。“升达公司将目标客户聚焦在新一代网络消费群体，充分依托电商平台，用 18~35 岁年轻消费者熟悉的代言人和沟通方式，建立起年轻化、时尚化的品牌形象”。

②重设客户的功能性或情感性诉求。“打造了‘倾国倾城’‘淑女窈窕’等情感化的明星产品，吸引了一批有时尚要求、重情感又注重性价比的年轻人群”。

③跨越时间参与塑造外部潮流。“早在 2012 年，升达公司就敏锐察觉到互联网发展的大趋势，积极与电商平台合作，在整体布局上确定了互联网、智能化发展战略”。

（4）基本活动：

①内部后勤。“在升达公司家乡 N 市，做空调配件的企业很多，整个空调产业链已经成型”“公司在 2001 年引进全球最先进的信息化管理工具 ERP，配合内部各个部门严格的承包制的实施，对提高企业效率和降低运营成本起到了极大的作用”。

②生产经营。“升达公司通过整合这些企业，产品零部件自制率达到 90%，与同类企业一般不超过 50% 的自制率相比，在零部件成本、生产率、设备利用率、规模经济等方面都具备整机制造成本优势”“升达公司开始进行企业产品升级，累计投入超过 30 亿元用于技

术创新、效率提升。先后推出二级供应链管理、引进全球领先检测设备、吸纳超过 50% 的硕博人才组成创新研究团队，从根本上把控产品品质。2017 年，升达公司智能工厂落成投产，以更加标准化、高周转率的技术实力，实现产品品质的又一次提升；在 J 国建立研发中心，实现智能化产品占比超 80%；筹建多个智能制造基地累计投资超过 150 亿元，为实现空调产业全智能一体化做好准备”。

③外部后勤。“公司在 2001 年引进全球最先进的信息化管理工具 ERP，配合内部各个部门严格的承包制的实施，对提高企业效率和降低运营成本起到了极大的作用”“这些终端零售商通过手机 App 直接下单，升达公司接单后通过各区域的仓储中心调配，由第三方物流送货到店”。

④市场销售。“升达公司……充分依托电商平台，用 18~35 岁年轻消费者熟悉的代言人和沟通方式，建立起年轻化、时尚化的品牌形象，打造了‘倾国倾城’‘淑女窈窕’等情感化的明星产品，吸引了一批有时尚要求、重情感又注重性价比的年轻人群”“与国内著名电商普天组建联合团队，打通商家与平台的供应链”“抓住国内电商平台纷纷下沉开店的机遇，向基层市场渗透，逐步熟悉终端零售商渠道”“升达公司与以线下销售为主的长宁家电零售公司合作，共创智慧零售新模式”“升达公司召开新闻发布会，宣布启动‘双轮战略’规划，从以前‘通过厂家直供的方式真正让利于经销商，打造至真至诚的利益共同体’，进一步延伸到‘以升达公司主导产业为基础搭建 O2O(Online To Offline，线上到线下)平台，为更多中小企业服务，全面赋能线下经销商’”。

⑤服务。“升达公司已建成社会化的售后服务网点 7500 个，覆盖国内 98% 的县市。终端零售商或用户通过云平台寻找所在地的升达公司售后服务人员，由他们抢单帮助安装、维修”。

支持活动：

①采购管理。“在采购环节，升达公司同时采用自制和外购两条路线，当自制的质量和价格有优势时，采用自制；当自制明显不如外购有竞争力时，就毫不犹豫地采用外购，甚至关掉自制部门。升达公司借鉴国外企业‘全球论质比价采购’的模式，其加工蒸发器和冷凝器的自动生产设备购自 J 国；保证镀层 10 年不脱皮泛锈的瓦格纳喷涂设备是引进 D 国的；制造空调塑壳的 ABS 粉料来自 H 国；机身上的所有接插件购自 M 国。这些设备和原料共有的特点是品质在全球范围内相对较好，价格最低”。

②技术开发。“升达公司开始进行企业产品升级，累计投入超过 30 亿元用于技术创新、效率提升。先后推出二级供应链管理、引进全球领先检测设备、吸纳超过 50% 的硕博人才组成创新研究团队，从根本上把控产品品质。2017 年，升达公司智能工厂落成投产，以更加标准化、高周转率的技术实力，实现产品品质的又一次提升；在 J 国建立研发中心，实现智能化产品占比超 80%；筹建多个智能制造基地累计投资超过 150 亿元，为实现空调产业全智能一体化做好准备”。

③人力资源管理。“以年轻人为主体的人员结构和灵活的民营企业机制是升达公司成本优势的又一源泉。升达公司是新办的企业，没有下岗职工和离退休人员的负担；升达公司发挥其灵活的民营企业机制，实施全方位的承包责任制，激发了各级人员的积极性、主动性和创造性，对于提高企业效率和降低运营成本发挥了重要作用”“吸纳超过 50% 的硕博人才组成创新研究团队，从根本上把控产品品质”“终端零售商或用户通过云平台寻找所在地的升达公司售后服务人员，由他们抢单帮助安装、维修”。

④企业基础设施。“升达公司意识到，国内空调从少数人的奢侈品转为大众消费品的时机

已经来临”“早在 2012 年，升达公司就敏锐察觉到互联网发展的大趋势，积极与电商平台合作，在整体布局上确定了互联网、智能化发展战略”“2017 年下半年以来，升达公司意识到，虽然电商存量市场很大，但增长速度开始下降，线上流量红利在下滑。面对市场环境新的变化，升达公司采用了两个新的战略举措”。

（5）①促进技术创新。“打通商家与平台的供应链，全面提升电商渠道供应链效率……升达空调原来的电商渠道供应链 SOP（标准操作程序）分为 18 个节点，操作共需 33 个小时，新的系统上线以后优化为 6 个节点，操作只需 1 个多小时，大大提升了供应链效率”。

②避免经营风险。“2017 年下半年以来，升达公司意识到，虽然电商存量市场很大，但增长速度开始下降，线上流量红利在下滑。面对市场环境新的变化，升达公司采用了两个新的战略举措”。

③避免或减少竞争。“打通商家与平台的供应链”“通过厂家直供的方式真正让利于经销商，打造至真至诚的利益共同体”。

④实现资源互补。“打通商家与平台的供应链，全面提升电商渠道供应链效率”“升达公司作为长宁家电品牌主力军，通过长宁零售公司快速开启渠道下沉绿色通道，从线上渠道转移至线下渠道，在运营上借助长宁零售公司在市场上的口碑和服务，形成很强的品牌竞争力”。

⑤开拓新的市场。“将进一步实现线上线下融合、深耕零售发展的模式”。

（6）①产品策略。“1994 年，电表行业的巨头升达公司进军空调行业。由于当时国内空调还属于少数人的奢侈品，升达公司与业内其他公司一样，产品定位于比较高档的空调”“1999 年之后，升达公司意识到，国内空调从少数人的奢侈品转为大众消费品的时机已经来临，市场需要大量老百姓买得起、用得起的‘民牌’空调。处于弱势地位的升达公司找到了挑战竞争对手、壮大自身的法宝——以价格制胜”“近年来随着国内消费升级与产品更新换代，大众的空调消费需求开始从‘功能型’向‘品质型’转变。升达公司日益认识到启动新的战略转型的必要性与紧迫性”“升达公司将目标客户聚焦在新一代网络消费群体，充分依托电商平台，用 18~35 岁年轻消费者熟悉的代言人和沟通方式，建立起年轻化、时尚化的品牌形象，打造了‘倾国倾城’‘淑女窈窕’等情感化的明星产品，吸引了一批有时尚要求、重情感又注重性价比的年轻人群”。

②促销策略。“2002 年 4 月，面对百余名记者，升达公司突然抛出《空调成本白皮书》……升达公司在公布空调成本的同时，将其空调产品全线降价，平均降幅达 20%”；2012 年之后，“升达公司……充分依托电商平台，用 18~35 岁年轻消费者熟悉的代言人和沟通方式，建立起年轻化、时尚化的品牌形象，打造了‘倾国倾城’‘淑女窈窕’等情感化的明星产品，吸引了一批有时尚要求、重情感又注重性价比的年轻人群”。

③分销策略。“早在 2012 年，升达公司就敏锐察觉到互联网发展的大趋势，积极与电商平台合作，在整体布局上确定了互联网、智能化发展战略”“2017 年下半年以来……抓住国内电商平台纷纷下沉开店的机遇，向基层市场渗透，逐步熟悉终端零售商渠道”“2018 年 12 月……‘双轮战略’的实施，将进一步实现线上线下融合、深耕零售发展的模式”。

④价格策略。“1999 年之后……升达公司在公布空调成本的同时，将其空调产品全线降价，平均降幅达 20%……升达公司的‘价格屠夫’策略”；2012 年之后，“吸引了一批有时尚要求、重情感又注重性价比的年轻人群”。

5.【答案】

（1）①跨国经营活动引发的文化风险。“万欣U国公司来自新兴市场的低端形象很难得到U国企业和消费者的认同。万欣U国公司在注册时就被当地同行奚落‘你们还不如养马有前途’；公司向U国企业出售经检验没问题的油脂时却以质量不合格为由屡遭退货；公司向客户提供自己擅长的低价供货方案，客户根本不买账；公司尝试向U国K公司推销产品时，业务员连门都进不去，只能在传达室谈业务”。

②企业并购活动引发的文化风险。“公司初次收购U国当地企业并调整员工假期遭到工会强烈反对，工会声称‘即使倒闭也不会让中国企业兼并’”“万欣U国公司非常注重规避跨国并购可能带来的风险，例如在收购L公司时，为了绕开工会的制约，万欣U国公司联手当地企业一起收购；在收购T公司时，万欣U国公司不仅没有解雇富余员工，还扩建厂房并招收新员工”。

③组织内部因素引发的文化风险。“公司初次收购U国当地企业并调整员工假期遭到工会强烈反对，工会声称‘即使倒闭也不会让中国企业兼并’”。

（2）①寻求市场。“2003年万欣U国公司正式成为主机厂的一级供应商”“也让万欣U国公司生产的零部件得以在U国三分之一的汽车上使用”。

②寻求现成资产。“1999年万欣U国公司收购L公司，这笔收购使它取代L公司成为世界上拥有最多万向节专利的公司。2000年万欣U国公司收购T公司，从而成为U国最大的汽车轮毂加工装配基地和供应商。2001年万欣U国公司又收购U国零售商A公司，获得了A公司的汽车制动器技术与品牌、U国连锁维修店和采购渠道”“2003年万欣U国公司正式成为主机厂的一级供应商，同年收购K公司，该公司是翼型万向节传动轴的发明者和全球最大的一级供应商”“万欣公司通过收购AB公司获得了世界顶尖的电池技术，与全球主流客户建立了业务联系，在新能源电池领域也更具号召力”“万欣U国公司对FS电动汽车公司的收购，标志着万欣公司全面进入新能源汽车整车制造产业”。

（3）并购的动机：

①避开进入壁垒，迅速进入，争取市场机会，规避各种风险。“为了克服公司进入新能源汽车领域的诸多障碍，2012年年底，万欣U国公司协助集团总部参与竞购深陷破产危机的U国AB公司”。

②获得协同效应。“万欣U国公司收购一级供应商，通过财务支持帮助它们渡过难关，为3500位U国人保住了工作，也让万欣U国公司生产的零部件得以在U国三分之一的汽车上使用”“AB公司终于扭转了亏损，开始步入正轨。之后，万欣公司继续向AB公司提供培养核心业务必要的财务支持，推动AB公司进入汽车电动化、电网储能及其他全球性市场，包括进入中国市场……万欣公司通过收购AB公司获得了世界顶尖的电池技术，与全球主流客户建立了业务联系，在新能源电池领域也更具号召力”“万欣U国公司对FS电动汽车公司的收购，标志着万欣公司全面进入新能源汽车整车制造产业……万欣U国公司履行承诺，将FS公司的工厂从欧洲F国搬回U国，复产后创造了300多个工作岗位”。

③克服企业负外部性，减少竞争，增强对市场的控制力。“万欣U国公司收购一级供应商，通过财务支持帮助它们渡过难关，为3500位U国人保住了工作，也让万欣U国公司生产的零部件得以在U国三分之一的汽车上使用”“万欣公司通过收购AB公司获得了世界顶尖的电池技术，与全球主流客户建立了业务联系，在新能源电池领域也更具号召力”。

所规避的主要风险：

①并购后不能很好地进行企业整合。“万欣U国公司非常注重规避跨国并购可能带来的风险，例如在收购L公司时，为了绕开工会的制约，万欣U国公司联手当地企业一起收购；在收购T公司时，万欣U国公司不仅没有解雇富余员工，还扩建厂房并招收新员工，帮助T公司渡过难关”“DR公司是一家汽车电子感应器公司，在金融危机中不得不出售。出售前公司所有者联系了万欣U国公司收购过的公司，了解到这些公司被收购后得到万欣U国公司及其总部很好的资源整合，因此拒绝另外4家竞标收购者而决定出售给万欣U国公司”“一系列的并购及其之后的资源整合，不仅拯救了被并购公司，也让他们认识到万欣公司的强大实力与中国国内完备的产业配套能力”。

②跨国并购面临政治风险。“竞购期间U国诸多政府官员与行业专家强烈反对将AB公司卖给万欣公司，他们认为AB公司是U国重点企业且部分业务和军方有直接关联，被万欣公司收购会威胁U国国家安全。为了减少万欣公司在U国受到的政治压力，万欣公司向国内备案以获得国家的背书，增加谈判筹码；万欣公司始终承诺整体收购，并维持其2000多名员工的工作岗位，这与其他8个竞标者只对AB公司的部分业务感兴趣不同；更关键的是，万欣公司只收购AB公司的民用业务，绝对避开涉及军方的业务。万欣公司的收购方案展现了愿意承担社会责任的企业形象，得到了AB公司首席执行官的高度认可，妥善化解了来自外界的压力”“在收购FS公司期间，万欣U国公司同样遭到非议，被指责‘偷窃U国技术’。然而FS公司所在州州长和议员对万欣U国公司表示支持：‘万欣U国公司在U国20多年，形象一直比较靠谱’。并购后，万欣U国公司履行承诺，将FS公司的工厂从欧洲F国搬回U国，复产后创造了300多个工作岗位”。

（4）①不要拘泥于成本上竞争，而应该比照行业中的领先公司来衡量自己的实力。“公司向客户提供自己擅长的低价供货方案，客户根本不买账”“万欣U国公司将‘瞄着U国主流社会’的本地化改造作为首要任务”。

②找到一个定位明确又易于防守的市场。“这一系列本地化举措使万欣U国公司弱化了中国企业的形象，满足了U国市场对一家普通汽车零部件企业的基本期望”“2003年万欣U国公司正式成为主机厂的一级供应商”。

③在一个全球化的产业中找到一个合适的突破口。“金融危机中万欣U国公司找到了进一步发展的突破口。万欣U国公司意识到金融危机前公司要尽可能适应和服从外部环境的要求，危机后公司则应当发挥自身优势，朝更有利的方向施加影响”。

④学习从发达国家获取资源，以克服自身技能不足和资本的匮乏。“1999年万欣U国公司收购L公司，这笔收购使它取代L公司成为世界上拥有最多万向节专利的公司。2000年万欣U国公司收购T公司，从而成为U国最大的汽车轮毂加工装配基地和供应商。2001年万欣U国公司又收购U国零售商A公司，获得了A公司的汽车制动器技术与品牌、U国连锁维修店和采购渠道”“2003年万欣U国公司正式成为主机厂的一级供应商，同年收购K公司，该公司是翼型万向节传动轴的发明者和全球最大的一级供应商；2005年万欣U国公司收购U国F汽车公司的一级供应商S公司和轴承企业G公司”“万欣公司通过收购AB公司获得了世界顶尖的电池技术，与全球主流客户建立了业务联系，在新能源电池领域也更具号召力”“万欣U国公司对FS电动汽车公司的收购，标志着万欣公司全面进入新能源汽车整车制造产业”“2015年11月，FS公司宣布与D国BM公司结成重要合作伙伴关系，万欣U国公司认为这一合作不仅将技术和资本绑在一起，而且将名誉与品牌绑在一起”。

（5）①确认那些支持企业竞争优势的关键性活动。“万欣U国公司收购M工厂后对其生产经营方式进行全面改造。在并购H公司后停掉了该公司的一些生产线，将设备运到万欣公司中国公司进行生产，H公司主要负责组装、技术开发、测试、售后服务和物流，以发挥各自优势”（在U国公司和中国国内公司各自强化自身优势活动）。

②明确价值链内各种活动之间的联系。“了解到这些公司被收购后得到万欣U国公司及其总部很好的资源整合”“万欣U国公司收购M工厂后对其生产经营方式进行全面改造”“万欣U国公司通过对T-D公司和中国总部进行优势和资源的对接，把等速驱动轴打造为继万向节之后又一个世界老大产品”。

③明确价值系统内各项价值活动之间的联系。“一系列的并购及其之后的资源整合，不仅拯救了被并购公司，也让他们认识到万欣公司的强大实力与中国国内完备的产业配套能力”（中国国内完备的产业配套能力包括整个价值系统的配套能力）。

（6）①专有技术选择、获取与应用的困难。“由于起步晚、缺少高端技术研发人员和营销人员，万欣公司的电动车零部件核心技术远远落后于国内外的领先企业”。

②原材料、零部件、资金与其他供给的不足。“也缺少整合供应链的资源和能力”。

③缺少承担风险的胆略与能力。“为了克服公司进入新能源汽车领域的诸多障碍，2012年年底，万欣U国公司协助集团总部参与竞购深陷破产危机的U国AB公司”（说明万欣公司克服了这一障碍）。

（7）①环境保护投入不足，资源耗费大，造成环境污染或资源枯竭，可能导致企业巨额赔偿、缺乏发展后劲，甚至停业。“在全球环境保护的压力下，万欣公司也开始向新能源汽车领域挺进”。

②促进就业和员工权益保护不够，可能导致员工积极性受挫，影响企业发展和社会稳定。“万欣公司始终承诺整体收购，并维持其2000多名员工的工作岗位”“并购后，万欣U国公司履行承诺，将FS公司的工厂从欧洲F国搬回U国，复产后创造了300多个工作岗位”。

6.【答案】

（1）科通公司初创时期的公司宗旨是做手机业务。“要做一款设计好、品质高、价格便宜的智能手机”；而历经8年的发展，到2018年科通公司上市之前，科通公司的公司宗旨是“涵盖众多消费电子产品、软硬件和内容全覆盖的互联网企业”。

（2）依据“战略钟”理论，科通智能手机与科通生态链产品所采用的竞争战略类型是混合战略。“坚持做顶级配置，真材实料，高性能，高体验，强调超用户预期的最强性价比”“这款号称顶级配置的手机定价只有1999元，几乎是同配置手机价格的一半”“感动人心、价格厚道”“由于科通品牌给人们高性价比的印象已经根深蒂固，不少人认为科通生态链企业的产品无法盈利。但实际上，科通生态链企业已经有多家实现盈利”。

（3）“科通的成功模式成为各行各业观摩学习的范本”，依据核心能力评价理论，向科通公司学习的企业基准分析的基准类型是过程或活动基准。“大量企业开始对标科通，声称要用科通模式颠覆自己所在行业。‘做XX行业的科通’，成为众多企业的口号”。

（4）科通公司在2015年所面临的市场风险主要表现在两个方面：

①能源、原材料、配件等物资供应的充足性、稳定性和价格的变化带来的风险。“销量越来越大就意味着要与数百个零部件供应商建立良好高效的合作协同关系，不能有丝毫闪失。而科通的供货不足、发货缓慢被指为‘饥饿营销’，开始颇受质疑”“芯片供应商G公司的一脚急刹车成为导火线”。

②潜在进入者、竞争者、与替代品的竞争带来的风险。“竞争对手越来越多、越来越强大。H 公司推出的互联网手机品牌 R 手机成为科通手机强劲的对手，O 公司和 V 公司也借助强大的线下渠道开始崛起”“以线下渠道为主的 O 公司和 V 公司成为手机行业的新星，其手机出货量不仅增幅超过 100%，而且双双超过科通公司进入全球前五、国内前三”。

（5）科通公司 2016 年所采用的收缩战略（撤退战略）的主要方式：

①紧缩与集中战略中的机制变革，主要做法是调整管理层领导机构。“刘毅亲自负责科通手机供应链管理。前供应链负责人转任首席科学家，负责手机前沿技术研究。这意味着科通公司从组织架构上加大对供应链的管理力度”。

②转向战略中的调整营销策略，包括在价格、促销、渠道等环节推出新的举措。“开启‘新零售’战略。所谓新零售就是指通过线上线下互动融合的运营方式，将电商的经验和优势发挥到实体零售中。让消费者既能享用线下看得见摸得着的良好体验，又能获取电商一样的低价格”“早年一直坚持口碑营销从未请过代言人的科通公司在 2016 年开始改变策略，先后邀请几位明星作为代言人，赢得不少新老客户”。

（6）科通生态链所采用的发展战略的类型属于相关多元化战略（同心多元化战略）。“科通生态链的投资主要围绕以下 5 大方向：①手机周边，如手机的耳机、移动电源、蓝牙音箱；②智能可穿戴设备，如科通手环、智能手表；③传统白电的智能化，如净水器、净化器；④极客酷玩类产品，如平衡车、3D 打印机；⑤生活方式类，如科通插线板”“围绕手机业务构建起手机配件、智能硬件、生活消费产品三层产品矩阵”。

科通公司采用这一战略的优点：

①有利于企业利用原有产业的产品知识、制造能力、营销渠道、营销技能等优势来获取融合优势，即两种业务或两个市场同时经营的盈利能力大于各自经营时的盈利能力之和。“科通生态链团队……从 ID、外观、结构、硬件、软件、云服务、供应链、采购、品牌等诸多方面给予创业公司全方位的支持”“麦家的多个产品已经做到全球数量第一。科通生态链公司也出现多个独角兽（指那些估值达到 10 亿美元以上的初创企业）”“科通公司也从一家手机公司过渡到一个涵盖众多消费电子产品、软硬件和内容全覆盖的互联网企业”。

②利用未被充分利用的资源。“科通公司抽出 20 名工程师，让他们从产品的角度看待拟投资的创业公司，通过与创业公司团队的沟通，了解这家公司的未来走向”。

③运用盈余资金。“运用科通公司已经积累的大量资金”。

④运用企业在某个产业或某个市场中的形象和声誉来进入另一个产业或市场，而在另一个产业或市场中要取得成功，企业形象和声誉是至关重要的。“科通生态链团队……品牌等诸多方面给予创业公司全方位的支持”。

科通生态链所采用的发展战略的途径是战略联盟。“科通生态链团队不仅做投资，而且是一个孵化器……但是，科通公司并没有控股任何一家科通生态链公司，所有的公司都是独立的”“通过这种独特的战略联盟模式，科通公司投资和带动了更多志同道合的创业者，围绕手机业务构建起手机配件、智能硬件、生活消费产品三层产品矩阵”。

科通公司采用这种方式的动因：

①促进技术创新。“生态链企业各自发挥技术创新优势”“在……许多新兴产品领域，麦家的多个产品已经做到全球数量第一。科通生态链公司也出现多个独角兽”。

②避免经营风险。“同时降低科通公司整体内部协调成本，规避经营风险”。

③实现资源互补。“从 ID、外观、结构、硬件、软件、云服务、供应链、采购、品牌等诸多方面给予创业公司全方位的支持”“科通公司利用其规模经济带来的全球资源优势帮助

这些生态链企业提高效率。科通公司运用其全球供应链优势能够让生态链上的小公司瞬间拥有几百亿供应链提供的能力”。

④开拓新的市场。“科通已经投资了 90 多家生态链企业，涉足上百个行业”。

⑤降低协调成本。“同时降低科通公司整体内部协调成本”。

（7）①研发能力。“科通公司首先运用互联网工具，让用户参与到手机硬件的设计、研发之中，通过用户的反馈意见，了解市场的最新需求。而此前其他公司的研发模式都是封闭的，动辄一两年，开发者以为做到了最好，但其实未必是用户喜欢的，而且一两年时间过去，市场很可能已经变化。其次，坚持做顶级配置，真材实料，高性能，高体验，强调超用户预期的最强性价比”“从 ID、外观、结构、硬件、软件、云服务、供应链、采购、品牌等诸多方面给予创业公司全方位的支持”“在移动电源、空气净化器、可穿戴设备、平衡车等许多新兴产品领域，麦家的多个产品已经做到全球数量第一”。

②生产管理能力。“利用互联网技术提高企业的运行效率，使优质的产品以高性价比的形式出现”“科通公司利用其规模经济带来的全球资源优势帮助这些生态链企业提高效率。科通公司运用其全球供应链优势能够让生态链上的小公司瞬间拥有几百亿供应链提供的能力”。

③营销能力。

a. 产品竞争能力。“这款号称顶级配置的手机定价只有 1999 元，几乎是同配置手机价格的一半。科通手机 2012 年实现销售量 719 万部。2014 年二季度，科通手机占据国内智能手机市场的第一名，科通公司在全球也成为第三大手机厂商”“麦家的多个产品已经做到全球数量第一。科通生态链公司也出现多个独角兽”。

b. 销售活动能力。“以品牌和口碑积累粉丝，靠口口相传，节省大量广告费用”“开创了官网直销预订购买的发售方式，不必通过中间商，产品可以直接送到消费者手上，省去了实体店铺的各种费用和中间的渠道费用”“开启‘新零售’战略。所谓新零售就是指通过线上线下互动融合的运营方式，将电商的经验和优势发挥到实体零售中”“早年一直坚持口碑营销从未请过代言人的科通公司在 2016 年开始改变策略，先后邀请几位明星作为代言人，赢得不少新老客户”。

c. 市场决策能力。“公司成立之初，公司 CEO 刘毅与股东们就有一个想法：要做一款设计好、品质高、价格便宜的智能手机。2010 年的手机市场，还是国际品牌的天下，功能机仍是主体，智能手机的价格至少在 3000~4000 元。虽然也有一些国产品牌手机，但大多数是低质低价的山寨机”“2014 年，刘毅开始意识到‘智能硬件’和‘万物互联（Internet of Things，IoT）’可能是比智能手机更大的发展机遇。于是，科通公司开启了科通生态链计划”。

④财务能力。“科通公司开启了科通生态链计划，运用科通公司已经积累的大量资金”“不少人认为科通生态链企业的产品无法盈利。但实际上，科通生态链企业已经有多家实现盈利。这是因为科通公司利用其规模经济带来的全球资源优势帮助这些生态链企业提高效率”“2018 年 4 月，科通公司成功上市”。

⑤组织管理能力。“2016 年，科通公司内部开始进行架构和模式多维调整”“刘毅亲自负责科通手机供应链管理。前供应链负责人转任首席科学家，负责手机前沿技术研究。这意味着科通公司从组织架构上加大对供应链的管理力度”“科通公司抽出 20 名工程师，让他们从产品的角度看待拟投资的创业公司，通过与创业公司团队的沟通，了解这家公司的未来走向”“科通公司并没有控股任何一家科通生态链公司，所有的公司都是独立的。这样有利于在统一的价值观和目标下，生态链企业各自发挥技术创新优势，同时降低科通公司整体内部协调成本，规避经营风险”。

7.【答案】

（1）广源天药集团医药板块产品组合策略的类型属于扩大产品组合。“广源天药集团最初生产销售的粉剂产品，产品结构较为单一……广源天药集团顺应时代发展对药品剂型、便捷性、准确性等多方面的需求，从 1975 年开始，在广源天药秘方原有剂型的基础上研制出系列新剂型、新品种，历经 30 多年时间，逐步开发构建了广源天药完整、庞大的产品群。如主打止血消炎的广源天药膏、广源天药酊，用于外伤止痛的广源天药气雾剂，具有止血功效的创可贴等。同时，广源天药深入挖掘创新以天然植物为原料的民族药物，成功研发出具有地方特色的新产品，如脑脉通口服液、宫血宁胶囊等”。

产品开发的原因：

①企业具有较高的市场份额和较强的品牌实力，并在市场中具有独特的竞争优势。“将自身独特的技术优势与多变的市场需求相结合，不断开发出新的高品质药品，赢得了消费者的信赖”。

②市场中有潜在增长力。“不断开发出新的高品质药品，赢得了消费者的信赖”“彻底打破了 BD 独霸创可贴天下的局面，当年广源天药创可贴与 BD 创可贴的市场比率由 2000 年的 1∶10 涨到 1∶2.6……2012 年广源天药创可贴销售额再创新高，达到 4 亿元”。

③客户需求的不断变化需要新产品。持续的产品更新是防止产品被淘汰的唯一途径。“随着人们生活水平逐渐提高，医药企业竞争日趋激烈，消费者对医药产品功能的要求也日益多样化。广源天药集团顺应时代发展对药品剂型、便捷性、准确性等多方面的需求……研制出系列新剂型、新品种”。

④需要进行技术开发或采用技术开发。“创可贴市场占领者国际品牌 BD 创可贴仅仅是一种卫生消毒材料，没有对伤口的止血和愈合的功效。而广源天药产品的药性具有很强的止血和愈合功效。如果将广源天药产品的药性与创可贴的功效结合起来，可与其他创可贴形成功能性差异。但是当时广源天药不具备生产透皮方面的技术”。

⑤企业需要对市场的竞争创新做出反应。“随着人们生活水平逐渐提高，医药企业竞争日趋激烈，消费者对医药产品功能的要求也日益多样化”。

（2）①外部发展（并购）。“2011 年收购国内一家制药厂，作为与透皮事业部相配套的生产企业”。

②内部发展（新建）。“2001 年 3 月广源天药投资成立专业透皮研究部门，主要对创可贴进行研究开发……随后投资 300 万元建立广源天药创可贴生产线，并投资 2000 多万元组建医药电子商务公司，完善创可贴销售网络……随后广源天药集团成立了主要生产经营透皮产品的事业部”。

③战略联盟。“但是当时广源天药不具备生产透皮方面的技术，为了快速推出此类产品，广源天药选择暂时不进行自主研发，与国外创可贴企业合作，广源天药提供创可贴的敷料部分，国外企业负责成品生产”“引进日本更先进的生产透皮技术，委托国内企业加工生产 8000 多万张”。

（3）广源天药集团实施多元化战略的动因：

①分散风险。“广源天药集团进入国家基本药物目录的药品在价格上受到限制，招标采购模式也使得药品价格维持在一个较低的水平，毛利率较低；另一方面，一种药品从立项、临床报批到进入市场需要很长的周期和大量资金投入，进入市场的结果也存在着未知的风险。一旦产品销售不佳，会对广源天药集团产生较大影响……另一方面也可以抵御医药市

场的竞争压力，规避产业发展风险”。
②当企业在原产业无法增长时找到新的增长点。“广源天药集团希望开发非药品业务作为公司新的利润增长源泉”。
③利用未被充分利用的资源。“广源天药集团管理层还期望充分发挥企业在药品经营中各种有形资源……进一步扩大公司生存发展空间”。
④获得资金或其他财务利益。“获得足够的资金支撑企业研发新的医药产品”。
⑤运用企业在某个产业或某个市场中的形象和声誉来进入另一个产业或市场，而在另一个产业或市场中要取得成功，企业形象和声誉是至关重要的。“广源天药集团管理层还期望充分发挥企业在药品经营中……良好的品牌声誉优势，进一步扩大公司生存发展空间”。
广源天药集团实施多元化战略的风险：
①来自原有经营产业的风险。“由于多元化经营资源分散，不仅导致其在缺乏优势的产业中经营绩效不佳，而且对其主业带来了负面影响”。
②市场整体风险。“由于多元化经营资源分散，不仅导致其在缺乏优势的产业中经营绩效不佳，而且对其主业带来了负面影响”。
③产业进入风险。“而其他日化产品因为其功能和特点无法体现广源天药粉的独特优势，所以难以成功”“房地产业务与广源天药集团的主营业务不存在联系，在生产技术、市场、营销等方面无法产生协同效应。广源天药集团没有强大的资源和人才来支撑这个庞大的房地产业务体系，致使房地产业务在5年内4年都是严重亏损，侵蚀了集团的资源，占用了人力，还占据了企业大量资金”。
④产业退出风险。“广源天药集团管理层没有审时度势和合理分析房地产业的未来走势，没有结合集团房地产业务连续数年亏损的实际和房地产整个行业的发展现状及时作出调整，却于2012年反其道而行耗资38亿元兴建度假村。直到2013年才出售广源天药置业有限公司退出不良业务”。
⑤内部经营整合风险。“房地产业务与广源天药集团的主营业务不存在联系，在生产技术、市场、营销等方面无法产生协同效应。广源天药集团没有强大的资源和人才来支撑这个庞大的房地产业务体系，致使房地产业务在5年内4年都是严重亏损，侵蚀了集团的资源，占用了人力，还占据了企业大量资金”。
（4）①医药板块：
它对顾客是否有价值？“核心产品广源天药在治疗出血、消炎等方面有非常好的疗效，在国内外享有很高声誉”“不断开发出新的高品质药品，赢得了消费者的信赖”。
它与企业竞争对手相比是否有优势？“拥有独一无二的国家级保密配方和百年老字号品牌的医药企业”“到目前为止，广源天药仍然是创可贴行业的翘楚”。
它是否很难被模仿或复制？“拥有独一无二的国家级保密配方”“将自身独特的技术优势与多变的市场需求相结合，不断开发出新的高品质药品”“广源天药创可贴弥补了其他同类产品只能护理不能治疗的缺陷”。
综上，广源天药集团医药板块同时满足三个关键性测试，具备核心能力。
②广源天药牙膏：
它对顾客是否有价值？“80%左右的成年人或多或少都有口腔溃疡或者牙龈萎缩出血等问题”“利用天药的活性成分，开发出一种能够帮助消费者减轻牙龈出血等口腔问题的独特的药物牙膏”“广源天药集团又对产品进行不断改进和完善”。
它与企业竞争对手相比是否有优势？“一般传统牙膏的主要功能是解决牙齿防蛀和清洁问

题”“开发出一种能够帮助消费者减轻牙龈出血等口腔问题的独特的药物牙膏”。

它是否很难被模仿或复制？“广源天药牙膏运用公司的关键资源——广源天药粉的神奇功效，使得广源天药牙膏具有独特的治疗功能”“广源天药牙膏首先采用的销售渠道是医院和药房、网络销售渠道，随后才进入超市等渠道，这样有利于在产品问世时显现出药企的背景，让消费者觉得质量有保障，并且巧妙避开了与行业龙头的直接竞争，还可降低前期的销售费用”。

综上，广源天药牙膏产品同时满足三个关键性测试，具备核心能力。

③其他日化产品：

它对顾客是否有价值？“其他日化产品都销售不佳，发展势头萎靡不振。几种主要产品的市场占有率大大低于外资品牌，也低于国内其他著名品牌。目前市场上已经很少能看到广源天药的沐浴素、洗发水、护发素、面膜、护手霜等产品的踪迹”。

它与企业竞争对手相比是否有优势？“而其他日化产品因为其功能和特点无法体现广源天药粉的独特优势，所以难以成功”。

它是否很难被模仿或复制？“而其他日化产品因为其功能和特点无法体现广源天药粉的独特优势，所以难以成功”。

综上，广源天药集团其他日化产品不能同时满足三个关键性测试，不具备核心能力。

④房地产业务：

它对顾客是否有价值？“广源天药集团管理层没有审时度势和合理分析房地产业的未来走势”（因此，其房地产业务难以适应顾客需求）。

它与企业竞争对手相比是否有优势？“房地产业务在5年内4年都是严重亏损”。

它是否很难被模仿或复制？“房地产业务与广源天药集团的主营业务不存在联系”（因此，广源天药的房地产业务不存在难以被模仿或复制的因素）。

综上，广源天药集团房地产业务不能同时满足三个关键性测试，不具备核心能力。

（5）①医药板块：

研发的类型：产品研究——新产品开发。“将自身独特的技术优势与多变的市场需求相结合，不断开发出新的高品质药品”。

动力来源：需求拉动。“广源天药集团顺应时代发展对药品剂型、便捷性、准确性等多方面的需求，从1975年开始，在广源天药秘方原有剂型的基础上研制出系列新剂型、新品种”。

研发定位：成为向市场推出新技术产品的企业。“将自身独特的技术优势与多变的市场需求相结合，不断开发出新的高品质药品”。

②广源天药牙膏：

研发的类型：产品研究——新产品开发。“广源天药集团开始研发天药牙膏，利用天药的活性成分，开发出一种能够帮助消费者减轻牙龈出血等口腔问题的独特的药物牙膏”。

动力来源：需求拉动。“80%左右的成年人或多或少都有口腔溃疡或者牙龈萎缩出血等问题”。

研发定位：成为向市场推出新技术产品的企业。“广源天药集团开始研发天药牙膏，利用天药的活性成分，开发出一种能够帮助消费者减轻牙龈出血等口腔问题的独特的药物牙膏”。

（6）①企业产品结构、新产品研发可能引发的风险。“而其他日化产品因为其功能和特点无法体现广源天药粉的独特优势，所以难以成功”“房地产业务与广源天药集团的主营业务不存在联系，在生产技术、市场、营销等方面无法产生协同效应……房地产业务在5年内4年都是严重亏损”“由于多元化经营资源分散，不仅导致其在缺乏优势的产业中经营绩效不佳，而且对其主业带来了负面影响”。

②企业新市场开发，市场营销策略（包括产品或服务定价与销售渠道，市场营销环境状况等）可能引发的风险。“广源天药牙膏首先采用的销售渠道是医院和药房、网络销售渠道，随后才进入超市等渠道……而其他日化产品因为其功能和特点无法体现广源天药粉的独特优势”“房地产业务与广源天药集团的主营业务不存在联系，在生产技术、市场、营销等方面无法产生协同效应”。

③企业组织效能、管理现状、企业文化，高、中层管理人员和重要业务流程中专业人员的知识结构、专业经验等方面可能引发的风险。“广源天药集团没有强大的资源和人才来支撑这个庞大的房地产业务体系，致使房地产业务在5年内4年都是严重亏损”。

④质量、安全、环保、信息安全等管理中发生失误导致的风险。“2007~2014年广源天药集团有4种药品进入国家药监局不合格药品名单，其中影响最大的是2012年国内某省药监局查出广源天药胶囊的水分不合格，相关产品被召回，广源天药集团被列入医药企业黑名单。该省药物采购联合办公室取消了广源天药胶囊的中标权利和网上采购资格，并且在2013~2016年严格禁止广源天药胶囊进入该省基本药物统一招标采购目录”。

⑤因企业内、外部人员的道德风险或业务控制系统失灵导致的风险。“9年间，广源天药至少10次因为部分药品质量不合格、广告夸大疗效等原因导致负面消息”。

⑥企业现有业务流程和信息系统操作运行情况的监管、运行评价及持续改进能力方面引发的风险。“广源天药集团管理层没有审时度势和合理分析房地产业的未来走势，没有结合集团房地产业务连续数年亏损的实际和房地产整个行业的发展现状及时作出调整，却于2012年反其道而行耗资38亿元兴建度假村。直到2013年才出售广源天药置业有限公司退出不良业务”。

同步强化练习题

使用“会计云课堂”App或“微信”扫码快速做题、对答案、看解析、掌握解题思路，开启轻松过关之旅。

一、单项选择题

1. 2021年4月，甲公司按照每亩5000元左右的价格和数十家大葱种植户订立了书面合同，并付清了所有收购款。然而当甲公司在2021年10月调度了货车、雇请挖葱人来收葱时，其中六户种植户基于连日来大葱价格飞涨，纷纷坐地起价，提出要加价至每亩1~2万元。在上述案例中，甲公司面临的风险是（ ）。

A. 市场风险

B. 运营风险

C. 合规风险

D. 社会文化风险

2. 飞天公司是一家航天企业，在每次航天发射前都要对火箭发射系统进行两次独立的检查。公司对火箭发射系统进行检查分析时，将火箭发射系统的状态分成可以发射、推迟发射以及归零检查，然后用随机转移概率矩阵来描述这几个状态之间的转移，最后用计算机算出每种状态发生的概率。这家航天企业采用的风险管理技术与方法为（　　）。

A. 事件树分析法

B. 马尔科夫分析法

C. 失效模式、影响和危害度分析法

D. 情景分析法

3. 通达公司财务部为了从多个备选项目中选择一个最优的项目，通常会使用净现值法。根据公司发展战略有很多影响投资的变量，其中多个变量是不确定的。一些变量的值可能会取决于其他变量的值，因此该方法列出各个不确定变量及其结果以便衡量替代行为的范围与可能的结果。根据描述，该公司选择的风险管理技术与方法是（　　）。

A. 情景分析法　　B. 事件树分析法

C. 决策树法　　D. 流程图分析法

4. 全球酒店20强的华住酒店集团公司于2018年发生严重的信息泄露事件，泄露范围包括旗下全部酒店品牌客户的身份证号、手机号、邮箱、账号、登录密码、入住登记身份信息、酒店开房记录等。此次泄露是华住公司程序员将数据库连接方式于20天前上传至GitHub网站导致。华住公司此次事件体现出的风险是（　　）。

A. 技术风险　　B. 市场风险

C. 运营风险　　D. 财务风险

5. 甲公司采取了加强风险管理的一系列举措，下列做法中，符合我国《企业内部控制基本规范》关于控制活动要素要求的是（　　）。

A. 企业实施全面预算管理制度

B. 企业制定内部控制缺陷认定标准

C. 企业根据设立的控制目标，及时进行风险评估

D. 董事会下设立审计委员会

6. 甲公司董事会对待风险的态度属于风险厌恶。为有效管理公司的信用风险，甲公司管理层决定将其全部的应收款项出售给乙公司，由乙公司向有关债务人收取款项，甲公司不再承担有关债务人未能如期付款的风险。甲公司应对此项信用风险的策略属于（　　）。

A. 风险控制　　B. 风险转移

C. 风险承担　　D. 风险转换

7. 城觅是一家前两年兴起的小众城市服务网站，在获取融资之后，创始人开始规划对标大众点评等巨头疯狂发展，最后导致资金链断裂。根据《企业内部控制应用指引第2号——发展战略》，城觅在制定和实施发展战略方面存在的主要风险是（　　）。

A. 发展战略实施不到位

B. 发展战略过于激进，脱离企业实际能力或偏离主业

C. 发展战略因主观原因频繁变动

D. 缺乏明确的发展战略

8. 甲公司每年最低运营资本是2000万元，但是有8%的可能性需要2600万元才能维持运营。如果甲公司风险资本为620万元，该公司生存的概率是（　　）。

A. 92%　　B. 8%

C. 大于92%　　D. 小于8%

9. 2022年1月22日大豆的现货价格为2840元/吨，同日大连商品交易所4月1日到期的大豆期货合约的价格为2920元/吨，2月22日，4月1日到期的大豆期货合约的价格为2865元/吨，那么1月22日该大豆的基差为（　　）元/吨。

A. 55　　B. 80
C. −80　　D. −55

10. 2022年1月6日，大豆现货价格为2020元/吨，甲豆油加工商对该价格比较满意，希望能以此价格在一个月后买进200吨大豆。为了避免将来现货价格可能上涨，从而提高原材料成本，甲豆油加工商决定在大连商品交易所进行套期保值。1月6日买进20手6月份到期的大豆期货合约，10吨/手，成交价格为2025元/吨。2月6日该加工商在现货市场按照2050元/吨的价格买进200吨大豆的同时，卖出20手6月份到期的大豆期货合约平仓，成交价格为2052元/吨。在不考虑佣金和手续费等费用的情况下，该加工商2月6日对冲平仓时套期保值的净损益为（　　）元。
A. −600　　B. −400
C. 600　　D. 300

11. 羽田公司预期半年后须买入燃料油1000吨，目前现货市场价格为3750元/吨，现在该公司买入20手6个月后到期的燃料油期货合约，50吨/手，成交价为3788元/吨。半年后，该公司以3960元/吨购入1000吨燃料油，并以3980元/吨的价格将期货合约平仓。根据上述信息判断，该公司采用的风险理财措施是（　　）。
A. 期货多头套期保值
B. 期货空头套期保值
C. 买方期权套期保值
D. 卖方期权套期保值

12. 甲公司计划向市场推出一款新产品，公司历史上从未销售过类似产品。为降低产品上市失败的可能性，公司搜集了一些其他公司类似产品上市后的销售数据进行分析。根据上述信息可以判断，甲公司采用的这一方法是（　　）。
A. 旁推法　　B. 后推法
C. 前推法　　D. 正推法

13. 甲房地产开发公司拟投资建设一个日化项目。经过可行性论证，该项目预计净现值为500万元，内部收益率为12%。甲公司进一步分析初始投资、寿命期、终结点残值变现价值的变动对该项目预计净现值和内部收益率的影响程度。甲公司采取的风险管理技术与方法是（　　）。
A. 事件树分析法　　B. 敏感性分析法
C. 决策树法　　D. 情景分析法

14. 新华出版社为了对某一专著销售量进行预测，选择若干书店经理、书评家、读者、编审和销售代表组成专家小组，将该专著和一些相应的背景材料通过电子信箱发给各位专家，要求大家给出该专著可能的销量范围及影响因素。经过反复征询每个专家的意见，直到每一个专家不再改变自己的意见、达成共识为止。新华出版社采取的这种风险管理技术与方法是（　　）。
A. 德尔菲法　　B. 情景分析法
C. 敏感性分析法　　D. 头脑风暴法

15. 近日，全球重要纺织大国土耳其发布官方声明称，因国内生产企业受到进口产品的冲击和损害，将对从全球进口的梭织面料提高进口关税，公布的产品包括棉、毛和化纤梭织面料。M公司是向土耳其纺织企业出口梭织面料的最大供应商，其面临的风险是（　　）。
A. 运营风险　　B. 技术风险
C. 政治风险　　D. 社会文化风险

16. 中国新能源汽车产销量已连续三年居世界首位。但蓬勃的发展势头中，也有暗礁潜藏。目前我国新能源汽车与传统燃油车相比没有明显的竞争优势，与国际上先进的新能源汽车相比也仍然有较大差距。基于以上分析，作为国内新能源汽车头部企业的 B 公司面临的风险是（　　）。

A. 社会文化风险　　B. 市场风险

C. 政治风险　　D. 财务风险

17. 凯天公司近年来不断加强企业内部控制系统建设，选择、制定并实行持续或单独的评估，以判定内部控制各要素是否存在且发挥效用；及时评估内部控制缺陷，并将有关缺陷及时通报给负责整改措施的相关方，包括高级管理层和董事会。根据 COSO《内部控制框架》，凯天公司的上述做法属于内部控制要素中的（　　）。

A. 风险评估　　B. 控制活动

C. 监控　　D. 控制环境

二、多项选择题

1. 2018 年，随着市场波动的加剧，国内甲醇价格趋势的预判难度加大，主营甲醇的大华贸易公司，开始结合期货等衍生品工具进行灵活操作。同时，公司持续例行开展供应商审核与供应风险评估，提前识别风险并及时采取防范措施，以降低供应风险，确保供应连续性。从风险管理策略的角度看，体现的策略有（　　）。

A. 风险规避　　B. 风险对冲

C. 风险控制　　D. 风险承担

2. 分析市场风险，企业应广泛收集国内外企业因忽视市场风险、缺乏应对措施导致企业蒙受损失的案例，并至少收集与本企业相关的以下重要信息，其中包括（　　）。

A. 新市场开发情况、市场营销策略，包括产品或服务定价与销售渠道、市场营销环境状况

B. 能源、原材料、配件等物资供应的充足性、稳定性和价格变化

C. 税收政策和利率、汇率、股票价格指数的变化

D. 潜在竞争者、竞争者及其主要产品、替代品情况

3. 长生生物科技股份有限公司（下称长生生物）2019 年 1 月 15 日发布公告称，2019 年 1 月 14 日，长生生物收到深圳证券交易所《关于对长生生物科技股份有限公司股票实施重大违法强制退市的决定》。根据公告，2018 年 10 月 16 日，长生生物主要子公司长春长生生物科技有限责任公司因违法违规生产疫苗，被药品监督管理部门给予吊销药品生产许可证、处罚没收 91 亿元等行政处罚，主要涉案人员公司董事长高某芳和 4 名公司高管被公安机关依法审查。该公司所涉及的主要风险有（　　）。

A. 市场风险

B. 法律风险与合规风险

C. 运营风险

D. 技术风险

4. 下列可能导致社会文化风险的行为有（　　）。

A. 甲国政府对外币供应实行定量配给

B. 甲国 A 企业进行全球化布局，开展跨国经营活动

C. 甲国 B 企业的组织内部因素发生变化

D. 甲国 C 企业并购乙国 D 企业

5. 甲公司是一家钢铁制造企业，需要在 6 个月后采购一批焦炭。目前焦炭的市场价格是 3000 元 / 吨。甲公司管理层预计 6 个月后焦炭的市场价格将超过 3400 元 / 吨，但因目前甲公司的仓储能力有限，现在购入焦炭将不能正常存储。甲公司计划通过衍生工具交易抵消焦炭市场价格上涨的风险。下列方案中，甲公司可采取的方式有（　　）。

A. 卖出 6 个月后到期的执行价格为 3400 元 / 吨的看涨期权

B. 卖出 6 个月后到期的执行价格为 3400 元 / 吨的看跌期权
C. 买入 6 个月后到期的执行价格为 3400 元 / 吨的看涨期权
D. 买入 6 个月后到期的执行价格为 3400 元 / 吨的看跌期权

6. 恒瑞医药是一家从事创新和高品质药品研制及推广的上市制药企业，目前已发展成为国内知名的抗肿瘤药、手术用药和影像介入产品的供应商。该公司建立了完善的风险管理组织职能体系。下列各项中，属于该公司董事会在全面风险管理方面的主要职责有（　　）。
A. 审议企业全面风险管理年度工作报告
B. 研究提出跨职能部门的重大决策风险评估报告
C. 批准风险管理组织机构设置及其职责方案
D. 审议内部审计部门提交的风险管理监督评价审计综合报告

7. 贝特瑞新能源材料股份有限公司致力于锂离子二次电池用正、负极材料及纳米材料应用的专业化生产制造商，公司制定了规范的风险管理基本流程。下列各项中，有关该公司风险管理的监督与改进的做法正确的有（　　）。
A. 企业风险管理职能部门对跨部门和业务单位的风险管理解决方案进行评价，提出建议，出具报告，及时报送企业总经理或其委托分管风险管理工作的高级管理人员
B. 企业可聘请中介机构对企业全面风险管理工作进行评价，出具风险管理评估和建议专项报告
C. 企业各有关部门和业务单位应定期对风险管理工作进行自查和检验，其检查、检验报告应及时报送企业风险管理职能部门
D. 企业内部审计部门应每年至少一次对各有关部门和业务单位能否按照有关规定开展风险管理工作及其工作效果进行监督评价

三、简答题

1. 甲公司属于建筑防水材料行业，是一家集研发、生产、销售、技术咨询和施工服务为一体的专业化建筑防水系统供应商。我国建筑防水行业是一个充分竞争性行业，由于行业分散、市场规模大，尽管经过了多年的竞争淘汰，行业集中度仍然很低。

甲公司在成立之初就重视研发的投入，虽然有一部分投入并没有转化为现实的技术或产品，但经过十余年的发展，该公司积累的技术和研发成果已经形成较为明显的竞争优势，形成强大的内生性发展动力，竞争对手在短期内无法超越，并且企业会更进一步加大研发力度。2020 年公司品牌知名度和美誉度进一步提高，市场版图得到了大力扩张。

公司“渗透全国”的市场开发战略成效显著，市场领域已从局部市场走向全国市场，市场辐射能力大幅度提高。但随着公司大规模扩张计划的实施，公司现有的人员已无法满足迅速增长的人才需求，而新增员工可能短期内难以融合现有的企业文化，进而影响公司战略和经营目标的实现。

新产品和应用技术研发能力的提高，使公司产品线不断拓宽，系统集成优势更加明显，应用领域和市场空间不断得到拓展。作为行业内技术领先、产品结构完善的龙头企业，公司将享有更高的市场份额。

基础设施建设项目专业承包商与重点房地产开发商是公司的主要客户。这些建筑和工程项目客户往往要求供应商提供一定额度的垫资，且货款结算周期相对较长。由于公司业务增长较快，同时在

当前的招标模式下，客户将支付方式作为选择供应商的重要条款，导致公司应收账款余额增长过快，如果回款不及时将影响到公司的资金使用效率和资产的安全，进而影响公司的经营业绩。

公司主要原材料供应商比较稳定，近年来随着原材料采购量及产品种类的逐步增加，公司也相应增加了供应商数量，不存在单一供应商（客户）占公司采购（销售）比例超过 30% 或严重依赖少数供应商及客户的情况。但供应商数量的增多也带来了管理上的难题，有一部分供应商在履行合同方面存在拖期、以次充好等问题，给公司验收工作带来了压力。

公司主要原材料均属于石油化工产品，受国际原油市场的影响较大。因此，如果原材料市场价格出现较大幅度波动，将对该公司的盈利水平产生一定影响。

要求：简要分析甲公司面临的风险类型。

2. L 医学成立于 2015 年，是一家血液检测公司，为客户提供血液检测服务。传统的血液检测需要以皮下抽血的方式收集样本，往往会引起患者的不适。L 医学希望通过提供给个人一种更容易、更快速以及更便宜的方式，让他们自己可以了解到自己的健康信息。L 医学发明了一种方法，化验时只需刺破手指取一点血，而不是用针扎进手臂来抽几小瓶。这种颠覆式的化验方式无疑是患者的福音，因此 L 医学的估值一度达到了 90 亿美元，足以比肩国内最大的两家商业医学实验室，后两者目前的市值均为 85 亿美元。

但是近年来，对 L 医学存在的问题和质疑声也接踵而至。首先是 L 医学的股权分配和组织架构被质疑不尽合理，公司创始人霍某一人拥有 50% 的股权，对整个公司拥有绝对的话语权。面对迅速扩张的公司规模，L 医学创始人霍某以技术保密为由依然坚持采用直线型组织架构。整个企业各级行政单位从上到下实行垂直领导，下属部门只接受一个上级的指令，成员之间和组织之间不得横向联系。此举虽然有效防止了所谓的核心技术外泄，但是直线型组织架构要求部门行政负责人通晓多种知识和技能，在企业业务比较复杂，企业规模较大的情况下，把所有的管理职能都聚集在一个人身上，显然是难以胜任的。

另外，从四位在该公司工作过的员工口中得知，在 2016 年年末，公司的核心检测仪器仅能检测出少量的检测结果，但公司却在这种情况下草草上马，出售给消费者。2017 年，英国一位生化学家称 L 医学的检测方式并未通过科学论证，目前关于微量检测在业界内仍有不少争议。一位前员工斥责公司无法给出准确的调查报告，并对公司的检测系统准确性表示怀疑。而 L 医学拒绝就此事发表评论并称其并未违反任何法律法规。

除此之外，L 医学的财务监管也被人诟病。2015 至 2019 年，L 医学前业务接单员王某利用职务之便，在向公司客户下单、催款的过程中，对客户谎称已经帮其垫付货款，要求客户将货款支付到王某指定的个人账户，成功截留 50 余万元货款用于日常个人生活开支，被判处有期徒刑七年。L 医学作为一家大型公司，即使在货物及交易金额如此大、持续时间如此长的情况下，公司仍未发现仓库货物发出后未收到实际货款，而是被接单员王某中途截留。这其中就缺少在仓库、财务、接单之间的监督管理机制，正是因为三者没有相互衔接，使得王某利用其中监管漏洞长时间侵吞货款却未被发现。

要求：

（1）依据《企业内部控制应用指引第 1 号——组织架构》，简要分析 L 医学面临的组织架构风险；

（2）依据《企业内部控制应用指引第 10 号——研究与开发》，简要分析 L 医学面临的研究与开发风险；

（3）依据《企业内部控制应用指引第 6 号——资金活动》，简要分析 L 医学面临的资金活动风险。

四、综合题

1. **资料一**

莱克电气是一家以高速整流子电机为核心技术，以吸尘器、空气净化器、净水机等绿色小家电产品和园林工具产品为主营业务，以自主品牌（LEXY 莱克、bewinch 碧云泉、Jimmy 莱克吉米）和 ODM 为经营模式的家电企业。莱克践行以创新驱动成长的发展路径，为顾客持续创造价值。家用电器产品的平均生命周期较短，因此，研发设计必须快速根据不同地区消费偏好的变化，适应不同国家的市场变化。公司研发部门根据国内外市场和客户分布情况进行分类和分区后进行各地区市场调研，不断致力于加强技术同顾客需求的结合，满足不同地区顾客的不同消费偏好，为顾客创造价值，从而形成差异化竞争优势，获得新产品市场定价的权利。

另外，公司采取关键零部件自制的生产战略，有效整合供应链，增强自我配套能力，目前已形成了核心部件研发与自制、产品开发与设计、模具设计与制造、精密压铸与精密加工和整机组装等完整的业务体系。公司一贯坚持自主研发和生产核心部件的原则，牢牢掌握无刷数码电机和家用电器生产中的核心技术和关键环节。莱克从招聘环节开始就侧重有创新技能的员工，建立的全球研发中心拥有 600 多名工程师和设计师，这些科技人员都是经过培训的高素质人才。设立了博士后工作站和国家级 CNAS 实验室，每年对申请技术专利的员工予以嘉奖。莱克自主研发的高速整流子电机及离心风机技术一直以来走在世界技术发展的最前沿，最近成功研发了具有国际领先水平的 8 万 ~10 万转直流无刷超级数码电机，属国内首创。公司通过在无刷数码电机和家电领域十余年的耕耘和业务开拓，研发和设计能力、产品质量保证、制造服务能力、快速反应能力和专业售后服务等均位居行业领先水平，成为全球知名企业和区域性领袖企业的全球核心供应商。此类优质客户要求其供应商需首先取得国际通行的质量管理体系认证，然后需通过其更为严格的合格供应商认证，才可进入其全球供应商序列。

资料二

2017 年莱克电气外销业务收入占主营业务收入比重较高，公司出口产品主要以美元计价、结算，美元汇率波动对公司经营业绩影响主要表现在以下两方面：一方面，影响产品出口的价格竞争力，人民币升值将一定程度削弱公司产品在国际市场的价格优势；另一方面，公司持有外币资产，人民币升值会增加公司汇兑损失。若人民币兑美元汇率持续上升，可能对公司盈利能力产生一定不利影响。此外，海外非关税贸易壁垒及反倾销政策的推出，也将会对公司的外销业务规模和盈利造成一定影响。

莱克电气产品的主要原材料为塑料粒子、铜材、硅钢片和电子元器件类产品等，未来原材料价格如持续上行，对公司采购价格产生一定影响，进而影响到公司生产成本和利润。虽然公司不断通过技术创新和生产流程优化降低生产成本、扩大产能实现规模经济、推出新产品提高产品附加值以及适时适度提高产品定价，并且与主要原材料供应商保持良好的业务合作关系，但公司仍存在原材料价格大幅波动给生产经营带来不利影响的风险。小家电行业是充分竞争的行业，外资企业和本土企业数量较多，新兴互联网企业不断进入，可能导致市场竞争加剧的风险。尽管公司具有较强的竞争优势，但仍面临行业竞争加剧、消费结构不断升级、全球产业格局深度调整和再分工等市场风险的冲击。

近年来随着智能元素的加入，智能家电产品不断涌现，消费者的可选择性增加，原先的家电产品受到了冲击。扫地机器人的出现给莱克的主要产品——吸尘器带来威胁。数据显示，截至2017年年底，扫地机器人的年销售额已经近56.7亿元。随着中国城镇化的进行，家庭可支配收入的上升，扫地机器人市场将进一步被打开。

资料三

在披露2018年半年报之际，莱克电气推出了半年度的高比例分红预案。依据利润分配方案，莱克电气董事会决议通过2018年半年度利润分配预案为“拟以公司总股本4.01亿股为基数，向全体股东每10股派发现金红利20元（含税），合计派发现金红利8.02亿元（含税）”。莱克电气自上市以来累计分红4次，此次半年报披露的每10股派现20元的分红比例，是莱克电气分红史上最大手笔的分红方案。莱克电气此次高比例分红方案在刷爆A股资本市场的同时，也引来多方猜测和质疑。其一，莱克电气在上半年增收减利的情况下，其当期的分红金额却超出净利润5.98亿元，因此被疑“吃老本”。其二，从公司的股权结构来看，身兼上市公司董事长及总经理职务的公司实际控制人倪祖根及其家人，合计控制的公司股份达到3.392亿股，占比达到84.59%。这也意味着，总共8.02亿元的分红，将有超过6.784亿元落入实际控制人的腰包。对此，业内质疑称，莱克电气如此分红，难逃向实际控制人进行利益输送的嫌疑。与高分红公告几乎同时披露的，还有公司10亿元可转换公司债券申请获得核准发行的公告。不过，莱克电气左手高分红、右手巨额融资的行为，也被投资者及评论人士质疑为“并不合理”。莱克电气如此高比例的分红方案并不合理，它应兼顾企业发展的需要，将资金用于技术研发、工厂建设以及多元化经营等方面，而不是一味地实施高分红。并且，其高比例分红对公司实际控制人有利，但对莱克电气其他董事并不公平。

要求：

（1）根据资料一，运用辨别企业核心能力的三个关键性测试分析莱克电气是否具有核心能力；

（2）运用波特的五种竞争力模型对莱克电气进行分析；

（3）简要分析莱克电气面临的市场风险；

（4）依据《企业内部控制应用指引第6号——资金活动》，简要分析莱克电气面临的财务风险；

（5）简要分析莱克电气存在的公司治理问题；

（6）研发战略要求管理层制定鼓励创新性构思的政策，简要分析莱克电气研发过程中是如何体现这些政策的。

2. **资料一**

2018年10月23日晚，美的集团（SZ：000333）、小天鹅（SZ：000418）同步披露预案：美的集团拟发行A股股份换股吸收合并小天鹅，资产交易价格为143.83亿元。完成后，小天鹅将终止上市并注销法人资格。

小天鹅原本是地方性国资上市企业，2001~2002年间，因为陷入“拼命生产—库存增加—降价处理”的死循环，加上原材料价格上涨的因素，导致2002年亏损8亿多元，所以临时转手给了无锡国联。无锡国联通过前期剥离非关键性业务后，实现了公司从亏损3亿多元到扭亏为盈，盈利1个亿后，终于找到了可以托付未来的美的。2008年，当时对于渠道格外渴求的美的，豪掷16.8亿元收购盈利未久的小天鹅，至此开始打通洗衣机下游渠道生意。这次美的并没有完全收购小天鹅。自从被美的控股之后，小天鹅大部分销售和采购渠道都是通过控股公司美的集团实现，但是这也出现一个问题，那就是一旦美的集团的渠道出现问题，小天鹅的销售渠道必然受到波及。对于上游，鉴于原本小天鹅历史上的原材料上涨导致亏损8亿多元的悲惨历史，2008年4月之后，小天鹅便开始开展大宗原材料期货业务，包括铜、铝、塑料等，进行套期保值，规避价格波动风险。由于小天鹅的国企背景，其期货等衍生品的操作经验较为匮乏，从而影响了一定的效率。随着时间的流逝，洗衣机技术在国内外已经很成熟，销售收入并不存在较大变化。通过2015~2017年的销售收入结构显示，小天鹅的主营业务收入90%以上都来自于洗衣机，属于单一主营业务的上市公司。

这笔收购也在当时被誉为民营产权和国有产权及地方政府三方治理的模范案例：一家亏损严重的地方国企通过自身渠道优势，保证了对收购地方国企的民企未来销售渠道的畅通无阻；民企代表的美的则开始了自身对国有企业的改造和改组；而地方国资委通过妥善处理使人员分流、债务等司法问题顺利解决。

资料二

美的是一家多元化业务的家电企业，而并非格力单一主营业务的企业模式，因此美的会在各个赛道出击，这其中最好的方法就是并购。美的和格力作为国内家电业的两大巨头，在国内家电市场都非常有号召力，在现代人常用家电领域其实基本上已经是一个日趋成熟的市场，而非新兴的市场，技术开发和迭代更大作用是锦上添花而非平步青云。美的是以空调起家的企业，多元化的发展能更好地帮助企业控制风险。

2008年，与东芝合资，切入冰箱压缩机领域；2011年，美的收购开利在拉美的空调业务；2016年6月30日，美的以约5亿美元对价收购东芝白色家电业务板块80.1%的股权，获得东芝品牌授权及5000项白电专利；2017年1月，美的以292亿人民币对价收购库卡集团94.55%的股权，进入机器人及自动化设备领域，主要产品为负重机器人，2016年占我国工业机器人市场份额的14%。此番美的再度对小天鹅进行资产合并，可以预见的是，交易完成后，将最大程度放大2016年6月美的并购东芝后5亿美元的产业价值——这项并购主要涉及洗衣机方面的专利。很有可能，美的会将这部分生产链转移给小天鹅，并通过内销渠道实现并购重组，完成美的集团价值的再次腾飞，并且减少小天鹅品牌与美的自有品牌的正面冲突。小天鹅并入美的集团，将与美的集团旗下其他品牌洗衣机业务形成合力，小天鹅借此走向高端市场、协同东芝扩展海外市场，而美的洗衣机主打中低端市场，共同补足美的集团的洗衣机业务。

资料三

“十三五”时期是我国全面建成小康社会的决胜阶段，是新旧动能接续转换的关键时期，大数据的发展深刻改变人们的生活、工作和思维方式。大数据、云计算、移动物联网等为代表的新一轮科技革命席卷全球，与信息技术、经济社会以前所未有的广度和深度交汇融合，大数据技术以开源为主，迄今为止，尚未形成绝对技术垄断。因此，国家大力发展大数据产业，催生出一大批大数据的企业。但是在大数据时代，企业在海量数据的管理方面也会导致成本的增加。

美的通过大数据完善了产品细节，降低了投诉率，并且通过精准地用户画像来对各产品进行精准的营销。在企业组织结构方面，美的在大数据时代的背景下开启了2012年转型大调整以来的第二次组织结构上的变革，并于2017年年底开始在全国30多个主要市场区域逐一设立商务中心。这次调整后，管理将更加扁平化、去行政化，有助于管理效率的提升，更加契合企业的发展战略。此次美的集团成立30多个商务中心，与当年的二级集团的中国区营销总部区别很大，以前的中国营销总部只管二级集团的所有业务以及全国市场，无法与其他二级集团形成协同配合作战，现在的商务中心则主抓各地区所有品类的协同作战，这种要比中国营销总部更精准、更能激发战斗力。

要求：

（1）简要分析小天鹅被完全并购前所面临的运营风险；

（2）简要分析美的集团采取多元化战略的优势；

（3）简要分析美的集团在洗衣机领域所采取的外部发展途径的动机；

（4）简要分析美的集团在洗衣机领域所采取的品牌和商标策略；

（5）运用PEST分析法，简要分析在大数据时代美的集团面临的机会与威胁。

3. **资料一**

H电器成立于1969年，是一家大型电子信息产业集团公司，并于1997年4月在上交所上市。H电器从最开始的一家无线电厂不断发展，成为如今著名的大型高新技术企业，而这离不开其制定的优秀发展战略。早在20世纪90年代初，H电器就确立了“技术立企”的发展战略，专注于家电、通信等产业。围绕这一战略目标，H电器对于研发的重视远远超过普通的家电制造企业，其研发经费投入比例一度达到普通企业的五倍。

我国的家电行业进入壁垒低但退出壁垒高，产业结构调整的难度较大。我国传统家电制造行业虽然产量和市场占有率遥遥领先，但由于处在产业链的弱势端，利润中的很大一部分都被处在产业链优势端的国外企业如S公司、X公司等液晶面板企业瓜分了。由于企业全球化的趋势以及缺乏核心技术的支撑，家电业的利润日益摊薄。而且由于L公司、M公司等互联网企业进军电视领域后采取硬件零利润的定价策略，使原本利润水平较低的电视制造企业不得不集体向消费者让利，总体利润进一步摊薄，传统电视制造企业原有的收入模式也已经不再适用于新的商业竞争常态。与此同时，消费者也早已厌倦千篇一律的电视产品，对高分辨率、大屏幕、智能化的电视产品需求增大。在残酷的市场竞争中，加快企业全方面自主创新的步伐是每个家电企业维系优势、持续发展的唯一道路。因此，加大对核心技术的研发也是H电器长期的发展战略之一。

H电器在产品策略上，一直注重为消费者提供高清、大屏的高品质电视机，并率先推出激光影院电视等产品，将消费者从电视大屏时代引领向超大屏时代。同时，通过推出自己的H电器智能操作系统，将更多H电器的消费者转变为H电器的会员用户。此举有效满足了用户对于高科技、高品质、高水平的产品和服务需求。H电器在围绕自己的价值主张进行价值创造时，主要发挥自己在技术方面的研发优势，通过对电视产品类型和品质的不断迭代，和竞争对手拉开差距；同时树立自己的品牌，在消费者心中建立高品质产品的品牌印象，在保持自己产品优势的同时，也能获得高溢价收入。

资料二

2018年以来，H电器也受电视面板价格上涨影响，净利润出现明显下滑，H电器利润空间受到巨大压缩。因此，H电器要实现未来彩电市场的可持续发展，必须加大电视面板的自主研发，弥补技术短板，实现技术持续领先。这样，H电器才能在未来彩电市场中立于不败之地。为了公司的长久发展，H电器宣布全资收购D公司。D公司作为日本百年品牌企业，其在OLED画质引擎技术、超解像技术领域处于世界领先地位，在彩电显示技术领域具有绝对的话语权。从自身实力分析，H电器主要在智能化技术和内容运营等领域具有一定优势，因此双方能够实现技术和质量上的互补，有利于企业整体竞争力的提升。另外，作为世界知名品牌，D公司的全球化战略较为成功，而H电器尚处于全球化战略的关键阶段，亟需D公司的成功经验的引领。一直以来，D公司作为日本电视市场的传统品牌，在全球显示技术方面引领技术发展的趋势，成为全球品牌价值榜中的绝对老大。2016年，D公司的电视销售总量跃居日本家电市场的前三位，并在法国、捷克、乌克兰、葡萄牙等欧洲市场中占据一定份额，而这一市场区域恰恰是H电器弱势市场区域。这对H电器具有巨大的吸引力。如果并购D公司，H电器将能够实现现有市场与D公司市场的高度互补，加速H电器全球化产业布局的步伐。此外，借助D公司在日本的品牌优势，H电器能够顺利进入日本市场。

在科技创新方面，H电器从来没有停下脚步。首先，在2015年，H电器发布Hi-View Pro画质引擎芯片，使H电器正式比肩行业巨头S公司和N公司，成为中国拥有自主高端画质芯片的电视机企业。其次，H电器还建成了中国电视行业第一条液晶模组线，打破了中国液晶模组几乎全部依赖外企的状况，率先完成了平板电视上游产业链的突破。第三，ULED电视与激光电视并行。其中，“ULED显示技术”是H电器近10年来对电视行业上游垄断发起的第三次突围战，凭借历时7年研发的激光电视，提前锁定主动权，终于在全球大屏幕电视市场赢得了一席之地。最后，转型布局智能电视。成立于2016年7月的J公司是H电器下属的家庭互联网AI公司，J公司致力于成为领先的家庭互联网AI公司，为全球亿万家庭提供场景化服务。同时，H电器还聚焦于业务流程再造，H电器与供应商建立了战略合作伙伴关系，聚焦于供应链全局优化，实现供应商管理库存。此举不仅减少了仓库存储费用，也使库存可以实时根据订货量变化。此外，H电器改进了销售预测方式，从之前的拉式供应链改为现在的推拉式供应链，有计划地提前生产部分零部件，在提高交货速度的同时，降低了采购成本。

资料三

与H电器的经营状况呈鲜明对比的，是前国产电视领导者C电器。2007年，在液晶屏和等离子屏的选择上，C电器做出错误抉择，斥资40多亿坚定不移地发展等离子屏，从液晶屏现今的普及便知当时的战略方向是以失败告终。2016年，C电器投入等离子电视的40亿元全部蒸发，并且也丢失了发展液晶屏的最好时机。为了弥补亏损，C电器开始扩大产品种类，进行多种投资组合，例如激光电视、OLED电视等，但一直没有找准真正的投资方向，也付出了机会成本。随着市场的饱和以及H电器等企业的崛起，C电器面临着巨大的竞争压力，开始大规模尝试多元化经营，从相关多元化的白色家电到非相关多元化的地产、IT等。C电器的分公司达到了160多家，产业布局广泛，但都因为对陌生产业了解不足，收效甚微。

相较于C电器的多元化发展，M公司、G公司、E公司都是以发展拳头产品的相关多元化为主，非相关多元化为辅。反观C电器，相关多元化营业收入占比接近五成，非相关多元化占比近四成，其电视机业务压缩到一成多。其中，部分产品毛利率甚至持续低于5%，而C电器的主营业务电视机，毛利率持续走低，近年来越发低迷。无论是多元化产品，还是核心产品，毛利率都不理想，这也导致了C电器虽然营业收入不断增加，但出现净利润持续走低甚至亏损这种增收不增利的情况。

一方面，C电器与主业无关的投资分散了企业核心资源，使得主业挖掘不足。另一方面，企业非主业投资强调房地产等本身风险较大的投资活动，无法达到分散风险的基本目的。这种情况下，在2014年和2015年前三季度，C电器的投资收益指标全面下降，企业的投资回报率相对于2013年下降了12%，相对于业内平均值减少3.1%。上述种种都表示其投资风险比较高。融资层面，由于企业房地产等高额资本投资的项目增多，导致企业投资的资本需求增加。而从2013年开始，企业盈利下降，现金流量显著不足，企业必须进行大规模融资才能更好地满足投资与日常经营需求。但是目前C电器的筹资仍然集中在银行信贷、风险投资两个层面。银行信贷的成本较高，并且随着企业发展部分中期贷款逐步进入1年内应偿还借款中，而风险投资可能影响企业股权结构，干预企业经营决策，增加企业筹资风险。

要求：

（1）从市场角度简要分析H电器采取差异化战略的实施条件；

（2）简要分析H电器并购D公司的动机；

（3）简要分析H电器研发的类型和定位；

（4）简要分析C电器实施多元化战略可能面临的风险；

（5）依据《中央企业全面风险管理指引》，简要分析C电器面临的运营风险；

（6）依据我国《企业内部控制应用指引第2号——发展战略》，简要分析C电器面临的战略风险；

（7）依据我国《企业内部控制应用指引第6号——资金活动》，简要分析C电器面临的财务风险；

（8）依据我国《企业内部控制应用指引第10号——研究与开发》，简要分析C电器面临的研究与开发风险。

同步强化练习题参考答案及解析

一、单项选择题

1.【答案】A

【解析】甲公司面临的是主要供应商的信用风险，信用风险属于市场风险，选项A正确。

2.【答案】B

【解析】马尔科夫分析法主要围绕“状态”这个概念展开。这种方法通常用于对那些存在多种状态（包括各种降级使用状态）的可维修复杂系统进行分析。随机转移概率矩阵可用来描述状态间的转移，以计算各种输出结果，即各种状态下的概率，选项 B 正确。

3.【答案】C

【解析】决策树法的基本原理是用决策点代表决策问题，用方案分枝代表可供选择的方案，用概率分枝代表每个方案可能出现的各种结果，经过对各种方案在各种结果条件下期望损益值的计算比较，为决策者提供决策依据。决策树法适用于对不确定性投资方案期望收益的定量分析，选项 C 正确。

4.【答案】C

【解析】“此次泄露是华住公司程序员将数据库连接方式于 20 天前上传至 GitHub 网站导致”属于运营风险中的企业在信息安全管理中发生失误导致的风险，选项 C 正确。

5.【答案】A

【解析】选项 A 属于控制活动要素的要求；选项 B 属于内部监督要素的要求；选项 C 属于风险评估要素的要求；选项 D 属于内部环境要素的要求。因此，选项 A 正确。

6.【答案】B

【解析】甲公司将应收款项出售给乙公司，因此，甲公司应对此项信用风险的策略属于风险转移，选项 B 正确。

7.【答案】B

【解析】城觅是一家前两年兴起的小众城市服务网站，其资金能力并不能对标大众点评等巨头，表明其发展战略过于激进，脱离企业实际能力，选项 B 正确。

8.【答案】C

【解析】最低运营资本是 2000 万元，有 8% 的可能性需要 2600 万元维持运营，说明甲公司需要的风险资本为 2600–2000=600（万元），这时，甲公司的生存概率是 92%（1–8%）。那么当风险资本是 620 万元，即大于 600 万元时，甲公司的生存概率则大于 92%，选项 C 正确。

9.【答案】C

【解析】基差是产品最近的现货价格跟对应产品最近月份期货合约的价格差。公式：基差 = 现货价格 – 期货价格 =2840–2920=–80（元 / 吨），2 月 22 日，4 月 1 日到期的大豆期货合约价格（2865 元 / 吨）由于不是同日的，不具有可比性，为干扰条件。

10.【答案】A

【解析】套期保值的净损益 =200×（2020–2050）+20×10×（2052–2025）=–600（元）。

11.【答案】A

【解析】在本题中，根据“现在该公司买入 20 手 6 个月后到期的燃料油期货合约”可以看出，该公司采用的风险理财措施是期货多头套期保值。因此，选项 A 正确。

12.【答案】A

【解析】旁推法就是利用类似项目的数据进行统计推论，利用某一项目的历史记录对新的类似项目可能遇到的风险进行评估和分析。“公司搜集了一些其他公司类似产品上市后的销售数据进行分析”属于旁推法，选项 A 正确。

13.【答案】B

【解析】敏感性分析法是针对潜在的风险，研究项目的各种不确定因素变化至一定幅度时，计算其主要经济指标的变化率及敏感程度的一种方法。“甲公司进一步分析初始投资、寿命期、终结点残值变现价值的变动对该项目预计净现值和内部收益率的影响程度”属于敏感性分析法，选项 B 正确。

14.【答案】A

【解析】德尔菲法本质上是一种反馈匿名函询法，其大致流程是在对所要预测的问题征得专家的意见之后，进行整理、归纳、统计，再匿名反馈给各专家，再次征求意见，再集中，再反馈，直至得到一致的意见。因此，选项A正确。

15.【答案】C

【解析】“土耳其发布官方声明称，因国内生产企业受到进口产品的冲击和损害，将对从全球进口的梭织面料提高进口关税”属于政治风险类别中的“进口配额和关税”，选项C正确。

16.【答案】B

【解析】“目前我国新能源汽车与传统燃油车相比没有明显的竞争优势，与国际上先进的新能源汽车相比也仍然有较大差距”表明B公司面临潜在进入者、竞争者、与替代品的竞争带来的市场风险，选项B正确。

17.【答案】C

【解析】根据2013年修订发布的COSO《内部控制框架》，监控要素应当坚持以下原则：①企业选择、制定并实行持续及/或单独的评估，以判定内部控制各要素是否存在且发挥效用；②企业及时评估内部控制缺陷，并将有关缺陷及时通报给负责整改措施的相关方，包括高级管理层和董事会（如适当）。因此，选项C正确。

二、多项选择题

1.【答案】BC

【解析】“结合期货等衍生品工具进行灵活操作”采取的是风险对冲，选项B正确；“公司持续例行开展供应商审核与供应风险评估，提前识别风险并及时采取防范措施，以降低供应风险，确保供应连续性”采取的是风险控制，选项C正确。

2.【答案】BCD

【解析】分析市场风险需要收集的信息：①产品或服务的价格及供需变化；②能源、原材料、配件等物资供应的充足性、稳定性和价格变化；③主要客户、主要供应商的信用情况；④税收政策和利率、汇率、股票价格指数的变化；⑤潜在竞争者、竞争者及其主要产品、替代品情况。选项A属于分析运营风险需要收集的信息，选项B、C、D正确。

3.【答案】BC

【解析】“收到深圳证券交易所《关于对长生生物科技股份有限公司股票实施重大违法强制退市的决定》”“因违法违规生产疫苗，被药品监督管理部门给予吊销药品生产许可证、处罚没收91亿元等行政处罚”属于法律风险与合规风险，选项B正确；“主要涉案人员公司董事长高某芳和4名公司高管被公安机关依法审查”属于运营风险中的因企业内、外部人员的道德风险或业务控制系统失灵导致的风险，选项C正确。

4.【答案】BCD

【解析】文化风险存在并作用于企业经营的更深领域，主要有以下三个方面：①跨国经营活动引发的文化风险；②企业并购活动引发的文化风险；③组织内部因素引发的文化风险。选项A属于导致政治风险的行为，选项B、C、D正确。

5.【答案】BC

【解析】甲公司需要在6个月后采购一批焦炭，由于预计焦炭价格将要上涨，为了锁定原材料成本应采用套期保值的措施，即应买入看涨期权或卖出看跌期权。因此，选项B、C正确。

6.【答案】AC

【解析】选项A、C属于董事会的职责；选项B属于风险管理职能部门的职责；选项D属于风险管理委员会的职责。

7.【答案】ABCD

【解析】选项A、B、C、D均正确。

三、简答题

1.【答案】

甲公司面临的风险主要包括以下几种：

（1）市场风险。

①能源、原材料、配件等物资供应的充足性、稳定性和价格的变化带来的风险。“公司主要原材料均属于石油化工产品，受国际原油市场的影响较大。因此，如果原材料市场价格出现较大幅度波动，将对该公司的盈利水平产生一定影响”。

②主要客户、主要供应商的信用风险。“基础设施建设项目专业承包商与重点房地产开发商是公司的主要客户。这些建筑和工程项目客户往往要求供应商提供一定额度的垫资，且货款结算周期相对较长。由于公司业务增长较快，同时在当前的招标模式下，客户将支付方式作为选择供应商的重要条款，导致公司应收账款余额增长过快，如果回款不及时将影响到公司的资金使用效率和资产的安全，进而影响公司的经营业绩”“有一部分供应商在履行合同方面存在拖期、以次充好等问题”。

（2）技术风险。“甲公司在成立之初就重视研发的投入，虽然有一部分投入并没有转化为现实的技术或产品”。

（3）运营风险。“但随着公司大规模扩张计划的实施，公司现有的人员已无法满足迅速增长的人才需求……进而影响公司战略和经营目标的实现”。

（4）社会文化风险。“新增员工可能短期内难以融合现有的企业文化”。

（5）财务风险。“基础设施建设项目专业承包商与重点房地产开发商是公司的主要客户。这些建筑和工程项目客户往往要求供应商提供一定额度的垫资，且货款结算周期相对较长。由于公司业务增长较快，同时在当前的招标模式下，客户将支付方式作为选择供应商的重要条款，导致公司应收账款余额增长过快，如果回款不及时将影响到公司的资金使用效率和资产的安全，进而影响公司的经营业绩”。

（6）战略风险。“随着公司大规模扩张计划的实施，公司现有的人员已无法满足迅速增长的人才需求，而新增员工可能短期内难以融合现有的企业文化，进而影响公司战略和经营目标的实现”。

2.【答案】

（1）L医学治理结构形同虚设，缺乏科学决策、良性运行机制和执行力，可能导致企业经营失败；内部机构设计不科学，权责分配不合理，可能导致运行效率低下。“公司创始人霍某一人拥有50%的股权，对整个公司拥有绝对的话语权。面对迅速扩张的公司规模，L医学创始人霍某以技术保密为由依然坚持采用直线型组织架构。整个企业各级行政单位从上到下实行垂直领导，下属部门只接受一个上级的指令，成员之间和组织之间不得横向联系。此举虽然有效防止了所谓的核心技术外泄，但是直线型组织架构要求部门行政负责人通晓多种知识和技能，在企业业务比较复杂，企业规模较大的情况下，把所有的管理职能都聚集在一个人身上，显然是难以胜任的”。

（2）L医学研究项目未经科学论证或论证不充分，可能导致创新不足或资源浪费。“2017年，英国一位生化学家称L医学的检测方式并未通过科学论证，目前关于微量检测在业界内仍有不少争议”。

（3）L医学资金活动管控不严，可能导致资金被挪用、侵占、抽逃或遭受欺诈。“这其中就缺少在仓库、财务、接单之间的监督管理机制，正是因为三者没有相互衔接，使得王某利用其中监管漏洞长时间侵吞货款却未被发现”。

四、综合题

1.【答案】

（1）辨别企业能力是否属于核心能力的三个关键性测试：

①它对顾客是否有价值？

②它与企业竞争对手相比是否有优势？

③它是否很难被模仿或复制？

“莱克践行以创新驱动成长的发展路径，为顾客持续创造价值”“公司研发部门根据国内外市场和客户分布情况进行分类和分区后进行各地区市场调研，不断致力于加强技术同顾客需求的结合，满足不同地区顾客的不同消费偏好，为顾客创造价值，从而形成差异化竞争优势，获得新产品市场定价的权利”符合①。

“莱克自主研发的高速整流子电机及离心风机技术一直以来走在世界技术发展的最前沿，最近成功研发了具有国际领先水平的8万~10万转直流无刷超级数码电机，属国内首创。公司通过在无刷数码电机和家电领域十余年的耕耘和业务开拓，研发和设计能力、产品质量保证、制造服务能力、快速反应能力和专业售后服务等均位居行业领先水平，成为全球知名企业和区域性领袖企业的全球核心供应商。此类优质客户要求其供应商需首先取得国际通行的质量管理体系认证，然后需通过其更为严格的合格供应商认证，才可进入其全球供应商序列”符合②。

“公司采取关键零部件自制的生产战略，有效整合供应链，增强自我配套能力，目前已形成了核心部件研发与自制、产品开发与设计、模具设计与制造、精密压铸与精密加工和整机组装等完整的业务体系。公司一贯坚持自主研发和生产核心部件的原则，牢牢掌握无刷数码电机和家用电器生产中的核心技术和关键环节”“莱克自主研发的高速整流子电机及离心风机技术一直以来走在世界技术发展的最前沿，最近成功研发了具有国际领先水平的8万~10万转直流无刷超级数码电机，属国内首创”符合③。

综上，莱克电气具有核心能力。

（2）①潜在进入者的进入威胁。“小家电行业是充分竞争的行业，外资企业和本土企业数量较多，新兴互联网企业不断进入”。

②替代品的替代威胁。“扫地机器人的出现给莱克的主要产品——吸尘器带来威胁。数据显示，截至2017年年底，扫地机器人的年销售额已经近56.7亿元。随着中国城镇化的进行，家庭可支配收入的上升，扫地机器人市场将进一步被打开”。

③供应者讨价还价的能力。“莱克电气产品的主要原材料为塑料粒子、铜材、硅钢片和电子元器件类产品等，未来原材料价格如持续上行，对公司采购价格产生一定影响”。

④购买者讨价还价的能力。“近年来随着智能元素的加入，智能家电产品不断涌现，消费者的可选择性增加”。

⑤产业内现有企业的竞争。“小家电行业是充分竞争的行业，外资企业和本土企业数量较多”。

（3）莱克电气面临的市场风险：

①能源、原材料、配件等物资供应的充足性、稳定性和价格的变化带来的风险。“莱克电气产品的主要原材料为塑料粒子、铜材、硅钢片和电子元器件类产品等，未来原材料价格如持续上行，对公司采购价格产生一定影响，进而影响到公司生产成本和利润……但公司仍存在原材料价格大幅波动给生产经营带来不利影响的风险”。

②产品或服务的价格及供需变化带来的风险。“近年来随着智能元素的加入，智能家电产品不断涌现，消费者的可选择性增加，原先的家电产品受到了冲击”。

③税收政策和利率、汇率、股票价格指数的变化带来的风险。“2017 年莱克电气外销业务收入占主营业务收入比重较高，公司出口产品主要以美元计价、结算，美元汇率波动对公司经营业绩影响主要表现在以下两方面……另一方面，公司持有外币资产，人民币升值会增加公司汇兑损失。若人民币兑美元汇率持续上升，可能对公司盈利能力产生一定不利影响”。

④潜在进入者、竞争者、与替代品的竞争带来的风险。“小家电行业是充分竞争的行业，外资企业和本土企业数量较多，新兴互联网企业不断进入，可能导致市场竞争加剧的风险。尽管公司具有较强的竞争优势，但仍面临行业竞争加剧、消费结构不断升级、全球产业格局深度调整和再分工等市场风险的冲击”“扫地机器人的出现给莱克的主要产品——吸尘器带来威胁”。

（4）依据《企业内部控制应用指引第 6 号——资金活动》，莱克电气面临的财务风险：

①筹资决策不当，引发资本结构不合理或无效融资，可能导致企业筹资成本过高或债务危机。“与高分红公告几乎同时披露的，还有公司 10 亿元可转换公司债券申请获得核准发行的公告。不过，莱克电气左手高分红、右手巨额融资的行为，也被投资者及评论人士质疑为‘并不合理’”。

②资金活动管控不严，可能导致资金被挪用、侵占、抽逃或遭受欺诈。“莱克电气在上半年增收减利的情况下，其当期的分红金额却超出净利润 5.98 亿元”“总共 8.02 亿元的分红，将有超过 6.784 亿元落入实际控制人的腰包。对此，业内质疑称，莱克电气如此分红，难逃向实际控制人进行利益输送的嫌疑”。

（5）莱克电气存在终极股东对于中小股东的“隧道挖掘”问题。

主要表现形式为占用公司资源。“从公司的股权结构来看，身兼上市公司董事长及总经理职务的公司实际控制人倪祖根及其家人，合计控制的公司股份达到 3.392 亿股，占比达到 84.59%。这也意味着，总共 8.02 亿元的分红，将有超过 6.784 亿元落入实际控制人的腰包。对此，业内质疑称，莱克电气如此分红，难逃向实际控制人进行利益输送的嫌疑”。

（6）①必须使员工有机会在一个能够产生创新构思的环境中工作，这需要适当的管理风格和组织结构。“目前已形成了核心部件研发与自制、产品开发与设计、模具设计与制造、精密压铸与精密加工和整机组装等完整的业务体系。公司一贯坚持自主研发和生产核心部件的原则，牢牢掌握无刷数码电机和家用电器生产中的核心技术和关键环节”。

②在适当情况下，企业的招聘政策应集中于招聘具有创新技能的员工。应对员工进行培训并使其知识、技能与时俱进。“莱克从招聘环节开始就侧重有创新技能的员工，建立的全球研发中心拥有 600 多名工程师和设计师，这些科技人员都是经过培训的高素质人才”。

③战略计划应有助于创新目标的达成；对成功实现目标的员工应给予奖励。“设立了博士后工作站和国家级 CNAS 实验室，每年对申请技术专利的员工予以嘉奖”。

2.【答案】

（1）小天鹅被完全并购前所面临的运营风险：

①企业产品结构、新产品研发可能引发的风险。“洗衣机技术在国内外已经很成熟，销售收入并不存在较大变化。通过 2015~2017 年的销售收入结构显示，小天鹅的主营业务收入 90% 以上都来自于洗衣机，属于单一主营业务的上市公司”。

②企业新市场开发，市场营销策略（包括产品或服务定价与销售渠道，市场营销环境状况等）可能引发的风险。“小天鹅大部分销售和采购渠道都是通过控股公司美的集团实现……一旦美的集团的渠道出现问题，小天鹅的销售渠道必然受到波及”。

③期货等衍生产品业务中发生失误带来的风险。“对于上游，鉴于原本小天鹅历史上的原材料上涨导致亏损8亿多元的悲惨历史，2008年4月之后，小天鹅便开始开展大宗原材料期货业务，包括铜、铝、塑料等，进行套期保值，规避价格波动风险。由于小天鹅的国企背景，其期货等衍生品的操作经验较为匮乏，从而影响了一定的效率”。

（2）美的集团采取多元化战略的优势：

①分散风险。“美的是以空调起家的企业，多元化的发展能更好地帮助企业控制风险”。

②当企业在原产业无法增长时找到新的增长点。“在现代人常用家电领域其实基本上已经是一个日趋成熟的市场，而非新兴的市场，技术开发和迭代更大作用是锦上添花而非平步青云”。

③利用未被充分利用的资源。“将最大程度放大2016年6月美的并购东芝后5亿美元的产业价值——这项并购主要涉及洗衣机方面的专利。很有可能，美的会将这部分生产链转移给小天鹅，并通过内销渠道实现并购重组，完成美的集团价值的再次腾飞”。

④运用企业在某个产业或某个市场中的形象和声誉来进入另一个产业或市场，而在另一个产业或市场中要取得成功，企业形象和声誉是至关重要的。“美的和格力作为国内家电业的两大巨头，在国内家电市场都非常有号召力”。

（3）美的集团在洗衣机领域采取外部发展（并购）的动机：

①获得协同效应。“此番美的再度对小天鹅进行资产合并，可以预见的是，交易完成后，将最大程度放大2016年6月美的并购东芝后5亿美元的产业价值——这项并购主要涉及洗衣机方面的专利。很有可能，美的会将这部分生产链转移给小天鹅，并通过内销渠道实现并购重组，完成美的集团价值的再次腾飞”“小天鹅并入美的集团，将与美的集团旗下其他品牌洗衣机业务形成合力，小天鹅借此走向高端市场、协同东芝扩展海外市场，而美的洗衣机主打中低端市场，共同补足美的集团的洗衣机业务”。

②克服企业负外部性，减少竞争，增强对市场的控制力。“很有可能，美的会将这部分生产链转移给小天鹅，并通过内销渠道实现并购重组，完成美的集团价值的再次腾飞，并且减少小天鹅品牌与美的自有品牌的正面冲突。小天鹅并入美的集团，将与美的集团旗下其他品牌洗衣机业务形成合力，小天鹅借此走向高端市场、协同东芝扩展海外市场，而美的洗衣机主打中低端市场，共同补足美的集团的洗衣机业务”。

（4）美的集团在洗衣机领域所采取的品牌和商标策略为每个产品都有不同的品牌名称。“小天鹅并入美的集团，将与美的集团旗下其他品牌洗衣机业务形成合力，小天鹅借此走向高端市场、协同东芝扩展海外市场，而美的洗衣机主打中低端市场，共同补足美的集团的洗衣机业务”。

（5）机会：

①政治和法律因素。“国家大力发展大数据产业，催生出一大批大数据的企业”。

②经济因素。“‘十三五’时期是我国全面建成小康社会的决胜阶段，是新旧动能接续转换的关键时期”。

③社会和文化因素。“大数据的发展深刻改变人们的生活、工作和思维方式”。

④技术因素。“大数据、云计算、移动物联网等为代表的新一轮科技革命席卷全球，与信息技术、经济社会以前所未有的广度和深度交汇融合，大数据技术以开源为主，迄今为止，尚未形成绝对技术垄断”。

威胁：

技术因素。“在大数据时代，企业在海量数据的管理方面也会导致成本的增加”。

3.【答案】

（1）从市场角度说明H电器采取差异化战略的实施条件：

①产品能够充分地实现差异化，且为顾客所认可。“H电器在围绕自己的价值主张进行价值创造时，主要发挥自己在技术方面的研发优势，通过对电视产品类型和品质的不断迭代，和竞争对手拉开差距；同时树立自己的品牌，在消费者心中建立高品质产品的品牌印象，在保持自己产品优势的同时，也能获得高溢价收入”。

②顾客的需求是多样化的。“与此同时，消费者也早已厌倦千篇一律的电视产品，对高分辨率、大屏幕、智能化的电视产品需求增大”。

③企业所在产业技术变革较快，创新成为竞争的焦点。“在残酷的市场竞争中，加快企业全方面自主创新的步伐是每个家电企业维系优势、持续发展的唯一道路……通过推出自己的H电器智能操作系统，将更多H电器的消费者转变为H电器的会员用户。此举有效满足了用户对于高科技、高品质、高水平的产品和服务需求”。

（2）H电器并购D公司的动机：

①避开进入壁垒，迅速进入，争取市场机会，规避各种风险。“D公司作为日本百年品牌企业，其在OLED画质引擎技术、超解像技术领域处于世界领先地位，在彩电显示技术领域具有绝对的话语权”“借助D公司在日本的品牌优势，H电器能够顺利进入日本市场”。

②获得协同效应。“从自身实力分析，H电器主要在智能化技术和内容运营等领域具有一定优势，因此双方能够实现技术和质量上的互补，有利于企业整体竞争力的提升。另外，作为世界知名品牌，D公司的全球化战略较为成功，而H电器尚处于全球化战略的关键阶段，亟需D公司的成功经验的引领”“一直以来，D公司作为日本电视市场的传统品牌，在全球显示技术方面引领技术发展的趋势，成为全球品牌价值榜中的绝对老大。2016年，D公司的电视销售总量跃居日本家电市场的前三位，并在法国、捷克、乌克兰、葡萄牙等欧洲市场中占据一定份额，而这一市场区域恰恰是H电器弱势市场区域。这对H电器具有巨大的吸引力。如果并购D公司，H电器将能够实现现有市场与D公司市场的高度互补，加速H电器全球化产业布局的步伐。此外，借助D公司在日本的品牌优势，H电器能够顺利进入日本市场”。

③克服企业负外部性，减少竞争，增强对市场的控制力。“一直以来，D公司作为日本电视市场的传统品牌，在全球显示技术方面引领技术发展的趋势，成为全球品牌价值榜中的绝对老大。2016年，D公司的电视销售总量跃居日本家电市场的前三位，并在法国、捷克、乌克兰、葡萄牙等欧洲市场中占据一定份额，而这一市场区域恰恰是H电器弱势市场区域。这对H电器具有巨大的吸引力。如果并购D公司，H电器将能够实现现有市场与D公司市场的高度互补，加速H电器全球化产业布局的步伐。此外，借助D公司在日本的品牌优势，H电器能够顺利进入日本市场”。

（3）①H电器研发的类型：

a. 产品研究——新产品开发。“在2015

年，H电器发布Hi-View Pro画质引擎芯片，使H电器正式比肩行业巨头S公司和N公司，成为中国拥有自主高端画质芯片的电视机企业。其次，H电器还建成了中国电视行业第一条液晶模组线，打破了中国液晶模组几乎全部依赖外企的状况，率先完成了平板电视上游产业链的突破。第三，ULED电视与激光电视并行。其中，'ULED显示技术'是H电器近10年来对电视行业上游垄断发起的第三次突围战，凭借历时7年研发的激光电视，提前锁定主动权，终于在全球大屏幕电视市场赢得了一席之地。最后，转型布局智能电视。成立于2016年7月的J公司是H电器下属的家庭互联网AI公司，J公司致力于成为领先的家庭互联网AI公司，为全球亿万家庭提供场景化服务"。

b.流程研究。"同时，H电器还聚焦于业务流程再造，H电器与供应商建立了战略合作伙伴关系，聚焦于供应链全局优化，实现供应商管理库存。此举不仅减少了仓库存储费用，也使库存可以实时根据订货量变化。此外，H电器改进了销售预测方式，从之前的拉式供应链改为现在的推拉式供应链，有计划地提前生产部分零部件，在提高交货速度的同时，降低了采购成本"。

②H电器的研发定位：成为成功产品的创新模仿者。"在2015年，H电器发布Hi-View Pro画质引擎芯片，使H电器正式比肩行业巨头S公司和N公司，成为中国拥有自主高端画质芯片的电视机企业。其次，H电器还建成了中国电视行业第一条液晶模组线，打破了中国液晶模组几乎全部依赖外企的状况，率先完成了平板电视上游产业链的突破。第三，ULED电视与激光电视并行。其中，'ULED显示技术'是H电器近10年来对电视行业上游垄断发起的第三次突围战，凭借历时7年研发的激光电视，提前锁定主动权，终于在全球大屏幕电视市场赢得了一席之地"。

（4）C电器实施多元化战略可能面临的风险：

①来自原有经营产业的风险。"一方面，C电器与主业无关的投资分散了企业核心资源，使得主业挖掘不足"。

②产业进入风险。"C电器面临着巨大的竞争压力，开始大规模尝试多元化经营，从相关多元化的白色家电到非相关多元化的地产、IT等。C电器的分公司达到了160多家，产业布局广泛，但都因为对陌生产业了解不足，收效甚微"。

③内部经营整合风险。"融资层面，由于企业房地产等高额资本投资的项目增多，导致企业投资的资本需求增加。而从2013年开始，企业盈利下降，现金流量显著不足，企业必须进行大规模融资才能更好地满足投资与日常经营需求。但是目前C电器的筹资仍然集中在银行信贷、风险投资两个层面。银行信贷的成本较高，并且随着企业发展部分中期贷款逐步进入1年内应偿还借款中，而风险投资可能影响企业股权结构，干预企业经营决策，增加企业筹资风险"。

（5）依据《中央企业全面风险管理指引》，C电器面临的运营风险：

①企业产品结构、新产品研发可能引发的风险。"反观C电器，相关多元化营业收入占比接近五成，非相关多元化占比近四成，其电视机业务压缩到一成多。其中，部分产品毛利率甚至持续低于5%，而C电器的主营业务电视机，毛利率持续走低，近年来越发低迷。无论是多元化产品，还是核心产品，毛利率都不理想，这也导致了C电器虽然营业收入不断增加，但出现净利润持续走低甚至亏损这种增收不增利的情况"。

②企业新市场开发，市场营销策略（包括产品或服务定价与销售渠道，市场营销环境状况等）可能引发的风险。"C电

器面临着巨大的竞争压力，开始大规模尝试多元化经营，从相关多元化的白色家电到非相关多元化的地产、IT 等。C 电器的分公司达到了 160 多家，产业布局广泛，但都因为对陌生产业了解不足，收效甚微”。

③企业组织效能、管理现状、企业文化，高、中层管理人员和重要业务流程中专业人员的知识结构、专业经验等方面可能引发的风险。“2007 年，在液晶屏和等离子屏的选择上，C 电器做出错误抉择，斥资 40 多亿坚定不移地发展等离子屏，从液晶屏现今的普及便知当时的战略方向是以失败告终。2016 年，C 电器投入等离子电视的 40 亿元全部蒸发，并且也丢失了发展液晶屏的最好时机”。

（6）依据我国《企业内部控制应用指引第 2 号——发展战略》，C 电器面临的战略风险：发展战略过于激进，脱离企业实际能力或偏离主业，可能导致企业过度扩张，甚至经营失败。“一方面，C 电器与主业无关的投资分散了企业核心资源，使得主业挖掘不足。另一方面，企业非主业投资强调房地产等本身风险较大的投资活动，无法达到分散风险的基本目的”。

（7）依据我国《企业内部控制应用指引第 6 号——资金活动》，C 电器面临的财务风险：

①筹资决策不当，引发资本结构不合理或无效融资，可能导致企业筹资成本过高或债务危机。“但是目前 C 电器的筹资仍然集中在银行信贷、风险投资两个层面。银行信贷的成本较高，并且随着企业发展部分中期贷款逐步进入 1 年内应偿还借款中，而风险投资可能影响企业股权结构，干预企业经营决策，增加企业筹资风险”。

②投资决策失误，引发盲目扩张或丧失发展机遇，可能导致资金链断裂或资金使用效益低下。“由于企业房地产等高额资本投资的项目增多，导致企业投资的资本需求增加。而从 2013 年开始，企业盈利下降，现金流量显著不足，企业必须进行大规模融资才能更好地满足投资与日常经营需求”。

（8）依据我国《企业内部控制应用指引第 10 号——研究与开发》，C 电器面临的研究与开发风险：研究项目未经科学论证或论证不充分，可能导致创新不足或资源浪费。“2007 年，在液晶屏和等离子屏的选择上，C 电器做出错误抉择，斥资 40 多亿坚定不移地发展等离子屏，从液晶屏现今的普及便知当时的战略方向是以失败告终。2016 年，C 电器投入等离子电视的 40 亿元全部蒸发，并且也丢失了发展液晶屏的最好时机”。

03

第三部分

跨章节主观题演练

跨章节主观题演练

跨章节主观题透视

一、主观题命题趋势及特点

从近3年的考试来看，主观题的题量未变，均为5题，但是分值发生了变化。2021年主观题总分值为50分，其中，4道简答题的总分值为26分，1道综合题的总分值为24分；而2019年和2020年主观题总分值为55分，其中，4道简答题的总分值为30分，1道综合题的总分值为25分。

主观题呈现覆盖面广、考点相对分散、打破章节界限、阅读量较大和试题相对灵活的特点。这些对考生的教材整体把握能力、实务处理能力和逻辑思维能力都提出了较高的要求，考生必须在规定的时间内清晰地进行分析、判断、归纳、总结和表达。

主观题涉及的相关考点，基本上是各章节的重点内容，第一章至第六章均有可能涉及，因此掌握好各章节的重点内容是解答主观题的基础和前提。第二章、第三章和第六章是综合题的主要出题点，通常会和相关章节的重点内容结合起来考查。

在我们痛苦的学习过程中经常会遇到瓶颈，会出现迷茫、挫败、自责等负面情绪，这都是非常正常的。尤其是当面对变化莫测的主观题时，那种看了忘、忘了躁、躁了怒、怒了怕的心路历程我们都曾经历过。然而正是这个看似痛苦的过程，却是到达彼岸的唯一途径。

二、主观题的出题方向和出题要点

《公司战略与风险管理》的主观题源于教材，同时又充分体现了其专业性、灵活性、实践性、丰富性和拓展性。主观题内容广，只有通过反复阅读教材才能达到准确解题的程度。通过多做习题，检验知识点的掌握程度，巩固已学知识点，总结出题的思路和解题技巧，提高应试能力。另外，对于一道试题，我们要深度挖掘知识点，做到“知其然，知其所以然”。

纵观整本教材内容，各章节最有可能在主观题中涉及的考点：

第一章　战略与战略管理：公司的使命、战略创新的类型、成功的战略创新赖以实现的关键情境、创新管理的主要过程和企业利益与社会效益的矛盾与均衡。

第二章　战略分析：宏观环境分析（PEST分析）、产品生命周期分析、波特的产业五种竞争力分析、产业内的战略群组分析、资源与能力和核心能力分析、产业资源配置分析框架——钻石模型、价值链分析、波士顿矩阵和SWOT分析。

第三章　战略选择：总体战略的主要类型、发展战略的主要途径；基本竞争战略的类型、优势、实施条件和可能面临的风险；中小企业竞争战略；红海战略和蓝海战略的关键性差异、蓝海战略制定的原则及重建市场边界的基本法则；市场营销和研发两大职能战略的主要内容；企业国际化经营动因、国际化经营的主要方式、全球价值链中的企业国际化经营、国际化经营的战略类型和新兴市场中本土企业的战略选择。

第四章　战略实施：横向分工结构的基本类型（职能制组织结构、事业部制组织结构和矩阵制组织结构）、战略失效的原因、数字化技术对公司战略的影响和数字化战略转型的主要方面。

第五章　公司治理：三大公司治理问题、公司内部治理结构和外部治理机制、公司治理基础设施。

第六章　风险与风险管理：企业面对的主要风险（包括从企业内部控制角度进行分析）和我国《企业内部控制基本规范》关于内部控制要素的要求。

三、主观题的解题思路

主观题案例分析的背景资料都较长，一般应该先从它的问题入手，带着问题看前面的叙述，这样针对性强又节约时间。另外，要加强文字的组织能力，每个小题要答得在理（不跑题）、写得规范（紧扣专业知识点）、作答流畅（时间有限）。

考试答题时要做到：

（1）准确定位，梳理思路。在认真阅读题干资料的基础上，迅速准确判断试题涉及的章节内容，并回忆和梳理答题要点。

（2）回答要点，发散思维。回答问题要紧扣要点、文字简洁、逻辑清晰，在此基础上结合题干提供的具体资料适当地做一些发挥。

（3）借鉴题干资料，寻求答案。答题时遇到难题了，千万莫急。除了回忆、联想外，还有一个很重要的方法——“以子之矛攻子之盾”法。综合题的问题较多，每一问的答案往往就在题干中隐藏着、埋伏着，要学会从题干资料中快速准确地把相关内容复制粘贴过来。

（4）尽可能答全。对于综合题的题中题（小题），如果在作答时对答案不确定，且时间允许的情况下，就可以根据估计的分值，按倍数给出答案。比如某一小问，分值可能为 4 分，一般情况下，标准答案应为 4 条。那么你就答 8 条，8 对 4，为倍数，此时很有可能会出现这样的情况：它所需要的 4 条，你的 8 条全覆盖或全沾边。全覆盖当然得满分，全沾边也能得到本题分值的 70% 以上。

（5）杜绝犯低级错误。对题目的错误理解以及对题干资料信息的忽视都是低级错误，在考试时一定要避免发生这类事情，不放过应得的每一分。

跨章节主观题

使用“会计云课堂”App或“微信”扫码快速做题、对答案、看解析、掌握解题思路，开启轻松过关之旅。

【例题1·简答题】

随着人口老龄化、居民健康意识的增强以及新医改政策的实施，我国医药市场需求将持续增长。虽然我国化学制药企业数量多，但存在着规模普遍较小的问题。大量企业以低端化学原料药制造为主，药品品种雷同且药性上相差无几，创新能力不够，国际市场竞争力较弱。

由于药品关系到人民生命健康和安全，国家建立了严格的法律体系来规范医药行业，加强监督药品的研制、进出口及上市后的销售和使用。化学药品制造企业则成为国家行政监管的重点对象，质量标准、监管要求逐步提高。另外，药品价格也同样受到国家监管，国家会经常出台药品价格政策和管理规定，使药品定价受到约束。上述种种，大部分的抗生素类药品都属于国家价格管理的范围，价格较为透明，预计在未来相当长一段时间内，降价的趋势仍将持续，行业的整体利润率可能会继续下降。

康华制药（集团）有限公司（以下简称康华制药）是一家较早成立于我国东北地区的大型化学制药企业集团。康华制药按照上市要求予以规范整改后，随即改制为股份有限公司。在创立大会上，董事长张亮介绍了公司10年前所制定的中长期发展纲要：

第一阶段，将营销管理作为各项工作的重中之重，加强对公司营销管理部门的投入和建设，积极探索和大胆创新营销方法和理念，进一步巩固和提升抗生素原料药及制剂的现有市场优势。

第二阶段，积极探索和推进与国际大型医药销售公司的合作，开拓国际医药商业渠道，进一步向海外推广公司的品牌产品抗生素原料药及制剂，利用国际合作的桥梁和纽带作用，在扩大公司品牌产品出口的同时，提高公司在国际抗生素市场的知名度。

第三阶段，通过并购重组行业内优质医药企业，以抗生素为主的化学药作平台，打造生物药、中药大健康产业等其他产业板块，完善公司产业链，实现公司逐渐向综合性医药公司转型。

为确保海外并购战略的顺利实施，康华制药聘请了一家熟悉医药行业的全球性国际咨询公司B公司负责目标公司的甄别、筛选、估值以及收购洽谈等事宜。B公司最终将目标公司锁定为在美国纳斯达克上市的A公司。根据B公司出具的尽职调查报告显示：

（1）A公司为一家在美国注册从事心血管疾病原料药研发、生产和销售的小型法人机构，产品类别较为单一。报告期内客户集中度较高，A公司排名前五的大客户赊销收入占其全部营业收入的比例超过85%，结算货币主要为美元和欧元，但相关货币的汇率波动较为明显，可能会给公司带来一定影响。

（2）A 公司专有的原料药提纯技术、质量保证和质量控制操作规程都是公司保持行业内竞争力的关键，而公司技术研发和创新不可避免地依赖核心技术人员和关键管理人员，但这类人员往往流动性比较大。

（3）A 公司产品生产涉及乙醇等有机化学危险品的使用，在生产过程中会产生废水、废气等污染物。为了达到安全和环保标准，公司亟需制定一系列的质量控制与安全生产制度。

（4）A 公司产品的主要市场为美国和欧盟。由于经济仍未完全摆脱金融危机的影响，处于缓慢复苏阶段，公司原料药销售价格持续下降，目前尚未完全摆脱下降趋势。

（5）根据美国法律，本次并购交易尚需获得美国相关机构反垄断审查通过。

（6）2020 年年初，美国药品监管机构发现与使用 A 公司产品有关的不良反应案件，随后引发了一些使用者的诉讼，其中大部分已达成和解，另有数起案件尚未与使用者达成和解，因而尚未结案。

要求：

（1）利用波特五力模型对康华制药所处化学药品制造业的五种竞争力进行分析；

（2）简要分析康华制药中长期发展的三个阶段所属发展战略的主要实施途径，判断各个发展阶段分别属于密集型战略中的何种细分战略类型，并简要说明理由；

（3）简要分析康华制药收购美国 A 公司可能面对的主要风险种类。

【例题 2 · 简答题】

E 公司总部位于北京，其经营范围涉及多个领域，主要有保健品、白酒、室内设计装修和儿童森林公园四个业务单元。

随着社会进步和经济发展，人们对自身的健康日益关注。20 世纪 90 年代以来，全球居民的健康消费逐年攀升，对营养保健品的需求十分旺盛。在按国际标准划分的 15 类国际化产业中，医药保健是世界贸易增长最快的 5 个产业之一。保健品产业每年的市场增长率保持在 13% 以上，但是该公司涉足保健品市场的时间很短，市场占有率很低，而且保健品产业是一个高度竞争的产业。因此，针对市场上保健品的状况，E 公司创新性推出了纳豆胶囊和冠益酸牛奶两大保健系列产品。

白酒产业在我国目前基本处于成熟阶段，市场增长缓慢，受啤酒、红酒等的冲击，在今年甚至出现了负增长。E 公司的白酒业务具有悠久的历史，市场占有率多年来在全国稳定保持在第一名，而且拥有相当一部分稳定的顾客群。

据国家建设部门的规划，2020 年我国城镇居民人均住宅建筑面积将达 32 平方米，这就意味着今后每年全国城镇要新建住宅 7 亿多平方米，而 90% 以上的住宅都要进行室内设计装修。随着城市的基础建设、旧街区改造、更多商业店铺、商务会展、甚至旅游开发项目等不断发展和扩张，这就为国内室内设计装修提供了难得机遇和广阔空间，该产业也成为增长率较快的产业之一。据统计，该产业去年的增长率已经超过 15%，今年仍会突破。该公司的室内设计装修业务开展较早，在业内具有较好的口碑，在我国室内设计装修市场具有相当高的市场占有率。

近年来，“回归自然，返璞归真”正逐步成为当今世界的旅游热点，是旅游业发展的大趋势，而森林公园旅游正是顺应这一趋势发展起来的。人们回归自然、走进森林的意识愈加强烈，森林旅游呈旺盛发展势态。森林旅游业在我国刚刚兴起，近几年每年以 40% 的高增长率发展。而且越来越多的家庭开始重视孩子儿童时期课堂学习之外的知识和体验。尤其是现在城里的孩子从小在城市里生活，森林对其具有神秘而强大的吸引力，而儿童乐园更是孩子的娱乐天堂。二者相结合的儿童森林公园市场需求十分广阔。综上，E公司为顺应这些需求，率先针对北京城里的儿童建立起儿童森林公园。虽然该园区的市场刚刚打开，尚处起步阶段，但相信在不久的将来会别有一番作为。

要求：

（1）依据波士顿矩阵，简要分析E公司当前的保健品、白酒、室内设计装修和儿童森林公园所属的产品类型；

（2）简要分析E公司对保健品业务单元和儿童森林公园业务单元各自采用的基本竞争战略类型；

（3）依据消费者市场细分，简要分析E公司儿童森林公园业务市场细分的变量。

【例题3·简答题】

东富汽车股份有限公司（以下简称东富汽车或公司）是由东富汽车工业（集团）总公司（以下简称东富集团）独家发起设立的一家以整车制造为主的A股上市公司。作为全国汽车制造产业的龙头企业，经过长年发展，东富汽车国内整车产销的规模优势持续扩大，国内市场占有率始终保持领先，在业内的知名度高、声誉较好。东富汽车拥有国内较大的整车产品销售与服务网络，以及动力总成、汽车电子、底盘等与整车开发密切相关的关键零部件体系和汽车金融业务对整车业务的支持。东富汽车的技术创新能力对公司产品开发和产销量大幅攀升起到了重要的支撑作用，拥有诸多专利权和科研成果，包括率先研制新能源汽车而获得的技术成果等。公司已初步构建了自主品牌全球研发体系框架，从事科技活动的人员超过20%，其中研究与试验开发人员占从事科技活动人员的比例接近60%，本土的研发实力不断壮大。然而业务迅速拓展所需人才资源的不足以及资金短缺等问题在一定程度上制约了公司的发展。

对于汽车产业的发展，国家政策总体上采取鼓励支持的态度。随着我国宏观经济总体回升向好、居民购买力的提高以及我国城镇化的加快推进促使三四线城市经济快速发展，为汽车产业提供了有利的市场机遇，使得我国汽车市场持续保持较快增长。但是受国内汽车市场高速增长的影响，很多国内汽车企业都在进一步扩充产能，可能导致产能过剩而引发价格战；跨国汽车公司也纷纷将中国市场视为其全球市场的核心地区，不断加大投入力度，新品投放数量增加迅速，这些都将加速产业竞争的白热化。与此同时，随着国内各大城市交通拥堵状况日趋严重、部分城市停车费的上涨、石油价格的高企以及环保意识的加强，汽车使用环境将进一步紧张，使用成本或将逐渐提高，加之劳动力成本不断上升，制约汽车产业发展的因素不断显现。2017年年底，东富汽车董事会下设的战略委员会制定了未来5年的战略规划，具体如下：

（1）自主品牌营销战略。开拓三四线城市等国内细分市场的渠道布局；稳步实施自主品牌产品“走出去”战略，积极开拓以东南亚为主的海外市场，全力拓展自主品牌整车销量规模，进一步提升自主品牌形象。

（2）差异化产品战略。紧密跟踪市场形势，针对消费者需求个性化、年轻化的趋势，利用技术创新和研发优势，加快市场响应速度，缩短新车型的推出速度，进一步充实产品系列，满足不同消费层次的需求。

（3）国际化并购战略。通过并购方式收购海外同行企业，旨在引入国际优质资源和领先技术，推动公司实现跨越式发展。

（4）产业链协同战略。零部件、服务贸易、汽车金融板块要围绕整体战略，形成以整车制造为中心，涵盖上游的汽车研发、零部件和下游的汽车商贸服务、汽车金融、汽车物流等完整的产业链，不断加大资源整合力度，推动产业链协同发展，彰显高附加值的协同效应。

（5）智能手机转型战略。为了寻找新的增长点，东富汽车开启了向研发和制造智能手机的战略转型。

要求：

（1）运用 SWOT 分析方法对制定未来 5 年战略规划之前的东富汽车进行评估；

（2）分析东富汽车战略委员会制定的 5 个发展战略分别属于企业发展战略中的何种细分战略类型（如能细分，请进一步细分），并简要说明理由。

【例题 4·简答题】

摄影，过去被称之为拍照或者照相的行业，现在已经被越来越多的社会阶层所接受，它的入门门槛低，不需要高精尖的技术和巨额投资，它的发展靠的是摄影师和化妆师的个人审美，但审美又很难复制或被冠以统一标准，因此市场上许多小型公司可以与大型公司在几乎相同的成本上进行竞争。近年来，随着手机摄影越来越普及，同时，消费者对摄影产品的要求和期待也越来越高，大众对美的追求促使照相馆行业步入爆发期并进入洗牌阶段。除了常见的证件照类型产品，消费者更希望在照相馆拍一张自己无法通过手机实现而又形似杂志照一般的写真式照片，这要求照相业的公司提供高度差异的产品以谋求生存空间，但无形之中限制了照相业企业规模的扩大。

海马体照相馆总公司成立于 2011 年，说它是新型照相馆领域的领头羊亦不为过。它率先把轻写真带入了照相馆，这让去照相馆拍写真成为一件不繁杂、不需多想便能轻松实现的事；它最早提出线上预约系统，让人们不需要面对临时被告知不能拍的尴尬，远程在线预约合理安排自己的时间，大大提升了消费体验感；2015 年，它成为第一家开进购物中心的照相馆，如今消费者在购物中心拍照已经习以为常，但能在当时所有照相馆都主攻街边店铺时，觉察到消费场景变化趋势，将门店开进购物中心是一件很有胆量的事。

海马体虽然是一家从事摄影的公司，但却具备极强的互联网思维，从产品定位到技术的运用以及对用户场景的精准定位，都证明海马体照相馆一直以来秉承的前瞻思维，也正因为其“互联网 +”的思维，让海马体照相馆借助于互联网技术实现了规模经济效应。海马体照相馆的产品有较为明细的分类，包括证件照、结婚照、全家福、女王照等，还有一些结合特定节日、特定场景的照片，比如与金融大鳄工商银行联合推出信用卡定制个性化肖像卡面等。海马体照相馆也通过一部分特定的客户稳固市场份额，比如与钉钉、脉脉职场社交 App 合作帮助职场人士打造独特的形象照等。

在海马体照相馆，一直有“三个坚持”原则，即坚持直营、坚持原创、坚持试错。

坚持直营：发展至今的海马体照相馆，其门店覆盖全国将近 60 个城市的核心商圈，而且更难得的是海马体照相馆所有门店均为直营门店，因为直营统一管理，能够对出品质量和服务做到严格把关。例如，在 2016 年，他们开创了云端修图的概念，指的是门店在拍摄后上传至云端，由总部修片师统一进行第一轮修图，通过云端的统一标准能够保证每家门店都能产出高质量的照片。

坚持原创：不管是对于摄影行业还是对品牌来说，做到差异化是非常重要的。每个品牌都应该有自己的特色，每个产品也都应该有自己的风格。海马体照相馆强调风格的原创，在原创中形成不可取代的风格，使得海马体照相馆的品牌做到差异化，竞争力也尤为突出。

坚持试错：为了保持创新的动力，海马体照相馆鼓励试错。其高管层对公司远景的详细规划，更加明确了一家公司包容试错文化的重要性。

要求：

（1）简要分析作为零散产业，造成照相业零散的经济因素方面的原因；

（2）依据零散产业的战略选择，简要分析海马体照相馆实现竞争战略的途径。

【例题 5·综合题】

资料一

中国海尔创立于 1984 年，经过 30 多年发展，已从一家资不抵债、濒临倒闭的集体小厂发展成为全球白电的第一品牌。海尔在全球有 5 大研发中心、21 个工业园、66 个贸易公司、143330 个销售网点，用户遍布全球 100 多个国家和地区，成为具有影响力的跨国集团。

2015 年，李克强总理在政府报告中提出"互联网 +"的行动计划，促进了制造企业与互联网、云计算、物联网等理念的结合，鼓励传统企业提高生产质量和整体效率，通过创新刺激企业的增长。此外，各地方政府对家电行业的智能改造政策的支持力度很大，一般给予 15%~20% 的补贴。

我国的经济发展进入新常态阶段，经济增长从高速转为中高速，从规模速度型增长转为质量效率型增长，企业发展依靠创新驱动已成为大势所趋。对于家电制造企业，尤其是海尔这种经营国际化业务的企业集团，近期原材料价格的增长和汇率的波动也是不容忽视的问题。

物质的极大丰富和人民生活水平的提高使顾客的需求向高度化、多样化发展，人们普遍寻求个性化的服务，强调自我满足感。同时，电商时代的来临改变了大众的消费方式，同时也改变了对价格的敏感程度。综合以上，海尔必须跟随潮流才能把握发展机遇。

当今，全球范围内移动互联网、大数据和智能制造为基础的新技术正在改变企业的生产方式和创新模式。全球化网络平台的构建技术日臻完善，逐步应用到制造型企业。企业有能力以低成本对技术资源进行整合，利用互联网实现转型与升级。

资料二

当前的家电行业，产品逐渐标准化，价格也开始下降。即便是海尔这样的龙头企业，也面临着生产稳定、局部生产能力过剩的情况。尽管家电市场巨大，但国内的城市市场已基本达到饱和，把握和创造乡镇级市场的利润空间非常重要。

家电生产行业规模经济显著，尽管家电市场的需求潜力客观上会吸引一部分企业进入这个领域，但资金和技术限制也使得许多新进入者难以发展。

家电产品在网络支持的条件下更加智能化、人性化，威胁主要来自于行业巨头的创新研发能力。且未来家电朝着装饰化的方向发展，海尔应当在合适的时机引入合适的替代产品，从而抢占先机。在白电产业链中，原材料供应商的集中程度很低。

从下游销售渠道的格局来看，传统的线下渠道日渐惨淡而线上的市场增长飞速。根据工信部发布的《2016 中国家电网购分析报告》，2016 年传统四大家电网购零售额达 1161 亿元，同比增幅 34.9%，在这样的情形下，消费者可选择的购买渠道增多。

由于家电行业内有一些势均力敌的对手，产业发展进入相对的缓慢期。但总体而言，海尔凭借其长期积累的实力在竞争中有较强的优势。

海尔在全球建立了制造基地、研发中心、海外贸易公司和现代物流中心，实现了产品的零库存。集团营业利润较为稳定的增长也为企业的发展提供了充足的资金支持。

经过长期的积累，海尔形成的企业商誉、品牌、专利、特有技术和技艺、企业文化具有明显的竞争优势。海尔目前拥有海尔、卡萨帝、统帅、AQUA、斐雪派克五大品牌，能满足不同层次消费者的需求。截至2015年，海尔拥有专利16316件，在海外30多个国家和地区拥有有效发明专利528件，海外发明专利是行业其他公司的20多倍。“永远以用户为是，以自己为非”的价值观、创业创新的两创精神是海尔企业文化的重要部分。

让每个员工在不同的自主经营体系中为用户创造价值的同时实现自身的价值，从而实现企业价值和股东价值。这里的员工并非只是内部员工，还包括利用海尔平台进行创业，但与集团没有劳动合同关系的外部员工。

资料三

全美最有名的政治博客网站《赫芬顿邮报》于2017年6月1日报道“海尔COSMOPlat为全球智能制造提供世界一流的创意”,《赫芬顿邮报》对不久前中国企业海尔成为亚太地区唯一也是全球工业制造业第一个荣获“高德纳2017高科技制造创新者奖”的消息做出了高度评价，称“海尔COSMOPlat是一项世界级创意”。

如果说互联工厂是智能制造的车间，那么用户参与交互的工业互联网平台COSMOPlat就是一个将互联工厂模式产品化、社会化的平台。该平台有三个特点，即用户全流程参与大规模定制体验；全要素互联互通；开放、共创、共赢的诚信生态。COSMOPlat将互联工厂生态系统中交互、定制、研发、采购、制造、物流、服务7个全流程节点，输出为7个可以社会化复制的系统应用，形成包括协同创新、众创众包、柔性制造、供应链协同、设备远程诊断维护、物流服务资源的分布式调度等全流程的应用解决方案。COSMOPlat的一个目标是帮助企业实现全流程的业务模式革新，精准抓取用户需求、精准生产，实现高精度、高效率的大规模定制升级转型。

COSMOPlat不止是对接了海尔的互联网工厂，还是一个开放性平台，聚合了外部企业需求和第三方开发者、解决方案商，以使其能够快速聚合全球一流资源构建知识智慧服务、共享集约服务、大数据服务等领域的产品，为企业转型提供全流程闭环的服务。COSMOPlat的另外一个目标是实现企业、资源、创客之间的互联互通，使每一个需求都可以通过平台来快速配置资源，实现产销合一。以山东胶州空调互联工厂为例，每天有1亿条全球用户的“网器”体验数据会接入到COSMOPlat中来，随后COSMOPlat对大数据进行实时监控，精准对焦每一个用户的需求与痛点。比如，在大数据中，COSMOPlat发现用户对空调静音功能的需求占到12%，对此，胶州空调互联工厂以“流数据”技术和50万组/天的噪音大数据，在制造环节对空调噪音进行实时智能检测，最终达到了让全球用户满意的噪音质量零缺陷标准。

要求：

（1）根据资料一，运用PEST分析中的四个关键因素，简要分析海尔所面临的宏观环境；
（2）根据资料二，简要对海尔所在行业进行五种竞争力分析；
（3）根据资料二，简要分析海尔所在行业所处的产品生命周期阶段；
（4）根据资料二，依据企业资源的主要类型，简要分析海尔所拥有的资源；
（5）根据资料三，简要分析数字化技术对海尔组织结构的影响。

【例题 6 · 综合题】

资料一

万科企业股份有限公司（以下简称万科）成立于 1984 年，于 1991 年在深交所上市。经过三十多年的发展，已成为国内领先的城乡建设与生活服务商，2016 年公司首次跻身《财富》“世界五百强”，2017 年再度上榜。2014 年万科第四个十年发展规划，已经把“三好住宅供应商”的定位延展为“城市配套服务商”，公司核心业务包括住宅开发和物业服务。2018 年，公司将自身定位进一步迭代升级为“城乡建设与生活服务商”，所搭建的生态体系已初具规模，在巩固住宅开发和物业服务固有优势的基础上，业务已延伸至商业开发和运营、物流仓储服务、产业城镇、冰雪度假、养老、教育等领域，为更好地服务人民美好生活需要、实现可持续发展奠定了良好基础。

万科在 2014 年实施事业合伙人制度。事业合伙人制度是职业经理人制度的升级版。万科作为最早引进职业经理人制度的企业之一，在业内具有一定的影响力和知名度。万科的事业合伙人制度包括三个层面的制度安排：第一个层面是上面的核心骨干持股计划，即将管理层跟股东的利益绑在一起，从利益基础上变得一致；第二个层面是中间的“项目跟投制度”，项目操作团队必须跟投自己的项目，员工可以自愿跟投自己的项目，也可以跟投所有的项目；第三个层面是执行层的“事件”合伙人制度，即临时组织事件合伙人参与到工作任务里面去，事情解决就解散，回到各自部门。通过上述三个层面，高管和相关经营者通过项目跟投制度与公司“共创”事业，再用集体奖金买公司股票，既解决部分资金来源，又“共享”了公司股票升值带来的收益，最后通过合伙人制度让员工实际参与到公司经营，以主人翁思想“共担”公司发展的大任，打造适合企业长期发展的“合伙人”文化。

资料二

“房子是用来住的，不是用来炒的”，这一定位充分说明中央对炒房的坚决打压态度。近年来政府不断加大对楼市的调控力度，未来楼市调控政策升级将会成为常态。中国经济进入新常态，最直观的变化是经济增速换挡，但本质特征是经济结构调整和发展方式转变，带来的是我国经济发展向更高阶段迈进的战略机遇。

我国是人口大国，对住房的高需求不言而喻。放开的二胎政策确保了人口总量的有力增长，决定了房地产行业未来的增长潜力。此外，由于传统观念的影响，大多数人仍然坚持结婚必须有住房的理念，房子成为一对夫妻结婚的标配。在高房价的压力下，一部分年轻人开始考虑不买住房，不把房子作为必需品，把需求转向租赁市场。

城镇化促使城市的产业结构进行必要调整，推动一系列产业和人口的聚集，产业和人口聚集必须建立在产业地产建设的基础上，由此催生了产业地产的发展机遇。

随着人们观念的转变，绿色环保、智能节能等理念成为近些年的热点，这些新理念必然推动技术革新，能够保证质量、节约能源、保护环境、提升品质的新技术会成为下一步发展的热点。此外，房地产行业中还出现了大量的施工新技术，互联网技术和房地产行业的联系也越来越紧密，人们对房地产商品的需求日益呈现出个性化和现代化等特点，促使房地产企业要跟上技术变革的步伐，向产业化、标准化、规模化、技术化方向发展。

资料三

一方面，中国加入 WTO 后，外国资本和企业来华投资的贸易壁垒有很大程度的下降，使得大量的外国资本进入和外资企业的进驻，我国房地产企业也受到很大的威胁。另一方面，房地产行业的高利润不断吸引着其他行业的企业，很多原本主营业务不是房地产开发的企业也在试图通过转型进入房地产行业。房子作为生活必需品，它的需求是刚性的，几乎没有替代品。但是对于新的商品房而言，租赁房、廉租房、经济适用房、二手房等都可以作为它的替代品。近期国家实施租购并举的房地产政策，开始大力发展租赁房市场。同时新一代年轻人对于住房的观念有了很大的改变，对商品房的需求会部分转移到租赁房市场，租赁房市场将会有很大的发展空间，一些房企已经着手开始对长租房市场进行布局。此外，经济适用房以政府为依托，建设用地由政府划拨，有税收优惠政策，性价比高，能够满足低收入群体的刚性需求。

房地产行业的原材料主要是土地和建筑材料。在我国土地归国家所有，土地的供应由国家垄断，房地产企业在土地使用权的价格上没有主动权。近年来国家出台土地政策进行宏观调控，导致建设用地供应量减少，房地产企业获取土地的成本大大增加。同时，房地产企业所需的建筑原材料的价格也在上涨，尤其是钢筋和混凝土涨幅很大。刚刚出台的《京津冀及周边地区 2017~2018 年冬季大气污染综合治理攻坚行动方案》要求，2017 年 10 月至 2018 年 3 月钢铁、有色、水泥行业全面停产，环保限产措施收严，将对钢铁、建材等相关行业的供给端形成收缩，致使原材料价格提升。

在我国民众对商品房的需求主要是刚性需求，大部分消费者购买住房是为了居住，投机性相对较弱。随着大众对商品房的要求越来越个性化，促使人们对配套服务设施、交通便利性、地理位置等有较高的要求。

房地产行业暴利时代结束，整体增速放缓，行业集中度不断提升，龙头企业开始通过并购等多种方式扩大自己的市场占有率，大公司不断吞食小公司的市场份额，行业内逐渐向垄断发展。

资料四

根据中国指数研究院权威发布的《2016 年中国房地产企业销售额百亿企业排行榜》中的数据可以看出，2016 年销售收入前十位的房企中，恒大、万科、碧桂园三家房企的销售额大于 3000 亿元；绿地、保利、中海外三家房企的销售额介于 2000 亿元与 3000 亿元之间；融创、华夏幸福、绿城和华润四家房企的销售额介于 900 亿元与 2000 亿元之间。2016 年销售面积前十位的房企中，恒大、碧桂园、万科三家房企的销售面积大于 2500 万平方米；绿地、保利、中海外三家房企的销售面积介于 1300 万平方米与 2500 万平方米之间；华夏幸福、华润、融创和绿城四家房企的销售面积介于 600 万平方米与 1300 万平方米之间。

要求：

（1）根据资料一，简要分析万科公司战略创新的类型；

（2）简述公司治理问题的类型，并说明万科公司实施的事业合伙人制度有利于解决哪些治理问题；

（3）根据资料二，从 PEST 角度简要分析万科公司面临的外部环境；

（4）根据资料三，从五种竞争力角度简要分析万科公司面临的机会与威胁；

（5）根据资料四，运用“销售收入”和“销售面积”两个战略特征，各分为“高”“中”“低”三个档次，对资料中提及的房企进行战略群组划分。

【例题 7·综合题】

资料一

深圳市金立通信设备有限公司是一家专业手机研发、加工生产、内外销同步进行的民营高科技企业。“金品质、立天下”，这句气势磅礴又极具野心的广告词，曾是金立手机辉煌时期的最好见证。这家国产手机老将，一度直逼三星、诺基亚，将“步步高”挑于马下，销量仅次于华为和小米，排名第三，当仁不让地成为手机行业巨头之一。凭借在三四线城市的渠道深耕，金立手机也享受到时代所赐予的红利。金立在过去 10 年里，通过区域总代模式，覆盖了全国近 5 万家销售网点，600 多家售后服务中心，销售渠道网络覆盖到县乡一级。金立手机一直在续航方面做着深度研究，由于其一直主推商务领域，内置安全加密芯片也是一大特色，每颗芯片都和 CPU 进行唯一绑定，暴力拆解或更换芯片都无法破解手机里的加密数据，一时间为国产手机做了很好的表率。在产品定价上，经历了运营商定制、电商渠道价格战等市场浪潮后，受中高端手机市场潜力巨大影响，金立选择了中高端路线，其系列化产品中高端机型的价格远远高于附加功能的成本。

资料二

从“去金立化”到“小清新”，再到 2015 年重回“商务”，拼命追逐市场潮流的金立，早已疲惫不堪，更在前后夹击中乱了阵脚。2017 年 11 月底，金立一口气同时发布了 8 款产品，让金立的品牌定位成了一锅大杂烩，越发让人看不懂。外界质疑金立在走“机海战术”，遭到了刘立荣的强烈否认，称是为了赶上全面屏的浪潮，才做了这个史无前例的举动。虽然全面屏是 2017 年智能手机的主流，但屏幕这种并非手机核心技术的革新，并不能带来预期中的质变，金立的全年出货量反而下滑超过 10%。在高层管理者的领导下，金立直到今天，依然没有明晰的品牌定位，产品始终徘徊不定。高端手机效仿华为，主打商务、安全；中端手机效仿 OPPO 和 VIVO，主打时尚。两个都想学，两手都想抓，结果都没学到家，反而失去了从前的优势，变得不伦不类，一地鸡毛。

曾以电视广告打下一片天的金立，在看到 OPPO 和 VIVO 明星营销的成功后，开始了一系列“财大气粗”的营销霸屏，这也为金立日后的资金链断裂埋下了隐患。近几年，金立冠名赞助了《最强大脑》《笑傲江湖》《2017 湖南卫视跨年演唱会》等 12 档综艺节目，平均每年赞助 6 部。在代言人方面，金立更是“大手笔”，最直观的体现是品牌代言人更替频繁，既有濮存昕、郎咸平、柯洁、冯小刚等一众名人，也有阮经天、薛之谦、余文乐、刘涛等当红流量 IP，高频次出现在公众视野。然而，一个尴尬的事实是，消费者记住了代言人，却没有记住金立。2017 年金立手机仅售出 1494 万部手机，这与年初刘立荣定下的保底销量 3000 万台，相差甚远。2016~2017 年，金立营销费用投入 60 多亿元，对金立资金链造成很大影响，导致货款周转困难。过度营销成为导致资金危机的主因之一。在没有销量支撑的时候，这种跟风式的大体量广告投入，注定是资源浪费。金立的营销策略，非但没有为金立带来转机，反而使金立陷入债务缠身的境地。

相较于其他手机品牌，不断扩展自身业务范围来说，金立更热衷于布局金融、地产领域，而金融、地产的竞争早已是一片红海，金立的贸然入局要面对诸多行业巨头的多重夹击。2014 年 8 月，金立以 7.1 亿元竞拍下“前海深港服务合作区”编号为 7102-0248 用地的使用权。一年后的 11 月，金立大厦动工，这座占地 5776.77 平方米，高 23 层的大厦，整体投入 12.36 亿元。同年，刘立荣购入微众银行 3% 的股权。在近两年经济整体呈下行的趋势下，金融、地产行业生存更加艰难，金立在资源分散的情况下处境就更为窘迫。2017 年，刘立荣又以 12.18 亿元购入南粤银行的 9.30% 股份，还宣布在重庆投入 50 亿元建设生产基地，这一系列的动作却不被各利益相关方看好。如此庞大的重资产模式，使金立资金链崩得极紧，原有的手机业务也因此得不到相应的资金支持，财务压力越来越大，不良的新业务却又难以抽身，一时间陷入两难的境地，致使公司不得不面对破产重组的困境。

资料三

2018 年 11 月 28 日上午，金立手机在其深圳总部召开了面向部分大额供应商的债权人沟通会议。会议上公布了一份截至 2018 年 8 月 31 日的金立财务数据。数据显示，金立的总负债约为 202 亿元，而总资产却大幅下调至约 26 亿元（账面价值约 26 亿元，估值 76 亿元）。这意味着金立目前的净负债变成了约 176 亿元。

金立总资产的大幅减值让一些债权人感到不解。从超过 200 亿元到仅仅 26 亿元，金立的资产在前后两份数据中出现了明显缩水。对于进行债转股的债权人来说，这也意味着他们能够获得的资产价值大大减低。因此，他们虽然同意破产重组这一方向，但却不同意目前的方案。他们呼吁金立方面提供更多详细资产信息的同时，也提出了金立是否进行了资产转移的疑问。

据《第一财经日报》报道，原属金立通信旗下的“深圳市金立创新投资有限公司”，在 2018 年 1 月进行了工商信息变更。这次变更之后，公司更名为“深圳市新基地创新投资有限公司”，原本担任公司董事长的金立董事长兼总经理刘立荣也和金立一起退出了公司。除去这家公司之外，还有一家名为“深圳市奥软网络科技有限公司”的企业也出现了类似的情况，在 2017 年 12 月，原公司大股东刘立荣退出了股东名单。

无论是 2018 年 1 月还是 2017 年 12 月，都发生在金立资金危机爆发之后不久。而在上述两次变更后，两家公司都没有被列入本次金立破产重组方案的主要对象中。因此，不少供应商怀疑，在这个过程中，金立管理层在正式申请破产，甚至于财产冻结之前，就已经将部分原有的金立名下资产转让出去，从而套取资金，最终尽可能保全自身的利益。

要求：

（1）运用 SWOT 分析法对金立手机进行分析；

（2）依据设计市场营销组合，简要分析金立手机的市场营销组合情况；

（3）简要分析金立手机多元化战略的类型以及实施多元化战略面临的风险；

（4）依据《中央企业全面风险管理指引》，简要分析金立手机面临的运营风险；

（5）依据《企业内部控制应用指引第 2 号——发展战略》，简要分析金立手机面临的战略风险；

（6）依据《企业内部控制应用指引第 6 号——资金活动》，简要分析金立手机在资金活动方面需关注的风险；

（7）简要分析金立手机存在的公司治理问题。

【例题 8·综合题】

资料一

双汇集团位于河南漯河，前身为当地地方国企漯河肉联厂。经过多年的发展，双汇集团成为了中国规模最大的肉类加工企业，并拥有上市公司“双汇发展”。然而早在上世纪 90 年代初，中国肉食行业的老大是春都，春都拥有最大的火腿肠生产基地和 70% 的市场占有率。1998 年之后，国内火腿肠市场竞争达到了白热化，巨额资金集中进入，接踵而至的是整个市场供过于求，价格一落千丈。这期间爆发了一场空前绝后的价格战，100克火腿肠中的猪肉成分由85%调整到70%，之后比例逐步下调。最后100克的火腿肠中只有15%的猪肉成分，市场中火腿肠的质量逐渐下降，产品走向低端化。而消费者对含肉量低的火腿肠已经十分厌倦，千篇一律的火腿肠已经无法激起大众的消费欲望。市场对高端肉制品的需求也很大，但是由于价格战的影响，市场中缺乏高质量的产品。此时，双汇集团为了在残酷的价格战中脱身，将自身产品进一步细化，推出双汇早餐肠、双汇爆炒肠、双汇泡面搭档以区分于竞争对手，并推出了当时的“双汇王中王”产品，以添加大瘦肉块作为产品卖点，以热播的“狮子王”为吉祥物，随后还请来消费者喜爱的喜剧明星做广告。这一招使得其知名度迅速蹿升，在价格恶战中异军突起，“双汇王中王”一跃成为当时中国高档火腿肠的代名词，双汇集团一举将春都击溃，登上了火腿肠老大的宝座。

雨润集团主要从事生猪屠宰和肉食品加工业务。多年前，其创始人白手起家，通过收购50多家破产或濒临破产的国有屠宰场和食品厂发家，并在2005年成功推动雨润集团在中国香港上市，使其一跃成为食品工业领域的龙头老大。1993年，肉制品加工企业如雨后春笋般冒出，多达2万家。其中，双汇、春都、金锣三大巨头垄断了高温肉类制品80%以上的市场份额。1994年，雨润集团以敏锐的战略眼光明智地选择了低温肉制品这一最具增长潜力的崭新品类为突破口。此时的双汇、春都、金锣对低温肉制品市场尚无暇顾及，雨润集团无疑是进入了一个惬意的“蓝海市场”，从而也悄无声息地在以高温为主导、铜墙铁壁般的肉制品市场撕开了一个缺口。到1996年，雨润年产值已经超过亿元，迈入国内低温肉制品行业的领军行列。

资料二

2011年的“瘦肉精”事件使双汇品牌遭受到前所未有的信誉危机，“瘦肉精”事件发生的主要原因在于双汇的原料大部分为散户养殖的生猪，双汇此前采取的抽检制度使得生猪的食品安全性无法得到100%的保障。为了改善公司的经营状况，双汇集团采取了一系列措施。在2013年，双汇耗资71亿美元成功并购全球最大猪肉企业——美国史密斯菲尔德公司。史密斯菲尔德公司总部位于美国弗吉尼亚州，是全球最大的猪肉生产、加工及供应商，在纽约股票交易所上市。史密斯菲尔德公司经过多年的经营和积累，拥有完整的产业链条，包括生猪饲养和屠宰、猪肉分割和高低温猪肉制品的加工。其业务偏重于产业链的前端——生猪繁育和养殖，每年生猪出栏总数达1600万头，每日生猪屠宰量约11万头。此外，史密斯菲尔德公司拥有先进的食品安全技术：一流的产品源追溯技术、食品加工过程的全环保技术以及先进的全产业链的管理能力，使其猪肉制品具有很高的安全性。史密斯菲尔德公司目前的产品主要在美国国内销售，同时在国际市场也有部分市场份额，主要销往墨西哥和东亚地区，因而史密斯菲尔德公司的品牌在国际市场上具有较高的知名度。

通过并购史密斯菲尔德公司，双汇集团一方面可以用低成本把高品质的猪肉引进中国，获取较高利润；另一方面利用史密斯菲尔德公司的先进食品安全技术，弥补现有产业链中生猪养殖环节的劣势，保证产品安全性的同时力求成为产业内的低成本生产者。此外，利用史密斯菲尔德公司在国际市场上的影响力和市场份额，双汇集团还可以减少国际市场上的竞争压力。

在产品研发上，双汇集团坚持完善自主研发和创新体系，围绕消费升级，大力调整产品结构，不断开发新产品，实现屠宰业向鲜销转、向食材转、向调理转、向预制化转、向定制化转；肉制品业向低温转、向美式转、向西式转、向中高档转、向餐桌转，实现产销上规模，确保企业的核心竞争优势。围绕“稳高温、上低温、休闲产品更休闲、中式产品工业化、肉蛋奶菜粮相结合”的战略，双汇在2017年重点从以下几个方面进行了研发：

（1）围绕高温产品，通过优化工艺流程，采取增加肉含量、营养物质等措施，融合中式产品，提升产品品质；

（2）围绕低温产品，改进完善美式产品和西式产品，丰富口味、品种及规格形式；

（3）围绕烤肠、圆火腿、方腿、脆皮肠，推进区域风味产品的升级改造，培育地方特色产品；

（4）围绕休闲产品，推进规格小型化、风味多样化、产品系列化；

（5）围绕中式产品、餐饮食材，开发猪头肉、猪蹄汤、猪排等。

资料三

与双汇集团坚守主业、通过国际区域行情的错位来分散风险不同，雨润集团选择跨界扩张。雨润集团利用其积累的产品及品牌优势，向生物制药、农产品物流、包装印刷、农用机械制造等领域延伸。

此外，雨润集团在2010年发布“三三三”战略，提出在全国30个省会城市建设雨润农副产品全球采购中心，在300个地级市建设雨润农副产品物流配套中心，在3000个县建设雨润农副产品种养生产基地。但受多种因素影响，如今雨润食品的多个基地已被荒废，很多厂房建设完毕却并没有投入使用。

与此同时，雨润集团也在从食品行业向其他行业转型，其中一个重要的领域就是借助“三三三”战略将已经拿到的土地，向地产、旅游、物流、文化等行业进军。2011年还是雨润集团的高速发展阶段，雨润集团不仅从事食品，还涉足地产、物流、旅游、金融和建筑等领域，形成了食品、地产、物流、旅游、金融和建筑为一体的多元化企业。但是房地产行业与食品行业不同，它需要大量的资金投入，并且两个行业不同的业务流程和市场模式始终难以融合。雨润集团原计划通过强大的现金流，以往来款的形式将大量资金调配给关联公司使用，以支持集团内地产的发展。然而从2012年开始，雨润食品的业绩开始下滑，现金流紧张。2015年年初，雨润集团资金不足的隐患开始显现。2015年2月，主营各类建筑项目的施工和管理的雨润建设发出通知进行裁员；4月，雨润地产和雨润建设合并；5月，雨润集团以4.4亿元的价格卖掉了位于杭州城东的星雨华府项目；8月，由于对采购付款流程监管的不足，材料供应商的商业承兑汇票被银行拒绝付款，雨润也没有及时对这一问题进行反思总结，未能及时提出方案弥补，甚至闹出了“以火腿肠抵债”的闹剧。

雨润集团激进的多元化战略，已经影响到了主业的发展，副业拖累主业，造成主业经营能力不断下降，投资激进和管理问题也使得雨润食品积重难返。近年来其肉制品板块问题频发，其中“瘦肉精事件”对雨润集团造成的影响可谓是“重创”。多元化战略的拖累，导致雨润的资金链紧张，而资金不足又阻碍了其在食品主业上的发展。尽管雨润集团的产业遍及多个领域，但遗憾的是两大主营业务盈利能力均出现下滑。2017年度业绩报告显示，其2017年收益约为120.57亿港元，同比下降27.8%；净利润亏损19.15亿港元，较上年23.42亿港元的亏损，额度有所收窄，但亏损仍然严重。

一边是激进的多元化，一边是大量举债。2014年5月，安徽国元信托为雨润肉类产业集团融资5亿元；2014年9月，交银国信为雨润商业投资基金融资1.4亿元；2014年10月，建信信托为雨润集团流动资金贷款融资2.5亿元；2015年1月，长安信托为雨润集团日常运营资金融资2.2亿元。2015年8月，华润信托的两笔贷款到期，由于雨润农产品无法偿还信托贷款，华润信托无奈之下只能申请冻结雨润旗下最有价值、最具流动性的资产——中央商场。显然，雨润旗下两大上市公司都已不堪重负，依靠债务发展也不是长久之计。

另外，由于近两年国内新冠疫情出现反复，政府持续强化的人员居家隔离、强制性停工停产等防疫管控措施，对雨润集团的各项业务造成较大的不利影响。同时市场对于流动性政策的收紧，使得雨润集团的资金紧张问题雪上加霜。

要求：

（1）在火腿肠市场竞争达到白热化后双汇集团采取差异化战略，从市场情况角度简要分析双汇集团采取该种竞争战略的实施条件；

（2）简要分析双汇集团并购史密斯菲尔德公司的主要动机；

（3）简要分析双汇集团研发的类型和定位；

（4）简要分析雨润集团实施多元化战略的风险；

（5）依据《中央企业全面风险管理指引》，简要分析雨润集团面临的运营风险；

（6）依据我国《企业内部控制应用指引第2号——发展战略》，简要分析雨润集团面临的战略风险；

（7）依据我国《企业内部控制应用指引第6号——资金活动》，简要分析雨润集团面临的财务风险。

【例题9·综合题】

资料一

海尔是世界上首屈一指的家电品牌。2016年其全球市场份额达10.3%，全球营业额达到1312亿元。2017年6月，海尔以2918.96亿元的品牌价值居"世界品牌大会"中国榜单第三位。目前海尔正在进行全球化、网络化、平台化三大战略的转型和升级。

白色家电产业参与者众多且实力相当，竞争较为激烈。全球主要大型家电企业包括惠而浦、通用家电、伊莱克斯、海尔、LG、三星、美的、松下等，各大品牌凭借其自身对产品和销售区域的不同定位，从而在不同的细分市场中占有一定的竞争优势和领先地位。在当前的市场形势下，像海尔这样的主要市场参与者较难通过提高效率、降低成本等内生式增长抢占其他竞争对手的市场份额、实现规模扩张，特别是国外市场的扩张往往面临着文化差异、贸易壁垒等多重障碍，于是并购逐渐成为获取市场份额的不二选择。

美国通用电气公司（简称GE）是世界上最大的提供技术及服务业务的跨国公司，也是在多元化发展战略中较为出色的跨国公司。GE公司由于战略布局因素决定将家电业务整体出售，GE长期以来具有良好的市场形象以及品牌价值，且此次出售的家电业务整体上处在盈利状态中，也成为不少实施扩张型战略的企业志在必得的"肥肉"。

对于志在成为世界家电行业领军者的海尔来说，GE家电业务的出售对海尔无疑是非常好的机会。并购GE的家电业务带来的渠道以及技术水平的益处有助于推动海尔的全球化战略布局，同时可以帮助海尔迅速占领北美市场。

目前美国市场竞争格局已经形成，各大家电品牌市场占有率比较稳定，海尔早前通过投资建立家电生产基地已经进入美国市场，这种"自我扩张"方式需要投入大量资源，并要在国外市场推广一个全新的中国品牌，成本高，投资回收期长。但是几经耕耘之后，收效较慢，品牌认知度始终处于较低水平。通过并购GE家电业务可以迅速扩大海尔在美国市场的销售以及知名度。同时，由于GE长期以来的良好品牌形象，国际上享有良好的品牌信誉，通过对GE家电的品牌占有可以在国内进行品牌差异化经营，进而扩大国内市场。

在这样的背景下，海尔收购GE家电业务就成为双方共同的意愿。2016年1月，海尔正式对外公布对GE家电业务的并购案，海尔将斥资54亿美元收购GE家电业务相关资产，同时占领更高的附加价值的价值链环节实现能力升级；其中 40% 为自有资金，60% 为融资贷款。

GE 和海尔在收购时签署了一份合作谅解备忘录。在这份备忘录里，双方一致同意，在工业互联网、医疗、先进制造领域方面共同提升竞争力。一方面，GE 协助海尔改善制造基地的生产效率；另一方面，海尔也将采用 GE 的 Predix 平台。这个平台是 GE 开发出来用于整合众多工业设备的共通平台，这个平台也是 GE 实现新工业帝国梦想的最重要的举措。

2016 年 6 月，海尔对 GE 家电业务的并购宣告完成。

资料二

由于此次收购是采取现金收购的方式（40% 自有资金加 60% 债务资金），使得海尔整体的资产负债率增大，偿债能力下降。如若在短期内遇到重大意外变故，导致资产负债情况恶化，海尔将无力负担。另外，此次并购产生的融资资金数额较大，且贷款以美元计价，由于后续利息加之汇率因素的存在，给公司经营带来了较大的利息负担和汇率风险。

GE 家电业绩表现已经并入海尔，由于此次收购涉及的业务规模巨大，将对海尔的整体经营业绩产生重要影响，国内外的投资者也会对此次收购效果有着不同的预期，从而作用在公司的股价表现上，进一步影响市场信心。

在经济全球化背景之下，国际经济的传导作用得到加强。由于并购完成后，海尔的海外经营业务范围得到进一步扩大，某一海外市场的整体环境波动变化将直接影响公司整体的经营状况。除此之外，公司经营还将受到国际宏观经济环境周期、国际金融环境等因素波动的影响，海尔面临的外部风险将得到一定提升，这对海尔协调海外业务的经营能力以及资源整合能力有着较高的要求。

海尔主要经营业务仍布局在国内，且海尔作为 A 股上市企业，其股价以及公司资产均以人民币计价标注，而 GE 家电业务会计报表以美元计价标注，并涉及包括美元在内的多种货币计价资产，在资产整合过程中势必会受美元等外币兑人民币比率变化带来的汇率风险导致的资产减值损失预期的影响。且在未来相当长的一段时间内，GE 家电业务的营收仍将以美元作为计价基础，此种汇率风险无法根本消除。

GE 家电的业务主要分布在美国，而海尔的主要布局在中国，二者由于不同的市场环境以及企业文化，在经营管理上有着较大的差别，并且美国与中国在会计准则、法律法规、商业习惯、经营理念等方面有着较大的差别。作为制造业企业，核心技术是生存关键，而核心技术在于核心人才，在拥有新的东家之后，是否会造成 GE 家电原有的人才团队的流动，海尔接管 GE 家电资产和公司员工后，是否能够适应美国的企业文化，或者是否能够克服文化差别带来的管理障碍，原有的并购经验是否仍能够在 GE 复制，这将是海尔面临的重要挑战和风险。

资料三

目前国际政治局势稳定，国内法律政策稳定，同时在工业 4.0 时代背景下，我国大力提倡由中国制造转向中国创造，为我国的本土制造行业提供了诸多优惠政策，且“一带一路”倡议的火热进行，为中国企业“走出去”提供了良好的契机。对内来说，近年家电下乡政策逐步退市，对家电行业的促进作用大幅下降，家电企业需要寻求新的利润增长点。

世界经济基本上已经从金融危机的后续影响中走出来，行业需求提振。全球家电市场一直保持着稳健、合理的增长。一方面，欧美等发达国家家用电器更新换代需求旺盛，行业发展前景乐观；另一方面，印度、中国、巴西、俄罗斯等新兴市场处于家电的普及期，市场潜力巨大。根据欧睿国际咨询公司数据，家电领域北美、亚太市场规模最大，未来几年的家电市场增速预期乐观。同时随着经济全球化、贸易自由化进程的推进，贸易壁垒大幅降低，这为我国民族企业打入全球市场提供了良好的贸易条件，但同时也应该注意到，西方发达国家通过非关税壁垒对“中国制造”打入国外市场的阻碍作用。

从国际层面讲，随着全球大力倡导节能环保的生活方式，这也成为未来家电发展的重要趋势之一。目前世界上许多国家和地区都已经制定了有关家电环保的法律、法规，出台相关规定和制度，不符合环保要求的产品将无法进入当地市场。另外，美国的家电市场长期被惠而浦、通用、博世等品牌占据，海尔的知名度和影响力都较低，不利于海尔进行美国市场的布局。从国内层面上讲，海尔作为民族品牌，具有良好的商誉和影响力，市场认可度较高，且我国人口基数非常大，国内市场潜力巨大，同时，伴随着我国经济的稳步增长，国内的消费需求增长稳定，消费者对于产品质量、服务质量的要求也越来越高。

另外，随着科技水平的整体进步，新的生产技术、新的产品不断进入市场，消费者对于产品价值的判断也趋向于多元化和高标准；同时，随着电脑、智能手机的迅速普及，市场对于家电的智能化要求也有了相应地提高，未来家电的智能化将是重要的发展趋势，而且互联网技术的大力发展使得企业经营的信息成本以及渠道成本得到降低。

要求：

（1）根据资料一，依据企业国际化经营动因，简要分析海尔为了进一步国际化而收购GE家电业务的主要动机；

（2）根据资料一，简要分析海尔并购GE家电业务能够实现的企业升级的类型；

（3）根据资料一，简要分析海尔进入发达国家市场没有进一步采用内部发展途径的原因；

（4）根据资料一，简要分析海尔收购GE家电业务所属的类型；

（5）根据资料二，依据《中央企业全面风险管理指引》，简要分析海尔收购GE家电业务后可能面对的主要风险类型；

（6）根据资料三，运用PEST分析简要分析海尔所面临的宏观环境。

【例题10·综合题】

资料一

滴滴出行创立于2012年6月，经过多年的发展，已经超过优步成为全球最大的一站式移动出行平台，涵盖出租车、专车、快车、顺风车、代驾及大巴等多项业务，打通出行O2O闭环。

滴滴出行作为出行行业的领军型企业，自2012年12月单日订单量超过1000单之后，订单量突飞猛进到2017年的日订单量达到2000万单，日访问量仅次于淘宝网，仅仅用了五年的时间成为互联网界的独角兽级别的企业。滴滴出行自2012年开始，获得了包括金沙江创投、腾讯、中信产业基金、淡马锡、中投公司、中国平安、软银、苹果在内的多家风投机构共计八轮，总计超过200亿美金的融资。在D轮融资后的两个多月，滴滴与中国另一家出行公司快的进行了合并，从而成功成为出行领域的巨无霸企业。紧接着，国际出行巨头优步进入中国，经过激烈的市场竞争，滴滴成功合并了优步中国，奠定了滴滴在中国出行市场的霸主地位。

目前在出行市场，滴滴一家独大的局面已经形成。但目前来看，司机端和用户端的抱怨也持续存在。最近一段时间，不论是首汽约车、易到，甚至是共享单车企业摩拜单车都对滴滴出行的业务虎视眈眈。滴滴出行总裁柳青表示，滴滴目前正在联手汽车制造商共同开发专门用于分享的汽车，并且将近期在国外市场提供出行服务，让滴滴出行成为在全球范围内都提供服务的企业。

资料二

在2008年，美国的Groupon公司创立了团购这一概念，并且运营了全球第一个团购网站。在2010年，这一模式开始被引入中国，美团、大众点评、糯米等网站如雨后春笋般出现。2010年3月4日，中国第一家团购网站"美团网"上线。美团网一上线就获得了大众的强烈关注。2015年10月，占据市场份额前两位的团购网站——美团和大众点评宣布合并，以此来抗衡百度糯米狂砸200亿开拓市场的举措。合并之后的美团点评着重进行产业多元化升级，美团点评通过到店餐饮、外卖等高频业务，逐渐形成一套围绕生活服务的电商业务，并规避一些产业风险。业务中的一部分是高频业务，是用户和流量的增长驱动力，比如外卖、到店餐饮、出行，在消费者口中积累了良好的口碑；另一部分是低频业务，将流量和用户转化、变现，比如旅行、生活服务等，借助着高频业务的形象和声誉，也获得了部分消费者的认可。美团的创始人王兴表示："美团做到第一不是我们的目标，我们的使命是'We help people eat better，live better'，中文意思是让大家吃得更好，活得更好。在这个使命之下，我们认为凡是最终要发生的，我们就会选取合适的角度进入"。

资料三

为了实现企业多元化的发展，美团和滴滴出行于近期分别推出了美团打车和滴滴外卖两项业务，开始向对方的优势产业发起冲击。

2017年年初，美团宣布开拓美团打车市场，并布局北京、上海、成都等七座城市。2018年3月21日，美团打车正式登陆上海，落地杭州也进入倒计时。截至目前，其余五个城市的牌照情况和开通时间还没得到确认。伴随着2018年美团融资40亿美元，美团点评CEO王兴通过内部信宣布了公司最新的组织升级，并表示美团点评将聚焦到店、到家、旅行、出行四大LBS场景，其中出行事业部由副总裁王慧文负责，正式将出行业务上升至公司的支柱业务层面。

2017年4月在南京试运行之后，截至2017年12月28日，美团打车事业部已经拥有一支超过200人的团队，日订单量也已经突破10万单。有消息称，对于包括北京等城市即将上线的打车业务，美团准备了10亿美元，而且上不封顶。为了吸引司机加盟，美团打车推出了优惠政策：在上海，上线初期对加盟的司机全部免抽成，司机在每日6~24点期间，在线满10小时、接够10单，可拿到600元的保底收入，超过600元后还将获得200元额外奖励。对于消费者补贴，美团也毫不吝啬，乘客前三单每单减14元。王兴最初对美团点评的定位是本地生活平台，专注用户的吃喝玩乐，因此在团购之后美团还陆续进入外卖、电影票务（猫眼）和旅游领域，而正式杀入移动出行则是出于战略上的考量，同样是基于地理位置服务，通过出行连接美团点评的其他业务板块无疑是可行的，但是在整合打车业务方面，还存在着许多问题。

美团要想成为出行行业的翘楚也并不容易，毕竟这一切都是建立在补贴上的。在进入打车行业之前，美团CEO王兴也对滴滴打车做了详尽地分析，从而能使美团更好地上线打车业务。目前美团的核心业务之一——外卖配送尚未实现盈利，而外卖领域的竞争对手饿了么也被阿里收购。与此同时，美团又开拓了打车业务，此后将独自承受来自阿里和滴滴的同时进攻，明显感受到压力。美团内部认为，美团打车能被成功地整合到美团的生态体系中，并且能更好地将美团的其他业务串联起来，这比滴滴更有优势。

在滴滴多元化的版图中，滴滴外卖是一个新的产品。在美团点评正式成立出行事业部不久，滴滴内部随即对美团的一系列动作做出反击，试水外卖业务。2017年12月31日，滴滴融资40亿美元，融资后的第一个大动作就是进入外卖领域，滴滴外卖于2018年4月1日在江苏省无锡市正式上线。进入外卖行业之前，滴滴也对美团外卖做了评估，将其作为假想敌人。在加入外卖业务之后，滴滴出行业务的最后一块拼图也即将完成。国外类似于滴滴出行的公司，譬如优步和 Grab 都尝试过送餐服务，也确实提高了送餐的效率，这相比美团这样的专门外卖的公司也减少了送餐员的成本。未来，这两大互联网公司必将在彼此的核心业务板块展开一场厮杀。

要求：

（1）简述蓝海战略的定义，简要分析滴滴出行的竞争战略所体现的蓝海战略的特征；

（2）简要分析美团实行多元化战略的动因（多元化战略的优点）与风险；

（3）简要分析美团实施发展战略所采用的主要途径；

（4）运用竞争对手分析的四个方面，简要分析滴滴和美团相互进入彼此业务板块的影响；

（5）简要分析滴滴和美团所设置的行为性障碍。

【例题 11 · 综合题】

资料一

聚美优品的前身是团美网，是中国第一家专业化妆品团购网站。在 2010 年 9 月，团美网正式全面启用聚美优品新品牌。2014 年 5 月 16 日，聚美优品在纽交所上市，陈欧作为纽交所 222 年来最年轻的 CEO 敲响钟声，聚美优品的股价开盘便上涨 23.86%。近年来垂直电商市场飞速发展变化，在聚美优品上市的时候，市场上专业做美妆和海外购的企业很少或者实力都很小，当时的聚美优品可以说是一家独大。然而，近年来行业内竞争者越来越多，京东海外购、天猫国际、网易考拉、小红书、贝贝网、洋码头等大量竞争者都在瓜分化妆品电销市场，聚美优品的利润也随之大幅缩水。如今以天猫和京东为首的综合电商在美妆领域的地位，早已不是当初以聚美优品为代表的垂直电商能够分庭抗礼的。产品市场竞争十分激烈，聚美优品试图通过多元化布局突围。

2015 年，赶在跨境电商的风口，聚美优品推出了极速免税店，将业务扩展到境外化妆品和母婴品类。2015 年 6 月底，聚美优品的跨境保税进口业务量居全国第一，占跨境电商试点单量总和的 51.2%。财政部会同海关总署、国家税务总局于 2016 年 3 月 24 日发布我国跨境电子商务零售（企业对消费者，即 B2C）进口税收新政策，自 2016 年 4 月 8 日起，跨境电子商务零售进口商品将不再按邮递物品征收行邮税，而是按货物征收关税和进口环节增值税和消费税。跨境电商将无法再享受利用行邮税降低税收成本的方式，转而按照进口环节增值税、消费税且取消免征税额暂按法定应纳税额的 70% 征收。因此，“408 新政”的实施使海淘税收提高，境外化妆品与母婴品类的利润降低，使得以保税模式为主的聚美优品成本大涨。

与此同时，聚美优品也试图涉足其他产业。最近三年内聚美优品已经做了 5 次业务调整，其中 3 次均是跨界进入电商以外的领域，然而这些投资项目时至今日仍然不温不火。2014 年，陈欧便召集团队研发智能手机，主打给其他手机充电。千万资金砸入无效后，又转向无人机。2016 年，聚美优品又推出自主品牌“Reemake 睿质”，借着智能家电的风，研发空气净化器。然而智能家电市场的竞争早已是一片红海，传统家电品牌吉浦森、飞利浦、远大、美的等占了整个市场份额的 58% 左右。此外，早在两三年之前，因雾霾持续影响，又恰逢双创，市场中涌现了一大批“互联网 +”的空气净化器品牌。聚美的空气净化器一上来就要面对互联网品牌和传统家电品牌净化器的多重夹击，在市场份额、产品质量和后续服务方面聚美优品都没有优势。

之后聚美优品宣布了影视计划，要将触角延伸至产业链上游，作为出品方投资电视剧《温暖的弦》，该电视剧总预算成本2.4亿，聚美优品占其中的40%，共计投资9600万。但是电视剧的拍摄一波三折，目前并未给聚美优品带来收益。2017年随着共享经济的热度不断攀升，聚美优品又涉足共享充电宝领域，斥资6000万美元投资共享充电宝——街电，这部分资金相当于聚美优品市值的12%。然而外界对共享充电宝的前景却并不看好。

不论是智能手机的研发、影视业、空气净化器，还是共享充电宝，都与聚美优品的老本行美妆电商渐行渐远，每个风头正劲的领域它都想有所行动。聚美优品把大量资金用于主营业务以外的投资，削弱了对美妆电商的投入，新拓展的业务收效甚微，老本行又面临着利润大幅缩水。如此频繁地更换跑道也给陈欧带来不少质疑。

资料二

2016年2月，聚美优品抛出私有化方案，包括陈欧、戴雨森、红杉资本在内的买方财团将以每股7美元的价格对聚美优品进行私有化。这也意味着，在VIE和AB股的架构下，拥有90%投票权的陈欧等买方财团仅用3亿美元左右的成本，就可以将中小股东手中的股份收回。然而，聚美优品私有化进程不顺，这个计划当时就遭遇到中小投资人的集体反对，甚至要集合起来组织维权，陈欧也被讽刺为陈七块。聚美优品管理团队内部意见也不一致，随后包括联合创始人刘辉、联席CFO高孟、郑云生、戴雨森等高管也纷纷离职。

2017年8月，聚美优品股东恒润投资发表了一封致聚美优品董事长陈欧、红杉资本中国基金管理和执行合伙人沈南鹏的公开信，公开指责聚美优品不兑现诺言。信件内容指出，陈欧提出将聚美优品以每股7美元的价格私有化的提议低估了聚美优品的价值。陈欧在位期间，一系列错误使得聚美优品股票下跌45.2%，市值损失3.97亿美元。而这次灾难得到了红杉资本的支持和聚美优品董事会的纵容。信件还指责，聚美优品将2014年在美IPO筹集的2.8亿美元中的款项用于投资非核心业务，包括1430万美元用于电视剧制作，4480万美元用于投资街电等。这些投资目标都值得怀疑。此外，聚美优品2016年年底公布的账面现金为3.31亿美元，但从没有向股东支付一分钱的股利。同时，聚美优品暂停与股东有意义的交流已长达22个月，也没有任何论坛可供投资者使用，已向聚美优品管理层质疑可疑的投资，也无法获得关于公司经营的相关信息，自2016年2月以来股东就没有从陈欧那里听到过关于每股7美元收购要约的任何消息。

恒润投资在信中向聚美优品提出以下要求：聚美优品董事会应当解散负责审核收购要约的特别委员会，聚美优品股价至少在8美元以上；要求董事会披露公司问题，包括向股东公布公司治理委员会审阅过的董事会最新一期年度评估；要求薪酬委员会对CEO进行年度评估；要求披露委员会和红杉资本对陈欧回购提议的立场。

聚美优品官方和陈欧在微博上分别做出回应后，2017年9月1日，聚美优品股东发出了第二篇公开信，先是感谢了“陈欧通过微博来尝试解决我们的疑惑”。然后指出，在社交网络上所发布的内容并不等同于一场规划好的股东电话会议。股东继续强调，聚美优品最近一次的业绩发布是2017年4月发布的2016年年报，2017年到目前为止尚未发布财务业绩。由于缺少对公司业绩情况的了解，聚美优品的股东正在盲飞。

资料三

质量是企业经营的核心竞争力之一。一直以来，聚美优品假货风波不断，导致聚美优品的品牌形象受损。早在2013年，聚美优品便陷入“假货”风波。此前聚美优品一直宣称与众多大牌合作，然而娇兰、兰蔻、DHC等国际化妆品品牌纷纷表示与其没有任何关系。更为致命的是，2014年7月，媒体曝出一家名为祎鹏恒业的供应商通过伪造品牌授权书和报关单等相关文件，通过各大电商平台销售假冒名牌服装、手表，聚美优品名列其中。虽然涉及数家平台，但聚美优品无疑是遭受打击最为沉重的。事发当天，聚美优品股价盘前下跌 7.28%，散户紧急退出。此后，不断有对聚美优品商品质量的质疑。2018 年 2 月，中消协发布了 2017 年“双十一”网络购物调查体验情况通报会，称多家电商被发现涉嫌销售假货，聚美优品就是其中之一。聚美优品销售假货的问题一直未彻底解决，严重损害了消费者的利益。

要求：

（1）根据资料一，简要分析面对竞争激烈的市场环境，聚美优品采取的发展战略类型（如能细分，请进一步细分）；

（2）根据资料一，简要分析聚美优品采取的发展战略所面临的风险；

（3）根据资料一、二，简要分析聚美优品的外部治理机制；

（4）根据资料二、三，简要分析聚美优品在公司治理中存在的问题；

（5）简要分析聚美优品面临的内部风险。

【例题 12·综合题】

资料一

优衣库由日本迅销公司建立于 1963 年，当年是一家销售西服的小服装店，现已成为国际知名服装品牌。优衣库现任董事长兼总经理柳井正在日本首次引进了大卖场式的服装销售方式，通过独特的商品策划、开发和销售体系来实现店铺运作的低成本化，由此引发了优衣库的热卖潮。

作为一个诞生于日本大萧条时期、应对消费降级而生的品牌，优衣库在消费降级中，凭借平价、单品爆款、基础款，成功成为了日本 TOP 的平价服装品牌。但是，再下一阶，优衣库所面对的是纵向与横向的挑战：纵向是如何从日本品牌成为全球品牌；横向是如何抓住越来越时尚、越来越挑剔的年轻人的钱包。于是，优衣库的价值观——品牌口号在 2013 年进行了改革，从“造服于人”到“服适人生”，开始尝试用大众品、平价品、基础款创造更大的商业可能。优衣库通过对“场景”“科技”以及“个性”的把控来提高自身的品牌影响力。所谓“场景”就是创造了人们生活场景融合与跨界的可能性；所谓“科技”就是服装与科技相融合；所谓“个性”就是探索基础款与潮流之间的联系。

通过改革，优衣库的成绩也非常耀眼，据 2018 年 10 月 11 日发布的 2018 年财报来看，集团在 2018 年业绩创下了历史新高，以中国为首的大中华市场已经成为优衣库海外市场（除日本市场以外的所有市场）的主要推动力。优衣库在海外市场，销售额同比增长 26.6% 至 8963 亿日元；营业利润同比增长 62.6% 至 1188 亿日元。优衣库中国线上商店销售表现强劲，取得双位数增长，其销售占大中华地区总收益比例的 15%。

资料二

目前全球经济回暖乏力，使得性价比高的产品需求上涨。优衣库通过非常高的性价比迅速吸引顾客。优衣库拥有极强的生产能力，并与淘宝网结成了战略联盟，拥有很强的线上销售能力。与此同时优衣库还在中国坚持以每年 80~100 家店的速度开实体店。但是原材料的上涨也对优衣库的低价策略产生了一定的影响。优衣库将研发和市场营销部门放在了日本，将产品生产厂家选在了中国和东南亚，从而显著地降低了成本。优衣库的销售模式都是建立在日本模式下的，在海外市场的销售模式并不能直接照搬日本模式，但是优衣库还没有针对各个市场建立起不同的销售模式，这也是目前优衣库存在的最大问题。

为了解决这一问题，优衣库的大中华区也在加紧改革的步伐。优衣库有专人观察顾客对服装不同场景或者生活的需求，能够怎么样更多元，从而设计出满足顾客需求的新产品，这样就既能降低客户的成本，又能提高公司所获得的客户价值。由于顾客对大众品、平价品、基础款拥有更大的需求，公司对消费者需求的把控又会进一步提高出货量，从而使优衣库产品的价格在不影响其质量的情况下进一步降低，这样使公司与Zara等平价时尚品牌有了很大的区分度。

不像一些快销时尚品牌的产品具有非常强的时效性，优衣库的基础款产品拥有非常长的流行时间并且销量大，因此其进货费用均摊到每件商品上是非常低的。与此同时优衣库在江苏有着健全的产品供应链，能大量提供产品。在经营销售方面，目前优衣库拥有非常强大的自营销售网络，优衣库还利用数字化经营来满足顾客的需求，而不仅仅是吸引流量。此外，为了提高服务质量，优衣库把线上顾客的配送和售后服务下放到线下的门店，使其更好地去满足顾客需求，例如，其推出的门店自提服务。

资料三

2018年“双十一”天猫商城销售额达到惊人的2135亿元，创造了新的记录。优衣库在本次“双十一”活动中仅用了35秒便实现了销售额破亿，打破了去年“双十一”一分钟销售额破亿的记录。在最终的男女装品牌销售额排行榜中，优衣库在男女装两个榜单中都拔得头筹，成为双料冠军。

在“双十一”前，优衣库做到了自有渠道、自有会员，给全网会员提前抢购联名产品、优惠券、大礼包等的优惠，而不是渠道商优惠，通过对不同消费者的区分，使得利润最大化。优衣库全部采取直营的方式来进行经营，从而使自身的渠道更加完善。对于基础款而言，顾客不需要通过咨询客服就能买到适合自身的服饰。优衣库通过推出大量的具有较高科技的基础款服饰，从而带动了整个店铺在2018年“双十一”活动中的销售额再度突破十亿元。在“双十一”活动中，绝大多数的款式都打了五折，这对顾客来说是一个非常大的优惠。

要求：

（1）根据资料一，简要分析优衣库面对大众消费需求变化所进行的战略创新类型；

（2）根据资料二，从价值链的基本活动角度，简要分析优衣库的优势；

（3）根据资料二，简要分析优衣库所采取的国际化经营的战略类型；

（4）根据资料二，依据红海战略和蓝海战略的关键性差异，简要分析优衣库所体现的蓝海战略的特征；

（5）根据资料三，简要分析优衣库在2018年“双十一”活动中所采用的市场营销组合类型。

【例题13·综合题】

资料一

近年来，国家大力支持体育产业的发展以及全民健身热度的不断升温为中国体育产业提供了广阔的市场容量，体育用品业作为体育产业发展的基础分支也因此实现快速发展。中国已成为世界上最大的体育用品基地，体育用品行业也逐步进入稳定增长的成熟期。数据显示，2013~2017年我国体育用品行业收入和利润都在不断增长，五年年均复合增长率分别为7.64%和9.37%，增长十分迅速。

在众多体育品牌中，有主打高端的阿迪达斯、耐克和李宁等，也有主打中低端的迪卡侬、安踏和361°等，其中主打高端的品牌通常有着非常高的研究开发能力。中低端品牌普遍研发能力低，一度还被市场认为是“山寨”品。相比较上述品牌，迪卡侬则是一个例外，迪卡侬有自身的工厂和品牌，在市郊建造超市式的购物广场，极大地降低了成本，因此迪卡侬在保持较低售价的同时保持着较高的研发能力。

目前我国的体育运动品牌还存在着以下问题：首先，我国的体育用品科技含量较低，还存在着“重生产、轻研发”的现象。其次，我国的体育品牌缺少长久秉持的体育文化，用户的黏性较低。最后，我国的体育市场发展水平较低，行业竞争不规范。

资料二

安踏（中国）有限公司是一家中外合资并且是国内最大的集生产制造与营销导向于一体的综合性体育用品企业，由安踏（福建）鞋业有限公司、安踏东方体育用品有限公司、安踏（香港）国际投资公司和安踏鞋业总厂等组成。集团公司的前身安踏（福建）鞋业有限公司创建于1991年，地处中国三大鞋都之首的福建晋江。该公司秉持着“安心创业、脚踏实地”的经营理念，二十多年间成功发展为拥有员工5000余人，厂房面积达12万多平方米，年产运动鞋500万双的全国性运动鞋生产企业。

2009年是安踏国际化发展的元年。在2009年8月，安踏以6亿港元收购了百丽国际旗下运动品牌Fila在中国的专营权和商标使用权，负责在中国内地、香港和澳门推广及分销Fila中国商标的产品。此举也被看作安踏体育宣布进入全球市场的标志性动作。Fila当时还不怎么知名，在中国市场依然亏损。除了这个品牌的潜力，人们还质疑安踏能否运营好这个DNA极其不同的中高端品牌。但现在回看，这可能是安踏最成功的策略之一。2015年，安踏完成对英国户外休闲、登山运动品牌Sprandi的收购。2016年，安踏与日本Descente以及Itochu Corporation子公司伊藤忠合资成立公司，三家公司按照6∶3∶1的出资比来占股。安踏体育在这次事件中出资1.5亿元，拿到了在中国内地独家经营带有Descente商标的产品设计以及销售业务的特权。2017年，安踏收购Kingkow业务，并成立合资公司在中国经营Kolon Sport业务。在大举国际化的同时，安踏还利用自身资源发展了安踏kids等其他产品，丰富了产品链。在2018年，安踏完成了对Amer Sport集团的总值达到46亿欧元的收购。Amer Sport只有不到20%的收入来自亚太市场，不到6%的收入来自中国市场，这样安踏能更好地分散中国市场的风险。安踏在中国国内市场是排名第一的国产品牌，利用安踏的这些资源能使Amer Sport更好地打入国内高端市场，Amer Sport集团是全球知名的运动品牌集团，旗下有始祖鸟、Wilson等众多一线品牌。安踏集团逐步将目光从大众市场转向中高端市场：安踏定位大众市场；Fila定位中高端时尚运动市场，瞄准中高端客户；Descente和始祖鸟是高端的户外运动品牌；Wilson则关注网球市场。

从2017年的财务报表来看，安踏集团超过95%的营业收入来自国内，仅在东南亚、东欧及中东市场有少量分销业务，频繁并购使得安踏能在欧洲和北美市场上获得一定的成功。Amer Sport的加入能减少安踏对中国市场的依赖。安踏年产500多万双运动鞋，由于产能过大，安踏急需开发一些市场从而利用自身闲置的产能。随着我国经济的发展，人们对高端运动产品的需求量也越来越大，反而中低端的体育产业市场逐渐陷入停滞。与此同时，安踏还有大量的闲置资金，安踏所持有现金及现金等价物为69.32亿元人民币，利用这些资金能更好地促进集团的发展。最重要的是，安踏所收购或者结成战略联盟的企业都是国际上拥有较高技术储备的企业，使得安踏能获得大量的技术及管理经验。

资料三

在2007年上市前后安踏完成了家族企业的改造，引入了张涛(在万达和联想担任过高管)、郑捷（前锐步中国区总经理）、姚伟雄（前 Lacoste 中国行政总裁）这样的职业经理人。这些职业经理人或是有着丰富的资本市场工作经验，或是在国际运动品牌担任过高管，有着丰富的运动品牌管理经验，这样安踏就能在资本市场运作中游刃有余。

安踏在香港上市的招股价上限为 5.28 港元，总共募集 31.69 亿港元。这些经验丰富的职业经理人利用这些募集到的资金对安踏品牌进行了大规模的扩张。与此同时，安踏投入 11 亿元在央视投放广告并且投入巨资强化研发能力。

在收购 Amer Sport 集团前夕，安踏在上交所获准发行 36 亿元人民币的“熊猫债”。这令它成为首批获准发行“熊猫债”的非金融民营企业之一。所谓“熊猫债”，是指境外机构在中国内地发行的以人民币计价的债券。通过专业人员的操作，使得安踏能在各资本市场之间游刃有余。

要求：

（1）根据“研究开发能力”和“产品价格”两个战略特征，各分为“高”“低”两个档次，以组合的形式对资料一中涉及的运动品牌进行战略群组划分；

（2）简要分析安踏集团采取国际化经营的主要动因；

（3）运用市场营销战略中“产品组合策略类型”，简要分析安踏集团并购众多品牌所采取的产品组合策略；

（4）简要分析安踏集团实施发展战略的主要途径；

（5）依据经理人员的含义，简要分析安踏集团是如何运用职业经理人制度。

【例题 14 · 综合题】

资料一

公牛自 1995 年创立之初，迅速找到自身定位，立志“制造永不坏的插座”，产品推出之后，使得消费者感受到前所未有的使用体验，公牛集团自此开始秉持科技化、现代化的生产模式。1997 年，公牛在行业内第一个获得国家长城认证，从此奠定了行业内好品质的品牌形象。1998 年，公牛开发了行业内首个按钮式设计的开关插座，断电更方便、使用更安全。2001 年，公牛经过市场和中国质检协会的认证，获得“全国质量稳定合格产品”的荣誉称号。2007 年，公牛也是首个获得“中国驰名商标”的转换器品牌。2008 年，公牛参与并制定新国标文件，首创新国标组合孔，并获得国家专利。2009 年，公牛荣获了“2009 年度中国企业营销创新单项奖，年度最佳渠道整合创新奖”。同年，更是建成了经过美国最具权威的安全试验和鉴定的机构—— UL 国际专业认证组织评定的高标准专业实验室。截至 2009 年，其已经获得国家专利 155 项。2010 年，公牛全面整合，不仅专注产品的生产方面，更是将制度、管理规范化、系统化，这些富有前瞻力的举措使得公牛更加稳健地发展。2011 年，携手明星甄子丹先生，推出了一系列的广告推广活动，进一步扩大了现有产品在现有市场的市场份额。2011 年，随着科技发展节奏加快，人们的生活用电需求日益增加，公牛在行业内率先推出了更加高科技的插座产品。2012 年，公牛插座系列更是连续两年成为消费者最信赖的品牌。至 2013 年，公牛已经累计获得了国家专利 313 项。2014 年，公牛集团正式进军 LED 产业，秉承品质为先的一贯追求，以“爱眼”理念自主研发 LED 照明产品，形成包括爱眼 LED 阅读灯、灯带、球泡灯、筒射灯等在内的产品系列，为家装健康照明提供多样化选择。2016 年，公牛又提出“数码精品战略”，从为家电产品服务向为数码产品服务进阶转型，推出了包括移动电源、抗折断数据线等一大批数码产品精品。在这一过程中，公牛依照从“核心业务”向相邻或相近产业链延伸的方式，将产品一步一步向更丰富、更多样的方向拓展。这使公牛在保持主要业务稳定上升的同时，具备了更多的发展可能性。

公牛集团在全国各地有着较完善的销售网络。近年来公牛与经销商的关系也发生了本质上的变化。渠道开始变得扁平化、区域精细化，每个区域只设一级经销商，直接对接该区域零售门店的客户。同时，一个经销商一般只负责一个市或县。如此一来，便避免了一个经销商服务多个县市带来的资源和能力的分散，扁平化结构也能更快响应门店需求。对于线上渠道，公牛也在积极探索中。其与万科链家装饰、有住网、蘑菇装修等互联网家装企业达成战略合作。据悉，2017 年的“双十一”，公牛以站内推广、短视频营销、KOL 传播等方式，带来了大批潜在用户。

近年来国家对房地产行业进行调控，新房的供给量较最初有一定的减少，势必会影响公牛开关的销量。电工领域的竞争还随着众多跨界大品牌的介入而变得更激烈、更残酷，这些大品牌企业在行业和市场上拥有一定规模实力、品牌知名度、渠道市场等，跨界大品牌强势启动电工业务后，势必对电工企业形成更大的冲击，其市场份额或被进一步压缩。

资料二

2005 年，公牛创新性地将快销品的销售方式运用到插座上，将制造业与服务业相融合，改“坐商”为“行商”。通过各地经销商对区域内的零售店进行分类统计，销售商把插座装进卡车里，各个网点铺货、一家一家派送，迅速打开了全国市场，把几十万家零售店的销量牢牢握在了自己手里。现在，公牛的销售渠道已遍布全国 300 多个城市，开拓出 80 多万个终端销售店铺，并成功将公牛产品销往美国、欧洲、东南亚、南亚、非洲等海外市场。借助渠道优势，公牛成长为一个家喻户晓的品牌。与此同时，公牛集团利用的是通用型原材料，通用型原材料均由国内厂家生产，进货和运输仓储等方面的成本都比较低；公牛还建立了专业服务团队，客服部均由经过培训的专业人员负责，服务网络较为完善，并承诺质保 10 年。在 2004 年，工厂正式迁入慈溪观海卫工业园，成功转型为规范化专业制造型的企业集团，这使公牛实现了规范化、规模化生产，更好地保障企业的发展。

2012 年，公牛集团通过多年的市场调研，认为目前对装潢需求量较高的是年轻人，其对开关的美观要求很高，而且未来中国的家装潮流将重点集中于现代简约、欧式奢华、中式典雅、清新田园四种。因此，公牛将眼光放到了少有人问津的装饰开关领域，并且震撼推出了第一代公牛装饰开关。作为墙壁开关行业一个全新的细分品类，公牛装饰开关特意针对四种主流家装风格进行相应设计，无疑会进一步贴合消费者个性化、风格化的家装需求，实现墙壁细节上的优雅动人。公牛集团决定将美化装饰和实用开关具有的两类互补性功能结合起来。公牛装饰开关是采用 IMR 技术，首次赋予墙壁开关不同的色彩与纹理而制成的装饰开关产品，将美观和实用两种功能结合。公牛装饰开关还独创“专利悬摆技术”，使开关能够连续开、关 80000 次，使用寿命超出国家标准一倍。相比较西门子等国外大品牌，公牛装饰开关价格有着明显的优势。

资料三

在同行业公司纷纷谋求资本运作的情况下，公牛作为老牌厂商却迟迟没有动静。直到 2018 年 2 月，公牛集团才最终确定了保荐机构国金证券，并向宁波证监局递交了 IPO 申请。2018 年 10 月，公牛集团的招股书姗姗来迟。

根据信息披露和外界的分析，家族的关联交易、巨额募资的合理性以及变相降低管理费用等都是其阻碍 IPO 进程的因素。其中较为明显的是向"董监高"低息贷款从而降低管理费用。公牛集团曾经制定过一个员工购房借款管理制度，符合借款条件的员工可向公司申请购房借款，公司对各级别员工设定了借款最高限额，一般借款年限最长为 6 年，员工可以选择提前还款。据了解，符合借款条件的员工基本是"董监高"。在报告期内，共有 5 人向公司借款购房，这 5 人的身份分别是公牛集团的董事兼副总裁、监事、副总裁、董事兼副总裁兼董秘、职工监事。5 人的借款额均为 50 万元，年利率为 3.8%。而我国当前的房贷基准利率最低也在 4.34%（6 个月）以上，商业银行实际执行的房贷利率更高。公牛集团此举无异于是给"董监高"的变相福利。在这种操作下，公牛集团向"董监高"支付的薪酬，还能否体现其真实的工资水平，就存在一定的疑问了。

要求：

（1）运用 SWOT 分析法对公牛集团进行分析；

（2）依据蓝海战略重建市场边界的基本法则（开创蓝海战略的路径），简要分析公牛集团如何在竞争激烈的家装开关领域，开创了新的生存与发展空间；

（3）从设计市场营销组合方面，简要分析公牛集团采取的营销策略；

（4）根据价值链的基本活动，简要分析公牛集团的优势；

（5）简要分析公牛集团采取的发展战略；

（6）依据"三大公司治理问题"，简要分析公牛集团在内部治理中存在何类问题。

跨章节主观题参考答案及解析

【例题 1 · 简答题答案】

（1）①潜在进入者的进入威胁。"国家建立了严格的法律体系来规范医药行业，加强监督药品的研制、进出口及上市后的销售和使用。化学药品制造企业则成为国家行政监管的重点对象，质量标准、监管要求逐步提高。另外，药品价格也同样受到国家监管，国家会经常出台药品价格政策和管理规定，使药品定价受到约束"。

②购买者讨价还价的能力。"虽然我国化学制药企业数量多，但存在着规模普遍较小的问题。大量企业以低端化学原料药制造为主，药品品种雷同且药性上相差无几""大部分的抗生素类药品都属于国家价格管理的范围，价格较为透明，预计在未来相当长一段时间内，降价的趋势仍将持续，行业的整体利润率可能会继续下降"。

③产业内现有企业的竞争。“虽然我国化学制药企业数量多，但存在着规模普遍较小的问题。大量企业以低端化学原料药制造为主，药品品种雷同且药性上相差无几，创新能力不够，国际市场竞争力较弱”。

（2）各阶段的主要实施途径：

第一阶段：内部发展（新建）。“加强对公司营销管理部门的投入和建设”。

第二阶段：战略联盟。“积极探索和推进与国际大型医药销售公司的合作……利用国际合作的桥梁和纽带作用”。

第三阶段：外部发展（并购）。“通过并购重组行业内优质医药企业”。

各阶段的密集型战略类型：

第一阶段：市场渗透战略——现有产品和现有市场。

理由：“加强对公司营销管理部门的投入和建设，积极探索和大胆创新营销方法和理念，进一步巩固和提升抗生素原料药及制剂的现有市场优势”。

第二阶段：市场开发战略——现有产品和新市场。

理由：“开拓国际医药商业渠道，进一步向海外推广公司的品牌产品抗生素原料药及制剂……在扩大公司品牌产品出口的同时，提高公司在国际抗生素市场的知名度”。

第三阶段：多元化战略——新产品和新市场。

理由：“通过并购重组行业内优质医药企业，以抗生素为主的化学药作平台，打造生物药、中药大健康产业等其他产业板块，完善公司产业链，实现公司逐渐向综合性医药公司转型”。

（3）①政治风险。“根据美国法律，本次并购交易尚需获得美国相关机构反垄断审查通过”。

②法律风险与合规风险。“A 公司产品生产涉及乙醇等有机化学危险品的使用，在生产过程中会产生废水、废气等污染物”“2020 年年初，美国药品监管机构发现与使用 A 公司产品有关的不良反应案件，随后引发了一些使用者的诉讼，其中大部分已达成和解，另有数起案件尚未与使用者达成和解，因而尚未结案”。

③市场风险。

a. 主要客户的信用风险。“报告期内客户集中度较高，A 公司排名前五的大客户赊销收入占其全部营业收入的比例超过 85%”。

b. 汇率风险。“结算货币主要为美元和欧元，但相关货币的汇率波动较为明显，可能会给公司带来一定影响”。

c. 产品或服务的价格及供需变化带来的风险。“公司原料药销售价格持续下降，目前尚未完全摆脱下降趋势”。

④运营风险。

a. 企业产品结构、新产品研发可能引发的风险。“A 公司为一家在美国注册从事心血管疾病原料药研发、生产和销售的小型法人机构，产品类别较为单一”。

b. 企业组织效能、管理现状、企业文化，高、中层管理人员和重要业务流程中专业人员的知识结构、专业经验等方面可能引发的风险。“A 公司专有的原料药提纯技术、质量保证和质量控制操作规程都是公司保持行业内竞争力的关键，而公司技术研发和创新不可避免地依赖核心技术人员和关键管理人员，但这类人员往往流动性比较大”。

c. 质量、安全、环保、信息安全等管理中发生失误导致的风险。“A 公司产品生产涉及乙醇等有机化学危险品的使用，在生产过程中会产生废水、废气等污染物”。

【例题 2 · 简答题答案】

（1）①保健品属于“问题”产品。“保健品产业每年的市场增长率保持在 13% 以上”“该公司涉足保健品市场的时间很短，市场占有率很低”。

②白酒属于“现金牛”产品。“白酒产业在我国目前基本处于成熟阶段，市场增长缓慢，受啤酒、红酒等的冲击，在今年甚至出现了负增长”“市场占有率多年来在全国稳定保持在第一名”。

③室内设计装修属于“明星”产品。“该产业去年的增长率已经超过 15%，今年仍会突破”“在我国室内设计装修市场具有相当高的市场占有率”。

④儿童森林公园属于“问题”产品。“森林旅游业在我国刚刚兴起，近几年每年以 40% 的高增长率发展”“儿童森林公园市场需求十分广阔”“该园区的市场刚刚打开，尚处起步阶段”。

（2）E 公司对保健品业务单元采用的是差异化战略。“创新性推出了纳豆胶囊和冠益酸牛奶两大保健系列产品”。

E 公司对儿童森林公园业务单元采用的是集中差异化战略。“E 公司为顺应这些需求，率先针对北京城里的儿童建立起儿童森林公园”。

（3）消费者市场的主要细分变量可以归纳为地理细分、人口细分、心理细分和行为细分。“率先针对……儿童建立起儿童森林公园”体现了人口细分；“率先针对北京城里……建立起儿童森林公园”体现了地理细分；“尤其是现在城里的孩子从小在城市里生活，森林对其具有神秘而强大的吸引力……二者相结合的儿童森林公园市场需求十分广阔”体现了心理细分。

【例题 3 · 简答题答案】

（1）对东富汽车进行 SWOT 分析：

①优势（S）。“东富汽车国内整车产销的规模优势持续扩大，国内市场占有率始终保持领先，在业内的知名度高、声誉较好。东富汽车拥有国内较大的整车产品销售与服务网络，以及动力总成、汽车电子、底盘等与整车开发密切相关的关键零部件体系和汽车金融业务对整车业务的支持。东富汽车的技术创新能力对公司产品开发和产销量大幅攀升起到了重要的支撑作用，拥有诸多专利权和科研成果，包括率先研制新能源汽车而获得的技术成果等。公司已初步构建了自主品牌全球研发体系框架，从事科技活动的人员超过 20%，其中研究与试验开发人员占从事科技活动人员的比例接近 60%，本土的研发实力不断壮大”。

②劣势（W）。“然而业务迅速拓展所需人才资源的不足以及资金短缺等问题在一定程度上制约了公司的发展”。

③机会（O）。“国家政策总体上采取鼓励支持的态度。随着我国宏观经济总体回升向好、居民购买力的提高以及我国城镇化的加快推进促使三四线城市经济快速发展，为汽车产业提供了有利的市场机遇，使得我国汽车市场持续保持较快增长”。

④威胁（T）。“受国内汽车市场高速增长的影响，很多国内汽车企业都在进一步扩充产能，可能导致产能过剩而引发价格战；跨国汽车公司也纷纷将中国市场视为其全球市场的核心地区，不断加大投入力度，新品投放数量增加迅速，这些都将加速产业竞争的白热化。与此同时，随着国内各大城市交通拥堵状况日趋严重、部分城市停车费的上涨、石油价格的高企以及环保意识的加强，汽车使用环境将进一步紧张，使用成本或将逐渐提高，加之劳动力成本不断上升，制约汽车产业发展的因素不断显现”。

（2）东富汽车发展战略细分类型的判断及理由：

①“自主品牌营销战略”属于发展战略中的密集型战略——市场开发战略（现有产品和新市场）。

理由：“开拓三四线城市等国内细分市场的渠道布局；稳步实施自主品牌产品‘走出去’战略，积极开拓以东南亚为主的海外市场”。

②“差异化产品战略”属于发展战略中的密集型战略——产品开发战略（新产品和现有市场）。

理由：“针对消费者需求个性化、年轻化的趋势，利用技术创新和研发优势，加快市场响应速度，缩短新车型的推出速度，进一步充实产品系列”。

③“国际化并购战略”属于发展战略中的一体化战略——横向一体化战略。

理由：“收购海外同行企业，旨在引入国际优质资源和领先技术”。

④“产业链协同战略”属于发展战略中的一体化战略——纵向一体化战略，可进一步分为前向一体化战略和后向一体化战略。

理由：后向一体化战略，“涵盖上游的汽车研发、零部件”；前向一体化战略，“下游的汽车商贸服务、汽车金融、汽车物流等”。

⑤“智能手机转型战略”属于发展战略中的多元化战略（新产品和新市场）。（注：或者多元化战略中的非相关多元化战略）

理由：“为了寻找新的增长点，东富汽车开启了向研发和制造智能手机的战略转型”。

【例题 4·简答题答案】

（1）从经济因素角度看，造成照相业零散的原因：

①进入障碍低或存在退出障碍。“它的入门门槛低，不需要高精尖的技术和巨额投资，它的发展靠的是摄影师和化妆师的个人审美”。

②市场需求多样导致高度产品差异化。“审美又很难复制或被冠以统一标准”“消费者对摄影产品的要求和期待也越来越高，大众对美的追求促使照相馆行业步入爆发期并进入洗牌阶段。除了常见的证件照类型产品，消费者更希望在照相馆拍一张自己无法通过手机实现而又形似杂志照一般的写真式照片，这要求照相业的公司提供高度差异的产品以谋求生存空间”。

③不存在规模经济或难以达到经济规模。“审美又很难复制或被冠以统一标准，因此市场上许多小型公司可以与大型公司在几乎相同的成本上进行竞争”“这要求照相业的公司提供高度差异的产品以谋求生存空间，但无形之中限制了照相业企业规模的扩大”。

（2）海马体照相馆实现竞争战略的途径：

①克服零散——获得成本优势。

a. 连锁经营或特许经营。“海马体照相馆所有门店均为直营门店，因为直营统一管理，能够对出品质量和服务做到严格把关”。

b. 技术创新以创造规模经济。“海马体虽然是一家从事摄影的公司，但却具备极强的互联网思维，从产品定位到技术的运用以及对用户场景的精准定位，都证明海马体照相馆一直以来秉承的前瞻思维，也正因为其‘互联网 +’的思维，让海马体照相馆借助于互联网技术实现了规模经济效应”。

c. 尽早发现产业趋势。“率先把轻写真带入了照相馆，这让去照相馆拍写真成为一件不繁杂、不需多想便能轻松实现的事；它最早提出线上预约系统，让人们不需要面对临时被告知不能拍的尴尬，远程在线预约合理安排自己的时间，大大提升了消费体验感；2015 年，它成为第一家开进购物中心的照相馆，如今消费者在购物中心拍照已经习以为常，但能在当时所有照相馆都主攻街边店铺时，觉察到消费场景变化趋势，将门店开进购物中心是一件很有胆量的事”。

②增加附加价值——提高产品差异化程度。“海马体照相馆强调风格的原创，在原创中形成不可取代的风格，使得海马体照相馆的品牌做到差异化，竞争力也尤为突出”。

③专门化——目标集聚。

a. 产品类型或产品细分的专门化。“海马体照相馆的产品有较为明细的分类，包括证件照、结婚照、全家福、女王照等，还有一些结合特定节日、特定场景的照片，比如与金融大鳄工商银行联合推出信用卡定制个性化肖像卡面等”。

b. 顾客类型专门化。“通过一部分特定的客户稳固市场份额，比如与钉钉、脉脉职场社交 App 合作帮助职场人士打造独特的形象照等”。

【例题 5 · 综合题答案】

（1）①政治和法律因素。“在政府报告中提出‘互联网 +’的行动计划，促进了制造企业与互联网、云计算、物联网等理念的结合，鼓励传统企业提高生产质量和整体效率，通过创新刺激企业的增长”。

②经济因素。“各地方政府对家电行业的智能改造政策的支持力度很大，一般给予 15%～20% 的补贴”“我国的经济发展进入新常态阶段，经济增长从高速转为中高速，从规模速度型增长转为质量效率型增长”“原材料价格的增长和汇率的波动也是不容忽视的问题”。

③社会和文化因素。“物质的极大丰富和人民生活水平的提高使顾客的需求向高度化、多样化发展，人们普遍寻求个性化的服务，强调自我满足感”“电商时代的来临改变了大众的消费方式，同时也改变了对价格的敏感程度”。

④技术因素。“全球范围内移动互联网、大数据和智能制造为基础的新技术正在改变企业的生产方式和创新模式。全球化网络平台的构建技术日臻完善，逐步应用到制造型企业”。

（2）①潜在进入者的进入威胁。“家电生产行业规模经济显著”“资金和技术限制也使得许多新进入者难以发展”。

②替代品的替代威胁。“家电产品在网络支持的条件下更加智能化、人性化，威胁主要来自于行业巨头的创新研发能力。且未来家电朝着装饰化的方向发展”。

③供应者讨价还价的能力。“原材料供应商的集中程度很低”。

④购买者讨价还价的能力。“当前的家电行业，产品逐渐标准化，价格也开始下降”。

⑤产业内现有企业的竞争。“产品逐渐标准化”“局部生产能力过剩”“家电行业内有一些势均力敌的对手，产业发展进入相对的缓慢期”。

（3）根据产品生命周期不同阶段的特征分析，海尔所在的家电行业处于产品生命周期的成熟期。“产品逐渐标准化，价格也开始下降”“生产稳定、局部生产能力过剩”“国内的城市市场已基本达到饱和”。

（4）海尔所拥有的资源：

①有形资源。“在全球建立了制造基地、研发中心、海外贸易公司和现代物流中心”“充足的资金支持”。

②无形资源。“海尔形成的企业商誉、品牌、专利、特有技术和技艺、企业文化”“拥有海尔、卡萨帝、统帅、AQUA、斐雪派克五大品牌”“拥有专利 16316 件，在海外 30 多个国

家和地区拥有有效发明专利528件，海外发明专利是行业其他公司的20多倍。‘永远以用户为是，以自己为非’的价值观、创业创新的两创精神是海尔企业文化的重要部分”。

③人力资源。“让每个员工在不同的自主经营体系中为用户创造价值的同时实现自身的价值，从而实现企业价值和股东价值”。

（5）数字化技术对海尔组织结构的影响：

①组织结构向平台化转型。“如果说互联工厂是智能制造的车间，那么用户参与交互的工业互联网平台COSMOPlat就是一个将互联工厂模式产品化、社会化的平台”。

②以新型组织结构为主要形式。“COSMOPlat就是一个将互联工厂模式产品化、社会化的平台。该平台有三个特点，即用户全流程参与大规模定制体验；全要素互联互通；开放、共创、共赢的诚信生态。COSMOPlat将互联工厂生态系统中交互、定制、研发、采购、制造、物流、服务7个全流程节点，输出为7个可以社会化复制的系统应用，形成包括协同创新、众创众包、柔性制造、供应链协同、设备远程诊断维护、物流服务资源的分布式调度等全流程的应用解决方案。COSMOPlat的一个目标是帮助企业实现全流程的业务模式革新，精准抓取用户需求、精准生产，实现高精度、高效率的大规模定制升级转型”“COSMOPlat不止是对接了海尔的互联网工厂，还是一个开放性平台，聚合了外部企业需求和第三方开发者、解决方案商，以使其能够快速聚合全球一流资源构建知识智慧服务、共享集约服务、大数据服务等领域的产品，为企业转型提供全流程闭环的服务。COSMOPlat的另外一个目标是实现企业、资源、创客之间的互联互通，使每一个需求都可以通过平台来快速配置资源，实现产销合一”。

【例题6·综合题答案】

（1）①产品创新。“2014年万科第四个十年发展规划，已经把‘三好住宅供应商’的定位延展为‘城市配套服务商’，公司核心业务包括住宅开发和物业服务。2018年，公司将自身定位进一步迭代升级为‘城乡建设与生活服务商’，所搭建的生态体系已初具规模，在巩固住宅开发和物业服务固有优势的基础上，业务已延伸至商业开发和运营、物流仓储服务、产业城镇、冰雪度假、养老、教育等领域，为更好地服务人民美好生活需要、实现可持续发展奠定了良好基础”。

②定位创新。“2014年万科第四个十年发展规划，已经把‘三好住宅供应商’的定位延展为‘城市配套服务商’，公司核心业务包括住宅开发和物业服务。2018年，公司将自身定位进一步迭代升级为‘城乡建设与生活服务商’”。

（2）三大公司治理问题：①经理人对于股东的“内部人控制”问题；②终极股东对于中小股东的“隧道挖掘”问题；③企业与其他利益相关者之间的关系问题。

万科公司实施的事业合伙人制度有利于解决第一类和第三类公司治理问题。“第一个层面是上面的核心骨干持股计划，即将管理层跟股东的利益绑在一起，从利益基础上变得一致；第二个层面是中间的‘项目跟投制度’，项目操作团队必须跟投自己的项目，员工可以自愿跟投自己的项目，也可以跟投所有的项目；第三个层面是执行层的‘事件’合伙人制度，即临时组织事件合伙人参与到工作任务里面去，事情解决就解散，回到各自部门”。

（3）从PEST角度，万科公司面临的外部环境：

①政治和法律因素。“‘房子是用来住的，不是用来炒的’，这一定位充分说明中央对炒房的坚决打压态度。近年来政府不断加大对楼市的调控力度，未来楼市调控政策升级将会成为常态”“放开的二胎政策确保了人口总量的有力增长，决定了房地产行业未来的增长潜力”。

②经济因素。“中国经济进入新常态，最直观的变化是经济增速换挡，但本质特征是经济

结构调整和发展方式转变，带来的是我国经济发展向更高阶段迈进的战略机遇”“城镇化促使城市的产业结构进行必要调整，推动一系列产业和人口的聚集，产业和人口聚集必须建立在产业地产建设的基础上，由此催生了产业地产的发展机遇”。

③社会和文化因素。“我国是人口大国，对住房的高需求不言而喻”“由于传统观念的影响，大多数人仍然坚持结婚必须有住房的理念，房子成为一对夫妻结婚的标配。在高房价的压力下，一部分年轻人开始考虑不买住房，不把房子作为必需品，把需求转向租赁市场”“随着人们观念的转变，绿色环保、智能节能等理念成为近些年的热点”“人们对房地产商品的需求日益呈现出个性化和现代化等特点，促使房地产企业要跟上技术变革的步伐”。

④技术因素。“这些新理念必然推动技术革新……新技术会成为下一步发展的热点”“房地产行业中还出现了大量的施工新技术，互联网技术和房地产行业的联系也越来越紧密……促使房地产企业要跟上技术变革的步伐，向……技术化方向发展”。

（4）从五种竞争力角度分析万科面临的机会：

①购买者讨价还价的能力。“在我国民众对商品房的需求主要是刚性需求，大部分消费者购买住房是为了居住，投机性相对较弱”。

②替代品的替代威胁。“房子作为生活必需品，它的需求是刚性的，几乎没有替代品”。

③产业内现有企业的竞争。“行业集中度不断提升，龙头企业开始通过并购等多种方式扩大自己的市场占有率，大公司不断吞食小公司的市场份额，行业内逐渐向垄断发展”。

从五种竞争力角度分析万科面临的威胁：

①潜在进入者的进入威胁。“一方面，中国加入WTO后，外国资本和企业来华投资的贸易壁垒有很大程度的下降，使得大量的外国资本进入和外资企业的进驻，我国房地产企业也受到很大的威胁。另一方面，房地产行业的高利润不断吸引着其他行业的企业，很多原本主营业务不是房地产开发的企业也在试图通过转型进入房地产行业”。

②购买者讨价还价的能力。“随着大众对商品房的要求越来越个性化，促使人们对配套服务设施、交通便利性、地理位置等有较高的要求”。

③供应商讨价还价的能力。“房地产行业的原材料主要是土地和建筑材料。在我国土地归国家所有，土地的供应由国家垄断，房地产企业在土地使用权的价格上没有主动权。近年来国家出台土地政策进行宏观调控，导致建设用地供应量减少，房地产企业获取土地的成本大大增加”“房地产企业所需的建筑原材料的价格也在上涨，尤其是钢筋和混凝土涨幅很大”“环保限产措施收严，将对钢铁、建材等相关行业的供给端形成收缩，致使原材料价格提升”。

④替代品的替代威胁。“但是对于新的商品房而言，租赁房、廉租房、经济适用房、二手房等都可以作为它的替代品。近期国家实施租购并举的房地产政策，开始大力发展租赁房市场。同时新一代年轻人对于住房的观念有了很大的改变，对商品房的需求会部分转移到租赁房市场，租赁房市场将会有很大的发展空间”“经济适用房以政府为依托，建设用地由政府划拨，有税收优惠政策，性价比高，能够满足低收入群体的刚性需求”。

⑤产业内现有企业的竞争。“房地产行业暴利时代结束，整体增速放缓”。

（5）运用“销售收入”和“销售面积”两个战略特征，各分为“高”“中”“低”三个档次，对资料中提及的房企进行战略群组划分，可划分为3个战略群组：

①销售收入高、销售面积高的战略群组：恒大、万科、碧桂园。

②销售收入中、销售面积中的战略群组：绿地、保利、中海外。

③销售收入低、销售面积低的战略群组：融创、华夏幸福、绿城、华润。

【例题 7 · 综合题答案】

（1）运用 SWOT 分析法对金立手机进行分析：

①优势（S）。“覆盖了全国近 5 万家销售网点，600 多家售后服务中心，销售渠道网络覆盖到县乡一级。金立手机一直在续航方面做着深度研究，由于其一直主推商务领域，内置安全加密芯片也是一大特色，每颗芯片都和 CPU 进行唯一绑定，暴力拆解或更换芯片都无法破解手机里的加密数据，一时间为国产手机做了很好的表率”。

②劣势（W）。“金立直到今天，依然没有明晰的品牌定位，产品始终徘徊不定”“如此庞大的重资产模式，使金立资金链崩得极紧”。

③机会（O）。“中高端手机市场潜力巨大”。

④威胁（T）。“相较于其他手机品牌，不断扩展自身业务范围来说，金立更热衷于布局金融、地产领域，而金融、地产的竞争早已是一片红海，金立的贸然入局要面对诸多行业巨头的多重夹击”“在近两年经济整体呈下行的趋势下，金融、地产行业生存更加艰难”。

（2）①产品策略。“金立手机一直在续航方面做着深度研究，由于其一直主推商务领域，内置安全加密芯片也是一大特色，每颗芯片都和 CPU 进行唯一绑定，暴力拆解或更换芯片都无法破解手机里的加密数据，一时间为国产手机做了很好的表率”“2017 年 11 月底，金立一口气同时发布了 8 款产品”。

②促销策略。“曾以电视广告打下一片天的金立……近几年，金立冠名赞助了《最强大脑》《笑傲江湖》《2017 湖南卫视跨年演唱会》等 12 档综艺节目，平均每年赞助 6 部。在代言人方面，金立更是‘大手笔’，最直观的体现是品牌代言人更替频繁，既有濮存昕、郎咸平、柯洁、冯小刚等一众名人，也有阮经天、薛之谦、余文乐、刘涛等当红流量 IP，高频次出现在公众视野”。

③分销策略。“金立在过去 10 年里，通过区域总代模式，覆盖了全国近 5 万家销售网点，600 多家售后服务中心，销售渠道网络覆盖到县乡一级”。

④价格策略。“在产品定价上，经历了运营商定制、电商渠道价格战等市场浪潮后，受中高端手机市场潜力巨大影响，金立选择了中高端路线，其系列化产品中高端机型的价格远远高于附加功能的成本”。

（3）金立手机采取的是非相关多元化战略。“金立更热衷于布局金融、地产领域”。

实施多元化战略面临的主要风险：

①来自原有经营产业的风险。“如此庞大的重资产模式，使金立资金链崩得极紧，原有的手机业务也因此得不到相应的资金支持”。

②市场整体风险。“在近两年经济整体呈下行的趋势下，金融、地产行业生存更加艰难，金立在资源分散的情况下处境就更为窘迫”。

③产业进入风险。“而金融、地产的竞争早已是一片红海，金立的贸然入局要面对诸多行业巨头的多重夹击”。

④产业退出风险。“如此庞大的重资产模式，使金立资金链崩得极紧，原有的手机业务也因此得不到相应的资金支持，财务压力越来越大，不良的新业务却又难以抽身，一时间陷入两难的境地，致使公司不得不面对破产重组的困境”。

（4）金立手机面临的运营风险：

①企业产品结构、新产品研发可能引发的风险。“2017 年 11 月底，金立一口气同时发布了 8 款产品，让金立的品牌定位成了一锅大杂烩”“金立直到今天，依然没有明晰的品牌定位，产品始终徘徊不定。高端手机效仿华为，主打商务、安全；中端手机效仿 OPPO 和 VIVO，

主打时尚。两个都想学，两手都想抓，结果都没学到家，反而失去了从前的优势，变得不伦不类”。

②企业新市场开发，市场营销策略（包括产品或服务定价与销售渠道，市场营销环境状况等）可能引发的风险。“过度营销成为导致资金危机的主因之一。在没有销量支撑的时候，这种跟风式的大体量广告投入，注定是资源浪费。金立的营销策略，非但没有为金立带来转机，反而使金立陷入债务缠身的境地”。

③企业组织效能、管理现状、企业文化，高、中层管理人员和重要业务流程中专业人员的知识结构、专业经验等方面可能引发的风险。“在高层管理者的领导下，金立直到今天，依然没有明晰的品牌定位，产品始终徘徊不定。高端手机效仿华为，主打商务、安全；中端手机效仿OPPO和VIVO，主打时尚。两个都想学，两手都想抓，结果都没学到家，反而失去了从前的优势，变得不伦不类”。

（5）金立手机面临的战略风险：

①缺乏明确的发展战略或发展战略实施不到位，可能导致企业盲目发展，难以形成竞争优势，丧失发展机遇和动力。“2017年11月底，金立一口气同时发布了8款产品，让金立的品牌定位成了一锅大杂烩”“金立直到今天，依然没有明晰的品牌定位，产品始终徘徊不定”。

②发展战略过于激进，脱离企业实际能力或偏离主业，可能导致企业过度扩张，甚至经营失败。“相较于其他手机品牌，不断扩展自身业务范围来说，金立更热衷于布局金融、地产领域”“如此庞大的重资产模式，使金立资金链崩得极紧，原有的手机业务也因此得不到相应的资金支持，财务压力越来越大，不良的新业务却又难以抽身，一时间陷入两难的境地，致使公司不得不面对破产重组的困境”。

③发展战略因主观原因频繁变动，可能导致资源浪费，甚至危及企业的生存和持续发展。“从‘去金立化’到‘小清新’，再到2015年重回‘商务’，拼命追逐市场潮流的金立，早已疲惫不堪，更在前后夹击中乱了阵脚”。

（6）金立手机在资金活动方面须关注的风险：

①投资决策失误，引发盲目扩张或丧失发展机遇，可能导致资金链断裂或资金使用效益低下。“相较于其他手机品牌，不断扩展自身业务范围来说，金立更热衷于布局金融、地产领域……如此庞大的重资产模式，使金立资金链崩得极紧”。

②资金调度不合理、营运不畅，可能导致企业陷入财务困境或资金冗余。“2016~2017年，金立营销费用投入60多亿元，对金立资金链造成很大影响，导致货款周转困难”。

③资金活动管控不严，可能导致资金被挪用、侵占、抽逃或遭受欺诈。“金立管理层在正式申请破产，甚至于财产冻结之前，就已经将部分原有的金立名下资产转让出去，从而套取资金，最终尽可能保全自身的利益”。

（7）①金立手机存在经理人对于股东的“内部人控制”问题：

a. 金立手机的管理层盲目过度投资，经营行为短期化。“2016~2017年，金立营销费用投入60多亿元，对金立资金链造成很大影响，导致货款周转困难。过度营销成为导致资金危机的主因之一。在没有销量支撑的时候，这种跟风式的大体量广告投入，注定是资源浪费”。“相较于其他手机品牌，不断扩展自身业务范围来说，金立更热衷于布局金融、地产领域……如此庞大的重资产模式，使金立资金链崩得极紧，原有的手机业务也因此得不到相应的资金支持，财务压力越来越大，不良的新业务却又难以抽身，一时间陷入两难的境地，致使公司不得不面对破产重组的困境”。

b. 金立手机的管理层在申请破产前有侵占资产、转移资产的迹象。“金立管理层在正式申请破产，甚至于财产冻结之前，就已经将部分原有的金立名下资产转让出去，从而套取资金，最终尽可能保全自身的利益”。

②金立手机存在企业与其他利益相关者之间的关系问题。“这一系列的动作却不被各利益相关方看好”“金立总资产的大幅减值让一些债权人感到不解。从超过200亿元到仅仅26亿元，金立的资产在前后两份数据中出现了明显缩水。对于进行债转股的债权人来说，这也意味着他们能够获得的资产价值大大减低”。

【例题8·综合题答案】

（1）从市场情况角度分析，双汇集团采取差异化战略的实施条件：

①产品能够充分地实现差异化，且为顾客所认可。“将自身产品进一步细化，推出双汇早餐肠、双汇爆炒肠、双汇泡面搭档以区分于竞争对手……这一招使得其知名度迅速蹿升，在价格恶战中异军突起，‘双汇王中王’一跃成为当时中国高档火腿肠的代名词”。

②顾客的需求是多样化的。“消费者对含肉量低的火腿肠已经十分厌倦，千篇一律的火腿肠已经无法激起大众的消费欲望。市场对高端肉制品的需求也很大，但是由于价格战的影响，市场中缺乏高质量的产品”。

③创新成为竞争的焦点。“推出双汇早餐肠、双汇爆炒肠、双汇泡面搭档以区分于竞争对手，并推出了当时的‘双汇王中王’产品，以添加大瘦肉块作为产品卖点，以热播的‘狮子王’为吉祥物，随后还请来消费者喜爱的喜剧明星做广告。这一招使得其知名度迅速蹿升，在价格恶战中异军突起，‘双汇王中王’一跃成为当时中国高档火腿肠的代名词，双汇集团一举将春都击溃，登上了火腿肠老大的宝座”。

（2）双汇集团并购史密斯菲尔德公司的主要动机：

①避开进入壁垒，迅速进入，争取市场机会，规避各种风险。“通过并购史密斯菲尔德公司，双汇集团一方面可以用低成本把高品质的猪肉引进中国，获取较高利润；另一方面利用史密斯菲尔德公司的先进食品安全技术，弥补现有产业链中生猪养殖环节的劣势，保证产品安全性的同时力求成为产业内的低成本生产者”。

②获得协同效应。“通过并购史密斯菲尔德公司，双汇集团一方面可以用低成本把高品质的猪肉引进中国，获取较高利润；另一方面利用史密斯菲尔德公司的先进食品安全技术，弥补现有产业链中生猪养殖环节的劣势，保证产品安全性的同时力求成为产业内的低成本生产者”。

③克服企业负外部性，减少竞争，增强对市场的控制力。“利用史密斯菲尔德公司的先进食品安全技术，弥补现有产业链中生猪养殖环节的劣势，保证产品安全性的同时力求成为产业内的低成本生产者。此外，利用史密斯菲尔德公司在国际市场上的影响力和市场份额，双汇集团还可以减少国际市场上的竞争压力”。

（3）①双汇集团研发的类型包括产品研究和流程研究。

a. 产品研究——新产品开发。“围绕低温产品，改进完善美式产品和西式产品，丰富口味、品种及规格形式”“围绕烤肠、圆火腿、方腿、脆皮肠，推进区域风味产品的升级改造，培育地方特色产品”“围绕休闲产品，推进规格小型化、风味多样化、产品系列化”“围绕中式产品、餐饮食材，开发猪头肉、猪蹄汤、猪排等”。

b. 流程研究。“围绕高温产品，通过优化工艺流程，采取增加肉含量、营养物质等措施，融合中式产品，提升产品品质”。

②双汇集团的研发定位是成为向市场推出新技术产品的企业和成为成功产品的低成本生产者。

a. 成为向市场推出新技术产品的企业。“推出了当时的‘双汇王中王’产品”“在产品研发上，双汇集团坚持完善自主研发和创新体系，围绕消费升级，大力调整产品结构，不断开发新产品”。

b. 成为成功产品的低成本生产者。“利用史密斯菲尔德公司的先进食品安全技术，弥补现有产业链中生猪养殖环节的劣势，保证产品安全性的同时力求成为产业内的低成本生产者”。

（4）雨润集团实施多元化战略的风险：

①来自原有经营产业的风险。“雨润集团激进的多元化战略，已经影响到了主业的发展，副业拖累主业，造成主业经营能力不断下降”“多元化战略的拖累，导致雨润的资金链紧张，而资金不足又阻碍了其在食品主业上的发展。尽管雨润集团的产业遍及多个领域，但遗憾的是两大主营业务盈利能力均出现下滑”。

②产业进入风险。“房地产行业与食品行业不同，它需要大量的资金投入”。

③市场整体风险。“由于近两年国内新冠疫情出现反复，政府持续强化的人员居家隔离、强制性停工停产等防疫管控措施，对雨润集团的各项业务造成较大的不利影响。同时市场对于流动性政策的收紧，使得雨润集团的资金紧张问题雪上加霜”。

④内部经营整合风险。“房地产行业与食品行业不同……并且两个行业不同的业务流程和市场模式始终难以融合”。

（5）依据《中央企业全面风险管理指引》，雨润集团面临的运营风险：

①企业产品结构、新产品研发可能引发的风险。“雨润集团在 2010 年发布‘三三三’战略，提出在全国 30 个省会城市建设雨润农副产品全球采购中心，在 300 个地级市建设雨润农副产品物流配套中心，在 3000 个县建设雨润农副产品种养生产基地……雨润食品的多个基地已被荒废，很多厂房建设完毕却并没有投入使用”“多元化战略的拖累，导致雨润的资金链紧张，而资金不足又阻碍了其在食品主业上的发展。尽管雨润集团的产业遍及多个领域，但遗憾的是两大主营业务盈利能力均出现下滑。2017 年度业绩报告显示，其 2017 年收益约为 120.57 亿港元，同比下降 27.8%；净利润亏损 19.15 亿港元，较上年 23.42 亿港元的亏损，额度有所收窄，但亏损仍然严重”。

②企业组织效能、管理现状、企业文化，高、中层管理人员和重要业务流程中专业人员的知识结构、专业经验等方面可能引发的风险。“雨润集团激进的多元化战略，已经影响到了主业的发展，副业拖累主业，造成主业经营能力不断下降，投资激进和管理问题也使得雨润食品积重难返”。

③质量、安全、环保、信息安全等管理中发生失误导致的风险。“近年来其肉制品板块问题频发，其中‘瘦肉精事件’对雨润集团造成的影响可谓是‘重创’”。

④企业现有业务流程和信息系统操作运行情况的监管、运行评价及持续改进能力方面引发的风险。“由于对采购付款流程监管的不足，材料供应商的商业承兑汇票被银行拒绝付款，雨润也没有及时对这一问题进行反思总结，未能及时提出方案弥补，甚至闹出了‘以火腿肠抵债’的闹剧”。

（6）依据我国《企业内部控制应用指引第 2 号——发展战略》，雨润集团面临的战略风险：

发展战略过于激进，脱离企业实际能力或偏离主业，可能导致企业过度扩张，甚至经营失败。“雨润集团激进的多元化战略，已经影响到了主业的发展，副业拖累主业，造成主业经营能力不断下降，投资激进和管理问题也使得雨润食品积重难返……多元化战略的拖累，导致雨润的资金链紧张，而资金不足又阻碍了其在食品主业上的发展。尽管雨润集团的产业遍及多个领域，但遗憾的是两大主营业务盈利能力均出现下滑”。

（7）依据我国《企业内部控制应用指引第6号——资金活动》，雨润集团面临的财务风险：

①筹资决策不当，引发资本结构不合理或无效融资，可能导致企业筹资成本过高或债务危机。“一边是激进的多元化，一边是大量举债……2015年8月，华润信托的两笔贷款到期，由于雨润农产品无法偿还信托贷款，华润信托无奈之下只能申请冻结雨润旗下最有价值、最具流动性的资产——中央商场”。

②投资决策失误，引发盲目扩张或丧失发展机遇，可能导致资金链断裂或资金使用效益低下。“雨润集团不仅从事食品，还涉足地产、物流、旅游、金融和建筑等领域，形成了食品、地产、物流、旅游、金融和建筑为一体的多元化企业。但是房地产行业与食品行业不同，它需要大量的资金投入，并且两个行业不同的业务流程和市场模式始终难以融合。雨润集团原计划通过强大的现金流，以往来款的形式将大量资金调配给关联公司使用，以支持集团内地产的发展。然而从2012年开始，雨润食品的业绩开始下滑，现金流紧张。2015年年初，雨润集团资金不足的隐患开始显现”。

③资金调度不合理、营运不畅，可能导致企业陷入财务困境或资金冗余。“由于对采购付款流程监管的不足，材料供应商的商业承兑汇票被银行拒绝付款……甚至闹出了‘以火腿肠抵债’的闹剧”。

【例题9·综合题答案】

（1）海尔为了进一步国际化而收购GE家电业务的主要动机：

①寻求市场。“像海尔这样的主要市场参与者较难通过提高效率、降低成本等内生式增长抢占其他竞争对手的市场份额、实现规模扩张，特别是国外市场的扩张往往面临着文化差异、贸易壁垒等多重障碍，于是并购逐渐成为获取市场份额的不二选择”“可以帮助海尔迅速占领北美市场”“通过并购GE家电业务可以迅速扩大海尔在美国市场的销售以及知名度……进而扩大国内市场”。

②寻求效率。“海尔早前通过投资建立家电生产基地已经进入美国市场，这种‘自我扩张’方式需要投入大量资源，并要在国外市场推广一个全新的中国品牌，成本高，投资回收期长。但是几经耕耘之后，收效较慢，品牌认知度始终处于较低水平”“一方面，GE协助海尔改善制造基地的生产效率”。

③寻求现成资产。“GE长期以来具有良好的市场形象以及品牌价值”“并购GE的家电业务带来的渠道以及技术水平的益处有助于推动海尔的全球化战略布局”“GE长期以来的良好品牌形象，国际上享有良好的品牌信誉”“海尔也将采用GE的Predix平台。这个平台是GE开发出来用于整合众多工业设备的共通平台，这个平台也是GE实现新工业帝国梦想的最重要的举措”。

（2）海尔并购GE家电业务能够实现的企业升级的类型：

①工艺升级。“对于志在成为世界家电行业领军者的海尔来说……并购GE的家电业务带来的渠道以及技术水平的益处有助于推动海尔的全球化战略布局，同时可以帮助海尔迅速占领北美市场”“GE协助海尔改善制造基地的生产效率”。

②产品升级。“目前美国市场竞争格局已经形成，各大家电品牌市场占有率比较稳定，海

尔早前通过投资建立家电生产基地已经进入美国市场……品牌认知度始终处于较低水平。通过并购GE家电业务可以迅速扩大海尔在美国市场的销售以及知名度。同时，由于GE长期以来的良好品牌形象，国际上享有良好的品牌信誉，通过对GE家电的品牌占有可以在国内进行品牌差异化经营，进而扩大国内市场”。

③功能升级。“海尔将斥资54亿美元收购GE家电业务相关资产，同时占领更高的附加价值的价值链环节实现能力升级，其中40%为自有资金，60%为融资贷款”。

④价值链升级。“海尔也将采用GE的Predix平台。这个平台是GE开发出来用于整合众多工业设备的共通平台，这个平台也是GE实现新工业帝国梦想的最重要的举措”。

（3）海尔进入发达国家市场没有进一步采用内部发展途径的原因：

①与并购市场中现有的企业相比，在市场上增加了竞争者，这可能会激化某一市场内的竞争。“全球主要大型家电企业包括惠而浦、通用家电、伊莱克斯、海尔、LG、三星、美的、松下等，各大品牌凭借其自身对产品和销售区域的不同定位，从而在不同的细分市场中占有一定的竞争优势和领先地位”。

②企业不能接触到其他企业的知识及系统，这可能更具风险。“对于志在成为世界家电行业领军者的海尔来说，GE家电业务的出售对海尔无疑是非常好的机会。并购GE的家电业务带来的渠道以及技术水平的益处有助于推动海尔的全球化战略布局，同时可以帮助海尔迅速占领北美市场”。

③从一开始就缺乏规模经济或经验曲线效应。“这种‘自我扩张’方式需要投入大量资源，并要在国外市场推广一个全新的中国品牌，成本高，投资回收期长”。

④当市场发展得非常快时，内部发展会显得过于缓慢。“但是几经耕耘之后，收效较慢，品牌认知度始终处于较低水平”。

⑤进入新市场可能要面对非常高的障碍。“特别是国外市场的扩张往往面临着文化差异、贸易壁垒等多重障碍，于是并购逐渐成为获取市场份额的不二选择”。

（4）①从并购双方所处的产业分类，属于横向并购。“海尔是世界上首屈一指的家电品牌”“美国通用电气公司（简称GE）是世界上最大的提供技术及服务业务的跨国公司，也是在多元化发展战略中较为出色的跨国公司。GE公司由于战略布局因素决定将家电业务整体出售”。

②从被并购方的态度分类，属于友善并购。“海尔收购GE家电业务就成为双方共同的意愿”。

③从并购方的身份分类，属于产业资本并购。“海尔是世界上首屈一指的家电品牌”。

④从收购资金来源分类，属于杠杆收购。“海尔将斥资54亿美元收购GE家电业务相关资产……其中40%为自有资金，60%为融资贷款”。

（5）海尔收购GE家电业务后可能面对的主要风险类型：

①法律风险与合规风险。“并且美国与中国在会计准则、法律法规……等方面有着较大的差别”。

②社会文化风险。“二者由于不同的市场环境以及企业文化，在经营管理上有着较大的差别，并且美国与中国在……商业习惯、经营理念等方面有着较大的差别”“海尔接管GE家电资产和公司员工后，是否能够适应美国的企业文化，或者是否能够克服文化差别带来的管理障碍”。

③市场风险。“贷款以美元计价……较大的利息负担和汇率风险”“从而作用在公司的股价表现上，进一步影响市场信心”“公司经营还将受到国际宏观经济环境周期、国际金融环境

等因素波动的影响”“在资产整合过程中势必会受美元等外币兑人民币比率变化带来的汇率风险导致的资产减值损失预期的影响。且在未来相当长的一段时间内，GE 家电业务的营收仍将以美元作为计价基础，此种汇率风险无法根本消除”。

④运营风险。“由于并购完成后，海尔的海外经营业务范围得到进一步扩大，某一海外市场的整体环境波动变化将直接影响公司整体的经营状况……对海尔协调海外业务的经营能力以及资源整合能力有着较高的要求”“GE 家电的业务主要分布在美国，而海尔的主要布局在中国，二者由于不同的市场环境以及企业文化，在经营管理上有着较大的差别”“作为制造业企业，核心技术是生存关键，而核心技术在于核心人才，在拥有新的东家之后，是否会造成 GE 家电原有的人才团队的流动……这将是海尔面临的重要挑战和风险”。

⑤财务风险。“由于此次收购是采取现金收购的方式（40% 自有资金加 60% 债务资金），使得海尔整体的资产负债率增大，偿债能力下降。如若在短期内遇到重大意外变故，导致资产负债情况恶化，海尔将无力负担。另外，此次并购产生的融资资金数额较大，且贷款以美元计价，由于后续利息加之汇率因素的存在，给公司经营带来了较大的利息负担和汇率风险”。

（6）运用 PEST 分析法，海尔所面临的宏观环境：

①政治和法律环境。“目前国际政治局势稳定，国内法律政策稳定，同时在工业 4.0 时代背景下，我国大力提倡由中国制造转向中国创造，为我国的本土制造行业提供了诸多优惠政策，且‘一带一路’倡议的火热进行，为中国企业‘走出去’提供了良好的契机。对内来说，近年家电下乡政策逐步退市，对家电行业的促进作用大幅下降”“贸易自由化进程的推进，贸易壁垒大幅降低”“西方发达国家通过非关税壁垒对‘中国制造’打入国外市场的阻碍作用”“目前世界上许多国家和地区都已经制定了有关家电环保的法律、法规，出台相关规定和制度，不符合环保要求的产品将无法进入当地市场”。

②经济环境。“世界经济基本上已经从金融危机的后续影响中走出来，行业需求提振。全球家电市场一直保持着稳健、合理的增长。一方面，欧美等发达国家家用电器更新换代需求旺盛，行业发展前景乐观；另一方面，印度、中国、巴西、俄罗斯等新兴市场处于家电的普及期，市场潜力巨大”“未来几年的家电市场增速预期乐观。同时随着经济全球化、贸易自由化进程的推进，贸易壁垒大幅降低”“伴随着我国经济的稳步增长，国内的消费需求增长稳定”。

③社会和文化环境。“从国际层面讲，随着全球大力倡导节能环保的生活方式，这也成为未来家电发展的重要趋势之一”“我国人口基数非常大，国内市场潜力巨大，同时，伴随着我国经济的稳步增长，国内的消费需求增长稳定，消费者对于产品质量、服务质量的要求也越来越高”“消费者对于产品价值的判断也趋向于多元化和高标准”。

④技术环境。“随着科技水平的整体进步，新的生产技术、新的产品不断进入市场”“随着电脑、智能手机的迅速普及，市场对于家电的智能化要求也有了相应地提高，未来家电的智能化将是重要的发展趋势，而且互联网技术的大力发展使得企业经营的信息成本以及渠道成本得到降低”。

【例题 10·综合题答案】

（1）蓝海战略是指不局限于现有产业边界，而是极力打破这样的边界条件，通过提供创新产品和服务，开辟并占领新的市场空间的战略。

“滴滴目前正在联手汽车制造商共同开发专门用于分享的汽车，并且将近期在国外市场提供出行服务，让滴滴出行成为在全球范围内都提供服务的企业”，以上举措不但规避了已有市场内的激烈竞争，拓展了非竞争性市场空间，而且满足了分享汽车的新需求，从而带来新的商机。

（2）①采用多元化战略的优点：

a.分散风险。“逐渐形成一套围绕生活服务的电商业务，并规避一些产业风险”。

b.运用企业在某个产业或某个市场中的形象和声誉来进入另一个产业或市场，而在另一个产业或市场中要取得成功，企业形象和声誉是至关重要的。“业务中的一部分是高频业务，是用户和流量的增长驱动力，比如外卖、到店餐饮、出行，在消费者口中积累了良好的口碑；另一部分是低频业务，将流量和用户转化、变现，比如旅行、生活服务等，借助着高频业务的形象和声誉，也获得了部分消费者的认可”。

②采用多元化战略的风险：

a.产业进入风险。“美团又开拓了打车业务，此后将独自承受来自阿里和滴滴的同时进攻，明显感受到压力”。

b.内部经营整合风险。“在团购之后美团还陆续进入外卖、电影票务（猫眼）和旅游领域，而正式杀入移动出行则是出于战略上的考量，同样是基于地理位置服务，通过出行连接美团点评的其他业务板块无疑是可行的，但是在整合打车业务方面，还存在着许多问题”。

（3）美团实施发展战略主要采用的途径：

①内部发展（新建）。“美团点评正式成立出行事业部”。

②外部发展（并购）。“2015年10月，占据市场份额前两位的团购网站——美团和大众点评宣布合并”。

（4）竞争对手分析有四个方面内容，包括竞争对手的未来目标、假设、现行战略和潜在能力。

①未来目标。滴滴出行的未来目标是“让滴滴出行成为在全球范围内都提供服务的企业”；美团的未来目标是“美团做到第一不是我们的目标，我们的使命是‘We help people eat better，live better’”。

②假设。“在进入打车行业之前，美团CEO王兴也对滴滴打车做了详尽地分析，从而能使美团更好地上线打车业务”“美团内部认为，美团打车能被成功地整合到美团的生态体系中，并且能更好地将美团的其他业务串联起来，这比滴滴更有优势”“进入外卖行业之前，滴滴也对美团外卖做了评估，将其作为假想敌人”。

③现行战略。“美团点评正式成立出行事业部”“融资后的第一个大动作就是进入外卖领域，滴滴外卖于2018年4月1日在江苏省无锡市正式上线……在加入外卖业务之后，滴滴出行业务的最后一块拼图也即将完成”。

（5）滴滴和美团所设置的行为性障碍属于进入对方领域。“美团和滴滴出行于近期分别推出了美团打车和滴滴外卖两项业务，开始向对方的优势产业发起冲击”“2017年年初，美团宣布开拓美团打车市场，并布局北京、上海、成都等七座城市。2018年3月21日，美团打车正式登陆上海，落地杭州也进入倒计时”“在滴滴多元化的版图中，滴滴外卖是一个新的产品。在美团点评正式成立出行事业部不久，滴滴内部随即对美团的一系列动作做出反击，试水外卖业务。2017年12月31日，滴滴融资40亿美元，融资后的第一个大动作就是进入外卖领域，滴滴外卖于2018年4月1日在江苏省无锡市正式上线”。

【例题11·综合题答案】

（1）聚美优品采取的发展战略类型是多元化战略。

①相关多元化战略。“2015年，赶在跨境电商的风口，聚美优品推出了极速免税店，将

业务扩展到境外化妆品和母婴品类”。

②非相关多元化战略。“2014 年，陈欧便召集团队研发智能手机……又转向无人机”“2016 年，聚美优品又推出自主品牌‘Reemake 睿质’，借着智能家电的风，研发空气净化器”“之后聚美优品宣布了影视计划，要将触角延伸至产业链上游，作为出品方投资电视剧《温暖的弦》”“2017 年随着共享经济的热度不断攀升，聚美优品又涉足共享充电宝领域，斥资 6000 万美元投资共享充电宝——街电”。

（2）聚美优品采取多元化战略所面临的主要风险：

①来自原有经营产业的风险。“聚美优品把大量资金用于主营业务以外的投资，削弱了对美妆电商的投入，新拓展的业务收效甚微，老本行又面临着利润大幅缩水”。

②市场整体风险。“‘408 新政’的实施使海淘税收提高，境外化妆品与母婴品类的利润降低，使得以保税模式为主的聚美优品成本大涨”“陈欧便召集团队研发智能手机，主打给其他手机充电。千万资金砸入无效后，又转向无人机……借着智能家电的风，研发空气净化器。然而智能家电市场的竞争早已是一片红海”“聚美优品宣布了影视计划……共计投资 9600 万。但是电视剧的拍摄一波三折，目前并未给聚美优品带来收益……聚美优品又涉足共享充电宝领域……外界对共享充电宝的前景却并不看好”。

③产业进入风险。“智能家电市场的竞争早已是一片红海……聚美的空气净化器一上来就要面对互联网品牌和传统家电品牌净化器的多重夹击”。

④内部经营整合风险。“聚美优品把大量资金用于主营业务以外的投资，削弱了对美妆电商的投入”。

（3）聚美优品的外部治理机制：

①产品市场。“近年来行业内竞争者越来越多，京东海外购、天猫国际、网易考拉、小红书、贝贝网、洋码头等大量竞争者都在瓜分化妆品电销市场，聚美优品的利润也随之大幅缩水……产品市场竞争十分激烈”。

②资本市场。“陈欧在位期间，一系列错误使得聚美优品股票下跌 45.2%，市值损失 3.97 亿美元”。

③经理人市场。“如此频繁地更换跑道也给陈欧带来不少质疑”“这个计划当时就遭遇到中小投资人的集体反对，甚至要集合起来组织维权，陈欧也被讽刺为陈七块”。

（4）聚美优品在公司治理中存在的主要问题：

①经理人对于股东的“内部人控制”问题：

a. 盲目过度投资，经营行为短期化。“聚美优品将 2014 年在美 IPO 筹集的 2.8 亿美元中的款项用于投资非核心业务，包括 1430 万美元用于电视剧制作、4480 万美元用于投资街电等”。

b. 信息披露不完整、不及时。“股东继续强调，聚美优品最近一次的业绩发布是 2017 年 4 月发布的 2016 年年报，2017 年到目前为止尚未发布财务业绩。由于缺少对公司业绩情况的了解，聚美优品的股东正在盲飞”。

②终极股东对于中小股东的“隧道挖掘”问题：掠夺性融资。“聚美优品抛出私有化方案，包括陈欧、戴雨森、红杉资本在内的买方财团将以每股 7 美元的价格对聚美优品进行私有化。这也意味着，在 VIE 和 AB 股的架构下，拥有 90% 投票权的陈欧等买方财团仅用 3 亿美元左右的成本，就可以将中小股东手中的股份收回”“将聚美优品以每股 7 美元的价格私有化的提议低估了聚美优品的价值……聚美优品股价至少在 8 美元以上”。

③企业与其他利益相关者之间的关系问题：只有当各利益相关者的利益得到合理的配

置与满足时，才能建立更有利于企业长远可持续发展的外部环境。客户是聚美优品的利益相关者之一，而聚美优品涉嫌销售假货，侵犯了消费者的利益。“早在2013年，聚美优品便陷入‘假货’风波”“更为致命的是，2014年7月，媒体曝出一家名为祎鹏恒业的供应商通过伪造品牌授权书和报关单等相关文件，通过各大电商平台销售假冒名牌服装、手表，聚美优品名列其中。虽然涉及数家平台，但聚美优品无疑是遭受打击最为沉重的”“中消协发布了2017年‘双十一’网络购物调查体验情况通报会，称多家电商被发现涉嫌销售假货，聚美优品就是其中之一。聚美优品销售假货的问题一直未彻底解决，严重损害了消费者的利益”。

（5）聚美优品面临的内部风险：

①战略风险。“最近三年内聚美优品已经做了5次业务调整，其中3次均是跨界进入电商以外的领域”“不论是智能手机的研发、影视业、空气净化器，还是共享充电宝，都与聚美优品的老本行美妆电商渐行渐远，每个风头正劲的领域它都想有所行动。聚美优品把大量资金用于主营业务以外的投资……如此频繁地更换跑道也给陈欧带来不少质疑”。

②运营风险。“聚美优品又推出自主品牌‘Reemake睿质’，借着智能家电的风，研发空气净化器。然而智能家电市场的竞争早已是一片红海……聚美的空气净化器一上来就要面对互联网品牌和传统家电品牌净化器的多重夹击，在市场份额、产品质量和后续服务方面聚美优品都没有优势”“聚美优品又涉足共享充电宝领域，斥资6000万美元投资共享充电宝——街电，这部分资金相当于聚美优品市值的12%，然而外界对共享充电宝的前景却并不看好”“陈欧在位期间，一系列错误使得聚美优品股票下跌45.2%，市值损失3.97亿美元。而这次灾难得到了红杉资本的支持和聚美优品董事会的纵容”“聚美优品假货风波不断，导致聚美优品的品牌形象受损”。

③财务风险。“召集团队研发智能手机，主打给其他手机充电。千万资金砸入无效后，又转向无人机”“聚美的空气净化器一上来就要面对互联网品牌和传统家电品牌净化器的多重夹击，在市场份额、产品质量和后续服务方面聚美优品都没有优势”“宣布了影视计划，要将触角延伸至产业链上游，作为出品方投资电视剧《温暖的弦》，该电视剧总预算成本2.4亿，聚美优品占其中的40%，共计投资9600万。但是电视剧的拍摄一波三折，目前并未给聚美优品带来收益”“涉足共享充电宝领域，斥资6000万美元投资共享充电宝——街电，这部分资金相当于聚美优品市值的12%。然而外界对共享充电宝的前景却并不看好”。

【例题12·综合题答案】

（1）优衣库面对大众消费需求变化所进行的战略创新类型：

①产品创新。“优衣库通过对‘场景’‘科技’以及‘个性’的把控来提高自身的品牌影响力。所谓‘场景’就是创造了人们生活场景融合与跨界的可能性；所谓‘科技’就是服装与科技相融合；所谓‘个性’就是探索基础款与潮流之间的联系”。

②定位创新。“优衣库的价值观——品牌口号在2013年进行了改革，从‘造服于人’到‘服适人生’”。

③范式创新。“优衣库的价值观——品牌口号在2013年进行了改革，从‘造服于人’到‘服适人生’”。

（2）根据价值链分析中基本活动的相关内容，优衣库具备的优势条件：

①内部后勤。“不像一些快销时尚品牌的产品具有非常强的时效性，优衣库的基础款产品拥有非常长的流行时间并且销量大，因此其进货费用均摊到每件商品上是非常低的”。

②生产经营。“优衣库还利用数字化经营来满足顾客的需求，而不仅仅是吸引流量”。

③外部后勤。“优衣库把线上顾客的配送和售后服务下放到线下的门店，使其更好地去满足顾客需求，例如，其推出的门店自提服务”。

④市场销售。“优衣库……拥有很强的线上销售能力。与此同时优衣库还在中国坚持以每年 80~100 家店的速度开实体店”“使优衣库产品的价格在不影响其质量的情况下进一步降低”“目前优衣库拥有非常强大的自营销售网络”。

⑤服务。“为了提高服务质量，优衣库把线上顾客的配送和售后服务下放到线下的门店，使其更好地去满足顾客需求，例如，其推出的门店自提服务”。

（3）优衣库采取的是全球化战略。“优衣库将研发和市场营销部门放在了日本，将产品生产厂家选在了中国和东南亚，从而显著地降低了成本”。

（4）优衣库体现的蓝海战略特征：

①创造并攫取新需求。“优衣库有专人观察顾客对服装不同场景或者生活的需求，能够怎么样更多元，从而设计出满足顾客需求的新产品”。

②打破价值与成本互替定律，同时追求差异化和低成本，把企业行为整合为一个体系。“这样就既能降低客户的成本，又能提高公司所获得的客户价值。由于顾客对大众品、平价品、基础款拥有更大的需求，公司对消费者需求的把控又会进一步提高出货量，从而使优衣库产品的价格在不影响其质量的情况下进一步降低，这样使公司与 Zara 等平价时尚品牌有了很大的区分度”。

（5）优衣库在 2018 年“双十一”活动中所采用的市场营销组合类型：

①产品策略。“优衣库通过推出大量的具有较高科技的基础款服饰，从而带动了整个店铺在 2018 年‘双十一’活动中的销售额再度突破十亿元”。

②促销策略。“在‘双十一’前，优衣库做到了自有渠道、自有会员，给全网会员提前抢购联名产品、优惠券、大礼包等的优惠，而不是渠道商优惠，通过对不同消费者的区分，使得利润最大化”“在‘双十一’活动中，绝大多数的款式都打了五折，这对顾客来说是一个非常大的优惠”。

③分销策略。“优衣库做到了自有渠道”“优衣库全部采取直营的方式来进行经营，从而使自身的渠道更加完善”。

④价格策略。“在‘双十一’活动中，绝大多数的款式都打了五折”。

【例题 13 · 综合题答案】

（1）运用“研究开发能力”和“产品价格”两个维度，可以将案例中涉及的运动品牌分为以下几个战略群组：

“研究开发能力”高、“产品价格”高：阿迪达斯、耐克、李宁；

“研究开发能力”高、“产品价格”低：迪卡侬；

“研究开发能力”低、“产品价格”低：安踏、361°。

（2）安踏集团采取国际化经营的动因：

①寻求市场。“从 2017 年的财务报表来看，安踏集团超过 95% 的营业收入来自国内，仅在东南亚、东欧及中东市场有少量分销业务，频繁并购使得安踏能在欧洲和北美市场上获得一定的成功”“由于产能过大，安踏急需开发一些市场从而利用自身闲置的产能”。

②寻求现成资产。“安踏所收购或者结成战略联盟的企业都是国际上拥有较高技术储备的企业，使得安踏能获得大量的技术及管理经验”。

（3）安踏集团并购众多品牌所采取的产品组合策略包括扩大产品组合和产品延伸中的向上延伸。

①扩大产品组合。“安踏定位大众市场；Fila 定位中高端时尚运动市场，瞄准中高端客户；Descente 和始祖鸟是高端的户外运动品牌；Wilson 则关注网球市场”。

②产品延伸中的向上延伸。“安踏集团逐步将目光从大众市场转向中高端市场”。

（4）安踏集团实施发展战略的途径主要有外部发展（并购）、内部发展（新建）和战略联盟。

①外部发展（并购）。“在 2009 年 8 月，安踏以 6 亿港元收购了百丽国际旗下运动品牌 Fila 在中国的专营权和商标使用权，负责在中国内地、香港和澳门推广及分销 Fila 中国商标的产品。此举也被看作安踏体育宣布进入全球市场的标志性动作”“2015 年，安踏完成对英国户外休闲、登山运动品牌 Sprandi 的收购”“2017 年，安踏收购 Kingkow 业务”“在 2018 年，安踏完成了对 Amer Sport 集团的总值达到 46 亿欧元的收购”。

②内部发展（新建）。“在大举国际化的同时，安踏还利用自身资源发展了安踏 kids 等其他产品，丰富了产品链”。

③战略联盟。“2016 年，安踏与日本 Descente 以及 Itochu Corporation 子公司伊藤忠合资成立公司，三家公司按照 6 ∶ 3 ∶ 1 的出资比来占股。安踏体育在这次事件中出资 1.5 亿元，拿到了在中国内地独家经营带有 Descente 商标的产品设计以及销售业务的特权”“2017 年……成立合资公司在中国经营 Kolon Sport 业务”。

（5）经理人是公司日常经营管理和行政事务的负责人，是由公司董事会聘任，在法律、法规及公司章程规定和董事会授权范围内，代表公司从事业务活动的高级管理人员。“在 2007 年上市前后安踏完成了家族企业的改造，引入了张涛（在万达和联想担任过高管）、郑捷（前锐步中国区总经理）、姚伟雄（前 Lacoste 中国行政总裁）这样的职业经理人。这些职业经理人或是有着丰富的资本市场工作经验，或是在国际运动品牌担任过高管，有着丰富的运动品牌管理经验，这样安踏就能在资本市场运作中游刃有余”。

【例题 14 · 综合题答案】

（1）① S（优势）。“1997 年，公牛在行业内第一个获得国家长城认证，从此奠定了行业内好品质的品牌形象。1998 年，公牛开发了行业内首个按钮式设计的开关插座，断电更方便、使用更安全。2001 年，公牛经过市场和中国质检协会的认证，获得‘全国质量稳定合格产品’的荣誉称号。2007 年，公牛也是首个获得‘中国驰名商标’的转换器品牌。2008 年，公牛参与并制定新国标文件，首创新国标组合孔，并获得国家专利。2009 年，公牛荣获了‘2009 年度中国企业营销创新单项奖，年度最佳渠道整合创新奖’。同年，更是建成了经过美国最具权威的安全试验和鉴定的机构—— UL 国际专业认证组织评定的高标准专业实验室。截至 2009 年，其已经获得国家专利 155 项”“2011 年，随着科技发展节奏加快，人们的生活用电需求日益增加，公牛在行业内率先推出了更加高科技的插座产品。2012 年，公牛插座系列更是连续两年成为消费者最信赖的品牌。至 2013 年，公牛已经累计获得了国家专利 313 项”“公牛集团在全国各地有着较完善的销售网络”“在 2004 年……这使公牛实现了规范化、规模化生产，更好地保障企业的发展”“公牛装饰开关是采用 IMR 技术，首次赋予墙壁开关不同的色彩与纹理而制成的装饰开关产品，将美观和实用两种功能结合。公牛装饰开关还独创‘专利悬摆技术’，使开关能够连续开、关 80000 次，使用寿命超出国家标准一倍。相比较西门子等国外大品牌，公牛装饰开关价格有着明显的优势”。

②W（劣势）。“家族的关联交易、巨额募资的合理性以及变相降低管理费用等都是其阻碍IPO进程的因素”。

③O（机会）。“2011年，随着科技发展节奏加快，人们的生活用电需求日益增加”“目前对装潢需求量较高的是年轻人，其对开关的美观要求很高”。

④T（威胁）。“近年来国家对房地产行业进行调控，新房的供给量较最初有一定的减少，势必会影响公牛开关的销量。电工领域的竞争还随着众多跨界大品牌的介入而变得更激烈、更残酷，这些大品牌企业在行业和市场上拥有一定规模实力、品牌知名度、渠道市场等，跨界大品牌强势启动电工业务后，势必对电工企业形成更大的冲击，其市场份额或被进一步压缩”。

（2）①放眼互补性产品或服务。“公牛集团决定将美化装饰和实用开关具有的两类互补性功能结合起来。公牛装饰开关是采用IMR技术，首次赋予墙壁开关不同的色彩与纹理而制成的装饰开关产品，将美观和实用两种功能结合”。

②重设客户的功能性或情感性诉求。“作为墙壁开关行业一个全新的细分品类，公牛装饰开关特意针对四种主流家装风格进行相应设计，无疑会进一步贴合消费者个性化、风格化的家装需求，实现墙壁细节上的优雅动人”。

③跨越时间参与塑造外部潮流。“未来中国的家装潮流将重点集中于现代简约、欧式奢华、中式典雅、清新田园四种。因此，公牛将眼光放到了少有人问津的装饰开关领域，并且震撼推出了第一代公牛装饰开关”。

（3）从设计市场营销组合角度分析，公牛集团采取的营销策略：

①产品策略。“1998年，公牛开发了行业内首个按钮式设计的开关插座”“公牛在行业内率先推出了更加高科技的插座产品”“形成包括爱眼LED阅读灯、灯带、球泡灯、筒射灯等在内的产品系列”“推出了包括移动电源、抗折断数据线等一大批数码产品精品”“公牛装饰开关是采用IMR技术，首次赋予墙壁开关不同的色彩与纹理而制成的装饰开关产品”“公牛装饰开关还独创‘专利悬摆技术’，使开关能够连续开、关80000次，使用寿命超出国家标准一倍”。

②促销策略。“2011年，携手明星甄子丹先生，推出了一系列的广告推广活动”“据悉，2017年的‘双十一’，公牛以站内推广、短视频营销、KOL传播等方式，带来了大批潜在用户”。

③分销策略。“近年来公牛与经销商的关系也发生了本质上的变化。渠道开始变得扁平化、区域精细化，每个区域只设一级经销商，直接对接该区域零售门店的客户。同时，一个经销商一般只负责一个市或县。如此一来，便避免了一个经销商服务多个县市带来的资源和能力的分散，扁平化结构也能更快响应门店需求”“对于线上渠道，公牛也在积极探索中。其与万科链家装饰、有住网、蘑菇装修等互联网家装企业达成战略合作”“公牛的销售渠道已遍布全国300多个城市，开拓出80多万个终端销售店铺”。

④价格策略。“相比较西门子等国外大品牌，公牛装饰开关价格有着明显的优势”。

（4）根据价值链的基本活动，公牛集团具备的优势条件：

①内部后勤。“通用型原材料均由国内厂家生产，进货和运输仓储等方面的成本都比较低”。

②生产经营。“在2004年，工厂正式迁入慈溪观海卫工业园，成功转型为规范化专业制造型的企业集团，这使公牛实现了规范化、规模化生产”。

③外部后勤。“销售商把插座装进卡车里，各个网点铺货、一家一家派送，迅速打开了全

国市场，把几十万家零售店的销量牢牢握在了自己手里”。

④市场销售。“2011年，携手明星甄子丹先生，推出了一系列的广告推广活动”“公牛集团在全国各地有着较完善的销售网络”“现在，公牛的销售渠道已遍布全国300多个城市，开拓出80多万个终端销售店铺，并成功将公牛产品销往美国、欧洲、东南亚、南亚、非洲等海外市场”。

⑤服务。“建立了专业服务团队，客服部均由经过培训的专业人员负责，服务网络较为完善，并承诺质保10年”。

（5）公牛集团主要采取的是密集型战略和多元化战略。

①密集型战略中的市场渗透战略。“2011年，携手明星甄子丹先生，推出了一系列的广告推广活动，进一步扩大了现有产品在现有市场的市场份额”。

②密集型战略中的产品开发战略。“开发了行业内首个按钮式设计的开关插座”“公牛装饰开关是采用IMR技术，首次赋予墙壁开关不同的色彩与纹理而制成的装饰开关产品”“公牛装饰开关还独创‘专利悬摆技术’，使开关能够连续开、关80000次，使用寿命超出国家标准一倍”。

③密集型战略中的市场开发战略。“公牛的销售渠道已遍布全国300多个城市，开拓出80多万个终端销售店铺，并成功将公牛产品销往美国、欧洲、东南亚、南亚、非洲等海外市场”。

④多元化战略。“2014年，公牛集团正式进军LED产业，秉承品质为先的一贯追求，以‘爱眼’理念自主研发LED照明产品，形成包括爱眼LED阅读灯、灯带、球泡灯、筒射灯等在内的产品系列，为家装健康照明提供多样化选择。2016年，公牛又提出‘数码精品战略’，从为家电产品服务向为数码产品服务进阶转型，推出了包括移动电源、抗折断数据线等一大批数码产品精品。在这一过程中，公牛依照从‘核心业务’向相邻或相近产业链延伸的方式，将产品一步一步向更丰富、更多样的方向拓展。这使公牛在保持主要业务稳定上升的同时，具备了更多的发展可能性”。

（6）公牛集团主要存在的公司治理问题为“内部人控制”问题。“公牛集团曾经制定过一个员工购房借款管理制度，符合借款条件的员工可向公司申请购房借款，公司对各级别员工设定了借款最高限额，一般借款年限最长为6年，员工可以选择提前还款。据了解，符合借款条件的员工基本是‘董监高’。在报告期内，共有5人向公司借款购房，这5人的身份分别是公牛集团的董事兼副总裁、监事、副总裁、董事兼副总裁兼董秘、职工监事。5人的借款额均为50万元，年利率为3.8%。而我国当前的房贷基准利率最低也在4.34%（6个月）以上，商业银行实际执行的房贷利率更高。公牛集团此举无异于是给‘董监高’的变相福利。在这种操作下，公牛集团向‘董监高’支付的薪酬，还能否体现其真实的工资水平，就存在一定的疑问了”。

04

第四部分

经典案例分析

经典案例分析

专题一　企业外部环境分析

【案例】

康德公司主要从事安防视频监控产品的研发、生产和销售，是安防行业中的产品提供商。

康德公司自成立以来，始终贯彻专注于安防视频监控领域专业化发展的经营方针，目前已成为国内最大的视频监控设备生产商，也是全球领先的硬盘录像机（DVR）产品供应商之一。

近年来，国家已出台的一系列相关政策为我国安防视频监控企业提供了良好的政策环境。随着各项产业政策的实施，安防视频监控产业将进一步得到推动和发展。另外，随着我国经济的持续发展，各类基础设施建设投资逐步加大，来自其他各类行业以及家庭的需求也在增长。与此同时，由于我国安防行业的不断快速发展，国产安防设备的性能在不断的进步，市场对于国产设备的认可度也在增加，这将有助于国内主流安防企业的持续发展。

除此之外，各类安防技术的不断创新也有效地拉动了市场需求。近年每一次显著的市场增长，几乎都与技术和产品创新有关。这种技术进步不仅限于安防技术领域，还包括计算机技术、生物技术、人工智能技术等。根据中国信息产业网的报道，生物识别技术的进步就使我国生物识别市场增长至30亿元，而其在安防领域的应用是一个重要方向。

相对于同行业国际厂商，我国劳动力资源相对丰富，各个区域产业已基本实现集群化，研发、服务和生产配套相对便捷，因此在中国本土生产和研发视频监控产品具有一定的成本优势。同时，由于可以实现“零距离”的贴身式服务和产品个性化定制生产，维护成本低，越来越多的本土化产品正在占据更多的市场份额。

国际安防厂商纷纷通过并购、合作及独资等方式不断进入中国安防市场。罗格朗并购TCL、视得安，Axis在中国设立独资子公司，松下、三星在中国设厂，GE安防、霍尼韦尔、西门子、博世、泰科等将亚太安防业务总部移到中国，国内安防视频监控行业的竞争将会趋于激烈。

由于我国集成电路产业的基础薄弱，安防视频监控产品专用的集成电路等核心元器件基本依赖国外进口，这不仅制约产业发展和技术水平的进一步提高，也带来了企业成本和利润波动的风险。由于缺乏核心技术，许多企业赚取的仅是产品加工费，无法生产高附加值的产品。

《中国安防产品制造商生存状态大调查》披露，目前我国安防产品制造企业的平均出口比为20%，直接或间接开展出口业务的安防企业有1000多家。而且近年来人民币汇率的较大幅度波动，对安防产品出口带来了不利影响，也影响了整个行业利润水平。

我国安防视频监控行业的行业集中度较高，目前已经形成规模差异较大的梯级阶队。市场上的安防行业企业整体可分为三个梯队：第一梯队以康德公司、大华公司为两大巨头；第二梯队以Y公司、K公司等为主要企业；第三梯队为大多数中小企业。

视频监控行业的核心竞争力在于技术和研发。由于涉及视音频编解码技术、集成电路应用技术、网络技术、软件技术等多学科集成，一般企业很难全面掌握本行业所涉及的技术。另外，随着应用范围的扩大和智能化要求的提高，未来可能还要求安防企业掌握生物技术、信息技术、无线移动技术等新技术的应用和研发。同时，由于安防视频监控产品更新换代速度较快，对专业技术吸收、优化、创新和应用能力的要求也日益提高。

视频监控行业属于技术密集型行业，需要大量的优秀研发人员。由于我国视频监控行业起步晚，专业的技术人才在国内较为稀缺。面对技术不断更新换代，任何进入该行业的企业都要面临研发力量不足的问题。因此，视频监控行业对新进入者有较高的技术和研发门槛，并且随着技术的发展和应用领域的扩大，对技术和研发要求将进一步提高。

由于安防行业的特殊性，安防产品若在需要得到公安部门验收的工程上应用，就必须取得省级公安机关的生产登记批准证。而被列入国家强制性产品认证目录，则需通过 CCC 认证才能进行生产和销售。若对外出口，还必须取得 CE、UL、FCC 等不同类型的认证和通过 RoHS 等检测。部分行业应用对产品的性能也有特殊要求，产品需经过相关检测才具备被采购的资格等。由于以上制度和惯例的存在，使得安防行业存在一定的市场进入障碍。

安防视频监控产品的上游行业主要有视音频基础算法提供商和集成电路设计及制造商，以 DSP、CCD 芯片等为代表的芯片技术进步对视频监控行业的发展影响重大。目前，视音频算法研发基本上都被 ITU-T、ISO/IEC 等国外研究机构所掌握，芯片设计、制造为 SONY、SHARP、MICRON、PHILIPS、TI、ADI 等国外厂商垄断。但这些国外厂商的技术和产品之间存在较大替代性，相互之间的竞争也比较激烈。目前我国自行研制的视音频标准算法 AVS2.0 版本已经发布，而针对视频监控专用的 AVS 尚在研究过程中。该产品一旦得到推广和应用，将有效改善我国产品制造商对于国外上游垄断厂商的依赖。

安防视频监控产品的下游行业主要是安防工程商、经销商和金融、公安、邮政、电信、交通、电力、煤矿等终端行业用户。由于安防视频监控系统的设计、安装、集成和调试工作需要专业的技术人员完成，而大多数终端用户并不具备该项能力。因此，由安防工程商根据终端客户的具体需求向产品制造商定制或采购产品。但是，随着安防技术的不断发展，部分终端客户也具备一定的安装能力，在简单的系统维护和部分设备升级方面并不需要安防工程商的介入，在这些情况下由终端客户直接向产品制造商采购或定制产品。

【知识链接】

（1）宏观环境分析（PEST 分析）是指影响所有产业和企业的宏观因素分析。其中，P 是政治和法律因素，E 是经济因素，S 是社会和文化因素，T 是技术因素。

（2）产业五种竞争力分析是指影响产业获利能力的五种力量分析。这五种竞争力包括潜在进入者的进入威胁、购买者的议价能力、替代品的替代威胁、供应者的议价能力及产业内现有企业的竞争。

【案例解读】

（1）安防视频监控产业的宏观环境分析：

①政治和法律环境。“近年来，国家已出台的一系列相关政策为我国安防视频监控企业提供了良好的政策环境。随着各项产业政策的实施，安防视频监控产业将进一步得到推动和发展”。

②经济环境。“随着我国经济的持续发展，各类基础设施建设投资逐步加大”“我国劳动力资源相对丰富，各个区域产业已基本实现集群化，研发、服务和生产配套相对便捷，因此在中国本土生产和研发视频监控产品具有一定的成本优势。同时，由于可以实现‘零距离’的贴身式服务和产品个性化定制生产，维护成本低，越来越多的本土化产品正在占据更多的

市场份额”“近年来人民币汇率的较大幅度波动，对安防产品出口带来了不利影响，也影响了整个行业利润水平”。

③社会和文化环境。“其他各类行业以及家庭的需求也在增长”“市场对于国产设备的认可度也在增加，这将有助于国内主流安防企业的持续发展”。

④技术环境。“各类安防技术的不断创新也有效地拉动了市场需求”“视频监控行业的核心竞争力在于技术和研发。由于涉及视音频编解码技术、集成电路应用技术、网络技术、软件技术等多学科集成，一般企业很难全面掌握本行业所涉及的技术。另外，随着应用范围的扩大和智能化要求的提高，未来可能还要求安防企业掌握生物技术、信息技术、无线移动技术等新技术的应用和研发。同时，由于安防视频监控产品更新换代速度较快，对专业技术吸收、优化、创新和应用能力的要求也日益提高”。

（2）安防视频监控产业五种竞争力分析：

①潜在进入者的进入威胁。“国际安防厂商纷纷通过并购、合作及独资等方式不断进入中国安防市场。罗格朗并购 TCL、视得安，Axis 在中国设立独资子公司，松下、三星在中国设厂，GE 安防、霍尼韦尔、西门子、博世、泰科等将亚太安防业务总部移到中国，国内安防视频监控行业的竞争将会趋于激烈”“视频监控行业对新进入者有较高的技术和研发门槛，并且随着技术的发展和应用领域的扩大，对技术和研发要求将进一步提高”“由于安防行业的特殊性，安防产品若在需要得到公安部门验收的工程上应用，就必须取得省级公安机关的生产登记批准证。而被列入国家强制性产品认证目录，则需通过 CCC 认证才能进行生产和销售。若对外出口，还必须取得 CE、UL、FCC 等不同类型的认证和通过 RoHS 等检测。部分行业应用对产品的性能也有特殊要求，产品需经过相关检测才具备被采购的资格等。由于以上制度和惯例的存在，使得安防行业存在一定的市场进入障碍”。

②购买者的议价能力。“安防视频监控产品的下游行业主要是安防工程商、经销商和金融、公安、邮政、电信、交通、电力、煤矿等终端行业用户。由于安防视频监控系统的设计、安装、集成和调试工作需要专业的技术人员完成，而大多数终端用户并不具备该项能力。因此，由安防工程商根据终端客户的具体需求向产品制造商定制或采购产品。但是，随着安防技术的不断发展，部分终端客户也具备一定的安装能力，在简单的系统维护和部分设备升级方面并不需要安防工程商的介入，在这些情况下由终端客户直接向产品制造商采购或定制产品”。

③供应者的议价能力。“由于我国集成电路产业的基础薄弱，安防视频监控产品专用的集成电路等核心元器件基本依赖国外进口，这不仅制约产业发展和技术水平的进一步提高，也带来了企业成本和利润波动的风险。由于缺乏核心技术，许多企业赚取的仅是产品加工费，无法生产高附加值的产品”“安防视频监控产品的上游行业主要有视音频基础算法提供商和集成电路设计及制造商，以 DSP、CCD 芯片等为代表的芯片技术进步对视频监控行业的发展影响重大。目前，视音频算法研发基本上都被 ITU-T、ISO/IEC 等国外研究机构所掌握，芯片设计、制造为 SONY、SHARP、MICRON、PHILIPS、TI、ADI 等国外厂商垄断。但这些国外厂商的技术和产品之间存在较大替代性，相互之间的竞争也比较激烈。目前我国自行研制的视音频标准算法 AVS2.0 版本已经发布，而针对视频监控专用的 AVS 尚在研究过程中。该产品一旦得到推广和应用，将有效改善我国产品制造商对于国外上游垄断厂商的依赖”。

④产业内现有企业的竞争。“我国安防视频监控行业的行业集中度较高，目前已经形成规模差异较大的梯级阶队”。

专题二 业务单位战略

【案例】

拼多多公司是专注于C2M拼团购物的第三方社交电商平台，成立于2015年9月。在该平台上，用户通过发起和朋友、家人、邻居等的拼团，可以以更低的价格，拼团购买优质商品。

拼多多公司能够在激烈的电商竞争中获得如此迅猛的增长，归功于其所采用的独特战略举措：

（1）运用低价策略，深入开发低端市场需求。拼多多公司除了照顾到其他电商已经顾及的人群外，还照顾到其他电商尚未顾及的三四线城市和农村市场中对价格敏感而不太关注品牌的人群，以低价吸引用户。据有关数据统计，拼多多公司约14%的用户在此前没有在互联网上做过任何交易，是其他电商没有渗透的顾客群。从市场规模来看，国内低端城市人口和农村人口的需求空间巨大，同时作为“世界工厂”的供给端也有无限潜力。拼多多公司运用拼单低价策略开发出大量新的顾客群体与尚未实现的市场需求，也因此形成规模经济优势和市场竞争优势。

（2）采用新颖的电商模式，将社交平台和电商服务有机结合。拼多多公司“社交+电商”模式的关键点在于借助微信强化社交关系，以此刺激社交圈内的消费需求，将个人随机的消费欲望转变成群体性的有计划的消费行为，发掘了“人多力量大”的优势，增强与商家讨价还价的能力。而对商家而言，这种运营模式减少了营销的费用，做到了“零推广、零广告”。

（3）压缩流通渠道、压缩毛利争抢用户。电商的优势在于突破门店的地理限制，让商家与用户可以跨越空间直接实现商品交易，压缩了中间渠道商的数量，降低了商品价格。拼多多公司与其他电商一样，通过利用压缩流通渠道来降低商品价格。不仅如此，与其他电商不同的是，拼多多公司还通过压缩毛利手段争抢用户。首先是压缩平台自身毛利。拼多多公司不收取任何佣金和扣点，仅收取0.6%的手续费，且该手续费是第三方支付平台收取的支付服务费。在拼多多平台的店铺缴纳的保证金比其他电商平台要少很多（退店后退还保证金）。这也是众多商家和低端供应链选择拼多多公司及其商品价格低廉的重要原因。其次是压缩商家毛利。在这种拼单模式下，消费者联合起来增强了讨价还价筹码，规模经济的诱惑使商家以微利经营，主动压缩毛利以获得更多订单。

（4）打造“拼工厂”。“拼工厂”是由拼多多公司牵头，为其线上的爆款产品提供全套代工服务的工厂。拼多多电商平台低价爆款策略中，每个品牌只销售少量的爆款产品，拼多多公司的商家又多为中小型品牌企业，很难自建全套设备。因此，拼多多公司通过建设和发展“拼工厂”，实现一站式生产，既能保证产能，也能更好地对产品进行质量管理。例如，光洁造纸园区就是拼多多公司打造的典型的“拼工厂”模式。在国内的纸巾市场，四大品牌垄断了大部分市场。拼多多打造光洁造纸园区，将中小企业的资源能力进行整合。光洁造纸工厂是整个产业链的上游，负责加工原浆、切割纸巾，为光美、洁净等中小企业提供大量特定种类的多样化的纸巾。工业园区的下游设有光美、洁净等企业的加工车间，负责将裁切好的纸巾塑封、打包和批量发货。这种模式有利于光洁造纸工厂简化造纸流程，专注特定款式，将原料和机器的使用效率达到最高。光洁造纸园中工厂配件齐全、规模较大，整个园区占地面积为160万平方米，拥有物流、电商园等配套产业。“拼工厂”为拼多多平台的中小供应商提供了广阔的市场空间，解决了以往订单少、产量不稳定、生产效率低的问题，在与大品牌企业竞争中获得一席之地，也为拼多多公司低价策略提供了源头支持。

然而，伴随着拼多多公司的飞速成长，其面临的风险也在日积月累地增加。

（1）用户投诉率居高不下，对商家产品质量问题处罚无方。高投诉量一直是拼多多公司最严重的问题，投诉项以产品质量为主。2016 年拼多多公司的商品投诉率高达 13.12%，位居业内第一。2017 年，拼多多公司的投诉解决率仅为 51%，极大影响了用户的消费体验。此外，拼多多早期为吸引商家入驻，承诺“零保证金”和“零门槛”，成为导致产品质量差、假冒伪劣多的一个因素。

（2）竞争对手的反击与进攻，独占用户的流失显著。拼多多公司的飞速成长给电商领域的领先者带来了巨大威胁。近年来，其他电商相继推出针对拼多多公司的“反击”举措。例如，京东公司也上线了低价拼团平台——京东拼购，用 1% 的超低价佣金吸引商家入驻。数据显示，截至 2018 年 9 月，拼多多公司与京东公司的重合用户数为 6351 万，同比增长 445%。拼多多公司独占用户的比例在快速下降。

（3）流量见顶，发展空间受限。拼多多公司从社交平台攫取流量红利，获得快速的用户增长。但是当到达一定的用户基数后，其发展遇到“瓶颈”，增速跟不上，奇迹难以为继。拼多多公司财报显示，2018 年以来，拼多多公司的活跃买家数量的增速大幅放缓。拼多多公司 2018 年第三季度一个买家的获取成本是 42.9 元，而一个买家的一年消费才 894 元，从一个买家身上获得的平均收入仅仅为 8 元。在用户增长不足的情况下，如何对存量用户的精细化运营，提高单个用户的消费额，成为拼多多公司不得不研究的新课题。

【知识链接】

（1）成本领先战略。

含义：是指企业通过在内部加强成本控制，在研究开发、生产、销售、服务和广告等领域把成本降到最低限度，成为产业中的成本领先者的战略。

实施条件——市场情况：

①产品具有较高的价格弹性，市场中存在大量的价格敏感用户。

②企业所处产业的产品基本上是标准化或者同质化的，实现产品差异化的途径很少。

③购买者不太关注品牌，多数顾客使用产品的方式相同，转换成本很低，因而倾向于购买价格最优惠的产品。

④价格因素决定了企业的市场地位，价格竞争是市场竞争的主要手段。

实施条件——资源和能力：

①在规模经济显著的产业中装备相应的生产设施来实现规模经济。

②降低各种要素成本。

③提高生产率。

④改进产品工艺设计。

⑤提高生产能力利用程度。

⑥选择适宜的交易组织形式。

⑦重点集聚。

采用成本领先战略的风险：

①技术变化会降低企业资源的利用或效用。

②产业的新进入者或追随者通过模仿或者以更高技术水平设施的投资能力，使得新加入者或追随者可能后来居上。

③市场需求从注重价格转向注重产品的品牌形象，使得企业原有的优势变为劣势。

（2）蓝海战略。

①内涵：蓝海战略就是企业突破红海的残酷竞争，不把主要精力放在打败竞争对手上，而是主要放在全力为客户与企业自身创造价值的飞跃上，并由此开创新的“无人竞争”的市场空间，彻底摆脱竞争，开创属于自己的一片蓝海。这是一种企业通过开创新的、未被竞争对手重视的市场领域以达到扩张目的的战略。

②从肉搏式竞争到蓝海战略。

项目	肉搏式竞争	开创蓝海战略
产业	专注于产业内的竞争者	审视他择产业
战略群组	专注于战略群组内部的竞争地位	跨越产业内不同的战略群组
买方群体	专注于更好地为买方群体服务	重新界定产业的买方群体
产品或服务范围	专注于在产业边界内将产品或服务的价值最大化	放眼互补性产品或服务
功能—情感导向	专注于产业既定功能—情感导向下性价比的改善	重设客户的功能性或情感性诉求
时间	专注于适应外部发生的潮流	跨越时间参与塑造外部潮流

【案例解读】

（1）拼多多所采用的基本竞争战略：

“拼多多公司除了照顾到其他电商已经顾及的人群外，还照顾到其他电商尚未顾及的三四线城市和农村市场中对价格敏感而不太关注品牌的人群，以低价吸引用户”表明拼多多所采用的基本竞争战略的类型属于成本领先战略。

（2）拼多多实施成本领先战略的条件及面临的风险：

实施条件——市场情况：

①产品具有较高的价格弹性，市场中存在大量的价格敏感用户。“拼多多公司除了照顾到其他电商已经顾及的人群外，还照顾到其他电商尚未顾及的三四线城市和农村市场中对价格敏感而不太关注品牌的人群……国内低端城市人口和农村人口的需求空间巨大”。

②购买者不太关注品牌。“拼多多公司除了照顾到其他电商已经顾及的人群外，还照顾到其他电商尚未顾及的三四线城市和农村市场中对价格敏感而不太关注品牌的人群，以低价吸引用户……国内低端城市人口和农村人口的需求空间巨大”。

③价格竞争是市场竞争的主要手段。“拼多多公司运用拼单低价策略开发出大量新的顾客群体与尚未实现的市场需求，也因此形成……市场竞争优势”。

实施条件——资源和能力：

①在规模经济显著的产业中装备相应的生产设施来实现规模经济。“拼多多公司运用拼单低价策略开发出大量新的顾客群体与尚未实现的市场需求，也因此形成规模经济优势”“借助微信强化社交关系，以此刺激社交圈内的消费需求，将个人随机的消费欲望转变成群体性的有计划的消费行为，发掘了‘人多力量大’的优势，增强与商家讨价还价的能力”“拼单模式下……规模经济的诱惑使商家以微利经营，主动压缩毛利以获得更多订单”。

②降低各种要素成本。“拼多多公司与其他电商一样，通过利用压缩流通渠道来降低商品价格”。

③提高生产率。"'拼工厂'……解决了以往订单少、产量不稳定、生产效率低的问题"。

④提高生产能力利用程度。"这种模式有利于光洁造纸工厂简化造纸流程，专注特定款式，将原料和机器的使用效率达到最高"。

⑤选择适宜的交易组织形式。"'拼工厂'是由拼多多公司牵头，为其线上的爆款产品提供全套代工服务的工厂"。

采取成本领先战略的风险：

①产业的新加入者或追随者通过模仿或者以更高技术水平设施的投资能力，达到同样的甚至更低的产品成本。"竞争对手的反击与进攻，独占用户的流失显著。拼多多公司的飞速成长给电商领域的领先者带来了巨大威胁。近年来，其他电商相继推出针对拼多多公司的'反击'举措"。

②市场需求从注重价格转向注重产品的品牌形象，使得企业原有的优势变为劣势。"高投诉量一直是拼多多公司最严重的问题，投诉项以产品质量为主……极大影响了用户的消费体验"。

（3）依据蓝海战略重建市场边界的基本法则（开辟蓝海战略的路径），拼多多公司在竞争激烈的电商领域开创新的生存发展空间的路径：

①重新界定产业的买方群体。"拼多多公司除了照顾到其他电商已经顾及的人群外，还照顾到其他电商尚未顾及的三四线城市和农村市场中对价格敏感而不太关注品牌的人群，以低价吸引用户。据有关数据统计，拼多多公司约 14% 的用户在此前没有在互联网上做过任何交易，是其他电商没有渗透的顾客群……拼多多公司运用拼单低价策略开发出大量新的顾客群体与尚未实现的市场需求"。

②放眼互补性产品或服务。"采用新颖的电商模式，将社交平台和电商服务有机结合。拼多多公司'社交 + 电商'模式的关键点在于借助微信强化社交关系，以此刺激社交圈内的消费需求，将个人随机的消费欲望转变成群体性的有计划的消费行为"。

专题三　公司战略与数字化技术

【案例】

KT 智能股份有限公司（以下简称 KT 公司）是一家早期以 OEM 和 ODM 模式为主的服装制造企业。2003 年起，KT 公司开启了服装大规模个性化定制的探索与企业转型升级之路。经过十余年的发展，KT 公司打造出了以工业化的效率和成本，开展大规模定制个性化产品的智能制造系统，创建了数据驱动的智能工厂以及数据驱动的生产模式和"端到端"供应链生态体系，KT 公司由传统服装制造企业进化为平台生态的综合产业集团。

KT 公司将信息技术、网络技术、3D 打印等科技手段应用到企业生产经营全过程。通过客户端数据驱动全价值链的运营体系，将消费者、供应商、商业伙伴置于一个平台上，实现全球实时响应和高效协同，真正将信息化深度融入到工业化整个流程，打造了"完全以需求数据驱动的智能制造体系"。

KT 公司的转型升级之路主要为以下几方面：

一是将客户服装需求变成产品数据模型，使国内外服装订单变成数据进入互联网，并通过智能排程和执行，实现流水线上不同面料、规格、元素的灵活搭配。

二是提供服装行业数据驱动的智能工厂解决方案，对企业管理与生产控制进行全流程改造。以消费者需求数据带动技术流、资金流、人才流、物流，驱动供应商、生产商、服务商协同，将正确的数据在正确的时间，发给正确的人和机器执行。

三是推出全球个性化服装定制互联网平台——“KT-C2M平台”，实现订单提交、设计打样、生产制造、物料供应、物流交付一体化。只需7个工作日即可满足全球订单的个性化定制。

KT公司推行“去部门、去科层、去审批”，建立极致扁平化的组织和“端对端”流程，使每一名员工都对应“满足用户需求”展开工作，颠覆了传统企业组织结构。通过“全员对应目标，目标对应全员”的组织方式，变主观监管为客观监管，变人的监管为数据监管，解放了生产力，重塑了生产关系，优化了资源组织方式和效率。目前，KT公司行政人员减少了50%，生产效率提高了25%，返修率降低了80%。

KT公司开发的“KT-C2M平台”集成了客户订单提交、产品设计、协同制造、采购供应、营销物流、售后服务等多项功能。平台构建了基于产品与流程全面数字化的需求交互中心、大数据支撑中心、产品创新中心、智能制造中心、物流配送中心、流程管控中心，把客户、供应商、工厂、物流等连接在一起，让全球客户通过PC、手机App等终端或实体店，在平台上提出产品需求，实现定制化产品创新。最终，由平台将零散的消费需求进行分类整合，以整体、规律、可操作的形式提供给供应商、生产工厂、物流企业，实现直销与配送。

与传统的企业发展方式相比，KT公司的“互联网+工业”智能制造生态体系，不再依靠中间商、代理商和渠道商主导销售，形成了消费者与工厂直联的C2M供需生态，实现了企业由“做大”到“做优”发展模式的转变。

【知识链接】

（1）战略创新的类型。

①产品创新。

②流程创新。

③定位创新。

④范式创新。

（2）数字化战略转型的主要方面。

①技术变革。

②组织变革。

③管理变革。

【案例解读】

（1）KT公司涉及的战略创新的类型：

①产品创新。“2003年起，KT公司开启了服装大规模个性化定制的探索与企业转型升级之路。经过十余年的发展，KT公司打造出了以工业化的效率和成本，开展大规模定制个性化产品的智能制造系统”“让全球客户通过PC、手机App等终端或实体店，在平台上提出产品需求，实现定制化产品创新”。

②流程创新。“KT公司打造出了以工业化的效率和成本，开展大规模定制个性化产品的智能制造系统，创建了数据驱动的智能工厂以及数据驱动的生产模式和‘端到端’供应链生态体系”“KT公司将信息技术、网络技术、3D打印等科技手段应用到企业生产经营全过程”“一是将客户服装需求变成产品数据模型……实现流水线上不同面料、规格、元素的灵活搭配”“二

是提供服装行业数据驱动的智能工厂解决方案，对企业管理与生产控制进行全流程改造”“三是推出全球个性化服装定制互联网平台——‘KT-C2M 平台’，实现订单提交、设计打样、生产制造、物料供应、物流交付一体化”“KT 公司推行‘云部门、去科层、去审批’，建立极致扁平化的组织和‘端对端’流程……优化了资源组织方式和效率”“与传统的企业发展方式相比，KT 公司的‘互联网 + 工业’智能制造生态体系，不再依靠中间商、代理商和渠道商主导销售，形成了消费者与工厂直联的 C2M 供需生态”。

③定位创新。“KT 公司打造出了以工业化的效率和成本，开展大规模定制个性化产品的智能制造系统，创建了数据驱动的智能工厂以及数据驱动的生产模式和‘端到端’供应链生态体系，KT 公司由传统服装制造企业进化为平台生态的综合产业集团”。

④范式创新。“KT 公司推行‘去部门、去科层、去审批’，建立极致扁平化的组织和‘端对端’流程，使每一名员工都对应‘满足用户需求’展开工作，颠覆了传统企业组织结构。通过‘全员对应目标，目标对应全员’的组织方式，变主观监管为客观监管，变人的监管为数据监管，解放了生产力，重塑了生产关系”“与传统的企业发展方式相比，KT 公司的‘互联网 + 工业’智能制造生态体系，不再依靠中间商、代理商和渠道商主导销售，形成了消费者与工厂直联的 C2M 供需生态，实现了企业由‘做大’到‘做优’发展模式的转变”。

（2）KT 公司数字化战略转型的主要方面：

①技术变革。“KT 公司将信息技术、网络技术、3D 打印等科技手段应用到企业生产经营全过程。通过客户端数据驱动全价值链的运营体系，将消费者、供应商、商业伙伴置于一个平台上，实现全球实时响应和高效协同，真正将信息化深度融入到工业化整个流程，打造了‘完全以需求数据驱动的智能制造体系’”“平台构建了基于产品与流程全面数字化的需求交互中心、大数据支撑中心、产品创新中心、智能制造中心、物流配送中心、流程管控中心”。

②组织变革。“KT 公司推行‘去部门、去科层、去审批’，建立极致扁平化的组织和‘端对端’流程，使每一名员工都对应‘满足用户需求’展开工作，颠覆了传统企业组织结构。通过‘全员对应目标，目标对应全员’的组织方式，变主观监管为客观监管，变人的监管为数据监管，解放了生产力，重塑了生产关系，优化了资源组织方式和效率。目前，KT 公司行政人员减少了 50%，生产效率提高了 25%，返修率降低了 80%”。

③管理变革。“一是将客户服装需求变成产品数据模型，使国内外服装订单变成数据进入互联网，并通过智能排程和执行，实现流水线上不同面料、规格、元素的灵活搭配。二是提供服装行业数据驱动的智能工厂解决方案，对企业管理与生产控制进行全流程改造。以消费者需求数据带动技术流、资金流、人才流、物流，驱动供应商、生产商、服务商协同，将正确的数据在正确的时间，发给正确的人和机器执行。三是推出全球个性化服装定制互联网平台——‘KT-C2M 平台’，实现订单提交、设计打样、生产制造、物料供应、物流交付一体化。只需 7 个工作日即可满足全球订单的个性化定制”“平台构建了基于产品与流程全面数字化的需求交互中心、大数据支撑中心、产品创新中心、智能制造中心、物流配送中心、流程管控中心，把客户、供应商、工厂、物流等连接在一起，让全球客户通过 PC、手机 App 等终端或实体店，在平台上提出产品需求，实现定制化产品创新。最终，由平台将零散的消费需求进行分类整合，以整体、规律、可操作的形式提供给供应商、生产工厂、物流企业，实现直销与配送”“与传统的企业发展方式相比，KT 公司的‘互联网 + 工业’智能制造生态体系，不再依靠中间商、代理商和渠道商主导销售，形成了消费者与工厂直联的 C2M 供需生态，实现了企业由‘做大’到‘做优’发展模式的转变”。

专题四　公司治理

【案例】

KD 公司成立于 1995 年，并于 2003 年在深交所上市，是 S 市民营领军标杆企业、G 省流通龙头企业、国家重点培育的 20 强商业企业。大型连锁超市是 KD 公司的主营业态，自创立以来，公司各分店始终坚持“全心全意为顾客服务”的理念，为顾客提供“安全、新鲜、干净、丰富”的商品以及一站式的购物享受，成为社区居民最值得信赖的消费场所。

截至 2005 年 9 月底，KD 公司已先后在全国各地开设连锁店 70 多家，足迹遍布全国 15 个省份。商业零售企业的特点是高强度竞争、劳动密集型、成本高、利润薄，最需要的就是“管理出利润”。然而 KD 公司管理粗放，发展战略实施不到位，盲目扩张的背后并没有形成竞争优势。且由于缺乏成熟的后续管理作为保障，从而使得这种粗放扩张模式变为“自掘坟墓”，甚至一度危及公司的生存和持续发展。可是部分财经媒体对 KD 公司的盲目过度扩张视而不见，盛赞 KD 公司的扩张为“S 速度”。媒体的大肆吹捧使得许多投资者并未察觉到 KD 公司存在的巨大经营风险。

经过无尽的扩张和繁华之后，KD 公司存在的问题开始显山露水。公司董事长李某一人持有 KD 公司 52% 的股份，成为公司的控股股东，其在任职后期任人唯亲，导致职业经理人团队的元老们纷纷离去，造成公司人才的流失。同时，公司内部腐败现象严重。该公司监事会已经无法对董事会和管理层形成有效制约。

2020 年 6 月，KD 公司因多种违法违规行为，证监会决定对该公司控股股东李某及公司立案调查。根据证监会披露的调查情况，2016~2019 年，KD 公司存在以下严重问题：

（1）2016 年，公司管理层通过虚构销售业务、虚构销售额等方式虚增利润 20 余亿元；通过伪造银行单据等方式虚增银行存款 80 余亿元。另外，公司为了募集资金，虚增收入，未按规定披露与关联方资金往来 300 余亿元。而公司 2016 年年报经过注册会计师审计后，注册会计师出具了标准无保留审计意见审计报告。

（2）2017 年 9 月，公司财务总监刘某以公司名义向 H 房地产开发公司预购房屋 4 套，每套价格 155 万元，尚未办理房产证。2017 年 12 月初，H 公司开发的房屋正式出售时，每套房屋价格上涨至 179 万元，而刘某却以 KD 公司名义将预购的 4 套房屋转售给 A 公司，A 公司按刘某要求将其中的 620 万元款项汇入 KD 公司财务部，剩余差价 96 万元转入刘某个人的银行卡中。

（3）2018 年 2 月，公司从甲公司购进家电产品，双方签订了长期供货合同，价格比市场价高 20%。公司从乙公司以租赁的方式租入一栋大楼作为办公使用，租赁费用每年 1500 万元，正常市场租赁价格为 900 万元。经查，甲公司和乙公司均为 KD 公司控股股东李某全资控制的子公司。

（4）2019 年 2 月，KD 公司发布公告，拟购买 K 公司 90% 股权。由于 K 公司拥有光刻胶概念，KD 公司发布公告后 7 个交易日内，股价大涨 60%。发布公告前几天，KD 公司控股股东李某买入 KD 公司股票 150 万股，并在公告发布后卖出，获利 900 万元。经查，李某买卖股票的时间属于证监会认定的敏感期。

（5）2019 年 6 月，公司收购了其控股股东李某持有的 M 公司的全部股权，收购价格为

18亿元，而M公司账面净资产为9800万元，盈利能力较差，业内专家质疑是超溢价收购。

证监会根据以上调查结果，依法对KD公司及其控股股东李某进行了行政处罚。

【知识链接】

（1）公司宗旨和经营哲学。

①公司宗旨旨在阐述公司长期的战略意向，其具体内容主要说明公司目前和未来所从事的经营业务范围。

②经营哲学是公司为其经营活动方式所确立的价值观、基本信念和行为准则，是企业文化的高度概括。

（2）公司内部治理结构。

公司内部治理结构是指主要涵盖股东大会、董事会（监事会）、高级管理团队以及公司员工之间责权利相互制衡的制度体系。

（3）三大公司治理问题。

主要解决三类问题，分别是经理人对于股东的“内部人控制”问题、终极股东对于中小股东的“隧道挖掘”问题和企业与其他利益相关者之间的关系问题。其中，前两类问题的考核频率较高。

第一，经理人对于股东的“内部人控制”问题：

类型	主要表现
违背忠诚义务	①过高的在职消费 ②盲目过度投资，经营行为短期化 ③侵占资产，转移资产 ④工资、奖金等收入增长过快，侵占利润 ⑤会计信息作假、财务作假 ⑥建设个人帝国
违背勤勉义务	①信息披露不完整、不及时 ②敷衍偷懒不作为 ③财务杠杆过度保守 ④经营过于稳健、缺乏创新等

第二，终极股东的问题主要表现在滥用公司资源（违背勤勉义务）和占用公司资源（违背忠实义务）。其中，占用公司资源的表现：

主要表现	阐释
直接占用资源	指终极股东直接从公司将利益输送给自己
关联性交易	包括商品服务交易活动、资产租用和交易活动以及费用分摊活动
掠夺性财务活动	包括掠夺性融资、内幕交易、掠夺性资本运作和超额股利

（4）公司治理基础设施。

公司治理基础设施主要包括信息披露制度、中介机构、法律法规、政府监管和媒体、专业人士的舆论监督。

【案例解读】

（1）KD 公司的公司宗旨：“大型连锁超市是 KD 公司的主营业态……为顾客提供‘安全、新鲜、干净、丰富’的商品以及一站式的购物享受”。

KD 公司的经营哲学：“公司各分店始终坚持‘全心全意为顾客服务’的理念”。

（2）KD 公司内部治理结构不健全、不完善，不能形成有效的监督制衡机制。“公司董事长李某一人持有 KD 公司 52% 的股份，成为公司的控股股东，其在任职后期任人唯亲，导致职业经理人团队的元老们纷纷离去，造成公司人才的流失。同时，公司内部腐败现象严重。该公司监事会已经无法对董事会和管理层形成有效制约”。

（3）KD 公司存在经理人对于股东的“内部人控制”问题。主要表现如下：

①侵占资产，转移资产。“2017 年 9 月，公司财务总监刘某以公司名义向 H 房地产开发公司预购房屋 4 套，每套价格 155 万元，尚未办理房产证。2017 年 12 月初，H 公司开发的房屋正式出售时，每套房屋价格上涨至 179 万元，而刘某却以 KD 公司名义将预购的 4 套房屋转售给 A 公司，A 公司按刘某要求将其中的 620 万元款项汇入 KD 公司财务部，剩余差价 96 万元转入刘某个人的银行卡中”。

②盲目过度投资，经营行为短期化。“KD 公司管理粗放，发展战略实施不到位，盲目扩张的背后并没有形成竞争优势。且由于缺乏成熟的后续管理作为保障，从而使得这种粗放扩张模式变为‘自掘坟墓’，甚至一度危及公司的生存和持续发展”。

③会计信息作假、财务作假。“2016 年，公司管理层通过虚构销售业务、虚构销售额等方式虚增利润 20 余亿元；通过伪造银行单据等方式虚增银行存款 80 余亿元。另外，公司为了募集资金，虚增收入”。

④信息披露不完整、不及时。“未按规定披露与关联方资金往来 300 余亿元”。

KD 公司存在终极股东对于中小股东的“隧道挖掘”问题。主要表现如下：

①商品服务交易活动。“2018 年 2 月，公司从甲公司购进家电产品，双方签订了长期供货合同，价格比市场价高 20%……经查，甲公司和乙公司均为 KD 公司控股股东李某全资控制的子公司”。

②资产租用和交易活动。“公司从乙公司以租赁的方式租入一栋大楼作为办公使用，租赁费用每年 1500 万元，正常市场租赁价格为 900 万元。经查，甲公司和乙公司均为 KD 公司控股股东李某全资控制的子公司”。

③内幕交易。“2019 年 2 月，KD 公司发布公告，拟购买 K 公司 90% 股权。由于 K 公司拥有光刻胶概念，KD 公司发布公告后 7 个交易日内，股价大涨 60%。发布公告前几天，KD 公司控股股东李某买入 KD 公司股票 150 万股，并在公告发布后卖出，获利 900 万元。经查，李某买卖股票的时间属于证监会认定的敏感期”。

④掠夺性资本运作。“2019 年 6 月，公司收购了其控股股东李某持有的 M 公司的全部股权，收购价格为 18 亿元，而 M 公司账面净资产为 9800 万元，盈利能力较差，业内专家质疑是超溢价收购”。

（4）公司治理基础设施发挥作用的情况如下：

①信息披露制度。“2016 年，公司管理层通过虚构销售业务、虚构销售额等方式虚增利润 20 余亿元；通过伪造银行单据等方式虚增银行存款 80 余亿元。另外，公司为了募集资金，虚增收入，未按规定披露与关联方资金往来 300 余亿元”。案例中信息披露制度没有发挥应有的治理作用。

②中介机构。“2016 年，公司管理层通过虚构销售业务、虚构销售额等方式虚增利润 20 余亿元；通过伪造银行单据等方式虚增银行存款 80 余亿元。另外，公司为了募集资金，虚增收入，未按规定披露与关联方资金往来 300 余亿元。而公司 2016 年年报经过注册会计师审计后，注册会计师出具了标准无保留审计意见审计报告”。案例中中介机构没有发挥应有的治理作用。

③政府监管。“2020 年 6 月，KD 公司因多种违法违规行为，证监会决定对该公司控股股东李某及公司立案调查”“证监会根据以上调查结果，依法对 KD 公司及其控股股东李某进行了行政处罚”。案例中政府监管发挥了应有的治理作用。

④媒体、专业人士的舆论监督。“部分财经媒体对 KD 公司的盲目过度扩张视而不见，盛赞 KD 公司的扩张为‘S 速度’。媒体的大肆吹捧使得许多投资者并未察觉到 KD 公司存在的巨大经营风险”。案例中媒体、专业人士的舆论监督没有发挥应有的治理作用。

专题五　企业面对的主要风险

【案例】

安德公司的产品为电子类产品，其生命周期较短，一般在 3~5 年，而且下一代产品与上一代产品具有一段重叠期，实际有效生命周期更短。因此，产品具有技术水平发展快、更新速度快的特点。但由于公司出现新技术方向论证不充分导致选择偏差、对客户需求把握不准确、对新产品方案技术构思不全面、对新产品上市时机把握不当等情况，对公司竞争力产生了较大影响，从而对公司的市场占有率、经营业绩，甚至持续发展带来了不利影响。

安德公司拥有多项专利及核心技术，是公司核心竞争力的重要组成部分。但由于核心技术失密对公司的经营带来了较大的负面影响。

安德公司的产品涉及视音频编解码技术、集成电路应用技术、网络控制与传输技术、软件技术、视频分析技术等多项技术集成，是典型的技术密集型企业。经过多年的积累，公司视频监控核心产品 DVR 和板卡的市场占有率已居国内第一，在国际上也处于前列，同时也培养、集拼了一批行业技术专业人才。但由于后续核心技术人才较多的流失，影响了公司管理架构稳定性、产品研发进度以及销售目标的实现，进而影响了公司整体发展。此外，公司不能及时引进各类急需人才，继续扩大人才优势，严重影响了公司业务的持续增长。

由于技术进步、生产成本降低、市场竞争等因素，安德公司主要产品硬盘录像机、视音频编解码卡、视频服务器的销售单价均有一定程度的下降。

近年来，国内视频监控行业市场需求快速增长，吸引了大量企业进入该行业，在技术、产品、营销、品牌建设等方面发展迅速，尤其在视频监控录像设备领域与国际品牌差距不大。同时，国内巨大的市场容量也吸引了全球各大安防业知名厂商通过独资、合资、并购等方式进入国内市场。这些公司凭借规模、资金、技术优势以及在各类行业应用的长期经验，在国内安防市场中的大型行业应用上具有较强的领先优势。

尽管安德公司主要产品占据国内第一的市场份额，但是激烈的市场竞争需要公司紧跟技术潮流并不断创新、加快新产品开发速度、不断改进工艺、提高品质、拓展新市场，否则很可能被其他竞争对手超越。

安德公司所生产的安防视频监控产品被广泛应用于金融、公安、邮政、电信、交通、电力和采矿等行业，公司生产销售受到上述行业需求的影响较大。

安德公司产品具备良好的声誉和品牌效应，但是由于我国安防行业集中度较低，知识产权保护力度不到位，市场竞争存在不规范现象，公司产品经常被仿制假冒。一旦公司产品被大规模侵权仿制，而又得不到及时遏止，将会严重损害公司的市场形象，进而影响公司的健康发展。

安德公司募集资金投资建设洛杉矶和比利时物流与技术服务中心。上述两个项目合计投资 1927 万美元。在决定本次海外投资项目之前，公司已经聘请专业机构进行了详尽的可行性研究。但由于当地政治等环境发生了不利变化，影响了公司海外业务的拓展和海外投资项目的效益。

安德公司自成立以来，主要依靠租赁场地进行办公和生产。随着公司业务规模的扩张，租用的场地也逐渐增加。若未来租金成本提高，或者租赁到期后不能及时续约，可能给公司日常经营带来不利影响。

在目前的公司生产模式中，产品的 PCBA 贴装工序是通过外协加工方式完成的，部分基线产品的整机装配、检测、老化等工序在自身生产能力不足的情况下委托外协加工。安德公司非常重视委托外协加工的技术指导及品质管理工作，但如果外协厂商不能履行《委托加工协议》等约定的相关义务，或者安德公司对外协厂商选择不善、质量控制出现漏洞，则可能影响公司的生产效率和产品质量，引发客户投诉。另外，主要外协厂家的生产能力如果无法满足公司的发展需要，也会对公司的发展带来一定的影响。

安德公司从事安防视频监控产品的研发、生产、销售，产品的主要原器件是集成电路，而现在采用的集成电路主要是由美国、日本等少数几家公司提供的。如果上游集成电路制造行业发生重大不利变化，将对公司的经营业绩产生不利影响。

安德公司控股股东持有公司 68.45% 的股份。若控股股东利用其特殊地位，通过行使表决权或其他方式对公司的经营决策、利润分配、对外投资等进行控制，可能会对公司及公司其他股东的利益产生不利影响。尽管公司在董事会设置了 4 名独立董事，董事会中独立董事比例达到 4/9，但独立董事尚不能充分发挥外部董事对控股股东和实际控制人的监督，无法有效地维护发行人及其他股东的权益。

近年来，安德公司的人员、场地、收入规模均发生了较大的变化，但公司未能在较短的时间内构建更加科学和富有效率的管理体系，无法适应业务和资产规模的快速扩张，从而未能有效利用新的资源为公司创造更多的财富。

安德公司 2018 年年末 ~2020 年年末应收款项（应收账款和应收票据合计）余额分别为 18869.96 万元、27056.62 万元和 37539.67 万元，占公司流动资产的比例分别为 41.75%、40.84% 和 47.12%，占当期营业收入的比例分别为 25.27%、21.84% 和 48.76%。随着公司营业收入的快速增长，应收款项也在持续增加。但由于部分客户违约及公司内部控制未有效执行，发生了部分应收账款无法按时回收的情形，对公司的现金流和财务状况产生了不利影响。

安德公司 2018 年年末 ~2021 年年末，存货的账面价值占流动资产比重平均高达 42%。较大金额的存货库存对公司流动资金产生了一定的压力，并影响到公司业绩的持续增长。而且还存在存货积压和减值的压力。

安德公司境外销售收入金额较高，适用国家出口产品增值税“免、抵、退”的政策。2018 年 ~2020 年，公司的出口退税额分别为 3521.97 万元、4913.46 万元和 5711.79 万元，占同期利润总额的比例分别为 56.50%、56.62% 和 35.93%。受 2021 年国家出口退税政策的调整，由于降低了公司部分产品出口退税比例，对公司 2021 年经营业绩产生了不利影响。

安德公司所处的电池行业对固定资产投入要求较高。随着经营规模的快速提升，公司固定资产与在建工程规模不断扩大。2018 年年末 ~2020 年年末，公司固定资产与在建工程账面价值合计为 53253.33 万元、60264.58 万元和 60251.66 万元，占各年末资产总额的比例分别为 37.64%、37.77% 和 36.82%。公司固定资产主要包括生产设备、房屋建筑物等。如果未来产业发展、市场需求不及预期或者技术变更等原因导致产能利用不足、生产设备闲置或被淘汰，则公司将可能面临固定资产或在建工程减值的风险。

2019 年度，安德公司出口销售收汇 6137.91 万美元，进口原材料采购额为 6806.45 万美元。由于出口销售收汇与进口原材料采购付汇进度不一致，且海外业务处于持续增长中，受汇率的波动，影响了公司的盈利水平。

安德公司通过发行股票募集资金投资了一个新项目。但是由于募集资金项目建成和投产需要一定的时间，因此，短期内存在由于净资产规模迅速增加而导致净资产收益率下降的风险。

多年来，安德公司依赖自有资金实现了快速发展。但要在长期的规模化竞争中脱颖而出，单靠自身积累已难以实现。此外，面对安防视频监控行业的国际化浪潮，安德公司现有的资金实力已达不到相应的国际化竞争需求。根据安防行业的发展趋势和安德公司的发展规划，为保持和扩大公司在安防视频监控行业中的领先地位以及在国际市场的发展战略，跻身全球安防前十强，未来几年中安德公司将进行大规模的资本性投入，并及时把握市场机会，采用收购、兼并的方式实现跨越式发展和推进国际化进程。上述种种需要有充足的资金来源及灵活的资本手段，但目前公司较为单一的银行融资渠道已不能满足公司发展的需要，其必须通过股权融资，借助资本市场的手段来实现。

【知识链接】

企业面对的主要风险分为两大类：外部风险和内部风险。外部风险主要包括政治风险、法律风险与合规风险、社会文化风险、技术风险、市场风险等；内部风险主要包括战略风险、运营风险、财务风险等。

【案例解读】

（1）政治风险。“安德公司募集资金投资建设洛杉矶和比利时物流与技术服务中心。上述两个项目合计投资 1927 万美元。在决定本次海外投资项目之前，公司已经聘请专业机构进行了详尽的可行性研究。但由于当地政治等环境发生了不利变化，影响了公司海外业务的拓展和海外投资项目的效益”。

（2）法律风险与合规风险。

《中央企业全面风险管理指引》角度：

①国内外与企业相关的政治、法律环境可能引发的风险。“安德公司募集资金投资建设洛杉矶和比利时物流与技术服务中心。上述两个项目合计投资 1927 万美元。在决定本次海外投资项目之前，公司已经聘请专业机构进行了详尽的可行性研究。但由于当地政治等环境发生了不利变化，影响了公司海外业务的拓展和海外投资项目的效益”。

②影响企业的新法律法规和政策可能引发的风险。“受 2021 年国家出口退税政策的调整，由于降低了公司部分产品出口退税比例，对公司 2021 年经营业绩产生了不利影响”。

③企业签订的重大协议和有关贸易合同可能引发的风险。“如果外协厂商不能履行《委托加工协议》等约定的相关义务……则可能影响公司的生产效率和产品质量，引发客户投诉”。

（3）技术风险。“由于公司出现新技术方向论证不充分导致……对新产品方案技术构思不全面……对公司竞争力产生了较大影响，从而对公司的市场占有率、经营业绩，甚至持续发展带来了不利影响”“由于核心技术失密对公司的经营带来了较大的负面影响”“由于后续核心技术人才较多的流失，影响了公司管理架构稳定性、产品研发进度以及销售目标的实现，进而影响了公司整体发展”“由于我国安防行业集中度较低，知识产权保护力度不到位，市场竞争存在不规范现象，公司产品经常被仿制假冒。一旦公司产品被大规模侵权仿制，而又得不到及时遏止，将会严重损害公司的市场形象，进而影响公司的健康发展”。

（4）市场风险。

①产品或服务的价格及供需变化带来的风险。“由于技术进步、生产成本降低、市场竞争等因素，安德公司主要产品硬盘录像机、视音频编解码卡、视频服务器的销售单价均有一定程度的下降”“安德公司所生产的安防视频监控产品被广泛应用于金融、公安、邮政、电信、交通、电力和采矿等行业，公司生产销售受到上述行业需求的影响较大”。

②能源、原材料、配件等物资供应的充足性、稳定性和价格的变化带来的风险。“安德公司自成立以来，主要依靠租赁场地进行办公和生产。随着公司业务规模的扩张，租用的场地也逐渐增加。若未来租金成本提高，或者租赁到期后不能及时续约，可能给公司日常经营带来不利影响”“安德公司从事安防视频监控产品的研发、生产、销售，产品的主要原器件是集成电路，而现在采用的集成电路主要是由美国、日本等少数几家公司提供的。如果上游集成电路制造行业发生重大不利变化，将对公司的经营业绩产生不利影响”。

③主要客户、主要供应商的信用风险。“如果外协厂商不能履行《委托加工协议》等约定的相关义务……质量控制出现漏洞，则可能影响公司的生产效率和产品质量”“随着公司营业收入的快速增长，应收款项也在持续增加。但由于部分客户违约及公司内部控制未有效执行，发生了部分应收账款无法按时回收的情形，对公司的现金流和财务状况产生了不利影响”。

④税收政策和利率、汇率、股票价格指数的变化带来的风险。“受2021年国家出口退税政策的调整，由于降低了公司部分产品出口退税比例，对公司2021年经营业绩产生了不利影响”“2019年度，安德公司出口销售收汇6137.91万美元，进口原材料采购额为6806.45万美元。由于出口销售收汇与进口原材料采购付汇进度不一致，且海外业务处于持续增长中，受汇率的波动，影响了公司的盈利水平”。

⑤潜在进入者、竞争者、与替代品的竞争带来的风险。“近年来，国内视频监控行业市场需求快速增长，吸引了大量企业进入该行业，在技术、产品、营销、品牌建设等方面发展迅速，尤其在视频监控录像设备领域与国际品牌差距不大。同时，国内巨大的市场容量也吸引了全球各大安防业知名厂商通过独资、合资、并购等方式进入国内市场。这些公司凭借规模、资金、技术优势以及在各类行业应用的长期经验，在国内安防市场中的大型行业应用上具有较强的领先优势”“尽管安德公司主要产品占据国内第一的市场份额，但是激烈的市场竞争需要公司紧跟技术潮流并不断创新、加快新产品开发速度、不断改进工艺、提高品质、拓展新市场，否则很可能被其他竞争对手超越”。

（5）战略风险。

《中央企业全面风险管理指引》角度：

①国内外宏观经济政策和经济运行情况、企业所在产业的状况、国家产业政策可能引发的风险。“安德公司产品具备良好的声誉和品牌效应，但是由于我国安防行业集中度较低，知识产权保护力度不到位，市场竞争存在不规范现象，公司产品经常被仿制假冒。一旦公司产

品被大规模侵权仿制，而又得不到及时遏止，将会严重损害公司的市场形象，进而影响公司的健康发展”“安德公司从事安防视频监控产品的研发、生产、销售，产品的主要原器件是集成电路，而现在采用的集成电路主要是由美国、日本等少数几家公司提供的。如果上游集成电路制造行业发生重大不利变化，将对公司的经营业绩产生不利影响”“如果未来产业发展……等原因导致产能利用不足、生产设备闲置或被淘汰，则公司将可能面临固定资产或在建工程减值的风险”。

②科技进步、技术创新可能引发的风险。“产品具有技术水平发展快、更新速度快的特点。但由于公司出现新技术方向论证不充分导致选择偏差……对新产品方案技术构思不全面……从而对公司的市场占有率、经营业绩，甚至持续发展带来了不利影响”。

③市场对企业产品或服务的需求可能引发的风险。“安德公司所生产的安防视频监控产品被广泛应用于金融、公安、邮政、电信、交通、电力和采矿等行业，公司生产销售受到上述行业需求的影响较大”“如果……市场需求不及预期……等原因导致产能利用不足、生产设备闲置或被淘汰，则公司将可能面临固定资产或在建工程减值的风险”。

④企业主要客户、供应商及竞争对手可能引发的风险。“尽管安德公司主要产品占据国内第一的市场份额，但是激烈的市场竞争需要公司紧跟技术潮流并不断创新、加快新产品开发速度、不断改进工艺、提高品质、拓展新市场，否则很可能被其他竞争对手超越”。

⑤与主要竞争对手相比，企业实力与差距可能引发的风险。“国内巨大的市场容量也吸引了全球各大安防业知名厂商通过独资、合资、并购等方式进入国内市场。这些公司凭借规模、资金、技术优势以及在各类行业应用的长期经验，在国内安防市场中的大型行业应用上具有较强的领先优势”。

⑥企业编制发展战略和规划、投融资计划、年度经营目标、经营战略可能引发的风险。“安德公司通过发行股票募集资金投资了一个新项目。但是由于募集资金项目建成和投产需要一定的时间，因此，短期内存在由于净资产规模迅速增加而导致净资产收益率下降的风险”“多年来，安德公司依赖自有资金实现了快速发展。但要在长期的规模化竞争中脱颖而出，单靠自身积累已难以实现。此外，面对安防视频监控行业的国际化浪潮，安德公司现有的资金实力已达不到相应的国际化竞争需求。根据安防行业的发展趋势和安德公司的发展规划，为保持和扩大公司在安防视频监控行业中的领先地位以及在国际市场的发展战略，跻身全球安防前十强，未来几年中安德公司将进行大规模的资本性投入，并及时把握市场机会，采用收购、兼并的方式实现跨越式发展和推进国际化进程。上述种种需要有充足的资金来源及灵活的资本手段，但目前公司较为单一的银行融资渠道已不能满足公司发展的需要”。

（6）运营风险。

《中央企业全面风险管理指引》角度：

①企业产品结构、新产品研发可能引发的风险。“对客户需求把握不准确、对新产品方案技术构思不全面、对新产品上市时机把握不当等情况，对公司竞争力产生了较大影响，从而对公司的市场占有率、经营业绩，甚至持续发展带来了不利影响”。

②企业组织效能、管理现状、企业文化，高、中层管理人员和重要业务流程中专业人员的知识结构、专业经验等方面可能引发的风险。“由于公司出现新技术方向论证不充分导致选择偏差、对客户需求把握不准确、对新产品方案技术构思不全面、对新产品上市时机把握不当等情况，对公司竞争力产生了较大影响，从而对公司的市场占有率、经营业绩，甚至持续发展带来了不利影响”“由于后续核心技术人才较多的流失，影响了公司管理架构稳定性、产

品研发进度以及销售目标的实现，进而影响了公司整体发展。此外，公司不能及时引进各类急需人才，继续扩大人才优势，严重影响了公司业务的持续增长”“安德公司控股股东持有公司 68.45% 的股份。若控股股东利用其特殊地位，通过行使表决权或其他方式对公司的经营决策、利润分配、对外投资等进行控制，可能会对公司及公司其他股东的利益产生不利影响。尽管公司在董事会设置了 4 名独立董事，董事会中独立董事比例达到 4/9，但独立董事尚不能充分发挥外部董事对控股股东和实际控制人的监督，无法有效地维护发行人及其他股东的权益”“近年来，安德公司的人员、场地、收入规模均发生了较大的变化，但公司未能在较短的时间内构建更加科学和富有效率的管理体系，无法适应业务和资产规模的快速扩张，从而未能有效利用新的资源为公司创造更多的财富”。

③质量、安全、环保、信息安全等管理中发生失误导致的风险。“由于核心技术失密对公司的经营带来了较大的负面影响”“质量控制出现漏洞，则可能影响公司的生产效率和产品质量”。

④因企业内、外部人员的道德风险或业务控制系统失灵导致的风险。“由于……公司内部控制未有效执行，发生了部分应收账款无法按时回收的情形，对公司的现金流和财务状况产生了不利影响”。

⑤企业现有业务流程和信息系统操作运行情况的监管、运行评价及持续改进能力方面引发的风险。“近年来，安德公司的人员、场地、收入规模均发生了较大的变化，但公司未能在较短的时间内构建更加科学和富有效率的管理体系，无法适应业务和资产规模的快速扩张，从而未能有效利用新的资源为公司创造更多的财富”。

内部控制角度：

依据《企业内部控制应用指引第 1 号——组织架构》，安德公司在组织架构设计与运行中须关注的主要风险为治理结构形同虚设，缺乏科学决策、良性运行机制和执行力，可能导致企业经营失败，难以实现发展战略。“安德公司控股股东持有公司 68.45% 的股份。若控股股东利用其特殊地位，通过行使表决权或其他方式对公司的经营决策、利润分配、对外投资等进行控制，可能会对公司及公司其他股东的利益产生不利影响。尽管公司在董事会设置了 4 名独立董事，董事会中独立董事比例达到 4/9，但独立董事尚不能充分发挥外部董事对控股股东和实际控制人的监督，无法有效地维护发行人及其他股东的权益”。

依据《企业内部控制应用指引第 3 号——人力资源》，安德公司在人力资源管理中须关注的主要风险：

①人力资源缺乏或过剩、结构不合理、开发机制不健全，可能导致企业发展战略难以实现。“公司不能及时引进各类急需人才，继续扩大人才优势，严重影响了公司业务的持续增长”。

②人力资源激励约束制度不合理、关键岗位人员管理不完善，可能导致人才流失、经营效率低下或关键技术、商业秘密和国家机密泄露。“由于后续核心技术人才较多的流失，影响了公司管理架构稳定性、产品研发进度以及销售目标的实现，进而影响了公司整体发展”。

依据《企业内部控制应用指引第 8 号——资产管理》，安德公司在资产管理中须关注的主要风险：

①存货积压或短缺，可能导致流动资金占用过量、存货价值贬损或生产中断。“安德公司 2018 年年末 ~2021 年年末，存货的账面价值占流动资产比重平均高达 42%。较大金额的存货库存对公司流动资金产生了一定的压力，并影响到公司业绩的持续增长。而且还存在存货积压和减值的压力”。

②固定资产更新改造不够、使用效能低下、维护不当、产能过剩，可能导致企业缺乏竞争力、资产价值贬损、安全事故频发或资源浪费。“公司固定资产主要包括生产设备、房屋建筑物等。如果未来产业发展、市场需求不及预期或者技术变更等原因导致产能利用不足、生产设备闲置或被淘汰，则公司将可能面临固定资产或在建工程减值的风险”。

依据《企业内部控制应用指引第 10 号——研究与开发》，安德公司开展研发活动须关注的主要风险：

①研究项目未经科学论证或论证不充分，可能导致创新不足或资源浪费。“由于公司出现新技术方向论证不充分导致选择偏差、对客户需求把握不准确、对新产品方案技术构思不全面、对新产品上市时机把握不当等情况，对公司竞争力产生了较大影响，从而对公司的市场占有率、经营业绩，甚至持续发展带来了不利影响”。

②研发人员配备不合理或研发过程管理不善，可能导致研发成本过高、舞弊或研发失败。“由于后续核心技术人才较多的流失，影响了公司管理架构稳定性、产品研发进度以及销售目标的实现，进而影响了公司整体发展。此外，公司不能及时引进各类急需人才，继续扩大人才优势，严重影响了公司业务的持续增长”。

③研究成果转化应用不足、保护措施不力，可能导致企业利益受损。“由于核心技术失密对公司的经营带来了较大的负面影响”“由于我国安防行业集中度较低，知识产权保护力度不到位,市场竞争存在不规范现象,公司产品经常被仿制假冒。一旦公司产品被大规模侵权仿制，而又得不到及时遏止，将会严重损害公司的市场形象，进而影响公司的健康发展”。

依据《企业内部控制应用指引第 13 号——业务外包》，安德公司在业务外包环节中须关注的主要风险：

①外包范围和价格确定不合理，承包方选择不当，可能导致企业遭受损失。“安德公司对外协厂商选择不善、质量控制出现漏洞，则可能影响公司的生产效率和产品质量，引发客户投诉。另外，主要外协厂家的生产能力如果无法满足公司的发展需要，也会对公司的发展带来一定的影响”。

②业务外包监控不严、服务质量低劣，可能导致企业难以发挥业务外包的优势。“如果外协厂商不能履行《委托加工协议》等约定的相关义务，或者安德公司对外协厂商选择不善、质量控制出现漏洞，则可能影响公司的生产效率和产品质量，引发客户投诉。另外，主要外协厂家的生产能力如果无法满足公司的发展需要，也会对公司的发展带来一定的影响”。

（7）财务风险。

《中央企业全面风险管理指引》角度：

①现金流、应收账款及其占销售收入的比重、资金周转率方面可能引发的风险。“安德公司 2018 年年末 ~2020 年年末应收款项（应收账款和应收票据合计）余额分别为 18869.96 万元、27056.62 万元和 37539.67 万元，占公司流动资产的比例分别为 41.75%、40.84% 和 47.12%，占当期营业收入的比例分别为 25.27%、21.84% 和 48.76%。随着公司营业收入的快速增长，应收款项也在持续增加。但由于部分客户违约及公司内部控制未有效执行，发生了部分应收账款无法按时回收的情形，对公司的现金流和财务状况产生了不利影响”。

②产品存货及其占销售成本的比重、应付账款及其占购货额的比重方面可能引发的风险。“安德公司 2018 年年末 ~2021 年年末，存货的账面价值占流动资产比重平均高达 42%。较大金额的存货库存对公司流动资金产生了一定的压力，并影响到公司业绩的持续增长。而且还存在存货积压和减值的压力”。

内部控制角度：

依据《企业内部控制应用指引第 6 号——资金活动》，安德公司在资金活动中须关注的主要风险：

①筹资决策不当，引发资本结构不合理或无效融资，可能导致企业筹资成本过高或债务危机。“安德公司现有的资金实力已达不到相应的国际化竞争需求……目前公司较为单一的银行融资渠道已不能满足公司发展的需要，其必须通过股权融资，借助资本市场的手段来实现”。

②投资决策失误，引发盲目扩张或丧失发展机遇，可能导致资金链断裂或资金使用效益低下。“安德公司募集资金投资建设洛杉矶和比利时物流与技术服务中心。上述两个项目合计投资 1927 万美元。在决定本次海外投资项目之前，公司已经聘请专业机构进行了详尽的可行性研究。但由于当地的政治等环境发生了不利变化，影响了公司海外业务的拓展和海外投资项目的效益”“安德公司通过发行股票募集资金投资了一个新项目。但是由于募集资金项目建成和投产需要一定的时间，因此，短期内存在由于净资产规模迅速增加而导致净资产收益率下降的风险”。

③资金调度不合理、营运不畅，可能导致企业陷入财务困境或资金冗余。“随着公司营业收入的快速增长，应收款项也在持续增加。但由于部分客户违约及公司内部控制未有效执行，发生了部分应收账款无法按时回收的情形，对公司的现金流和财务状况产生了不利影响”“安德公司 2018 年年末 ~2021 年年末，存货的账面价值占流动资产比重平均高达 42%。较大金额的存货库存对公司流动资金产生了一定的压力，并影响到公司业绩的持续增长”。

◇湖南天闻新华印务有限公司